[제 3 판]

民法學原論

朴 鍾 斗 著

三 英 社

개정 3판을 내면서

오래 동안 뜨거운 논쟁의 대상이 되어 왔던 로스쿨 문제가 전격 국회본회의를 통과함으로써 앞으로의 우리나라 법학교육에 많은 변화가 예상된다. 부디 성공적인 법학교육제도로 정착할 수 있게 되기를 기대한다.

3판에서는 보다 다소 분량이 늘었다. 그것은 우선 지난 2여년에 걸친 판례를 반영한 것도 있지만, 다소 부족한 부분을 보안한 것이다.

무엇 보다 특기할 것은 그동안 가족법이 전면 개정되어 내년부터는 시행되는 관계로 이를 전면 손질하였고 또한 이미 재산법 개정안이 마련되어 아직 확정된 것은 아니지만 앞으로 민법 내용의 개정을 뜻하는 것이라 할 것이므로 이를 반영한 것이다. 염두에 두고 학습할 것이다.

또한, 이번 판에서는 한자의 어려움을 호소하는 독자의 의견을 받아 내용은 전면 한글로 하였다. 보다 학습하는데 편하리라 생각하며 많은 질책을 바란다.

2008. 8. 立秋를 맞으면서

저자 씀

개정판을 내면서

이 책의 초판을 내고 그 다음해 재판이 있었으나 그 후 상당한 기간동안은 절판상태에 있었다. 그것은 필자의 게으른 탓도 있었지만 그보다도 민법개정이 마무리되지 못한 때문이었다.

초판을 낼 때에도 가족법개정안이 마련되고 그것도 개정이 막바지 단계에 있어 이를 전면 반영하여 쓴 것이였는데 일부 조항을 제외하고는 아직도 확정되지 못한 상태에 있는데다가, 이번에는 전면적인 재산법 개정안까지 마련되어 있는 상태라서 섣불리 출간하지 못한 것이었다. 아직도 확정이 된 것은 아니지만 이제 더 이상 미룰 수 없어 전면 개정을 단행하여 출간하였다.

개정판에서는 좀더 문장과 체제를 다듬고 불충실한 부분을 보충하면서 더욱 새로운 판례들을 충실히 반영하다보니 페이지가 상당히 증가되었다. 페이지를 늘이는 것만이 능사는 아니라는 것을 느끼면서도 방대한 민법을 한 권으로 엮다보니 어쩔 수 없었다.

민법학원론이란 표제를 붙쳤는데 아직도 개론서 같은 생각을 져버릴 수가 없다. 판을 거듭할수록 표제에 걸 맞는 책이 될 것이라 확신한다.

2003. 8. 立秋를 맞으면서
저자 씀

머 리 말

법률학 과목 중 특히 민법은 이론구성이 치밀하고 방대하여 초학자가 접근하기 쉽지 않을 뿐만 아니라, 기본개념만을 파악하는 데에도 많은 시간과 노력이 요구됨은 주지의 사실이다.

저자는 그렇게 오랜 교육경력을 갖지는 못하였지만, 그 대신 다양한 대상과 강단에서 강의해 왔고, 그런 과정에서 항상 느낀 점이 있었다면, 그 교육목적이나 대상에 알 맞는 강의내용의 설정과 교재의 개발이었다. 따라서 저자는 지나치게 간략하거나 방대하지도 않으면서 가급적 짧은 시간 내 민법의 논점을 일목할 수 있는 통론서의 개발에 필요를 느꼈고, 또한 이를 위하여 꾸준히 준비하여 왔다.

여기, 저자가 두려움을 무릅쓰고 「민법학원론」이라 이름하여 내놓는 이 책은 기존의 개설서와는 다소 다른 시각에서 정리하여 민법학의 개론서가 아닌 원론서로서의 역할을 하고자 한데에서 집필된 것이다. 따라서 이 책은 먼저 그 구성 면에서부터 민법의 기초개념을 정리하는 것보다는 민법의 쟁점이 되는 부분을 근간으로 삼았으며, 새로운 정보에 치중하여 사안을 정리함으로써 살아있는 민법학의 정보서가 되도록 하였다는 점이다. 이로 인해 오래된 학설이나 판례들은 과감히 삭제하고 최신의 학설과 판례를 중심으로 하면서도 결론은 가급적 판례를 중심으로 정리하였다.

또한, 이 책에서는 사례의 해결능력보다는 가급적 민법의 기초이론을 튼튼히 익히는데 역점을 두었다. 그것은 기존의 민법 개설서들이 사례문제의 중요성을 강조하여 기본이론의 장에서 무리하게 사례를 연결하여 정리함으로써 오히려 사안을 복잡하게 할 뿐만 아니라, 논리의 일관성을 갖지 못하는 점이 있음을 느꼈기 때문이다. 이런 점을 감안하여 이 책에서는 사례문제의 직접적 연결은 가급적 피하고 꼭 필요한 부분에는 판례의 요지를 중심으로 사례의 해결능력을 간접적으로 배양토록 하였다. 견해에 따라서는 오늘날 대학에서의 법학교육이 너무나 실제와 거리가 먼 이론중심의 교육이라는 지적이 있지만, 저자의 변함없는 생각은 먼저 철저한 기본 이론의 이해가 무엇 보다 중요하다고 생각하며, 더욱 원론서로서의 역할은 그것으로 충분할 것이라 생각한다.

그 외에도, 저자는 법학공부를 하는데는 독자의 시각적인 면도 무시할 수 없는 점을 감안하여 글자꼴과 편집 면에도 세밀한 주의를 기울였다. 우선 쉽게 읽어가면서 전체의 흐름을 파악할 수 있도록 하면서도 중요한 부분은 한자를 표기하여 강조하였고, 더욱 학설이 대립되는 부분은 글자의 크기를 낮추어 정리함으로써 논점을 시각적으로도 구분 이해의 편의를 돕도록 하였을 뿐만 아니라, 가능한 범위에서는 도표를 삽입하여 기억을 돕도록 하였다.

이상의 점들이 저자가 의도한 것이지만, 워낙 이론이 치밀하면서도 방대한 민법을 압축하여야 한다는 점에서 그 자체에서의 약간의 한계가 있었으며, 보다 철저한 학습을 위한 민법의 입문과정에서 나아가 민법 전체의 체계를 잡는데 이 책을 활용하면 크나큰 효과가 있으리라 본다.

끝으로 최근의 두드러진 출판계의 불황으로 신간 기획이 사실상 어려운 현실임에도 불구하고 무명한 저자를 믿어 이 책을 출간되는데는 삼영사 高德煥사장님의 고명한 용단이셨음을 밝혀 두며, 바쁜 생활에도 불구하고 저자를 도와 교정과 내용을 면밀히 검토해 준 후학들과 편집자 제위의 숨은 노고에 진심으로 감사를 드린다.

1998. 初夏
강남대학교 연구실에서
저자 씀.

기본 차례

제 1 편 私法의 基礎

제 2 편 民法總則

제 3 편 物 權 法

제 4 편 債 權 法

제 5 편 家 族 法

세부 차례

제 1 편　私法의 基礎

제 1 장　民法의 槪念

제 2 장　私法上 權利

제 2 편 民法總則

제 1 장 權利의 主體와 客體

제 2 장 權利變動과 法律行爲

제 3 장 法律行爲代理와 法律行爲效力의 留保

제 4 장 期間과 消滅時效

제 3 편 物 權 法

제 1 장 物權法總說

제 2 장 物權의 變動

제 3 장 基本的 物權

제 4 장 用益物權

제 5 장 擔保物權

제 4 편 債 權 法

제 1 장 債權法과 債權關係

제 2 장 債權의 結合・分散・移轉

제 3 장 約定債權關係

제 4 장 法定債權關係

제 5 편 家 族 法

제 1 장 家族關係의 構成과 消滅

제 2 장 親子關係와 親權

제 3 장 財産의 生前處分과 相續

주요참고문헌

[民法總則]
郭潤直, 民法總則(新訂版)(박영사, 1989)
高翔龍, 民法總則(법문사, 1999)
金基善, 韓國民法總則(三改訂增補版)(법문사, 1985)
金玟中, 民法總則(두성사, 1995)
金相容, 民法總則(改訂版)(법문사, 1995)
金容漢, 民法總則論(全訂版)(박영사, 1986)
金疇洙, 民法總則(제2판)(삼영사, 1988)
金曾漢 · 金學東, 民法總則(제9판)(박영사, 1995)
金顯泰, 民法總則(교문사, 1973)
朴鍾斗, 概說民法總則(강남대학출판부, 1999)
李英燮, 新民法總則講義(박영사, 1959)
李英俊, 民法總則(박영사, 1987)
李銀榮, 民法總則(박영사, 1996)
張庚鶴, 民法總則(법문사, 1985)
黃迪仁, 現代民法論 I [總則](增補版)(박영사, 1985)

[物權法]
高翔龍, 物權法(법문사, 2001)
郭潤直, 物權法(新訂版)(박영사, 1998)
______, 不動產登記法(全訂版)(박영사, 1987)
金基善, 韓國物權法(全訂增補版)(법문사, 1990)
金相容, 物權法(改訂版)(법문사, 1995)
金仁燮, 物權法(카피랜드, 2001)
金容漢, 物權法論(再全訂版)(박영사, 1993)
金曾漢 · 金學東, 物權法(제9판)(박영사, 1997)
金顯泰, 新物權法(上)(일조각, 1963)
______, 新物權法(下)(일조각, 1964)
朴鍾斗, 物權法(改訂版)(삼영사, 2003)
方順元, 新物權法(全)(일한도서, 1960)
李英俊, 物權法(全訂版)(박영사, 1996)
張庚鶴, 物權法(법문사, 1987)
黃迪仁, 現代民法論 II [物權](全訂版)(박영사, 1987)

[債權法]
郭潤直, 債權總論(新訂版)(박영사, 1994)
______, 債權各論(新訂版)(박영사, 1995)
金基善, 韓國債權法總論(第三全訂版)(법문사, 1987)
______, 韓國債權法各論(第二全訂版)(법문사, 1982)

金相容, 債權總論(법문사, 1996)
金錫宇, 債權法總論(박영사, 1976)
______, 債權法各論(박영사, 1978)
金容漢, 債權法總論(박영사, 1983)
金疇洙, 債權總論(삼영사, 1984)
______, 債權各論(삼영사, 1992)
金曾漢・金學東, 債權總論(제6판)(박영사, 1998)
金曾漢, 債權各論(박영사, 1988)
金顯泰, 新債權法總論(일조각, 1964)
______, 新稿 債權法各論(일조각, 1969)
______, 不法行爲論(일조각, 1979)
金亨培, 債權總論(박영사, 1999)
______, 債權各論(契約法)(박영사, 1997)
李銀榮, 債權總論(박영사, 1991)
______, 債權各論(박영사, 1989)
______, 約款規制法(박영사, 1994)
李太載, 改訂 債權各論(진명문화사, 1985)
林正平, 債權總論(법지사, 1989)
玄勝鍾, 債權總論(일신사, 1975)
黃迪仁, 現代民法論Ⅲ[債權總論](박영사, 1981)
______, 現代民法論Ⅳ[債權各論](박영사, 1980)

[기타 문헌]
高翔龍, 民法判例解說Ⅰ[民法總則](경세원, 1990)
______, 民法判例解說Ⅱ[物權法](경세원, 1992)
金相容, 民法判例評釋(1)(법원사, 1995)
金疇洙, 民法概論(삼영사, 1999)
______, 論占民法判例演習(삼영사, 1999)
金俊鎬, 民法講義(법문사, 1999)
金俊鎬, 民法判例演習(新版)(법문사, 1998)
金亨培, 民法學研究(박영사, 1989)
朴鍾斗, 民法講義(上・下)(박문각, 1997)
梁彰洙, 民法研究 第2券(박영사, 1991)
池元林, 民法講義(홍문사, 2003)
民事判例研究會 編, 民事判例研究, Ⅰ~XIII(박영사)
民事實務研究會 編, 民事裁判의 諸問題, 제1권~제5권(한국사법행정학회)
法院行政處, 大法院判例解說

제 1 편
私法의 基礎

제 1 장 民法의 概念

제 1 절 民法의 意義와 生成

제 1. 民法의 意義

1. 民法의 실체적 개념

(1) 私法으로서 민법

(가) 사적 생활규범으로서 민법 사람의 행위는 비록 그것이 단순한 일상생활상의 것이라고 할지라도 사회적으로는 반드시 어떤 의미를 가지는 것이며 모두가 사회규범에 의하여 규율된다. 그 중 가장 강력한 규범이 법규범이며, 사회적 당위를 규정한 것으로서 다양하다.

(ㄱ) 법규범을 공법적 규범과 사법적 규범으로 분류할 때 민법은 사법적 규범, 즉 사법(私法)이며, 시민사회에서 개인이 영위하는 보통생활관계를 규율한다.1)

공(公)·사법(私法)의 구별에 관하여 종래 학설은 이익설·주체설·법률관계설(성질설)·생활관계설·통치관계설 등이 주장되어 왔다. 그러나 어느 학설에 의하여도 결정적 근거로는 되지 못하였다. 그리하여 그 구별에 대한 국내 학설은, 먼저 공법(公法)은 구속적인 결정을 내용으로 하는데 대하여, 사법(私法)은 자유로운 결정을 내용으로 하므로 전자에 대하여는 이유강제의 원칙이 적용되나 후자에 대하여는 그 적용이 배척되는 법, 즉 사적 자치의 원칙이 적용되는 것이 사법이고 그렇지 아니하는 법이 공법이라고 하거나(신성질설: 이영준 4면), 권리·의무의 귀속주체를 기준으로 공법은 공권력의 담당자에게만 부여하는데 대하여, 사법은 일반 누구에게나 귀속시키는 법이라고 한다(신귀속설: 김남진, 행정법 101면). 그러나 다수설은 주체설을 토대로 공법은 국가 기타 공공단체와 개인간의 관계인 수직관계·불평등관계를 규율하는 법이지만, 사법은 사인 상호간의 관계인 수평관계·평등관계를 규율하는 법이나, 이들에 의하여도 그 구별이 어려운 경우에는 그 보호하려는 법익을 따라 정해야 할 것이라고 하며(복수기준설), 판례 또한 대체로 동일한 태도를 취한다(대판 1992.4.28, 91다46885; 1990.11.23, 90다카3659 참조). 그러나 이들의 학설에 의하여서도 그 구별이 명확한 것은 아니며, 더욱 오늘날은 공사법의 중간적 영역의 법(사회법·경제법)들이 속출함에 따라 그 구별을 더욱 어렵게 하고 있다.

또한, 공·사법구별의 실익에 관하여도, 특히 서구에서는 행정재판권이 일반사법권으로

---

1) 판례는 국가나 지방자치단체도 사(私)경제적 주체로서 타인과 거래하는 경우에는 독점규제 및 공정거래에 관한 법률 소정의 기업자에 포함하는 것이라 한다(대판 1990.11.23, 90다카3659).

부터 독립하면서 재판권의 대상을 어떻게 분류할 것인가에 관련하여 논의되어 왔고, 우리 실정법 하에서도 민사소송과 행정소송이 구별되어 행하여지고 있는 점에 있다. 그러나 무엇보다 공·사법의 구별은 양법이 그 지배원리를 달리하여 공법은 강행규정성을 가지는데 반하여, 사법은 임의규정성을 가지는데 있다.

(ㄴ) 사람의 생활관계 중 사적(개인) 생활관계는 재산거래관계와 가족생활관계로 대별되며, 사법 중 민법은 이들의 생활관계를 규율하는 법규범으로 구성한다.

재산거래관계로서 재산의 소유, 물건의 인도 등에 관한 규정은 민법전의 주된 내용을 이루며, 그 외에 친족·상속 등 가족생활관계의 규율을 포함한다.

(나) 일반사법으로서 민법 개인생활관계를 비영리적·일반생활관계와 영리적·기업생활관계로 분류할 때, 민법은 비영리적·일반생활관계를 규율하는 법이다. 따라서 민법은 일반적 개인생활관계를 규율하는 일반사법인 점에서 영리적 특별기업집단을 규율하는 상법인 특별사법과 구별된다.[2)]

(ㄱ) 法은 일반법(보통법)과 특별법으로 나누어진다. 민법은 대표적인 일반사법이지만 예외 없이 모든 사람과 사항에 적용되는 것은 아니며(예컨대 혼인·부양 등), 특별법이라고 하여 언제나 일반성을 배척하는 것도 아니다(예컨대 모든 사람이 상인 또는 노동자가 될 수 있는 지위).

또한, 특별사법은 일반사법인 민법으로부터 독립된 법전을 갖추는 것이 보통이지만 그렇다고 하여 일반사법으로부터 격리되어 있는 것은 아니다. 예컨대 상법은 민법의 특별법으로서 독립된 법전을 가지는 것이 보통이지만 입법례에 따라서는 민상법을 통합한다. 이를 「민상법의 융화」라고 한다.

일반법과 특별법 구별의 표준에 관하여는 통상 사람·장소·사항 등에 특별한 제한이 없이 일반적으로 적용되는 법을 일반법(一般法)이라 하고, 일정한 한정된 사람·장소 또는 사항에 관하여만 적용되는 법을 특별법(特別法)이라고 한다.

원래, 특별법의 제정은 법을 제정할 때에 예상하지 못한 사항이 생기거나, 또한 그대로 적용하면 심히 부적당한 결과를 가져올 상황이 생긴 경우 이를 처리하기 위하여 제정되며, 이러한 현상은 계속 발생하게 되므로 특별법의 제정도 부단히 요구된다. 그 결과 특별법은 또 다른 특별법을 낳게 되며, 이로써 특별법이 집대성되면 그것은 다시 일반법화 하게 된다. 그러므로 특별법은 일반법에 우선 적용되지만 특별법에 다시 특별법이 제정되면 일반법적 지위로 전화한다.

또한, 일반법과 특별법의 관계는 상대적인 개념에 불과한 것이어서 상호 대립적으로서만 파악된다. 예컨대 상법은 민법에 대하여는 특별법이지만 어음법·수표법·해상법 및 보험법 등에 대하여는 일반법인데 불과하다.

(ㄴ) 민법에 대한 특별사법으로서의 상법은 기업의 조직·활동과 이에 관련된 특

---

2) 상법 외에도 경제법은 기업경제에 관한, 노동법은 종속적 근로관계에 관한, 무체재산권은 특허와 상표보호에 관한 각각 특별사법이다.

수한 생활 질서를 정한 법이지만 경제생활관계를 규율하는 점에서는 민법과 동일하다. 그러나 상법의 규제대상으로서의 기업은 자본제적 생산양식 아래서 계획적 경제생활을 영위하는 독립된 경제적 유기체로서 기업의 행위는 영리추구를 위한 합목적・반복성・집단성을 가진다. 그 결과 기업의 상행위는 개성의 상실과 행위의 정형화라는 성질을 띠게 되며, 이로써 개성의 존중, 행위의 개별성에 근거하는 민법과 구별된다.

또한, 경제법(經濟法)은 민・상법과 더불어 경제생활관계를 규율하는 전형적인 법이지만, 그 구체적인 내용은 국가의 특정 경제적 목적을 수행하기 위하여 거래관계에 대한 규제를 전제로 한다. 따라서 경제법은 일반 또는 기업거래관계를 불문한 소위 공법적 제한을 내포한 민・상법의 특별법이며, 노동법과 더불어 사회법으로 분류된다.

(다) 사법의 사회법화 민법은 순수한 개인간의 행위를 규율하면서 동시에 사적자치를 전제로 한 임의법성이 지배된다. 그러나 현대 자본주의사회에서 대두된 경제적 강자와 약자간의 갈등은 전자를 제한하고 후자를 보다 보호하기 위한 새로운 입법적 규제를 요청하며, 이러한 입법은 사권, 특히 개인의 소유권보장과 계약자유가 지배되는 영역에서 본의 아닌 공법적 제한으로 나타난다.

그 결과 때로는 전형적인 사법적 관계로 처리되어야 할 법률관계가 사회법적 또는 공법적인 법률관계로서 파악되는 경우가 있다. 이러한 현상을 소위 공・사법의 융화현상, 즉 이른바 사법의 사회법화 또는 「사법의 공법화」라고 하며, 근대 자유방임주의적 법으로부터 현대 사회법적 법으로 전환되는 과정에서 나타난다.

(2) 實體法으로서 민법

(가) 개인의 권리・의무관계규율로서 민법 法을 실체법과 절차법으로 나누는 경우, 전자는 직접 개인의 권리・의무관계를 정하는 법을 의미하고, 후자는 실체법상 권리를 실행하거나 의무를 실현시키기 위한 절차를 정하는 법을 말한다.

여기서 민법은 사람의 권리・의무관계를 규정한 실체법이며, 그 실현절차를 규정한 민사소송법과 구별된다. 그러나 현대 법치국가에서는 권리가 침해되거나 법률관계의 다툼이 생기면 일정 절차에 따른 국가권력에 의하여 보호받게 되며, 이로써 실체법이 정하는 내용도 궁극적으로는 절차법을 통하여 그 실효를 거둘 수 있게 된다.

결국, 실체법과 절차법은 동일한 법 체제에 속하는 것이지만, 다만 우리 민법은 편의상 이를 별개의 법전으로 구성한다.

(나) 행위규범과 재판규범 민법은 사인이 일상생활을 영위하는데 있어서 지켜

야 할 준칙이며, 불특정 일반인을 대상으로 하는 법이다. 즉 그것은 일상생활에 있어서 개인이 지켜야 할 규범, 곧 행위규범이다. 따라서 민법은 개인간의 법률관계에 분쟁이 생긴 경우 당사자가 소를 제기하여 법원의 판결을 청구할 수 있는 준칙자의 행위기준, 즉 사인 각자에게 주어진 행위규범인 동시에 구체적 법관에게 주어진 재판규범으로서의 성격을 가진다.[3)]

2. 民法의 존재론적 개념

(1) 實質的 意味의 민법

(가) 민법을 실질적 의미로 이해하면 그것은 사법의 일부로서 민사관계를 규율하는 원칙적인 법, 즉 성문·불문을 불문한 일반사법규범의 총칭이며, 민법학의 대상으로서 민법의 존재형식 자체를 의미한다.

(나) 민법전과 그 부속법규로서의 민사특별법률은 실질적 민법의 주요한 것이다. 그러나 실질적 의미의 민법은 일반 사법만을 의미하므로 사법 가운데서 상법 기타의 특별사법은 물론, 특히 공·사법의 중간적 영역의 법으로서 사회법·경제법·국제사법 등은 제외된다.

(2) 形式的 意味의 민법

(가) 民法을 형식적 의미로 이해하면 민법이라는 이름을 가진 성문의 법전, 즉 1958.2.22.일 공포되고, 1960.1. 1.일 시행된 법률(제471호)인 민법전을 말한다. 따라서 각종 민사특별법률, 예컨대 부동산등기법, 집합건물의 소유관리 등에 관한 법률, 가등기담보 등에 관한 법률, 주택임대차보호법, 상가건물임대차보호법 등은 성문 법률인 민법이지만 형식적 의미의 민법은 아니다.

(나) 성문주의하의 민법전은 민사관계에 관한 기본적 사항을 규정한 법이며, 실질적 의미의 민법의 주된 내용을 이룬다. 그러나 형식적 의미의 민법이 언제나 실질적 의미의 민법과 일치하는 것은 아니다.

(3) 形式的 意味의 민법과 實質的 意味 민법의 관계

민법을 형식적 의미의 민법과 실질적 의미의 민법으로 구별할 때 「형식적 의미의 민법」은 그 본질상 실질적 의미의 민법 법규를 집대성한 것이기는 하지만, 그렇다고 하여 실질적 의미의 민법에 관한 규정을 전부 포함한다거나, 순수한 사법적 규정으로만 구성하는 것은 아니다.[4)]

---

3) 곽윤직 17면, 이영준 8면.

한편, 「실질적 의미의 민법」은 성문·불문을 불문한 실질적 민사관계를 규율하는 것으로서, 이것은 주로 민법전과 그 부속법령(특별사법 제외)에서 규정할 것이지만 이것에 국한하지 않고 때로는 공법적 규정 가운데에서도 존재하고 있는 것이어서 양자는 반드시 일치하는 것은 아니다.

제 2. 民法의 生成

1. 民法의 法源

(1) 法源의 의의

법의 연원을 짧게 줄여서 법원이라고 한다. 법원(法源)이라는 의미에 관하여는 여러 가지의 뜻으로 사용되고 있어서 단정할 것은 아니지만 일반적으로는 권리·의무자가 인식할 수 있는 법의 존재형식을 가리킨다.[5]

법원(法源)은 일면 법적 규범성 또는 법적 구속력을 의미하며, 실질적 민법 자체를 의미한다.

(2) 民法法源의 순위

민법 제1조는 "민사에 관하여 법률에 규정이 없으면 관습법에 의하고 관습법이 없으면 조리에 의한다."라고 규정하여, 명문으로 법원의 적용순위를 정하고 있음과 동시에 그 법원성을 밝히고 있다.

2. 成文法源

(1) 憲 法

(가) 헌법(憲法)은 광의의 성문인 민법법원에는 포함하며, 헌법 중 국민의 기본권보장에 관한 규정은 민사규범의 근본이념이 된다.

민법의 기본원칙인 사적 자치의 원칙은 헌법상 인간의 존엄과 가치·행복추구권에 바탕하고, 경제생활과 가족생활의 구현은 평등권·재산권보장에 바탕한다. 또한, 제2조 제1항 내지 제2항의 신의성실·권리남용금지, 제103조의 선량한 풍속·

---

4) 민법전 속에는 소위 공법적 규정이라고 할 수 있는 것도 있다. 예컨대 법인의 이사·감사에 대한 벌칙규정은 대표적인 공법규정에 속한다.

5) 견해에 따라서는 법원의 의미를 법의 생성연원과 법의 인식연원의 두 가지로 보고, 민법 제1조에서 말하는 법원이란 법의 인식연원의 의미로 사용된 것이라 하거나, 국민이 무엇이 법인가를 인식할 수 있는 출처를 가리키는 것이라 한다(인식연원설: 곽윤직, 주석민법(1) 26-7면 ; 이은영 27면).

사회질서, 제104조의 불공정한 법률행위 및 제750조의 불법행위 등의 규정은 개인의 지위보장을 위한 헌법정신을 반영한다. 따라서 이와 같은 헌법이념에 어긋난 私人간의 법률행위는 선량한 풍속·사회질서 위반의 법률행위로서 무효로 되고(제103조), 타인의 신체나 사생활의 침해는 민법상 불법행위로서 손해배상책임을 진다(제750조·제751조).

특히, 개정 민법(안) 제1조의 2 제1항은 "사람은 인간으로서 존엄과 가치를 바탕으로 자신의 자유로운 의사를 좇아 법률관계를 형성한다." 제2항은 "사람의 인격권은 보호된다."라고 규정하여 이를 반영한다.

(나) 헌법상 보장된 기본권은 사법상 직접 개인의 권리로 되는가. 판례는 헌법 제35조 제1항은 환경권을 기본권의 하나로 승인하고 있으나, 사법상 권리로서 환경권이 인정되려면 그에 관한 명문 규정이 있거나 관계법령의 규정의 취지나 조리에 비추어 권리의 주체·대상·내용·행사방법 등이 구체적으로 정립될 수 있어야 하는 것이라고 하여 부정한다.[6)]

⑵ 法 律

법률(法律)이란 형식적 의미의 법원을 말하며, 민사에 관하여 법률이 정하는 절차에 따라 제정·공포된다. 민법의 법원인 법률에는 많은 특별 법률이 있지만, 그 근간을 이루는 것은 민법전이라고 속칭되는 법률이다.

(가) 민법전　민법전은 민법의 법원 가운데에서 가장 중요한 것이며, 민법규범의 대부분을 규정하고 있다. 그러나 그 전부가 실질적 의미의 민법인 것은 아니며, 법인에서 이사의 벌칙규정과 같은 광의의 형벌법규 또는 채권의 강제집행의 방법과 같은 민사소송법규도 포함하고 있다.

(나) 민사특별법률　민법전은 민사관계의 대부분을 규율하고 있지만, 그 전부를 망라하는 것은 아니다. 이것은 성문주의의 당연한 한계이며 또한 비록 그것이 가능하더라도 사회의 변천에 따른 새로운 법률의 제정을 부단히 요구하게 된다. 따라서 사회변천에 따라 민법전과 별개로 제정되는 법률은 민법전과 더불어 대표적인 성문법원이 되며 민법전을 수정·보완하는 역할을 한다.

민사에 관한 특별 법률로서 민법에 관한 부속법적 성질의 법률, 즉 민법의 내용을 보다 구체화·상세화한 법률로서 부동산등기법·공탁법·유실물법 등이 있고, 민법에 대한 특별법적 성질의 법률, 즉 민법의 규정 내용과는 다르게 규정한 법과 법규정으로서 민법보다 사실상 우선 적용되는 법 또는 법규정으로 국가배상법, 신원보증법, 국토의 계획 및 이용관리법률, 신탁법, 실화책임에 관한 법률·제조물책임법·자동차손해배상보장법, 약관규제

6) 대결 1995.5.23, 94마2218.

에 관한 법률 · 방문판매 등에 관한 법률 · 할부거래에 관한 법률, 부동산실권리자명의등기에 관한 법률, 가등기담보등에 관한 법률 · 집합건물의 소유 및 관리에 관한 법률 · 입목에 관한 법률, 공장 · 광업재단 · 자동차 · 중기 · 항공기저당법, 공유토지분할에 관한 특례법, 장애인 고용촉진 등에 관한 법률, 주택 및 상가건물임대차보호법 등이 있다.

(3) 命令 · 規則

(가) 입법형식에서 국회의 결정을 거치지 않고 다른 국가기관에 의하여 제정된 법규에는 명령 또는 규칙이 있고, 이들 명령 또는 규칙도 그 실질이 민사에 관하여 규정하고 있으면 민법의 법원이 된다.

(나) 명령(命令)은 위임명령과 집행명령이 있고, 법률인 민사법원에 보충적 효력을 가진다. 그러나 명령 중 긴급명령은 법률과 마찬가지의 효력을 갖고 법률로 된 민사법규를 일시적이지만 변경할 수 있는 점에서 언제나 민법법규에 보충적 효력을 가지는 위임명령과 구별된다.

규칙(規則)은 위임명령과 동일한 효력을 가지는 법원이지만, 특히 판례는 일반국민이 알고 있거나 알 수 있어야 그 효력이 생기는 것이라고 한다.[7)]

(4) 條 約

조약(條約)은 문서에 의한 국가 간의 합의이며, 헌법에 의하여 체결 · 공포된 조약과 일반적으로 승인된 국제법규는 국내법과 동일한 효력을 가진다. 그러므로 비준 · 공포된 조약으로서 민사에 관한 것은 법률과 동일한 효력을 가지는 민법의 법원이 된다.

(5) 自治法規

자치법규(自治法規)의 법원성에 관하여 견해가 대립한다. 소수설은 법원으로 인정할 만한 법적 확신이 주어질 수 없는 경우가 허다하다는 점을 들어 부정하나, 다수설은 민사법규를 포함하는 경우 성문의 여러 민법 법원에 보완적 효력을 갖는 것이라고 한다. 따라서 다수설에 의하면 지방자치단체가 법률의 범위 내에서 정하는 조례에 민사관계에 속하는 법규를 포함하는 경우(그러나 대단히 드물다.)에는 보충적으로 민법의 법원이 된다.

3. 不文法源

(1) 慣習法

(가) 관습법의 의의와 형성 관습법(慣習法)이란 사회에서 스스로 발생하는 관행

---

7) 대판 1993.11.23, 93도662.

이 단순히 예의적 또는 도덕적인 규범으로서 지켜질 뿐만 아니라, 사회의 법적 확신 내지 법적 인식을 수반하여 다수인에 의하여 지켜질 정도의 것을 말하며, 어떤 거래나 가족관계와 관련하여 상당한 기간동안 사람들이 같은 행동을 반복할 때 형성된다.

(ㄱ) 현행 민법질서 속에서 인정되는 관습법은 관행이 존재할 것, 관행이 법규범이라고 일반에 의하여 인식될 정도의 법적인 것일 것, 관행이 선량한 풍속 기타 사회질서에 반하지 않을 것과 같은 요건이 구비되는 경우에 성립한다.

(a) 관행이 존재할 것
(b) 관행이 법규범이라고 일반에 의하여 인식될 정도의 법적인 것일 것
(c) 관행이 선량한 풍속 기타 사회질서에 반하지 않을 것

(ㄴ) 관습법의 성립에 국가의 승인이 요구되는가. 긍정설은 국가에 의한 명시적·묵시적 승인이 요구되며 구체적 사건에서 판례로서 확인이 인정되면 그 관습이 법적 확신을 얻어 사회에서 행하여지게 된 때 소급하여 성립하는 것이라고 하나.[8] 다수설은 민법 제1조의 규정에 비추어 관습이 사실상 법적 확신 내지 법적 인식을 가지므로 성립하는 것이지 개개의 법 원칙에 대한 국가의 승인은 요구되지 않는 것이라고 하고, 또한 그 성립시기 또한 그 생성과정을 살펴 판단할 것이라고 한다.

판례는 명확하지 않으나, "관습법이란 사회에 거듭된 관행으로 생성된 사회생활의 규범이 사회의 법적 확신과 인식에 의하여 법적 규범으로 승인·강행되기에 이른 것을 말하고 … 당사자의 주장·입증을 기다릴 것이 없이 직권으로 확정해야 하는 것"이라고 하고,[9] 또한 사회의 거듭된 관행으로 생성한 어떤 사회생활규범이 법적 규범으로 승인되기에 이르렀다고 하기 위해서는 그 사회생활규범은 헌법을 최상위 규범으로 하는 전체 법질서에 반하지 아니하는 것으로서 정당성과 합리성이 있다고 인정될 수 있는 것이어야 하는 것이라고 함으로써[10] 관습 그 자체에 내재하는 힘에 의하여 법으로 되는 것이라고 이해된다.

(나) 관습과 관습법 어떤 거래나 기존의 관계에 관련하여 일정한 직역·업종·지역의 내부에 보편화된 관계가 상당한 기간동안 반복되면 그 관행으로부터 관습이 형성되고 그 관습에 대하여 사실상 위반하기 어려울 정도의 관행이 생겼을 뿐만 아니라, 그 정당성에 대한 법적 확신이 일반화되면 관습법이 형성된다.

이와 같이 관습법은 관습으로부터 형성되고, 후자가 사람의 어떤 표준적 행동양식을 뜻하는데 반하여, 전자는 당위의 규범을 의미하는 점에서 양자는 구별된다.[11]

8) 곽윤직 28면, 이영준 20면.
9) 대판 1983.6.14, 80다3231.
10) 대판 1987.12.13, 78다1816.
11) 사실인 관습과 관습법과의 관계에 관하여 판례는 관습법이란 사회의 거듭된 관행으로 생성한 사회

그러나 양자를 구별하는 것은 사실상 쉬운 일은 아니며, 또한 그 활동의 영역도 전자는 법률행위 해석의 영역에서, 후자는 법원의 차원에서 각기 독립적으로 작용한다.[12] 따라서 민법의 법원으로서의 관습은 관습법을 의미하며 사실인 관습을 의미하는 것은 아니다.

[관습법과 사실인 관습]

	관 습 법	사실인 관습
의 의	사회에 거듭된 관행으로 생성한 사회생활규범이 법적 확신과 인식에 의해 법적 규범으로 승인된 것을 의미	사회에 거듭된 관행에 의한 사회생활규범이나 사회의 법적 확신과 인식에 의해 법적 규범으로 승인된 정도에 이르지 아니한 것을 의미
효 력	법원으로서 법령과 같은 효력을 가지므로 법령에 저촉되지 않는 한 法則으로서 效力을 가진다.	법령으로서 효력이 없는 단순한 관행으로 법률행위당사자의 의사를 보충함에 그친다(그러나 보충규범설을 취하는 판례도 있음).
입증책임	당사자의 주장 및 입증을 기다릴 것도 없이 법원의 직권에 의한 확정	사실인 관습은 법령과 같은 효력이 없으므로 원칙상 그 존재를 당사자가 주장·입증하여야 하고(대판 1983.6.14, 80다3231), 그 존부와 내용은 증언에 의하여서도 인정될 수 있다(대판 1964.9.22, 64다515).
구체적 적용	가정의례준칙 제13조의 규정과 배치되는 관습법의 효력을 인정하는 것은 관습법의 제정법에 대한 열후적·보충적 성격에 비추어 제1조의 취지에 어긋난다(대판 1983.6.14, 80다3231).	임치계약상 임치인이 출고시에 이의 없이 수치물을 반환받았으면 면책된다는 사실인 관습이 있는 거래방법에서는 그에 따라 임치계약을 해석하여야 한다(대판 1967.12.18, 67다209). 즉 유상임치는 유상계약으로서 매매계약에 관한 제567조의 규정이 적용되어야 하나 사실인 관습이 임의규정에 우선한다는 제106조에 의하여 하자담보책임을 묻지 못한다.

(다) 관습법의 효력 관습법의 법원성은 민법 제1조에 의하여 부정할 수 없다. 그러나 성문의 법률과 관계에서 그 효력이 문제된다.

「보충적효력설」은 제1조의 문리에 비추어 민사에 관하여 법률에 규정이 없는 경우에만 관습법이 보충적으로 적용되는 것이라고 하고, 「변경적효력설」은 민법 제106조에 의하면 해석상 관습은 당사자의 의사가 명확하지 않는 경우에 법률행위의 내용이 되는 규범으로

생활규범이 사회의 법적 확신과 인식에 의하여 법적 규범으로 승인·강행되기에 이르는 것을 말하고, 사실인 관습은 사회의 관행에 의하여 발생한 사회생활 규범인 점에서 관습법과 같으나 사회의 법적 확신이나 인식에 의하여 법적 규범으로서 승인된 정도에 이르지 않은 것을 말하는 바, 관습법은 바로 법원으로서 법령과 같은 효력을 갖는 관습으로서 법령에 저촉되지 않는 한 법칙으로서의 효력이 있는 것이며, 이에 반하여 사실인 관습은 법령으로서의 효력이 없는 단순한 관행으로서 법률행위의 당사자의 의사를 보충함에 그치는 것이라 한다(대판 1983.6.14, 80다3231).

12) 대판 1983.6.14, 80다3231.

서 임의법규에 우선 적용되어 법률행위 해석에 관한 한 임의법규를 개폐하는 효력을 가지며, 또한 제185조에서 명문으로 전통적인 물권법정주의를 지양함으로써 관습법상 물권을 인정해 관습법의 성문법에 대한 대등적 효력을 부여하고 있다는 점을 든다.

「대등적효력설」은 제185조의 물권법정주의는 관습법에 제정법과 대등적 효력을 부여하고 있을 뿐만 아니라, 관습법은 제정법에서 보다 자율성이 높으므로 관습법을 단지 보충적 효력을 인정하려는 입법자의 의도만으로는 그 효력을 제한할 수 없다는 점에서 민법 제1조에 불문하고 제정법을 개폐할 수 있어야 할 것이지만 그 우열관계는 신법우선의 원칙에 의하여 정하여 질 것이라고 한다[이영준 21면, 김상용 25면: 김학동, 민법의법원, 고시연구(1993.12) 89면].

통설은 민법 제1조에 근거하여 보충적효력설을 취하고, 판례 또한 가정의례준칙 제13조의 규정과 배타되는 관습법의 효력을 인정할 것인가에 관하여, 동법 규정에 배타되는 관습법의 효력을 인정하는 것은 관습법의 제정법에 대한 열위적·보충적 성격에 비추어 민법 제1조의 취지에 어긋나는 것이라고 함으로써 보충적효력설을 지지한다.13) 그러나 관습법의 보충적 효력을 취하는 경우에도 언제나 그런 것은 아니며, 민법 제185조는 "물권은 법률 또는 관습법에 의하는 외에는 임의로 창설하지 못한다."라고 규정하여 관습법에 성문법과 대등한 효력을 인정하므로 그 범위에서는 민법 제1조의 적용이 배제된다.

- 관습민법의 형성 – 관습상 법정지상권·분묘기지권, 동산의 양도담보, 명인방법에 의한 공시 등
- 민법에 우선하는 관습 – 경계표·담의 설치, 공유하천용수권, 수류변경권 등

(2) 條 理

(가) 조리의 의의와 기능 조리(條理)란 사물의 도리 또는 사물의 본질적 법칙을 의미하며, 때로는 경험법칙·사회통념·사회적 타당성·신의성실·사회질서, 정의·형평·이성, 법에서의 체계적 조화, 법의 일반원칙 등으로 표현되기도 한다.

조리와 법과 관계로서, 먼저 모든 법은 조리에 적합할 것을 전제로 존재할 수 있게 되며, 이 점에서 조리는 실정법의 내용을 해석·결정하는 표준이 되며, 또한 어떤 사항에 관해 성문법도 관습법도 없을 때에는 조리에 의하여 재판하게 된다.

이와 같이 조리는 법과 관계에서 적어도 법의 내용을 결정하는 표준이 될 뿐만 아니라 법의 보충적 기능을 갖게 된다.

(나) 조리의 법원성문제 성문법 국가에 있어서는 재판의 준칙으로서 성문법과 관습법을 취할 것은 당연하지만, 어떤 사항에 관하여 성문법·관습법도 존재하지 않는다면 법원은 이에 적용할 법규범이 없다는 이유로 재판을 거부할 수 없는 것이

13) 대판 1983.6.14, 80다3231.

므로, 결국 성문법주의 하에서의 조리는 재판의 준칙으로서의 규범이 될 수 있다는 점은 부정할 수 없지만, 다만 법원을 법의 존재형식이라고 이해할 때 재판의 준칙이 된다는 것만으로 조리가 법원이라고 할 것인가.

적극설은 재판을 함에 있어서 법관은 헌법과 법률에 의하여 독립하여 심판한다는 헌법 제103조와 민법 제1조를 근거로 조리의 법원성을 인정하나, 소극설은 조리를 재판의 준칙으로 인정하는 것은 그것이 법이기 때문이 아니라, 성문법주의 아래서 법의 결함이 불가피한데다가 법관은 재판을 거부할 수 없으므로, 조리는 법원이 아니지만 법관에 의하여 적용되는 것이라고 한다.[14]

다수설·판례는 적극설을 취하여 보충적 법원성을 인정하며,[15] 무엇보다 법은 재판을 통하여서만 존재하는 것은 아니지만 법이 법으로서 현실적인 존재를 명확히 하는 것은 재판을 통하여 실현되고, 이때 법관이 준거할 조리는 법관의 주관적인 의사가 아니라, 객관적인 법에 준거하여 재판할 책무를 지고 있는 점에서 보면 조리는 적어도 법관을 구속할 준칙으로서 의미를 가지는 것이라고 본다.

(3) 判 例

(가) 판례법(判例法)은 법원의 재판(판결·결정)을 통하여 형성되는 규범이다. 법원은 구체적인 사건에 대하여 판결을 주는 것이며, 이 때 재판은 그 재판에서 밝혀진 구체적 사실에 대하여만 구속력을 가진다. 그러나 재판이 구체적인 사실에 관한 판결이라고 하더라도 그 판결은 단순한 사실의 판단이 아니라 그 사실에 관한 법률적 판단을 하는 것이므로, 그 판결에는 약간의 추상적인 논리 또는 법칙이 표시되고, 더욱 비슷한 사건에 대한 판결이 쌓이면 점차로 일반적인 법칙이 밝혀질 뿐만 아니라, 그 자체에서 스스로의 추상적 규범이 정립되게 된다. 이것이 판례법이며, 최고법원의 판결에서 특히 현저하다.

(나) 판례의 법원성을 인정할 것인가. 다수설은 상급법원의 판결이 하급심을 구속하는 것은 당해 사건에 국한하므로 개별적 구속력은 가지지만, 일반적 구속력을 갖는 것은 아니란 점을 들어 판례의 법원성을 부정한다. 그러나 판례가 법원성을 갖는 것이 아니라고 하여 사실상 구속력이 배척되는 것은 아니며, 현실 사회에서 최소한 「살아 있는 법」으로서 기능한다. 그리하여 판례는 적어도 추상적 법규에 대한 보충적 법리로서 사실상 구속력을 줄뿐만 아니라, 법의 예측가능성·일관성을 꾀하기 위하여 법원은 스스로 자신의 선례에 구속된다.

---

14) 이영준 24면; 김주수, 민법개론 47면.
15) 대판 1965.8.31, 65다1156.

또한, 견해 중에는 판례는 법원은 아니지만 장기간에 걸쳐 판례가 누적되면 사회 일반의 구속력에 의해 관습법으로서의 법원이 되는 것이라고 한다.16)

(다) 헌법재판소의 결정은 법률과 같은 효력을 가지며, 민사에 관하여 민법전은 수정・개폐하는 효력을 가진다.

(ㄴ) 헌법재판소의 위헌결정의 효력은 위헌제청을 한 당해 사건, 위헌결정이 있기 전에 이와 동종의 위헌 여부에 관하여 헌법재판소에 위헌심판제청을 하였거나 법원에 위헌심판제청신청을 한 경우만이 아니라 따로 위헌심판제청은 하지 아니하였지만 당해 법률 또는 법률의 조항이 재판의 전제가 되어 법원에 계속 중인 사건과 위헌결정 이후에 위와 같은 이유로 제소된 일반사건에도 미친다.17)

민사에 관한 헌법재판소의 결정 예로서 민법 제746조(불법원인급여)에 대한 한정위헌결정(헌재결 1991.4.1, 89헌마160), 제809조 제1항(동성혼의 금지)에 대한 헌법불합치 결정(헌재결 1997.7.16, 95헌가6내지13), 제999조 제2항(상속회복청구권의 제척기간)에 대한 위헌결정(헌재결 2001.7.9, 99헌바9・26・84, 2000헌바11, 2000헌가3, 2001헌가23), 제1026조 제2호(법정단순승인으로의 제척기간)에 대한 헌법불합치 결정(헌재결 1998.8.27, 96헌가22, 97헌가2・3・9, 96헌바81, 98헌바24・25), 구국유재산법 제5조 제2항(국유재산의 취득시효적용배제)에 대한 한정위헌 결정(헌재결 1991.5.13, 89헌가97), 부동산실권리자명의등기에관한법률 제5조 제1항 및 제12조 제2항 중 제5조 제1항적용(과징금의 부과내용)의 위헌결정(헌재결 2001.5.31, 2000헌바64・65・85) 등이 있다.

(ㄴ) 민사에 관한 헌법재판소의 결정은 법원의 법률해석을 구속하는가. 헌법재판소의 위헌결정의 효력은 그 결정 이후에 제소된 사건에도 미치는 것이지만,18) 한정위헌결정에 표현되어 있는 헌법재판소의 법률해석에 관하여 대법원은 법률의 의미・내용과 그 적용범위에 관한 헌법재판소의 견해를 일단 표현한데 불과하며, 법원에 전속되어 있는 법령의 해석・적용권한에 대하여 어떤 영향을 미치거나 기속력도 가질 수 없는 것이라고 한다.19)

16) 이영준 23면; 지원림, 민법강의 16면.
17) 대판 2003.7.24, 2001다48781; 대판 1995.11.7, 95다33948.
18) 대판 1995.11.7, 95다33948.
19) 대판 1996.4.9, 95누11405; 1995.11.7, 95다33948.

제2절 民法의 體系

제 1. 民法의 構成과 內容

1. 民法典의 構成

(1) 民法典의 체계

민법전의 편별에는 로마식 편별(Institutionensystem)과 독일식 편별(Pandektensystem)이 있다. 전자는 민법전을 인사법·물건법·소송법으로 구성하는데 반하여, 후자는 총칙·물권법·채권법·가족법으로 구분한다. 따라서 전자는 민법전의 구성을 실체법과 절차법을 동일체제로 하는데 반하여, 후자는 양자를 구별하여 원칙적으로 민법전을 실체법 체계로만 구성한다.

우리 민법전은 독일식 편별을 취하여 제1편 총칙, 제2편 물권, 제3편 채권, 제4편 친족, 제5편 상속으로 구성하고 있다.

제1편 총칙(제1조-제184조) — 민법 전반에 걸치는 통칙
제2편 물권(제185조-제372조) ┐ 재산법
제3편 채권(제373조-제766조) ┘
제4편 친족(제767조-제996조) ┐ 신분법(가족법)
제5편 상속(제997조-제1118조) ┘
부 칙(제1조-제28조)

(2) 民法典의 내용

(가) 민법전의 실질적 내용은 크게 재산법 관계와 가족법 관계로 나누어지며, 전자는 주로 사람의 자기 보존을 위한 재화를 획득하고 이를 지배하는 관계, 즉 물권관계(물권법)와 채권관계(채권법)를 규정한 것으로서 민법전의 근간을 이룬다. 그러나 후자는 남녀의 성적 결합에 의하여 자손을 증식하고, 집단을 이루어 그의 존속·발전을 꾀하는 이른바 친족관계(친족법)와 상속관계(상속법)를 규정한 것으로서 가족관계의 기본원리를 정한다.

(나) 재산법 관계와 가족법 관계는 그 지배원리에 차이를 가진다. 재산법관계는 거래의 안전을 원칙으로 하는데 반하여, 가족법관계는 거래의 안전은 고려하지 않고 오로지 당사자의 진정한 의사보호를 목적으로 한다.

2. 民法典의 改正過程

(1) 우리 민법전은 1960년 1월 1일부터 시행된 이래 제13차 개정을 가졌다. 그 구체적인 내용은 다음과 같다.

(가) 제1차 개정(1962.12.29.제1237호)

신분법개정	① 제789조(강제분가) 개정 ② 법정분가에 관한 제1항을 신설

(나) 제2차(1962.12.31, 제1250호), 제3차(1964.12.31, 제1668호) 개정, 제4차 개정(1970.6.18, 제2200호)

부칙개정	① 부칙 제10조 제1항의 등기기간의 연장 ② 일자확정을 청구하는 경우의 수수료에 관한 부칙 제3조 제3항의 개정

(다) 제5차 개정(1977.12.31, 제3051호)

신분법개정	① 성년자 혼인에 관한 부모동의규정 삭제(§808) ② 혼인성년의제제도 신설(§826의 2) ③ 부부의 소속불명재산의 공유추정(§830 ②) ④ 협의이혼의 가정법원의 확인제도 신설(§836 ①) ⑤ 친권의 부모공동행사원칙 규정(§909 ①②) ⑥ 특별수익자 상속분의 단서규정 삭제 ⑦ 법정상속분의 균분주의 채택(§1009 ①③) ⑤ 유류분제도의 도입

(라) 제6차 개정(1984.4.10.제3723호)

총칙개정	특별실종기간 단축과 항공기실종신설(§27 ②)
재산법개정	① 구분지상권의 신설(§289의 2) ② 전세금의 우선변제권 신설(§303 ①) ③ 전세권 중 건물전세권의 최단존속기간(1년)의 법정 및 존속기간의 법정갱신 신설(§312 ②④) ④ 전세금증감청구권 신설(§312의 2)

(마) 제7차 개정(1990.4.13.제4199호)

신분법개정	① 친족범위의 합리적 조정 ② 호주상속제도의 호주승계제도로의 개정과 호주승계권포기 인정(대습상속·분묘 등 승계추정 삭제) ③ 적모서자관계, 계모자관계의 시정(법정친자관계폐지와 인척관계로의 인정; §773·§774) ④ 약혼해제사유로서 불치의 정신병과, 1년 이상 생사불명으로 개정(§804 제3·6호) ⑤ 부부동거장소결정의 부부합의원칙과 불합의에 대한 법원의 결정권 부여(§826 ②) ⑥ 생활비용의 원칙적 부부공동부담주의(§833) ⑦ 이혼시 자녀양육책임규정의 시정과 면접교섭권 신설(§837 ①,§837의 2 ①②) ⑧ 이혼배우자재산분할청구권 신설(§839의 2 ①②)

신분법개정	⑧ 입양제도 조정(미성년자입양 및 후현인의 피후견인 입양에 대한 가정법원의 허가 ; §871 단서, §872, 부부공동입양제 채택: §874) ⑩ 家를 위한 양자제 폐지(사후양자, 호주인 직계비속장남자의 입양금지규정 삭제, 서양자제 · 유언양자제 폐지) ⑪ 부모의 친권행사 조정(혼인 외 인지된 경우와 부모이혼의 경우 친권행사자의 협의결정과 불협의에 대한 법원의 결정 ; §909 ④) ⑫ 기혼자의 후현인의 순위규정 조정(§934) ⑬ 상속제도 범위 조정(4촌 이내의 방계혈족으로의 축소)과 호주승계인의 상속분가급규정의 삭제

(바) 제8 · 9차 개정(1997.12.13,제5431, 5454호)

총칙개정	계리사 · 사법서사 명칭개정(공인회계사 · 법무사로의 개정: §163)
신분법개정	부가 외국인인 경우 모의 성과 본을 따를 수 있고, 모가에 입적할 수 있는 예외규정 신설(§781 ① 단서)

(사) 제10차 개정(2001.12.29,제6544호)

총칙개정	① 법인이사직무집행정지 등 가처분등기의무신설(§52의 2) ② 법인이사직무집행가처분에 의한 직무대행권한범위 제한(§60의 2)

(아) 제11차 개정(2002.1.14,제6591호)

신분법개정	① 상속회복청구권행사기간 개정(침해를 안날로부터 3년, 상속권침해가 있은 날로부터 10년; §999 ②) ② 상속승인 · 포기에 따른 상속재산조사(§1019 ②) 및 중대한 과실 없이 채무초과사실을 알지 못하고 승인 · 포기기간을 경과한 경우 그 사실을 안날로부터 3월내 한정승인권 신설(동조 ③)

(자) 제12차 개정(2005.3.31,제7427호), 제13차 개정(2005.3.31,제7428호), 제14차 개정(2005.12.29, 제7766호)

신분법개정	① 호주권 규정 전면 삭제(§778,§780,§782내지§789,§791,§793,§966,§980내지§996삭제) ② 가(家) 규정 전면 삭제 ⓐ 자의 가 입적에 관한 규정(§782내지§785) 삭제 ⓑ 복적 및 일가창립규정(§786,§787) 삭제 ⓒ 가족의 분가권 및 법정분가권(§788,§789) 삭제 ⓓ 분가호주와 가족(§791), 호주의 입양제한 및 폐가규정(§793,§794,§795) 삭제 ⓔ 가족의 특유재산규정(§796) 삭제 ⓕ 처의 부가입적 및 부의 처가 입적 등 규정(§826) 삭제 ③ 자의 복리를 위한 성과 본의 변경권(§781⑥) 인정 ④ 근친혼 등 금지혼 범위개정 및 삭제 ⓐ 근친혼 등 금지혼 범위개정(§809) ⓑ 재혼금지(§811) 및 동 위반 혼 취소규정(§821) 삭제 ⓒ 무효혼 및 취소혼의 범위개정(§815,§816) ⓓ 연령위반 혼(§817), 중혼(§818), 동의업는 미성년자혼인(§819), 근친혼(§820) 취소청구 범위 및 행사제한 ⑤ 혼인취소와 자의 양육에 대한 제837조, 제837조의 2 준용규정 신설(§824의 2) ⑥ 부(夫)의 청구권에 대한 처(妻)의 청구권인정

신분법개정	ⓐ 자의 친생부인권(§846) 및 친생부인의 소(§847) ⓑ 금치산자 친생부인(§848) ⓒ 유언에 의한 친생부인(§850) ⓓ 친생승인에 의한 친생부인권 소멸(§852) ⑦ 청구기간의 연장(1년에서 2년으로 연장) ⓐ 친생부인의 소(§847,§865) ⓑ 금치산자 친생부인(§848) ⓒ 부의 자 출생 전 사망한 경우 친생부인(§851) ⓓ 부모 사망과 인지청구(§864) ⑧ 소송종결 후 부의 친생승인권 규정(§853) 삭제 및 법원의 허가에 의한 친생부인권(§861) 법원의 청구로 개정 ⑨ 소송종결 후 부의 친생승인권 규정(§853) 삭제 ⑩ 법원의 허가에 의한 친생부인권(§861)의 법원의 청구로 개정 ⑪ 인지 자의 양육권규정(§864의 2) 신설 ⑫ 후견인의 입양, 파양협의 및 생가의 다른 직계존속의 협의파양의 법원의 허가권(§869,§899) 신설 ⑬ 양친자제도(제4관 §908의 2내지8) 신설 ⑭ 혼인취소, 재판상 이혼, 인지청구의 소의 법원의 직권에 의한 친권자지정권(§909①) 신설 및 자의 복리를 위한 친권자 변경권(동조 ②) 인정 ⑮ 자의 복리를 위한 친권행사 우선기준규정(§912) 신설 ⑯ 후견인 해임권의 자의 복리를 위한 변경권(§940)으로의 개정 ⑰ 친족회원의 가의 연고자에 대한 본인의 특별연고자로의 변경(§963) ⑱ 한정승인 상속재산 중 이미 처분재산의 목록과 가액제출의무(§1030②) 신설 ⑲ 한정승인 전 상속채권자와 유증을 받은 자에 대한 변제한 가액의 처분재산가액제외 규정(§1034②) 신설 ⑳ 부당변제에 대한 과실책임 및 상속채무의 상속재산초과를 알고 변제받은 경우 책임규정 신설(§1038①②)

(2) 우리 민법전의 제13차에 걸친 개정 중 제6차 및 제10차 개정을 제외하고는 주로 부칙 또는 가족법 개정이었다. 그리하여 최근의 입법 동향은 재산법에 대한 대폭적인 개정안을 마련하여 그 개정을 추진하고 있다. 그 구체적인 내용은 아래와 같이 정리된다.

총칙개정	① 사적자치의 원칙으로서의 인간의 자율권 및 인격권의 신설(§1의 2 ①②) ② 성년연령 19세로 인하(§4) ③ 선박침몰, 항공기추락의 실종기간 6월단축(§27) ④ 법인설립의 허가주의에서 인가주의로의 변경(§32) ⑤ 법인출연재산의 귀속시기에 대한 등기주의 채택(§48) ⑥ 법인감사의 성명과 주소의 등기주의채택(§49 ② 10호) ⑦ 법인의 임시이사에 관한 등기준용(§52의 2) 신설(§63 ②) ⑧ 법인 이사·감사 또는 청산인에 대한 과태료의 현실화(§97) ⑨ 법률행위해석의 준칙규정신설(§106 ①②)

<table>
<tr><td>총칙개정</td><td>⑩ 동기착오의 명문화(§109) 및 착오자의 과실에 대한 배상책임신설(§109의 2)
⑪ 무권리자 처분행위에 대한 본인의 동의·추인규정 신설(§139의 2 ①②)
⑫ 재산명시신청, 본안에 관한 응소 그 밖의 재판상 권리행사로의 소멸시효 중단사유 추가(§170 ②③)</td></tr>
<tr><td>재산법개정</td><td>① 가등기의 실체법상 효력규정 신설(§187의 2)
② 점유이탈물에 대한 점유자의 점유물수거인용의무와 상대방 보상청구권 신설(§204의 2 ①②)
③ 생활방해우려에 대한 이웃거주자의 특정행위금지청구권 신설(§217 ③)
④ 경계선침범건축물에 대한 권리행사 제한과 매수청구권 인정(§242의 2)
⑤ 관습법상 법정지상권성립의 경우 지상권설정계약 추정 및 저당물경매 외 경매로 인한 경우 제366조 준용규정 신설(§279의 2 ①②)
⑥ 전세권의 법정갱신에 대한 등기없는 전전세권적 효력부여(§312 ④ 개정)
⑦ 근저당권피담보채권액의 범위제한과 근저당권의 지분 또는 분할양도 가능화 (근저당권유동성강화; §357의 2-12 신설)
⑧ 손해배상방법에 대한 원상회복청구(§394 ① 단서) 및 신체·건강침해에 대한 정기금배상과 담보청구권 신설(동조 ②)
⑨ 보증방식의 요식화(기명날인 또는 서명; §428의 2)
⑩ 무제한적 포괄근보증의 금지와 근보증권의 존속기간제한 및 사정변경에 의한 계약해지권 신설(§448의 2 내지 448의 5)
⑪ 채권양도통지를 받은 채무자의 변제기 전 상계권 인정(§450 ③)
⑫ 채무자와 인수인간의 채무인수에 대한 채권자의 승낙전 또는 승낙거절의 경우 채무자의 채권자에 대한 변제의무에 대한 제3자추정권 신설(§454 ③)
⑬ 인수인의 채무자에 대항할 수 있는 사유의 채권자에 대항금지규정 신설 (§458 ②)
⑭ 승낙의 효력발생의 도달주의 채택(§531 개정)
⑮ 채무불이행으로 인한 해제권규정의 정비(§544 내지 546 삭제와 §544의 2 ① ② 신설)
⑯ 채무불이행에 의한 해지권 인정(§544의 3 ①② 신설)
⑰ 사정변경에 의한 해제·해지권의 인정(§544의 4 신설)
⑱ 권리가 용익권에 의해 제한받는 경우 대금감액청구권의 인정(§571 개정)
⑲ 특정물매매와 종류매매의 경우 대금감액청구 및 보수청구권 신설(§580 내지 §581 개정)
⑳ 채권자 담보책임기간의 연장(1년)(§528 개정)
⑳ 환매권의 실행과 목적물상 유치권행사에 대한 법원의 비용상환허여규정 삭제(§594 단서 삭제)
⑳ 임대인의 보증금반환과 지체차임 및 임대차관련채무의 상계권 명문화 (§647의 2 신설)
⑳ 노무제공자에 대한 사용자안전배려의무 신설(§655의 2 신설)
⑳ 건물 기타 공작물도급의 계약해제권 인정(§668 단서 삭제)
⑳ 여행계약의 신설(§674의 2 내지 §674의 9)
⑳ 중개계약 신설(§692의 2 내지 §692의 5)</td></tr>
<tr><td>불법행위법 개정</td><td>책임능력유무에 불문한 감독의무자의 책임을 인정하나, 다만 책임능력 있는 미성년자의 경우 법정감독자의 2차적 책임인정(§755)</td></tr>
</table>

3. 民法總則의 地位

(1) 民法通則으로서 총칙

(가) 형식적 의미의 총칙 형식적 의미에서의 총칙규정은 원칙적으로는 민법 전체는 물론, 사법 전체의 총칙규정으로서의 지위를 가지며, 그 중 특히 민법 제2조 제1항·제2항에서의 규정(신의성실·권리남용금지 규정)은 *私法* 전체를 지배하는 민법총칙 중 통칙 규정으로서의 성질을 가진다.

(나) 실질적 의미의 총칙 형식적 의미에서의 총칙과는 달리 실질적 의미에서의 민법총칙은 민법 전체에 적용되는 것은 아니며, 주로 재산법 관계에서의 통칙규정성을 가진다.

(ㄱ) 민법총칙의 규정은 재산법 영역에서 통칙을 정한 규정이지만, 한편 재산법 영역이라고 하여 별개의 통칙 규정이 없는 것은 아니다. 따라서 재산법, 즉 물권법에서는 제185조~제191조에서, 채권법은 제373조~제526조에서 각각 별도의 총칙규정의 장을 두고 있어 이들의 규정과 민법총칙 규정과 관계가 문제된다. 그렇지만 독일법 체계(Pandektensystem)에서 민법총칙은 그 체계의 본질상 이들에 관하여도 당연히 적용되는 소위 옥상옥의 지위로 이해하며, 이로써 이들 규정에 상위적 지위를 부여한다.

(ㄴ) 신분법 영역에 있어서는 본질상 그 적용이 제한된다. 그렇지만 이들의 규정이 전적으로 배척되는 것은 아니며, 일정 범위에서 그 적용이 제한되는데 불과하다. 그러므로 민법총칙의 지위는 신분법 영역에서도 원칙적 통칙규정성은 갖는다.

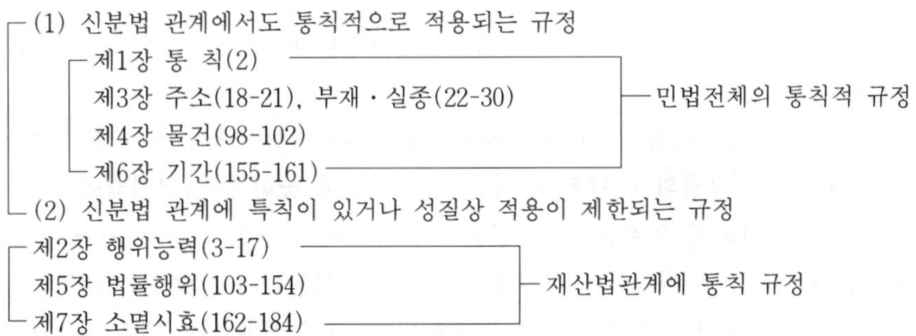

(2) 타 법률과 民法總則의 관계

(가) 상법과 관계 민법총칙에서 규정은 *商法*과의 관계에서도 원칙적 통칙규정성을 가진다. 예컨대 상법은 민법의 특별법으로서 동법에 의한 특별규정, 즉 회사·상행위·상사시효 등에 관한 규정을 두고 있지만 이들에 관한 특별규정이 없는 때

에는 민법상 법인·법률행위·소멸시효 등의 규정이 적용된다.

(나) 공법과의 관계 공법상 행위에 관한 민법규정은 원칙적으로 적용이 배제된다. 그러나 전적으로 배척되는 것은 아니며, 민법 제2조 제1항·제2항의 규정은 물론, 그 외에 공법상 주소·기간의 계산에는 동법상 특별규정이 없는 한 민법 중 주소·기간의 계산법이 그대로 적용된다.

이와 같이 민법총칙의 규정은 공법상 행위에도 예외적·한정적으로 적용되며, 이로써 공법과 관계에서도 예외적 통칙규정성이 확보된다.

제 2. 民法의 基本原理

(1) 상위원리
- 자 유 — 사적 자치
- 평 등 — 공공복리
  - 신의성실·권리남용금지(제2조)
  - 선량한 풍속·사회질서(제103조)

(2) 하위원리
- ① 소유권존중의 원칙 — 소유권의 상대성
- ② 계약자유의 원칙 — 계약의 공정성
- ③ 과실(자기)책임의 원칙 — 무과실책임의 개별적 적용

1. 近代民法의 性格과 基本原則

(1) 近代民法의 성격

근대민법의 이념은 개인의 자유와 평등에 바탕한 개인주의·자유주의 사상을 지도원리로 한다.

역사적으로 자유·평등의 이념은 18세기 봉건사회에서의 신분적 비속관계로부터 인간을 해방하여 개인의 독립된 인격을 승인하는데 공헌한 혁명이념이며, 이러한 이념은 곧 시민사회의 특질을 담은 민법에 있어서의 당연한 원리로 반영된다. 따라서 18~19세기에 걸친 자유주의 아래에서 민법의 특성은 자유·평등·독립의 원칙을 전제로 한, 소위 사적 자치의 이념으로 집약되며, 그 구성에 있어서도 개인의 권리를 본위로 하고 있다.

(2) 近代民法의 기본원칙

(가) 사유재산권존중의 원칙 개인은 자기책임으로써 생활을 영위하며, 그 생활의 최종적 근거는 자기재산에 근거한다. 따라서 개인이 갖는 모든 재산에 대하여는

완전한 배타적 지배를 인정하는 한편, 소유자에게는 원칙적으로 처분의 자유를 허용하였다. 이것이 소위 「사유재산권존중의 원칙」이며, 개인이 갖는 재산권을 절대적이며 불가침의 것으로 하였다.

(나) 사적자치의 원칙 근대법, 특히 자본주의사회 초기에 있어서 개인간의 법률관계(물물교환을 위한 계약관계)는 이른바 자유방임주의를 취하여 국가는 이에 개입하거나 간섭하지 않고, 다만 당사자로부터 보호를 요청 받은 경우에 한하여 이를 조력하는데 불과하였다. 따라서 개개인은 자기의 자유의사에 의하여 사법상 권리·의무를 취득하거나 행동하여야 하며, 또한 법률은 그 목적이 명백히 위법하지 않는 한 보호하여야 한다는 원칙을 확립하였다. 이를 「사적 자치의 원칙」이라고 하고, 개인의 인격평등의 원칙과 결합하여 다음의 원칙을 파생시킨다.

(ㄱ) 법률행위자유의 원칙 : 사적 자치의 원칙은 넓게 자기의사 결정의 자유와 자기의사 결정에 따른 자기 행위의 자유로 나타나지만, 그 중 진정한 의미에서 사적 자치는 자기 일은 스스로의 결정에 의한다는 소위 자기의사 결정의 자유에 있다. 이를 법률행위자유의 원칙이라고 하며, 사법관계에서 사적 자치의 달성에 중요한 의미를 가진다.

법률행위자유의 원칙은 근대법에 있어서 비단 계약자유에 국한할 것은 아니고, 널리 유언행위 및 단체설립의 자유 등에서도 인정된다. 그러나 그 실질에서는 재산법 분야에서 주로 작용하게 되며, 이로써 법률행위자유는 통상 계약자유의 원칙으로 표현된다.

(ㄴ) 자기책임의 원칙 : 개인은 자기행위에 의하지 않고는 어떠한 불이익도 입지 않는다는 원칙. 즉 누구도 타인의 일방적 행위에 의하여 의무를 부담하거나, 타인의 행위에 대하여 책임을 지지 않고, 더욱이 자기의 고의·과실로 인한 가해행위가 아니면 책임을 지지 않는다. 이것을 「자기책임의 원칙」 또는 「과실책임의 원칙」이라고 하며, 전술한 자기의사 결정의 원칙과 더불어 사적 자치의 중요한 내용을 이룬다.

2. 近代民法의 수정과 現代民法의 반영

(1) 私的自治 原則의 공적과 변질

근대 민법의 근본원칙으로서의 사적 자치의 원칙은 무엇보다 개인을 봉건적인 여러 구속으로부터 해방시킴으로써 자유로운 사회·경제적 활동을 보장하였고, 나아가 근대 물질문명의 발달에 원동력이 된 것은 부정할 수 없는 공적이다. 그러나 이것에 못지않게 19~20세기에 걸친 산업자본주의로부터 금융자본주의로의 이행과, 지나친 자유경쟁에 의한 이윤의 추구는 그 당연한 귀결로서 독점형태의 경제사회를 도입하게 되는 폐단을 초래하게 되었고, 이로써 근대 민법에서의 사적 자치는 이제 그 본래의 본질과는 전혀 다른 형식적인 이념으로 변질되게 되었다.

여기서 이른바 현대 경제사회에서의 정의는 평균적 정의로부터 배분적 정의로, 형식적 평등으로부터 실절적 평등의 실현이 강력히 요청되고, 그 실천이념으로서 공공복리이념의 대두는 근대 사적자치에 대한 새로운 조명을 불가피하게 하고 있다.

(2) 현대 민법상 반영

(가) 소유권행사의 제한 현대법상에서도 개인의 소유권은 보장되나 그 행사는 절대적 자유가 아니며 사회적·정책적 견지에서 제한을 받는 상대적 권리에 불과하다.

헌법 제23조 제1항은 "모든 국민의 재산권은 보장된다. 그 내용과 한계는 법률로 정한다."라고 하여 사유재산권을 보장하고, 동조 제2항은 "재산권의 행사는 공공복리에 적합하게 하여야 한다."라고 하여 재산권행사에 한계를 부여하고 있다.

또한, 민법 제211조는 이러한 헌법정신을 받아 "소유자는 법률의 범위 내에서 그 소유물을 사용·수익·처분할 권리가 있다."라고 함으로써 이제 소유권은 법률의 범위 내에서만 허용되고 그 내용이 결정됨을 명백히 하고 있다. 따라서 오늘날 개인이 갖는 재산권은 그 소유와 행사에 대한 당연한 한계가 주어지며, 그 결과 근대 소유권의 절대성은 현대 소유권의 상대성으로 전락한다. 그리하여 소유권존중의 원칙은 특히 다른 원칙에서 보다 강한 공공복리·권리남용금지 원칙이 작용한다.

(나) 사적 자치의 제한

(ㄱ) 계약공정성의 확보 : 개인의사자치는 사법상 기본원칙이며, 우리 민법의 당연한 원칙으로 확보된다. 그러나 그 실천적 원리에서는 계약의 구체적 공정성을 요구하며, 이러한 요구는 주로 거래의 안전을 위한 목적에서 때로는 계약체결을 강제하고, 계약내용을 변경하거나 또는 그 효력을 부인하기도 한다.

그리하여 개별적 법률에서는 계약자유의 원칙을 제한하는 강행규정을 두어 개인의사자치를 수정하며, 그 구체적 제한으로 보통거래약관·부합계약·집단적 계약의 등장과 더불어 사실적 계약관계론을 출현시킨다.

(ㄴ) 무과실책임의 확대 : 개인이 행한 행위에 대하여는 자기의 과실 있는 행위에 대하여만 책임을 부담하며, 자기의 과실 있는 행위 아닌 타인 행위에 대하여는 책임을 부담하지 아니함이 원칙이다. 그러나 근대 산업사회에서의 대규모적 기업시설은 경영 자체에 위험을 내포하고 있는 동시에 기업자는 기업경영의 이익을 독점

하고 있다. 그러면서도 그 책임에 있어서는 고의·과실의 엄격한 증명에 의해 자기 책임을 회피한다는 것은 가해자 측의 정당화의 논리에 불과한 동시에, 손해분담의 공평성과 사회적 연대성에 대한 침해로 된다. 따라서 현대 민법은 그 수정의 원리로서 무과실책임의 이론을 출현시키고, 또한 과실책임이론의 전통적 법리에 있어서도 그 적용상 입증책임의 전환·무과실책임 규정의 확장해석이 이루어지고 있을 뿐만 아니라, 절차상으로도 원고적격의 확대·개연성이론·수인한도론이 적용된다.

이와 같은 현상은 현대 공해소송에서 가장 뚜렷한 경향을 보이나, 이에 국한하지 않고 일반불법행위 영역에 있어서도 반영하고 있다.

[민법상 무과실책임주의의 반영]

(1) 절대적 무과실책임
- ① 공작물·수목의 설치(식재)·보존의 하자로 인한 소유자 책임(제758조 제1항 단서·제2항)
- ② 금전채무불이행에 대한 채무자의 책임(제397조)
- ③ 대 리
  - ㉠ 법정대리인의 복임권과 그 책임(제122조)
  - ㉡ 표현대리에 있어서의 본인의 책임(제125조·제126조·제129조)
  - ㉢ 무권대리인의 상대방에 대한 책임(제135조 제1항)
- ④ 인지사용의 청구자(제216조), 주위토지통행권자(제219조)의 손해배상책임
- ⑤ 전세권자·질권자·임차권자의 전전세·전질권자·전차인에 대한 책임
- ⑥ 매매목적물에 대한 매도인의 하자담보책임(제570조 이하)
- ⑦ 수임인이 위임사무의 처리를 위하여 과실 없이 받은 손해에 대한 위임인의 책임(제688조 제3항)
- ⑧ 임치인의 임치물의 성질·하자로 인한 수치인에의 배상책임(제697조)
- ⑨ 사무관리에서 관리자의 과실 없이 받은 손해에 대한 현존이익의 한도에서의 본인의 배상책임(제740조)

(2) 상대적 무과실책임(입증책임의 전환, 과실의 추정)
- ① 책임무능력자의 행위에 대한 감독자의 책임(제755조 제1항)
- ② 피용자의 행위에 대한 사용자의 책임(제756조 제1항)
- ③ 공작물설치·수목의 식재·보존의 하자에 대한 점유자책임(제758조 제1,2항)
- ④ 동물의 점유자의 책임(제759조)

3. 우리 民法의 指導理念

(1) 우리 民法의 基本理念

민법은 그 지도이념으로서 근대민법의 기본이념인 개인주의·자유주의에 터한 사적 자치를 기본원칙으로 하면서 이에 현대 실질적 의미의 평등을 실현하기 위한 그 수정원리로서의 공공복리를 추가·강조하고, 그 구체적 실천원리로서 거래안전·사회질서·신의성실·권리남용금지 원칙을 확립하고 있다. 따라서 우리 민법은

한마디로 말하여 현대 실질적 평등의 실천적 원리와 조화된 한도 내에서 근대 민법의 원리를 반영하고 있다.

다만, 사적자치의 원칙과 공공복리의 원칙과 관계에서 어느 것을 상위원리로 둘 것인가. 견해가 대립된다.

공공복리를 민법의 최고이념으로 보는 견해는 사적자치가 지배되는 영역을 법률행위에 의한 법률관계형성의 자유로 이해하나(곽윤직 75면, 김용한 49면), 사적 자치를 민법의 최고이념으로 보는 견해에서는 우리 민법의 기초이념을 사적 자치·사회적 형평·구체적 타당성의 원칙으로 파악하고 그 중 사적 자치의 원칙으로부터 계약자유·소유권존중·과실책임의 원칙이 도출되며, 신의성실·권리남용금지·사회질서·거래안전의 원칙은 예외적으로 사적 자치를 제한하는 규정에 불과한 것이라고 한다(이영준 17면).

생각건대, 근대와 달리 현대에서의 사적 자치는 적어도 사회정의 실현과의 관계에서 긴장관계에 있고, 공공복리 또한 사적 자치를 외면할 수 없는 소위 양자가 서로 조화된 범위에서 작용할 한계가 주어진다. 따라서 양자는 실로 그 우위를 정하기 어렵다고 할 것이며, 이로써 재산권의 영역에서는 물론 법률행위 형성의 영역에서도 양자는 상호 보완적 지위를 가지는 것이라고 할 것이다.

그리하여 개정 민법(안)은 제2조의 1을 신설하여 동조 제1항은 인간의 존엄과 자율을 선언한다.

⑵ 우리 民法의 실천이상

(가) 진정한 권리보호와 거래의 안전보호 민법은 당사자의 진정한 의사와 권리관계를 보호함을 원칙으로 하는 동시에 거래관계에 임하는 제3자의 이익을 보호하기 위하여 당사자의 이익을 희생시키는 예외를 인정한다. 예컨대 계약당사자가 착오에 의하여 의사표시를 한 경우에는 그 의사표시를 취소할 수 있게 하고, 부동산물권에 관하여 비록 그 표상을 갖춘 경우에도 그 표상이 진정한 권리관계에 일치하지 아니하는 때에는 제3자 권리취득을 부인하여 진정한 권리자를 보호하는 한편, 법률행위의 무효·취소의 효과를 선의의 제3자에 대항하지 못하게 하고 있다(제108조·제109조 제2항).

또한, 특히 동산에는 선의취득(제246조)을 인정할 뿐만 아니라, 채권의 준점유자에 대한 변제의 효력을 인정하여 거래의 안전을 꾀하고 있다.

(나) 구체적 타당성의 확보 민법은 합리적·이성적 인간을 표준으로 삼아 자기결정·자기책임의 법리를 기틀로 한다. 그러나 구체적 개인에서는 모두가 동일한 능력을 가진 것은 아니므로 그 보충의 원리로서 구체적 타당성 확보를 위한 제도를 마련하고 있다. 예컨대 민법상 행위능력에 대한 무능력자제도를 두어 거래의 상대

방으로부터 무능력자를 보호하며(제5조), 불법행위책임에서는 변식능력이 없는 미성년자·심신상실자의 책임을 면제한다(제753조·제754조).

더욱이, 이러한 제도는 재산법에서는 보충적 원리로만 작용하지만, 특히 가족법에서는 경제적 능력 없는 자를 배려한 부양·친권·후견제도와 더불어 강하게 작용한다.

민법 중 가족법상 지도원리와 관련하여 헌법 제36조 제1항은 "혼인과 가족생활은 개인의 존중과 양성평등을 기초로 성립되고 유지되어야 하며, 국가는 이를 보장한다."라고 하여 양성평등을 바탕으로 한 가족관계의 기본이념을 선언하고 있다. 따라서 민법 중 가족법상 이념은 개인의사자치를 본질적 바탕으로 하면서, 특히 양성평등의 이념에 따른 자기실현의 원리를 취한다.

제3절 民法의 解釋·效力

제 1. 民法의 解釋

1. 民法解釋의 意義와 方法

(1) 民法解釋의 意義

민법의 해석(解釋)이란 각종의 민사법원에 관하여 그 내용을 확정하는 것을 말하며, 결국 민법의 해석은 법원이 행하는 해석 또는 재판을 예측하거나 지도하려는 의도에서 행하는 해석, 즉 학리해석을 의미한다.

(2) 民法解釋의 方法

(가) 민법의 유권해석 널리 법의 해석이라고 할 때의 해석은 유권해석과 학리해석을 포함한다. 민법의 유권해석(有權解釋)은 민법 제98조가 "본법에서 물건이라고 함은 유체물 및 전기 기타 관리 가능한 자연력을 말한다."라고 규정함으로써 입법적으로 법규의 의미를 밝힌 해석이다. 그러나 이 규정의 의미는 민법의 해석이라기보다 오히려 입법 그 자체로 보며, 또한 그 규정 자체로부터 다시 해석이 필요하므로 결국 민법의 해석은 학리적 해석을 의미한다.

(나) 민법의 학리해석 법의 해석은 원칙적으로 규정 그 자체의 문리적 해석에 충실함을 이상으로 한다. 그러나 문리해석(文理解釋)은 때때로 구체적 타당성을 해

치기 쉬우므로 그 구체적 타당성 확보를 위한 물리적 해석으로부터 논리적인 법규해석이 요청되며, 그 대표적인 방법의 하나가 유추해석이다. 그러나 구체적 타당성 확보를 위한 법해석에는 이것에 국한하지 않고 확장해석·축소해석 및 변경해석·물론해석 등을 등장시킨다.

2. 民法解釋의 理念

민법 법규의 해석에서도 법 일반의 해석이념에서와 같이 법의 일반적·추상적 규정성으로부터 개인의 개별적·구체적 타당성의 확보와 일반적 확실성에 따른 법적 안정성의 확보를 목적으로 한다. 따라서 민법해석의 요청으로서 그 하나는 민법규정에 대하여 사람·사건·시간에 따라서도 불변하는 일반적·확실성의 부여이고, 또 다른 하나는 개개의 민법 규정에 적용되어 타당한 결과를 가져오는 구체적 타당성의 확보이다. 그러나 이들은 서로 배타성을 가지므로 결국 이상적인 민법의 해석은 이들을 적절히 조화하는데 있다.

제 2. 民法의 效力

1. 民法效力의 時的 範圍

(1) 法律不遡及의 原則

모든 법률은 그 효력이 생긴 때로부터 그 후에 발생한 사항에 관해서만 적용되는 것이 원칙이다. 이것을 「법률불소급의 원칙」이라고 하며, 법률의 효력을 소급시킴으로써 일어나는 사회생활상의 혼란을 피하여 법적 안전을 유지하고 구법 하에 발생한 권리를 가능한 존중하여야 한다는 데에서 요구되는 원칙이다.

(2) 민법상 遡及主義와 旣得權不可侵의 原則

민법 부칙 제2조는 "본법에 특별한 규정이 있는 경우를 제외하고는 민법시행일 전의 사항에 대해서도 이를 적용한다."라고 규정함으로써 소급주의를 원칙으로 한다. 그러나 동조 단서는 "이미 구법에 의하여 생긴 효력에는 영향을 미치지 아니 한다."라고 하여 기득권을 보호한다. 따라서 민사관계에서는 원칙적 소급주의를 적용하고 있지만 그 실질에서 불소급의 원칙을 채용한 경우와 크게 다르지 않다.

2. 民法效力의 人的·場所的 範圍

(1) 民法效力의 人的 範圍

민법은 모든 한국국민에 대하여 적용된다. 여기서 한국국민, 즉 우리나라 국민은 한국의 국적을 가진 자이며, 그 취득·상실에 관해서는 국적법이 규정한다. 따라서 한국민이라면 국내·국외 거주 여부를 묻지 않고 민법이 적용된다.

한편, 민법은 한국의 영토 내에 있는 외국인에게도 적용되는 것을 원칙으로 한다. 이와 같이 우리 민법은 사람을 중심으로 미치는 효력에 속인주의·속지주의를 동시에 채용한다. 그러나 특히 속지주의의 관철에는 적지 않게 민법의 규정이 외국의 법률과 충돌하게 되고, 또한 필요를 넘어서 민법을 적용하는 경우가 생기게 되므로 이러한 폐단을 조정하기 위하여 제정된 것이 소위 섭외사법이다.

(2) 民法效力의 場所的 範圍

법률은 그 법률 중 특별한 정함이 없는 한 한국의 모든 영토에 적용된다. 그러므로 일반사법으로서 민법은 우리 나라의 전 영토에 걸쳐 효력이 미친다.

제 2 장　私法上 權利

제 1 절　法律關係

제 1. 法律關係의 意義와 構成

1. 法律關係의 意義

(1) 법률관계의 의미에 관하여 법적 연계관계로 파악할 것인가, 법적 생활관계로 파악할 것인가. 보통은 법에 의하여 규율되는 생활관계로 파악한다.

인류의 사회생활은 다양성을 가지고 또한 이들을 규율하는 사회규범도 법률에 한하지 않고 관습·도덕·종교 등 다양하다. 따라서 우리의 생활관계는 언제나 사회적 각종 규범으로부터 규율되는 것이지만, 그 중에서도 법에 의하여 규율되는 관계를 가리켜 특히 법률관계라 한다.

(2) 법률관계는 그 생활관계에서 당사자가 의도하는 효과가 법의 힘에 의하여 보장되고 실현된다는 점에서 단순한 도덕 또는 종교 등의 힘으로만 보장되는 생활관계와 다르다.

이와 같이 법률관계는 법의 규제를 받는 관계로서 법적 규제를 하기 어려운 인간관계나 호의관계와 구별된다. 예컨대 우정·애정·예의관계, 친구간의 단순한 약속 등은 법률관계가 아니므로 법이 적용되지 아니한다. 따라서 법률관계냐 아니냐는 그 권리실현의 면에서 중요한 의미를 가지며 상대방의 법익보호와 사회적 연대의식과 관계에서 획일적으로 정하여 진다.

예컨대 당사자간의 신사협정이나 호의동승관계는 물론, 호의적으로 지급한 상여금 등은 단순한 호의이지만 거듭 반복성을 가짐으로써 단순한 호의관계에서 벗어나 법적 구속을 가지는 법률관계로 파악된다.[1)]

---

1) 이영준 38면.

2. 法律關係의 구성

법률관계는 법에 의하여 옹호되는 자(Begüenstigten)와 법에 의하여 구속되는 자(Verpflichteten), 즉 권리와 의무의 관계로 나타난다. 원래 법은 사회규범으로서 사람과 사람과의 사회생활을 규율하는 것이므로 법률관계도 사람과 사람의 관계(친족관계 · 채권관계)로 나타나지만, 이에 국한하지 않고, 사람과 물건 기타의 재화와 관계(물권관계 · 무체재산관계), 또는 사람과 장소의 관계(주소 · 사무소 · 영업소)로도 나타난다. 즉 법률관계는 주로 채권관계 · 물권관계 · 주소관계(부재 · 실종)로 요약된다.

제 2. 法律關係의 變遷

당사자간의 권리 · 의무관계인 법률관계에서 구체화되는 법은 역사적으로 의무본위에서 권리본위로 발전해 왔다.

원래 法은 개인을 구속하는 의식에서 의무가 본래적인 것이고, 동시에 이러한 법률관계는 의무 본위로 규율되었다. 그러나 근대에서는 모든 사람이 봉건적 신분으로부터 해방되어 보다 개인의 자유로운 인격과 의사를 존중하게 됨으로써 이제 개인의 지위는 의무보다는 권리의 관념이 강하게 표현되는 동시에 그 법률관계도 의무보다는 권리의 면에서 파악되게 되었다. 따라서 오늘날 법의 구성도 근대 법에서와 같이 주로 권리본위로 파악되고 구성되나, 다만 차이점은 근대법이 권리중심으로만 구성된 데 반하여, 현대 법에서는 권리본위에서 다시 의무가 강조되고 있다.

제 2 절 私法上 權利

제 1. 私權의 意義와 分類

1. 權利와 義務

(1) 權利의 意義

(가) 권리의 본질이 무엇이냐는 법철학의 근본적인 문제로서 일찍부터 학자들의

논의의 대상이 되어 왔으나, 지금도 보편타당한 견해를 찾지 못하고 있다.

전통적 학설로서 意思說은 권리는 법에 의하여 주어진 의사의 힘 또는 의사의 지배라고 하고(Savigny, Windscheid), 利益說은 권리를 법에 의하여 보호되는 이익이라 하며(Jhering), 權利法力說은 권리를 일정한 이익을 향수케 하기 위하여 법이 인정하는 힘이라고 하였다(Enneccerus). 그리하여 의사설은 의사능력이 없는 자(유아·정신병자)도 권리를 가지는 이유를 설명하지 못하고, 이익설 또한 권리자에게 아무런 이익이 없는 권리(친권)도 있다는 비난을 면치 못한다.

(나) 여기서 권리법력설은 이들 학설이 가지는 결점을 구제해 주고, 동시에 권리의 본질을 비교적 올바르게 파악한 것이라고 할 수 있어, 권리는 통상 「법에 의하여 주어진 힘」이라고 파악하였다.

그러나 최근의 새로운 견해는 권리와 대체할 의무를 동시에 파악할 필요에서 권리를 법률관계의 한 구성요건으로 보아 법률제도(예컨대, 소유권에 대한 법률상 소유권제도) 또는 법률공동구성체(예컨대, 법질서는 개개인의 법적 지위를 보호하는 것 뿐 아니라 법률공동체의 구성원이 공동목적을 실현하기 위하여 공동기능을 할 수 있는 기구라 본다)로 파악한다. 즉 권리를 의무와 결합하여 파악함으로써 권리만의 독립된 개념을 배제하고 있다.[2)]

(2) 義務의 意義

의무(義務)란 권리에 대응하는 개념이며, 자기 의사를 불문하고 일정 작위 또는 부작위를 행할 것을 요구 당하는 법률상 구속을 말한다.

법은 당위를 내용으로 하는 사회규범이므로 의무의 부과는 명령 또는 금지와 같은 발현형식을 취하는 것이 일반적이다. 따라서 의무란 주관적으로는 법률적 구속으로 나타나고, 객관적으로는 명령 또는 금지로 나타난다.

2. 私權의 分類

(1) 內容에 의한 분류

(가) 인격권　인격권은 권리자인 주체와 분리할 수 없는 인격적 이익의 향수를 내용으로 하는 권리이다. 예컨대 생명권·신체권·자유권·명예권·성명권·정조권·신용권 등이 이에 속하며, 권리 주체자 자신이 권리객체가 됨이 특색이다.

(나) 재산권　재산권은 시민적 사회생활관계에서 가장 기본적인 권리이며, 권리자의 인격이나 신분과는 관계없이 금전적 가치를 목적으로 하고, 권리 자체도 금전

---

2) Raiser, JZ 1961, p. 465; 이영준 40면 참조.

적 가치를 지니는 권리이다. 재산권의 주요한 것으로서는 물권·채권·무체재산권을 들 수 있다.

(ㄱ) 물 권 : 물권(物權)은 권리자가 직접 물건을 지배해서 이익을 얻는 권리이다. 기본적 물권으로서 소유권과 점유권이 있고, 용익물권으로서 지상권·지역권·전세권이 있으며, 담보물권으로서 유치권·질권·저당권이 있다. 또한 지배권에 속하나 광업권(동법 제12조)·어업권(수산업법 제24조)과 같이 물건을 직접 지배하지 않고 물건을 전속적으로 취득할 수 있는 권리를 준물권이라고 하여 물권에 준한다.

(ㄴ) 채 권 : 채권(債權)은 특정인이 다른 특정인에 대하여 일정한 행위를 요구하는 권리, 즉 채권자가 채무자에게 일정한 급부를 요구하는 권리이며, 근대 사법에서 가장 중요한 지위를 가지는 권리라고 할 수 있다.

채권관계에는 법률행위자유의 원칙이 지배되므로 채권의 목적은 원칙적으로 법률에 구속되지 않고 당사자 임의로 정할 수 있다.

(ㄷ) 무체재산권 무체재산권(無體財産權)은 정신적·지능적 창조물을 이용할 것을 목적으로 하는 독점적이고 배타적인 권리이며, 일명 지적재산권이라고 한다.

특허권·실용신안권·의장권·상표권·저작권 등이 이에 속하고 이들의 권리에 관하여는 모두 특별법이 있고, 국제적으로 보호되는 것이 특색이다.

(다) 가족권 가족권(신분권)에는 친족권과 상속권이 있다. 친족권(親族權)은 가족관계에 있어서의 일정한 지위에 따르는 권익을 향수할 것을 내용으로 하는 권리이며, 친권·후견인이 가지는 권리, 배우자가 가지는 권리, 부양청구권 등이 그 예이다. 그러나 상속권(相續權)은 상속개시 후 상속인이 가지는 권리이며, 재산상속권이 그것이다.

(라) 사원권 사원권(社員權)은 단체의 구성원이 그 구성원이라는 지위에 기하여 단체에 대하여 가지는 모든 권리이다. 사단법인의 사원의 권리·주식회사 주주의 권리 등이 그 예이며, 재단법인은 공익권이, 사단법인은 자익권이 중심을 이룬다.

(2) 作用(효력)에 의한 분류

(가) 지배권 지배권(支配權)은 타인의 행위를 개입시키지 않고서 일정한 객체에 대하여 직접 지배력을 미칠 수 있는 권리이다. 물권은 가장 전형적인 지배권이며, 무체재산권(지적재산권)·인격권도 이에 속한다. 친권·후견권도 사람을 대상으로 하는 권리이나 상대방의 의사를 제한하고 권리내용을 직접 실현하는 점에서 역시 지배권이라고 하는 것이 보통이다.

(나) 청구권 청구권(請求權)은 특정인이 다른 특정인에 대하여 일정한 작위 또

는 부작위를 요구하는 권리이다. 청구권은 그 작위가 물건의 인도를 내용으로 하는 경우라도 권리자는 그 물건을 직접 지배할 수 있는 것이 아니고, 다만 의무자의 지배에서 그 물건의 인도를 요구하는 권리를 갖는데 불과한 점에서 지배권과 본질적으로 다르다.

청구권 중 가장 전형적인 것은 채권이며(채권적 청구권), 채권은 청구권 자체와 동일한 외관을 가진다. 그러나 채권에는 청구권 이외의 여러 권능, 예컨대 급부수령권·거절권, 해제권 등이 포함된다.

한편, 채권 이외의 권리에서도 청구권이 발생하므로 채권은 청구권을 본질로 하지만, 청구권이 곧 채권인 것은 아니다. 예컨대 물권에서 물권적 청구권, 가족권에서 발생하는 부부동거청구권·부양청구권·상속회복청구권 등은 청구권이지만 순수한 채권적 청구권과 구별된다. 그러나 이들의 청구권도 청구권인 점에서 채권에 관한 규정이 유추 적용된다.

(다) 형성권　형성권(形成權)은 권리자의 일방적 의사표시에 의하여 법률관계의 발생·변경·소멸을 일어나게 하는 권리이며, 일명 권리자가 일방적으로 법률관계를 변동시킬 수 있다는 의미에서 가능권(Kannrecht)이라고도 한다.

(ㄱ) 형성권에는 권리자의 의사표시만으로써 효과를 발생시키는 것과 법원의 판결에 의하여 비로소 효과를 발생하는 것이 있다. 전자를 의사표시에 의한 형성권(예컨대, 동의권·취소권·추인권·계약해제권·상계권·예약완결권·약혼해제권·재산상속포기권 등)이라고 하고, 후자를 재판상 형성권(예컨대, 채권자취소권·친생부인권·혼인취소권·입양취소권 및 재판상 이혼권·파양권 등)이라고 한다.

(ㄴ) 형성권은 새로이 법률관계를 형성하는 점에서 재배권과 다르고, 타인의 행위를 개재하지 않는 점에서 청구권과 구별된다. 또한 형성권은 권리에 대한 의무가 수반하지 않는 점에서 특색을 가진다.

(라) 항변권　항변권(抗辯權)은 청구권의 행사를 거부할 수 있는 청구거부권 또는 반대권을 행사하는 권리이며, 최고 및 검색의 항변권·동시이행의 항변권 등이 이에 속한다.

항변권의 행사는 청구권의 작용을 일시적으로 멈추게 하는, 이른바 연기적 또는 일시적 항변권과 상대방의 청구를 영원히 배척하는 항구적 항변권이 있다. 그러나 우리 민법은 항구적 항변권은 일반적으로 인정하지 않는다. 따라서 민법상 항변권은 주로 연기적 항변권, 예컨대 최고의 항변권·검색의 항변권이며, 개별적으로 상속의 한정승인권은 항구적 항변권으로 이해한다.

┌ 영구적 항변권 ┬ 원 칙 - 민법상 일반적으로는 부인
│ └ 예 외 - 상속의 한정승인권(제1028조)
└ 연기적 항변권 ┬ 보증인에 인정되는 권리 - 최고의 항변권(제437조)·검색의 항변권 (제438조)
└ 유치권에 인정되는 권리 - 동시이행의 항변권(제536조)

(3) 기타의 분류

(가) 절대권·상대권　절대권과 상대권은 권리에 대한 의무자의 범위를 표준으로 한 분류이다. 절대권(絶對權)은 특정의 상대방이 없고 일반인을 의무자로 하여 모든 사람에게 주장할 수 있는 권리로서 일명 대세권이라고도 한다.

이에 대하여 상대권(相對權)은 특정인을 의무자로 하여 그 자에 대해서만 주장할 수 있는 권리이며, 이른바 대인권이라고도 한다. 물권·무체재산권·친권·인격권 등의 지배권은 전자에 속하고, 채권 등의 청구권은 후자에 속한다.

(나) 일신전속권·비전속권　일신전속권과 비전속권은 권리와 그 주체의 긴밀도를 표준으로 한 분류이다. 일신전속권(一身專屬權)은 권리의 성질상 타인에게 귀속할 수 없는 것, 즉 양도·상속 등으로 타인에게 이전할 수 없는 권리이고, 비전속권(非專屬權)은 타인에게 양도성과 상속성이 있는 권리이다.

전속권·비전속권의 구별은 원칙적으로 비재산권·재산권의 구별과 일치한다. 그리하여 가족권·인격권은 대부분이 일신전속권이고 재산권은 비전속권이다.

또한, 일신전속권은 다시 행사상 전속권과 귀속상 전속권으로 분류하며, 전자는 후자에서 보다 양도성·상속성이 완화된다.

(다) 주된 권리·종된 권리　다른 권리에 대하여 종속관계에 서는 권리를 종된 권리, 종속시키는 권리를 주된 권리라고 한다. 예컨대 이자채권은 원본채권에, 질권·저당권은 그 피담보채권에, 보증채무는 주채무자의 채무에 각각 종된 권리이다.

또한, 양자의 구별은 종된 권리는 주된 권리의 처분에 따르게 하는데 그 실익이 있다.

제 2. 私權의 衝突

1. 私權의 順位

동일한 객체에 대하여 수 개의 권리가 존재하는 경우, 그 자체가 모든 권리를 만족시킬 수 없는 현상이 일어날 수 있다. 이것을 권리의 충돌(Kollision der Rechte)

이라고 하며, 권리가 충돌하는 경우에는 원칙적으로 수 개의 권리 간에 순위가 있게 된다. 예컨대 물권(物權) 중 제한물권은 소유권에 우선하고, 제한물권 상호간은 법률의 규정에 의하여 정하여지며, 또한 동종의 권리 간에는 먼저 발생한 권리가 우선한다는 원칙이 적용된다.

그러나 채권(債權)은 평등의 원칙이 주어지므로 동일 채무자에 대한 수 개의 채권은 그 발생 순위에 관계없이 병존하게 된다. 따라서 채권은 원칙적으로 권리가 경합하게 되며, 그 외에 형성권(形成權)에서도 권리가 경합한다.

- (1) 물권과 채권의 충돌 - 물권이 우선(등기된 임차권·환매권 제외)
- (2) 물권 상호간의 충돌
  - 소유권과 제한물권의 충돌 - 제한물권이 언제나 우선
  - 동종의 물권간의 충돌 - 선 성립주의가 지배
- (3) 채권 상호간의 충돌 -- 채권자 평등의 원칙이 지배
  - ① 파산채권은 일반채권에 우선한다(파산법 제31조)
  - ② 등기된 부동산임차권과 환매권은 다른 채권에 우선
  - ③ 근로임금채권 및 국민연금채권 먼저 성립한 물권 및 일반채권에 우선
  - ④ 대항력을 갖춘 주택 및 상가건물임차권의 소액보증금 중 일정액 및 확정일자를 갖춘 보증금은 일반채권에 우선(동법 제3조의 2, 8).
  - ⑤ 조세채권의 일반채권에 우선

2. 請求權競合과 法條競合

(1) 權利의 競合

하나의 생활사실이 수 개의 법률요건을 충족시키는 경우에는 그 결과로서 수 개의 권리가 발생하게 된다. 예컨대 도난의 경우에는 소유자와 점유자간에 점유회수청구권과 소유물반환청구권 및 불법행위로 인한 손해배상청구권이 경합하고, 임대차관계가 종료한 경우에는 임대인과 임차인간의 소유권에 기한 반환청구권과 임대차계약상의 반환청구권이 발생한다.

이와 같이 하나의 법률관계에서 수 개의 권리가 발생하는 경우, 이들 간의 경합을 인정할 것인가. 문제된다.

(2) 權利의 競合關係

(가) 청구권경합 관계　　청구권경합이란 하나의 법률관계에 수 개의 권리가 발생한 경우 권리자가 이를 선택적으로 행사할 수 있고 권리자의 권리행사로 목적이 달성되지 않는 한 다른 권리가 소멸되거나 배척되지 않는 법률관계를 말한다. 예컨대 당사자가 계약을 위반하게 되면 원칙적으로 채무불이행에 기한 손해배상청구권과

불법행위에 기한 손해배상청구권이 동시에 발생하게 되고, 이때 청구권경합을 인정하면 권리자가 이들 권리를 선택적으로 행사할 수 있고, 그 중 하나 또는 전부를 행사하여 목적이 실현되지 않는 한 다른 권리는 소멸하지 않게 된다.

학설 · 판례는 대체로 이들 간에 경합을 인정하며,[3] 그 외에도 사기 · 강박으로 인한 취소권과 물건의 담보책임, 불법행위로 인한 손해배상청구권과 부당이득반환청구 등에 관하여도 법률에 특별 규정이 존재하지 않는 한 원칙적으로 청구권경합을 긍정한다.

견해에 따라서는 청구권경합의 경우에도 소송물이론과 관련하여 피해자가 상호관련 있는 두개 이상의 책임을 추궁할 수 있는 경우에도 그것은 각각 무관계한 권리가 아니라 상호간에 영향을 미치는 것이므로 실질적으로 볼 때 한 개의 분쟁에 불과한 것인 때에는 권리자에게 가장 유리한 종합적 권리로 통합되는 것이라고 하고(효과규범통합설: 이은영, 민법학강의 640면), 또한 다른 견해는 위의 효과규범통합의 경우에도 당연히 권리자에 유리한 종합적 권리로 통합되는 것이 아니라 그 청구권규범경합이 이루어지기 전에 먼저 사안의 성질판결이 이루어져야 하고 이로써 그 통합은 결국 효과규범의 경합에 국한하여야 할 것이라고 한다(규범경합제한설: 김형배, 채권법 229면).

(나) 법조경합 관계 법조경합은 동일한 생활사실이 수 개의 법규가 정하는 요건을 충족시키는 법규관계이며, 일명 청구권비경합관계라고 한다. 따라서 어떤 법규가 다른 법규를 배척하는 때에는 그 중 하나의 법규만이 적용되고, 그 적용되는 법규에 의한 권리만 생길 뿐이다.

법조경합관계(法條競合關係)는 수 개의 법규가 특별법과 일반법과의 관계에 있는 경우로서 예컨대 국가배상법과 민법상 손해배상청구권, 무상수취인의 자기주의의무와 유상수취인의 선관주의의무, 착오와 담보책임, 물권적 청구권과 부당이득반환청구권이 그것이다.

---

3) 우리 민법상 다수설 · 판례는 채무불이행과 불법행위의 형식상 성립요건을 동일하게 보므로 어떤 계약관계에 바탕하여 채무불이행이 성립하면 동시에 불법행위도 성립하게 된다.

제 3 절 私權의 行使와 制限

제 1. 私權의 行使

1. 私權行使의 의의와 태양

(1) 사권의 행사(Rechtsausubung)란 권리의 내용을 실현하는 과정을 말한다. 권리는 그 자체의 의사지배 또는 이익의 향수를 위한 수단으로서 잠재적인 힘에 지나지 않으므로 권리가 목적으로 하는 이익을 실제로 향수하기 위해서는 그 잠재적인 힘을 실현화하는 과정이 필요하게 된다.

이와 같이 권리의 내용을 실현화하는 사법상 과정이 곧 사권의 행사이다.

(2) 사권의 행사는 권리의 내용에 따라 달리한다.

(가) 지배권(支配權)은 권리의 객체를 사실상 지배함으로써 이루어진다. 따라서 지배권은 목적물의 사용·수익·처분 등 통상 사실행위에 의하여 행사되며 법률행위 또는 준법률행위에 의하는 경우는 많지 않다.

(나) 청구권(請求權)은 상대방에 대하여 어떤 행위(급부)를 요구하는 것, 즉 이행을 청구(최고)함으로써 행하여진다. 청구권의 행사에는 특별한 방식을 필요로 하지 않으므로 서면 또는 구두에 의하거나 재판상 또는 재판 외에서 행사하거나를 불문한다. 그러나 증권적 채권은 증권의 행사에 의하여야 한다.

(다) 형성권(形成權)은 권리자의 일방적 행위에 의한다. 일방적 행위에는 취소권·추인권·선택권·상계권·해제권 등과 같이 법률행위인 경우도 있고, 최고권과 같은 준법률행위도 있으며, 어업권·채광권 등의 사실행위도 있다.

(라) 항변권(抗辯權)은 상대방의 청구를 거절(의사통지)함으로써 행사된다. 따라서 항변권의 행사는 상대방의 청구를 전제로 행사된다.

2. 私權行使自由의 原則과 公共性·社會性

(1) 근대사법은 개인주의·자유주의를 기조로 하여 법의 구성은 권리본위로 구성되고, 또한 그 행사는 권리자의 자유에 맡겨져 있는 것을 원칙으로 한다. 더욱이 권리자의 정당한 권리행사의 결과 비록 타인에 불이익을 주는 일이 있더라도 그 행사가 당연히 불법한 것으로 된다거나, 책임을 부담할 것은 아니라고 보았다.

이와 같이 근대 사법상 이념은 권리자의 보호에 치중하여 구성되고 그 행사는 권리자의 절대적 자유로 이해되었다. 그러나 현대사회에 대두된 공공복리의 이념은 사법상 개념에도 절대적 영향을 주고 있다.

(2) 1919년의 바이말 헌법 제153조가 "소유권에는 의무가 따른다."라고 선언한데 이어, 우리 헌법 제23조 제2항은 "재산권의 행사는 공공복리에 적합하도록 하여야 한다."라고 규정하여 사법상 권리개념 그 자체에 대한 내용과 한계를 제시한다.

따라서 오늘날 사법상 권리는 사회성·공공성에 입각하여 파악하여야 하고, 이로서 그 내용과 행사는 사회적 정당성을 가져야 하는 동시에 다른 권리와 관계에서 어떤 한계가 내포된 것으로 이해하여야 한다.

그리하여 민법은 그 실천이념으로써 신의성실의 원칙과 권리남용금지의 원칙을 선언하여 사법이념의 일반조항으로 하고 있다.

제 2. 私權의 制限

1. 信義誠實의 原則

(1) 信義則의 의의

민법은 "권리의 행사는 신의에 좇아 성실히 하여야 한다(제2조 제1항)."라고 규정하여 신의성실의 원칙을 밝히고 있다.

여기서 신의성실(Treu und Glauben)이란 통상 사람은 사회공동생활인의 일원으로서 상대방의 신뢰를 헛되이 하지 않도록 성의를 가지고 행동하는 것을 말한다. 그러나 구체적으로 무엇이 신의성실이냐는 획일적으로 정할 수 없고, 각 경우에 따라 결정될 것이지만, 한마디로 말하여 이것은 인간 개인의 사회적인 신뢰규범을 이념의 형식으로 규제한 것이며, 무엇보다 윤리적인 색채가 농후한 규범이라고 할 수 있다.[4)]

(2) 信義則의 적용기준

(가) 요건의 일반성·경험성　　신의칙 위반에 대한 일반적·추상적 기준은 없다. 따라서 구체적인 경우에 실질적 정의·형평을 바탕으로 하여 무엇이 사회적 타당성 내지 공공의 복지에 적합한가를 판단하여 결정할 일반조항이라 할 수 있다. 그러므

4) 신의성실의 원칙은 로마법 이래 주로 채권법의 영역에서 주장되어 왔으나, 근대법에서는 프랑스민법이 "계약은 신의에 따라 이행하지 않으면 안된다."라고 규정한데 이어 독일민법은 채권법 전체를 지배하는 대원칙으로 삼았으며, 나아가 현대 스위스민법은 사권의 최고원리로 선언하고 있다. 그리하여 우리 민법도 스위스민법을 본받아 동법 제2조가 이를 규정한다.

로 신의칙은 적어도 그 시대의 정의관·윤리관과 관련지어 요구되는 탄력성·영속성을 가진 부단히 살아있는 법으로서의 의미를 가진다.[5)]

그리하여 판례는 민법상 신의성실의 원칙은 법률관계의 당사자가 상대방의 이익을 배려하여 형평에 어긋나거나 신의를 져버리는 내용 또는 방법으로 권리를 행사하거나, 의무를 이행하여서는 아니 된다는 추상적 규범을 말하는 것이라고 선언한다.[6)]

(나) 고의·과실의 문제 신의칙 위반의 행위이기 위해서는 권리의 행사와 의무의 이행이 고의·과실 있는 행위이어야 하는가.

부정설은 신의칙의 적용은 일반적으로 문제되는 것이 아니고 구체적 당사자간의 관계에서 문제되며, 그 규범의 성격 역시 법률관계 당사자가 상대방의 이익을 배려하여 형평에 어긋나거나 의무를 이행하여서는 아니 된다는 추상적 규범을 의미하는 것으로 그 판단은 구체적인 법률관계와 상대방에 대한 신뢰의 타당성 등 모든 구체적인 사정을 고려하여 정할 것이므로 행위자의 고의·과실은 직접적인 요건이 되는 것은 아니라고 하고,[7)] 제한적긍정설은 신의칙 위반으로서 행위이기 위해서는 위법행위의 일반론에 따라 원칙적으로 권리의 행사와 의무의 이행이 행위자의 고의·과실 있는 행위이어야 하겠지만, 다만 상대방의 권리보호가 절실한 때에는 행위자의 고의·과실이 없더라도 신의칙 위반으로 다루어져야 할 것이라고 한다.

다수설은 제한적긍정설을 취하나, 판례는 민법상 신의성실의 원칙은 법률관계의 당사자는 상대방의 이익을 배려하여 형평에 어긋나거나 신뢰를 저버리는 내용 또는 방법으로 권리를 행사하거나 의무를 이행하여서는 안 된다는 추상적 규범을 말하는 것인바, 이를 구체적인 법률관계에 적용함에는 상대방의 이익의 내용, 행사하거나 이행하려는 권리 또는 의무와 상대방이익과 상관관계 및 상대방신뢰의 타당성 등 모든 구체적인 사정을 고려하여 그 적용 여부를 결정하여야 하는 것이라고 하여 그 판단에 행위자의 고의·과실은 직접적인 요건으로는 하지 아니한다.[8)]

(다) 강행규정성 신의성실의 원칙은 강행법성을 가진다. 그러므로 당사자의 주장이 없는 경우에도 법원은 직권으로 판단하여 적용할 수 있다. 판례는 신의성실의 원칙에 반하는 것 또는 권리남용은 강행규정에 위배되는 것이므로 당사자의 주장이 없더라도 법원은 직권으로 판단할 수 있는 것이라고 하여 이를 명백히 선언한다.[9)]

---

5) 다만, 신의칙의 적용이 자유재량행위인가 기속재량행위인가에 관하여 다수설은 기속재량행위라 보며, 더욱 그 적용에 있어서는 개개의 사례를 유형화하여 경험적인 것으로부터 규범적인 것으로 승화시킬 것이라 한다(이영준 62면, 김상용 123면).

6) 대판 1995.12.12, 94다42693; 1991.12.10, 91다3802.

7) Kommentar Zum Bürgerlichen Gesetzbuch, 12. Aufl. Bem. 14.

8) 대판 1989.5.8, 87다카2407.

9) 대판 1995.12.22, 94다42129; 1989.9.29, 88다카17181.

(3) 信義則의 적용

(가) 신의칙의 일반적 적용　민법 제103조, 제750조의 위법성과 같은 행위기준은 사회일반인 구성원과 상황에 요구되는 최소한의 윤리적 요청인데 대하여, 신의칙은 특별한 신뢰관계가 있는 자 사이에 요구되는 높은 행위기준이다. 따라서 이러한 특별결합관계가 존재하는 영역이면 공법·사법관계를 불문하고 적용된다.

그리하여 그 중 특히 사법관계에서 신의칙은 민법 전체에 대한 일반조항으로서 의미를 가지며, 채권·물권·가족관계에 불문하고 적용된다. 그러나 그 실용성이 가장 큰 영역은 역시 임의법성이 강하게 지배되는 채권법 영역에서이다.

(나) 신의칙의 구체적 적용

(ㄱ) 권리행사면에 있어서 적용 : 권리의 행사란 권리자와 타자의 관계에서 어떤 법률관계의 변동을 가져오게 하는 작용이다. 그러므로 그 행사에는 오늘날 공공복리의 원칙상 상당한 규제를 가하게 되며, 그 이념의 형식으로 신의성실의 원칙이 등장했다. 그리하여 권리의 행사가 신의칙에 반하면 곧 권리남용으로 되고 이로써 그 법률행위의 효력이 부정되므로 결국 신의칙에 반한 권리행사는 그 권리행사 본래의 효과를 거둘 수 없게 된다.

문제는 이와 같은 권리자의 권리행사가 어떠한 형식을 결한 때 소위 신의칙에 반한 행위로서 그 효력이 부정될 것인가. 신의칙의 윤리이념상 일의적으로 단정할 수는 없지만, 판례는 신의성실의 원칙에 위배된다는 이유로 그 권리행사를 부정하기 위해서는 상대방에게 신의를 공여하였다거나 객관적으로 보아 상대방이 신의를 가짐이 정당한 상태에 이르러야 하고 이와 같은 상대방의 신의에 반하여 권리를 행사하는 것이 정의관념에 비추어 용인될 수 없는 정도의 상태에 이르러야 하는 것이라고 한다.[10)]

(ㄴ) 의무이행면에서 적용 : 의무이행에서의 신의칙은 구체적으로 채무이행에 관한 규정(특히 제460조)과 그 해석과정에서 나타난다. 그것은 권리행사와 의무이행은 권리자와 의무자가 상호 협력하여 창조해 나가는 유기적 관계란 점에서 양 당사자 모두에게 사회일반에 요구되는 신의칙이 적용되며, 특히 계속적 채권관계에서 강하게 나타난다.

그 외에도 민법은 신의칙의 직접적 반영으로 과실상계의 법리에 의한 배상액의 결정(제396조), 수령지체의 경우 채권자책임, 신의칙에 반하는 조건의 성취와 불성취에 대한 효과의제, 계약체결상 과실책임 등을 규정한다.

---

10) 대판 1995.12.12, 94다42693.

- (1) 직접적 반영
  - ① 사정변경(지료·차임 등 증감청구)의 인정
  - ② 상린관계에 관한 제 규정(제215조-제249조)
  - ③ 이행보조자의 고의·과실(제391조), 채권자지체(제400조-)
  - ④ 계약체결상 과실(제535조), 임대인의 유지의무(제623조)
  - ⑤ 계속적 채권관계 규정(제691조)
  - ⑥ 공평실현을 위한 제 규정(폭리행위·동시이행항변권·담보책임 등)
- (2) 간접적 반영
  - 거래의 안전을 위한 여러 규정
  - 경제적 약자 보호를 위한 여러 규정

특히, 판례는 지하실의 소유지분권을 직접 매도한 후 「집합건물의 소유관리에 관한 법률」이 시행됨으로써 그 지분권이전등기철차의 이행이 불가능하여지자 그 매매가 실효되었다는 등의 이유로 매도인이 매수인을 상대로 그 지하실 부분의 명도를 구하는 행위(즉, 의무부담자가 자신의 상대방에 대한 의무와 상충되는 권리를 주장하는 경우: 대판 1999.1.15, 98다43953), 자기소유의 대지상에 자신의 친딸이 건물을 신축하도록 승낙한 자가 그 건물이 친딸인 채권자의 경매신청에 따라 경락되자 경락인에 대하여 철거를 구하는 행위(대판 1991.6.11, 91다9299)는 신의칙에 반하는 권리행사라고 하였다.

(4) 信義則의 효과

신의칙은 하나의 추상적인 윤리적·도덕적 규범으로서, 개별적 법규범의 내용을 구체화하여 법의 형성적 기초로서의 기능, 즉 실존하는 법률제도의 미비점을 보충·수정하는 살아 있는 법으로서 기능한다. 따라서 신의성실의 원칙은 법률행위를 해석하여 그 내용을 확정하는 기능을 갖는 외에 권리의 발생·변경·소멸의 기능을 갖는다.

(가) 권리의 창설적 효과 오늘날 채권관계는 하나의 채권·채무관계로 구성되는 것이 아니라 그 채권관계의 목적 달성을 위한 유기적 관계로 파악한다. 따라서 어떤 계약관계에서 채무자는 주된 급부의무 외에 신의칙에 의한 부수적 관계가 성립하므로, 채무자는 여러 급부의무를 부담하는 동시에 이에 상응한 권리가 발생한다. 이것은 곧 신의칙이 급부의무 또는 명시적으로 규정된 종된 의무에 작용하여 이를 확장함으로써 발생하는 효과로 파악하며, 학설은 이를 신의칙상 권리의 창설적 효과라고 한다.

예컨대, 매매계약에서 매도인은 제1차적 급부의무로서 재산권 이전의무 외에 제2차적 급부의무로서의 목적물을 인도시까지 선량한 관리자의 주의로써 보관하여 이행기에 급부할 의무를 부담하는데(제374조) 이 제2차적 급부의무는 바로 신의칙에 의하여 제1차적인 급부의무로부터 도출되는 부수의무라고 한다(이영준 64면).

또한, 이와 같은 부수의무는 계약관계가 성립된 때부터 발생함이 원칙이지만 때로는 계약체결 전 단계에서 발생하는 경우가 있는데 이를 계약체결상 과실책임이라고 하여, 통설은 신의칙상 책임으로 이해한다(그러나 최근의 유력설은 계약체결상 부수의무위반의 채무불이행책임이라고 한다).

(나) 권리의 변경적 효과 법률행위의 성립에서 그 기초가 된 사정이 그 후 당사자가 예견하지 못한 또는 예견할 수 없었던 사정으로 중대한 변경을 받게 되어 당초에 정하였던 행위의 효과를 그대로 유지하거나 강제한다면 현저히 부당한 결과가 생기는 경우 당사자는 그러한 행위의 효과를 신의칙에 맞도록 적당히 변경할 것을 상대방에게 청구하거나, 또는 계약을 해제·해지할 수 있는 것이라고 한다. 이것을 사정변경의 원칙(clausula rebus sic stantibus)이라고 하며, 신의칙상 권리변경적 효과이다.

사정변경권의 기초이론으로 영미법에서는 계약목적 불도달의 법리(the doctrine of frustration of contract), 프랑스법에서는 불예견론(la theorie de limprevision), 독일법에서는 행위기초론(die lehre von der geschaftsgrundlage)이 있다.

우리나라 압도적 견해는 사정변경칙을 일반원칙으로 적용할 것을 주장한다. 그러나 판례는 소극적 태도를 취할 뿐만 아니라, 견해 중에는 사정변경의 원칙을 독일의 행위기초이론과 같은 것으로 이해하고 주관적 행위기초이론의 문제를 착오론으로, 객관적 행위기초이론의 문제는 이행불능의 문제로 해결할 수 있다고 보아 종국적으로는 사정변경칙을 부정한다[이영준 사정변경의원칙에관한연구. 사법논집 제5집(1971) 17면].

(ㄱ) 사정변경칙 적용의 요건 : 사정변경의 원칙이 적용되기 위해서는 다음의 요건을 갖추어야 한다.

(a) 법률행위 당시의 사정이 변경될 것이어야 한다. 여기서 사정(事情)이란 당사자가 법률행위를 하였을 때의 일체의 정황으로서 객관적 사실을 의미하며, 주관적 인식을 제외한다.[11]

(b) 그 사정변경이 법률행위 성립 후 그 효과의 완료 전에 생긴 것이어야 한다. 법률행위가 성립하고 존속하지 아니하면 고려할 사정이 존재하지 않기 때문이다.

(c) 사정변경을 당사자가 예견하지 않았고 또 예견할 수 없는 성질의 것일 것이어야 한다. 당사자가 예견하였음에도 채무를 부담한다면 그 위험에 따른 손해를 감수함이 위험부담의 원칙상 당연하기 때문이다.

(d) 그 외에도 사정변경이 당사자의 책임없는 사유로 생긴 것일 것이어야 하고, 사정변경의 결과 당초의 법률효과를 그대로 유지하고 발생케 하는 것이 심히 신의칙과 공평의 원리에 반할 것이어야 한다.

또한, 당사자가 사정의 변경을 원하고 있을 것이어야 한다.

(ㄴ) 사정변경칙의 적용 : 사정변경칙의 적용에는 민법과 판례가 태도를 달리한다. 즉 민법은 사정변경에 관한 구체적 규정을 두어 일반적 적용을 예정하고 있으나

11) 김용한, 사정변경의원칙, 사법행정(1971.1) 17면.

(제218조·제286조·제311조·제557조·제628조·제661조·제689조), 그 결정을 직접 적용하는 일반규정은 존재하지 않는다. 따라서 판례는 그 일반적 적용을 배척하고, 개별적으로 지료증감청구권에 관하여만 인정하고 있다.

또한, 사정변경칙의 적용으로 계약해제권을 인정할 것인가. 학설은 긍정하나, 종래 판례는 부정하였다. 그러나 최근의 판례는 특히 계속적 법률관계에서 당사자가 예견하지 못한 사정의 변경으로 본래급부가 신의·형평의 원칙상 심히 부당하게 된 경우에는 그 급부의 내용을 적당히 변경할 것을 청구할 수 있고, 또한 상대방이 이를 거절할 경우에는 계약을 해소(해지)할 수 있는 법률규범으로 이해하고 있다.[12)]

[민법상 사정변경권의 규정]

(1) 수도시설권의 시설변경(제218조 제2항)
(2) 지료증감 청구(제286조)
(3) 임차물의 일부멸실과 차임감액(제627조 제1,2항) 및 증감청구(제628조)
(4) 증여자의 재산상태 변경과 증여해제(제557조)
(5) 부득이한 사유와 고용계약 해지(제661조)
(6) 위임계약의 해지 제한(제689조)
(7) 기간의 약정있는 임치해지(제698조)
(8) 조합원의 임의탈퇴와 부득이한 사유로 인한 조합해산청구(제720조)

[판례] 피고가 회사의 이사의 지위에 있었기 때문에 그 회사의 요구로 부득이 그 회사(원고)와 은행 사이의 계속적 거래로 인한 회사채무에 대하여 연대보증인이 되었다가 그 후 회사에서 퇴사하여 이사의 지위를 떠난 경우에, 그 연대보증계약의 성립 당시 사정에 현저한 변경이 생긴 경우에 해당되므로 사정변경을 이유로 그 연대보증계약을 해지할 수 있다(대판 1992.5.26, 92다2332).

(다) 권리소멸의 효과 신의칙 위반으로 권리가 소멸하는 효과, 즉 실효의 원칙이 적용된다. 여기서 실효(失效)의 원칙이란 권리자가 그의 권리를 장기간 행사하지 아니함으로 인하여 상대방에 이제 권리를 행사하지 아니할 것으로 믿을 만한 신뢰를 갖게 한 경우, 후일 권리자가 새삼스럽게 그 권리를 행사하는 것이 신의칙에 반한다고 생각되는 경우에는 이를 권리남용으로 다루어, 그 권리행사가 제한되거나 항변할 수 있는 원칙을 말한다.

실효(失效)의 원칙(原則)은 원래 제1차 세계대전 후 독일의 판례에서 나타나 그 후 신의칙을 바탕으로 한 이론적 확립과 더불어 오늘날 모든 사권에 일반적으로 적

12) 대판 1996.12.10, 96다27858; 1995.2.10, 1954민상109; 1992.5.26, 92다2332.

용하고 있으나, 우리나라에서는 일반화되어 있지는 못하였다. 그러나 최근 판례는 권리자가 권리행사를 현실적으로 기대할 수 있었음에도 불구하고 장기간 행사하지 아니함으로써 권리를 행사하지 아니할 것이라 믿을 만한 정당한 사유를 갖게 되거나 행사하지 아니할 것으로 추인하게 된 때에는 실효의 법리에 따라 권리행사가 허용되지 않는다고 함으로써 일반적 적용을 긍정한다.13)

[판례] 일반적으로 권리의 행사는 신의에 좇아 성실히 하여야 하고 권리는 남용하지 못하는 것이므로, 해제권을 갖는 자가 상당한 기간이 경과하도록 이를 행사하지 아니하여 상대방으로서도 이제는 그 권리가 행사되지 아니할 것이라고 신뢰할 만한 정당한 사유를 갖기에 이르러 그 후 새삼스럽게 이를 행사하는 것이 법질서 전체를 지배하는 신의성실의 원칙에 위반하는 것으로 인정되는 결과가 될 때에는 이른바 실효의 원칙에 따라 그 해제권의 행사가 허용되지 않는다고 보아야 할 것이다(대판 1994.11.25, 94다12234).

(ㄱ) 失效의 요건 : 권리가 실효되기 위해서는 권리자 측면과 의무자 측면을 함께 고려하여 정한다. 먼저 권리자 측의 행위평가로서 권리자의 주관적 동기는 고려하지 않으나 권리자의 권리행사가 현실적으로 기대할 수 있음에도 불구하고 이를 행사하지 아니함으로써 의무자가 권리자의 권리 불행사로부터 더 이상 권리행사를 하지 않을 것이라는 사실을 객관적으로 인정할 수 있는 것이어야 하고, 또한 의무자 측에서도 권리자가 자기의 권리를 행사하지 않는다는 예상에 부응하여 의무자가 일정한 행위를 행함으로써 권리자의 권리행사 허용이 의무자로부터 보아 기대 불가능한 것이어야 한다.

판례는 실효(失效)의 법리에 따라 그 권리행사가 허용되지 않기 위해서는 권리자가 장기간에 걸쳐 그의 권리를 행사하지 아니하여 의무자인 상대방으로서도 이제는 권리자가 그 권리를 행사하지 아니할 것으로 믿을 만한 정당한 사유를 갖게 되거나 행사하지 아니할 것으로 시인하게 되고 새삼스럽게 그 권리를 행사하는 것이 신의성실의 원칙에 반하는 결과가 되는 경우이어야 하고, 여기서 권리자가 그 권리를 행사하지 않는 것이 문제되는 것은 비록 권리자의 주관적인 동기가 고려되지 않는다고 하더라도 그에게 권리행사의 기대에 있어 이를 현실적으로 기대할 수가 있었음에도 불구하고 행사하지 않은 경우에 한하는 것이라고 한다.14)

[판례] 인지청구권은 본인의 일신전속적인 신분관계상의 권리로서 포기할 수도 없으며 포기하였더라도 그 효력이 발생할 수 없는 것이고, 이와 같이 인지청구권의 포기가 허용되지 않는 이상 거기에 실효의 법리가 적용될 여지도 없다(대판 2001.11.27, 2001므1353).

---

13) 대판 2002.1.8, 2001다60019; 1996.7.30, 94다51840; 1994.11.25, 94다12234; 1991.8.13, 91다11261; 1991.3.22, 90다9797; 1990.8.28, 90다카9619; 1976.11.6, 76다148(전).

14) 대판 2002.1.8, 2001다60019; 1990.8.28, 90다카9619; 1988.4.27, 87누915.

(ㄴ) 失效의 효과 : 실효원칙 적용의 결과 외형상(형식적)으로는 권리가 존재하나, 실질적으로는 권리가 소멸하여 그 행사가 제한된다. 따라서 신의칙에 반하는 권리자의 권리불행사는 사실상 권리소멸의 효과로 설명된다. 그러나 권리 그 자체가 언제나 모두 소멸하는 것은 아니며, 그 법률관계로부터 다른 수 개의 권리가 존재하는 경우에는 신의칙에 반하는 범위에서 권리행사가 제한되는 것으로 나타난다. 예컨대 빈번한 거래에서 하자담보책임은 상당한 기간 불행사로 소멸하는 것이 아니라 신의칙에 반하는 범위에서 다른 급부청구나 계약해제권의 행사가 제한될 뿐이며, 하자 부분에 대한 수선 또는 보완청구는 가능하다.15)

2. 權利濫用禁止의 原則

(1) 權利濫用의 개념

(가) 권리남용의 의의 권리남용(權利濫用)이란 외형상 권리가 법률상 인정되어 있는 사회목적에 반하여 부당하게 행사되는 것, 즉 외형상으로는 권리의 행사로 보이지만 실질적으로 보면 그 권리 본래의 목적을 벗어난 것이어서 정당한 권리행사로 볼 수 없는 행위를 말한다.

이와 같이 권리남용은 곧 권리행사의 정당성의 요청이며, 결국 권리행사의 한계를 의미하나 그 근거를 권리내부에서 파악할 것인가, 아니면 외부적 규정에 의한 제한이라 볼 것인가.

우리 민법 제2조 제2항은 "권리는 남용하지 못한다."라고만 규정하였을 뿐이고, 구체적으로 어떤 경우에 어떤 요건 또는 표식으로 권리남용이 성립하는가를 정하고 있지 않는 점에서 문제되며, 학설・판례가 일치하지는 않으나 대체로는 권리 자체에 내포하는 내재적 한계로 파악한다. 따라서 권리는 그 자체에 내재하는 한계에서 그 행사에 정당성을 갖는 범위 내에서만 법의 보호를 받는 것으로 이해한다.16)

로마법에서는 타인에 대한 가해목적을 가진 권리행사의 경우에만 권리남용으로 인정하였고(Schikane Verbot), 더욱이 근대 초기에는 권리행사의 자유가 인정되어 권리남용이란 생각할 수 없었다. 그러나 그 후 프랑스 판례와 독일민법(제226조)이 시카네금지적인 권리남용을 인정함으로써 해타목적의 권리행사로부터 출발하여 오늘날은 그 범위를 확대적용하고 있다.

또한, 권리남용금지에 관한 연혁도 처음에는 소유권을 중심으로 전개되었으나 현대법상 권리남용을 규정한 규정의 위치나 권리의 해석상 사권일반(예컨대 채권・신분권・무체재산

15) 대판 1992.11.10, 92다20170 참조: 판례는 토지가 학교의 교사부지로 사용되는 사정을 알면서 양수한 후 20년 가까이 인도청구를 하지 않는 경우에 부당이득반환청구는 몰라도 토지 자체의 인도청구는 신의성실의 원칙상 허용될 수 없다라고 하였다.

16) 대판 1992.6.9, 91마500.

권)에 적용된다고 보며, 또한 소권 등 공권도 이 원칙에서 자유로울 수 없을 뿐만 아니라, 나아가 일정한 법적 지위의 남용(이른바 규범남용으로서의 법인격 남용)에도 적용한다.

(나) 권리남용과 신의칙의 관계　신의칙은 권리행사와 의무이행의 양면에 적용된다(제2조 제1항). 그러므로 신의칙이 권리행사의 경우에 적용될 때 권리남용금지 원칙과 관계가 문제된다.

구별긍정설은 법적 특별결합관계(예컨대 계약당사자·부부·친자 등)에 있는 자 간의 권리행사는 먼저 신의칙을 적용하여 권리남용 여부를 판단할 것이고, 그렇지 않은 자 간에는 바로 권리남용 문제로 취급해야 할 것이라고 한다(Larenz, Lehrbuch des Schuldrecht, Bd.I,14. Aufl., 1987, S. 1285).

구별부정설은 법적 결합관계를 구별하지 않고 심한 신의칙에 반한 권리행사를 곧 권리남용으로 파악한다.

통설·판례는 양 원칙을 그 적용상에서 구별하지 않는다.[17] 그리하여 신의칙은 권리남용인가의 가치판단을 하기 위하여 종종 원용되며, 나아가 권리를 박탈하거나 그 존재 자체를 부정할 정도로 중대한 효과를 가져오는 경우에 적용한다.[18]

판례는 권리의 행사가 신의칙에 위배된다고 보일 때에는 권리남용이 되는 것이라고 하고(대판 1964.11.24, 64다803), 또한 권리남용이 되려면 신의칙에 위배되고 사회적 한계를 벗어난 것이어야 하는 것이라고 한다(대판 1966.3.15, 65다2329).

(2) 權利濫用의 판단기준

(가) 권리남용의 객관적 요건　권리남용 여부의 판단은 객관적 입장에서 권리행사자의 이익과 상대방의 손해를 비교하여 결정한다.

권리남용의 객관적 사유로는 권리의 행사가 그 권리가 인정되는 사회적 필요에 반하는 것, 즉 신의칙위반·사회질서위반·정당하지 못한 이익의 취득, 권리의 사회적·경제적 목적에의 위반, 사회적 이익균형의 파괴 등을 들 수 있다. 그러나 이들 객관적 현상은 추상적 기준에 지나지 않으며, 구체적인 사안에 따라 상대적·개별적으로 결정된다. 따라서 적어도 권리남용이 되기 위해서는 먼저 권리행사로 볼 수 있는 행위가 있어야 하고, 또한 그 권리가 인정되는 사회적 통념에 반한 것이어야 한다.

(나) 권리남용의 주관적 요건　상대방을 害할 의사나 목적으로 행사된 권리는 당연히 권리남용이 된다. 그러나 오늘날 권리남용의 기준은 권리행사자의 이러한 주관적 의사와는 관계없이 권리자의 권리행사로써 받는 이익과 상대방이 이로부터 받은 손해를 비교·교량하여 결정된다. 따라서 오늘날 권리남용의 요건으로서 권리행사의 주관적 의사는 그 요건으로 되지 아니한다.

---

17) 대판 1978.2.14, 77다2314.

18) 대판 1992.11.10, 92다20170 참조.

그러나 권리자의 권리행사가 처음부터 가해의사나 목적으로 행하여 진 경우에는 보다 용이하게 권리남용을 인정할 수 있게 되며, 이런 의미에서 보면 권리남용의 요건으로서 주관적 요건 내지 표식이 완전히 배척되는 것은 아니다.

(다) 권리남용의 주관적 요건과 객관적 요건과의 관계 민법 제2조 제2항은 "권리는 남용하지 못한다."라고 규정하고 있으므로 그 해석상 객관적 요건만 충족되면 권리남용이 될 것이지만, 판례의 일반적 태도는 반드시 그렇지는 않고 오히려 주관적 요건과 객관적 요건을 함께 요구하고 있다.[19]

그 이유로서 주관적 가해목적을 요건으로 할 경우 권리행사자의 가해의사의 입증이 곤란하여 객관적으로 보면 권리남용이 명백한 경우에도 이를 인정하지 못하는 모순이 있고, 반대로 객관적 요건만을 내세울 경우는 기본적으로는 타당하지만, 정당한 권리자의 권리행사를 제한할 우려가 있을 뿐만 아니라 공공의 이익을 너무 강조하게 되면 불법한 행위라도 기성사실을 먼저 만든 자가 승소판결을 받게 되므로 거대한 기업의 횡포(이른바 공해소송의 경우)를 법적으로 승인할 염려가 없지 않다는 점을 든다.

그리하여, 그 구체적인 해결방법으로는 양자를 요건으로 하면서 권리남용의 주관적 요건을 제거시키는 방법, 이를 병립적으로 달고 상대방이 입증케 하는 방법, 이를 추정된다고 보아 상대방이 권리남용의 객관적 요건을 입증하면 권리자가 가해의사의 부존재를 입증케 하는 방법을 들 수 있지만 역시 판례는 양자를 병립적으로 달면서 상대방에 그 입증책임을 주고 있다.

(3) 權利濫用의 태양

권리남용의 태양은 다양하나 판례를 통한 권리남용이 행하여지는 주요한 모습을 보면, 상대방에게 손해를 줄 의사 또는 목적, 권리를 행사할 실익이 없는 권리 행사, 부당한 이익을 취득할 목적, 상대방이 인용할 수 있는 일반적인 정도를 넘은 권리행사, 쌍방간 이해관계의 심한 불균형, 사회적 타당성의 상실, 권리행사가 권리의 경제적・사회적 목적에 반하여 행해진 경우 등으로 나타난다.

특히, 판례는 재판권의 행사도 상대방의 보호 및 사법기능의 확보를 위하여 신의성실의 원칙에 의하여 규제된다고 할 것인바, 최종심인 대법원에서 수회에 걸쳐 같은 이유를 들어 재심청구를 기각하였음에도 이미 배척된 이유를 들어 최종 재심판결에 대하여 다시 재심청구를 거듭하는 것은 법률상 이유 없는 청구로 받아들일 수 없음이 명백한데도 계속 소송을 제기함으로써 상대방을 괴롭히는 결과가 되고, 나

---

19) 대판 1987.10.26, 87다카1279 참조.

아가 사법 인력의 불필요한 소모와 사법기능의 혼란과 마비를 조성하는 것으로서 이는 소권을 남용하는 것에 해당하여 허용될 수 없는 것이라고 하였다.[20)]

(ㄱ) 상대방에게 손해를 줄 의사 또는 목적
(ㄴ) 권리를 행사할 실익이 없는 권리 행사
(ㄷ) 부당한 이익을 취득할 목적
(ㄹ) 상대방이 인용할 수 있는 일반적인 정도를 넘은 권리행사
(ㅁ) 쌍방간 이해관계의 심한 불균형
(ㅂ) 사회적 타당성의 상실
(ㅅ) 기간의 약정있는 임치해지(제698조)
(ㅇ) 권리행사가 권리의 경제적·사회적 목적에 반하여 행해진 경우

판례는 최종심인 대법원에 동일하거나 유사한 이유로 수차례에 걸쳐 재심을 청구하여 그 청구가 전부 기각되거나 각하 된 후에 다시 종전의 사유와 유사한 이유를 들어 재심의 소를 제기하는 것은 신의성실의 원칙에 위반하여 소권을 남용하는 것으로서 허용될 수 없는 것이라고 하고(대판 2002.9.24, 2002재다487), 송전선이 존속하더라도 토지를 이용하는 데 별다른 지장을 받지 않는 농지 위로 지나가는 송전선의 철거청구는 권리남용이라고 하였다(대판 2003.11.28, 2003다40422). 그러면서도 토지 상공에 송전선이 설치되어 있는 사정을 알면서 그 토지를 취득하였다고 하여 그 취득자가 그 소유토지에 대한 소유권의 행사가 제한되는 것을 용인키로 하였다고 볼 수 없으므로 다른 사정이 없는 한 그 취득자의 송전선철거청구 등 권리행사가 신의성실의 원칙에 반한다고 할 것은 아니라고 한다(대판 2002.5.31, 2002다17494).

다만, 강행법규를 위반한 자가 스스로 무효라고 주장하는 것이 신의성실의 원칙 특히 모순행위금지의 원칙에 반하거나 권리남용에 해당하는가. 판례는 사립학교 경영자가 사립학교법 제28조 제2항, 같은 법시행령 제12조가 학교법인이 학교교육에 직접 사용되는 학교법인의 재산 중 교지·교사 등은 이를 매도하거나 담보에 제공할 수 없다고 한 규정을 위반하여 행함으로써 그 매도나 담보제공이 무효라는 사실을 알고서 매도나 담보제공을 하였다고 하더라도 매도나 담보제공을 금한 관련 법규정의 입법 취지에 비추어 강행규정 위배로 인한 무효주장을 신의성실의 원칙에 반하거나 권리남용이라고 볼 것은 아니라고 한다.[21)]

(4) 權利濫用의 효과

(가) 권리 본래효과의 배제　권리의 행사가 권리 본질에 반하여 남용이 되는 경우에는 권리 그 본래의 효과가 발생하지 않는다. 따라서 남용되는 권리의 행사가 청구권인 때에는 법은 이에 조력하지 않고, 형성권(예컨대 계약해제권·취소권 등)인 때에는 목적한 법률효과는 발생하지 않는다. 또한 권리는 그 자체의 권능에서 침해를

20) 대판 2002.9.24, 2002재다487; 1997.12.23, 96재다226.
21) 대판 2000.6.9, 99다70860.

배제할 수 있는 것이지만, 그 침해의 배제가 권리남용이 되는 경우에는 그 행사가 제한된다(토지소유권에 대한 방해배제청구에 관하여 발생이 많다.).

(나) 손해배상책임 및 권리의 박탈　권리자의 권리남용이 특별히 상대방에 불법행위를 구성하는 경우에는 민법 제750조에 의한 손해배상청구권이 생긴다.

또한, 권리의 남용이 심한 경우에는 권리 자체가 박탈되는 경우가 있다. 예컨대 대리권남용에 따른 대리권박탈, 친권의 남용에 대한 친권의 박탈 등이 이것이며, 법률이 특별히 규정하고 있을 때 한한다(제924조 참조).

제 4 절 私權의 保護

제 1. 私權의 保護制度

(1) 사권(私權)의 사전보호제도 — 각종 담보제도 및 권리보전제도
- 인적담보 — 연대채무 · 보증채무, 중첩적 채무인수 등
- 물적담보
  - ㉠ 민법상 각종 담보물권(유치권 · 질권 · 저당권)
  - ㉡ 변칙담보 — 양도담보 · 가등기담보
  - ㉢ 채권계약에 의한 담보(환매 · 재매매예약 등)

※ 권리보전제도 — 채권자대위권 · 채권자취소권, 압류 · 가압류 등

(2) 사권(私權)의 사후구제제도
- 공력구제(재판제도 · 조정제도)
- 사력구제(자력구제제도)

(1) 사권의 보호제도란 사권의 침해 또는 침해의 위험을 예방하거나 구제하는 제도를 말한다.

사권(私權)을 구제하기 위한 제도에는 그 침해에 대한 사전 또는 사후구제제도로 대별되며, 그 중 더욱 중요한 것이 사전구제제도로서 그 대표적인 것이 민법상 각종 담보제도이다.

이와 같이 사권침해의 보호를 위하여 권리자가 사전구제제도를 미리 마련한 경우에는 이들의 권리에 의하여 보호될 것이지만 그렇지 못한 경우에는 그 침해에 대한 사후구제에 의할 수밖에 없게 된다.

⑵ 사권의 사후구제의 방법에는 공력구제와 사력구제가 있다.

공력구제(公力救濟)는 권리자의 사권보호청구권을 통한 국가기관의 협력을 요하는 것이고, 사력구제(私力救濟)는 국가기관에 협력을 기다릴 것 없이 스스로 자기의 힘으로 권리를 보호·구제하는 제도이다. 그러나 민법은 공력구제를 당연한 것으로 하고 사력구제는 원칙적으로 인정하지 않는다.

제 2. 私權의 保護와 救濟

1. 私權의 國家的 保護와 救濟

⑴ 裁判制度

재판제도란 권리가 침해된 경우에 법률이 정하는 절차에 따라 국가기관, 즉 법원에 대하여 그 보호를 구하는 제도이다. 법원은 권리자의 청구에 의하여 이를 판결하고 판결내용에 따라 강제집행을 하게 되나, 이것에 국한하지 않고 널리 장래의 강제집행을 보전하거나 권리관계에 따른 현재 위험의 방지 또는 그 현상을 유지하기 위하여 가압류·가처분을 인정한다.

⑵ 調停制度

조정제도는 판사 및 특별한 지식·경험이 있는 자로써 구성되는 조정위원회가 분쟁당사자를 중재해서 그들의 주장을 서로 양보케 하고, 필요한 경우 중재자의 의견을 제시, 당사자를 설득하여 합의케 함으로써 분쟁을 해결하는 절차이다.

이러한 조정제도는 분쟁을 간이·신속하게 해결하여 시간과 경비를 절약하고, 엄격한 법규의 적용에 의한 불합리한 점을 제거하며, 당사자간의 상호 양보를 통하여 감정의 대립을 방지케 함으로써 영속적인 법률관계인 분쟁해결에 적합한 장점을 가진다. 그러나 조정제도는 재판에 의한 구제에서와 같은 확실성이 없는 단점도 없지 않다.

2. 私權의 私法上 保護와 救濟

⑴ 民法上 擔保制度

㈎ 인적 담보　　인적 담보는 채무자 또는 제3자의 일반재산으로 채권을 담보케 하는 제도로서 보증채무와 연대채무가 그 대표적인 것이지만 이것에 국한하지 않고, 약정불가분채무·중첩적 채무인수·채권담보를 위한 채권양도 등도 이에 속한다.

여기서 인적 담보제도는 채무자 또는 제3자의 일반재산을 신용하여 채권을 담보케 하므로 담보권의 범위가 넓고 설정이 용이하지만 확실성이 없는 것이 단점이다.

(나) 물적 담보 물적 담보는 채무자 또는 제3자의 특정재산에 대하여 담보권을 설정하고 후일 채무자가 채무를 이행하지 않는 경우에는 채권자가 직접 그 목적물로부터 교환가치를 파악하여 자기채권에 충당하는 제도로서 민법상 인정된 유치권·질권·저당권 외에 변칙적 담보로서 양도담보·가등기담보·환매·재매매예약 등이 있다.

여기서 물적 담보는 담보권으로 제공된 특정재산에 대하여만 행사되므로 담보권의 범위가 좁고, 설정이 복잡한 것이 단점이나 확실성이 주어지는 점이 우수하다.

(2) 物權 또는 債權상 권리행사

(가) 물권적 청구권의 행사 침해된 사권의 내용이 소유권이나 점유권과 같은 물권인 경우에 그 내용을 적극적으로 실현시키는 보호·구제제도이며, 현재의 침해는 물론이고 장래의 방해 또는 침해를 예방하기 위하여도 인정된다.

(나) 현실적 이행 및 손해배상의 청구 침해된 사권의 내용이 채권인 경우에 그 내용을 적극적으로 실현시키는 보호·구제제도, 즉 채무불이행이 있는 경우 채권자가 강제이행을 청구하는 것(제389조 참조)과 사권의 실현을 방해한 자를 위법행위로 다루어 그 발생한 손해를 배상케 하는 제도이며, 민법 중 채권편에서 규정한다(제390조·제750조 이하 참조).

3. 私權의 自力救濟

(1) 自力救濟의 의의와 민법태도

(가) 자력구제(自力救濟)란 사권의 보전을 위한 국가기관의 구제를 기다릴 수 없는 긴급한 사정이 있는 경우에 권리자 자신의 자력으로써 구제하는 행위이며, 자력행위 또는 자구행위라고도 한다.

(나) 자력구제는 정당방위·긴급피난과 더불어 사력구제행위이지만, 민법은 정당방위와 긴급피난이 불법행위를 구성하지 않는다는 규정을 두고 있을 뿐이고(제761조 참조), 이에 대한 일반 규정은 두고 있지 않다. 그러나 민법은 개별적으로 "점유자가 점유를 부정히 침탈 또는 방해하는 행위에 대하여 자력으로 이를 방위할 수 있으며(제209조 제1항), 점유물이 침해되었을 경우, 점유자는 부동산일 때에는 침탈 후 직시 가해자를 배제하여 이를 탈환할 수 있고, 동산일 경우에는 현장에서 또는 추적하여 가해자로부터 탈환할 수 있다."(동조 제2항)라고 하여 예외적으로 자력구제를 인정한다.

(나) 점유권의 침해에는 동조 규정의 범위에서 자력구제가 인정됨은 의문이 없지만, 그 외 권리일반에 관하여도 자력구제를 인정할 것인가.

학설 · 판례는 권리보전을 위한 필요에서 일반적으로 이를 긍정한다. 그러나 그 이론적 근거에 관하여 형법상 정당방위 · 긴급피난의 규정을 유추 적용할 것인가. 아니면 형법 제23조가 청구권일반에 관한 자력구제를 인정하여 위법성조각사유의 하나로 하고 있는 점에 비추어 일반적으로 인정할 것인가, 논란이 있었으나 최근의 학설은 민법이 정당방위 · 긴급피난행위로 인한 가해행위에 위법성을 자각하여 손해배상책임을 배척하고 있는 점에 근거하여 전자의 의미로 해석하는데 대체로 일치한다.

(2) 自力救濟權의 행사범위

점유권 이외의 권리에 자력구제를 인정할 때 그 행사범위를 청구권보전의 범위로 볼 것인가. 아니면 널리 권리보전의 범위로 볼 것인가. 강제이행 절차와 관련하여 견해가 대립한다.

소수설은 자력구제가 사후구제란 점에서 청구권 보전에 국한해야 할 것이라고 하나,[22] 다수설은 자력구제를 인정하는 취지를 고려하여 권리보전을 위한 일반적 범위에서 인정해야 할 것이라고 한다.

22) 곽윤직 130면.

제 2 편
民法總則

제 1 장　權利의 主體와 客體

제 1 절　權利能力의 槪念

제 1. 權利의 主體와 對象

1. 權利의 主體

(1) 權利·義務能力

(가) 권리는 본질상 그 귀속권자 없이 존재할 수 없다. 일반적으로 권리가 귀속하는 주체를 권리주체(Rechts subjekt), 의무가 귀속하는 주체를 의무주체(Pflichts subjekt)라 하고, 권리와 의무의 주체가 될 수 있는 지위 또는 자격을 지칭하여 권리능력 또는 의무능력이라고 한다.

(나) 권리능력자는 동시에 의무능력자로서 양자는 상호 대립적 개념이지만 오늘날 법의 구성은 의무본위에서 권리본위로 구성되어 있다. 그러므로 통상 권리·의무의 귀속주체를 권리능력자라고 한다.

(2) 權利·義務의 귀속자

민법상 권리·의무의 귀속자, 즉 권리능력자는 자연인과 법인에 한정된다.

(가) 자연인(自然人)은 생체를 가진 자연적 인격체로서 평등한 권리·의무의 주체가 된다. 따라서 자연인은 출생한 이상 예외 없이 권리능력을 갖게 되고 또한 권리능력의 범위에도 제한이 없다. 즉 자연인은 권리능력 평등의 원칙이 지배된다.

(나) 법인(法人)은 일정한 목적을 위하여 결합된 목적적 인격체이다. 따라서 법인은 자연인에서와는 달리 예외적·한정적 인격체로 되므로 법인에는 자연인에서와 같은 권리능력평등의 원칙은 적용되지 않는다.

2. 權利의 대상(객체)

(1) 권리의 주체와 객체는 서로 대립하는 개념으로서 권리의 객체는 곧 권리의 대상을 의미한다. 따라서 권리의 주체와 권리의 객체는 구별되므로 권리의 주체는 권

리의 주체일 뿐이지 권리의 객체로는 되지 않음이 원칙이다.

(2) 권리의 대상인 객체는 권리의 종류에 따라 구체적으로 정하여 진다. 따라서 권리의 객체는 권리의 종류만큼 있게 된다. 그러나 사람의 생활관계는 주로 재화의 취득을 대상으로 하므로 권리의 객체라고 하면 보통 물건을 말한다.

제 2. 權利能力의 概念

1. 權利能力의 의의

(1) 권리능력(Rechtsfähigkeit)이란 권리와 의무의 주체가 될 수 있는 법률상 지위 또는 자격으로서 단순히 인격(Personlichkeit)이라고도 한다.

(2) 권리능력은 권리와 구별되는 개념이다. 물론, 권리능력을 가진 자만이 권리를 가지는 것이지만, 그렇다고 하여 권리능력 자체가 권리는 아니며, 권리능력은 어디까지나 권리의 주체(권리자)가 될 수 있는 추상적・잠재적인 법률상 지위에 지나지 않는다.

2. 權利能力의 사회적 개념

근대 사법은 개인에 대한 자유・평등사상에 의거하여 모든 개인에 평등한 권리능력을 인정할 것을 그 지도이념으로 한다. 그리하여 민법은 권리능력평등의 원칙을 선언하고 있으나, 다만 그 사회적 기능을 어떻게 파악할 것인가.

생존기능화설은 인간의 존엄과 가치권에 바탕한 생존능력개념으로 파악하고(곽윤직 135면), 행위기능화설은 행위능력개념이라고 한다(권리능력상대성이론; Fabricus, Relativitäter Rechtfähigkeit). 또한 권리귀속위치확정설은 권리행사에 의하여 추구되는 이익의 귀속위치 확정개념이라 한다(이영준 778면, 이은영 126면; Medicus, RdNr, p. 1040).

종래 학설은 생존능력개념으로 설명되어 왔다. 그러나 최근의 유력설은 생존기능화설이 인간의 생존능력 이전에 권리능력개념을 파악해야 할 것이란 점에서, 또한 행위능력기능화설은 권리능력이 행위능력과 구별된 개념이란 점에서 각각 비판하고, 전통적인 권리능력개념은 선언적 기능과 권리귀속의 위치확정기능을 갖는 소위 사적 자치원칙의 대전제인 불가변적 가치요소라고 본다.

3. 權利能力規定의 성격

권리능력에 관한 규정은 강행규정이다. 권리능력에 관한 제도는 자연인이나 법인을 묻지 않고 그 시대의 사회적 · 경제적 또는 법률적 사상에 입각할 뿐만 아니라, 일반 거래관계에 직접적인 영향을 미치는 것이므로 그 유효 · 광협 · 시종에 관한 규정은 모두 강행규정이다.

그리하여 입법례에 따라서는 권리능력과 행위능력의 전부 또는 일부를 포기 또는 제한할 수 없음을 명문으로 규정하기도 한다(스위스민법 제27조 참조).

제 2 절 自 然 人

제 1. 自然人의 權利能力

1. 自然人의 權利能力始期와 終期

(1) 自然人의 權利能力 始期

자연인의 권리능력은 출생으로 발생한다. 민법 제3조는 "사람은 생존한 동안 권리와 의무의 주체가 된다."라고 규정하여 이를 명백히 하고 있다. 따라서 사람은 출생한 때로부터 권리능력을 취득하고, 아직 출생하지 않은 태아에는 권리능력이 인정되지 않는다.

(가) 출생의 시기 자연인의 출생시기에 관한 결정은 태아가 사람이 되어서 권리능력을 취득하는 시기를 정하는데 있어서 뿐만 아니라, 사산인지 살아서 출생한 후 사망한 것인지를 결정하는데도 대단히 중요하다.

자연인의 출생시기를 결정하는 학설에는 진통설 · 일부노출설 · 전부노출설 · 독립호흡설 등이 있지만, 현행 민법상 전부노출설을 취하는데 견해가 일치한다. 그러므로 자연인의 출생시기는 출생의 완료, 즉 태아가 모체로부터 전부노출한 때를 기준으로 정하며, 출생으로 당연히 권리능력을 취득한다.

(나) 출생의 신고 출생은 1월 이내 이를 신고하여야 한다. 여기서 신고는 출생의 사실을 증명하는 유력한 자료이지만, 신고 자체가 권리능력의 취득요건은 아니며, 출생이라는 사실로 당연히 취득한다.

⑵ 自然人의 權利能力의 終期

사람은 생존하는 동안 권리·의무의 주체가 되므로(제3조), 권리능력은 사망으로 인하여 소멸한다. 여기서 사망(死亡)이란 인간 생명체의 절대적 소멸을 의미하는 것으로서, 사망이라는 사실만으로 권리능력이 당연히 소멸한다.

이와 같이 사망은 자연인의 권리능력을 소멸케 하는 유일한 원인이지만, 때로는 그 증명이나 확정이 곤란한 경우가 적지 않다. 민법은 이러한 경우를 대비하여 특별한 사망제도, 즉 동시사망의 추정, 인정사망, 실종선고제도를 두고 있다.

┌ 동시사망의 추정(제30조) —— 본래 의미의 사망(권리능력의 박탈)
│ 인정사망(호적법 제90조) ─┐ 법률상 의제사망(권리능력박탈 불가능)
└ 실종선고(제27조·제29조) ─┘

(가) 사망의 시기　사망의 시기는 상속·유언의 효력발생·잔존 배우자의 재혼·보험금청구권의 발생·연금 등의 관계에서 출생의 시기보다 훨씬 중요한 의미를 가진다.

자연인의 사망시기에 관하여 민법은 호흡과 심장의 박동이 정지한 때를 기준으로 정하나, 다만 현대 의학상 장기이식과 관련하여 뇌사설이 주장된다. 그러나 뇌사의 판단은 전문적인 의학적 판단이 요구되고, 또한 인간의 존엄과 가치권을 침해할 소지가 없지 않다. 따라서 뇌사는 일반적 사망의 시점으로 정하기는 어렵고, 다만 특별한 사정과 전문 의학적 판정에서만 사망으로 다루어진다.

(나) 사망의 신고　사망은 1월 이내에 이를 신고하여야 한다.

사망의 증명은 일단 신고로써 행하여지지만, 반증에 의하여 전복될 수 있는 점은 출생신고의 경우에서와 같다.

2. 胎兒의 權利能力

⑴ 胎兒의 보호입법

(가) 사람은 생존하는 동안 권리능력을 가지므로(제3조) 출생 이전의 상태에 있는 태아(胎兒)로서는 권리능력을 갖지 못한다. 따라서 태아에는 대리인을 둘 수 없고, 설사 母를 태아의 대리인으로 한다고 하더라도 모가 대리한 법률행위의 효력은 태아에 귀속하지 못한다. 또한 태아인 동안에 父가 사망하더라도 태아는 상속권이 없고, 父가 살해당하거나 기타 태아 자신이 불법행위를 받은 경우에도 출생 후 태아는 손해배상을 청구할 수 없게 된다. 이러한 결과는 출생하는 태아에 매우 불이익할 뿐만 아니라, 사회통념에도 반한다. 따라서 각 국의 입법은 장래 출생할 태아의 보호

를 위하여 약간의 예외를 주고 있다.

(나) 태아의 보호입법에는 일반적 보호주의와 개별적 보호주의가 있다. 전자는 태아의 권리능력이 문제되는 경우 일반적으로 태아를 출생한 것으로 다루는 주의이고, 후자는 일정 법률관계에서만 개별적으로 출생한 것으로 다루는 주의이다.

여기서 일반적 보호주의는 일단 태아에 이익보호가 망라적이라고 할 수 있으나 구체적으로는 어떠한 법률관계에 태아의 어떠한 이익을 보호할 것인가 명확하지 않은 결점이 있고, 개별적 보호주의는 적용범위가 명확하지만 망라적이지 못하여 태아의 이익을 충분히 보호할 수 없는 결점이 있다.

(다) 우리 민법은 이들의 입법례 중 개별적 보호주의를 취하여, 일정 사항에 한하여만 태아를 출생으로 의제하여 권리능력을 인정한다.

(ㄱ) 민법상 태아에 권리능력이 주어지는 것은 주로 재산취득권에 국한한다.

(a) 불법행위로 인한 손해배상청구권(제762조)
※ 채무불이행에 의한 손해배상청구권 제외
(b) 재산상속권(제1000조 제3항) 및 대습상속(제1001조·제1000조 제3항)
(c) 유증(제1064조에 의한 제988조·제1000조 제3항 준용)
(d) 사인증여(제562조에 의한 제1064조 준용)

(ㄴ) 태아의 인지청구권(認知請求權)과 수증능력(受贈能力)을 인정할 것인가. 긍정설은 우리 민법은 태아의 보호입법에 관하여 개별적 보호주의를 취하고 있는 입법상 한계를 들어 민법상 규정은 원칙규정이므로 이를 기초로 유추 적용할 것이라고 한다. 그러나 다수설은 민법은 태아의 보호입법에 개별적 보호주의를 취하고 있는 점을 들어 부정하고, 판례 또한 원심이 어머니가 태아를 대리하여 태아의 父로부터 수증능력을 인용한데 대하여 법원은 증여에 관하여 태아에 수증능력을 인정할 구법상 근거가 없다는 점을 들어 배척하였다.[1)]

다만, 태아의 사인증여(死因贈與)에 권리능력을 인정할 것인가. 다수설은 유증과는 달리 사인증여는 상속재산에서 출연되는 점에서 유증과 공통되고 민법은 유증에 관한 규정을 준용하고(제562조) 있는 점에서 긍정한다. 그러나 판례는 사인증여는 계약이고, 유증은 단독행위이므로 유증에 관한 규정이 빠짐없이 사인증여에도 그대로 적용될 수 없는 것이라고 하여 부정한다.[2)]

(2) 胎兒의 법률상 지위

(가) 태아는 아직 출생 이전의 상태이면서 일정한 경우 법률적으로 이미 "출생한

1) 대판 1982.2.9, 81다534.
2) 대판 1996.4.12, 94다37714·37721.

것으로 간주된다."고 할 때, 그 태아의 지위에 관한 법률적 이론을 어떻게 구성을 할 것인가. 견해가 대립한다.

정지조건설(인격소급발생설)은 태아로 있는 동안에는 아직 권리능력을 취득하지 못하지만 일단 살아서 출생한 이상 그 권리능력 취득시기가 과거 문제된 사건의 발생시에 소급한다고 한다.

해제조건설(인격소급소멸설)은 법률상 출생한 것으로 간주되는 개별적 사항의 범위내에서 태아는 이미 권리능력을 가지며, 후일 만일 사산한 때에는 그 권리능력 취득시기가 과거 문제된 사건시에 소급하여 소멸한다고 본다.

위 학설에서 정지조건설에 의하면 태아는 아직 권리능력이 없으므로 법정대리인을 인정할 수 없고, 동시에 태아가 취득 또는 상속할 재산을 가진 경우에도 이를 태아인 동안에는 취득하거나 보존·관리할 수 없게 되므로 비록 태아가 사산되더라도 타인에게 불측의 손해를 줄 염려가 없게 된다. 그러나 해제조건설에 의하면 태아는 이미 권리능력을 가지므로 태아로 있는 동안에도 법정대리인에 의하여 재산을 취득, 관리·보전할 수 있게 되어 태아의 보호에는 두터운 한편, 만일 태아가 출생하지 못하게 되면 그 동안에 법정대리인의 행위가 소급하여 무효로 되므로 상대방 또는 제3자에게 불측의 손해를 주게 된다. 따라서 양설 중 어느 견해를 취할 것인가는 결국 태아의 보호냐, 거래의 안전보호냐의 문제로 된다.

(나) 다수설은 해제조건설을 취할 경우 거래의 안전이 침해되는 것은 태아가 출생하지 못하고 사산하는 경우이지만, 현대 의학적 수준에 비추어 볼 때 사실상 사산은 많지 아니하므로 태아의 사산으로 인한 거래안전을 침해하는 일은 극히 예외적인 것이란 점에서, 보다 태아의 보호에 치중하여 해제조건설을 취한다.

그러나 판례는 태아가 권리를 취득한다고 하더라도 현행법상 이를 대행할 기관이 없으므로 태아로 있는 동안은 권리능력을 취득할 수 없고, 살아서 출생한 때 출생시기가 문제의 사건 발생시에 소급하여 태아가 출생한 것으로 법률상 의제함이 거래안전을 위하여 필요한 것이라고 하여 정지조건설을 취한다.[3)]

[판례] 태아가 특정한 권리에 있어서 이미 태어난 것으로 본다는 것은 살아서 출생한 때에 출생시기가 문제의 사건의 시기까지 소급하여 그 때에 태아가 출생한 것과 같이 법률상 보아준다고 해석하여야 상당하므로 그가 모체와 같이 사망하여 출생의 기회를 못 가진 이상 배상청구권을 논할 여지가 없다(대판 1976.9.14, 76다1365).

3. 外國人의 權利能力

(1) 외국인은 한국의 국적을 갖지 않은 자연인을 말하며, 국적의 득실은 국적법이

---

3) 대판 1976.6.14, 74아1365.

정한 바에 의한다.

(2) 외국인은 원칙적으로 내국인과 평등한 지위를 가진다. 외국인의 권리능력에 관하여 민법은 아무런 규정을 두고 있지 않지만, 헌법 제6조 제2항은 "외국인 은 국제법과 조약이 정하는 바에 의하여 그 지위가 보장된다."라고 하여 외국인의 지위 보장을 명백히 하고 있다. 따라서 이와 같은 헌법정신에 비추어 우리 민법상 외국인의 권리능력도 내국인과 평등한 지위를 보장하는 것으로 해석한다.

(3) 외국인의 권리능력은 국가의 경제적·군사적 등의 이유에서 그 제한이 불가피하며, 개별적 특별 법률에 의하여 외국인의 권리능력은 절대적 또는 상호주의적으로 제한된다.

[외국인 권리능력의 절대적 또는 상호주의적 제한]

절대적 제한	① 조광권(광업법 제53조) ② 선박소유권(선박법 제2조)·항공기소유권(항공법 제6조) ③ 도선사·변리사·공증인이 되는 권리(동법 제6조·제3조·제12조)
상호주의적 제 한	① 무체재산권상 권리(특허권 : 특허법 제25조) ② 공법상 손해배상청구권(국배법 제7조) ③ 외국인의 토지소유에 관한 권리(동법 제2조) ④ 공인회계사(동법 제4조) ⑤ 변호사가 되는 권리(법무부장관의 인정 : 변호사법 제6조)
기 타 제 한	① 국회동의나 정부의 인가·허가를 요하는 사항 — 광업권(동법 제6조)·어업권(동법 제5조) ② 특별법에 의한 제한 — 상공회의소 회원이 되는 권리

제 2. 自然人의 能力

1. 自然人의 意思能力

(1) 意思能力概念

의사능력(意思能力)이란 개개의 행위를 행함에 있어 자기의 행위의 의미나 결과를 정상적인 인식력과 예기력으로써 합리적으로 판단할 수 있는 정신적 능력 내지 지능을 말하며,[4] 이러한 능력이 없는 자, 즉 의사무능력자의 행위는 법률상 효력이 발생하지 않는다.

---

4) 대판 2002.10.11, 2001다10113.

[판례] 의사능력이란 자신의 행위의 의미나 결과를 정상적인 인식력과 예기력을 바탕으로 합리적으로 판단할 수 있는 정신적 능력 내지는 지능을 말하는 것으로서 의사능력의 유무는 구체적인 법률행위와 관련하여 개별적으로 판단할 것이다(대판 2002.10.11, 2001다10113).

(2) 意思能力과 權利能力·行爲能力

(가) 의사능력은 권리능력·행위능력과 나란히 독자적인 자격으로 인정할 필요가 있는가. 우리 민법은 독일·스위스민법과는 달리 행위무능력자만을 규정하고 의사능력에 관하여 명문의 규정을 두고 있지 않는 점에서 문제된다.

상태설은 표의자의 정상적인 인식과 판단력이 의사표시의 요건으로서 필요하며, 무의식 판단력의 결핍은 행위시의 상태로서 이해하여야 할 것이라고 하나,[5] 다수설은 자격설을 취하여 이들의 개념을 독립적으로 인정할 것이라고 한다.

그러나 판례는 표의자의 법률행위 당시 심신상실이나 심신박약 상태에 있어 금치산 또는 한정치산선고를 받을 만한 상태에 있었다고 하더라도 그 당시 법정으로부터 금치산 또는 한정치산선고를 받은 사실이 없는 이상 그 후 금치산 또는 한정치산 선고가 있어 그의 법정대리인이 된 자는 금치산 또는 한정치산자의 행위능력규정을 들어 그 선고 이전의 법률행위를 취소할 수 없는 것이라고 하여 의사무능력자제도를 독립된 제도로 인정하고 있지 아니한 듯한 태도를 보이고 있다.[6]

(나) 의사능력과 책임능력은 구별되는가. 민법은 책임능력에 관한 획일적 규정을 두지 않고, 다만 개별적 규정에서 책임을 변식할 지능이 없으면 불법행위책임이 없음을 규정(제753조 참조)한 점에서 견해가 대립하나, 다수설은 구별부정설을 취하여 책임능력은 의사능력을 책임의 면에서 본 것에 불과한 것이라고 본다. 따라서 양자는 동일한 개념이지만, 다만 책임능력은 민법상 과실책임주의와 관련하여 불법행위법 영역에서 적용되는 개념이고, 의사능력은 사적 자치의 원칙과 관련하여 법률행위 영역에서 작용되는 개념에 불과한 것으로 본다.

결국, 책임능력(責任能力)이란 법률상 책임을 변식할 수 있는 정신적 능력 내지 지능으로 이는 곧 불법행위능력을 의미한다.

2. 自然人의 行爲能力

(1) 법률행위는 의사표시를 전제로 하므로 의사능력을 갖추지 못한 자는 법률행위를 할 수 없을 뿐만 아니라, 이를 비록 행한 경우라 하더라도 법률상 아무런 효과가 발생하지 않는다.

---

5) 이은영 156면.
6) 대판 1992.10.13, 92다6433.

이와 같이 의사능력은 법률행위가 성립 또는 유효하기 위한 필요불가결적 요건이지만, 민법은 이와 같은 의사능력 개념에는 별도로 규정하지 않고, 다만 일정 기준과 요건에 달하지 못한 자의 행위에 대하여는 그들의 자유의사에 의하여 그 효력을 좌우토록 하고 있다. 이를 학문상 소위 행위무능력자라고 하며, 이를 역으로 표현하여 행위능력개념을 정한다. 따라서 이러한 의미에서 행위능력이란 결국 표의자가 단독으로 완전히 유효한 법률행위를 할 수 있는 지위 또는 자격을 가리킨다.

(2) 행위능력(行爲能力)이란 타인의 조력을 받지 않고 스스로 의사를 결정하여 상대방과 법률관계를 맺고 그 법률관계에서 정한데 따라 효력을 발생시키고 책임을 질 수 있는 능력을 의미한다. 따라서 이러한 능력을 갖추지 못한 자를 무능력자라 할 것이지만, 민법은 그 무능력자를 정할 표준에 관하여는 구체적인 경우 표의자의 정신 상태나 행위의 난이를 묻지 않고서 일정 기준에 따라 획일적으로 의사능력이 불충분한 것으로 하고 있다. 즉 사람의 의사능력의 정도를 객관적으로 획일화한 제도가 행위능력자 또는 무능력자제도이며, 민법은 이들의 의사에 의하여 법률행위의 효력을 좌우토록 한다.

제 3. 無能力者制度

1. 無能力者制度의 성격

(1) 무능력자제도는 개인의 의사능력의 정도에 따른 법률관계에 구체적 타당성을 확보하기 위한 제도, 즉 개인본위의 제도에서 출발한 것으로 무능력자 자신을 보호하는데 일차적인 목적이 있다. 그러나 또 다른 한편으로는 거래의 상대방이나 제3자로 하여금 객관적 기준에 의하여 무능력자를 구별·견제케 함으로써 무능력자와 법률관계로부터의 상대방이 받을 손해를 미연에 방지하려는 반사적 기능도 가진다.

- 원 칙
  - 무능력자 개인본위제도
  - 민법상 구체적 타당성 확보를 위한 제도의 일종
- 예 외 — 거래안전, 거래 일반의 이익보호(반사적 효과)

(2) 무능력자제도에 관한 규정은 강행규정이다. 즉 민법상 무능력자제도는 사회일반의 거래관계에 직접적인 영향을 미치는 것이기 때문에 강행규정이며, 이로써 행위능력을 제한하는 당사자간의 계약은 그 효력이 없다.

2. 無能力者制度의 적용범위

(1) 財産上 行爲能力

민법상 무능력에 관한 규정은 재산법상 법률행위에만 적용된다. 따라서 무능력자의 재산상 행위에 관하여는 원칙적으로 무능력자의 단독적 의사에 의한 행사가 제한된다.

(가) 재산법상 행위지만 일정 행위에 대하여는 무능력자제도의 적용이 제한된다. 예컨대 대량적 · 집단적 · 정형적 행위 또는 외관 존중이 요구되는 거래에서는 그 적용이 제한된다.

다만, 사실적 계약(생필품계약)에 관하여도 행위능력규정을 적용할 것인가. 다수설은 거래의 장애적 기능을 감안하여 그 적용을 제한할 것이라 한다. 따라서 현대 생필품계약에 관하여는 거래계약의 일반화 · 정형화 등과 관련하여 무능력자의 보호영역이 점차 축소되게 된다.

(나) 무산(無産)인 무능력자에도 그 적용의 실익이 문제된다. 민법상 무능력자제도는 유산(有産)의 무능력자를 전제로 한 것이나 무산의 무능력자에 그 실익이 문제되며, 현대 입법은 정책적 견지에서 그 적용을 제한하는 경향을 보이고 있다.

(2) 身分上 行爲能力

무능력자제도에 관한 민법규정은 신분상 법률행위에는 적용되지 않는다. 신분상 행위에는 본인의사의 존중, 개개 행위의 진실성이 요구되므로 무능력자라 할지라도 구체적인 경우에 의사능력만 있으면 원칙적으로 유효한 신분행위를 단독으로 행사할 수 있다(제1062조 · 제1063조).

3. 無能力者의 類型과 補充機關

(1) 무능력자
- ① 미성년자 - 20세에 달하지 아니한 자로서 혼인하지 아니한 자
- ② 한정치산자 - 심신박약 또는 낭비자 + 가정법원의 선고
- ③ 금치산자 - 심신상실의 상태(常態)자 + 가정법원의 선고

(2) 법정대리인
- ① 미성년자
  - 제1차 - 친권자(계모 · 적모제외) - 동의권 · 대리권
  - 제2차 - 후견인(지정 · 법정 · 선임후견인)
- ② 한정치산자 - 후견인(1인에 국한) - 동의권 · 대리권
- ③ 금치산자 - 후견인(1인에 국한) - 대리권만 존재

(1) 無能力者의 類型

(가) 미성년자 만 20세로 성년이 되며(제4조), 성년에 이르지 않은 자를 미성년자라 한다. 따라서 미성년자는 연령에 의하여 획일적으로 정하여지며 개별적 의사능력의 정도는 고려되지 않는다. 그러나 민법은 미성년자가 혼인한 때에는 독자적 생활을 개척할 수 있도록 하기 위하여 성년으로 의제 하는 제도를 채용하고 있다.

┌ 성년선고제 채택 – 독일 민법(동법 제3조)
└ 혼인성년의제제도 채택 – 일본 · 스위스 · 한국

그 결과 현행법상 미성년자는「20세에 달하지 아니한 자로서 혼인하지 아니한 자」로 된다. 또한 일반적으로 기간의 계산에 있어서는 초일을 산입하지 않지만, 연령에 관해서는 출생일을 산입한다(제158조).

(나) 한정치산자 한정치산자란 금치산자와 같은 정도의 정신장애는 아니지만 통상인 보다는 상당히 정신능력이 뒤떨어지거나, 낭비벽이 있는 자로서 법원에 의하여 한정치산선고를 받은 자이다.

(ㄱ) 한정치산의 선고 : 한정치산을 선고하기 위해서는 다음의 요건을 구비하여야 하고, 이들의 요건이 갖추어지면 가정법원은 반드시 선고하여야 한다.

(a) 심신이 박약하거나 또는 자기나 가족의 생활을 궁박하게 할 염려가 있는 낭비자이어야 한다.

여기서 심신박약(心身薄弱)이란 금치산선고의 요건인 심신상실의 상태까지는 아니지만, 보통 평균인 보다 판단력이 불완전한 것을 말하고, 또한 낭비자(浪費者)라 함은 가족의 생계를 궁박히 할 소위 가산의 탕진자를 말한다.

(b) 본인 · 배우자 · 4촌 이내의 친족 · 후견인 또는 검사의 청구가 있어야 한다(제9조). 여기에 검사를 포함한 것은 다른 청구권자가 없거나 또는 있더라도 청구를 하지 않는 경우에 본인의 이익과 거래의 안전을 위한 것이다.

┌ 실질적 요건 ┌ 심신박약자
│ └ 자기나 가족의 생활을 궁박케 할 재산의 낭비자
└ 형식적 요건 – 본인 · 배우자 · 4촌 이내 친족 · 후견인 또는 검사의 청구

미성년자에게 한정치산을 선고할 수 있는가. 긍정설은 성년을 앞둔 미성년자에게 한정치산의 원인이 있는 경우 미리 한정치산의 선고를 받게 함으로써 보호의 공백을 메울 필요가 있는 것이라고 한다. 그러나 이를 긍정하는 경우에도 미성년자에서 성년자로 전환되는 근소한 시간적 간격에서만 의미를 가지는데 불과하여 실익은 크지 않다.

(ㄴ) 한정치산선고의 취소 : 한정치산자에 대하여 한정치산의 원인이 소멸한 때, 즉 심신박약의 상태를 벗어나거나 낭비의 버릇이 없어짐으로써 자기 또는 가족의

생활을 궁박하게 할 염려가 없게 된 때에는 한정치산 선고 청구권자의 청구에 의하여 가정법원은 이를 취소하여야 한다.

한정치산선고가 취소되면 본인은 완전한 능력자로 복귀되며, 선고취소의 효과는 성질상 장래에 향하여만 발생한다.

(다) **금치산자** 금치산자란 정신능력이 극도로 빈약한 상태에 있는 자로서 법원에 의하여 금치산선고를 받는 자이다.

(ㄱ) 금치산의 선고 : 금치산을 선고하기 위해서는 다음과 같은 요건을 갖추어야 하고, 이들의 요건이 갖추어지면 가정법원은 반드시 선고하여야 한다.

(a) 본인이 심신상실의 상태에 있어야 한다(제12조). 여기서 심신상실이란 의사능력이 없는 상태로서 법률상 개념이며 의학상 개념은 아니다.

또한 심신상실의 상태에 있다는 것은 계속적으로 심신상실의 상태에 있어야 한다는 것은 아니며, 때로는 의사능력을 회복하는 경우가 있더라도 심신상실을 보통의 상태로 하고 있다면 족하다.

(b) 본인·배우자·4촌 이내의 친족·후견인 또는 검사 등의 청구가 있어야 하고(제12조 후단), 그 선고절차는 한정치산선고의 경우와 완전히 동일하다.

다만, 본인이 청구하는 경우에는 본인이 의사능력을 회복하고 있는 상태이어야 한다. 그리고 금치산자는 한정치산자나 미성년자에 비하여 훨씬 그 능력의 범위가 좁으므로 한정치산자 또는 미성년자에 대하여 금치산 사유가 존재하는 이상 법원은 당연히 금치산을 선고하여야 한다.

┌ 실질적 요건 — 심신상실의 상태(常態) 자
└ 형식적 요건 — 본인·배우자·4촌 이내 친족·후견인 또는 검사의 청구

(ㄴ) 금치산선고의 취소 : 금치산자에 대하여 금치산의 원인이 소멸하였을 때, 즉 심신상실의 상태를 벗어난 경우에는 금치산선고의 청구권자의 청구에 의하여 가정법원은 그 선고를 취소해야 한다.

선고절차와 효과 등은 한정치산선고 취소의 경우와 완전히 동일하다.

(2) 無能力者의 補充機關

(가) **미성년자의 법정대리인** 미성년자의 보호기관은 제1차로 친권자이고, 제2차로 후견인이 되며, 이 양자를 합쳐서 법정대리인이라 한다.

친권자는 부·모가 되고, 후견인은 친권자가 지정한 지정후견인·법정후견인·선임후견인에 의하고, 법정후견인은 직계혈족·3촌 이내의 방계혈족의 순위로 다음의 권한을 가진다.

[판례] 민법 제909조 제3항에서 규정한 생모가 친권자가 되는 경우는 친권을 행사할 부와 적모가 없거나 그 부 또는 적모가 친권을 행사할 수 없을 때를 말하고, 혼인 외의 출생자가 그의 생모와 함께 살아왔고 적모와 왕래가 없었다고 하더라도 이를 적모가 친권을 행사할 수 없는 경우라고 볼 수는 없다(대판 1989.9.12, 88다카28044).

(ㄱ) 동의권 : 법정대리인은 미성년자 스스로 행하는 법률행위에 대하여 동의를 줌으로써 미성년자의 행위능력을 보충한다. 동의의 형식에는 특별한 방식을 요하지 아니하나, 다만 그 행사에는 일정한 제한이 있다. 즉 친권자는 미성년자의 이익과 상반되는 행위에는 동의권을 갖지 못하고(법원에 의한 특별대리인 선임을 요함), 후견인의 일정행위(제950조 참조)에 대하여는 친족회의 동의를 얻어야 한다.

(ㄴ) 대리권 : 법정대리인은 미성년자를 대리하여 재산상 법률행위를 하는 권한이 있다. 이 대리권은 일반적으로 동의권과 양립할 수 있으며, 동의권의 행사로 대리권이 소멸하는 것은 아니다. 그러나 미성년자에게 의사능력이 없으면 동의권에 의한 유효한 법률행위를 할 수 없으므로 이 경우에는 대리권만 있게 된다.

(a) 미성년자의 법정대리인이지만, 이익상반행위의 친권행사, 중요한 재산상 행위, 피후견인에 대한 권리양수 및 근로계약·임금청구 등에는 그 동의권 및 대리권의 행사가 제한된다.

① 친권자의 대리·동의권의 공동행사(제909조)
② 이해상반행위에 대한 대리권의 제한(제921조)
③ 중요한 일정 사항의 대리에 대한 대리권의 제한(제950조·제951조)
④ 미성년자의 근로계약·임금청구의 제한(근로기준법 제53조 제1항·제54조)

(b) 민법 제921조의 이해상반행위란 행위의 객관적 성질상 친권자와 자 사이 또는 친권에 복종하는 수인의 자 사이에 이해의 대립이 생길 우려가 있는 행위를 가리키는 것으로서 친권자의 의도나 그 행위의 결과 실제로 이해의 대립이 생겼는가의 여부는 묻지 아니한다.[7)]

다만, 성년인 자와 미성년인 자와 사이에 이해가 상반되는 경우에도 친권자는 미성년자를 위하여 특별대리인을 선임하여야 하는가. 판례는 민법 제921조 제2항의 경우 이해상반행위의 당사자는 쌍방이 모두 친권에 복종하는 미성년자일 경우이어야 하고, 이 때에는 친권자가 미성년자 쌍방을 대리할 수는 없는 것이므로 그 어느 미성년자를 위하여 특별대리인을 선임하여야 한다는 것이지 성년이 되어 친권자의 친권에 복종하지 아니하는 자와 친권에 복종하는 미성년자인 자 사이에 이해상반이 되는 경우가 있다고 하여도 친권자는 미성년자를 위한 법정대리인으로서 그 고유의 권리를 행사할 수 있으므로 그러한 친권자의 법률행위는 같은 조항 소정의 이해상

7) 대판 1993.4.13, 92다54524; 1971.7.27, 71다1113; 1976.3.9, 75다2340.

반 행위에 해당한다 할 수 없는 것이라고 한다.[8)]

(c) 공동상속재산분할협의는 행위의 객관적 성질상 상속인 상호간에 이해의 대립이 생길 우려가 있는 행위라고 할 것이므로 공동상속인인 친권자와 미성년인 수인의 자 사이에 상속재산분할협의를 하게 되는 경우에는 미성년자 각자마다 특별대리인을 선임하여 각 특별대리인이 각 미성년자인 자를 대리하여 상속재산분할의 협의를 하여야 한다.[9)]

(ㄷ) 취소권 : 법정대리인은 미성년자가 동의를 얻지 않고서 행한 법률행위를 취소할 수 있고, 취소로 그 법률행위의 효력이 소급적으로 소멸한다.

(나) 한정치산자와 금치산자의 법정대리인

(ㄱ) 한정치산자의 보호기관은 후견인(법정대리인)이다. 후견인에는 법정후견인과 선임후견인이 있다. 후견인의 순위에 관하여는 민법 제933조 내지 제936조에서 규정한다. 즉 한정치산의 선고가 있는 때에는 그 선고를 받은 자의 직계혈족, 3촌 이내의 방계혈족의 순위로 후견인이 된다(제933조). 다만 기혼자가 한정치산의 선고를 받은 때에는 배우자가 후견인이 되나, 배우자도 한정치산의 선고를 받은 때에는 제933조의 순위에 따른다(제934조).

후견인의 권한은 미성년자를 위한 법정대리인의 그것과 대체로 같다. 따라서 한정치산자의 후견인은 동의권, 대리권을 가지고, 또한 한정치산자가 행한 행위의 취소권을 갖는다.

(ㄴ) 금치산자는 후견인을 두어야 한다. 누가 후견인이 되는가는 역시 민법 제933조 내지 제939조의 규정에 의한다. 따라서 금치산선고가 있는 때에는 그 선고를 받은 자의 직계혈족, 3촌 이내의 방계혈족의 순위로 후견인이 된다(제933조).

다만, 기혼자가 금치산의 선고를 받은 때에는 배우자가 후견인이 되나, 배우자도 금치산 또는 한정치산의 선고를 받은 때에는 제933조의 순위에 따른다(제934조). 그러나 다음의 자는 후견인이 되지 못한다(제937조).

(a) 미성년자 · 한정치산자 · 금치산자
(b) 파산선고를 받은 자
(c) 자격정지 이상의 刑의 선고를 받고 형집행 중에 있는 자
(d) 법원에서 해임된 법정대리인 또는 친족회원
(e) 행방이 불명한 자
(f) 피후견인에 대하여 소송을 하였거나, 하고 있는 자 또는 그 배우자와 직계혈족

금치산자의 후견인은 금치산자의 요양 · 간호와 그의 재산을 관리하고, 재산상 법

8) 대판 1989.9.12, 88다카28044.
9) 대판 1993.4.13, 92다54524 ; 1993.3.9, 92다18481 ; 1987.3.10, 85므80.

률행위에 관하여 금치산자를 대리한다.

금치산자의 후견인은 동의권은 없고, 대리권만 가진다. 그러나 예외적으로 일정한 신분법상 행위에 있어서는 금치산자도 후견인의 동의를 얻어 유효한 법률행위를 할 수 있으므로 그 범위 내에서는 동의권이 있는 것이 된다.

또한, 금치산자의 행위는 언제나 취소할 수 있으므로 후견인은 금치산자가 행한 행위의 취소권을 갖는다.

4. 無能力者의 能力範圍

(1) 재산행위능력
- ① 미성년자
  - 원 칙 - 대리인의 동의 또는 대리
  - 예 외 - 일정 경우 단독행사
- ② 한정치산자 - 미성년자와 전적으로 동일
- ③ 금치산자 - 언제나 대리인이 대리함으로 행사

(2) 신분행위능력
- ① 미성년자 - 17세에 달하면 언제나 단독으로 행사
- ② 한정치산자 - 언제나 단독으로 행사
- ③ 금치산자
  - 17세에 달하고 심신회복 - 단독유언 가능
  - 기타 행위 - 후견인의 동의를 받아 행사

(1) 無能力者의 財産行爲能力

(가) 미성년자의 행위능력

(ㄱ) 미성년자가 법률행위를 하기 위하여서는 원칙적으로 법정대리인의 동의를 얻어 행하거나 대리인이 대리하여야 하고, 이에 위반한 경우에는 미성년자 본인이나 그의 법정대리인이 취소할 수 있는 행위로 된다(제5조). 그러나 다음의 경우에는 미성년자 단독으로 할 수 있다.

(a) 권리만 얻거나 의무만을 면하는 행위 : 예컨대 부담 없는 증여를 받는 경우가 이것이고, 이익을 얻는 동시에 채권을 상실하는 행위, 예컨대 변제의 수령이나 의무를 부담하게 되는 경제적으로 유리한 매매계약의 체결·상속의 승인 등은 배제된다.

① 부담 없는 증여의 수락
② 제3자를 위한 계약에서 행하여진 부담 없는 증여계약에서 수익의 의사표시
③ 서면에 의하지 아니한 증여계약의 해제
④ 담보물권의 설정 또는 보증의 취득
⑤ 의무만을 부담하는 계약(무상수치·무상수임 등)의 해약
⑥ 채무의 면제를 받는 계약의 체결

(b) 처분이 허락된 재산의 처분행위 : 법정대리인이 범위를 정하여 처분을 허락한

재산은 미성년자가 임의로 처분할 수 있다(제6조).

여기서 「범위를 정하여」라고 할 때 그 범위에 관하여 소수설은 처분의 범위를 정하는 방법에는 사용목적을 정하는 것과 다만 처분할 재산의 범위만을 정하는 것이 있다고 하고, 전자의 경우에는 그 사용목적의 범위 내에서만 처분할 수 있고, 후자의 경우에는 임의로 처분할 수 있다고 한다.[10] 그러나 다수설은 비록 처분이 허락된 재산에 그 사용목적이 정하여져 있을지라도 그 사용목적이란 것은 전적으로 주관적인 것이어서 외부의 제3자가 알 수 없는 것임에도 사용목적 이외에 처분이란 이유로 미성년자의 행위를 취소하게 함은 거래의 안전을 해한다는 이유로 미성년자가 임의로 처분할 수 있는 것이라고 한다.

(c) 영업이 허락된 미성년자의 그 영업에 관한 행위 : 미성년자가 법정대리인으로부터 특정영업을 허락 받은 경우 그 영업에 관하여는 성년자와 동일한 효력을 가진다(제8조 제1항). 여기서 영업이란 상업에 한하지 않고 널리 영리를 위한 사업을 말하며, 법정대리인이 영업을 허락할 때에는 반드시 영업의 종류를 특정해야 한다.

(d) 타인의 대리행위 : 미성년자의 행위능력 제한은 무능력자 본인을 위한 것이므로, 타인의 대리인으로서의 행위에는 능력자임을 요하지 않는다(제117조). 또한, 여기서 대리행위란 임의대리 · 법정대리를 불문하지만, 법정대리에 관하여는 개별적 법률에서 제한하고 있으므로 그 범위에서는 대리인이 되지 못한다.

(e) 유언행위 : 만 17세에 달한 미성년자는 유효한 유언을 단독으로 할 수 있다(제1061조). 그 외 가족법상 행위에도 대리가 제한된다.

(f) 사원자격에 기한 행위 : 법정대리인의 허락을 얻어 회사의 무한책임사원이 된 미성년자가 그 사원자격에 기한 행위는 단독으로 할 수 있다(상법 제7조).

(g) 근로계약과 임금의 청구 : 미성년자의 근로계약과 임금의 청구는 대리하지 못한다(동법 제51조). 따라서 근로계약과 임금청구는 언제나 미성년자 본인에 의한다.

(ㄴ) 법정대리인의 동의 또는 허락은 미성년자가 법률행위를 하기 전 취소할 수 있다(제7조). 그러나 선의의 제3자에 대항할 수 없는 것이라고 본다(다수설). 또한 미성년자의 영업허락은 취소 또는 제한할 수 있으나(제8조 제2항), 역시 선의의 제3자에 대항하지 못한다.

- 취소 및 동의권의 행사
  - 친권자인 경우 – 제한이 없다.
  - 후견인인 경우 – 친족회의 동의(제945조 · 제912조)
- 법정대리인의 영업허가 취소 또는 제한의 남용 금지(제922조 · 제956조 참조)

(나) 한정치산자의 행위능력 한정치산자의 행위능력은 미성년자의 그것과 동일

10) 방순원 49면, 김증한 94면.

하다(제10조). 다만 미성년자의 근로계약과 임금청구에 관한 대리권제한은 한정치산자에도 적용되는가.

종래 통설은 적용부정설을 취하였으나, 최근의 다수설은 한정치산자의 행위능력에 관하여 민법이 특별히 규정하고 있지 않는 점에서 미성년자와 동일한 것으로 할 입법취지로 해석하여 이를 긍정할 것이라고 한다.

(다) 금치산자의 행위능력 　금치산자의 법률행위는 언제나 취소할 수 있다(제13조). 후견인의 동의 없이 행한 경우는 물론이고, 비록 동의를 받아 행한 경우에도 역시 취소할 수 있다. 따라서 금치산자의 법률행위는 언제나 대리인이 대리하여 행한다.

다만, 금치산자가 의사무능력상태에서 행한 행위는 무효로서 효과도 발생하는가. 무효·취소이중효 인정여부 문제이며, 견해가 대립한다.

부정설은 행위무능력자제도는 의사무능력을 획일화한 제도이고, 법률개념은 형이하학적이어서 무효인 행위에 취소는 인정할 수 없을 뿐 아니라, 표의자 아닌 상대방이 이를 주장하여 효력을 배제함은 무능력자 보호에 불충분하다는 점을 든다. 그러나 통설·판례는 대체로 긍정하는 태도를 취하여 행위무능력자가 특별히 의사무능력 상태에서 행한 행위임을 입증한 때에는 무효의 효력도 주장할 수 있는 것이라고 한다. 그러나 견해에 따라서는 전적으로 긍정할 것은 아니지만 관계자의 의사능력 유무를 문제 삼을 수 없는 거래분야에 있어서는 의사무능력·행위무능력으로 인한 무효·취소 주장을 배제할 수 없을 것이라고 한다.[11]

(2) 無能力者의 身分行爲能力

(가) 미성년자와 한정치산자의 신분행위 　민법은 무능력자에 관한 규정(제5조·제10조·제15조)을 대표적으로 유언에 관하여 그 적용을 배척하여(제1062조), 구체적으로는 미성년자라도 17세에 달하면 유효한 유언행위를 할 수 있게 하고 있다(제1061조), 따라서 미성년자의 신분상 법률행위, 예컨대 약혼·혼인·이혼·입양·파양·분가 등은 신분행위의 특질상 구체적 행위에서 법률이 정한 요건을 갖추고 있는 이상 단독으로 유효한 신분행위를 할 수 있다.

다만, 한정치산자에 관하여는 미성년자에서와 달리 유언능력에 관한 제한규정을 두고 있지 아니한다. 따라서 한정치산자의 신분행위능력이 제한되는가.

다수설은 능력상 제한을 받지 않고 언제나 단독으로 할 수 있다고 하며, 미성년인 동안은 한정치산선고를 받을 실익이 없다는 점을 고려하면 당연한 것이다.

(나) 금치산자의 신분행위 　금치산자라고 하더라도 정신능력을 회복한 때에는

11) 김주수 104면, 장경학 192면.

유효한 신분행위를 할 수 있다. 민법은 금치산자에 대하여도 17세에 달하고 의사능력을 회복한 때에는 유효한 유언행위를 할 수 있음을 규정한다(제1063조). 따라서 금치산자라도 17세에 달하고 의사능력을 회복한 때에는 유효한 유언행위를 할 수 있다. 그러나 금치산자는 미성년자 또는 한정치산자와 달리 그 외에 신분상 법률행위, 예컨대 약혼·혼인·이혼·입양·파양 등의 행위는 단독으로 하지 못한다. 따라서 금치산자의 유언 외에 신분행위에는 후견인의 동의를 받아 유효한 신분행위를 할 수 있는데 불과하다.

⑶ 無能力者의 訴訟行爲能力

(가) 미성년자의 소송행위능력에 관하여 민사소송법에서는 규정하고 있지 아니한다. 그러므로 미성년자의 소송상 능력은 인정되지 아니하며 법정대리인이 대리하여 행한다.

(나) 미성년자라도 단독으로 유효히 할 수 있는 재산행위의 범위에서는 소송행위능력도 가지는 것으로 해석한다. 그러나 소송행위는 고도의 지식과 기술이 요구되는 일종의 공법적 성질의 능력인 점과 특히 혼인성년의제와 관련하여 의문의 여지가 없지 않다.

[무능력자의 비교]

무능력자	능력의 범위	법정대리인	대리인의 권한
미성년자	① 법정대리인의 동의를 받아 하거나 또는 대리인이 대리한다. ② 특정행위 단독행사 가능	친권자 후견인	동의권 대리권 취소권
한정치산자	미성년자와 동일	후견인	미성년자와 동일
금치산자	단독으로 할 수 있는 행위는 없고 동의를 받아서도 행사하지 못한다.	후견인	대리권 취소권

5. 無能力者 相對方의 보호

(1) 상대방보호의 필요성 – 공평이상의 실현, 거래의 안전보호
(2) 상대방보호제도
- 민법상 고유제도
  - ㉠ 상대방의 최고권
  - ㉡ 철회권(계약)·거절권(단독행위)
  - ㉢ 취소권의 배제
- 법률행위 일반의 제도 — 취소권 단기소멸·법정추인

(1) 相對方保護의 필요성

무능력자의 법률행위는 취소할 수 있다. 취소할 수 있는 법률행위라는 것은 일방적인 취소권의 행사에 의해 그 효력의 여부가 좌우되는 것이며, 취소권자가 취소하면 법률행위의 효력이 소멸하지만 취소하지 않고 그대로 방치하면 유효한 행위로 된다.

이와 같이 무능력자의 행위는 취소할 수 있을 뿐만 아니라 취소권은 무능력자 측만이 가지고, 그 행사 또한 자유이므로 무능력자와 거래한 상대방은 스스로 거래행위의 구속으로부터 벗어나지 못하고 전적으로 무능력자 측의 의사에 좌우되는 불안전한 지위에 놓이게 된다. 이러한 상태는 특히 상대방에게만 심한 불이익을 줄뿐 만 아니라, 나아가 거래의 안전까지 해칠 우려가 있게 된다. 따라서 민법은 공평의 견지에서 이와 같은 취소할 수 있는 행위의 불확정한 상태로부터 무능력자의 상대방을 보호하기 위한 일정한 제도를 마련하고 있다.

(2) 法律行爲一般의 取消制度와 무능력자상대방보호

민법은 취소할 수 있는 행위 일반, 즉 사기·강박·착오에 의한 행위 일반에 관하여 취소권의 단기소멸기간을 정하고, 또한 법정추인제도를 둔다. 전자에는 취소할 수 있는 행위를 추인할 수 있는 날로부터 3년 내, 법률행위를 한 날로부터 10년 내 취소하지 않으면 취소할 수 없게 한 것이고, 후자는 일정한 사유가 있는 때 추인(취소권의 포기)이 있는 것으로 간주하여 취소할 수 없는 행위로 다루는 제도이다(제145조).

이와 같은 취소권일반의 규정은 무능력자의 행위라고 하더라도 민법은 그 적용을 배척하지 아니하므로 무능력자와 거래한 상대방은 동법의 규정에 의하여 무능력자와의 구속으로부터 벗어날 수 있음은 물론이다.

(3) 無能力者相對方保護를 위한 특별제도

무능력자와 거래한 상대방을 법률행위 일반의 취소제도에 의하여 보호한다고 하더라도 무능력자가 그 기간 내 취소한 경우는 물론이고, 또한 취소권의 소멸에 의한 경우에도 상대방의 지위는 상당히 오랫동안 불안정한 생태에 있게 될 뿐만 아니라, 더욱이 법정추인제도는 예외적인 현상에 불과하므로 그렇게 실효성 있는 것은 아니다.

이러한 점에 근거하여 민법은 이들 규정으로부터 나아가 직접 무능력자 상대방 보호를 위한 특별 규정을 마련하고 있다. 즉 무능력자와 거래한 상대방에게 최고권(제15조)과 철회권·거절권(제16조)을 인정하고, 또한 일정한 경우에는 무능력자 측의 취소권을 박탈하는(제17조) 특례를 두고 있다.

(가) 최고권 일반적으로 최고란 어떤 자에 대하여 어떤 행위를 요구하는 것을

가리키며, 법률의 규정이 없더라도 필요하면 얼마든지 할 수 있다. 그러나 법률이 특별히 규정하고 있는 경우에는 그 규정에 의하여 직접 법률상 일정한 효과가 발생한다(의사통지로서의 형성권). 따라서 민법은 무능력자 상대방이 하는 최고에 대하여도 무능력자 측에서 아무런 답변을 하지 않고 있는 경우에는 법률상 일정한 효과가 당연히 발생하는 것으로 하여 무능력자 상대방을 보호한다.

(ㄱ) 최고의 방법 : 무능력자의 상대방이 최고권을 행사하려면 문제의 취소할 수 있는 행위를 표시하고, 1월 이상의 유예기간을 정하여, 추인할 것인가, 취소할 것인가의 여부에 대한 확답을 요구하는 의사표시로 하여야 한다.

또한, 최고의 상대방은 최고를 수령할 능력이 있고(제112조), 취소 또는 추인을 할 수 있는 자에 한한다. 그러므로 능력자가 되지 못한 무능력자에 대한 최고는 아무런 효과도 발생하지 않는다.

(ㄴ) 최고의 효과 : 상대방이 최고를 받고 그 유예기간 내 추인 또는 취소의 확답을 하면 각각 그 의사표시에 따른 효과가 생기게 된다. 따라서 이것은 최고 자체의 효과는 아니며, 최고 자체의 효과는 유예기간 내 확답하지 아니하는 경우에 발생한다.

민법은 최고기간의 경과로 추인한 것으로 간주하나, 다만 그 확답에 일정한 절차(친족회의 동의)를 요하는 경우에는 거절한 것으로 본다(제15조).

- (a) 최고의 확답
  - 단독으로 할 수 있는 경우 – 추인 간주
  - 친족회동의 등 특별절차를 요하는 경우 – 거절 간주
- (b) 최고기간 확답의 의사표시 – 발신주의를 채택
- (c) 최고 자체에 효력이 생기는 경우 – 기간 내 확답이 없는 경우

(나) 철회권・거절권　전술한 최고는 1월 이상의 유예기간을 두어야 하고, 또한 그 효과의 확정은 역시 무능력자 측에 의하여 좌우된다. 따라서 무능력자 상대방이 적극적으로 행위의 효력발생을 원하지 않는 경우에는 유용한 제도가 되지 못하므로 민법은 이것에서 나아가 상대방이 스스로 효력발생을 부인하여 그 구속으로부터 벗어날 수 있도록 하고 있다. 이것이 철회권과 거절권이며, 전자는 계약에 관한 것이고, 후자는 단독행위에 관한 것이다.

(ㄱ) 철회권 : 무능력자와 체결한 계약은 무능력자 측에서 추인하기 전에는 상대방이 그 의사표시를 철회할 수 있다. 그러나 상대방이 계약 당시에 무능력자임을 알았을 때에는 그러하지 못한다. 철회의 의사표시는 법정대리인뿐만 아니라, 무능력자에 대하여도 유효하게 할 수 있다.

(ㄴ) 거절권 : 무능력자의 단독행위에 대하여 무능력자 측의 추인이 있기 전에는 상대방이 이를 거절할 수 있다. 여기서 단독행위란 상대방 있는 단독행위를 가리키

며, 거절의 의사표시는 법정대리인이나 무능력자에 할 수 있다.

다만, 거절권은 무능력자의 상대방이 의사표시를 수령할 당시에 무능력자임을 알고 있었던 경우에도 행사할 수 있는가. 단독행위의 특성에 비추어 긍정함이 다수설이다.

(다) 취소권의 배제 무능력자가 상대방으로 하여금 자기가 능력자임을 오신케 하거나 또는 법정대리인의 동의가 있는 것으로 믿게 하기 위하여 사술(詐術)을 쓴 경우에는, 사기에 관한 일반규정에 의하여 책임을 지게 될 것이므로 그 범위에서 상대방은 보호받을 수 있다. 그러나 이들 방법으로는 상대방보호에 충분하다고 볼 수 없으므로 민법은 그러한 무능력자로부터 상대방을 강력히 보호할 조치로서 무능력자에 취소권을 박탈하여 상대방이 예기한 대로의 효과를 주고 있다(제17조).

(ㄱ) 사술(詐術)에 의한 무능력자 측에의 취소권상실의 효력을 갖기 위해서는 다음의 요건을 갖추어야 한다.

(a) 능력자임을 믿게 하려고 하였거나, 법정대리인의 동의가 있는 것으로 믿게 하였을 것이어야 한다.

(b) 사술을 썼을 것, 여기서 어떠한 기망수단을 사술로 보는가. 호적등본이나 또는 법정대리인의 동의서를 위조하는 것과 같은 적극적인 기망수단은 물론이지만, 이것에 국한하지 않고, 자기를 단순히 능력자라고 칭하거나 단순한 침묵도 사술이 될 수 있을 것이라고 한다. 그러나 판례는 사술이란 「무능력자가 상대방으로 하여금 그 능력자임을 믿게 하기 위하여 사기수단을 쓴 것」이라고 하여 적극적 기망수단이 있어야 사술이 되는 것이라고 하고, 그 입증책임은 주장자인 상대방에 있는 것이라고 한다.[12)]

(c) 무능력자의 기망행위에 의하여 상대방이 능력자라고 믿었거나 또는 법정대리인의 동의가 있는 것으로 믿었을 것이어야 하고, 상대방이 그러한 오신에 기하여 무능력자와 법률행위를 하였을 것이어야 한다.

(ㄴ) 취소권상실의 효과로 무능력자 본인은 물론이고, 그의 법정대리인 기타 취소권자의 취소권이 배척된다. 따라서 법률행위는 처음부터 확정적인 유효한 행위로 된다.

제 4. 自然人과 住所

1. 住所의 의의와 기능

민법상 住所는 사람의 생활에 근거가 되는 곳을 말한다(제18조).

12) 대판 1971.12.14, 71다2045 : 1955.3.31, 1954민상77.

사람의 사회활동은 특정의 토지, 즉 장소를 중심으로 하여 행하여지는 것이 보통이며, 법률생활의 안정을 위해서는 일상생활에서 일어나는 법률관계에 대하여 어느 정도 고정적인 장소를 정하여 처리한다는 것이 요구된다. 따라서 민법은 주소에 관하여 규정하고 이것에 일정한 법률상 효과를 부여하고 있다.

2. 民法上 住所

(1) 住所에 관한 입법주의

(가) 주소(住所)의 입법주의로서 먼저 사람과 장소의 실질적 관계의 존재 여부를 따라 정하는 형식주의와 실질주의, 주소의 설정·유지·변경은 어떤 장소가 생활의 중심을 이루고 있는 객관적 사실, 즉 정주의사(定住事實)만으로 정하는가, 아니면 객관적 사실 외에 주관적 요소, 즉 정주의사(定住意思)를 요하는가에 따른 의사주의와 객관주의, 주소의 개수를 중심으로 하는 단수주의와 복수주의가 있다.

(나) 우리 민법은 "생활의 근거가 되는 곳을 주소로 한다."라고 함으로써(제18조 제1항) 사람과 장소와의 관계에 관하여 실질주의를 채용하였다는데 이설이 없다.

- 민법상 실질주의를 취하는 근거
  - 민법상 주소에 정주의 의사를 요한다고 할 근거가 없다.
  - 의사무능력자를 위한 법정주소제가 없다.
- 주민등록지 - 특별한 반증이 없는 한 주소로 추정된다.

※ 法人의 住所 : 주된 사무소소재지에서 주소의 효력이 생긴다.

한편, 의사주의를 취하는가, 객관주의를 취하는가에 대하여 직접적 규정이 없지만, 민법의 문언상 의사주의로 해석할 근거가 없고, 또한 주소의 수에 관하여도 복수주의를 취하고 있는 점 등으로 보아 객관주의로 해석한다. 따라서 우리 민법상 주소에 관하여는 실질주의·객관주의·복수주의를 취한다.

(2) 住所의 법률상 효과

(가) 주소는 민법상 부재와 실종의 표준(제22조, 제27조)이 되고, 변제장소를 정하는 표준(제467조)이 되며, 호주승계 및 상속의 개시지(제981조, 제998조)로 된다.

또한, 주소는 민법 외에 사법관계에 있어서 어음·수표행위의 장소(어음법 제2조, 수표법 제8조), 재판관할의 표준(민소법 제2조, 가소법 제13조, 제22조, 제26조 등) 및, 민사소송법상의 부가시간의 표준(동법 제172조)이 된다.

(나) 주소는 공법상에서도 귀화 및 국적회복의 요건(국적법 제5조 내지 제7조), 주민등록의 요건(주민등록법 제6조 제1항)이고, 과세의 기준(국세기본법 제8조, 국세징수법 제12조, 제13조, 소득세법 제9조)이 된다.

3. 住所와 구별개념

(1) 주소와 구별되는 것으로는 거소·현재지·가주소가 있다.

거소(居所)란 사람이 다소의 기간 계속하여 거주하는 장소로서 그 장소와 밀접한 정도가 주소만 못한 곳을 말하고, 현재지(現在地)란 여행자가 일시적으로 체재하는 곳과 같이 장소와의 관계가 거소보다도 더 밀접하지 못한 곳을 말한다.

또한, 가주소(假住所)란 사람과 장소와의 관계가 현실로 존재하지 않는 곳을 거래의 편의를 위하여 당사자 의사로 정한 주소이며, 민법은 가주소를 인정한다.

(2) 민법은 거소 자체에 관하여는 원칙적으로 법률효과가 발생하지 않지만 예외적으로, 주소를 알 수 없을 때와 국내에 주소가 없는 자에 대하여는 각각 거소를 주소로 본다. 그러나 현재지에 대하여는 법률상 특별한 효과를 주고 있지 않다. 따라서 현재지에 대하여는 주소로서의 효과가 발생하는 경우는 없다.

또한, 가주소(假住所)를 정한 경우 그 정한 사항에 관하여는 그 가주소를 주소로 보고 주소에 관한 법률효과는 모두 가주소에 대하여 발생한다. 즉 가주소에서 주소의 효력이 생긴다. 예컨대 甲이 乙에 대하여 소를 제기하면서 그 소장에서 송달할 장소를 특별히 정하여 기재한 경우 그 소송에 관해 송달할 사항은 그 소장에 기재된 장소가 송달의 장소로 된다.

다만, 이때 「가주소에서 주소의 효력이 생긴다.」는 뜻은 그 정한 사항에 관하여 가주소에서 주소의 효력이 생긴다는 것을 의미하고, 그 정한 사항 이외의 것에까지 효력이 생기는 것은 아니다. 따라서 비록 가주소를 정한 경우라고 하더라도 그 정한 사항 이외의 것에 대하여는 여전히 본래 주소지를 중심으로 효력이 생긴다.

제 5. 不在와 失踪

(1) 재산관리제도 ┌ 생존(生存)의 사실이 명백한 부재자
└ 생사불명인 부재자
(2) 실종선고제도 - 생사불명(生死不明) + 장기간의 부재자

1. 不在者에 대한 민법상 처리제도

사람이 그의 주소지를 떠나서 단시일 내 돌아올 가망이 없는 경우에, 그의 잔류재

산의 후폐(朽廢)를 방지하거나 또는 잔존 배우자나 상속인의 이익을 보호하기 위하여 어떠한 조치를 강구한다는 것이 필요하게 된다. 더욱이 사람의 권리능력은 오직 사망에 의하여서만 소멸한다는 원칙을 관철한다면 부재자의 생사불명의 상태가 아무리 장기간에 걸치더라도 사망의 증명이 없는 한 부재자를 중심으로 하는 법률관계는 언제까지나 확정되지 못하게 되고, 이로써 특히 친족·상속관계에 중대한 영향을 미치게 된다.

여기서 민법은 약간의 조치로써 종래 주소를 떠나 당분간 돌아오지 못하는 자에 대한 상태를 2단계로 나누어, 먼저 제1단계로 부재자가 아직 생존하고 있는 것으로 추측하여 그 자가 남겨둔 재산을 관리해 주고 일단 돌아오기를 기다리는 단계와 제2단계로는 부재자의 생사불명한 상태가 장기간 계속하고 있을 뿐만 아니라, 또한 생존의 가능성이 희박하게 된 때에는 일단 사망한 것으로 보아, 그 자를 중심으로 한 법률관계를 확정·종결케 하는 제도를 마련하고 있다. 전자가 부재자의 재산관리제도이고, 후자가 실종선고제도이다.

2. 不在者財産管理制度

(1) 不在者의 의의와 적용범위

(가) 부재자의 의의 부재자(不在者)란 종래의 주소나 거소를 떠나서 당분간 돌아올 가망성이 없는 자를 가리킨다. 부재자에는 생존하고 있는 것이 명백하여 돌아올 가망이 있는 자와, 생사가 불명이어서 돌아올 가망성이 없는 자가 있다.

이와 같이 부재자는 반드시 생사불명이어야 하는 것은 아니지만, 생사불명의 자도 실종선고를 받을 때까지는 역시 부재자로 된다.

더욱, 판례는 부재자는 아니라고 하더라도 특정한 사정이 있어 자기 재산을 관리할 수 없는 상태에 있는 경우에도 부재자의 개념에 포함하는 것이라고 한다.13)

- 민법상 부재자
  - 생존하고 있는 것이 명백하나 돌아올 가망이 없는 자
  - 생사가 불명이어서 돌아올 가망이 없는 자
- 특정사정으로 재산을 관리할 수 없는 자 포함(대판 1960.4.21, 4292민상252)

(나) 부재자의 적용범위 민법상 부재자의 규정은 그 재산을 관리하기 위하여 두는 것이므로 부재자가 무능력자이어서 법률상 당연히 관리할 자가 있는 경우와 부재자가 스스로 관리인을 둔 경우에는 제외된다.

부재자의 재산관리에 관한 규정은 부재 이외의 이유로 재산을 관리할 자가 없어

13) 대판 1960.4.21, 4292민상252.

법원이 관리인을 선임할 때에도 준용된다(제918조·제994조·제1023조 ·제1047조·제105조 참조). 그러나 부재자는 성질상 자연인에 한하고 법인은 제외된다.[14)]

(2) 不在者의 財産管理人

(가) 부재자의 재산관리인에는 임의관리인과 선임관리인이 있다.

임의관리인은 부재자 자신이 둔 경우의 관리인으로 부재자의 수임인이며, 임의대리인의 일종이다. 그러나 부재자 자신이 관리인을 두지 않는 경우, 법원은 이해관계인 또는 검사의 청구에 의하여 재산관리에 관한 필요한 처분(예컨대, 잔류재산의 봉인·경매 등)을 명하여야 한다(제22조 제1항 단서). 이 때 일정자의 청구에 의하여 법원이 선임한 관리인이 선임관리인이며, 일종의 법정대리인이다.

(나) 부재자가 스스로 관리인을 둔 때에는 사적 자치의 원칙상 법원은 이에 관여하지 아니한다. 그러나 관리인이 스스로 관리인을 둔 경우에도 일정한 경우에는 법원이 선임관리인에 대하여 개입·간섭한다. 즉 재산관리인의 권한이 본인의 부재중에 소멸한 때에는 선임관리인의 경우와 동일한 조치를 취하고, 또한 부재자의 생사가 불명한 때에는 본인의 감독이 미치지 못하므로 법원이 개임·감독한다. 그러나 선임관리인은 부재자 본인의 의사에 의하여 선임된 것이 아니므로 관리인은 언제든지 사임할 수 있고, 또한 법원도 언제든지 개임할 수 있다.

(3) 不在者管理權의 범위 등

(가) 선임관리인의 권한의 범위는 관리행위에 한하고, 그 이상의 필요한 사항은 법원의 허가를 요한다.

(ㄱ) 법원의 허가 없는 관리인의 처분행위는 무효이다. 그러나 판례는 재산관리인이 법원의 허가 없이 재산을 처분하였다는 이유로 패소판결이 확정되었다고 하더라도 후일 허가요건을 보완하는 경우에는 재소할 수 있는 것이라고 한다.[15)]

관리인이 법원이 허가한 범위를 넘어 처분행위를 한 때에는 무권대리행위로 된다.[16)] 따라서 부재자의 재산관리인이 비록 권한초과행위를 한 경우에도 상대방은 그 이행을 소구할 수 있다. 판례는 부재자의 재산관리인이 권한 초과행위에 대하여 허가신청절차를 이행하기로 약정한 경우 상대방은 그 절차이행을 소구할 수 있는 것이라고 한다.[17)]

---

14) 대결 1965.2.9, 64스9.
15) 대판 2000.12.26, 99다19278.
16) 따라서 특별한 사정이 없는 한 이 경우 상대방의 선의·무과실이라 할 수 없으므로 권한을 넘은 표현대리가 성립할 여지는 없다(대판 1976.12.21, 75마551).
17) 대판 2000.12.26, 99다19278.

(ㄴ) 관리인의 직무집행에는 수임인에 관한 규정이 준용되므로 선량한 관리자의 주의로써 직무를 집행해야 하는 등 모든 면에서 수임인과 동일한 지위에 선다. 민법은 관리인에 여러 의무, 예컨대 재산목록 작성・재산보전을 위한 법원의 명령・처분의 집행, 담보의 제공 등의 의무를 부담시키고 있는 동시에, 법원은 부재자의 재산으로 상당한 보수를 지급할 수 있게 하고 있다(제26조 제2항). 즉 관리인은 보수청구권을 가지며, 관리를 위하여 지출한 필요비와 그 이자 및 과실 없이 받은 손해의 배상 등을 청구할 수 있다.

(ㄷ) 법원에 의해 일단 부재자재산관리인의 선임결정이 있었던 이상 부재자가 그 이전에 사망하였음이 판명되더라도 재산관리인이 적법하게 행한 법률행위의 효력은 그 부재자의 상속인에도 미친다.

(나) 임의관리인의 권한과 관리권의 행사방법 등은 부재자와 관리인 간의 계약에 의하고, 계약이 없는 때에는 민법 제118조(대리권의 범위)의 적용을 받는다.

또한, 관리인의 보수와 권리도 선임관리인과 동일하다(제26조 제3항).

(4) 不在者管理權의 종료

관리인의 관리권은 부재자가 후일 관리인을 정하거나, 스스로 관리하게 된 때 또는 본인의 사망 및 실종선고로 종료한다.

3. 失踪宣告制度

(1) 失踪宣告制度의 의의

(가) 부재자의 생사불명의 상태가 장기화함으로써 사망에 대한 적극적 증명도 세울 수 없거나 인정사망으로 처리할 만한 상황도 아닌 경우, 그 자를 언제까지나 생존자로 다루어 그를 중심으로 한 재산관계나 신분관계를 오랫동안 방치한다는 것은 주변의 이해관계자에 극히 불편한 결과로 된다. 따라서 민법은 일정한 요건 아래 사망한 것으로 다루어 그 자를 둘러싼 재산상・신분상의 모든 문제를 정리할 수 있게 하고 있다(제27조・제29조). 이것이 곧 실종선고제도이며, 법률상 가정사망제도이다.

(나) 자연인의 권리능력 소멸원인으로서의 死亡에 관하여 우리 법제는 보통실종선고・특별실종선고・동시사망의 추정・인정사망 등의 제도를 두고 있다. 그렇다면 위와 같은 자료나 제도에 의하지 아니하는 경우에는 사망으로 다루어질 수는 없는가. 판례는 수난・전란・화재 기타 사변에 편승하여 타인의 불법행위로 사망한 경우에 있어서는 확정적인 증거의 포착이 손쉽지 않음을 예상하여 법은 인정사망, 위난실종선고 등의 제도와 그밖에도 보통실종선고제도도 마련해 놓고 있으나 그렇다

고 하여 위와 같은 자료나 제도에 의함이 없는 사망사실의 인정을 수소법원이 절대로 할 수 없다는 법리는 없는 것이라고 한다.18)

[판례] 갑판원이 시속 30놋트 정도의 강풍이 불고 파도가 5-6미터 가량 높게 일고 있는 등 기상조건이 아주 험한 북태평양의 해상에서 어로작업 중 갑판위로 덮친 파도에 휩쓸려 찬 바다에 추락하여 행방불명이 되었다면 비록 시신이 확인되지 않았다고 하더라도 그 사람은 그 무렵 사망한 것으로 확정함이 우리의 경험칙과 논리칙에 비추어 당연하다(대판 1989.1.31, 87다카2954).

⑵ 失踪宣告의 요건

(가) 법원은 다음의 요건이 갖추어지면 반드시 실종선고를 하여야 한다.

(ㄱ) 부재자가 생사불명일 것 : 생사불명이란 생존이나 사망에 대한 증거를 세울 수 없는 상태를 말하고, 청구권자와 법원의 불명이면 족하다. 따라서 생사불명의 상태가 객관적임을 요하지 않는다.

(ㄴ) 실종기간이 경과 : 생사불명의 상태가 일정기간 동안 계속하여야 하고, 그 기간은 실종의 종류에 따라 다르다.

(a) 보통실종 기간은 5년이다(제27조 제1항). 그 기간의 기산점에 관하여는 명문규정이 없으나 부재자의 생존을 증명할 수 있는 최후의 시기, 즉 최후의 소식이 있었던 때를 기산점으로 하는데 학설이 일치한다.

(b) 특별실종으로서 민법은 선박실종·항공기실종·전쟁실종·위난실종을 들고, 이들의 기간은 선박실종은 선박의 침몰, 항공기실종은 항공기의 추락, 전쟁실종은 전쟁의 종지, 위난실종은 위난종료 후 1년이다(§27 ②).

- 보통실종 – 부재자가 생존하고 있다고 알려진 최후의 시점에서 5년
- 특별실종
  - ㉠ 선박실종 – 선박이 침몰한 때
  - ㉡ 항공기실종 – 항공기가 추락한 때
  - ㉢ 전쟁실종 – 전쟁이 종지한 때
  - ㉣ 위난실종 – 위난이 종료한 때

  (㉠~㉣) 로부터 1년

(ㄷ) 일정한 자의 청구 : 이해관계인이나 검사의 청구가 있어야 한다. 이해관계인이라란 배우자·상속인·채권자·법정대리인·재산관리인 등과 같이 실종선고를 청구하는데 법률상 이해관계를 가지는 자, 즉 실종선고에 의하여 권리를 얻거나 의무를 면하게 될 자이나 신분상 또는 재산상 이해관계에 한정된다.19)

[판례] 부재자의 종손자로서, 부재자가 사망할 경우 제1순위의 상속인이 따로 있어 제2순위의 상속인에 불과한 청구인은 특별한 사정이 없는 한 위 부재자에 대하여 실종선고를

18) 대판 1989.1.31, 87다카2954; 1985.4.23, 84다카2123.
19) 대결 1992.4.14, 92스4·5·6.

청구할 수 있는 신분상 또는 경제상의 이해관계를 가진 자라고 할 수 없다(대결 1992.4.14, 92스4·5·6).

(나) 이상의 요건이 갖추어지면 법원은 6월 이상의 기간을 정하여 공시최고를 하여야 하고, 그 기간의 경과로 실종을 선고한다. 따라서 실종선고를 청구 받은 가정법원은 가사소송법 제53조 이하의 규정에 따라 부재자 또는 부재자의 생사를 알고 있는 자에 대하여 신고할 것을 6월 이상의 기간을 정하여 공고하고, 그 공시최고기간이 지나도록 신고가 없으면 실종을 선고한다(제27조 제1항).

또한, 가정법원은 위 요건을 갖추는 이상 반드시 실종을 선고하여야 한다.

(3) 失踪宣告의 효과

(가) 사망의 의제　실종선고를 받은 자, 즉 실종자는 실종기간이 만료한 때에 사망한 것으로 간주된다(제28조). 따라서 법원의 선고로 실종자는 법률상 사망으로 간주되지만, 이 때 사망의 간주는 본래 사망제도와 구별된 법률상 假死制度로서 권리능력 자체가 박탈되는 것은 아니다.

사망의 효과는 언제부터 발생하는가. 입법례가 다양하나,[20] 민법은 "실종기간이 만료한 때 사망한 것으로 본다."라고 함으로써 실종기간 만료시주의를 취한다(제28조). 따라서 실종선고의 효과는 적어도 선고시로부터 실종기간이 만료된 때에 소급하여 사망의 효과가 생긴다.

판례는 실종선고를 받은 자는 실종기간이 만료된 때 사망한 것으로 간주하고 있다. 그러므로 실종선고로 인하여 실종기간 만료시를 기준으로 하여 상속이 개시된 이상 이후 실종선고가 취소되어야 할 사유가 생겼다고 하더라도 실종선고가 취소되지 않는 한 임의로 실종기간이 만료하여 사망한 때로 간주되는 시점과 달리 사망시점을 정하여 미리 개시된 상속을 부정하고 이와 다른 상속관계를 인정할 수 없는 것이라고 한다.[21]

(나) 사망으로 간주되는 범위　사망의 효과는 실종자의 종래 주소를 중심으로 하는 사법적 법률관계에만 미친다. 따라서 실종자가 돌아온 후의 법률관계나 다른 곳에서의 새로운 주소를 중심으로 하는 법률관계에 관하여는 사망의 효과가 미치지 않는다. 또한 사법상 법률관계인 이상 재산법상 관계이거나 가족법상 관계이거나를 불문한다.

이와 같이 민법이 실종선고로 실종기간 만료시 이후에는 사망으로 간주하므로 그

---

20) 입법례로는 선고시를 표준으로 하는 것, 최후의 소식 또는 위난의 발생시를 표준으로 하는 것, 실종기간의 중간시를 표준으로 하는 것, 실종기간의 만료한 때를 표준으로 하는 것이 있다.

21) 대판 1994.9.27, 94다21542.

결과 실종자가 최후의 소식이 있었던 때로부터 실종기간이 만료하는 때까지에는 생존으로 의제됨은 명백하다. 그렇다면 실종선고가 없는 경우에도 실종자는 실종선고가 있었다면 사망이 의제되는 시점까지에는 생존한 것으로 추정되는가.

긍정설은 실종선고로 실종기간이 만료하는 때 사망한 것으로 본다는 민법규정은 생사불명의 부재자는 실종기간의 만료시까지는 생존하는 것이 보통이라는 취지를 포함한 것이라고 한다.[22] 그러나 다수설·판례는 민법 제28조는 일정한 시기를 표준으로 해서 부재자의 사망을 의제한 것이라고 하여 실종선고가 없는 한 사망도 생존도 추정되는 것은 아니고 사실문제로 다루어지는 것이라고 본다.[23]

특히, 판례는 실종선고의 효력이 발생하기 전에는 실종기간이 만료된 실종자라도 소송당사자 능력이 상실되는 것은 아니라고 하고, 또한 실종자를 상대로 한 판결이 확정된 후 실종선고가 확정된 경우에 사망간주시점이 소급하더라도 판결 당시 사망자로 보아 판결이 무효로 되지 않는 것이라고 한다.[24]

⑷ 失踪宣告의 取消

(가) 실종선고 취소의 요건 실종선고는 생사불명의 상태에서 법원이 사망으로 의제한 것이므로 다음의 요건으로 그 선고를 취소할 수 있다.

(ㄱ) 실종선고의 취소를 청구하는 자는 실종자의 생존한 사실, 실종기간이 만료한 때와 다른 시기에 사망한 사실, 실종기간의 기산점 이후의 어떤 시기에 생존하고 있었던 사실 중 어느 하나를 증명하여야 한다.

(ㄴ) 절차상 본인·이해관계인 또는 검사의 청구가 있어야 한다(제29조 제2항 본문). 다만, 실종선고에서와는 달리 공시최고는 요하지 않는다.

(나) 실종선고 취소의 효과 선고취소의 심판이 확정되면 처음부터 실종선고가 없었던 것과 동일한 효과가 생긴다. 즉 실종선고로 생긴 법률관계는 소급적으로 무효가 된다. 그러나 위의 원칙을 그대로 관철하면 선고를 신뢰하여 행동한 배우자·상속인 기타 이해관계인은 불측의 손해를 받는 수가 있으므로 민법은 이를 위하여 다음과 같은 예외를 두고 있다.

(ㄱ) 실종선고 후 그 취소 전에 선의로 행한 행위의 효력에는 영향을 미치지 않는다(제29조 제1항 단서). 예컨대 상속인의 상속재산 처분행위나 잔존 배우자의 재혼 등은 선고가 취소되어도 그대로 유효하다. 따라서 선의로 상속인이 상속재산을 처분하였더라도 그 처분행위는 유효하고, 또한 잔존배우자가 재혼하면 실종선고가 취소

22) 김용한 139면, 김현태 137면.
23) 대판 1994.9.27, 94다21542; 1992.7.14, 92다2455; 1960.9.8, 4292민상885.
24) 대판 1992.7.14, 92다2455.

되더라도 배우자와 실종자간의 종전의 혼인관계는 회복되지 않는다.

(a) 실종선고취소효력의 제한으로서 선의라고 할 때 선의에는 당사자 쌍방의 선의를 요하는가. 절대적요건설은 재산상 법률행위·신분상 법률행위를 불문하고 쌍방의 선의를 요하는 것이라고 하고 상대적요건설은 신분상 행위에는 쌍방의 선의를 요하나, 재산상 법률행위는 일방의 선의로서 족한 것이라고 한다.[25)]

양설의 결과로서 상대적요건설에 의하면, 예컨대 甲의 실종으로 재산권을 전득한 선의자 丁이 악의자 戊에게 양도하여 戊가 악의이어서 甲에 반환 당하고 丁에게 책임을 묻는 것은 담보책임일 것이지만, 악의자 戊가 丁에게 담보책임에 의하여 손해배상을 물을 수 있는가 의문이고, 또한 해제권은 있을 것이지만 그 후 부당이득의 반환청구는 현존이익에 한하게 되어 문제된다.

또한, 절대적요건설에 의하여도 일방만이 선의이어서 생존실종자 甲이 반환을 청구하게 되면 타방의 선의에 불문하고 반환하게 되고 이로써 거래의 안전을 해하게 되어 문제된다. 그리하여 견해에 따라서는 쌍방의 선의를 요하지만 상대방이 악의이더라도 전득자가 선의이면 민법 제29조 제1항 단서의 적용을 받아 보호받을 것이라 한다.[26)]

다수설·판례는 절대적요건설을 취하여 가족법상 또는 재산법상 행위에 불문하고 쌍방의 선의를 요하는 것이라고 한다.

다만, 단독행위의 경우에는 그 성질상 단독행위자가 선의이면 족하고 상대방의 선의는 문제되지 않는가. 이를 긍정하는 견해가 있으나,[27)] 단독행위의 경우라도 실종자의 보호를 위하여 상대방이 악의인 때에는 그 법률행위는 무효로 되고, 이로써 그 처분행위는 회복된다고 보아야 할 것이다.

(b) 취소선고의 소급효 제한이 신분상 행위인 경우에는 쌍방의 선의이어야 하고, 쌍방의 선의인 경우 후혼인 신혼이 유효하다는 데에는 의문의 여지가 없지만 다만 전혼관계가 부활하는가. 통설은 법률관계를 간편히 하기 위하여 전혼관계는 부활하지 않고 후혼관계만 유효하다고 본다.

(ㄴ) 실종선고를 직접원인으로 하여 재산을 취득한 자가 선의인 때에는 그가 받은 이익이 현존하는 한도에서 반환할 의무를 진다(제29조 제2항). 그러나 악의인 때에는 그가 받은 이익에 이자를 붙여서 반환하고 손해가 있으면 이를 배상해야 한다. 여기서 실종선고를 「직접원인으로 하여 재산을 얻은 자」란, 예컨대 상속인·수유

25) 김주수 138면, 김용한 143면, 이은영, 205면.
26) 이은영 205면; 양창수, 실종선고의 취소, 월간고시(1988.6) 20면 참조.
27) 김상용, 민법총칙 202면; 지원림, 민법강의 92면.

자 · 생명보험수익자 등을 가리키며, 그 전득자는 포함되지 않는다.

(ㄷ) 직접수익자 반환의무의 법률적 성질은 부당이득반환의무이고 그 반환의 범위는 부당이득의 일반법리에 의한 수익자의 반환범위와 같다(제748조 이하).

한편, 민법 제29조 제2항의 이득반환의무는 10년의 소멸시효에 걸린다. 다만 실종선고취소로 인하여 상속인이 달라지는 경우에 진정상속인이 표현상속인에게 재산회복청구를 하는 것은 상속회복청구가 되므로 동법상 제척기간이 적용되어 그 침해를 안 날로부터 3년, 상속이 개시된 날로부터 10년 내 행사해야 한다(제999조).

4. 기타의 死亡制度

(1) 認定死亡制度

(가) 수난 · 화재 기타 사변으로 사망한 자가 있는 경우에는 이를 조사한 관계공무원은 지체 없이 사망지의 시 · 읍 · 면장에게 사망의 신고를 하여야 하며, 이 신고에 기하여 호적에 사망의 기재를 하게 된다. 이를 인정사망(認定死亡)이라고 하며, 실종자의 주변사정으로 보아 사망의 사실이 명확함에도 시체의 확인이 없다는 것만으로 민법상 실종신고를 받아 사망으로 다루게 한다면 시간적 · 절차적으로 보아 불합리하므로 이를 신속 · 간편히 처리하기 위하여 마련한 호적법상 특례제도로서, 강한 사망추정제도이다.

(나) 인정사망의 요건으로서 특히 사변(事變)이란 사망의 증명은 얻을 수 없으나 사망의 확률이 대단히 높고 생존을 예측할 수 없는 사고를 말하며, 수난 · 화재를 비롯하여 전쟁 · 해난 · 탄광폭발 · 홍수 · 사태 등이 그 예이다. 이러한 사실이 있는 때에는 관계공무원은 그 사실을 조사하여 보고하여야 하고 그 사실을 조사한 관계공무원의 보고에 기하여 사망으로 취급된다.

(2) 同時死亡制度

(가) 2인 이상이 동일한 위난을 당하여 사망하였으나 그 사망의 선 · 후가 입증되지 않는 경우 동시에 사망한 것으로 추정케 하는 제도이며(제30조), 사망의 시기는 상속관계에 커다란 영향을 미치므로 법률관계를 간명히 하기 위하여 규정한다.

예컨대, 甲에 그 자 乙, 처 丙, 부 丁이 있는 경우 甲과 乙이 동일한 위난으로 사망하였으나 甲이 乙보다 먼저 사망하였다면 甲의 재산은 일단 乙과 丙에 상속되고, 다시 乙의 사망으로 乙의 상속분이 丙에 상속되지만, 반대로 乙이 먼저 사망하였다면 乙의 재산은 甲과 丙이 공동상속 하였다가 다시 甲의 사망으로 丙 · 丁이 공동상속 하게 된다.

(나) 동시사망의 추정으로 동사자의 사이에는 상속이 생기지 않고, 또한 유증의 효력도 생기지 않는다(제1089조).

종래 민법은 2인 이상이 「동일한 위난」으로 사망한 경우 동시사망을 추정하였다. 따라서 수인이 각각 다른 위난으로 사망하여 그들의 사망시기를 확정할 수 없는 경우에도 이를 유추 적용할 것인가. 견해가 대립하였다. 그러나 개정 민법(안)은 "수인의 사망자 중 어느 한사람이 다른 사람의 사망 후에도 생존한 것이 분명하지 아니한 경우에 이들은 동시에 사망한 것으로 추정한다."라고 하여 입법적 해결을 기한다.

(3) 不在者宣告制度

(가) 부재선고제도는 실종선고제도에 대한 특례제도이며, 미수복지구에 남아 있는 것으로 종래 호적상 표시되어 있는 자에 대하여 일정한 요건 하에 법원이 부재선고를 함으로써 실종선고에서처럼 그 자를 사망한 것으로 보아 잔존배우자와 가족에게 재혼·상속의 길을 열어주려는 제도이다.

(나) 가족·검사는 미수복지구의 잔류자에 대하여 부재선고를 청구할 수 있고, 이들의 청구가 있으면 가정법원은 1월 이상 공시최고를 한 후 미수복지구 이외의 지역에 거주한다는 사실의 신고가 없으면 부재를 선고하고(동법 제8조 제1항), 부재선고로 사망이 간주된다(동법 제4조).

제 3 절 法 人

제 1. 法人制度概說

1. 法人의 意義와 存在理由

(1) 법인(法人)이란 자연인 이외의 것으로서 법인격(권리능력)이 인정되는 것, 즉 권리·의무의 주체가 될 수 있는 것을 말한다.

현행법상 법인에는 일정한 목적과 조직 하에 결합한 인적단체(사단 또는 조합)와 일정한 목적에 바쳐진 재산(재단)이라는 실체에 대하여 법인격이 부여된다.

(2) 법인제도의 존재이유는 다음의 점에서 찾고 있다.

(가) 인류의 사회생활은 집단적·단체적 생활에서부터 기인하며, 현실적으로 존재

하는 단체를 방치할 수 없다.

사람의 사회생활은 크고 작은 각종 단체 속에서 영위되고 때와 곳에 따라 정도의 차이는 있지만 현대와 같은 이익사회에 있어서도 인격의 주체로서 자연인 외에 일정한 목적에 따라 결성된 단체가 존재하고 이들이 사회적 기능을 발휘하고 있는 이상 이를 방치할 수 없다는데 있다.

(나) 사회적 법률관계는 개인의 유한성과 관계없이 무한성·영속성을 갖는다.

자연인으로서의 개인은 시간적으로나 능력적으로 유한성을 가지지만, 단체는 그 구성하는 개인의 증감변동과는 관계없이 독립한 통일체로서 영속적으로 존속하고, 또한 능력적으로도 개인이 가지는 것보다 강대하여 개인이 달성하지 못하는 목적을 달성할 수 있게 된다.

전자가 재단법인의 존재이유이고, 후자가 사단법인의 존재이유이다.

2. 法人의 本質과 평가

(1) 法人制度의 본질

(가) 법인, 즉 사단이나 재단이 그것을 구성하는 개인 또는 재산으로부터 떠나서 단체로서의 독자적 실체를 가지는 것인가. 법인의 능력(행위능력·불법행위능력)개념과 관련하여 법인의제설[28]·법인부인설·법인실제설이 대립한다.

(나) 이상의 여러 학설 중 현재 우리나라에서는 법인실재설에 속하는 조직체설과 사회적 가치설이 지지되며, 그 중 사회적가치설[29]이 통설이다. 그러나 이들의 법인학설은 각각 그 시대의 사회적 배경에 따라 주로 법인의 어떤 측면을 분석·연구한 것이므로 그 시대적 배경을 떠나 일의적으로 파악할 것은 아니고, 또한 어떤 종류의 단체에 법인격을 부여하는 것은 특히 그 단체를 둘러싼 대내적·대외적 법률관계를 간명하고 합리적으로 처리하기 위한 법 기술에 불과하므로 오늘날 법인학설을 비록 사회적 가치설에서 파악한다고 하더라도 사회적 작용이 곧 법인의 사회적 가치를 결정하는 유일한 기준은 될 수 없는 것은 명백하다.

28) 개인의사 절대라는 법리에서 권리·의무의 주체는 자연인인 개인에 한하여야 하며, 자연인이 아니면서 권리·의무의 주체가 될 수 있는 것은 법률의 힘에 의하여 자연인에 의제된 것에 한한다고 한다. 즉, 법인은 법률이 자연인에 의제한 것에 지나지 않는다고 보며, 그 대표자는 사비이니(Savigny)이다.

29) 사회적가치설은 사회 연대사상을 토대로 하여 모든 자연인이 사회적 작용을 함으로써 사회에 봉사할 수 있는 것과 같이, 단체나 목적재산도 자연인과 동일한 사회적 작용을 하기 때문에 가치적 측면에서 법인이 될 수 있다고 한다.

(2) 法人制度의 실익과 법인격의 부인

(가) 법인의 본질론은 먼저 법인의 권리능력을 엄격히 제한할 것인가, 아니면 사회적 작용에 근거하여 확대할 것인가. 법인 이사의 불법행위에 관하여 법인 자신의 불법행위를 인정할 것인가. 또한 법인격을 갖지 못한 사단·재단에 관하여 비교적 독자적인 법률적 지위를 부여할 것인가 문제와 관련하여 논의되며, 법인의제설에 의하면 제한 또는 부정되지만, 법인실재설에 의하면 확대 또는 긍정하게 된다.

그러나 법인본질론의 실익은 무엇보다 법인의 불법행위능력에 있으며, 민법 제35조 제1항은 "법인은 이사 기타 대표자가 그 직무에 관하여 타인에게 가한 손해를 배상할 책임이 있다. 이사 기타 대표자는 이로 인하여 자기의 손해배상책임을 면하지 못한다."라고 하여, 동항은 전문에서 법인의 불법행위책임을, 후문에서는 대표기관 개인의 책임을 규정하고, 한편 제59조 제2항은 법인의 대표기관에 관하여 민법 중 대리에 관한 규정을 준용하게 하고, 또한 제34조는 법인의 목적에 의한 능력의 제한을 규정함으로써 위 법인학설의 법인실제설 또는 법인의제설의 근거를 동시에 주고 있어 문제된다.

통설은 법인 본질에 관한 학설을 단지 법인이 권리주체임에 적합한 조직체를 중심으로 일어나는 법률관계를 보다 간편하게 처리할 수 있는가 라고 하는 법 기술적 측면에서 찾고 있으며, 법인과 제3자관계에서는 법인실제설을, 법인의 내부관계에서는 법인의제설에 근거하고 있다.

(나) 오늘날의 법인학설은 실체적·가치적 측면을 평가하여 가급적 독립적 실체로 파악하려 한다. 그러나 이것에 못지않게 사회실정에서는 법인 인격을 활용하여 책임의 면탈, 재산의 은닉 등 수단으로 악용되는 부정적 측면도 없지 않다. 그리하여 최근에는 법인격의 부인론이 대두되며 긍정적으로 평가한다.

여기서 법인격부인론이란 법인의 독립성 그 자체는 인정하나, 다만 부당한 목적에 관련된 특정 사안에 관하여는 일시적으로 법인격을 부정하여 그 실체를 이루는 개인 또는 다른 법인과 동일시하려는 이론이며, 최근의 판례는 이를 수용하고 있다. 그리하여 판례는 예컨대 「甲과 丙은 외형상 별개 회사로 되어 있으나 甲은 이 사건 선박의 실제소유자인 丙이 편의치적을 위하여 설립한 회사로서 실제로 사무실과 경영진이 동일하므로 이러한 지위에 있는 甲이 법률의 적용을 회피하기 위하여 별개의 법인격을 가지는 회사라는 주장을 내세우는 것은 신의성실의 원칙에 위배하거나 법인격을 남용하는 것으로서 허용되어서는 아니 된다」라고 하여 甲의 독립된 법인격의 주장을 배척한다.[30]

30) 대판 1988.11.22, 87다카1671.

3. 法人의 種類

(1) 營利法人·非營利法人

(가) 사법인은 그 법인의 영리성 여부에 따라 영리법인과 비영리법인으로 구별한다. 전자는 영리를 목적으로 하는 모든 법인(상사회사·민사회사)을 말하고, 후자는 영리 아닌 목적, 즉 비영리 목적(비공익을 목적으로 하는 법인 포함)의 법인을 말하며, 그 구별의 실익은 법인의 설립절차, 법인의 대내·대외관계, 감독의 기관 등의 차이에 있다.

(나) 현행법상 영리법인은 사단법인으로만 구성하고 상법상의 회사설립규정에 따라서 법인격을 취득한다. 따라서 영리를 목적으로 하는 민법상 사단법인은 인정되지 아니한다.

통상, 영리법인 중에서 상행위를 목적으로 하는 사단법인을 상사회사라 하고, 상행위 이외의 영리행위를 목적으로 하는 것을 민사회사라고 한다. 그러나 민법에서는 "그 영리법인의 설립에 관하여 상사회사 설립의 조건에 좇아 법인으로 할 수 있다."라고 하고, 동시에 상사회사에 관한 규정을 준용케 하고 있으므로 그 구별의 실익은 없다.

(다) 민법상 법인은 비영리법인에 한정된다(제31조). 비영리법인은 학술·종교·자선·기예·사교 기타 영리 아닌 사업을 목적으로 하는 단체로서 주무관청의 허가를 얻어 설립된 비영리사단·비영리재단을 가리킨다(제32조).

(2) 社團法人·財團法人

민법은 비영리법인을 그 구성요소가 사단이냐 재단이냐에 따라 사단법인·재단법인으로 나눈다.

[사단법인과 재단법인의 비교]

	사 단 법 인	재 단 법 인
본질적 차이	① 2인 이상의 사원으로 구성 ② 자율적 법인	① 일정한 목적에 바쳐진 재산 ② 타율적 법인
설립행위성질	합동행위	단독행위(또는 단독행위의 경합)
최고의사결정	사원총회의 결의에 의한 결정	정관으로 정한 목적(설립자의 의도)
정관변경여부	정관변경의 자유(제42조)	정관에 변경방법을 정한 때(제45조), 목적변경은 목적달성 불능의 경우 주무관청의 허가를 받아 변경(제46조)
해산사유	사원이 없게 되거나 총회의 결의(제77조 제2항)	정관에 정한 사유, 법인의 목적달성 또는 달성불능
기 타	설립절차(제32조), 등기(제33조), 주무관청의 검사·감독권(제37조), 해산과 청산절차(제77조 이하) 등은 모두 양자에 동일하다.	

사단법인은 일정한 목적을 위하여 결합한 사람의 단체, 즉 사단을 그 실체로 하는 법인이고, 재단법인은 일정한 목적에 바쳐진 재산, 즉 재단을 실체로 하는 법인이다.

제 2. 法人의 設立

1. 法人設立에 관한 입법주의

(1) 法人의 설립주의

(가) 자유설립주의 법인의 설립에 관하여 아무런 제한을 두지 않고 법인으로서 실질만 갖추면 법인격을 인정하는 주의이다. 그러나 이 설립주의를 취하는 입법례는 거의 없고, 다만 1907년 스위스민법이 비영리 사단법인에서 취하고 있을 뿐이다. 우리 민법 제32조도 "법인은 법률의 규정에 의하지 않으면 성립하지 못한다."라고 규정함으로써 자유설립주의를 배척하고 있다.

(나) 준칙주의 법인설립에 관한 요건을 미리 법률로 정하여 놓고, 그 요건이 충족되는 때에 당연히 성립되는 것으로 하는 주의이다. 이 설립주의는 그 조직을 공시하기 위하여 등기를 성립요건으로 하는 것이 보통이며, 영리법인 · 노동조합 등에 채용된다.

(다) 허가주의 법인의 설립에 주무관청의 자유재량에 의한 허가를 필요로 하는 주의이다. 따라서 법인설립이 크게 제한되며, 특별법에 의한 학교법인 · 증권거래소 등에 관하여 이 주의를 취한다.

(라) 인가주의 법률이 정한 요건을 갖추고 주무관청 기타 소관 행정관청의 인가를 얻음으로써 성립하는 주의이다. 이때 인가는 허가와 달리 법률이 정하는 요건만 갖추면 반드시 인가하여야 하며, 의사회 · 치과의사회 · 한의사회 · 조산원 및 간호원회 · 상공회의소 · 농업협동조합 · 중소기업협동조합 · 수산업협동조합 · 자동차운수사업조합 · 수출조합 · 해운조합 등 각종 조합법인이 이에 의한다.

(마) 특허주의(개별설립주의) 특별한 행정목적을 달성하기 위하여 설립되는 법인의 설립주의로 각개의 법인을 설립할 때마다 특별한 법률의 제정을 필요로 하는 주의이며, 한국은행 · 한국산업은행 등 각종 은행법인과 대한석탄공사 · 대한주택공사 등 각종 공사 및 한국마사회 등이 이에 속한다.

(바) 강제주의 법인의 설립을 국가가 강제하는 주의이며, 변호사회 · 약사회 · 수의사회 등이 그 예이다. 민법은 일정 법인에 대하여 인가주의를 취하면서 동시에 그

설립을 강제함으로써 대부분의 인가주의 법인은 곧 강제설립주의로 된다.

⑵ 민법상 法人의 설립주의

민법상 법인의 설립은 허가주의를 취한다. 민법 제31조는 "법인은 법률의 규정에 의하지 아니하면 성립하지 못한다."라고 하고, 제32조는 "학술·종교·자선·기예·사교 기타 영리 아닌 사업을 목적으로 하는 사단 또는 재단은 주무관청의 허가를 얻어 법인으로 할 수 있다."라고 하여 허가주의를 취한다.

본래, 민법상 법인에는 영리법인과 비영리법인을 들 수 있고 그 중 영리법인의 설립은 준칙주의, 비영리법인의 설립은 허가주의를 취하나, 다만 우리 민법상 영리법인의 설립은 인정되지 아니하므로 준칙주의는 사실상 적용이 배척되며, 이로써 민법상 법인의 설립은 비영리법인의 설립주의로서의 허가주의만이 채용된다.

그러나 개정 민법(안)은 민법상 비영리법인의 설립에 관하여"학술·종교·자선·기예·기예 그 밖에 영리 아닌 사업을 목적으로 하는 사단 또는 재단은 주무관청의 인가를 얻어 법인으로 할 수 있다."라고 하여 인가주의를 취하고 있다.

2. 非營利社團法人의 設立

⑴ 社團法人 設立目的의 비영리성

비영리법인은 학술·종교·자선·기예·사교 그 밖에 영리 아닌 사업을 목적으로 하여야 한다(제32조). 영리 아닌 사업이란 구성원 각자의 이익을 목적으로 하지 않는 사업을 말하며, 반드시 공익을 요하지 않는다. 그러나 영리 아닌 사업은 절대적 요건이 아니며, 비영리사업의 목적을 달성하기 위한 취소한의 범위에서(그의 본질에 반하지 않는 정도)의 영리행위는 무방하다. 그러나 그 수익은 어떠한 형식으로든지 그 구성원에는 분배하지 못한다.

⑵ 社團法人의 設立行爲

(가) 설립행위의 의의와 성질　사단법인을 설립하기 위하여서는 2인 이상의 설립자가 법인의 내부조직에 관한 근본규칙을 정하여 서면에 기재하고, 기명날인 하여야 한다(제40조). 이 서면을 정관(Satzung)이라고 하고, 이러한 정관의 작성을 위한 일련의 행위를 설립행위 또는 정관작성행위라고 한다.

(ㄱ) 사단법인의 설립행위의 법률적 성질은 계약인가 합동행위인가. 다수설은 법인설립행위에는 의사표시에 관한 민법 제108조(통정허위표시)와 대리에 관한 제124조(자기계약 대리)가 단체설립행위에는 적용되지 않는다는 실익을 들어 합동행위라고 본다.

(ㄴ) 사단법인의 설립행위가 합동행위라면 민법 제124조(자기계약 대리)는 적용이 없고, 의사표시의 일부가 흠결이나 하자로 인하여 무효·취소되는 경우에는 다른 의사표시에는 영향을 미치지 아니한다.

다만, 민법 제108조(통정허위표시)는 합동행위인 설립행위에는 적용되는가. 다수설은 민법 제108조의 통정허위표시에 관한 규정은 성질상 법인설립의 합동행위에는 적용되지 않는 것이라고 한다 그러나 소수설은 합동행위를 가장하는 경우에는 유추적용할 것이라고 한다.[31]

(나) 정관의 기재사항 사단법인의 설립행위로서의 정관에는 그 설립에 관한 일정한 사항을 기재하여야 한다.

(ㄱ) 필요적 기재사항 : 정관에 반드시 기재해야 할 사항, 즉 하나라도 빠지면 정관으로서 효력이 생기지 않는 사항이며, 목적·명칭·사무소소재지, 자산에 관한 규정(자산의 종류·구성·운용방법·회비 등), 이사의 임면에 관한 규정, 사원자격의 득실에 관한 규정, 존립시기나 해산사유를 정한 때는 그 시기 또는 사유 등이 그것이다.

(ㄴ) 임의적 기재사항 : 필요적 기재사항 이외에 정관에 사단법인의 근본원칙이 될 수 있는 사항, 예컨대 총회소집절차·임원회의 조직·감사의 임면 등을 기재할 수 있다. 이를 임의적 기재사항이라고 하고 특별한 제한이 없다. 그러나 임의적 기재사항이라도 일단 정관에 기재되면 필요적 기재사항과 동일한 효력을 가지며, 그 변경도 정관변경 절차에 따라야 한다.

- 임의적 기재사항 — 필요적 기재사항 이외에 사항
- 필요적 기재사항
  - ① 목적·명칭, 사무소소재지
  - ② 자산에 관한 규정
  - ③ 이사의 임면에 관한 규정
  - ④ 사원자격의 득실에 관한 규정
  - ⑤ 존립시기나 해산사유를 정한 때는 그 시기 또는 사유

(다) 주무관청의 허가 주무관청이란 법인이 목적으로 하는 사항을 관할하는 중앙행정관청을 가리킨다.

(ㄱ) 두개 이상의 행정관청이 법인의 목적과 관련되는 경우 관련기관 모두의 허가를 받아야 하는가. 다수설·판례는 모두의 허가를 받아야 하고 그 중 어느 하나인 행정관청의 허가를 얻지 못하면 법인은 설립되지 못하는 것이라고 한다.

(ㄴ) 허가 여부는 행정관청의 재량권이 배척된다. 당초 민법은 법인설립의 허가주의를 채용하여 그 인가 여부는 행정관청의 자유재량에 속한다.

(라) 사단법인의 설립등기 사단법인의 설립등기는 사단법인의 성립요건이며, 주

---

31) 김주수, 민법개론 80면.

된 사무소의 소재지에서 설립등기를 하여야 한다(제33조).

법인의 설립등기는 설립허가가 있는 때로부터 3주내 주된 사무소소재지에서 법인의 목적, 명칭, 사무소, 설립허가 년월일, 존립시기나 해산사유를 정한 때에는 그 시기 또는 사유, 자산의 총액, 출자방법을 정한 때 그 방법, 이사의 성명 주소, 이사의 대표권을 제한하는 때에는 그 제한, 감사를 둔 때에는 그 성명 및 주소를 등기하여야 한다.

3. 非營利財團法人의 설립

(1) 財團法人의 設立目的의 비영리성

재단법인의 목적은 언제나 영리 아닌 목적이어야 하고, 공익목적이 대부분일 것이지만 공익에 국한하지 않음은 비영리 사단법인에서와 같다.

(2) 財團法人의 設立行爲

(가) 재단법인의 설립자는 일정한 재산을 출연하고 정관을 작성하여야 한다(제43조). 이 점에서 사단법인의 설립행위와 근본적으로 다르다.

(나) 재단법인설립의 법률적 성질은 설립자 1인인 경우에는 상대방 없는 단독행위라는데 의문이 없다.

다만, 2인 이상이 설립하는 경우에도 단독행위로 되는가. 학설은 단독행위설과 합동행위설·계약설이 대립하나, 다수설은 단독행위의 경합이라고 본다. 그러나 합동행위설에 의하더라도 사단법인의 설립행위가 필요적 합동행위인 것과는 다른 임의적 합동행위에 불과한 것이라고 본다.[32]

(다) 재단법인의 설립행위는 생전행위는 물론 유언(사후행위·사후처분)으로도 할 수 있다.

(3) 財團法人의 설립절차

(가) 재산의 출연　설립자는 일정한 재산을 출연하여야 하고, 재산의 종류는 이를 묻지 않고 확실한 것이면 채권이라도 무방하다.

재단법인 설립을 위한 설립자의 출연재산은 언제 법인에 귀속하는가, 민법은 생전처분으로 재단법인을 설립한 때에는 "법인이 성립된 때로부터 법인의 재산이 된다."라고 하고(제48조 제1항), 유언으로 설립하는 때에는 "유언의 효력이 발생한 때로부터 법인의 재산에 귀속한 것으로 본다."라고 규정한다(동조 제2항).

---

32) 방순원 101면, 김기선 145면.

여기서 법인의 성립시기는 설립등기를 한 때이고, 유언의 효력이 발생하는 시기는 원칙적으로 유언자가 사망한 때이므로, 출연재산은 결국 생전처분인 때에는 설립등기시, 유언의 경우에는 유언자의 사망시에 법인에 귀속하게 되나, 다만 민법이 물권변동에 관한 형식주의를 취하여 부동산인 경우에는 등기, 동산인 경우에는 인도를 요하고 있는 점과 지시채권의 양도에는 증서의 배서·교부를, 또한 무기명채권에는 증서교부를 효력발생 요건으로 하는 채권양도의 원칙과의 관계에서 어려운 해석문제가 생기며, 이에 관하여 견해가 대립된다.

채권적귀속설은 재단법인의 설립자가 물권을 출연한 경우 생전처분으로 법인을 설립하는 때에는 법인의 설립시, 유언으로 설립하는 때에는 설립자의 사망시에 당연히 법인에 귀속하는 것이 아니라 등기나 인도를 갖춘 때에 비로소 귀속하고, 지시채권은 배서·교부, 무기명채권은 교부하여야 귀속하는 것이라고 한다(김증한 187~190면, 이영준 862면).

물권적귀속설은 민법 제48조를 제197조가 말하는「기타 법률의 규정」으로 보아 등기나 인도 없이 물권은 당연히 설립등기한 때 또는 설립자의 사망시에 법인에 귀속되고, 또한 지시채권과 무기명채권의 경우에서도 배서나 교부 없이 당연히 귀속되는 것이라고 한다.

다수설은 물권적귀속설을 취하여 민법 제48조를 제197조가 말하는「기타 법률의 규정」으로 보아 등기나 인도 없이 물권은 당연히 설립등기한 때 또는 설립자의 사망시에 법인에 귀속되고, 또한 채권인 경우에도 지시채권과 무기명채권의 경우에서도 배서나 교부 없이도 당연히 귀속하는 것이라고 하고, 이에 대한 종래 판례는 생전처분으로 인한 출연재산이 물권인 경우 재단법인의 설립등기를 한 때 당연히 법인에 귀속한다고 하였으나,[33] 최근의 판례는 태도를 바꾸어 "재단법인을 설립함에 있어서 출연재산은 그 법인의 성립된 때로부터 법인에 귀속된다는 민법 제48조의 규정은 출연자와 법인과의 관계를 상대적으로 결정하는 기준에 불과하여 출연재산이 부동산인 경우 출연자와 법인 사이에는 법인의 성립 외에 등기를 필요로 하는 것은 아니지만, 제3자에 대한 관계에서 출연행위는 법률행위이므로 등기가 필요한 것"이라 하여 소유권귀속을 관계적으로 정한다.[34]

┌ 재산출연자와 법인간 – 법인성립시 귀속(제187조)
└ 법인과 제3자간 – 법인의 명의로 등기하므로 귀속(제186조)

그리하여 개정 민법(안)은 이러한 논리적 모순을 해결하기 위하여 제48조 제3항을 신설하여 "생전처분 또는 유언으로 설립하는 경우에 그 권리변동에 등기·인도 등이 필요한 출연재산은 이를 갖추어야 법인재산이 된다." 라고 하고, 동조 제4항은 "생전처분 또는 유언으로 설립하는 경우에 설립자의 사망 후에 재단법인이 성립된 때에는 설립자의 출연에 관하여는 그 사망 전에 재단법인이 성립한 것으로 본다."라고 하여 어느 경우이든 출연재산의 귀속은 등기·인도 또는 기타 요건을 갖추어야 귀속 또는 대항할 수 있는 것으로 하

33) 대판 1976.5.11, 75다1656; 1973.2.28, 72다2344·2345.
34) 대판 1981.12.22, 80다2762·2763.

고 있다.

(나) 재단법인 정관의 작성 재단법인의 설립자는 정관을 작성하고 기명날인하여야 한다(제43조). 정관의 기재사항에는 사단법인의 경우와 같이 필요적 기재사항과 임의적 기재사항이 있으나 사원자격의 득실에 관한 규정과 법인의 존립시기나 해산시기가 필요적 기재사항이 아니란 점에서 사단법인의 경우와 다르다. 그러나 설립자가 유언으로써 설립코자 하는 때에는 정관 자체의 형식요건을 구비해야 할 뿐만 아니라, 그 외 유언에 필요한 법률상 방식을 구비하여야 한다(제47조 제2항).

(다) 주무관청의 허가와 설립등기 재단법인의 설립으로서 주무관청의 허가와 설립등기는 비영리 사단법인의 경우와 같다.

4. 法人定款의 보충·변경

(1) 法人定款의 보충

(가) 법인정관의 작성은 법인설립의 필요적 요건이고, 법인의 정관에는 일정한 사항을 정하여 반드시 기재하여야 한다. 법인정관의 필요적 기재사항이 하나라도 빠진 정관은 원칙적으로 무효이다. 그러나 법인정관에 누락된 사항이 있는 경우라도 사단법인은 자율적 법인이므로 설립자의 자율적 의사에 의하여 언제나 보충할 수 있으나, 재단법인은 타율적 법인이므로 문제된다.

예컨대 재단법인의 설립자가 정관의 가장 중요한 사항인 목적과 자산에 관하여만 규정하고, 명칭이나 사무소소재지 또는 이사의 선임방법 등 비교적 가벼운 사항을 정하지 않고 사망한 경우, 이를 무효로 할 것인가. 문제된다.

(나) 민법은 "재단법인의 설립자가 그 명칭·사무소소재지 또는 이사의 임면방법을 정하지 아니하고 사망한 때에는 이해관계인이나 검사의 청구에 의하여 법원이 이를 정한다."라고 하고 있다(제44조). 따라서 재단법인은 원칙적으로 정관보충이 불가능하지만, 다만 재단법인의 비영리 또는 공익적 성질에 비추어 법인의 본질과 관계가 적은 경미한 사항에 대하여는 법원이 그 부분을 보충함으로써 유효한 것으로 할 수 있게 하고 있다.

(2) 法人定款의 변경

(가) 법인의 정관변경이란 그 법인의 동일성을 유지하면서 조직을 변경하는 것을 말하며, 그 변경의 허용 여부는 사단법인·재단법인에 있어서 사정이 다르다. 그러나 우리 민법에서는 양자 모두 정관의 변경을 가능하게 하고 있다.

(ㄱ) 사단법인의 정관변경 : 사단법인은 인적 결합을 그 실체로 하며, 그 조직이

나 활동은 모두 구성원의 단체적 의사결정에 의하여 정하여진다. 그러므로 그 실체가 동일성을 상실하지 않는 한 원칙적으로 변경을 할 수 있다.

(a) 사단법인의 정관변경은 사원총회의 전권사항으로 정관에 다른 규정이 없는 한 총사원 3분의 2 이상의 동의를 요하며, 주무관청의 허가를 받아야 한다. 이는 효력요건이며, 허가의 여부에 관한 주무관청의 재량권에 속한다.

이상의 요건을 구비하면 정관변경의 효력은 생기나, 다만 그 변경사항이 등기사항인 경우에는 등기하여야 제3자에 대항할 수 있다(제54조).

(b) 원칙적으로 정관변경의 자율성이 인정되는 사단법인에서는 목적변경은 물론 정관의 모든 사항에 관하여도 가능하다. 다만 정관변경을 할 수 없다는 취지를 정관으로 정하고 있는 경우에도 정관을 변경할 수 있는가. 자율적 법인인 사단법인의 성질상 그 구속력이 문제된다. 그러나 다수설은 그 정관변경금지의 규정은 총사원의 동의에 의하여 변경할 수 있다고 보아야 할 것이므로 그 정관변경 금지규정의 개정에 의하여 변경할 수 있는 것이라고 한다.

(ㄴ) 재단법인의 정관변경 : 설립자가 정한 근본규칙에 따라 운영되는 재단법인은 그 활동을 자주적으로 결정하는 기관을 가지고 있지 않으므로 그 정관의 변경은 원칙적으로 금지된다. 그러나 정관의 변경을 전혀 인정하지 않는다면 오히려 재단법인 본래의 목적을 달성하지 못할 것이므로, 이 점을 고려하여 예외적으로 허용하고 있다.

(a) 정관에서 변경방법을 정하고 있는 경우 : 설립자가 정관 중에 미리 그 정관변경의 방법을 정하고 있는 경우에는 그 타율적 의사의 실현에 불과하므로 변경할 수 있다. 민법은 "재단법인의 정관은 그 정관변경방법을 정관에 정한 때에 한하여 변경할 수 있다."라고 규정하여 이를 명백히 하고 있다(제45조 제1항).

(b) 목적달성 또는 재산의 보전 : 정관에 그 변경방법을 정하고 있지 않는 경우에도 재단법인의 목적달성 또는 재산의 보전을 위하여 적당한 때에는 명칭 또는 사무소소재지를 변경할 수 있다(제45조 제2항).

(c) 목적달성의 불능 : 그 외에도 재단법인의 목적을 달성할 수 없는 때에는 설립자나 이사는 주무관청의 허가를 얻어서 설립취지를 참작하여 그 목적 기타의 정관을 변경할 수 있다(제46조). 그러나 이상의 경우에도 모두 주무관청의 허가를 얻어야 효력이 생기고, 등기사항이면 등기하여야 대항력이 생긴다.

(나) 재단법인의 기본재산의 처분에는 정관을 변경하여야 한다. 판례는 재단법인의 기본재산에 관한 사항은 정관에 기재사항으로서 기본재산의 변경은 정관의 변경을 초래하기 때문에 주무부장관의 허가를 받아야 하고, 정관의 변경 없는 이사의 기

본재산의 처분행위는 무효라고 한다.[35)]

┌ 정관변경 없는 이사의 기본재산의 처분 - 무효(대판 1966.11.29, 66다1668)
└ 주무관청의 허가 없는 기본재산의 처분 - 무효(대판 1976.1.9, 76다486)

[판례] 재단법인의 기본재산에 관한 사항은 정관에 기재사항으로서 기본재산의 변경은 정관의 변경을 초래하기 때문에 주무부장관의 허가를 받아야 하고, 따라서 이미 기본재산으로 되어 있는 재산을 처분하는 행위는 물론, 새로이 기본재산에 편입하는 행위도 주무부장관의 허가가 있어야만 유효하다고 할 것이므로 어떤 재산이 재단법인의 기본재산에 편입되었다고 인정하기 위해서는 그 편입에 관한 주무부장관의 허가가 있었음이 먼저 입증되어야 한다(대판 1982.9.28, 82다카499).

[재단법인정관의 사단법인정관과 차이]

정관작성의 차이	㉠ 사원자격의 득실에 관한 규정이 없다. ㉡ 법인의 존립시기나 해산사유 … 임의적 기재사항(제43조) ㉢ 임의적 기재사항은 동일(제44조) ㉣ 유언으로 재단법인을 설립하는 경우에는 다시 유언의 방식을 따라야 한다(제47조 제2항).
정관보충의 차이	㉠ 필요적 기재사항의 누락은 원칙적으로 설립이 불가능하다. ㉡ 다만 경미한 사항은 보충이 가능하다(명칭 · 사무소소재지 · 이사의 임면 등).

제 3. 法人의 能力

法人은 사회활동의 주체로서 법률에 의하여 법인격이 부여된 것이라고 한다면, 법인에게도 자연인과 동일한 권리능력 뿐만 아니라 일정한 범위의 활동능력이 인정되어야 할 것은 당연하다. 그렇지만 법인의 능력문제는 자연인의 능력과 본질적으로 다르다. 예컨대 모든 자연인은 당연히 권리능력을 가지지만, 행위능력과 불법행위능력은 일정한 판단능력 내지 의사능력이 없거나 현저히 결하고 있는 경우라면 그 책임을 면제하거나 경감한다.

이에 반하여 법인의 경우에는 어떤 범위의 권리 · 의무능력(권리능력)을 인정할 것인가를 전제로 하여, 그것을 향유하기 위하여 어떤 종류의 행위를 누가 어떠한 형식으로 하여야 하며(행위능력), 또한 누구의 어떠한 행위에 대하여 법인이 책임을 부담하는가(불법행위능력)라는 관점에서 고찰된다.

35) 대판 1982.9.28, 82다카499.

1. 法人의 權利能力

(1) 法人의 能力範圍

법인(法人)은 자연인과 더불어 권리능력을 가짐은 명백하다. 그러나 법인은 일정한 목적 아래 부여된 인격체이므로 어떠한 범위와 사항에 대하여 권리를 가지며 의무를 부담하는가, 민법은 "법률의 규정에 좇아 정관으로 정한 목적의 범위 내에서 권리와 의무의 주체가 된다."라고 규정하여(제34조), 법인의 권리능력은 목적 자체에서 한계를 가질 뿐만 아니라, 그밖에도 법인은 성질·법률·목적에 따라 제한을 받게 된다.

(2) 法人의 能力制限

(가) 성질에 의한 제한　법인은 자연인과 같은 생체적 존재가 아니므로 이러한 생체적 성질을 전제로 하는 권리를 향유할 수 없음은 당연하다. 따라서 법인은 생명권·호주권·친권·부권·정조권 및 육체상의 자유권 등은 누릴 수 없다.

(나) 목적에 의한 제한　법인은 정관으로 정한 목적의 범위 내에서 권리능력을 가진다. 그러므로 법인은 그 목적의 범위 내에서 제한을 받음은 명백하지만, 다만 그 목적의 범위내란 의미에 관하여 해석상 문제된다.

(ㄱ) 목적의 범위 내에서의 제한은 권리능력 제한인가, 행위능력 제한인가.

권리능력제한설은 민법 제34조는 법인에게 권리능력을 부여함과 동시에 법인이 취득할 수 있는 권리·의무의 범위를 한정하는 것이라고 한다(김용한 178~179면).

행위능력제한설은 법인의 불법행위가 법인의 목적범위 내 행위라 보기 어려운 점에서 모순을 지적하여 동조규정의 목적범위 내라는 것은 법인의 행위능력을 제한한 것이며, 좀 더 정확하게는 대표기관의 대표권제한이라고 한다[Palandt, Bürgerliches Gesetbuch, 43. Aufl., 1984, §26·S. 28; 고상용, 법인의능력과목적범위, 고시계 1988.1. 108면].

다수설은 법인은 자연인과는 달리 목적체이므로 법인에는 행위능력 개념을 특별히 다룰 필요가 없다는 점을 들어 권리능력과 행위능력을 동시에 제한한 것이라 본다. 결국 민법 제34조에 의하여 제한되는 능력은 권리능력과 행위능력을 동시에 제한하여 법인은 목적의 범위로 권리능력이 제한되는 동시에, 법인의 이사는 법인의 목적범위 내에서 행위능력을 제한 받는 것이라고 본다.

(ㄴ) 법인의 목적범위는 법인정관에 열거된 사항에 한정하는 것이 아니라는데 견해가 일치한다. 그러나 그 목적의 범위를 정하는 기준에 관하여는 다시 견해가 대립하나, 다수설은 법인에도 자연인에서와 같이 가급적 넓게 권리능력을 인정할 취지에서 법인의 목적달성에 위배되지 않는 범위로 해석할 것이라고 한다.

또한, 이에 대한 종래 판례는 목적 사업에 필요한 행위가 법인의 목적 범위내의 행위라고 하여, 목적달성을 위한 범위로 해석하였으나,[36] 최근의 판례는 "회사의 권리능력은 회사의 설립근거가 된 법률과 회사정관의 목적에 의하여 제한되나, 그 목적범위내의 행위라고 함은 정관에 기재된 목적 자체에 국한하는 것이 아니라 그 목적을 수행하는데 있어 직접 또는 간접으로 필요한 행위는 모두 포함되고, 목적 수행에 필요한지 여부도 행위의 객관적 성질에 따라 추상적으로 판단할 것이지 주관적·구체적 의사에 따라 판단할 것은 아니라"하여 다소의 신축성을 보여주고 있다.[37]

(다) 법률에 의한 제한 인격의 주체로서 권리능력은 궁극적으로 법의 규정에 의거하는 것이므로 권리능력의 범위에 관해서도 법률에 특별한 제한이 있는 경우에는 이에 따라 제한을 받는 것은 당연하다. 그러나 현행법상 법인의 권리능력을 일반적으로 제한한 규정은 없고, 다만 특별한 경우 개별적으로만 제한한다.

2. 法人의 行爲能力

(1) 법인에 권리능력이 인정됨은 명백하다. 그러나 원래 관념적 존재에 지나지 않는 법인이 자연인과 같이 자유로운 의사활동에 기한 법률행위를 할 수 있는가. 학설에 따라 다르다.

법인을 권리·의무의 주체로서 법에 의하여 자연인에 의제된 것이라고 보는 법인의제설에 의하면, 권리능력은 있으나 행위능력은 없으므로 법인의 행위는 있을 수 없다. 따라서 법인이 현실적으로 권리·의무를 취득하는 것은 법인 외부의 대리인의 행위에 의존할 수밖에 없게 된다. 그러나 법인실재설에 의하면 법인도 단체의사 내지 조직체의사를 가지고, 그 의사에 의거하여 행동하게 되므로 법인의 행위가 존재할 수 있게 된다. 즉 법인기관의 일정한 행위는 법인 자체의 행위로 된다.

(2) 이와 같이 법인의 행위능력인정 여부는 법인의 본질론에 따라 달리할 것이지만, 법인실재설에 의하여 법인에 행위능력이 인정된다고 하더라도 법인이 현실적으로 행위를 하는 것은 불가능하고, 그 대표기관인 자연인이 행한다.

(가) 누가 법인의 대표기관이냐는 법인의 내부조직에 의하여 정하여진다. 비영리법인에 있어서는 이사·임시이사·특별대리인·청산인 등이며, 그러한 기관을 법인의 대표기관이라고 한다.

(나) 법인의 대표기관의 행위에는 대리에 관한 규정이 준용된다. 즉 법인을 위한 것임을 표시하여야 하며(제115조), 이때 대표기관과 법인의 관계는 대리인과 본인의

---

36) 대판 1974.11.26, 74다310.
37) 대판 1987.12.8, 86다카1230.

관계보다 훨씬 밀접한 관계이지만, 실질적으로 대리관계와 비슷하므로 민법이 법인의 대표에 관하여 대리에 관한 규정을 준용케 하고 있다(제59조 제2항).

(3) 법인의 행위능력범위는 그의 권리능력범위와 일치한다. 민법은 자연인의 능력에 있어서와 같이 적극적으로 법인의 행위능력을 규정하고 있지 않지만, 그 반면 행위능력을 제한하는 규정도 없으므로 학설은 법인의 목적에 위배되지 않는 범위 내에서 권리능력과 행위능력을 가지는 것으로 해석한다. 따라서 법인의 행위능력 범위는 결국 그의 권리능력 범위 내에 속하는 권리·의무를 현실적으로 취득하기 위한 모든 행위에 미치며, 또한 권리능력 범위를 벗어난 대표기관의 행위는 있을 수 없다.

3. 法人의 不法行爲能力

(1) 法人의 不法行爲能力 인정 여부

민법 제35조 제1항에 의하면 "법인은 이사 기타 대표자가 그 직무에 관하여 타인에 가한 손해를 배상할 책임이 있다. 이사 기타 대표자는 이로 인하여 자기의 손해배상책임을 면치 못한다."라고 규정하고 있다. 그러나 자연인이 아닌 법인에 대하여 법인 자체의 불법행위능력을 인정할 것인가. 법인의 본질론에 따라 달리한다.

법인 자체에 행위능력을 인정하지 않는 법인의제설에 의하면 법인의 불법행위능력을 인정하지 않음은 당연하다. 원래, 법인은 아무런 실체가 없는데도 마치 법인에 실체가 있는 것처럼 법적으로 의제한데 불과하므로 독자적인 법인의 행위란 있을 수 없고 오직 대리인에 의하여만 행위 할 수 있게 된다. 또한 대리인 행위의 효과가 법인에게 귀속하는 것은 법률행위에 국한되고, 불법행위는 대리에 적합하지 못하므로, 결국 법인에는 불법행위능력은 인정될 수 없는 것이 된다. 그러나 법인 자체에 행위능력을 인정하는 법인실재설에 의하면, 법인은 기관에 의하여 독자적인 행위를 하는 실체이므로, 기관의 행위는 곧 법인의 행위로서 기관의 행위에 의하여 당연히 법인의 불법행위가 성립하게 된다.

또한, 양설의 입장에서 민법 제35조 제1항을 어떻게 볼 것인가. 법인의 불법행위능력을 부인하는 법인의제설의 입장에서는 법인의 불법행위능력을 규정한 것이 아니고 단지 정책적 입장에서 손해배상책임에 관하여 규정한 것이라고 보나, 법인의 불법행위능력을 인정하는 법인실재설의 입장에서는 본조를 법인이 가지는 불법행위능력에 관한 당연한 규정이라고 본다.

⑵ 法人의 不法行爲 성립요건

㈎ 법인실재설에 의한 법인의 불법행위가 성립하려면 다음의 요건을 갖추어야 한다(제35조 제1항).

(ㄱ) 대표기관의 행위일 것 : 법인의 행위로서 인정되는 것은 그 대표기관의 행위에 한하므로, 불법행위책임도 당연히 대표기관의 행위이어야 한다. 법인의 대표기관은 이사이지만, 그 외에 임시이사·특별대리인·청산인을 포함한다.

(ㄴ) 법인의 직무에 관하여 타인에 손해를 가하였을 것 : 여기서「직무에 관하여」라고 함은 행위의 외형상 기관의 직무집행행위라고 볼 수 있는 행위 및 직무행위와 사회통념상 견련성을 가지는 일체의 행위를 포함한다.

[판례] 도시재개발법에 의하여 설립된 재개발조합의 조합원이 조합의 이사 기타 조합장 등 대표기관의 직무상의 불법행위로 인하여 직접 손해를 입은 경우에는 도시재개발법 제21조, 민법 제35조에 의하여 재개발조합에 대하여 그 손해배상을 청구할 수 있으나, 재개발조합의 대표기관의 직무상 불법행위로 조합에게 과다한 채무를 부담하게 함으로써 재개발조합이 손해를 입고 결과적으로 조합원의 경제적 이익이 침해되는 손해와 같은 간접적인 손해는 민법 제35조에서 말하는 손해의 개념에 포함되지 아니하므로 이에 대하여는 위 법 조항에 의하여 손해배상을 청구할 수 없다(대판 1999.7.27, 99다19384).

(ㄷ) 불법행위에 관한 일반적 요건을 갖출 것 : 민법 제35조 제1항은 일반불법행위에 관한 민법 제750조의 특별규정이므로, 법인의 불법행위가 성립하기 위하여서는 제750조가 요구하는 일반불법행위의 요건을 갖추어야 한다.

㈏ 법인의 대표기관이 그 대표권의 범위내에서 행한 행위는 비록 그것이 법인을 위한 것이 아니라 자기 또는 제3자의 이익을 위한 대표권을 남용한 것이라도 일단 법인의 행위로 귀속한다. 그러나 행위의 상대방이 그 사실을 알고 있는 경우에도 상대방은 법인에 그 책임을 물을 수 있는가. 종래 판례는 민법 제107조 제1항 단서(진의 아닌 의사표시)를 유추 적용하여 배척하였으나,[38] 최근의 판례는 민법 제2조의 신의칙에 문의하여 그 적용을 배척한다.[39]

[판례] 주식회사의 대표이사가 그 대표권의 범위 내에서 한 행위는 설사 대표이사가 회사의 영리목적과 관계없이 자기 또는 제3자의 이익을 도모할 목적으로 그 권한을 남용한 것이라 할지라도 일응 회사의 행위로서 유효하고 다만 그 행위의 상대방이 그와 같은 정을 알았던 경우에는 그로 인하여 취득한 권리를 회사에 대하여 주장하는 것이 신의칙에 반하므로 회사는 상대방의 악의를 입증하여 그 행위의 효과를 부인할 수 있을 뿐이다(대판 1987.10.13, 86다카1522).

38) 대판 1975.3.25, 74다1452.
39) 대판 1987.10.13, 86다카1522.

⑶ 機關個人의 책임

(가) 법인의 불법행위가 성립하는 경우　대표기관의 불법행위가 법인의 불법행위로 성립하는 경우에는 법인이 피해자에 대한 책임을 진다(제35조 제1항 전단). 그러나 민법은 이 경우에도 "이사 기타 대표자는 이로 인하여 자기의 손해배상책임을 면하지 못한다."라고 하여(동항 후단), 법인과 개인의 책임을 아울러 인정하고 있다.

그 이론구성에 관하여 법인의제설에 의하면 대표기관의 행위는 그 기관 개인의 행위이므로 개인은 당연히 불법행위의 책임을 져야 하며, 법인은 정책적인 견지에서 책임을 규정한 것에 불과하고, 법인실재설에 의하면 기관의 행위는 법인의 행위가 되기 때문에 기관 개인의 책임은 있을 수 없으나, 다만 피해자를 두텁게 보호하기 위한 행위 자체의 개연성을 고려하여 양자에 책임을 지게 하는 것으로 이해한다.

법인이 배상한 경우 법인은 그 기관 개인에 대하여 구상할 수 있는가. 민법은 "이사가 그 임무를 해태한 때에는 그 이사는 법인에 대하여 연대하여 손해배상책임이 있다."라고 규정한 점에 근거하여(제65조) 이를 긍정한다. 왜냐하면 법인과 기관의 내부관계에서 기관은 선량한 관리자의 주의로 그 직무를 행할 의무가 있으므로 대표기관이 그 직무에 관하여 타인에게 손해를 가하여 법인으로 하여금 배상책임을 지게 한 것은 선량한 관리자의 주의를 다한 것이라고 할 수 없는 것이라는데 있다.

(나) 법인의 불법행위가 성립하지 않는 경우　대표기관의 가해행위가 법인의 목적범위를 벗어난 것이어서 법인의 불법행위로 인정하지 않는 경우에는 법인이 책임을 지지 않을 것은 물론이다. 그러나 민법은 피해자의 보호를 두텁게 하기 위하여 "그 사항의 의결에 찬성하거나 그 의결을 집행한 사원, 이사 및 대표자가 연대하여 배상하여야 한다."라고 하여(제35조 제2항), 이들간의 공동불법행위의 성립 여부를 묻지 않고서 언제나 연대하여 배상책임을 지는 것으로 규정한다.

⑷ 代表機關 이외의 행위에 의한 책임

(가) 피용자의 불법행위로서의 책임　민법은 "타인을 사용하여 어느 사무에 종사하게 한 자는 사용자가 그 사무집행에 관하여 제3자에 가한 손해를 배상할 책임이 있다."라고 규정한다(제756조). 따라서 법인의 피용자가 법인의 직무를 집행하는 과정에서 제3자에 대하여 손해를 가한 경우에도 면책사유가 있는 경우를 제외하고는 법인은 손해배상책임을 진다. 그러므로 법인의제설에 의하여 법인 자신의 불법행위가 성립하지 않는 경우는 물론이고, 법인실재설에 의하더라도 법인 대표기관의 행위가 법인의 직무 밖의 행위로써 법인의 불법행위가 성립하지 않는 경우에도 동조의 사용자와 피용자관계로서 책임을 지는 것은 별개문제로 된다.

(ㄱ) 법인에 사용자책임을 인정하는 이유는 타인의 노동력을 사용하여 이윤을 얻는 과정에서 타인에 발생한 손해에 대한 공평분담의 이상(보상책임의 원리)과 무자력의 피용자로부터 피해자를 두텁게 보호하려는데 있다(정책적 이유).

법인의 대표기관의 행위에 대하여 사용자책임이 성립하기 위하여서는 다음의 요건을 갖추어야 한다.

(a) 타인을 사용하여 어느 사무에 종사하게 할 것
(b) 피용자가 제3자에게 손해를 가할 것
(c) 피용자가 사무집행에 관하여 가한 손해일 것
(d) 사용자에게 면책사유가 없을 것(무과실의 입증이 없을 것)

(ㄴ) 사용자책임이 성립하면 사용자 및 감독자는 피용자의 불법행위로 가한 모든 손해에 대하여 피해자에게 직접 배상할 책임을 진다. 그러나 피용자 자신의 책임은 면하지 못한다(사용자와 부진정연대책임).

또한, 피용자의 불법행위로 배상한 사용자와 감독자는 피용자에 대한 구상권을 가지며, 그 행사는 10년 내 행사하여야 한다.

(나) 이사 및 이행보조자의 채무불이행 책임 법인의 채무에 대하여 이사 또는 이행보조자가 그의 고의 또는 과실에 기하여 채무의 본지에 따른 이행을 하지 않는 경우에는 법인은 채권자에 대하여 손해배상책임을 부담한다(제391조 참조).

4. 外國法人의 能力

(1) 外國法人의 의의

외국법인이란 내국법인이 아닌 법인이다. 자연인에 대한 내·외성을 결정하는 통일된 법률이 없는 점에서 내·외 법인의 구별표준에 관하여 준거법설, 주소지법설, 설립자국적기준설 등이 있다.

현재 우리나라에서는 설립준거법에 의하여 구별하는 견해와 병합설, 즉 한국법에 의하여 설립될 뿐만 아니라, 그 주된 주소가 국내에 있는 것이 한국법인이라 하는 설(설립준거법주의와 주소지주의)이 대립하고 있다. 그러나 한국법에 준거하여 법인을 설립하는 경우에도 법인설립의 요건상 국내의 주된 사무소 소재지에서 등기하므로, 양설은 결과적으로 차이가 없고, 설립준거법설로 충분할 것이다.

(2) 外國法人의 능력

외국법인을 어떻게 다룰 것인가. 민법에 아무런 규정도 없다(그러나 상법 제614조에서는 외국상사법인의 활동에 관하여 자세한 규정을 두고 있다). 따라서 민법은 자연인의 경우와 같이 내·외국 법인의 평등주의를 당연한 것으로 해석하고 있다.

이것은 오늘날 공익사업의 국제적 활동을 고려한 것이지만, 원칙에 불과하고 외국법인의 능력은 외국인의 권리능력의 경우와 같이 법률 또는 조약에 의한 제한은 불가피하다.

제 4. 法人의 機關

(1) 이사(理事) ┌ 법인의 대표기관 - 모든 법인의 필수·상설기관(등기 요)
　　　　　　　 └ 업무집행기관 - 이사 과반수에 의한 법인의 업무집행
(2) 감사(監事) - 법인의 감독기관 - 민법상 모든 법인에 임의기관
(3) 사원총회 - 최고의사결정기관 ┌ 이사와 이사회에 위임한 이외의 사항
　　　　　　　　　　　　　　　　 └ 전권사항 - 정관변경·임의해산

1. 理 事

(1) 理事의 地位와 임면

(가) 이사의 지위　이사(Vorstand)는 대외적으로 법인을 대표하고(대표기관), 대내적으로는 법인의 업무를 집행하는(업무집행기관) 상설적 필수기관이다.

법인의 본질에 관한 법인의제설에 의하면 법인은 스스로 행위할 수 없고 법인의 외부에 존재하는 대리인의 행위에 의하여 권리·의무를 취득하는 결과가 되므로, 이 때 법인의 이사는 법인의 외부에 있으면서 그와 대립하는 별개의 인격, 즉 법인의 대리인이라는 지위를 가질 뿐인데 대하여, 법인실재설은 법인은 하나의 독립된 사회적 실체로서 일정한 범위 내에서 스스로 행위능력을 가지므로 이 경우 이사는 법인의 한 구성분자로서의 지위, 즉 법인의 대표기관으로서의 지위를 갖는다.

(나) 이사의 임면　모든 법인에는 이사(理事)를 반드시 두어야 하고, 이사의 수에는 제한이 없으나 이사가 될 수 있는 것은 자연인에 한한다.

이사의 선임방법은 정관에 의하여 정하여진다. 이사의 선임행위의 성질은 법인과 이사간의 위임계약과 유사하다. 또한 이사의 해임 및 퇴임에 관해서도 원칙적으로 정관에 의하여 정하여지나 정관에 규정이 없거나 불충분한 경우에는 민법상 위임에 관한 규정을 준용한다.

이사의 성명과 주소는 등기사항이며, 등기하지 않으면 제3자에 대항하지 못한다(제54조 단서).

⑵ 理事의 職務權限

(가) 법인의 대표권 이사는 법인의 사무에 관하여 각자 법인을 대표한다(제59조 본문).

(ㄱ) 이사가 대표하는 사무에는 원칙적으로 제한이 없고 법인의 행위능력 전반에 미친다. 그러나 다음의 경우에는 예외적으로 그 대표권이 제한된다.

(a) 정관에 의한 제한 : 이사의 대표권은 제한할 수 있으나(제59조 단서), 그 제한은 반드시 정관에 기재하여야 하고, 정관에 기재하지 않은 대표권제한은 무효이다(제41조). 또한 정관에 기재한 경우에도 이를 등기하여야만 제3자에 대항할 수 있다(제60조).

다만, 이때 제3자에는 선의의 제3자에 한하지 않고 악의의 제3자도 포함하는가.

이에 대한 종래 판례는 등기되어 있지 않는 경우에도 악의의 제3자에는 대항할 수 있는 것이라고 하였으나,[40] 최근의 판례는 법인의 정관에 대표권제한에 관한 규정이 있으나 이와 같은 취지가 등기되어 있지 않다면 법인은 그와 같은 정관의 규정에 대하여 선의냐 악의냐에 관계없이 제3자에 대항할 수 없는 것이라고 한다.[41]

(b) 총회결의에 의한 제한(제59조 제1항 단서).

(c) 이익상반으로 인한 제한 : 법인과 이사 간에 이익이 상반하는 사항에는 대표권이 없다(제64조). 그러므로 이 경우 이사가 1인인 때에는 이해관계인이나 검사의 청구에 의하여 법원이 선임한 특별대리인으로 하여금 법인을 대표하게 하여야 한다(동조 단서).

(d) 복임권의 제한 : 민법 제62조에 의하여 이사의 복임권은 인정되지만 포괄적인 복임권은 인정하지 않고, 또한 이 때 복임된 자는 법인을 위한 보통의 임의대리인이며 법인의 대표기관은 아니다.

(ㄴ) 이사가 수인 있는 경우에도 각 이사의 대표권 행사에는 제한이 없다. 즉 단독대표가 원칙이다. 그러나 이사의 대표권을 제한한 때에는 이를 정관에 기재하여야 유효하고, 또한 등기하여야 제3자에게 대항할 수 있다(제60조).

(ㄷ) 법인 이사의 행위에는 대리에 관한 규정이 준용된다(제59조 제2항).

(나) 법인의 업무집행 이사는 법인의 모든 내부적 사무를 집행할 권한이 있다(제58조 제1항). 이사의 업무집행권 제한에 관한 규정은 없으나 정관 또는 총회의 의결로 제한할 수 있고, 이사가 수인 있는 경우에는 정관에 다른 규정이 없으면 이사의 과반수로 결정한다(동조 제2항).

(ㄱ) 이사가 집행해야 할 업무 중 중요한 것은 다음과 같다.

---

40) 대판 1962.1.11, 4294민상473.

41) 대판 1992.2.14, 91다24564.

(a) 재산목록의 작성 : 재산목록이란 법인의 적극·소극의 총재산을 명세한 서면이다. 이사는 법인이 성립되면 기본재산의 목록을 작성하고 또한 매년 초의 3월 이내 지난해 말 현재의 재산목록을 작성하여야 한다. 또한 작성된 재산목록을 사무소에 비치하여 열람할 수 있도록 하여야 한다(제55조 제1항).

(b) 사원명부의 작성·비치 및 변경사항의 기재 : 법인은 성립한 때 및 매년 3개월 내 재산목록을 작성하여 사무소에 비치하여야 하고, 사업연도를 정한 법인은 성립한 때 및 그 연도 말에 이를 작성하여야 한다(제55조 제2항).

(c) 사원총회의 소집 : 사단법인의 이사는 매년 1회 이상 통상총회를 소집해야 하고(제69조), 필요하다고 인정하는 경우 또는 일정한 수의 사원의 청구가 있는 때에는 임시총회를 소집할 수 있다(제70조 제1항).

(d) 총회의사록의 작성 : 총회의 의사에 관하여 의사록을 작성하여야 한다(제76조 제1항). 의사록은 의사의 경과·과정 및 결과를 기재하고, 의장 및 출석한 이사가 기명날인하여 주된 사무소에 이를 비치하여야 한다(동조 제2항, 제3항).

(e) 파산의 신청 : 법인의 채무초과로 법인이 채무를 완제하지 못하게 된 경우에는 지체 없이 파산을 신청하여야 한다(제79조).

(f) 청산업무의 집행 : 이사는 법인이 해산하면 원칙적으로 청산인이 된다(제82조). 그러나 법인이 파산한 경우나 정관 또는 총회의 결의로 달리 정한 바가 있는 때에는 그에 의한다.

(g) 등기사항의 등기 : 이사는 법인에 관한 각종의 등기를 하여야 한다.

(ㄴ) 이사가 각 업무집행사항에 관하여 이를 위반·해태 또는 부실기재를 한 때에는 과태료처분을 받는다(제97조 참조).

(다) 이사의 직무집행의 정지와 직무대행자의 선임 선임된 이사가 정당하지 아니한 때에는 이사의 직무집행을 정지하거나 직무대행자를 선임하는 가처분을 할 수 있다.

(ㄱ) 법인이 이사의 직무집행을 정지하거나 그 직무대행자를 선임하는 가처분을 하거나 그 가처분을 변경·취소하는 경우에는 주된 사무소와 분사무소가 있는 곳의 등기소에서 이를 등기하여야 한다(제52조의 2).

(ㄴ) 이사의 직무집행의 정지와 직무대행자 선임의 가처분에 의하여 지정된 직무집행의 대행자는 가처분명령에 다른 정함이 있거나, 법원의 허가를 얻은 경우 외에는 법인의 통상 사무에 속하지 아니한 행위를 하지 못한다(제60조의 2 제1항).

(ㄷ) 직무대행자가 이를 위반한 행위를 한 경우에도 법인은 선의의 제3자에 대하여 책임을 진다(동조 제2항).

(3) 臨時理事

법인이 일시적으로 이사가 없게 되거나 결원이 생김으로써 법인 또는 타인에게 손해가 생길 염려가 있는 경우, 법원은 이해관계인이나 검사의 청구에 의하여 임시이사를 선임하여야 한다(제63조).

임시이사(Provisiorischer Vorstand)는 정식 이사가 선임될 때까지의 일시적 기관이란 점을 제외하고 이사와 동일한 권한을 갖는 법인의 기관이다.

(4) 特別代理人

특별대리인(Besonderer Vertreter)은 법인과 이사간의 이익이 상반되는 사항에 관하여 법인을 대표하는 자로서, 이해관계인이나 검사의 청구에 의하여 법원이 선임한다(제64조).

특별대리인은 문제된 특정 사항에 관해서만 대표권을 가지며, 그 한도 내에서는 이사와 동일한 법인의 기관이 된다.

(5) 法人의 選任代理

(가) 법인의 선임대리란 법인의 업무집행에 관련하여 이사의 신임에 의하여 선임되는 법인의 복대리이다. 이사는 원칙적으로 자신이 대표권을 행사하나, 다만 정관 또는 총회의 결의로 금지하지 아니하는 사항에 관하여 타인으로 하여금 특정한 행위를 대리하게 할 수 있다(제62조). 따라서 이사는 특정사항의 처리를 위한 복임권행사가 가능하다. 그러나 포괄적 복대리권은 인정되지 아니한다.

(나) 법인의 복대리인은 법인의 대표기관은 아니다. 따라서 복대리인의 행위에 대하여는 언제나 이사가 책임을 진다. 그러나 복대리인(선임대리인)의 불법행위에 대하여 법인도 책임을 지는가.

다수설은 법인의 대표기관이 아니므로 법인의 불법행위의 성립을 배제하고 법인의 사용자로서의 책임에 불과한 것이라고 한다. 따라서 법인의 복대리인의 불법행위에 대한 법인의 책임은 성립하지 않지만, 사용자와 피용자로서의 책임은 별개 문제로 되므로 결국 양자에는 구별의 실익이 없다.

2. 監 事

(1) 監事의 地位와 任免

감사(Aufsichtsrat)는 정관 또는 사원총회의 의결로 둘 수 있는 민법상 임의기관으로서(제66조) 법인의 감독기관이다.

감사의 자격·선임방법·선임행위의 성질·해임·퇴임 등에는 이사의 경우와 같다. 그러나 감사는 외부에 대하여 법인을 대표하는 기관이 아니므로 감사의 성명·주소는 등기사항으로 하고 있지 아니한다.

(2) 監事의 職務權限

(가) 감사는 법인의 감독기관이며, 민법이 규정하는 감사의 중요한 직무에는 법인의 재산상황의 감독, 이사의 업무집행상황감독, 이들의 부정·부패에 대한 총회 또는 주무관청에의 신고, 위 보고를 위한 필요한 때의 총회소집권 등이 있다(제67조 각 호).

(나) 감사는 직무집행에 선량한 관리자의 주의의무를 부담하며, 또한 감독기관이란 성질상 언제나 단독으로 직무를 집행하고 책임을 부담한다. 따라서 이사의 임무해태에 대한 연대책임에 관한 민법 제65조의 규정은 감사에는 적용되지 않는다.

[이사와 감사의 직무사항 비교]

이사의 직무사항	감사의 직무사항
① 재산목록의 작성(제55조 제1항 전단) ② 사원명부의 작성·비치(제55조 제2항) ③ 사원총회의 소집(제69조) ④ 총회의사록의 작성·비치(제76조) ⑤ 파산신청(제79조) ⑥ 청산인이 되는 것(제82조) ⑦ 각종 법인등기(제97조 제1호 참조) ※ 민법에는 이상의 것들이 열거되어 있으나 타기관의 권한을 침해하지 않는 한 그 이외의 사무도 포함된다고 본다.	① 법인의 재산상황 감사(제67조 제1호) ② 이사의 업무집행상황 감사(제67조 제2호) ③ 재산상황 또는 업무집행에 관한 부정·불비한 것의 발견에 따른 총회 또는 주무관청에 보고(제67조 제3호) ④ 위 보고를 위해 필요한 경우 총회소집(제67조 제4호) ※ 그 외 직무수행상 필요한 경우는 이사의 직무권한을 침해하지 않는 범위에서 가능하다.

3. 社員總會

(1) 社員總會의 의의와 종류

사원총회는 사단법인의 최고의사결정기관이다. 재단법인에서는 사원이 없으므로 사원총회가 없으나, 사단법인에서의 사원총회는 필수상설기관으로 사원총회를 두며, 사원으로 구성된다.

사원총회에는 통상총회와 임시총회가 있다.

(가) 통상총회　통상총회는 적어도 매년 1회 이상, 일정한 시기에 소집되는 사원총회이다(제69조). 소집시기는 정관에서 정하는 것이 보통이나, 정관에 정함이 없으면 총회의 결의에 의하고, 총회의 결의도 없는 때에는 이사가 임의로 정한다.

(나) 임시총회　임시총회는 통상총회 이외에 이사가 필요하다고 인정하는 때(제

70조 제1항), 감사가 필요하다고 인정한 때(제67조 4호) 또는 총사원의 5분의 1 이상으로부터 회의의 목적사항을 제시하여 청구하는 때(제70조 제2항) 소집되는 총회이다. 여기서 특히 총사원 5분의 1 이상의 청구에 의하여 개최되는 사원총회를 사원의 소수사원권(少數社員權)이라고 하며, 어떠한 경우에도 박탈하지 못하나, 그 정족수에 관하여는 정관으로 달리할 수 있다.

⑵ 社員總會의 소집절차

총회의 소집은 1주간 전에 그 회의의 목적사항을 기재한 통지를 발송하고, 기타 정관에 정한 방법에 의하여야 한다(제71조). 다만 1주간의 기간은 단축하지는 못하고, 통지의 방법은 개별적 서신·광고 등이 고려될 것이지만 정관에 정함이 없으면 이사가 모든 사원에 알릴 수 있는 적당한 방법에 의한다.

⑶ 社員總會의 권한

사원총회 의결권은 정관으로 이사 기타 임원에게 위임한 사항을 제외하고는 법인사무의 전부에 미친다(제68조). 그러나 강행법규·사회질서에 반하는 사항 또는 법인의 본질에 반하는 사항은 의결하지 못함은 물론이다.

(가) 정관의 변경 및 임의해산은 총회의 전권사항이며, 정관에 의하여서도 박탈하지 못한다.

(나) 사원의 고유권은 사원총회의 의결만으로 박탈하지 못한다. 여기서 사원의 고유권(Sonderrecht)이란 사원의 자격에 기한 기본적 권리(예컨대, 소수사원권·사원의 의결권)로서, 그 사원의 동의 없이는 정관의 규정 또는 총회의 의결로써도 박탈하지 못한다.

⑷ 社員總會의 의결

(가) 사원총회의 성립　사원총회의 성립 정족수에 관하여는 민법에 규정이 없으므로 정관에서 정하나, 정관에서 특별히 정한 바가 없으면 사원 2인 이상의 사원의 출석으로 성립한다.

(나) 사원총회의 결의사항 및 의결권　총회에서 결의할 수 있는 사항은 정관에 다른 규정이 없는 한 그 총회를 소집할 때 미리 통지한 사항에 한한다(제72조).

각 사원은 원칙적으로 평등한 의결권을 가진다(제73조 제1항). 그러나 의결권을 박탈하지 않는 범위에서 이를 정관으로 변경할 수 있고, 그 행사는 정관에 다른 규정이 없는 한 서면 또는 대리인에 의하여 행사할 수 있다.

법인과 어느 사원의 관계에 관한 사항을 의결하는 경우에는 그 사원의 의결권은 배척된다(제74조).

(다) 사원총회 결의의 성립과 의사록의 작성 총회결의의 성립에 필요한 정족수는 정관에 다른 규정이 없으면 사원과반수의 출석과, 출석사원 결의권의 과반수이다(제75조 제1항). 그러나 정관변경과 임의해산에는 정관에 다른 규정이 없는 한 총사원 3분의 2, 또는 4분의 3 이상의 다수를 요한다.

총회의사에 관하여는 의사록을 작성하여 주된 사무소에 비치해야 한다(제76조).

(5) 社員權

(가) 사원은 법인의 기관은 아니지만 사단법인이 존립하는 기초가 되고, 또한 최고의 의사결정기관인 사원총회를 구성한다. 이러한 지위를 일반적으로 사원권(Mitgliederschaft)이라고 하고, 법인의 활동에 참여할 권능을 중심으로 하는 일종의 포괄적 권리이다.

(나) 사원권은 내용상 공익권과 자익권으로 분류된다.

공익권(共益權)이란 법인의 관리·운용에 참가하는 권리, 예컨대 결의권·소수사원권·사무집행권·감독권 등이 이에 속한다.

또한, 자익권(自益權)이란 사원 자신의 이익을 향수할 것을 내용으로 하는 권리이며, 영리법인에 있어서의 이익배당청구권·잔여재산분배청구권, 비영리법인에 있어서의 설비이용권 등이 이에 속한다.

여기서 영리법인에 있어서는 자익권이 중심이나 비영리법인에 있어서는 공익권이 중심이 된다.

(다) 비영리법인의 사원권은 그 양도·상속성이 없다(제56조). 그러나 영리법인의 자익권에 대하여는 이를 긍정할 것이다.

다만, 비법인 사단에서 사원의 지위는 규약이나 관행에 의하여 양도 또는 상속될 수 있는가. 판례는 사단법인 사원의 지위는 양도 또는 상속할 수 없다고 규정한 민법 제56조의 규정은 강행규정이라고 할 수 없으므로, 비법인 사단에서도 사원의 지위는 규약이나 관행에 의하여 양도 또는 상속될 수 있는 것이라고 한다.[42]

---

42) 대판 2003.7.8, 2001다19097.

제 5. 法人의 登記·住所·監督 등

1. 法人의 登記

(1) 法人登記의 의의와 필요성

법인은 사법상 권리능력의 주체로서 존재하며, 다수의 인적·물적 조직으로 구성된다. 따라서 법인과 거래하는 일반 제3자로서는 법인의 내부조직·재산상태 등 거래상 필요한 사항을 널리 알릴 수 있는 방법이 없으면 불칙의 손해를 입을 염려가 있게 된다. 이러한 이해관계를 고려하여 민법은 법인에 관한 일정한 사항을 공부에 기재하여 공시토록 하고 있다(제33조). 이것이 법인등기제도이다. 일반적으로 민법상 비영리법인에 관한 등기를 법인등기라고 하고, 상법상 회사에 관한 등기를 상업등기라고 한다. 법인등기에는 설립등기·변경등기·분사무소설치 및 이전등기·해산등기 등이 있고, 그 절차에 관하여는 비송사건절차법에서 상세히 규정하고 있다.

(2) 法人登記의 종류

(가) 설립등기　법인설립의 허가가 있는 때에는 3주간 내 주된 사무소의 소재지에서 등기하여야 하며, 이를 법인의 설립등기라고 한다(제49조 제1항).

법인의 설립등기는 법인의 성립요건이며, 여기서 3주간의 기간은 주무관청의 허가서가 도달한 날로부터 기산된다.

[법인의 설립등기사항]

(ㄱ) 법인의 필요적 기재사항
(ㄴ) 설립 연월일
(ㄷ) 자산의 총액과 출자방법을 정한 때 그 방법
(ㄹ) 이사의 주소·성명 및 대표권을 제한한 때 그 제한

(나) 분사무소설치 및 이전등기

(ㄱ) 분사무소설치등기 : 법인이 분사무소를 설치한 때에는 주된 사무소 소재지에서 3주간 내 분사무소설치의 등기를 하여야 하고, 새로이 설치된 분사무소소재지에서도 설립등기와 동일한 사항을 등기하여야 한다. 또한 이미 다른 분사무소가 있는 경우에는 그 소재지에서도 역시 3주간 내 분사무소가 신설되었음을 등기하여야 하며(제50조 제1항), 이를 등기하지 아니하면 제3자에 대항하지 못한다(제54조 제1항). 그러나 주된 사무소 또는 기존의 분사무소소재지를 관할하는 등기소의 관할구역 내에서 분사무소를 신설하는 경우에는 3주간 내 그 분사무소 설치만을 등기하면 되고, 그 밖의 사항은 등기사항이 아니다(제50조 제2항). 또한 3주간의 기간은 등기사항이 주무관

청의 허가를 필요로 하는 것이면 그 허가서가 도달한 날로부터 기산한다(제53조).

(ㄴ) 사무소이전등기 : 법인이 그 사무소를 이전하는 때에는 구소재지에서 3주간 내 이전등기를 하고, 신소재지에서 3주간 내 설립등기사항을 등기하여야 한다(제51조 제1항). 그러나 동일한 등기소의 관할구역 내에서 사무소를 이전한 때에는 그 이전한 것만을 등기하면 족하다.

등기기간의 기산과 등기의 효력은 분사무소설치의 경우와 같다.

(다) 가처분등기 이사의 직무집행을 정지하거나 직무대행자를 선임하는 가처분을 하거나 그 가처분을 변경·취소하는 경우에는 주사무소와 분사무소가 있는 곳의 등기소에서 이를 등기하여야 한다(제52조의 2).

(라) 변경등기와 해산등기

(ㄱ) 변경등기 : 설립등기 사항에 변경이 있는 때에는 3주간 내 변경등기를 하여야 한다(제52조). 등기기간의 기산과 등기의 효력은 전항의 경우와 같다.

(ㄴ) 해산등기 : 청산인은 파산의 경우를 제외하고 그가 취임한 후 3주간 내 해산사유와 년월일, 청산인의 성명과 주소, 청산인의 대표권을 제한한 때에는 그 제한 등을 주된 사무소와 분사무소의 소재지에서 이를 등기하여야 한다(제85조 제1항). 그 후 등기사항에 변경이 생긴 때에도 3주간 내 변경등기를 하여야 한다.

등기기간의 기산과 등기의 효력은 변경등기의 경우와 같고, 법인이 파산한 경우에는 별도로 파산등기에 관한 규정이 적용된다.

2. 法人의 住所

(1) 법인도 자연인과 같이 주소의 설정이 필요하다. 법인의 주소에 관하여 민법은 "그 주된 사무소의 주소지에 있는 것으로 한다."라고 하여(제36조), 그 주된 사무소 소재지를 법인의 주소로 하고 있다. 여기서 수 개의 사무소가 있는 경우의 주된 사무소란 법인의 최고자(대표이사)가 있는 사무소를 말한다.

또한 법인의 주소에 관하여도 실질주의를 취하므로 정관에 기재된 장소와 현실로 주된 사무소로서의 기능을 하고 있는 장소가 일치하지 않는 경우에는 주된 사무소가 후자로 이전되었다고 봄이 통설이다.

(2) 법인설립에 있어서는 주된 사무소의 소재지에서 등기하여야 하고 사무소를 이전한 경우에도 이를 등기하지 않으면 제3자에 대항하지 못한다. 또한 법인의 주소는 재판관할의 표준이 되며, 그밖에 주소에 대하여 인정되는 법률적 효과는 자연인의 경우와 동일하다.

3. 法人의 監督

(1) 내부적 감독기관 — 감사(監事) — 모든 법인에서의 임의적 감독기관	
(2) 외부적 감독기관	업무감독 — 주무관청(법인설립 허가관청) 청산감독 — 법 원

⑴ 法人의 일반감독

비영리법인은 그 설립에서 허가주의를 취하여 국가적 감독을 받고, 그 이후에도 법인의 목적에 따라 업무가 적정히 행하여지도록 하기 위하여 법인의 사무 및 재산 상황의 검사, 설립허가의 취소 등의 방법에 의하여 감독한다.

⑵ 法人의 청산감독

법인의 해산 및 청산에 관하여는 법원이 검사·감독한다. 이와 같이 법인의 업무 감독과는 달리 해산 및 청산에 대하여 법원에 감독권을 부여한 것은 해산과 청산사무는 제3자의 이해관계에 중대한 영향을 미치므로 특히 엄격·공정한 사무처리가 필요하고, 일단 법인이 해산단계로 들어가면 그 법인의 목적은 모두 청산사무로 통일되는데 있다.

⑶ 罰 則

민법은 법인에 대한 법적 규제나 업무감독상 그 실효를 확보하기 위한 일정 사항에 대하여 이사·감사 또는 청산인에게 과태료의 처분을 규정하는 벌칙을 두고 있다(제97조).

제 6. 法人의 消滅

1. 法人의 消滅事由

법인의 소멸이란 법인의 권리능력을 상실하는 것을 말하며, 자연인의 사망에 해당한다. 그러나 법인은 그 소멸의 경우에도 상속이 개시될 수 없고 또한 그 권리능력의 소멸에도 자연인의 사망과 달리 일정한 절차를 거쳐 단계적으로 이루어진다.

⑴ 社團法人·財團法人에 공통되는 소멸사유

법인의 공통한 소멸원인으로는 존립기간의 만료, 법인의 목적달성 또는 달성불능,

정관에 정한 사유의 발생, 파산, 설립허가의 취소이다(제77조 제1항).

특히, 법인의 재산상태가 이른바 채무초과의 상태에 빠지게 되면 이사는 파산을 신청하여야 한다(제79조). 여기서 채무초과란 단순히 소극재산이 적극재산을 넘는 상태를 말하며, 자연인과 같이 지급불능임을 요하지 않는다. 또한 민법은 파산신청자로서 이사만을 규정하고(파산법 제122조는 채권자도 포함시킨다), 법원의 직권에 의한 파산선고는 인정하지 않는다.

⑵ 社團法人에 특유한 소멸사유

사단법인은 사원이 없게 되거나 총회의 결의로서 해산할 수 있다(제77조 제2항). 여기서 사원이 없게 된 때라 함은 사원이 1인도 없음을 요하고, 또한 총회의 결의란 임의해산의 경우로서 사원총회의 전권사항이다. 그러나 제3자를 해칠 염려가 있는 기한부 또는 조건부 결의는 할 수 없다고 봄이 통설이다.

2. 法人의 淸算

⑴ 法人淸算의 의의

법인의 청산이란 해산한 법인이 그 잔무를 처리하고 재산을 정리하여 완전히 소멸할 때까지의 절차이다. 청산절차에는 파산법이 정하는 절차와 민법이 정하는 절차가 있으나, 민법상 법인의 청산은 후자에 속한다.

법인의 청산에 관한 규정은 모두 강행규정이므로 정관에 다른 규정을 두어도 언제나 무효이다.

⑵ 淸算法人의 能力

청산법인은 청산의 목적 범위 내에서 만 권리가 있고 의무를 부담한다(제81조). 즉, 해산한 법인은 그 능력이 청산의 목적범위 내로 한정된다. 그러나 청산법인의 능력범위에 관하여는 본래의 법인능력에 관한 목적의 범위에 준하여 넓게 해석해야 할 것이라고 하며, 해산 전의 법인과 동일성을 상실하는 것은 아니다.

⑶ 淸算法人의 機關

㈎ 청산인 청산인은 법인이 해산하면 이사에 갈음하여 청산법인의 집행기관이 된다. 즉 법인의 청산으로 이사는 당연히 그 지위를 잃고 청산인이 법인 본래의 이사에 해당하는 기관이 된다.

청산인이 되는 자는 먼저 정관에서 정한 자이고, 정관에서 정하고 있지 않으면 총회의 의결로써, 총회가 결의하지 않으면 청산 전의 이사가 당연히 청산인이 된다(제82조). 또한 이들의 순위에 의하여도 청산인이 될 자가 없거나 청산인이 결원으로 인하여 손해가 생길 염려가 있는 때에는 법원의 직권 또는 이해관계인이나 검사의 청구에 의하여 청산인을 선임할 수 있고(제83조), 중요한 사유가 있는 때에는 법원의 직권 또는 이해관계인이나 검사의 청구에 의하여 청산인을 해임할 수 있다(제84조).

(나) 기타의 기관 청산인 이외의 기관은 변동이 없으며, 계속하여 청산법인의 기관으로서의 권한을 갖는다. 즉 감사는 청산인의 직무를 감독하고, 총회도 그대로 최고의사결정기관으로서의 지위를 갖는다.

(4) 淸算事務

(가) 해산등기와 신고 청산인은 그 취임 후 3주간 내 해산의 이유 및 년월일, 청산인의 성명과 주소, 청산인의 대표권을 제한할 때에는 그 제한을 주된 사무소와 분 사무소소재지에서 이를 등기하고, 같은 사항을 주무관청에 신고하여야 한다(제86조 제1항). 또한 청산 중에 취임한 청산인은 그 성명과 주소를 주무관청에 신고하여야 한다.

그 외에 법인의 청산 중 등기사항이 생기면 3주간내 이를 등기하여야 한다. 그러나 파산에 의한 해산에서는 법원의 직권에 의하므로 그 의무가 없다.

(나) 현존사무의 종결 법인은 청산으로 현존사무를 종결하여야 하고(제87조 제1항 1호), 이미 해산 전에 결정된 사항이 있는 경우에도 아직 착수되지 아니한 것은 착수하지 못한다.

(다) 채권의 추심 청산인은 청산법인의 채권을 추심하여야 하고(제87조 제1항 2호), 이때 채권은 법인 외부의 채권뿐만 아니라 법인 내부채권, 예컨대 사원의 회비 등을 포함한다.

(라) 채무의 변제 청산인은 취임한 날로부터 2개월 이내에 2개월 이상의 기간을 정하여 3회 이상 채권자에 그 채권을 신고할 것을 최고하여야 한다(제88조 제1항). 이 때 공고는 법원의 등기사항의 공고와 동일한 방법이어야 하고, 채권자가 기간 내 신고하지 않으면 청산으로부터 제외될 것을 표시하여야 한다(동조 제2항). 그러나 청산인이 알고 있는 채권자는 개별적으로 채권신고를 최고하여야 한다(제89조 전단).

(ㄱ) 채권신고기간 내에는 채권자에 변제하지 못한다. 따라서 변제기가 도래한 채권자에 대하여는 지연배상을 하여야 한다(제90조). 그러나 채권신고기간 경과 후 청산 중의 법인은 아직 변제기에 도래하지 않는 채권에 대하여서도 변제할 수 있다(제91조 제1항).

(ㄴ) 청산인이 알고 있는 채권자에 대하여는 비록 그가 신고하지 않았더라도 청산에서 제외하지 못한다(제89조 단서). 만일 채권자가 변제를 수령하지 않으면 공탁하여야 한다.

(마) 잔여재산의 인도 채권의 변제로 잔여재산이 있는 때에는 이를 귀속권자에게 인도하여야 한다.

(ㄱ) 잔여재산의 귀속권자는 정관에서 정한 자이고(제80조 제1항), 정관으로 지정한 자가 없거나 또는 지정방법을 정관이 규정하고 있지 않는 때에는 이사 또는 청산인이 주무관청의 허가를 얻어서 그 법인의 목적과 비슷한 목적을 위하여 처분할 수 있다(동조 제2항). 그러나 어느 방법으로도 처분할 수 없는 경우의 잔여재산은 국고에 귀속한다(동조 제3항).

(ㄴ) 해산한 법인이 잔여재산의 귀속자에 관한 정관규정에 반하여 잔여재산을 달리 처분할 경우 그 처분행위는 유효한가. 판례는 민법 제80조 제1항, 제81조 및 제87조 등 청산절차에 관한 규정은 모두 제3자의 이해관계에 중대한 영향을 미치는 것으로서 강행규정이므로, 해산한 법인이 잔여재산의 귀속자에 관한 정관규정에 반하여 잔여재산을 달리 처분할 경우 그 처분행위는 청산법인의 목적범위 외의 행위로서 특단의 사정이 없는 한 무효라고 한다.[43]

또한, 법인의 대표인 청산인에 의하여 잔여재산의 소유권이전등기가 그 귀속권리자인 청산인에 경료된 경우 이는 쌍방대리금지원칙에 반하는가.

판례는 해산한 법인이 해산시 잔여재산이 지정한 자에게 귀속한다는 정관규정에 따라 구체적으로 확정된 잔여재산이전의무의 이행으로서 잔여재산인 토지를 그 귀속권리자에게 이전하는 것은 채무의 이행에 불과하므로 그 귀속권리자의 대표자를 겸하고 있던 해산한 법인의 대표청산인에 의하여 잔여재산 토지에 관한 소유권이전등기가 그 귀속권리자에게 경료되었다고 하더라도 이는 쌍방대리금지 원칙에 반하지 않는 것이라고 한다.[44]

(바) 파산의 신청 청산 중에 법인의 재산이 그 채무를 완제하기에 부족한 것이 분명하게 된 경우 청산인은 지체 없이 파산선고를 신청하고 이를 공고하여야 한다(제93조 제1항). 이때 공고는 법원의 등기사항의 공고방법을 준용하고, 청산인이 파산신청 또는 공고를 해태하거나 부정공고를 하면 과태료의 처분을 받는다.

법인의 파산으로 파산관재인이 정해지고 이로써 파산재단에 관한 청산인의 임무는 종료한다(동조 제2항).

---

43) 대판 2000.12.8, 98두5279.
44) 대판 2000.12.8, 98두5279.

(사) 청산결과의 등기와 신고 청산이 종결되면 청산인은 3주간 내 등기하여야 하고, 이를 주무관청에 신고하여야 한다(제94조).

제 7. 權利能力없는 社團과 財團

1. 權利能力없는 社團

(1) 權利能力없는 社團의 의의와 발생

권리능력없는 사단이란 일반적으로 사단으로서 실체를 가지면서도 법인격이 없는 단체를 말하며, 법인격 없는 사단 또는 비법인 사단이라고 한다.

권리능력없는 사단 또는 재단이 실제로 존재하는 이유는 민법이 사단법인의 설립에 관하여 허가주의를 취하고 있는 점과, 단체의 구성원이 주무관청의 사전 허가와 사후 감독 기타 법적 규제를 받는 것을 달갑지 않게 생각하는데 있다. 따라서 이러한 경우에는 법인의 설립이 강제되어 있지 않는 이상 권리능력 없는 사단 또는 재단으로 존속하게 된다.

보통 단체에는 사단형과 조합형이 있다. 그 중 조합형은 사단형에 비하여 통상 단체의 구성원이 적고, 구성원 각자의 개성이 그 단체 내에서 강하게 나타나는 경우가 많으며, 비교적 단기간에 걸쳐 존속하게 된다.

이에 대하여 판례는 민법상 조합은 법인격은 없으나 사단성이 인정되는 비법인 사단을 구별함에 있어서는 일반적으로 그 단체성의 강약을 기준으로 판단하여야 하는바, 조합은 2인 이상이 상호간에 금전 기타 재산 또는 노무를 출자하여 공동사업을 경영할 것을 약정하는 계약관계에 의하여 성립하므로(민법 제703조) 어느 정도 단체성에서 오는 제약을 받게 되는 것이지만 구성원의 개인성이 강하게 드러나는 인적 결합체인데 비하여, 비법인 사단은 구성원의 개인성과는 별개로 권리의무의 주체가 될 수 있는 독자적 존재로서의 단체적 조직을 가지는 특성이 있는 것이라고 한다(대판 1990.7.10, 92다2431).

[권리능력 없는 사단과 조합의 비교]

	권리능력없는 사단	조 합
결합형태	사단으로서의 실체	채권계약
대표형식	권리능력없는 사단의 대표	조합의 업무집행자
법규적용	사단에 관한 규정 준용	사단에 관한 규정 불준용
권리능력	소송능력 및 등기능력 유	소송능력 및 등기능력 무
소유형태	사단의 총유	전 조합원의 합유

(2) 權利能力없는 社團의 성립요건

권리능력없는 사단이기 위해서는 사회적 실체에 있어서 사단형이라고 할 수 있는 단체이어야 하고, 형식적 요건으로서 주무관청의 허가와 등기를 제외하고는 사단으로서의 실체적 요건을 구비하고 있어야 한다.

판례는 어떤 단체가 고유의 목적을 가지고 사단적 성격을 가지는 규약을 만들어 이에 근거하여 의사결정기관 및 집행기관인 대표자를 두는 등의 조직을 갖추고 있고, 기관의 의결이나 업무집행방법이 다수결의 원칙에 의하여 행하여지며, 구성원의 가입, 탈퇴 등으로 인한 변경에 관계없이 단체 그 자체가 존속되고, 그 조직에 의하여 대표의 방법, 총회나 이사회 등의 운영, 자본의 구성, 재산의 관리 기타 단체로서의 주요사항이 확정되어 있는 경우에는 비법인 사단으로서 실체를 가지는 것이라고 한다.[45)]

(3) 權利能力없는 社團의 형태

권리능력없는 사단의 형태는 다양하지만, 판례상 나타난 대표적인 것으로는 종중이 그 전형적인 것이고,[46)] 교회,[47)] 사찰,[48)] 동·리의 행정구역내 있는 주민의 단체[49)]·자연부락[50)]·아파트주민단체[51)], 주택조합[52)] 주택건설촉진법상 재건축조

45) 대판 1999.4.23, 99다4504; 1990.7.10, 92다2431.

46) 대판 1992.2.14, 91다1172; 1992.4.14, 91다46533; 1985.10.22, 83다카2396·2397; 판례는 宗中을 공동선조의 분묘수호와 제사 및 종중원 상호간의 친목 등을 목적으로 하는 자연발생적 관습상 발생하는 종족집단단체로써 종중 유사의 단체와 구별하여 전형적인 권리능력 없는 사단이라 보았고, 종중은 공동선조를 정함에 따라 大小宗中으로 구분할 수 있는 것이라 한다(대판 1992.4.14, 91다46533).

47) 대판 1994.10.25, 94다28437; 1991.11.26, 91다30675; 1962.7.12, 62다133.

48) 대판 1994.10.28, 94다2442; 1991.6.14, 91다9336.

49) 대판 1999.1.29, 98다33512; 1995.9.29, 95다32051; 1994.2.8, 93다173; 1991.11.26, 91다20999; 판례는 里의 행정구역 내에 거주하는 주민들이 주민의 공동편의와 공동복지를 위하여 주민 전부를 구성원으로 한 공동체를 구성하고 행정구역인 리의 명칭을 사용하면서 일정 재산을 공부상에 그 이름으로 소유해 온 경우에 이러한 공동체는 비법인 사단으로서 그 재산은 里주민의 총유에 속하는 것이라 하고(대판 1995.9.29, 95다32051), 또한 지방자치법이 1949.7.4. 법률 제32호로 제정되어 시행되기 이전의 洞·里는 그 동·리 자체가 관습법상 인정되는 법인으로서 독자적으로 재산권의 주체가 되었고, 동·리의 소유재산이 바로 그 주민의 공유 혹은 총유재산이 되었던 것은 아니나, 동·리의 주민들이 특별히 주민의 공동편익과 공동복지를 위하여 주민 전부를 구성원으로 하는 공동체를 구성하고 일정한 재산을 공부상 동·리의 명칭으로 소유하여 온 경우에는 그와 같은 주민공동체가 그 재산의 소유주체라고 한다(대판 1999.1.29, 98다33512).

50) 대판 1993.3.9, 92다39532; 1991.7.26, 90다카25765; 1987.3.10, 85다카2508; 1981.9.8, 80다2810; 1980.3.25, 80다156; 판례는 법인 아닌 사단이나 재단도 대표자 또는 관리인이 있으면 민사소송의 당사자가 될 수 있으므로 자연부락이 부락주민을 구성원으로 하여 고유목적을 가지고 의사결정기관과 집행기관인 대표자를 두어 독자적인 활동을 하는 사회조직체라면 비법인사단으로서의 권리능력이 있는 것이라 한다(대판 1993.3.9, 92다39532).

51) 대판 1991.4.23, 91다4478.

52) 대판 1999.11.9, 99다34420; 1998.4.23, 95다26476; 1994.6.28, 92다36052.

합[53] 등 폭넓게 권리능력 없는 사단의 실체를 인정하고 있다.

그 외에도 판례는 어촌계(대판 1996.12.10, 95다57159)・수리계(1962.10.4, 62다273), 보중(대판 1995.11.21, 94다15288),[54] 동민회(대판 1954.4.27, 4286민상33; 대판 1991.5.28, 91다7750 : 산재치성 목적을 위한 마을주민의 결합체), 제전회(주산제를 거행해 온 자연부락의 주민조직; 대판 1987.4.28, 85다카1300), 친목계(대판 1996.6.10, 96다254), 대한불교조계종총무원(대판 1967.7.4, 67다549; 1992.1.23, 91다581), 불교신도회(대판 1991.10.22, 91다26072), 사단으로서 실체를 갖춘 민법상 조합(대판 1994.4.26, 93다51519)은 비법인 사단이라고 한다.

그러나 학교(비법인학교; 대판 1957.5.25, 4289민상612・613), 학교비(대판 1991.4.23, 91다3987), 동백흥농계(대판 1974.9.24, 74다573)・노인상포계(대판 1992.3.31, 91다41101)는 비법인 사단이 아니라고 한다.

(4) 權利能力없는 社團의 적용법규

민법은 "법인 아닌 사단의 사원이 집합체로서 물건을 소유할 때에는 총유로 한다."라고 하여 사원의 소유형태만 규정하고 있다. 이와 같이 우리 민법은 당초 인격없는 사단의 소유형태를 총유로 규정함으로써 조합과 본질적으로 적용을 달리하였고, 실질적으로 사단에 관한 규정을 준용한다고 봄이 다수설이다.

판례는 법인 아닌 사단에 대하여는 사단법인에 관한 민법규정 가운데서 법인격을 전제로 하는 것을 제외하고는 이를 유추 적용하여야 할 것인 바,[55] 법인 아닌 사단에 구성원이 없게 되었다고 하여 막 바로 소멸하는 것은 아니고 청산사무가 완료되어야 비로소 그 당사자능력이 소멸하는 것이라고 한다. 그리하여 법인 아닌 사단이로 구성원이 없다고 하여 막 바로 소송상의 당사자능력을 상실하였다고 할 수 없고,[56] 또한 비법인 사단인 교회의 교인이 존재하지 않게 된 경우 그 교회는 해산하여 청산절차에 들어가서 청산의 목적범위 내에서 권리・의무의 주체가 되는 것이라고 한다.[57]

---

53) 대판 1999.1.29, 98다33512; 1999.10.22, 97다49398; 1999.12.10, 98다36344; 1997.1.24, 96다39721; 1997.5.30, 96다32887; 1996.10.25, 95다56866; 1995.2.3, 93다23862; 판례는 주택건설촉진법에 의하여 설립된 재건축조합은 민법상의 비법인사단에 해당하고, 비법인사단이 준총유관계에 속하는 비법인사단의 채권・채무관계에 관한 소를 제기하기 위하여서는 달리 특별한 사정이 없는 한 민법 제276조 제1항이 정하는 바에 따라 사원총회의 결의를 거쳐야 하는 것이라 한다(대판 1999.12.10, 98다36344).

54) 보중(洑中)이 그 몽리민을 구성원으로 하여 고유 목적을 가지고 매년 정기적으로 총회를 개최하여 그 보중을 대표하고 업무를 집행할 대표자를 선출하여 보중을 운영하는 한편, 특정한 재산을 소유하고 있는 경우에는 비법인 사단으로서 당사자능력이 있다(대판 1995.11.21, 94다15288).

55) 대판 2003.11.14, 2001다32687; 1992.10.9, 92다23087.

56) 대판 1992.10.9, 92다23087.

57) 대판 2003.11.14, 2001다32687.

(5) 權利能力없는 社團의 법률관계

(가) 권리능력 없는 사단의 내부관계 권리능력 없는 사단의 내부관계에 대해서는 그 단체의 규칙(정관)에 다른 정함이 없는 한 민법의 비영리사단법인에 관한 규정을 유추 적용하여야 한다고 보는 것이 통설・판례이다.[58] 그러나 사단법인에 관한 민법의 규정도 정관으로 달리할 수 있는 여지를 두고 있으므로 민법이 사단법인의 규정보다 구성원의 개성을 더욱 존중하는 단체규약의 설정도 가능하다.

(나) 권리능력 없는 사단의 외부관계 권리능력 없는 사단에 대해서는 사단법인의 법인격을 전제로 하는 규정은 유추 적용될 여지가 없다.[59] 이것은 단체 자체가 사법상의 권리・의무의 주체로서 다루어지는 것, 즉 단체 자체의 이름으로서 권리를 취득하고 의무를 부담하는 것으로 법률상 다루어지는 것을 말하며, 권리능력이 배척되는 이상 당연하다. 그러나 법률은 실체법상 권리능력 없는 사단에 대하여 일정범위에서 사법상의 주체성을 인정하는 규정을 두고 있다.

(ㄱ) 권리능력의 준용 : 권리능력 없는 사단도 그 대표자가 있으면 소송상 당사자능력을 가진다(민소법 제48조). 따라서 제3자는 권리능력 없는 사단에 대한 채무명의로써 단체재산에 대하여 인격 없는 법인과 동일한 강제집행을 할 수 있다. 재산을 소유할 수 있다(제275조 제1항 2호・제78조 참조).

판례는 민사소송법 제48조가 비법인의 당사자능력을 인정하는 것은 법인이 아닌 사단이나 재단이라도 사단 또는 재단으로서의 실체를 갖추고 대표자 또는 관리인을 통하여 사회적 활동이나 거래를 하는 경우에는, 그로 인하여 발생하는 분쟁은 그 단체의 이름으로 당사자가 되어 소송을 통하여 해결하게 하고자 함에 있다 할 것이므로 여기서 말하는 사단이라고 함은 일정한 목적을 위하여 조직된 다수인의 결합체로서 대외적으로 사단을 대표할 기관에 관한 정함이 있는 단체를 말하는 것이라 하여 권리능력 없는 사단의 소송상 능력을 인정한다.[60]

또한, 재산귀속관계의 공시방법에 관하여도 부동산등기법에 특별규정을 두고 있다. 즉, 동법 제30조 제1항은 "종중・문중 기타의 대표자나 관리인 있는 법인 아닌 사단이나 재단에 속하는 부동산의 등기에 관하여는 그 사단 또는 재단을 등기권리자 또는 등기의무자로 한다."고 하고, 동조 제2항에서는 "전항의 등기는 그 사단 또는 재단의 명의로 그 대표자 또는 관리인이 이를 신청한다."고 규정하여 권리능력 없는 사단도 직접 단체의 명의로 등기를 할 수 있게 하고 있다.

---

58) 대판 1992.10.9, 92다23087 ; 1967.7.4, 67다549.
59) 대판 1996.9.6, 94다18522 ; 1992.10.9, 92다23087 참조.
60) 대판 1999.4.23, 99다4504.

(ㄴ) 단체채무와 구성원개인의 책임 : 권리능력 없는 사단이 법률행위에 관하여 채무를 지는 것은 사단의 대표기관이 사단을 대표하여 행한 경우에 한정됨은 사단법인의 경우와 동일하다. 그런데 이와 같이 해석하여 사단이 부담한 채무에 관하여는 우선 단체 자체의 재산이 집행의 대상이 된다고 하더라도 이와 더불어 구성원 각자도 직접 책임을 지는가. 즉 사단이 부담한 채무에 대하여 구성원의 책임은 유한책임인가, 무한책임인가의 문제이며, 통설은 사단의 내부조직을 물적 결합으로 보아 단체 자체의 유한책임으로 본다.

(ㄷ) 불법행위의 책임 : 권리능력 없는 사단의 불법행위는 법인에 준하여 적용된다. 다만 비법인사단의 대표자가 행한 타인에 대한 업무의 포괄적 위임과 그에 따른 포괄적 수임인의 대행행위는 비법인 사단에 미치는가.

판례는 비법인 사단에 대하여는 사단법인에 관한 민법규정 가운데서 법인격을 전제로 한 것을 제외하고는 이를 유추 적용할 것인바, 민법 제62조의 규정에 비추어 보면 비법인사단의 대표자는 정관 또는 총회의 결의로 금지하지 아니한 사항에 한하여 타인으로 하여금 특정행위를 대리하게 할 수 있을 뿐 비법인사단의 제반 업무처리를 포괄적으로 위임할 수 없다고 할 것이므로 비법인사단의 대표자가 행한 타인에 대한 업무의 포괄적 위임과 그에 따른 포괄적 수임인의 대행행위는 민법 제62조의 규정에 위반된 것이어서 비법인 사단에는 그 효력이 미치지 아니하는 것이라고 한다.[61]

(다) 권리능력 없는 사단의 재산귀속관계 민법은 법인 아닌 사단의 사원이 집합체로서 물건을 소유할 때에는 총유로 한다(제275조). 또한 소유권 이외의 재산권에 관하여는 총유에 관한 규정을 준용하므로, 채권·채무를 비롯한 각종의 재산권도 이를 준총유로 하는 것이 된다(제278조).

[판례] (1) 종중 토지에 대한 수용보상금을 종원에게 분배하기로 결의하였다면 종원은 직접 종중에 대하여 분배금을 청구할 수 있다(대판 1994.4.26, 93다32446).

(2) 우계공 박수서를 공동선조로 하는 우계공파 함양박씨 문중의 종원이 모두 사망하고 후사가 없다고 하여 그 재산이 박수서의 부주부공 박지를 공동선조로 하는 상위 종중에 귀속한다고는 볼 수 없다(대판 1999.2.23, 98다56782).

2. 權利能力없는 財團

(1) 권리능력 없는 사단과 같이 권리능력없는 재단도 없지 않다. 따라서 권리능력 없는 재단을 둘러싼 법률관계, 즉 민사소송법상 당사자능력, 부동산등기법상 등기능

---

61) 대판 1996.9.6, 94다18522.

력 등은 모두 그것이 사실상 재단인 것을 전제로 하여 대체로 권리능력 없는 사단의 경우와 동일하게 적용된다.

다만, 사단에 관한 구성원이나 대표자에 관하여는 권리능력 없는 재단의 대표자·관리자의 문제가 되고, 기본적 재산의 제공자(사실상 출연자)에 관하여는 사단의 구성원에 유사한 문제가 될 것이다.

(2) 권리능력 없는 재단은 구성원이 없으므로 그 재산귀속에 관한 총유나 합유는 성질상 적용되지 않는다. 다만 그 재산권의 소유형태에 관하여는 별단의 공시방법이 없으므로 신탁법리설과 재단단독소유설이 대립한다.

다수설은 재단단독소유설을 취하고, 판례 또한 종래부터 존재하여 오던 사찰의 재산을 기초로 구 불교재산관리법(1987.11.28. 법률 제3974호 전통사찰보존법 시행으로 폐지)에 따라 불교단체등록을 한 사찰은 권리능력 없는 재단으로서의 성격을 가지고 있다고 볼 것이므로, 비록 그 신도들이 그 사찰의 재산을 조성하는 데 공헌을 하였다 할지라도 그 사찰의 재산은 신도와 승려의 총유에 속하는 것이 아니라 권리능력 없는 사찰 자체에 속하는 것이라고 한다.[62]

제 4 절 私權의 對象으로서 物件

제 1. 權利의 客體와 物件

1. 權利의 客體

모든 권리는 일정한 사회적 이익을 그 내용 또는 목적으로 한다. 이러한 내용 또는 목적이 성립하기 위하여 필요한 일정한 대상을 권리의 객체라고 하고, 그 객체는 권리의 종류에 따라 상이하다.

즉, 물권에서는 물건, 채권에서는 특정인의 행위(급부), 권리상 권리에서는 그 권리, 형성권에서는 법률관계, 무체재산권에서는 정신적 산물, 인격권에서는 권리의 주체자 자신, 친족권에서는 친족법상 지위, 상속권에서는 상속재산 등이 각각 권리의 객체가 된다.

62) 대판 1994.12.13, 93다43545.

그 중 물건(物件)은 물권이란 배타적 지배권의 객체로서 대부분 채권의 객체와 관련되어 물권행위의 목적을 이루므로 권리의 객체 중 특히 중요한 의의를 가지게 된다. 그러므로 사권의 객체란 대체로 물건을 의미하며, 민법은 권리의 객체 일반에 관한 규정을 두고 있지 않지만 물건에 관하여는 몇 개의 규정을 두고 있다.

2. 民法上 物件

(1) 민법 제98조

민법 제98조는 "본법에서 물건이라 함은 유체물 및 전기 기타 관리할 수 있는 자연력을 말한다."라고 하여 물건에 관한 정의와 요건을 명시하고 있다. 따라서 사권의 객체로서 물건이기 위해서는 일정 요건을 갖추어야 한다.

(2) 物件의 요건

(가) 유체물 또는 자연력일 것 물건에는 유체물과 무체물이 있다. 여기서 유체물이란 공간의 일부를 차지하고 사람의 감각에 의하여 지각될 수 있는 형태를 가진 물질(고체·액체, 경우에 따라서는 기체)을 말하고, 전기·열·빛·음향·향기·에너지 등과 같이 일정한 형태가 없고 그 존재를 감지할 수 있는데 불과한 물질(무체물)을 포함한다.

(나) 관리 가능한 것일 것 법률상 물건은 사람이 관리할 수 있는 것에 한한다.

관리가 가능하다는 것은 지배가 가능한 것을 말하며, 법률상 사용·수익·처분할 수 있음을 의미한다.

민법상 유체물은 물론, 무체물인 자연력도 관리 가능하면 물건이 됨은 명백하다. 그러므로 일·월·성진, 공기·해양 등은 유체물이지만 관리가 가능한 것이 아니므로 법률상 물건의 개념에서 제외되고, 또한 大氣 속에 발사된 전파와 같이 배타적 지배의 범위를 벗어난 무체의 자연력도 역시 물건이 아니다. 그러나 이것은 상대적 개념으로서 시대에 따라 변천된다.

(다) 외계의 일부일 것 근대법은 인격을 가진 사람에 대해서는 배타적 지배를 인정하지 않는다. 따라서 사권의 대상으로서 물건이기 위하여서는 권리 주체자 밖의 일부, 즉 비인격적인 것이어야 한다.

(ㄱ) 인체 또는 그 일부는 물건이 아니다. 그러나 인체의 일부가 인체로부터 분리된 것, 예컨대 머리털·이·손톱·혈액 등은 물건이며, 분리 당한 사람의 소유에 속한다. 그 외 인위적으로 인체에 부착한 물건이라도 신체에 고착하고 있는 한 신체의 일부이며 물건은 아니다.

(ㄴ) 시체 또는 유골이 물건인가에 관하여 이를 부정하는 견해도 있으나,[63] 다수설은 긍정한다. 그러나 소유권의 객체가 되는가.

다수설은 특수소유권설을 취한다. 그러나 특수소유권설을 취한다고 하더라도 시체에 대한 임의적 처분은 반사회질서행위로서 무효이고, 비록 사자가 미리 처분의 방법을 정한 경우라도 사회질서에 반하지 않는 범위 내에서만 그 처분이 허용된다.

(ㄷ) 시체 또는 유골은 특수소유권의 대상으로서 제사를 주제하는 자에 귀속할 것이지만(제1008조의 3 참조), 사자의 제사 주제자가 없는 경우에는 그 상속인에 귀속하는 것이라고 본다.

(라) 독립물일 것 권리의 객체인 물건은 하나의 독립한 존재를 가지는 것이어야 한다. 민법은 하나의 물건에 하나의 물권을 인정하는 일물일권주의를 취하므로 어떤 것을 하나의 물건으로 보느냐는 물권관계에 있어 대단히 중요한 문제이며, 물건의 독립성은 대체로 거래통념에 따라 정하여진다.

제 2. 民法上 物件의 分類

1. 不動産과 動産

(1) 부동산 ┌ 토지(토지) — 공시 여부에 불문한 언제나 독립된 부동산
　　　　　 └ 토지의 정착물
　　　　　　 ┌ 건물 · 입목 — 언제나 독립된 부동산
　　　　　　 └ 수목의 집단 · 미분리 과실 — 명인방법을 갖춘 때 독립된 부동산
(2) 동 산 ┌ 부동산 이외의 물건(금전 포함)
　　　　 └ 무기명채권 — 채권법상 특별히 규정하므로 동산에서 제외

(1) 不動産

토지와 그 정착물은 부동산이다(제99조 제1항). 그러나 부동산의 정의에 관하여 입법례에 따라 반드시 동일한 것은 아니며, 대부분의 입법례는 건물 기타 지상물을 토지의 일부로 보고 독립된 부동산으로 하지 않는다. 그러나 우리 민법은 토지의 정착물도 독립된 부동산으로 하고 있다.

(가) 토 지 토지란 일정한 범위의 지면에 정당한 이익이 있는 범위 내에서 그 수직의 상 · 하(공중과 지하)를 포함시킨 것이다(제212조 참조). 따라서 토지의 구성물

63) 김상용 316면 ; 이영준 895면.

은 토지와 별개의 독립한 물건은 아니며, 토지의 소유권은 당연히 그 구성물에도 미친다.

다만, 미채굴광물이 그 토지로부터 독립된 부동산인가. 다수설은 토지의 구성물에 불과하지만 국가의 배타적 채굴취득허가권의 객체가 되는 것이라고 한다.

(나) **토지의 정착물** 토지의 정착물이란 토지에 고정적으로 부착하여 용이하게 이동할 수 없는 물건으로서, 거래통념상 계속적으로 토지에 부착하여 이용되는 것을 말하며, 현행법상 토지와 별개의 부동산으로 다루어지는 정착물은 다음과 같다.

(ㄱ) 건 물 : 건물은 언제나 법률상 토지에서 독립된 별개의 부동산이다. 따라서 건물이 토지의 일부 내지 그 구성부분이 되거나 토지와 사이에 부합이 생기는 일은 없으며, 또한 건물을 건축할 정당한 권리 여부에 불문한다.

축조 중인 건물은 어느 단계에서 독립한 부동산으로 다루어지는가는 사회통념에 의하고, 건물의 개수 및 동일성의 여부(건물을 개축하였거나 또한 그 위치를 이동한 경우 등) 등도 동일하다.64)

건물의 일부도 소유권의 객체가 될 수 있다. 민법은 스스로 이른바 구분소유를 규정함으로써 건물의 일부도 소유권의 객체가 되나(제215조), 토지에서와 같이 구분 또는 분할의 등기를 하기 전에는 양도하지 못한다. 그러나 전세권 등 용익권의 설정에는 그 예외가 인정된다.

(ㄴ) 입 목 : 수목 중 「입목에 관한 법률」에 의하여 소유권보존등기를 한 입목은 수목의 집단과 구별되며, 언제나 토지로부터 독립된 부동산이 된다. 따라서 입목은 토지와 분리하여 양도할 수 있고 저당권의 목적이 될 뿐만 아니라(동법 제3조 제2항), 그 생립한 토지의 소유권이나 지상권의 처분에 영향을 받지 않는다.

(ㄷ) 수목의 집단 · 미분리 과실 : 수목은 토지의 구성물이므로 현행법상 그 독립성이 인정될 수 없고, 미분리 과실 또한 수목의 일부에 지나지 아니하므로, 역시 토지의 정착물로서 그 독립성이 부정된다. 그러나 수목의 집단이나 미분리 과실이라도 이른바 명인방법으로서 공시방법을 갖춘 때에는 그 토지와 분리된 독립된 부동산으로 거래의 목적이 된다.65)

다만, 명인방법을 갖춘 미분리 과실은 독립된 동산이라 보아야 할 것이란 견해가 있으나(곽윤직 310면, 김주수 209면, 고상룡 290면), 다수설 · 판례는 독립된 부동산이라고 보며, 분리의 제한이 경제적 가치의 유지에 두는 점에서 보면 타당하다.

또한, 농작물(農作物)은 토지의 일부에 지나지 않고 독립한 물건, 즉 부동산으로 다루어지지 아니하나, 다만 정당한 권원에 의거하여 타인의 토지에 경작 · 재배한 경우에 그 농작

---

64) 대판 1993.4.23, 93다1527 ; 1961.11.23, 4293민상623 · 624.

65) 대판 1998.10.28, 98마1817 ; 1976.4.27, 76다72.

물은 토지에 부합하지 않고 독립된 부동산으로 다루어진다(제256조 참조). 따라서 농작물이더라도 권원 없이 경작·재배한 때에는 독립된 물건에서 제외되나, 다만 판례는 권원 없이 타인의 토지에서 경작·재배한 경우에도 그 농작물의 소유자는 언제나 그 경작자가 독립한 소유권을 가질 뿐만 아니라, 위법하게 토지소유자나 점유자를 배제하여 경작한 경우에도 그 소유권은 경작자에 있음을 명백히 하고 있다(대판 1968.6.4, 68다613·614; 1969.2.18, 68도906; 1979.8.28, 79다784).

(2) 動 産

(가) 부동산 이외의 물건은 동산이다(제99조). 토지에 밀착해 있는 물건이라도 정착물이 아니면 모두 동산이다. 전기 기타 관리 가능한 자연력은 물론, 선박·자동차·항공기 등은 비록 그 경제적 가치 면에서나, 법률상 취급에서 부동산과 동일하게 다루어지는 경우가 있지만, 동산임은 명백하다. 그러나 무기명채권은 부동산은 아니지만 채권 편에서 별도로 규정하고 있으므로 동산에서 제외된다.

(나) 금전(金錢)은 민법이 별개로 정하고 있지 아니하므로 동산임은 명백하다. 그러나 금전 그 자체는 '일정 액수의 가치'이므로 동산에 관한 규정은 원칙적으로 적용되지 않고, 특히 배타성이 없으므로 점유 자체가 곧 소유를 의미한다. 따라서 금전은 물권적 청구권이나 선의취득 등의 대상은 되지 못한다.

(3) 不動産과 動産의 구별의 실익

현행법상 동산·부동산을 구별하는 실익으로 공시방법의 차이, 공신력의 유무, 동산·부동산에 따른 부합의 법률적 효과, 무주물의 귀속, 용익물권의 성립, 그 외 재판관할·강제집행의 절차나 방법을 달리하는데 있다. 그러나 이와 같은 구별의 실익은 절대성을 갖는 것은 아니며 시대에 따라 달리한다. 즉 과거에는 부동산을 경제상 가장 중요한 재화로 취급하였으나 오늘날은 유가증권·기업설비 등과 같이 부동산 이상의 가치를 갖는 동산 재화의 출현으로 그 의미를 상실하고, 또한 공시방법의 차이에 관하여서도 상품의 집단이나 기업설비는 반드시 장소를 전전하지 않으며, 더욱 일정 동산에는 등기·등록의 방법에 의하여 파악하게 하고 있다.

이것은 이른바 재화의 부동산화 현상이며, 그 구체적 기능은 재단저당법 등 입법에 의한 동산의 저당권 설정과 그 외의 동산양도담보에서 확보된다.

2. 主物과 從物

(1) 主物·從物의 의의

물건의 소유자가 그 물건의 상용에 제공하기 위하여 자기 소유인 다른 물건을 이에 부속시킨 경우, 그 부속시킨 물건을 주물(主物)이라고 하고, 주물에 부속된 물건을 종물(從物)이라고 한다. 예컨대 배와 노·자물쇠와 열쇠·시계와 시계 줄 등의 관계가 이것이며, 물건의 객관적 관계를 중시하여 양자를 되도록 동일한 법률적 운명에 따르게 함으로써 그 경제적 효용을 깨뜨리지 않도록 하는데 있다.

⑵ 從物의 성립요건

(가) 주물의 상용에 제공된 것일 것　　종물은 사회통념상 계속하여 주물의 경제적 효용을 돕는 것이어야 한다. 따라서 일시적으로 어떤 물건의 효용을 돕거나 주물의 효용에 직접적인 관계가 없는 것은 종물이 아니다.

(나) 장소적 관계가 있을 것　　주물·종물의 관계로 성립하기 위해서는 적어도 종물을 주물에 부속시킨 정도의 장소적 관계가 있어야 한다.

(다) 독립된 별개의 물건일 것　　종물은 주물의 구성부분은 아니고 법률상 독립물이어야 한다. 또한 독립물이면 족하고, 동산·부동산에 불문한다.

(라) 동일 소유자의 소유물일 것　　종물은 주물의 처분에 따르므로 주물·종물의 관계가 성립하기 위해서는 원칙적으로 동일 소유자에 속하는 것이어야 한다(§100 ①).

다만, 타인의 소유물인 종물이 주물의 기능에 제공되어지고 있는 경우에도 그 처분의 종속성을 인정할 것인가. 다수설은 소유자를 달리하여 성립한 물건에 대하여도 제3자의 권리를 침해하지 않는 범위에서는 동조 제1항의 취지를 확장하여 주물·종물의 관계를 인정할 것이라고 한다.

⑶ 從物의 效果

(가) 처분의 수반성　　주물과 종물은 그 법률적 운명을 같이 함이 원칙이다. 민법 제100조 제2항은 "종물은 주물의 처분에 따른다."라고 하여 이를 명백히 하고 있다.

종물의 수반성은 채권계약에서뿐만 아니라 물권적 처분에 관하여도 당연히 인정한다. 예컨대 주물에 대한 소유권의 양도가 있으면 종물도 당연히 양도됨이 원칙이며, 특히 민법은 주물에 저당권을 설정한 경우 그 저당권의 효력은 종물에도 미침을 명문으로 규정하고 있다(제358조).

(나) 임의규정성　　주물·종물의 효력에 관한 제100조 제2항의 규정은 강행규정이 아니다. 따라서 당사자간의 합의로 주물·종물의 처분을 달리함은 무방하다.

⑷ 權利에 대한 종물이론의 준용

민법 제100조의 주물과 종물의 관계는 물건 상호간의 관계에 불과하다. 그러나 그와 같은 견련관계는 권리 상호간 또는 권리와 물건 간에도 성립할 수 있고, 이들에 이러한 관계가 성립하는 이상 동조 규정이 유추 적용된다.

예컨대, 원본채권이 양도되면 이자채권도 이전되고, 건물이 양도되면 그 건물을 위한 대지임차권도 건물의 양수인에 당연히 이전된다고 해석하는 것이 보통이다. 그리하여 특히 판례는 건물에 대한 저당권의 효력은 그 건물의 소유를 목적으로 하는 지상권에도 미치는 것이라고 한다.[66]

3. 元物과 果實

(1) 元物·果實의 의의

물건으로부터 생기는 경제적 수익을 과실(果實)이라고 하고, 과실을 낳게 하는 물건을 원물(元物)이라고 한다.

과실은 수익권자의 수익에 속하지만, 과실로 다루어지는 것의 범위 또는 수익권자에 변동이 있는 경우에는 과실수취권의 분배 등에 관하여 다툼이 생길 염려가 있으므로, 민법은 그 개념과 귀속의 범위를 정하고 있다.

과실에는 천연과실과 법정과실이 있다. 그러나 민법은 물건의 과실을 인정할 뿐이고 권리의 과실은 인정하지 않는다.

(2) 天然果實

(가) 천연과실의 의의　물건의 용법에 의하여 수취하는 산출물을 천연과실이라 한다(제101조 제1항). 여기서 「물건의 용법에 의하여」란 원물의 정상적인 경제적 기능에 따라서 수취되는 것을 말하고, 「산출물」이란 원물로부터 유기적으로 생기는 것은 물론, 무기적으로 수취되는 것이더라도 그 수취에 의하여 사회통념상 원물이 곧 소모되지 않고 경제상으로 원물의 수익이라고 인정할 수 있는 것이면 족하다.

다만, 천연과실의 개념을 물건의 용법에 의하여 수취하는 산출물에 한정할 것인가. 통설은 민법의 규정에 충실하게 해석하여 용법에 의하여 수취하는 산출물에 한정한다. 그러나 유력한 견해는 천연과실의 개념을 정하는 실익은 그 수취권자를 정하는데 있고, 그 수취권자를 정하는 실익은 부산물의 경우에도 동일한 것이란 점에서 천연과실의 개념을 물건의 용법에 의한 산출물을 강조할 것은 아니라고 한다.[67]

천연과실은 원물로부터 분리되기 전에는 원물의 구성부분이며, 분리와 더불어 독립한 물건이 된다.

(나) 천연과실의 귀속　천연과실의 개념을 정하는 실익은 원물로부터 분리하는

66) 대판 1992.7.14, 92다5527.
67) 이영준 907면: 이태재, 과실의귀속, 사법행정(1960.6) 20면.

때 누구의 권리에 속하느냐를 정하는데 있고, 생산주의(게르만법주의)와 분리주의(로마법주의) 내지 원물주의가 대립된다.

우리 민법은 후자를 취하여 천연과실은 그 원물로부터 분리하는 때 이를 수취할 권리자에 속하게 하고 있다(§102 ①).

(ㄱ) 수취권을 갖는 자는 원물의 소유자인 것이 보통이지만, 이에 국한하지 않고 선의의 점유자 · 지상권자 · 전세권자 · 유치권자 · 질권자 · 매도인 · 사용차인 · 임차인 · 친권자 · 수유자 등에게도 인정된다. 이들의 수취권자 중 점유자의 수취권은 본권자의 수취권에 우선하고, 또한 각종 용익권자의 수취권은 과실을 수취할 권리이지만, 담보권자의 수취권은 수취할 권리가 아닌 우선변제충당권에 불과하다.

악의의 점유자가 과실을 수취한 때에는 이를 반환하여야 하고, 소비하였거나 과실로 훼손 또는 수취하지 못한 때에는 그 과실의 대가를 보상하여야 한다(§201 ①②).

(ㄴ) 채권법상 채무자의 목적물 인도와 관련하여 그 과실의 귀속에 관한 특별규정을 두고 있다. 즉, 매매계약 있은 후에도 목적물의 인도 전 물건으로부터 생긴 과실은 매도인에 귀속한다(§856).

[천연과실의 귀속권자]

- 원물의 소유자 — 점유자의 수취권을 침해하지 않는 범위에서의 수취권
- 점유자
  - 본권있는 점유자
    - 용익권자 — 과실의 수취권
    - 담보권자 — 과실로부터의 우선변제권
  - 본권없는 점유자
    - 선의의 점유자 — 과실수취권 인정
    - 악의의 점유자 — 과실수취권 배제

(3) 法定果實

(가) 법정과실의 의의 물건의 사용대가로 받은 금전 기타의 물건이 법정과실이다(§101 ②). 물건의 사용대가는 타인에게 물건을 사용케 하고, 사용 후에 원물 자체 또는 동종 · 동량의 것을 반환하여야 할 법률관계가 있는 경우에 인정된다. 예컨대 물건의 사용에서 사용료(집세 · 지료 등), 금전대차에서 이자 등이 이에 속한다.

(나) 법정과실의 귀속 법정과실은 수취할 권리의 존속기간 일수의 비율로 취득한다(§102 ②). 이것은 권리의 귀속을 정한 것이라기보다 당사자간의 내부관계를 정한 것이다. 그리고 이 규정은 임의규정에 불과함은 천연과실의 수취권에서와 같다.

제 2 장 權利變動과 法律行爲

제 1 절 權利의 變動關係

제 1. 法律關係의 變動

(1) 법률관계(法律關係) = 권리 + 의무관계
(2) 권리의 변동(주체를 표준으로)

권리의 발생 권리의 변경 권리의 소멸	권리의 득실변경

(1) 사람은 사회 속에서 생활을 영위하게 되고, 사회생활을 통하여 여러 가지 생활관계를 맺게 된다. 이러한 사람의 사회 생활관계 가운데에서 법률의 규율을 받는 것이 곧 법률관계이며, 생활관계의 중심을 이룬다.

(2) 법률관계의 내용은 법률행위 내용에 따라 구체적으로 정하여진다. 그러므로 법률관계의 내용을 획일적으로 단정하여 말할 수는 없다. 그러나 모든 법률관계는 궁극적으로 사람과 사람과의 권리·의무관계로 나타나며, 우리들의 생활관계와 밀접한 관련을 가지면서 때로는 새로운 관계가 발생·소멸하고 또한 기존의 생활관계가 주체를 중심으로 변경하는 과정으로 끊임없이 나타난다.

이것을 권리주체의 입장에서 보면, 곧 법률관계의 발생·변경·소멸인 것이며, 이러한 법률사실들은 일정한 법률요건을 전제로 하여 법률적 효과로 귀결된다. 따라서 법률관계의 내용은 그 변동을 일으키는 법률사실들을 원인으로 하여 이들 사실이 일정한 법률요건을 충족하여 법률효과를 가짐으로써 그 모습을 드러내게 된다.

제 2. 權利變動의 原因과 態樣

1. 權利變動의 原因

> (권리변동 = 법률효과 = 법률요건)
> (1) 법률요건(法律要件) — 법률사실의 총체로서 권리변동의 원인
> (2) 법률사실(法律事實) — 법률요건을 이루는 개개의 사실

(1) 法律要件

일정한 법률효과를 발생케 하는 사실을 총괄해서 법률요건 또는 구성요건(Tatbestand)이라고 한다. 법규는 법률관계를 정함에 있어 언제나 추상적인 일정한 요건, 즉 법률요건을 전제로 하여 일정한 효력(법률효과)을 정하고 있다.

법률요건(法律要件)으로서 가장 중요한 것은 법률행위이지만 이것에 한정되는 것은 아니며, 준법률행위나 불법행위 · 부당이득 · 사무관리 등도 포함한다. 이와 같이 법률요건은 법률행위의 성립요건 · 유효요건 그 자체는 아니며, 이들과 구별된 별개의 개념이다.

(2) 法律事實

법률요건이 법률효과를 발생케 하는 원인으로서 필요하고도 충분한 사실의 총체라고 하면, 이를 구성하는 개개의 사실이 법률사실이다. 따라서 법률요건은 법률사실로 구성되며, 그것은 단일한 사실로 성립되는 수도 있고(예컨대 유언 · 추인 등), 다수 사실의 결합(예컨대 계약)으로 구성되기도 한다.

이와 같이 법률요건을 구성하는 사실, 즉 법률사실(法律事實)은 다양한 것이어서 여러 표준에 따라 분류할 수 있다. 그러나, 사법상 의미에서는 대체로 다음과 같이 분류된다.

(가) 사람의 정신작용에 기한 법률사실

(ㄱ) 외부적 용태 : 의사가 외부에 표현되는 용태로서 행위를 말하며, 크게 적법행위와 위법행위로 나누어진다.

(a) 적법행위는 법률질서에 적합하여 법률이 가치 있는 것으로서 허용되는 행위이며, 일정한 사법상의 효과가 발생하게 된다. 민법상 행위의 대부분은 적법행위이지만, 그 표준 여하에 따라 의사표시(법률행위)와 준법률행위로 나누어진다.

1) 의사표시는 법률행위의 요소로서 단독적 의사표시는 그 자체가 곧 법률행위로

되지만, 계약인 때에는 다시 성립요건을 갖춤으로써 법률행위로 된다.

2) 준법률행위는 다시 표현행위와 비표현행위로 나누어지며, 표현행위에는 의사통지 · 관념통지 · 감정표시 등이 있고, 비표현행위는 사실행위로서 순수사실행위(예컨대, 매장물발견 · 주소설정 · 부합 등)와 혼합사실행위(예컨대, 무주물선점 · 동거 등)로 나누어진다.

(b) 위법행위는 법률질서에 위배하여 법률이 허용할 수 없는 것으로 평가하여 행위자에게 불이익한 효과를 발생케 하는 법률사실이며, 민법상 위법행위에는 채무불이행과 불법행위가 있다.

(ㄴ) 내부적 용태 : 내부적 용태란 외부적으로 표시되지 않는 의사, 즉 내심적 의식을 말한다.

(a) 법은 행위를 규율하는 규범이므로 행위로서 외부에 나타나지 않는 내심의 의식과정 내지 심리적 상태는 법률상 어떤 의미도 부여되지 않는 것이 원칙이다. 그러나 다른 법률사실과 관련하여 예외적으로 일정한 법률상 의미를 부여하며, 관념적 용태와 의사적 용태로 분류된다.

(b) 관념적 용태는 소극적 심리상태, 즉 일정한 사실에 관한 관념 또는 인식 여부의 내심적 의식을 말하며, 선의 · 악의, 정당한 대리인이라는 신뢰(제126조) 등이 그 예이다.

의사적 용태는 적극적인 심리상태, 즉 어떤 자가 일정한 의사를 가지고 있느냐 없느냐의 내심적 과정을 말하며, 소유의 의사, 제3자의 변제에 대한 채무자의 허용 또는 불허용의 의사, 사무관리에 관한 본인의 의사 등은 그 예이다.

(나) 사람의 정신작용에 기하지 않는 법률사실　사람의 출생과 사망, 실종시간의 경과, 물건의 자연적 발생과 소멸 등과 같이 사람의 정신작용과 관계없는 사실로서 법에 의하여 의미가 인정되는 것을 말하며, 이를 사건(Ereignis)이라고 한다.

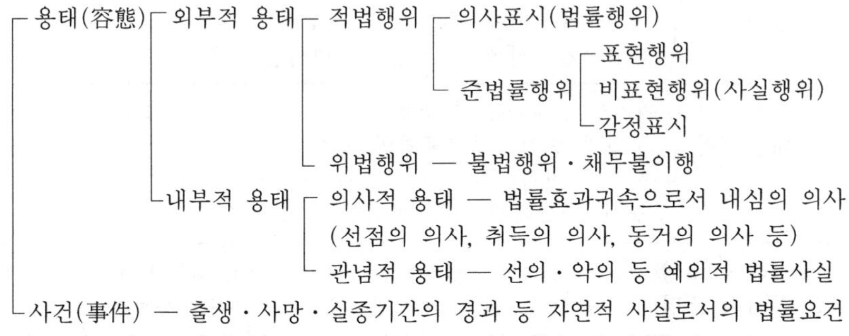

2. 權利變動의 態樣

(1) 權利의 取得

권리의 취득은 권리의 발생을 의미하며, 원시취득과 승계취득이 있다.

원시취득(原始取得)은 타인의 권리에 바탕하지 않고 시원적으로 취득하는 것, 즉 사회적으로 종래 없었던 새로운 권리가 발생하는 것이며, 선점·시효취득 등이다.

승계취득(承繼取得)은 타인의 권리에 기하여 취득하는 것으로 매매·상속 등에 의한 취득이 그것이며, 다시 종전 권리자에 속하고 있었던 권리가 그대로 새로운 권리자에 취득케 하는 이전적 승계(예컨대 소유권 이전)와 종전 권리자의 권리는 그대로 존속하면서 그 권리에 기하여 제약된 새로운 권리를 발생케 하는 설정적 승계(예컨대 지상권·전세권·저당권설정 등)로 나누어진다.

그밖에도 권리가 개개의 취득원인에 의하여만 취득케 되는 특정승계(예컨대 매매·교환 등)와, 하나의 취득원인에 의하여 일괄적으로 취득되는 포괄승계(예컨대 상속·포괄유증·회사합병 등)로 나누어진다.

(2) 權利의 喪失

권리의 주체로부터 권리가 이탈하는 것이 권리의 소멸 또는 상실이며, 이것에는 다시 종전 권리자의 주관적 입장에서 보면 소멸이지만 권리 자체가 소멸하는 것은 아닌 상대적 소멸과, 권리 자체가 어느 누구에도 귀속하지 않고 객관적으로 소멸하는 절대적 소멸이 있다.

예컨대, 소유권의 포기는 전자의 예이고, 목적물의 멸실은 후자의 예이다.

[권리변동의 태양]

발 생	① 절대적 발생 — 원시취득이며, 선점·습득·시효취득·매장물발견 등 ② 상대적 발생 ┌ 이전적 승계 – 소유권양도·채권양도 　　　　　　　└ 설정적 승계(창설적 승계) – 지상권·저당권설정 등 ※ 승계취득 ┌ 특정승계 – 매매·교환·증여 등 　　　　　└ 포괄승계 – 상속·포괄유증·회사합병 등
변 경	① 주체변경 — 권리의 승계(새로운 주체 측에서 보면 이전적 취득) ② 내용변경 ┌ 수량적 변경 – 제한물권의 설정·소멸, 첨부 　　　　　└ 성질적 변경 – 물건의 인도채권이 손해배상채권으로 변경, 경개, 물상대위·대물변제 등
소 멸	① 절대적 소멸(객관적 소멸) – 소유권상실(물건의 멸실), 채무변제 등 ② 상대적 소멸(주관적 소멸) – 권리의 이전(취득자 측에서는 승계취득)

⑶ 權利의 變更

권리의 변경이란 권리가 동일성을 잃지 않고서 그의 주체・내용과 작용에 관하여 변경을 받는 것을 말한다.

주체(主體)의 변경은 권리의 승계를 의미하고, 내용(內容)의 변경에는 권리내용의 성질적 변경, 예컨대 본래 채권의 목적인 급부의무를 해제하고 손해배상청구권을 발생케 하는 경우와 수량적 변경, 예컨대, 급부의 일부변제, 각종 제한물권의 설정・소멸 등으로 고찰된다.

또한, 작용(作用)의 변경은 저당권의 순위변경, 채권의 대항력의 확보(물권화) 등인 경우와 같이 권리 그 자체가 미치는 범위를 의미한다.

제 2 절 法律行爲

제 1. 法律行爲槪說

1. 法律行爲自由의 原則과 그 修正

⑴ 法律行爲自由의 原則

(가) 자유주의・개인주의에 바탕한 근대 사법제도에서 개인 상호간의 법률관계는 원칙적으로 국가권력이 개입하거나 간섭하여서는 아니 되며, 개인이 자기책임 하에서 자유로이 결정하고 규율할 수 있게 함으로써 법률행위의 자유가 인정된다.[1)]

(나) 법률행위자유의 원칙은 사적 영역에서의 의사형성의 자유를 의미하며, 구체적으로는 쌍방 당사자간의 의사의 합치로써 성립되는 계약을 보호하는 것을 가장 중요시하므로 법률행위의 자유는 곧 계약의 자유를 의미한다. 그리하여 계약자유의 일반적 내용은 체결 여부의 자유, 상대방 선택의 자유, 내용결정의 자유, 방식의 자유 등으로 나타난다.

⑵ 法律行爲自由 原則의 수정

(가) 법률행위자유원칙의 공과와 제한　법률행위자유의 원칙은 자기책임의 원

1) 私的自治는 곧 법률행위자유를 의미하나 양자가 동일한 것은 아니다. 사적 자치는 법률행위개념을 포괄하는 상위의 개념이며, 예컨대 소유권의 자유, 유언의 자유 및 결사의 자유 등을 포함한다.

칙·소유권절대의 원칙과 더불어 인류문화의 발달에 크게 기여하였다. 그러나 자유주의 경제의 발전은 현저한 빈부의 차이를 초래하였고, 이로써 진정한 법률행위자유·계약의 자유는 기대할 수 없었다. 그리하여 현대법에서는 진정한 자유와 평등, 특히 경제적 약자를 보호하기 위한 국가의 간섭은 이제 계약자유에 대한 현실적·실질적 제한으로 등장된다.

(ㄱ) 협동성 내지 공공성의 요청에 의한 제한 : 법률행위자유 내지 계약자유의 원칙도 하나의 개인에서가 아니라 사회적인 개인에서 파악되며, 이로써 법률행위의 자유·계약자유는 당연히 사회성을 내포하는 동시에 사회적으로 보장되는데 있다. 그러므로 법률행위자유의 원칙이 사회적으로 보장받기 위해서는 그 행위가 적어도 사회적으로 용인되고 승인된 것이어야 한다. 그리하여 강행법규는 물론이고 사회질서에 반하는 행위는 법률적 보호를 받지 못하며, 법의 보장을 받을 가치 있는 개인의 행위(의사)이기 위해서는 사회적으로 승인되고 타당한 것이어야 한다.

(ㄴ) 공정성의 요청에 의한 제한 : 현대 사법은 법률행위, 특히 개인간의 계약이 유효한 것은 그것이 자유롭게 성립되었기 때문이 아니라 그 내용이 공정성에 반하지 않기 때문에 법의 보호를 받는다는, 소위 계약공정의 원칙을 채택한다.

그리하여 민법은 그 구체적 제한으로, 예컨대 노동계약에서 계약체결내용의 결정강제·임차권의 강화·이자제한이나 대물대차에 대한 제한·변제자의 보호 등의 규정을 두어 계약의 공정성을 확보하며, 공정성을 잃은 법률행위는 법의 보호를 받지 못한다.

(나) 제한위반의 효과 개인 간에 행한 법률행위가 사회의 협동성 내지 공공성·공정성의 요청에 반하는 경우에는 법률행위가 무효가 되거나 때로는 공법상 제재를 받는 경우가 있다.

또한, 현저한 사정의 변경으로 법률행위의 내용에 합리적 변경이 필요한 경우에는 제한적이나마 사정변경의 원칙이 적용된다.

2. 法律行爲와 意思表示

(1) 法律行爲의 의의와 성질

(가) 법률행위라고 함은 일정한 법률적 효과의 발생을 목적으로 하는 1개 또는 수개의 의사표시를 불가결의 요소로 하는 법률요건이며, 이른바 적법행위이다.

(나) 법률행위는 법률요건 중 가장 중요한 것이며, 다음의 성질을 가진다.

(ㄱ) 사적 자치의 법률상 수단이 되는 법률요건이다.

(ㄴ) 의사표시를 불가결의 요소로 한다. 그러나 의사표시가 법률행위의 유일한 요건은 아니며, 의사표시 이외에 법률사실을 필요로 하는 것도 있지만, 적어도 법률행위이기 위해서는 의사표시를 요소로 하며, 의사표시 없는 법률행위는 성립하지 못한다.

(ㄷ) 법률행위는 행위자, 즉 표의자가 원하는 대로의 일정한 사법상 효과를 발생케 한다. 따라서 법률은 단지 표의자가 의도한 행위의 효과를 달성하는데 조력함을 그 본질로 한다.

(2) 意思表示와 法律行爲의 관계

의사표시는 일정한 법률효과의 발생을 원하는 의사의 표시이며, 법률행위의 불가결의 요소가 되는 법률사실이다. 이 의사표시가 표의자의 단독 또는 다른 의사표시 기타 법률사실과 결합하여 하나의 법률행위를 형성하게 되고, 그 형성된 요건에 따라 일정한 법률효과를 발생케 한다.

따라서 의사표시는 법률행위의 불가결의 요소가 되지만, 그렇다고 의사표시 그 자체로써 법률효과가 발생하는 것은 아니며, 법률행위로서의 성립요건을 갖춤으로써 효력을 발생한다. 그러나 법률행위의 효과는 곧 그것을 구성하는 의사표시에 따른 법률효과에 지나지 않는다.

3. 法律行爲의 要件

[법률행위성립요건] [법률행위유효요건]
(1) 일반요건
- ① 당사자(의사능력) — 행위능력자의 행위일 것
- ② 목적의 존재 — 목적의 확정 · 가능 · 적법 · 타당성
- ③의사의 표시 — 의사와 표시가 일치하고, 하자가 없을 것

(2) 특별요건 — 각종 신고(혼인 · 입양 등), 법인설립의 허가, 조건 · 기한의 도래, 대리권의 존재, 유언자의 사망 등

법률행위가 법률요건으로서 완전히 그 법률효과를 발생하기 위해서는, 먼저 법률행위로서의 성립이 있어야 하고, 이어서 그것이 유효하다는 평가를 받아야 한다. 즉 법률행위가 유효한 효력을 갖기 위해서는 법률행위의 성립요건과 유효요건을 갖추어야 한다.

(1) 法律行爲의 成立要件

법률행위의 성립요건이란 법률행위이기 위하여 요구되는 최소한의 외형적 · 형식

적인 요건이며, 법률행위가 법률행위로 성립하기 위해서는 적어도 당사자가 있고, 목적이 존재하고, 의사표시가 표시될 것이어야 한다. 이를 일반성립요건이라고 한다. 그러나 이것에 한하지 않고 예외적으로 법률이 각개의 법률행위에 각별히 일정한 요건을 요하는 경우가 있으며, 이를 특별성립요건이라고 하고, 혼인・입양에 있어서의 신고, 유언에 있어서의 일정한 방식 등이 그것이다.

- 일반성립요건
  - ① 당사자(자연인, 법인)가 있을 것
  - ② 목적이 존재할 것
  - ③ 의사표시가 표시될 것
- 특별성립요건 — 혼인・입양에서 신고, 유언에서 일정한 방식

(2) 法律行爲의 有效要件

일단 성립한 법률행위가 유효하기 위해서는 별개의 유효요건을 갖추어야 한다. 이를 법률행위의 유효요건이라고 하며, 그 일반적 효력요건으로, 당사자가 능력이 있고, 법률행위의 목적이 가능하고, 적법하며, 사회적 타당성을 가지고 또한 확정할 수 있고, 의사표시에 관하여 의사와 표시가 일치하고 의사표시에 하자가 없음을 요한다.

또한, 특별효력요건, 즉 각개의 법률행위에 특유한 효력요건으로서 이를 결하면 그 법률행위로서 효력이 생기지 않는 요건이며, 예컨대 대리행위에서 대리권의 존재, 조건부・기한부 법률행위에서 조건의 성취・기한의 도래, 유언에서 유언자의 사망 등이 이것이다.

- 일반효력요건
  - ① 당사자가 능력을 가지고 있을 것
  - ② 법률행위의 목적이 가능할 것
  - ③ 적법하고, 사회적 타당성을 가지고, 확정할 수 있을 것
  - ④ 의사와 표시가 일치하고 하자가 없을 것
- 특별효력요건
  - ① 대리행위에서 대리권의 존재
  - ② 조건부・기한부 법률행위에서 조건의 성취・기한의 도래
  - ③ 유언에서 유언자의 사망

제 2. 法律行爲의 種類

1. 法律行爲의 일반적 분류

(1) 單獨行爲・契約・合同行爲

법률행위 성립요소로서의 의사표시의 단・복, 또는 성질에 따라 단독행위・계

약 · 합동행위로 분류된다.

(가) 단독행위 단독행위란 행위자 1인의 1개인 의사표시로 성립하는 법률행위로서, 일방행위 또는 일방적 행위라고 하며, 다시 상대방의 유무에 따라 구별된다.

상대방 있는 단독행위는 단독적 의사표시가 상대방에 도달하여야 효력을 발생하는 단독행위이며, 채무면제 · 상계 · 추인 · 취소 · 해제 · 해지 등이 그 예이다. 그러나 상대방 없는 단독행위는 의사표시를 수령할 자가 특정되어 있지 않고, 그 의사표시가 있으면 곧 효력을 발생하는 단독행위이며, 유언 · 재단법인의 설립행위 · 권리의 포기 등이 이것이다.

(나) 계 약 계약은 광의와 협의로 구분된다. 광의의 계약이란 2인 이상의 당사자가 서로 대립되는 의사표시를 하고, 그 합치로 성립하는 법률행위를 말하며, 널리 법률관계의 변동을 그 목적으로 한다. 그러나 협의의 계약은 채권관계의 발생을 목적으로 하는 계약만을 말한다.

계약은 반드시 복수인의 의사표시를 요하는 점에서 단독행위와 다르고, 또한 그 복수인 의사표시의 방향이 평행적 · 구심적이 아니라 대립적 · 교환적이란 점에서 합동행위와 구별된다.

(다) 합동행위 합동행위란 평행적 · 구심적 성질을 가진 방향을 같이 하는 2개 이상의 의사표시가 합치하여 성립하는 법률행위이다. 합동행위의 개념은 19세기말 독일에서 나타난 것으로, 그 이론적 근거는 아직 명확하지는 않지 않다. 그리하여 학설은 합동행위의 개념을 부정하는 견해가 있으나 다수설은 계약을 이루는 의사표시의 내용과 구별하여 합동행위를 인정한다.

(ㄱ) 사단법인의 설립행위를 합동행위라는데 견해가 일치한다. 다만 총회의 결의를 합동행위라고 할 것인가. 견해 중에는 총회의 결의는 다수의 결집된 의사를 요하지만 그렇다고 하여 모든 의사표시의 합치를 요하지 않고, 필요한 수를 갖추면 구속력이 발생하는 것인 점에서 합동행위와 구별되는 것이라고 한다.[2] 그러나 이와 같은 견해는 마치 합동행위가 행위자의 만장일치를 의미하는 것으로 보는 것이어서 부당하다. 합동행위는 그 법률행위를 구성한 의사표시의 내용이 서로 동일하다는 것에 있을 뿐이고 그 성립요건에 전원의 의사를 요하는 것은 아니어서 비록 다른 내용의 의사표시를 한 자가 있는 경우에도 이러한 의사는 총회의 결의라는 요건에 의하여 법률행위의 내용을 구성하지 않게 되어 합동행위와는 무관하게 된다. 따라서 성립된 총회의 결의는 그 법률행위 내용의 성질상 합동행위라 봄이 타당하다.

(ㄴ) 합동행위를 계약으로부터 구별할 때 민법 제108조(허위표시)가 법인설립행위

2) 지원림, 민법강의 158면.

와 같은 합동행위에도 적용되는가. 견해가 대립하나 합동행위의 성질상 부정함이 다수설이다.

또한, 민법 제124조(자기계약·쌍방대리)의 규정도 합동행위에는 적용되지 않는다. 따라서 이것이 곧 합동행위를 계약으로부터 구별하는 실익이라고 할 수 있다.

⑵ 要式行爲·不要式行爲

의사표시가 일정한 방식에 따라 행하여져야 하는 것이 법률행위의 요건으로 되어 있는가 여부에 따른 구별이며, 일정한 방식을 요하는 것이 요식행위이고 그렇지 않은 것이 불요식행위이다.

민법은 법률행위에 원칙적으로 방식을 요하지 아니하지만, 예외적으로 단독행위나 가족법상 법률행위에 명확성·진실성 확보를 위하여 한정적으로 일정한 방식을 요구하고 있다.

- (1) 요식행위(要式行爲)를 취할 경우
  - ㉠ 당사자에 신중성이 요구되는 행위 — 혼인·입양 등
  - ㉡ 법률관계의 명확성이 요구되는 행위 — 법인의 설립행위, 유언
  - ㉢ 외형의 신뢰와 민활성이 요구되는 행위 — 어음·수표행위
  - ㉣ 가족법상 행위 — 혼인·입양·이혼 등
- (2) 법률행위방식의 종류
  - ㉠ 본체적 방식 — 법률행위 외 일체를 이루는 방식(어음·수표행위)
  - ㉡ 부가적 방식 — 법률행위와 독립하여 존재하는 방식(법인설립에서의 정관작성, 혼인에서의 신고 등)

[판례] 구체적인 사건의 소송계속 중 그 소송당사자 쌍방이 판결선고 전에 미리 상소하지 아니하기로 합의하였다면 그 판결은 선고와 동시에 확정되는 것이므로(대판 1980.1.29, 79다2066; 1987.6.23, 86다카2728) 이러한 합의는 소송당사자에 대하여 상소권 사전포기와 같은 중대한 소송법상 효과가 발생하게 되는 것으로서 반드시 서면에 의하여야 할 것이며, 그 서면의 문언에 의하여 당사자 쌍방이 상소하지 아니한다는 취지가 명백하게 표현되어 있을 것을 요한다(대판 2002.10.11, 2000다17803).

⑶ 生前行爲·死後行爲

행위자의 사망으로 그 효력이 생기는 법률행위를 사후행위 또는 사인행위라고 하고(민법상 유언·사인증여), 그 외 보통의 행위를 생전행위라고 한다.

⑷ 債權行爲·物權行爲·準物權行爲

법률행위의 효과, 즉 법률행위 성립 후 그 이행의 문제를 남기는가의 여부에 따라 채권행위(부담행위)와 물권행위(처분행위) 및 준물권행위로 나누어진다.

㈎ 채권행위 채권행위란 채권을 발생시키는 법률행위(예컨대, 증여·매매·임대

차 등)를 말하고, 일명 의무부담행위라고 한다. 채권행위는 발생한 채권이 이행되어야 비로소 법률행위의 목적이 달성되는 점에서 이행의 문제를 남기지 않는 물권행위·준물권행위와 구별된다.

(나) 물권행위　물권행위란 물권의 변동을 일어나게 하는 의사표시(물권적 의사표시)를 요소로 하여 성립하는 법률행위이며, 일명 처분행위로써 직접 물권변동을 초래하고 이행의 문제를 남기지 않음이 그 특색이다. 그러나 우리 민법은 물권변동이 있기 위해서는 물권행위 외에 등기와 인도를 요한다.

(다) 준물권행위　준물권행위란 물권 이외에 권리를 종국적으로 변동시키고 이행의 문제를 남기지 않는 법률행위이며, 채권양도·무체재산권의 양도·채무면제 등이 이에 속한다. 따라서 준물권행위는 채권이면서 또는 물권이 아니면서 이행의 문제를 남기지 않는 점에서 물권과 동일하므로 이들의 행위에는 물권의 효력을 준용한다.

⑸ 出捐行爲·非出捐行爲

자기의 재산을 감소시키고 타인의 재산을 증가케 하는 효과를 발생시키는 행위를 출연행위(出捐行爲)라고 하고, 타인의 재산을 증가함이 없이 행위자만의 재산을 감소케 하거나 또는 직접 재산의 증감을 일어나게 하지 않는 행위를 비출연행위(非出捐行爲)라고 한다. 예컨대 매매·임대차·소유권양도 등은 전자에 속하고, 소유권의 포기·대리권의 수여 등은 후자에 속한다.

(가) 유상행위와 무상행위　출연행위에는 자기재산의 감소행위에 대하여 상대방으로부터 그 대가를 받을 것을 목적으로 하는 것과 받지 않는 것이 있다. 전자를 유상행위, 후자를 무상행위라고 한다.

(나) 유인행위와 무인행위　출연행위의 원인이 출연행위의 조건 또는 내용이 되어 있는가 여부에 의한 분류이며, 유인행위는 그 출연의 원인이 법률상 존재하지 않으면 그 효력이 생기지 않으나, 무인행위는 그 출연의 원인과 관계없이 효력이 발생하는 행위이다.

출연행위(出捐行爲)는 유인행위가 보통이나 거래의 안전·신속을 위하여 일정한 경우 무인행위로 하며, 어음행위가 그 전형적인 것이다. 다만 물권행위가 무인행위인가. 종래 다수설은 무인행위라 하였으나 현재의 다수설은 유인행위라 하고, 판례 또한 유인행위라는데 불변적 태도를 취하고 있다.

(다) 신탁행위와 비신탁행위　일정한 목적에 따라서 재산을 관리 또는 처분할 것을 약속하여 재산권을 이전하거나 기타 처분하는 행위를 신탁행위라고, 그 외의

행위를 비신탁행위라고 한다.

신탁의 목적은 재산의 관리(관리신탁) 또는 채권의 담보인 것이 보통이지만, 공익을 위한 공익신탁도 인정된다. 또한 신탁행위는 계약인 것이 보통이나 유언으로도 할 수 있다.

2. 기타 法律行爲의 분류

(1) 獨立行爲와 補助行爲

법률행위가 직접 실질적인 법률관계의 변동을 일어나게 하는 것이냐 또는 다른 법률행위의 효과를 형식적으로 보충하거나 확정하는데 불과한 것이냐에 의한 구별이며, 보통의 법률행위는 독립행위이지만, 동의·추인·대리권의 수여 등은 보조행위에 속한다. 그러나 보조행위도 의사표시로서 표의자의 의사대로 일정한 법률효과가 발생하므로 법률행위이다.

(2) 主된 行爲와 從된 行爲

법률행위가 유효하게 성립하기 위하여 다른 법률행위의 존재를 전제로 하는 행위를 종된 행위라고 하고, 그 전제가 되는 행위를 주된 행위라고 한다. 예컨대 담보권설정계약은 피담보채권인 금전소비대차계약을 전제로 성립하는 종된 계약이다.

주된 행위와 종된 행위의 구별실익은 종된 행위는 주된 행위와 법률상 운명을 같이 하는데 있다.

(3) 負擔行爲·處分行爲

(가) 부담행위　부담행위는 법률관계를 발생하게 하는 행위, 즉 권리를 발생시키는데 불과한 행위이다.

(ㄱ) 매매·증여·임대차 등 계약은 그 전형적인 예이나 그 외에 채권법상 규정된 행위는 대체로 부담행위이다. 또한 어음·수표행위와 같은 무인행위도 부담행위에 속한다.

(ㄴ) 부담행위는 직접 권리를 변경시키는 행위가 아닌 점에서 처분행위와 구별된다. 따라서 부담행위는 청구권이 발생하고, 이로 인하여 이행의 문제를 남긴다.

(나) 처분행위　처분행위는 곧 권리의 이전·변경·소멸을 가져오는 행위, 즉 권리변동을 가져오는 행위를 말한다.

(ㄱ) 물권행위, 준물권행위(채무면제·채권포기·무체재산권양도 등), 점유이전 외에 형성권으로서 상계권·해지권의 행사 등은 처분행위에 속한다.

(ㄴ) 처분행위는 곧 권리변동의 효과를 가지므로 이행의 문제를 남기지 않는 외에도 다음의 특질을 가진다.

(a) 처분의 목적물이 처분행위시에 특정됨을 요하는 특정의 원칙이 적용된다.

(b) 권리자의 처분권이 있어야 하고 법정주의가 지배된다.

(c) 물권행위에는 공시의 원칙이 적용되나 준물권행위에는 그러하지 아니한다.

[처분권부여행위]

(1) 처분권부여란 자기물건의 처분권을 제3자에게 부여하는 행위와 같이 제3자에 처분권을 부여하는 행위이며, 사전·사후의 권한부여로 수권자는 자기 이름으로 한 법률행위에 의하여 타인의 권리를 유효하게 처분하거나 기타 권리를 행사할 수 있게 된다.

- 권리양도와 구별 - 권한부여는 본래 권리자도 처분권을 갖는다.
- 대리와 구별
  - 수권자 자신의 이름으로 법률행위를 한다.
  - 수권행위는 인적관계이나 권한부여는 물적 관계

(2) 우리 민법상 처분권수여행위를 수용할 것인가. 긍정설은 독일민법의 권한부여(Ermächtigung)에 바탕하며, 우리 민법의 해석론으로 수용을 긍정할 것이라고 하나(이영준 175면), 부정설은 우리 민법 하에서는 대리의 법리, 명의신탁의 법리, 중간생략의 등기이론으로 해결할 문제라고 한다(이은영 364면).

판례는 타인 권리의 매매에 관한 제569조를 고려하면서 권한부여를 대리의 법리를 유추 적용하여 해결하고 있다. 즉 무권리자의 처분행위를 권리자가 인정한 경우 무권대리에서 본인의 추인법리를 유추 적용하고 있다(대판 1981.1.13, 79다2151).

제 3. 法律行爲의 目的

目 的 = 행위자가 法律行爲에 의하여 발생시키려고 하는 법률효과
(1) 법률행위의 성립요건 — 법률행위 목적의 존재
(2) 법률행위의 효력 — 목적의 확정·가능·적법·사회적 타당성의 확보

1. 法律行爲目的의 확정 및 가능

(1) 法律行爲目的의 確定

법률행위의 목적이 전혀 불확정한 법률행위는 법률이 아무리 조력하여도 그 효력이 발생할 수 없으므로 법률행위가 유효하기 위해서는 먼저 목적이 확정되어 있거나, 적어도 어느 시점까지는 확정할 수 있는 것이어야 한다. 따라서 목적을 확정할 수 없는 법률행위는 무효이다.

(2) 法律行爲目的의 可能

법률행위의 목적은 그 실현이 가능한 것이어야 하고, 확정된 목적의 실현이 불능인 행위는 무효이다.

법률행위의 목적이 실현 가능한 것인가, 불가능한 것인가는 결국 사회통념에 의한다. 즉 물리적으로 절대불능인 것은 물론이고, 비록 물리적으로 가능하더라도 사회통념상 불능이라 볼 수 있는 것도 불능으로 된다. 또한 불능은 확정적인 것이어야 하며, 일시적으로 불능이더라도 장래 실현 가능하면 불능이 아니다.

(가) 원시적 불능과 후발적 불능 법률행위 성립 당시부터 그 법률행위의 목적이 실현 불능인 경우를 원시적 불능이라고 하고,[3] 법률행위의 성립 당시에는 가능하였지만 그 이행 전에 불능으로 된 것을 후발적 불능이라고 한다.

원시적 불능(原始的不能)인 법률행위의 효력은 계약의 내용에 따라 다르다. 원시적 불능목적의 편무계약은 언제나 무효이다. 그러나 쌍무계약인 때에는 원칙적으로 무효이나, 다만 상대방에 과실이 있는 때에는 계약체결상 과실의 문제가 생기고, 이로 인하여 상대방에 신뢰이익 배상의 책임을 진다.

그러나 후발적 불능(後發的不能)에서는 상대방의 위험부담의 문제로 되므로 처음부터 무효인 법률행위로는 되지 않는다.

[불능목적인 법률행위의 법률관계]

- 원시적 불능(原始的 不能)
  - 단독행위 · 편무계약 — 언제나 무효
  - 쌍무계약상 일방의 과실 — 체결상 과실책임(신뢰이익배상)
- 후발적 불능(後發的 不能)
  - 이행기전의 불능 — 쌍방의 책임 없는 경우 — 위험부담의 문제
  - 이행기후의 불능
    - 채무자지체 — 채무자의 무과실 책임
    - 채권자지체 — 위험부담의 가중 · 전가(대가위험)

(나) 전부불능과 일부불능 법률행위의 목적의 전부가 불능인 경우를 전부불능이라 하고, 일부분만이 불능인 경우를 일부불능이라고 한다.

전부불능인 법률행위가 무효인 것은 의심할 여지가 없으나, 일부불능인 법률행위의 효력이 문제된다.

학설은 일부불능인 법률행위도 원칙적으로 무효이나, 다만 남은 부분으로 그 목

---

3) 판례는 매매계약 체결당시 무허가 미등기건물로서 양성화될 수 없는 건물에 대한 보존등기는 원시적 불능이라 한다(대판 1992.4.14, 91다43527).

적을 달성할 수 있는 경우에는 그 잔존부분에 관하여는 유효할 것이라고 한다. 그러나 이들의 구별에 관한 일반적 원칙이 없으므로 구체적으로 각 법규마다 그 종류·성질·목적 등을 고려하여 결정할 수밖에 없다.[4)]

2. 法律行爲目的의 適法

(1) 단속규정위반 ┌ 행위자체의 효과 — 언제나 유효(다수설)
　　　　　　　　　└ 위반행위자 — 처벌의 대상

(2) 효력규정위반 ┌ 정면으로 위반한 경우 ─┐ 언제나 무효
　　　　　　　　　└ 탈법행위 ┌ 목적의 탈 ─┘
　　　　　　　　　　　　　　　└ 수단의 탈법 — 예외적으로 유효(판례)

(1) 强行法規와 目的의 適法性

(가) 법률행위가 유효하려면 적법성을 가져야 한다. 즉, 적법성을 결한 강행법규 위반의 법률행위는 무효이며, 법의 보호를 받지 못한다. 여기서 강행법규란 선량한 풍속·사회질서에 관계된 규정이며, 민법 제103조가 일반적·포괄적 금지규정인데 반하여 구체적·개별적 금지규정이라고 본다.

강행법규 위반과 민법 제103조의 반사회성과는 어떤 관계에 있는가. 독립관계설과 반사회성포섭설이 대립한다.

양설의 차이는 독립관계설은 강행법규에 비추어 위법이 아니더라도 반사회성을 띤 경우에는 무효로 될 수 있게 되나, 강행법규의 반사회성에 포섭설은 양자의 구별을 부정하여 반사회성에 관한 민법 제103조는 일반규정이고 개개의 강행법규는 그 특별규정이라고 본다. 그러나 강행법규 위반은 반사회성의 한 모습임은 틀림없지만, 광의의 강행법규에는 단속규정을 포함하고, 또한 효력규정으로서 강행법규 위반행위가 반드시 반사회적 행위라고 할 것은 아니므로 강행법규가 반사회성에 언제나 포섭되는 것은 아니다.

(나) 강행법규에는 단속규정을 포함하는가. 다수설은 단속규정도 강행법규의 일종으로 보며, 강행법규를 효력규정과 단속규정으로 분류한다. 그러나 유력한 견해는 강행법규는 개인이 자기결정에 따라 법률관계를 스스로 형성하는 것을 금지하여 그 효력을 부여하지 않는 것뿐이지 그 행위 자체를 금지하는 것은 아닌데 반하여, 금지법규는 행위(사실)로서 금지규정과 규율(법률)로서 금지규정으로 나누어 특히 후자

4) 판례는 매매계약 목적물의 대부분이 자연녹지지역으로서 이 부분에 대한 관할관청으로부터 토지거래 확인을 받지 못한 경우는 전부불능으로서 무효라 한다(대판 1993.12.14, 93다45930).

를 효력규정이라고 한다. 따라서 이 금지법규에 강행법규와 단속법규가 포함되는 것이라고 한다.5)

(ㄱ) 단속법규는 국가가 일정한 행위를 단속할 목적으로 그것을 금지하거나 제한하는 규정이며, 일반적으로 강행법규라 하면 널리 단속법규도 포함한다. 그러나 효력규정은 그 규정 자체가 사법상 효력을 정하고 있는 법규이며, 일반적으로 강행법규 위반으로서 무효라고 함은 효력법규 위반의 법률행위를 말한다. 따라서 단속법규 위반에 지나지 않는 법률행위는 원칙적으로 유효하고, 다만 행위자가 단속상 제재를 받을 뿐이다. 그러나 이를 획일적으로 정할 것인가.

절대적유효설은 법률행위의 목적이 단속법규에 위반하더라도 그 벌칙의 적용이 있을 뿐이고 원칙적으로 행위의 사법상 효과에는 영향이 없는 것이라고 한다.

상대적유효설은 절대적유효설에서와 같이 일률적으로 취급한다면 국가가 그 같은 행위를 조장하는 결과가 되므로 입법취지, 위반행위에 대한 사회 윤리적 비난의 정도, 일반거래에 미치는 영향, 당사자의 신의·공평 등을 고려하여 개별적으로 효력을 정하여야 한다고 하거나(김증한 293면), 단속법규는 법률로서 법률행위를 금지한 것은 아니므로 무효로 되는 것은 아니지만, 단속법규 위반을 유효로 하면 법질서는 특정행위를 금지하면서 다른 한편 행위자에 대하여는 법률효과가 부여되는 것이어서 법질서의 자기모순을 가져오는 것이 되므로 이러한 법질서의 자기모순의 정도가 너무 커서 이를 방치하면 법질서를 해하게 되는 경우에만 무효로 하여야 할 것이라고 한다(이영준 200~201면).

통설은 절대적유효설을 취하고, 판례 또한 주택건설촉진법 제38조 제1항에 의하면 "국민주택에 관하여 최초로 공급한 날로부터 일정기간 동안 전매행위가 금지되어 있고 이에 위반하여 전매행위를 한 매도인을 처벌하는 규정이 있어도 위 규정에 위반한 전매가 있는 경우 그 매수인에 국민주택사업주체가 당해 국민주택을 취득한 것으로 본다. 라고 규정하고 있는 점 등에 비추어 볼 때 위 전매금지 규정은 단속규정에 불과하고 효력규정은 아니라고 할 것이어서 위 전매금지 규정을 위반한 매매계약이 무효라 할 수 없다."라고 하여 단속규정을 단순한 행위금지규정으로 이해하여 사법상 효력에는 영향을 미치지 않음을 명백히 하고 있다.6)

(ㄴ) 어떤 강행규정이 있을 때 그것이 효력규정이냐 단속규정이냐의 구별의 표준에 관한 일반원칙이 없으므로, 그 구별이 쉽지 않다. 대체적으로 행정법규(특히, 경찰법규)에는 단순한 단속법규에 지나지 않는 것이 많겠지만, 일의적으로 단정할 수 없고 구체적으로 그 효력이 미치는 사회적·경제적 영향을 고려하여 결정할 것이다.

판례가 단속규정이라고 한 것으로는 부동산등기특별조치법 제2조 제2항(대판 1993.1.26, 92다39112), 금융실명거래및비밀보장에관한법률 제3조 제1항(대판 2001.12.28, 2001다17565),

---

5) 이영준 199~201면, 김상용 361면.

6) 대판 1992.2.25, 91다44544.

신용협동조합의 업무범위를 조합원으로부터의 예탁금·적금의 수납 등으로 한정한 구 신용협동조합법(1999.2.1 법률 제4739호로 개정되기 전의 것) 제39조 제1항 제1호 (가)목 및 제40조 제1항(대판 2001.6.12, 2001다18940), 투자일임매매약정을 제한하는 증권거래법 제107조(대판 1996.8.23, 94다38199), 외국환관리법상 제한규정(대판(전) 1975.4.22, 72다2161), 국민주택전매를 제한하는 주택건설촉진법 제38조의 3(대판 1992.2.25, 91다44544) 등이다.

이에 반하여 부동산중개수수료요율을 제한한 구부동산중개업법시행규칙(2000.7.29 건설교통부령 250호로 개정되어 2000.10.1부터 시행되기 전의 것) 제23조의 2 제1항(대판 2002.9.4, 2000다54406·54413), 증권회사 또는 그 임직권의 부당권유행위를 금지하는 제52조 제1호(대판 1996.8.23, 94다38199)의 규정은 효력규정이라고 한다.

[강행법규의 판정기준]

(1) 사회의 기본적 윤리관을 반영하는 규정
(2) 가족관계의 기본질서 유지를 위한 규정(친권·상속의 순위 등)
(3) 법률질서의 기본규정에 관한 규정(권리능력·행위능력·법인제도 등)
(4) 제3자나 사회일반의 이해에 직접 영향을 미치는 규정
(5) 거래안전을 위한 규정(유가증권제도 등)
(6) 경제적 약자의 보호를 위한 사회정책적 규정(유질계약의 금지 등)

⑵ 強行法規違反의 모습

㈎ 강행법규 자체를 정면으로 위반하는 경우, 즉 직접적 위반인 법률행위는 무효이다. 그러나 강행법규의 법문을 직접 정면으로는 위반하지 않는 형식을 취하지만, 실질적으로 그 강행규정에 의한 금지를 회피하고 그 규정의 적용을 면하려는 목적으로써 행해지는 경우가 있다. 이를 탈법행위라고 하고, 목적을 탈법한 행위와 수단을 탈법한 행위로 나누어진다.

예컨대, 연금수급권을 양도하거나 담보로 하는 것을 금지하는 연금법상 규정의 적용을 면하기 위하여 채무자가 채권자에게 연금의 추심을 위임하고 채무를 완제할 때까지 그 위임을 해제하지 않는다는 등의 특약을 하는 행위는 전자에 속하고, 동산저당권 설정금지를 탈법한 양도담보는 후자에 속한다.

㈏ 탈법행위(脫法行爲)는 형식을 불문하고 실질적으로 강행법규에 위반하기 때문에 무효이며, 이를 입법상 명시하는 경우도 있다. 그러나 수단을 탈법한데 불과한 경우에는 원칙적으로 무효이지만, 언제나 그 효력자체를 부정할 것은 아니다.

그렇다면, 협의의 탈법행위로 볼 수 있는 것 가운데 무효로 되는 것과 그렇지 않는 것은 어떻게 구별할 것인가.

대체로 문제된 강행법규가 어떠한 수단에 의하더라도 일정한 효과 그 자체가 발생하는 것을 금지하고자 하는 취지인 경우에는 무효이나, 다만 특정의 수단에 의하여 그 효과를 발생시키는 것만을 금지하는 취지에 지나지 않는 경우에는 유효한 것이라고 한다. 즉 양도담보에 있어서 문제되는 제330조(질권설정계약의 요물성)와 제

339조(유질계약의 금지)는 담보의 수단으로서 채권을 설정하는 경우에만 적용되고, 그 밖의 다른 수단에 의하는 경우에는 적용되지 않는다고 해석한다.

- (1) 단속규정위반
  - 행위 자체의 효과
    - 언제나 유효(통설, 판례)
    - 개별적으로 유효·무효를 결정(소수설)
  - 위반행위자 — 처벌의 대상(행정상 제재)
- (2) 효력규정위반
  - ㉠ 정면으로 위반한 경우 — 언제나 무효
  - ㉡ 탈법행위
    - 목적의 탈법 — 언제나 무효
    - 수단의 탈법 — 원칙—무효, 예외—유효(양도담보)

---

3. 法律行爲目的의 사회적 타당성

(1) 反社會秩序行爲의 의의

(가) 확정된 법률행위의 내용이 비록 가능하고, 개개의 강행규정에 위반하지 않더라도 그것이 선량한 풍속 기타 사회질서에 위반되는 사항을 내용으로 할 때에는 무효이다(제103조). 즉 그 법률행위가 유효하기 위해서는 사회적 타당성을 가져야 한다.

민법 제103조는 "선량한 풍속 기타 사회질서에 위반한 사항을 내용으로 하는 법률행위는 무효로 한다."고 규정하고 있다. 여기서 선량한 풍속이란 사회의 일반적 도덕관념, 바꾸어 말하면 모든 국민에게 요구되는 최소한도의 도덕률을 말하고, 사회질서란 국가사회의 공공적 질서를 가리킨다.

- 선량한 풍속
  - 사회의 일반적 도덕관념
  - 인륜·정의를 내포한 개념으로 평균적 관념에 따라 결정
- 사회질서 – 국가사회의 공공적 질서(국가와 사회의 일반적 이익)

(나) 선량한 풍속과 사회질서의 관계를 어떻게 볼 것인가.

사회질서우위설은 민법 제103조는 선량한 풍속을 사회질서의 일종으로 들고 사회질서가 이 규정의 중심관념을 이루고 있는 점을 들어 사회질서를 선량한 풍속의 상위개념이라고 하고(곽윤직 368면), 대립개념설은 사회질서를 공익개념, 선량한 풍속을 윤리개념이라고 보아 양자는 상호 대립하는 개념이라고 한다(이영준 215면, 김상용 445면).

포괄개념설은 양자를 구별하지 않고 일괄하여 사회적 타당성으로 파악한다(고상룡 341면, 이은영 367면).

다수설은 두 표준을 결합하여 모두 행위의 타당성으로 표현하고 있다. 결국 이들의 두 표현은 법의 근본이념인 정의를 표시하는 형식이고, 법률의 본질상 허용할 수 없는 한계를 명백히 한 것이라고 보며, 판례도 민법 제103조에 의하여 무효되는 행

위는 법률행위의 내용이 선량한 풍속 기타 시회질서에 위반되는 경우뿐만 아니라고 하여 대체로 동일한 태도를 취한다.[7)]

(다) 행위자의 행위가 반사회질서행위로 되기 위해서는 법률행위 당사자가 이를 인식하고 있어야 하는가. 학설은 사회질서에 반하게 만드는 것은 인식하고 있어야 한다는 견해[8)]와 법률행위 내용 자체가 사회질서에 반하는 경우에는 당사자의 인식이 문제될 수 없지만 법률행위 내용 자체가 사회질서에 반하지 않지만 당사자의 동기 또는 법률행위 당시의 객관적 사정이 사회질서에 반하는 때에는 동기불법의 문제로 다루어 져야 할 것이라고 한다.[9)] 그러나 민법 제103조가 반사회질서행위를 규정한 것은 행위자의 행위 그 자체가 객관적으로 반사회질서행위로서 그 효력을 부정한 것이므로 행위자의 주관적 의사는 고려할 것은 아니다.

판례는 매매계약체결당시에 정당한 대가를 지급하고 목적물을 매수하는 계약을 체결하였다면 비록 그 후 목적물이 범죄행위로 취득된 것을 알게 되었다고 하더라도 계약의 이행을 구하는 것 자체가 선량한 풍속 기타 사회질서에 반하는 것으로 볼만한 특별한 사정이 없는 한 그 사유만으로 당초의 매매계약에 기하여 목적물에 대한 소유권이전등기를 구하는 것이 민법 제103조의 공서양속에 반하는 것이라고 볼 수 없는 것이라고 하여 행위자의 주관적 의사를 부분적으로 고려하고 있다.[10)]

(2) 反社會秩序行爲의 유형과 판단

(가) 반사회질서행위의 유형　사회질서 위반의 구체적인 형태는 일정한 유형으로 표현할 수 없으나, 대체적으로 종래의 판례에 나타난 위반의 형태를 분류하여 보면 다음과 같다.

(ㄱ) 정치적 기본요청 또는 정의 관념에 반하는 행위 : 국가적 또는 사회적 범죄를 감행 또는 이에 조력할 것을 내용으로 하는 행위는 가장 전형적인 것이다. 또한, 범죄와 이에 준하는 부정행위를 할 의무를 부담시키는 계약이나 범죄를 행하지 않을 것을 조건으로 하여 일정한 대가적 급부를 한다는 내용의 계약도 무효이다.

판례는 범죄행위 기타 부정행위를 유발하거나 조장하는 행위(대판 1973.5.22, 72다2249), 증권회사 등이 고객에 대하여 증권거래와 관련하여 발생한 손실을 전보하여 주기로 한 약속이나 그 손실전보행위(대판 2001.4.24, 99다30718), 수사기관에서 참고인으로 진술하면서 허위진술의 대가로 작성된 각서에 기한 급부약정(대판 2001.4.24, 2000다71999)은 민법 제103조의 반사회질서행위로서 무효라고 한다.

---

7) 대판 2001.2.9, 99다38613.
8) 김증한 · 김학동 311면, 이영준 231면.
9) 윤진수, 주석(총칙 2) 429면; 지원림 민법강의 169면.
10) 대판 2001.11.9, 2001다44987.

또한, 변호사법위반의 소송물양도 계약(대판 1990.5.11, 89다카10514), 공무원의 직무에 관한 청탁으로서의 금전의 급부약정(대판 1995.7.14, 94다51994), 상대방의 배임행위에 적극 가담한 부동산의 양수계약(대판 1997.7.25, 97다362)·증여계약(대판 1982.2.9, 81다1134)·근저당권의 설정(대판 2002.9.6, 2000다41820; 1998.2.10, 97다26524)·채무담보를 위한 가등기 및 본등기의 경료(대판 1991.7.26, 91다8104), 상속재산의 협의분할(대판 1996.4.26, 95다54426·54433)은 반사회적 행위로서 무효라고 하였다.

한편, 판례는 이미 매도된 부동산에 관하여 체결한 저당권설정 계약이 반사회적 행위로서 무효가 되기 위하여서는 매도인의 배임행위와 저당권자가 매도인의 배임행위에 적극 가담한 행위로 이루어진 것으로서, 적극 가담하는 행위는 저당권자가 다른 사람에게 목적물이 매도된 것을 안다는 것만으로는 부족하고, 적어도 매도 사실을 알고도 저당권설정을 요청하거나 유도하여 계약에 이른 정도가 되어야 하는 것이라고 하고(대판 1998.2.10, 97다26524 ; 1997.7.25, 97다362), 또한 양도소득세를 회피하기 위한 방법으로 부동산을 명의신탁하였거나(대판 1991.9.13, 91다16334), 매매계약을 체결(대판 1992.12.22, 91다35540·35557), 하였더라도 그러한 이유 때문에 민법 제103조의 반사회적 법률행위로서 무효라고 할 수는 없는 것이라고 한다.

그 외에도 반사회적 행위에 의하여 조성된 재산인 이른바 비자금을 소극적으로 은닉하기 위한 임치(대판 2001.4.10, 2000다49343), 성립과정에 강박이 사용된 법률행위(대판 2001.10.25, 98다6978), 전통사찰의 주지직을 거액의 금품을 대가로 양도·양수하기로 하는 약정이 있음을 알면서 이를 묵인 또는 방조한 상태에서 행한 종교법인의 주지임명행위(대판 2001.2.9, 99다38613)는 민법 제103조의 반사회적 법률행위로서 무효라고 할 수는 없는 것이라고 한다.

(ㄴ) 인간윤리의 기본적 요청에 반하는 행위 : 일부일처제에 반하거나 또는 불륜관계를 위한 계약, 자(子)가 부모에 대하여 불법행위에 의한 손해배상을 청구하는 것 등이 이에 속하며, 언제나 무효이다.

판례는 동거생활의 종료를 해제조건으로 하는 증여계약은 부첩계약을 조장하는 행위로서 무효라고 하였다.[11] 그러나 부첩계약의 단절을 정지조건으로 하는 위료금지급계약은 유효하다.

(ㄷ) 개인의 자유를 극도로 제한하는 행위 : 이것에는 다시 개인의 정신상 또는 신체상의 자유를 현저히 구속하는 것과 경제상 자유를 지나치게 구속하는 것을 목적으로 하는 경우가 있으나, 특히 중요한 것은 후자이다. 따라서 경제적 자유의 제한으로서 적당한 범위 내에서 경업을 금지하는 계약은 유효하나, 영업의 자유나 기타 거래활동을 현저히 제한하는 계약은 무효이다.

(ㄹ) 생존의 기초가 되는 재산의 처분행위 : 개인생활상 생존의 기초가 되는 재산을 처분케 하는 행위는 무효이다.

(ㅁ) 지나친 사행적 행위 : 사람에게는 다소의 사행성이 있으므로 사행계약이라

11) 대판 1966.6.21, 66다530.

하여 언제나 무효가 되는 것은 아니지만, 그 정도가 지나치면 사회질서에 반하여 무효로 된다. 그러나 경마투표권·복권 등은 법률이 허용하고 있으므로 반사회성이 조각된다.

(ㅂ) 공정성을 잃은 행위 : 법률행위의 목적이 불법한 경우로서 당사자의 일방이 그의 독점적 지위 내지 우월한 지위를 악용하여 자기는 부당한 이득을 얻고 상대방에게는 과도한 반대급부 또는 기타 부당한 부담을 과하는 법률행위는 반사회적인 것으로서 무효이다.[12]

(나) 사회질서위반행위의 판단 어느 법률행위가 사회질서에 반하는가 여부의 판단은 원칙적으로 법률행위당시를 기준으로 판단하여야 한다.

다만 법률행위성립 후 사정의 변경으로 반사회성이 치유되거나 반사회적 행위로 되는가. 반사회적 행위에 행위자의 주관적 의사를 요하는가 여부와 관련지어 결정할 것으로서 반사회질서행위의 성립에 행위자의 주관적 의사를 고려하지 않는 경우는 물론이고, 비록 이를 고려하는 경우라고 하더라도 일단 유효하게 성립한 법률행위 이행되지 않고 있는 동안에 그 법률행위가 사회질서에 반하는 행위로 평가되면 그 이행은 청구할 수 없는 것이라고 보아야 할 것이다.[13]

(3) 社會秩序違反行爲의 효과

선량한 풍속 기타 사회질서에 반한 행위는 사회적 타당성을 결여한 행위로서 무효이다. 또한 반사회질서와 관련하여 이미 이행된 행위는 그 행위의 무효를 원인으로 한 반환청구가 제한된다(제746조 참조). 예컨대 일정 법률행위에 의하여 급부가 이루어진 후 그 원인행위가 무효 또는 취소되면 그 급부는 법률상 원인 없는 급부로서 통상 제741조에 의하여 부당이득반환청구권이 발생하지만 그 원인행위가 민법 제103조 내지 제104조의 반사회질서행위로서 무효인 경우에는 제746조의 불법원인급여로서 그 반환청구가 제한된다. 이와 같은 법리는 결과에 있어 급부수령자의 반환거절이 불법성을 들추어 반환을 거절하게 된다는 논리적 모순을 가지는 동시에, 수령자만 이득을 취하는 결과가 되어 부당하다. 따라서 학설은 급부자와 급부수령자 또는 제3자간의 이해조정, 특히 불법원인급여에 관련된 제3자권리 보호의 필요에서 반환청구권을 인정할 논거가 활발히 개발되고 있다. 그 대표적인 것으로서 불법행위 관련자간에의 제746조 단서규정의 확대해석론과 제3자의 사해행위취소권·대위권행사 및 급여자와 급여수령자간의 공동불법행위론에 의한 원상회복론 등이

12) 대판 1996.4.26, 94다34432.
13) 동지, 윤진수, 주석(총칙 2) 434-5면; 지원림, 민법강의 169면.

유력히 주장되고 있다.

이에 대해 판례는 불법원인급여의 태양과 관련하여 주로 제3자의 사해행위취소권 및 대위권행사에 의한 급부자 또는 제3자에의 회복을 취하여 왔다. 그러나 이와 같은 논거는 당초 급부자의 급부가 불법원인에 의한 급여로서 반환청구가 제한되는 상태에서 제3자의 취소권 또는 대위권을 인정해야 한다는 논리적 모순을 가짐으로서 학설은 이를 비판하고 급여자와 급부수령자간의 공동불법행위 성립에 따른 원상회복론 또는 특히 불법행위 관련자간에는 제746조단서규정확대적용론 등이 강력히 주장하였다. 그러나 판례는 이를 수용하지 않고 있었으나, 최근의 판례는 그 중 불법행위 관련자간의 급부회복에는 민법 제746조단서규정의 확대적용론을 적극 반영하는 태도를 보이고 있다.

그리하여 판례는 민법 제746조에 의하면 급여가 불법원인 급여에 해당하고 급여자에게 불법원인이 있는 경우에는 수익자에게 불법원인이 있는지 여부나, 수익자의 불법원인의 정도 내지 불법성이 급여자의 그 것보다 큰지 여부를 막론하고 급여자는 그 불법원인급여의 반환을 구할 수 없는 것이 원칙이나, 수익자의 불법성이 급여자의 그것보다 현저히 크고 그에 비하면 급여자의 불법성은 미약한 경우에도 급여자의 반환청구가 허용되지 않는다고 하는 것은 공평에 반하고 신의성실의 원칙에도 어긋나므로 이러한 경우에는 민법 제746조 본문의 적용이 배제되어 급여자의 반환청구는 허용된다고 해석함이 상당한 것이라고 한다.14)

[민법 제103조와 타제도의 관계]

(1) 신의칙과의 관계 ┌ 신의칙 - 적극적 요청(계약에 우선)
└ 선량한 풍속 - 소극적 요청

(2) 제105조(강행규정)와의 관계 ┌ 제105조 - 명문규정이 있는 경우 적용
└ 제103조 - 명문규정이 없는 경우 적용

(3) 제104조와의 관계 - 제104조가 제103조의 예시규정(대판 1964.5.19, 63다821)

14) 대판 1997.10.24, 95다49530; 판례는 급여자가 수익자에 대한 도박채무의 변제를 위하여 급여자의 주택을 수익자에게 양도하기로 한 것이지만 내기바둑에의 계획적인 유인, 내기바둑에서의 사기적 형태, 도박자금 대여 및 회수과정에서의 폭리성과 갈취성 등에서 드러나는 수익자의 불법성의 정도가 내기바둑에의 수동적인 가담, 도박채무의 누증으로 인한 도박의 지속, 도박채무 변제를 위한 유일한 재산인 주택의 양도 등으로 인한 급여자의 불법성보다 훨씬 크다고 보아 급여자로서는 그 주택의 반환을 구할 수 있는 것이라 한다.

4. 不公正한 法律行爲

(1) 不公正한 法律行爲의 의의

(가) 폭리행위의 의의　상대방의 궁박·경솔 또는 무경험으로 인하여 현저히 공정성을 잃은 법률행위는 폭리행위로서 무효이다(제104조). 여기서 궁박이란 물질적 또는 정신적으로 급박한 상태에 있는 것을 의미하며, 경솔이란 의사를 결정하는데 있어 그 행위의 결과나 장래 초래될 사항에 관하여 보통인이 생각할 수 있는 심리 이하의 상태를 말한다. 또한 무경험이란 일반적인 생활경험이 불충분한 것을 가리킨다.

요컨대, 민법 제104조는 자기의 급부에 비하여 현저하게 균형을 잃은 반대급부를 하게 함으로써 부당한 재산적 이익을 얻는 행위를 무효로 하며, 이러한 취지는 동조에 국한하지 않고, 유질계약의 금지(제339조)·대물반환예약의 제한(제607조) 등에서도 찾아 볼 수 있다.

(나) 민법 제104조와 제103조의 관계　구민법 하에서는 이른바 불공정한 법률행위는 이를 사회질서에 반하는 것으로 다루어졌다. 그런데 현행 민법이 반사회질서행위와 불공정한 법률행위를 각각 제103조와 제104조에서 독립적으로 규정하고 있는데서 그 관계가 문제된다.

통설은 불공정한 법률행위의 성질상 반사회질서행위의 일종으로 본다. 따라서 유효·무효가 문제되는 어떤 법률행위가 제104조의 요건을 갖추지 못하더라도 제103조에 해당하여 무효로 될 수 있는 것이라고 하고, 판례 또한 민법 제104조나 제104조는 모두 구민법 제90조의 공공의 질서 또는 선량한 풍속에 반하는 사항을 목적으로 하는 법률행위의 범주에 속하는 것이라고 하고,[15] 전자가 행위의 객관적 성질을 기준으로 하여 그것이 반사회질서적인 여부를, 후자는 행위자의 주관적 사항을 참작하여 그 행위가 현저하게 공정성을 잃은 것인 여부를 판단할 것이라는 차이에 있음에 지나지 않는 것이라고 하여 제104조를 제103조의 예시규정으로 이해한다.

(2) 暴利行爲의 성립요건

민법 제104조가 금하는 폭리행위가 성립하기 위해서는, 먼저 객관적으로 급부와 반대급부 사이에 현저한 불균형이 있어야 하고, 주관적으로 상대방의 궁박·경솔 또는 무경험을 이용하였어야 한다.

(가) 민법 제104조가 규정하는 현저히 공정을 잃은 법률행위란 자기의 급부에 비하여 현저히 균형을 잃은 반대급부를 하게 하여 부당한 재산적 이익을 얻는 행위이

15) 대판 1965.11.23, 65사28; 1964.5.19, 63다821.

어야 한다. 따라서 동조 위반의 무효이기 위하여서는 먼저 급부와 반대급부가 있고 양자간에 현저한 불균형이 있어야 한다.

그리하여 판례는 불공정한 법률행위에 해당하기 위해서는 급부와 반대급부의 사이에 현저히 균형을 잃을 것이 요구되므로 증여와 같이 상대방에 의한 대가적 의미의 재산관계의 출연이 없이 당사자 일방의 급부만 있는 경우에는 급부와 반대급부 사이의 불균형의 문제는 발생하지 않는 것이라고 한다.[16] 그러나 채무면제와 같은 단독행위에는 적용을 긍정한다.

급부불균형의 판정에 관한 기준은 없다. 판례는 가격의 불공정성에 관하여 획일적으로 판정하지 않고 구체적 사정에 따라 정하나 대체로 가격의 3·4배에 달하면 폭리성은 있는 것이라고 한다.[17]

또한, 불공정성의 판단시기에 관하여 학설은 행위시(계약체결시)를 기준으로 정할 것이라고 하나,[18] 판례는 대체로 이행시를 기준으로 할 것이라고 하면서도[19] 환매권양도 약정의 경우에는 법률행위시를 기준으로 판단한다.[20]

(나) 상대방의 궁박·경솔 또는 무경험을 이용하여야 한다. 여기서 궁박이란「급박한 곤궁」을 의미하는 것으로서 경제적 원인에 기인할 수도 있고 정신적 또는 심리적 원인에 기인할 수도 있으며, 경솔이란 신중함을 결여한 것이고, 무경험이란 생활경험이 부족한 것을 말하는 것으로, 어느 특정영역에 있어서 경험부족이 아니라 거래일반에 대한 경험부족을 말한다.[21]

(ㄱ) 당사자가 궁박 또는 무경험의 상태에 있었는가 여부는 그의 나이와 직업 및 사회경험의 정도, 재산상태 및 그가 처한 상황의 절박성의 정도 등 제반 사정을 종합하여 구체적으로 판단하여야 한다.[22]

또한, 법률행위가 대리인에 의하여 행하여 진 경우 그 법률행위가 불공정한 행위에 해당하는지 여부를 판단함에 있어서 경솔·무경험은 대리인을 기준으로 판단하여야 하고, 궁박은 본인의 입장에서 판단하여야 한다.[23]

판례는 민법 제104조의 궁박은 정신적 또는 심리적 원인에 기할 수도 있으므로 契와 관련된 고소에 따라 다시 삼청교육대에 갈지도 모른다는 급박한 정신적 압박을 받고 있었으

16) 대판 1993.7.16, 92다41528·41535; 1993.3.23, 92다52238; 1993.10.26, 93다6409.
17) 대판 1962.2.8, 4294민상773; 1973.5.22, 73다231.
18) 곽윤직 313면.
19) 대판 1965.6.15, 65다610.
20) 대판 1984.4.10, 81다239.
21) 대판 2002.10.22, 2002다38927.
22) 대판 2002.10.22, 2002다38927; 1999.5.28, 98다58825; 1992.4.14, 91다23660.
23) 대판 2002.10.22, 2002다38927; 1970.1.27, 69다719.

며, 고소를 취하시켜서 삼청교육대에 가는 것을 회피할 생각으로 경솔하게 청산합의에 응하여 금 1,000만원 이상의 채권 포기를 한 것은 불공정한 행위에 해당하는 것이라 하고(1992.4.14, 91다23660), 원고 소속 공무원들이 재산가격조사서를 작성할 때 원고 산하 사유재산심의회의 결과에 의하여 사정 확정된 본건 토지의 평당 단가 금 2,100원으로 기재하여야 할 것을 그 10배인 21,000원으로 오기한 것은 경솔한 것이라고 하였다(대판 1977.5.10, 76다2953).

또한, 무학 문맹의 67세의 노파가 다른 생활대책도 강구함이 없이 유일한 생활근거인 가옥을 매도한 계약은 시가와 매매계약 사이에 차이가 있다면 무경험에 해당하는 것이라고 하였다(대판 1979.4.10, 79다275).

(ㄴ) 궁박·경솔·무경험은 모두 구비하여야 하는 것은 아니고, 그 중 일부만을 갖추면 족하다.[24] 다만 위 요건 중 경솔을 무효사유로까지 할 필요가 있는가에 의문을 제기하나,[25] 민법은 상대방의 악의와 관련하여 무효로 하고 있다.

(다) 폭리자의 악의가 있어야 한다. 따라서 피해 당사자가 궁박·경솔·무경험한 상태에 있었다고 하더라도 그 상대방 당사자가 이와 같은 사정을 알면서 이를 이용하려는 의사가 없었다면 불공정행위는 성립하지 않는다.[26]

판례는 이미 매도된 부동산에 관하여 체결한 저당권설정 계약이 반사회적 행위로서 무효가 되기 위하여서는 매도인의 배임행위와 저당권자가 매도인의 배임행위에 적극 가담한 행위로 이루어진 것으로서, 적극 가담하는 행위는 저당권자가 다른 사람에게 목적물이 매도된 것을 안다는 것만으로는 부족하고, 적어도 매도한 사실을 알고도 저당권설정을 요청하거나 유도하여 계약에 이른 정도가 되어야 하는 것이라고 한다.[27]

(라) 위 객관적 요건과 주관적 요건의 입증은 모두 폭리행위를 원인으로 하여 법률행위의 회복을 주장하는 자가 부담하여야 한다.

다만, 위 객관적 요건으로부터 주관적 요건은 추정되는가. 판례는 법률행위가 현저하게 공정을 잃었다고 하여 곧 그것이 궁박·경솔하게 이루어진 것으로 추정되지 아니하므로 본조의 불공정한 법률행위의 법리가 적용되려면 그 주장하는 측에서 궁박·경솔 또는 무경험으로 인하였음을 증명하여야 하는 것이라고 하여 추정을 부정한다.[28] 그러면서도 한편 판례는 매매가격이 시가의 약 8분의 1정도로 현저한 차이가 있고 매도인이 평소 어리석은 사람인 것이 인정되며 또한 매수인은 이건 부동산을 매수한 후 약 3개월 후에 매수가격이 4, 5배 정도로 전매한 경우 특별한 합리적

24) 대판 2002.10.22, 2002다38927; 1993.10.12, 93다19924.
25) 이영준 250면.
26) 대판 1991.7.9, 91다5907; 1977.5.10, 76다2953; 1979.4.10, 79다275.
27) 대판 1998.2.10, 97다26524; 1997.7.25, 97다362.
28) 대판 1969.12.30, 69다1873; 1959.8.28, 4291민상472; 1959.7.23, 4291민상618.

인 근거를 찾아 볼 수 없는 사정이라면 이는 매도인의 경솔·무경험에 인한 것이며 매수인이 그 사정을 알고 이를 이용함으로써 이루어졌다고 추인할 수 있는 것이라고 하여 제한적 추정을 주고 있다.[29)]

(3) 暴利行爲의 效力과 추인

(가) 폭리행위의 효과 이들의 요건을 갖춘 폭리행위 내지 불공정한 법률행위는 무효이다.[30)] 따라서 폭리행위자가 그 상대방의 채무이행을 청구할 수 없으나, 다만 주의할 것은 무효인 폭리행위가 이행된 경우에 그 반환을 청구할 수 있는가. 불법원인급여와 관련하여 문제된다.

학설은 폭리행위는 무효이지만 불법원인이 폭리자측에만 있으므로 민법 제746조 단서가 적용되며, 이로써 피해자는 급부한 것의 반환을 청구할 수 있으나 폭리행위자는 반환을 청구할 수 없는 것이라고 하나,[31)] 견해에 따라서는 폭리행위는 폭리행위자에게 행한 급부행위는 무효이지만 폭리행위 상대방이 행한 급부행위는 무효가 아니라 하여 그 반환을 청구할 수 있는 것이라고 한다.[32)]

(나) 폭리행위의 추인 불공정한 행위로서 무효인 행위를 추인할 수 있는가. 불공정한 법률행위로서 무효인 경우에는 추인에 의하여 무효인 법률행위가 유효로 될 수 없는 것이라고 보아야 하고, 판례 또한 동일한 태도를 취한다.[33)]

5. 法律行爲動機의 不法

(1) 法律行爲動機의 의의

법률행위의 동기(動機)란 의사표시 또는 법률행위를 함에 있어서 가지는 내심적 의사, 다시 말하면 효과의사를 결정하기에 이르는 원인이 되는 사실을 말한다.

법률행위는 일반적으로 당사자·목적·의사표시를 그 성립요건으로 하며, 그 어느 하나에 하자가 있으면 그 본래의 효력을 발생할 수 없어 무효로 되거나 취소할 수 있게 된다. 그런데 동기는 법률행위를 하게 하는 원인은 되지만, 법률행위의 구성요소는 아니므로 법률행위의 동기는 그 법률행위에 어떠한 영향을 미치는가. 동기의 중심문제로 된다.

---

29) 대판 1977.12.13, 76다2179.
30) 대판 1994.6.24, 94다10900; 판례는 불공정한 법률행위로서 무효인 경우에는 추인에 의하여 무효인 법률행위가 유효로 될 수 없는 것이라 한다.
31) 곽윤직 369면.
32) 이영준 233~234면, 고상용 367면, 김주수 민법개론 140면.
33) 대판 1994.6.24, 94다10900.

⑵ 不法인 動機

법률관계 자체를 추상적으로 본다면 사회질서에 위반하지 않으나, 당사자가 의사표시를 하게 된 동기가 불법인 경우, 예컨대 살인에 사용하기 위하여 흉기를 매매한다든가, 도박자금에 충당하기 위하여 금전을 빌린다든가 하는 경우 등 동기가 불법한 경우 법률행위의 효력에 영향을 미치는가. 문제된다.

동기표시설은 동기가 그 법률행위에 표시된 때에 한하여 반사회질서성을 갖는다고 하고(곽윤직 376면, 김현태 275면), 동기인식설은 동기가 표시된 때에는 물론, 표시되지 않았더라도 상대방이 그 동기를 알았거나 알 수 있었을 때에도 반사회질서성의 표준이 된다고 한다(김기선 245면, 김용한 266면, 장경학 450면).

동기객관설은 불법성을 띈 동기가 표시 또는 인식되었느냐는 직접 관계없이 동기를 포함하여 법률행위의 반사회성을 객관적으로 판단할 것이라고 한다(고상용 383면, 김주수 249면, 이영준 233면, 이은영 370면).

통설은 동기표시설을 취하고, 판례 또한 법률행위가 선량한 풍속 기타 사회질서에 위반한 사항을 내용으로 한 것이 아니고 단지 법률행위의 연유・동기 혹은 수단으로 한 것에 불과한 것은 이로써 무효라고 할 수 없는 것이라고 하고,[34] 또한 민법 제103조에 의하여 무효로 되는 반사회질서행위는 법률행위의 목적인 권리・의무의 내용이 선량한 풍속 기타 사회질서에 위반되는 경우뿐만 아니라, 표시되거나 상대방에게 알려진 법률행위의 동기가 반사회질서적인 경우를 포함하는 것이라고 하여 대체로 동일한 태도를 취하고 있다.[35]

[판례] 민법 제103조에 의하여 무효로 되는 반사회질서행위는 법률행위의 목적인 권리・의무의 내용이 선량한 풍속 기타 사회질서에 위반되는 경우뿐 아니라, 그 내용 자체는 반사회질서적인 것이 아니라고 하여도 법률적으로 이를 강제하거나 그 법률행위에 반사회질서적인 조건 또는 금전적 대가가 결부됨으로써 반사회질서적 성격을 띠는 경우 및 표시되거나 상대방에게 알려진 법률행위의 동기가 반사회질서적인 경우를 포함하지만, 단지 법률행위의 성립과정에서 불법적인 방법이 사용된 데 불과한 때에는, 그 불법이 의사표시의 형성에 영향을 미친 경우에는 의사표시의 하자를 이유로 그 효력을 논의할 수는 있을지언정 반사회질서의 법률행위로서 무효라고 할 수는 없다(대판 1996.4.26, 94다34432).

34) 대판 1972.10.31, 72다1455・1495.
35) 대판 1996.4.26, 94다34432.

제 4. 法律行爲의 解釋

당사자 목적		사실인 관습 · 임의법규 · 관습법		조 리
자연적 해석	———	규범적 해석	———	보충적 해석

1. 法律行爲解釋의 意義

(1) 법률행위의 해석이란 법률행위의 목적 내지 내용을 명확히 하는 것을 말하며, 법률행위가 법률행위로서의 유효요건을 모두 갖추고 있는 경우에도 그것에 대하여 어떠한 효과를 줄 것인가를 결정하기 위해서는 법률행위의 내용을 명확히 한다는 것이 필요하다. 왜냐하면 당사자가 행한 그대로의 법률행위는 언제나 명확하다 할 수 없고, 또한 중요한 부분을 언급하지 않는 경우가 있으므로, 이러한 경우 특히 법률행위의 내용에 관하여 법률적으로 구성하고 이를 명확히 하기 위하여 법률행위의 해석이 필요하게 된다.

(2) 법률행위의 해석과 의사표시의 해석은 동일한 개념인가. 구별설은 법률효과는 법률행위로부터 생기는 것이므로 궁극적인 해석의 대상은 법률행위가 되어야 한다고 한다.[36] 그러나 법률행위의 해석은 곧 법률행위의 효과, 즉 당사자간의 권리 · 의무관계를 정하는 것이므로 해석의 대상은 법률행위라고 할 것이지만 그러나 어느 견해에 의하더라도 법률행위의 해석에는 의사표시의 해석을 배척할 수 없는 것이므로 곧 양자는 구별할 것은 아니다.[37]

2. 法律行爲解釋의 대상 · 방법 및 표준

(1) 法律行爲解釋의 대상

법률행위의 해석을 그 목적 내지 내용을 명확히 하는 것이라고 할 때 그 목적 내지 내용의 확정은 당사자의 표시된 의사를 대상으로 할 것인가. 아니면 당사자의 숨은 진의 내지 내심적 효과의사를 대상으로 할 것인가.

다수설은 표시의사대상설을 취하여 법률행위의 해석은 표시행위가 가지는 의미를 밝히는 것이라고 하고, 판례 또한 법률행위의 해석은 당사자가 그 표시행위에 부여한 객관적인 의미를 명백하게 확정하는 것으로서, 사용된 문언에만 구애받는 것

36) 이영준 256면, 이은영 420면.
37) 동지, 곽윤직 386면, 고상룡 368면.

이 아니고 당사자가 표시한 문언에 의하여 그 객관적인 의미가 명확하게 드러나지 않는 경우에는 그 문언의 형식과 내용, 그 법률행위가 이루어진 동기 및 경위, 당사자가 그 법률행위에 의하여 달성하려는 목적과 진정한 의사, 거래관행 등을 종합적으로 고려하여 사회정의와 형평의 이념에 맞도록 논리와 경험의 법칙 그리고 사회일반의 상식과 거래 통념에 따라 합리적으로 해석하여야 하는 것이라고 한다.[38)]

(2) 法律行爲解釋의 방법

(가) 법률행위를 해석함에는 먼저 표시된 행위(표현행위) 뿐만 아니라 그에 존재하는 모든 사정을 고려하여 표의자의 실제의사, 즉 내심적 효과의사를 추구하여 정함을 그 이상으로 한다. 그러나 내심적 효과의사와 표시행위가 일치하지 않는 때에는 상대방의 입장에서 표시행위에 따라 법률행위의 성립을 인정하게 된다. 전자를 자연적 해석, 후자를 규범적 해석이라고 한다.

(나) 법률행위의 해석은 원칙적으로 자연적 해석에 의하여야 할 것이지만, 때로는 자연적 해석에 의하면 그 표의자의 표시행위와 일치하지 않는 경우에는 부득이 상대방의 입장에서의 해석, 즉 규범적 해석에 의하게 되며, 상대방의 입장에서 지득한 외면적 의미를 객관적·규범적으로 판단하여 해석하여야 한다.

판례는 처분문서(處分文書)는 그 진정 성립이 인정되면 반증이 없는 이상 문서의 기재내용에 따른 의사표시의 존재 및 내용을 인정하여야 하며, 의사표시의 해석에 있어서 당사자의 진정한 의사를 알 수 없는 경우에는 당사자의 내심의 의사가 아니라 외부로 표시된 행위에 의하여 추단된 의사를 가지고 해석하여야 한다고 하고(대판 1997.6.24, 97다5428), 또한 의사표시의 해석은 서면에 사용된 문구에 구애받을 것은 아니지만, 어디까지나 당사자의 내심적 의사에 관계없이 그 서면의 기재내용에 의하여 당사자가 그 의사표시에 부여한 객관적 의미를 논리칙과 경험칙에 따라 합리적으로 해석할 것이라고 한다(대판 1990.11.13, 88다카15949).

한편, 판례는 당사자의 의사표시가 객관적으로 명확하지 않은 경우에는 당사자의 의도나 표시된 문언에 구애받지 아니하고 문언의 형식과 내용, 동기 및 경위당사자가 그 법률행위에 의하여 달성하려고 하는 목적과 진정한 의사, 거래의 관행을 고려하여 사회정의와 형평의 이념에 맞도록 논리와 경험법칙, 그리고 사회일반의 상식과 통념에 의하여 합리적으로 해석하여야 하는 것이라고 한다(대판 2002.4.25, 2001다84794).

판례가 규범적 해석을 적용한 것으로서 채권자 甲이 채무자 乙로부터 금 36만원을 수령하면서 실제로는 더 받을 금원이 있는데도 영수증에 '총완결'이라는 문언을 부기한 것은 더 받을 금원을 탕감한 것이라고 한 것(대판 1969.7.8, 69다563), 모든 경우 화재에 대하여 임차인이 그 손해를 부담한 것으로 한다는 특약에서 '모든 경우'가 불가항력인 경우를 포함한 것이라고 한 것(대판 1979.5.22, 79다508), 모친이 그 아들 소유의 건물과 토지에 관하여 아들을 대리하여 계금채권자들과 저당권 설정계약을 체결하였다면 아들은 그 모친의 계금

38) 대판 2002.4.23, 2001다84794; 2001.1.19, 2000다33607.

채권자들에 대한 계금반환의무를 담보하기 위한 그의 소유에 속하는 위 부동산을 담보로 제공한 것으로 보는 것이 상당하다고 한 것(대판 1969.7.22, 69다785), 친권자 본인이 부상을 입은 손해배상에 관하여 가해자 측과 합의하는 경우 미성년자인 子女들의 고유의 위자료에 관하여도 그 친권자가 법정대리인으로서 합의하였다고 보는 것이 우리의 경험법칙상 상당한 것이라고 한 것(대판 1975.6.24, 74다1929), 소비대차 성립시에 담보목적으로 부동산의 소유권 이전등기에 필요한 매도증서·인감증명서·위임장을 주고받았다면 이는 부동산에 관하여 양도담보계약을 체결한 것이라고 볼 수 있는 것이라고 한 것(대판 1962.6.14, 4294다1524) 등을 들 수 있다.

(다) 자연적 해석 또는 규범적 해석에 의하여도 법률행위 내용에 틈(Lücke)이 있는 경우에는 이를 보충하여 해석하게 되며, 이를 보충적 해석이라고 한다.

(ㄱ) 보충적 해석의 법률적 성질은 당사자 의사의 보충인가, 임의법규의 적용인가. 판례는 당사자 사이에 계약의 해석을 둘러싸고 이견이 있어 처분문서에 나타난 당사자의 의사해석이 문제되는 경우 그 해석은 그 문서의 내용, 그와 같은 내용이 이루어진 동기와 경위, 그 약정에 의하여 달성하려는 목적, 당사자의 진정한 의사 등을 종합적으로 고려하여 논리와 경험칙에 따라 합리적으로 해석하여야 할 것이라고 하여,[39] 의사표시의 보충적 의미로 해석한다.

(ㄴ) 당사자의 약정이 없는 사항에 관하여 보충적 해석에 의하여 법률관계를 확정짓기 위하여서는 당사자가 체결한 법률행위 내용을 위태롭게 하지 아니할 것이어야 하고, 법률행위 내용을 확장·변경(양적·질적 변경)하지 아니할 범위이어야 한다. 또한 보충적 해석은 유효한 법률행위를 무효인 법률행위로는 하지 못한다.

[판례] 분양약정의 해석상 당사자 사이의 분양가격의 결정기준으로 합의하였던 기준들에 의하여 분양가격결정이 불가능하게 되었다면 당사자 사이의 새로운 분양가격에 관한 합의가 이루어지지 않는 한 위 문서약정의 기준에 기하여 당사자 일방이 바로 소유권이전등기 절차의 이행을 청구할 수 없는 것이고, 여기에 법원이 개입하여 당사자 사이에 체결된 계약의 해석의 범위를 넘어 판결로써 분양가격을 결정할 수는 없다(대판 1995.9.26, 95다18222).

(라) 착오문제는 규범적 해석이 이루어진 경우에만 적용되고, 자연적 해석에서는 표의자가 의욕한대로 법률효과가 주어지므로 착오의 문제는 발생하지 않고, 또한 보충적 해석에서도 양당사자의 진의가 중시되는 것이 아니라 당사자의 가상적 의사가 중시되므로 진의와 표시의 불일치에 따른 착오문제는 발생하지 않는다.

(3) 法律行爲解釋의 표준

(가) 당사자가 의도한 목적 법률행위는 본래 일정한 사회적·경제적 목적을 자

---

39) 대판 1996.4.9, 96다1320.

체적으로 달성하기 위한 수단이고, 법률은 이에 조력하는데 불과하므로, 법률행위의 해석은 무엇보다 당사자가 달성하려는 목적을 밝히는 것이 중요하다. 그러므로 법률행위를 해석함에는 표시행위에 사용된 문자나 표현에 구애됨이 없이 당사자가 의도한 목적을 가능한 한 달성하도록 하여야 한다. 따라서 법률행위를 해석함에는 법률행위 가운데 모순되는 조항은 되도록 통일적으로 해석하고, 행위의 내용 내지 목적은 가능한 한 유효하도록 해석해야 한다.

판례는 의사표시 해석에 있어서 당사자의 진정한 의사를 알 수 없다면 의사표시의 요소가 되는 것은 표시행위로부터 추단되는 효과의사, 즉 표시상 효과의사이고 표의자가 가지고 있던 내심적 효과의사가 아니므로 당사자의 내심의 의사보다는 외부로 표현된 행위에 의하여 추단된 의사를 가지고 해석함이 상당한 것이라고 한다.[40)]

(나) 사실인 관습 민법 제106조는 법령 중 선량한 풍속 기타 사회질서에 관계없는 규정, 즉 임의규정과 다른 관습이 있는 경우, 어느 것을 적용할 것인가에 당사자의 의사가 명확하지 아니한 때에는 그 관습에 의할 것을 규정하고 있다. 따라서 당사자가 행한 법률행위의 효력이 명확하지 않고 민법의 임의규정과 다른 관습이 있는 때에는 당사자가 특별히 그 적용을 배척하는 명확한 의사가 없는 한 관습이 우선 적용된다.

(ㄱ) 제106조에 의하여 법률행위해석의 기준이 되는 관습은 사실인 관습이며, 이것은 제1조에서 말하는 관습법과 구별되는가.

구별긍정설은 사실인 관습은 당사자의 의사를 해석하는 기준이 됨으로써 의사표시의 내용이 되고, 이때 비로소 효력을 가지게 되지만 관습법은 당사자의 의사와 관계없이 당연히 법규범으로써 효력을 가지나, 다만 민법 제1조와 제106조의 관계에서 사실인 관습은 민법의 임의법규에 우선하지만 관습법은 임의법규의 하위에 있게 되며 이러한 모순을 조정하기 위하여 사실인 관습은 관습법의 하위에 있지만 사실상 관습법 이상의 효력을 가지는 것이라고 한다(이영준 312면, 김기선 237면, 이은영 435면).

구별부정설은 법이 법으로서 존재하는 형식이라는 면에서는 사실인 관습과 관습법이 다르지만 법의 적용이라는 면에서는 사실인 관습은 임의법규에 우선하여 재판규범이 되므로 관습법과 다르지 않는 것, 즉 사적 자치가 인정되는 범위에서는 사실인 관습이나 관습법이 모두 임의법규에 우선하여 해석기준이 되므로 양자는 구별의 실익이 없는 것이라고 한다(곽윤직 392면, 김용한 274면, 고상용 421면, 김주수 301면).

다수설은 구별긍정설을 취하고, 판례 또한 관습법이란 사회에 거듭된 관행으로 생성된 사회생활규범이 사회의 법적 확신과 인식에 의하여 법적 규범으로 승인·강행되기에 이른 것을 말하고, 사실인 관습은 사회의 관행에 의하여 발생한 사회생활규범인 점에서 관습법과 같으나, 다만 사실인 관습은 사회의 법적 확신이나 인식에

40) 대판 1996.4.9, 96다1320.

의하여 법적 규범으로서 승인될 정도에 이르지 아니한 것을 말하며, 관습법은 바로 법원으로서 규범인데 반하여 사실인 관습은 법령으로서 효력이 없는 단순한 관행으로서 법률행위 당사자의 의사를 보충함에 그치는 것이라고 한다.[41)]

(ㄴ) 사실인 관습과 관습법을 구별할 때 사실인 관습은 당사자의 의사를 해석하는 표준이 됨으로써 의사표시의 내용이 되고, 이 때 비로소 효력을 가지게 되나, 관습법은 당사자의 의사와 관계없이 당연히 법규로서의 효력을 가지게 된다. 그러나 관습법은 보충적 효력을 가질 뿐이므로 법률에 규정이 있는 사항에 관하여는 존재할 수 없으나, 사실인 관습은 법률행위의 해석을 통하여 임의법규를 개폐하는 효력을 가지게 된다.

민법이 이와 같은 태도를 취한 것은 법률행위에 사용되는 언어나 문자뿐만 아니라, 법률행위의 모든 내용은 행위의 장소나 그 당사자가 속하는 계급·직업에 따른 거래의 관행을 전제로 하는 것이 보통이므로, 법률행위를 그러한 거래행위 내지 관습에 따라 해석하게 하고 있다. 그러나 민법 제106조가 적용되기 위하여서는 다음의 요건을 갖추어야 한다.

(a) 강행법규에 위반하지 않고 또한 임의법규와는 다른 관습이 있을 것 : 강행법규에 위반하는 관습이 효력이 없음은 물론이고, 선량한 풍속 기타 사회질서에 관계없는 규정(임의규정)은 법률행위 해석의 표준이 되지만, 이 임의규정과 다른 관습이 있는 때에는 동조에 의하여 관습이 우선하여 해석의 표준이 된다.

(b) 당사자의 의사가 명확하지 않을 것 : 제106조의 적용이 있기 위해서는 당사자가 관습에 의한다는 의사나 관습에 의하지 않는다는 의사를 명확히 표시하지 않는 경우이어야 한다. 당사자가 관습에 의할 것을 명확히 표시한 경우에는 그 관습은 법률행위의 내용이 되기 때문이다.

(다) 임의법규　　법률행위의 당사자가 법령 중의 선량한 풍속 기타 사회질서에 관계없는 규정, 즉 임의규정과 다른 의사를 표시한 때에는 그 의사에 의한다(제105조). 따라서 임의규정은 특별한 의사표시가 없는 경우, 또는 의사표시가 분명하지 않는 경우 법률행위 내용을 완성하는 기능을 한다. 그러나 임의규정이 법률행위해석의 기준이 되는가.

부정설은 임의법규는 해석에 의하여 확정된 법률행위에 적용되는 것이라고 한다.[42)] 그러나 법률행위의 효과는 당사자가 의도한 이상의 효과는 발생할 수 없는 것이라고 할 것이므로 비록 당사자의 명시한 의사표시가 없거나 불분명하여 민법의

---

41) 대판 1983.6.14, 80다3231.

42) 곽윤직 393면, 김주수 234면.

임의법규를 적용하는 경우라도 그 범위는 결국 당사자가 기도한 효과의사 이내로 보아야 할 것인 점에서 보면 의사표시의 보충적 해석기준이 되는 것이다.

(라) 신의칙 신의칙은 법률행위의 해석이 표시행위가 지니는 객관적인 의사를 결정함으로써 표시에 의하여 발생한 사회적 기대가 무엇인가를 명백히 하는 것일 뿐만 아니라, 또한 거래사회가 당사자의 성실에 대한 상호 신뢰를 바탕으로 이루어지고 있는 이상 당연히 법률행위 해석의 표준이 된다고 한다. 예컨대 그 대표적인 해석방법으로 예문해석(例文解釋), 즉 당사자간의 약정이 부동문자로 된 때에는 이를 당사자간의 약정이라기보다는 하나의 조문에 불과한 것으로서 무효라고 하며, 판례 또한 극히 제한적이나마 그 적용을 긍정하고 있다.[43]

[판례] 근저당권설정계약은 처분문서이므로 특별한 사정이 없는 한 그 계약문언대로 해석함이 원칙이지만 그 근저당권 설정계약서가 금융기관 등에서 일반거래약관의 형태로 부동문자로 인쇄해 두고 사용하는 계약서인 경우에는 그 계약조항에서 피담보채무의 범위를 그 근저당권설정으로 대출 받은 당해 대출금 채무 외에 기존의 채무나 장래 부담하게 될 원인에 의한 모든 채무도 포괄적으로 포함하는 것으로 기재하였다고 하여도 당해 대출금 채무와 기존채무의 각 성립경위 및 각 채무액과의 관계 등 기타의 여러 사항에 비추어 인쇄된 계약문언대로 피담보채무의 범위로 해석하면 오히려 금융기관 등의 일반대출 관례에 어긋난다고 보여 지고, 당사자의 의사는 대출금채무만을 그 근저당권의 피담보채무로 약정한 취지로 해석하는 것이 합리적인 때에는 위 계약서담보채무에 관한 포괄적 기재는 부동문자로 인쇄된 일반거래약관에 불과한 것으로 보아 구속력을 배제하는 것이 타당한 것이다(대판 1990.7.10, 89다카12152).

3. 法律行爲解釋의 법률적 성질

(1) 법률행위해석의 법률적 성질은 법률문제인가, 아니면 사실문제인가.

사실문제설은 법률행위해석 작용이 당사자의 실유(實有)하는 의사의 확정, 즉 단순한 사실의 확정이라고 하고,[44] 법률문제설은 이러한 사실 확정에서 나아가 법률상 인정된 효과의 적용문제라고 한다.

(2) 양 설은 법률행위해석의 법원의 직권에 의한 행사, 즉 사실문제로 보면 자기에게 유리한 해석을 주장하는 자가 입증하여야 하지만, 법률문제로 보면 법원이 당사자의 주장을 기다리지 않고 판단하게 된다는 점 또는 상고사유 인정 여부와 관련하여 중요한 차이를 가지는 것이라고 하며, 다수설은 법률문제로 파악한다.

---

43) 대판 1990.7.10, 89다카12152; 1984.6.12, 83다카2159; 판례는 주로 부당약관에 대한 규제로 예문해석을 활용하고 있다.

44) 동 견해는 법률행위 해석에서 자연적 해석이 사실문제임은 명백하고, 규범적 해석과 보충적 해석도 당사자의 가상적 의사를 확정하는 것이므로 법률적용의 문제가 아니라 사실문제라 한다(이영준 319면, 김상용 506면).

그러나 사실문제설의 입장에서도 사실의 인정이 심리미진으로 법률에 위배되는 때에는 상고이유가 되므로 권리구제에는 미흡한 것은 아니며, 법률문제설이 사실문제로 보면 자기에게 유리한 해석을 주장하는 자가 입증하여야 하지만, 법률문제로 보면 법원이 당사자의 주장을 기다리지 않고 판단하게 된다는 점을 들지만 법률행위의 해석에 당사자가 주장하지 않는 효력을 법원이 직권으로 부여함은 사적 자치의 원칙에 부합하지 못하여 오히려 부당하다.

또한, 법률행위해석 자체의 법리에서도 법률행위가 효력을 발생하는 것은 당사자의 의사표시에 의하고, 그 효력발생이 배척되는 것은 단지 강행법에 반하는 경우인 점에서 보면, 법률행위의 해석은 당사자가 표시한 의사의 확정만으로 충분하고, 여기에 법원이 굳이 법률의 적용까지를 고려할 것은 아니다.

[법률문제설과 사실문제설의 구별]

	사실문제라고 보는 경우	법률문제라고 보는 경우
주장, 입증책임	유리한 해석의 주장자가 입증책임을 부담	주장 및 입증책임은 발생하지 않고 법원의 직권으로 확정
상고심 기속	사실심 상고심 기속	사실심의 상고심 불기속
상 고 이 유	원칙적 상고이유 불가능	상고이유 가능
자백의 구속	자백이 당사자 및 법원을 구속	권리자백으로서 당사자 및 법원을 구속

제 3 절 意思表示

제 1. 意思表示의 構成要素와 立法主義

1. 意思表示의 의의와 구성

(1) 意思表示의 의의

의사표시는 법률행위에 있어서 불가결의 요소이다. 그것은 일정한 사법상 법률효과의 발생을 의욕하는 의사적 내용이며, 그러한 표의자의 의사에 의거하여 법률효과가 주어진다.

이와 같이 의사표시는 법률행위를 이루는 개개의 요소이며 법률효과 발생의 근저를 이루는 것으로서 그 성립의 심리적 과정에서 분석하면, 먼저 사람이 어떤 동기에 의하여 일정한 법률적 효과를 의욕하고(효과의사), 다음에 이 의사를 외부에 알리려는 의사(표시의사)에 매개되어 일정한 행위가 외부에 나타나게 된다(표시행위). 즉 의사표시는 효과의사·표시의사·표시행위라는 심리적 과정으로 나타나며, 이들은 곧 의사표시의 내용을 이룬다.[45)]

(2) 意思表示의 구성요소

효과의사	표시의사	표시행위
(의사주의)		(표시주의)

(가) 효과의사　효과의사는 표의자의 심리상태에서 일정한 법률효과를 의욕하는 의사를 말하며(예컨대 진의), 표시상의 효과의사와 구별하기 위하여 특히 내심적 효과의사라고도 한다. 그러나 이러한 효과의사 자체를 타인이 안다는 것은 불가능하므로, 사회적 관점에서 일단 의사표시로 인정할 만한 표시행위가 있으면 객관적으로 표시행위에 상응하는 효과의사가 표의자의 심리에 존재하는 것으로 추측한다. 이를 표시상 효과의사라고 하며, 의사표시의 중요한 내용을 이룬다.

(나) 표시의사　표시의사는 내심적 효과의사를 외부에 표시하고자 하는 의사, 즉 표시행위가 일정한 효과의사의 표현으로써 타인에게 이해된 것이란 의식을 말한다. 즉 효과의사와 표시행위를 심리적으로 매개하는 의사 내지 의식을 말한다.

표시의사(表示意思)를 의사표시의 구성요소로 할 것인가. 다수설은 표시의사는 법률학상 의사표시를 위한 독립된 구성요소, 즉 의사표시의 본체를 효과의사로 보면 효과의사에, 표시의사로 보면 표시의사에 각각 내포되는 것이므로 의사표시의 독립된 구성요소로 보아야 할 실익이 없다는 점을 들어 부정한다. 그러나 표시의사는 표시상의 착오와 내용인 착오의 구별기준이 될 뿐만 아니라, 침묵인 의사표시의 판단기준이 될 수 있는 점에서 의사표시의 구성요소로 다룰 법률상 실익이 있다.[46)]

(다) 표시행위　표시행위란 의사표시가 있는 것으로 볼 수 있는 소극·적극의 모든 외형적 거동을 말한다. 법률적 의미를 지니는 사람의 행위란 언제나 어떤 외형

45) 견해 중에는 의사표시의 주관적 요소를 독일 민법학의 입장을 따라 행위자가 의식적인 거동으로서 일정한 행위를 하려고 하는 의사인 행위의사, 자기행위가 그 내용이야 어떠하든 법적으로 의미 있는 표시라는 행위자의 의식인 표시의사, 및 표시에 의하여 구체적으로 특정한 법률효과를 발생시키려는 의사인 효과의사로 나누어 구성한다[이영준 108면 이하; 송덕수, 주해(2) 134면 이하; 지원림, 민법강의 190면 이하].

46) 동지, 이영준 110~111면, 김상용 369면; 송덕수, 의사표시의일반이론, 고시연구(1991.12) 114면.

적 존재를 가져야 하므로 의사표시가 법률효과를 갖기 위하여서는 우선 의사표시가 있었음을 인식할 만한 행위가 있어야 하고, 이 표시행위에 의하여 의사표시를 인식하게 된다. 따라서 표시행위는 효과의사의 표현행위이며, 의사표시의 중요한 내용을 이룬다.

표시행위(表示行爲)는 명시·묵시로 구별되며, 명시적 표시는 물론 묵시적 표시는 명백히 표시되지 않을 뿐 태도에 의하여 표시되는 것이어서 표시행위라고 하기 위해서는 의식적으로 행하여져야 한다. 따라서 무의식적·폭력적 행위에 의한 표시의사는 의사표시라고 할 수 없다.

2. 效果意思로서 意思表示

(1) 근대 사법은 사인간의 법률관계가 원칙으로 그 당사자인 개인 자신으로 하여금 그가 원하는 바에 따라 결정하고 형성하는 것이 합리적이라는 원칙(자유주의·개인주의) 위에 자리하고 있다. 이것이 사적 자치의 원칙이며, 이를 위한 가장 중요한 수단이 법률행위이다.

여기서 법률행위는 의사표시를 그 구성요소로 하므로 결국 법률행위의 효과는 의사표시에 따라 결정되게 된다. 따라서 학설은 그 의사표시의 본체로서 효과의사를 어디에 두는가를 기준으로 의사주의와 표시주의로 나누어진다.

(가) 의사주의 　 의사주의는 법률효과가 부여되는 의사표시를 법률상 행위자의 진실한 의사, 즉 표의자의 내심적 효과의사를 지상 절대의 것으로 보는 주의이다. 다시 말하여 의사표시의 본체를 표시행위가 아니라 내심의 효과의사로 보며, 그 결과 의사와 표시가 일치하지 않은 행위는 법률행위의 불성립이거나 무효가 된다고 보는 주의이다.

견해 중에는 의사주의에 바탕하여 의사표시는 법률효과를 의욕하지 아니한 것이 의사표시일 수 없으므로 내심적 효과의사만이 의사표시일 것이지만, 다만 민법이 표시된 대로 효력을 발생하게 한 것은 의사표시이어서가 아니라 자기가 표시한데 대한 자기책임의 결과에서 발생하는 것이라는 소위 신의사주의가 주장된다. 즉 전통적 의사주의가 의사만을 유일한 효력소로 본 것은 지나친 것이며 표시행위도 효과의사와 동일하게 의사표시의 효력소로 보아야 하나 이 중 우월적 지위를 갖는 것은 의사(내심적 효과의사)라고 한다.

그리하여, 신의사주의는 의사에 하자가 있는 경우 자기책임의 원칙에 의하여 표시된 대로 효력을 발생한다는 점에서 의사주의와 다르고, 자기결정의 원칙에 의하여 이른바 '표시상의 효과의사'의 실존을 부정하는 점에서 표시주의에 기운 절충주의와 다르다고 한다.

또한, 신의사주의는 효력주의에 가깝게 접근되나 개인의 의사를 보다 강조하고 의사의 우월적 지위로부터 출발하고 있는 점에서의 의사주의에 보다 가깝다고 한다(이영준 132면).

(나) 표시주의　표시주의는 법률행위는 표의자의 의사에 기하는 것이지만, 그러나 그것은 외부에 표현되지 않으면 법률적 의미를 갖지 못하므로 법률적 의미를 갖기 위하여서는 표시행위에 나타난 것, 즉 표시행위를 의사표시의 본체로 보는 견해가 표시주의이다. 따라서 의사와 표시가 불일치하는 경우에도 표시행위가 있는 이상 법률행위는 유효히 성립하고 다만 표의자 측에서는 착오의 문제가 생길 뿐이라고 한다.

(다) 효력주의　효력주의는 의사표시를 효력표시, 즉 법률효과를 객관적으로 표의자에게 귀속시킬 수 있게 하는 표의자의 모든 행위가 의사표시라고 하는 주의이다. 따라서 효력주의는 의사와 표시는 불가분적으로 결합되어 있는 것으로서, 표시행위는 단순한 의사표시의 수단이 아니라 의사와 같이 의사표시의 본체라고 한다. 그러므로 표의자의 표시행위가 있는 이상 비록 이것에 부합하는 효과의사가 없는 경우에도 의사표시로서 성립하고 효력을 발생한다고 보는 점에서(단지 취소사유로 된다고 본다) 표시주의와 동일하나, 다만 표시주의는 그 효력발생의 근거를 상대방 신뢰보호에서 구하는데 반하여, 효력주의는 표의자의 표시내용과 같은 법률효과를 부여토록 한데 있다는 점에서 구별된다.

(2) 立法主義의 비교와 민법상 태도

이상의 견해들을 비교하여 보면, 의사주의는 근대법의 대원칙인 개인의사자치 이념에 철저한 주의이며, 주로 표의자의 이익보호를 중심으로 하는 입장이라 할 수 있다. 이에 반하여 표시주의와 효력주의는 표의자 본인의 이익보다는 선의의 상대방이나 거래의 안전을 더 중요시하는 입장(효력주의 역시 표시행위를 의사표시를 완성하는 요소로 봄으로써 표시주의에 가깝다.)인 것으로, 모두 정당한 이유를 가진다. 그러므로 어느 한 쪽만을 취한다는 것은 불합리하고, 또한 양자를 현실적으로 양립시킨다는 것도 반드시 용이한 일은 아니다. 그리하여 대부분의 입법례가 그 정도의 차이는 있으나 양자간의 절충주의를 취하고 있다.

우리 민법도 이들의 입법례를 따라 절충주의를 취하여 상대방의 보호와 거래의 안전이 특히 요구되는 재산관계에 관하여는 표시주의를 원칙으로 적용하고 예외적으로 당사자의 진의를 보호하는 의사주의를 가미하고 있다. 그러나 당사자의 진의가 절대적으로 존중되는 가족관계에서는 의사주의만을 적용하게 하고 있다.

견해에 따라서는 우리 민법의 규정은 절충주의로 이해하기 어려운 면이 있다고 하여 신의사주의로 설명한다(이영준 132면). 예컨대 민법이 비진의표시와 허위표시를 무효로 하고, 착오와 사기·강박에 의한 의사표시를 무효로 하지 않고 취소로 한 것은 표의자를 두둔한 의사주의에 입각한 배려이며, 무효와 취소의 효과를 선의의 제3자에 대항하지 못하게 한 것은 무권리자로부터 권리를 양수한 자를 보호하기 위한 입법적 배려라고 한다.

[민법상 의사주의와 표시주의]

표시주의의 적용	① 법해석 - 사회신뢰, 선량한 풍속 기타 사회질서 ② 의사무능력 · 행위무능력 ③ 의사와 표시의 불일치 - 원칙상 유효 ④ 의사표시의 효력발생시기 - 발신주의의 증가 ⑤ 하자 효과 - 무효 · 취소
의사주의의 적용	① 의사무능력 · 행위무능력 - 정도에 따른 무효 · 취소 ② 법률행위의 해석 - 당사자의 의사에 합치 ③ 의사표시의 효력발생시기 - 도달주의 ④ 의사와 표시의 불일치 - 무 효

3. 意思表示의 여러 모습

(1) 明示的 意思表示와 默示的 意思表示

(가) 명시적 의사표시 명시적 의사표시란 표의자의 의사를 상대방이 명확히 알 수 있도록 표시하여 행하는 의사표시를 말하고, 의사표시는 명시적으로 표시됨을 원칙으로 한다.

[판례] 민법 제555조에 의하여 해제가 제한되는 서면에 의한 증여에서의 증여의 의사표시는 수증자에 대하여 서면으로 표시하여야 하는 것이므로, 甲이 원고에게 이 사건 부동산을 증여하고 그 증여의 의사를 강제집행의 방법으로 실현하기 위하여 스스로 선임료를 지급하고 소송대리인을 선임하여 원고명의로 위 부동산에 가압류신청을 하고, 나아가 자신을 상대로 사실혼 해소에 따른 위자료 지급을 구하는 조정신청을 하기로 하였다는 사정만으로는 甲의 증여의 의사표시가 원고에게 서면으로 표시되었다고는 볼 수 없다(대판 1996.3.8, 95다54006).

(나) 묵시적 의사표시 묵시적 의사표시는 거동에 의해 행해지는 의사표시, 다른 행위에 내포되어 행해지는 의사표시(추단된 의사표시 또는 포함적 의사표시)로 구별된다.

(ㄱ) 침묵에 의한 의사표시 : 침묵에 의한 의사표시는 표의자가 어떤 의사표시를 하지 않았지만 주위사정으로 인하여 일정한 의사표시를 한 것으로 의제 되는 의사표시이다. 따라서 침묵이 의사표시로 되기 위하여서는 침묵 자체만으로는 부족하고 특별한 사정, 즉 관행 또는 인접 의사표시에 의하여 침묵을 의사표시로 평가하는 사정이 있어야 한다. 다만 침묵자가 이를 인식하고 있어야 하는가.

다수설은 법률이 침묵을 의사표시로 의제한 것으로는 무능력자(법정대리인)의 최고에 대한 상대방이 기간 내 확답하지 아니한 경우의 추인의제(제15조 제1항 · 제2항), 상사거래에서 청약에 대한 승낙해태로 인한 승낙의 간주(상법 제53조)가 이것이며, 일정한 기간의 경과로 법률효과를 부여하고 있는 점을 들어 침묵자에 인식은 불필요한 것이라고 한다. 그러나 소수설은 침묵자의 인식은 바로 표시의사를 의미하는 것으로 침묵자가 침묵의 의미를 의식하지 못하고 있는 경우에는 의사표시로 되지 않고 단지 착오침묵으로서 표시상 착오이론에 준하여 규율될 것이라고 한다.[47)]

(ㄴ) 포함적 의사표시 : 포함적 의사표시는 행위자가 실행행위, 특히 이행행위 또는 이행의 수령행위를 하면서 이에 의하여 어떤 법률관계가 형성된다는 사실을 인식하는 때 성립되는 의사표시, 즉 추단된 의사표시를 말한다. 예컨대 소비대차기간 만료 후 차주의 이자지급과 대주의 수령행위에의 기간연장의 합의, 임대차의 묵시적 갱신 및 취소할 수 있는 법률행위의 추인 등이 이것이며, 의사표시가 실행행위 내지 이행행위에 의사표시가 내포되어 있다는 점에서 침묵적 의사표시, 침묵에 의한 의사표시와 구별된다.

또한, 포함적 의사표시는 의사표시로서의 의미를 가지나, 제2차적 행위와 모순되지 아니하는 범위에서 이의를 보유함으로써 그 성립을 막을 수 있는 것이라고 본다.

⑵ 기타 의제된 意思表示

(가) 의사실현에 의한 의사표시　의사실현에 의한 의사표시는 소유권의 포기, 취득할 수 있는 법률행위에 의하여 취득한 물건의 소비행위와 같이 직접적인 의사표시는 없었으나 의사표시로 추단하여 그 성립을 인정하는 것이다. 따라서 민법상 계약의 성립(제532조), 자기계약·쌍방대리(제124조) 등에 명시적 표시행위 없는 의사표시를 인정하고 있다. 그러나 의사실현에 의한 의사표시를 통상의 의사표시와 구별하는 것은 온당하지 않다는 견해도 있다.[48)]

다만, 자동판매기를 설치하는 것은 의사표시라 볼 수 있는가. 통상 자동판매기의 설치행위는 그 설치행위 자체가 청약의 의사표시라 볼 수 있으나, 다만 승낙의 의사표시는 승낙의 효력발생시기와 관련하여 자동판매기에 돈을 투입하는 것 자체는 아직 승낙의 의사표시를 하였다고 볼 수 없고 자판기에 돈을 넣고 선택버튼을 누름으로서 승낙의 의사표시로 된다.

(나) 법률이 의제하는 의사표시　법률이 의제하는 의사표시는 의사표시가 존재하지 아니함에도 불구하고 민법이 어떤 의사표시의 존재 또는 어떤 약정이 존재하는 것으로 간주하는 경우, 예컨대 무능력자 상대방의 최고, 제15조 제1항·제2항 ; 임대차의 법정갱신, 제639조 제1항 전단이 이것이다. 따라서 당사자의 추정적 의사와는 관계없이 법이 정책적 견지에서 간주규정을 두고 있다.

---

47) Flume §5.2b, 이영준 118면.
48) 이영준 111면.

이와 같은 법정적 법률관계에 의사표시에 관한 규정을 유추 적용할 것인가. 대체로는 침묵이 추인 거절로 의제 되는 경우(제131조 후단)에는 배척될 것이라고 하나 침묵이 추인 또는 갱신으로 의제되는 경우에는 의사표시의 규정을 유추 적용할 것이다.

제 2. 非正常的 意思表示

1. 非正當的 意思表示의 개념

민법은 제2절 의사표시(제107조 내지 제113조)에서 주로 비정상적 의사표시에 관하여 규정하고 개별적 유행에 따라 그 효력을 정하고 있다.

여기서 비정상적 의사표시란 의사의 형성 또는 표시상의 흠결(예컨대, 착오인 의사표시)이 있거나 의사의 결여(예컨대, 비진의 의사표시 또는 통정허위표시) 및 하자있는 의사표시(예컨대, 사기·강박에 의한 의사표시)를 총칭하는 것으로서 민법은 그 효력을 획일적으로 정하지 않고 무효(예컨대, 허위표시 및 상대방이 진의 아님을 알거나 알 수 있었던 경우의 비진의표시) 또는 취소할 수 있는 것으로 하거나(예컨대, 착오·사기·강박에 의한 의사표시), 때로는 비정상적 의사표시에도 불구하고 일단 유효한 것(예컨대, 비진의 의사표시)으로 하고 있을 뿐만 아니라, 동 규정의 법률적 성질에 관하여도 착오에 관한 규정은 임의규정이지만, 사기·강박에 관한 규정은 강행규정으로 하고 있다.

비정상적 의사표시의 취급에 관하여 종래 견해는 의사와 표시가 일치하지 않는 의사표시와 하자있는 의사표시로 나누어, 전자는 표의자의 내심적 효과의사가 표시행위로부터 추단되는 표시상의 효과의사와 부합하지 않는 것으로서 비진의표시·허위표시·착오를 말한다고 하고, 후자는 의사가 타인의 위법한 간섭으로 방해된 상태 하에서 자유롭지 못하게 행해진 것으로서 사기·강박에 의한 의사표시를 말한다고 하여 양자를 서로 다른 것으로 분류하여 왔다. 그러나 최근의 다른 견해는 양자 모두 의사와 표시에 흠이 있는 의사표시라고 하는 점에서 병(病)적인 의사표시로서 차이가 없고 또한 구별하여도 방법론적으로 실익이 없다는 점에서 이들을 일괄하여 비정상적 의사표시로서 다루고 있다.

2. 眞意아닌 意思表示

(1) 眞意아닌 意思表示의 의의

진의아닌 의사표시는 표시행위가 표의자의 진의와 일치하지 않는 것을 말한다. 즉 의사와 표시가 불일치하는 것을 표의자가 스스로 알면서 하는 의사표시를 말하며, 일명 심리유보(心理留保)라고 한다.

⑵ 眞意아닌 意思表示의 요건

진의아닌 의사표시가 성립하기 위하여서는 다음의 요건을 갖추어야 한다.

(ㄱ) 의사표시가 있어야 한다. 즉 일정한 효과의사로 단정할 가치 있는 행위가 있어야 하고, 상대방 또는 일반 제3자가 진의일 것을 기대하고 있는 의사표시, 즉 허언(虛言) 등이 그 예이다. 그러나 법률관계의 발생을 의욕하지 않음이 명확한 경우(예컨대, 사교적 농담·교수의 예시 등)에는 의사표시가 있었다고 할 수 없으므로 비진의표시의 문제는 생기지 않고, 또한 공법상 의사표시(예컨대, 영업신고·공무원의 사직원·재판상 진술 등)에는 적용되지 않는다.[49]

(ㄴ) 표시와 진의가 일치하지 않을 것이어야 한다. 비진의 의사표시이기 위해서는 표시에서 드러난 표시의사가 진의와 일치하지 않을 것이어야 한다.

특히, 판례는 비진의표시에서의 진의란 특정한 내용의 의사표시를 하고자 하는 표의자의 생각을 말하는 것이지 표의자가 진정으로 마음속에서 바라는 사항을 뜻하는 것은 아니라고 한다.[50] 따라서 표의자가 강제에 의하여 나마 증여하기로 하고 그에 따른 증여의 의사표시를 한 이상 내심의 효과의사가 결여된 것이라 볼 수 없는 것이라 하고,[51] 또한 사실상의 장애로 자기명의로 대출 받을 수 없는 자를 위하여 대출금채무자로서 명의를 빌려준 자에게 그와 같은 채무부담의 의사가 없는 것이라고 할 수 없으므로 그 의사표시는 비진의표시가 아니라고 한다.[52]

[판례] 진의 아닌 의사표시에 있어서의 '진의'란 특정한 내용의 의사표시를 하고자 하는 표의자의 생각을 말하는 것이지 표의자가 진정으로 마음속에서 바라는 사항을 뜻하는 것은 아니므로 표의자가 의사표시의 내용을 진정으로 마음속에서 바라지는 아니하였다고 하더라도 당시의 상황에서는 그것이 최선이라고 판단하여 그 의사표시를 하였을 경우에는 이를 내심의 효과의사가 결여된 진의 아닌 의사표시라고 할 수 없다(대판 2001.1.19, 2000다51919·51926).

(ㄷ) 표의자가 스스로 이와 같은 불일치를 알고 있을 것이어야 한다.

(ㄹ) 표의자가 그러한 행위를 하게 된 이유나 동기는 묻지 않는다.

⑶ 非眞意表示의 효과

㈎ 비진의표시는 원칙적으로 의사표시의 효력에 영향을 미치지 않는다(제107조

49) 이영준 330면, 김주수 268면; 대판 1992.8.14, 92누909; 1992.5.26, 91다45578; 1978.7.25, 76누276.
50) 대판 2001.1.19, 2000다51919·51926; 1996.12.20, 95누16059; 1993.7.16, 92다41518.
51) 대판 1993.7.16, 92다41528.
52) 대판 1996.9.10, 96다18182.

제1항 본문). 즉 표시된 대로의 효력이 생긴다(표시주의의 결과). 그러나 상대방이 표의자의 진의 아님을 알았거나 이를 알 수 있었을 때에는 무효이다.

비진의표시가 표시된 대로 효력이 발생하는 이론적 근거에 대하여 표시주의적 절충설에 의하면 표시주의의 입장을 취한 결과라고 하고, 신의사주의 이론에 의하면 표의자가 의욕하였기 때문이라 한다. 그러나 신의사주의 이론의 그 효력발생 근거를 표의자의 의욕에서 구할 경우 표의자가 상대방이 진의 아님을 알 것이라고 기대하는 허언(虛言)의 경우를 설명하기 어려운 결점을 가진다.

여기서 「알 수 있었을 때」란 과실에 의한 상대방의 不知를 말함이고, 비진의라는 사실의 知・不知를 말함이고, 과실의 유무는 모두 행위 당시, 즉 상대방이 표시를 요지(了知)한 때를 표준으로 하여 결정한다.

[판례] 진의 아닌 의사표시가 대리인에 의하여 이루어지고 그 대리인의 진의가 본인의 이익이나 의사에 반하여 자기 또는 제3자의 이익을 위한 배임적인 것임을 그 상대방이 알 수 있었던 경우에는 민법 제107조 제1항 단서 규정의 해석상 그 대리인의 행위는 본인의 대리행위로는 성립하지 않는다(대판 1987.7.7, 68다카1004).

(나) 비진의표시의 무효로 선의의 제3자에 대항하지 못한다(제107조 제2항). 여기서 선의란 진의 아닌 의사표시임을 알지 못한 것을 말하고, 과실의 유무를 불문한다. 또한 선의·악의의 결정표준은 법률상 이해관계가 성립한 때이고, 그 입증책임은 그 법률행위의 무효를 주장하는 자에 있다.

(다) 민법 제107조 제1항 단서에 의하여 비진의표시가 무효로 되는 경우 표의자는 상대방에 대하여 불법행위에 의한 손해배상책임을 지는가. 상대방이 악의는 아니지만 과실이 있는 때와 관련하여 문제된다.

종래 다수설은 우리 민법이 상대방이 알고 있는 경우뿐만 아니라 알고 있었을 경우에도 무효로 한 점으로 미루어 표의자의 손해배상책임은 배척할 것이라고 하였으나.[53] 최근의 다수설은 긍정설을 취하며, 실질론적 측면에서 甲의 비진의표시에 乙이 알지 못하고 출자한 경우 비록 乙이 알지 못한데 과실이 있었다고 하더라도 甲은 비진의표시에 불법행위의 요건을 충족하는 한 乙에 대하여 배상책임을 부담하고 다만 乙의 과실과 상계문제로만 처리되는 것이라고 한다. 그러나 견해에 따라서는 계약체결상 과실문제로 해결할 것이란 주장도 있다.[54]

(4) 제107조의 적용범위

(가) 민법 제107조는 상대방 있는 의사표시에 한하지 않고 상대방 없는 의사표시

---

53) 곽윤직 403면, 김증한・김학동 330면, 장경학 464면.

54) 이은영 480면.

에도 적용된다. 그러나 상대방 없는 의사표시의 경우에는 동조 제1항 단서 적용의 여지가 없다. 따라서 언제나 무효로는 되지 않는다.

또한, 가족법상의 행위(신분행위)와 상법상의 주식인수의 청약에 관하여는 민법 제107조가 적용되지 않는다. 특히 혼인과 입양에 관하여는 이 뜻을 명문으로 규정하고 있다.

(나) 공법상 행위에도 비진의표시에 관한 민법규정은 적용되지 않는다. 판례는 귀속재산의 처분행위는 행정처분임이 명백하고 귀속재산처리법에 의한 매수인의 매수신청 또는 임차인의 임차신청 및 그 포기의 의사표시는 공법상행위이므로 비진의표시에 관한 민법규정은 적용되지 않는 것이라고 한다.[55)]

3. 虛僞表示

(1) 虛僞表示의 의의

(가) 허위표시란 상대방과 통정함으로써 하는 진의 아닌 허위의 의사표시를 말하며, 통정한 허위표시 또는 가장행위라고도 한다. 예컨대 甲이 丙에게 부담하고 있는 채권을 모면하기 위하여 자기소유에 속하는 부동산을 乙과 공모하여 乙의 명의로 단순히 이전하여 두는 경우를 말한다.

(나) 허위표시는 은닉행위 · 신탁행위와 구별된다. 예컨대 자기부동산을 처에게 증여하면서 증여세의 면탈을 위하여 매매형식을 취하는 경우 그 외형행위는 가장행위(허위표시)이고, 증여는 은닉행위에 해당한다. 은닉행위는 그것이 숨겨져 있다는 것만으로 무효로 될 수 없고, 그 숨겨진 행위가 그에 요구하는 요건을 갖추고 있는가 여부에 따라서 효력이 결정된다.

또한, 신탁행위는 채권양도 · 양도담보 등과 같이 일정 경제적 목적을 위한 권리이전의 형식을 취하는 것으로서 당사자간에 진정한 의사가 있었다는 점에서 진정한 의사를 바탕으로 하지 않는 허위표시와 구별된다.

(2) 虛僞表示의 성립요건

(가) 허위표시가 성립하기 위해서는 진의 아닌 의사표시를 하는데 상대방과 통정하고 있어야 함을 요한다. 이 점에서 비진의표시를 단독허위표시라고 하는 것과 구별된다.

그 외에 비진의표시와 대체로 일치하며, 다음의 요건을 갖추어야 한다.

(ㄱ) 의사표시가 있고 그 의사표시가 유효한 의사표시로서의 외관을 가질 것

---

55) 대판 1968.11.19, 68다1624.

(ㄴ) 표시로부터 추단되는 의사와 표시가 일치하지 않을 것

(ㄷ) 표시와 진의의 불일치를 표의자가 스스로 알고 있을 것

(ㄹ) 진의와는 다른 의사표시를 하는데 상대방과 사이에 합의가 있을 것

(ㅁ) 허위표시의 목적이나 동기는 묻지 않는다.

(나) 판례는 허위표시가 성립하기 위한 의사와 표시의 불일치는 표의자가 스스로 알고 있는 것만으로는 부족하고 진의와 다른 의사표시를 하는데 대하여 상대방과 사이에 합의가 있어야 하고, 이 경우 합의는 비진의표시를 한 자가 스스로 그 情을 인식하면서 진의 아닌 의사표시를 하는데 대한 상대방의 양해 하에 하는 것이면 족한 것이라고 한다.[56)]

그리하여 판례는 양도소득세를 회피하기 위한 방법으로 매매계약을 체결한 경우(대판 1992.12.22, 91다35540·35557; 1987.5.12, 86누916; 1989.7.11, 86누8609; 1990.7.13, 90누1991), 강제집행을 면할 목적으로 부동산의 소유자명의를 신탁하는 경우(대판 1994.4.15, 93다61307; 1980.4.8, 80다1), 토지에 관한 매매계약이 그 토지의 점유시효취득자에 대한 소유권이전등기의무를 면탈하기 위한 목적에서 이루어진 경우(대판 1994.10.11, 94다16090). 구 상호신용금고법상의 동일인 대출한도를 회피하기 위하여 상호신용금고의 양해 하에 형식상 제3자 명의를 빌려 체결된 대출약정(대판 2001.2.23, 2000다65864; 1996.8.23, 96다18076; 1998.9.4, 98다17909; 1999.3.12, 98다48989), 채권자가 기존채권의 우선변제를 받을 목적으로 주택임대차계약의 형식을 빌려 기존채권을 보증금채권으로 하여 한 주택임대차계약(대판 2002.3.12, 2000다24184·24191)은 통정허위표시에 해당하는 것이라고 한다.

[판례] (1) 남편의 전 재산을 아내와 미성년의 아들에게 매매하는 형식으로 이전한 것은 제3자에 대한 손해배상채무를 면탈할 목적으로 한 가장된 매매계약이라고 추정하는 것이 경험칙에 비추어 상당하다(대판 1963.11.28, 63다493).

(2) 매도인이 형사사건에서 이중매매로 인하여 배임죄로 처벌받았다고 하여 민사사건에서 매매계약이 통정허위표시에 기한 무효의 법률행위라고 판단할 수 없는 것은 아니다(대판 1993.4.27, 92다51747).

(3) 虛僞表示의 효과

(가) 당사자간의 효력 　허위표시는 당사자간에 언제나 무효이다(제108조 제1항). 그러나 허위표시가 무효로 되는 근거에 관하여는 당사자가 그 허위표시의 법률효과를 의욕하지 않았기 때문이라고 하거나, 당사자가 의욕 하였지만 실제로 그에 상응하는 진의가 없기 때문인 결과, 즉 당사자의 무효로 하는 합의에 의해 효력이 부인되는 것이라고 하나,[57)] 다수설은 당사자가 그 허위표시의 법률효과를 의욕하지 않았기 때문이라고 하고, 다음의 효력을 가지는 것이라고 한다.

56) 대판 1973.1.30, 72다1703.
57) 고상용 446면.

(ㄱ) 허위표시에 기한 가장행위도 무효이나, 다만 은닉행위에 대하여는 그 성립요건과 유효요건을 구비하고 있는 한 무효라고 할 것은 아니다.[58)]

(ㄴ) 허위표시는 당사자간에는 언제나 무효이므로 이행할 필요가 없으나, 이를 이행한 경우 그 부당이득의 반환을 청구할 수 있는가. 민법 제746조는 "불법의 원인으로 인하여 재산을 급여한 때에는 그 이익의 반환을 청구하지 못한다."라고 규정함으로써 통정허위표시가 동조의 적용을 받는가. 문제된다.

통설은 허위표시 그 자체는 불법이 아니라는 점에서 동조 적용은 없다고 한다. 그러나 허위표시가 동시에 반사회성을 띠는 경우에는 동조 적용의 여지가 있을 것이라고 보며,[59)] 판례 또한 허위표시가 불법행위를 구성하고 급부수령자가 이에 적극 가담한 경우에는 불법원인의 급여가 되는 것으로서 제746조 본문의 적용을 받아 그 반환청구가 제한된다고 한다.

판례는 부동산소유자가 자신의 부동산에 대하여 취득시효가 완성된 사실을 알고 이를 제3자에게 처분하여 소유권이전등기를 넘겨줌으로써 취득시효 완성을 원인으로 한 소유권이전등기의무를 이행불능에 빠뜨려 시효취득을 주장하는 자에게 손해를 입힌 경우(대판 1995.6.30, 94다52416; 1993.2.9, 92다47892; 1994.4.12, 93다60779), 취득시효가 완성된 부동산의 소유자가 그 부동산을 시효취득자에 대한 소유권이전등기 의무를 회피하기 위한 목적으로 아들에게 증여하여 소유권이전등기를 넘겨 준 경우(대판 1995.6.30, 94다52416; 1993.2.9, 92다47892; 1994.4.12, 93다60779)에는 그들 간에 불법행위가 구성하고, 이에 제3자나 수증자인 아들이 이에 적극 가담한 이상 그 등기의 원인행위가 사회질서에 반하는 것으로서 그 급부는 불법원인의 급여가 되는 것이라고 한다.

한편, 판례는 양도소득세를 회피하기 위한 방법으로 매매계약을 체결한 경우(대판 1992.12.22, 91다35540·35557; 1987.5.12, 86누916; 1989.7.11, 86누8609; 1990.7.13, 90누1991), 강제집행을 면할 목적으로 부동산의 소유자명의를 신탁하는 것(대판 1994.4.15, 93다61307; 1980.4.8, 80다1)이 통정허위표시라 하더라도 민법 제103조의 반사회적 법률행위로서 불법원인급여에 해당한다고는 볼 수는 없는 것이라고 한다.

(ㄷ) 허위표시가 민법 제746조의 적용을 받지 않는 한 당사자는 언제라도 외형행위의 무효확인을 구하고 외형행위 및 그에 기하여 이행된 가장의 공시방법의 제거를 청구할 수 있다(판례는 등기회복의 방법으로는 원래 말소등기를 하여야 하나 이전등기도 유효한 것이라 한다). 그러나 그 등기명의의 회복에 의하여 가장명의인의 채권자에 손해가 생긴 경우에도 가장 양도인의 불법행위는 성립하지 아니한다.

(ㄹ) 무효인 법률행위에 채권자취소권의 대상이 되는가. 이를 부정할 것이지만, 다만 통정허위표시의 무효는 선의의 제3자에 대항하지 못하므로 특히 가장매매의 경우 전득자인 제3자가 허위표시임을 알지 못하였으나 가장양도인(채무자)이 채권

58) 대판 1993.8.28, 93다12930.

59) 동지, 이은영 500면.

자를 해할 목적임을 알고 있는 때에는 채권자취소권의 대상이 되는 것이라고 보며,[60] 나아가 판례는 채권자취소권의 대상이 되는 것이라고 하여 통정허위표시가 아니라 할 것은 아니라고 한다.

(나) 제3자에 대한 효력　허위표시의 무효는 선의의 제3자에는 대항하지 못한다(제108조 제2항). 이것은 허위표시가 당사자간에 무효로서 아무런 법률적 효력이 발생하지 않는 것이지만, 그러나 외부적으로는 유효한 법률행위로서의 외관을 갖고 있는 것이므로(예컨대, 등기이전) 제3자가 이러한 외관을 믿고 거래한 경우에는 불측의 손해를 보게 되므로 거래한 제3자의 이익보호를 위한 취지이다.

(ㄱ) 일반적으로 제3자란 당사자와 그의 포괄승계인 이외의 자를 모두 포함한다. 그러나 제108조 제2항의 제3자는 위와 같은 제3자 가운데서 허위표시를 기초로 하여 새로운 이해관계를 맺은 자를 한정하여 가리킨다. 예컨대 가장매매의 매수인으로부터 그 목적물을 다시 매수한 자가 그 대표적인 것이지만 가장매매에 기한 손해배상청구권의 양수인, 채권의 가장양도에 있어서의 채무자 등은 제3자에 속하지 않는다.

판례는 통정한 허위의 의사표시는 무효이고 누구든지 그 무효를 주장할 수 있는 것이 원칙이나, 허위표시의 당사자와 포괄승계인 이외의 자로서 허위표시에 의하여 외형상 형성된 법률관계를 토대로 실질적으로 새로운 법률상 이해관계를 맺은 선의의 제3자에 대하여는 허위표시의 당사자뿐만 아니라 그 누구도 허위표시의 무효를 대항하지 못하는 것인바, 허위표시를 선의의 제3자에게 대항하지 못하게 한 취지는 이를 기초로 하여 별개의 법률원인에 의하여 고유한 법률상의 이익을 갖는 법률관계에 들어간 자를 보호하기 위한 것이므로, 제3자의 범위는 권리관계에 기초하여 형식적으로만 파악할 것이 아니라 허위표시행위를 기초로 하여 새로운 법률상 이해관계를 맺었는지 여부에 따라 실질적으로 파악하여야 하는 것이라고 한다.[61]

[판례] 보증인이 주채무자의 기망행위에 의하여 주채무가 있는 것으로 믿고 주채무자와 보증계약을 체결한 다음 그에 따라 보증채무자로서 그 채무까지 이행한 경우, 그 보증인은 주채무자에 대한 구상권 취득에 관하여 법률상의 이해관계를 가지게 되었고 그 구상권 취득에는 보증의 부종성으로 인하여 주채무가 유효하게 존재할 것을 필요로 한다는 이유로 결국 그 보증인은 주채무자의 채권자에 대한 채무 부담행위라는 허위표시에 기초하여 구상권 취득에 관한 법률상 이해관계를 가지게 되었다고 보아 민법 제108조 제2항 소정의 제3자에 해당한다(대판 2000.7.6, 99다51258).

(ㄴ) 또한, 선의란 그 의사표시가 허위표시임을 알지 못하는 것이지만, 선의에 대한 과실의 유무는 묻지 않는다. 그러나 선의의 제3자로부터 다시 전득한 자에 대하

60) 대판 1998.2.27, 97다50985; 1984.7.24, 84다카68; 1975.2.10, 74다334; 1961.11.9, 4293민상263.
61) 대판 2000.7.6, 99다51258; 1996.4.26, 94다12074; 1983.1.18, 82다594; 1982.5.25, 80다1403.

여는 그가 전득시에 악의이더라도 허위표시의 무효를 가지고 대항하지 못한다. 왜냐하면 이때 전득자는 선의의 제3자의 권리를 승계하고 있는 까닭이다.

(ㄷ) 선의의 여부는 법률상 이해관계를 가진 시점을 기준으로 정하고, 그 주장 및 입증책임은 동조 제2항의 문언상 제3자가 부담할 것이지만 허위표시의 유효를 주장하는 자가 신뢰를 정당화하는 외부적 표상의 존재를 증명하면 선의는 사실상 추정되므로 그 무효를 주장하는 자가 제3자가 악의라는 사실을 증명할 것이라고 한다.[62]

- (a) 제3자의 범위 – 허위표시의 당사자와 그의 포괄승계인 이외의 자로서 허위표시를 전제로 새로운 법률관계를 맺은 자를 의미
- (b) 선의의 의미
  - ㉠ 판단 시기 – 법률상 특별관계를 맺었을 때
  - ㉡ 무과실은 불필요(비진의표시와 구별)
  - ㉢ 전득자의 경우 – 악의의 경우에도 대항 금지
- (c) 제3자의 악의 – 악의를 주장하는 자의 입증책임(대판 1970.9.29, 70다466)

[허위표시와 제3자]

- (1) 허위표시의 제3자에 해당하는 경우]
  - ① 가장매매 매수인으로부터 매수한 자
  - ② 가장매매의 매수인으로부터 저당권을 설정한 자
  - ③ 가장 저당권설정에 기한 저당권의 실행으로 경락 받은 자
  - ④ 가장매매의 매수인으로부터 가등기를 취득한 자(대판 1960.9.29, 70다466)
  - ⑤ 가장매매에 기한 대금채권의 양수인
  - ⑥ 가장소비대차에 기한 채권의 양수인
  - ⑦ 허위표시에 의한 타인명의의 예금채권의 양수인
  - ⑧ 가장매매 매수인에 대한 압류채권자
- (2) 허위표시의 제3자에 해당하지 아니하는 경우
  - ① 대리인이나 표시기관이 상대방과 허위표시를 한 경의 본인이나 법인
  - ② 채권의 가장양수인으로부터 추심을 위하여 채권을 양수한 자
  - ③ 자기채권을 보전하기 위하여 재산권을 가장 양도한 채무자권리(이전등기청구권 등)를 대위 행사하는 채권자
  - ④ 가장양수인의 일반채권자(목적물을 압류한 자 제외)
  - ⑤ 토지임차인이 자기소유건물을 가장으로 양도한 경우의 토지소유자
  - ⑥ 주식이 가장 양도된 경우의 회사
  - ⑦ 저당권 등 제한물권이 가장 포기된 경우의 기존의 후순위 제한물권자
  - ⑧ 가장의 제3자를 위한 계약에서의 제3자
  - ⑨ 가장매매에 기한 손해배상청구권의 양수인

다만, 가장매매에 기한 손해배상청구권의 양수인이 제3자에 해당하는가. 소수설은 채무자가 변제 기타 채무를 소멸시키는 행위를 한 경우에는 제3자에 포함하나 아직 변제행위를 하지 아니한 경우에는 제외되는 것이라고 한다. 그러나 다수설・판례는 부정한다.

(다) 허위표시의 취소・철회 허위표시에 의하여 무효인 가장행위를 다른 사유,

62) 김주수, 민법개론 149면; 대판 1978.12.26, 77다907; 1970.9.29, 70다466.

즉 사기·강박·착오 등을 이유로 취소할 수 있는가. 무효인 법률행위라고 하더라도 법률적으로 無는 아니므로 취소할 수 있고 또한 취소를 인정할 실익이 있는 때에는 허용할 것이라고 한다. 그리하여 무효인 법률행위를 다른 취소원인에 의해 취소하거나(무효·취소의 이중효), 채권자취소권 행사에 의한 취소와 원상회복을 구하는 것이 가능하다고 한다.

또한, 허위표시는 당사자간에 철회할 수 있는가, 학설은 대체로 이를 긍정한다. 그러나 철회하더라도 그것으로써 선의의 제3자에게 대항하지 못하는 것으로 해석함이 통설이다.

(4) 第108條의 적용범위

(가) 민법 제108조는 계약에 한하지 않고 상대방 있는 단독행위(예컨대 채무면제)에도 적용된다. 그러나 상대방없는 단독행위에도 적용되는가. 통설은 단독행위의 성질상 부정한다. 그러나 상대방을 필요로 하지 않는 단독행위, 예컨대 공유지분의 포기에서 공유자가 공유자 중 1인을 제외하고 공유지분의 포기를 가장하여 1인의 단독명의로 등기한 경우 직접 수익자인 공유자와 통정하여 허위로 한 때에는 제108조를 유추 적용할 것이란 견해가 유력히 주장된다.[63]

또한, 정관작성행위와 같은 합동행위에도 적용되는가. 합동행위의 본질상 부정함이 다수설이나, 소수설은 법인설립 행위에도 의사표시의 규정이 적용되므로 이를 긍정할 것이라고 한다.[64]

(나) 본인의 의사를 절대적으로 존중하는 신분행위는 언제나 무효이다(이설없음). 뿐만 아니라 동조 제2항의 규정(선의의 제3자에 대항금지)도 신분행위에는 적용되지 않는다. 그러나 재산관계와 밀접한 관계가 있는 신분행위, 예컨대 상속재산 분할협의(제1013조)·상속재산 포기(제1041조) 등에는 적용된다고 해석한다.[65]

또한, 공법상 행위에 관하여도 본조는 적용되지 않는다. 그러나 필요한 경우 유추적용의 여지는 있을 것이다.[66]

63) 고상룡 415면, 김용한 294면.

64) 이영준 347면.

65) 이영준 347면, 김용한 295면, 고상룡 415면, 김주수 313면, 이은영 496면.

66) 종래 판례는 경매에 관하여 임의경매·강제경매를 불문하고 제108조 제2항을 적용하였다(대판 1968.11.9, 68다1624). 그러나 신설 민사집행법(구민사소송법 제727조) 제267조에 의하여 경매에는 본조를 적용할 여지가 없다.

4. 錯誤로 인한 意思表示

(1) 錯誤의 개념

착오에 의한 의사표시, 즉 착오의 개념을 어떻게 파악할 것인가. 통설은 표시로부터 추단된 의사와 진의의 불일치라고 한다. 그러나 동기의 착오와 관련하여 학설은 진의와 표시의 불일치라 하는 견해, 표의자가 의사표시에 이르는 과정 또는 의사표시 그 자체에서 스스로가 모르고 사실과 일치하지 않는 인식 또는 판단을 하고 이에 의거하여 의사표시를 한 경우라는 견해, 내심적 효과의사와 표시행위의 불일치라는 견해 등 다양하다.

그 이론적 근거로서 통설과 같이 착오를 "표시로부터 추단된 의사와 진의의 불일치"로 보면 표시상의 착오와 내용의 착오를 설명하는데는 적절하지만, 동기의 착오는 표시상 효과의사와 내심적 효과의사는 형식적으로나 실질적으로는 일치하지만 다만 내심적 효과의사를 결정하게 된 동기가 다를 뿐이어서 적절하지 못하다고 하고, 착오는 진의와 표시의 불일치라고 하여야 하는 것이라고 한다(곽윤직 393면). 그러나 이에 대하여 착오를 진의와 표시의 불일치라고 보더라도 동기를 표시된 경우에만 취소할 수 있는 것으로 보면 결국 진의와 표시의 불일치라는 것은 진의, 즉 내심의 효과의사와 표시행위에 의하여 추단되는 의사, 즉 표시상 효과의사의 불일치를 의미하므로 구별의 의미가 없는 것이라고 하고(이영준 363면, 김주수 민법개론 153면), 결국 민법상 착오는 동기의 착오를 제외한 것이어서 민법상 착오는 내심의 효과의사와 표시행위의 불일치로 정의하여야 하고, 다만 동기의 착오는 민법 제109조를 유추 적용할 것이라고 한다(이영준 364면).

이에 대하여 최근의 유력설은 동기의 착오도 민법 제109조에서 처리할 것이란 입장에서 착오를 표의자가 의사표시에 이르는 과정 또는 의사표시 그 자체에서 스스로가 모르고 사실과 일치하지 않는 인식 또는 판단을 하고 이에 의거하여 의사표시를 한 경우라고 정의하는 것이 정확하고 또한 표시상의 착오·내용의 착오·동기의 착오를 모두 포괄할 수 있게 되어 무난할 것이라고 한다(김용한 295면, 장경학 483면, 황적인 177면).

판례는 획일적이지 못하여 특히 동기의 착오와 관련하여 전자를 취한 판례도 있으나,[67] 직접적으로는 후자를 취한다. 그리하여 판례는 의사표시에 착오가 있다고 하려면 법률행위를 할 당시에 실제로 없는 사실을 있는 사실 또는 실제로 있는 사실을 없는 것으로 잘못 생각하듯이 표의자의 인식과 대조사실과가 어긋나는 경우라야 할 것이므로 판결 선고 전에 이미 그 선고결과를 예상하고 법률행위를 하였으나 실제로 선고된 판결이 그 예상과 다르다고 하더라도 이 표의자의 심리상태에 인식과 대조사실에 불일치가 있다고는 할 수 없어 착오로 다룰 수 없는 것이라고 한다.[68]

그리하여 통설·판례의 태도에 의하면 착오에 의한 의사표시란 표시된 의사와 내심의 의사(진의)가 일치하지 않는 것으로서 그 불일치를 표의자가 스스로 알지 못

67) 대판 1985.4.23, 84다카890 ; 1984.4.10, 81다239.
68) 대판 1972.3.28, 71다2193.

하고 한 의사표시, 즉 관념적 사실의 인식에 잘못이 있는 것을 말한다.

⑵ 錯誤의 태양

(가) 표시·내용상 착오

(ㄱ) 表示上 錯誤 : 표시상 착오는 진의와 효과의사의 불일치의 사유가 표시하려고 의도한 내용과 실제 표시된 내용과의 다른 데에서 기인한 착오를 말한다.

표시상 착오는 오기·오담 등 표의자의 표시과정의 잘못이며, 표시의사를 의사표시의 구성요소로 보는가의 여부에 따라 적용을 달리하고 표시의사를 의사표시의 구성요소로 보면 착오문제는 발생하지 않지만, 구성요소배척설에 의하면 표시상 착오도 의사표시로 되고 제109조가 적용된다.

또한, 표시상 착오와 관련하여 표시기관의 착오, 즉 중개인을 통한 의사표시를 하는 경우 그 중개인이 잘못하여 표의자의 의사와 다른 의사표시를 한 경우 착오가 되는가. 긍정하는데 학설이 대체로 일치한다.

(a) 중개적 표시기관(예 ; 사자)이 그릇된 내용을 전달한 경우 – 착오
(b) 대리인에 의한 의사표시 – 제116조(대리행위의 하자) 적용
(c) 완성된 의사표시를 전달기관이 잘못 전달한 경우 – 의사표시의 불도달

(ㄴ) 內容의 錯誤 : 내용의 착오란 표시 자체는 착오가 없으나 표시행위가 가지는 내용을 잘못 이해하는 것을 말하며, 착오의 중심문제로 된다.

(a) 의미의 착오 – 의사표시에 사용하는 용어의 의미를 잘못 이해한 경우
(b) 동일성의 착오 – 상대방의 동일성을 잘못 이해한 경우
(c) 성질의 착오 – 목적물의 특성을 잘못 이해한 경우
(d) 계산의 착오 – 매매대금이나 공사대금을 잘못 계산한 경우
(e) 서명날인의 착오 – 구두합의와 서면계약이 동일한 것이라 믿고 서명한 경우

(나) 동기의 착오　동기의 착오란, 예컨대 고속도로가 부설되는 예정지라고 오신하고서 토지를 고가로 매입한 경우와 같이 의사표시를 하게 된 동기에 착오가 있는 경우를 말한다.

(ㄱ) 동기의 착오도 착오로 되는가. 견해가 대립한다.

동기표시설은 동기는 법률행위 내용을 이루는 것은 아니므로 동기의 착오만을 이유로 취소할 수는 없지만 동기가 표시되어 상대방이 알고 있는 때에는 의사표시의 내용이 되므로 취소할 수 있다고 한다(곽윤직 414면, 김기선 272면).

동기포함설은 동기의 표시 여부에 관계없이 중요부분에 관한 동기의 착오는 제109조에 의하여 취소할 수 있다고 한다(고상룡 477면, 이은영 518-9면).

동기제외설은 증여와 같은 무상계약에는 동기가 적용되나 매매와 같은 유상계약에서는 동기의 진실에 대한 위험부담은 스스로 부담하여야 할 것이므로 동기를 법률행위의 내용으로 만들지 않는 한 비록 동기가 표시되어 상대방이 알고 있더라도 제109조에 의하여 고

려될 것은 아니라고 하거나(김증한 · 김학동 344면, 송덕수 주석(2) 431~436면). 동기의 착오에 관하여는 민법 제109조 제1항을 유추 적용할 것이라고 한다(이영준 312~313면).

(ㄴ) 통설은 동기가 법률행위상에 표시된 때에는 취소할 수 있는 것이라고 하여 통상 동기표시설의 태도를 취하고, 최근의 다수설은 동기의 착오로 취소할 수 있기 위하여서는 동기가 법률행위에 미치는 중요성의 정도 및 표의자의 중과실의 여부에 의해 정할 것이라는 입장을 취하여, 특히 그 동기가 계약내용으로서 의미를 가지는 때에는 그 표시 여부를 묻지 않고 취소할 수 있는 것으로 하고 있다.

이에 대하여 판례는 동기의 착오가 법률행위의 내용의 중요부분의 착오에 해당함을 이유로 표의자가 법률행위를 취소하려면 그 동기를 당해 의사표시의 내용으로 삼을 것을 상대방에게 표시하고 의사표시의 해석상 법률행위의 내용으로 되어 있다고 인정되면 충분하고 당사자들 사이에 별도로 그 동기를 의사표시의 내용으로 삼기로 하는 합의까지 이루어질 필요는 없지만,[69] 그 법률행위 내용의 착오는 보통 일반인이 표의자의 입장에 섰더라면 그와 같은 의사표시를 하지 아니하였으리라고 여겨질 정도로 그 착오가 중요한 부분에 관한 것이어야 하지만,[70] 다만 동기가 상대방으로부터 제공된 것이거나,[71] 상대방의 적극적 행위에 의하여 유발된 경우에는 그 동기가 상대방에게 표시되어 있지 않아도 법률행위의 중요부분에 해당하고, 표의자에 중대한 과실이 없는 이상 제109조를 적용한다.[72]

판례는 당사자간에 특히 그 동기를 계약의 내용으로 삼은 때(대판 1984.11.23, 83다카1187), 진정한 상속인인 것으로 잘못 알고 토지를 환원하기로 한 합의(대판 1994.9.30, 93다11217), 동기가 상대방의 부정한 방법에 의하여 유발된 경우 또는 상대방으로부터 제공된 경우(대판 1970.2.24, 69누83; 1978.7.11, 78다719), 매매대상 토지 중 20~30평가량만 도로에 편입될 것이라는 중개인의 말을 믿고 주택 신축을 위하여 토지를 매수하였고 그와 같은 사정이 계약 체결 과정에서 현출되어 매도인도 이를 알고 있었는데 실제로는 전체 면적의 약 30%에 해당하는 197평이 도로에 편입된 경우(대판 2000.5.12, 2000다12259)에는 동기의 착오로서 취소할 수 있는 것이라고 하였다.

그러나 토지매매에서 시가에 관한 착오(대판 1985.4.23, 84다카890)는 토지를 매수하려는 의사를 결정함에 있어 그 동기의 착오에 불과할 뿐 법률행위의 중요부분에 관한 착오라 할 수 없는 것이라고 한다.

(다) 법률의 착오 · 사실의 착오　법률의 착오란 연대보증을 보통 보증과 같은 것인 줄 알거나, 매매에 하자담보책임이 없는 줄 아는 것과 같이 의사표시의 효력에 관한 법률의 부지 또는 오인한 경우이고, 사실의 착오란 의사표시의 대상이나 표시

69) 대판 1998.2.10, 97다44737.
70) 대판 2000.5.12, 2000다12259; 1998.2.10, 97다44737; 1997.9.30, 97다26210; 1996.3.26, 93다55487.
71) 대판 1991.3.27, 90다카27440; 1978.7.11, 78다719.
72) 대판 1997.9.30, 97다26210.

행위를 잘못한 경우이다.

법률의 착오도 착오의 일반이론에 따른다고 함이 학설의 입장이나 강행법규 위반에는 물론이고, 그렇지 아니한 경우에도 무효로 되는 경우가 많을 것이다.

(3) 錯誤인 意思表示의 취소권발생요건

(가) 법률행위를 구성하는 의사표시가 있을 것 사법상 법률행위로서 계약은 물론, 단독행위를 포함한다. 또한 가족법상 행위에 관하여도 특별규정이 있거나 가족법의 기본이념에 반하지 않는 범위에서 적용을 긍정할 것이라고 한다

다만, 입양·혼인과 같은 가족관계형성행위에도 적용되는가, 소수설은 제한적으로 적용될 것이라고 한다.[73] 그러나 다수설은 제815조(혼인의 무효) 및 제883조(입양의 무효)의 적용으로 무효라고 하고 제109조 적용을 배척한다.

(나) 의사표시가 착오로 인하여 행하여 질 것 예컨대 오기·오담과 같은 표시상의 착오, 표시기관(使者)의 착오, 표의자가 표시하는 내용을 잘못 이해하는 법률행위 내용의 착오 등을 포함한다.

다만, 동기의 착오를 포함할 것인가. 앞에서와 같이 다수설·판례는 표시된 동기는 법률행위의 내용을 이루는 것이라고 한다.

(다) 법률행위 내용의 착오가 있을 것 법률행위는 의사표시를 내용으로 하므로 법률행위내용의 착오란 결국 의사표시의 착오를 의미한다. 그렇다면 이 경우 의사표시란 내심의 효과의사인가, 외부적 표시의사인가. 결국 의사표시의 본질론의 문제로 된다.

(라) 법률행위내용의 중요부분의 착오일 것 법률행위내용의 착오이더라도 취소할 수 있는 착오이기 위해서는 법률행위내용의 중요부분의 착오라야 한다.

(ㄱ) 중요부분의 판단기준에 관하여 다수설·판례는 이중기준설을 취한다.[74] 따라서 법률행위의 중요부분의 착오란 의사표시에 의하여 달성하려고 한 사실적 효과의 중요한 부분에 착오가 있는 것을 말하며, 그 여부는 주관적으로 표의자가 그러한 착오가 없었더라면 의사표시를 하지 않았으리라 생각될 정도로 중요한 것이어야 하고, 객관적으로 보통 일반인도 표의자의 입장에 섰더라면 그러한 의사표시를 하지 않았으리라 생각될 정도로 중요한 것이어야 한다.

판례는 의사표시의 착오가 법률행위 내용의 중요부분의 착오가 있는 이른바 요소의 착오냐 여부는 그 각 행위에 관하여 주관적·객관적 표준에 좇아 구체적 사정에

73) 이은영 511면.
74) 대판 1985.4.23, 84다890.

따라 가려져야 할 것이고 추상적·일률적으로 이를 가릴 수 없는 것이라고 하고,[75] 더욱 착오가 법률행위 내용의 중요부분에 있다고 하기 위해서는 표의자에 의하여 추구된 목적을 고려하여 합리적으로 판단하여 볼 때 표시와 의사의 불일치가 객관적으로 현저하여야 하고, 만일 그 착오로 인하여 표의자가 무슨 경제적인 불이익을 입은 것이 아니라고 한다면 이를 법률행위 내용의 중요부분의 착오라고 할 수 없는 것이라고 한다.[76]

[판례] 의사표시의 착오가 법률행위 내용의 중요부분의 착오가 있는 이른바 요소의 착오냐 여부는 그 각 행위에 관하여 주관적·객관적 표준에 좇아 구체적 사정에 따라 가려져야 할 것이고 추상적·일률적으로 이를 가릴 수 없다고 할 것인 바 토지매매에서 시가에 관한 착오는 토지를 매수하려는 의사를 결정함에 있어 그 동기의 착오에 불과할 뿐 법률행위의 중요부분의 착오라고 할 수 없는 것이다(대판 1985.4.23, 84다890).

(ㄴ) 착오로 인한 취소의 요건으로서 법률행위의 중요부분은 법률적 효과의 중요부분인가, 사실적 효과의 중요부분인가. 다수설은 법률적효과설을 취하여 취소할 수 있는 법률행위로서의 중요부분의 착오란 법률적 효과의 중요부분의 착오를 의미하는 것이라고 한다.

그리하여 판례가 중요부분의 착오라고 한 사례로서, 먼저 매도인의 대리인이 매도인이 납부하여야 할 양도소득세 등의 세액이 매수인이 부담하기로 한 금액뿐이므로 매도인의 부담은 없을 것이라는 착오를 일으키지 않았더라면 매수인과 매매계약을 체결하지 않았거나, 아니면 적어도 동일한 내용으로 계약을 체결하지 않았을 것임이 명백하고 나아가 매도인이 그와 같이 착오를 일으키게 한 계기를 제공한 원인이 매수인 측에 있을 뿐만 아니라, 매수인도 매도인이 납부하여야할 세액에 관하여 매도인과 동일한 착오에 빠져 있었다면 매도인의 위와 같은 착오는 매매계약 내용의 중요부분에 관한 것에 해당하는 것이라 하고,[77] 또한 상대방을 토지소유자의 적법한 상속인인 것으로 잘못 알고 토지소유권을 환원시켜주기로 하는 합의에 이른 것이라면 상대방이 적법한 상속인이라는 점은 그와 같은 합의를 하게 된 동기에 해당하고, 만약 이러한 동기가 그 합의 당시에 표시되었다면 이는 합의내용의 중요부분에 착오가 있는 경우에 해당하는 것으로 보아야 하는 것이라고 한다.[78]

그 외에도 판례가 중요부분의 착오라고 한 사례로서 토지의 현황·경계에 관한 착오(대판 1974.4.23, 74다54; 1968.3.26, 67다2160), 귀속재산이 아닌 토지를 귀속재산으로 알고 한 국

75) 대판 1985.4.23, 84다890.
76) 대판 1999.2.23, 98다47924; 1998.9.22, 98다23706.
77) 대판 1994.6.10, 94다24810.
78) 대판 1994.9.30, 93다11217.

가에의 증여(대판 1978.7.11, 78다719), 신용보증에 있어 보증제한기업에 해당하는 기업을 금융기관의 잘못된 통보내용에 따라 보증제한기업이 아닌 것으로 오신하고 한 신용보증(대판 1992.2.25, 91다38419), 과다하게 평가된 토지등급을 기준으로 체결된 매수협의 계약(대판 1998.2.10, 97다44737) 등은 잘못된 동기에 바탕한 중요부분의 착오라고 한다.

이에 반하여 중요부분의 착오가 아니라 한 사례로서는 특정 지번 토지의 전부를 매수하는 경우 그 지적이 실제면적보다 적은 경우(대판 1969.5.13, 69다196), 토지현황의 부지로 시가보다 헐값으로 매도한 착오(대판 1984.4.10, 81다239), 토지매매의 시가의 착오(동기의 착오에 불과)(대판 1985.4.23, 84다카890), 강제추행을 강제치상으로 오인한 합의금의 약정(대판 1977.10.31, 77다1562), 부동산매매 계약금으로 교부 받은 수표의 부도 등을 든다(대판 1962.11.29, 62다646).

그 외에도 군유지로 등기된 군립공원 내에 건물 기타 영구 시설물을 지어 이를 군(郡)에 기부채납하고 그 부지 및 기부채납한 시설물을 사용하기로 약정하였으나 후에 그 부지가 군유지가 아니라 이(里) 주민의 총유로 밝혀진 사안에서, 군수가 여전히 공원관리청이고 기부채납자의 관리권이 계속 보장되는 점에 비추어 소유권귀속에 대한 착오가 기부채납의 중요부분에 관한 착오라고 볼 수 없는 것이라고 하고(대판 1999.2.23, 98다47924), 또한 환매권자가 환매권의 양도계약체결시에 목적부동산이 군용지로 사용되지 않고 있고, 국가가 원소유자(환매권자)에게 환매할 것이라는 사실을 몰랐기 때문에 시가보다 저렴한 가격으로 양도계약을 체결한 것이라 하더라도 그것은 의사결정의 동기의 착오는 될 수 있을지언정 법률행위의 중요부분의 착오가 있는 경우로는 볼 수 없는 것이라고 한다(대판 1984.4.10, 81다239).

(마) 표의자의 중과실이 없을 것　착오가 표의자의 중대한 과실에 기인하는 때에는 비록 법률행위내용의 중요부분의 착오가 있더라도 표의자는 그 의사표시를 취소하지 못한다(제109조 제1항 단서). 여기서 중대한 과실의 여부는 표의자의 직업·행위의 종류·목적 등에 비추어 보통 요구되는 주의를 현저히 결한 것을 말하고,[79] 그 입증책임은 의사표시의 상대방이 부담한다.

판례는 민법 제109조 제1항 단서에서 규정하고 있는 중대한 과실이라 함은 표의자의 직업, 행위의 종류·목적 등에 비추어 보통 요구되는 주의를 현저하게 결여한 것을 말하는 것인 바, 피고가 이 사건 건물에 비닐생산공장의 설치허가를 받아 공장을 경영할 동기에서 위 건물을 임차하려고 하였다면 피고로서는 먼저 위 건물에 그가 경영하고자 하는 공장의 신설이 가능한지를 관할관청에 알아보아야 할 주의의무가 있고, 또한 이와 같이 알아보았더라면 쉽게 위 건물에 대한 공장신설허가가 불가능하다는 사실을 알 수 있었다고 보이므로 피고가 이러한 주의의무를 다하지 아니한 채 이 사건 임대차계약을 체결한 것에는 중대한 과실이 있다고 보아야 하나(대판 1992.11.24, 92다25830; 1993.6.29, 92다38881), 부동산중개업자에게 중개를 의뢰하여 매매계약을 체결한 매수인으로서는 부동산중개업자가 전문적인 지식과 경험을 가진 것으로 신뢰하고 그의 개입에 의한 거래조건의 지시, 설명에 과오가 없을 것이라고 믿고 거래하는 것이 보통이고, 매매목적물을 현장에서 확인하여야 할 의무가 있다거나 중개인이 매매목적물을 혼동한 상태에 있는지의 여부까지 미리 확인하고 주의를 촉구할 의무는 없다고 할 것이므로 매수인이 매매목적물을 오인하였다고 하더라도

79) 대판 2000.5.12, 2000다12259; 1998.2.10, 97다44737; 1997.9.30, 97다26210; 1992.11.24, 92다25830.

이러한 과실을 민법 제109조 제1항 단서에서 정한 중대한 과실에 해당한다고 할 수 없는 것이라고 한다[대판 1997.11.28, 97다32772(본소), 97다32789(반소)].

다만, 자신의 과실로 인하여 표의자의 착오를 야기한 자가 표의자의 중과실을 원용하여 취소를 제한할 수 있는가. 예컨대 甲의 乙(은행)에 대한 채무를 위한 근저당권을 설정하여 주기로 한 丙이 근저당권설정에 필요한 서류를 작성하는 과정에서 乙에 제출한 서류가 근저당권설정에 요구되는 서류인 줄 알고 서명 날인하였으나 연대보증서류에도 서명 날인하여 丙이 착오를 이유로 보증계약의 취소를 구하는 소송에서 판례는 丙이 이와 같은 착오에 빠지게 한 것은 乙의 丙에 대한 설명의무위반에 있고 또한 乙로서는 丙의 이와 같은 착오에 빠져있는 것을 알았거나 알 수 있었다고 봄이 상당하다고 전제하고, 이와 같이 자신의 과실로 인하여 표의자의 착오를 야기한 자가 도리어 표의자에 중대한 과실이 있다는 점을 원용하여 의사표시의 취소를 방해하는 것은 착오제도의 목적과 신의성실의 원칙에 반하여 허용할 수 없는 것이라고 하였다.[80]

(4) 錯誤인 法律行爲의 효력

(가) 취소할 수 있는 행위로서 효과 법률행위 내용의 중요부분에 착오가 있는 때에는 그 의사표시를 취소할 수 있다(제109조 제1항 본문). 따라서 법률행위 내용에 착오가 있는 경우에도 중요부분에 착오가 없으면 취소하지 못한다.

(ㄱ) 표의자가 법률행위 내용에 중요한 착오가 있고 그 착오인 의사표시에 기하여 취소하면 그 법률행위는 소급하여 무효로 된다.

착오를 이유로 취소한 법률행위가 소급적으로 무효로 된다고 할 때 그 취소로 인하여 무효 되는 것은 의사표시 자체인가, 아니면 그것을 요소로 하는 법률행위인가. 전자로 이해하면 청약 또는 승낙이 취소됨으로써 성립한 계약 자체가 구성요소(의사표시)를 결하게 되어 효력을 잃게 되는데 반하여,[81] 후자로 이해하면 일단 법률행위가 성립하면 그 구성요소인 의사표시는 독립성을 잃게 되고 법률행위만이 존재하게 되므로 취소되는 것은 곧 법률행위라고 한다.[82] 그러나 법률행위를 취소하는 것이라고 하더라도 결국 그 취소의 원인은 착오자의 착오인 의사를 전제로 취소하는 것이어야 할 것이므로 양자는 그 구별의 실익이 없을 것이다.

법률행위의 일부에 착오가 있는 경우 그 일부에 관하여만 취소할 수 있는가. 학설은 불가분적 법률행위인 경우에는 착오부분을 취소하면 법률행위의 전부가 무효로

80) 서울지판 2000.6.14, 99나21300.
81) 이영준 390면.
82) 이은영 527면; 송덕수, 주석민법(2) 504면.

될 뿐이고, 이로 인하여 수정되지는 못하나, 가분적 법률행위인 경우에는 일부무효의 법리에 의할 것이라고 한다.[83] 그러나 이와 같은 견해는 찬성하기 어렵다. 본래 착오인 법률행위가 취소할 수 있는 법률행위로 되기 위해서는 법률행위의 중요부분에 착오가 있는 것이어야 하므로 법률행위의 일부에 착오가 있는 경우 취소할 수 있는가 여부는 그 착오부분이 법률행위의 중요부분을 이루는가 여부에 의하여 결정되고, 중요부분의 착오를 이루는 한 법률행위 전부가 취소될 뿐이지 그 일부에 대하여 취소할 것은 아니기 때문이다.

(ㄴ) 착오가 표의자의 중대한 과실에 기인하는 때에는 취소하지 못한다(제109조 제1항 단서). 여기서 중대한 과실이란 표의자가 그의 직업·행위의 종류·목적 등에 대응하여 보통 베풀었어야 할 주의를 현저히 결한 것을 말하며,[84] 그 입증책임은 그 취소를 제한하려는 상대방이 부담한다.

판례는 부동산에 관하여 현장 조사를 하지 않거나, 등기부를 열람하지 아니하는 것, 주식매매업자의 주식 양도를 제한하는 회사정관을 조사하지 아니하는 것은 표의자의 중대한 과실이 있는 것이라 하고 취소권을 제한하나, 다만 표의자에 중대한 과실이 있는 경우에도 상대방이 표의자의 착오를 악용하는 경우 표의자는 그 의사표시를 취소할 수 있는 것이라고 한다.[85]

[판례] 공장설립목적으로 토지를 매수하는 경우 매수인이 그 토지상에 설립하고자 하는 공장의 설립 여부를 관할구청에 알아보아야 할 주의의무를 부담하며, 매수인이 이러한 주의의무를 다하지 아니한 채 계약을 체결하였다면 중대한 과실이 있다 할 것이므로 착오를 이유로 취소를 주장할 수 없다(대판 1993.6.29, 92다38881).

(나) 제3자에 대한 관계　착오에 의한 의사표시의 취소는 선의의 제3자에게 대항하지 못한다(제109조 제2항).

「제3자·선의·대항할 수 없다」 등은 모두 허위표시의 경우와 동일하고, 선의냐 악의냐는 새로운 이해관계가 생겼을 때를 표준으로 하여 결정한다.

(다) 착오자의 과실과 배상책임　착오로 인한 법률행위가 표의자의 중대한 과실에 기인하는 때에는 취소가 제한되므로 문제될 여지가 없으나 표의자의 경과실로 인한 때에는 취소할 수 있게 되므로 이 경우 상대방 보호가 문제된다.

다수설은 표의자와 그 상대방의 이익형평의 원칙과 자기책임의 원칙에 입각하여 실정법상 계약체결상의 과실책임(제535조)에 관한 규정을 유추 적용하여 상대방에 신뢰이익을 배상할 것이라고 한다.

---

83) 지원림, 민법강의 226면.
84) 대판 1995.12.12, 94다22453; 1992.11.24, 92다25830.
85) 대판 1955.11.10, 4288민상321.

(5) 錯誤의 適用範圍

가족법상 신분행위에는 민법 제109조가 적용되지 않는다고 봄이 통설이다.

또한 재산행위에서도 외형을 신뢰하여 행하여지는 정형적 거래행위(어음행위)나 일반사회에 영향이 많은 단체적 행위에 있어서는 거래의 안전을 고려하여 민법 제109조의 적용이 제한되는 경우가 많다. 특히 상법은 주식의 인수에 관하여 이 취지를 규정하고 있다(상법 제320조).

(6) 錯誤와 타제도의 관계

(가) 착오와 사기의 관계 착오가 타인의 기망행위에 기하여 발생한 때에는 착오와 사기가 경합한다. 따라서 중요부분의 착오가 없는 경우에도 사기에 의한 취소는 가능하다.

(나) 착오와 담보책임의 관계 매매목적물에 하자가 있음을 알지 못하고 매수한 경우 착오와 담보책임에 관한 청구권이 경합하는가.

다수설은 담보책임에 관한 민법 제570조의 규정은 착오에 대한 특별규정으로 보아 청구권 경합을 부정한다. 그러나 소수설은 착오와 담보책임은 그 요건과 효과를 달리하므로 담보책임으로 원만히 해결되지 않는 착오의 경우에는 민법 제109조에 의하여 해결할 것이라고 하고,[86] 판례 또한 청구권경합이라고 보아 양자를 선택적으로 행사할 수 있는 것이라고 한다.

(다) 착오와 화해와의 관계 화해계약은 착오를 이유로 취소하지 못한다(제733조). 따라서 화해계약에 관한 착오 적용의 제한규정은 특별규정이 된다.

판례는 화해계약은 착오를 이유로 취소하지 못하고, 다만 화해 당사자의 자격 또는 화해의 목적인 분쟁 이외의 사항에 착오가 있는 때 한하여 취소할 수 있는 것이라 하고, 상속토지소유권의 다툼에서 그들 간의 합의를 화해계약으로 본다면 상대방이 토지소유자의 적법한 상속인인지 여부가 화해의 목적인 분쟁의 대상으로 되었는지, 아니면 분쟁의 전제 또는 기초가 된 사항으로서 상호 양보의 내용으로 되지 않고 다툼이 없는 사실로 양해된 사항인지의 여부를 가려 착오 주장의 당부를 판단하여야 할 것이라고 한다.[87]

---

86) 이은영 525면.

87) 대판 1994.9.30, 93다11217.

5. 瑕疵있는 意思表示

(1) 詐欺・强迫에 의한 의사표시

의사표시는 표의자의 자유로운 의사에 의하여 행하여질 때 비로소 완전히 유효한 행위가 된다. 이와 같이 표의자의 자유로운 의사에 의하여야 할 의사의 결정이 타인의 부당한 간섭으로 방해된 상태에서 행하여진 의사표시를 가리켜 하자있는 의사표시라고 하며, 표의자의 의사가 외부로부터 부당한 간섭을 받았다는 점에서 의사와 표시가 불일치한 경우와 구별된다.

민법은 하자있는 의사표시로서 사기에 의한 의사표시와 강박에 의한 의사표시를 규정하고 있다(제110조).

(2) 하자있는 意思表示의 성립

(가) 사기에 의한 의사표시 사기(詐欺)란 고의로 사람을 기망하여 착오에 빠지게 하는 위법행위를 말하며, 표시에 의하여 추단되는 효과의사(표시상의 효과의사)에 대응하는 내심의 의사는 존재하지만 그 내심의 의사결정・성립과정에 하자가 있는 것으로서, 다음의 요건을 갖추어야 한다.

(ㄱ) 사기자의 고의가 있을 것, 여기서 사기자의 고의란 먼저 표의자를 기망하여 착오에 빠지게 하는 고의와 다시 그 착오에 기하여 표의자로 하여금 의사표시를 하게 하려는 2단의 고의를 요한다.

또한 사기자에는 표의자의 상대방인 경우와 기타 제3자인 경우가 있다.

(ㄴ) 기망행위가 있을 것, 여기서 기망행위란 표의자에게 그릇된 관념을 갖게 하거나, 그러한 관념을 강화・유지하려는 모든 용태를 말한다.

또한, 기만행위(欺罔行爲)는 작위에 의한 적극적 기망행위는 물론, 부작위에 의한 기망, 즉 단순한 침묵도 포함한다. 그러나 이들의 행위가 사기인 기망행위로 되기 위하여서는 그 기망행위가 상대방의 의사결정에 영향을 주는 것이어야 한다. 그리하여 판례는 일방당사자가 자기가 소유하는 목적물의 시가를 묵비하여 상대방에게 고지하지 아니하거나 혹은 허위로 시가보다 높은 가격을 시가라고 고지하였다고 하더라도 이는 상대방의 의사결정에 불법적인 간섭을 한 것이라 할 수 없는 것이라고 하였다.[88)]

(ㄷ) 사기가 위법한 것이어야 한다. 위법하다고 함은 신의칙에 반한 행위를 의미한다. 다만 과대광고가 위법한 기망행위로 되는가, 통상의 경우에는 부정할 것이지

88) 대판 2002.9.4, 2000다54406・54413.

만 신의칙과 거래관념에 비추어 신중히 판단할 것이다.

판례는 상품의 선전, 광고에 있어 다소의 과장이나 허위가 수반되는 것은 그것이 일반 상거래의 관행과 신의칙에 비추어 시인할 수 있는 한 기망성이 결여된다고 하겠으나, 거래에 있어서 중요한 사항에 관하여 구체적 사실을 신의성실의 의무에 비추어 비난받을 정도의 방법으로 허위로 고지한 경우에는 기망행위에 해당하는 것이라고 한다.89)

- (1) 위법한 기망행위로 본 사례
  - 타인의 물건을 매도인의 물건으로 알고 매수한 경우(대판 1973.10.23, 73다268)
  - 상품판매가격을 실제보다 높게 책정하고 세일하여 정상가격으로 판매한 변칙세일(대판 1993.8.13, 92다52665)
- (2) 위법한 기망행위가 아니란 사례 — 매수인이 목적물의 시가를 알면서도 시가를 낮추어 말한 경우(대판 1959.1.29, 4291민상139)

(ㄹ) 표의자가 착오에 빠지고 그 착오에 기하여 의사표시를 하였어야 한다. 즉 착오와 의사표시와 사이에 인과관계가 있어야 한다.

다만, 여기서 인과관계란 객관적인 것이어야 하는가. 착오성립의 인과관계는 피기망자의 인식을 중심으로 원인과 결과의 관계가 성립하면 족하고 반드시 객관적인 관계가 성립하여야 하는 것은 아니다. 즉 주관적으로 족하다.

(나) 강박에 의한 의사표시 강박에 의한 의사표시란 타인의 강박행위에 의하여 공포심을 가지게 되고, 그 해악을 피하기 위하여 마음에 없이 행한 행위를 말한다. 이 경우에는 표시에 의하여 추단되는 효과의사에 대응하는 내심의 의사가 존재하는 것이 보통이며, 다만 그 내심의 의사결정 과정에 타인의 부당한 간섭이라는 하자가 있는 경우로서, 사기에 의한 의사표시와 아울러 하자있는 의사표시로 다루어진다.

(ㄱ) 민법 제110조의 강박에 의한 의사표시가 성립하기 위한 요건은 대체로 사기의 경우와 같다. 즉 타인으로 하여금 공포심을 가지게 하고, 또한 그 공포심으로 인하여 의사표시를 하게 한다는 2단의 고의를 요한다.

판례는 법률행위의 취소원인이 될 강박이 있다고 하기 위해서는 표의자로 하여금 외포심을 생기게 하고 이로 인하여 법률행위 의사를 결정하게 할 고의로써 불법으로 장래의 해악을 통고할 경우라야 하는 것이라고 한다.90)

(ㄴ) 범죄행위로 공포심을 일으켜 의사표시를 하게 하거나, 목적의 불법은 물론, 목적과 수단이 개별적으로는 위법하지 않더라도 양자가 결합됨으로써 불법한 경우(예컨대, 손해배상을 받기 위한 과거 범죄사실의 신고·고지)에는 위법성을 가지며, 또한

89) 대판 2001.5.29, 99다55601·55618; 1993.8.13, 92다52665.
90) 대판 1992.12.24, 92다25120.

강박행위는 강박자의 작위·부작위를 포함한다. 그러나 이들의 행위가 강박에 의한 의사표시로서 취소할 수 있기 위하여서는 상대방의 의사결정에 절대적인 영향을 주는 것이어야 한다.

판례는 강박에 의한 법률행위가 하자 있는 의사표시로서 취소되는 것에 그치지 않고 나아가 무효로 되기 위해서는 강박의 정도가 단순한 불법적 해악의 고지로 상대방으로 하여금 공포를 느끼도록 하는 정도가 아니고, 의사표시자로 하여금 의사결정을 스스로 할 수 있는 여지를 완전히 박탈한 상태에서 의사표시가 이루어져 단지 법률행위의 외형만이 만들어진 것에 불과한 정도이어야 한다.[91]

[판례] 강박에 의한 의사표시라고 하려면 상대방이 불법으로 어떤 해악을 고지함으로 말미암아 공포를 느끼고 의사표시를 한 것이어야 하는바, 여기서 어떤 해악을 고지하는 강박행위가 위법하다고 하기 위하여서는, 강박행위 당시의 거래관념과 제반 사정에 비추어 해악의 고지로써 추구하는 이익이 정당하지 아니하거나 강박의 수단으로 상대방에게 고지하는 해악의 내용이 법질서에 위배된 경우 또는 어떤 해악의 고지가 거래관념상 그 해악의 고지로써 추구하는 이익의 달성을 위한 수단으로 부적당한 경우 등에 해당하여야 한다(대판 2000.3.23, 99다64049).

(3) 하자있는 意思表示의 효과

(가) 취소할 수 있는 행위로서의 효과　하자있는 의사표시, 즉 사기·강박에 의한 의사표시는 취소할 수 있는 행위로 된다(제110조 제1항).

(ㄱ) 상대방의 사기·강박의 경우 : 표의자 상대방의 사기나 강박으로 의사표시를 한 때에는 표의자는 그 의사표시를 취소할 수 있다(제110조 제1항). 따라서 표의자는 그 상대방에 대한 의사로 언제나 취소할 수 있다.

(ㄴ) 제3자의 사기·강박의 경우 : 제3자의 사기나 강박으로 상대방 없는 의사표시를 한 때 표의자는 언제든지 그 의사를 취소할 수 있다. 그러나 상대방 있는 의사표시를 한 경우에는 그 의사표시의 상대방이 제3자에 의한 사기나 강박의 사실을 알거나 알 수 있었을 때에 한하여 그 의사를 취소할 수 있다(동조 제2항).

여기서 「알 수 있었을 경우」란 과실에 의한 부지(否知)를 말하고, 선의·악의나 과실의 유무는 모두 행위 당시를 표준으로 하여 결정한다.

(나) 제3자에 대한 관계　하자있는 의사표시의 취소는 선의의 제3자에게 대항하지 못한다(제110조 제3항).

(ㄱ) 제3자란 당사자와 그 포괄승계인 이외의 자로서 사기·강박에 의한 의사표시로 말미암아 생긴 취소전의 법률관계를 기초로 새로운 이해관계를 가진 자를 의

---

91) 대판 1998.2.27, 97다38152; 1997.3.11, 96다49353; 1996.12.23, 95다40038; 1996.10.11, 95다1460.

미함은 물론이나, 취소 후 그 외형의 제거 전, 즉 무효인 법률관계의 외형을 믿고 거래한 제3자를 포함하는가.

학설은 일치하여 무제한설을 취하며, 판례 또한 민법 제110조 제3항의 범위는 원인행위 또는 물권행위에 의한 말소등기가 행하여지는 시기를 기준으로 하여 그 시기까지 취소의 의사표시가 있었음을 알지 못하고 새로운 이해관계를 가진 자로 새기는 것이 타당할 것이라고 한다.[92]

(ㄴ) 그 입증책임은 선의는 추정되므로 악의를 이유로 취소하려는 자가 입증하여야 한다.

(a) 전득자 · 담보권자 · 제한물권자 · 압류채권자 · 임차권자 등
(b) 선의에 대한 과실의 유무에 불문한다(통설).
(c) 판단시기 - 이해관계의 성립시
(d) 입증책임 - 하자를 이유로 취소를 주장하는 자(대판 1970.11.24, 70다2155)

⑷ 하자있는 意思表示의 적용범위

당사자의 진의가 절대적으로 존중되는 가족법상 신분행위에는 적용되지 아니하며, 독자적 입장에서 특칙을 두고 있다(제816조 · 제823조 · 제884조 참조). 또한, 외형을 신뢰하여 신속 · 대량으로 행하여지는 행위에는 착오에서와 같은 제한이 있다.

⑸ 타 제도와 관계

(가) 착오와 관계　착오가 기망에 기하여 생기는 때, 민법 제109조와 제110조의 선택적 취소가 가능하다. 그러나 중요부분에 준할 수 없는 동기의 착오는 사기에 기한 취소만 가능한 것으로 본다.

(나) 담보책임과의 관계　기망에 의한 하자있는 물건의 매매에는 담보책임과 사기가 경합하며, 양자 선택적 행사가 가능하다. 예컨대 매매목적물에 대한 흠이 있음에도 불구하고 이를 속이고 매도한 경우 매수인은 사기로 인한 의사표시로 취소할 수 있고 또한 매도인의 담보책임을 선택적으로 행사할 수 있다. 이는 착오와 달리 그 성립요건 · 효과를 달리하기 때문이다.

(다) 불법행위와의 관계　사기 · 강박에 의한 의사표시의 취소로 인한 상대방의 손해배상청구권과 불법행위에 기한 손해배상청구권이 경합하는가.

또한, 사기 · 강박으로 인한 의사표시의 취소로 인한 상대방의 손해배상청구권과 계약체결상 과실책임에 기한 손해배상청구권이 경합하는가.

학설은 긍정하고, 판례 또한 법률행위가 사기에 의한 것으로서 취소되는 경우에

92) 대판 1975.12.23, 75다533.

그 법률행위가 동시에 불법행위를 구성하는 때에는 취소의 효과로 생기는 부당이득 반환청구권과 불법행위로 인한 손해배상청구권은 경합하여 존재하는 것이므로 채권자는 어느 것이라도 선택하여 행사할 수 있지만 중첩적으로 행사할 수는 없는 것이라고 한다.93)

제 3. 意思表示의 效力發生

1. 相對方있는 意思表示와 효력발생

(1) 意思表示와 效力發生의 문제

의사표시는 하나의 전달과정이다. 의사표시 가운데에서도 상대방 없는 의사표시는 원칙적으로 표시행위가 종료한 때 효력이 발생하게 되므로 특별한 문제가 없다. 그러나 상대방 있는 의사표시는 그것이 단독행위이든 계약이든 언제나 상대방에 알린다는 것이 중요하므로, 상대방 없는 의사표시와 동일하게 다룰 수 없고, 특히 상대방의 입장에서 고려할 필요가 있다.

그리하여 상대방 있는 의사표시가 상대방의 입장에서 고려되는 대표적인 것이 의사표시의 효력발생시기의 문제이고, 또 다른 하나는 상대방의 수령능력문제이다.

(2) 意思表示의 通知

우리 민법 제111조 제1항은 상대방 있는 의사표시는 그 통지가 상대방에 도달한 때로부터 효력이 생긴다고 규정하고, 동조 제2항은 "표의자가 그 통지를 발한 후 사망하거나 행위능력을 상실하여도 의사표시의 효력에는 영향을 미치지 아니한다."라고 규정하고 있다. 따라서 동 규정의 의미에서 보아 의사표시가 효력을 발생하기 위하여서는 적어도 통지와 도달을 요건으로 하고 있다.

(가) 동조에서의 도달(到達)이란 표의자가 의사표시를 상대방에 발송하는 행위이며, 도달에 선행하는 필요적 행위이다. 여기서 도달한 의사표시가 표의자의 통지행위에 의한 것인 때에는 문제될 여지가 없지만, 표의자가 통지할 의사가 없었으나 제3자가 임의로 통지한 경우에도 의사표시로서 성립하고 효력이 발생하는가, 통설은 긍정하나, 소수설은 부정한다.94)

(나) 의사표시의 주관적 요소는 통지의 시점을 기준으로 판단된다. 즉 표의자의

93) 대판 1993.4.27, 92다56087.
94) 이영준 422면, 이은영 555면.

행위능력, 의사표시의 착오, 사기·강박의 유무 또는 어떤 사정의 지·부지, 동기의 불법, 선량한 풍속 기타 사회질서 위반 여부 등은 모두 통지의 시점을 기준으로 판단된다.

(3) 意思表示의 도달

(가) 도달주의의 원칙　상대방 있는 의사표시는 그 통지가 상대방에 도달한 때로부터 효력이 생긴다. 따라서 우리 민법은 도달주의를 원칙으로 채택하고 있다.

의사표시의 효력발생시기 결정에 관한 입법주의에는 표의자가 의사를 외부로 표명하였을 때, 즉 외형적 존재를 가지게 된 때(예컨대 표의자가 서면의 작성을 완료하였을 때) 효력이 생긴다는 표백주의, 표의자가 외형의 존재를 가지고 표의자의 지배를 떠나서 상대방에 발생된 때에 효력이 생긴다는 발신주의, 의사표시가 상대방에 도달한 때, 즉 상대방의 지배권내 들어간 때에 효력이 생긴다는 도달주의, 상대방이 의사표시의 내용을 예지한 때 효력이 생긴다는 요지주의가 있다.

이상의 입법주의 중 어느 주의를 채용하는가는 표의자보호냐, 상대방보호냐의 문제로서 대부부의 입법은 도달주의에 의하고 있다. 그러나 도달주의는 의사표시의 효력발생시기를 정확히 할 수 없고, 연착·불착의 불이익을 표의자가 전적으로 부담하는 결점을 가진다는 점에서 오히려 현대 입법은 거래의 민활·신속을 확보할 필요와 결부하여 발신주의 입법을 증가시키고 있다.

(ㄱ) 도달주의라 할 때 도달(到達)의 의미를 어떻게 볼 것인가, 즉 의사표시가 상대방 영역에 진입하는 것만으로 족한가, 아니면 상대방이 了知할 수 있는 상태를 요하는가. 다수설·판례는 요지상태설을 취한다.[95] 따라서 민법상 도달의 의미를 갖기 위하여서는 상대방의 지배권내 들어가 사회통념상 일반적으로 요지할 수 있는 상태가 생겼다고 인정되는 것이어야 도달의 의미를 가진다. 그러나 최근의 판례는 우편물이 등기취급방법으로 송달된 경우 특별한 사정이 없는 한 그 무렵 수취인에게 배달되었다고 할 것이라고[96] 하는 한편, 통상 우편의 방법으로 발송된 사실만으로는 발송일로부터 상당한 기간 내 도달하였다고 인정하기는 부족한 것이라고 한다.[97]

(ㄴ) 도달에 요지상태설을 취함으로써 도달의 효과발생시기에 관하여, 예컨대 서면이 수신함에 투입된 때, 또는 동거하는 친족·가족이나 동거인이 수령한 때이고, 비록 상대방이 여러 가지 이유로 예지하지 못한 경우에도 그러한 사정은 고려되지 않는다. 그러므로 상대방이 수령을 거절한 경우도 정당한 이유가 없는 한 표의자의 의사에 기하여 상대방을 향하여 발신된 이상 도달의 효력이 생긴다. 다만 이미 전거

95) 대판 1983.8.23, 82다카439; 1960.12.15, 4293민상455.
96) 대판 1997.2.25, 95다38322; 1992.3.27, 91누3819.
97) 대판 2002.2.5, 2001다70559; 1993.5.11, 92다2530.

하고 있으면 도달이 되지 않으나 전 주소의 거주자를 통하여 수령하였으면 도달이 인정된다.

(나) 도달주의의 적용　민법상 도달주의는 격지자간에는 물론이나, 대화자간에도 적용되는가. 민법 제111조는 단순히 상대방이 있는 의사표시에 관하여 규정할 뿐이고, 그 상대방이 격지자이냐 대화자이냐를 구별하지 않는다. 따라서 민법상 도달주의 원칙은 격지자나 대화자를 불문하고 적용된다. 그러나 실제상 도달이 문제되는 것은 격지자 사이에 있고, 대화자간에는 표백하므로 족하다. 또한, 이 때 격지자란 장소적·거리적 개념이 아닌 시간적 개념을 뜻한다.

(다) 도달의 효과

(ㄱ) 의사표시의 도달은 법률행위의 효력발생요건인가, 성립요건인가. 통설은 우리 민법 제111조가 "상대방 있는 의사표시는 그 통지가 상대방에 도달한 때 그 효력이 생긴다."라고 규정한 점에서 효력요건이라고 본다. 그러나 소수설은 상대방 있는 의사표시에서 도달이 없으면 의사표시는 상대방에 대한 관계에서 법적으로 존재하는 것이라 볼 수 없다는 점과 또한 그 입증책임과 관련하여 실무상 그 입증책임을 그 효력발생을 주장하는 자에 주고 있다는 점을 들어 성립요건이라고 한다.[98]

(ㄴ) 의사표시는 상대방에 도달한 때에 효력이 생기므로 이미 발신한 후이더라도 도달하기 전에는 그 의사표시를 철회할 수 있다. 그러나 철회의 의사표시는 늦어도 그 발신되어 도달하는 의사표시와 동시에 도달하여야 한다.

(ㄷ) 도달주의를 취하는 결과 의사표시의 불착·연착은 모두 표의자의 불이익에

[민법상 도달주의의 예외]

- (1) 민법의 예외적 규정
  - ㉠ 제15조 ①, ②… 확답을 발하지 아니한 때에는 추인한 것으로 본다.
  - ㉡ 제15조 ③… 확답을 발하지 아니한 때에는 취소한 것으로 본다.
  - ㉢ 제131조·제455조 ②… 확답을 발하지 아니한 때에는 거절한 것으로 본다.
  - ㉣ 제531조… 승낙의 통지를 발한 때 성립한다.
- (2) 민법이 별도로 효력발생시기를 규정한 경우
  - ㉠ 법인의 설립… 주무관청의 허가를 얻어 이를 법인으로 할 수 있다(제33조).
  - ㉡ 정지조건부 법률행위… 조건이 성취한 때(제147조)
  - ㉢ 상속의 포기… 상속이 개시된 때 소급하여(제1042조)
  - ㉣ 유 언… 유언자가 사망한 때(제1073조 제1항)
  - ㉤ 정지조건이 있는 유언… 그 조건이 유언자의 사망 후에 성취한 때 (제1073조 제2항)

98) 이영준 419면, 이은영 533면.

돌아간다. 또한 의사표시의 도달은 이미 성립한 의사표시의 객관적인 효력발생요건이므로, 도달하고 있는 한 발신 후 표의자가 사망하거나 또는 행위능력을 상실하여도 그 의사표시의 효력에는 아무런 영향을 미치지 않는다(제111조 제2항).

(4) 意思表示의 公示送達

(가) 공시송달의 의의 · 요건 의사표시는 도달에 의하여 효력을 발생하므로 표의자가 상대방을 알 수 없거나 또는 그 주소를 알 수 없을 경우에는 의사표시의 효력을 발생시킬 수 없다. 그러므로 이러한 불편을 제거하기 위하여 공시방법에 의한 의사표시, 즉 공시송달의 방법이 인정되며, 다음의 요건을 갖추어야 한다.

(ㄱ) 상대방을 알지 못하거나 또는 상대방의 주소를 알지 못하여야 한다. 예컨대 상대방이 사망하여 그 상속인이 누구인지 알지 못하거나, 또는 백지위임장을 교부함으로써 수임인이 누구인지 알지 못하는 경우가 전자의 예이고, 행방불명의 경우는 후자의 예이다.

(ㄴ) 상대방 또는 그 주소를 알지 못하는데 표의자에게 과실이 없어야 한다. 따라서 그 알지 못하는데 대한 표의자에 과실이 있는 때에는 공시송달 하지 못한다.

판례는 민사소송법 제171조의 2 제2항에서 말하는「달리 송달할 장소를 알 수 없는 때에 한하여」라 함은 상대방에게 주소보정을 명하거나 직권으로 주민등록표 등을 조사할 필요까지는 없지만 적어도 기록에 현출되어 있는 자료로 송달할 장소를 알 수 없는 경우에 한하여 등기우편에 의한 발송 송달할 수 있음을 뜻하는 것이라고 한다.[99]

(나) 공시송달의 절차 공시송달의 방법은 민사소송법이 정하는 바에 의한다(민소법 제180조). 즉, 법원사무관 등이 송달할 서류를 보관하고 그 사유를 법원게시장에 게시함으로써 한다(동법 동조 제1항). 또한 법원은 공시송달이 있는 사실을 신문에 공고할 것을 명할 수 있다(동조 제2항). 그러나 외국에서 할 송달에 관하여는 재판장이 그 국에 주재하는 대한민국의 대사 · 공사 · 영사 또는 그 국의 관할 공무소에 공시송달이 있는 사실을 등기우편으로 통지하여야 한다(동조 제3항).

(다) 공시송달의 효과 공시송달에 의한 최초의 의사표시는 게시한 날로부터 2주일이 경과함으로써 효력이 생긴다. 즉, 게시한 날로부터 2주일이 경과한 때에 상대방에 도달한 것으로 간주된다(민소법 제181조 제1항 전단). 그러나 동일 당사자에

---

99) 대판 2001.8.24, 2001다31592: 회사 대표이사가 송달장소가 변경된 사실을 법원에 신고하지 아니하여 종전 송달장소로의 송달이 불능이 되자 기록에 있는 법인 등기부상의 본점 소재지나 대표이사의 주소지로 송달해 보지 아니한 채 막바로 발송송달을 한 사안에서 판례는 그 발송송달의 효력을 부정하였다.

대한 그 후의 공시송달은 게시한 익일부터 그 효력이 생기고(동항 단서), 외국에서 할 공시송달은 2월이 경과함으로써 효력이 생긴다(동조 제2항). 또한, 위기간은 단축하지 못한다(동조 제3항).

(5) 意思表示의 受領能力

(가) 수령능력의 의의 표의자의 의사표시가 유효하기 위하여서는 상대방에 도달이 있어야 할뿐만 아니라, 상대방이 수령능력을 가져야 한다.

여기서 수령능력이란 타인의 의사표시의 내용을 이해할 수 있는 능력을 말하며, 행위능력이 스스로 의사를 결정·표시할 수 있는 능력이란 점에서 행위능력 보다 그 정도가 낮다. 그러나 민법은 무능력자를 보호하기 위하여 민법상 모든 무능력자를 의사표시의 수령무능력자로 규정하고 있다(제112조).

(나) 수령무능력자에 대한 의사표시의 효력 의사표시를 수령한 상대방이 무능력자인 때에는 표의자는 그 의사표시로써 대항하지 못한다(제112조 전단). 그러나 수령무능력자가 도달을 주장함은 무방하다. 또한 상대방이 무능력자이더라도 그의 법정대리인이 의사표시의 도달을 안 때에는 표의자는 그 의사표시로써 대항할 수 있다(동조 단서).

2. 相對方없는 意思表示와 효력발생

법률관계는 결국 인간과 인간의 관계이므로 절대적으로 상대방이 없는 법률행위는 없다. 그러나 의사표시가 처음부터 특정인에 대하여 행하여지지 않는 경우, 즉 상대방의 특정성에 큰 영향이 없는 법률행위(예컨대 유언·재단법인설립행위·권리의 포기 등)는 상대방에 도달이란 무의미할 것이므로 이러한 의사표시는 언제 효력이 발생하는가 문제되나, 학설은 그 의사표시의 성립·유효요건을 갖출 때 효력이 발생하는 것으로 해석함이 일반적이다. 따라서 표의자가 의사표시로써 외부에 표백한 때 당연히 효력을 발생한다.

제 3 장 法律行爲代理와 法律行爲效力의 留保

제 1 절 法律行爲의 代理

제 1. 代理制度의 槪念

1. 代理制度의 의의와 기능

(1) 대리제도(Stellvertretung)란 대리인이 본인을 대신하여 법률행위를 하고 그 효과를 직접 본인에 귀속토록 하는 제도, 즉 어떤 자 甲(본인)과 일정한 관계에 있는 乙(대리인)이 甲을 위하여 제3자 丙과 의사표시를 하거나 또는 그것을 받음으로써 그 행위의 법률효과가 직접 甲에 발생하는 제도를 말한다.

(2) 대리제도는 근대 이후의 사회적 필요에 의하여 확립된 인위적·법률적 제도로서, 그 존재의미는 대체로 다음 두 가지 점에서 찾고 있다.

(가) 사적 자치의 확장　근대법상 사적 자치의 원칙은 개인의 자유로운 의사에 의하여 법률관계를 형성할 것을 인정하지만, 개인의 활동능력에는 스스로의 한계가 있고, 특히 오늘날과 같이 거래관계가 기술화·전문화하고, 또한 광범위하게 전개되는 경제조직 아래서는 자기만의 활동으로 모든 거래관계를 처리한다는 것은 거의 불가능한 실정에 있다.

그리하여 이제 개인은 자기 아닌 타인으로 하여금 자신의 법률관계를 직접 처리하는 방안을 강구하게 되며, 이로써 자기의 활동범위를 확대하고 있다. 이것이 임의대리의 존재이유이며, 특히 기업활동에서 불가결한 것으로 나타난다.

(나) 사적 자치의 보충　근대법상 모든 자연인은 당연한 권리능력자이지만, 의사능력이 없는 자는 스스로 법률행위를 할 수 없고, 원만한 법률효과의 귀속을 기대할 수 없다. 이러한 자가 사회 공동생활관계의 일원으로서 활동을 갖고, 권리능력자로서의 원만한 효과를 거둘 수 있기 위해서는 부득이 타인의 조력에 의하지 아니할 수 없다. 이것이 법정대리의 존재이유이며, 특히 무능력자의 행위능력을 보충하는 기능을 가진다.

┌ 사적 자치의 확장 ┌ 인간능력 한계 탈피 ┐ 본래적 기능
│ └ 임의대리의 의미 ┘
└ 사적 자치의 보충 ┌ 무능력자의 능력보충 ┐ 부차적 기능
└ 법정대리의 의미 ┘

(3) 대리제도는 사적 자치의 확장·보충이라는 개인의 유한성을 탈피하기 위한 제도로서 기능을 가진다. 그러나 대리의 보다 본질적 작용은 어디까지나 사적 자치의 확장이라는 기능이며, 사적 자치를 보충하려는 기능은 부차적 기능에 지나지 않는다.

2. 代理의 本質

(1) 대리의 본질론에 관한 태도

대리(代理)는 일반 법률관계와는 달리 3면 관계로 성립하는 점에서 그 행위자와 효과귀속자를 달리한다. 따라서 대리행위의 당사자를 누구로 볼 것인가에 대하여 대리행위에 미친 하자 유무의 결정 표준을 정할 필요와 관련하여 문제된다.

대리인행위설은 법률행위의 당사자는 대리인과 상대방이라 보며, 이 때 대리인은 본인의 효과의사를 대리하는 것이 아니라 본인을 대리하여 대리인 자신의 효과의사에 의하여 직접 법률행위를 행하는 것이라고 한다(곽윤직 441면).

효과귀속설은 대리행위의 효과발생에 본인의 작용을 강조하여, 법률행위는 규율의 측면과 이 규율에 도달하기 위한 과정으로서의 행위의 측면을 분리하여, 행위로서의 법률행위는 대리인의 것이고, 규율로서의 법률행위는 본인의 것이므로 결국 대리인의 행위에 의하여 본인에 효과가 귀속하는 것이라고 한다(이영준 449면).

통합요건설은 대리행위는 본인의 수권행위와 대리인의 대리행위가 적법한 대리를 위한 통합요건, 즉 행위와 규율의 분리론에서와 같이 수권행위와 대리행위가 합체하여 하나의 행위가 되는 것이 아니라 각각 별개로 법률요건이 되는 것이라고 한다(김상용 602면, 이은영 579면).

통설·판례는 대리인행위설을 취하며, 대리행위의 효력은 본인의 효과의사를 대리하는 것이 아니라 대리인의 효과의사에 기하여 법률행위를 하는 것이라 본다. 즉 대리는 의사의 대리가 아니라 법률행위를 행함에 있어서의 대리라고 하며, 대리행위에 있어서의 법률요건은 모두 대리인에 의하여 실현되나 그 효과는 본인에 귀속되는 것이라고 한다.

그 이론적 근거는 법률행위를 하는 대리인의 효과의사가 그것을 의욕하고 있다는 데 있을 뿐만 아니라, 민법 제114조 이하의 규정(대리행위의 효력 등)이 이러한 효과의사를 적법한 것으로 인정하여 그 효과의사대로 법률효과가 발생하도록 협력하고 있기 때문이라고 하며, 민법 제116조 제1항의 대리행위 하자의 규정은 우리 민법이 대리인행위설을 취하고 있는 실정법적 근거규정이라고 한다.

(2) 代理人行爲說의 결과

민법은 대리행위의 당사자 결정에 대리인행위설을 취하므로 그 대리행위에 미친 하자 유무의 결정은 모두 대리인을 표준으로 정한다.

따라서 대리행위에 미친 사기・강박, 선의・악의 등의 결정은 모두 대리인을 표준으로 정하나(제116조 제1항), 다만 악의에 대하여는 본인도 함께 고려하여 정한다. 그러므로 비록 대리인이 선의이더라도 본인이 악의인 때에는 그 법률관계는 악의로 다루어진다(동조 제2항).

3. 代理의 種類

(1) 任意代理와 法定代理

(가) 임의대리와 법정대리는 대리권이 발생하는 모습에 의한 분류로써, 대리권이 본인의 의사에 의하여 발생하는 경우를 임의대리, 그렇지 않을 경우를 법정대리라고 한다.

여기서, 특히 법정대리는 법률의 규정에 의하여 대리권이 발생하는 것으로서, 무능력자를 위한 능력보충기관 내지 보호기관에 해당하는 자의 대리관계는 물론, 그 밖에도 부재자를 위한 재산관리인・상속재산관리인의 관계도 일종의 법정대리라고 볼 수 있다.

(ㄱ) 법률의 규정에 의한 경우 – 친권자・법정후견인
(ㄴ) 본인 이외 자의 지정에 의한 경우 – 지정후견인・지정유언집행자
(ㄷ) 법원의 선임에 의한 경우 – 부재자 재산관리인・상속재산관리인

재산관리인 중 법률의 규정에 의하여 당연히 재산관리권을 가지는 자는 법정대리라는 데 의문이 없으나 법원의 선임에 의한 재산관리인도 법정대리인가. 대체로 긍정하나, 견해에 따라서는 법원의 선임에 의한 재산관리인은 통상 대리에서처럼 어떤 특정인과 관련한 것이 아니라 특정의 재산에 대한 이해관계를 가진 사람에 대해 관리하는 관계란 점에서 의제적 대리, 즉 대리로서가 아니라 관리인이 관리인의 자격에서 자기 이름으로 관리행위를 하고 본인은 재산귀속자라는 지위에서 그 효과를 받는데 불과한 일종의 재산관리라고 한다(곽윤직 447면).

(나) 임의대리와 법정대리를 구별하는 실익은 주로 대리인의 복임권 및 대리권의 소멸에 관하여 존재한다.

(2) 能動代理와 受動代理

능동대리와 수동대리는 대리의 모습에 의한 분류로써, 본인을 위하여 제3자에 대하여 의사표시를 하는 대리가 능동대리(적극대리)이며, 본인을 위하여 제3자의 의사

표시를 수령하는 대리를 수동대리(소극대리)라고도 한다. 그러나 대리는 특별한 제한이 없는 한 이들 양자의 대리를 겸하는 대리권을 가지며, 양자의 구별의 실익은 현명주의의 적용에 있다.

(3) 有權代理와 無權代理

유권대리와 무권대리는 대리인으로서 행동하는 자가 정당한 대리권을 가지는가의 여부에 따른 분류로써, 대리란 통상 유권대리를 의미할 것이지만 민법은 이것에 국한하지 않고 대리제도의 신용유지와 거래의 안전보호란 측면에서 무권대리에 관하여도 일정한 요건 하에 그 효력을 정하고 있다.

4. 代理가 인정·성립되는 범위

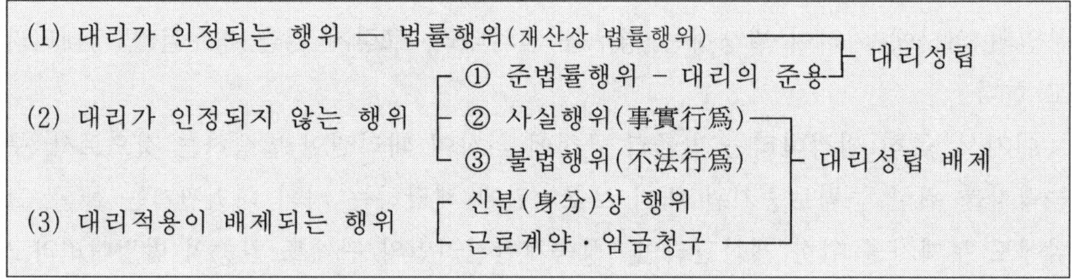

(1) 代理가 인정되는 범위

민법에서 이른바 대리란 의사표시에 관하여만 인정된다(제114조). 따라서 대리는 법률행위에만 인정되고, 법률행위 이외의 행위에는 원칙적으로 대리가 인정되지 않는다.

(가) 불법행위 불법행위에는 대리가 인정되지 않는다. 대리제도는 본인을 위한 제도이므로 위법행위인 불법행위에는 대리제도의 본질상 대리가 인정되지 않는다. 민법 제35조 제1항은 법인은 이사 기타의 대표자가 그 직무에 관하여 타인에게 행한 불법행위에 대하여 손해배상책임을 규정하고 있지만, 여기에서 이사 기타 법인의 대표자는 법인의 대표기관으로서의 책임을 규정한 것이지 대리행위에 관한 것은 아니다.

(나) 사실행위 사실행위에 대리가 인정될 수 있는가. 통설은 의사표시를 요소로 하지 않는 사실행위에는 대리가 인정될 수 없고, 동산양도계약·동산질권설정계약에서의 물건의 인도와 같이 제3자의 협력이 있더라도 그 것은 대리가 아니라 보조행위라고 본다. 그러나 다수설은 사실행위에는 대리가 인정되지 않지만 예외적으로

사실행위가 의사표시와 밀접히 결합하여 법률행위를 구성하는 경우 예컨대 동산양도계약, 질권설정계약에서 물건의 인도에는 대리를 허용할 것이라고 하거나, 현실의 인도에는 배척할 것이지만 관념적 인도, 즉 간이인도·점유개정·반환청구권의 양도에는 적어도 의사표시를 요하는 만큼 대리가 가능한 것이라고 한다.[1]

(다) 준법률행위 준법률행위도 의사표시가 아니므로 역시 대리가 인정되지 않는다. 그러나 준법률행위 가운데에서도 의사통지(예컨대 최고·거절) 또는 관념통지(예컨대 각종 통지·승낙, 채무의 승인)에 관해서는 대리를 유추 적용하여도 무방하다고 봄이 통설이다.

(2) 代理가 성립되는 범위

대리는 법률행위에만 인정하나, 다만 신분상 법률행위는 성질상 적용이 배척되고, 재산상 법률행위이지만 근로계약·임금청구는 특별법(근로기준법)상 대리가 제한된다. 또한, 준법률행위는 대리가 인정되지 않지만 의사통지·관념통지에는 대리가 유추 적용된다고 봄이 통설이다.

따라서 결국 대리가 성립될 수 있는 범위는 근로계약·임금청구를 제외한 재산상 법률행위와 준법률행위로서 의사통지·관념통지 및 신분상 법률행위이지만 실질이 재산관계의 변동을 내용으로 하는 행위, 예컨대 상속재산분할청구에는 대리가 성립된다.

제 2. 代 理 權

1. 代理權의 의의와 성질

(1) 代理權의 의의

대리권이란 타인(대리인)이 본인의 이름으로 의사표시를 하거나 또는 의사표시를 받음으로써 직접 본인에게 법률효과를 귀속시킬 수 있는 타인(대리인)의 본인에 대한 법률상 지위 또는 자격을 말한다. 그러므로 그것은 본래 의미의 권리는 아니다.

(2) 代理權의 법률적 성질

대리권의 법률적 성질에 관하여 형성권설은 대리인의 일방적 의사표시로서 당연히 그 본인에 효력을 발생하는 것이라 하고, 대리권부정설은 대리권은 본인과 대리인의 기초적 법률관계를 떠나 독립된 권리로 존재할 수 없는 것이라고 한다.

---

1) 김현태 328면, 김기선 287면, 김상용 595면, 이은영 567면, 이영준 444면.

또한 자격설은 대리권은 권리가 아니라, 행위능력과 같이 법률상 일정한 법률관계를 발생케 하는 능력 또는 자격이라고 한다.

이상의 학설 중 형성권설은 능동대리에는 가능하지만 수동대리에는 이론구성이 불가능하며, 대리권부정설은 현행 민법이 위임과 대리를 구별하고 있는 점에서 배척된다. 따라서 종래 이래 통설은 자격설을 취하여 대리권을 법률상 일정한 법률관계를 발생케 하는 능력 또는 자격이라고 파악한다. 그러나 대리권을 能力 또는 資格으로 파악할 때 이제 대리권에 의해 성립되는 능력은 행위능력과 전혀 관계없는 다른 영역에 속하는 것으로 되며, 그 결과 대리제도는 법률상 제도로만 파악되는 결점을 가지게 된다.

그리하여 최근의 새로운 견해는 대리권을 「대리의 권한」,[2] 또는 「제2차적 권한」이라 하거나,[3] 법률행위를 行爲로서의 법률행위와 規律로서의 법률행위로 구별하고 대리인의 행위로서의 법률효과가 본인에 귀속하는 것은 대리적 효과의사 때문이 아

[대리의 3면관계]

(1) 제1 면관계 = 대리권관계(代理權關係)
- ① 의 의 — 대리인의 지위·자격
- ② 발 생
  - 법정대리 – 법률의 규정, 일정자의 지정, 법원의 선임
  - 임의대리 – 본인의 수권행위
- ③ 범 위
  - 임의대리 – 본인의 수권범위(처분·관리행위)
  - 법정대리 – 법률의 규정(관리행위에 국한)
- ④ 제 한
  - 자기계약·쌍방대리의 금지
  - 대리인과 본인의 이익상반
  - 공동대리
- ⑤ 소 멸
  - 공통소멸 원인 – 본인·대리인 사망, 대리인의 금치산·파산
  - 임의대리의 소멸원인 – 원인행위의 종료, 수권행위의 철회
  - 복대리권의 소멸원인 – 대리인의 대리권 소멸, 복임권의 철회

(2) 제2 면관계 = 대리행위관계(代理行爲關係)
- ① 현명주의의 적용
  - 현명주의의 예외 – 수동대리·상사대리
  - 현명하지 아니한 행위의 효과 – 대리인 자신을 위한 행위로의 효과
- ② 대리행위의 하자
- ③ 대리인의 능력

(3) 제3 면관계 = 대리효과관계(代理效果關係)
- ① 대리행위의 본인에의 귀속
- ② 본인의 능력

2) 곽윤직 451면, 장경학 533면.
3) Miiller-Freienfels, Vert retung, S. 35.; 이영준 471면 참조.

니라 대리권의 효력 때문인 것, 즉 대리권은 규율로서의 법률행위를 본인의 것으로 정당화하는 무실체적인 것이라고 한다.[4)]

2. 代理權의 發生 · 範圍 · 制限

(1) 代理權의 발생

(가) 임의대리권의 발생 임의대리권은 그것을 수여하는 본인의 행위, 즉 본인의 의사에 기한 이른바 수권행위에 의하여 발생한다.

(ㄱ) 수권행위는 기초적 내부관계를 발생케 하는 행위, 즉 대리권 수여의 원인이 된 법률관계와 구별되는가.

다수설은 민법 제128조가 "법률행위에 의하여 수권된 대리권은 … 그 원인 된 법률관계의 종료에 의하여 소멸한다."라고 규정하고 있으므로, 동 규정의 해석상 수권행위의 개념이 인정되고, 또한 이를 원인 된 법률관계로부터 독립된 별개의 개념으로 파악한다. 따라서 수권행위는 기초적 내부관계를 발생케 하는 행위, 즉 대리권 수여의 원인이 된 법률관계와 구별된다.

(ㄴ) 수권행위는 계약인가, 단독행위인가. 계약설은 수권행위가 단독행위라는 명문규정이 없는 것을 들어 본인 · 대리인간의 무명계약이라고 하나, 다수설은 단독행위설을 취한다. 따라서 수권행위는 본인의 대리인에 대한 단독적 의사표시로 본다.

다만, 상대방의 수령을 요하는가. 견해는 대리권의 수여는 대리인에 대한 하나의 대외적 지위 또는 자격을 부여하는데 불과하고 어떤 권리 또는 의무를 부담시키는 것이 아니라는 점을 들어 대리인이 될 자의 승낙을 요하지 않는 것이라고 한다. 그러나 다수설 · 판례는 상대방의 수령을 요하는 본인의 단독행위라고 본다.

다만, 수권행위에 상대방의 수령을 요하는 단독행위라고 할 때 수권행위의 상대방은 누구로 되는가. 즉 대리권의 발생에 외부적 수권을 인정할 것인가.

원래, 수권행위는 본인이 대리인에게 대리권을 수여하는 행위, 즉 내부적 수권행위로 대리권이 발생하고 내부적 수권이 있는 이상 당연히 상대방에 효력이 발생하는 것으로 하였다. 그러나 견해 중에는 대리행위의 상대방에 대하여 표시하는 외부적 수권행위에 의하여도 대리권이 발생한다고 하고, 더욱 대리제도는 본인에 대해서가 아니라 상대방에 기능하는 것이므로 진정한 의미의 수권행위는 외부적 수권행위라고 한다. 예컨대 대리권의 부여를 수권증서에 의하는 경우 외부적 수권은 이를 상대방에 제시한 때 발생하므로 이 증서를 상대방에 제시하지 않고 있는 한 본인에

4) Flume §45, Ⅱ, Ⅰ, 784.; 이영준 472면.

대한 관계에서만 법적 의미를 가질 뿐 상대방에 대하여는 아무런 효력이 없는 것이라고 한다.[5] 그리하여 이 이론은 특히 표현대리가 성립한 경우 내부적 수권은 없지만 외부적 수권행위가 있었거나(제125조의 표현대리), 아니면 적어도 외부적 수권이 잔존(제126조, 129조의 표현대리)하는 것이라 하여 그 효과를 무권대리이지만 본인이 책임을 지는 것으로 보지 않고 유권대리로 파악한다.

통설은 외부적수권설이 독일민법 제167조 제1항이 "대리권의 수여는 대리인으로 될 자 또는 대리행위의 상대방이 되는 제3자에 대한 의사표시로써 행하여진다."라고 한 점을 근거로 하나, 우리 민법은 이와 같은 규정을 두고 있지 않는다는 점을 들어 부정하고 내부적 수권만을 인정한다. 따라서 민법상 대리권수여의 상대방은 대리인이 되고, 대리권의 발생은 본인이 대리인에 대한 의사표시로 하여야 하고 대리인이 이를 수령함으로써 발생한다.

(ㄷ) 수권행위는 독자성·무인성을 가지는가. 원래 수권행위는 본인과 대리인 사이의 내부관계를 발생케 하는 행위 그 자체는 아니며, 그것과는 독립하여 대리권의 발생만을 목적으로 하는 행위라고 하여 수권행위의 독자성을 인정한다. 그러나 수권행위의 독자성을 인정한다고 하더라도 그것은 수권행위와 기초적 행위가 언제나 독립한 행위 또는 개별의 행위로 행하여져야 한다는 것을 의미하지는 않으며, 양자가 외형상 하나의 행위로 합체하여 행하여지는 것은 무방하며, 오히려 그러한 것이 보통이다.

또한, 수권행위를 그 원인되는 계약관계와 별개의 법률행위로 한다면, 기초적 법률관계가 무효·취소 등 기타의 사유로 실효되는 경우에는 수권행위도 영향을 받는가. 유인·무인성의 문제이며, 독자성과 관련하여 견해가 대립한다.

유인설(有因說)은 민법 제128조를 근거로 하며, 견해에 따라서는 수권행위를 내부적 수권행위와 외부적 수권행위로 나누어 파악하고 그 기초적 법률관계의 종속성의 정도에 따라 파악해야 할 것이라고 하나(곽윤직 455면, 이은영 602면), 무인설(無因說)은 수권행위의 독자성을 강조하여 수권행위의 효력을 그 기초적인 법률관계와 절연 내지 단절되는 것이라고 한다(김주수 348면, 김증한·김학동 393면, 백태승 463면).

또한 외부적수권내부적수권구별설은 외부적 수권을 긍정하고 내부적 수권행위는 유인행위이지만 외부적 수권행위는 무인성을 띤다고 한다(이영준 483면).

위 학설의 구별실익은 제3자 내지 거래의 안전보호와 관련하여 논의되며, 다수설은 수권행위가 그 원인 되는 기초적 행위와는 관념상 별개의 행위라는 것을 강조하여 무인설을 취한다. 그리하여 유인설이 들고 있는 민법 제128조는 내부관계의 종료로 대리권이 소멸하는 원칙을 규정한 것뿐이며, 대리권의 절대적 소멸을 규정한 것

5) 이영준 479면, 백태승 460-1면.

은 아니라고 한다. 따라서 대리권은 수권의 내부관계를 그대로 두면서 대리권만 소멸케 할 수 있고, 또한 내부관계의 종료 후에도 대리권만 존속케 할 수 있는 것이라고 한다.

(ㄹ) 수권의 의사표시는 묵시적 의사표시로도 할 수 있는가. 판례는 본인이 인장을 교부한 경우 대체로 어떤 대리권을 교부한 것이라 하며,[6] 또한 부동산 처분에 관한 소요서류를 교부하는 것은 특단의 사정이 없는 한 부동산처분에 관한 대리권을 준 것이라 한다.[7] 그러나 해외 출장 중 인장을 아버지에 맡겼다는 사실만으로는 대리권을 수여했다고 볼 수 없는 것이라고 하고,[8] 또한 부동산관리인에게 인감을 보관시켰다고 하여 처분의 권한을 부여했다고 볼 수 없는 것이라고 한다.[9]

(나) 법정대리권의 발생 법정대리인의 대리권은 법률의 규정에 의하여 발생하나 구체적으로는 법률의 직접 규정 또는 일정자의 지정, 법원의 선임에 의하여 발생한다. 예컨대 본인에 대하여 일정한 지위에 있는 자가 당연히 대리인이 되는 친권자·후견인 등과, 본인 이외의 일정한 자의 지정으로 대리인이 되는 지정후견인·지정유언집행자, 및 법원이 선임하는 자가 대리인이 되는 선임후견인·부재자재산관리인·상속재산관리인·유언집행자 등이 이것이다.

(2) 代理權의 범위

(가) 임의대리권의 범위 임의대리권의 범위는 그 수권행위에 의하여 정하여진다. 즉 본인은 일정 사항을 한정 또는 포괄적으로 수여하거나, 특정의 상대방을 한정하여 대리권을 수여할 수 있다. 그러므로 대리권의 범위는 수권행위의 범위에 의하여 정하여 진다.

대리권이 존재함이 명백하나 그 범위가 불명한 경우는 보존행위(재산의 가치를 현장 그대로 유지케 하는 행위, 가옥의 수선·소멸시효의 중단 등)·이용행위(재산의 이익을 꾀하는 행위)·개량행위(사용가치 또는 교환가치의 증가행위) 등 이른바 관리행위만 할 수 있고, 처분행위는 하지 못한다(제118조).

(나) 법정대리권의 범위 법정대리권의 범위는 각종 법정대리인의 규정에 의하여 정하여진다. 그러나 현행 민법상에는 법정대리인의 대리권의 범위를 정하는 일반규정을 두고 있지 아니한다. 따라서 법정대리인의 대리권의 범위는 관리권의 범위에만 미친다.

---

6) 대판 1965.3.30, 65다44.
7) 대판 1959.7.2, 4291민상329.
8) 대판 1964.5.26, 63다455.
9) 대판 1973.6.5, 72다2617.

[관리행위의 내용과 범위]

	내　　용	허용범위
보존행위	가옥의 수선행위, 소멸시효중단행위, 미등기가옥의 등기행위, 기한이 도래한 채무의 변제행위 등	무제한 행사 가능
이용행위	금전의 이자부대여, 가옥의 대여행위, 황무지의 경작행위	권리나 물건의 성질을 변경하지 않는 범위에서만 행사 가능
개량행위	사용가치·교환가치의 증가행위, 가옥의 장식·설비, 田地의 垈地로 변경 등	

(3) 代理權의 제한

(가) 자기계약·쌍방대리의 금지　　어떤 법률행위에 있어서 일방 당사자가 상대방의 대리인이 되는 것, 즉 동일인이 일방의 대리인으로서의 자격과 타방의 당사자로서의 자격을 아울러 가지고 대리행위를 하는 것(예컨대 甲으로부터 부동산의 매각을 위임받은 대리인 乙이 스스로 매수인이 되는 경우)을 자기계약(自己契約)이라고 하고, 동일인이 당사자 쌍방의 대리인으로서 대리행위를 하는 것을 쌍방대리(雙方代理)라고 하며, 이런 종류의 대리행위를 허용하면 본인의 이익을 해칠 염려가 있으므로 민법이 특히 금지하고 있다.

(ㄱ) 자기계약·쌍방대리이더라도 당사자 사이의 이해의 충돌이 없는 경우에는 본인의 이익을 해할 염려가 없으므로 그 예외가 인정된다.

(a) 본인이 미리 이를 위임하였거나 대리권의 수여를 허락한 경우(제124조 본문).

(b) 채무의 이행 : 채무의 이행은 물론 이것에 한하지 않고, 채무의 이행과 동시할 수 있는 경우도 충돌이 없는 한 예외가 인정된다. 따라서 법무사의 등기신청행위·상계는 대표적인 예이나 대물변제·갱개는 별개 당사자의 합의를 요하므로 제외된다.

(ㄴ) 자기계약·쌍방대리의 금지에 관한 민법 제124조는 법정대리·임의대리를 불문하고 적용된다. 그러나 제124조의 위반행위는 절대무효가 아니라 무권대리행위가 된다. 즉 본인이 이를 추인한 때에는 유효한 대리행위로 된다.

또한, 자기계약의 금지는 계약의 대리뿐만 아니라 상대방 있는 단독행위의 대리에도 적용된다.[10]

(나) 공동대리　　공동대리란 수인의 대리인이 공동으로만 할 수 있는 대리를 말한다. 따라서 공동대리에 있어서 대리인의 1인이 대리행위에 참여하지 않거나, 의사표시에 흠결이 있는 때에는 그 대리행위가 유효하지 않거나, 대리행위 자체가 흠결

10) 이영준 510면; 손지열, 주해(3) 83면.

을 가지게 된다. 그러므로 공동대리는 대리인 각자에 대하여 대리권의 일정한 제한이 있게 된다.

(ㄱ) 공동의 의미 : 공동대리에서 공동의 의미를 의사결정의 공동으로 볼 것인가. 의사표시 행위의 공동으로 볼 것인가. 다수설은 의사결정의 공동으로 족하고, 그 실행행위는 일부 대리인이 하여도 무방한 것으로 해석한다.

(ㄴ) 공동대리위반의 효과 : 1인의 단독행위가 권한을 넘은 표현대리(제126조)가 되는가, 무권대리로 되는가. 다수설은 제한적무권대리설을 취하며, 공동대리에서의 1인의 단독행위는 권한 밖의 무권대리이지만 상대방이 단독대리인 것으로 알고 대리에 응한 범위에서는 표현대리의 성립이 가능한 것이라고 본다.

(ㄷ) 수동대리에 적용여부 : 수동대리도 공동대리하여야 하는가. 긍정하는 견해가 있으나,[11] 다수설은 상대방 보호와 거래의 편의를 위하여 각자 단독으로 수령할 수 있는 것이라고 한다.

3. 代理權의 소멸

(1) 任意代理·法定代理에 공통 소멸원인

(가) 본인의 사망 본인의 사망으로 법정대리에서는 당연히 소멸하며, 임의대리에는 원칙적으로 소멸한다. 여기서 사망이란 본래의미의 사망뿐만 아니라 실종선고는 물론,[12] 법인의 청산관계의 종료에도 자연인의 사망에 준하여 대리권이 소멸한다.[13]

다만, 본인의 사망의 경우에도 다음의 경우에는 예외가 인정된다.

(ㄱ) 임의대리에 있어 그 기초되는 내부관계가 본인의 사망에도 존속하는 때에는 그 범위에서 대리권도 존속한다.

또한, 대리인의 이익을 위하여 수여한 대리권과 같이 수권의 성질상 대리권존속의 특약이 있는 것으로 해석하여야 하고,[14] 급박한 사정이 있는 때에도 민법 제691

[본인의 사망과 대리권의 소멸]

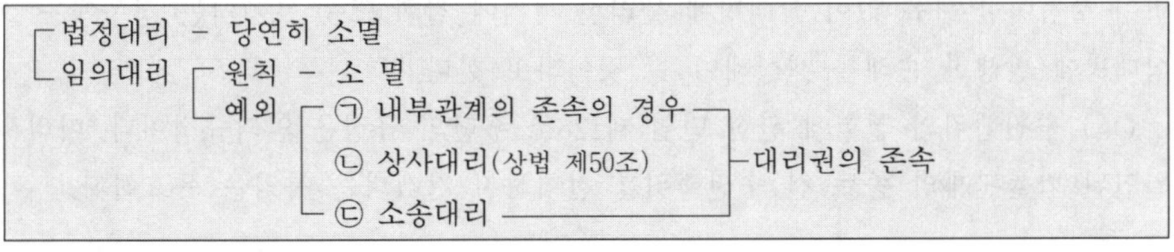

11) 곽윤직 461면.
12) 대판 1987.3.24, 85다카1151.
13) 고상룡 517면; 지원림, 민법강의 254면.
14) 손지열, 주해(3) 184면, 지원림, 민법강의 254면.

조(위임종료시긴급처리)의 적용범위에서 대리권이 존속한다.[15]

(ㄴ) 상행위의 대리에는 그 신임관계가 기업중심의 신임관계이고, 또한 거래의 안전을 위하여 본인의 사망으로 소멸하지 않는다.

(나) 대리인의 사망　대리인의 사망으로 대리권은 당연히 소멸한다. 따라서 대리권의 상속은 인정되지 않는다. 그러나 견해 중에는 임의대리에서 대리권 존속의 특약, 예컨대 담보를 위하여 추심을 위임한 경우와 같이 대리인 측의 대리권이 수여된 경우,[16] 또한 급박한 사정이 있는 경우 민법 제691조의 적용의 범위에서 대리권이 존속하는 것으로 해석할 것이라고 한다.[17]

(다) 대리인의 금치산 또는 파산　임의대리인은 물론 법정대리인도 특별한 제한이 없으면 금치산자나 파산자도 대리인이 될 수 있다. 그러나 대리인이 된 자가 후일 금치산선고를 받거나 파산선고를 받게 되면 이로써 대리권 발생의 기초가 되는 본인·대리인 사이의 신임관계와 대리인의 경제적 신용이 없어지므로 민법은 대리권이 소멸하게 하고 있다.

(2) 任意代理에 특유한 소멸원인

(가) 원인된 법률관계의 종료　임의대리권은 그 원인된 법률관계의 종료에 의하여 소멸한다(제128조 전단). 그러나 이것은 임의규정이며, 수권행위는 본래 그 원인된 법률관계와 독립된 것이므로 본인은 원인된 법률관계가 종료한 후에도 대리권만 존속하게 할 수 있다.

(나) 수권행위의 철회　원인된 법률관계가 아직 존속하고 있더라도 본인은 수권행위를 철회하여 대리권을 소멸시킬 수 있다(제128조 후단).

민법은 대리권철회의 상대방에 관하여 정하고 있지 않으나, 본인의 수권행위 철회의 상대방은 대리인 또는 대리행위의 상대방인 제3자라고 본다.

(ㄱ) 수권행위는 언제나 철회할 수 있는가. 견해 중에는 민법 제689조를 유추하여 본인은 언제든지 철회할 수 있고 대리인도 언제나 포기할 수 있으나, 당사자 쌍방이 부득이한 사유 없이 상대방에 불리한 시기에 철회 또는 포기하는 경우에는 그 상대방에 발생한 손해를 배상해야 할 것이라고 한다.[18]

(ㄴ) 수권행위의 철회에 관한 민법 제128조 후단의 규정은 임의규정이다. 따라서 원인된 법률관계의 종료 전 수권행위를 철회하지 않겠다는 특약은 유효하다.

15) 지원림, 민법강의 254면.
16) 손지열, 주해(3) 187면.
17) 지원림, 민법강의 520면.
18) 지원림, 민법강의 256면.

제 3. 代理行爲와 代理行爲效果의 歸屬

1. 代理行爲

(1) 代理行爲의 성립

(가) 현명주의의 원칙　대리에 있어서의 행위당사자는 대리인과 상대방이다. 대리인의 행위가 대리행위로서 성립하려면, 먼저 본인을 위한 것임을 표시하여, 즉 대리의사를 표시하여 하여야 한다(제114조). 이를 대리의 현명주의라고 한다.

(ㄱ) 현명(顯名)의 본질은 대리적 효과의사를 상대방에 표시하는 의사표시인가 의사의 통지인가. 견해가 대립한다.

대리적효과의사설은 그 행위의 법률적 효과를 본인에 귀속시키려는 의사표시이며, 이 대리의사의 표시에 의하여 법률효과가 직접 본인에 귀속한다고 하고(곽윤직 464면, 이은영 583면), 의사통지설은 규율로서 법률행위의 주체가 본인의 것임을 알림으로써 법률관계를 명료히 하고 대리인의 상대방이 본인과 대리인간의 내부관계를 조사할 부담을 덜기 위한 하나의 법 기술에 불과한 것이라고 한다(이영준 525면, 김증한 · 김학동 413면, 김상용 655면).

다수설은 의사통지설을 취하며, 의사통지설의 결과 대리인의 대리적 효과의사가 존재하지 않는 경우에도 현명이 있으면 이에 대하여 민법은 표현대리 · 추인 · 추인거절 · 철회 등의 효과를 부여하며, 현명이 없으면 대리적 효과의사가 있더라도 대리인의 행위를 대리인 자신의 행위로 간주하는 법률효과를 부여한다고 한다.[19]

(ㄴ) 대리의사의 표시방법은 「甲 대리인 乙」이라고 표시하는 것이 보통이나 반드시 명시해야 하는 것은 아니고, 주위사정으로 보아서 당해 법률행위의 타인성이 인정되는 것이면 족하다.[20] 판례는 매매위임장을 제시하고 매매계약을 체결하는 자는 특단의 사정이 없는 한 소유자를 대리하여 매매행위를 하는 것이라고 보아야 하고 매매계약서에 대리관계의 표시 없이 자신의 이름을 기재하였다고 하여 그 것만으로 행위자 자신이 매도인으로서 타인 물건을 매매한 것이라고는 볼 수 없는 것이라고 한다.[21]

또한, 본인의 이름만을 표시하는 경우에도 대리의사가 있는 것으로 본다.[22]

(ㄷ) 대리인이 本人을 위한 것임을 표시하지 않고서 행한 의사표시는 그 대리인 자신을 위하여 한 것으로 본다(제115조 본문). 따라서 대리인은 그의 내심의 의사와 표시가 일치하지 않음을 이유로 착오를 주장하지 못한다.

다만, 상대방이 대리인으로서 행한 것임을 알았거나 알 수 있었을 때 그 의사표시

---

19) 이영준 525면.
20) 이영준 526면; 독일민법 제164조 제1항 제1문 참조.
21) 대판 1982.5.25, 81다1349, 81다카1209.
22) 대판 1976.12.14, 76다2191; 1968.3.5, 67다2297.

는 대리행위로서 효력을 발생한다(제115조 단서).

(나) 현명주의의 예외　민법 제115조는 수동대리에는 적용되지 않는다. 또한 상행위에는 기업 활동의 비개인성이라는 특수성에서 현명주의의 원칙이 채용되지 않는다.

그밖에도 대리인 개인을 중시하지 않는 거래에는 현명주의의 예외를 인정할 것인가. 다수설은 명문의 규정이 없는 우리 민법상 이를 긍정함은 무리이고, 또한 그러한 경우에는 '대리의사의 표시'가 있다고 할 수 있는 경우가 많으므로 이를 인정할 실익이 없다는 점을 들어 부정한다.[23)]

⑵ 代理行爲效力에 관한 특수문제

(가) 대리행위의 하자　민법 제116조 제1항은 "의사표시의 효력이 의사의 흠결·사기·강박 또는 어떤 사정을 알았거나 과실로 알지 못한 사정으로 인하여 영향을 받을 경우에, 그 사실의 유무는 대리인을 표준하여 결정한다."라고 하고, 또한 동조 제2항은 "특정한 법률행위를 위임한 경우에 대리인이 본인의 지시에 좇아 그 행위를 한 때에는 본인은 자기가 알고 있는 사정, 또는 과실로 인하여 알지 못한 사정에 관하여 대리인의 부지를 주장하지 못한다."라고 하여 대리인행위설을 취하고 있다. 따라서 대리인이 사기 또는 강박을 당하여 행한 법률행위에 관하여도 본인이 취소권을 취득하고, 대리인이 그것을 대항할 수 있는가의 여부는 그에게 주어진 대리권의 범위에 따라 정하여진다.

[판례] 대리인이 본인을 대리하여 매매계약을 체결함에 있어서 매매대상 토지에 관한 저간의 사정을 잘 알고 그 배임행위에 가담하였다면, 대리행위의 하자 유무는 대리인을 표준으로 판단하여야 하므로, 설사 본인이 미리 그러한 사정을 몰랐거나 반사회성을 야기한 것이 아니라고 할지라도 그로 인하여 매매계약이 가지는 사회질서에 반한다는 장애사유가 부정되는 것은 아니다(대판 1998.2.27, 97다45532).

(나) 대리인의 능력　대리관계에서 의사표시를 하거나 또는 상대방의 의사표시를 받는 자는 대리인이며, 그 법률효과인 권리·의무가 귀속하는 주체는 본인이다. 따라서 의사표시의 효력에 영향을 미치는 모든 사정은 대리행위 그 자체를 표준으로 하여 판단하여야 한다.

그러나 민법은 대리인의 능력에 관하여 행위능력자임을 요하지 아니한다(제117조). 즉 대리행위를 행한 대리인이 무능력자일지라도 그 무능력을 이유로 본인은 물론 대리인 자신이나 그 법정대리인이 대리행위를 취소하여 대리행위의 효과가 본인에 대하여 발생하는 것을 저지할 수 없음을 규정한다. 따라서 동조의 취지에 따라 대리행위에는 대리인의 행위능력을 요하지 아니한다.

23) 곽윤직 467면, 고상용 523면, 이은영 587면.

동조는 임의대리에서는 물론이나 법정대리에도 적용되는가. 법정대리제도의 취지와 범위가 포괄적이라는 이유로 부정하는 견해도 있으나,[24] 통설은 원칙적으로 법정대리에도 그 적용을 긍정한다. 그러나 민법은 본인의 이익을 위하여 일정한 제한규정을 두고 있으므로(제937조 · 제910조 · 제948조 · 제1098조 등), 이러한 개별적 제한규정이 있는 경우에는 그 범위에서 무능력자는 법정대리인이 되지 못한다.

2. 代理의 效果

(1) 代理效果의 本人에의 귀속

(가) 대리인이 행한 대리행위의 효과는 모두 직접 본인에게 귀속한다(제114조). 이와 같이 대리인이 행한 행위의 효과가 상대방에서 직접 본인에 귀속하는 근거를 어디에서 찾을 것인가, 현명의 본질을 대리적 효과의사로 보면 대리인의 본인에의 효과귀속의 의사에 있다고 할 것이지만, 관념통지설에 의하면 법률의 규정에 근거하게 된다.

(나) 본인에게 직접 귀속하는 효과는 그 의사표시의 중심적 법률효과는 물론, 그 밖에 의사표시에 따르는 비법률적 효과, 예컨대 대리인의 사기 · 강박에 의한 경우 법률행위의 취소권 등도 당연히 본인에 귀속한다.

본인배제대리(verdrängende Vollmacht)는 대리권이 부여된 사항에 관하여 本人이 의사표시를 교부하거나 수령하지 아니하는 대리권을 말하며, 이와 같은 대리의 성립이 가능한가. 견해가 대립한다.

- 수권행위 독립성을 관철하는 경우 성립이 가능하다고 본다.
- 개인의 자기결정의 자유를 박탈하고 수권은 본인의 자의라고 하더라도 이는 선량한 풍속 기타 사회질서에 반하므로 무효라고 본다(이영준, Flume).

(2) 계약체결상 과실의 효과

(가) 대리인의 책임　대리행위가 불능 등의 사유로 무효인 경우 대리인이 그 사실을 알거나 알 수 있었던 때에는 본인이 원칙적으로 계약체결상 책임을 부담한다. 그러나 대리인이 스스로 인격을 투여하여 계약상대방에 대하여 신뢰를 부여하였거나 계약체결에 관하여 자신의 고유한 경제적 이익을 갖는 경우에는 대리인과 본인을 병행하여 체결상 과실책임을 부담한다고 한다.

- 계약책임설
  - 대리인의 상대방에 가한 손해 – 본인의 배상책임
  - 대리인의 책임 배제
- 불법행위책임설 – 계약체결상 과실책임에 관한 규정이 유추적용

24) 곽윤직 469면, 이태재 298면.

다만, 불법행위책임으로 보는 견해에 의하여도 과실의 입증책임과 이행보조자에 대한 책임 등에 관하여 그 이해관계가 계약책임에서와 유사하므로 계약체결상 과실책임에 관한 규정이 유추 적용된다고 한다.

(나) 본인의 책임　대리인의 체결상 과실책임이 성립하는 경우 그 효과는 본인에 귀속하며, 이 경우 본인이 받은 효과는 대리의 법률효과가 아닌 민법 제391조(이행보조자의 고의 · 과실)에 의한 효과이다.[25)]

⑶ 本人의 능력

대리행위에서 본인은 스스로 법률행위 내지 의사표시를 하는 것이 아니므로 의사능력이나 행위능력은 요하지 않는다. 그러나 대리행위의 효과가 직접 본인에게 귀속하는 것이므로 권리능력은 반드시 가져야 한다.

3. 代理權을 濫用한 代理行爲

⑴ 代理權濫用과 문제점

대리인이 본인의 이익에 반하여 자기의 이익을 위해 대리권을 악용한 경우도 그것이 대리권의 범위 내에서 행하여지는 한 본인에 대하여 효력이 발생하는 것이 원칙이다. 이것을 대리권의 남용이라고 하고, 대리권은 내부적 기초관계에 기한 대리인의 본인에 대한 의무관계로부터 독립되어 있는데 근거한다.

그러나 이러한 대리인의 배임행위에 대하여도 본인에게 당연히 효력을 발생케 함은 본인에 가혹할 뿐만 아니라, 대리제도의 본래취지에 반하게 된다. 따라서 대리권 남용이론은 이러한 대리인의 배임행위로부터 본인을 보호하기 위하여 논의된다.

⑵ 代理權濫用理論

대리권남용이론은 대리인의 배임행위에 대한 본인에의 효과귀속을 배척하기 위한 이론이며, 그 이론적 근거를 여러 가지 측면에서 구하고 있다.

대리효과배제설은 대리인이 私利를 얻고자 권한을 남용해서 배임행위를 한 경우에도 대리의사는 있는 것이므로 대리효과는 발생할 것이지만, 다만 그러한 배임의사를 상대방이 알았거나 알 수 있었음을 본인이 입증한 때에는 민법 제107조 제1항 단서의 취지를 유추하여 대리행위의 효력을 부정할 것이라고 한다(곽윤직 465면).

신의칙설은 대리권남용의 문제를 본인의 이익과 상대방의 이익이 대립하는 상황에서 권한남용의 위험을 누구에게 부담시킬 것인가의 문제로 이해하여, 대리인은 통상 본인의 지배권 · 이익권에 속하기 때문에 그 위험은 원칙적으로 본인이 부담하여야 하나, 상대방의 악의 · 중과실 등 주관적 태양에 따라 상대방의 권리행사가 신의칙에 반하는 사정이 있

25) 이영준 551면.

는 경우에는 상대방이 그러한 위험을 부담해야 하는 것이라고 한다[고상용 511면; 송덕수, 대리행위와민법제107조, 고시연구(1990.7) 121면].

대리권배제설은 대리권이 본인에 대한 배임행위를 실현하는데 악용되어 거래의 안전과 사적 자치의 용이한 실현이라고 하는 대리권 독립성의 존재에 반하게 되는 경우 대리권은 그 악용으로서 부정되고 대리인의 대리행위는 무권대리로 되는 것이라고 한다(이영준 503면, 김상용 638면, 이은영 621면).

다수설은 민법상 대리권남용에 관한 규정이 없는 이상 민법 제126조의 규정을 준용하여 대리권배제설을 취할 것이라고 하고, 판례는 대체로 민법제107조제1항단서 적용설을 취한다.[26] 그리하여 판례는 진의 아닌 의사표시가 대리인에 의하여 이루어지고 그 대리인의 진의가 본인의 이익이나 의사에 반하여 자기 또는 제3자의 이익을 위한 배임적인 것임을 그 상대방이 알았거나 알 수 있었을 경우에는 민법 제107조 제1항 단서의 유추해석상 그 대리인의 행위에 대하여 본인은 아무런 책임을 지지 않는다고 보아야 하고, 그 상대방이 대리인의 표시의사가 진의 아님을 알았거나 알 수 있었는가의 여부는 표의자인 대리인과 상대방 사이에 있었던 의사표시 형성 과정과 그 내용 및 그로 인하여 나타나는 효과 등을 객관적인 사정에 따라 합리적으로 판단하여야 하는 것이라고 한다.[27] 그러나 획일적이지 못하여 제126조의 적용[28] 또는 신의칙을 적용한 것도 있다.[29] 그러나 대체로는 대리인의 배임적 월권행위가 행하여진 경우 그 폐해를 방지하기 위하여 대리의사를 부정한다.[30]

[판례] 주식회사의 대표이사가 그 대표권의 범위 내에서 한 행위는 설사 대표이사가 회사의 영리목적과 관계없이 자기 또는 제3자의 이익을 도모할 목적으로 그 권한을 남용한 것이라 할지라도 일응 회사의 행위로서 유효하고 다만 그 행위의 상대방이 그와 같은 정을 알았던 경우에는 그로 인하여 취득한 권리를 회사에 대하여 주장하는 것이 신의칙에 반하므로 회사는 상대방의 악의를 입증하여 그 행위의 효과를 부인할 수 있을 뿐이다(대판 1987.10.13, 86다카1522).

⑶ 代理權濫用의 요건

㈎ 대리권남용으로써 대리의 효과 또는 대리권이 배제되기 위해서는 다음의 요건을 갖추어야 한다.

(ㄱ) 대리인의 대리권남용의 주관적 요건으로 먼저 본인의 이익에 반하는 대리인 자신의 리익을 위한 의사가 있어야 한다.

---

26) 대판 2001.1.19, 2000다20694; 1999.1.15, 98다39602; 1998.2.27, 97다24382; 1996.4.26, 94다29850; 1987.11.10. 86다카371; 1987.11.10, 86다카371; 1975.3.25, 74다1452.

27) 대판 2001.1.19, 2000다20694.

28) 대판 1975.3.25, 74다1452; 1987.11.10, 87다카1557.

29) 대판 1987.10.13, 86다카1552.

30) 대판 1974.9.4, 74다78 참조.

(ㄴ) 대리인의 배임적 의사는 물론, 상대방이 대리인의 배임적 행위에 가담하거나, 이에 국한하지 않고 단순히 상대방이 대리인의 배임행위를 알거나 알 수 있었을 때, 즉 정당한 이유 없이 알지 못한 때에도 성립하는 것이라고 본다.

(ㄷ) 대리인의 고의·과실은 요건이 아니다. 그러나 상대방의 고의·과실은 요구되는가. 우리 민법 제126조의 권한을 넘은 표현대리가 다른 표현대리(제125조·제129조)와 달리 고의·과실을 요구하지 않고, 「정당한 이유」를 요건으로 한 점에 근거하여 유권대리로 취급한 점에서 대리권남용은 정당한 이유가 없는 때 무권대리 또는 대리효과 배제로 된다.[31)]

(나) 대리권남용의 성립은 임의대리·법정대리를 불문한다.

(4) 代理權濫用의 효과

대리인의 배임행위, 즉 대리권남용의 효과는 대리권남용이론에 따라 달리한다. 즉 민법 제107조 제1항 단서적용설과 대리의사배제설(판례입장)을 취하면 대리효과가 배제되나, 대리권배제설에 의하면 무권대리행위로 된다. 그러나 대리권배제설에 의하더라도 그 효과는 이른바 협의의 무권대리로 머물 뿐이고 표현대리로 되는 것은 아니다.

- 민법 제107조 제1항 유추적용설
  - 대리효과의 배제
  - 상대방이 알거나, 알 수 있었던 때를 기준
- 대리권배제설
  - 무권대리로서의 효과
  - 상대방에 조사의무 부과 배제(거래의 안전보호 결과)

제 4. 復 代 理

1. 復代理의 의의와 성질

(1) 복대리란 대리인이 그 대리권 범위내의 행위를 하기 위하여 자기의 이름으로 선임한 본인의 대리인이다. 이때 복대리를 위해 선임된 자를 복대리인, 복대리인을 선임할 수 있는 권한을 복임권, 그 선임행위를 복임행위라고 한다.

(2) 복대리의 성질은 다음과 같이 정의된다.

(가) 복대리인은 本人의 대리인이다(제123조). 따라서 대리인의 대리인은 아니며, 더욱 대리인의 단순한 사자이나 보조자는 아니다.

---

31) 이영준 505면.

(나) 복대리인은 대리인의 이름으로 선임한 자이다. 이 점에서 본인이 선임한 경우와 구별되며, 복대리인의 선임행위는 대리행위가 되지 않는다.

(다) 복대리인의 선임은 대리권의 양도인가. 복대리인을 선임한 후에도 대리인의 대리권은 그대로 존속하므로 그 이론구성이 문제된다.

다수설은 대리인의 대리권은 타인에 양도할 수 있는 권리가 아니란 점에서 병존적 설정행위라고 보며, 특히 대리권의 의미를 하나의 권리가 아닌 지위·자격으로 이해하면 일종의 복수권행위라라 봄이 타당하다. 즉 복대리인의 대리권의 범위에 속하는 사항에 관해서는 원칙적으로 복수의 대리인이 생겼음을 의미한다.

2. 復代理人의 選任

(1) 대리인의 복대리인을 선임할 수 있는 권리 내지 자격을 복임권이라고 한다. 대리인의 복대리인의 선임은 복임권에 바탕하여 행사하여야 하고, 구체적인 경우 대리인에 복임권이 있는가. 임의대리인과 법정대리인에 따라 다르다.

(가) 대리인의 복임권 임의대리인은 원칙적으로 대리권을 갖지 못하고, 본인의 승낙이 있거나 또는 부득이한 사유가 있는 때 한하여 복임권이 인정된다(제120조). 그러나 판례는 대리의 목적인 법률행위의 성질상 대리인 자신에 의한 처리가 필요하지 않는 경우에는 본인이 복대리금지의 의사를 명시하지 아니한 이상 복대리인의 선임에 관하여 묵시적인 승낙이 있는 것으로 볼 것이라고 한다.[32]

법정대리인은 언제나 복임권을 갖는다(제112조 본문). 그 이유는 일반적으로 법정대리인에 있어서는 그 권한이 넓고, 또한 사임도 쉽지 않을 뿐만 아니라, 본인의 신뢰관계로 대리인이 된 자가 아니기 때문이다.

(나) 복대리인의 복임권 복대리인은 다시 복대리인을 선임할 수 있는가. 복대리인은 임의대리인과 동일한 조건 하에 복임권을 가진다고 한다.

(2) 대리인의 복임권에 바탕하지 않고 선임된 복대리인은 본인의 대리인으로 되지 못하고, 동시에 제3자와의 관계에서 행한 대리행위는 무권대리행위로 된다.

3. 復代理人의 地位

(1) 代理人에 대한 관계

복대리인은 대리인의 복임권에 기하여 선임되고 대리인의 대리권에 바탕한 것이

32) 대판 1996.1.26, 94다30690.

므로 대리인의 감독을 받을 뿐만 아니라, 대리인의 대리권의 존속 및 범위에 의존한다. 따라서 대리인의 대리권보다 그 범위가 넓을 수 없고, 대리인의 대리권이 소멸하면 복대리인의 복대리권도 소멸한다.

(2) 相對方에 대한 관계

복대리인은 대리인에 의하여 선임된 자이지만, 본인의 대리인이므로 복대리인의 대리행위는 직접 본인의 이름으로 대리한다(제123조 제1항). 따라서 대리행위에 관한 민법 제115조(현명주의)·제116조(대리행위의 하자) 등 규정은 복대리인의 대리행위에도 당연히 적용된다.

그리하여 판례는 대리인이 대리권 소멸 후 복대리인을 선임하여 복대리인으로 하여금 상대방과 사이에 대리행위로 하게 한 경우에도 민법 제129조에 의한 표현대리가 성립하는 것이라고 한다.[33)]

(3) 本人에 대한 관계

복대리인은 본인의 대리인이지만 본인의 의사에 의해 선임된 자가 아니므로 본인에 대한 특별한 내부관계는 존재하지 않는다. 그러나 본인은 복대리인의 대리행위에 의하여 대리인의 대리행위에 의하는 경우와 동일한 이해를 받게 되므로, 민법은 복대리인을 본인이나 제3자에 대한 관계에서 대리인과 동일한 권리·의무를 가지는 것으로 규정한다(제123조 제2항).

4. 復代理權의 소멸

복대리인은 본인에 대한 대리인이므로 대리권소멸의 일반적 사유(제127조)에 의하여 소멸하게 됨은 물론이며, 또한 대리인에 의하여 선임되고 대리인의 대리권에 바탕하므로 대리인과 복대리인간의 수권행위의 철회 및 대리인의 대리권 소멸에 의하여도 소멸한다.

33) 대판 1998.5.29, 97다55317.

제 5. 無權代理

(1) 표현대리(表見代理) ┌ ① 대리권 수여표시에 의한 표현대리(제125조)
│ ② 권한을 넘은 표현대리(제126조)
└ ③ 대리권소멸 후의 표현대리(제129조)
(2) 협의(狹義)의 무권대리
┌ 광의의 무권대리 = 표현대리 + 협의의 무권대리(다수설)
└ 광의의 무권대리 = 협의의 무권대리(표현대리 포함 : 소수설)

1. 無權代理總說

(1) 無權代理行爲에 관한 민법의 태도

무권대리란 대리권 없이 행한 대리행위, 즉 대리행위의 다른 요건을 갖추고 있으나 대리권만이 없는 행위를 말한다.

무권대리행위는 대리권이 없이 행한 것이므로 본인에 대하여는 물론, 대리적 효과의사로 행한 것이므로 무권대리인 자신에 관하여도 법률행위상의 효과를 발생시킬 수 없고, 다만 무권대리인이 상대방에 대하여 불법행위법상의 손해배상책임을 지는데 불과함이 본래의 효과이다. 그러나 이와 같은 효과만으로써는 대리제도의 본래 기능을 다하기 어렵고, 특히 무권대리행위와 관련하여 정당한 대리인이라 믿고 거래한 상대방의 기대를 저버리게 되는 결과를 가져오므로, 민법은 대리제도의 신용유지와 그 상대방 보호를 위하여 약간의 특별규정을 두고 있다. 즉 민법상 무권대리행위는 대리권 없는 행위이지만 본인과 관계에서는 완전히 무효로 하지 않고 본인의 추인에 의하여 대리의 효과를 발생시킬 수 있는 여지를 두는 것과 동시에 무권대리인에게 무거운 책임을 주고, 또한 본인과 무권대리인 사이에 어떤 긴밀한 관계가 있는 경우에는 본래 무권대리이어야 할 행위로 하여금 정당한 대리행위로서의 효과를 발생시키고 있다. 전자를 통상 협의의 무권대리, 후자를 표견대리라고 한다.

(2) 無權代理의 태양 및 관계

(가) 무권대리의 태양　민법은 표현대리와 무권대리를 구분하여 전자는 민법 제125조 · 제126조 · 제129조에서, 후자는 민법 제130조 이하에서 각각 규정하고 있다. 이와 같이 우리 민법은 대리권 없는 대리에 표현대리와 무권대리를 현격히 구별하여 규정함으로써, 여기서 민법 제130조 이하의 무권대리가 대리권 없는 대리임은 명백하지만, 민법 제125조 이하에서의 표현대리도 무권대리의 일종으로 다룰 것인가.

표현대리 성립에 따른 본인의 책임과 관련하여 견해가 대립한다.

소수설은 표현대리와 협의의 무권대리는 별개의 것이라고 하고 표현대리는 외부적 수권에 의하여 유권대리의 일종이라고 하나,[34] 통설·판례는 외부적 수권을 부정하고, 표현대리를 무권대리의 일종이라고 본다. 따라서 표현대리는 무권대리이지만 대리제도의 신용유지와 거래의 안전을 보호하기 위한 필요에서 유권대리에서와 같은 본인의 책임을 규정한 것이라고 본다.

(나) 협의의 무권대리와 표현대리와의 관계 표현대리가 성립하면 처음부터 유권대리의 일종으로 보는 견해에서는 문제될 여지가 없지만, 표현대리를 무권대리의 일종으로 보는 통설에 의하면, 다시 민법 제131조 이하 협의의 무권대리와 표현대리의 관계가 문제되며, 견해가 대립한다.

(ㄱ) 광의의 무권대리를 어떻게 파악할 것인가. 즉 협의의 무권대리를 광의의 무권대리로 볼 것인가. 협의의 무권대리와 표현대리를 합하여 광의의 무권대리로 볼 것인가. 통설·판례는 표현대리를 무권대리의 일종으로 보아 협의의 무권대리와 표현대리를 합한 것이 광의의 무권대리라고 본다. 따라서 통설·판례에 의하면 표현대리는 광의의 무권대리를 이루는 것이어서 협의의 무권대리성도 갖는 것이 된다.

(ㄴ) 표현대리가 무권대리성을 갖는다면 협의의 무권대리에 관한 민법 제130조 이하의 규정은 표현대리에도 적용되는가. 다수설은 보충책임설을 취하여 광의의 무권대리행위 중 표현대리 이외의 것이 협의의 무권대리라고 본다. 그리하여 학설은 협의의 무권대리와 표현대리의 관계를 민법 제130조 내지 135조는 광의의 무권대리에 관한 일반규정으로 보고, 제125조 내지 제126조를 무권대리의 특별규정으로 보아 결국 제130조 내지 제135조는 표현대리를 제외한 협의의 무권대리에만 적용되는 것이라 하여 양 설의 결점을 조화하려 하고 있다.[35]

판례 또한 표현대리가 성립한다고 하여 무권대리의 성질이 유권대리로 전환되는 것은 아니므로 양자의 구성요건사실, 즉 주요사실은 서로 다르다고 하여 유권대리와 표현대리의 구별을 명확히 하고 있다.[36]

- (a) 무권대리의 일종으로 보는 설
  - 책임보충설 - 무권대리성을 잃지 않으나, 민법 제135조의 적용을 소극적으로 해석한다.
  - 선택책임설 - 표현대리와 협의의 무권대리규정의 경합적용으로 제135조를 적극적으로 해석한다.
- (b) 유권대리의 일종으로 보는 설 - 표현대리가 성립하면 제114조가 적용되고 제130조 이하는 적용이 배척된다.

34) 이영준 597면.
35) 구연창, 표현대리와민법제130조내지제135조, 고시계(1987.3) 100면.
36) 대판 1983.3.27, 83다카1489.

2. 表見代理

(1) 表見代理의 의의와 본질

(가) 표현대리란 실제로 대리인에 대리권이 없지만 제3자에 대하여는 진정한 대리권이 있는 대리인의 행위로 믿게 할 만한 특별한 사정, 즉 민법 제125조・제126조・제129조가 정한 일정요건을 갖춘 경우 민법이 마치 정당한 대리에서와 같이 그 행위의 효력을 직접 본인에 귀속케 하는 경우의 대리를 말한다.

(나) 이와 같이 표현대리도 무권대리이지만 민법이 표현대리가 성립하면 마치 정당한 대리에서와 같이 그 행위의 효력을 직접 본인에 귀속케 함으로써 표현대리의 법률적 성질을 어떻게 파악할 것인가. 즉 표현대리를 무권대리이지만 본인에 책임을 지도록 한 것인가, 아니면 외부적 수권을 인정하여 유권대리로 볼 것인가.

민법은 표현대리가 성립한 경우 유권대리로 된다거나, 유권대리와 같은 효과가 생긴다는 표현은 쓰지 않고 "본인은 … 책임이 있다"라고 규정한 입법취지로 보아 상대방 보호 또는 거래안전을 위한 법정책임이라고 본다. 따라서 무권대리설의 입장에서 표현대리란 대리인에게 대리권이 없음에도 불구하고, 마치 대리권이 있는 것과 같은 외관을 갖고, 또한 그러한 외관의 발생에 관하여 본인도 어느 정도의 원인을 주고 있는 경우에는 본인이 책임을 지게 함으로써 마치 유권대리에서와 같은 효과를 본인에 발생케 하는 제도라고 함이 통설이다.

또한, 판례도 대리권에 기한 대리의 경우나 표현대리의 경우나 모두 제3자가 행한 대리행위의 효과가 본인에게 귀속된다는 점에서는 차이가 없으나, 유권대리에서는 본인이 수여한 대리권의 효력에 의하여 위와 같은 효과가 발생하는 반면, 표현대리에 있어서는 대리권이 없음에도 불구하고 법률이 특히 거래 상대방보호와 거래안전의 유지를 위하여 본래 무효인 무권대리행위의 효과를 본인에게 미치게 한 것으로서 표현대리가 성립한다고 하여 무권대리의 성질이 유권대리로 전환되는 것은 아니므로 양자의 구성요건사실, 즉 주요사실은 서로 다르다고 볼 수밖에 없으므로 유권대리에 관한 주장 가운데 무권대리에 속하는 표현대리의 주장이 포함되어 있다고 볼 수 없으며, 따로이 표현대리에 관한 주장이 없는 한 법원은 나아가 표현대리의 성립 여부를 심리・판단할 필요가 없는 것이라고 하여 외관책임설에 따른 무권대리설을 명백히 하고 있다.[37)]

37) 대판 1983.3.27, 83다카1489.

(2) 表見代理의 태양 · 요건

표현대리제도는 대리권 없는 행위이지만 본인에 책임을 부여하여 상대방과 거래의 안전을 보호하려는 제도이므로 표현대리가 성립하려면 무엇보다도 먼저 무권대리인에게 대리권이 있는 것과 같은 특별한 사정 내지 외관을 갖추어야 한다. 따라서 민법은 이를 구체적으로 정하여 제125조 · 제126조 · 제129조가 각각 규정하고 있다.

(가) 제125조의 표현대리 대리권수여표시에 의한 표현대리, 예컨대 甲이 乙에게 대리권을 준 뜻을 丙에 대하여 표시는 하였지만, 사실은 甲 · 乙간에 아직 대리권의 수여가 없는 경우 성립할 수 있는 표현대리이다.

(ㄱ) 동조 규정의 표현대리가 성립하기 위해는 다음의 요건을 갖추어야 한다.

(a) 본인이 제3자에 대하여 타인에게 대리권을 수여함을 표시(통지)하여야 한다. 여기서 제3자란 대리행위의 상대방이 될 자를 가리키며 표시의 방법은 제한이 없고 불특정 제3자에 대하여도 무방하다. 또한 이 때 통지는 수권행위가 있었다는 이른바 관념통지이다.

판례는 민법 제125조가 규정하는 대리권수여의 표시에 의한 표현대리는 본인과 대리행위를 한 자 사이의 기본적인 법률관계의 성질이나 그 효력의 유무와는 관계없이 어떤 자가 본인을 위하여 제3자와 법률행위를 함에 있어 본인이 그 자에게 대리권을 수여하였다는 표시를 제3자에게 한 경우에 성립하는 것이고 이때 서면을 교부하는 방법으로 민법 제125조 소정의 대리권수여의 표시가 있었다고 하기 위해서는 본인을 대리한다고 하는 자가 제출하거나 소지하고 있는 서류의 내용과 그러한 서류가 작성되어 교부된 경위나 형태 및 대리행위라고 주장하는 행위와 종류의 성질 등을 종합하여 판단할 것이라고 한다.[38]

[판례] 甲이 주채무액을 알지 못한 상태에서 주채무자의 부탁으로 채권자와 보증계약 체결 여부를 교섭하는 과정에서 채권자에게 보증의사를 표시한 후 주채무가 거액인 사실을 알고서 보증계약 체결을 단념하였으나 甲의 도장과 보증용 과세증명서를 소지하게 된 주채무자가 임의로 甲을 대위하여 채권자와 사이에 보증계약을 체결한 경우, 갑이 채권자에 대하여 주채무자에게 보증계약 체결의 대리권을 수여하는 표시를 한 것이라 단정할 수 없다(대판 2000.5.30, 2000다2566).

1) 수권의 표시가 비록 타인의 기망에 의한 것이라도 제125조는 적용된다. 다만 백지위임장을 교부한 경우 이를 교부받은 자가 백지부분을 보충하여 제3자에 제시한 내용이 본인으로부터 표시 위탁받은 내용과 상이한 경우에도 제125조가 적용되는가. 다수설은 백지보충권의 남용에 해당하지 않는 한 긍정할 것이라고 한다.[39]

---

38) 대판 2001.8.21, 2001다31264.

39) 고상룡 569면.

2) 부부간에도 수권행위를 요하는가. 판례는 대리가 적법하게 성립하기 위하여서는 대리행위를 한 자, 즉 대리인이 본인을 대리할 권한을 가지고 그 대리권의 범위 내에서 법률행위를 하였음을 요하며, 부부의 경우에도 일상의 가사가 아닌 법률행위를 배우자를 대리하여 행함에 있어서는 별도로 대리권을 수여하는 수권행위가 필요한 것이지, 부부의 일방이 의식불명의 상태에 있어 사회통념상 대리관계를 인정할 필요가 있다는 사정만으로 그 배우자가 당연히 채무의 부담행위를 포함한 모든 법률행위에 관하여 대리권을 갖는다고 볼 것은 아니라고 한다.[40)]

(b) 대리권수여의 의사표시를 받은 자와 간에 표시된 사항에 관하여 무권대리인이 대리행위를 하였을 것이어야 한다. 그러나 수권표시가 객관적 범위를 넘는 행위가 있는 때에는 그 초과부분에 대하여는 제126조가 적용된다.

(c) 상대방이 선의 · 무과실일 것이어야 하고, 선의 또는 무과실에 대한 입증책임은 본인에 있다.

(ㄴ) 민법 제125조가 적용되는 것은 임의대리이나, 법정대리에도 적용되는가. 통설은 법정대리인은 본인이 선임한 것이 아니므로 본인이 어떤 자에 법정대리권을 주었다고 하는 것은 무의미하다는 점을 들어 법정대리에는 적용을 배척한다. 그러나 유력설은 법정대리에도 그와 같은 외관이 주어지는 경우, 예컨대 호적의 표시나 공고는 수권행위에 준할 뿐만 아니라 거래의 상대방을 보호할 필요는 임의대리와 다르지 않다는 점을 들어 적용을 긍정한다.[41)]

(나) 제126조의 표현대리 대리인에 현재 대리권이 존재하지만 대리인이 자기 대리권 밖의 행위, 즉 대리권의 범위를 넘어 상대방과 대리행위를 한 경우이며, 일명 월권대리라고 한다.

(ㄱ) 동조 규정의 표현대리가 성립하기 위해서는 다음의 요건을 갖추어야 한다.

(a) 대리인이 권한 밖의 행위를 하였을 것, 즉 대리인에 대리권이 있으나 그 월권행위에 관하여는 대리권이 없을 것이어야 한다. 따라서 처음부터 대리권이 존재하지 아니하는 때에는 동조 규정은 적용되지 않는다.

[판례] 민법 제126조의 표현대리는 대리인이 본인을 위한다는 의사를 명시 또는 묵시적으로 표시하거나 대리의사를 가지고 권한 외의 행위를 하는 경우에 성립하고 사술을 써서 위와 같은 대리행위의 표시를 하지 아니하고 단지 본인의 성명을 모용 자기가 마치 본인인 것처럼 기망하여 본인의 명의로 직접 법률행위를 한 경우에는 특별한 사정이 없는 한 위 법조 소정의 표현대리는 성립될 수 없다(대판 2002.6.28, 2001다49814).

40) 대판 2000.128, 99다37856.

41) 김용한 375면, 김주수 331면, 장경학 586면, 이영준 576면.

1) 대리인의 기본대리권은 원래 의미에서의 대리권, 즉 법률행위의 대리는 물론이지만 사실행위 또는 준법률행위에 관한 수권을 포함하는가. 소수설은 사실행위의 수권도 무방하다고 하거나,[42] 제126조를 유추할 것이라고 하나,[43] 판례는 민법 제126조의 표현대리가 성립하기 위하여서는 무권대리인에게 법률행위에 관한 기본대리권이 있어야 하는바, 증권회사로부터 위임받은 고객의 유치, 투자상담 및 권유, 위탁매매약정실적의 제고 등의 업무는 사실행위에 불과하므로 이를 기본대리권으로 하여서는 권한초과의 표현대리가 성립할 수 없는 것이라고 하여 사실행위의 수권을 부정한다.[44]

2) 표견적 대리권한을 넘은 경우, 즉 대리권의 수여를 통지한 때 그 통지된 범위를 넘은 행위를 한 경우(즉, 민법 제125조의 요건을 넘는 경우)와, 이전에 존재하였으나 이미 소멸해 버린 대리권의 범위를 넘는 경우(즉, 민법 제129조의 요건을 넘는 경우)에도 본조의 적용이 있는가. 다수설·판례는 기본대리권의 존재시기가 권한을 넘는 표현대리행위가 있을 당시임을 요하지 않고, 또한 민법 제126조와 제129조가 경합하는 경우에도 상대방을 보호할 필요가 있음은 동일할 뿐만 아니라, 본인이 책임을 질 사정도 존재한다는 점을 들어 긍정한다.[45]

(b) 대리인이 반드시 어떤 대리권을 가진다는 것은 필요하나 그 권한을 벗어난 행위와 동종 또는 유사한 것임을 요하지는 않는다.[46] 또한 판례는 사자나 복대리인을 통하여 권한 외의 대리행위를 한 경우에도 본조가 적용되는 것이라고 한다.[47]

(c) 상대방이 대리인에 대리권이 있다고 믿고, 또한 그렇게 믿을 만한 정당한 이유가 있어야 한다. 즉 월권행위에 관하여 상대방이 권한이 있는 것으로 오신하고, 그 오신에 대한 정당한 이유가 있어야 한다.

다만, 정당한 이유의 판단에 상대방의 과실을 고려할 것인가. 다수설은 광의로 파악하여 상대방이 대리인의 권한을 믿었더라도 그 믿는데 과실이 있으면 정당한 이유는 없다고 한다. 판례 또한 민법상의 표현대리에 관한 규정이 어음행위의 위조에 관하여 유추 적용되기 위해서는 상대방이 위조자에게 어음행위를 할 권한이 있다고 믿거나 피 위조자가 진정하게 당해 어음행위를 한 것으로 믿은 것만으로는 부족하고, 그와 같이 믿은 데에 정당한 사유가 있어야 하는바, 이러한 정당한 사유는 어음행위 당시에 존재한 여러 사정을 객관적으로 관찰하여 보통인 사람이라면 유효한

42) 김증한·김학동 442면.
43) 차한성, 주해(3) 150면.
44) 대판 1992.5.26, 91다32190; 1970.2.24, 69다2011.
45) 대판 1970.2.10, 69다2149.
46) 대판 1969.7.22, 69다548.
47) 대판 1998.3.27, 97다48982.

행위가 있었던 것으로 믿는 것이 당연하다고 보여 지면 이를 긍정할 수 있지만, 어음 자체에 위조자의 권한이나 어음행위의 진정성을 의심하게 할 만한 사정이 있는데도 불구하고 그 권한 유무나 본인의 의사를 조사·확인하지 아니하였다면 상대방의 믿음에 정당한 사유가 있다고 하기 어려운 것이라고 하고,[48] 다른 판례들도 대체로 동일한 태도를 취한다.[49] 따라서 판례의 일관된 태도는 객관적 사정을 정당한 이유로 파악하여 그 판단의 기준은 이성인이 아니라 보통인을 기준으로 판단하고 상대방의 선의·무과실을 요한다.

판례가 상대방에 조사확인의무를 부여하고 있는 경우로는 무권대리행위가 비정상적이거나 이례적인 경우(대판 1995.9.26, 95다23743), 후견인으로부터 무능력자소유의 부동산을 매수하는 경우(대판 1997.6.27, 97다3828), 어음 자체에 위조자의 권한이나 어음행위의 진정성을 의심하게 할 만한 사정이 있는 경우(대판 2000.2.11, 99다47525), 대리권수여 여부를 본인에게 쉽게 화인할 수 있는 경우(대판 1992.11.27, 92다31842) 상대방이 금융기관인 경우(대판 1990.1.23, 88다카3250)에는 그 권한의 유무나 본인의 의사를 조사·확인할 의무가 있는 것이라고 하였다.

이에 반하여, 당해 대리행위에 필요한 일체서류를 소지하고 있는 경우(대판 1997.7.8, 97다9895), 동종의 거래가 반복되는 경우(대판 1989.5.23, 88다카22626), 인감증명서가 본인이 발급 받은 것이고 그 용도란에 보증보험연대보증용이라는 문언이 기재되어 있는 등 보증보험계약서상 연대보증인이 되겠다는 의사가 객관적으로 표명된 경우(대판 2002.3.26, 2002다2478)에는 조사·확인의무가 없는 것이라고 한다.

[판례] 건설회사직원이 회사로부터 공사현장에서 공사수행에 필요한 일반행정사무와 관리업무수행에 대한 대리권을 수여 받고 대표이사의 직인을 보관하면서 위 업무를 처리하여 왔다면, 그 권한을 넘어서 토지의 처분행위를 한 경우, 당시 상대방으로서는 그에게 회사를 대리하여 토지를 처분할 권한이 있는 것으로 믿었고 이와 같이 믿는데 정당한 이유가 있었다고 할 것이므로, 위의 처분행위는 민법 제126조의 표현대리로서의 회사에 대하여 그 효력이 있다(1990.10.23, 90다카13212).

또한, 그 입증책임에 관하여도 다수설은 제125조와 제129조를 달리 해석할 근거가 없다는 점을 들어 본인에 있다고 하나, 소수설은 동조가 다른 표현대리에서와 달리 선의·무과실보다 엄격한 정당한 이유를 요건으로 한다는 점을 들어 상대방에 있다고 한다.[50]

그밖에 제3자란 대리행위의 직접 상대방을 말하고, 전득자는 포함하지 않는다.

판례는 남편이 정신이상으로 장기간 입원하고 있고, 입원 전후에 입원비·가족의 생활비 등을 준비하여 둔 바가 없었는데 처가 남편의 인장을 도용하여 남편 소유의 부동산을 적정가격으로 매도하고 이로써 입원비·생활비 등에 지출하였다고 하면 이러한 사유는 객

48) 대판 2000.2.11, 99다47525.
49) 대판 1999.1.29, 98다27470; 1994.5.27, 93다21521; 1992.2.25, 91다490; 1991.6.11, 91다3994.
50) 김현태 374면, 이영준 589면.

관적으로 보아서 대리권이 있다고 믿을 만한 정당한 사유가 되는 것이라고 하고(대판 1970.10.30, 70다1812), 처가 그의 인장을 남편에게 보관시켰다면 특별한 사정이 없는 한 일응 일정 대리권을 준 것이라 추측할 수 있는 것이라고 한다(대판 1967.3.28, 64다1798). 그러나 예금계약의 체결을 위임받은 자가 가지는 대리권에 당연히 그 예금을 담보하여 대출을 받거나 이를 처분할 수 있는 대리권이 포함되어 있는 것은 아니므로(대판 1976.7.13, 76다1156), 대리인이 예탁금 구좌를 개설하고 이자를 수령하며 예탁기금 만료 후 갱신을 해 왔고 질권설정시 본인의 도장을 소지하고 있었다는 사정만으로는 상대방의 믿음에 정당한 이유가 없는 것이라고 한다(대판 1995.8.22, 94다59042).

(ㄴ) 동조는 법정대리에도 적용되는가. 긍정설은 본인의 과실이나 행위에 기할 것을 요하지 아니하므로 법정대리인의 권한이 친족회의 동의를 요하는 경우 법정대리인이 그 동의 없이 대리행위를 한 때에도 본조의 적용이 있는 것이라고 한다.[51] 그러나 부정설은 무능력자를 보호하기 위하여 배척할 것이라고 한다.[52]

판례는 민법 제126조 소정의 권한을 넘은 표현대리 규정은 거래의 안전을 도모하여 거래의 상대방을 보호하려는데 그 취지가 있으므로 법정대리라고 하여 임의대리와는 달리 그 적용이 없다고는 할 수 없고, 따라서 한정치산자의 후견인이 친족회의 동의를 얻지 않고 피후견인의 부동산을 처분한 행위를 한 경우에도 상대방이 친족회의 동의가 있다고 믿는데 정당한 사유가 있는 때에는 본인인 한정치산자에게 그 효력이 있는 것이라고 한다.[53]

(ㄷ) 동조의 표현대리는 일상가사대리에도 적용되는가. 즉 부부의 경우에도 일상가사가 아닌 법률행위를 배우자를 대리하여 행한 경우 일상가사대리권을 기본대리권으로 하여 민법 제126조의 월권대리가 적용되는가.

다수설은 일상가사대리권을 법정대리권으로 보고 일상사사권의 범위를 넘는 행위에 대하여는 법정대리를 기본대리권으로 하는 표현대리가 성립하는 것이라고 한다. 이에 대하여 판례는 아내에 가사대리권이 있다는 사실만으로 다른 사정이 없이 권한을 넘은 표현대리가 성립한다고 할 수 없는 것이라 하고,[54] 처가 夫소유 부동산을 타인에게 양도하거나 근저당권을 설정한 경우 표현대리가 성립하려면 그 아내에게 가사대리권이 있다는 것뿐만 아니라, 상대방은 남편이 아내에게 그 행위에 관한 대리권을 주었다고 믿었음을 정당화할 만한 객관적인 사정이 있었어야 하는 것이라 하여 제126조 적용을 긍정한다.[55]

---

51) 곽윤직 489면.
52) 김증한 · 김학동 451면, 이영준 590면, 이은영 642면.
53) 대판 1997.6.27, 97다3828.
54) 대판 2000.12.8, 99다37856; 1971.1.29, 70다2738; 판례는 부부의 경우에도 일상가사가 아닌 법률행위를 배우자를 대리하여 행함에 있어서는 별도 대리권을 수여하는 수권행위가 있어야 하는 것이라 한다(대판 2000.12.8, 99다37856).

[판례] 일상가사대리권 외에 별도의 기본 대리권이 있는 처가 근저당권 설정등기에 필요한 각종 서류를 소지하고 있는데다가 그 인감증명서가 본인인 남편이 발급 받은 것이고, 남편이 스스로 인감을 보냈음을 추단할 수 있는 문서와 남편의 拇印이 찍힌 위임장 및 주민등록 등을 제시하는 등 남편이 처에게 대리권을 수여하였다고 믿게 할 특별한 사정까지 있었다면 그 상대방으로서는 처가 남편을 대리할 적법한 권한이 있었다고 믿는데 정당한 이유가 있다(대판 1995.12.22, 94다45093).

(다) 제129조의 표현대리 대리권이 소멸하여 이미 대리인이 아닌 자가 대리행위를 행한 경우 선의·무과실로 거래한 제3자를 보호하기 위한 표현대리이다.

(ㄱ) 대리권소멸후의 표현대리가 성립하기 위해서는 다음의 요건을 갖추어야 한다.

(a) 대리인이 이전에는 대리권이 있었으나 대리행위 당시에는 그 대리권이 소멸하였을 것이어야 한다. 따라서 당초부터 전혀 대리권이 없었던 경우에는 동조는 적용되지 않는다.

(b) 상대방이 선의·무과실일 것이어야 한다. 본조에서 선의란 대리권의 존속을 믿는 것을 말하며, 상대방이 대리권 소멸을 알지 못하는데 과실이 없어야 한다.

이때 선의·무과실의 입증은 모두 본인이 부담한다는 견해[56]와, 선의의 입증책임은 상대방에 있고 무과실의 입증책임은 본인에 있다는 견해[57]가 대립하나, 판례는 선의·무과실의 입증은 모두 본인이 부담할 것이라고 한다.[58]

(c) 대리권이 이전에 존재하였다는 것과 상대방의 신뢰와 사이에 인과관계가 있어야 하는가. 부정설이 있어나,[59] 다수설은 긍정한다. 그러나 대리권의 소멸 전에 대리인과 거래한 사실은 요하지 않는다.

(d) 대리인이 권한내 행위를 하였어야 한다. 그러나 대리행위가 소멸된 대리권의 내용과 동일한 것이어야 함은 요하지 않고, 다른 종류의 행위인 때에는 제129조와 제126조가 중복 적용된다.

(ㄴ) 동조는 임의대리·법정대리에 불문하고 적용된다. 다만 견해 중에는 무능력자의 법정대리에 관하여 제129조의 표현대리를 인정하여 무능력자를 보호하려는 취지에 반하는 결과로 되는 때에는 그 적용을 부정할 것이다.[60]

(3) 表見代理成立의 효과

(가) 유권대리와 동일한 효과 표현대리의 요건이 성립하면 표현대리인이 한 법

---

55) 대판 1980.12.23, 80다2077; 1970.3.10, 69다2218; 1968.11.26, 68다1727.
56) 곽윤직 491면.
57) 이영준 593면, 이은영 645면.
58) 대판 1966.8.19, 86다카529.
59) 이영준 594면.
60) 이영준 549면.

률행위의 효과는 본인에게 발생한다.

다만, 본인에 관하여 발생하는 효과는 본인의 책임인가. 아니면 유권대리의 일종으로서의 효과인가. 전술한 표현대리의 본질론에서와 같이 통설은 민법이 통상 대리에 관하여는 「직접 본인에게 대하여 효력이 생긴다.」라고 규정한데 반하여(제114조), 표현대리에 관하여는 본인이 표현대리 행위에 대하여 「책임이 있다.」라고 하고(제125조 · 제126조), 또한 대리권의 소멸은 상대방에 「대항하지 못한다.」라고 규정한 점에 미루어 무권대리이지만 유권대리에서와 같은 책임이 본인에 주어지는 것이라고 본다.

(ㄱ) 표현대리가 성립하는 법률행위에서 그 법률행위의 효력이 본인에 귀속하는 것이라고만 주장할 뿐 표현대리를 주장하지 않는 경우에도 법원은 표현대리를 적용할 수 있는가. 예컨대 乙의 무권대리인 丙과 계약을 체결한 甲은 소송에서 그 계약의 효력이 乙에게 귀속하는 것이라고만 주장하는 것에는 표현대리의 주장을 포함하는 것으로 볼 수 있는가. 학설은 대립하나, 판례는 유권대리에서는 본인이 대리인에게 수여한 대리권의 효력에 의하여 법률효과가 발생하는 반면 표현대리에서는 대리권이 없음에도 불구하고 법률이 특히 거래상대방 보호와 거래안전유지를 위하여 본래 무효인 무권대리행위의 효과를 본인에게 미치게 한 것으로서 표현대리가 성립된다고 하여 무권대리의 성질이 유권대리로 전환되는 것은 아니므로, 양자의 구성요건 해당사실, 즉 주요사실은 다르다고 볼 수밖에 없어 유권대리에 관한 주장 속에 무권대리에 속하는 표현대리의 주장이 포함되어 있다고 볼 수 없는 것이라고 하고,[61] 나아가 판례는 표현대리 제도는 대리권이 있는 것 같은 외관이 생긴데 대해 본인이 민법 제125조, 제126조 및 제129조 소정의 원인을 주고 있는 경우에 그러한 외관을 신뢰한 선의 · 무과실의 제3자를 보호하기 위하여 그 무권대리행위에 대하여 본인이 책임을 지게 하려는 것이고, 이와 같은 문제는 무권대리인과 본인과 관계, 무권대리인의 행위 당시의 여러 가지 사정 등에 따라 결정되어야 할 것이므로 당사자가 표현대리를 주장함에는 무권대리인과 표현대리에 해당하는 무권대리행위를 특정하여 주장하여야 하는 것이라고 한다.[62]

(ㄴ) 표현대리가 성립하는 경우 상대방에 과실이 있다면 이를 참작할 수 있는가. 판례는 과실상계는 본래 채무불이행 내지 불법행위로 인한 손해배상책임에 대해 인정되는 것이고, 채무내용에 따른 본래급부의 이행을 구하는 경우에 적용될 것 이 아니라고 하고,[63] 표현대리행위가 성립하는 경우에 그 본인은 표현대리행위에 의하여

61) 대판 1983.12.13, 83다카1489.
62) 대판 1984.7.24, 83다카1819.
63) 대판 1996.5.10, 96다8468; 1996.2.23, 95다49141; 1987.3.24, 84다카1324.

전적인 책임을 져야 하고, 상대방에게 과실이 있다고 하더라도 과실상계의 법리를 유추 적용하여 본인의 책임을 경감할 수 없는 것이라고 한다.[64)]

(나) 무권대리의 효과문제 표현대리가 성립하면 동시에 무권대리의 효과도 주어지는가. 무권대리설 중 외관책임설은 표현대리가 상대방 보호·거래의 안전을 위하여 본인을 구속하는데 지나지 않고, 그 밖의 점에서는 무권대리의 성질도 가지므로 상대방은 이를 무권대리행위로서 추인 여부의 확답을 최고할 수 있고 철회할 수 있으며(제131조·제134), 이에 대응하여 본인이 추인하여 상대방의 철회를 봉쇄할 수도 있는 것이라고 한다(제130조).[65)] 그러나 유권대리설은 표현대리는 유권대리의 일종으로 제114조(대리행위의 효력)가 적용되고 제130조 이하의 무권대리의 규정은 적용되지 않는 것이라고 한다.[66)]

(다) 표현대리의 중복 표현대리의 각 규정을 중복 적용하여 표현대리의 성립을 인정할 것인가. 즉 민법 제125조 또는 제129조의 표현대리권이 제126조의 기본대리권이 될 수 있는가. 견해 중에는 외부적 수권을 긍정하고 특히 민법 제125조 및 제129조의 경우에 내부적 수권은 존재하지 않지만 외부적 수권이 있으므로 이 때 외부적 수권은 바로 기본대리권이 된다는 점을 들어 긍정할 것이라고 하고,[67)] 다수설은 동조 규정들을 서로 관련된 유기적인 하나의 제도로 파악하여 긍정한다.

판례 또한 민법 제125조와 제126조에 관하여 대리인이 사자 내지 임의로 선임한 복대리인을 통하여 권한 외의 법률행위를 한 경우, 상대방이 그 행위자를 대리권을 가진 대리인으로 믿었고 또한 그렇게 믿는 데에 정당한 이유가 있는 때에는, 복대리인 선임권이 없는 대리인에 의하여 선임된 복대리인의 권한도 기본대리권이 될 수 있을 뿐만 아니라, 그 행위자가 사자라고 하더라도 대리행위의 주체가 되는 대리인이 별도로 있고 그들에게 본인으로부터 기본대리권이 수여된 이상, 민법 제126조를 적용함에 있어 기본대리권의 흠결 문제는 생기지 않는다는 것이라고 하고,[68)] 또한 제129조와 제126조와 관계에도 판례는 본법 제129조에 의하여 표현대리로 인정되는 경우에 그 표현대리의 권한을 넘는 대리행위가 있을 때에도 본조 소정의 표현대리가 성립할 수 있는 것이라고 한다.[69)]

[판례] 본인으로부터 아파트에 관한 임대 등 일체의 관리권한을 위임받아 본인으로 가장

64) 대판 1996.7.12, 95다49554; 1996.5.10, 96다8468; 1996.2.23, 95다49141; 1995.6.30, 94다23920; 1994.12.22, 94다24985.
65) 곽윤직 483면.
66) 김증한·김학동 454면, 이영준 597면, 이은영 648면.
67) 이영준 584면.
68) 대판 1998.3.27, 97다48982; 1987.12.8, 85다카2340; 1984.10.10, 84다카780.
69) 대판 1970.2.10, 69다2149.

하여 아파트를 임대한 바 있는 대리인이 다시 자신을 본인으로 가장하여 임차인에게 아파트를 매도하는 법률행위를 한 경우 권한을 넘은 표현대리의 법리를 유추 적용하여 본인에 대하여 그 행위의 효력이 미치는 것이다(대판 1993.2.23, 92다52436).

3. 狹義의 無權代理

(1) 狹義의 無權代理의 의의

(가) 무권대리, 즉 대리인이 대리권 없이 대리행위를 행한 경우에 표현대리라고 볼 수 있는 특별한 사정이 존재하지 않는 경우의 무권대리를 협의의 무권대리라고 한다. 이와 같이 협의의 무권대리는 무권대리의 가장 본래적인 것이고, 본인에 대하여 아무런 책임도 부담되지 않는 것인 점에서 표현대리와 구별된다.

(나) 협의의 무권대리는 대리권이 존재하지 않고 또한 본인도 상대방에 대하여 책임을 부담할 원인을 준 것도 아니므로 무권대리인의 대리행위에 관하여 본인은 아무런 책임을 질 것은 아니지만, 그러나 민법은 이 경우에도 무권대리인이 본인의 이름으로 행한 것이란 점에 근거하여 절대무효인 행위로는 하지 않고 본인의 의사에 의하여 그 효력을 좌우토록 하고 있다.

(2) 契約의 無權代理

(가) 본인과 상대방에 관한 효과

(ㄱ) 본인에 대한 효과 : 무권대리는 본인이 이를 추인하지 않는 한 본인에 대하여는 아무런 효과를 발생하지 않는다(제130조). 협의의 무권대리는 표현대리에서와는 달리 본인은 무권대리행위에 아무런 원인을 주고 있는 것이 아니므로 본인의 보호를 위하여 책임을 배제하는 동시에 본인이 원하는 범위에서 일정 효과를 주고 있다. 즉 본인은 추인권을 가지며, 본인은 추인행위에 의하여 대리권이 존재한 대리인의 행위와 동일한 효과를 발생케 할 수 있다(제130조).

(a) 추인은 단독행위이므로 의사표시의 요건을 갖추어야 한다. 또한 추인은 적극적이어야 하고, 그 의사표시는 무권대리인 또는 상대방 어느 쪽이나 좋으나, 추인의 효력을 주장하기 위하여서는 상대방이 이를 알고 있어야 한다(제132조).

(b) 추인이 있으면 유권대리행위였던 것과 동일한 효과가 본인에 발생한다. 추인의 여부는 본인의 자유이며, 본인은 적극적으로 추인의 의사를 표시하여 무권대리행위의 본인에 대한 효과귀속을 확정할 수 있고, 또한 본인에 관하여는 전혀 효력을 갖지 않는 것으로 확정할 수도 있다. 그러나 이때 본인의 추인거절권 행사가 본인에 대하여는 아무런 이익을 갖지 못한다.

(c) 추인은 다른 특별한 의사표시가 없는 한 소급효를 가지나 제3자의 권리를 해하지 못한다(제133조).

판례는 처가 타인으로부터 금원을 차용하면서 승낙 없이 남편 소유 부동산에 근저당권을 설정한 것을 알게 된 남편이 처의 채무변제에 갈음하여 아파트와 토지를 妻가 금전을 차용한 자에게 이전하고 그 토지의 시가에 따라 사후에 정산하기로 합의한 후 그 합의가 결렬되어 이행하지 않았다고 하더라도 일단 처가 차용한 사채를 책임지기로 한 이상 남편은 처의 근저당권 설정 및 금원 차용의 무권대리행위를 추인한 것이라고 할 것이라고 한다(대판 1995.12.22, 94다45098).

(ㄴ) 상대방에 대한 효력 : 무권대리행위는 본인의 의사에 의하여 그 효력이 좌우되므로 상대방은 불완전한 지위에 놓이게 된다. 그리하여 민법은 상대방의 보호를 위한 최고권·거절권을 주고 있다.

(a) 최고권은 일종의 독촉행위이며 무권대리행위이다. 상대방의 최고는 먼저 상당한 기간을 정하여, 문제의 무권대리행위를 추인할 것인가의 여부를 묻는 의사로 본인에 최고할 수 있다. 만일 이때 본인이 기간 내 확답을 발하지 않으면 추인을 거절한 것으로 본다.

(b) 철회권은 무권대리행위의 상대방이 무권대리인과의 사이에 맺은 계약을 확정적으로 무효로 하는 행위이며, 철회가 있으면 그 후 본인은 문제의 무권대리행위를 다시는 추인하지 못한다.

또한, 이때 철회는 본인의 추인이 있기 전에 본인이나 무권대리인에 대한 의사로 하여야 한다.

(나) 상대방과 무권대리인간의 효과　무권대리행위가 본인에 의하여 추인되지 않는 경우에는 상대방은 기대한 목적을 달성할 수 없게 되어 불이익을 입게 된다. 그러므로 민법 제135조는 상대방 보호와 거래의 안전을 꾀하고, 동시에 대리제도의 신용을 유지하기 위하여 무권대리인에게 상대방의 선택에 좇아 이행 또는 손해배상의 책임을 부담시키고 있다(제135조 제1항).

다만, 이때 이행책임을 진다는 것은 본인이 상대방에 대하여 부담하는 것과 동일한 채무의 이행을 말하고, 손해배상에 관하여는 이행이익의 배상인가 신뢰이익의 배상인가, 또는 쌍방을 포함하는 것인가에 학설이 대립되고 있으나 다수설은 이행이익의 배상으로 하고 있다.

무권대리행위에 무권대리인의 책임이 성립하기 위해서는 무권대리행위로서 본인의 추인이 없을 것, 상대방의 선의·무과실일 것, 상대방이 아직 철회권을 행사하고 있지 않을 것, 무권대리인이 행위능력자일 것을 요한다. 그러나 무권대리인의 과실

유무에는 불문한다(무과실책임).

(다) 본인과 무권대리인간의 효과　협의의 무권대리행위는 본인이 추인하지 않으면 본인에 대하여 효력이 생기지 않으므로 본인과 무권대리인 사이에는 아무런 법률관계가 성립되지 않는다. 그러나 본인이 추인하면 사무관리가 성립되며, 또한 그 행위로 본인의 이익이 침해되면 불법행위가 성립될 뿐만 아니라, 그 밖에 대리인에 부당한 이득이 생긴 때에는 부당이득의 반환문제가 성립한다.

(3) 單獨行爲의 無權代理

일방적 의사표시에 의하여 법률관계의 변동을 발생시키는 단독행위에서 대리제도는 사적 자치의 원칙에 대한 예외이므로 가능한 이를 인정하지 않는 것이 바람직하다. 특히 상대방 없는 단독행위는 특정한 상대방이 없으므로 문제될 여지가 없지만, 상대방 있는 단독행위는 그것이 수동대리이든, 능동대리이든 상대방이 무권대리인에게 대리권이 있다고 믿을 만한 정당한 사유가 있는 한 이를 보호할 필요는 계약의 경우와 다를 바 없다. 따라서 민법은 단독행위의 무권대리에도 원칙적으로 계약에 관한 무권대리를 준용하게 하고 있다(제136조).

(가) 상대방 없는 단독행위는 언제나 절대무효(확정적 무효)이며, 본인의 추인이 있어도 아무런 효력이 생기지 않는다.

(나) 상대방 있는 단독행위는 원칙적으로 무효이다. 다만 예외적으로 능동대리에 있어서 상대방이 대리권 없는 행위에 동의를 하거나, 또는 대리권을 다투지 아니한 때에는 계약의 경우와 동일한 효력을 발생한다(제136조 전단). 그러나 수동대리에서는 무권대리인의 동의를 얻어 행한 때에 한하여 계약과 동일한 효력이 있게 하고 있다.

(4) 無權代理行爲와 本人의 相續

(가) 무권대리행위는 본인이 추인하지 않는 한 본인에 관하여 아무런 효력이 발생하지 않지만, 후일 본인의 사망으로 무권대리인이 본인을 상속한 경우 그 무권대리의 효과가 어떻게 되는가. 당연유효설과 무권대리병존설이 대립한다.

(나) 다수설은 당연유효설은 단독상속의 경우에는 타당하지만 공동상속의 경우에는 이론상 난점을 지적하고, 단독상속·공동상속을 묻지 않고 무권대리병존설을 취하고, 판례 또한 甲이 乙등 명의의 주식에 관하여 처분권한 없이 은행과 담보설정계약을 체결하였다고 하더라도 이는 일종의 타인의 권리의 처분행위로서 유효하다 할 것이므로 甲은 乙등으로부터 그 주식을 취득하여 이를 은행에게 인도하여야 할 의무를 부담한다 할 것인데, 甲의 사망으로 인하여 乙등이 甲을 상속한 경우 乙등은 원래 그 주식의 주주로서 타인의 권리에 대한 담보설정계약을 체결한 은행에 대

하여 그 이행에 관한 아무런 의무가 없고 이행을 거절할 수 있는 자유가 있었던 것이므로, 乙등은 신의칙에 반하는 것으로 인정할 특별한 사정이 없는 한 원칙적으로는 위 계약에 따른 의무의 이행을 거절할 수 있는 것이라고 하여 무권대리성을 인정한다.70)

제 2 절 法律行爲效力의 留保

제 1. 法律行爲效力이 不完全한 態樣

(1) 법률행위의 무효 · 취소, 계약의 해제 · 해지 — 효력이 불완전한 전형적 형태
(2) 부관부법률행위 ┌ 광의의 부관
　　　　　　　　　└ 협의의 부관 ─┐ 효력의 불완전한 한 형태
(3) 격지자의 의사표시 ┌ 효력요건설 ─┘
　　　　　　　　　　└ 성립요건설(소수설)

(1) 어떤 법률행위가 행하여진 경우, 행위자가 표시된 의사표시의 내용에 따라 일정한 법률관계의 변동을 법률적으로 보장하는 것을 지칭하여 일반적으로 그 법률행위는 효력을 가진다고 하거나, 유효하다는 것으로 표현한다. 그러나 경우에 따라서는 법률행위가 그 성립요건을 갖추어 성립하고 있기는 하였으나 그 법률행위에 상응한 정상적인 법률행위의 효력이 발생되지 않거나, 그 효력발생이 유보되는 경우도 없지 않다.

이러한 태양에는 법률행위의 무효 · 취소가 그 대표적인 것이지만 이것에 국한하지 않고 조건 · 기한부 법률행위, 또는 계약의 해제권 · 해지권이 유보된 법률행위도 이에 속한다.

(2) 민법은 이와 같은 태양 가운데에서 법률행위 또는 의사표시의 무효와 취소에 관하여는 민법 제137조 내지 제146조에서 일반적 통칙 규정을 두고, 조건 · 기한부 법률행위에는 법률행위 부관으로서 제147조 이하에서 규정하고 있다.

또한, 계약의 해제 · 해지에는 채권편 제543조 이하에서 각각 규정하고 있다. 따라

70) 대판 1994.8.26, 93다20191.

서 민법총칙 편에서 규정한 법률행위효력의 유보형태로는 법률행위의 무효·취소와 조건·기한으로서 부관부법률행위가 이것이며, 법률행위 효력의 불완전한 태양에 속한다.

제 2. 法律行爲의 無效와 取消

1. 法律行爲의 無效

(1) 본래적 무효(절대적 무효)
객관적 법질서 위반행위(제103조·제104조 위반 : 제746조 적용)
(2) 예외적 무효(상대적 무효 원칙)
① 무능력자의 법률행위 — 절대적 무효(제141조 적용)
② 비진의표시의 예외의 경우 ┐
③ 통정허위표시 당사자간의 효과 ┘ 상대적 무효(선의의 제3자에 대항금지)

(1) 無效의 의의와 태양

(가) 무효의 의의　법률행위의 무효란 법률행위가 성립할 당초부터 법률상 당연히 그 효력이 발생하지 않는 것으로 확정되어 있는 것을 말한다. 따라서 법률행위가 무효인 경우에는 표시된 효과의사의 내용에 따른 법률효과를 승인할 수 없고, 또한 그 현상의 유지·변경을 주장하지 못한다. 그러나 무효인 법률행위도 법률행위로서의 외형을 갖추고 있으므로 일단은 법률행위로 다루어진다는 점에서 법률행위가 외형적으로도 존재하지 않는 불성립과 구별된다.

무효인 법률행위의 취급에 관하여 종래에는 사실적 현상으로 존재할 뿐 법적으로는 부존재한 것으로 파악하였으나, 근래에는 무효의 의미를 규범적 가치개념으로 파악하여 그 행위의 법률효과가 부여되지 않는 것으로만 파악한다(이영준 639면). 그리하여 무효인 법률행위도 그 무효 사유에 따라서는 법질서가 허용되는 다른 효과가 부여되기도 한다. 예컨대 불능목적의 계약은 무효이지만 민법은 일정요건 하에 상대방에 책임(계약체결상 과실책임에 기한 손해배상청구권의 성립)을 부여하고 있다. 따라서 무효인 법률행위는 단순히 사실적 현상이 아닌 당사자가 의욕한 규율만이 무효인 법률행위로 되는 것이라고 본다.

(나) 무효의 원인　일단 성립한 법률행위이더라도 그 목적이 확정·가능하지 못하고, 또한 적법·타당하지 못하면 무효이다. 그 외에도 의사무능력자의 법률행위, 권한 없는 법률행위, 불법조건부 법률행위 등도 무효인 행위로 된다.

(다) 무효의 태양

(ㄱ) 절대적 무효와 상대적 무효 : 무효는 절대적 무효인 것이 원칙이지만, 예외적으로 특정인에 대하여는 그 행위의 무효를 주장할 수 없는 경우가 있다. 이러한 경우를 상대적 무효라고 한다. 예컨대 무능력자의 법률행위 · 반사회질서행위는 전자의 예이고, 비진의의사표시 · 허위표시의 경우에는 후자에 속한다.

(ㄴ) 당연무효와 재판상 무효 : 무효는 법률상 당연한 것이고 법률행위를 무효로 하기 위하여 특별한 행위나 절차를 요하지 않는다. 이를 당연무효라고 한다. 그러나 사회설립 무효 · 사회합병 무효와 같이 무효의 결과가 일반 제3자에게 중대한 영향을 미치게 되는 때에는 법원의 선고를 기다려서 무효로 하는 경우가 있다. 이러한 무효를 당연무효에 대하여 재판상 무효라고 한다.

(ㄷ) 전부무효와 일부무효 : 무효원인이 법률행위 내용의 전부에 있어 그 법률행위의 전부가 무효로 되는 경우를 전부무효라고 하고, 무효의 원인이 법률행위 내용의 일부에만 존재하는 경우의 무효를 일부무효라고 한다.

법률행위가 전부가 무효인 때에는 별다른 문제가 없으나, 일부무효인 때 이를 법률상 어떻게 다룰 것인가. 민법 제137조는 법률행위의 일부분이 무효인 때에는 원칙적으로 그 전부를 무효로 하게하고, 예외적으로 그 무효부분이 없더라도 법률행위를 하였으리라 인정될 때에만 나머지 부분을 유효하게 하고 있다.

(ㄹ) 확정적 무효와 유동적 무효 : 확정적 무효란 성립된 법률행위가 처음부터 확정적 · 계속적으로 효력이 발생하지 않는 무효이고, 유동적 무효란 성립된 법률행위가 현재 상태로는 무효이나 장차 일정한 요건을 갖추게 됨으로써 유효한 행위로 될 수 있는 무효를 말한다.

(a) 확정적 무효는 처음부터 아무런 효력이 발생하지 않지만, 유동적 무효는 무효상태가 불확정적이어서 그 법률행위 자체의 효과는 발생하지 않는다.

유동적 무효인 법률행위의 당사자간에는 그 계약에 따른 이행을 청구하거나, 이미 지급된 계약금 등을 무효를 이유로 부당이득반환을 청구하지 못한다.[71] 그러나 후일 인가를 얻지 못하여 확정적으로 무효가 되면 그 유동적 무효인 법률행위에 근거하여 이미 이행된 급부는 부당이득으로 되어 반환의 의무를 진다.

다만, 당사자 사이에 당사자 일방이 토지거래허가를 받기 위한 협력 자체를 이행하지 아니하거나 허가신청에 이르기 전에 매매계약을 철회하는 경우 일방에게 이러한 손해를 배상하기로 하거나, 매매계약상 매도인이 계약금의 배액을 상환하고 계약을 해제하면 적법한 해제로 되는가. 판례는 당사자 사이에 당사자 일방이 토지거

71) 대판 2000.1.28, 99다40524 ; 1993.6.22, 91다21435.

래 허가를 받기 위한 협력자체를 이행하지 아니하거나 허가신청에 이르기 전에 매매계약을 철회하는 경우 일방에게 이러한 손해를 배상하기로 한 계약은 유효한 것이라고 하고,[72] 또한 동법상 토지거래허가를 받지 않아 유동적 무효인 상태에 있는 매매계약에서도 매도인이 계약금의 배액을 상환하고 계약을 해제하면 적법한 해제로 되는 것이라고 한다.[73]

[판례] 구국토이용관리법상 토지거래허가구역 내의 토지에 관한 거래계약은 관할관청으로부터 허가받기 전의 상태에서는 거래계약의 채권적 효력도 전혀 발생하지 아니하여 무효이므로 권리의 이전 또는 설정에 관한 어떠한 내용의 이행청구도 할 수 없고, 따라서 상대방의 거래계약상 채무불이행을 이유로 손해배상을 청구할 수도 없다(대판 2000.1.28, 99다40524).

(b) 유동적 무효인 법률행위라고 하더라도 법률행위(계약)의 성립에 따른 신의칙상 충실의무는 부담한다. 예컨대 토지거래허가에서의 당사자는 허가관청에의 허가신청 등 협력의무를 부담한다. 따라서 매수인은 이를 소로서 구할 수 있고(소의 이익 인정), 또한 이 협력의무이행 청구권은 채권자대위권 또는 처분금지가처분에 있어서 피보전권리로 된다.[74]

[판례] 구국토이용관리법상 허가를 받을 것을 전제로 하여 체결된 계약은 확정적으로 무효가 아니라 허가를 받기까지 유동적 무효의 상태에 있다고 할 것이어서 당사자는 그 기간 동안은 계약에 기한 이행을 청구할 수 없지만, 후일 허가를 얻게 되면 그 계약은 소급적으로 유효로 되므로 허가 후에 새로이 거래계약을 체결할 필요는 없고, 이로써 허가를 전제로 거래계약을 체결한 당사자는 그 계약이 효력이 있는 것으로 완성될 수 있도록 서로 협력할 의무가 있다(대판 1991.12.24, 90다12243).

(c) 국토의 계획 및 이용에 관한 법률에 기한 허가의 법률적 성질은 일반적 금지해제로서의 허가라고 할 것은 아니고, 허가 전의 유동적 상태에 있는 법률행위의 효력을 완성시켜주는 인가의 성질로서[75] 반드시 양도 전에 허가를 받아야 하는 것은 아니고 양도 후에라도 허가를 받으면 그 양도계약은 소급하여 유효한 것으로 된다. 그러므로 허가 후 당사자는 새로이 거래계약을 체결할 필요는 없다.[76] 그러나 양도계약이 처음부터 허가를 배제 또는 잠탈하는 내용의 것이거나 또는 양도계약 후 당사자 쌍방이 허가를 받지 않기로 하는 의사표시를 명백히 한 때에는 그 양도계약은 그로써 확정적으로 무효로 되어 더 이상 관할관청의 허가를 받아 유효한 것으로 될 여지는 없다.[77]

72) 대판 1998.3.27, 97다36996.
73) 대판 1997.6.27, 97다9369.
74) 대판 1998.12.22, 98다44376; 1996.10.25, 96다23825.
75) 대판(전) 1991.12.24, 90다12243.
76) 대판 2001.2.9, 99다26979.

(d) 국토의 계획 및 이용에 관한 법률상 토지거래허가구역으로 지정된 토지에 대한 거래계약이 유동적 무효인 상태에서 그 토지에 대한 토지거래허가구역의 지정이 해제되거나 허가구역지정이 만료되었음에도 허가구역 재 지정이 되지 아니한 경우에는 확정적인 유효한 행위로 되는가. 판례는 긍정하고, 그 근거로서 토지거래허가구역의 지정은 투기적 토지거래의 성행과 이로 인한 지가의 급등을 막기 위한 공공의 이익을 위한 것이나 허가관청이 이를 해제하는 것은 이러한 공익적 목적의 달성에는 아무런 지장이 없다는 판단에 의한 것이어서 해제 또는 재 지정하지 아니한 이상 사적 자치의 실현을 제한할 것은 아니라는 것을 든다.[78] 그러나 이에 대한 반대의견은 법률행위의 효력은 그 행위가 행하여질 당시의 법령에 의하여 결정되는 것이 원칙이며 허가구역 안의 토지에 관해 거래계약이 채결된 이상 그 후 허가관청이 허가구역을 해제하였다고 하더라도 그 거래계약은 허가를 받아야만 유효한 것이라고 한다.

[무효행위의 태양]

- ① 의사표시의 흠결
  - ㉠ 의사무능력자의 행위
  - ㉡ 심리유보의 예외의 경우(제107조 단서)
  - ㉢ 통정허위표시(제108조)
- ② 법률행위의 내용의 불능
- ③ 반사회적 행위 또는 불공정한 법률행위(제103조 · 제104조)
- ④ 강행법규 위반행위
- ⑤ 권한 없는 법률행위
  - ㉠ 단독행위의 무권대리(제136조)
  - ㉡ 처분권 없는 자의 처분행위
- ⑥ 불법조건부 법률행위(제151조)
- ⑦ 허가 또는 공시방법을 갖추지 아니한 행위
  - ㉠ 법인의 설립행위
  - ㉡ 농지소재지관서의 증명 없는 농지매매
  - ㉢ 등기 · 인도를 갖추지 아니한 물권변동행위
  - ㉣ 신고 없는 혼인 · 입양행위

(라) 무효 · 취소의 비교　무효란 법률행위가 효력을 발생하지 못하는 것을 의미하므로 원칙적으로 언제나 주장할 수 있고, 시간의 경과에 영향을 받지 않을 뿐만 아니라 그 주장자에 제한이 없다. 그러나 취소인 법률행위는 일단 유효한 효력이 발생하고 있다는 점에서 다음의 여러 요소에서 차이를 가진다.

77) 대판 2001.2.9, 99다26979; 2000.4.7, 99다68812.

78) 대판(전) 1999.6.17, 98다40459.

(ㄱ) 양자의 구별기준 : 무효와 취소는 법률행위가 유효하지 않는 전형적인 것이지만, 어떠한 경우를 무효로 하고 취소로 할 것이냐는 어떤 논리적·필연적 구별의 기준이 있는 것이 아니므로, 결국 입법정책의 문제로 된다.

(a) 공익목적으로서 무효 : 무효는 공익적 이유, 즉 개개인의 행위를 법질서 전체의 이상에서 비추어 당연히 효력을 인정할 수 없다고 할 만한 객관적인 사유가 있는 때에는 개개인의 의사를 묻지 않고 무효로 한다. 왜냐하면 법률행위는 어디까지나 법률상 제도이므로 법률의 목적 내지 이상에 반하는 것이어서는 아니 되기 때문이다.

(b) 개인적 이익보호로서 취소 : 취소는 개인적 이익보호, 즉 무능력자의 행위, 착오로 인한 행위, 사기·강박으로 인한 행위 등과 같이 임의법규 위반의 경우는 원칙적으로 유효하며, 의사표시에 하자가 있는 경우라도 특정인의 의사에 따라 비로소 그 법률행위의 효력을 부인하여야 할 것으로 생각되는 경우에는 취소할 수 있는 법률행위로 취급된다.

(ㄴ) 양제도의 차이

(a) 특정인의 주장 : 무효인 법률행위는 처음부터 당연히 효력이 없는 것이며, 효력의 배척을 위하여 특정인의 적극적인 행위가 있어야 할 필요는 없다. 그러나 취소할 수 있는 법률행위는 취소권자라는 특정인의 취소를 위한 적극적인 의사가 일단 있어야만 비로소 처음부터 소급하여 무효가 되고, 그 취소가 있을 때까지는 일단 유효한 것으로 다루어진다.

(b) 추인의 대상 : 무효인 법률행위는 원칙적으로 추인의 문제는 발생하지 않는다. 다만 당사자간에 의사의 흠결을 이유로 한 무효, 예컨대 비진의의사표시의 예외의 경우, 통정허위표시로서 추인이 인정되는 경우에도 그 효력은 치유되지 않고 새로운 법률행위를 한 것으로 보는데 불과하다(제139조). 그러나 취소할 수 있는 법률행위는 추인에 의하여 유효한 것으로 확정된다.

또한, 취소할 수 있는 법률행위에 대하여는 일반적으로 추인이 있다고 인정할 수 있는 일정한 사실이 있는 경우에는 취소권자의 추인의사의 유무를 묻지 않고 법률상 당연히 추인한 것으로 인정된다(법정추인).

(c) 기간의 경과와 보정 : 무효인 법률행위는 기간의 경과에 의하여서도 그 무효가 보정될 수는 없다. 그러나 취소할 수 있는 법률행위는 그것을 방치한 채 일정한 기간을 경과하면 취소권은 소멸한다.

(d) 법률의 규정 등 : 취소의 원인은 법률의 규정이 있는 경우(예컨대 무능력, 착오·사기·강박)에 한하여 인정되나, 무효의 원인은 법률의 규정이 없더라도 공익적 목적에서 효력이 배척될 객관적인 사유가 있는 것으로 족하다.

또한, 무효는 법률행위의 일부가 무효인 경우에도 전부무효를 원칙으로 하나(제137조), 취소는 취소부분에 한하여 취소하더라도 원칙적으로 전부가 그대로 효력을 발생한다.

그 외에도 무효인 법률행위에는 전환의 문제가 생기나, 취소할 수 있는 법률행위에는 일단 유효한 행위이므로 전환의 문제는 발생할 수 없고, 추인의 여부만 문제된다.

⑵ 無效의 效果와 追認

(가) 무효의 일반적 효과 법률행위가 무효이면 그 법률행위의 내용에 따른 법률효과가 생기지 않는다. 따라서 당사자 사이에서는 무효인 행위가 물권행위이면 물권변동이 일어나지 않고, 채권행위이면 채권은 발생하지 않는다. 그러나 무효인 법률행위에 기하여 이미 이행이 이루어 진 때에는 부당이득으로서 원상회복의 문제

로 된다.

또한, 법률행위의 무효는 원칙적으로 그 무효로써 모든 자에 대하여 주장할 수 있는 효력, 즉 절대적 효력을 가진다. 그러므로 무효행위에 기하여 외형상 생긴 물권이나 채권 기타의 권리를 양수한 자에 대하여도 그 무효를 주장할 수 있고, 사실상 이행한 물건을 전득한 제3자에 대하여도 그 권리 없음을 주장할 수 있다.

(나) 무효행위의 추인　무효행위는 법률행위의 효과가 발생하지 않는 것으로 확정하고 있으므로, 이에 이르러 당사자가 그 행위를 유효하게 하려는 의사표시를 하더라도 유효한 행위로는 되지 않는다. 그러나 특별한 경우의 무효, 예컨대 객관적 법질서 위반행위로서 무효가 아닌 소위 당사자간에 의사의 흠결에 의한 무효, 예컨대 비진의표시의 예외의 경우 및 통정허위표시의 경우의 경우에는 민법이 당사자의 의사를 추측하여 추인을 인정하고 있다.

(ㄱ) 비소급적 추인 : 당사자가 그 행위를 무효임을 알면서 이를 추인한 때에는 새로운 법률행위를 한 것으로 본다(제139조 단서). 예컨대 가장매매의 경우 그 가장매매 행위가 강행법규나 반사회질서행위 또는 불공정한 행위로 되지 않는 한 당사자가 추인하게 되면 그 추인한 때로부터 유효한 매매가 된다. 이를 무효행위의 비소급적 추인이라 하고 취소에서의 소급적 추인과 구별된다.

[판례] 무효인 법률행위는 당사자가 무효임을 알고 추인할 경우 새로운 법률행위를 한 것으로 간주할 뿐이고 소급효가 없는 것이므로 무효인 가등기를 유효한 등기로 전용키로 한 약정은 그때부터 유효하고 이로써 위 가등기가 소급하여 유효한 등기로 전환될 수 없다(대판 1992.5.12, 91다26546).

(ㄴ) 소급적 추인 : 무효인 법률행위는 추인으로써 그 행위를 한 때 소급하여 유효한 것으로는 할 수 없다(제139조 본문). 그러나 그 추인의 효과가 당사자 사이에서만 미치거나, 또는 제3자의 권리를 해하지 않는 범위에서는 제3자에 대한 관계에 있어서도 소급적으로 추인할 수 있는 것이라고 한다. 이를 이른바 무효인 행위에서의 채권적 소급적추인이라고 하며, 계약자유의 원칙상 부정할 것은 아니다.

판례는 타인 권리를 자기의 이름으로 또는 자기의 권리로 처분한 후에 본인이 그 처분을 인정하면 특단의 사유가 없는 한 무권대리에서 본인 추인의 경우와 같이 그 처분에 대하여 효력이 발생한다고 하고,[79] 또한 입양 등의 신분행위에 있어 그 내용에 맞는 신분행위가 실질적으로 형성되어 당사자 쌍방이 이의 없이 그 신분관계를 계속하여 온 경우에는 추인의 소급효를 인정한다.[80]

---

79) 대판 1981.1.13, 79다2151.
80) 대판 2000.6.9, 99므1633 · 1640.

[무효와 제3자 보호방법]

일반적 보호방법	① 시효제도 ② 공시와 공신의 원칙
개별적 보호방법	① 비진의표시에서의 선의의 제3자 보호(제107조 제2항) ② 통정허위표시에서의 선의의 제3자 보호(제108조 제2항) ③ 선의취득(제248조) ④ 민법 제249조(소유권 이외 재산권의 시효취득)의 요건을 충족한 계속적 급부를 목적으로 한 채권의 취득시효 ⑤ 양도금지특약에 반한 채권양도(제449조 제2항) ⑥ 채권의 준점유자, 영수증소지자, 증권적 채권에의 증서소지인에 대한 변제 ⑦ 표현대리제도(제125조 · 제126조 · 제129조)

(3) 無效行爲의 전환

(가) 무효행위 전환의 의의　무효행위의 전환이란, 예컨대 甲이라는 행위로서는 무효인 법률행위가 乙이라는 유효한 행위로서의 요건을 갖추고 있는 경우, 무효인 甲의 행위를 유효한 乙의 행위로서의 효력을 인정할 것인가 문제이며, 무효인 행위의 특유한 이론이다.

무효행위전환의 본질을 어떻게 파악할 것인가. 예비적의사설은 무효인 행위에서 당사자가 일차적으로 들어낸 법률효과는 무효로 되나 예비적으로 의욕하였던 숨은 의사가 유효하게 살아나는 것이라 하나,[81] 다수설은 일부무효법리의 특수한 적용례로 설명하며,[82] 원래 법률행위가 무효이면 의욕한 효과가 발생하지 않을 뿐이고 나머지 부분은 여전히 효력을 가지는 것이므로 무효행위의 전환이 인정되면 통상 무효인 것처럼 보이는 법률행위가 부분적으로는 유효하게 되는 것이므로, 무효인 행위가 전환에 의하여 다른 법률행위로 효력을 발생한다는 것은 바로 그 나머지 부분의 법률효과를 의미한 것이라고 한다.

(나) 무효행위 전환의 요건　무효행위가 전환되기 위해서는, 먼저 무효행위인 제1의 행위가 다른 법률행위의 요건을 갖추고 있고, 또한 당사자가 제1의 행위가 무효임을 알았더라면 제2의 행위를 하는 것을 의욕하였을 것이어야 한다(제138조). 따라서 이때 제2의 행위는 어디까지나 상상적 · 가정적인 것으로서 법률해석의 문제이며, 그 전환의 모습은 다음과 같이 요약된다.

(ㄱ) 전환 후의 행위가 불요식행위인 경우에는 전환 전의 행위가 요식 · 불요식행위이거나를 묻지 않고 대체로 자유로운 전환이 인정된다.

81) 이은영 685면.
82) 고상용 609면, 이영준 667면.

(ㄴ) 전환 전의 행위가 불요식행위이고 전환 후의 행위가 요식행위인 경우에는 전환이 인정될 가능성은 거의 없다.

(ㄷ) 전환 전의 행위가 요식행위이고 전환 후의 행위도 역시 요식행위인 경우에는 보통 일정한 형식 그 자체를 요하는 것으로는 전환할 수 없으나, 다만 확정적인 의사를 서면으로 나타내는 것이 요구되는 것으로의 전환은 인정한다. 예컨대 판례는 婚姻外의 子를 혼인 중의 자로 신고하면 무효이지만, 다만 認知로서의 효력은 인정하며,[83] 他人의 子를 자기의 출생자로 신고한 경우 입양의 효력을 인정한다.[84]

(무효인 제1의 행위)	(유효인 제2의 행위)	
요식(要式)행위	불요식(不要式)행위	대체로 전환 가능
불요식(不要式)행위	불요식(不要式)행위	전환 불가능
요식(要式)행위	요식(要式)행위	전환 불가능
불요식(不要式)행위	요식(要式)행위	전환 불가능

(다) 단독행위의 전환　법률행위에서 무효행위의 전환을 인정하는 것은 계약자유의 원칙상 당사자의 의사를 존중하여 인정하려는 것이지만 일방적 의사로 효력이 발생하는 단독행위에 전환을 인정할 것인가. 부정설은 단독행위의 성질상 부정할 것이라 한다.[85] 그러나 다수설은 민법이 명문의 규정을 두어 연착한 승낙과 변경을 가한 승낙은 새로운 청약으로 보며(제530조·제534조), 그 외에도 요건을 결한 비밀증서에 의한 유언의 자필증서의 전환 등을 규정(제1071조)한 점을 들어 이를 긍정할 것이라고 한다.

(a) 연착한 승낙(제530조), 변경을 가한 승낙(제543조) — 새로운 청약
(b) 유언의 방식전환(제1071조)
(c) 혼인외 출생자의 친생자로의 신고 — 인지로의 효과(판례)
(d) 타인 子의 친생자로의 신고 — 입양으로의 효과(판례)
(e) 즉시해제의 통상해제로의 효과

2. 法律行爲의 取消

(1) 광의의 취소 — 민법상 여러 취소(신분상 행위, 공법상 성질의 취소 포함)
(2) 협의의 취소 [① 의사의 하자 / ② 소급적 효과] — [㉠ 무능력자의 법률행위 / ㉡ 착오인 법률행위 / ㉢ 사기·강박인 법률행위]

83) 대판 1973.11.15, 71다1983.
84) 대판 1977.7.26, 77다492.
85) 곽윤직 492면, 장경학 633면.

(1) 取消의 의의와 적용

(가) 취소의 의의 민법 제140조 이하에서 취소란 일단 유효하게 성립된 법률행위를 무능력 또는 의사표시의 흠결을 이유로 취소함으로써 소급적으로 소멸케 하는 특정인의 의사표시를 말한다.

이와 같이 취소는 특정인의 일방적 의사표시에 의하여 법률관계의 변동을 가져오게 하므로 그 취소할 수 있는 지위는 취소권이란 권리에서 다루어지며, 그 성격은 형성권의 일종이다.

(나) 취소의 적용 민법상 취소할 수 있는 법률행위라고 함은 협의의 취소, 즉 의사표시의 흠결을 원인으로 그 취소의 효과가 소급하여 소멸하는 것을 말하며, 원칙적으로 무능력 또는 착오·사기·강박에 의한 의사표시의 취소에 한한다. 따라서 민법이 널리 사용하고 있는 취소라는 용어는 여기에서의 이른바 협의(본래 의미)의 취소와는 다르며, 민법 제140조 이하의 규정은 적용되지 않는다.

(ㄱ) 공법상 취소 : 재판 또는 행정처분의 취소도 취소라고 하지만, 민법 제140조 이하의 규정은 적용되지 않는다. 예컨대 금치산선고취소·실종선고취소·부재자재산관리에 관한 명령취소·법인설립허가취소 등이 이것이다.

(ㄴ) 완전한 행위의 취소 : 법률행위로서 완전히 유효한 행위의 취소, 예컨대 영업허가 취소·법인설립허가의 취소·부부간의 계약취소 등에도 취소라는 용어는 사용되나 동조 이하의 규정은 적용되지 않고, 또한 추인이라는 문제도 생기지 않는다.

(ㄷ) 가족법상 행위의 취소 : 예컨대 혼인의 취소·친생자 승인취소·입양취소·인지취소·부담부유언의 취소 등에 관하여서도 취소라는 용어가 사용되나, 이들에도 역시 동조 이하의 규정은 적용되지 않는다.

(2) 取消權의 행사

(가) 취소권자 민법 제140조는 취소할 수 있는 법률행위에 대하여 규정하고 있다. 따라서 동조 규정에 의한 취소권자는 다음과 같다.

(ㄱ) 무능력자 : 무능력자는 자기가 행한 취소할 수 있는 법률행위를 스스로 단독으로 취소할 수 있고, 그것으로 확정적 효력을 발생한다. 따라서 무능력자의 취소행위는 다시 취소할 수 있는 행위로 되지 않는다.

(ㄴ) 하자있는 의사표시를 한 자 : 본래, 하자있는 의사표시란 사기·강박에 의한 의사표시를 가리키나, 그 외 착오에 의한 의사표시를 포함한다. 그러므로 사기·강박을 당한 자, 착오에 기한 의사표시를 한 자는 취소권을 가진다.

(ㄷ) 대리인 : 취소도 하나의 의사표시이므로 대리인이 취소할 수 있음은 당연하다. 대리인은 무능력자와 착오·사기·강박에 의한 의사표시를 취소할 수 있다. 그러나 임의대리인이 취소하기 위해서는 취소권에 관한 특별수권을 요한다.

(ㄹ) 승계인 : 무능력자나, 착오 · 사기 · 강박의 의사표시를 한 자로부터 취소권을 승계한 자이며, 표괄 · 특정승계인을 포함한다는데 이설이 없다. 그러나 취소권만을 그 기초가 되는 법률관계와 독립하여 특정승계 하는 것은 인정되지 않는다.

- 대리인
  - 임의대리인의 취소권 행사 - 본인의 동의
  - 친권을 공동행사 하는 부모 - 단독행사 가능(통설)
- 승계인
  - 취소권을 승계한 포괄승계인과 특정승계인을 의미
  - 보증인 - 승계인이 아니므로 본인의 취소권행사 배제(통설)

(나) 취소의 방법　　취소권은 형성권이므로 권리자의 단독적 의사에 의하고, 이 취소의 의사표시는 특별한 방식을 요하지 아니한다. 따라서 묵시적 의사표시, 예컨대 등기말소청구 · 증서반환청구 · 손해배상청구 등도 무방하다.

(ㄱ) 취소의 의사표시에는 취소의 원인을 적시하여야 하는가. 부정하는 견해[86]와 취소원인을 명시적으로 진술하지 않더라도 적어도 상대방이 인식할 수 있도록 하여야 한다는 견해[87]가 대립한다.

판례는 강박을 이유로 증여의 의사표시를 취소함에 있어서는 그 상대방에 대하여 적어도 그 의사표시 자체에 하자가 있으므로 이를 취소한다거나 또는 강박에 의한 증여이니 그 목적물을 반환하라는 취지가 어느 정도 명확하게 표명되어야 하는 것이라 한다.[88]

(ㄴ) 법률행위일부의 취소도 가능한가. 판례는 하나의 계약이라고 할지라도 가분성을 가지거나 그 목적물의 일부가 특정될 수 있다면 그 나머지 부분이라도 이를 유지하려는 당사자의 가정적 의사가 인정되는 경우 그 일부만의 취소도 가능하고 그 일부의 취소는 계약의 일부에 관하여 효력이 생기는 것이라고 한다.[89] 그러나 이는 어디까지나 어떤 목적 혹은 목적물에 대한 법률행위가 존재함을 전제로 하는 것이라고 한다.

[판례] 채권자와 연대보증인 사이의 연대보증계약이 주채무자의 기망에 의하여 체결되어 적법하게 취소되었으나 그 보증책임이 금전채무로서 채무의 성질상 가분적이고 연대보증인에게 보증한도를 일정금액으로 하는 보증의사가 있었던 경우에 연대보증인의 연대보증계약의 취소는 그 일정금액을 초과하는 범위 내에서만 효력이 생긴다(대판 2002.9.10, 2002다21509).

문제는 취소한 법률행위를 다시 추인할 수 있는가. 판례는 취소한 후라도 무효행위 추인의 요건에 따라 추인할 수 있는 것이라고 한다.[90] 그러나 학설은 계속적 법

86) 김용한 408면.
87) 지원림, 민법강의 329면.
88) 대판 2002.9.24, 2002다11847.
89) 대판 1999.3.26, 98다56607 ; 1990.7.10, 90다카7460.
90) 대판 1997.12.12, 95다38240.

률행위, 예컨대 고용 · 조합과 같은 법률관계에서는 효력의 번복에 따른 법률관계의 영향을 고려하여 민법상 계약해지에 관한 법리를 유추하여 취소의 소급효를 제한할 것이라고 한다.[91]

(다) 취소의 상대방 취소의 상대방이 정해져 있는 경우에는 그 상대방에 대한 의사표시로 하여야 한다(제142조). 그러므로 그 법률관계에 의하여 취득된 권리가 비록 이전되어 있더라도 그 취소는 원래의 상대방에 대하여 하여야 하고, 전득자에 대하여 할 것은 아니다. 다만 상대방 없는 단독행위의 경우에는 그 법률행위에 의하여 직접 이득을 취득한 자가 취소의 상대방이 된다.

(라) 취소권의 경합 무능력자가 상대방을 사기 · 강박을 하여 법률행위를 한 경우에도 무능력자는 무능력을 이유로 취소할 수 있는가. 즉 무능력자 상대방이 사기 · 강박을 이유로 취소하여 무효로 한 법률행위에도 무능력자는 다시 무능력을 이유로 취소 할 수 있는가. 견해 중에는 상대방의 취소권행사로 무능력자의 취소권행사를 부정하면 무능력자보호를 위한 민법 제141조 단서 적용의 실익이 없어진다는 점을 들어 무능력자는 취소된 법률행위를 다시 취소할 수 있는 것이라고 한다.[92] 그러나 민법은 무능력자의 보호와 함께 무능력자 상대방을 보호하는 규정을 두고 있으므로 무능력자가 상대방을 사기 · 강박한 경우에는 민법 제17조를 준용하여 무능력자 측의 취소권이 처음부터 배척되는 것이라고 할 것이다.

또한, 무능력자가 상대방으로부터 사기 · 강박을 당하여 법률행위를 한 경우 무능력자는 무능력을 이유로도 취소할 수 있고 또한 사기 · 강박을 이유로도 취소할 수 있을 것이지만, 다만 민법은 무능력을 원인으로 한 경우 취소의 효력 및 그 상환범위에 특칙을 두고 있으므로 사기 · 강박을 이유로 한 취소는 실익이 없고 또한 이를 인정하면 무능력자 보호를 위한 민법의 취지에 부합하지 못한다. 따라서 무능력자가 사기강박을 당한 이상 무능력을 이유로만 취소할 수 있고 사기 · 강박으로 취소할 것은 아니다.

한편, 민법은 취소할 수 있는 법률행위의 추인과 관련하여 일방 당사자가 두 개 이상의 취소원인이 있음을 알면서 추인한 때에는 취소권은 모두 소멸하고 법률행위는 유효한 것으로 확정되지만, 그 중 어느 하나만을 알고 추인한 때에는 다른 원인에 의한 취소권은 행사할 수 있는가. 긍정설이 있으나 이 경우 역시 추인제도의 취지를 고려하면 구별할 것은 아니다.

91) 송덕수, 주해(3) 505면; 지원림, 민법강의 331면.
92) 지원림, 민법강의 332면.

⑶ 取消의 效果

(가) 취소의 소급효 취소한 법률행위는 처음부터 무효인 것으로 간주된다(제141조 본문). 즉 일단 발생한 효과는 소급해서 처음부터 무효인 것으로 다루어진다. 그런데 이 취소의 효과는 당사자의 무능력을 이유로 하는 취소에서는 절대적이지만, 기타 원인에 의한 취소의 효과는 상대적이다. 예컨대 민법은 거래의 안전을 고려하여 착오·사기·강박에 의한 의사표시의 취소는 이를 선의의 제3자에게 대항하지 못하게 하고 있다.

(나) 부당이득 반환의무 취소된 법률행위는 처음부터 효력이 소멸하게 되므로 그 취소된 행위의 목적에 따른 이행이 전혀 없는 경우에는 문제될 여지가 없다. 그러나 그 행위에 기하여 이미 이행된 경우에는 원상회복의 문제가 생긴다.

(ㄱ) 원상회복에 따른 당사자가 부담하는 의무내용은 부당이득반환의 의무이고, 민법에 특별규정을 두고 있지 아니하므로 통설은 부당이득의 일반법리에 따라 해결할 것이라고 한다. 그러나 민법은 취소의 효과에 부수하여 무능력자의 행위로 인한 취소의 경우에는 그 반환범위에 관한 특칙을 두어 받은 이익이 현존하는 범위에서 반환할 책임을 지게하고 있으므로(제141조 단서), 무능력자의 반환범위는 그 한도에서 제한된다.

다만, 무능력자의 반환범위를 제한한 민법의 특칙은 무능력자가 관여한 행위의 취소원인을 불문하고 적용되는가. 예컨대 무능력자가 상대방을 사기·강박하여 행한 법률행위에도 무능력자가 취소한 이상 본조의 특칙이 적용되는가.

긍정설은 상대방의 취소권행사로 무능력자가 무능력을 이유로 한 취소권행사를 부정하면 무능력자보호를 위한 민법 제141조 단서 적용의 실익이 없어진다는 점을 들어 양자 경합을 긍정하고 이때 반환의 범위는 동조 단서의 규정에 의할 것이라 한다.[93] 그러나 이와 같은 주장은 부당하다. 왜나하면 예컨대 무능력자가 상대방으로부터 사기·강박을 당하여 법률행위를 한 경우에는 청구권경합을 부정할 것은 아니지만 그 효력은 무능력자보호라는 민법취지에서 언제나 무능력을 이유한 취소로의 효력만이 발생하게 되어 문제될 여지가 없고, 다만 무능력자가 상대방을 사기·강박을 하여 법률행위를 한 경우 문제되나, 이 경우에도 만약 양자의 청구권경합을 긍정하면 결국 그 청구권의 행사는 무능력을 원인으로 한 것이 되어 사기·강박에 의한 취소권행사에 제141조 단서를 적용할 실익이 없고, 오직 청구권경합을 부정하여 상대방이 사기·강박을 이유로 취소권을 행사한 경우 무능력자의 상환의무범위는 현존이익의 범위로 되는가 문제되나, 민법은 이런 경우에까지 무능력자를 보호

93) 지원림, 민법강의 332면.

할 취지로는 한 것은 아니므로 동조 단서를 적용할 것은 아니기 때문이다.

(ㄴ) 취소로 법률행위의 효력이 소급적으로 소멸하는 경우 그 이행으로써 이루어진 물권은 언제 복귀하는가. 예컨대 매매계약으로 소유권이 이전된 경우 그 매매계약이 취소되면 소유권은 언제 복귀하는가, 물권행위의 유인성을 인정하면 매매계약의 취소로 물권행위도 무효로 되므로 이전된 소유권은 당연히 원소유자에 복귀되나, 물권행위의 무인성을 인정하면 물권행위에는 영향을 미치지 아니하므로 소유권은 여전히 매수인에 존속하고, 이로써 매도인은 매수인에 대하여 부당이득반환청구권을 취득하게 되며, 이 부당이득반환청구권 행사에 의한 소유권 이전등기가 경료된 때 비로소 매도인에 복귀하게 된다.

(다) 취소의 부수적 효과 취소로 인하여 법률행위가 무효가 되더라도 부수적으로 다음의 법률효과가 발생한다. 예컨대 착오를 이유로 의사표시를 취소하는 경우 취소권자에 과실이 있는 때, 즉 착오자에 과실이 있으면서 이를 취소하여 무효로 하는 때에는 마치 원시적 불능으로 계약이 무효인 경우 그 불능을 과실로 알지 못한 자가 상대방에 신뢰이익을 배상할 책임(제535조 제1항)을 부담케 하는 것과 동일하므로, 학설은 이 경우 민법 제535조를 유추 적용하여 계약체결상 과실책임을 부담할 것이라고 한다.

또한, 사기·강박을 이유로 의사표시를 취소하더라도 상대방에 대해 불법행위를 원인으로 하는 손해배상책임의 행사에는 영향을 미치지 않는다.

⑷ 取消 할 수 있는 행위의 추인

(가) 의사표시에 의한 추인 법률행위의 추인이란 취소할 수 있는 법률행위를 취소하지 않겠다는 의사표시이며, 추인에 의하여 취소할 수 있는 행위는 확정적으로 유효하게 된다. 그것은 곧 취소권의 포기이며, 다음의 요건을 갖추어야 한다.

(ㄱ) 추인권자는 취소권자이다.

(ㄴ) 취소원인이 종료하여야 한다. 따라서 무능력자는 능력자가 된 뒤에 하여야 하고, 착오·사기·강박의 경우에는 그들의 상태를 벗어난 후에 추인하여야 한다. 그러나 무능력자이더라도 금치산자의 경우를 제외하고는 법정대리인의 동의를 얻어 유효한 추인을 할 수 있고, 법정대리인에 관하여는 제한이 없다.

(ㄷ) 그 행위가 취소할 수 있는 것임을 알고 하여야 한다. 추인의 방법은 취소의 경우와 동일하고 추인이 있으면 이제는 취소할 수 없고 유효한 법률행위로 확정된다(제143조 제1항).

(나) 법정추인 취소할 수 있는 행위에 관하여 일반적으로 추인이라고 인정할

수 있는 일정한 사실이 있는 때 취소권자의 취소권 행사의 유무를 묻지 않고서 법률상 당연히 추인이 있었던 것으로 보고 있다. 이것을 법정추인이라고 하며(제145조), 다음의 요건을 갖추어야 한다.

(ㄱ) 취소할 수 있는 법률행위에 관하여 전부나 일부의 이행이 있을 것, 이행의 청구, 갱개, 담보의 제공, 취소할 수 있는 행위로 취득한 권리의 전부나 일부의 양도, 및 강제집행의 사실 가운데 하나가 있어야 한다.

위의 요건 중 갱개의 경우에는 취소권자가 채권자이든 또는 채무자이든 이를 묻지 않으나, 취소할 수 있는 행위로 취득한 권리의 전부나 일부의 양도의 경우에는 취소권자가 양도하는 때에 한한다. 또한 강제집행의 경우에는 취소권자가 채무자로서 집행을 받는 경우를 포함한다는데 대체로 학설이 일치한다.

(a) 전부나 일부의 이행이 있을 것
(b) 이행의 청구
(c) 갱개
(d) 담보의 제공
(e) 취소할 수 있는 행위로 취득한 권리의 전부나 일부의 양도
(f) 강제집행을 받은 경우

(ㄴ) 법정추인이기 위해서는 취소의 원인이 종료한 후에 행하여져야 하고 이의를 유보하지 않았어야 한다(제145조). 여기서 「이의를 유보한다.」는 것은 법률상 부여되는 법률효과를 배제한다는 것을 목적으로 하는 의사표시이기 때문이다.

(ㄷ) 법정추인의 효과는 취소할 수 있는 법률행위를 추인한 것으로 보는 것이므로, 그 효과는 통상 추인의 경우와 동일하다.

⑸ 取消權의 短期消滅

취소할 수 있는 법률행위를 오랫동안 방치해 둔다는 것은 상대방이나 일반 제3자의 지위를 불완전하게 하므로, 민법은 법률관계를 되도록 빨리 확정하여 상대방과 거래의 안정을 기할 방도를 마련하고 있다. 즉 민법 제146조는 취소권에 단기의 소멸기간을 정하여 취소권은 추인할 수 있는 날로부터 3년 내 또는 법률행위를 한 날로부터 10년 내 행사하지 아니하면 소멸하게 하고 있다.

다만, 동조의 규정이 단순히 「행사하여야 한다.」라고 하고 있으므로 위기간의 법률적 성질이 소멸시효기간인가, 제척기간인가. 문제되나 학설・판례는 제척기간이라는데 대체로 일치한다.[94]

---

94) 대판 1993.7.27, 92다52795.

제 3. 法律行爲의 附款

(1) 광의의 부관 ┌ 법률행위에 부수하는 約款의 총칭
└ 이자약관 · 담보약관 · 환매약관 · 면책약관 등

(2) 협의의 부관
┌ 법률행위의 효과발생 또는 소멸을 제한하기 위하여 부과되는 약관
└ 주된 의사의 효력이 부수된 의사의 성취여부에 따라 좌우되는 약관

1. 附款의 槪念

(1) 성립한 법률행위는 의사표시에 의하여 효력이 발생하고, 준법률행위는 법률의 규정에 의하여 효력이 발생한다. 그러나 때로는 그 발생하는 효력을 유보 또는 제한할 필요가 있고 이를 유보 또는 제한하기 위하여서는 준법률행위인 경우에는 직접 법률이 정할 것이지만, 법률행위는 또 다른 의사로써 할 수 있게 된다. 이를 부관(Nebenbestimmung)이라고 한다.

(2) 민법상 부관(附款)에는 광의의 부관과 협의의 부관이 있다. 여기서 광의의 부관이란 주된 의사에 덧붙인 부수적 의사의 총칭, 예컨대 조건 · 기한 · 부담을 말하고, 사적자치의 원칙상 원칙적으로 인정된다. 그러나 협의의 부관이란 이들의 부관 중 「부수된 의사의 성취여부에 따라 주된 의사의 효력이 좌우되는 부관」이며 조건 · 기한이 이것이다.

이와 같이 협의의미의 부관으로서의 조건과 기한은 이미 성립한 법률행위의 효력발생 또는 소멸을 그 부수된 의사로 부과된 장래 일정 사실의 성취여부에 따라 그 주된 의사의 효력이 자동 좌우토록 유보한 효과의사의 특수한 모습이며, 법률행위의 무효 · 취소와 더불어 법률행위효력이 불안정한 형태이다.

(3) 민법은 부관으로서 조건 · 기한 · 부담을 규정한다. 그 중 법률행위의 부관으로서 負擔에 관하여는 채권편에서 개별적으로 규정한다. 예컨대 부담부증여(제561조) · 부담부유증(제1088조)이 이것이며 증여계약의 부담으로 규정하고, 총칙의 일반규정으로서는 조건 · 기한만을 규정한다. 따라서 민법총칙에서의 법률행위의 부관이란 곧 조건 또는 기한만을 말한다.

2. 협의의 附款으로서 조건 · 기한

(1) 條　件

(가) 조건의 의의　조건(條件)은 법률행위효력의 발생 또는 소멸을 장래의 불확정한 사실의 성부에 의존케 하는 법률행위의 부관이며, 다음의 성질을 가진다.

(ㄱ) 조건은 법률효과의 발생 또는 소멸에 관한 것이다. 따라서 조건은 적어도 법률행위의 성립에 관한 것은 아니다.

(ㄴ) 조건이 되는 사실은 장래의 객관적으로 불확실한 사실이어야 한다. 따라서 불확실성이 있더라도 사실성이 결여되거나(부진정조건), 현재 또는 과거의 사실에 의지하는 것은 조건이 되지 못한다.

(ㄷ) 조건은 법률행위의 내용의 일부이므로 당사자가 임의로 부가한 것이어야 한다. 이것은 법정조건과 구별되는 개념이다. 따라서 법정조건은 조건이 아니다.

(나) 조건의 종류

(ㄱ) 정지조건 · 해제조건 :　법률행위 효력의 발생을 장래의 불확실한 사실에 의존케 하는 조건이 정지조건이고, 효력의 소멸을 의존케 하는 조건이 해제조건이다. 예컨대 평균 A학점을 받게되면 장학금을 지급하겠다는 것은 전자이고, 평균 A학점이 되지 아니하면 장학금의 지급을 중단하겠다는 것은 후자이다.

(ㄴ) 적극조건 · 소극조건 :　법률행위시를 기준으로 하여 조건이 되는 사실이 현상의 변경에 있는 경우가 적극조건이고, 현상의 불변경에 있는 경우를 소극조건이라고 한다. 예컨대 내일 비가 온다면 이라고 한 것은 전자이고, 내일도 비가 온다면 이라고 한 것은 후자이다.

(ㄷ) 수의조건 · 비수의조건 :　수의조건이란 조건의 성부가 당사자의 일방적 의사에만 의존케 하는 조건이며, 순수수의조건과 단순수의조건이 있다. 순수수의조건은, 예컨대 내 마음이 동하면 주겠다라는 것과 같이 당사자 일방의 의사에만 의존케 하는 조건이며, 언제나 무효이다. 그러나 단순수의조건은, 예컨대 내가 일본에 가면 만년필을 주겠다라는 것과 같이 당사자의 일방적 의사의 결정이 일정한 사실상태에 의거하는 경우의 조건이며 유효하다.

비수의조건이란 조건의 성부가 당사자의 일방적 의사에 의하지 않는 조건이며, 우성조건과 혼성조건이 있다. 우성조건은 조건의 성부가 당사자의 의사에 관계없이 자연적 사실 또는 제3자의 의사나 행위에 의해 결정되는 조건, 예컨대 내일 눈이 온다면의 경우이며, 혼성조건은 조건의 성부가 당사자의 일방적 의사나 그 밖의 제3자의 의사에 의하여서도 결정되는 경우의 조건, 예컨대 내가 甲女와 혼인한다면의 경우이며, 유효하다.

(ㄹ) 가장조건 : 형식적 · 외관상으로는 조건이지만 실질적으로 조건으로서의 효력이 인정되지 못하는 것을 널리 가장조건이라고 한다.

가장조건에는 법정조건 · 기성조건 · 불법조건 · 불능조건이 있다.

(a) 법정조건은 법률행위가 효력을 발생하기 위하여 요구되는 법률적 요건 내지 사실을 말하며 조건의 개념에 유추한다. 따라서 법정조건, 예컨대 법인설립에 있어서의 주무관청의 허가, 유언에 있어서의 유언자의 사망 등은 법률상 당연한 요건이며 엄격한 의미의 조건은 아니다.

(b) 기성조건은 조건이 법률행위 당시에 이미 성립하고 있는 경우의 조건을 말하며, 조건이 정지조건이면 조건 없는 법률행위로 되나, 해제조건이면 무효이다.

(c) 불법조건은 조건이 선량한 풍속 기타 사회질서에 위반하는 것일 때의 조건이며 무효이다.[95)]

(d) 불능조건은 객관적으로 실현이 불가능한 사실을 내용으로 하는 조건이며 정지조건이면 무효이고, 해제조건이면 조건 없는 법률행위로 된다.

- (1) 법정조건
  - ① 법인설립에 있어서의 주무관청의 허가
  - ② 유언에 있어서의 유언자의 사망
  - ③ 유증에 있어서의 수유자의 생존
  - ④ 입양에 있어서의 신고
- (2) 기성조건
  - ① 조건성취의 경우
    - 정지조건 — 조건없는 법률행위
    - 해제조건 — 무 효
  - ② 조건불성취의 경우
    - 정지조건 — 무 효
    - 해제조건 — 조건없는 법률행위
- (3) 불법조건 — 언제나 무효
- (4) 불능조건
  - 정지조건 — 무 효
  - 해제조건 — 조건없는 법률행위

⑵ 期 限

(가) 기한의 의의 기한(期限)이란 법률행위의 당사자가 그 효력의 발생 · 소멸 또는 채무의 이행을 장래에 발생할 것이 확실한 사실에 의존케 하는 부관을 말한다. 여기서 기한이 되는 사실이 장래사실이라는 점에서 條件과 같으나, 그 발생이 확정되어 있는 점에서 조건과 구별된다.

---

95) 임대주택건설촉진법에 의해 건설된 아파트의 임차권을 양도하는 것이 이 법에 의해 금지되더라도 임차권의 양도계약은 당사자 사이에 유효하며, 해제조건부계약으로서 효력이 없어지는 것은 아니다(대판 1993.11.9, 92다43128).

(나) 기한의 종류

(ㄱ) 시기·종기 : 법률행위의 효력발생 또는 채무이행의 시기를 장래 확정적 사실의 발생에 의존케 하는 기한을 시기(始期)라고 하며, 그 효력의 소멸에 의존케 하는 기한을 종기(終期)라고 한다.

(ㄴ) 확정기한·불확정기한 : 기한으로 될 수 있는 사실은 장래 도래할 것이 확실한 사실이면서도 다만 그 도래할 시기가 처음부터 확정되어 있는 경우(예컨대 지금부터 1년)도 있고, 또한 도래하는 것만은 확실하지만 언제 도래하는가가 불확실한 경우(예컨대 내가 사망하면 또는 비가 오면 등)도 있다. 전자를 확정기한,, 후자를 불확정기한이라고 한다.

(다) 기한의 이익　기한의 이익이란 기한이 존재하는 것, 즉 기한이 도래하지 않음으로써 그 동안 당사자가 받는 이익을 말한다. 즉 시기부인 때에는 법률행위의 효력이 아직 발생하고 있지 않는데서 받는 이익 또는 이행기가 아직 도래하지 아니함으로써 받는 이익이, 종기부인 경우에는 법률행위의 효력이 아직 소멸하지 않는데서 얻는 이익이 이른바 기한의 이익이다.

(ㄱ) 기한이익의 귀속 : 기한의 이익이 누구에 있느냐는 각 경우에 따라 다르다. 민법은 당사자의 특약이나 법률행위의 성질상 특별히 반대의 취지가 없는 한 기한은 채무자의 이익을 위한 것으로 추정한다(제153조 제1항).

(ㄴ) 기한이익의 포기 : 기한의 이익은 이를 포기할 수 있다. 그러나 상대방의 이익을 해하지 못한다(제15조 제2항).

기한의 이익이 당사자 일방을 위하여 존재하는 경우에는 기한의 이익을 갖는 자가 임의로 포기할 수 있다. 예컨대 무이자부소비대차에 있어서의 차주는 언제든지 반환할 수 있고, 무상임치인은 언제든지 반환을 청구할 수 있다.

또한, 기한의 이익이 상대방을 위하여도 존재하는 경우에는 상대방에 손해를 배상하고 포기할 수 있다는데 학설·판례가 일치한다.[96]

(ㄷ) 기한이익의 상실 : 기한의 이익을 채무자에 주는 것은 채무자를 신용하여 이행의 유예를 주는데 있다. 따라서 채무자가 경제적 신용을 상실하였다고 인정할 일정한 사유가 있는 경우에는 기한의 이익을 상실한다. 즉 채무자가 담보를 훼손하거나 감소 또는 멸실하게 한 때, 채무자가 담보제공의 의무를 이행하지 않은 때, 채무자의 파산의 경우이며, 채권자의 기한 전의 청구를 거절하지 못한다.

96) 판례는 대금지급으로 받은 어음이 부도될 것으로 예상되더라도 이행기 전에 이행지체를 원인으로 한 계약해제는 상대방의 기한이익을 침해하는 것으로 되어 허용되지 않는 것이라 한다(대판 1982. 12.14, 82다카861).

(a) 채무자가 담보를 훼손하거나 감소 또는 멸실하게 한 때
(b) 채무자가 담보제공의 의무를 이행하지 않은 때
(c) 파산선고를 받은 경우

[판례] 기한이익상실의 특약은 그 내용에 의하여 일정한 사유가 발생하면 채권자의 청구 등을 요함이 없이 당연히 기한의 이익이 상실되어 이행기가 도래하는 것으로 하는 정지조건부 기한이익상실의 특약과 일정한 사유가 발생한 후 채권자의 통지나 청구 등 채권자의 의사행위를 기다려 비로소 이행기가 도래하는 것으로 하는 형성권적 기한이익 상실의 특약의 두 가지로 대별할 수 있고, 기한이익 상실의 특약이 위 양자 중 어느 것에 해당하는가는 당사자의 의사해석의 문제이지만 일반적으로 기한이익 상실의 특약이 채권자를 위하여 둔 것인 점에 비추어 명백히 정지조건부 기한이익 상실의 특약이라고 볼 만한 특별한 사정이 없는 이상 형성권적 기한이익 상실의 특약으로 추정하는 것이 타당하다(대판 2002. 9.4, 2002다28340).

3. 附款附法律行爲의 성립

(1) 一般的 成立要件

(가) 당사자의 자유로운 의사표시　　부관부법률행위로서 부수된 의사는 법률행위 내용의 일부이므로 당사자가 임의로 부가한 것이어야 한다. 따라서 당사자의 자유로운 의사로서 가한 이상 계약자유의 원칙상 원칙적으로 인정된다.

또한, 부수된 의사로서의 부관은 법률행위에 있어서의 효과의사와 일체적인 내용을 이루는 의사표시 그 자체이므로 부관부의사가 법률행위의 내용으로 외부에 표시하여야 한다.[97)]

[판례] 법률행위의 효력의 발생 또는 소멸을 장래의 불확실한 사실의 성부에 의존케 하는 법률행위의 부관으로서 법률행위에 있어서의 효과의사와 일체적인 내용을 이루는 의사표시 그 자체이고, 따라서 조건의사가 법률행위의 내용으로 외부에 표시되어야 하는 것이라 한다(대판 2000.10.27, 2000다30349).

(나) 장래의 사실　　부관이 되는 사실은 장래사실이어야 한다. 따라서 당사자가 부관으로 의지한 사실이 법률행위시를 기준으로 하여 현재 사실이거나, 또는 과거 사실에 의지하는 부관은 유효한 부관부법률행위로서 성립되지 못한다.

(다) 장래 객관적으로 불명 또는 명확한 사실　　부관이 되는 사실은 객관적으로 명확 또는 불명한 사실이어야 한다. 따라서 불확실성 또는 확실성이 있더라도 사실성이 결여되거나(부진정조건), 주관적으로 명확 또는 불명한 사실에 의지 한 부관은 유효한 부관으로 성립하지 못한다.

여기서 장래 사실이 객관적으로 불확실한 사실에 의지한 부관은 조건이 되고, 명

97) 대판 2000.10.27, 2000다30349.

확한 사실에 의지한 부관은 기한이 된다.

(2) 附款을 붙일 수 없는 법률행위

법률행위에 조건이 부관이 붙여지면 그 효력의 발생이나 존속이 불확실하게 되므로 비록, 당사자가 임의로 가한 부관이라도 그 불확실성을 감래할 수 없는 법률행위와 법률효과가 처음부터 확정적으로 발생할 것이 요구되는 법률행위, 및 부관을 붙임으로서 상대방의 지위를 현저하게 구속하는 법률행위에는 부관을 붙이지 못한다. 이를 특히 부관을 붙일 수 없는 법률행위라고 하고 부관부 법률행위의 성질상 당연하다.

(가) 어음・수표행위(어음법 제12조, 제26조; 수표법 제25조, 제54조)는 거래의 유통을 위해 확실성이 요구되는 법률행위로서 부관을 붙이지 못한다. 그러나 기한부법률행위에 시기를 붙이는 것은 무관하다.

(나) 법률행위의 효력이 곧 발생할 것이 요구되는 신분상 법률행위, 예컨대 혼인・입양・인지, 상속의 승인・포기에는 부관을 붙이지 못한다. 또한 계약이지만 그 법정해제・해지로서의 의사표시에도 부관을 붙이지 못한다.

(다) 단독행위에 부관을 붙이는 것은 상대방의 지위를 현저하게 구속하는 것이어서 인정되지 않는다. 그러나 단독행위에 부관을 붙이더라도 상대방에 이익만을 주는 경우는 무방하다. 예컨대 채무의 면제・유증이 이것이다.

4. 附款附法律行爲의 효력

(1) 條件附法律行爲의 효력

(가) 조건 성부확정 전의 효력　조건부 법률행위는 법률행위로서 유효히 성립하였으나, 다만 그 효력발생 또는 소멸 여부가 불확실한데 있으므로 조건부 법률행위에 있어서 조건의 성취 여부가 확정되기 전의 당사자 일방은 조건의 성취로 인하여 이익을 받을 기대를 갖게 되나, 민법은 이 기대 내지 희망을 일종의 권리로서 보호하여 일정한 법률상 효과를 인정한다(제148조・제149조). 이것을 조건부권리라고 하며, 이른바 기대권 또는 희망권의 일종이다.

(ㄱ) 소극적 보호 : 조건부권리의 의무자는 조건의 성취 여부가 미정인 동안에 조건의 성취로 인하여 생길 상대방의 이익을 해하지 못한다(제148조 제2항). 따라서 조건부권리가 침해된 때에는 침해자의 손해배상책임이 당연히 발생한다.[98] 다만,

98) 이 경우 손해배상청구권의 법률적 성질이 무엇인가에 관하여 견해가 대립한다. 일반적으로는 불법행위로 인한 손해배상책임으로 이해하나(곽윤직 534면), 견해에 따라서는 법률행위 성립에 따른 보호의무・충실의무 위반인 채무불이행에 기한 손해배상책임이라 한다(이영준 722면 ; 고상용 643면).

조건부법률행위가 처분행위(물권행위)인 때에는 어떻게 되는가. 민법에는 아무런 규정이 없으나 그러한 처분행위는 무효라고 하는데 학설이 일치한다.

(ㄴ) 적극적 보호 : 조건부권리·의무는 권리의 일반규정에 따라 이를 처분·상속·보존·담보로 할 수 있다(제149조).

(나) 조건 성부 확정 후의 효력 조건부 법률행위에서 조건의 성부확정 후의 효력은 정지조건·해제조건에 따라 달리한다.

정지조건부법률행위에 있어서는 조건이 성취되면 그 효력을 발생하고 불성취로 확정되면 무효이다. 그러나 해제조건부법률행위에서는 조건이 성취되면 그 효력은 소멸하고 불성취로 확정되면 소멸하지 않는 것으로 확정된다(제147조 제1항·제2항).

(ㄱ) 조건성취의 입증책임은 그 효과발생을 저지하려는 자에 있다. 판례는 어떤 법률행위가 정지조건부 법률행위에 해당한다는 사실은 그 법률행위로 인한 법률효과의 발생을 저지하는 사유로서 그 법률행위 효과의 발생을 다투려는 자에게 입증책임이 있는 것이라고 한다.[99]

(ㄴ) 조건성취의 효력은 원칙적으로 소급하지 않는다. 그러나 당사자의 의사표시로 소급효를 주는 것은 무방하다. 즉 당사자가 조건성취의 효력을 그 성취 전에 소급하게 할 의사를 표시한 때에는 그 의사에 의한다(제147조). 그러나 제3자의 권리를 침해하지 않는 범위 내이어야 함은 물론이다.

- 정지조건부 법률행위
  - 조건의 성취 — 법률행위 효력의 발생
  - 조건의 불성취 — 효력의 불발생
- 해제조건부 법률행위
  - 조건의 성취 — 법률행위 효력의 소멸
  - 조건의 불성취 — 효력의 불소멸

(다) 조건 성부 의제의 효과 조건의 성취 또는 불성취로 불이익을 받게 될 자가 신의성실에 반하여 조건을 성취케 하거나, 조건의 성취를 방해한 경우 그 상대방은 조건의 성취 또는 불성취를 주장할 수 있다(제150조 제1항·제2항). 민법은 「주장할 수 있다」라고 규정하나, 학설·판례는 실체법상 주장할 수 있는 형성권으로 이해한다.[100]

⑵ 期限附法律行爲의 효력

(가) 기한도래 전의 효력 조건부권리의 침해금지에 관한 민법 제148조와 조건부권리의 처분 등에 관한 제149조를 기한부 법률행위에도 준용한다. 이것은 시기의 도래로 인하여 권리를 취득할 자 또는 종기의 도래로 인하여 권리를 회복할 자의

99) 대판 1993.9.28, 93다20832.
100) 곽윤직 533면; 대판 1990.11.13, 88다카29290.

지위, 즉 기한부권리를 가질 자의 지위는 조건부권리자의 지위보다 더욱 확실한 것이기 때문이다. 그리고 기한부권리를 처분·상속·보존 또는 담보로 할 수 있음은 물론이다.

(나) 기한도래 후의 효력　법률행위에 시기를 붙인 경우 그 법률행위는 기한이 도래한 때로부터 효력이 발생하고, 종기 있는 법률행위는 기한이 도래한 때로부터 효력을 잃는다.

특히, 기한의 효력에는 소급효가 없다. 이것은 절대적이며, 당사자의 특약에 의하여서도 이를 인정할 수 없다. 기한에 소급효를 인정하는 것은 기한을 붙이는 것과 모순되는 까닭이다.

(3) 附款을 붙일 수 없는 法律行爲에 부관을 붙인 경우의 효력

(가) 전부무효로서의 효력　부관을 붙일 수 없는 법률행위에 부관을 붙인 때에는 원칙적으로 그 법률행위 전부가 무효로 된다. 따라서 조건 없는 법률행위로 되는 것은 아니다. 예컨대 혼인에 조건을 붙이거나 기한을 붙인 경우 또한 법정해제권의 행사에 조건을 붙인 때에는 처음부터 혼인은 성립하지 않고, 또한 해제의 의사표시는 효력을 발생하지 않는다.

(나) 부관 없는 법률행위로서의 효력　부관을 붙일 수 없는 법률행위에 부관을 붙인 경우 처음부터 효력이 발생하지 않지만, 예외적으로 법률에 특별한 규정을 두어 그 효력을 정한 경우에는 그에 의한다. 예컨대 어음·수표행위에 조건을 붙인 경우 동법에 의하여 그 어음·수표행위의 자체에는 영향을 미치지 않고 그 어음·수표행위에 가한 조건만이 무효로 된다(어음법 제12조, 수표법 제15조). 이것은 거래의 유통을 위한 특별규정이다.

제 4 장　期間과 消滅時效

제 1 절　期　間

제 1. 期間의 意義와 性質

1. 期間의 意義

(1) 기간(期間)이란 어느 기점에서 어느 기점까지 계속된 시간의 구분을 말한다. 바꾸어 말하면, 두 시점 사이의 시간의 흐름을 계속적으로 본 것이 기간이다.

(기 간)
기산점 ———————————— 만료점 (기 한)

(2) 기간은 여러 가지 법률관계에 있어서 중요한 의의를 가진다. 기간은 다른 법률사실과 결합하여 법률요건을 이루며 일정 법률효과를 발생한다.

또한, 기간의 계산에 의한 민법규정은 다른 법에 특별규정이 없는 한 공·사법을 묻지 않고 적용된다.

2. 期間의 性質

(1) 기간은 어느 시점에서부터 어느 시점까지의 간격을 요하므로 기한(期限) 또는 기일(期日)과 구별된다. 여기서 기한 또는 기일은 순간을 의미하며, 보통 일(日)로써 표시된다.

(2) 법률사실로서의 기간은 이른바 사건(事件)에 속한다. 예컨대 성년·최고기간·실종기간·시효기간 등이 그것이다.

또한, 기간의 계산에 관한 민법규정은 보충적 규정이다. 따라서 법률이나 재판상 처분 및 법률행위에 다른 정한바가 있으면 그에 의한다.

제 2. 期間의 計算方法

1. 期間의 順次的 計算

⑴ 時·分·抄를 단위로 하는 기간의 계산

㈎ 단기간의 계산이며, 자연적 계산법에 의한다. 자연적 계산법은 자연적 시간의 흐름을 순간에서 순간까지 계산한다.

㈏ 즉시(卽時)를 기산점으로 하여 계산하고(제156조), 그 기간의 만료점은 그 정하여진 시·분·초가 종료한 때이다. 따라서 5월 1일 오전 10시 10분부터 3시간이라 하면, 그 기산점은 오전 10시 10분이 되고, 만료점은 오후 1시 10분이 된다.

⑵ 日·週·月·年을 단위로 하는 기간의 계산

㈎ 장기간의 계산이며, 역법적 계산법에 의한다. 역법적 계산법은 달력(월력)에 따라서 계산하는 방법이며, 장기간의 계산은 日을 기초단위로 하는 것이지만 일로서 환산하지 아니하고 월력에 따라 계산한다.

(ㄱ) 기간의 초일(初日)은 이를 산입하지 않는다(제157조 본문). 그러나 기간이 오전 영(0)시부터 시작되는 경우와 연령계산에 있어서는 그 예외가 인정된다.

(ㄴ) 기간말일의 종료로 기간은 만료한다(제159조). 기간은 주·월·년으로 정한 때에는 이를 일(日)로서 환산하지 않고서 력(曆)에 의하여 계산한다(제160조 제1항). 따라서 월이나 년의 일수의 장단은 문제삼지 않는다. 주·월·년의 처음부터 계산하는 때에는 아무런 문제가 없으나, 그렇지 않을 때에는 최후의 주·월·년에서 기산일에 해당하는 날의 전일로 기간은 만료한다.

(ㄷ) 위의 계산에서 최종의 月에 해당 일이 없을 때에는 그 월의 말일로써 기일의 말일로 한다. 또한 기일의 말일이 공휴일인 때에는 그 익일(翌日)로 만료한다. 그러나 기간의 초일이 공휴일이라 하더라도 기간은 초일부터 기산한다.[1]

㈏ 장기간의 계산에서 기간의 기산점은 언제나 오전 0시가 되고, 만료점은 오후 12시로 된다.[2] 예컨대 2003년 4월 15일부터 3개월이라 하면, 기산점은 동년 4월 16일 오전 0시가 되고, 그 만료점은 7월 15일 오후 12시가 된다. 만약 7월 15일이 공휴일이면 그 익일인 16일 오후 12시로 만료하게 되고, 해당 일이 없는 경우에도 동일하다. 그러나 오전 0시로부터 기산하는 경우, 예컨대 오는 2003년 4월 15일부터 3개

---

1) 대판 1982.2.23, 81누203.

2) 판례는 어떤 행위를 해야 하는 종기 또는 유효기간이 만료되는 시점을 시행일 또는 공고일이라 하여 日로 정하였다면 그 기간의 만료점은 그날 오후 12시가 되는 것이라 한다(대판 1993.11.23, 93도662).

월이라 하면 그 기산점은 동년 4월 15일 오전 0시가 되고, 만료점은 7월 14일 오후 12시가 된다.

또한, 생년월일의 계산에서 2003년 4월 15일에 출생한 자는 2023년 4월 14일 오후 12시로 성년이 된다.

[기간의 계산법]

계산 단위	계 산 법	기 산 점	만 료 점
단기간의 계산	자연적 계산법	즉시로부터 기산	그 시분초의 종료로 만료
장기간의 계산	역법적 계산법	초일은 산입하지 아니함이 원칙	그 기간의 말일로 만료

2. 期間逆算의 計算

(1) 기간계산의 방법은 기간이 일정한 기산일로부터 과거에 소급하여 계산되는 경우에도 준용한다.3)

예컨대, 사단법인의 사원총회를 1주일 전에 통지한다고 할 때, 총회일이 3월 15일이라면 그 전일인 14일 초산일로 하여 역으로 계산해서 8일이 말일이 되고, 그날의 오전 영(0)시에 기간이 만료한다. 따라서 늦어도 7일 중에 총회소집통지가 발송되어야 한다. 또한 판례는 선거일 전 3년 간이라 함은 선거일 전날 24 : 00을 기산점으로 하고 소급하여 계산한 3년 사이를 의미한다고 한다.4)

(2) 기간역산의 기산점은 언제나 오후 12시가 되고, 만료점은 오전 0시가 된다.

왜냐하면 기간의 역산에서 만료점은 기간의 순차계산에서 기산점이 되므로 오전 0시이어야 하기 때문이다.

3) 대판 1968.3.19, 67누100 ; 1982.2.23, 81누204.

4) 대판 1979.3.27, 79수1.

제 2 절 期間의 經過와 權利의 消滅

제 1. 期間의 經過와 時效制度

1. 時效制度의 意義

(1) 권리변동은 법률행위 외에도 일정한 기간의 경과에 의하여도 일어난다. 따라서 기간의 경과는 사건으로서 하나의 법률요건이며, 그 대표적인 것이 시효제도이다. 여기서 시효란 일정한 사실상태가 오랜 기간 계속되는 경우에 그것이 진실한 권리관계와 일치하는가의 여부를 묻지 않고 그 사실상태를 그대로 권리관계로 인정하는 요건, 즉 일정한 사실상태가 일정한 기간동안 계속함으로써 법률상 일정한 효력을 발생시키는 법률요건이다.

(2) 시효에는 취득시효(Ersitzung)와 소멸시효(Verjahung)가 있다. 전자는 권리자의 권리 불행사란 사실상태를 근거로 현 점유자의 진실한 권리관계 여부를 묻지 않고 처음부터 그 자가 권리자이었던 것으로 인정하는 제도이고, 후자는 권리자의 권리불행사의 사실상태를 근거로 권리자의 권리를 소멸케 하는 제도이다. 그러나 통상 시효제도라 함은 곧 소멸시효를 의미한다.

2. 時效制度의 입법태도

(1) 시효제도의 입법에 관하여 프랑스민법과 스위스민법은 취득시효와 소멸시효를 통일적으로 규정하여 동일 원리에 따르게 한다. 그러면서도 프랑스민법은 권리자체를 소멸시키지 않고 소권만 소멸케 하고 시효원용이론으로 확립한다.

이에 대하여 독일민법은 소멸시효는 총칙편에, 취득시효는 물권편에서 규정하고, 또한 소멸시효는 권리 그 자체로부터 발생한 청구권의 소멸을 가져오며, 시효원용의 문제는 일어나지 않는다.

(2) 우리 민법은 독일민법을 따라 양자를 구별하여 소멸시효는 총칙편에서, 취득시효는 물권편에서 규정한다. 따라서 민법총칙 편에서의 시효제도라 하면 소멸시효만을 의미한다. 또한 소멸시효는 권리 자체의 소멸을 가져옴으로 시효원용의 문제는 일어나지 않는다.

제 2. 消滅時效制度

1. 消滅時效의 의의와 특질

(1) 消滅時效制度의 의의와 존재이유

(가) 소멸시효제도는 일정한 기간의 경과로 존재하던 권리가 당연히 소멸하는 제도를 말한다.

법률은 원래 정당한 권리관계를 유지함을 목적으로 하는 것이지만, 여기서 시효제도는 오히려 일정한 사실상태에 의거하여 무권리자에게 권리취득을 인정하거나 권리자로부터 권리를 박탈하는 결과를 가져오는 제도이다.

그렇다면 왜 이와 같이 법의 본래 목적과는 상치되는 제도를 인정하는가. 소멸시효제도의 존재이유이며, 다음과 같이 정리된다.

(ㄱ) 사회질서의 안전 : 일정한 사실상태가 오랫동안 계속하면 사회는 이것을 진실한 권리관계로 신뢰하고, 이것을 기초로 한 다수의 새로운 법률관계가 맺어진다. 이러한 때에 그 기초가 된 사실상태가 정당하지 못하다는 이유로 정당한 권리관계로 돌이키게 되면 종래의 사실상태 위에 이루어진 법률관계가 모두 전복되게 되어 사회질서와 법적 안정성을 해하는 결과가 된다. 여기서 법은 일정한 사실상태가 진정한 권리관계가 아닌 상태이더라도 그 상태가 일정한 기간 계속되는 때에는 그것을 그대로 권리관계로 인정해서 거래의 안전과 법적 안정을 유지하려는데 있다.

(ㄴ) 채증곤란의 방지 : 일정한 사실상태가 오랜 기간동안 계속하는 경우에는 그 동안에 일어나는 사실상태로 인하여 과거의 정당한 권리관계에 대한 증거를 마련하기 쉽지않다. 예컨대 서류의 소실·증인의 사망·기억력의 쇠퇴 등으로 인한 과거의 정당한 권리관계를 입증하여 현재의 사실상태를 전복시킬 것은 거의 불가능하고, 또한 가능하다고 하더라도 그것을 위한 노력과 경비가 필요 이상으로 요구된다. 따라서 이러한 결과는 민사소송의 이념에도 반하므로 시효제도는 그 행사를 제한한다.

(ㄷ) 권리행사의 간접적 촉구 : 본래, 권리는 권리자에 귀속하고 그 행사 여부는 자유이지만, 그러나 오랜 기간동안 자기의 권리를 주장하지 않는 자는 이른바 권리 위에 잠자는 자로서 법률의 보호를 받을 가치가 없는 것으로 평가된다. 따라서 시효제도는 권리자의 권리행사를 간접적으로 촉구하기 위한 정책적인 이유에서도 기인된다.

(나) 소멸시효제도의 존재이유에 관하여 이상의 여러 근거가 주장되나, 일반적으로 소멸시효제도는 이들 중 어느 하나의 이유에서 존재하는 제도가 아니라 이들을 종합적으로 파악한 개념으로 이해한다. 따라서 소멸시효제도의 존재이유는, 곧 현존 법률관계의 존중, 증거보전의 곤란, 또는 과태벌적 입장에서 찾는다. 그러나 소멸시효의 존재이유는 무엇보다 「권리자에 권리행사의 간접적 촉구제도」로 이해해야 하고, 현존 법률관계의 존중이나 증거보전의 곤란방지는 이에 더한 의미로만 파악해야 할 것이다.

그리하여 판례는 시효제도의 존재이유는 영속된 사실상태를 존중하고, 권리 위에 잠자는 자를 보호하지 않는다는데에 있는 것이라고 하고, 특히 소멸시효에 있어서는 전자에서보다는 후자가 더 강한 의미를 가지는 것이라고 한다.[5)]

⑵ 消滅時效制度의 특질

㈎ 시효제도는 로마법 이래 모든 입법례가 인정해 온 것이며, 그 내용상 정도의 차이는 있을지라도 제도의 근본적인 취지는 모두 동일하다. 따라서 모든 입법례에 공통되는 시효제도의 특질은 다음과 같다.

(ㄱ) 시효는 일정한 사실상태가 계속하고, 또한 사실상태가 일정한 기간동안 계속할 것을 요건으로 한다.

(ㄴ) 재산권에 관한 것이다. 시효는 재산법, 특히 거래법에 인정되는 것이며, 신분관계는 시효에 친하지 않는다.

(ㄷ) 시효에 관한 규정은 강행규정이다. 시효는 사회적 · 공익적인 이유를 근거로 인정되기 때문이다.

㈏ 시효는 제척기간과 다르다. 소멸시효와 제척기간은 다같이 권리가 처음부터 소멸한다는 점에서는 동일하지만 제척기간은 소멸시효제도의 목적과는 달리 일정기간 자기 권리를 행사하지 않는 자에 대하여는 그 권리를 박탈하게 하여 법률관계를 신속히 확정하려는 데서 양자는 근본적으로 구별된다.

(ㄱ) 그 외에도 소멸시효와 제척기간은 다음의 점에서 구별된다.

(a) 소멸시효는 그 기산일에 소급하여 효력이 생기나, 제척기간은 기간이 경과한 때로부터 장래 향하여 권리가 소멸한다.

(b) 제척기간에 의한 권리의 소멸은 당사자가 이를 주장하지 않더라도 법원이 당연히 고려할 직권조사 사항이지만 소멸시효의 완성에 의한 권리의 소멸은 시효의 완성으로 이익을 받을 자가 이를 원용하여야 한다.

(c) 제척기간에서는 소멸시효제도에서 존재하는 시효의 중단에 관한 사유는 적용되지 않는다. 다만 停止에 관한 사유는 제척기간에도 준용되는가. 다수설은 부정하나 소수설은 정지사유 중 사변에 의한 정지(제182조)만은 준용할 것이라고 한다.[6)]

(d) 소멸시효의 이익은 이를 포기할 수 있으나 제척기간은 이를 포기하지 못한다.

	중단제도	기산점	권리소멸	소급효	원 용
제척기간	무	권리발생시	절대적	무	불요
소멸시효	유	권리행사시	포기가능	유	요

(ㄴ) 민법은 소멸시효와 제척기간을 동일하게 규정하고 있으므로 그 구별이 용이

5) 대판 1992.3.31, 91다32053.

6) 김증한 336면, 고상용 719면, 김주수 506면, 장경학 702면.

하지 않다. 일반적으로는 민법이 특별히 「時效로 인하여 소멸한다.」라고 규정하고 있는 경우를 제외하고는 대체로 제척기간으로 본다.

2. 消滅時效의 요건

소멸시효의 요건	① 목적물 — 소유권 이외의 재산권 ② 권리의 불행사 ③ 권리 불행사의 법정기간의 경과

소멸시효는 권리자가 권리를 행사할 수 있음에도 불구하고 권리를 행사하지 않은 상태가 일정한 기간 동안 계속됨으로써 권리소멸의 효과가 발생하는 제도이다. 따라서 시효로 인하여 권리가 소멸하기 위하여서는 권리가 소멸시효의 목적이 될 수 있고, 권리자가 법률상 권리를 행사할 수 있는데도 불구하고 행사하지 아니하고, 또한 이와 같은 권리 불행사의 상태가 일정한 기간동안 계속하여야 한다.

(1) 消滅時效에 걸리는 권리

어떤 권리가 소멸시효의 목적이 되는가는 입법례에 따라서 달리한다. 우리 민법 제162조 제1항은 "채권은 10년 간 행사하지 아니하면 소멸시효가 완성한다."라고 하고, 동조 제2항은 "채권 및 소유권 이외의 재산권은 20년간 행사하지 아니하면 소멸시효가 완성한다."라고 하여 채권과 재산권이 소멸시효의 대상이 됨을 명백히 하고 있다.

(가) 채 권 　채권은 10년 간 행사하지 아니하므로 시효 소멸한다(제162조 제1항). 따라서 통상의 채권은 물론, 그 외에 채권적 청구권으로서의 성질을 가지는 권리는 10년으로 시효 소멸한다.

(나) 소유권 이외의 재산권 　소유권 이외의 재산권은 원칙적으로 소멸시효의 대상이 된다. 따라서 소유권은 재산권이지만 소멸시효의 대상이 되지 아니한다. 그러나 소유권 이외의 재산권, 예컨대 지상권·전세권·지역권 등의 물권은 물론 지적소유권(무체재산권) 등도 소멸시효의 대상이 되며, 권리를 행사할 수 있는 때로부터 20년 간 행사하지 아니함으로 소멸한다.

또한, 공법상 권리, 즉 국세의 부과권과 징수권도 소멸시효의 대상이 된다.[7)]

(ㄱ) 소유권 이외의 재산권이나, 다음의 권리는 그 성질상 소멸시효가 논의된다.

(a) 물권에 기한 일정한 행위를 청구할 수 있는 권리, 즉 물권적 청구권이 소멸시

---

7) 대판 1984.12.26, 84다572.

효에 걸리는가. 물권적 청구권 중 소유권에 기한 물권적 청구권이 소멸시효에 걸리지 않는다는데 학설·판례가 대체로 일치한다.[8)]

[판례] 매매계약이 합의해제된 경우에도 매수인에게 이전되었던 소유권은 당연히 매도인에게 복귀하는 것이므로 합의해제에 따른 매도인의 원상회복청구권은 소유권에 기한 물권적 청구권이라고 할 것이고, 이는 소멸시효의 대상이 되지 아니한다(대판 1982.7.27, 80다2968).

그러나 소유권 이외의 다른 물권, 즉 제한물권에 기한 물권적 청구권도 시효로 소멸하는가. 점유권은 민법이 별개의 제척기간을 두고 있는 점에서, 담보물권은 피담보채권과 운명을 같이 하는 점에서 각각 소멸시효와 무관하지만, 용익물권, 즉 지상권·지역권·전세권에 관한 물권적 청구권은 시효로 소멸하는가. 견해가 대립하나 다수설은 물권에 대해 방해가 존재하는 한 당해 물권에서 물권적 청구권이 부단히 발생한다는 점을 들어 부정한다.

또한, 등기청구권이 소멸시효에 걸리는가. 판례는 등기청구권은 채권적 청구권이며 10년 간 행사하지 아니하면 시효로 소멸하지만 부동산의 매수인이 매매목적물을 인도 받아 사용·수익하고 있는 경우(매수인의 매매대금지급 또는 소유권이전등기에 필요한 서류의 교부여부와는 관계없이)에는 소멸시효가 진행되지 아니하는 것이라 한다.[9)] 그러나 매수인이 목적물을 매도하고, 그 점유를 상실하여 더 이상 사용·수익하고 있는 상태가 아니라면 점유상실 시점으로부터 매수인의 등기청구권에 관한 소멸시효가 진행하는 것이라고 한다.[10)]

(b) 형성권에 존속기간이 정하여져 있는 경우, 그 존속기간은 제척기간인가 소멸시효기간인가. 구별부정설은 언제나 제척기간이라 하나, 다수설은 제척기간의 개념을 소멸시효와 구별하려는 것은 제척기간에는 중단이 인정되지 않는다는 점에 있으나, 형성권은 권리자의 권리행사만으로 곧 효과가 발생하므로 채권자가 권리를 행사하였으나 채무자의 불이행으로 만족을 얻지 못하는 경우는 없고 이로써 형성권에는 중단도 있을 수 없어 민법이 비록 「시효로 인하여」라고 규정한 경우에도 언제나 제척기간이라 해석하고 형성권에는 소멸시효에 걸리지 않는다고 한다.

이와 같이 형성권에 그 행사기간을 정하고 있는 경우에는 그 기간의 성질을 제척기간으로 보든, 소멸시효로 보든 그 경과로 당연히 소멸할 것이지만, 존속기간이 정하여져 있지 아니한 경우에는 그 소멸의 기간을 어떻게 정할 것인가.

---

8) 대판 1982.7.27, 80다2968.

9) 대판 1991.3.22, 90다9797; 1988.9.13, 86다카2908; 1987.10.13, 87다카1093; 1980.1.15, 79다1799; 1976.11.6, 76다148.

10) 대판 1997.7.22, 95다17298; 1997.7.8, 96다53826; 1996.3.5, 95다34866; 1996.9.20, 96다68; 1995.12.5, 95다24241; 1992.7.14, 91다40924; 1990.11.13, 90다카25352.

형성권을 소멸시효에 걸리는 권리로 보면 그 기간을 민법 제162조 제2항의 적용으로 20년의 소멸시효가 된다는 견해와 10년으로 소멸한다는 견해가 있을 수 있으나, 다수설과 같이 20년으로 소멸한다고 보면 만일 형성권을 행사한 경우, 예컨대 계약해제권인 형성권을 행사하면 이로 인한 원상회복청구권이나 손해배상청구권이 발생하는데 이것은 채권적 청구권이므로 10년으로 소멸시효에 걸리게 되어 형성권을 행사하지 않고 있는 때에는 20년으로 소멸하게 되지만, 권리의 발생으로 곧 행사한 때에는 10년으로 소멸하는 결과가 되어 불균형한 결과가 되므로 형성권에 존속기간을 정하고 있지 않는 때에도 10년으로 소멸한다고 본다.

또한, 형성권행사에 제척기간이 정하여져 있어 그 기간 내 권리의 행사로 채권적 청구권이 발생한 경우, 예컨대 계약해제권의 행사로 인한 원상회복청구권 또는 손해배상청구권이 발생한 경우 그 원상회복청구권과 손해배상청구권의 행사기간은 어떻게 되는가에 관하여도 채권이 발생한 때로부터 새로이 소멸시효가 진행된다고 보는 견해와 형성권의 제척기간 내 행사하여야 한다는 견해가 대립하나 통설은 제척기간이 법률관계를 신속히 처리할 필요에서 둔 것이란 점에 근거하여 형성권의 제척기간은 그 형성권의 행사로 생기는 권리관계를 처리하여야 할 기간도 포함해야 한다고 본다.

(c) 항변권은 상대방이 청구권을 행사하지 아니하면 구체적으로 발생하지 않는 권리이므로 성질상 상대방이 청구하지 않고 있는 이상 소멸시효에 걸리지 아니하지만 상대방이 청구권을 행사한 경우에는 시효로 소멸하는가. 다수설은 주로 항구적 항변권을 중심으로 긍정한다. 그러나 소수설은 항변권은 그 기초되는 법률관계로부터 독립하여 존속할 이유가 없으므로 그 기초적 법률관계가 존속하는 한 독립하여 소멸하지 않는다고 한다.[11)]

(ㄴ) 재산권이나 일정한 사실상태에 기한 점유권에는 그 성질상 소멸시효에 걸리지 않고, 또한 일정한 법률관계에 의존하는 권리, 예컨대 상린권·공유물분할청구권·물권적 청구권 등과 피담보채권에 의존하는 담보물권은 그 피담보채권이 존속하는 한 담보물권만이 소멸시효에 걸리지 않는다.

(ㄷ) 가족법상 권리, 권리의 주체와 분리할 수 없는 인격권은 권리의 주체에 의하여 언제나 배타적으로 지배되므로 소멸시효는 성질상 적용되지 않는다. 그러나 가족법상 권리나 부부간의 재산에 관한 권리와 재산상속에 관한 권리는 실질이 재산권적 성질을 가진 권리이므로 민법 제162조의 적용을 받는다.

다만, 상속회복청구권은 3년 또는 10년(제999조 제2항), 상속의 승인과 포기는 채

---

11) 이은영 757면.

무 있음을 안 날로부터 3월(제1019조)의 제척기간을 두고 있다.

⑵ 權利의 不行使

소멸시효는 권리를 행사할 수 있는 때로부터 진행한다. 따라서 소멸시효가 완성되기 위하여서는 권리를 일정기간 행사하지 않고 있어야 한다. 여기서 권리의 불행사란 권리를 행사하는데 법률상 장애가 없음에도 불구하고 행사하지 않는 것을 말하며, 소멸시효는 권리를 행사할 수 있는 때로부터 진행한다(제166조 제1항).

판례는 소멸시효는 객관적으로 권리가 발생하고 그 권리를 행사할 수 있는 때부터 진행한다고 할 것이어서 권리를 행사할 수 없는 동안은 소멸시효는 진행할 수 없다고 할 것이고, 이때 「권리를 행사할 수 없는 때」라고 함은 그 권리행사에 법률상의 장애, 예컨대 기간 미도래나 조건의 불성취 등을 말하는 것이므로 사실상 그 권리의 존재나 권리행사 가능성을 알지 못하였거나 알지 못함에 있어서의 과실유무 등은 시효진행에 영향을 미치지 않는 것이라고 한다.12)

(가) 확정기한부채권은 기한이 도래한 때이며, 특별한 문제가 없다. 그러나 불확정기간부 채권은 채권의 기한이 객관적으로 도래한 때이며, 채권자의 기한도래를 알고 있는가 여부에 불문한다.

(나) 기한의 정함이 없는 채권, 즉 채무의 이행에 기한을 정하지 않는 채권에 관하여는 채권자는 원칙적으로 이행의 청구를 받은 때로부터 지체의 책임을 진다. 그러나 그 소멸시효의 기산점은 채권이 발생한 때이다.

(a) 채권 이외 권리도 통상 권리가 발생한 때로부터 소멸시효가 진행한다.

- 채권(債權) — 채권이 발생한 때
  - 부당이득반환청구권 — 부당이득을 구성한 때
  - 채무불이행에 기한 손해배상청구권 — 본래채권을 행사할 수 있었던 때
  - 불법행위에 의한 손해배상청구권 — 불법행위시(권리가 객관적으로 발생한 때)
- 물권(物權) — 일반적으로 권리가 발생한 때

(b) 만기를 백지로 하여 발행된 약속어음 백지보충권의 소멸시효기간 기산점은 어음상의 권리를 행사하는 것이 법률적으로 가능하게 된 때부터 진행하고,13) 당사자 사이에 백지를 보충할 수 있는 시기에 관하여 명시적 또는 묵시적 합의가 있는 경우에는 그 합의된 시기로부터 백지보충권의 소멸시효가 진행한다.14)

(다) 청구 또는 해지통고한 후 일정기간이나 상당한 기간이 경과한 후 행사할 수

12) 대판 1993.4.13, 93다3622; 1992.3.31, 91다32053; 1984.12.26(전), 84누572.
13) 대판 1997.5.28, 96다25050; 2001.10.23, 99다64018.
14) 대판 2003.5.30, 2003다16214.

있는 권리는 그 청구나 해지통고를 할 수 있는 때로부터 그 규정된 일정기간이 경과한 때로부터 소멸시효가 진행한다.[15)]

(a) 반환의 기일의 정함이 없는 소비대차 — 기한을 정하여 최고하고, 최고기간의 경과로 진행된다.
(b) 기간의 정함이 없는 임대차의 해지 — 당사자는 언제나 해지통고할 수 있고, 통고를 받은 날로부터 일정기간의 경과로 진행한다.
 - 토지 · 건물 · 공작물 -- 임대인의 경우 6월, 임차인의 경우 1월.
 - 동산의 경우 — 5일
(c) 고용의 기간이 3년이 넘거나 종신계약의 해지 — 3년이 지나면 언제나 해지통고할 수 있고, 통고를 받은 날로부터 3월이 경과하므로 진행된다.
(d) 기한의 정함이 없는 고용계약의 해지 — 당사자간에 언제나 해지통고할 수 있고, 통고를 받은 날로부터 1월이 경과하므로 진행된다.

(라) 할부급채권은 1회의 불이행을 이유로 잔액 전부에 대한 이행을 청구할 수 있고, 그 이행의 청구로 잔액 전부에 관한 시효가 진행된다.

판례는 할부급채권의 기한이익상실의 특약은 그 내용에 의하여 일정한 사유가 발생하면 채권자의 청구 등을 요함이 없이 당연히 기한의 이익이 상실되어 이행기가 도래하는 정지조건부기한이익상실특약과 일정사유가 발생한 후 채권자의 통지나 청구 등 채권자의 의사행위를 기다려 비로소 이행기가 도래하는 것으로 하는 형성권적기한이익상실특약의 두 가지로 대별할 수 있다고 하고, 이른바 형성권적기한이익상실특약이 있는 경우는 그 특약은 채권자의 이익을 위한 것으로서 기한의 이익이 발생하였다고 하더라도 채권자가 나머지 잔액을 일시에 청구할 것인가, 또는 종래 대로 할부변제를 청구할 것인가를 자유로이 선택할 수 있으므로 이와 같은 기한이익 상실의 특약이 있는 할부채무에 있어서는 1회의 불이행이 있더라도 각 할부금에 대해 그 각 변제기의 도래시 마다 그 때부터 순차로 소멸시효가 진행하고 채권자가 특히 잔존채무 전액의 변제를 구하는 취지의 의사를 표시한 경우에 한하여 전액에 대해 그 때부터 소멸시효가 진행하는 것이라 한다(대판 2002.9.4, 2002다28340; 1997.8.29, 97다12990).

(마) 기타 채권, 즉 정지조건부권리는 조건의 성취시, 부작위채권은 위반행위를 한 때, 구상권채권은 그 권리가 발생되어 이를 행사할 수 있는 때, 동시이행의 항변권이 붙은 채권은 이행기도래시,[16)] 퇴직금채권은 퇴직한 익일부터[17)] 입원치료비는 개개의 진료행위가 종료한 때(퇴원시가 아닌),[18)] 보험금청구권은 보험사고가 발생한 때[19)]로부터 각각 소멸시효가 진행한다.

15) 곽윤직 561~562면, 이영준 752면.
16) 대판 1991.3.22, 90다9797.
17) 대판 2001.10.30, 2001다24051.
18) 대판 2001.11.9, 2001다52568.
19) 대판 2002.10.25, 2002다13614; 2001.4.27, 2000다31168; 다만 객관적으로 보험사고가 발생하였는지를 알 수 없는 특별한 사정이 있는 경우에는 보험금청구권자가 보험사고발생을 알았거나 알 수 있

또한, 계속적 위법행위로 인하여 발생하는 손해배상청구권은 각 손해를 안 때로부터 각별로 소멸시효가 진행한다.[20)]

[판례] 불법행위에 의한 손해배상청구권의 단기소멸시효의 기산점이 되는 민법 제766조 제1항 소정의「그 손해 및 가해자를 안 날」이라 함은 현실적으로 손해의 발생과 가해자를 알아야 할 뿐만 아니라 그 가해행위가 불법행위로서 이를 이유로 손해배상을 청구할 수 있다는 것을 안 때를 의미하고, 불법행위가 계속적으로 행하여지는 결과 손해도 역시 계속적으로 발생하는 경우에는 특별한 사정이 없는 한 그 손해는 날마다 새로운 불법행위에 기하여 발생하는 손해로서 민법 제766조 제1항을 적용함에 있어서 그 각 손해를 안 때로부터 각별로 소멸시효가 진행된다고 보아야 한다(대판 1999.3.23, 98다30258).

⑶ 消滅時效期間의 경과

㈎ 채권의 소멸시효기간

(ㄱ) 통상 채권의 소멸시효기간은 10년이고(제162조 제1항), 상사채권은 5년이다. 그러나 다음의 채권은 단기소멸시효로 소멸한다.

(a) 3년의 시효에 걸리는 채권 : 이자·부양료·급료·사용료 기타 1년 이내의 기간으로 정한 금전 또는 물건의 지급을 목적으로 하는 채권, 의사·조산사·간호사 및 약사의 치료·근로 및 조제에 관한 채권, 도급을 받은 자, 기사 기타 공사의 설계 또는 감독에 종사하는 자의 공사에 관한 채권, 변호사·변리사·공증인·계리사 및 무사에 대한 직무상 보관한 서류의 반환을 청구하는 채권, 변호사·변리사·공증인·계리사 및 법무사의 직무에 관한 채권, 생산자 및 상인이 판매하는 생산물 및 상품의 대가, 수공업자 및 제조업자의 업무에 관한 채권은 3년으로 시효가 완성한다(제163조).

(b) 1년의 시효에 걸리는 채권 : 여관·음식점, 대석·오락장의 숙박료·음식료·대석료, 입장료, 소비물의 대가 및 체당금의 채권, 의복·침구·장구 기타 동산의 사용료의 채권, 노역인·연예인의 임금 및 그에 공급한 물건의 대금채권, 학생 및 수업자의 교육·의식 및 유숙에 관한 교주·숙주·교사의 채권은 1년으로 시효소멸 한다(제164조).

(ㄴ) 판결 등에 의하여 확정된 채권은 단기의 소멸시효에 해당한 것이라도 그 소멸시효는 10년이다(제165조 제1항). 그 외에 파산절차에 의하여 확정된 채권 및 재판상의 화해·조정 기타 판결과 동일한 효력이 있는 것에 의하여 확정된 채권도 역시 10년의 소멸시효에 걸린다(동조 제2항).

여기서, 기타「판결과 동일한 효력이 있는 것」에 의하여 확정된 채권이란 기판력

는 때로부터 진행하는 것이라 한다(대판 2002.10.25, 2002다13614).

20) 대판 1999.3.23, 98다30258.

을 가지는 것을 의미하며, 인낙조서에 의해 확정된 채권(민소법 제220조), 지급명령이 확정된 채권(민소법 제474조; 2002.개정)이 이것이다.

그러나 기한부채권에 관하여 기한이 도래하기 전에 확정판결을 받은 경우와 같이 확정될 당시에 아직 변제기에 도래하지 않은 채권에는 위 규정은 적용되지 않는다(동조 제3항).

(나) 기타 재산권의 소멸시효기간　채권 및 소유권 이외의 재산권은 20년 간 행사하지 아니하면 시효가 완성한다(제162조 제2항).

약속어음금채권의 발행인에 대한 소멸시효기간은 만기의 날로부터 3년이 경과함으로 소멸하고(어음법 제77조 제1항 제8호, 제70조 제1항, 제78조 제1항) 특히 만기를 백지로 하여 발행된 약속어음의 백지보충권의 소멸시효기간은 백지보충권을 행사할 수 있는 때로부터 3년으로 소멸한다.[21]

3. 消滅時效의 중단

(1) 時效中斷의 의의

소멸시효의 중단이란 소멸시효의 진행 중 권리의 불행사라는 소멸시효의 기초가 되는 사실을 뒤집는 사정의 발생으로 그 때까지 경과한 시효기간을 법적으로 무의미한 것으로 하는 제도를 말한다.

소멸시효는 권리자가 일정한 기간 권리를 행사하지 않는데 대한 제재를 가하여 권리행사를 간접적으로 촉구한다는 성격을 지니므로, 권리자가 권리를 행사하거나 의무자가 권리의 존재를 승인하는 경우에도 시효를 진행케 한다면 권리자에 불이익할 뿐만 아니라, 소멸시효제도의 본질에도 어긋나는 것이므로 법률은 이를 인정하고 있다.

[판례] 원래 시효는 법률이 권리 위에 잠자는 자의 보호를 거부하고 사회생활상 영속되는 사실상태를 존중하여 여기에 일정한 법적 효과를 부여하는 제도이므로 어떤 사실상의 상태가 계속 중 그 사실상의 상태와 상용할 수 없는 사정이 발생할 때는 그 사실상의 상태를 존중할 이유를 잃게 된다고 할 것이니 이미 진행한 시효기간의 효력을 상실케 하는 것이 이른바, 시효중단이다(대판 1979.7.10, 79다569).

(2) 時效中斷의 사유

(가) 청　구　청구란 권리를 행사하는 것, 즉 권리자가 시효의 완성으로 이익을 얻은 자에 대하여 그의 권리내용을 주장하는 것이며, 재판상의 것이든 재판외의 것

---

21) 대판 2003.5.30, 2003다16214.

이든 이를 묻지 않는다.

여기서 시효중단의 효력을 갖는 청구는 다음의 것이 있다.

(ㄱ) 재판상 청구 : 재판상의 청구가 중단의 효력을 발생하는 시기는 소를 제기한 때이다.

(a) 시효중단사유로서의 재판상 청구에는 그 권리 자체의 이행청구나 확인청구를 하는 경우만이 아니라, 그 권리가 발생한 기본적 법률관계에 관한 확인을 통하여 권리관계의 실현을 할 수 있는 확인청구를 포함한다.[22]

1) 개개의 권리가 그로부터 유출되는 기본적 법률관계에 관한 확인청구소송의 제기는 그 개개의 권리에 대한 시효중단사유가 된다. 따라서 파면된 직원이 제기한 파면처분무효확인청구의 소는 그 파면 후의 임금채권에도 중단의 효력이 있고(대판 1978.4.11, 77다2509), 반면 소유권의 취득시효에 준용되는 시효중단사유인 민법 제168조, 제170조에 규정된 재판상 청구라 함은 시효취득의 대상인 목적물의 인도 내지 소유권 존부확인이나 소유권에 관한 등기청구소송은 말할 것도 없고, 소유권 침해의 경우에 그 소유권을 기초로 하여 하는 방해배제 및 손해배상 또는 부당이득반환청구소송도 이에 포함한다(대판 1997.3.14, 96다55211).

2) 어음상 채권에 대한 재판상 청구가 있는 경우 그 원인채권에도 중단의 효력이 생긴다(대판 1961.11.9, 4293민상748). 그러나 원인채권에 대한 재판상 청구는 그 어음채권에는 중단의 효력이 없다(대판 1967.4.24, 67다75).

3) 원고가 일부만 청구한 채권도 그 청구의 취지로 보아 채권 전부에 관하여 판결을 구하는 것으로 해석되는 경우에는 그 전부에 관하여 중단의 효력이 미친다(대판 2001.9.28, 99다72521; 1992.4.10, 91다43695).

(b) 재판상 청구로 시효중단의 효력이 미치는 범위는 재판상 기판력의 효력이 미치는 범위에 국한하지 않는다.[23] 따라서 재판상 청구는 청구된 권리와 관련성이 있는 범위에서 중단의 효력이 미친다.

다만, 소송상 보조참가에도 시효중단의 효력을 가지는가. 판례는 보조참가는 피참가인을 보조하여 피참가인의 상대방과 소송에서 승소를 목적으로 하는 소송행위로서 특단의 사정이 없는 한 보조참가인과 상대방과의 사에서는 그 소송물에 관하여 어떤 효력이 직접 발생할 수가 없다고 할 것이어서 보조참가인과 그 상대방간의 채권의 소멸시효가 중단할 수 없는 것이라고 한다.[24]

(c) 재판상 청구가 있더라도 소의 각하 · 기각 또는 취하가 있으면 시효중단의 효력은 없다(제170조 제1항). 그러나 소의 각하 · 기각 또는 취하가 있더라도 6월내 재판상의 청구 · 파산절차참가 · 압류 또는 가압류 · 가처분을 한 때에는 최초의 재판상 청구로 인하여 중단된 것으로 본다(제170조 제2항).

22) 대판 1992.3.31, 91다32053.
23) 대판 1979.7.10, 79다569.
24) 대판 2003.1.24, 2002다58747.

(ㄴ) 파산절차 참가 : 채권자가 파산재단의 배당에 참가하기 위하여 그의 채권을 신고하는 것이 파산절차참가이며, 채권자의 참가 신고가 있으면 시효중단의 효력이 생긴다. 그러나 채권자가 그의 신고를 취소하거나 청구가 각하 된 때에는 중단의 효력이 없다(제171조).

(ㄷ) 지급명령 : 지급명령은 독촉절차의 하나이며, 지급명령은 송달을 요건으로 동 신청서를 관할법원에 제출한 때 중단의 효력이 생기고, 그 신청이 각하 된 때 효력을 잃는다.

(ㄹ) 화해를 위한 소환 : 화해를 신청하면 소멸시효는 중단된다. 그러나 법원이 상대방을 소환하였으나 상대방이 출석하지 않거나 출석하더라도 화해가 성립하지 않을 경우 화해신청인은 1월내 소를 제기하지 않으면 중단의 효력은 없다(제173조 본문). 또한 임의출석의 경우 화해가 성립하지 아니한 때에도 동일하다(동조 단서).

(ㅁ) 최 고 : 널리 최고란 채무자에 대하여 이행을 청구하는 채권자의 의사통지를 의미하며, 최고로써 시효중단의 효력이 생긴다. 그러나 최고 후 6월내 전술한 재판상 청구, 파산절차 참가・화해를 위한 소환・임의출석 중 어느 것을 취하거나 또는 압류・가압류・가처분의 보다 강력한 방법을 취하지 않으면 중단의 효력은 생기지 않는다(제174조). 따라서 최고는 시효기간의 만료에 가까워져서 강력한 다른 중단방법을 취하려고 할 때 그 예비적 조치로서의 실익을 가진다.

(a) 소멸시효의 중단사유로서의 최고는 채무자에 대하여 채무이행을 구한다는 채권자의 의사통지(준법률행위)이며, 특별한 방식을 요하지 않는다. 따라서 최고는 권리자의 권리행사를 주장하는 취지임이 명백한 것이면 족하고 최고 당시 당사자가 시효중단의 효과를 발생시킨다는 점을 알거나 의욕하지 않았다고 하더라도 무방하다.[25]

(b) 채권자의 채권실현을 위한 민사집행법 소정의 재산관계명시신청을 하는 경우에도 최고로서 소멸시효중단의 효력이 생기는가. 판례는 채권자가 확정판결에 의한 채권의 실현을 위하여 채무자를 상대로 민사집행법 소정의 재산관계명시신청을 하고 그 재산목록의 제출을 명하는 결정이 채무자에 송달되었다면 소멸시효중단사유인 최고로서 효력이 생기는 것이라고 한다.[26]

또한, 채권자가 채무자의 제3채무자에 대한 채권을 압류 및 송달시킨 추심명령도 최고로서 소멸시효 중단사유에 해당하는가.

판례는 채권자가 확정판결에 기한 채권의 실현을 위하여 채무자의 제3채무자에 대한 채권에 관하여 압류 및 추심명령을 받아 그 결정이 제3채무자에게 송달이 되

25) 대판 2003.5.13, 2003다16238.
26) 대판 2001.5.29, 2000다32161.

었다면 거기에 소멸시효 중단사유인 최고로서의 효력을 갖는 것이라고 한다.[27] 그러나 그 송달방법에 있어서 우편송달(발송송달)이나 공시송달의 방법 어느 경우에도 채무자가 알 수 없었던 경우는 중단의 효력은 발생하지 않는 것이라고 한다.[28]

(나) 압류 · 가압류 · 가처분 압류는 확정판결 기타 채무명의에 기하여 행하는 강제집행으로, 가장 강력한 권리의 실행행위이며, 가압류 · 가처분은 강제집행을 보전하는 수단으로 역시 권리의 실행행위로서 시효의 중단사유로 된다. 그러나 압류 · 가압류 · 가처분이 취소된 때 또는 그 집행행위가 시효의 이익을 받을 자에 대하여 하지 않을 때에는, 이를 그 자에게 통지한 후가 아니면 중단의 효력이 생기지 않는다(제176조).

다만, 경매절차에서의 배당의 요구도 시효의 중단사유로 되는가. 판례는 부동산 경매절차에서 집행력 있는 채무명의 정본을 가진 채권자가 하는 배당의 요구는 민법 제168조 제2호의 압류에 준하는 것으로서 소멸시효중단의 효력이 생기는 것이라고 한다.[29] 그러나 경매개시결정의 통지로서의 우편송달(발송송달)이나 공시송달의 방법에서 채무자가 이를 알 수 없었던 경우에는 중단의 효력이 생기지 않는다.[30]

압류 · 가압류 · 가처분의 시효중단의 효력이 발생하는 시기에 관하여 집행행위를 한 때로 보는 견해가 있으나,[31] 다수설은 그 명령을 신청한 때에 중단의 효력이 생기는 것으로 본다.

(다) 승 인 승인이란 시효의 이익을 받을 당사자가 시효로 말미암아 권리를 잃은 자에 대하여 상대방의 권리를 인정하는 표시, 즉 관념의 통지로서 승인으로 시효중단의 효력이 생긴다(제177조).

(ㄱ) 채권시효 중단사유로서의 승인은 시효이익을 받을 당사자인 채무자가 그 시효이익의 완성으로 권리를 상실하게 될 자 또는 그 대리인에 대하여 하여야 하고 적어도 그 권리가 존재함을 인식하고 있다는 뜻을 표시하여야 하고,[32] 그 승인의 통지가 상대방에 도달한 때 효력이 생긴다.[33] 따라서 장래의 채권을 미리 승인하는

---

27) 대판 2003.5.13, 2003다16238.

28) 대판 2002.10.8, 2001다76045; 1994.11.25, 94다26097; 1990.1.12, 89다카4946.

29) 대판 2002.2.26, 2000다25484: 판례는 집행력 있는 채무명의의 정본을 가진 채권자가 다른 채권자의 신청에 의하여 개시된 경매절차를 이용하여 배당요구를 신청하는 행위도 채무명의에 기하여 능동적으로 그 권리를 실현하는 점에서 강제경매의 경우와 동일하다고 할 수 있으므로 부동산경매절차에서 집행력 있는 채무명의 정본을 가진 채권자가 하는 배당의 요구는 민법 제168조 제2호의 압류에 준하는 것으로서 배당요구에 관련된 채무에 관하여 소멸시효를 중단하는 효력이 생기는 것이라 한다.

30) 대판 2002.10.8, 2001다76045; 1994.11.25, 94다26097; 1990.1.12, 89다카4946.

31) 김기선 388면, 방순원 334면.

32) 대판 2001.11.9, 2001다52568; 1999.3.12, 98다18124; 1995.9.29, 95다30178.

33) 대판 1995.9.29, 95다30178.

것은 채권자가 권리의 존재를 인식하고서 한 승인이라 볼 수 없어 승인의 효력은 생기지 않는다.[34]

채무자가 채권자에 대한 모든 채무를 변제한다고 하면서 정산을 요구하였으나 채권자의 잘 못으로 그 일부를 누락하고 정산하여 변제 받은 경우, 그 누락된 잔존채무에도 승인의 효력이 미치는가. 판례는 채무자가 채권자에 대한 모든 채무를 변제한다고 정산을 요구한 것은 정산된 채무만이 전 채무이고 그 이상의 채무는 존재하지 않는다는 인식을 표시하거나 특정채무를 지정하여 그 일부의 변제를 한 것이 아니라 자신이 부담한 전 채무를 그대로 인정한다는 관념을 통지한 것이라고 하여 긍정한다.[35]

(ㄴ) 승인의 방법은 아무런 형식을 요하지 아니하고 또한 명시적이든 묵시적이든 불문한다. 예컨대 증서의 교환·이자의 지급·다툼이 없는 일부변제[36]·담보제공[37] 등의 묵시적 승인도 가능하다. 그러나 적어도 시효가 개시된 후 시효의 완성 전에 하여야 한다.[38] 따라서 시효완성 후의 승인은 시효이익의 포기로 된다.

또한, 상대방의 권리에 관한 처분능력이나 권한 있음을 요하지 않는다(제177조). 이것은 원래 상대방권리의 존재를 인정하는데 불과하기 때문이다. 그러나 민법 제177조의 해석상 관리권한이 있어야 한다고 봄이 통설이다. 예컨대 무능력자는 법정대리인의 동의가 없는 한 단독으로 유효한 승인을 할 수 없다.

(3) 時效中斷의 효력

(가) 시효가 중단되면 그 때까지 경과한 시효기간은 이를 산입하지 않는다(제178조 전단). 즉 지금까지 경과한 시효기간은 소멸하고 새로이 시효가 진행된다.

(ㄱ) 시효중단의 효력은 당사자 및 승계인 사이에만 효력이 있다. 그러므로 제3자에 대하여는 효력이 없음이 원칙이다.

(a) 손해배상청구권을 공동상속한 자 중 1인이 자기 상속분을 행사하여 승소판결을 얻은 경우에도 다른 상속인의 상속분에 중단의 효력은 없다(대판 1967.1.24, 66다2279).

(b) 공유자 1인이 보존행위로서 한 재판상 청구는 다른 공유자에 시효중단의 효력은 없다(대판 1979.6.28, 79다639).

(c) 선박소유자에 대한 재판상 청구는 그 선박의 근저당권자에 대하여 그 우선특권에 관한 시효중단의 효력은 없다(대판 1978.6.13, 78다314).

(d) 보증인의 재산에 대한 시효중단은 주채무자에 대하여는 효력이 없다(대판 1977.

34) 대판 2001.11.9, 2001다52568.
35) 대판 2001.2.23, 2000다65864.
36) 대판 1996.1.23, 95다39854.
37) 대판 1997.12.26, 97다22676.
38) 대판 2001.11.9, 2001다52658.

9.13, 77다418).

시효중단의 효력이 미치는 승계인이란 시효중단에 관하여 당사자로부터 중단의 효과를 받는 권리를 승계한 자를 말하고, 특정승계 · 포괄승계를 불문한다. 그러나 이 경우 승계는 중단사유가 발생한 후 이어야 하고 중단사유발생 전의 승계에는 인정되지 않는다.[39]

(ㄴ) 지역권 · 연대채무 · 보증채무 등에서는 그 법률관계의 특수성으로 말미암아 예외가 인정된다.

(a) 요역지가 수인의 공유인 경우에 그 1인에 의한 지역권 소멸시효 중단 또는 정지는 다른 공유자를 위하여 효력이 있다(제296조).

(b) 어느 연대채무자에 대한 이행청구는 다른 연대채무자에게도 효력이 있다(제416조). 또한 주채무자에 대한 시효중단은 보증인에 대하여 효력이 있다(제440조).

> [판례] 보증채무에 대한 소멸시효가 중단되었다고 하더라도 이로써 주채무에 대한 소멸시효가 중단되는 것은 아니고 주채무가 소멸시효완성으로 소멸된 경우에는 보증채무도 그 채무 자체의 시효중단에도 불구하고 부종성에 따라 당연히 소멸한다(대판 2002.5.17, 2000다62476).

(나) 시효가 중단된 후 그 시효에 기초가 되는 사실상태가 다시 계속되면 그 때부터 새로이 시효기간이 진행한다. 즉 청구로 중단된 때에는 재판이 확정된 때(제178조 제2항), 압류 · 가압류 · 가처분으로 중단된 때에는 이들의 절차가 끝났을 때, 승인으로 중단된 때에는 승인이 상대방에 도달한 때부터이다.

4. 消滅時效의 停止

(1) 消滅時效停止의 의의

(가) 소멸시효의 정지란 시효기간이 거의 완성할 무렵에 권리자가 중단행위를 하는 것이 불가능하거나 또는 대단히 곤란한 사정이 있을 경우, 그 시효기간의 진행을 일시적으로 멈추게 하고, 그러한 사정이 없어졌을 때에 다시 나머지 기간을 진행케 하는 것을 말한다.

(나) 시효의 정지는 시효의 중단과 더불어 권리자를 보호하는 제도이지만, 정지에 있어서는 정지사유가 그친 뒤에 일정한 유예기간이 경과하면 시효는 완성되는 것이며, 이미 경과한 기간이 살아 있는 점에서 중단과 구별된다.

(2) 消滅時效 정지사유

(가) 무능력자를 위한 정지　소멸시효의 기간만료 전 6월내 무능력자의 법정대

---

39) 대판 1998.6.12, 96다26961.

리인이 없는 때에는 그가 능력자로 되거나, 또는 법정대리인이 취임한 때로부터 6월내에는 시효가 완성하지 않는다(제179조).

재산을 관리하는 부·모, 또한 후견인에 대한 무능력자의 권리는 그가 능력자로 되거나, 후임의 법정대리인이 취임한 때로부터 6월내에는 소멸시효가 완성하지 않는다(제180조 제1항).

(나) 혼인관계의 만료에 의한 정지　부부 일방의 타방에 대한 권리는 혼인관계가 종료한 때로부터 6월내에는 소멸시효가 완성하지 않는다(제180조 제2항).

(다) 상속재산에 관한 정지　상속재산에 속하는 권리나 상속재산에 관한 권리는 상속인의 확정·관리인의 선임 또는 파산선고가 있는 때로부터 6월내에는 소멸시효가 완성하지 않는다(제181조).

(라) 사변에 의한 정지　천재 기타 사변으로 말미암아 소멸시효를 중단할 수 없을 때에는 그 사유가 만료한 때로부터 1월내에는 그 시효가 완성하지 않는다(제182조). 여기서 사변이란 천재에 비할 수 있는 전란·폭동·교통두절 등의 객관적인 것이어야 한다.

5. 消滅時效의 효력

(1) 消滅時效完成의 의의

(가) 민법상 소멸시효에 관한 규정은 모두 "… 소멸시효가 완성한다."라고 규정할 뿐이고, 그밖에 완성한다는 의미, 즉 소멸시효 완성의 효과가 무엇을 의미하는가에 관하여는 침묵하고 있다. 따라서 그 완성의 의미에 관하여 견해가 대립한다.

절대적소멸설은 권리가 절대적으로 소멸하는 것이라고 본다. 그 이론적 근거로서, 현행 민법은 구 민법과 달라서 시효의 원용에 관한 규정을 두고 있지 않음과, 부칙 제8조를 비롯한 제369조·제766조 제1항 등에서 "… 본법에 의하여 … 소멸한 것으로 본다."라고 규정하는 것은 결국 권리가 절대적으로 소멸한다 라는 것을 의미하는 것이라고 본다.

상대적소멸설은 권리가 상대적으로 소멸, 즉 시효완성을 주장하므로 소멸하는 것이라 본다. 그 이론적 근거로서, ① 절대적 소멸설을 취하면 당사자의 원용이 없어도 법원은 당연히 권리가 소멸한 것으로 재판하여야 하나 이것은 당사자가 소멸시효의 이익을 받기를 원하고 있지 않는 경우에는 그 의사를 존중하지 않는 결과가 되어 부당하고, ② 소멸시효 완성 후에 채무자가 시효완성의 사실을 모르고 변제한 때에는 이른바 비채변제가 되므로 그 반환을 청구할 수 있는 것이 되어 사회관념에 적합하지 못하며, ③ 특히 절대적 소멸설은 시효이익의 포기의 법률적 성질을 설명하기 어렵고, 또한 ④ 채무자가 간계를 써서 신의성실에 반하는 방법으로 채권자의 시효중단을 방해한 경우에도 그러한 채무자에게 시효의 이익을 귀속시키지 않을 수 없게 되어 사회일반의 정의관념에 반한다는 점을 들어 권리가 절대적으로 소멸하는 것이 아니라, 상대적으로 소멸하는데 불과한 것이라고 본다(김용한 482면, 김증한 351면, 김현태 478면).

(나) 다수설과 종래 판례는 당사자의 원용이 없어도 시효완성의 사실로써 채무는 당연히 소멸하는 것이라고 하여 절대적소멸설을 취하였다.[40] 그러나 최근의 판례는 "시효완성 후의 소송에서 시효완성으로 채권이 소멸되었음을 항변으로 주장하지 않는 한 직권으로 이를 인정하여 이익을 부여할 수 없다."라고 하고,[41] 나아가 "소멸시효 이익을 받을 자가 소멸시효 항변을 하지 아니하면 그 의사에 반하여 재판할 수 없다."라고 하여[42] 상대적소멸설을 취할 여지를 주고 있으나, 이 경우에도 다수설은 권리의 상대적 소멸의 결과가 아니라, 재판상 구두변론주의의 결과로 이해한다.

[소멸시효 대상이 된 권리에 기하여 변제한 경우의 효과]

- (1) 알고 변제한 경우
  - 절대적 소멸설의 경우 — 유효한 변제가 될 수 없으나 악의의 비채변제가 되어 반환을 청구할 수 없다(제742조).
  - 상대적 소멸설의 경우 — 당연히 유효한 변제로 된다.
- (2) 알지 못하고 변제한 경우
  - 절대적 소멸설의 경우 — 당연한 비채변제로 되나, 이 경우에도 도의관념에 적합한 변제라고 하여 부당이득의 반환청구를 부정한다(제744조).
  - 상대적 소멸설의 경우 — 당연히 유효한 변제로 된다.

[절대적효력설과 상대적효력설의 비교]

		절대적소멸설	상대적소멸설
공통점		권리소멸의 법률요건	
차이점	권리의 소급적소멸	시효완성에 의한 당연소멸	시효원용에 의한 소멸
	원용에 의한 법원의 고려	변론주의의 결과(판례)	원용권의 결과
	권리소멸의 근거	법률상 당연한 소멸	당사자 원용권행사에 의한 소멸
	시효완성 후 변제 효력	비채변제 성립	비채변제 불성립
	시효이익의 포기	포기이론은 불가능하고 시효이익을 받지 않겠다는 새로운 의사표시	권리부인권(원용권)의 포기

(2) 消滅時效完成의 효력

(가) 권리의 절대적 소멸　소멸시효완성으로 권리는 절대적으로 소멸한다. 따라서 당사자의 원용이 없어도 시효완성의 사실로서 채무는 당연히 소멸한다.

(ㄱ) 소멸시효가 완성된 권리를 재판상 청구하기 위하여서는 시효이익을 받을 자

40) 대판 1961.1.31, 65다2445.
41) 대판 1962.10.11, 62다466.
42) 대판 1968.8.30, 68다1089 ; 1964.9.15, 64다488.

가 이를 원용하여야 한다. 따라서 소멸시효의 이익을 받는 자가 소멸시효 이익을 받겠다는 뜻을 항변하지 않는 이상 그 의사에 반하여 재판하지 못한다.[43]

이 경우 소멸시효의 원용을 주장할 수 있는 자는 권리소멸에 의하여 직접 이익을 받을 자에 국한한다.「권리소멸에 의하여 직접 이익을 받을 자」에는 채무자는 물론이나, 이에 국한하지 않고, 가등기담보가 설정된 부동산의 제3취득자,[44] 매매예약에 의하여 가등기된 부동산의 제3취득자,[45]가 이것이다. 그러나 채무자에 대한 일반채권자,[46] 채권자대위소송에서의 제3채무자[47]는 해당하지 않는다.

(ㄴ) 시효원용권자가 수인인 경우 그 중 일부가 시효원용권을 포기한 경우에도 나머지 채권자는 이를 원용할 수 있는가. 판례는 일부가 시효이익을 포기하더라도 이는 채권자와 그 시효원용권자 사이에만 효력이 있을 뿐이어서 다른 시효원용권자는 독자적으로 시효완성을 원용할 수 있는 것이라고 한다.[48]

또한, 소멸시효의 원용에도 실효원칙이 적용되는가. 판례는 채무자의 소멸시효에 기한 항변권의 행사도 우리민법의 대원칙인 신의성실의 원칙과 권리남용금지원칙의 적용을 받는 것이어서 채무자가 시효완성 전에 채권자의 권리행사나 시효중단을 불가능 또는 현저히 곤란하게 하였거나 그러한 조치가 불필요하다고 믿게 하는 행동을 하였거나, 객관적으로 채권자가 권리를 행사할 수 없는 장애사유가 있었거나 또는 일단 시효완성 후에 채무자가 시효를 원용하지 아니할 것 같은 태도를 보여 권리자로 하여금 그와 같이 신뢰하게 하였거나, 채권자 보호의 필요성이 크고, 같은 조건의 다른 채권자가 채무의 변제를 수령하는 등의 사정이 있어 채무이행의 거절을 인정함이 현저히 부당하거나 불공평하게 되는 등의 특별한 사정이 있는 경우에는 채무자가 소멸시효완성을 주장하는 것이 신의성실의 원칙에 반하여 권리남용으로서 허용될 수 없는 것이라고 한다.[49]

(나) 소멸시효완성의 소급효　소멸시효는 그 기산일에 소급하여 효력이 생긴다(제167조). 소멸시효는 그 시효기간동안 계속된 사실상태를 보호하는데 있기 때문이다.

(ㄱ) 소멸시효완성의 소급효로서 소멸시효로 채무를 면하게 되는 자는 기산일 이후의 이자를 지급할 필요가 없게 된다. 다만 시효 소멸하는 채권이 그 소멸시효가

---

43) 대판 1979.2.13, 78다2157.
44) 대판 1995.7.11, 95다12446.
45) 대판 1991.3.12, 90다카27570.
46) 대판 1997.12.26, 97다22676; 다만, 자기채권의 보전을 위하여 필요한 한도 내에서 채무자를 대위하여 소멸시효의 완성을 원용하는 것은 가능하다.
47) 대판 1998.12.8, 97다31472.
48) 대판 1995.7.11, 95다12446.
49) 대판 2002.10.25, 2002다32332.

완성하기 전에 상계할 수 있었던 것이면 채권자는 이를 상계할 수 있다(제495조).

(ㄴ) 소멸시효의 소급적 효력으로서 기산일이란 권리를 행사할 수 있는 때를 의미한다(제166조 제1항). 따라서 소멸시효로 인한 권리 소멸의 효력은 그 권리를 행사할 수 있었던 때로 소급한다.

(3) 消滅時效利益의 포기

시효이익포기의 법률적 성질은 소멸시효완성의 효과에 대한 성질의 결정에서 해결된다. 즉 상대적소멸설에 의한 소멸시효이익의 포기는 일단 발생한 권리부인권의 포기라 하고, 절대적소멸설에 의하면 소멸시효이익을 받지 않겠다는 의사표시로서, 이 의사표시를 하면 이익이 생기지 않았던 것으로 된다.

절대적소멸설에 의하면 권리소멸의 효과는 소멸시효의 완성과 더불어 절대적으로 발생한 것이므로 시효이익의 포기란 있을 수 없고, 또한 그 효력이 소급한다는 이유를 설명할 수 없으나, 상대적소멸설에 의하면 권리소멸의 효과는 소멸시효의 완성만으로는 시효에 걸리는 권리 자체에 아무런 변동이 없으나, 권리부인권을 행사함으로써 비로소 소멸한다고 함으로써 소멸시효이익의 포기의 법적 성질에 관하여도 그 설명이 용이하다. 그리하여 최근의 구라파통일사법안에서는 그 소멸의 법적 구성을 상대적 소멸로 규정하고 있다.

(가) 시효기간 완성 전의 포기제한　　소멸시효의 이익은 시효기간이 완성하기 전에 미리 포기하지 못한다. 또한 소멸시효의 완성을 곤란케 하는 특약은 무효이다. 그러나 시효기간을 단축하거나 시효요건을 경감하는 것은 무방하다. 이는 시효제도의 공익성에서 오는 제한이다.

소멸시효가 완성하기 전에 시효이익을 포기한다는 것은 그 소멸시효로 생기는 법률상의 이익을 받지 않겠다는 일방적 의사표시로서 그 성질은 절대적소멸설에 의하면 실질적으로는 시효이익을 받을 권리의 사전 포기이고, 소송법적으로는 예방방법 주장의 사전 포기이다. 그러나 상대적소멸설에 의하면 시효효과 원용권의 사전 포기가 된다.

(나) 시효기간 완성 후의 포기　　시효완성 후의 포기권은 소멸시효의 완성으로 생기는 법률상의 이익을 받지 않는다는 일방적 의사표시이다. 그 성질은 절대적소멸설에 의하면 일정하지 않지만 보통은 소멸시효이익을 받지 않겠다는 의사표시이며, 이 의사표시에 의하여 이익이 생기지 않았던 것으로 된다. 그러나 상대적소멸설에 의하면 언제나 원용권의 포기가 된다.

(ㄱ) 소멸시효완성 후의 시효이익의 포기는 개인의사자치의 원칙상 유효하다.

(ㄴ) 포기는 상대방 있는 단독행위이며, 명시·묵시적 의사를 불문한다. 판례는 채무자가 소멸시효완성 후 채무를 일부 변제한 때에는 그 액수에 관하여 다툼이 없는 한 그 채무를 묵시적으로 승인한 것으로 보아야 하고 이 경우 시효완성의 사실

을 알고 그 이익을 포기한 것으로 추정되는 것이라고 한다.[50)]

시효이익의 포기는 처분행위이므로 처분능력과 권한이 있어야 하며, 그 효과는 상대적이라는데 이설이 없다. 예컨대 연대채무에서 주채무자가 시효이익을 포기하더라도 보증인에는 효력을 미치지 않는다(제433조 제2항). 또한 연대채무자 중 1인의 시효이익의 포기는 다른 연대채무자에 영향을 미치지 않는다(제423조).

[판례] 시효완성의 이익포기의 의사표시를 할 수 있는 자는 시효완성의 이익을 받을 당사자 또는 대리인에 한정된다고 할 것이고, 그 밖의 제3자가 시효완성의 이익의 포기의 의사표시를 하였다고 하더라도 이는 시효완성의 이익을 받을 자에 대한 관계에서 아무런 효력이 없는 것이라고 한다(대판 1998.2.27, 97다53366).

(4) 從된 權利에 대한 소멸시효의 효과

주된 권리에 소멸시효가 완성한 때에는 종된 권리에도 그 효력이 미친다(제183조). 예컨대 원본채권이 시효소멸 하면 이자채권도 역시 시효로 소멸하게 된다.

---

50) 대판 2001.6.21, 2001다3580.

제 3 편
物 權 法

제 1 장　物權法總說

제 1 절　物權法과 物權

제 1. 物權法의 意義와 特性

1. 物權法의 意義

(1) 재화의 利用關係規律로서 물권법

물권법은 각종 財貨에 대한 인간의 지배관계를 규율하는 법률이다.

인간이 생존하기 위한 의·식·주에 필요한 재화는 반드시 외부로부터 얻어야만 하고, 인간 외부로부터 공급되는 재화는 무한한 것도 아니다. 원시시대의 물자는 한정된 자연자원에 의하여 제약받아 왔고, 물자의 생산이 고도로 발달한 오늘날에 있어서도 재화의 결핍현상은 항존하고 있다. 이러한 현상은 바로 인간의 물자소유에 대한 무한한 욕구로부터 오는 결과이며, 재화의 현실적 유한성을 극복할 수 없는 이상, 이들을 적절히 보장·규제할 실정적 제도가 필요하다.

따라서 오늘날 물권제도는 바로 이들의 이념을 실현하는데 있고, 그 구체적 제도로서의 물권법은 주로 사람의 재화에 대한 지배·이용관계를 규율한다.

(2) 物權關係規範의 총칭으로서 물권법

물권법은 통상 사람이 생활에 필요한 재화를 직접 지배하는 관계, 즉 물권관계를 규율하는 법규범을 통틀어 지칭한다. 이를 특히 실질적 의미의 물권법이라고 하고, 성문 여부를 불문한다.

한편, 민법전 중 제2편의 규정을 형식적 의미의 물권법이라고 하고, 물권관계의 중요한 부분을 담고 있다. 따라서 민법 제2편에 속하는 규정은 대체로 실질적 의미의 물권법이지만 반드시 그런 것은 아니며, 부분적으로는 실질적 의미의 물권법이 아닌 규정도 담고 있다(제201조 제2항·제202조·제203조·제216조 제1항 등).

2. 物權法의 특성

(1) 물권법은 각종 재화에 대한 인간의 지배관계, 즉 경제생활 관계를 규정하나, 채권법에 비하여 다음의 특성을 지닌다.

(가) **재산법으로서 물권법** 물권법은 재산법이다. 민법은 경제적 생활관계를 규율하는 재산법과 가족적 생활관계를 규율하는 가족법(신분법)으로 나뉘어 지며, 그 중 물권법은 채권법과 함께 재산법에 속한다.

(나) **재화의 지배관계법** 물권법은 인간의 재화에 대한 지배관계를 규율하는 법이다. 따라서 물권법은 주로 인간의 물건 또는 재산권에 관한 지배관계의 규율을 내용으로 하며 채권법과 더불어 인간의 경제생활관계를 규율한다. 이와 같이 물권법은 인간의 경제생활 관계를 규율한다는 점에서는 채권법과 공통하나 다음의 몇 가지 점에서는 채권법과 구별된 특성을 지닌다.

(ㄱ) 물권법은 소유권을 중심으로 하는 법이다. 사람의 재화에 대한 지배관계를 정한 법제도 중에서 소유권을 중심으로 하는 것이 물권법이고, 계약을 중심으로 하는 것이 채권법이다. 그 결과 우리 민법전은 물권법과 채권법을 확연히 구별하여 편성하고 있지만 실제 생활관계에 있어서는 물권과 채권이 결합되어 행하여지는 것이 보통이다. 따라서 채권은 물권실현의 수단으로서 의미를 가진다.

(ㄴ) 물권법의 규정은 강행규정성을 가진다. 채권법은 본래 채권자와 채무자 사이의 관계, 즉 당사자 사이에만 효력이 미치고, 제3자에는 직접 영향을 미치지 않는 것이 원칙이므로 여기에는 계약자유를 원칙으로 하여 사적 자치가 인정되는 범위가 대단히 넓고 그 법규 또한 대체로 임의규정이다. 그러나 물권법은 배타성을 가지는 물권관계를 규율하는 것이므로 일반 제3자에 미치는 영향을 고려하여 물권의 종류나 내용을 당사자가 임의로 정할 수 없게 한다(물권법정주의).

그 결과 물권에는 공법적 간섭이 많고(예컨대 민법 제2조의 공공성), 법규 또한 강행규정성을 가진다.

(ㄷ) 물권법은 고유법성을 갖는다. 주로 재화의 유통관계를 규율하는 채권법(특히 매매법)은 그 성질상 국제적 보편성을 가지게 되지만 물권법은 각 국의 물자지배에 대한 관념의 차이로 다소 그 모습을 달리한다. 따라서 물권법은 채권법과는 달리 각국의 입법이 고유한 제도를 갖게 된다.

현행법상 물권 중 고유법성을 가지는 물권에는 민법상 전세권과 그 외 관습법 또는 특별법상 인정되는 물권으로 분묘기지권, 관습상 법정지상권, 양도담보와 가등기담보권을 들 수 있고, 주로 부동산물권에서 인정된다.

(2) 물권법에는 로마법적 요소와 게르만법적 요소가 있다. 우리나라 물권법은 전세권을 제외하고는 대부분 독일민법을 계수하였고, 독일민법은 그 구성상 로마적 요소와 게르만법적 요소를 함께 수용하고 있다. 따라서 우리 민법도 독일민법에서와 같이 물권법의 구성상 로마법적 요소와 게르만법적 요소로 구성한다.

로마법적 요소	게르만법적 요소
① 개인주의적 소유권개념 ② 소유권과 점유권의 대립(Possessio) ③ 점유의 소와 본권의 소의 구별 ④ 소유권과 제한물권과의 구별 ⑤ 소유권의 완전성, 지배권의 추상성 ┌ 물권적 청구권, 점유보호청구권 │ 점유자의 과실취득, 비용상환청구권 └ 공동소유로서의 공유, 지역권 ⑥ 일물일권주의	① 단체주의적 소유권개념 ② 동산과 부동산의 구별 ③ 占有로서의 게베레(Gewere) ④ 선의취득, 자력구제, 간접점유 ⑤ 상린관계 ⑥ 占有의 권리추정과 公示 ⑦ 부동산등기제도 ⑧ 점유권의 상속·승계 ⑨ 공동소유로서의 합유·총유

※ 로마법은 관념적 지배권인 소유권과 현실적 지배권인 점유권을 분리하면서 하나의 물건상 오직 하나의 완전한 소유권을 인정하였다. 그러나 게르만법은 소유와 점유를 일체로 파악하고 하나의 물건상 법적 효력을 달리하는 복수의 소유권을 인정한다.

제 2. 物權의 意義와 客體

1. 物權의 意義

(1) 支配權으로서 물권

(가) 물권은 물건을 직접 지배하는 권리이다. 여기서 물건을 직접 지배한다는 것은 타인의 행위를 기다리지 않고서 직접 물권으로부터 일정한 이익을 얻는다는 것을 의미하며, 이 점에서 채권과 구별된다.

예컨대, 임차권의 경우, 임차인은 물건을 지배·사용하지만 임대인의 행위를 통하여 사용할 수 있는 권능을 가지는데 불과하나, 지상권이나 전세권에서 물권자는 그 사용목적의 범위 내에서 마치 소유자와 같이 물건을 직접 사용할 수 있는 권능, 즉 물건의 사용을 위한 설정자의 어떤 행위를 요하지 않는다.

이와 같이 물권은 물건을 직접 지배하는 권리이며, 어떠한 권리를 물권으로 하는가는 법 이론상의 문제가 아니라 입법정책의 문제이다(독일민법은 임차권을 물권으로 규정하고 있다.).

(나) 물권자가 목적물로부터 얻는 이익에는 물건의 경제적 효용에 따라서 이용하

는 사용가치와 재화가 가지는 교환가치의 두 가지가 있다. 그러나 모든 물권이 이러한 이익을 취득하는 것을 내용으로 하는 것은 아니며, 물권의 종류에 따라 다르다. 즉 소유권은 사용가치와 교환가치를 모두 전면적으로 지배하지만, 지상권・지역권・전세권 등의 용익물권은 사용가치만을 지배하고, 유치권・질권・저당권 등의 담보물권은 교환가치만을 지배한다.

(2) 排他的 權利로서 물권

물권은 타인을 배척하고 자기만이 독점적으로 물건을 지배하는 것이므로, 하나의 물건 상에는 동일한 내용의 물권이 동시에 두개 이상 성립하지 못한다. 이것을 물권의 배타성이라고 한다. 그러나 내용이 다른 물권, 예컨대, 소유권과 저당권은 병존할 수 있고, 또한 그 성립순위에 차이를 두는 것, 예컨대 저당권의 순위에 의한 성립은 무방하다.

(3) 絶對的 權利로서 물권

사권을 권리에 대한 의무자의 범위를 표준으로 절대권과 상대권으로 구별할 때, 물권은 인격권・무체재산권 등과 더불어 절대권이며, 상대권인 채권과 구별된다. 그러나 물권의 절대성은 채권의 절대성 확보(예컨대, 공시방법의 확보)에 의하여 그 의미가 감소하고 있다.

2. 物權의 客體

(1) 物權의 대상으로서 물건

(가) 물권의 객체는 원칙적으로 물건이며, 「유체물 및 전기 기타 관리할 수 있는 자연력」을 말한다(제98조). 그러나 예외적으로 채권 기타 권리도 물권의 객체가 되는 경우도 있다. 예컨대 재산권의 준점유(제210조), 재산권을 목적으로 하는 권리질권(제345조), 지상권과 전세권을 목적으로 하는 저당권(제371조)이 이것이다.

(나) 물권의 객체인 물건은 특정되고 현존한 것이어야 한다. 물권은 물건을 직접 지배하는 것이므로, 특정되고 현존하는 물건이 아니면 이를 지배해서 이익을 얻을 수 없기 때문이다. 이 점에서 채권이 물건의 특정성이나 현존성을 요하지 않는 것과 구별된다.

(다) 물권의 객체는 독립한 물건이어야 한다. 따라서 물건의 일부라든가 구성부분 등은 원칙적으로 물권의 객체가 되지 못한다.

(2) 一物一權主義의 확보

(가) 일물일권주의 원칙 1물1권주의란 하나의 물건 위에는 그 내용이 서로 허용되지 않는 물권은 하나밖에 성립할 수 없다는 주의, 즉 하나의 물권의 객체는 하나의 독립한 물건이어야 하는 원칙을 말하며, 물권의 절대성·배타성의 당연한 귀결로서 인정된다.

(ㄱ) 1물권성의 결정 : 1물1권주의에서 1개의 물건은 어떠한 표준에 의하여 정하여 지는가. 동산과 부동산에 따라 달리한다.

동산(動產)은 물건이 물리적으로 분리되어 있고 현상 그대로를 거래의 대상으로 삼는 것이 보통이므로 그 독립성에 관하여는 특별히 문제되지 않는다. 즉 동산의 1물권성은 물리적·자동적으로 정하여진다.

부동산(不動產)은 구체적 부동산의 대상에 따라 달리한다. 즉 토지(土地)는 인위적으로 지표에 경계를 그어 토지의 독립성과 개물성을 정하고, 등기부상의 1필의 토지는 1물권의 객체가 된다. 또한 1필지인 토지의 일부는 분필등기를 하면 양도할 수 있고, 시효취득의 대상이 된다.[1] 그러나 건물(建物)의 독립성은 사회통념으로 정하며, 1동의 건물이 독립성을 갖기 위하여서는 별개로 등기하여야 한다(부등법 제15조).

그 외에 입목(立木)은 입목등기법에 의하고, 수목의 집단 및 미분리 과실은 명인방법에 의하여 독립성을 정한다.

- (1) 토지의 독립성 — 인위적으로 토지에 경계를 그어 독립성을 결정.
  - 1필의 토지는 1물권의 객체임이 원칙
  - 토지의 일부는 분필등기를 하면 양도할 수 있고, 취득대상이 된다.
- (2) 건물의 독립성 — 거래통념에 따라 결정
- (3) 수목의 집단·미분리과실 — 명인방법에 의한 독립성을 결정

다만, 농작물(農作物)은 생산주의에 입각하여 타인의 토지에 비록 위법하게 경작된 것이라도 경작자의 소유로 인정한다. 따라서 토지의 정착물 중 농작물은 그 명인방법 여부와 관계없이 토지와 별개로 독립된 물건으로 취급된다.[2]

(ㄴ) 1물권성의 내용 : 1물1권주의에서 1물권성이란 1개의 물건에는 서로 상용되지 않는 물권을 동시에 2개 이상 성립하지 못함을 내용으로 한다. 따라서 1물1권주의는 1개의 물건이라도 물권 상호간에 상용할 수 있는 물권, 즉 배타성이 침해되지

---

1) 용익물권에 관하여는 1필의 토지의 일부에 관하여도 공시방법을 마련하고 있으므로 1필인 토지의 일부에 관하여도 성립할 수 있으나, 담보물권이나 소유권에 관하여는 이와 같은 공시방법을 갖추고 있지 아니하므로 1필인 토지의 일부에 관하여는 성립하지 못한다. 그러나 판례는 1필인 토지의 특정된 일부에 대하여 소유권이전등기절차의 이행을 명하는 판결은 집행불능의 판결이 아니라 한다(대판 1994.9.27, 94다25032; 1992.10.23, 91다40238).

2) 대판 1969.2.18, 68도906.

않는 물권(예컨대 용익물권과 담보물권간의 관계)간에는 동시 성립을 배척하지 아니하며, 또한 서로 상용할 수 없는 물권, 즉 배타성이 침해되는 물권(예컨대 저당권과 저당권간의 관계)이라도 성립시기를 달리하여 성립함을 배척하지 아니한다.

(나) 1물1권주의의 예외 1물1권주의는 절대적인 원칙은 아니며, 그 예외를 인정할 사회적 필요성이 있고, 공시가 가능하면 적용이 배척된다. 따라서 다음의 경우에는 그 예외가 인정된다.

(ㄱ) 지상권·지역권·전세권 등의 용익물권은 토지나 건물의 일부분에 설정할 수 있다. 다만 이 경우 등기에는 그 도면을 첨부하여야 한다.[3)]

(ㄴ) 1동의 건물을 구분하여 수인이 그 일부분씩 소유할 수 있다(제215조). 이를 건물의 구분소유라고 하고, 그 내용을 구체적으로 정하기 위하여 「집합건물의 소유 및 관리 등에 관한 법률」을 두고 있다.

(ㄷ) 물건의 집단 또는 집합물에도 하나의 물권을 인정할 수 있고, 각종 재단제도, 예컨대 공장재단·광업재단 등이 이에 해당한다.

[판례] 일물일권주의 원칙상, 물건의 일부분, 구성부분에는 물권이 성립할 수 없는 것이어서 구분 또는 분할의 절차를 거치지 아니한 채 하나의 부동산 중 일부 만에 따로 소유권보존등기를 경료하거나, 하나의 부동산에 경료된 소유권보존등기 중 일부에 대한 등기만을 따로 말소할 수 없다(대판 2000.10.27, 2000다39582).

제 3. 物權의 種類

1. 物權法定主義

⑴ 物權法定主義의 의의

물권의 종류와 내용은 법률 또는 관습에 의하는 것 외에는 임의로 창설하지 못한다(제185조). 이를 물권법정주의라고 한다. 즉, 물권법에서는 채권법에서와 같은 계약자유는 원칙적으로 인정되지 아니한다. 그 결과 채권법상 16가지의 전형계약은 예시적인 것에 지나지 않지만, 물권법에 있어서 물권의 정형은 확정적이다.

또한, 물권법에 강행규정이 많은 것도 이와 같은 물권법정주의를 채용한 결과이다.

⑵ 物權法定主義의 인정근거

(가) 자유로운 소유권의 확립 물권법정주의를 취하는 초기 근거는 봉건시대에

3) 대판 1962.3.22, 4294민상1297 참조.

있어서의 토지에 관한 복잡한 물권관계를 정리하여 단순화하고 보다 자유로운 근대적인 소유권을 확립하려는데 있었다. 그러나 이 근거는 역사적·연역적인 것에 불과하고 오늘날에는 큰 의미를 갖는 것은 아니다.

(나) **공시방법의 확보** 물권은 채권과 달리 배타성이 확보되므로, 특히 물권은 그 존재를 인식할 수 있는 방법을 마련하지 않는다면 제3자에게 예측하지 않은 손해를 줄뿐만 아니라, 거래의 안전과 신속을 꾀할 수 없게 된다.

여기서 公示의 목적을 달성하려면 물권의 종류와 내용을 법률로서 한정함이 필요하다. 이것이 물권법정주의를 취할 근거이며, 오늘날 물권제도에서 가장 중요한 의미를 가진다.

(3) 物權法定主義의 내용

물권의 종류와 내용은 법률과 관습법에 의하여 한정된다. 민법 제185조는 "물권은 법률 또는 관습법이 정하는 외에는 임의로 창설하지 못한다."라고 하여 이를 명백히 하고 있다. 따라서 물권법정주의는 동조 규정상 다음과 같이 정의된다.

(가) 물권의 새로운 종류는 물론 내용도 법률과 관습법이 정하는 외에는 창설하지 못한다. 따라서 법률과 관습법에 의하지 아니하는 새로운 물권의 창설을 정하는 법률행위는 무효로 된다.[4]

> [판례] 민법 제185조는 「물권은 법률 또는 관습법에 의하는 외에는 임의로 창설하지 못한다」라고 규정하여 이른바 물권법정주의를 선언하고 있고, 물권법의 강행규정성은 이를 중핵으로 하고 있으므로 법률이 인정하지 않는 새로운 종류의 물권을 창설하는 것은 허용되지 않는다(대판 2002.2.26, 2001다64165).

다만, 물권법정주의에 반하는 물권을 창설하는 당사자간의 약정은 채권행위로서의 효력은 가지는가. 긍정설은 물권법정주의를 취하는 이유가 물권의 대세적·배타적 효력을 위한 공시력을 철저히 한다는데 불과하므로 채권적 효력을 가지는 것은 무방한 것이라고 한다.[5] 그러나 다수설·판례는 부정하며,[6] 민법이 물권법정주의를 취하는 이유가 긍정설에서와 같이 물권의 대세적·배타적 효력에 역점을 두어 공시방법의 관철에만 있는 것은 아니며, 연역적으로 자유로운 소유권의 확보를 위한 목적도 가지므로 물권법정주의에 반한 당사자 약정인 물권의 종류와 내용에 채권적 효력을 부여하면 물권법정주의에 배치되는 결과가 될 것이어서 부당하다.

(나) 물권법정주의는 그 자체에서 관습법상 성립하는 물권을 포함하나 법률이 정하는 물권에 반하는 관습법상 물권의 성립은 배척된다.

---

4) 대판 2002.2.26, 2001다64165.
5) 곽윤직 33면, 김상용 36면, 이은영 28면.
6) 대판 1991.12.13, 91다29446.

(다) 물권법정주의에 관습법상 성립하는 물권을 포함할 경우 법률에 의한 물권과 관습법상 성립하는 물권의 관계가 문제된다.

우선적효력설은 민법 제185조가 형식적으로는 대등적 형태를 취하고 있지만 실제 적용에서는 성문법상 물권을 변경하는 효력을 가지는 것이라고 하나,[7] 통설은 법률이 규정한 물권과 다른 내용의 물권이 관습법에 의하여 성립하고 당사자가 이를 임의로 선택할 수 있다면 물권법정주의에 반하는 결과가 된다는 점을 들어 민법 제1조에서와 같이 성문법에 보충하는 효력을 가지는 것이라고 본다.

(4) 物權法定主義의 비판

물권법정주의는 그 인정근거에서와 같은 충분한 가치가 있는 것이기는 하지만, 한편 물권의 종류와 내용을 한정시킴으로써 경제거래의 발전에 따라 신속히 적응할 수 없는 결점을 가진다.

그 결과 물권법정주의는 그 자체에서 법률에만 한정할 수 없고 관습상 발생하는 물권을 수용하지 아니할 수 없다. 그리하여 물권법정주의의 개념에는 관습법상 물권을 포함시키게 되며, 이것이 곧 물권법정주의를 취하는 결점인 동시에 그 결점을 보완하는 장점이라고 할 수 있다.

2. 物權의 分類

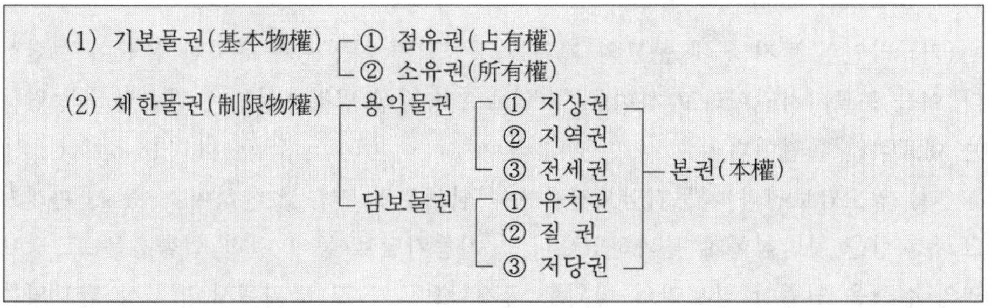

(1) 民法이 인정하는 물권

민법상 물권에는 점유권 · 소유권 · 지상권 · 지역권 · 전세권 · 유치권 · 질권 · 저당권 등 8종을 규정하고 있다. 이를 분류하면 다음과 같다.

(가) 본권과 점유권　점유권(占有權)은 점유하는 물건에 대한 사실적 지배만을 법률요건으로 하여 인정하는 물권이고, 점유를 법률상 정당하게 하는 권원, 즉 점유

7) 김용한 36면, 장경학 108면.

할 수 있는 권리를 본권(本權)이라고 한다.

이 구별의 실익은 주로 그 보호의 목적과 수단이 다름에 있고 양자 모두 중복해서 존재할 수 있다.

(나) **소유권과 제한물권** 소유권(所有權)은 목적물에 대하여 가능한 모든 지배를 할 수 있는 가장 완전한 전면적 지배권이다. 그러나 지상권을 비롯한 그 밖의 물권들은 일정한 제한된 방법 또는 범위 내에서만 물건을 지배할 수 있는 권리이며, 이를 제한물권 또는 타인의 소유물상에 성립한다는 의미에서 타물권이라고 한다.

(다) **용익물권과 담보물권** 제한물권은 그 물권의 내용 또는 기능을 중심으로 구분하여 타인의 물건을 점유·사용하여 이익을 수취하는 물권과 단순히 타인의 물건을 환가하여 자기 채권에의 우선변제를 받는 물권으로 나누어진다. 전자를 용익물권, 후자를 담보물권이라고 한다.

⑵ 商法 및 民事特別法이 인정하는 물권

(가) **상법상 물권** 상법이 규정하는 물권에는 상사유치권·상사질권·주식질권·선박저당권·선박채권자의 우선특권 등이 있다.

(나) **민사특별법상 물권** 민사특별법이 인정하는 광업권·어업권과 입목저당 및 공장재단저당권·광업재단저당권·자동차저당권·항공기저당권·중기저당권 등 각종 동산상 저당권 등이다.

⑶ 慣習法상 성립하는 물권

(가) 타인의 토지 위에 분묘의 기지를 설정하면 지상권과 유사한 물권이 성립한다. 이를 분묘기지권이라고 하며,[8] 그 외에 관습법상 법정지상권은 관습법상 성립하는 대표적인 물권이다.

(나) 양도담보권과 가등기담보권은 변칙담보로써 관습상 행하여져 왔고, 판례가 그 유효성을 뒷받침한데 불과하였으나, 「가등기담보 등에 관한 법률」은 그 담보권의 실행을 민법상 담보권의 범위로 규제함으로써 그 범위에서 법률상 담보되는 의미를 가진다.

그 외에 온천권(溫泉權)이 물권인가에 관하여 판례는 물권이라거나 준물권은 아니라 보며(대판 1970.5.26, 69다1239; 1972.2.29, 72다1243), 경작권(耕作權)은 토지에 농작물을 식부·재배하는 토지에 대한 일종의 점유권이므로 토지를 무단히 경작하였다고 하더라도 경작권이 인정되고 그 경작권의 매매는 유효한 것이라 하여 일종의 준물권으로 보호하고 있다(대판 1972.8.29, 80다2811).

---

8) 대판 1996.6.14, 96다14036 등.

제 2 절 物權의 效力 · 消滅

제 1. 物權의 效力

(1) 물권일반의 효력
- ① 물권의 추급력 ┐ 담보물권의 본질적 효력
- ② 우선적 효력 ┘
- ③ 물권적 청구권 — 용익적 물권의 본질적 효력

(2) 개별물권의 효력
- ① 소유권 · 용익물권 — 사용 · 수익적 효력
- ② 담보물권 — 교환가치 파악(우선변제적 효력)

(3) 물권의 본질적 효력 — 대물적 · 배타적 지배성의 확보

1. 優先的 效力

(1) 物權 상호간의 우선적 효력

(가) 내용이 동일한 물권 사이에는 먼저 성립한 물권이 후에 성립한 물권보다 우선한다. 즉 하나의 물권에 대해서 내용이 같은 물권은 동시에 두 개 이상 성립하지 못한다. 이것은 채권이 그 발생의 선 · 후에 관계없이 채권자 상호간에 동등한 효력(채권자평등의 원칙)을 가지는 것과는 다르다.

(나) 내용을 달리하는 물권 간에는 하나의 물건이지만 동시에 두 개 이상 성립할 수 있고, 그 순위에 의하여 효력을 정한다.

(ㄱ) 저당권은 목적물을 현실적으로 지배 · 이용하는 것이 아니므로 동일한 부동산 위에 두개 이상 설정될 수 있고 그 성립 순위에 의한다.

(ㄴ) 용익물권은 목적물을 사용 · 수익하는 권리이므로 다른 용익권과 양립할 수 없고, 또한 점유에 있어서는 점유권 상호간 또는 점유권과 다른 물권의 대립이 없으므로 우선적 효력은 인정되지 않는다.

(ㄷ) 소유권과 제한물권과의 관계에서 용익물권은 소유권 행사를 제한하여 용익되고, 담보물권은 소유권을 배척하여 실행되는 권리이므로 사실상 소유권에 우선하여 용익되고 실행된다.

(2) 債權에 우선하는 효력

(가) 채권의 목적이 된 물건에 물권이 성립한 때에는 물권이 채권에 우선한다. 예컨대 부동산임차권은 채권이므로 그 목적부동산이 매각되면 임차인은 그 임차권상 채권

으로 매수인에 대항하지 못한다. 즉 임차권인 채권으로 매수인의 소유권취득을 방해하지 못한다. 이와 같이 물권은 채권에 우선하지만 다음의 경우 예외가 인정된다.

(ㄱ) 부동산물권의 변동을 청구하는 채권이 가등기를 갖춘 경우에는 후에 성립한 물권에 우선한다.

(ㄴ) 부동산임차권은 채권이지만 등기를 갖추고 있는 때에는 후에 성립하는 물권에 우선하는 효력을 갖는다(제621조). 또한 주택 및 상가건물임차권은 임차인이 주택 및 건물의 인도와 주민등록 및 사업자등록을 마친 때에는 그 범위에서 대항력을 취득하고(주택임차권보호법 제3조, 상가건물임차권보호법 제3조), 또한 동법상 우선변제권 및 우선특권(일정액의 보증금 중 일정액)이 인정된다.

(a) 전세권자가 전세금의 반환을 위한 목적물을 경매 처분한 경우
(b) 건물소유를 목적으로 한 토지임차권 - 그 임차인 소유의 지상 건물을 등기한 때 그 후 토지승계인에게 대항할 수 있다(제622조).
(c) 가등기(부동산물권의 변동을 청구하는 채권의 가등기)
(d) 공시방법을 갖춘 임대차(제621조)·환매권(제592조)
(e) 주택 및 상가건물임차권에서의 보증금 중의 일정액 및 확정일자 있는 주택 및 상가건물임차보증금

(ㄷ) 조세채권, 근로관계로 인한 채권은 별도의 공시방법을 갖추지 아니하고 우선특권을 가진다.

조세채권으로서 국세가산금 또는 체납처분비는 다른 공과금 기타 채권에 우선하여 징수되고(국세기본법 제35조 제1항 본문), 지방세법상 자치단체의 징수금은 납세의무자 또는 특별징수의무자의 총재산에 대하여 따로 규정한 것을 제외하고는 공과금 기타 채권에 우선하여 징수된다(동법 제31조 제1항, 제32조). 따라서 담보목적물상 부과되는 조세채권,[9] 즉 당해 세는 그 납부기한에 불문하고 언제나 우선하고(국세기본법 제35조 제1항 3호, 지방세법 제31조 제2항 3호), 담보목적물 이외 재산으로부터 부과되는 조세, 국세·가산금·체납처분비는 법정기일(설정자의 납세의무를 기준으로 한다) 후에 설정된 전세권·질권 또는 저당권을 제외하고 목적물상 담보된 채권에 우선하여 징수된다.

또한, 근로자의 최종 3월 분의 임금채권, 최종 3년간의 퇴직금채권 및 재해보상금채권은 질권 또는 저당권에 우선하는 조세와 공과금채권을 제외하고 사용자의 총재산에 대하여 질권 또는 저당권에 의하여 담보된 채권, 조세, 공과금 및 다른 채권에 우선하여 변제된다(근로기준법 제37조 제2항).

---

9) 목적물 자체에 부과되는 조세, 즉 당해 세로서 국세에는 상속세·증여세·재평가세 등이 있고, 지방세에는 취득세·등록세·재산세·농지세·도시계획세 등을 말한다.

(나) 채권에 대한 물권의 우선적 효력은 채무자가 파산하거나, 채권자가 강제집행을 하는 경우에 현저히 나타난다. 예컨대 채무자의 파산재단에 소유권을 가지는 자는 환취권(파산법 제79조 이하) 또는 제3자이의의 소(민소법 제509조)를 행사하여 소유권을 회복할 수 있고, 한편 담보물권을 가지는 자는 별제권(파산법 제84조 이하) 또는 우선변제청구의 소(민소법 제526조)에 의한 우선변제권을 가지게 된다.

2. 物權的請求權

(1) 物權的請求權의 의의와 인정근거

(가) 물권적 청구권이란 물권의 내용의 완전한 실현이 방해 당하고 있거나 방해될 염려가 있는 경우에, 그 물권자가 그 방해자에 대하여 방해의 제거 또는 방해의 예방을 청구할 수 있는 권리를 말하며, 일명 물상청구권이라고도 한다.

(나) 물권적 청구권을 인정할 근거로는 물권은 목적물에 대한 직접 지배권이므로 만일 완전한 물권내용의 실현이 타인에 의하여 방해된 경우 그 방해의 제거를 청구할 수 없다면 결국 물권은 유명무실한 것이 될 것이므로 물권에 물권으로서의 실효성을 확보하기 위하여 인정한다.

(2) 物權的請求權의 성질

(가) 물권적 청구권은 상대방에 일정한 행위를 청구하는 권리인가. 아니면 물권자가 스스로 행하는 회복행위에 인용할 것을 청구하는데 불과한 권리인가. 그 비용부담과 관련하여 문제된다.

다수설은 행위청구권으로 이해하고, 판례 또한 원고가 피고에 대하여 청구하는 각종 청구, 예컨대 물건의 인도 · 건물의 철거 · 방해물의 제거 등에 대하여 그 이행을 명하면서 그 비용부담에 관하여 별도의 논의가 없는 점으로 보아 행위청구권을 취하는 것으로 이해된다.[10]

생각건대, 청구권이란 개념은 채권적 청구권이든 물권적 청구권이든 상대방에 일정한 행위를 청구하는 권리로 이해함이 상당하고, 또한 우리 민법은 물권적 청구권을 규정하면서 「반환을 청구할 수 있다」라고 하거나(제213조 · 제204조), 「제거 또는 그 예방을 청구할 수 있다」라고 규정(제214조 · 제205조 · 제206조)한 점으로 보아 상대방의 행위를 적극적으로 청구할 수 있는 권리로 봄이 타당하다.

(나) 또한, 물권적 청구권은 청구권이란 점에서 채권적 청구권과 관계에서 그 법률적 성질이 논의된다.[11] 그러나 어느 설에 의하더라도 실제상 차이는 없는 것이라

---

10) 대판 1990.5.8, 90다684; 1967.2.28, 66다2228; 1967.3.28, 67다170; 1966.10.4, 66다1421.

보며,[12] 일반적으로는 다음과 같이 정의된다.

(ㄱ) 특정인에 대하여 일정한 행위를 청구하는 것이 그 내용이므로 지배권인 물권과 다르고 채권과 비슷하다.

(ㄴ) 물권에 의존하는 권리이며, 언제나 물권과 운명을 같이 한다. 따라서 물권의 이전·소멸이 있으면 그에 따라 이전·소멸하며, 물권적 청구권만을 양도하지 못한다.

(ㄷ) 물권적 청구권은 채권적 청구권에 우선한다. 이것은 물권이 채권에 우선하는 결과이다.

⑶ 物權的請求權의 민법상 규정과 태양

(가) 물권적 청구권의 민법상 규정 민법은 소유권에 관하여 물권적 청구권을 규정하고(제213조·제214조), 이를 다른 제한물권에 준용하고 있다. 그러나 유치권·질권에는 준용규정이 없지만 유치권은 점유를 요소로 한다는 점에서 질권은 동산을 점유 또는 권리를 유치하는 점에서 이를 인정한다.

또한, 점유권에는 따로 점유보호청구권(제204조·제205조·제206조)을 규정하고 있으나 이를 물권적 청구권의 일종으로 보는데 학설이 일치한다.

(나) 물권적 청구권의 태양

(ㄱ) 목적물반환청구권 : 물권자가 목적물의 점유를 부당히 침탈당함으로 인하여 물건의 지배 자체가 방해 당하고 있는 경우 그 물건의 반환을 청구하는 권리이며, 점유를 수반한 물권에 바탕을 둔다. 따라서 점유를 수반하지 않는 물권(예컨대 지역권과 저당권)에는 인정되지 않는다(제204조·제213조).

(ㄴ) 방해제거청구권 : 물건의 지배가 점유상실 이외의 방법, 즉 점유침탈 이외의 형태로 방해 당한 경우 그 방해를 제거할 것을 청구하는 권리이며, 모든 물권에서 생긴다(제205조·제214조).

(ㄷ) *妨害豫防請求權* : 물건의 지배가 현재는 방해받고 있는 것은 아니지만, 장래 방해받을 염려가 있을 때 그 위험원인을 제거하도록 청구할 수 있는 권리이며, 모든 물권에 인정된다(제206조·제214조).

방해예방청구권은 장차 물권침해의 우려에 대한 사전구제라는 점에서 전술한 반환청구·제거청구와 구별되며, 물권적 청구권의 본래적인 것이다. 그러나 그 행사요건으로서의 방해 염려는 물권자의 주관적 의사에 의할 것이 아니라 객관적으로 판단하

---

11) 순수한 채권이라는 설(김증한 22면), 물권의 효력으로서 생기는 청구권이란 설(장경학 116면, 김기선 56면, 김용한 48면, 이영준 51면), 물권의 효력으로서 발생하는 청구권이지만 채권에 준한 특수청구권이라는 설(방순원 8면) 등 다양하다.

12) 곽윤직 41면 ; 김주수 민법개론 264면.

여야 하며, 그 내용은 예방을 위한 조치 또는 손해배상의 담보 등으로 확보된다.

⑷ 物權的請求權의 행사와 제한

(가) 물권적 청구권의 행사요건 물권적 청구권의 행사주체는 그 물권의 정당한 권리자, 즉 물권자이고, 그 상대방은 현재 방해자 또는 방해의 우려를 자기 지배권 내 둔 자이다. 따라서 물권의 방해자 또는 방해우려 원인에 특정인의 행위를 요하지 않고 물권내용의 실현을 방해 또는 방해우려 상태가 있는 것으로 족하다.

그러나 물권적 청구권은 적극적 행위청구권으로 이해하면 현재 자기 물권을 방해 또는 방해우려를 받는 자가 그 상대방에 대하여 가지며, 비록 방해가 쌍방 모두에 있다고 하더라도(예컨대 방해제거청구권과 반환청구권) 그 방해의 여부는 사회통념에 따라 현재 방해를 받고 있는 자가 그 상대방에 대하여 행사하는 것이라고 본다.

(나) 물권적 청구권의 행사제한 물권을 침해받은 정당한 물권자는 그 상대방에 대하여 청구권을 가지나, 다음의 경우에는 그 행사가 제한된다. 즉 상대방의 점유가 자기의 정당한 권원에 의하거나 상린관계 및 특별법에 의한 제한규정이 있는 경우에는 배척된다.

또한 때로는 물권적 청구권의 행사가 권리남용이 되는 경우에는 그 청구권의 행사는 제한되고 손해배상청구권만이 허용된다.

⑸ 物權的請求權과 비용부담

물권적 청구권의 행사에 따른 비용부담은 청구권의 내용을 행위청구권으로 보는가, 인용청구권으로 보는가에 따라 달리한다.

물권적 청구권을 적극적 행위청구권으로 이해하면 그 비용은 언제나 상대방이 부담하게 되고, 소극적 인용청구권으로 이해하면 청구권자가 부담하게 된다. 따라서 물권의 침해 또는 침해 우려가 어느 누구의 귀책사유에 바탕하지 않고 불가항력적 사유에 의한 경우에는 전자는 먼저 청구권을 행사한 자가 유리한데 반하여, 후자는 먼저 청구권을 행사한 자가 불리한 지위에 서게 되어 불합리한 결과를 가져온다. 이러한 결점을 시정하기 위하여 행위청구권수정설은 침해자가 자신의 의사에 기하지 아니한 점유취득의 경우에는 예외를 인정하여 그 물건의 소유자가(소유자책임설) 부담할 것이라고 하고(김증한 212면), 인용청구권수정설은 방해상태가 상대방의 귀책사유에 의해 발생하였느냐에 따라 비용을 부담할 것이지만 그렇지 아니한 때에는 물권자가 전액 부담하거나(곽윤직 48면), 공평의 원칙에 입각하여 공동부담할 것이라고 한다(김용한 54면, 김주수 민법개론 266면).

또한, 비용독자결정설은 물권적 청구권의 본질문제와 비용부담문제는 별개의 것이라 하고 비용부담에 관하여는 민법 제473조(변제비용부담)의 규정에 따라 원칙적으로 상대방이 부담하며 상대방의 행위와 관계없이 물권의 침해상태가 발생한 때에는 동조 단서에 의해 물권자가 부담할 것이라고 한다(이영준 56면).

다수설・판례는 물권적 청구권을 행위청구권으로 이해하며, 그 결과 비용의 부담은 항상 청구권행사의 상대방이 부담하는 것이라고 한다.[13]

생각건대, 물권적 청구권행사에 따른 비용을 누가 부담할 것인가의 문제는 물권적 청구권을 소극적 인용청구권이라 이해하는데서 나온 오류라고 생각되며, 물권적 청구권을 적극적 행위청구권으로 이해하면 그 청구권의 발생은 그 침해원인이 어느 일방의 귀책사유에 의한 때에는 그 귀책자에 대하여 청구권이 발생하는 것이므로 그 귀책사유자가 부담하는 것은 물론이고, 어느 일방의 귀책사유에 기하지 아니한 경우에도 청구권의 행사는 그 원인으로 현재 물권의 침해 또는 침해의 우려를 받고 있는 자가 그 상대방에 대하여 가지는 권리이므로 그 비용부담은 청구권의 상대방이 항상 부담하여야 한다.

또한, 물권자의 물권에 기한 물권의 회복은 물권 자체의 효력으로서 갖는 권리이며, 상대방은 그 행사에 대한 인용할 의무를 부담하는 것이지 청구권을 갖는 것은 아니므로 물권자의 물권회복에 따른 비용부담은 언제나 회복자 자신이 부담할 것으로 된다.

(6) 物權的請求權과 소멸시효

(가) 소유권에 기한 물권적 청구권이 소멸시효에 걸리는가. 시효제도의 공익성과 강행규정성에 근거하여 긍정하는 견해가 있으나,[14] 통설은 소유권의 항구성과 물권적 청구권의 부종성에 근거하여 소극설을 취한다. 즉 우리 민법 제162조 제2항의 해석상 소유권은 소멸시효에 걸리지 않는데 물권적 청구권만이 소멸시효에 걸리게 된다면 소유자는 소유권이 있어도 반환을 청구할 수 없고, 그 목적물을 점유한 점유자는 점유의 권원이 없는데도 반환의 의무가 없게 되어 이로써 목적물을 양수 받은 제3자는 어느 누구로부터도 반환을 청구하지 못한다는 부당한 결과가 된다는 점을 들어 소유권에 기한 물권적 청구권은 소멸시효에 걸리지 아니하는 권리라고 하고, 판례 또한 매매계약이 합의해제 된 경우에도 매수인에게 이전되었던 소유권은 당연히 매도인에게 복귀하는 것이므로 합의해제에 따른 매도인의 원상회복청구권은 소유권에 기한 물권적 청구권으로서 소멸시효의 대상이 되지 아니하는 것이라고 한다.[15]

[판례] 귀속기업체인 회사가 귀속재산인 부동산을 매도함에 있어 교통부장관으로부터 처분승인을 받았다 하더라도 위 교통부장관의 처분승인은 귀속기업체인 위 회사에 대한 관리통제를 하는 지위에서 그 관리통제의 일환으로 한 것에 지나지 않고 또 귀속재산의

13) 대판 1968.4.16, 67다2778; 1966.1.31, 65다218.
14) 이영준 57면.
15) 대판 1987.7.27, 80다2968; 1986.11.26, 85다카2397; 1982.7.27, 80다2968.

관리청도 아닌 교통부장관의 처분승인이 있었다 하여 귀속재산의 성질이 변환되거나 그 처분이 유효로 되는 것도 아닐 뿐만 아니라 위 부동산을 매도한 당사자도 위 회사이고 국가가 아니라면 이를 국가의 행위로 볼 수도 없어 국가가 위 부동산에 관하여 위 매도이후 20여년이 지난 시점에서 그 등기부상 소유자들에게 그들 명의의 소유권이전등기가 원인무효임을 주장하여 말소를 구하는 것이 국가에 대한 국민의 신뢰를 저버리고 국민의 법생활의 안정을 저해하는 것이라고 볼 수 없고 위 제소행위가 위와 같이 상당한 시일이 경과된 후에 있었다고 하여 이를 신의칙위반이라고도 할 수 없다(대판 1986.11.26, 85다카2397).

(나) 제한물권에 기한 물권적 청구권은 소멸시효에 걸리는가. 소유권과는 달리 제한물권 자체가 소멸시효에 걸리는 권리란 점에서 견해가 대립하나, 다수설은 부정설을 취한다. 그러나 판례는 긍정설을 취하며, 그 기산점은 최초로 물권의 침해상태를 안 때로부터라고 한다.[16]

[판례] 지상권과 관련하여 「토지를 매수하여 그 명의로 소유권이전청구권 보전을 위한 가등기를 경료하고 그 토지상에 타인이 건물 등을 축조하여 점유·사용하는 것을 방지하기 위하여 지상권을 설정하였다면 이는 위 가등기에 기한 본등기가 이루어질 경우 그 부동산의 실질적인 이용가치를 유지·확보할 목적으로 전 소유자에 의한 이용을 제한하기 위한 것이라고 봄이 상당하다고 할 것이고, 그 가등기에 기한 본등기청구권이 시효의 완성으로 소멸하였다면 그 가등기와 함께 경료된 위 지상권 또한 그 목적을 잃어 소멸되었다고 봄이 상당하다(대판 1991.3.12, 90다카27570).

생각건대, 물권적 청구권은 그 물권과 운명을 같이 하는 권리이므로 그 물권이 존속하는 동안은 언제나 존속하지만 그 물권 자체가 시효소멸하면 물권적 청구권도 당연히 소멸한다고 할 것이란 점에서 제한물권에 대한 물권적 청구권은 별도로 소멸시효를 논할 실익은 없다.

(7) 物權的請求權의 확장

물권적 청구권은 물권에 관하여 발생하는 권리이나 이에 국한하지 않고 그 외에 배타성을 가지는 권리에도 인정된다.

(가) 특허권·실용신안권·의장권·상표권·저작권 등 무체재산권 내지 지적 소유권은 물권에 준하며 특별법에 의하여 그 침해의 배제 및 정지청구권이 인정된다. 또한 인격권, 예컨대 타인의 성명 및 초상의 도용, 신서 및 사생활의 침해 등에 대하여 판례는 타인 氏名·단체명의 사용금지, 초상의 무단촬영 내지 도용에 대한 정지청구, 명예·신용 등의 훼손에 대한 손해배상·사죄광고 등 명예회복조치 등을 인정한다.

(나) 채권, 특히 부동산임차권의 침해에 대하여 방해배제청구권이 인정되는가. 임

16) 대판 1986.11.25. 85다카2397.

차권이 계속적 채권이면서 공시방법이 인정된다는 점에서 문제된다.

권리불가침성을 강조한 오늘날에 있어서는 권리의 절대성・상대성의 구별을 부정하고, 특히 공시방법을 갖춘 부동산임차권은 배타성에 바탕을 두어 물권에 준하는 방해배제청구권을 인정할 것이라고 하고 공시방법을 갖추지 않은 부동산임차권이지만 점유를 취득한 경우에도 지배권성에 바탕을 두어 방해배제청구권을 인정할 것이라고 한다. 그러나 다수설은 공시방법을 갖춘 부동산임차권에는 임차권 자체에 의한 방해배제청구권을 인정할 것이라고 한다. 그러나 어느 경우에도 목적물반환청구권은 인정되지 않는다.

(8) 物權的請求權과 타 청구권의 관계

(가) 불법행위와 관계　물권의 침해가 고의・과실로 인하여 행하여진 경우, 물권적 청구권과 불법행위로 인한 손해배상청구권이 병존하며, 민법은 "점유자가 점유의 방해를 받은 때에는 그 방해의 제거 및 손해의 배상을 청구할 수 있다."(제205조 제1항)」라고 하여 점유자의 방해제거청구권에 방해의 제거 및 손해배상청구권을 명문으로 규정한다. 따라서 물권의 침해가 침해자의 고의・과실로 인한 때에는 물권적 청구권과 불법행위로 인한 손해배상청구권이 동시에 발생하고 그 행사는 권리경합의 법리에 의한다.

(나) 부당이득과 관계　권원 없이 타인의 물건을 점유한 경우, 물권적 청구권과 아울러 부당이득반환청구권이 발생한다. 예컨대 乙이 甲의 물건을 침탈하여 점유하고 있는 때에는 甲은 물권자로서 乙에 대하여 그 반환을 청구할 수 있고 또한 乙의 점유 자체가 이득이라고 할 수 있을 것이어서 부당이득에 의한 반환을 청구할 수 있다.

이와 같이 타인의 물건을 근원 없이 점유하면 물권자에 물권적 청구권 외에 부당이득반환청구권도 동시에 발생하게 되지만 양 청구권이 경합관계에 있는가는 별개 문제로 된다.

왜냐하면, 청구권의 성질상 양자를 법조경합관계로 볼 것은 아니지만 민법은 물권적 청구권이나 부당이득반환청구권의 내용을 다같이 원물반환을 원칙으로 하고 원물반환 불능의 경우 가액반환을 정하면서 그 원물반환의 경우에는 민법 제201조 내지 제203조에서 특칙을 두고 있으므로, 그 청구권 행사에 원물반환을 내용으로 하는 때에는 물권적 청구권에 의하여 행사되고, 원물반환 불능에 의한 가액반환의 경우에는 민법 제747조에 의한 부당이득반환청구에 의하게 되므로 사실상 양자는 법조경합관계로 처리된다.

[물권적 청구권과 부당이득반환청구권의 비교]

	물권적 청구권	부당이득반환청구권
성 질	물권에 기한 청구권	이득반환을 목적으로 한 순수한 채권적 청구권
성립요건	권원 없이 목적물을 점유함으로써 성립	법률상 원인 없이 이득을 취득함으로써 성립
존재이유	물권의 특별보호 또는 물권 자체의 보호 목적	정의·공평 및 도덕상 의무의 법적 승인
효 과	원물반환의 원칙	원상회복의 청구
입증책임	① 물권자 —소유권, 본권 및 점유권이 있음을 입증 ② 상대방 —점유할 정당한 권리가 있음을 입증	청구권자가 상대방이 이득을 보유할 정당한 이유가 없음을 입증해야 한다.
반환범위	원물반환이 원칙이고, 반환불능인 경우 명문의 규정이 없다.	원물반환의 규정은 없고, 원물반환 불능인 경우 가액반환을 규정한다(제747조).
	상환의무자에 비용상환청구권 인정	상대방의 선·악에 따른 부당이득반환 및 비용상환청구
	점유자의 과실취득권에 의한 과실취득권의 결정(제201조)	민법 제748조(원물반환 불능의 경우 가액반환)에 의한 과실취득권의 해결

(다) 채무불이행과 관계　　물권자의 물권의 행사가 지배자의 정당한 권원, 즉 임차권·전세권 등에 기한 경우에는 물권자의 물권적 청구권을 발생하지 않는다. 민법 제213조(점유물반환청구권) 단서는 "점유자가 그 물건을 점유할 권리가 있는 때에는 반환을 거부할 수 있다."라고 규정하여 그 반환청구권을 배척하고 있다. 따라서 물권자의 물권의 행사가 그 물권의 지배자와의 계약관계에 바탕한 때에는 채권관계에 바탕한 청구권(채무불이행책임)만 행사할 수 있고 물권적 청구권의 행사는 제한된다. 그러나 그 계약이 종료되면 계약에 기한 반환청구권과 물권에 기한 물권적 청구권이 경합하게 된다.

제 2. 物權의 消滅

1. 物權消滅의 意義

물권의 소멸은 물권의 객체인 물건이 상대적 또는 절대적으로 소멸하는 것을 말한다. 그러나 물권의 상대적 소멸은 물권의 이전을 의미하므로 통상 물권의 소멸이란 물권의 절대적 소멸을 의미한다.

물권의 절대적 소멸원인에는 모든 물권에 공통하는 것과 각종 물권에 특유한 것이 있다. 각종 물권에 특유한 소멸원인은 각종 물권마다 개별적 규정을 두고 있으므로 제외하고, 여기서는 모든 물권에 공통한 소멸원인만을 고찰한다.

2. 物權의 消滅原因

(1) 目的物의 滅失

물권은 물건상의 지배권이므로 물건이 멸실하면 물권도 당연히 소멸한다. 그러나 무너진 건물과 같이 그 멸실된 물건으로부터의 변형물이 존재하는 때에는 물질적 변형물에도 물권의 효력이 미치므로, 그 범위에서 물권이 존재하게 된다. 이것을 물상대위라고 하고 주로 담보물권에서 확보된다(제342조 · 제370조).

(2) 消滅時效

소유권 이외의 물권은 20년 간 행사하지 않으면 시효로 소멸한다. 그러나 점유권과 유치권은 사실적 지배에 기한 권리이므로 점유가 계속되는 한 존재하므로(제192조 · 제320조) 소멸시효는 적용의 여지가 없다. 또한 타물권을 전제로 성립되는 물권(담보물권)도 성질상 그 물권이 존속하는 한 소멸시효에 걸리지 않는다(제360조 참조). 그러므로 결국 소멸시효에 걸리는 물권은 지상권 · 지역권 · 전세권 등 용익물권에 한정된다.

(3) 物權의 포기

물권은 물권자의 포기로도 소멸한다. 물권의 포기는 물권을 소멸시키려는 의사표시로서 성립하는 물권적 단독행위이다. 그 중 소유권과 점유권의 포기는 상대방 없는 단독행위이고, 제한물권의 포기는 상대방 있는 단독행위이다. 그러나 부동산물권의 포기는 어느 경우에나 등기하여야 하며(제186조), 포기로 인한 타인의 물권을 해하지 못한다(제371조 제2항).

또한, 물권의 포기가 선량한 풍속 기타 사회질서에 위반하는 때에는 언제나 무효이다(제103조).

(4) 公用徵收

공용징수로 물권은 소멸한다. 특히 공용징수에 의하여 수용자가 물권을 취득하면 이 때 취득은 원시취득이므로, 그 목적물상 권리는 모두 소멸한다.

(5) 混 同

(가) 혼동(混同)이란 서로 대립하는 두개의 법률상 지위 또는 자격이 동일인에게 귀속하는 것을 말하고(제191조·제507조), 이러한 경우 이들의 지위를 모두 존속시키는 것은 무의미하므로, 그 한 쪽은 다른 쪽에 흡수되어 소멸하는 것이 원칙이다.

(ㄱ) 소유권과 제한물권의 혼동 : 동일한 물건에 대한 소유권과 제한물권이 동일인에 귀속하는 때에는 그 제한물권이 소멸하는 것이 원칙이다(제191조 제1항 전단). 예컨대 소유권자가 지상권자를 상속한 때는 지상권은 소멸한다. 그러나 그 제한물권이 제3자의 권리의 목적이 된 때에는 소멸하지 않는다(동항 단서).

판례는 어떠한 물건에 대한 소유권과 다른 물권이 동일한 사람에게 귀속한 경우 그 제한물권은 혼동에 의하여 소멸하는 것이 원칙이지만 본인 또는 제3자의 이익을 위하여 그 제한물권을 존속시킬 필요가 있다고 인정되는 경우에는 민법 제191조 단서의 해석에 의하여 혼동으로 소멸하지 않는 것이라고 하고,[17] 이때 권리는 부동산 임차권인 경우에도 동일한 것이라고 한다.[18]

(ㄴ) 제한물권과 제한물권의 혼동 : 제한물권과 그 제한물권을 목적으로 하는 다른 제한물권과의 혼동, 즉 지상권상의 저당권을 가지는 자가 그 지상권을 취득하거나, 또는 저당권상의 질권을 가지는 자가 저당권을 상속하는 경우 등에는 저당권이나 질권은 원칙적으로 소멸한다(제191조 제2항). 그러나 그 제한물권이 제3자의 권리의 목적인 때에나 혼동한 권리가 제3자의 권리의 목적인 때에는 소유권과 제한물권의 혼동에서와 마찬가지로 소멸하지 않는다. 즉 저당권의 목적이 된 지상권에 제3자의 2번 저당권이 설정된 때에는 지상권자가 1번 저당권을 취득하더라도 2번 저당권은 소멸하지 않는다.

(ㄷ) 점유권에는 혼동의 규정이 적용되지 않는다(제191조 제3항). 점유권은 특수한 물권으로 본권과 양립할 수 있는 까닭이다. 예컨대 소유자가 당연히 점유권을 가지는 것이 이것이다.

- (a) 혼동과 물권의 소멸
  - 소유권과 제한물권의 혼동
    - 원칙 - 제한물권이 소멸(제191조)
    - 예외 - 물권이 제3자 권리의 목적이 된 때
  - 제한물권 상호간의 혼동 - 후에 성립한 물권이 소멸
- (b) 혼동의 제한
  - 점유권 - 물권의 성질상 혼동이 일어나지 않는다.
  - 특별법상 권리

17) 대판 1998.7.10, 98다19643.

18) 대판 2001.5.15, 2000다12693.

(나) 혼동에 의한 물권소멸의 효과는 절대적이다. 따라서 혼동 이전의 상태가 어떤 이유로 복귀하더라도 일단 소멸한 권리는 부활하지 않는다. 그러나 혼동을 생기게 한 원인이 존재하지 않게 되거나 또는 원인행위가 무효·취소·해제 등으로 효력을 잃은 때에는 처음부터 혼동이 생기지 않았던 것으로 된다.

제 2 장 物權의 變動

제 1 절 物權變動總說

제 1. 物權變動과 公示

1. 物權變動의 의의와 원인

(1) 物權變動의 의의

물권의 발생 · 변경 · 소멸을 통틀어서 물권변동이라고 하고, 이를 물권의 주체를 중심으로 하여 물권의 득실변경이라고 한다. 널리 물권의 변동 내지 득실변경의 원인이 되는 법률요건에는 법률행위와 법률의 규정이 있다.

(2) 物權變動의 원인

(가) 법률행위에 의한 물권변동　사적 자치를 기본으로 하는 근대 민법상 물권변동을 생기게 하는 원인 중에서 가장 중요한 것은 법률행위이다. 이것을 물권행위라고 하며, 계약인 것이 보통이나 단독행위(예컨대, 유언)인 때도 있다.

(나) 법률규정에 의한 물권변동　당사자의 의사와 관계없이 법률의 규정이나 국가의 통치권행사로 물권변동이 생기는 경우도 있다. 이러한 경우를 법률의 규정에 의한 물권변동 또는 법률행위에 의하지 아니한 물권변동이라고 한다.

법률의 규정에 의한 물권변동의 원인으로서 민법이 규정하고 있는 것으로는, 먼저 물권의 취득원인으로서 취득시효 · 선의취득 · 무주물선점 · 유실물습득 · 매장물발견 · 첨부 · 상속이 있고, 물권의 소멸원인으로서 소멸시효 · 혼동 · 사실상 지배상실 · 목적물의 멸실 등이 있다.

또한, 민법 이외의 법률이 규정하는 것으로는 공용징수 · 몰수 · 경매 등이 있고, 그 외에 판결 또는 사실행위에 의해서도 물권변동이 생긴다(제187조 참조).

(3) 物權變動의 태양

물권변동은 물권의 득실변경, 즉 물권의 발생 · 소멸 · 변경을 의미한다.

물권의 발생 · 소멸로서 물권의 원시취득과 멸실은 물권의 절대적 발생 · 소멸을 의미하고, 승계취득으로서 물권의 이전은 상대적 발생·소멸을 뜻한다.

또한, 물권의 변경은 물권이 동일성을 해하지 않는 범위에서 물권의 객체나 효력에 변경이 생기는 것으로 물권의 객체인 물건의 증감, 담보물권에서의 피담보채권의 증감 등을 의미한다. 따라서 물권의 이전, 즉 주체변경은 물권의 상대적 발생·소멸로서 여기에서 말하는 물권변경의 개념에서 제외된다.

2. 物權變動과 公示

(1) 동산물권의 공시
- 일반 동산 — 점유에 의한 공시
- 특수 동산 — 등기·등록에 의한 공시

(2) 부동산물권의 공시
- 토지·건물 — 등기에 의한 공시
- 입목(立木) — 입목등기에 의한 공시
- 기타 지상물 — 명인(明認)방법에 의한 공시

(1) 物權變動과 公示方法

(가) 물권은 배타적 효력을 갖는 권리이다. 따라서 물권의 존재와 그 변동은 외부적으로 표상을 갖추어야 하고, 그렇지 않으면 일반 제3자에게 예측하지 못한 손해를 주게 될 뿐만 아니라 거래의 안전을 해하게 된다.

여기서 물권의 귀속과 그 내용, 즉 물권의 현상을 외부에서 인식할 수 있는 일정한 표상 내지 표식이 공시제도(공시방법)이다.

(나) 물권변동의 공시방법은 물건의 종류에 따라 달리한다. 즉 부동산물권에 관하여는 등기를, 동산물권에 관하여는 인도를 공시방법으로 하는 것이 보통이다.

민법은 등기와 인도를 원칙적 공시방법으로 하고, 그밖에 수목의 집단·미분리과실 등에 관하여는 관습적으로 성립한 명인방법이 판례에 의하여 인정된다.[1]

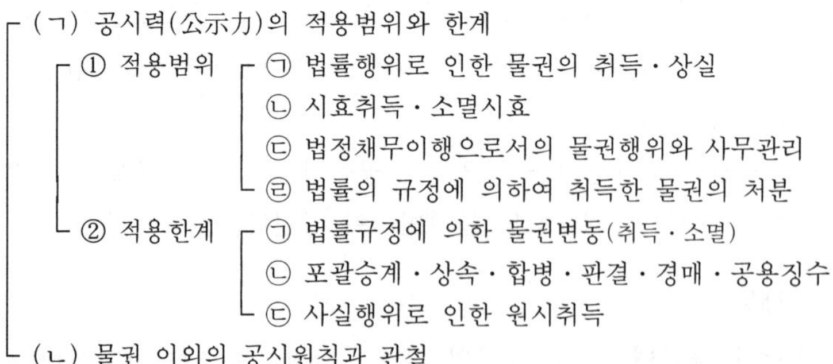

1) 대판 1990.2.13, 89다카23022; 1951.5.18, 4283민상70.

┌① 채권양도에서의 대항요건(제450조)
│② 주택 및 상가건물임대차에 있어서의 주택 및 건물의 인도와 주민등록 및 사업자등록(각 동법 제3조)
└③ 혼인 · 인지 · 입양에서의 신고

(2) 公示의 原則과 公信의 原則

(가) 공시의 원칙 공시(公示)의 원칙이란 물권의 변동이 있기 위해서는 언제나 외부에서 인식할 수 있는 어떤 방법을 수반하여야 한다는 원칙, 즉 그러한 공시방법이 갖추어지지 않으면 물권변동의 효과가 인정되지 않는다는 원칙을 말한다.

공시방법은 물권변동에 인정하는 것이 원칙이나 이에 국한하지 않고 그 외 다른 사권에서도 인정한다. 예컨대 채권양도의 경우 채무자 및 제3자에의 통지, 공업권 · 어업권 · 무체재산권의 등록, 신분법 분야의 혼인 · 인지 · 입양의 신고 등이다.

물권변동에 있어서 公示에 어떠한 효력을 부여할 것인가. 두 가지 태도가 있다. 즉 공시방법을 취하지 않으면 물권변동의 효력을 부인하는 법제, 다시 말하여 공시를 물권변동의 성립요건 내지 효력요건으로 보는 입법례(성립요건주의)와 공시방법을 갖추지 않으면 당사자 사이에서는 물권변동의 효력이 발생하지만 제3자에 대하여는 대항할 수 없게 하는 입법례가 있다(대항요건주의). 이들 중 우리 민법은 전자를 취하여 공시를 물권변동의 성립 내지 효력요건으로 한다.

(나) 공신의 원칙 공신(公信)의 원칙이란 물권의 존재를 추측케 하는 표상, 즉 공시방법을 신뢰해서 거래한 자는 비록 그 공시의 방법이 진실한 권리관계에 일치하지 않는다고 하더라도 그 공시된 대로의 권리를 인정하여 이를 보호하여야 한다는 원칙을 말한다.

공신의 원칙은 이른바 권리 외관을 보호하기 위한 제도이다. 따라서 이러한 제도는 물권에서뿐만 아니라, 거래일반에 있어서도 인정된다. 예컨대 표현대리, 의사표시로서의 표시주의, 영수증소지인에 대한 변제, 지시채권에서 채권증권소지인에 대한 변제, 어음 · 수표 기타 유가증권에서 채용된다.

(ㄱ) 공신의 원칙은 공시의 원칙을 보완하여 더욱 양수인을 보호하기 위한 방법으로 발전한 것이므로 이 원칙이 인정됨으로써 거래의 안전은 보호되나, 진정한 권리자는 희생된다. 따라서 이 원칙을 채용할 것인가는 입법정책의 문제이며, 우리 민법은 부동산등기에는 채용하지 않고, 동산의 점유에만 인정한다(선의취득 인정).

(ㄴ) 동산물권의 변동에서 공신의 원칙을 인정하는 것은 동산의 공시방법으로서 점유가 불안전한 공시라는 점과 부동산에 비하여 거래가 빈번하다는 점에 근거한다. 그러나 부동산의 등기에 공신력을 부여하지 않는 것은 현행 부동산등기부의 실

정이 표시가 불안전할 뿐만 아니라, 진실한 권리관계와 일치하지 않은 등기를 행하는 경우가 많고, 더욱이 등기에 공무원의 실질적 심사권이 없다는 점을 든다. 그러나 무엇보다 등기에 공신력을 부여하지 않는 근거는 진정한 소유권자의 보호를 위한 입법태도로 요약된다.

(a) 등기공무원의 실질적 심사권이 없다.
(b) 등기부의 목적물 공시는 현실과 불일치가 많다.
(c) 토지의 상품화를 방지할 수 있다.
(d) 공신력 인정의 명문규정이 없다.

이와 같이 우리 민법은 등기에 공신력을 인정하지 아니하므로 진정한 권리자의 보호에는 충실하나, 거래의 안전이 침해될 우려가 없지 않다. 그리하여 민법은 개별적 규정에서 등기의 원인무효로 인한 소급효를 제한하여 "선의의 제3자에 대항하지 못한다."라고 함으로써 사실상 등기에 공신력을 부여하는 결과를 주고 있다.

제 2. 物權變動을 일으키는 法律行爲

1. 物權行爲의 개념

(1) 物權行爲의 의의

(가) 물권변동은 그 대부분이 물권의 득실변경을 목적으로 하는 법률행위의 효과로써 일어나며, 이와 같이 직접 물권의 득실변경을 목적으로 하는 법률행위를 물권행위라고 한다. 예컨대 소유권의 양도계약 · 지상권 · 지역권 · 전세권 · 질권 · 저당권의 설정계약 등이다.

(나) 물권행위는 채권행위와 구별된다. 채권행위는 채권 · 채무의 발생을 목적으로 하는 법률행위이나, 물권행위는 직접 물권의 변동을 목적으로 하는 법률행위이다. 또한 채권행위에서는 채권 · 채무만이 발생할 뿐이고, 그렇게 발생된 채권 · 채무에 이행이라는 문제가 남게 되는데 반하여, 물권행위에서는 곧 물권의 효력이 생기므로 이행이라는 문제가 발생하지 않는다.

[물권행위와 채권행위의 비교]

	물 권 행 위	채 권 행 위
목 적	직접 물건의 지배를 목적	상대방의 일정 행위를 목적
이행의 문제	물건의 직접지배를 목적으로 하므로 이행의 문제를 남기지 않는다.	청구권을 수반하므로 장래 이행의 문제를 남긴다.
행위의 성격	처분행위	의무부담행위

(2) 物權行爲의 태양과 방식

(가) 물권행위의 태양 물권행위도 일반 법률행위에서와 같이 그 요소인 의사표시의 수와 방향에 따라 단독행위·계약·합동행위로 나눌 수 있다.

(ㄱ) 물권적 단독행위는 일방적 의사표시로 물권의 변동을 생기게 하는 것이며, 물권의 포기·승역지소유자의 위기(떠넘김) 등이다. 물권적 단독행위도 통상의 단독행위와 같이 상대방 있는 단독행위(예컨대, 제한물권의 포기)와 상대방 없는 단독행위(예컨대, 소유권의 포기)가 있다.

(ㄴ) 물권변동을 일으키게 하는 계약을 물권계약 또는 물권적 합의라고 하고, 물권행위 중 가장 중요하다.

(ㄷ) 법률행위에 합동행위 개념을 인정하는 견해는 물권적 합동행위를 인정한다. 예컨대 수인의 공유자가 그 소유권을 포기하는 경우이다.

(나) 물권행위의 방식 물권행위의 방식에는 특별한 제한이 없다. 민법은 물권행위에 특별한 방식을 요구하지 아니하므로 명시적 합의는 물론이고, 묵시적 합의로도 할 수 있다.

(ㄱ) 부동산등기특별조치법에서는 채권행위에 검인계약서라는 방식이 요구되나 검인계약서 자체가 물권행위의 성립요건은 아니며 등기신청의 원인서면에 불과하다. 다만 토지거래 허가구역내의 토지매매계약에는 관할 관청의 허가를 받아야 한다. 이 경우 허가의 법률적 성질이 무엇인가. 판례는 「국토의 계획 및 이용에 관한 법률」에 기한 허가의 법률적 성질은 일반적 금지해제로서 허가라고 할 것은 아니고, 허가 전의 유동적 상태에 있는 법률행위의 효력을 완성시켜주는 인가의 성질로서 반드시 양도 전에 허가를 받아야 하는 것은 아니고 양도 후에라도 허가를 받으면 그 양도계약은 소급하여 유효한 것으로 되는 것이라고 하여 채권행위는 물론 물권행위의 요건으로 하고 있다.[2] 그러면서도 한편 판례는 토지거래허가구역으로 지정된 토지에 매매계약을 체결할 당시 관할행정청의 토지거래허가를 받지 아니하였다고 하더라도 그 계약이 처음부터 토지거래허가를 배제하거나 잠탈하는 내용의 것으로서 확정적으로 무효라고 볼 수 없는 이상 그 후 토지거래허가구역 지정이 해제되면 그 계약은 더 이상 허가를 받을 필요가 없이 확정적으로 유효로 되고 일단 유효로 된 이상 그 후 그 토지가 토지거래허가구역으로 재 지정되었다고 하여 다시 토지거래허가를 받아야 하는 것도 아니라고 한다.[3]

(ㄴ) 물권행위도 법률행위의 일종이므로 민법 총칙편 중 법률행위에 관한 규정,

2) 대판 2001.2.9, 99다26979; 대판(전) 1991.12.24, 90다12243.

3) 대판 2002.5.17, 2002다12635; 대판(전) 1999.6.17, 98다40459.

즉 당사자의 권리능력·행위능력·의사표시·대리·무효와 취소·조건과 기한 등에 관한 규정이 원칙적으로 적용된다. 따라서 물권행위의 내용에 부관을 붙일 수 있으나, 다만 그 등기는 현존 물권의 공시를 의미하는 것이므로 등기의 본질상 정지조건부 또는 시기부 물권행위는 등기하지 못한다. 그러나 해제조건부 또는 종기부 물권행위는 등기할 수 있고(부등법 §43), 등기함으로써 효력을 가질 뿐만 아니라 그 조건의 성취 또는 기한의 도래로 당연히 효력을 잃는다. 즉 물권의 소멸에 말소등기를 요하지 않는다.[4)]

또한, 물권적 합의는 광의의 계약에 속하므로 물권계약에는 채권편 중 계약에 관한 규정이 준용된다. 그러나 계약의 효력 등 기타 규정은 성질상 물권행위에는 준용되지 않는다.

(다) 물권행위의 능력 물권행위는 처분행위이므로 물권행위를 하기 위해서는 처분의 권능을 가져야 한다. 처분권자는 소유권자가 보통일 것이지만 소유권자라도 소유물이 압류·가압류 등이 된 때에는 처분권이 제한된다.

다만, 처분권을 갖지 못한 자의 물권행위는 무효이나 이를 추인할 수 있는가. 민법은 이를 명문으로 규정하고 있지 아니하나 개정 민법(안)은 "권리자가 무권리자의 처분을 추인하면 그 처분은 소급하여 효력이 있다. 그러나 제3자의 권리를 해하지 못한다."라고 하여 상대적 소급적 효력을 인정한다(§139 의 ② 신설안).

(3) 物權行爲의 구성요소

(가) 물권행위에 의한 물권변동이 있기 위해서는 당사자의 단순한 의사표시만으로는 부족하고 이에 더하여 공시방법(등기·인도)을 갖추어야 한다(제186조·제188조).

(나) 물권행위가 채권행위와 구별되는 점은 이행의 문제를 남기지 않는 것이란 점과, 또한 우리 민법은 물권행위에 특별한 방식을 요하지 않는다는 것에 관련하여 물권적 의사표시와 공시방법은 어떤 관계에 있는가. 즉 공시방법은 물권행위의 구성요소로 되는가. 문제된다.

종래 이래 다수설은 우리 민법상 물권행위는 불요식행위이고, 물권적 합의가 물권행위라는데 의문이 없을 것이라고 하여 그 이론구성상 차이는 있으나 분리설을 취하여 왔다. 그러나 합체설은 분리설이 물권행위의 성립요건과 효력요건을 구별하여 파악하는 것은 형식주의를 채택한 우리 민법 하에서는 적절하지 못하다고 지적하고, 물권행위가 이행의 문제가 남지 않기 위해서는 물권행위는 등기·인도까지

4) 김증한·김학동 75면.

그 내용으로 하지 않으면 아니 되는 것이라고 한다. 더욱 동 견해는 공시방법이 물권행위의 구성요소를 이룬다고 하더라도 그렇다고 공시방법이 물권적 의사표시와 결합되어 일체로 된다는 것은 아니며, 각각의 성립요건·성립시기·효력 등이 분리되어 판단될 수 있고, 그 결과 등기를 유용하는 것이나, 물권적 의사표시의 효력을 등기와 분리하여 판단하는 것도 가능한 것이라고 한다.[5)]

이와 관련하여 판례는 "민법 제249조가 규정하는 선의·무과실의 기준시점은 물권행위가 완성되는 때라고 하고, 물권적 합의가 동산의 인도보다 먼저 행하여지면 인도된 때를, 인도가 물권적 합의보다 먼저 행하여지면 물권적 합의가 이루어 진 때를 기준으로 해야 한다."라고 하여 이를 합체설을 취한 것이라고 하나,[6)] 동산물권에 관하여 물권적 합의와 인도의 시점을 달리한 경우 그 물권변동의 시점을 정하였다고 하여 이를 두고 판례가 물권행위에 합체설을 취한 것이라고 단정할 것은 아니다.

2. 物權行爲의 獨自性과 無因性

(1) 물권행위의 獨自性·無因性의 문제

채권행위와 물권행위는 개념상으로는 분명히 구별되는 별개의 법률행위이다. 그런데 채권행위가 있고 그 이행으로서 물권행위가 행하여지는 경우에 물권행위는 원칙적으로 원인 되는 채권행위와는 별개로 행하여져야만 하는가, 아니면 채권행위가 있는 때 물권행위도 함께 있었던 것으로 해석하는가. 전자는 물권행위의 독자성을 인정하는 견해이고 후자는 부정하는 견해이다.[7)]

또한, 물권행위의 유인·무인성의 문제는 물권행위의 독자성을 인정할 때 비로소 일어나는 것이고, 물권행위의 독자성을 부정하는 법제나 학설의 입장에서는 처음부터 문제되지 않는다. 그러나 물권행위의 독자성을 인정한다고 해서 반드시 무인성을 인정해야 하는 것은 아니다.[8)]

(2) 민법상 物權行爲의 독자성인정 여부

(가) 우리 민법은 물권변동에 관하여 형식주의를 취하고 있으나 채권행위와 물권

---

5) 이영준 88면.

6) 대판 1991.3.22, 91다70.

7) 물권행위의 독자성을 인정하는 입법례로는 독일민법이 그러하나 프랑스민법은 채권의 효력으로 물권변동이 생기는 것으로 함으로써 물권행위의 독자성이 인정되지 않는다.

8) 프랑스민법이나 스위스민법에서는 무인성을 주장할 여지가 없으며, 독일민법에서는 무인성을 인정하는 것이 보통이다.

행위의 관계에 관하여 아무런 규정이 없으므로 물권행위의 독자성을 인정할 것인가. 양 학설의 차이는 민법 제186조의 법률행위와 제188조 제1항의 양도의 의미를 해석함에 있어 독자성인정설은 이를 물권행위라고 보는데 반하여, 독자성부정설은 물권행위를 포함하는 채권행위로 보게 된다.

또한, 물권행위가 행하여진 시기를 결정하는데 있어서도 독자성인정설은 각개의 경우에 구체적으로 결정된다고 하며 대금의 지급과 상속으로 등기서류를 교부한 때에는 독립한 물권행위가 뚜렷이 나타난다고 보는데 반하여, 독자성부정설은 채권행위를 한 때 물권행위도 함께 행하여진 것으로 보게 된다. 그 외에도 물권행위의 무인성 인정여부에 있어 독자성인정설은 반드시 무인성까지 인정하여야 하는 것은 아니지만 이를 인정하는 것이 보통인데 반하여, 부정설은 물권행위의 무인성도 부정하게 된다.

(나) 다수의 견해는 거래안전과 관련하여 통상 물권계약은 부동산물권에서는 잔대금완급과 등기권리증의 교부시, 동산물권에서는 물건의 인도시에 행해진다고 해석하는 것이 합리적이라고 하고, 판례는 앞에서와 같이 「물권적 합의가 동산의 인도보다 먼저 행하여지면 인도된 때를, 인도가 물권적 합의보다 먼저 행하여지면 물권적 합의가 이루어진 때를 기준」으로 해야 한다고 함으로써 물권행위와 채권행위를 구별하여 파악한다.[9]

⑶ 민법상 物權行爲의 무인성인정 여부

(가) 물권행위의 원인인 채권행위가 무효·취소되면 그 이행으로서 행하여진 물권행위의 효력에도 영향을 미치는가. 영향을 미친다는 것을 유인성, 하등의 영향을 받지 않는다는 것을 무인성이라고 한다.

물권변동에 의사주의를 취하는 프랑스민법의 해석으로는 채권행위가 무효·취소되면 물권행위도 무효·취소가 된다고 하여 물권행위의 유인성을 인정하나, 물권변동에 形式主義를 취하는 독일민법의 해석으로는 무인성을 인정한다. 그러나 우리 민법은 독자성과 무인성에 관하여 명문규정을 두고 있지 아니하므로 그 해석에 있어 독자성 인정 여부에 관하여 견해가 대립하고 있는 것과 같이 무인성의 인정 여부에 관하여도 견해가 대립된다.

(나) 양 설의 실제상 차이로서, 예컨대 甲·乙 사이의 매매계약의 이행으로서 소유권이 이전되었으나 그 후에 이르러 매매계약이 취소되었다고 하면 乙 또는 乙로부터 전득한 丙의 지위는 어떻게 되는가. 문제된다.

---

9) 대판 1991.3.22, 91다70.

무인성론에 의하면 채권행위가 실효되어도 물권행위는 그대로 유효하게 되므로 그의 소유권취득에는 영향이 없고, 다만 甲은 乙에 대하여 부당이득반환청구권을 가지게 되는데 반하여, 유인성론에 의하면 물권행위도 효력을 잃게 되는 결과 소유권은 당연히 甲에게 복귀하게 되고 甲은 물권적 청구권에 의하여 목적물반환청구권을 갖게 된다(이 점에서 양설은 실제상 차이는 없다). 그런데 이 때 乙이 다시 그 소유권을 丙에게 양도하였다면 무인성론에 의하면 甲·乙간의 매매계약 취소와는 관계없이 丙은 완전히 소유권을 취득하게 되고, 甲은 단지 乙에 대하여 목적물 가액의 반환을 청구할 수 있을 뿐이지만, 유인성론에 의하면 丙의 乙로부터의 취득은 무권리자로부터의 취득이어서 丙은 소유권을 취득하지 못하고 甲의 반환청구에 응하여야 하지만, 우리 민법에서와 같이 개별적 규정에서 선의의 제3자 보호를 위한 소급효 제한 규정을 두고 있는 경우에는 그 규정에 의하여 丙이 선의인 때에는 소유권을 취득하게 되나, 악의인 때에는 소유권을 취득하지 못하게 된다.

결국, 양 설의 차이는 목적물이 丙에게 전득된 경우 무인성론에 의하면 丙은 선의·악의를 묻지 않고 소유권을 취득하게 되지만, 유인성론에 의하면 丙이 선의인 때에만 소유권을 취득하게 된다.

(다) 종래 다수설은 무엇보다 물권행위의 처분행위성과 거래의 안전보호를 위한 필요에서 무인성설을 취하였다. 그러나 최근의 다수설은 우리 민법의 입법태도에 근거하여 유인성론을 주장하고, 판례 또한 피담보채무가 변제로 소멸한 이상 담보목적인 소유권이전을 하기로 한 물권계약은 목적소멸로 무효이고 그 이전등기를 하더라도 무효일 뿐만 아니라 그 전득한 등기도 무효라고 하고,[10] 또한 우리 민법 제548조 제1항 본문에 의하면 계약이 해제되면 각 당사자는 상대방을 계약이 없었던 것과 같은 상태에 복귀하게 할 의무를 부담한다는 뜻을 규정하고 있는바, 계약에 따른 채무의 이행으로 이미 등기나 인도된 경우에 그 원인행위인 채권계약이 해제됨으로써 원상회복된다고 할 때 그 이론구성에 관하여 해제가 있더라도 이행행위 그 자체는 그대로 효력을 보유하고 다만 그 급부를 반환하여 원상에 회복할 채권·채무관계가 발생할 뿐이라는 소위 채권적효과설과 이미 행하여진 이행행위와 등기나 인도로 물권변동이 발생하고 있더라도 원인행위인 채권계약이 해제되면 일단 이전하였던 물권은 당연이 복귀한다는 소위 물권적효과설이 대립되어 있으나, 우리의 법제가 물권행위의 독자성과 무인성을 인정하고 있지 않는 점과 민법 제548조 제1항 단서가 거래안정을 위한 특별규정이란 점을 생각할 때 계약이 해제되면 그 계약의 이행으로 변동이 생겼던 물권은 당연히 그 계약이 없었던 원상태로 복귀한다고

10) 대판 1964.11.24, 64다851·852.

봄이 타당할 것이라고 하여 일관되게 유인성론을 취하여 왔다.11) 그러나 명의신탁계약해지에 관한 최근의 판례는 명의신탁계약이 해지되었다고 하더라도 그 부동산 소유권이 당연히 신탁자에 복귀한다고 볼 수 없고 수탁자가 등기명의이전의무를 부담하게 됨에 불과하므로 그 의무이행으로 등기이전이 경료될 때까지 외부관계에서 소유권은 수탁자에 있는 것이라고 함으로써 무인성론에 바탕한 근거로도 주장되어 주목된다.12)

제2절 不動産物權의 變動

제 1. 法律行爲에 의한 不動産物權變動

(1) 물권변동과 등기(登記) ┌ 법률행위로 인한 변동 — 물권의 효력발생요건
├ 법률규정에 의한 변동 — 물권의 대항요건
└ 상속·판결·경매 등 — 대항요건
(2) 물권변동과 명인방법(明認方法) — 물권의 효력발생요건

1. 形式主義의 原則

(1) 民法 第186條

민법 제186조는 "부동산에 관한 법률행위로 인한 물권의 득실변경은 등기하여야 그 효력이 생긴다."라고 규정함으로써 이른바 형식주의의 원칙을 명시한다. 따라서 법률행위에 의한 부동산물권의 변동은 물권적 합의와 등기라는 두 가지 요건을 갖추어야 비로소 효력이 발생한다. 그러므로 부동산물권변동은 동산물권변동의 경우와 달리 물권적 합의와 등기만 있으면 족하고, 비록 목적부동산이 명도 되지 않았다고 하더라도 물권변동의 효력에는 영향을 미치지 않는다.

(2) 民法 第186條의 적용범위

(가) 권리의 변동에 등기가 필요한 물권은 부동산에 한한다. 그러나 부동산물권

11) 대판 1977.5.24, 75다1394.
12) 대판 1982.8.24, 82다카416.

중에서도 점유권과 유치권은 현재 물건을 점유하고 있다는 사실에 기하고 이 사실(점유)이 계속되는 동안에만 인정되는 권리이므로 등기에 의하여 공시할 필요가 없다. 따라서 등기하여야 하는 권리에는 소유권·지상권·지역권·전세권·저당권에 국한된다.

(나) 부동산물권변동의 경우라도 그것이 법률행위(물권행위)에 의한 경우에만 동조가 적용되고, 법률행위에 의하지 아니한 물권변동의 경우에는 제187조에 의하여 등기 없이 물권변동이 생긴다. 그러나 구체적인 경우 그 물권변동이 제186조에 의하여 등기 하여야만 되는가. 아니면 제187조에 의하여 등기 없이 물권변동의 효력이 생기는가. 다시 말하여 그 물권변동의 원인이 당사자간의 법률행위에 의하지만 법률이 그 효력발생을 규정하고 있는 경우에는 양 규정 중 어느 규정을 적용할 것인가. 해석론에 따라 달리하며, 특히 다음의 점에서 문제된다.

(ㄱ) 법률행위의 무효·취소에 의한 물권의 복귀 : 물권변동의 원인행위인 법률행위가 무효·취소되는 경우 그 물권의 복귀에는 민법 제186조가 적용되는가. 물권행위의 유인성·무인성론과 관련하여 견해가 대립한다.

물권행위의 무인성을 취하는 종래 다수설에 의하면 원인행위가 무효·취소되더라도 물권은 당연히 복귀되지 않고 그 반환을 위한 물권행위와 등기가 있어야 하는 것이라고 하여 제186조적용설을 취하였다. 그러나 최근의 다수설·판례는 물권행위의 유인성을 취하여 매매계약 해제로 인한 원상회복의 방법으로 매수인이 매도인에게 소유권이전등기를 하기로 약정한 경우, 그 이전등기청구권은 소유권에 기한 것이 아니라 계약해제에 기하여 당연히 복귀되는 것이라고 하고(또한, 명의신탁해지에 관하여도 동일한 법리를 취한다), 이 경우 등기청구권은 소유권에 기한 이전청구권과 경합하는 것이라고 한다.13)

(ㄴ) 재단법인설립에서 출연재산의 귀속 : 민법 제48조는 재단법인 설립의 출연재산을 생전처분으로 설립하는 때에는 "법인이 성립한 때로부터 법인의 재산이 된다."라고 하고, 유언으로 설립하는 때에는 "유언의 효력이 발생한 때로부터 법인에 귀속한 것으로 본다."라고 규정한다. 여기서 특히 출연재산이 부동산인 경우 민법 제48조와 제186조, 제187조와 관계가 문제된다.

통설은 민법 제187조적용설을 취한다. 그러나 판례는 유언으로 재단법인을 설립하는 경우에도 제3자에 대한 관계에서는 출연재산이 부동산인 경우는 그 법인에의 귀속은 법인의 설립 외에 등기를 필요로 하는 것이므로 재단법인이 그와 같은 등기를 마치지 아니하였다면 유언자의 상속인의 한 사람으로부터 부동산의 지분을 취득

13) 대판 1991.1.25, 90다10858; 1982.11.23, 81다카1110.

하여 이전등기를 마친 선의의 제3자에 대항할 수 없는 것이라고 하고,[14] 또한 민법 제48조의 규정이 출연자와 법인의 관계를 상대적으로 결정하는 기준에 불과하여 출연재산이 부동산인 경우에도 출연자와 법인 사이에는 법인의 성립 외에 등기를 필요로 하는 것은 아니지만 제3자에 대한 관계에서는 출연행위는 법률행위이므로 출연재산이 법인에 귀속하려면 등기를 필요로 하는 것이라고 하여 소유권귀속을 관계적으로 정하였다.[15]

이와 같은 판례의 태도에 대하여 학설은 민법 제186조나 동법 제187조 중 어느 한편에 따를 수밖에 없는 현행법제도하에서 대내적으로는 의사주의이요, 대외적으로는 형식주의라는 法에 근거 없는 예외를 인정하게 되어서 재단법인의 성립과 기능에 혼란을 초래하는 것이라고 비판한다.

그리하여 개정 민법(안)은 이러한 논리적 모순을 해결하기 위하여 제48조 제3항을 신설하여 "생전처분 또는 유언으로 설립하는 경우에 그 권리변동에 등기·인도 등이 필요한 출연재산은 이를 갖추어야 법인재산이 된다." 라고 하고, 동조 제4항은 "생전처분 또는 유언으로 설립하는 경우에 설립자의 사망 후에 재단법인이 성립된 때에는 설립자의 출연에 관하여는 그 사망 전에 재단법인이 성립한 것으로 본다."라고 하여 어느 경우이든 출연재산의 귀속은 등기·인도 또는 기타 요건을 갖추어야 귀속 또는 대항할 수 있는 것으로 하고 있다.

(ㄷ) 소멸시효의 경우 : 소유권 이외에 제한물권, 예컨대 지상권·지역권·전세권은 소멸시효의 대상이 되므로 이와 같은 물권에 소멸시효가 완성하면 등기 없이도 소멸하는가. 소멸시효 완성의 효력에 절대적 효력을 취하는가. 아니면 상대적 효력을 취하는가에 따라 달리한다.

통설은 소멸시효완성에 절대적효력설을 취하여 시효기간 완성으로 권리는 절대적으로 소멸한다고 보아 등기말소를 기다리지 않고 소멸하는 것이라고 한다.

(ㄹ) 소멸청구 및 소멸통고의 경우 : 민법은 지상권과 전세권의 설정자는 일정한 요건 하에 그 소멸을 청구할 수 있음을 규정하고(제287조·제311조), 또한 민법은 "전세권의 존속기간이 정하여지지 아니한 때 각 당사자는 언제든지 상대방에 대하여 그 소멸을 통고할 수 있고 상대방이 이 통고를 받은 날로부터 6월이 경과하면 전세권이 소멸한다(제313조)."라고 하여 물권의 소멸청구 또는 소멸통고에 의한 물권의 소멸을 규정하고 있다. 따라서 지상권설정자나 전세권설정자가 그 소멸청구 또는 소멸을 통고한 경우 그 물권은 말소등기 없이 당연히 소멸하는가.

다수설은 이러한 소멸청구 또는 통고는 형성권의 행사라고 보아 말소등기 없이

14) 대판 1993.9.14, 93다8054.
15) 대판(전) 1979.12.11, 78다481·482.

소멸의 효과가 발생하는 것이라고 한다.

(ㅁ) 물권포기의 경우 : 부동산물권 포기의 경우 말소등기 함으로써 소멸하는가. 다수설은 물권의 포기는 법률행위이므로 민법 제186조에 의하여 등기하여야 한다고 하고, 다만 그 등기는 단독으로 신청할 수 있다고 한다. 그러나 제한물권포기의 등기에도 단독으로 신청할 수 있는가. 다시 견해가 대립하나 상대방 있는 단독행위이므로 원칙적으로 공동신청에 의할 것이다.

(ㅂ) 조건부 또는 기한부 법률행위의 경우 : 물권적 합의가 정지조건부 또는 시기부인 경우에는 이들의 권리로는 등기할 수 없고, 다만 그 조건의 성취 또는 기한이 도래한 때 비로소 등기할 수 있는데 불과하다. 그러나 해제조건부 또는 종기부인 경우에는 등기할 수 있으므로(부등법 제143조 · 제143조의 2), 이러한 물권행위를 등기한 경우 그 해제조건이 성취하거나 종기가 도래하면 말소등기 없이 당연히 소멸하는가. 부관부법률행위의 본질상 그 조건의 성취 또는 종기의 도래로 당연히 소멸하는 것이라고 본다.

[법률행위에 의한 물권변동의 예외의 경우]

① 신축건물의 소유권취득
② 법정지상권 취득
③ 법정저당권
④ 용익물권 존속기간 만료에 의한 소멸
⑤ 피담보채권의 소멸에 의한 저당권 소멸
⑥ 법정대위에 의한 저당권 이전
⑦ 혼동에 의한 물권의 소멸
⑧ 소멸시효에 의한 물권의 소멸
⑨ 법률행위 무효에 의한 물권의 복귀

(3) 物權行爲와 登記의 합치

법률행위로 인한 물권변동이 생기려면, 먼저 유효한 물권행위가 있고 또한 이것에 부합한 등기가 있어야 한다. 만약 법률행위가 있더라도 등기가 존재하지 않거나 또는 물권행위가 유효하지 못하면 물권변동은 생기지 않는다. 뿐만 아니라 물권행위가 유효하고 등기가 있는 경우에도 이때 등기와 물권행위의 내용이 합치되지 않을 때에는 양자 모두 효력이 생기지 않는 것이 원칙이나 구체적으로는 그 불일치의 태양에 따라 달리한다.

(가) 내용적 불합치의 경우 물권행위의 목적이 된 권리의 종류나 내용이 다르게 등기가 된 경우에는 언제나 무효이다. 예컨대 지상권설정을 합의하였으나 전세권설정등기가 된 경우 그 등기는 무효가 되고 물권변동도 생기지 않는다.

또한, 甲地의 소유권을 이전코자 하였으나 乙地의 소유권이 이전등기 된 경우도 그 등기는 무효이다. 따라서 이 경우 당사자가 원하는 대로의 물권변동이 생기게 하려면 소정의 절차를 밟아 경정등기를 하거나 아니면 등기와 일치하는 물권행위를 다시 하여야 한다. 그러나 다음의 경우는 예외가 인정된다.

(ㄱ) 물권행위와 등기 사이에 일부만이 합치되는 경우, 즉 물권행위와 등기 양이 일치하지 않는 경우이며, 통설은 등기된 권리내용의 양이 물권행위상의 양보다 클 때에는 물권행위(합의)의 한도에서 효력이 생기나, 반대로 등기된 권리내용의 양이 물권행위상의 양보다 적을 때는 법률행위의 일부무효의 규정(제137조)에 의하여 무효로 하든지 아니면 등기된 한도에서 유효한 것으로 할 수 있는 것이라고 한다.

(ㄴ) 등기부에는 반드시 등기원인과 그 연·월·일을 기재하여야 한다(부등법 제57조 제2항). 그러나 실제거래에서는 세금부담 또는 등기절차의 번잡을 피하기 위하여 등기원인을 사실과 다르게 표시해서 신청하는 일이 많다. 예컨대 증여를 원인으로 한 소유권이전등기는 흔히 증여세를 회피하기 위하여 매매를 원인으로 한 이전등기 하게 된다. 이와 같이 등기원인을 사실과 달리 기재하여 등기한 경우 그 등기의 효력을 인정할 것인가.

학설·판례는 등기원인만이 사실과 다를 뿐이고 물권행위와 등기는 합치하므로 물권변동 자체의 효력은 배척할 것은 아니라고 한다.[16)]

(a) 증여를 매매로 하는 경우
(b) 법률행위무효로 인한 물권복귀에 말소등기를 하지 않고 이전등기 하는 경우
(c) 법률행위가 무효·취소되어 물권이 복귀하는 경우, 등기의 회복방법으로서 말소등기를 하지 않고서 다시 이전등기를 하는 경우

(ㄷ) 법률행위가 무효·취소·해제되어 물권이 복귀할 경우, 이미 경료된 이전등기의 말소등기를 하지 않고 다시 이전등기 하는 경우에도 판례는 당사자 사이에 실체관계가 부합된다는 이유로 유효라고 한다.[17)]

또한, 어떤 등기가 실체관계가 무효이어서 일단 무효인 등기로 된 후 다시 그 등기에 부합되는 새로운 실체적 권리관계가 성립된 경우 이미 무효인 등기를 말소하여 새로이 등기하지 않고 그 무효된 등기를 바탕으로 물권의 효력을 인정할 것인가. 무효인 등기유용의 문제이며, 학설·판례는 대체로 비용·시간 등 경제적 논리에서 그 유효성을 인정한다.[18)]

(나) 시간적 불합치의 경우 물권행위와 등기가 일치하여야 하지만 그렇다고 반

16) 대판 1989.7.22, 980다791; 1970.7.24, 70다1005.
17) 대판(全) 1990.11.27, 89다카12398; 1990.12.21, 88다카26482.
18) 대판 1970.12.24, 70다1630 참조.

드시 양자가 동시에 행하여져야 하는 것은 아니며, 일반적으로는 선행된 물권행위를 바탕으로 등기를 하게 된다. 따라서 통상은 물권행위와 등기와의 사이에 시간적 간격이 있게 되며, 이로써 물권행위 후 그 등기 전에 당사자에 변동이 생긴 때에는 물권행위와의 관계에서 문제가 생긴다. 우선 당사자가 사망하거나 능력을 상실한 경우에는 특별한 영향은 주지 않지만, 당사자가 파산을 하거나 목적물이 압류되는 등 처분권이 제한된 때에는 영향을 받게 되며 그 처분권이 제한된 상태에서 경료된 등기는 무효로 된다. 왜냐하면 처분자는 등기시에도 처분능력이 있어야 하기 때문이다.

(4) 中間省略의 登記

(가) 중간생략등기란 물권변동 과정의 전부 또는 일부를 생략하고 현재 물권관계만을 기재하는 등기의 총칭을 말한다. 예컨대 소유권이 A-B-C-D로 전매되었으나 소유권이전등기를 A에서부터 D에게로 직접 경료하는 경우이다.

(나) 등기는 원래 권리변동과정과 현재 권리상태를 공시한다는 점에서 보면, 이와 같은 중간생략의 등기는 적어도 물권변동의 과정이 공시되지 못하므로 그 유효성을 인정할 것인가 문제되고, 또한 최근 부동산등기특별조치법(1990.8.1, 법률 제4244호)은 부동산소유권이전계약을 체결한 자는 그 계약이 쌍무계약인 때에는 반대급부의 이행이 완료된 날로부터, 편무계약인 때에는 계약의 효력발생일로부터 60일내 등기를 신청할 것을 의무화하고, 특히 등기원인의 허위기재·타인명의의 등기, 미등기 전매를 처벌(동법 제2조·제6조-제8조·제11조)하게 하고 있는 점에서 유효성이 논의된다.

다수설·판례는 동법 규정의 성질은 단속규정에 불과하고,[19] 또한 등기 자체의 효력으로 현재 권리상태는 공시될 뿐만 아니라 거래실정을 감안하여 무효라고 할 것은 아니라고 한다. 그러나 중간자의 동의를 요하는가. 견해가 대립된다.

종래 다수설은 중간자의 동의를 요한다고 하였으나, 최근의 유력설은 중간자를 거치지 않고 최후 취득자는 최초 양도인에 대하여 직접 등기이전을 청구할 수 있는 것이라고 한다.

그 이론적 근거로서 물권적기대권의 양도에 근거한다거나(김용한 132면, 김증한·김학동 92면), 물권적 합의와 처분에 대한 동의(곽윤직 134면), 또는 합의의 직접적 효과, 즉 중간자의 양도인에 대한 이전등기청구권을 양수인이 채권양도의 방법 등으로 양도받지 않고 직접 양도인에 대하여 행사하도록 하는 의사의 합치라고 한다(이영준 125면).

이에 대하여 판례는 중간자의 합의 또는 제3자간의 합의, 즉 그들 간에 중간등기를

19) 대판 1993.1.28, 92다39112.

생략해서 A에서 D로 이전등기 하여 주기로 하는 합의가 있어야 한다고 하며,[20] 이러한 합의가 없는 경우에는 최후 양수인은 최초 양도인에 대하여 중간자를 대위하여 중간자에게 중간자명의의 소유권이전등기를 할 것을 청구할 수 있을 뿐이라고 한다.[21]

(다) 중간등기생략의 합의는 중간자를 포함한 전원의 합의이면 족하고 동시 또는 순차를 불문한다. 또한 묵시적으로도 할 수 있다. 그리하여 매수인란을 백지로 한 매도증서가 순차로 매수인에 교부된 사안에서 종래 판례는 묵시적·순차적으로 중간등기생략의 합의가 있었다고 하였으나,[22] 최근의 판례는 이를 부정한다.[23]

(라) 중간생략등기에 따른 중간자의 합의로 최후취득자는 최초양도인(등기명의인)에 대한 직접 등기청구권이 발생한다. 그러나 그 합의로 본래 권리변동에 따르는 등기청구권이 소멸하는 것은 아니다.

(마) 당사자간에 중간생략등기의 합의가 없는 이상 최후 취득자는 최초 양도인에 대한 직접 등기청구권행사는 불가능하다. 따라서 최후 취득자는 중간자의 최초 양도인에 대한 등기청구권을 대위하여야 하고,[24] 대위권의 행사로 순차로 등기된다.

다만, 중간자의 동의 없이 경료된 이전등기의 효력은 어떻게 되는가. 판례는 그 방법이야 어찌됐건 이미 중간생략등기가 경료되어버린 경우에는 관계 매매당사자들 사이에 매매계약이 적법하게 성립되어 이행된 이상 그 등기부상 명의자는 다만 중간생략등기에 관한 합의가 없었다는 사유만으로는 그 소유권이전등기의 말소등기의 이행을 청구할 수 없는 것이라고 하고,[25] 그 이론적 근거로서 중간생략등기의 합의는 등기의 유효요건이 아니며 단지 전득자가 원소유자에게 중간생략등기를 청구하는 데 필요한 요건임을 든다.

2. 登記를 갖추지 아니한 不動產取得者의 지위

부동산을 매매·증여 등의 행위로 사실상 인도 받아 사용·수익하거나, 또는 원시취득 하였으나 아직 등기하지 않고 있는 경우 취득자는 통상 점유자로서 지위를 가지는 것은 물론, 사실상 소유자로서 지위를 가진다고 할 것이지만, 이때 사실상 소유권이란 법률적으로 어떠한 의미를 가지는가. 부동산등기 미취득자의 지위문제이며, 그 이론구성이 문제된다.

---

20) 대판 1969.10.28, 69다1351; 1965.3.23, 64다1900.
21) 대판 1983.12.13, 83다카881.
22) 대판 1982.7.13, 81다254.
23) 대판 1991.4.23, 91다5761.
24) 대판 1983.12.13, 83다카881.
25) 대판 1993.1.26, 92다39112; 1984.1.24, 83다카1152; 1971.5.24, 70다2511; 1967.5.30, 67다588.

(1) 賣渡人과 買受人의 관계

甲의 부동산을 乙이 매수하여 목적부동산을 명도 받았으나 이전등기하지 않고 있는 경우, 매도인 甲은 등기가 자신의 명의로 잔존하므로 아직 법률적으로는 자신의 소유라는 이유로 매수인 乙에 대하여 목적물의 반환을 청구하여 온다면 乙은 그 반환을 거절할 수 있는가. 학설은 일치하여 반환을 거절할 수 있다고 한다. 그러나 그 이론적 근거에 관하여는 견해를 달리한다.

악의의 항변권설은 특히 물권행위가 무방식인 경우에는 일단 양수인의 소유취득이 인정되는 것이라고 하고(곽윤직 145-6면, 권용우 164면), 점유권설은 민법 제213조 단서에 의한 반환을 거절할 수 있는 것이라고 한다(이영준 61-2면, 이은영 100면).

또한, 물권적기대권설은 매수인 乙은 사실적 소유자, 즉 물권적기대권을 취득한 자라고 한다(김증한 · 김학동 94면, 김용한 86면).

다수설은 물권적기대권론에 의하고, 판례는 사실적 소유권 또는 점유권론에 바탕하여 해결하고 있다. 그리하여 판례는 일반적으로 사실상 소유 또는 실질적 소유라는 개념은 매매 등 소유권취득의 원인이 되는 법률요건이 성립되어 소유권취득의 실질적 요건은 모두 갖추고 있으나 그 형식적 요건인 자기명의의 등기를 갖추고 있지 아니한 경우를 의미하는 것이라고 하고,[26] 또한 판례는 토지의 매수인이 아직 소유권이전등기를 경료 받지 아니하였다고 하여도 매매계약의 이행으로 그 토지를 인도 받은 때에는 매매계약의 효력으로서 이를 점유 · 사용할 권리가 생기게 된 것으로 보아야 하고, 또한 매수인으로부터 위 토지를 다시 매수한 자는 위와 같은 토지의 점유사용권을 취득한 것으로 봄이 상당하므로 매도인은 매수인으로부터 다시 위 토지를 매수한 자에 대하여 토지소유권에 기한 물권적 청구권을 행사하거나 그 점유 · 사용을 법률상 원인이 없는 이익이라고 하여 부당이득반환청구를 할 수는 없는 것이라고 한다.[27]

그렇다면, 이와 같은 학설과 판례는 타당한 것이라고 볼 수 있는가. 위의 학설에서 악의의 항변론이나 물권적기대권론은 우리 민법이 물권행위에 요식주의를 취하지 아니하는 점과 민법상 이를 인정할 명문 규정이 없는 점에서 보면 이를 정면으로 수용하는 데에는 어려운 점과, 실제로 이러한 이론이 필요한 것인지 의문이 있고, 또한 판례가 들고 있는 사실적 또는 실질적 소유권을 법률적 논리로 구성하는데는 민법 제186조와 관련하여 법리적 비약이 없지 않다.

결국, 부동산등기미취득자의 지위 보호의 법리는 가능한 실정법의 범위에서 구성되어야 할 것이고, 비록 매수인이 목적부동산을 매수하였다고 하더라도 아직 등기

26) 대판 2000.10.13, 98다55659; 1993.9.28, 92누16843.
27) 대판 2001.12.11, 2001다45355; 1998.6.16, 97다42823; 1996.6.25, 95다12682 · 12699.

를 이전 받지 아니한 이상 민법 제186조에 의하여 소유권은 주장할 수 없지만 목적부동산의 점유를 민법 제568조 따른 매도인의 재산권이전의무의 이행으로 이전 받은 이상 권원 없는 점유라 할 것은 아니므로 매수인은 민법 제213조 단서에 의하여 반환을 거절할 수 있고, 또한 매수인은 매도인에 대하여 등기청구권을 가지는 이상 매도인의 목적물반환청구는 신의에 좇은 권리행사라고도 볼 수 없는 것으로서 거절할 수 있을 것이다.

(2) 第三者와의 관계

매도인과 매수인간의 관계 외에 매도인과 제3자의 관계에서는 매도인은 점유권은 없으나 등기명의가 잔존하므로 법률상 소유자로서 지위를 가진다. 따라서 매도인이 자기 등기명의에 바탕하여 제3자에 목적물을 매각한 때에는 매수인의 특별한 권한의 부여 없이 유효히 양도할 수 있는 것이라고 하여 제3자의 소유권취득을 긍정한다.[28]

제 2. 法律行爲에 의하지 않는 不動産物權變動

1. 法律의 規定에 의한 물권변동

(1) 민법 제187조는 "상속·공용징수·판결·경매 기타 법률의 규정에 의한 부동산에 관한 물권의 취득은 등기를 요하지 아니한다. 그러나 등기를 하지 않으면 이를 처분하지 못한다."라고 규정한다. 이를 분설하면 다음과 같다.

(가) 동조는 기타 법률의 규정에 의한 부동산에 관한 물권의 취득이라고 하나, 법률의 규정에 국한하지 않고 널리 법률행위에 의하지 않는 부동산물권변동을 포함한다.

(나) 민법 제187조는 물권의 취득이라고 하고 있으나, 취득에 국한하지 않고 널리 물권의 변동(특히 소멸)을 포함한다.

(2) 동조 적용에 의한 부동산물권은 등기 없이 「변동의 원인이 발생한 때」 그 변동의 효력이 생긴다. 따라서 민법 제187조 본문에 의하여 등기 없이 취득한 물권이라도 이를 처분하기 위해서는 동조 단서에 의하여 등기하여야 한다.

---

28) 대판 1987.2.10, 86다카1142.

2. 民法 第187條의 적용범위

(1) 민법 제187조적용의 원칙

(가) 민법 제187조에 의한 물권변동 민법 제187조는 법률의 규정에 의한 물권의 변동으로 상속·공용징수·판결·경매를 규정한다.

(ㄱ) 상 속 : 상속으로 부동산물권의 변동이 일어나는 시기는 피상속인이 사실상 사망한 때이다. 따라서 상속에 의한 등기는 대항요건에 불과하고 상속인의 단독에 의한다(부등법 제29조).

(ㄴ) 공용징수 : 공용징수(공용수용)에는 기업자와 토지소유자간의 협의에 의하여 성립하는 협의수용과, 그러한 협의가 성립하지 못한 때 토지수용위원회의 재결로 성립하는 재결수용이 있다. 공용수용에 의하여 물권변동이 일어나는 시기는 수용의 효과가 완성하는 때, 즉 협의수용의 경우에는 협의에서 정하여진 때이고, 재결수용의 경우에는 재결한 때이다(토지수용법 제67조).

(ㄷ) 판 결 : 판결의 확정으로 직접 물권변동이 일어나는 형성판결(예컨대 사해행위취소판결, 공유물분할판결, 상속재산분할판결 등)에 한하고, 판결이 확정된 때 변동의 효력이 생긴다(민소법 제471조). 따라서 형성판결이 아닌 이행판결과 확인판결은 판결 자체가 등기원인이 되지 않고 그 판결의 원인행위에 의하여 등기하므로 물권변동이 생긴다. 그리하여 판례는 매매 등 법률행위를 원인으로 한 소유권이전등기절차이행의 소에서의 원고승소판결은 부동산물권취득이라는 형성적 효력이 없어 민법 제187조 소정의 판결에 해당하지 아니하여 승소판결에 따른 소유권이전등기 경료시까지는 부동산의 소유권을 취득하였다고 볼 수 없는 것이라고 한다.[29)]

(ㄹ) 경 매 : 동조의 적용을 받는 경매는 국가기관이 행하는 공경매만을 의미하고(국세징수법에 의한 공매 포함), 강제경매와 임의경매(담보권실행을 위한 경매)를 묻지 않고 경락대금의 완납으로 소유권을 취득한다(동법 제727조).

(나) 기타 법률의 규정에 의한 경우 그 외에 법률규정에 의한 물권변동이 일어나는 주요한 경우로는 사실행위에 의한 소유권 취득(예컨대 신축건물의 소유권취득), 물건의 부합·혼화·혼동·소멸시효에 의한 물권의 소멸, 법정물권의 취득(예컨대, 법정지상권과 관습법상 지상권의 취득, 법정저당권의 취득 등), 용익물권의 존속기간 만료(다수설), 피담보채권의 소멸에 의한 저당권 소멸 등을 들 수 있고 모두 등기 없이 물권변동의 효력이 생긴다.

---

29) 대판 2003.8.20, 2001다21717.

⑵ 민법 제187조의 예외

부동산시효취득은 법률의 규정에 의한 취득이다. 그러나 민법 제245조 제1항은 "20년간 소유의 의사로 평온·공연하게 부동산을 점유한 자는 등기함으로써 그 소유권을 취득한다."라고 규정하여 부동산시효취득에 등기를 요건으로 하고 있다. 따라서 부동산의 시효취득은 법률의 규정에 의한 물권취득이 명백하지만 등기함으로 소유권을 취득하게 함으로써 민법 제187조의 예외를 규정한다.

제 3. 不動產登記

1. 登記의 의의와 종류

⑴ 登記의 의의

(가) 등기란 등기공무원이 소정의 절차를 따라 등기소에 비치된 등기부라는 공적장부에 부동산에 관한 일정한 권리관계를 기재하는 것 또는 그러한 기재 자체를 말한다.

등기(登記)에는 부동산등기가 원칙이나, 그 외에도 선박등기·입목등기 등 여러 가지가 있다. 이 중에서 부동산등기는 국가기관(등기공무원)이 부동산에 관한 권리관계를 부동산등기부에 기재함을 말한다.

(나) 등기사무는 등기할 권리의 목적인 부동산소재지를 관할하는 지방법원 및 동지원의 관할등기소에서 이를 관장한다.

⑵ 登記의 형태

(가) 사실등기와 권리등기 　사실등기란 등기용지 중 표제부의 표시란에 기재하는 등기이며, 권리등기는 등기용지 중 갑구·을구의 사항란에 기재하는 등기이다.

등기부에는 사실등기와 권리등기로 구성되나 등기의 실체법상 효력은 권리등기에 의하여 확정된다. 따라서 등기의 표제부에 표시된 부동산에 관한 권리관계의 표시가 유효한 것이 되기 위해서는 우선 그 표시가 실제의 부동산과 동일하거나 사회관념상 그 부동산을 표시하는 것이라고 인정될 정도로 유사한 것이어야 한다.[30]

(나) 보존등기와 권리변동의 등기 　보존등기는 원시적으로 부동산을 등기하는

---

30) 대판 2001.3.23, 2000다51285; 1995.9.29, 95다22849·22856; 1990.3.9, 89다카3288; 다만 그 동일성 내지 유사성 여부는 토지의 경우 지번과 지목, 지적에 의하여 판단하여야 하는 것이라고 한다(대판 2001.3.23, 2000다51285).

경우 새로이 등기용지를 개설하여 행하는 등기, 예컨대 신축건물의 소유권보존등기이며, 권리변동등기는 개설된 등기부의 사항란에 부동산의 권리변동에 관한 사항을 기입하는 등기를 말한다.

보존등기(保存登記)에는 토지의 보존등기와 건물의 보존등기가 있다.

토지의 보존등기는 미등기된 토지로서 토지대장등본 또는 임야대장등본에 의하여 자기 또는 피상속인이 토지대장 또는 임야대장의 소유자로서 등기되어 있는 것을 증명하는 자, 또는 판결 및 수용에 의하여 소유권을 취득하였음을 증명하는 자의 단독신청에 의한다(부등법 제130조).

건물의 보존등기는 미등기건물로서 가옥대장등본에 의하여 자기 또는 피상속인이 가옥대장의 소유자로서 등록되어 있음을 증명하는 자, 판결 또는 시·구·읍·면장의 서면에 의하여 자기의 소유권을 증명하는 자 및 수용으로 인하여 소유권을 취득하였음을 증명하는 자의 단독신청에 의한다(부등법 제130조).

⑶ 登記의 종류

(가) 등기의 내용에 의한 분류

(ㄱ) 기입등기 : 일정한 등기원인에 기하여 어떤 사항을 등기부에 새로이 기입하는 등기이며(예컨대 소유권보존·이전등기), 보통 등기라고 하면 이를 가리킨다.

(ㄴ) 변경등기 : 광의의 변경등기는 기존등기의 일부를 변경하는 등기이며, 이는 다시 원시적으로 등기와 실질관계의 사이에 불일치가 생긴 경우(등기절차의 착오·유루 등) 이를 시정하기 위한 경정등기와 등기와 실질관계의 불일치가 후발적으로 생긴 때에 이를 시정하기 위한 협의의 변경등기가 있다.

(ㄷ) 말소등기·멸실등기 : 말소등기란 등기된 권리나 객체가 원시적 또는 후발적으로 존재하지 않게 된 경우 기존의 등기 전부를 말소하는 등기이며, 등기의 말소로 권리는 소멸한다.

멸실등기란 부동산이 멸실된 경우 행하여지는 등기이며, 표시란에 멸실의 원인을 기재하고, 그 부동산의 표시와 표시번호를 주말(朱抹)하여 등기용지를 폐쇄한다(부동법 제112조·제113조)

(ㄹ) 회복등기 : 일단 존재하였다가 후에 소멸한 등기를 회복시키는 등기를 말하며, 이는 다시 구 등기가 물리적으로 소멸한 경우에 행하여지는 멸실회복등기와 구 등기가 법률적으로 소멸한 경우에 행하여지는 말소회복등기가 있다.

(나) 등기의 방법 또는 형식에 의한 분류

(ㄱ) 독립등기 : 부기등기에 대하여 사용하는 개념이고, 사항란의 등기에 순위

번호가 등기의 순위에 따라 독립적으로 붙여지는 등기이며, 통상 등기라고 하면 독립등기(주등기 · 신등기)에 의한다.

(ㄴ) 부기등기 : 등기의 순위에 따라 독립번호가 붙여지지 않고, 다른 특정의 기존등기의 번호가 붙여지는 등기이다. 예컨대 저당권의 이전등기는 그 저당권이 동일순위로 이전하는 것을 표시하기 위하여 부기등기하게 된다.

(다) 등기의 효력에 의한 분류

(ㄱ) 본등기 : 등기 본래의 효력, 즉 물권변동의 효력을 발생케 하는 등기(종국등기)이며, 통상 등기는 모두 이에 속한다.

(ㄴ) 예비등기 : 등기 본래의 효력인 권리변동에는 직접적인 관계가 없고, 다만 간접적으로 이에 대비하여 행하는 등기이며, 다시 두 가지로 나누어진다.

(a) 가등기 : 가등기는 원칙적으로 종국등기를 할 수 있을 만한 실체법적 또는 절차법적 요건을 완비하지 못한 경우에 장차 그 요건이 완비될 때에 행하여질 본등기를 위하여 미리 그 순위를 보존하기 위한 등기이다.

가등기는 부동산물권의 변동을 목적으로 하는 청구권보전을 위한 때와 그 청구권이 시기부 또는 정지조건부 기타 장래 확정될 것인 때(부등법 제3조)할 수 있다.

다만, 가등기에 가등기가 가능할 것인가. 유력한 학설은 가등기란 특수한 방법으로 다시 공시할 수 있고, 특히 가등기담보법상 담보가등기를 제한물권의 일종으로 파악하여 양도성을 가지는 점을 들어 이를 긍정하나,[31] 판례는 부정한다.[32]

(b) 예고등기 : 등기원인의 무효 또는 취소로 인하여 등기의 말소 또는 회복의 소가 제기된 경우에 이를 제3자에게 경고하기 위하여 수소법원의 촉탁으로 행하여지는 등기이다. 이것은 다만 소송의 제기가 있었다는 것에 관한 경고를 주는 것에 불과하고 그 밖의 효력, 예컨대 그 소송제기의 이유인 등기원인의 무효 또는 실효가 진정으로 존재한다는 추정은 생기지 않는다.

2. 登 記 簿

(1) 등기부에는 토지등기부와 건물등기부가 있고, 각각 1필의 토지 또는 1동의 건물에 대하여 1용지를 사용한다. 이와 같이 개개의 부동산을 중심으로 하여 등기부를 편성하는 입법주의를 물적 편성주의라고 하고, 개개의 소유자를 중심으로 하여 등기부를 편성하는 입법주의를 인적 편성주의라고 한다. 독일은 전자를, 프랑스는 후자를 채택하나 우리나라는 물적 편성주의를 취한다.

---

31) 곽윤직 110면.
32) 대결 1972.6.2, 72마399 참조.

⑵ 등기부는 그 1용지를 등기번호란 · 표제부 · 갑구 · 을구의 4부분으로 나눈다.

(가) 등기번호란은 각 토지 또는 건물의 등기부에 처음으로 등기한 순서를 기재하고, 표제부는 목적물에 관한 사항을 기재한다.

표제부에는 표시란과 표시번호란이 있다. 표시란에는 토지 또는 건물의 표시와 그 변경에 관한 사항을 기재하게 되고, 표시번호란에는 표시란에 등기할 순서를 기재한다.

(나) 甲區와 乙區는 목적부동산에 관한 권리관계를 기재하고, 각각 사항란과 순위번호란이 있다.

甲구사항란에는 소유권에 관한 사항을 기재하며, 순위번호란에는 사항란에 등기한 순서를 기재한다. 또한 乙구사항란에 소유권 이외의 권리, 예컨대 지상권 · 지역권 · 전세권 · 저당권 · 권리질권 · 임차권에 관한 사항을 기재하고, 순위번호란에는 사항란에 등기한 순서를 기재한다.

3. 登記의 對象 · 節次 등

⑴ 登記하여야 할 권리

(가) 등기하여야 할 물건은 부동산 중에서 토지와 건물이다. 또한, 토지의 정착물 중 立木에 대해서는 특별법인 「입목에 관한 법률」에 의하여 등기가 인정되어 있고, 선박도 등기의 대상이 된다.

(나) 등기되어야 할 권리는 부동산물권이다. 다만 부동산에 관한 점유권 · 유치권 · 특수지역권은 그 성질상 등기하지 아니한다. 따라서 등기할 권리는 소유권 · 지상권 · 지역권 · 전세권 · 저당권이다. 또한 물권은 아니지만 등기가 인정되는 권리로서 부동산임차권(제621조)과 부동산환매권(제592조)이 있다.

⑵ 登記節次

(가) **등기의 신청** 등기는 원칙적으로 당사자의 신청 또는 국가기관의 촉탁에 기하여 행하여지며(부등법 제27조 · 제28조), 예외적으로 등기공무원의 직권 또는 법원의 명령에 의하여 하는 경우가 있다. 여기서는 당사자 신청에 의하는 경우만 설명한다.

(ㄱ) 공동신청주의 : 등기는 원칙적으로 등기권리자와 등기의무자의 공동신청에 의한다. 여기서 등기권리자란 신청된 등기가 행하여짐으로써 권리를 취득하거나 이익을 얻는 자로서 등기부에 형식적으로 표시되는 자이며, 등기의무자란 등기가 행하여짐으로써 권리의 상실 기타 불이익을 받는 자를 말한다.

등기신청은 본인은 물론이며 대리인에 의하여도 할 수 있고(부등법 제28조), 또한 민법 제404조에 의하여 채권자는 채무자가 가지는 등기신청권을 대위할 수 있다(부등법 제52조). 또한 등기의 공동신청주의는 등기의 진실성을 확보하기 위함에 있으므로 공동신청에 의하지 않더라도 등기에 진실성을 확보할 수 있거나 등기의무자가 없는 경우에는 단독신청에 의한다.

(a) 등기의 진정을 보장할 수 있는 경우 — 판결·상속에 의한 등기, 멸실회복등기 등.
(b) 등기의 성질상 등기의무자가 없는 경우 — 미등기부동산소유권의 보존등기, 부동산의 분할·합병 기타 변경등기, 상속에 의한 등기 등.
(c) 가등기의 경우(가처분명령의 정본을 첨부하거나 가등기의무자의 승낙서를 첨부)

조건·기한부 등기신청을 할 수 있는가. 등기행위는 조건·기한에 친하지 아니하므로 조건·기한부등기신청은 인정되지 않는다. 그러나 여러 개의 등기신청을 상호 종속적으로 청구하는 것, 예컨대 매도인과 매수인이 잔대금에 대한 매도인 명의의 저당권설정등기를 조건으로 하는 매수인명의의 소유권이전등기신청은 가능할 것이다.[33]

(ㄴ) 등기신청에 필요한 서면 : 등기신청은 등기원인 등 일정 사항을 기재하고 이에 신청인이 서명 날인한 신청서(부등법 제41조)와 등기원인을 증명하는 서면(계약을 원인으로 소유권이전등기를 신청하는 경우에는 검인계약서), 등기의무자의 권리에 관한 등기필증(등기필증이 멸실된 경우에는 등기관이 등기의무자가 본인임을 증명하는 조서), 등기원인에 대하여 제3자의 동의나 허가를 요하는 경우에는 이를 증명하는 서면(농지법 제8조, 국토이용관리법 제21조의 3), 대리인에 의하여 신청하는 경우에는 대리권한을 증명하는 서면(임의대리의 경우)을 첨부하여야 한다.

또한, 소유권의 보존 또는 이전등기를 청구하는 경우에는 신청인의 주소를 증명하는 서면(주민등록등본) 및 신청일로부터 6개월 내 발급한 인감증명서를 첨부하여야 한다.

(나) 신청에 대한 심사와 등기의 실행 등기공무원은 신청서 접수 후 지체 없이 신청에 관한 모든 사항을 심사한다(동법시행규칙 제73조). 이때 심사의 범위는 신청된 서류를 중심으로 등기절차상의 적법성만을 심사하고(형식적 심사주의) 등기부에 기재시(등기신청서류 제출시가 아닌 등기부기재시)를 기준으로 신청이 부적법하면 각하하여야 한다.[34] 다만 구분소유건물의 보존등기의 경우에는 등기공무원이 건물의 표시에 관한 사항을 조사할 수 있다(부등법 제56조의 2).

33) 이영준 197면.
34) 대판 1989.5.29, 87마820 참조.

4. 登記請求權

(1) 登記請求權의 의의

등기청구권이란 등기권리자가 등기의무자에 대하여 등기신청에의 협력을 요구하는 권리를 말한다.

등기청구권은 등기권리자가 등기공무원에게 등기부에 물권변동에 관한 일정사항의 기재를 요구하는 등기신청권과 구별되며, 민법이 실체법상 권리로서 등기청구권을 인정한 것은 등기에 공동신청주의를 취하는데 있다.

(2) 登記請求權의 발생원인과 성질

(가) 등기청구권의 발생은 법률행위로 인한 물권변동은 물론 법률의 규정에 의한 경우에도 그 처분을 위하여, 또는 실체관계의 불일치를 시정하기 위하여도 발생한다. 그러나 등기청구권은 등기신청을 위한 상대방에 협력을 요구하는 것이므로 단독신청에 의하고, 법률행위로 인한 물권변동으로서 등기에 상대방의 협력(공동신청)이 요구되는 경우에만 문제된다.

(나) 법률행위로 인한 물권변동 중 물권행위만으로 등기청구권이 발생하는 경우(예컨대, 전세권·지상권설정등기)에는 등기청구권의 법률적 성질은 물권적 청구권이지만, 채권행위를 전제로 하여 물권변동이 일어나는 경우(예컨대, 매매·증여 등)에는 채권행위와 물권행위가 같이 존재하게 되므로, 이때 발생하는 등기청구권은 채권행위에 근거하는가, 물권행위에 근거하는가. 즉 등기청구권이 채권적 청구권인가 아니면 물권적 청구권인가 문제된다.

다수설은 물권자의 보호란 측면에서 등기청구권은 물권적 합의(또는 물권적 기대권)에서 발생하는 것이고 그 성질 또한 물권적 청구권으로 이해하려 한다. 그러나 판례는 물권행위의 독자성 여부에 불문하고 채권행위에서 나오고 그 성질 또한 채권적 청구권으로 이해한다.[35]

(3) 登記請求權과 消滅時效

등기청구권이 소멸시효에 걸리는가. 등기청구권의 법률적 성질에 따라 달리한다. 즉 등기청구권을 채권적 청구권으로 이해하면 10년간 행사하지 아니하므로 시효소멸하게 되나, 물권적 청구권으로 이해하면 소멸시효에 걸리지 아니하게 된다. 이에 대해 판례는 채권적 청구권으로 이해하므로 소멸시효에 걸리는 권리로 보지만, 다만 매수인이 이미 목적물의 인도를 받고 있다면 소멸시효에 걸리지 아니하는 것이

---

35) 대판(전) 1976.11.6, 76다148; 1992.9.1, 92다24851; 1965.2.16, 64다1630.

라고 한다.[36)]

(4) 登記請求權者

(가) 등기청구권은 일반적으로 등기권리자가 등기의무자에 대하여 가지는 권리로 이해한다. 그러나 부동산등기법 제29조는 "판결에 의한 등기는 승소한 등기권리자 또는 등기의무자만으로, 상속에 의한 등기는 등기권리자만으로 이를 신청할 수 있다."라고 규정하여 判決에 의한 등기는 등기권리자 또는 등기의무자가, 상속에 의한 등기는 등기권리자만이 등기청구권을 가진다.[37)]

(나) 법률행위로 인한 등기에는 등기권리자가 가지는 것은 물론이지만 등기의무자도 등기청구권을 가지는가. 등기의무자가 등기에 협력의무를 다 하였으나 등기권리자가 이를 등기하지 아니하는 경우는 등기명의가 등기의무자에 잔존하게 되므로 받는 불이익과 관련하여 견해가 대립한다.

다수설은 등기청구권이 채권적 청구권이란 견해에서 등기권리자만이 갖는 권리이지만 만일 물권적 청구권으로 해석하면 더욱 물권자의 권리라고 한다. 그리하여 등기의무자가 등기명의의 잔존으로 받는 불이익은 등기인수청구권에 의하여 탈피할 것으로 이해하여야 할 것이라고 한다.[38)] 판례 또한 부동산등기법은 등기는 등기권리자와 등기의무자가 공동으로 신청하여야 함을 원칙으로 하면서도, 제29조에서 「판결에 의한 등기는 승소한 등기권리자 또는 등기의무자만으로」 신청할 수 있도록 규정하고 있는바, 위 법조에서 승소한 등기권리자 외에 등기의무자도 단독으로 등기를 신청할 수 있게 한 것은, 통상의 채권채무 관계에서는 채권자가 수령을 지체하는 경우 채무자는 공탁 등에 의한 방법으로 채무부담에서 벗어날 수 있으나 등기에 관한 채권채무 관계에 있어서는 이러한 방법을 사용할 수 없으므로, 등기의무자가 자기명의로 있어서는 안 될 등기가 자기명의로 있음으로 인하여 사회생활상 또는 법상 불이익을 입을 우려가 있는 경우에는 소의 방법으로 등기권리자를 상대로 등기를 인수받아 갈 것을 구하고 그 판결을 받아 등기를 강제로 실현할 수 있도록 한 것이라고 하여 동일한 태도를 취한다.[39)]

36) 대판 1976.11.6, 76다148.
37) 대판 2001.2.9, 2000다60708.
38) 곽윤직 195~196면.
39) 대판 2001.2.9, 2000다60708.

5. 登記의 有效要件

(1) 登記의 형식적 · 실질적 유효요건

등기가 유효하기 위해서는 먼저 등기가 형식적으로 존재하여야 한다. 따라서 등기의 부존재는 등기의 멸실 · 불법말소와 구별되는 등기의 유효요건이다. 그렇다면 등기의 멸실 · 불법말소로 물권이 소멸하는가. 등기의 멸실은 소유권 · 제한물권을 불문하고 소멸하지 않는다고 한다.[40] 그러나 등기가 불법말소된 경우에는 등기를 권리존속요건이라 보는가, 효력발생요건으로 보는가에 따라 달리한다.

다수설은 등기는 물권의 효력발생요건이라고 하고, 판례 또한 불법말소된 등기는 실체관계에 부합하지 않는 것이어서 무효이므로 이로써 말소된 물권은 소멸하지 않고 그 회복등기가 행하여지면 그 등기는 말소된 종전의 등기와 동일한 순위의 효력을 가지는 것이며, 다만 등기명의인이 적법한 권리자로 추정될 뿐이라고 한다.[41]

또한, 등기는 물권적 합의와 일치되어야 효력이 발생하고 그 시기는 등기시가 아니라 물권적 합의시를 기준으로 정하여진다.[42]

(2) 登記의 중복

(가) 등기는 1부동산 1등기용지주의를 취하므로(부등법 제15조) 중복등기는 인정되지 않지만, 때로는 착오 또는 불법행위 등에 의하여 하나의 부동산에 양립할 수 없는 2개 이상의 등기가 행하여진 경우 그 효력을 어떻게 할 것인가. 등기의 중복문제이며, 절차법설은 1부동산 1등기용지 원칙에 따라 선차등기만이 유효하다고 하고, 실체법설은 등기가 행하여진 이상 실체관계에 부합한 등기가 유효한 것이라고 한다.

이에 대한 종래 판례는 그 실체관계를 따져 유효 · 무효를 결정해야 한다고 하였다.[43] 그러나 최근 판례는 이를 변경하여 등기명의인이 동일인이거나 아니거나 먼저 이루어진 등기가 원인무효가 아닌 한 후에 경료된 등기는 그것이 실체관계에 부합한 등기라고 하더라도 부동산등기법상 1부동산 1등기용지주의 원칙에 따라 무효라 하고,[44] 다만 등기명의인이 같은 경우에는 시간적으로 후에 경료된 등기는 실체관계에 부합 여부를 불문하고 무효라고 한다.[45]

(나) 동일 부동산에 관하여 등기명의인을 달리하여 중복된 소유권보전등기가

---

40) 대판 1988.10.25, 87다카1232 ; 1982.8.24, 82다카416.
41) 대판 2002.10.22, 2002다46331 ; 1998.1.23, 97다35771 ; 1982.9.14, 81다카923 ; 1968.8.30, 68다1187.
42) 대판 1990.3.9, 89다카3288.
43) 대판(全) 1978.12.26, 77다2427.
44) 대판 1996.10.17, 96다12511 ; 1990.11.27, 87다카2961.
45) 대판 1982.6.8, 81다611.

경료되고 먼저 이루어진 소유권보전등기가 원인무효인 등기가 아니어서 뒤에 된 소유권보전등기가 무효로 되는 경우 이 무효인 등기명의인은 무효인 등기에 바탕한 취득시효를 주장할 수 있는가. 다시 말하여 선보존등기가 유효하고 후보존등기가 원인무효의 등기인 경우 무효인 후보존등기인이 목적물을 점유하여 취득시효의 요건을 갖춘 경우 목적물의 시효취득을 주장할 수 있는가.

다수설은 취득시효제도의 존재이유를 들어 긍정하고, 종래 판례는 획일적이지 못하여 부정하는 판례와 긍정하는 판례가 있었다. 그러나 이에 대한 최근의 전원합의체 판례는 민법 제245조 제2항은 부동산의 소유자로 등기한 자가 10년간 소유의 의사로 평온·공연하게 선의이며 과실 없이 그 부동산을 점유한 때에는 소유권을 취득한다고 규정하고 있는바, 위 법조항의 등기는 부동산등기법 제15조가 1부동산 1용지주의에 위배되지 아니한 등기를 말하므로 어느 부동산에 관하여 등기명의인을 달리하여 소유권보전등기가 이중으로 경료된 경우 먼저 이루어진 소유권보전등기가 원인무효가 아니어서 뒤에 소유권보전등기가 무효로 되는 때에는 후에 된 소유권보전등기나 이에 터 잡은 소유권이전등기를 근거로 하여서는 등기부취득시효완성을 주장할 수 없는 것이라고 한다.[46]

6. 登記의 效力

(1) 本登記의 效力

(가) 추정적 효력 우리 민법상 등기에는 공신력이 인정되지 않으나, 일단 등기

---

46) 대판(전) 1996.10.17, 96다12511. 구체적 사안에서 분할전 토지(강원도 양양군 속초읍 논산리 423 답 1천27평)는 1956.10.15 원고 X들의 피상속인 소외 망 A명의로 멸실회복에 의한 소유권이전등기가 경료된 후(다만, 전등기가 접수일자, 접수번호 및 원인일자 등이 불명으로 기재되어 있다.), 위 토지에서 분할되어 나온 토지 중의 하나인 강원 양양군 속초읍 논산리 423의 4 토지 1천7백59㎡가 지목과 행정구역의 변경으로 속초시 조양동 553의 4 철도용지 1천7백59㎡로 된 후 그 토지에 관하여 1983.4.4 피고 Y(대한민국)명의의 소유권보존등기가 경료되었다.

이에 원고 X들은 피고 Y명의의 소유권보존등기는 중복등기로서 무효라고 주장하고, 소유권보존등기말소청구의 소를 제기하였다. 이에 대하여 피고 Y는 토지의 관리경위, 토지현황 그리고 철도청의 국유재산관리대장에 위 토지가 행정재산 및 보존재산이라고 기재되어 있고, 나아가 자신의 소유권보존등기명의로 1983.4.4.부터 1993.12.31까지 10년 이상 위의 토지를 소유의 의사로 점유함으로써 등기부시효취득을 하였고 따라서 이 건 토지에 관한 피고 Y의 소유권보존등기는 실체관계에 부합되는 유효한 등기이므로 원고 X들의 등기말소청구에 응할 수 없다고 항변하였다.

원심은 1부동산 1등기용지주의를 취하는 현행 부동산등기법 아래에서는 피고 Y가 먼저 경료된 등기부상의 소유자인 원고 X들을 상대로 시효취득을 원인으로 한 소유권이전등기를 구하는 것은 몰라도 나중에 경료된 피고 Y명의의 소유권보존등기가 실체관계에 부합한다는 이유로 그 등기에 대한 말소청구를 거절할 수 없다고 판사하여 피고 Y의 주장을 배척하였다(한편 원고 X들은 1973년경부터 20년간 소유의 의사로 평온·공연하게 점유하였음을 이유로 점유취득시효의 완성의 주장까지 받아들여졌다). 피고 Y는 대법원에 상고하였으나 이에 대법원은 상고를 기각하였다.

된 이상 그 등기와 부합한 실체적 권리관계가 있는 것으로 추정된다. 이것을 등기의 추정력이라고 하며, 등기에 주어지는 최소한의 효력이다.

(ㄱ) 등기의 추정력은 권리추정인가, 사실의 추정인가. 예컨대 매매를 원인으로 하는 소유권이전등기가 甲의 명의로 경료된 경우 소유권이 甲에 있다는 것이 추정되는가, 아니면 甲을 매수인으로 하는 매매가 있었다는 것이 추정되는가. 권리추정설은 부동산등기에도 점유의 추정에 관한 민법규정이 준용되는 것이라고 하고, 사실추정설은 등기가 국가기관에 의하여 관리되고 엄격한 절차에 의하여 행하여지는 점에서 주어지는 사실적 추정에 불과하다고 한다.

양설의 차이는 추정력의 복멸방법, 즉 사실적 추정으로 보면 반증, 즉 법관으로 하여금 요증사실의 존재에 대한 의문을 갖게 하는 주장으로 전복이 가능하나, 법률적 추정으로 보면 그 추정력을 전복하려는 자는 본증, 즉 반대사실의 존재에 대한 법관의 확신으로 이를 입증하여야 할 것이라는 점에 있다.

다수설·판례는 권리추정으로 본다.[47] 그러나 그 근거에 관하여는 민법 제200조의 점유에 관한 적법성 추정에 근거하나, 등기를 물권행위의 요소로 보는 견해에 의하면 물권행위 자체에 의하여 추정력이 주어진다.[48]

(ㄱ) 추정력의 결과 본권(本權)이 추정된다. 따라서 부동산의 이전등기·저당권설정등기의 경우 진정한 본권(실체적 권리관계)이 있는 것으로 추정된다. 그러나 보존등기는 단독신청에 의하고 그 진실성의 보장이 약하므로 소유권보존등기명의자에 대하여는 소유권보존의 사실만이 추정되고 기타 사실, 특히 권리변동의 사실은 추정되지 않는다.

판례는 현재 원고명의로 건물의 소유권보존등기가 경료되어 있다면 일응 본건 건물의 소유권은 원고에게 있다고 추정할 것이라고 하여 건물의 보존등기에는 권리의 존재 및 귀속에 관한 추정력을 긍정한다.[49] 그러나 토지의 소유권보전등기에 관하여는 이전등기의 추정력과 구별하여 소유권보전등기의 공시력은 그 보전등기명의인 이외의 자가 당해 토지를 사정 받은 것으로 밝혀지면 깨어지는 것이어서 등기명의인이 그 구체적인 승계취득사실을 주장·입증하지 못하는 한 그 등기는 원인무효로 되는 것이라고 한다.[50]

---

47) 대판 1987.10.13, 86다카2928: 그러나 동 판례의 소수견해는 우리 법제상 부동산등기는 그 기재사항에 관한 사실상 추정을 갖는데 그치는 것이지 그 이상의 법률상 추정을 갖는 것은 아니라고 한다.

48) 이영준 215면.

49) 대판 1965.1.26, 64다1367.

50) 대판 2002.4.26, 2001다81955; 1991.10.11, 91다20159; 1980.8.26, 79다494: 판례는 소유권보존등기는 새로운 등기용지를 개설함으로써 그 부동산을 등기부상 확정하고, 이후에는 그에 대한 권리변동은 모두 보존등기를 시발점으로 하는 까닭에 등기가 실체법상 권리관계와 합치할 것을 보장하는 관문

(ㄴ) 등기원인의 추정력도 주어지는가. 긍정함이 다수설·판례이다.[51] 그 외에도 부수적 추정으로, 등기의 내용을 신뢰하는 것은 선의에 관하여 무과실로 추정되며, 등기내용을 조사하지 않는 것은 비록 선의이더라도 과실이 추정된다.

(ㄷ) 등기의 추정력은 물권변동의 당사자간에도 주어지는가. 부정설은 현 등기명의인이 등기원인의 존재를 주장·입증하여야 할 것이라고 한다.[52] 그러나 판례는 직전 등기명의인이 현 등기명의인을 상대로 소유권이전등기의 말소를 청구하는 경우 현 등기명의인은 당해 등기원인에 의하여 적법이 이전등기한 것으로 추정된다고 하여 긍정한다.[53]

(나) 순위확정의 효력 동일한 부동산에 설정된 다수 권리의 순위관계는 법률에 다른 규정이 없으면 등기순위에 의하여 정하여진다. 그리고 등기순위는 등기용지 중 같은 區에서 한 등기는 그 순위번호에 의하고, 다른 區에서 한 등기는 접수번호에 의하여 순위가 정하여 진다. 다만 부기등기의 순위는 주등기 순위에 의하고, 부기등기 상호간에는 그 선·후에 의하여 정하여진다(동법 제6조 제1항).

(다) 권리이전적 효력 물권행위와 그것에 부합하는 등기가 있으면 부동산물권변동의 효력, 즉 권리 이전적 효력이 생긴다. 이것이 등기에서 가장 중요한 것이며 중심적인 효력이다.

물권변동이 생기는 시기는 실제로 등기부에 기재된 때이다. 따라서 등기에는 소급효가 없다. 예컨대 재단법인의 설립이나 취득시효 등의 경우에는 등기의 효력이 소급하는 것 같이 보이나, 이러한 경우에도 등기의 효력이 소급하는 것이 아니고, 다만 비용상환이나 과실반환 등에 관하여 마치 등기 전에 소유권을 취득하였던 것과 같이 그 효력을 의제한 것에 불과한 것이라고 본다.

(라) 점유적 효력 등기에 점유적 효력이 주어지는가. 다수설은 민법 제245조 제2항은 등기부취득시효, 즉 부동산의 소유자로 등기되어 있는 자가 10년간 점유를 한 때에는 소유권을 취득하나 점유취득시효의 경우에는 20년간 점유함으로써 소유권을 취득하므로 그 결과 등기에는 10년의 기간을 단축하는 효력이 주어진다고 하며, 이를 소위 등기에 점유적 효력이 있는 것이라고 한다.

이며, 그 외의 다른 보통등기에 있어서와 같이 당사자간의 상대적인 사정만을 기초로 하여 이루어질 수 없고 물권의 존재 자체를 확정하는 절차가 필요하므로 보유권보존등기는 소유권이 진실하게 보존되어 있다는 사실에 관하여서만 추정력이 있고 소유권 이외의 권리변동이 진실하다는 점에 관하여서는 추정력이 없는 것이라고 한다(대판 2002.4.26, 2001다81955).

51) 대판 2002.9.24, 2002다26252; 2001.8.21, 2001다23195; 1992.4.24, 91다2637; 1969.10.14, 69다1185.

52) 곽윤직 202면, 이은영 219면; 이재성, 판례평석(사법행정 1988.10) 60면.

53) 대판 1994.9.13, 94다10160; 1992.4.24, 91다26379·26386; 1982.6.22, 81다792.

⑵ 假登記의 효력

가등기의 효력에는 크게 본래의 의미의 가등기, 소위 소유권보전의 가등기와 담보목적의 가등기가 있다. 여기서 본래의미의 가등기효력은 물권의 변동에는 직접 관계가 없고, 다만 간접적으로 장차 종국등기를 할 수 있을 만한 실체법적 또는 절차법적 요건을 완비한 때 행하여질 본등기를 위하여 미리 그 순위를 보전해 주는 효력을 가지는 등기이며 본등기 여부에 따라 효력을 달리한다.

(가) 소유권보전의 가등기효력 소유권보전을 위한 가등기의 효력은 본등기 전·후에 따라 달리한다.

(ㄱ) 본등기후의 효력 : 가등기한 후 가등기에 기하여 본등기가 행하여지면 본등기의 순위는 가등기의 순위에 의한다. 이와 같이 가등기는 본등기의 효력을 보전하는 효력이 있지만, 이것은 물권변동의 시기가 가등기를 한 때까지 소급한다는 것을 의미하는 것은 아니며, 물권변동의 효력은 본등기를 한 때에 발생하게 된다.[54]

가등기에 기한 본등기가 있게 되면 가등기에 의하여 보전되는 청구권과 상충되는 범위에서 제3자의 등기는 무효로써 직권 말소되고 양립 가능한 때에는 후 순위로 된다(상대적 무효).

(ㄴ) 본등기 전의 효력 : 본등기가 없는 한 가등기만으로는 아무런 실체법상 효력은 생기지 않는다. 따라서 가등기가 있더라도 등기의무자인 본등기명의인은 부동산을 처분할 권리를 여전히 가진다. 그러나 예외적으로 가등기 자체의 사실적 효력으로서 경고적 효력은 가진다.

다만, 가등기권리자는 이해관계인으로서의 지위를 가지는가. 부동산등기법 제171조는 “등기말소를 신청하는 경우 그 말소에 대하여 등기상 이해관계 있는 제3자가 있는 때에는 신청서에 그 승낙서 또는 이에 대항할 수 있는 재판의 등본을 첨부하여야 한다.”라고 하고, 또한 민사집행법 제90조는 경매절차에서의 이해관계인을 규정하고 그 이해관계인으로서 「등기부에 가입된 부동산 위의 권리자, 부동산 위의 권리자로서 그 권리를 증명한 사람」을 규정(동조 3호, 4호)함으로 문제되나, 판례는 민사집행법상 이해관계인에는 부동산의 물권자를 의미하는 것이어서 임차권자나 예고등기를 한 자를 제외되는 것이라고 하여 가등기권자를 배척한다.[55]

더욱, 판례는 가등기는 부동산등기법 제6조 제2항의 규정에 의하여 그 본등기시에 본등기의 순위를 가등기의 순위에 의하도록 하는 순위보전적 효력만이 있을 뿐이고, 가등기만으로는 아무런 실체법상 효력을 갖지 아니하고 그 본등기를 명하는

---

54) 대판 1981.5.26, 80다3117.
55) 대판 1961.11.14, 4294재항고669.

판결이 확정된 경우라도 본등기를 경료하기까지는 마찬가지이므로, 중복된 소유권 보존등기가 무효이더라도 가등기권리자는 그 말소를 청구할 권리가 없는 것이라고 한다.[56)]

또한, 가등기 자체에 청구권보전의 효력을 가지는가. 가등기는 본등기를 위한 협력을 청구하거나 가등기 후 제3자에 대한 등기의 말소를 청구할 수 있다는 점을 들어 이를 긍정하는 견해가 있다.[57)] 그리하여 개정 민법(안)에서는 "가등기 이후에 이루어진 목적물에 대한 처분은 그 가등기에 의하여 보전되는 권리를 침해하는 한도에서 효력이 없다."라고 함으로써 가등기에 청구권보전의 독립적 효력을 뒷받침하고 있다(§187의 2 신설안).

(나) 담보가등기의 효력 현행 법제상 담보가등기는 다수설이 일종의 제한물권으로 이해하고(제한물권설), 특히 담보권자가 가등기담보권을 경매 실행하는 경우 그 목적물상 담보가등기는 저당권을 설정한 것으로 본다. 그러므로 담보목적의 가등기에는 적어도 저당권에 준한 효력이 주어질 뿐만 아니라, 또한 채권자의 소유권취득에 의한 담보권실행의 경우에도 목적물상 피담보채권에 대한 가등기의 순위에 따른 우선변제적 효력이 확보된다. 따라서 담보목적의 가등기에는 전술한 소유권보전의 가등기에서와 달리 사실적 효력으로서 경고적 효력은 물론 담보권으로서 실체법적 효력도 당연히 가진다.

제 4. 名義信託

1. 名義信託의 개념

(1) 名義信託의 의의

일반적으로 명의신탁이란 수탁자에게 재산권의 소유명의가 이전되긴 하지만 수탁자는 외관상 소유자로 표시될 뿐이고 적극적으로 그 재산을 관리·처분할 권리·의무를 갖지 않는 신탁관계를 말한다.

원래, 신탁행위이론은 독일에서 형성·발전된 것으로, 이들 신탁관계에서는 담보신탁과 관리신탁이 있을 뿐이었다. 그러나 우리나라 종래 판례는 宗中財産의 보전과 관련하여 명의신탁을 대내적 관계에 있어서는 신탁자가 소유권을 보유하여 이를 관리·수익하면서 공부상의 소유명의만을 수탁자로 하여 두는 것이라고 하여 명의

56) 대판 2001.3.23, 2000다51285.
57) 곽윤직 207면.

신탁을 널리 부동산에 인정한다.[58)]

⑵ 名義信託의 유효성논의

명의신탁의 유효성에 관하여 판례는 거래실정과 당사자간의 실질적 의사존중이란 측면에서 명의신탁의 유효성을 인정하여 왔고, 학설 또한 양도담보의 유효성 논리에 의하여 유효성을 주장하거나 프랑스법상 표현소유권론, 또는 영미법상 수동신탁이론에 바탕하여 한정적 유효성을 주장하여 왔다. 그러나 대다수의 학설은 명의신탁이 의사표시라는 측면에서 볼 때 가장적 외관을 나타내는데 당사자간의 합의가 있고, 또한 경제적 측면에서 볼 때 재산의 은닉·탈세 등 위법적·탈법적 수단으로 악용될 가능성이 있을 뿐만 아니라, 악의의 전득자로부터 소유자를 보호하기 위하여서도 무효로 하여야 할 것이라고 하여, 판례와 학설 간에 적지 않은 갈등을 빚어 왔다.[59)]

이에 대한 최근의 입법은 명의신탁을 통한 탈세·탈법의 방지와 부동산가격의 안정 등 국민경제의 건전한 발전을 도모할 필요에서 부동산등기실명법을 제정하여 동법상 부동산명의신탁을 원칙적으로 금지함으로써 종래 판례와 학설상 부동산명의신탁의 유효성 논의는 동법의 제정으로 사실상 실익이 상실되고, 다만 부동산 이외의 명의신탁, 즉 동산 등의 명의신탁에 관하여만 논의의 실익이 있을 뿐이다. 따라서 현행 법제 하의 명의신탁은 적어도 부동산의 명의신탁과 동산 등, 예컨대 자동차 명의등록, 전화가입권의 명의신탁으로 나누어 고찰하여야 하며, 그 법률관계 구성을 달리한다.

2. 不動産의 名義信託

⑴ 不動産實名法과 명의신탁의 금지

부동산의 명의신탁은 부동산실명법상 원칙적으로 금지된다. 동법은 부동산에 관한 물권은 타인명의로 등기하지 못하게 하고(동법 제2조), 동시에 이에 위반한 등기의 효력을 배척(동법 제4조)하는 한편, 동법이 규정한 일정 사항의 명의신탁에 관하여만 그 효력을 인정한다. 그러므로 현행법상 부동산명의신탁은 결국 동법상 무효인 명의신탁과 유효인 명의신탁으로 그 법률관계가 처리되며, 그 무효 되는 근거도

58) 대판 1965.5.18, 65다312; 1963.9.9, 63다388.
59) 견해 중에는 선별적 유효성논리, 즉 명의신탁은 일제시대부터 주로 종중재산에 대하여 이용되어 왔고 상호명의신탁과 같이 당사자의 의사에 관계없이 성립하는 것도 있어서 이를 획일적으로 무효라 하기는 어렵다고 하면서, 특히 중간생략형 명의신탁은 신탁자에 소유권이 귀속하지 않았다는 점에서, 또한 탈세·탈법목적의 명의신탁은 반사회질서행위로서 무효라고 해야 할 것이라고 한다(김주수 민법개론 345면).

통정허위표시로서의 무효가 아니라 강행법규위반으로서 무효인 동시에, 또한 그 유효한 명의신탁도 단순히 판례가 인정한데서 나아가 적어도 법률상 유효성이 뒷받침된 제도로서 의미를 가진다.

⑵ 無效인 명의신탁과 有效인 명의신탁

(가) 부동산실명법상 금지되는 명의신탁은 부동산소유권 및 물권을 사실상 취득하거나 취득하려는 자(실권리자)가 타인과의 사이에서 대내적으로는 실권리자가 부동산에 관한 물권을 보유하거나 보유하기로 하고 그에 관한 등기는 타인명의로 하는 약정의 명의신탁이며(동법 제2조 1호), 원칙적으로 금지된다. 따라서 동법상 금지되는 명의신탁은 특정목적의 명의신탁에 한정하지 않고 널리 일반적으로 금지한다.

(나) 명의신탁이지만 일정 경우의 명의신탁은 부동산실명법의 규제대상에서 제외된다. 즉 종중이 보유한 부동산에 관한 물권을 종중 이외 자의 명의로 등기한 경우 또는 종중과 그 대표자를 같이 하여 등기한 종중·문중재산의 명의신탁, 배우자의 명의로 부동산에 관한 물권을 등기한 부부간의 명의신탁은 명의신탁이지만 규제대상에서 제외되므로 유효한 명의신탁이 인정된다.

또한, 부동산의 위치나 면적을 특정하여 2인 이상이 구분소유하기로 약정하고 그 구분소유자의 공유로 등기하는 공유자간의 명의신탁은 이법이 정한 명의신탁에 해당하지 아니한다. 다만 담보목적의 명의신탁, 즉 명의신탁의 형태를 취한 그 실질이 채권의 담보를 위하여 채권자가 부동산에 관한 물권을 이전받거나 가등기하는 것은 동법 적용의 명의신탁에 해당하는가. 판례는 제3채권자명의의 담보권설정행위 부동산실명법에 규정된 명의신탁약정의 금지에 위반된다고 할 것은 아니라고 하고 나아가 이러한 법리는 저당권의 경우뿐만 아니라 채권담보를 목적으로 가등기를 하는 경우에도 마찬가지로 적용되는 것이라고 한다.[60]

그면서도 전세권명의신탁약정은 당사자 사이에서는 무효이나 그 무효는 제3자에게 대항하지 못하는 것이라고 한다.[61]

- (ㄱ) 동법적용을 받는 명의신탁이나 규제대상에서 제외되는 명의신탁
  - 종중재산의 명의신탁
  - 부부간의 명의신탁
- (ㄴ) 동법적용을 받지 않는 명의신탁
  - 공유자간의 명의신탁
  - 양도담보와 가등기담보로서 채권담보를 위한 신탁

60) 대판 2000.12.12, 2000다49879; 2000.1.14, 99다51265, 51272; 1995.9.26, 94다33583; 1995.2.10, 94다18508; 1994.2.8, 93다19153, 19160.

61) 대판 1998.9.4, 98다20981; 대결 1997.5.1, 97마384.

⑶ 無效인 名義信託의 법률관계

(가) 명의신탁의 약정과 물권변동의 무효 동법상 무효되는 대상은 제1차적으로 당사자간의 명의신탁약정이 무효이고(동법 제4조 제1항) 제2차적으로 이 약정에 따라 행하여진 등기에 의한 부동산 물권변동이 무효로 된다(동조 제2항).

다만, 무효인 명의신탁이더라도 그 부동산을 취득하기 위한 계약에서 명의수탁자가 그 일방 당사자가 되고 그 타방 당사자는 명의신탁약정이 있다는 사실을 알지 못할 경우에는 무효로 되지 않는다(동법 제4조 제2항 단서). 따라서 동법은 제정의 목적을 선명히 함과 동시에 동법상 금지명령위반의 효과에 관하여 효력규정인가, 단속규정인가의 논쟁을 피하기 위하여 명의신탁 자체의 채권적 계약은 물론, 이에 따른 물권행위의 효력까지 무효로 됨을 명문으로 규정함으로써 효력규정임을 명백히 밝히고 있다.

(나) 명의신탁의 무효와 제3자에의 대항금지 명의신탁 당사자간의 무효는 제3자에 대항하지 못한다. 따라서 수탁자로부터 소유권을 양도받은 제3자는 선의·악의를 불문하고 소유권을 취득하며, 이때 대항금지 범위는 명의신탁약정의 무효 또는 이에 바탕한 부동산물권변동이다(동법 제4조 제3항).

결국, 동법 규정에 의하여 명의신탁된 부동산을 수탁자로부터 양수 받은 제3자는 양도인의 등기에 공신력을 부여받은 것과 같은 이익을 받게 되며, 이 점에서 유효한 명의신탁의 해지 전의 양수인의 지위와 동일한 보호를 받게 된다.

(다) 소유권의 귀속과 반환청구권 인정 여부 명의신탁을 금지하는 부동산실명법상 금지규정의 성질은 강행법규위반으로서 무효이다. 즉 통정허위표시 등 의사표시의 흠결에 의한 무효가 아니라 법률이 발한 금지명령위반으로서 무효이다. 따라서 동법 규정위반에 의한 명의신탁의 사법상 효력은 당초부터 발생하지 아니하므로 그 물권변동은 처음부터 발생하지 않고 신탁자 또는 제3매도인에 잔존한다. 그러나 명의신탁이 있게 되면 통상 소유권이전등기가 수탁자에 경료되므로, 이때 신탁자와 제3매수인은 그 외형상 존재하는 등기의 말소를 구하여 그 반환을 청구할 수 있는가. 금지법의 성질과 관련하여 문제된다.

(ㄱ) 기존명의신탁과 그 반환청구권의 행사 : 부동산실명법 제11조 제1항 본문, 제12조 제1항, 제4조의 각 규정에 따르면 동법 시행 전의 명의신탁약정에 의하여 부동산에 관한 물권을 수탁자명의로 등기한 명의신탁자는 유예기간 이내에 실명등기 등을 하여야 하고, 유예기간 이내에 실명등기 등을 하지 아니한 경우에는 유예기간이 경과한 날 이후부터 명의신탁약정과 명의신탁약정에 따라 행하여진 등기에 의한 부동산에 관한 물권변동도 무효가 되고, 동법 소정의 유예기간 경과에 의하여 기존

명의신탁약정과 그에 의한 등기가 무효로 되면 명의신탁부동산은 매도인 소유로 복귀하는 것은 명백하고 판례 또한 동일한 태도를 취한다.[62)]

그렇다면, 이 경우 명의신탁자는 그 수탁자에 잔존하는 등기의 말소를 청구하여 회복할 수 있는가. 판례는 부동산실명법 소정의 유예기간 경과에 의하여 기존 명의신탁약정과 그에 의한 등기가 무효로 되면 명의신탁부동산은 매도인 소유로 복귀하므로 매도인은 명의수탁자에게 무효인 수탁자명의등기의 말소를 구할 수 있게 되고, 한편 동법은 매도인과 명의신탁자 사이의 매매계약의 효력을 부정하는 규정을 두고 있지 아니하여 위 유예기간 경과 후로도 매도인과 명의신탁자 사이의 매매계약은 여전히 유효하므로, 명의신탁자는 위 매매계약에 기한 매도인에 대한 소유권이전등기청구권을 보전하기 위하여 매도인을 대위하여 명의수탁자에게 무효인 수탁자명의의 등기말소를 구할 수 있는 것이라고 한다.[63)]

(ㄴ) 실명법시행 이후의 명의신탁과 반환청구권의 행사 : 부동산실명법 시행 후 명의신탁으로서 무효인 법률행위에도 명의신탁자의 반환청구권을 인정할 것인가. 학설·판례는 대체로 명의신탁을 악용한 탈세·탈법 등 반사회질서행위를 규제하기 위한 것이라고 보면서도 그 위반의 사법상 효력 부인에 따른 반환청구권의 인정 여부에 관하여는 견해가 대립한다.

다수설은 명의신탁약정에 의한 등기를 바로 반사회질서행위로 볼 수 없는 것이라 하여 그 반환청구를 긍정할 것이라고 하고, 헌법재판소 판례 또한 명의신탁의 사법적 효력부인의 위헌성과 관련하여 부동산실명법이 명의신탁약정만을 무효로 하고 그에 기한 물권변동을 유효로 본다면, 명의신탁된 부동산에 관한 권리가 언제나 명의수탁자에게 확정적으로 귀속되는 결과가 되어 명의신탁자는 그 부동산인 재산을 직접적으로 박탈당하는 결과가 되므로 재산권의 본질적 부분을 침해하게 될 소지가 크다고 하겠으나, 부동산실명법은 명의신탁약정에 기한 물권변동도 원칙적으로 무효로 함으로써 등기명의신탁의 경우 명의신탁자가 부동산실명법에 대한 행정적 제재나 처벌은 별론으로 하고 그 부동산에 대한 소유권을 회복할 가능성을 열어 놓고 있어 재산권의 본질적 부분을 침해하는 정도에는 이르지 않았다고 볼 것이고, 더욱 숨은 명의신탁의 경우에도 부동산실명법 제4조 제2항 단서에 의하여 매도인이 명의신탁약정이 있다는 사실을 안 경우에는 매도인에 소유권이 귀속되는 결과가 되고, 매도인이 명의신탁약정이 있다는 사실을 알지 못한 때에는 수탁자에 소유권이 귀속

62) 대판 2002.3.15, 2001다61654; 1999.1.26, 98다1027; 1999.9.17, 99다21738; 1998.9.4, 98다20981; 1998.12.11, 98다43250; 대결 1997.5.1, 97마384.

63) 대판 2002.3.15, 2001다61654; 1999.9.17, 99다21738.

하게 되나, 이 경우에도 신탁자는 수탁자와 관계에서 부당이득의 법리에 의하여 구제 받을 수 있는 것이라고 한다.[64]

그렇다면, 이와 같은 학설·판례는 타당한 것인가. 생각건대, 동법 규정의 궁극적 목적은 부동산등기제도를 악용한 투기·탈세·탈법행위 등 반사회적 행위의 방지를 위함에 있다고 보아야 할 것이며, 또한 논리적으로도 부동산실명법이 등기와 실체적 권리관계의 일치를 위한 제도라고 함은 부당하다. 원래 명의신탁의 유효성법리 자체가 등기와 당사자간의 실체적 의사가 불일치 한다는 점에 있는 것은 아니며, 오히려 당사자의 실체적 의사가 대내적으로는 신탁자에, 대외적으로는 수탁자에 소유권(또는 물권)이 있는 것으로 하는 실체적 의사에 바탕한 것이며, 다만 논리상 사실적 소유권은 신탁자에, 법률적 소유권은 수탁자에 있는 것으로 분화될 수 있는가에 의문이 있게 될 뿐이다. 따라서 동법 위반의 무효인 명의신탁은 민법 제103조 위반의 반사회질서행위로서 그들 간의 소유권이전등기 행위에는 민법 제746조 본문이 적용되어 그 반환청구를 제한할 것이라고 본다.[65]

(ㄷ) 숨은 명의신탁과 반환청구권의 행사 : 무효인 명의신탁이더라도 그 부동산을 취득하기 위한 계약에서 명의수탁자가 그 일방 당사자가 되고 타방 당사자는 명의신탁약정이 있다는 사실을 알지 못할 경우, 예컨대 명의신탁자(乙)가 명의수탁자(丙)로 하여금 계약당사자가 되도록 하여 매도인(甲)과 매매계약을 체결하도록 하고 그 등기 또한 丙명의로 경료한 경우에는 무효로 되지 않는다.[66] 부동산실명법 제4조 제2항 단서는 "…, 다만 부동산에 관한 물권을 취득하기 위한 계약에서 명의수탁자가 그 일방 당사자가 되고 그 타방 당사자는 명의신탁약정이 있다는 사실을 알지 못한 때에는 그러지 아니하다."라고 하여 소위 숨은 명의신탁에서는 오로지 명의신탁자와 명의수탁자간의 명의신탁계약만이 무효이고 매도인과 명의수탁자간의 유효한 거래행위를 인정한다. 그리하여 그 소유권귀속에 관하여 학설은 동조 규정에 근거하여 매도인이 진정한 매수자로 알고 직접 매매를 하여 소유권을 이전한 경우에는 명의수탁자의 소유권이 확정적으로 인정되는 것이라고 하고,[67] 헌법재판소의 판례 또한 甲이 명의신탁약정이 있다는 사실을 알지 못한 경우에는 부동산실명법 제4조 제2항 단서에 의하여 명의신탁약정은 무효이되 그에 기한 물권변동은 유효하므로 丙이 완전히 유효한 소유권을 취득하게 되고, 甲이 명의신탁약정이 있다는 사실

64) 헌재판 2001.5.31, 2000헌바64·65·85 참조.
65) 동지, 김상용, 부동산실명법의 사법상 문제점과 그 대처방향(법제연구 제9호, 1995.10) 160면 이하.
66) 견해 중에는 이를 계약명의신탁이라고 한다[이영준 164(1996)면, 헌재판 2001.5.31, 2000헌바18 등 참조].
67) 이영준 164(1996)면.

을 안 경우에는 명의신탁약정과 물권변동이 모두 무효가 되어 甲에게 소유권이 귀속되는 결과가 되므로, 乙은 丙에게 명의신탁약정을 이유로 하여 소유권이전등기를 청구할 수 없으나 乙이 부당이득의 법리에 의하여 구제 받을 수 있는 것은 별도의 문제라고 하였고,[68] 나아가 대법원 판례 역시 부동산실명법 제4조 제1항 내지 제2항의 규정에 의하면 명의신탁자와 명의수탁자가 명의신탁약정을 맺고 이에 따라 명의수탁자가 당사자가 되어 명의신탁약정이 있다는 사실을 알지 못하는 소유자와 사이에 부동산에 관한 매매계약을 채결한 후 그 매매계약에 기하여 당해 부동산의 소유권이전등기를 수탁자명의로 마친 경우에는 명의신탁자와 명의수탁자 사이의 명의신탁약정의 무효에도 불구하고 그 소유권이전등기에 의한 당해 부동산에 관한 물권변동 자체는 유효한 것으로 취급되어 명의수탁자는 당해 부동산의 완전한 소유권을 취득하게 되고,[69] 이러한 법리는 부동산실명법시행 전에 이와 같은 명의신탁약정과 그에 기한 물권변동이 이루어진 다음 부동산실명법 제11조에서 정한 유예기간 내에 실명등기 등을 하지 않고 그 기간을 경과한 때에도 같은 법 제12조 제4항에 의하여 제4항의 적용을 받게 되어 위 법리가 그대로 적용되는 것이라고 한다.[70]

이와 같은 학설·판례들의 태도는 동조 규정상 달리 해석할 여지가 없을 것이지만, 다만 동조 규정의 입법취지에 관하여는 의문이 있다. 동조 규정은 숨은 명의신탁에서의 매도인을 보호할 취지로 이해되나, 매도인이 이를 알지 못한 경우에는 왜 목적부동산의 소유권이 명의수탁자에 귀속되고, 또한 헌법재판소의 판례에서와 같이 매도인이 이를 안 경우에는 그 소유권이 매도인에 귀속되는 것인지, 명의수탁자는 어느 경우이든 그 실질적 매수인의 탈세·탈법행위를 조장한 자인데 매도인의 보호를 위해 목적부동산의 소유권을 명의수탁자에 귀속시켜야 한다는 법리는 동법의 입법취지에도 맞지 않고, 또한 매도인이 목적물을 매각하였지만 매수인이 명의수탁자임을 알지 못하였다는 이유로 소유권이 복귀된다는 법리는 수긍하기 어렵다. 입법상 잘못이다.

(4) 有效한 名義信託의 법률관계

(가) 목적물의 소유관계 명의신탁계약에 의하여 수탁자명의로 소유권이전등기가 경료되었다고 하더라도 대내적으로는 신탁자에 소유권이 있으므로 신탁자가 계속 신탁재산을 관리·수익할 수 있다. 따라서 신탁자는 수탁자에 대하여 소유권을 주장할 수 있고 수탁자는 신탁자에 대하여 자기에게 등기명의가 있음을 이유로 소

68) 헌재판 2001.5.31, 2000헌바18 등 참조.
69) 대판 2000.3.23, 98도4347.
70) 대판 2002.12.24, 2000다21123.

유권을 주장하지 못한다.그리하여 판례는 명의신탁계약의 경우 신탁자와 수탁자 사이의 내부관계에 있어서 그 목적물의 소유권은 언제나 신탁자가 보유하는 것이므로 그 목적물의 소유권과 관련되어 발생된 권리도 그들 내부관계에서는 신탁자에게 귀속되는 것이라고 한다.[71] 그러나 대외적으로는 소유권이 수탁자에 있는 것으로 공시되어 있으므로 수탁자가 신탁자의 승낙 없이 수탁재산을 처분한 때에도 그 제3취득자는 선의·악의를 불문하고 소유권을 취득한다.[72]

또한, 어떤 사정으로 신탁재산의 소유권 내용이 방해되거나 방해 당할 우려가 있는 경우 그 소유권 회복을 위한 제소권 및 물권적 청구권은 수탁자에 있고 신탁자는 수탁자를 대위하여 행사할 수 있을 뿐이다.[73]

- 대내적 관계
  - 신탁자의 소유권인정 — 신탁재산의 관리·수익권 인정
  - 수탁자의 소유권 주장제한(대판 1982.6.22, 82다카247·248)
- 대외적 관계
  - 수탁자의 법률적 소유권 및 관리·처분권 인정
  - 제3자의 선·악에 불문한 소유권 취득

(나) 명의신탁의 해제·해지효과　명의신탁을 해제 또는 해지한 경우 그 신탁재산의 소유권은 당연히 신탁자에 귀속한다. 그러나 그 잔존한 등기와 관련하여 견해가 대립한다.

물권적복귀설은 소유권은 당연히 신탁자에 복귀하고 신탁자는 수탁자에 대하여 소유권에 기한 말소등기를 청구할 수 있는 것이라고 하고(곽윤직, 명의신탁해지의효과, 민사판례연구(4) 13면), 채권적복귀설은 신탁계약해지에 의하여도 소유권은 당연히 복귀하지 않고 수탁자는 부당이득으로서 반환의무를 부담하는데 불과한 것이라고 한다(김증한·김학동 356면, 이은영 288면).

또한, 대내·대외분리설은 명의신탁의 특수한 법리에 의해 수탁자에 대한 관계에서는 소유권이 원래부터 신탁자에 있는 것이므로 신탁계약의 해지에 의하여 소유권이 새삼스럽게 복귀되는 것이 아니며 소유권을 행사할 수 있게 된데 불과하며, 제3자에 대한 관계에서는 수탁자가 소유자이므로 명의신탁해지에 의하여 소유권을 새로이 취득하는 것과 그 법적 성질이 같은 것이라고 한다(이영준 149-50면, 동 민법총칙 194면).

다수설은 채권적복귀설을 취한다. 그러나 판례는 명의신탁계약 해지에 의하여 신탁재산의 소유권이 당연히 신탁자에 복귀하더라도 대외적으로는 그 등기명의의 회복 없이는 소유권을 주장할 수 없는 것이라고 하여 대내적 관계와 대외적 관계를 분리하여 구성한다. 그리하여 특히 명의신탁해지의 효과는 소급하지 않고 장래에 향하여 효력이 있음에 불과하므로 수탁자가 신탁자 앞으로 등기명의를 이전하기 전에 그 부동산을 양도한 경우 취소 사유가 없는 한 적법하게 소유권을 취득하는 것

71) 대판 1996.10.25, 95다40939; 1982.6.22, 82다카247·248; 1966.7.19, 66다1007.
72) 대판 1991.8.27, 90다19848; 1963.9.19, 63다388.
73) 대판 1979.9.25, 77다1079; 1967.12.29, 67다2304.

이라고 한다.74)

제3절 動産物權의 變動

제 1. 動産物權變動의 概念

(1) 민법이 인정하는 동산물권에는 소유권 · 점유권 · 유치권 · 질권의 4종이 있다. 그리고 동산물권의 모습도 부동산물권변동에 있어서와 같이 법률행위에 의한 것과 법률규정에 의한 것으로 분류되고, 그 변동에 관해서도 민법 제188조 제1항은 "동산에 관한 물권의 양도는 그 동산을 인도하여야 효력이 생긴다."라고 규정함으로써 물권변동의 형식주의 원칙을 채용하고 있다.

(2) 동산물권변동으로서 법률행위로 인한 물권의 취득에는 특히 동산물권의 공시방법인 점유에 공신력이 인정되므로 권리자로부터의 취득과 무권리자로부터의 취득으로 나누어진다.

제 2. 權利者로부터의 取得

1. 形式主義의 원칙

(1) 동산물권변동도 물권행위와 공시방법으로서 인도를 그 요건으로 하고 있다. 그러나 인도를 물권변동의 요건으로 한 물권은 동산소유권 이전을 뜻한다.

민법 제188조 제1항은 「동산에 관한 물권」이라고 규정하지만 이것은 동산소유권에 국한하며, 그 밖의 동산물권인 점유권 · 유치권 · 질권은 점유 자체가 권리의 발생 내지 존속요건이므로 이에서 제외된다.

(2) 동산소유권양도에서의 물권행위는 부동산에서의 물권행위의 이론이 그대로 적용된다.

---

74) 대판 1991.8.27, 90다19848.

2. 動産物權의 변동으로서 인도

(1) 引渡의 의의

인도(引渡)란 점유의 이전을 말하며, 점유는 물건을 사실상 지배하는 것을 의미한다. 독립하여 거래의 객체가 될 수 있는 동산소유권의 양도는 원칙적으로 인도함으로써 효력이 생긴다(제188조).

(2) 引渡의 종류

동산 물권변동의 공시방법으로서 인도는 현실의 인도를 원칙으로 하나, 이것에 국한하지 않고 그밖에 관념적인 인도를 인정한다.

(가) 현실의 인도 현실의 인도란 양도인이 동산에 대한 현실의 지배력을 양수인에게 이전하는 것이며, 사회통념상 물건이 양도인의 지배권을 벗어나서 양수인의 지배권에 들어갔다고 볼 수 있을 때를 의미한다. 동산소유권이전의 요건으로서 인도는 현실의 인도를 원칙으로 한다(제188조 제1항).

(나) 관념적 인도

(ㄱ) 간이인도(簡易引渡) : 양수인이 그 동산을 점유한 때에는 양도의 합의만으로 양도의 효력이 생긴다(제188조 제1항). 예컨대 乙이 甲으로부터 차용하고 있었던 물건을 乙이 아주 매수해 버리는 경우와 같이 양수인이 이미 목적물을 점유하고 있을 때에는 甲·乙 간에 점유를 이전하는 의사표시(물권적 합의)만으로 양도의 효력이 생긴다. 이를 간이인도라고 한다.

(ㄴ) 점유개정(占有改定) : 양도인이 현실의 인도를 하지 않고 양수인이 간접점유자로 점유를 계속한다는 합의로 인도를 갈음한다(제189조). 예컨대 甲이 乙에게 매각한 물건을 다시 乙로부터 차용하는 경우와 같이 매도인 甲이 목적물을 양도한 후에도 점유를 계속하려고 할 때에는 양도인은 직접점유, 양수인은 간접점유를 취득하는 법률관계(점유매개관계)를 甲과 乙이 합의하면, 이 합의에 의하여 乙은 목적물의 인도를 받은 것이 된다.

이와 같이 점유개정은 양도한 후에도 계속해서 양도인이 점유하는 점에서 간이인도와 다르고 동산양도담보의 설정에 널리 이용된다.

점유개정에 의한 동산소유권이 이전되기 위해서는 물권적 합의와 점유매개관계(예컨대 민법 제194조가 요구하는 지상권·전세권·질권·사용대차·임대차·임치 등)를 설정하여야 하며, 점유매개관계는 유효한 것이어야 하지만, 이때 점유매개관계가 유효하게 존속하기 위해서는 양수인이 양도인에 대하여 부당이득반환청구권 등 반환청구권을 가지면 족하므로(상위 점유자로서 지위) 점유매개관계의 기초되는 계약은 무효이더라도 무방하다.

(ㄷ) 목적물반환청구권의 양도에 의한 인도 : 제3자가 점유하는 동산의 소유권을 양도한 때에는 양도인이 제3자에 대하여 가지는 반환청구권을 양수인에게 양도함으로써 인도에 갈음할 수 있다. 이때 반환청구권의 양도에 의하여 양수인은 직접점유자에 대하여 점유매개관계를 맺게 되며 채권적 청구권으로서 반환청구권을 취득한다. 따라서 반환청구권의 양도에는 채권양도에 관한 규정이 적용되며, 이로써 그 양도의 효력에는 제3자에게 통지를 하거나 승낙은 요하지 않지만, 이들에 대항하기 위하여서는 점유매개자에 통지하거나 승낙이 있어야 한다(제190조).

⑶ 引渡의 효력

인도의 결과로 동산소유권양도의 효력이 생긴다(제188조 제1항). 인도의 결과인 점유는 동산소유권의 소유를 의미하는 공시작용이 있고, 적법하게 점유한다는 권리추정력이 인정되며(제200조), 또한 공시방법이 불완전한데서 생기는 거래의 동적 안전을 확보하기 위하여 공신력이 인정된다(제249조).

3. 動産公示制度의 특례

⑴ 登記·登錄으로 공시되는 동산

동산에 관한 물권변동에는 인도를 요함이 원칙이다. 그러나 동산 중에서도 선박에 관하여는 등기가 공시방법이며, 자동차·항공기의 소유권(자동차관리법 및 항공법 제5조) 및 이를 목적으로 하는 저당권의 득실변경도 등록에 의한다(자동차저당법 제5조, 항공기저당법 제5조). 다만 건설기계는 등록하여야 운행할 수 있으나(건설기계관리법 제5조) 그 권리의 득실은 인도를 효력요건으로 한다(동법 제4조).

⑵ 不動産登記에 의하여 공시되는 동산

부동산의 종물인 동산은 주물인 부동산이 처분되면 그 효력이 미치는 것이 원칙이다(제100조 제2항). 예컨대 건물의 이전등기가 있으면 그 종물인 동산의 양도는 따로이 인도를 요하지 않는다. 따라서 부동산의 종물인 동산은 부동산등기에 의하여 공시의 효력이 생기며, 또한 주물인 건물에 저당권이 설정되는 경우에도 동일하게 해석된다.

제 3. 無權利者로부터의 取得

1. 動産物權과 善意取得

민법은 부동산의 등기에는 공신력을 인정하지 않으나, 동산의 점유에 공신력이 인정되는 결과, 평온·공연하게 동산을 양수한 자가 선의이며 과실 없이 그 동산을 점유한 경우에는 양도인이 정당한 권리자가 아닌 때에도 양수인은 즉시 그 동산의 소유권을 취득하게 된다.

이와 같이 공신의 원칙에 의하여 무권리자로부터 동산에 관한 물권을 취득하는 것을 선의취득이라고 하며, 거래안전을 위한 제도이다.

2. 善意取得의 要件

(1) 善意取得의 대상

(가) 선의취득의 대상은 동산에 한한다. 그러나 점유를 공시방법으로 하는 동산이어야 하므로 동산에 특유한 공시방법을 취하는 경우, 즉 등기·등록으로 공시되는 동산, 명인방법에 의하여 공시되는 물권 등에는 선의취득이 인정되지 않는다. 왜냐하면 선의취득은 오로지 점유에 공신력이 주어지는데서 인정되는 효력이기 때문이다.

(나) 화물상환증·창고증권·선하증권과 같이 증권에 의하여 표창되는 동산은 그 증권의 교부에 의하여 인도되고, 증권적 채권은 동산과 비슷하게 다루어지나 민법상 별도 규정(제514조·제524조)을 두고 있으므로 선의취득이 적용되지 않는다.

또한, 금전은 배타성이 없고 점유 자체가 곧 소유를 의미하므로 선의취득이 적용될 여지가 없다.

(다) 양도가 금지되는 물건은 선의취득의 대상이 될 수 없고, 또한 도품·유실물에 관하여도 특칙을 두고 있다.

(2) 處分者(前主)에 관한 요건

처분자, 즉 취득자의 전주가 무권리자로서 점유하고 있어야 한다. 이때 점유는 직접점유·간접점유 또는 자주점유·타주점유를 묻지 않는다.

다만, 점유보조자는 점유권을 갖는 자는 아니지만 취득자가 권리자로 오신한 경우에는 선의취득을 인정해야 할 것이란 견해가 있다.[75)]

75) 이영준 262면.

(3) 善意取得者에 관한 요건

(가) 선의취득자가 유효한 거래행위를 통하여 평온·공연·선의·무과실로 물건을 취득하여 점유를 하여야 한다.

동산을 원시적으로 취득하거나 상속 등으로 포괄승계한 경우에는 선의취득은 적용되지 않는다. 또한 거래행위는 유효하여야 하며, 무효 또는 취소원인에 의하여 실효되면 선의취득은 인정되지 않는다. 왜냐하면 선의취득은 유효한 거래행위를 보호하는데 있는 까닭이다.

(ㄱ) 점유자의 선의·평온·공연은 추정되지만 무과실은 추정되지 않는다(제197조). 따라서 선의취득을 주장하는 자가 무과실을 입증하여야 하는가.

다수설은 민법 제200조는 점유자가 점유물에 관하여 행사하는 권리는 적법하게 보유하는 것으로 추정하므로 그와 거래한 상대방인 선의취득자도 동조에 의하여 무과실이 추정된다는 점을 들어 그 반환을 청구하는 자가 이를 입증할 것이라고 한다. 그러나, 판례는 점유의 무과실은 선의취득의 주장자에게 있는 것이라고 한다.[76)]

(ㄴ) 선의·무과실의 판단은 물권행위가 완성된 때이다.[77)] 따라서 물권행위가 인도보다 먼저 이루어진 때에는 인도시가, 인도가 물권적 합의보다 먼저 이루어진 때에는 물권적 합의시가 된다.

(나) 선의취득자가 점유를 취득하여야 한다. 여기서 선의취득의 요건으로서 요구되는 점유취득은 현실인도·간이인도·반환청구권의 양도에 의한 취득은 물론이지만, 점유개정(占有改定)으로서도 선의취득이 성립하는가. 소수설은 점유개정에 점유의 이전을 인정하는 이상 이를 부정할 것은 아니라고 하나,[78)] 다수설·판례는 점유개정에 의한 선의취득을 인정하면 진정한 권리자에 가혹한 결과를 가져온다는 점을 들어 이를 부정한다.[79)]

(다) 취득물이 도품 또는 유실물이 아니어야 한다. 취득물이 도품 또는 유실물인 때에는 특칙에 의하여 반환의무를 부담하므로 선의취득자의 권리가 사실상 제한된다.

3. 善意取得의 效果

(1) 所有權·質權의 취득

선의취득의 요건을 갖추면 선의취득자는 그 동산에 관한 물권을 취득한다. 동산

76) 대판 1981.12.22, 80다2910; 1959.8.27, 4291민상678.
77) 대판 1962.3.22, 4294민상1174.
78) 김기선 220면.
79) 대판 1989.10.24, 88다카26802; 1978.1.17, 77다1872.

물권을 취득한다고 하지만, 실제에 있어서는 소유권과 질권에 한한다. 다른 동산물권, 즉 유치권은 법률상 당연히 발생하는 권리이고, 점유권은 물권에 대한 사실적 지배관계로부터 당연히 생기는 것이므로 선의취득은 적용될 여지가 없다.

⑵ 原始取得으로서 선의취득

선의취득에 의한 물권의 취득이 승계취득인가 원시취득인가. 다수설은 양도인이 무권리자임에도 권리취득이 인정될 뿐만 아니라 법률의 규정에 의한 취득임을 들어 원시취득이라고 한다. 따라서 선의취득이 있게 되면 양도인의 권리에 관하여 존재하고 있었던 모든 제한은 시원적으로 소멸하고, 또한 선의취득으로 물권을 취득한 자는 원 권리자에 대하여 부당이득반환의무를 부담하지 않는다.

4. 盜品·遺失物에 관한 특칙

⑴ 善意取得과 물건의 반환

(가) 선의취득의 요건을 갖춘 경우에도 그 선의취득한 동산이 도품이나 유실물인 때에는 피해자 또는 유실자는 도난 또는 유실된 날로부터 2년 내 그 물건의 반환을 청구할 수 있다. 그러나 도품 또는 유실물이 금전인 때에는 그 반환을 청구하지 못한다(제250조). 이 특칙은 소유자의 의사에 기하지 않고 그 점유를 떠난 동산에 대하여는 소유자가 추급하여 반환 받을 수 있다는데서 비롯한다.

(나) 반환청구자는 피해자 또는 유실자이며, 그 상대방은 현재 그 물건을 점유하고 있는 자이다. 따라서 선의취득자에 한하지 않고 특정승계인도 그 상대방이 된다. 그러나 도난 또는 유실자가 반환청구 할 수 있는 2년간의 도품·유실물의 소유권은 선의취득의 성립과 동시에 선의취득자에게 귀속한다고 해석한다.

⑵ 特則의 적용범위

(가) 민법 제250조가 적용되는 것은 도품과 유실물이다. 여기서 도품(盜品)이란 절도나 강도에 의한 점유자의 의사에 반하여 그 점유를 박탈당한 물건을 말한다. 따라서 사취나 횡령된 것은 포함되지 않는다. 또한 유실물(遺失物)이란 점유자의 의사에 기하지 않고 그 점유가 이탈된 물건이다.

(나) 점유의 박탈 내지 이탈의 표준은 직접점유와 간접점유가 있는 때에는 직접점유를, 점유보조자와 점유자가 있는 때에는 점유보조자를 표준으로 한다.

⑶ 特則의 내용

피해자 또는 유실자는 도난 또는 유실한 날로부터 2년 내에는 대가의 지급 없이 그 물건의 반환을 청구할 수 있다.

다만, 취득자가 이를 경매나 공개시장 또는 동 종류의 물건을 판매하는 상인에게 선의로 매수한 경우에는 선의취득자가 지급한 대가를 변상하지 않으면 그 물건의 반환을 청구하지 못한다. 그러나 이때 반환청구를 받은 자가 고물상 및 전당포주인 경우에는 도난 또는 유실한 날로부터 1년간은 대가의 지급 없이 반환을 청구할 수 있다. 이와 같이 고물상·전당포주에 예외를 인정한 것은 전문적인 지식을 가진 자의 주의의무 강화와 업자간의 통모를 방지함에 있다.

제 4 절 地上物에 관한 物權變動

제 1. 樹木의 集團, 未分離果實의 物權變動

수목의 집단이나 입도·과실의 열매 등 미분리 과실이 그 지반 또는 원물로부터 분리하여 거래되는 수가 있다. 즉 수목의 집단이나 미분리과실은 그 토지 또는 수목의 구성물에 불과하지만 필요에 의하여 이들로 분리하여 거래하고자 하는 때에는 독립한 물건으로 취급하여 거래할 수 있다. 이를 지상물에 관한 물권변동이라고 하며, 이러한 물권관계를 공시하는 특별한 공시방법, 즉 명인방법이 종래부터 관습·판례에 의하여 인정된다.

또한, 최근에는 이것에 국한하지 않고 일정한 수목의 집단에 관하여 「입목에 관한 법률」에 따라 독립한 부동산으로서 거래할 수 있게 하고 있으므로, 결국 지상물에 관한 물권변동에는 크게 입목법에 의한 물권변동과 명인방법에 의한 물권변동으로 구분된다.

제 2. 立木法과 明認方法에 의한 物權變動

1. 立木法에 의한 물권변동

(1) 立木의 의의

입목(立木)이란 토지에 부착된 수목의 집단으로서, 특히 그 소유자가 입목에 관한 법률에 의한 소유권보존등기를 받는 것을 말한다. 이러한 입목은 그 지반으로부터 분리되어 독립된 부동산이 되고, 그 소유권의 양도 또는 저당권의 설정에는 입목등기부에 의하여 공시된다.

또한, 입목의 소유권보존등기는 1필인 토지의 일부에 부착한 수목도 할 수 있다.

(2) 立木登記와 물권변동

(가) 입목등기와 물권 소유권보존을 받을 수 있는 수목의 집단은 시・군에 비치된 입목등기 원부에 등록된 것에 한한다. 입목등기부는 물적 편성주의에 따라 편철되며, 각 등기소에 비치된다.

立木에 인정되는 물권은 소유권과 저당권뿐이며, 입목법은 이들 물권의 변동에 관한 특별규정을 두고 있지 않으므로, 민법 제186조와 제187조에 의하게 된다.

(나) 법정지상권 입목소유자와 입목이 부착하고 있는 토지소유자가 경매 기타 사유로 각각 소유자를 달리하게 되는 경우, 토지소유자는 입목소유자에게 지상권을 설정한 것으로 본다. 이 경우 지료는 당사자 약정에 의한다(입목법 제6조).

2. 明認方法에 의한 물권변동

(1) 明認方法의 의의

(가) 명인방법(明認方法)이란 수목의 집단 또는 미분리과실의 소유권이 누구에게 귀속하고 있다는 것을 제3자가 알수 있도록 공시하는 방법을 말한다.

(나) 보통은 집행관의 공시문을 붙인 팻말을 설치하거나,[80] 수피를 깎아서 소유자의 성명을 묵서한다든가, 논밭의 주위에 줄을 둘러치고 소유자의 성명을 묵서한 목찰을 세우는 방법에 의할 것이다.[81] 그러나 이때 방법은 적어도 제3자가 보아 객관적으로 알 수 있는 방법에 의하여야 하고 그 공시는 특정되고 계속적인 것이어야 한다.[82]

---

80) 대판 1989.10.13, 89다카9064.

81) 대판 1972.2.29, 71다2573; 1967.12.28, 66다2383・2383.

82) 대판 1973.9.25, 73다1229.

(2) 明認方法에 의한 물권변동

(가) 명인방법을 갖춘 수목의 집단은 그 지반과 분리해서 경매할 수 있고, 또한 그 지반을 매각하고 수목의 소유권을 보유할 수 있다.

미분리과실도 원물로부터 분리하기 전에 그 천연과실만을 매각할 수 있다.

(나) 명인방법은 등기와 같은 완전한 공시방법이 되지 못하므로 물권의 변동에 완전한 공시방법이 요구되는 물권에는 인정되지 못하고 소유권의 이전 또는 보유에 한한다.

또한, 명인방법에 공시를 인정하는 이상 등기와 동일한 창설적 효력을 가진다.[83)]

83) 대판 1969.11.25, 69다1346.

제3장 基本的 物權

제1절 占 有 權

제 1. 占有와 占有權

1. 占有制度와 占有權

(1) 占有制度

占有란 물건을 사실상 지배하는 것을 말하며, 민법은 물건에 대한 사실적 지배가 성립하면 그 지배를 정당화할 권리(본권)의 여부를 묻지 않고 그 점유상태를 일정한 권리로 보호하고 있다. 즉 민법은 물건을 사실상 지배하는 자를 일단 권리자(점유권자)로 보호하는 제도를 취하고 있다.

이와 같은 민법상 占有制度의 사회적 작용에 관하여는 여러 가지 측면이 있겠으나, 우리나라 학설은 사회적 평화유지에 바탕하면서도 동산물권의 공시라는 기능과 결합하여 이원적으로 파악하거나, 이에 더하여 점유자의 개인적 이익보호·본권의 보호·거래의 안전 등 다원적으로 파악하는 견해가 대립한다. 그러나 무엇보다 점유제도의 사회적 작용은 물권질서의 안정이라는 기능을 간과할 수 없다.

(2) 占有權의 개념

(가) 점유권이란 점유라는 사실에 기하여 발생하는 권리, 즉 점유를 법률요건으로 하여 발생하는 권리를 말한다. 그러나 점유권은 타물권과는 달리 물건의 사실상 지배라는 점유에 바탕하여 추단된 권리이므로 이와 같은 점유에의 추단을 엄격한 의미에서 권리라고 볼 수 있는가 의문이 있지만, 민법은 일종의 물권인 권리로 파악하고 있는데서 학설은 일치하여 긍정한다. 그러나 점유와 점유권의 관계에 관하여는 견해가 대립한다.

권리발생요건설은 점유권이 법률행위(양도 등에 기한 인도행위) 또는 비법률행위(상속) 등에 의하여도 발생하므로 점유권은 사실상 지배로부터 생기는 것이 아니라 사실상 지배에 대한 관념적·법적 판단 그 자체라고 한다.[1] 그러나 점유법률요건설은 점유만을 법률요건으로 하여 생기는 권리로서 점유와 점유권은 「같은 것의

양면」, 즉 이를 권리면에서 보면 점유권이 되고, 사실면에서 보면 점유가 되는 것이라고 한다.[2)]

(나) 점유권도 물권의 하나이지만 다른 물권과는 그 성질이 크게 다르다. 즉 다른 물권은 모두 관념상으로 물건에 대한 지배가 법적으로 가능하다는데 그 본질이 있을 뿐이고 그 지배가 현실적으로 이루어지고 있느냐는 불문한다.

이에 대하여 점유권은 어떤 물건에 대한 지배가 법적으로 가능한가는 불문하고, 사실상 지배가 있으면 곧 점유권이 생기고, 또한 사실상 지배를 상실하면 그것만으로 점유권도 소멸하게 된다.

(다) 점유권은 점유할 수 있는 권리 또는 점유할 권리, 즉 점유하는 것을 법률상 정당하게 하는 권리인 본권과는 구별되는 개념이다. 여기서 물건의 점유를 그 내용으로 하는 권리, 예컨대 소유권·지상권·전세권·질권·임차권 등은 모두 본권이 될 수 있다.

2. 占有의 要素

(1) 事實上 支配

(가) 사실상 지배라고 하면 법률상 지배와 구별되는 개념이며, 소유자는 물건을 법률상 지배하고 있어야 할 상태를 보호받는데 대하여, 점유자는 물건을 사실상 지배하고 있는 상태를 보호받게 된다.

(나) 점유권은 원래 물건에 대한 사실상 지배를 내용으로 하지만 사실상 지배가 있다고 하더라도 점유권이 인정되지 않거나(예컨대 점유보조자) 사실상 지배가 없는 경우에도 점유권이 인정되는 경우(예컨대 간접점유·점유상속)도 있다.

(2) 占有設定의 意思

(가) 점유가 성립하는 데는 객관적인 사실상 지배만 있으면 족한 것인가. 아니면 그밖에 어떤 의사, 즉 점유의사를 요하는가.

민법상 점유는 물건에 대한 사실상 지배만 있으면 족하고(제192조 제1항), 점유의사는 요구하지 않는다. 즉 객관설에 따른다. 그러나 적어도 사실적 지배관계를 가지려는 의사인 점유설정의사 또는 소지의사는 가져야 하는 것이라고 본다.

판례 또한 점유권자의 점유에는 점유의사를 요한다고 하나 이러한 점유의사는 권

1) 이영준 301~303면, 이은영 318면. 그리하여 점유와 점유권은 요건·효과관계가 아니라 동일한 평면에 있는 것이라 한다.

2) 곽윤직 243면.

리변동을 바라는 효과의사가 아니라 일정한 사실관계의 효과의사에 불과하다고 하여, 이때 점유의사는 점유설정의 의사와 동일한 것으로 이해한다.[3)]

(나) 점유설정의 의사는 사실적 지배의사로서 자연적 의사에 불과하며, 성질상 일반적이면 족하고 개별적으로 특정하여 존재하여야 하는 것은 아니다. 따라서 우편함에 투입된 편지나 자동판매기에 투입된 동전은 물론, 그 투입된 사실을 알지 못한 때에도 점유설정의사는 존재하고 점유권은 성립한다.

또한, 점유취득과 점유설정의 의사는 법률행위이나 법률효과발생의 의사표시가 아니므로 행위능력을 요하지 아니할 것이지만,[4)] 판례는 상속인이 미성년자인 경우에는 그 법정대리인을 통하여만 점유권을 승계 받아 점유할 수 있다고 하여 점유권의 단독상속을 부정한다.[5)]

(3) 占有의 판단

점유의 여부는 사실적 지배에 의하여 판단된다. 판례는 물건에 대한 점유란 사회관념상 어떤 사람의 사실적 지배에 있다고 보여 지는 객관적 관계를 말하는 것으로서 사실상 지배가 있다고 하기 위해서는 반드시 물건을 물리적·현실적으로 지배하는 것만을 의미하는 것이 아니고, 물건과 사람과의 시간적·공간적 관계와 본권관계, 타인지배의 배제 가능성 등을 고려하여 사회통념에 따라 합목적적으로 판단하여야 할 것이라고 한다.[6)]

3. 占有權의 客體

점유권은 사실상 지배가 가능한 것에 대하여만 성립한다. 따라서 점유권의 객체는 물건에만 성립하고 권리에는 성립하지 않는다(준점유의 대상이 된다).

물건 중 유체물이 점유권의 객체가 될 수 있음은 분명하나, 집합물 전체에 대한 점유권은 성립할 수 없으므로 그 구성하는 개개의 물건을 대상으로 점유권이 성립한다. 또한 무체물인 자연력은 성질상 점유권의 객체가 될 수 없지만 용기 또는 시설을 갖추어 사실상 지배하는 때에는 점유권이 성립한다.

---

3) 대판 1973.2.13, 72다2450·2451.
4) 이영준 307면.
5) 대판 1989.4.11, 89다카8217.
6) 대판 2001.1.16, 98다20110; 1999.3.23, 98다58924; 1998.2.24, 96다8888; 1997.4.25, 97다4838; 특히 판례는 대지의 소유자로 등기한 자는 보통의 경우 등기할 때에 그 대지의 인도를 받아 점유를 얻은 것으로 보아야 할 것이므로 등기사실을 인정하면서 특별한 사정의 설시 없이 점유사실을 인정할 수 없다고 판단할 수는 없는 것이라고 한다(대판 2001.1.16, 98다20110).

제 2. 占有權의 態樣과 取得·喪失

1. 占有의 態樣

(1) 占有의 일반적 태양

(가) 자주점유·타주점유　물건이 자기에게 귀속하는 소유의 의사로써 점유하는 것이 자주점유이고, 그렇지 않은 것, 즉 물건이 타인에 속함을 인정하면서 점유하는 것이 타주점유이다. 예컨대 소유자·절도인 등의 점유는 전자의 예이고, 질권자·수치인 등의 점유는 후자의 예이다.

(ㄱ) 소유의사의 유무는 그 점유의 발생원인, 즉 근원은 객관적 사실에 의하여 정하여진다. 판례는 토지의 매수인이 매매계약에 의하여 목적 토지의 점유를 취득한 경우 설사 그것이 타인의 토지의 매매에 해당하여 그에 의하여 곧바로 소유권을 취득할 수 없다고 하더라도 그것만으로 매수인이 점유권원의 성질상 소유의 의사가 없는 것으로 보이는 권원에 바탕을 두고 점유를 취득한 사실이 증명되었다고 단정할 수 없을 뿐만 아니라, 매도인에게 처분권한이 없다는 것을 잘 알면서 이를 매수하였다는 등의 다른 특별한 사정이 입증되지 않는 한 그 사실만으로 바로 그 매수인의 점유가 소유의 의사가 있는 점유라는 추정이 깨어지는 것이라고 할 수 없고,[7] 법령상 주무관청의 허가가 있는 경우에 한하여 처분이 허용되고 허가 없이는 처분이 금지된 부동산을 매수하였다고 할지라도, 주무관청의 허가 없음을 매수인이 알았거나 알 수 있었다는 등의 특별한 사정이 없는 한 점유의 시초에 소유의 의사로 점유한 것이라고 한다.[8]

그 외에도 판례는 토지를 매수함에 있어 인접 토지를 그 매수토지의 일부로 알고 점유한 자의 점유부분(대판 2001.11.13, 2001다33727), 매수한 건물이 타인 소유인 대지 위에 무단히 건립된 것임을 알면서 이를 매수한 후 증축하여 점유한 대지부분(대판 1994.4.29, 93다18327·18334), 자주점유인 피상속인으로부터 상속한 상속인의 점유(대판 1990.12.26, 90다5733)는 자주점유라고 한다.

그러나 소유의사 없는 피상속인의 점유를 상속한 자(대판 1971.2.23, 70다2755), 명의수탁자의 점유(대판 1991.12.10, 91다27655), 공유물을 배타적으로 점유한자의 다른 공유자의 지분(대판 1996.7.26, 95다51861), 경매물의 경매로 인한 경락전의 소유자(대판 1968.7.30, 68다523), 매매계약이 해제된 경우 매수인의 점유(대판 1972.2.22, 71다2306), 타인토지에 분묘를 설치하고 그 분묘의 보존·관리를 위한 범위 내 토지(대판 1994.11.8, 94다31549), 타인의 부동산을 무단으로 점유한 자(대판 1997.8.21, 95다28625), 매매대상 토지의 실제면적이 공부상 면적을 상당히 초과한 경우 그 초과부분에 대한 매수인의 점유, 담장이 도로를 침범하여 돌

7) 대판(전) 2000.3.16, 97다37661.

8) 대판 2003.6.13, 2003다3096; 1997.4.25, 96다46484.

출된 주택소유자의 점유(대판 2000.4.25, 2000다348)는 타주점유라고 한다.

(ㄴ) 점유자에 자주점유는 추정된다. 그러나 일정 경우 그 추정이 전복된다.

(a) 점유자가 스스로 매매 또는 증여와 같은 자주점유의 근원을 주장하였으나 이것이 인정되지 않는 경우에는 자주점유는 전복되는가. 판례는 본래 자주점유의 입증책임이 점유자에 있지 아니하는 이상 그러한 사유만으로 추정이 전복되는 것은 아니라고 하고,[9] 또한 자주점유자가 시효취득기간 진행 중 당해 부동산의 전 소유자를 상대로 소유권이전등기 말소등기청구소송을 제기하였다가 패소 확정되었다고 하더라도 자주점유가 타주점유로 되는 것은 아니라고 한다.[10]

한편, 판례는 점유자가 소유자로부터 보상요구를 받고 차후 보상하겠다고 회답한 경우(대판 1996.1.26, 95다17441), 무허가 건물부지가 타인소유라는 것을 알면서 그 건물만을 매수한 경우(대판 1998.3.13, 97다55447), 주무관청의 허가 없이는 처분할 수 없는 재산임을 알면서 점유한 경우(대판 1998.5.8, 98다2945), 시효취득을 주장하는 점유자가 귀속재산이라는 것을 알면서 이를 매수하여 점유한 경우(대판 2000.6.9, 99다36778), 토지점유자가 점유기간 동안 여러 차례 부동산소유권이전등기등에관한특별조치법이 시행됨에 따라 등기의 기회가 있었음에도 소유권이전등기를 하지 않았고 오히려 소유자가 같은 법에 의하여 소유권보전등기를 마친 후에도 별다른 이의를 하지 아니한 경우(대판 2000.3.24, 99다56765), 지방자치단체나 국가가 근원 없이 사유 토지를 도로부지에 편입시킨 경우(대판 1998.5.29, 97다30349) 등에는 자주점유가 번복되는 것이라고 한다.

(b) 점유의사의 개정으로 타주점유가 자주점유는 전환되는가. 다수설・판례는 타주점유가 자주점유로 전환하기 위해서는 새로운 권원에 의하여 다시 소유의 의사로 점유하거나 자기에게 점유시킨 자에게 소유의사가 있음을 표시하여야 하는 것이라고 한다.[11]

판례는 부동산을 타인에게 매도하여 그 인도의무를 지고 있는 매도인의 점유는 특별한 사정이 없는 한 타주점유로 전환되는 것이라고 하고(대판 2003.6.13, 2003다16528), 相續에 의하여 점유권을 취득한 경우에는 상속인은 새로운 권원에 의하여 자기 고유의 점유를 개시하지 않는 한 피상속인의 점유를 떠나 자기만의 점유를 주장할 수 없고, 또한 선대의 점유가 타주점유인 경우 선대로부터 상속에 의하여 점유를 승계한 자의 점유도 상속 전과 그 성질 내지 태양을 달리하는 것이 아니어서 특별한 사정이 없는 한 그 점유가 자주점유로 될 수 없고, 그 점유가 자주점유로 되기 위해서는 점유자가 소유자에 대하여 소유의 의사가 있는 것을 표시하거나 새로운 권원에 의하여 다시 소유의 의사로써 점유를 시작하여야 하는 것이라고 한다(대판 1997.5.30, 97다2344).

다만, 타주점유자가 그 명의로 소유권이전등기를 경료한 것만으로 자주점유로 되는

9) 대판(전) 1983.7.12, 82다708・709; 82다카1792・1793.
10) 대판 1981.3.24, 80다2226.
11) 대판 1996.10.11, 96다19857.

가. 판례는 타주점유가 자주점유로 전환되기 위해서는 새로운 근원에 의하여 다시 소유의사로 점유하거나 자기에게 점유시킨 자에게 소유의 의사가 있음을 표시하지 아니하면 그 점유의 성질은 변하지 않는다고 보아야 할 것인 바, 이때 점유시킨 자에 대하여 소유의사를 표시함으로써 자주점유로 전환되었다고 볼 수 없는 것이라고 한다.[12)]

(c) 악의의 무단점유자의 점유는 점유의사의 추정이 번복된다. 판례는 점유자가 성질상 소유의 의사가 없는 경우로 보이는 권원에 바탕를 두고 점유를 취득한 사실이 증명되거나, 점유자가 타인 소유의 소유권을 배제하여 자기의 소유물처럼 배타적 지배를 행사하는 의사를 가지고 점유하는 경우로 볼 수 없는 객관적 사정, 즉 외형적·객관적으로 보아 점유자가 타인 소유권을 배척하고 점유할 의사를 갖고 있지 아니한 경우라고 볼 만한 사정이 증명된 때에는 자주점유의 추정이 깨어지고, 점유자가 점유개시 당시에 소유권취득의 원인이 될 수 있는 법률행위 기타 법률요건이 없이 그와 같은 법률요건이 없다는 사실을 잘 알면서 타인 소유의 부동산을 무단점유 한 것임이 입증된 경우, 특별한 사정이 없는 한 점유자는 타인의 소유권을 배척하고 점유할 의사를 갖고 있지 않다고 보아야 할 것이므로 이로써 소유의 의사가 있는 점유라는 추정은 깨어졌다고 할 것이라고 한다.[13)] 그리하여 개정 민법(안) 제197조 제2항은 "점유자는 소유의의사로 점유하는 것으로 추정한다. 그러나 점유자가 소유권취득의 원인이 될 수 있는 요건이 없음을 알면서 점유를 개시한 때에는 그러지 아니하다." 라고 하여 이를 명문으로 규정한다.

(ㄷ) 자주점유와 타주점유의 구별실익은 취득시효·무주물선점·점유자의 책임 등에서 볼 수 있다.

(나) **선의점유·악의점유** 선의점유란 점유할 권리, 즉 본권이 없는데도 있다고 잘못 알고 하는 점유이며, 악의점유란 본권이 없음을 알면서 또는 그 유무에 관하여 의심을 가지면서 하는 점유이다.

(ㄱ) 점유자는 우선 선의로 점유한 것으로 추정한다(제197조 제1항). 그러나 선의의 점유자라도 본권에 관한 소에 패소한 때에는 그 소를 제기한 때로부터 악의의 점유자로 본다(동조 제2항).

[판례] 진정 소유자가 자신의 소유권을 주장하며 점유자 명의의 소유권이전등기는 원인무효의 등기라고 하여 점유자를 상대로 토지에 관한 점유자 명의의 소유권이전등기의 말소등기청구소송을 제기하여 그 소송사건이 점유자의 패소로 확정되었다면, 점유자는 민법 제197조 제2항의 규정에 의하여 그 소유권이전등기말소등기청구소송의 제기시부터는 토지에 대한 악의의 점유자로 간주된다(대판 1996.10.11, 96다19857).

---

12) 대판 1993.7.16, 92다37871.

13) 대판(전) 1997.8.21, 95다28625; 2003.8.22, 2001다23252.

(ㄴ) 선의점유·악의점유의 구별실익은 취득시효, 점유자의 과실취득, 점유자의 책임, 점유자의 비용상환청구권, 선의취득 등에서 나타나며, 특히 선의점유의 효과는 취득시효·과실취득 등에서 두텁게 보호된다.

(다) 과실있는 점유·무과실점유 선의점유를 다시 구별하여 본권이 없음에도 불구하고 있다고 잘못 믿는데 과실이 있는 경우를 과실있는 점유라고 하고, 과실이 없는 경우를 과실없는 占有 또는 무과실점유라고 한다.

점유자에 무과실은 원칙적으로 추정되지 않다는 것이 통설이므로 무과실을 주장하기 위해서는 그 주장자가 입증하여야 한다. 또한 점유에 과실의 유무는 취득시효·선의취득 등에서 그 구별의 실익이 있다.

(라) 하자있는 점유·하자없는 점유 점유에의 하자란 악의·과실·강폭(평온하지 않은 것)·은비·불계속 등 완전한 점유로서의 효력 발생을 방해하는 모든 사정을 말하며, 이러한 하자가 하나라도 있는 점유를 하자있는 점유라고 하고, 그러한 하자가 전혀 없는 점유를 하자없는 점유라고 한다.

(2) 占有의 태양에 관한 추정

점유는 소유의 의사로 선의·평온·공연하게 하는 것으로 추정된다(제197조 제1항). 또한 전·후 양시에 점유한 사실이 있으면 그 동안의 점유는 계속한 것으로 추정된다(제198조). 그러나 무과실은 추정되지 않는다. 그러나 판례는 등기부취득시효의 요건으로서 점유자의 무과실에 관하여는 그 주장자에게 입증책임이 있으나 등기부상 소유명의인과 매도인이 동일인인 경우에는 그를 소유자로 믿고 그 부동산을 매수한 자, 부동산의 임의경매절차에서 등기부상 등기를 신뢰하여 경매목적부동산이 등기명의인의 소유라고 믿고, 그 부동산의 매수신고를 하여 경매법원으로부터 경락을 허가받아 부동산을 점유한 경락인의 점유에는 과실이 있는 것이라고 볼 수 없는 것이라고 하여 사실상 점유자에 무과실을 추정한다.[14]

또한, 선의의 점유자라도 본권에 관한 소에서 패소한 때에는 그 소가 제기된 때로부터 악의의 점유자로 본다(제197조 제2항).

2. 占有補助者와 間接占有者

(1) 占有補助者

(가) 점유보조자의 의의 물건을 사실상 지배하고 있지만 점유자가 되지 못하

14) 대판 1994.6.28, 94다7829; 1998.1.23, 96다14326.

는 자를 점유보조자라고 한다.

민법은 "가사상·영업상 기타 유사한 관계에 의하여 타인의 지시를 받아 물건에 대한 사실상 지배를 하는 때에는 그 타인만을 점유자로 한다."라고 규정함으로써 점유보조자의 사실상 지배를 보호하지 않는다(제195조). 왜냐하면 점유보조자의 점유는 이를 보호할 실익이 없고, 점유보조자(예컨대 가정부·점원 등)를 통하여 그 물건을 지배하는 자(예컨대 점포의 주인·가의 주인)의 권리를 침해하게 되어 사회통념에 반하기 때문이다.

(나) 점유보조관계의 성립요건 점유보조관계가 성립하기 위해서는 다음의 요건을 갖추어야 한다.

(ㄱ) 어떤 자(점유보조자)가 타인(점유자)을 위하여 특정 물건에 대한 사실상 지배를 하고 있어야 한다.

(ㄴ) 점유보조자와 점유자간에 점유보조관계가 존재하여야 한다. 여기서 점유보조관계란 점유보조자가 점유자의 지시에 따라야 할 관계로서 채권관계와 같은 대등적 관계가 아니라 사회적 의미에서의 명령·복종의 종속관계를 말한다.

이러한 종속관계가 생기는 기초는 계약일 수도 있고 친족법이나 공법상의 법률관계일 수도 있다. 또한 이들의 법률관계는 반드시 유효하고 계속적인 것이거나 제3자가 용이하게 인식할 수 있는 것임을 요하지 않는다.

민법 제195조는「가사상·영업상 기타 유사한 관계에 의하여 타인의 지시를 받아 물건을 점유하는 자」라고 하여 점유보조관계를 가사 또는 영업상은 물론 이에 국한하지 않고 유아가 부모로부터 얻은 물건에 관하여 유아의 점유보조관계(자기 물건에 관한 점유보조관계)가 성립한다.

또한, 부부간의 점유에도 점유보조관계가 성립하는가. 판례는 특단의 사정이 없는 한 공동점유로 되고 점유보조관계는 성립되지 아니한다고 하나,[15] 처가 夫의 지시에 따라 점유하는 경우에는 점유보조관계를 인정한다.[16]

(다) 점유보조자의 효과

(ㄱ) 점유권의 배제 : 점유보조자는 비록 물건에 대하여 사실상 지배하고 있더라도 점유권은 생기지 않는다(제195조). 그러므로 점유권에 관한 여러 효력(점유보호청구권)은 점유주와 관계에서는 물론, 제3자에 대한 관계에서도 인정되지 않는다. 즉 점유보조자는 점유자가 아니며 占有主만이 점유자로서 보호된다.

다만, 점유보조자는 점유자의 점유보호청구권을 대위행사 할 수 있는가. 판례는 점

---

15) 대판 1991.5.14, 91다1356.

16) 대판 1980.7.8, 79다1928; 1960.7.28, 4292민상647.

유보조자가 점유주에 대하여 피보전채권을 가지는 경우에는 긍정할 것이라고 한다.[17)]

(ㄴ) 자력구제권의 행사 : 점유보조자도 점유주를 위하여 자력구제권은 행사할 수 있다고 함이 통설이다. 또한 민법 제195조의 점유보조관계는 점유보조자가 물건에 대한 지배를 행사하는 경우뿐만 아니라 점유보조자가 점유를 취득하는 경우(예컨대 가정부가 시장에서 필요한 물품을 구입하는 경우)에도 적용되는 것이라고 한다.

(2) 間接占有

(가) 간접점유의 의의와 본질 어떤 자가 스스로 물건을 사실상 지배하지 않고 지상권 · 전세권 · 질권 · 사용대차 · 임대차 · 임치 기타 관계로 타인으로 하여금 물건을 점유하게 하는 경우, 그 물건을 지배하는 자는 지상권자 · 임차인 등이지만 그 물건은 동시에 그들로 하여금 점유를 하게 한 지상권설정자 · 임대인 등의 지배하에도 있다고 할 수 있으므로 민법은 이러한 경우에 지상권설정자 · 임대인 등에게 간접으로 점유권이 있다고 한다(제194조). 이것이 간접점유제도이다.

간접점유도 사람의 물건에 대한 지배로서 직접점유와 동일한 점유이며, 단지 어떤 법률관계(점유매개관계)에 기하여 직접점유가 매개됨으로써 발생되는 점유라는 점에서 직접점유와 다를 뿐이다. 즉 간접점유는 직접점유에 가리워져 있는 관념적 점유이지만 점유로써 보호된다.

결국, 점유는 간접점유를 인정함으로써 간접점유와 직접점유로 분할되어 수인에 귀속되며, 그들 간에는 상위점유(간접점유)와 하위점유(직접점유)의 관계가 생긴다. 이것이 점유제도의 확장이다.

(나) 간접점유의 성립요건 간접점유가 성립하기 위해서는 다음의 요건을 갖추어야 한다.

(ㄱ) 특정인이 물건을 직접점유하고 있어야 한다. 이때 특정인을 점유매개자라고 하며, 간접점유자의 점유는 이러한 점유매개자를 통하여 점유하고 있음을 요하므로, 점유보조자와 같이 점유가 인정되지 않는 자를 통하여 물건을 지배하고 있는 때에는 간접점유가 아니라 직접점유가 된다.

(ㄴ) 직접점유자와 간접점유자간에 일정한 법률관계, 즉 점유매개관계가 있어야 한다. 민법은 이러한 관계를 제194조에서 지상권 · 전세권 · 질권 · 사용대차 · 임대차 · 임치 기타 관계라고 표현하고 있다.

(ㄷ) 점유매개관계는 반드시 유효한 것임을 요하지 않는다. 즉 점유매개관계가 무효인 경우에도 반환청구관계는 성립하므로 간접점유의 성립에 영향을 미치지 않는다.

---

17) 대판 1980.7.8, 79다1928 참조.

(다) 간접점유의 효과

(ㄱ) 간접점유자도 점유권을 가진다(제194조). 따라서 점유에 관한 규정은 성질상 또는 법률상 그 적용이 배제되는 것을 제외하고는 간접점유에도 적용된다.

(ㄴ) 간접점유자도 점유보호청구권을 갖는다(제207조 제1항). 직접점유자가 그 점유를 침탈당하거나 방해당하고 있는 경우에는 간접점유자도 점유보호청구권을 가진다. 다만 직접점유자가 물건의 반환을 받을 수 없거나, 반환 받기를 원하지 않는 경우를 제외하고는 직접 자기에게 반환할 것을 청구할 수는 없고 직접점유자에게 반환하게 하여야 한다(동조 제2항). 또한 직접점유자에 의하여 간접점유가 침해된 경우에도 간접점유자의 점유보호청구권은 인정되지 않는다.

(ㄷ) 직접점유자에 의한 침해가 있더라도 간접점유자의 자력구제권은 인정되지 않는다. 즉 직접점유자에 대한 관계에서의 간접점유자는 점유보호청구권이나 자력구제권을 행사할 수 없고, 다만 간접점유의 기초가 되는 법률관계(점유매개관계), 또는 물권에 기한 청구권을 행사할 수 있을 뿐이다. 그러나 직접점유자는 간접점유자에 대하여 간접점유의 기초가 되는 법률관계에서 발생하는 청구권을 행사할 수 있을 뿐만 아니라, 점유보호청구권과 자력구제권을 행사할 수 있다.

제 3. 占有權의 取得·喪失

1. 占有權의 取得

(1) 直接占有의 취득

(가) **원시취득** 점유권은 점유라는 사실로 성립하며, 점유가 성립하면 점유권도 취득한다. 점유가 시원적으로 취득되는 때에는 점유권도 원시적으로 취득된다. 예컨대 유실물습득·무주물선점·절취 등에 의한 점유취득은 원시취득이다.

(나) **승계취득** 점유의 취득은 점유제도 자체가 권리관계로부터 완전히 분리된 사실관계란 점에서 점유의 승계취득이 인정되는가. 민법은 긍정하며, 점유권의 승계취득에는 특정승계와 포괄승계로 나누어진다.

(ㄱ) 점유권의 특정승계 : 점유권의 특정승계는 개별적 행위에 의하여 점유권을 양도하는 경우이며, 현실로 점유물을 인도하는 현실의 인도와 양도의 합의만으로 점유가 이전되는 관념상 인도에 의한다.

(a) 점유권은 현실의 인도에 의한 승계된다. 현실의 인도란 물건에 대한 사실상

점유이전을 말하고 현실로 점유를 이전하기 위해서는 당사자간의 점유이전의 합의와 물건에 대한 사실상 점유의 이전이 있어야 한다.

점유이전에 관한 당사자 합의의 성질에 관하여는 의사표시가 아니라 자연적 의사로 보는 견해와 물권적 합의로 보는 견해가 대립한다. 그러나 점유권을 일종의 물권으로 보는 우리 법제에서는 그 양도 역시 물권행위가 요구되는 것이라고 본다.

또한, 사실적 지배의 이전은 반드시 물리적 이전을 요하지 않고 거래 또는 사회통념에 따른 점유이전으로 정한다.

(b) 점유권의 양도에 관념적 인도가 인정되며, 간이인도 · 점유개정 · 점유물반환청구권의 양도 등에 의하여 양도된다.

(ㄴ) 점유권의 포괄승계 : 점유권의 포괄승계는 하나의 사실에 의하여 점유를 일괄적으로 승계 하는 것으로 민법이 규정하는 것은 상속의 경우이다. 민법 제193조는 "점유권은 상속인에게 이전한다."라고 규정하여 점유의 상속을 인정하므로 상속인이 사망하면 사망 당시 피상속인의 점유상태가 상속인의 의사표시 또는 점유이전을 요하지 않고 모두 그대로 상속인에게 이전된다.

이와 같이 점유권의 상속을 인정하는 이유는 피상속인이 사망한 후 상속인이 현실로 상속할 때까지 상속재산이 무 점유의 것으로 되지 않도록 하려는데 있다.

⑵ 間接占有의 취득

(가) 간접점유의 설정 직접점유자 이였던 자가 간접점유로 되는 경우, 즉 소유자가 그의 소유물을 임대하면 임차인은 직접점유를, 소유자는 간접점유를 취득하게 되고, 질권설정의 경우에도 질권자에게 직접점유를 취득시키고 질권설정자는 간접점유를 취득한다. 또한 점유개정에 의한 점유권양도의 경우에는 양수인이 직접점유를 취득한다. 예컨대 직접점유자 또는 간접점유자가 스스로 점유매개자가 되고 타인에게 간접점유를 시키는 경우이다.

그밖에 대리인이 본인을 대리하여 매수한 물건을 인도 받아 점유하는 경우에는 대리인이 직접점유를 취득함과 동시에 본인은 간접점유를 취득한다.

(나) 간접점유의 양도 간접점유자가 직접점유자에 대하여 가지는 목적물반환청구권을 양도하면 간접점유권이 양도된다.

2. 占有權取得의 效果

⑴ 原始取得의 효과

점유권을 원시취득한 경우에는 점유한 때로부터 점유권자가 되고, 점유자에 대해서 인정되는 모든 효력을 가진다.

(2) 承繼取得의 효과

점유권의 승계로 점유자는 자기의 점유만을 주장하거나 또는 자기의 점유와 전 점유자의 점유를 아울러 주장할 수 있다(제199조 제1항). 왜냐하면 점유는 각시(各時)의 사실상태이므로 이 사실상태가 수인 사이에 승계 되어 계속하는 경우에는 계속한 하나의 사실상태로 보는 것도 가능한 동시에 각자에게 성립하는 독립한 사실상태로 보는 것도 가능하기 때문이다. 따라서 민법은 점유자의 승계인에 점유의 분리·병합을 인정한다.

(가) 점유의 병합에 있어 「전 점유자의 점유」란 승계인의 직전 점유자에 한하는 것이 아니라 현 점유에 앞서는 모든 선 점유자를 말한다. 예컨대 점유가 甲·乙·丙·丁 순차로 이전된 경우 丁은 자기점유만을 주장하거나, 乙·丙의 점유를 병합하거나 甲으로부터의 점유를 모두 병합할 수도 있다. 그러나 그 점유시초를 전 점유자의 점유기간 중의 임의시점을 택하여서는 주장하지 못한다.[18]

한편, 전 점유자의 점유를 아울러 주장하는 경우에는 전 점유자의 하자도 승계하게 되므로(제199조 제2항), 자기의 점유태양을 주장하지 못한다. 예컨대 甲이 악의로 10년간 점유한 후 乙이 그 점유를 승계하여 선의로 5년간 점유한 경우에는 乙은 자기의 선의점유 5년만을 주장하거나 甲의 점유 10년을 합하여 15년의 악의점유를 주장할 수 있다.

(나) 점유의 분리와 병합은 상속과 같은 포괄승계에도 적용되는가. 긍정함이 다수설이나 판례는 부정한다.[19] 따라서 상속인이 자기 고유의 점유를 주장하려면 새로운 근원에 의한 점유를 시작하여야 한다. 예컨대 피상속인의 점유가 타주점유이나 자기의 점유를 자주점유로 하려면 점유자가 소유자에 대하여 소유의 의사가 있는 것으로 표시하거나, 새로운 근원에 의하여 다시 소유의사로의 점유를 개시하여야 한다.[20]

3. 占有權의 喪失

점유권은 물권의 하나이지만 다른 물권과는 그 성질이 다르므로 물권일반의 소멸원인은 그대로 점유권에 적용되지 않는다. 즉 혼동·소멸시효 등은 점유권에는 적

18) 대판 1980.3.11, 79다2110.
19) 대판 1972.6.27, 72다535·536.
20) 대판 1996.9.20, 96다25319.

용되지 않는다.

(1) 直接占有의 소멸원인

점유자가 물건에 대한 사실상의 지배를 상실함으로써 소멸한다(제192조 제2항 본문). 사실상 지배가 상실되는 경우로는 자유의사에 의한 경우(점유의 양도·포기)와 자유의사에 의하지 않는 경우(절도·유실·횡령 등 점유침탈)가 있다. 여기서 사실상 지배를 상실하지 않는다는 것은 점유의 계속을 말하며, 점유침탈 후 점유물반환청구권의 행사로 점유를 회복한 때에는 사실상 지배를 상실하지 않는 것으로 인정된다(동항 단서).

(2) 間接占有의 소멸원인

점유를 매개하는 직접점유자가 점유를 상실하거나, 직접점유자가 점유매개관계를 단절한 때(예컨대, 직접점유자의 점유물의 횡령) 간접점유는 소멸한다.

또한, 점유매개자의 점유의사의 개정으로도 간접점유는 소멸하는가. 예컨대 직접점유자가 이제부터는 자주점유 또는 간접점유자가 아닌 제3자를 위하여 점유하겠다는 의사를 밝힌 경우에도 그것만으로 간접점유는 소멸하는가. 학설은 긍정하나, 다만 이와 같은 의사표시는 외부에서 인식 가능한 것이어야 함을 요한다.[21]

제 4. 占有權의 效力

(1) 본권취득적 효력 ┌ 권리의 적법추정적 효력
　　　　　　　　　　└ 점유자의 과실취득적 효력
(2) 점유보호적 효력 ┌ 점유보호청구권
　　　　　　　　　　└ 자력구제권
(3) 점유자와 회복자간의 관계 — 본권자의 점유물회수에서의 법률관계

1. 占有者의 本權取得的 效力

(1) 權利의 適法推定力

(가) 점유자가 점유물에 대하여 행사하는 권리는 적법하게 보유한 것으로 추정된다(제200조). 점유제도는 거래의 안전과 신속을 확보하기 위하여 일시적으로 물

21) 이영준 362면.

건의 사실상의 지배를 보호하는 것이므로 점유자는 소유의 의사로 평온·공연·선의로 점유하는 것으로 추정되며(제197조 제1항), 전·후 양시에 점유한 사실이 있는 때에는 그 점유는 계속한 것으로 추정될 뿐만 아니라(제198조, 이를 점유사실의 추정이라고 한다), 점유자가 점유물에 대하여 행사하는 권리는 적법하게 보유한 것으로 추정된다. 이것을 점유의 권리추정이라고 하며, 점유사실의 추정과 더불어 점유자의 지위를 정당화한다.

점유에 권리적법성의 추정력을 인정하는 근거는 점유자가 행사하는 권리는 대부분 적법한 권리라는 개연성에서 찾거나(곽윤직 265면), 점유제도의 이상(김용한 199면, 김상용 299면)에서 찾는다. 그러나 견해 중에는 점유취득이 물권행위의 요소라고 하거나(이영준 365면), 점유가 공시수단인 경우 그 공시보상(이은영 342면)에서 찾아야 하는 것이라고 한다.
그러나 무엇보다 점유에의 권리적법성추정은 권리의 개연성 논의나 물권행위의 구성요소 이론에서 찾기보다는 민법상 점유제도 자체가 물건에 대한 사실상 지배보호를 통한 물권질서의 안정을 기하려는 법률제도의 이상에서 찾아야 할 것이다.

(나) 점유자가 적법하게 보유하는 것으로 추정 받는 권리는 점유물상의 현재 행사하고 있는 모든 권리로서 물권이나 채권을 가리지 않는다.

(ㄱ) 점유자는 우선 소유자로 추정되지만, 다만 등기 있는 부동산은 등기에 의하여 권리의 적법성이 추정되므로 일단 점유에 기한 추정은 인정되지 않는다. 그러므로 결국 점유에 기한 권리추정력은 동산과 등기 없는 부동산에 한하게 된다.[22]

(ㄴ) 점유의 권리추정의 결과 점유자의 본권을 다투는 자는 그것을 입증할 의무를 진다. 즉 절도인도 절취한 물건을 점유하고 있으면 소유자로 추정되므로 이때 진정한 권리자가 자기의 권리를 주장하려면 점유자(절도인)에게 본권(소유권)이 없음을 입증하여야 한다. 그러나 점유의 권리추정력은 타인의 반증이 있을 때까지만 인정되고(소극적·방어적 효력), 또한 정당한 것으로 점유한다는 추정을 가지고 그 점유가 전래한 전주에는 대항하지 못한다.

(ㄷ) 추정의 효과는 점유자뿐만 아니라 제3자도 이를 원용할 수 있다. 예컨대 점유자로부터 물건을 임차하여 점유한 자는 비록 진정한 소유자로부터 그 반환을 청구 받은 때에도 점유자인 임대인이 소유자로 추정되는 효과를 원용할 수 있다.

(2) 占有者의 果實取得權

(가) 선의점유자의 과실취득권 선의의 점유자는 그 점유물에서 생기는 과실을 취득할 수 있다(제201조). 점유자가 과실을 취득할 수 있는 본권이 없는데도 이를 인정하는 것은 과실을 수취할 권리를 가지는 것으로 오신하고 원물을 점유하는 자가

22) 대판 1964.9.22, 64다471.

과실을 수취하거나 이를 소비하는 것은 비난할 수 없을 뿐만 아니라, 후에 본권자로부터 원물의 반환을 청구 당할 때 과실까지 반환 당하는 것은 가혹한 결과가 되기 때문이다.

(ㄱ) 선의의 점유자란 과실취득권을 포함하는 본권(예컨대 지상권 · 전세권 · 임차권 등)이 없음에도 불구하고 그것을 가지고 있다고 오신하는 점유자이다. 따라서 과실수취권이 없는 본권(예컨대 유치권 · 질권 등)을 오신한 경우에는 적용되지 않는다.

선의 · 악의를 정하는 시기는 과실에 관한 독립 소유권이 성립한 때이다(제102조). 그러나 선의라고 하더라도 폭력 또는 은비에 의한 점유자는 과실의 취득에 관하여는 악의의 점유자로 다루게 되고, 또한 선의의 점유자가 본권에 관한 소에 패소한 때에도 그 소가 제기된 때로부터 악의의 점유자로 보게 되므로 역시 이 규정은 적용되지 않는다.

(ㄴ) 선의의 점유자가 취득할 수 있는 과실에는 천연과실과 법정과실은 물론이며, 원물의 사용이익도 포함된다. 또한 수취한 과실의 전부인가, 아니면 그 중에서 소비한 것에 한정할 것인가 문제되나, 다수설은 과실의 전부를 취득한다고 한다.

(ㄷ) 과실수취권을 가지는 선의의 점유자라도 그 점유를 무상으로 취득한 때에는 과실취득권이 배척되므로 이미 취득한 과실이나 사용이익은 부당이득의 규정에 따라 반환하여야 한다.[23]

(나) **악의점유자의 과실반환의무** 악의의 점유자는 수취한 과실을 반환하여야 하며, 이미 소비하였거나 과실로 인하여 훼손 또는 수취하지 못한 경우에는 그 과실의 대가를 보상하여야 한다(제201조 제2항). 악의의 점유자는 점유할 권리가 없음을 알면서 또는 그 유무에 관하여 의심을 하면서 점유하는 자이므로 보호할 필요가 없기 때문이다. 다만 불가항력으로 과실이 멸실 · 훼손된 경우 대가보상의 의무는 없다. 이것은 책임경감의 일반사유에 의한 것이다.

폭력 또는 은비에 의한 점유자는 선의이더라도 악의의 점유자에 관한 규정이 준용되며(동조 제3항), 본권에 패소한 자는 선의의 점유자라도 그 소가 제기된 때로부터 악의의 점유자로 되므로(제197조 제2항) 취득한 과실 전부의 반환의무를 부담한다.

2. 占有 자체를 보호하는 효력

(1) 占有保護請求權

(가) **점유보호청구권의 의의** 점유가 침해된 경우 그 점유자가 진정한 권리자

23) 동지, 이영준 374면.

인가의 여부를 불문하고 그 침해를 배제하여 원만한 점유상태로 회복할 것을 청구할 수 있는 권리를 점유보호청구권이라고 한다.

이 점유보호청구권은 일종의 물권적 청구권이며, 동시에 민법은 점유의 침해로 인한 손해배상청구권도 점유보호청구권의 내용으로 하고 있으나, 이것은 불법행위로 인한 손해배상청구권의 성질을 가진 것이라고 본다.

(나) 점유보호청구권의 태양과 행사요건

(ㄱ) 점유회수청구권 : 소유자가 占有의 침탈을 당한 때에는 그 물건의 반환 및 손해배상을 청구할 수 있다(§204 ①).

(a) 점유회수, 즉 점유물반환청구권을 행사하기 위해서는 다음 요건을 갖추어야 한다.

1) 점유를 침탈당하였어야 한다. 여기서 침탈(侵奪)이란 본권의 유무에 불문하고 점유침탈자의 고의・과실에 의한 점유자의 의사에 반한 점유의 전면적 이탈을 말한다. 따라서 점유자의 의사에 의하여 점유물을 침탈당한 경우, 예컨대 점유자가 점유물을 유실한 경우나 사취당한 경우는 제외된다.

2) 청구권자는 점유를 침탈당한 자이며, 직접점유자・간접점유자를 불문한다. 또한 점유를 침탈한 자가 소유권 기타 본권을 가진 경우를 포함한다.

3) 청구권의 상대방은 물건의 현존 점유자이다. 그러므로 점유의 침탈자 및 그의 포괄승계인을 포함하고, 점유를 침탈한 자의 고의・과실 또는 본권의 유무를 불문하고 성립한다. 그러나 침탈자의 특별승계인은 악의인 때에만 행사할 수 있다(제204조 제2항). 이는 물권적 청구권의 본질에서 보아 예외적 제한이며, 占有의 公示力을 인정하여 선의의 점유자를 보호하려는 규정이다.

또한, 점유보조자는 점유물반환청구권의 상대방이 되는가. 판례는 소유물반환청구권의 상대방은 현재 그 물건을 점유한 자이고 그 점유보조자에 불과한 자는 해당되지 않는 것이라고 한다.[24)]

(b) 점유회수청구권의 내용은 물건의 반환 및 손해의 배상이다.

물건의 반환은 원물 자체의 반환이며, 물권적 청구권의 본질상 당연하다. 다만 목적물이 환가처분에 의하여 금전으로 변한 경우 그 환가금에 관한 반환청구를 인정할 것인가. 유력설은 점유보호청구권의 본질상 부정할 것이라고 하며, 환가금은 점유물 그 자체는 아니므로 점유보호청구권의 본질을 벗어난 것이라 봄이 타당하다.

손해의 배상은 점유자의 점유침탈에 따른 손해이며 점유이익의 배상, 즉 점유를 빼앗긴 것으로 인한 손해의 배상이며, 원물반환청구권과 경합한다. 따라서 점유자가 점유물의 반환청구에 의하여 점유물을 회수 받은 경우에도 침탈자의 점유로 인한

24) 대판 2001.4.27, 2001다13983.

이익을 배상하여야 하고 그 가액의 산정은 물건의 사용가격에 의한다.

(c) 점유회수청구권은 목적물을 침탈당한 날로부터 1년 내 행사하여야 한다(제204조 제3항). 기간의 기산점은 점유침탈이 종료한 때이며, 점유자의 침탈 사실의 지·부지에 불문한다.

다만, 손해배상청구권은 제척기간의 경과 후에도 손해배상의 일반규정에 의하여 행사할 수 있는가. 이를 긍정하는 견해가 있으나,[25] 민법은 이를 구별하지 않고 1년의 제척기간을 규정한다(제205조 참조).

- ① 청구권자 — 직접점유자와 간접점유자
  - 제1차 — 그 물건의 직접점유자에게 청구
  - 제2차 — 점유자가 반환 받을 수 없거나 원하지 않은 때 직접청구(제207조)
- ② 상대방 — 물건의 현존 점유자
  - 침탈자의 특별승계인 — 악의인 때에만 가능
  - 점유의 공시력 — 선의의 제3자 보호
- ③ 행사기간 — 침탈당한 날로부터 1년내 행사(제204조 제3항; 제척기간).

(ㄴ) 점유보유청구권 : 점유자가 占有의 妨害를 받은 때에는 그 방해의 제거와 손해배상을 청구할 수 있다(제205조 제1항).

(a) 점유의 방해는 점유침탈과 양적 차이에 불과하다. 따라서 점유의 침탈이 점유의 전면적 방해라면 점유의 방해는 점유의 부분적 방해를 의미한다.

방해제거청구권의 행사에는 방해자의 고의·과실에 불문하나 점유자가 인용할 수 없을 정도의 것임을 요한다. 그러나 점유방해로 인한 손해배상청구에는 고의·과실을 요한다.

(b) 청구권의 내용은 방해의 제거 또는 손해배상의 청구이며, 양자는 경합한다. 따라서 점유의 방해가 제거된 경우에도 점유의 방해로 발생한 손해에 대하여는 별개로 행사된다.

청구권의 상대방은 현재의 방해자이다. 그러나 손해배상청구권은 실제로 방해한 때의 소유자가 보통이다.

(c) 방해제거청구권은 그 성질상 언제나 행사할 수 있다. 다만 공사로 인한 점유방해의 경우에는 공사착수 후 1년을 경과하거나 공사가 완성한 때에는 행사하지 못한다(제205조 제3항). 그러나 손해배상청구권은 방해가 종료한 날로부터 1년 내 행사하여야 한다(동조 제2항).

(ㄷ) 점유보전청구권 : 점유자가 占有를 방해받을 염려가 있는 때에는 그 방해의 예방 또는 손해배상의 담보를 청구할 수 있다(제206조 제1항).

---

25) 이영준 365면.

(a) 점유물방해예방청구권은 점유방해의 현존이 아닌「妨害의 念慮」이며, 그 여부는 사회통념으로 정한다.

방해염려의 원인은 방해자의 고의·과실에 불문한다. 또한 청구권자는 직접점유자는 물론 간접점유자를 포함하고(제207조 제1항), 상대방은 방해의 우려 상태를 자기지배권 내 둔 자이다.

(b) 청구권의 내용은 방해의 예방 또는 손해의 담보이며, 양자는 청구권경합관계에 있다. 따라서 점유자는 방해의 예방 또는 손해의 담보를 동시 또는 선택적으로 행사할 수 있는 것이라고 본다.

(c) 방해의 염려가 있는 한 언제나 행사할 수 있다. 그러나 공사로 인한 경우에는 1년의 제척기간이 존재한다(제206조 제2항, 제205조 제3항).

(다) 점유보호청구권의 성질 민법 제204조 제3항「침탈을 당한 날로부터 1년」, 제205조 제2항·제3항「방해가 종료한 날로부터 1년, 또는 공사착수 후 1년」의 기간은 제척기간이며, 통상의 청구권에 속한다.

다만, 위 청구권의 행사는 재판상 행사하여야 하는가. 판례는 동조 규정에서 규정한 제척기간은 재판 외에서 행사하는 것으로 족한 것이 아니라 반드시 그 기간 내 소를 제기하여야 하는 이른바 출소기간이라고 한다.[26)]

(라) 점유의 소와 본권의 소의 관계 점유권에 기인한 소를「점유의 소」라고 하고, 본권에 기인한 소를「본권의 소」라고 하며 양자는 다음의 관계를 가진다.

(ㄱ) 점유의 소와 본권의 소는 서로 영향을 미치지 않는다(제208조). 예컨대 소유자는 절도인에 대하여 점유물반환청구의 소와 소유물반환청구의 소를 동시에 제기할 수 있고, 또한 이들 중 한 쪽의 소에서 패소하더라도 다른 쪽의 소제기에 영향을 받지 아니함이 이것이다.

(ㄴ) 점유의 소는 본권에 관한 이유로 재판하지 못한다(동조 제2항). 예컨대 임대인이 임대차 종료 후 정당한 이유 없이 임차물을 반환하지 않는 임차인으로부터 목적물을 탈환한 경우, 임차인이 점유권침해로 인한 점유물반환청구의 소를 제기하였다면 임대인이 임차인에 대하여 그 물건을 반환할 의무가 있다고 주장하여도 이를 이유로 점유물반환청구의 소를 기각하지 못한다.

⑵ 占有者의 自力救濟權

(가) 자력구제권의 의의 자력구제(自力救濟)란 권리자가 자기의 권리가 침해되거나 또는 침해될 우려가 있을 때에 국가의 구제를 받지 않고 사인이 자력으로 방

26) 대판 2002.4.26, 2001다8097·8103.

위・실현하는 것으로서 자구행위 또는 자조라고도 한다. 점유에 있어서는 사실상 지배를 보호하여 물권질서를 유지하는데 목적이 있으므로 그 본질상 자력구제가 요구된다. 그리하여 우리 민법은 본권에 관하여는 아무런 언급이 없지만, 점유권에 관하여는 이를 명문으로 인정하고 있다(제209조).

(나) 자력구제권의 태양

(ㄱ) 자력방위권 : 점유자는 그의 점유를 부정하게 침탈 또는 방해하는 행위에 대하여 자력으로써 이를 방위할 수 있다(제290조 제1항). 여기서 침탈 또는 방해하는 행위란 침탈 또는 방해를 일으키려고 하는 행위를 가리키는 것으로 이해한다.

현실로 침탈이 일어나면 점유탈취권 또는 점유물반환청구권이 발생하고, 자력방위권은 성질상 행사되지 못한다. 따라서 자력방위권은 아직 현실로 침탈 또는 방해가 일어나기 전에 인정하는 것이라고 해석하여야 한다. 그러나 어떤 경우에도 방위의 방법은 그 필요한 정도를 넘어서는 아니 된다.

(ㄴ) 자력탈환권 : 점유자가 부정히 동산을 침탈당한 경우에는 가해자가 현장에 있거나 또는 이를 추적한 때에만 탈환할 수 있고, 부동산인 경우에는 침탈 후 직시 가해자를 배제해서 점유를 회복하여야 한다(제209조 제2항).

여기서 직시(直時)란 지체 없이라든가, 그 순간이란 뜻을 의미하는 것은 아니지만 사회통념상 가해자를 배제하여 점유를 회복하는데 필요하고도 상당하다고 인정되는 범위에서 되도록 빨리라는 뜻으로 이해하며, 점유자의 침탈사실을 알았거나 알지 못하였거나를 불문한다.[27)]

[판례] 위법한 강제집행에 의하여 부동산의 명도를 받은 것은 공권력을 빌려서 상대방의 점유를 침탈하려는 것이므로 그 강제집행이 종료한 후 불과 2시간 내 자력으로 그 점유를 침탈한 것은 민법상 점유자의 자력구제권의 행사에 해당한다(대판 1987.6.9, 86다카1683).

(다) 자력구제권의 행사범위 직접점유자가 자력구제권을 가지는 데에는 의문의 여지가 없다. 그러나 점유보조자 및 간접점유자도 자력구제권을 가지는가.

(ㄱ) 점유보조자는 물건에 대한 사실적 지배를 가지지만 점유권을 갖지 못하므로 자력구제권을 갖지 못함은 당연하다. 그러나 점유주의 자력구제권을 행사할 수 있다는데 견해가 일치한다.

(ㄴ) 간접점유자는 직접 물건을 지배하지는 않지만 점유권을 가지는 자이므로 간접점유자의 점유권에 근거한 자력구제권을 인정할 것인가.

다수설은 민법 제207조는 점유보조자에 물권적 청구권은 규정하나, 자력구제권은 규정하고 있지 아니할 뿐만 아니라, 자력구제는 예외적 권리보전수단인 점에서 가

27) 대판 1993.3.26, 91다14116.

급적 좁게 해석하여야 할 것이라고 하여 간접점유자의 자력구제권을 부정한다.

[점유의 상호침탈]

전 점유자가 타인의 물건을 부정히 침탈하여 점유하였으나, 현 점유자가 다시 자력으로 탈환한 경우, 예컨대 甲의 물건을 乙이 절취하여 점유한 것을 후일 甲이 이를 발견하고 실력으로 탈환한 경우, 乙은 甲에 대하여 점유물반환을 청구할 수 있는가, 또한 그의 반환청구에 甲은 반소로서 자기 물건임을 주장하여 반환을 거절할 수 있는가. 점유의 상호침탈의 문제이며, 견해가 대립한다.

부정설은 이를 긍정하여도 결국 甲이 반환 후 別訴에 의하여 반환을 청구하면 乙은 다시 甲에게 반환하여야 하므로 소송상 불경제란 이유를 든다. 그러나 肯定說은 이를 부정하면 민법 제209조 제2항(자력구제)과 제208조 제2항(점유의 소와 본권의 소)에 정면으로 배치되는 점을 든다(이영준 395면).

다수설은 부정하나 유력한 견해는 독일민법을 유추 적용하여 甲의 점유침탈이 1년 내인 때에는 甲은 乙에 대하여 본권 외에 점유권에 기한 반환청구권도 가지므로, 결국 침탈자 甲의 탈환은 점유상태에 대한 질서의 회복이라고 할 것이어서 甲이 침탈당한 후 1년 내 탈환한 때에는 乙의 반환청구가 배제될 것이라고 한다.

(3) 占有者와 回復者의 관계

(1) 회복자의 권리 · 의무
- ① 점유물의 회수청구권
- ② 비용상환의무
  - 자주점유자 — 현존이익의 범위에서의 반환
  - 타주점유자 — 손해전부의 배상(반환당시 가액)

(2) 점유자의 권리 · 의무
- ① 비용상환청구권(필요비 · 유익비)
- ② 선의점유자의 과실취득권
- ③ 점유물의 멸실 · 훼손에 대한 책임

점유자가 소유권자에 반환하여야 하는 물건을 점유한 경우, 후일 소유자가 물권적 청구권을 행사하여 그 반환을 청구하면 반환하여야 한다. 그러나 점유자가 물건을 점유하는 동안에는 그 물건을 용익할 수도 있고, 비용을 지출할 수도 있으며, 때로는 손괴하여 반환할 수 없는 경우도 있다.

이와 같이 소유자가 소유물반환청구에 의하여 반환을 받는 경우 점유자는 그 물건을 점유하는 동안에 생긴 과실 · 이용이익 및 지출비용의 상환 여부와 그 손괴에 대한 손해배상책임 등이 문제된다. 이것이 점유자와 회복자간의 법률관계이며, 민법은 그들 간의 이해관계를 조정할 필요에서 특별 규정을 두고 있다.

(가) 점유물의 멸실 · 훼손에 대한 책임 점유물이 점유자의 책임 있는 사유로 멸실 또는 훼손된 때에는 점유자의 선의 · 악의에 따라 그 책임을 달리한다.

(ㄱ) 자주점유자의 책임 : 소유의 의사가 없는 선의의 점유자(타주점유자)는 점유물을 회복자에게 반환할 의무가 있음을 알고 있는 자이므로 비록 선의이더라도

악의점유자와 같이 손해의 전부를 배상하여야 한다(제202조). 그러나 소유의 의사로 점유한 선의의 점유자(자주점유자)는 자기의 물건으로 알고 점유한 자이어서 비록 배상책임이 있다고 하더라도 그 책임을 경감할 필요가 있다. 따라서 민법은 소유의 의사로 점유한 선의의 점유자는 그 이익이 현존하는 한도에서 배상토록 하고 있다.

(ㄴ) 타주점유자의 책임 : 점유자가 타주점유이거나, 자주점유인 경우에도 악의인 때에는 손해의 전부를 배상하여야 한다. 악의의 점유자는 타인 소유임을 알면서 또는 의심하면서 점유한 자이므로 그 목적물의 멸실·훼손에 대한 손해의 전부를 배상해야 하며(제202조 전단), 그 배상액은 반환 당시 객관적 가액을 배상해야 한다.

(나) 점유자의 과실취득권 선의의 점유자는 과실취득권을 가진다. 여기서 선의의 점유란 과실의 수취권을 포함한 점유(소유권·전세권을 의미하고 질권·저당권 제외)를 의미하고, 과실의 종류 유무를 불문한다(제201조 제1항). 그러나 악의의 점유자는 과실수취권을 갖지 못하고 수취한 과실의 전부를 반환할 의무를 진다.

다만, 과실수취권없는 악의의 점유자는 그가 받은 이익에 이자를 붙여 반환하여야 하는가. 민법 제202조 제2항은 악의 점유자의 과실수취권을 배제하는 규정일 뿐 민법 제748조 제2항의 특칙이라거나 우선적으로 적용되는 관계를 이루는 것은 아니므로 악의의 수익자가 반환하여야 할 범위는 민법 제748조 제2항에 따라 그는 받은 이익에 이자를 붙여 반환하여야 한다.[28]

또한, 만일 악의의 점유자가 수취한 과실을 소비하였거나 과실로 인하여 훼손 또는 수취하지 못한 때에는 과실의 대가를 보상하여야 한다(제201조 제2항).

선의점유자의 과실취득권은 과실수취권인가 반환의무의 면제인가. 다수설은 과실수취권이라 하고, 판례 또한 점유자가 과실을 취득할 수 있는 범위에서 부당이득성립을 배제하고(대판 1978.5.23, 77다2169), 나아가 민법 제201조 제1항에 의하면 선의의 점유자는 점유물의 과실을 취득한다고 규정하고 있고, 한편 토지를 사용함으로써 얻은 이득은 그 토지로 인한 과실과 동일시 될 것이므로, 선의의 점유자는 비록 법률상 원인 없이 타인의 토지를 점유·사용하고 이로 말미암아 타인에게 손해를 입혔다고 하더라도 그 점유·사용으로 인한 이득을 그 타인에게 반환할 의무는 없는 것이라고 한다(대판 1987.9.22, 86다카1996·1997).

(다) 점유자의 비용상환청구권 점유자가 선의·악의를 불문하고 점유물에 비용을 지출하여 보존하는 동시 그 점유물의 가격이 증가케 한 경우, 이를 그대로 회복자에 귀속케 한다면 그 이익은 곧 회복자에게 부당이득을 구성할 뿐만 아니라, 점유자에는 가혹한 결과가 된다. 따라서 민법은 점유자와 회복자간에 공평을 확보하기 위하여 점유자의 비용상환청구권을 인정한다.

---

28) 대판 2003.11.14, 2001다61869.

(ㄱ) 필요비의 청구 : 점유자가 점유물을 보존하기 위하여 지출한 금액 기타 필요비는 점유자의 선의·악의 또는 소유의 의사 유무를 불문하고 회복자에 그 상환을 청구할 수 있다(제203조 제1항 본문). 그러나 점유자가 과실을 취득한 경우에는 통상의 필요비(예컨대 보통의 보존비·상환비·수선비 등)는 청구하지 못한다(동항 단서).

(ㄴ) 유익비의 청구 : 점유자가 유익비를 지출한 때에는 그의 선의·악의를 불문하고 그 가액의 증가가 현존한 경우에 한하여 회복자의 선택에 좇아 그 지출금액이나 증가액의 상환을 청구할 수 있다(제203조 제2항). 이때 회복자는 상당한 기간의 허여를 청구할 수 있다(동조 제3항).

(a) 점유자는 회복자에 대하여 유익비상환청구권을 가지나, 다만 그 유익비의 지출이 당시 계약관계 등 적법한 점유권원에 의한 경우에는 그 계약관계 등의 상대방에 대하여 해당 법조항이나 법리에 따라 행사할 수 있을 뿐 계약관계 등의 상대방이 아닌 점유회복 당시의 소유자에 대하여는 행사하지 못한다.[29]

또한, 점유가 승계된 경우 신 점유자는 구 점유자의 비용상환청구권을 행사할 수 있는가. 점유의 승계와 관련하여 문제되나 다수설은 부정한다.

(b) 청구권의 행사가 사용대차·임대차에 기한 때에는 목적물을 반환받은 날로부터 6개월 내 행사하여야 한다(§617, §654에 의한 617 준용).

제 5. 準 占 有

1. 準占有의 의의

점유권은 물건에 관하여만 성립하는 물권이지만, 때로는 재산권에 관하여도 어떤 자가 권리자가 아니면서도 권리자와 같은 외관을 갖고 행동하며, 또한 일반 제3자도 그 자를 권리자로 생각하게 된다. 이와 같이 어떤 자가 물건 이외의 재산권을 사실상 지배하고 있는 경우에는 그러한 상태를 믿은 자에 대하여도 점유에 있어서와 같이 보호할 필요가 있다.

여기서 민법은 물건 이외의 재산권을 사실상 행사하는 것을 준점유라고 하고, 점유에 관한 규정을 준용토록 하고 있다(제210조).

2. 準占有의 요건

준점유가 성립하기 위하여서는 재산권을 사실상 행사하여야 한다.

29) 대판 2003.7.25, 2001다64752.

재산권은 채권이 전형적인 것이지만 이에 국한하지 않는다. 그러나 점유를 수반하는 재산권, 예컨대 소유권 · 지상권 · 전세권 · 질권 · 임차권 등은 그 자체가 점유를 수반하는 권리이므로 준점유는 성립하지 못한다.

또한, 사실상 행사란 재산권이 사실상 어떤 자에게 귀속하는 것과 같은 외관을 가지는 것을 의미한다.

3. 準占有의 效果

(1) 준점유에 관하여는 점유에 관한 규정이 준용된다(제210조). 따라서 준점유의 사실이 있는 때에는 준점유권이 성립하고, 이로써 권리의 추정 · 과실의 취득 · 비용상환청구권 · 점유보호청구권 등의 효과가 인정된다.

(2) 채무자가 선의 · 무과실로 채권의 준점유자에 대하여 변제하면 그 변제는 유효한 것으로 된다(제470조).

제 2 절 所 有 權

제 1. 所有權의 意義와 性質

1. 所有權의 意義

소유권이란 법률의 범위 내에서 목적물을 사용 · 수익 · 처분할 수 있는 권리를 말한다. 소유권은 가장 전형적인 물권으로서 재화의 사적소유를 법적으로 제도화한 것이며, 사람의 물건에 대한 지배질서의 중심을 이룬다. 그러므로 물권법은 이 소유권을 기초로 하여 구성하고 있다.

2. 所有權의 法律的 性質

소유권은 물권 중 가장 기본적이고 전형적인 물권이며, 물건에 대한 전면적 지배를 할 수 있는 것으로서 다음과 같은 특성을 갖는다.

(가) 관념성 　소유권은 그 권리의 성격상 관념성을 갖는다. 즉 소유권은 물건에

대한 현실적 지배를 원칙으로 하지만, 언제나 결합되어 있는 것이 아니며, 이것과 분리되어 관념적으로 지배할 수 있는 성격을 가진다.

(나) **전면성** 소유권은 물건이 가지는 사용가치와 교환가치의 전부에 대해서 지배할 수 있는 권리이다. 즉 전면적 지배권인 점에서 제한된 범위 내에서만 지배할 수 있는 제한물권과 구별된다. 즉 용익물권은 소유권의 내용인 사용·수익만을 지배하고, 담보물권은 소유권의 일면인 가치권만을 지배하는 권리인 점과 구별된다.

(다) **탄력성** 소유권은 물건을 전면적으로 지배하는데서 각종 타물권의 설정이 인정되며, 그 결과 소유권의 전면적 지배는 그 설정된 타물권(제한물권)의 범위에서 일시적인 제한을 받게 된다. 그러나 후일 그 원인된 법률관계가 제거되면 소유권은 다시 본래의 원만한 상태로 회복한다.

(라) **항구성** 소유권 그 자체는 목적물이 멸실될 때까지 존속한다. 즉 존속기간의 제한이 없으며 아무리 방치하더라도 소멸시효에 걸리지 않는다(제162조).

(마) **대물지배성** 소유권의 객체는 물건에 한한다. 따라서 권리는 재산권이더라도 소유권의 대상은 되지 아니한다. 예컨대 채권은 대표적인 재산권이지만 소유권의 대상은 되지 아니한다. 그러나 여기서 말하는 물건은 물리적 의미에서의 물건의 개념이 아니므로 유체물 및 관리할 수 있는 자연력을 포함한다(제98조).

제 2. 所有權의 內容과 範圍

1. 所有權의 내용과 제한

(1) 所有權의 내용

소유권의 내용에 관하여 민법 제211조는 "소유자는 법률의 범위 내에서 그 소유물을 사용·수익·처분할 권리가 있다."라고 규정한다. 따라서 소유권은 법률의 범위에서 인정되며, 물건을 구체적·현실적으로 사용·수익·처분하는 권능을 가진다.

여기서 사용(使用)이란 목적물을 그 용법에 따라 이용하는 것을 말하며, 受益이란 목적물로부터 생기는 과실을 수취하는 것을 말하고, 이때 과실에는 천연과실은 물론이고 법정과실을 포함한다. 또한 처분(處分)이란 물건이 가지는 교환가치를 실현하는 것으로, 물건의 사실적 처분(예컨대 소비·변형·파괴 등)과 법률적 처분(예컨대 양도·담보설정 등)을 포함한다.

⑵ 所有權의 제한

(가) 사권의 공공성 18~19세기의 자연법론에 바탕한 근대적 소유권은 개인주의적·절대적인 소유권으로 성립하였다. 그러나 20세기 초 복리주의에 따른 사권의 공공성의 강조는 소유권의 사회적 제한을 필연적으로 수반하게 되고, 이로써 오늘날 소유권은 그 내용과 행사가 법률에 의하여 제한되는 상대적 권리로 전환되었다.

소유권제한의 근거는 1919년 독일의 바이마르 헌법을 효시로 하여 오늘날 각국의 입법례는 거의 예외 없이 이와 동일한 취지를 선언하고 있다. 그리하여 우리 헌법 제23조 제2항은 "재산권의 행사는 공공복리에 적합하도록 하여야 한다."라고 규정하고, 민법도 제2조에서 신의성실의 원칙과 권리남용금지를 규정하여 사법의 기본원리로 삼고 있다. 그 결과 오늘날 소유권은 그 자체가 당연히 사회성을 내포한 상대적 권리로 이해된다.

(나) 법률에 의한 제한

(ㄱ) 민법상 제한 : 민법 제211조는 소유권의 내용을 "법률의 범위 내에서 사용·수익·처분할 권리가 있다."라고 하여 법률에 의한 소유권의 제한을 개괄적으로 예정하고 있다. 따라서 소유권은 동조 규정에 의한 제한을 받는 것은 물론이나, 이것에 국한하지 않고 그 외에 구체적 규정에서도 그 행사가 제한된다. 예컨대 민법은 토지소유권의 범위를 정당한 이익이 있는 범위 내 토지의 상하에 미친다고 하였고(제212조), 또한 인접하는 부동산물권자간의 상린권 규정은 소유자에게 일정 인용의무, 작위·부작위의무 등을 명하고 있다(제215조 내지 제244조).

(ㄴ) 공법상 제한 : 사권의 공공성을 강조한 헌법의 근본규범을 받아 특별법이 소유권을 제한하는 경우가 많다. 예컨대 농지소유에 대한 제한(농지정리법), 토지개량에 관한 제한(농어촌근대화촉진법), 농산물검사를 통한 제한(농산물검사법), 양곡의 거래·소비에 관한 제한(양곡관리법), 시가지계획에 의한 제한(도시정비법), 토지의 수용(토지수용법) 등은 그 주요한 것이다.

2. 不動産所有權의 범위

(1) 토지소유권은 토지의 완전한 이용을 보장하는 것이므로 地表뿐만 아니라 지상·지하에도 미친다(제211조). 그러나 그 범위가 무제한한 것은 아니다.

(2) 토지소유권은 정당한 이익이 있는 범위 내에서 토지의 상하에 미친다. 즉 지상이나 지하의 공간이 무제한으로 소유권의 대상이 되는 것은 아니며, 「정당한 이익」이 있는 범위 내로 한정된다. 따라서 지표면이나 지하에 있는 토사·암석 등에 대하여도 토지소유권은 미치나, 다만 광업권에 의하여 광물로 지정된 것은 토지소유권

의 효력이 미치지 않는다. 한편 토지의 지표와는 별도로 토지의 상·하 공간을 분리하여 독립한 물권(구분지상권)을 설정할 수 있다.

[판례] 광업권은 등록을 한 일정한 토지의 구역(광구)에서 등록된 광물을 지중으로부터 채굴·취득하는 권리로서 물권이기는 하지만 이는 어디까지나 지중의 광물을 독점적이고도 배타적으로 채굴·취득할 수 있는 권리일 뿐 광업권의 효력이 지표에도 당연히 미친다고 볼 수 없으므로, 광업권자가 지표의 토지를 사용하기 위하여서는 토지소유자와 사법상 계약을 체결하여 토지사용권을 취득하거나, 광업법 제86조 내지 제89조의 규정에 따라 상공자원부장관의 인정을 받아 토지의 사용·수용권을 취득하지 않으면 아니 되고 광업권자로서는 토지 지표의 사용에 관한 다른 배타적인 권원이 없는 한 적법한 권원에 기하여 광구의 지표에 설치된 영조물에 대하여는 광업권에 기한 방해배제청구로써 그 철거를 구할 수 없다(대판 1996.4.26, 94다57336).

지하수(地下水)는 토지의 구성부분이므로 이를 이용하는 권리도 토지소유권의 내용에 포함된다. 그러므로 자연히 용출하는 지하수(원천)는 토지소유자가 무제한으로 사용할 수 있으나, 타인의 토지로 흘러 들어가 그 타인의 이용에 제공된 때에는 그 이용권을 해하지 않는 범위에서 행사가 허용된다.

또한, 인공적으로 용출하게 한 지하수(수도)는 토지소유자가 이를 이용할 수 있지만, 타인의 이용권을 침해해서는 아니 된다.

제 3. 相隣關係

1. 相隣關係의 의의

상린관계(相隣關係)란 서로 인접하는 부동산소유자간의 상호 이용을 조절하는 것을 목적으로 하는 법률관계이고, 그러한 상린관계로부터 발생하는 권리를 상린권이라고 한다.

민법이 상린관계를 규정한 것은 서로 인접한 부동산의 소유자가 각자의 소유권을 무제한으로 주장한다면 그들은 모두 부동산의 완전한 이용을 할 수 없게 될 것이므로 각 소유자가 가지는 권리를 어느 정도 제한 또는 확장하거나, 상호 협력할 의무를 부담케 하여 소유권의 행사를 원만히 하려는데 있다.

2. 相隣關係의 성질

(1) 상린권은 소유권의 확장·제한이며, 등기를 요하지 않는다. 또한 상린권은 법률의 규정에 의한 권리이며 소멸시효에 걸리지 아니한다.

상린권에 관한 민법규정은 강행규정인가. 다수설은 상린권 규정에 반한 당사자의 특약을 인정할 것이라고 하고, 판례 또한 민법 제244조(지하시설 등에 대한 제한)는 강행규정이라고 볼 수 없는 것이므로 이와 다른 당사자의 특약을 무효라고 볼 수 없는 것이라고 한다.30)

(2) 상린관계는 지역권의 내용과 비슷하다. 그러나 상린권은 부동산소유권에 내재하는 물권의 제한 혹은 확장이며, 독립된 물권은 아니므로 그 성립에 등기를 요하지 않고, 또한 부동산소유권과 분리하여 단독으로 포기하거나 소멸시효에 걸리지 않는다. 즉 상린관계는 법률에 의하여 정하여진 소유권의 내용에 당연히 포함되는 권능임에 비하여, 지역권은 당사자간의 계약에 의한 독립된 물권이란 점에서 근본적인 차이가 있다.

[상린권과 지역권의 비교]

	상 린 권	지 역 권
성 질	소유권을 달리하는 토지소유권의 종된 권리(법률상 권능)	소유권을 달리하는 계약에 의해 성립되는 독립된 물권
성 립	법률의 규정에 의해 성립	당사자의 합의 + 등기
목 적	사용·수익권에 따르는 용익권 상호간에의 상호 이용조절이 목적	인접하는 두 토지소유자 중 요역지소유자만의 편익을 위한 권리
기 능	법률의 규정에 의한 소유권의 확장·제한	계약에 의해 성립되는 소유권의 확장·제한
적 용	토지소유자 상호간 및 용익권자 상호간에 준용	승역지소유자와 요역지소유자 또는 용익권자간에 성립

(3) 상린관계는 인접한 토지소유자간의 법률관계를 규율하려는 것이지만, 그 본래의 취지는 소유의 조절이 아니라 이용의 조절이므로 민법상 소유권에 관한 상린관계의 규정은 지상권과 전세권에도 이를 준용한다(제290조·제319조).

또한, 토지임차권에 관하여는 준용규정이 없으나 상린관계규정의 본질상 긍정할 것이라고 보며, 그 외에 각종 용익적 성질을 가지는 권리에도 준용된다고 하는 것이 보통이다.

3. 相隣關係의 內容

(1) 建物 및 隣接地에 관한 상린관계

(가) 건물의 구분소유자간의 상린관계 1동의 건물을 수 개로 구분하여 수인이

30) 대판 1982.10.26, 80다1634.

각각 그 부분을 소유하는 것을 「건물의 구분소유」라고 한다.

건물을 구분소유 하는 경우 건물과 그 부속물 중 공용부분은 그 구분소유자들의 공유로 추정되며(제215조 제1항), 그 구분소유자 간에는 그 법률적 성질상 상린관계에 관한 규정이 적용된다.

┌ 공유물분할의 단독청구금지(§268) — 전원의 동의
└ 관리비의 분담 — 전유부분가액에 비례(집합건물법 : 면적에 비례)

(나) **인접지사용청구권** 토지소유자가 경계나 그 부근에서 담 또는 건물을 축조하거나 수선하기 위한 필요한 범위 내에서 이웃 토지의 사용을 청구할 수 있다(제216조 제1항 전문). 그러나 이웃 사람의 승낙이 없으면 그 주거에 들어가지 못하고(동항 단서), 특히 그 승낙에 갈음하는 재판을 청구하지 못한다.

또한, 토지소유자가 이웃 토지 또는 주거를 사용함으로써 손해를 받은 때에는 그 보상을 청구할 수 있다(동조 제2항).

(다) **수도 등의 통과시설권** 토지소유자는 타인의 토지를 통과하지 아니하면 필요한 수도·배수관·가스관·전선 등을 시설할 수 없거나 과다한 비용을 요하는 경우에는 타인의 토지를 통과하여 이를 시설할 수 있다. 그러나 그 타인에게 손해가 가장 적은 장소와 방법을 선택하여 시설을 하여야 하며, 이로 인한 타 토지소유자에 손해를 끼친 경우에는 그 토지소유자의 청구에 의하여 손해를 보상하여야 한다(제218조 제1항).

또한, 위의 시설을 한 후 사정변경이 있을 때에는 시설통과지의 소유자는 그 시설의 변경을 청구할 수 있고, 그 시설변경의 비용은 토지소유자, 즉 시설을 한 자가 부담한다(동조 제2항).

(라) **주위토지통행권** 어느 토지와 공로 사이에 그 토지의 용도에 필요한 통로가 없어서 주위의 토지를 통행하거나 또는 통로로 하지 않으면 公路에 출입할 수 없거나 과다한 비용을 요하는 때에는 그 토지소유자는 주위의 토지를 통행할 수 있고, 필요한 경우에는 통로를 개설할 수 있다. 그러나 그로 인한 손해가 가장 적은 장소와 방법을 선택하여야 하고(제219조 제1항), 통행권자는 통행지소유자의 손해를 보상하여야 한다(동조 제2항). 다만 公路로 통하고 있던 토지가 분할 또는 일부 양도로 인하여 공로에 통하지 못하는 토지로 된 경우에는 통행권자의 보상 없이 분할 또는 양도된 다른 분할자의 토지를 통행할 수 있다(제220조). 왜냐하면 분할자 또는 양수인은 사전에 이를 예측할 수 있었기 때문이다.

(ㄱ) 동조 규정의 통행권을 행사하기 위해서는 주위 토지를 통행 또는 통로를 개설하지 아니하면 공로에 출입할 수 없거나 과다한 비용을 요하는 것이어야 한다.

포위된 토지로서 어느 토지가 타인의 토지에 둘러싸여 공로에 출입할 수 없는 경우는 물론,[31] 그 주위의 토지가 하천·해양·암벽 등에 접하고 있어 직접 공로에 접하려면 과다한 비용을 필요로 하거나(대판 1970.6.30, 70다637) 통행권자의 가옥의 일부 또는 담을 헐어 대문을 내는 등 근본적인 가옥의 개조를 하여야 하는 경우를 포함한다(대판 1970.6.30, 70다639).

다만, 公路로 통하는 길이 있어도 자연의 유출물을 반출할 수 없는 지세에 있어 실제로 당해 토지의 통로로서 기능을 다하지 못하고 있는 경우를 포함하는가. 학설은 토지용도를 기준으로 객관적으로 정할 것이라고 하고, 판례 또한 주위토지통행권은 어느 토지가 타인 토지에 둘러싸여 공로로 출입할 수 없는 경우뿐만 아니라 이미 기존의 통로가 있더라도 그것이 당해 토지의 이용에 부적합하여 실제로 통로로서 기능을 다하지 못한 경우에도 긍정할 것이라고 한다(대판 2003.8.19, 2002다53469; 1994.6.24, 94다14193; 1992.12.22, 92다36311). 그러나 어느 경우에도 주위 토지를 이용하여 도로에 이르는 것이 보다 편리하다는 이유만으로는 주장하지 못한다(대판 1991.4.23, 90다15167).

또한, 원래 公路에 통하고 있던 토지가 분할 또는 일부 양도로 公路에 통하지 못하게 된 토지로 된 경우 그 토지소유자는 다른 분할자 또는 양수인의 토지에는 통행하지 못하는 것이라고 한다(대판 1990.8.28, 90다카10091).

또한, 공로에 출입할 수 없는 경우라고 하나 이에 국한하지 않고 사도(私道)를 포함한다.[32]

(ㄴ) 주위토지통행권자는 필요한 경우에는 통행지상에 통로를 개설할 수 있다. 그러므로 통로에 모래를 깔거나, 돌계단을 조성하거나, 장해가 되는 나무를 제거하는 등의 방법으로 통로를 개설할 수 있으며, 통행지소유자의 이익을 해하지 않는다면 통로를 포장하는 것도 허용된다. 따라서 주위토지통행권자가 통로를 개설하였다고 하더라도 그 통로에 대하여 통행지소유자의 점유를 배제할 정도의 배타적인 점유를 하고 있지 않는 이상 주위토지통행권이 미치는 범위 내의 통로부분의 인도를 구하거나 그 통로에 설치된 시설물의 철거를 구하지 못한다.[33]

다만, 주위토지통행권은 현재 토지의 용법에 따른 이용의 범위에서 인정되는가. 학설은 현재의 이용은 물론 장래 이용을 고려하여 정할 것이라고 하나,[34] 판례는 획일적이지 못하여 토지의 소유자는 그 토지에 대하여 상당한 이용을 관여할 수 있는 상태에 둘 권리를 가지므로 반드시 이를 현실적으로 이용하고 있는지 여부에 관계없이 주위토지에 대하여 상당한 범위 내에서 장래 이용에 필요한 통행권이 인정되어야 한다고 하고,[35] 한편 다른 판례는 현

31) 다만 주위의 토지가 행정재산이나 공유토지를 가진 경우에는 제외된다(대판 1982.7.13, 81마515·516)
32) 대판 1977.9.13, 75다1958.
33) 대판 2003.8.19, 2003다53469.
34) 이영준 422면.
35) 대판 1988.2.9, 87다카1956.

재 토지이용의 범위에서 더 나아가 장래 이용 상황까지를 대비하여 통로로 정할 것은 아니라고 한다.[36)]

(ㄷ) 통행권의 행사는 통행지 또는 도로개설지에 가장 손해가 적은 장소와 방법을 선택하여야 하고(§219 ① 단서), 이때 통행권자는 통행지소유자에 보상하여야 한다(동조 ②).

다만, 통행권자는 통행지소유자에 언제나 보상하여야 하는가. 민법 제219조는 어느 토지와 공로 사이에 그 토지 용도에 필요한 통로가 없는 경우 그 토지소유자에게 그 주위 토지통행권을 인정하면서 그 통행권자로 하여금 통행지소유자의 손해를 보상하도록 규정하고 있는 것이므로 통행권자의 허락을 얻어 사실상 통행하고 있는 자에게는 그 손해의 보상을 청구하지 못한다. 그리하여 판례는 토지소유자가 그 소유 토지를 일반인의 통행에 제공하였다면 그 토지에 대한 사용・수익권을 포기하였거나 무상통행권을 부여한 것이라고 한다.[37)]

이 경우 무상통행권은 그 토지의 특별승계인에도 미치는가. 판례는 그 토지의 특정승계인이 통행권의 부담을 인용하거나 적어도 이러한 사정을 알고 매매・경매 등으로 매수한 때에는 그 토지의 양도인과 동일한 의무를 부담하는 것이라고 한다.[38)]

(ㄹ) 주위토지통행권을 주장할 수 있는 자에는 토지소유자는 물론 지상권자・전세권자(§290, §319) 및 지역권자를 포함한다.[39)] 다만 점유권자・임차권자에도 인정할 것인가. 판례는 불법점유자의 주위토지통행권을 부정하고,[40)] 임차권자는 긍정할 것이란 견해가 있다.[41)] 그러나 임차권이 채권인 점을 감안하면 토지소유자 또는 물권자의 권리를 대위행사하면 족할 것이다.

(마) 생활방해의 금지　생활방해란 매연・열기체・액체・음향・진동 기타 이와 유사한 것으로 이웃 토지의 사용을 방해하거나 이웃 거주자의 생활에 고통을 주는

---

36) 판례는 주위토지통행권은 현재 토지용법에 따른 이용의 범위에서 인정되는 것이므로 더 나아가 장래 이용상황까지를 대비하여 통로로 정할 것은 아니라고 하고(대판 1992.12.22, 92다30528), 또한 토지에 공장을 신축하고 이미 존재하던 약 30㎝ 정도의 농로를 확장한 경우 주위토지통행권의 범위는 종전에 개설되었던 농로에 불과하고 화물자동차가 통행할 수 있는 정도의 확장된 부분에는 주위토지통행권이 없는 것이라고 하였다(대판 1991.4.23, 90다15167; 1982.6.22, 82다카102; 1977.6.7, 76다808; 1971.7.6, 71다1064; 1967.10.31, 67다1641).

37) 대판 1991.9.10, 91다19623.

38) 대판 1997.1.24, 96다42529; 1994.9.30, 94다20013; 1992.7.24, 92다15970; 1991.9.10, 91다19623; 1989.2.28, 88다카4482; 1985.8.13, 85다카421.

39) 대판 1977.9.13, 75다1958.

40) 대판 1976.10.29, 76다1694.

41) 변종춘, 주위토지통행권에 관한 소고(사법논집 제19권 1988), 92면; 고상룡, 토지의 일부양도와 주위토지통행권(고시연구 1991.10) 201면.

것을 말한다(제217조).[42]

(ㄱ) 방해의 원인이 되는 것은 매연 · 열기체 · 액체 · 음향 · 진동 기타 이와 유사한 불가량물, 즉 가스 · 증기 · 냄새 · 재 · 연기 · 강렬한 광선의 반사등 이며, 토지소유자는 이들에 의한 이웃의 토지사용을 방해하거나 거주자에게 고통을 주지 않도록 적당한 조치를 할 의무를 진다(동조 제1항).

다만, 불가양물에 의한 토지사용이 방해될 염려가 있거나, 주거자의 주거생활에 고통을 줄 염려가 있는 때에는 그 예방을 위한 특정행위의 정지를 청구할 수 있는가. 민법은 이를 규정하지 아니하나, 개정 민법(안)은 이웃거주자는 생활의 방해를 받을 염려가 있는 때에는 토지소유자에 대하여 그 예방을 위하여 특정한 행위를 하지 아니할 것을 청구할 수 있음을 규정한다(§217 ③ 신설안).

(ㄴ) 동조 규정의 생활방해이기 위해서는 침해의 정도가 토지의 통상 정도를 초과한 것이어야 한다. 불가양물에 의한 토지 또는 주거자의 생활침해가 그 토지의 통상의 용도에 적당하고 사회통념상 상당한 것일 때에는 이웃 토지소유자 및 주거자는 이를 인용할 의무가 있다(동조 제2항).

(ㄷ) 청구권의 상대방은 매연 · 열기체 · 액체 · 음향 · 진동 그 밖의 이와 유사한 불가량물을 발산하는 토지소유자이나 이에 국한하지 않고 토지의 점유자를 포함한다.

⑵ 水(물)에 관한 상린관계

(가) 자연적 배수권 토지소유자는 이웃 토지로부터 자연히 흘러오는 물을 막지 못하고(제221조 제1항),[43] 흐르는 물이 저지에서 저지소유자가 막지 않았으나 자연적 원인으로 인하여 막힌 때에는 고지의 소유자는 비용에 관한 특별한 관습이 있는 경우를 제외하고는 자기비용으로 소통에 필요한 공사를 할 수 있다(제222조 · 제224조).[44] 또한 高地 소유자는 이웃 토지에서 필요로 하는 자연히 흘러내리는 물을 자기의 정당한 사용범위를 넘어서 막지 못한다(제221조 제2항).

(나) 인공적 배수권 인공적 배수를 위하여 타인의 토지를 사용하는 것은 원칙적으로 금지된다. 따라서 토지소유자는 처마물이 이웃에 직접 낙하하지 않도록 적당한 시설을 하여야 한다(제225조). 또한 인공적 저수 · 배수 또는 인수를 위하여 설치한 공작물이 파손 또는 폐쇄되어 타인의 토지에 손해를 가하거나 가할 염려가

---

42) 이런 현상을 영미법에서는 nuisance(생활방해), 불란서법에서는 troubles de voisinage(인근폐해)라 하고, 독일법에서는 Immission(임밋시온)이라고 한다.

43) 이를 자연적 유수에 관한 수인의무, 즉 승수의무라고 한다. 그러나 자기 토지를 높였기 때문에 흘러내리는 물의 경우에는 승수의무가 없다.

44) 이와 같은 권리를 특히 '유통공사권'이라고 하며, 이 때에는 저지(低地)의 소유자에게 손해가 생기더라도 보상할 필요가 없다.

있을 때에는 그 공작물의 보수·소통 또는 예방에 필요한 청구를 할 수 있다(제223조). 이 때 비용부담에 관한 특별한 관습이 있으면 그 관습에 따른다(제224조). 그러나 다음의 경우에는 인공적 배수가 예외적으로 인정된다.

(ㄱ) 고지소유자는 침수지를 건조하기 위하여 또는 가용이나 농·공업용의 여수를 소통하기 위하여 공로·공류 또는 하수도에 달하기까지 저지(低地)에 물을 통과하게 할 수 있다. 그러나 저지의 손해가 가장 적은 장소와 방법을 선택해야 하며, 그 손해를 보상하여야 한다(제226조).

(ㄴ) 토지소유자는 그 소유지의 물을 소통하기 위하여 이웃 토지소유자가 시설한 공작물을 사용할 수 있다(제227조 제1항). 그러나 사용자는 그 이익을 받는 비율로 공작물의 설치와 보존의 비용을 분담하여야 한다(동조 제2항).

(다) 여수급여청구권　토지소유자는 과다한 비용이나 노력을 요하지 아니하고는 家用이나 토지이용에 필요한 물을 얻기 곤란한 때에는 인접 토지소유자에게 보상하고 여수의 급여를 청구할 수 있다(제228조). 이것은 사회공익적 요청과 협동정신에서 기인한 것이며, 이를 거절할 경우에는 권리남용의 문제가 된다.

(라) 유수(流水)에 관한 상린관계

(ㄱ) 사유수류지용수권 : 도랑(구거) 기타 수류지의 소유자는 대안의 토지가 타인의 소유인 때에는 그 수로나 수류의 폭을 변경하지 못한다(제229조 제1항). 그러나 량안의 토지가 수류지소유자의 소유인 때에는 이를 변경할 수 있으나, 다만 이 경우 수류 변경에 특별한 관습이 있는 경우를 제외하고는 타인의 소유지로 흘러가는 하류에서는 자연의 수로와 일치하도록 하여야 한다(동조 제2항). 또한 수류지의 소유자가 뚝(언)을 설치할 필요가 있을 때에는 그 손해를 보상하고 그 언을 대안에 접촉하게 할 수 있고(제230조 제1항), 대안의 소유자는 수류지(하상)의 일부가 자기소유인 때에는 그 언을 사용할 수 있다. 그러나 그 이익을 받는 비율로 뚝의 설치·보존의 비용을 분담해야 한다(동조 제2항).

(ㄴ) 공유하천용수권 : 공유하천의 연안에서 농·공업을 경영하는 자는 타인의 용수를 방해하지 않는 범위에서 필요한 인수를 할 수 있고(제231조 제1항), 또한 그 인수를 위한 공작물을 설치할 수 있다(동조 제2항).

상류연안의 인수나 공작물로 인하여 하류연안의 용수권을 방해한 때에는 그 용수권자는 방해의 제거 및 손해의 배상을 청구할 수 있다(제232조).

(마) 지하수의 이용관계　지하수를 토지소유자 뿐만 아니라 이웃 사람들도 이용하고 있는 경우에 그 지하수를 이용하는 상린자들은 타인의 용수를 방해하지 않는 범위 내에서 각자 수요의 정도에 따라 용수할 수 있다(제235조).

또한, 필요한 용도나 수익이 있는 源泉이나 水道가 타인의 건축 기타의 공사로 인하여 단수·감수 기타 용도에 장애가 생긴 때에는 용수권자는 손해배상을 청구할 수 있고(제236조 제1항), 특히 그 공사로 인하여 음료수 기타 생활상 필요한 용수에 장해가 있을 때에는 원상회복을 청구할 수 있다(동조 제2항).

(3) 境界에 관한 상린관계

(가) 경계표·담의 설치권 인접하여 토지를 소유하는 자는 공동의 비용으로 통상의 경계표나 담을 설치할 수 있고(제237조 제1항), 그 비용은 특별한 관습이 없는 한 쌍방이 절반하고, 측량비용은 토지의 면적에 비례하여 분담한다(동조 제2항). 다만 인지소유자는 자기의 비용으로 담의 재료를 통상의 것보다 양호한 것으로 하거나 그 높이를 통상보다 높게 할 수 있고, 방화벽 기타 특수시설을 할 수 있다(제238조).

경계에 설치한 경계표·담·도랑(구거) 등은 상린자의 공유로 추정한다. 그러나 그 공작물이 상린자 일방의 단독비용으로 설치된 때에는 그 지출자의 소유로 되고 담이 건물의 일부인 때에는 그 건물소유자의 소유로 한다(제239조).

(나) 수지·목근의 제거권 인접지의 수목의 가지가 경계를 넘은 때에는 그 소유자에 대하여 가지의 제거를 청구할 수 있고(제240조 제1항), 소유자가 이 청구에 응하지 아니할 때에는 청구자가 직접 이를 제거할 수 있다(동조 제2항).

또한, 인접지의 수목의 뿌리(목근)가 경계를 넘는 때에는 그 제거의 청구 없이 상린자가 임의로 이를 제거할 수 있다(동조 제3항). 이 때 제거된 수목의 가지나 뿌리는 제거자의 소유에 속한다.

(다) 토지심굴(深掘)의 금지 토지소유자는 인접지의 지반이 붕괴할 정도로 자기의 토지를 깊이 파지 못한다. 그러나 충분한 방어공사를 한 때에는 그러지 아니한다(제241조).

(라) 경계선 부근의 공작물설치에 관한 상린관계

(ㄱ) 건축의 제한 : 건물을 축조함에는 특별한 관습이 없으면 경계로부터 '반미터' 이상의 거리를 두어야 하고(제242조 제1항), 이에 위반한 경우 인접지소유자는 건물의 변경이나 철거를 청구할 수 있다. 그러나 건축에 착수한 후 1년이 경과하거나 건물이 완성된 경우에는 손해배상만을 청구할 수 있다(동조 제2항).

다만, 개정 민법(안)은 제242조를 신설하여 제1항은 "건축된 건물이 그 건축시행자 또는 그 건물의 소유권을 취득하는 자의 고의 또는 중과실이 없이 이웃 토지의 경계를 침범한 경우에 이웃 토지의 소유자 그 밖의 권리자는 경계가 침범된 사실을 안 날로부터 3년 또는 경계가 침범된 날로부터 10년 내 이의를 제기하지 아니한 때에는 이를 인용하여야 한다. 그러나 그 건물의 완성 후 민법 제280조 제1항의 지상권의 최단존속기간이 경과한 때에는 그러지 아니한다."라고 하고, 제2항은 "이 경우 이웃 토지의 소유자는 건물의 소유자에게 경계가 침범된 토지부분에 대하여 지료상당의 보상 또는 그 매수를 청구할 수 있다." 라고 규정한다.

(ㄴ) 차면시설의 의무 : 경계로부터 2미터 이내의 거리에서 이웃 주택의 내부를 관망할 수 있는 창이나 마루를 설치하는 경우에는 적당한 차면(가리개)을 설치하여야 한다(제243조).

(ㄷ) 지하시설 등의 제한 : 우물을 파거나 용수·하수·오물 등을 저치할 지하시설을 하는 때에는 경계로부터 2미터 이상의 거리를 두어야 하며, 저수지·구거·지하실공사에는 경계로부터 그 깊이의 반 이상의 거리를 두어야 한다(제244조 제1항). 또한 이 공사를 할 때에는 토사가 붕괴하거나 하수 또는 오액이 이웃에 흐르지 않도록 적당한 조치를 하여야 한다(동조 제2항).

[민법에 관습이 우선하는 경우]

① 소통공사비(제224조에 의한 제222조의 준용)
② 저수·배수·인수를 위한 공작물 공사비(제224조에 의한 제223조의 준용)
③ 수류의 변경(제329조)
④ 수류연안의 용수권 보호(제234조에 의한 제233조의 준용)
⑤ 용수권의 승계(제234조에 의한 제233조의 준용)
⑥ 경계표, 담의 설치권(제237조)
⑦ 경계선 부근의 건축(제242조)
⑧ 특수지역권(제302조)
⑨ 공유하천용수권(제234조)

제 4. 所有權의 取得과 保護

1. 所有權의 取得

소유권의 취득원인 중에서 가장 중요한 것은 법률행위(매매)이며, 법률행위로 인한 소유권취득에는 앞에서 설명한 물권변동의 원칙이 그대로 적용된다. 그밖에 상속·판결·경매·토지수용 등도 소유권의 취득원인이나 관련 법률에서 규정한다.

또한, 민법은 제245조 이하에서 취득시효·선의취득·선점·습득·발견·부합·혼화·가공 등의 특수한 소유권취득원인에 관하여 규정하고 있으며, 이들은 모두 법률의 규정에 의한 것으로 원시취득이다.

(1) 取得時效

시효에는 취득시효와 소멸시효가 있다. 원래 시효제도는 일정한 사실상태가 오랫동안 계속한 경우에 그 상태가 진실한 권리관계에 부합하는가의 여부를 묻지 않고 그 사실상태를 그대로 존중하여 권리관계로 인정하는 제도로서, 그 중 취득시효란 권리를 행사하고 있는 것과 같은 외관이 일정한 기간 동안 계속하는 경우에 그 권리취득의 효과가 생기는 것으로 하는 제도이다.

취득시효의 대상이 되는 권리로는 소유권이 그 대표적인 것이며, 민법은 취득시효에 관한 규정을 소유권의 장에서 규정하고 있다. 그러나 이 규정은 소유권 이외의 재산권에도 준용되므로(제248조) 소유권 이외의 재산권도 취득시효의 대상이 된다.

(가) 부동산소유권의 취득시효　민법은 부동산소유권의 취득시효를 두 가지로 나누어 규정한다. 하나는 20년 간 소유의 의사로 평온・공연하게 부동산을 점유한 자가 등기를 함으로써 그 소유권을 취득하는 것이고(제245조 제1항), 다른 하나는 부동산의 소유자로 등기한 자가 10년 간 소유의 의사로 평온・공연하게 선의이며 과실 없이 그 부동산을 점유한 때에 소유권을 취득한 것이다(동조 제2항). 전자를 점유취득시효, 후자를 등기부취득시효라고 한다.

(ㄱ) 점유취득시효 : 시효취득의 대상이 되는 부동산은 타인 부동산은 물론 이에 국한하지 않고, 자기소유의 부동산[45] 및 국유잡종재산을 포함한다.[46] 또한 부동산의 일부에 대한 취득시효도 가능한 것이라고 보며,[47] 다음의 요건을 갖추어야 한다.

(a) 소유의 의사로 점유하여야 한다. 즉 점유자의 점유는 자주점유이어야 하고, 점유자의 소유의사는 추정된다(제197조 제1항). 그렇다면 민법상 점유자에 소유의사로의 점유추정은 부동산취득시효자의 점유에도 추정되는가. 학설・판례는 긍정한다. 따라서 점유자에 일단 소유의사로 점유한 것으로 추정되지만 구체적으로 점유자의 점유가 소유의사로의 점유인가 여부는 무엇으로 결정되는가.

다수설은 점유의 권원에 의하여 정하여질 것이라고 하고, 판례 또한 자주점유의 요건인 소유의사는 점유취득의 원인이 된 점유권원의 성질에 의하여 결정되는 것이고,[48] 이때 권원의 성질은 단순히 내심적 의사에 의하여 주관적으로 결정할 것이

---

45) 대판 2001.7.13, 2001다17572: 예컨대, 乙이 甲으로부터 부동산을 매수하여 이전등기까지 경료한 후 甲이 채무불이행을 이유로 매매계약을 해제하였으나 20년 이상 등기가 말소되지 않고 있을 뿐만 아니라 甲이 매매계약해제를 입증하기 곤란한 경우가 이에 속한다.

46) 헌재판 1991.5.13, 89헌가97 참조.

47) 다만, 등기부취득시효의 경우에는 등기에 부합하는 점유가 일정기간 동안 계속하여야 함이 요구되는 점에서 시효취득을 부정한다(곽윤직 333면).

48) 대판 1984.1.31, 83다615 등.

아니라 점유취득의 원인이 된 사실의 성질에 따라 객관적으로 결정하여야 한다고 한다.[49] 따라서 점유자에 점유권원의 성질이 분명한 때에는 그 점유권원의 성질에 의하여 점유 태양이 결정될 것이지만 점유권원이 분명하지 아니한 점유자는 소유의 의사로 점유하는 것으로 추정되는가. 판례는 점유자가 스스로 매매 또는 증여와 같은 소유의사로의 점유권원을 주장하였으나 이것이 인정되지 않는 경우에도 원래 소유의사로의 점유권원에 관한 입증책임이 점유자에게 있지 아니한 이상 그 점유권원이 인정되지 않는다는 사유만으로 자주점유의 추정이 번복된다거나 또는 점유권원의 성질상 소유의사 없는 점유라고 볼 수 없는 것이라고 한다.[50]

그렇다면, 점유근원이 없음을 알면서 점유하거나 무단히 점유한 자, 소위 악의의 무단점유자의 점유에도 소유의사로의 점유가 추정되는가. 종래 판례는 무단점유의 경우 특별한 사정이 없는 한 권원의 성질상 소유의사로의 점유라고 하였다. 그러나 최근 판례는 점유자의 점유가 소유의 의사 있는 점유인지 아니면 소유의 의사 없는 점유인지의 여부는 점유자내심의 의사에 의하여 결정되는 것이 아니라 점유취득의 원인이 된 권원의 성질이나 점유와 관계가 있는 모든 사정에 의하여 외형적·객관적으로 결정되어야 하는 것이기 때문에 점유자가 성질상 소유의 의사가 없는 것으로 보이는 권원에 바탕을 두고 점유를 취득한 사실이 증명되었거나, 점유자가 타인의 소유권을 배제하여 자기의 소유물처럼 배타적 지배를 행사하는 의사를 가지고 점유하는 것으로 볼 수 없는 객관적 사정, 즉 점유자가 진정한 소유자라면 통상 취하지 아니할 태도를 나타내거나 소유자라면 당연히 취했을 것으로 보이는 행동을 취하지 아니한 경우 등 외형적·객관적으로 보아 점유자가 타인의 소유권을 배척하고 점유할 의사를 갖고 있지 아니하였던 것이라고 볼만한 사정이 증명된 경우에도 그 추정은 깨어지는 것이라고 하였다.[51] 따라서 판례에 의하면 악의의 무단점유자는 자기의 점유가 소유의사로의 점유임을 입증하지 못하면 시효취득하지 못한다.

또한, 권원의 성질상 타주점유로 인정되는 경우에는(예컨대 지상권자·전세권자·질

49) 대판(전) 1983.7.12, 82다708·709, 82다카1792·1793.

50) 대판(전) 1983.7.12, 82다708·709; 정이형, 취득시효의 요건인 자주점유의 입증책임(민사판례연구 Ⅵ 1984) 34면; 오세빈, 점유와 권원의 입증책임(詞論 15,1984) 35면.

51) 대판 1998.2.10, 97다6841·6858; 1997.8.21, 95다28625; 그리하여 그 이후의 판례는 대체로 취득시효에 있어 자주점유의 요건인 소유의 의사는 객관적으로 점유권원의 성질에 의하여 그 존부를 결정하여야 할 것이고, 다만 그 점유권원의 성질이 분명하지 않을 때에는 민법 제197조 제1항에 의하여 소유의사로 점유한 것으로 추정된다고 할 것이나, 처분권한이 없는 자로부터 그 사실을 알면서 부동산을 취득하거나 어떠한 법률행위가 무효임을 알면서 그 법률행위에 의하여 부동산을 취득하여 점유를 시작한 때에는 그 점유의 시작에 있어 이미 자신이 그 부동산의 진정한 소유자의 소유권을 배제하고 마치 자기의 소유물처럼 배타적 지배를 할 수 없다는 것을 알면서 점유하는 자이므로 점유 시작 당시에 소유의사가 있다고 할 수 없는 것이라고 한다[대판(전) 2000.3.16, 97다37661; 2000.4.11, 98다28442; 2000.6.9, 99다36778; 2000.9.29, 99다50705].

권자·임차권자 등) 그러한 권리를 설정해 준 자에 대하여 자기에게 소유의사가 있음을 표시하지 않으면 시효취득하지 못한다.

다만, 구분소유(區分所有)적 공유에서 점유자의 점유는 취득시효의 기초가 되는 점유인가. 예컨대 토지소유자가 토지의 특정한 일부분을 타인에게 매도하면서 등기부상으로는 전체 토지의 일부 지분에 관한 소유권이전등기를 경료해 준 경우에도 매매대상에서 제외된 나머지 특정부분을 계속 점유한다고 하더라도 이는 자기소유의 토지를 점유하는 것이어서 취득시효의 기초가 되는 점유로는 되지 못한다.[52]

(b) 평온·공연히 20년간 점유하여야 한다. 평온·공연한 점유는 물론, 점유의 계속도 추정된다. 따라서 시효취득을 배척하려는 자는 폭행이나 강박 또는 은비에 의한 점유 및 점유의 불계속을 입증하여야 한다.

점유의 개시시점에 관하여 종래 판례는 등기명의가 동일하고 취득자의 변동이 없는 때에는 취득자가 자유로 선택하여 점유의 기산점을 정할 수 있으나,[53] 시효기간 만료 후 이해관계 있는 제3자가 있는 때에는 취득자가 자유로 선택하지 못하고 점유자가 당초 점유를 개시한 때로 하여야 하는 것이라고 하고,[54] 더욱 최근의 판례는 취득시효의 기초가 되는 점유가 법정기간 이상으로 계속되는 경우 취득시효는 그 기초가 되는 점유가 개시된 때를 기산점으로 하여야 하고 취득시효를 주장하는 사람이 임의로 기산일을 선택할 수 없으나, 점유가 순차로 승계된 경우 취득시효의 완성을 주장하는 자는 자기의 점유만을 주장하거나 또는 자기의 점유와 전 점유자의 점유를 아울러 주장할 수 있고, 이 경우에도 어느 단계의 점유자의 점유까지를 아울러 주장할 것인가도 이를 주장하는 사람에게 선택권이 있으나, 다만 전 점유자의 점유를 아울러 주장하는 경우에는 그 점유의 개시시기를 어느 점유자의 점유기간 중의 임의의 시점으로 선택할 수 없는 것이라고 하고, 이와 같은 법리는 반드시 소유자의 변동이 없는 경우에만 적용되는 것은 아니라고 한다.[55]

(c) 취득자의 명의로 등기하여야 한다. 법률행위에 의하지 않는 부동산물권변동에는 등기를 요하지 않는 것이 원칙이며, 특히 취득시효는 법률의 규정에 의한 취득이므로 등기를 요하지 아니할 것이지만 민법은 예외로써 등기를 요하고 있다(제245조 제1항 단서). 따라서 부동산물권을 취득시효하기 위해서는 위의 여러 요건 외에 취득자명의로 이를 등기함으로 취득한다. 따라서 점유취득시효자가 등기이전(보존

52) 대판 2001.4.13, 99다62036.
53) 대판 1998.5.12, 97다3407·97다8496; 1995.2.28, 94다18577; 1992.9.8, 92다20941; 1991.7.26, 91다1804; 1990.1.25, 88다카2763.
54) 대판 1979.10.16, 78다카2117; 1977.6.28, 77다47.
55) 대판 1998.4.10, 97다56822.

등기이나 실제로는 이전등기) 받기 전에는 물권자로 보호받을 수 없고 단순한 채권적 지위만을 가지므로 등기명의자가 이에 협력하지 않고 타인에 소유권을 이전한 때에는 점유취득시효자의 소유권취득은 불가능하게 된다.

특히, 판례는 명의신탁의 해지에 의한 등기명의인인 수탁자에서 신탁자에 등기가 옮겨간 것도 점유취득시효자 등과의 관계와 같은 외부적 관계에서는 완전한 새로운 권리변동으로 보아 대항할 수 없는 것이라고 하고,[56] 여러 명이 각기 공유지분 비율에 따라 특정부분을 독점적으로 소유하고 있는 토지 중 공유자 1인이 독점적으로 소유하고 있는 부분에 대해서 취득시효가 완성된 경우 공유자 사이에 그와 같은 구분소유적 공유관계가 형성되어 있다고 하더라도 이로써 제3자인 시효취득자에게 대항할 수 없는 법리이므로 그 토지부분과 무관한 다른 공유자들도 그 토지부분에 관한 각각의 공유지분에 대하여 취득시효완성을 원인으로 한 소유권이전등기절차를 이행할 의무가 있는 것이라고 한다.[57]

또한, 취득시효자가 취득한 등기청구권이 소멸시효에 걸리는가. 판례는 부정한다. 그리하여 토지 일부에 대한 점유취득시효가 완성된 후 점유자가 소유자가 제기한 명도소송에서 패소한 뒤 명도집행을 당하여 그 토지부분에 대한 점유를 상실하였다고 하더라도 이를 시효이익의 포기라고 볼 수 있는 경우가 아닌 한 이미 취득한 소유권이전등기청구권은 소멸되지 아니하는 것이라고 한다.[58]

(ㄴ) 등기부취득시효 : 부동산을 등기부취득시효하기 위해서는 전술한 점유취득시효의 요건 외에 다음의 요건을 갖추어야 한다(제245조 제2항).

(a) 취득자명의의 등기가 있었어야 한다. 등기부취득시효의 요건으로서의 소유자로 등기된 자란 적법·유효한 등기를 마친 자일 필요는 없고, 무효의 등기를 마친 자라도 무관하다 왜냐하면 등기부취득시효에 있어서 선의·무과실은 등기에 관한 것이 아니고 점유취득에 관한 것이기 때문이다.[59]

공유명의자(共有名義者)의 등기에도 취득시효를 인정할 것인가. 공유명의자는 공유지분의 명의에 불과하고 공유지분 이외의 부분에는 소유자로 등기된 자라고 할 수 없으므로 비록 공유물의 전부를 점유한 경우에도 공유지분 이외의 부분에 대하여는 취득시효하지 못한다.[60] 그러나 판례는 1필의 토지를 수인이

56) 대판 2001.10.26, 2000다8861; 1995.5.9, 94다2484: 종중이 개인에게 명의신탁하여 그 명의로 사정받은 부동산에 관하여 제3자의 취득시효가 완성된 후 명의신탁자인 종중명의로 소유권보전등기가 경료된 경우 제3자가 종중에 대하여 시효취득을 주장할 수 없다(대판 2001.10.26, 2000다8861).

57) 대판 1997.6.13, 97다1730.

58) 대판 1997.6.13, 97다1730.

59) 대판 1998.1.20, 96다48527.

60) 이영준 463면; 대판 1991.11.26, 90다카18125; 1976.5.25, 76다392.

매수하여 공동명의로 등기한 후 그 공유물의 관리방법으로 구분점유한 경우에는 등기부취득시효 하게 되나 이 경우 공유자로 등기된 자들의 점유부분의 점유형태 점유면적이나 점유비율 등을 심리·확정하여야 하는 것이라고 한다.[61]

또한, 중복등기로서 무효인 등기는 취득시효의 요건으로서 등기라고 볼 수 있는가. 판례는 부정한다.[62]

(b) 점유자의 점유는 선의·무과실의 점유이어야 한다. 선의는 추정되나, 무과실은 추정되지 않으므로(제197조), 시효취득을 주장하는 자가 입증하여야 한다. 다만 이때 선의·무과실은 점유개시 시에만 있으면 족하고 점유기간 동안의 선의·무과실을 요하는 것은 아니다.

판례는 등기부취득시효의 요건으로서 점유자의 무과실에 관하여는 그 주장자에게 입증책임이 있으나 등기부상 소유명의인과 매도인이 동일인인 경우에는 그를 소유자로 믿고 그 부동산을 매수한 자는 특별한 사정이 없는 한 과실 없는 점유자로 보아야 하는 바, 부동산에 대한 임의경매절차에서 등기부상 등기를 신뢰하여 경매목적부동산이 등기명의인의 소유라고 믿고, 그 부동산의 매수신고를 하여 경매법원으로부터 경락을 허가받아 부동산을 점유하게 된 경우에는 경락인이 그 부동산의 점유를 개시하게 된 데에는 과실이 없는 것이라고 한다.[63]

(c) 10년 간 점유를 계속하여야 한다. 점유의 계속에는 점유기간이 10년이어야 할 뿐만 아니라 소유자로 등기된 기간도 10년이어야 한다. 그러나 점유와 등기의 관계에서 부동산의 소유자로 등기된 기간과 점유기간이 때를 같이하여 다같이 10년이어야 하는가. 종래 판례는 이를 긍정하였으나,[64] 최근의 판례는 이를 수정하여 민법 제245조 제2항의 시효에 의하여 소유권을 취득하는 자는 10년 간 부동산소유자로 등기되어 있어야 하지만 반드시 그 기간동안 그의 명의로 등기되어 있어야 하는 것은 아니고, 전자 명의의 등기까지 아울러 그 기간동안 부동산소유자로 등기되어 있으면 족하다고 하여, 등기부취득시효에 등기명의인의 전자의 등기기간과 점유기간의 합산을 긍정한다.[65]

(ㄷ) 부동산취득시효의 효과 : 이상의 요건을 구비하면 '占有를 시작한 때에 소급하여' 그 부동산의 소유권을 취득한다(제247조 제1항). 따라서 취득시효자는 점유를 개시한 때로부터 그 부동산의 소유자로 되므로 취득자의 선·악을 묻지 않고 목

61) 대판 1994.4.29, 93다16765.
62) 대판 1996.10.17, 96다12511.
63) 대판 1998.1.23, 96다14326.
64) 대판 1981.1.13, 80다2179; 1974.11.12, 73다744.
65) 대판(전) 1989.12.26, 87다카2176.

적물상 과실수취권을 가진다(제201조 참조).

다만, 시효완성자의 소유권취득은 원시취득인가 승계취득인가. 목적물상 존재한 제3자의 권리의 존속 여부와 관련하여 견해가 대립한다.

승계취득설은 시효취득등기 전에 그 목적물상 담보물권이 설정되어 있는 경우에는 취득시효등기에 관계없이 존속하고, 용익물권의 경우에는 20년간 행사되지 않았던 결과로 소멸하는 것이지만 시효취득자가 지역권의 부담을 안고 점유한 경우에는 존속하는 것이란 점(이은영 393 · 394면)과 특히 판례가 시효완성자의 권원이 되었던 계약이 해제된 경우에 시효완성자는 그 부동산을 반환해야 한다고 한 점은 승계취득으로 이해하는 경우에만 가능한 것이라고 한다(이영준 517면).

다수설은 법률의 규정에 의한 취득인 점을 들어 원시취득이라고 하고 목적물상 존재한 모든 제한은 소멸하나, 다만 취득시효의 기초가 된 점유가 타인의 지역권을 허용한 경우에는 그 지역권은 존속하는 것이라고 한다.

(나) 동산소유권의 취득시효　10년간 소유의 의사로 평온 · 공연하게 동산을 점유한 자는 그 소유권을 취득한다(제246조 제1항). 이 경우에 그 점유가 선의 · 무과실인 때에는 시효기간이 5년으로 단축된다(동조 제2항). 따라서 점유자의 점유에 선의 · 무과실을 요건으로 5년이 단축되며, 그 외에 부동산소유권 취득시효의 요건 및 효과에서 설명한 사항들은 등기부분을 제외하고는 모두 동산의 취득시효에도 그대로 적용된다.

(다) 소유권 이외의 재산권의 취득시효　소유권 이외의 재산권도 시효로 취득할 수 있다. 그러나 재산권 가운데에는 성질상 시효취득이 인정되지 않는 것도 있다. 예컨대 저당권과 같이 점유를 수반하지 않는 것, 점유권 · 유치권과 같이 법률의 규정에 의하여 성립하는 것, 취소권 · 환매권 · 해제권과 같은 형성권 등은 시효로 취득할 수 없다.

재산권의 취득시효에는 소유권의 취득시효에 관한 규정이 준용된다(제248조). 따라서 그 권리행사가 점유를 수반하는 권리(예컨대, 지상권 · 질권 등)는 점유를 요하고, 물건의 소지를 내용으로 하지 않는 권리(예컨대, 지역권 · 무체재산권)에는 준점유가 요건이 된다. 또한 취득시효기간은 재산권의 목적물이 부동산인가, 동산인가. 부동산일 때에는 등기의 존재 여부 또는 선의 · 무과실의 여부 등에 따라서 20년 · 10년 · 5년이 된다.

(2) 先占 · 拾得 · 發見에 의한 취득

(가) 무주물선점　무주물이란 현재 누구의 소유에도 속하지 않는 물건을 말하며, 야생의 동물은 이에 속한다. 그러나 사양하는 야생동물이 다시 야생상태로 돌아가

면 무주물이 된다(제252조 제3항).

무주의 동산을 소유의사로써 점유한 자는 그 소유권을 취득한다(제252조 제1항). 이것을 先占이라고 하고, 그 법률적 성질은 준법률행위 중 혼합사실행위이다.

동산이더라도 선점물이 문화재이거나 학술·기예 또는 고고의 자료가 되는 물건인 때에는 이를 국유로 한다. 따라서 이때 선점자는 국가에 그 보상을 청구할 수 있을 뿐이다(제255조). 또한 무주의 부동산은 국유이므로(제252조 제2항) 선점하지 못한다.

(나) 유실물습득　유실물이란 점유자의 의사에 기하지 않고 그 점유를 이탈한 물건 중에서 도품이 아닌 것을 말한다. 그러나 범죄자가 놓고 간 것으로 인정되는 물건, 착오로 인하여 점유한 물건, 타인이 놓고 간 물건, 逸失한 가축은 유실물이 아니지만 유실물법은 이를 유실물에 준하는 것으로 하고 있다.

유실물을 발견하여 점유를 취득하는 것을 습득이라고 한다. 유실물을 습득한 자가 이를 경찰관서에 제출하면 유실물법의 규정에 따라 공고한 후 1년 내 그 소유자가 권리를 주장하지 않으면 유실물이 문화재인 경우를 제외하고(제255조) 습득자가 그 소유권을 취득한다(제253조). 그러나 유실물의 소유자가 나타나면 그 물건을 소유자에 반환하여야 하고, 이때 반환을 받은 자는 습득자에게 100분의 5 내지 20의 범위 내에서 보상금을 지급하여야 한다(유실물법 제4조).

(다) 매장물발견　매장물이란 토지나 건물 기타의 물건(포장물) 중에 자연적 또는 인위적으로 매장되어 그 소유자가 누구인지 알 수 없는 물건을 말한다. 매장물은 소유자가 있기는 하되 누구인지를 모르는데 불과하므로 누구의 소유에도 속하는 것이 아닌 무주물과는 다르다. 따라서 매장물의 발견은 선점이나 습득과 달라서 발견만 하면 되고 반드시 점유를 취득할 필요는 없다.

매장물을 발견한 자가 이를 경찰관서에 제출하면 역시 유실물법에 의하여 공고하고, 공고 후 1년 내 소유자가 나타나지 않으면 발견자가 그 소유권을 취득한다. 그러나 타인의 물건 속에서 발견한 때에는 그 물건(포장물)의 소유자와 절반하여 취득한다(제254조 단서). 또한 문화재는 국유이므로(제255조) 발견자는 국가에 보상을 청구할 수 있을 뿐이다.

⑶ 添　附

(가) 부합·혼화·가공을 총칭하여 첨부라고 한다.

첨부(添附)가 소유권취득의 원인으로 인정되는 근거는 수 개의 물건이 부합이나 혼화한 때 또는 물건의 가공으로 새로운 물건이 된 때에는 이를 복구시키는 것이 불가능하거나 곤란할 뿐만 아니라, 사회경제적으로도 불이익하므로 목적물상 새로운 소유권을 인정하고 당사자 사이의 이해는 금전으로 조절하려는데 있다.

(ㄱ) 부합(附合) : 부합이란 혼화·가공과 함께 첨부의 일종으로서 부동산과 동산 또는 동산과 동산이 결합하여 1개의 물건으로 보이게 되고 그 분리가 사회관념상 불가능하거나 극히 곤란하게 된 경우 이를 원상회복시키지 않고 1개의 물건으로 어느 특정인의 소유에 귀속시키는 것을 말한다.

(a) 부동산과 동산이 부합하는 때에는 그 동산의 소유권은 부동산의 소유자에게 귀속한다. 그러나 정당한 권원에 의한 때에는 그 부합시킨 자의 소유권은 보유된다(제256조). 다만 판례는 권원 없이 타인의 토지에서 경작·재배한 농작물의 소유권은 언제나 경작자에게 있다고 하여 예외를 인정한다.[66]

또한, 수 개의 동산이 부합한 때에는 동산 사이에 주·종의 구별이 가능하면 주된 동산의 소유자가 부합물 전부의 소유권을 취득하고, 구별이 불가능하면 각 소유자의 부합 당시 가액의 비율에 따라 공유한다(제257조).

다만, 부동산 상호간에도 부합이 인정되는가. 학설은 대립하고, 판례 또한 물건은 동산에 한한다고 한 것도 있고,[67] 입법취지에 근거하여 긍정한 것도 있다.[68]

(b) 부합의 원인은 자연적이든 인공적이든을 불문한다. 그러나 부합으로 되기 위해서는 물건이 서로 결합하여 1개의 물건으로 보이게 되고 또한 그 분리가 사회관념상 불가능하거나 극히 곤란하게 된 경우이어야 한다. 그리하여 판례는 주유소 지하실에 매장된 유류저장탱크는 그 토지에 부합물이라고 하였다.[69]

다만, 부합된 동산의 가격이 부동산의 가격을 초과하는 때에도 부합이 인정되는가. 판례는 긍정한다.[70]

(ㄴ) 혼화(混和) : 혼화란 소유자를 달리하는 수 개의 동산이 혼합 또는 융화함으로써 어느 것이 누구의 소유에 속하는지 식별할 수 없는 것을 말한다. 혼화에는 곡물·금전과 같이 고형물의 혼합과 술·기름과 같은 유동물의 융합이 있다.

소유자가 다른 동산과 동산이 혼화하여 식별할 수 없게 된 때에는 동산간의 부합에 관한 규정을 준용한다(제258조). 따라서 혼화물의 소유권은 주된 동산의 소유자에게 귀속되나 주·종을 식별하기 어려울 때에는 각 소유자의 공유에 속한다.

(ㄷ) 가공(加工) : 가공이란 타인의 동산에 인위적으로 공작을 가하여 새로운

---

66) 대판 1967.7.11, 67다893; 1968.6.4, 68다613·614.

67) 대판 1957.2.8, 4289행상117·118.

68) 대판 1962.1.31, 4294민상445.; 판례는 구민법 242조는 부동산의 소유자는 그 부동산에 종으로 부합한 물건의 소유권을 취득한다고 규정하고 있는바 그 입법취지로 보아 부합한 물건은 동산에만 한정되는 것은 아니고 부동산도 포함한다고 해석한다.

69) 대판 1995.6.29, 94다6345.

70) 대판 1981.12.8, 80다2821.

물건을 제작하는 것을 말하며, 가공한 물건의 소유권은 원칙적으로 원재료의 소유자에게 귀속된다(제259조 제1항 전단). 그러나 가공으로 인한 가액의 증가가 원재료 가액보다 현저히 다액인 때에는 가공자의 소유로 한다(동항 후단). 이때 가공자가 원재료의 일부를 제공하였을 경우 그 재료의 가액은 위의 증가액에 가산하여 소유권의 귀속을 결정해야 한다.

(나) 첨부로 동산의 소유권이 소멸한 때에는 그 동산을 목적으로 하는 다른 권리도 소멸한다(제260조 제1항). 그러나 소멸한 물건의 소유자가 첨부의 결과 단독소유자가 되거나 또는 공유자가 된 때에는 위의 권리는 그 물건 또는 지분 위에 존속한다(동조 제2항).

(다) 첨부에 의한 소유권의 변동으로 소유권을 취득하는 자는 소유권을 잃는 자의 손실로 부당이득을 한 것이 된다. 따라서 부당이득의 규정에 따라 그 이득을 보상하여야 한다(제261조).

2. 所有權의 보호

물권의 내용의 완전한 실현이 방해되는 경우에는 물권의 일반적 효력으로서 그 방해의 제거를 요구하는 이른바 물권적 청구권이 발생한다. 소유권은 물권 중 가장 중심이 되고 전형적인 것이므로 그 보호를 위한 물권적 청구권도 다른 물권에 비하여 가장 완전하게 인정된다.

민법은 소유권에 관하여 소유물반환청구권 · 소유물방해제거청구권 · 소유물방해예방청구권을 인정하고, 이를 각종의 물권에 준용하게 하고 있다.

제 5. 共同所有

1. 共同所有의 의의와 형태

(1) 공유(共有)	인적 결합관계 없는 개인주의적 통상의 소유형태 공유지분(共有持分)의 분할 · 처분의 자유
(2) 합유(合有)	인적 결합관계에 바탕한 조합의 소유형태 합유지분(合有持分)의 분할 · 처분의 금지
(3) 총유(總有)	강한 인적 결합관계인 권리능력 없는 사단의 소유형태 지분(持分)이 없는 총유관계

하나의 물건을 2인 이상이 공동으로 소유하는 형태를 공동소유라고 한다.

공동소유(共同所有)의 형태에는 여러 가지가 있으나 일반적으로 공유·합유·총유를 든다. 이것은 공동소유자간의 인적 결합관계에 따른 구별이며, 이들 중 공동소유의 주체 간에 특별한 결합관계 내지 단체적 통제가 없는, 즉 개인적 요소가 가장 강한 공동소유형태가 공유(共有)이고, 조합이라는 인적 결합관계를 바탕으로 소유하는 형태가 합유(合有)이며, 단체적 통제력이 강한 인적 결합형태인 권리능력이 없는 사단의 소유형태가 총유(總有)이다.

2. 共同所有로서 共有

(1) 共有의 의의와 성질

(가) 물건이 지분에 의하여 수인의 소유로 된 때를 공유라고 한다(제262조 제1항). 즉 공유는 공동목적에 의하여 결합된 인적 결합관계가 없는 수인이 하나의 물건을 공동으로 소유하는 관계이다.

(나) 공유의 법률적 성질을 어떻게 볼 것인가.

독립소유권설은 지분의 독립성을 강조하여 하나의 물건 위에 수인이 각각 하나씩의 소유권을 가지고 있으나 각 소유권은 일정한 비율에 따라서 서로 제한되어 있으며 그 총화가 독립한 하나의 소유권의 내용과 같게 되는 상태라고 하나, 통설은 1물1권주의에 충실하여 양적분할설을 취한다. 그러나 판례는 공동소유형태를 물건에 대한 1개 소유권이 분량적으로 분할되어 수인에게 귀속하는 것이라고 하여 양적분할설은 취하면서도 공유자 1인이 공유토지 전부에 대하여 점유하는 것은 타주점유로 되는 것이라 하여 사실상은 독립소유권의 형태를 취하고 있다.[71]

(2) 共有의 성립

(가) 법률행위에 의한 경우 하나의 물건을 당사자가 공유로 하기로 합의하거나, 하나의 물건을 수인이 양수한 때 공유가 성립한다. 따라서 공유는 하나의 물건을 수인이 소유하는 경우의 원칙적 공동소유형태이며, 특히 이때 목적물이 동산인 때에는 공동점유를 요하고, 부동산인 때에는 이를 등기(공유등기와 지분의 등기)하여야 한다.

(나) 법률의 규정에 의한 경우 민법상 공유관계의 성립을 규정한 것으로는 수인이 공동으로 무주물선점·유실물습득·매장물발견을 하거나 타인의 물건 속에서 매장물을 발견한 경우, 주종을 구별할 수 없는 동산의 부합·혼화, 공유물의 과실,

---

71) 대판 1994.9.9, 94다13190; 1991.12.24, 91누9787.

건물의 구분소유에서의 공유부분 및 경계에 설치된 경계표·담·구거 등이다.

다만, 공동상속재산·공동포괄수유재산이 공유에 속하는가. 상속재산의 분할에 전원의 합의를 요하는 점에서 견해가 대립하나, 다수설은 민법이 「공유로 한다.」라고 규정한 점을 들어 그들 간의 공유라고 본다. 그러나 실질에 있어서는 합유적 제한을 받게 된다.

⑶ 共有의 持分

(가) 공유지분의 의의 공유지분(共有持分)이란 공유물에 대하여 각 공유자가 갖는 권리의 몫을 말한다. 다만 지분의 법률적 성질을 어떻게 볼 것인가. 공유의 법률적 성질과 관련하여 견해가 대립한다.

다수설은 독립지분권설이 지분의 독립성과 탄력성을 설명하는 데는 적당하지만 공유와 1물1권주의와 관계를 설명하는데 미흡한 점을 들어 양적분할설을 취하고, 판례 또한 공유물의 분할은 법률상으로는 공유자 상호간의 지분의 교환 또는 매매라고 볼 것이나 실질적으로는 공유물에 대하여 관념적으로 그 지분에 상당하는 비율에 따라 제한적으로 행사되는 권리, 즉 지분권을 분할로 인하여 취득하는 특정부분에 집중시켜 그 특정부분에만 존속시키는 것으로 그 소유형태가 변경될 뿐이라 할 것이므로 이를 가리켜 자산의 유상양도라고 할 수 없는 것이라고 하여 분량적 일부로 파악한다.[72)]

(나) 공유지분의 비율 공유자의 持分의 比率은 공유자의 의사표시 또는 법률의 규정에 의하여 정하여진다. 그러나 그 비율이 불명한 경우에는 각 공유자의 지분은 균등한 것으로 추정한다(제262조 제2항). 또한 공유자 중 한 사람이 그의 지분을 포기하거나 상속인 없이 사망한 때에는 그 자의 지분은 다른 공유자에게 각 지분의 비율로 귀속한다(제267조).

부동산 공유지분에 관한 약정이 있는 때에는 이를 등기하여야 제3자에 대항할 수 있다. 따라서 실제지분과 등기부상지분이 다른 경우 제3자에 대하여는 등기부상 지분에 의할 것이나, 공유자들 사이에서는 실제지분에 의하고 등기부상 지분에 의할 것은 아니다.[73)]

---

72) 대판 1991.12.24, 91누9787.

73) 대판 2001.3.9, 98다51169.

(4) 共有의 법률관계

(1) 공유의 대내관계
- 공유지분의 관계
  - 지분의 비율에 의한 공유물 사용·수익
  - 지분의 분할·처분의 자유
- 공유물의 관계
  - ㉠ 공유물의 관리 — 지분의 과반수
  - ㉡ 보존행위 — 공유자 단독
  - ㉢ 공유물의 변경·처분 — 공유자 전원

(2) 공유의 대외관계
- 지분권에 기한 행사 — 공유자 단독행사(보존행위)
- 공유권에 기한 행사 — 공유자 전원(필요적 공동소송)

(가) 공유의 대내관계 공유의 대내관계로서 먼저 공유지분에 따른 관계와 공유물에 대한 관계이다.

(ㄱ) 공유지분(共有持分)의 대내관계 : 각 공유자는 그 지분을 보전·처분할 수 있고, 또한 그 분할을 청구할 수 있다(제263조, 제268조).

(a) 공유자는 단독으로 다른 공유자 및 제3자에게 그의 지분을 주장할 수 있고, 다른 공유자가 지분권을 부인하는 때에는 그 부인하는 자만을 상대로 지분확인의 소를 제기하거나, 각 공유자는 단독으로 자기지분의 등기를 청구할 수 있다.[74]

각 공유자는 지분권에 의하여 제3자의 취득시효를 중단할 수 있고 그 중단행위가 보존행위로 되는 범위에서 다른 공유자를 위하여도 중단의 효력이 생긴다.

또한, 다른 공유자가 지분의 비율에 응한 사용을 방해하거나, 과반수에 미달하는 지분권자가 다른 공유자와 협의 없이 자기지분을 초과하여 공유물의 전부 또는 일부를 배타적으로 점유하는 경우 다른 소수지분권자가 공유물의 보존행위로서 공유물의 인도를 청구할 수 있다.[75]

(b) 공유자는 그 지분의 양도·담보제공하거나 이를 포기할 수 있다.

(c) 공유자는 다른 공유자의 동의 없이 자기지분에 따른 분할을 청구할 수 있고, 분할청구로 분할의 효력을 가진다. 또한 당사자 사이에 지분양도금지의 특약을 할 수 있으나, 이 특약은 채권적 효력을 가질 뿐이다.

(ㄴ) 공유물(共有物)의 대내관계 : 공유자의 공유물상 권리는 공유지분권과는 달리 공유자 다수에 의하나 그 실질은 지분권의 성질에 바탕하여 결정된다.

(a) 공유자는 공유의 본질상 공유물 전부에 대하여 사용할 수 있다. 그러나 그 수익은 공유지분의 비율로 귀속한다.

---

74) 대판 1970.7.28, 70다853·854.

75) 대판 1994.3.22, 93다9932·9408.

(b) 공유물의 관리에 관한 사항은 공유자 지분의 과반수로써 정한다(제265조 본문). 그러나 보존행위는 각자가 할 수 있다(동조 단서). 여기서 공유물의 관리행위란 통상의 관리행위 중 공유물의 성질에 변경을 가져오지 않는 행위, 즉 이용 및 개량행위를 의미한다.

또한, 공유물의 보존행위는 단독으로 할 수 있으므로 비록 과반수의 지분권을 갖지 못한 자라고 하더라도 공유물보존행위로서 그 배타적 사용을 배제할 수 있다.[76]

[판례] 토지나 건물에 관하여 지분을 소유하고 있는 공유자나 그 지분에 관한 소유권이전 등기청구권을 가지고 있는 자라고 하더라도 다른 공유자의 협의 없이는 공유물을 배타적으로 점유하여 사용·수익할 수 없는 것이므로 다른 공유자는 자신이 소유하고 있는 지분이 과반수에 미달된다고 하더라도 공유물을 점유하고 있는 자에 대하여 공유물의 보존행위로써 공유물의 인도나 명도를 청구할 수 있다[대판(전) 1994.3.22, 93다9392·9408].

과반수지분권을 가지는 공유자는 다른 공유자의 협의없이 공유물의 사용방법을 정하여 관리할 수 있는가. 판례는 과반수지분의 공유자는 다른 공유자와 사이에 미리 공유물의 관리방법에 관하여 협의가 없었다고 하더라도 공유물의 관리에 관한 사항을 단독으로 결정할 수 있으므로 과반수지분의 공유자는 그 공유물의 관리방법으로서 공유토지의 특정한 부분을 배타적으로 사용·수익할 수 있는 것이라고 하고, 이때 과반수공유자는 소수지분권자에 대하여 지분에 상응하는 임료상당의 부당이득이 있다고 할 것이므로 이를 반환할 의무가 있는 것이라고 한다. 그러나 그 과반수지분의 공유자로부터 다시 그 특정부분의 사용·수익을 허락받은 제3자의 점유는 다수지분권자의 공유물관리권자의 공유물관리권에 터 잡은 적법한 점유이므로 그 제3자는 소수지분권자에 대하여 그 점유로 인하여 법률상 원인 없이 이득을 얻고 있다고 볼 수 없는 것이라고 한다.[77]

또한, 공유자 1인이 자기지분권의 범위를 넘어 단독으로 점유한 경우 다른 공유자들은 그 공유물의 명도를 청구할 수 있는가. 판례는 공유물의 보존행위는 단독으로 할 수 있으므로 비록 과반수의 지분권을 갖지 못한 자라고 하더라도 공유물보존행위로서 그 배타적 사용을 배제할 수 있는 것이라고 하고,[78] 또한 토지나 건물에 관하여 持分을 소유하고 있는 공유자나 그 持分에 관한 소유권이전등기청구권을 가지고 있는 자라고 하더라도 다른 공유자와 협의 없이는 공유물을 배타적으로 점유

76) 대판(전) 1994.3.22, 93다9392·9408; 2001.11.27, 2000다33638; 1991.9.24, 88다카33855; 1991.1.15, 88다카1900·1901.

77) 대판 2002.5.14, 2002다9738.

78) 대판(전) 2001.11.27, 2000다33638; 1994.3.22, 93다9392·9408; 1991.9.24, 88다카33855; 1991.1.15, 88다카1900·1901.

하여 사용·수익할 수 없는 것이므로 다른 공유자는 자신이 소유하고 있는 持分이 과반수에 미달된다고 하더라도 공유물을 점유하고 있는 자에 대하여 공유물의 보존행위로서 공유물의 인도나 명도를 청구할 수 있는 것이라고 한다.[79)]

(c) 공유물을 처분하거나 변경하려면 공유자 전원의 동의가 있어야 한다(제264조). 여기서 처분이란 법률상뿐만 아니라 사실상 행위도 포함한다.

(d) 공유물의 관리비용 기타 의무는 각 공유자가 그 지분의 비율로 이를 부담한다(제266조 제1항). 만약 공유자가 이러한 의무의 이행을 1년 이상 지체하면 다른 공유자는 상당한 가액으로 그 지분을 매수할 수 있다(동조 제2항).

① 공유물의 관리
  - 이용·개량행위 - 각 공유자 지분의 과반수(제265조).
  - 보존행위 - 공유자 각자의 단독행사(제265조 단서)

② 공유물의 처분·변경 - 공유자 전원의 동의(법률행위 및 사실행위 포함)

③ 공유물에 관한 부담 - 공유자 지분의 비율로 분담

(나) 공유의 대외관계 공유의 대외관계로서는 공유자 각자가 가지는 지분권에 기하여 행사하는 경우와 공유관계 그 자체(전체로서의 소유관계)에 기하여 행사하는 경우가 있다.

(ㄱ) 공유지분(共有持分)의 대외관계 : 공유자가 각자의 지분권을 제3자에게 주장하는 것은 단독으로 할 수 있다. 즉 공유자가 가지는 지분권이 침해 또는 방해된 경우 각 공유자 1인이 그 지분권의 확인을 구하거나 지분권에 기한 물권적 청구권을 행사할 수 있다. 그러나 이때 공유자 1인은 자기 지분권을 바탕으로 공유물 전부의 반환을 청구할 수 있는가. 학설·판례는 이를 긍정한다. 다만 그 이론적 근거에 관하여 종래 판례·통설은 불가분채권규정의 준용설을 취하였으나, 최근의 통설·판례는 보존행위성을 든다.[80)]

(ㄴ) 공유물(共有物)의 대외관계 : 공유자가 공유물에 바탕하여 행사하는 대외적 권리관계로서 지분권에 기한 대외적 주장과 구별된다.

공유자는 전체로서의 공유관계를 주장하여 그 확인을 구하거나, 등기청구 및 시효중단을 하는 경우, 공유자 전원의 공동으로 하여야 하는가. 공유권에 기한 기판력의 범위와 관련하여 문제되나 통설·판례는 필요적 공동소송이라고 한다. 따라서 공유자가 공유물에 대한 존재를 제3자에게 주장하려면 공유자 전원이 공동으로 하여야 한다. 즉 공유관계의 확인·등기청구 또는 시효의 중단 등은 공유자 전원이 공동으로 하여야 한다.

---

79) 대판(전) 1994.3.22, 93다9392·9408.

80) 대판 1969.3.4, 68다21; 1966.6.7, 66다628.

(5) 共有物의 분할

(가) 공유물분할의 자유　공유자는 공유물에 대하여 언제나 분할청구의 자유를 가진다.

(ㄱ) 공유물분할의 청구 : 공유자는 공유물의 분할을 청구할 수 있고(§268 ①), 공유자의 분할청구로 분할관계의 효력이 생긴다.

(a) 공유자가 공유물에 대하여 가지는 공유물분할청구권은 형성권이다. 따라서 공유물분할은 공유자의 분할청구로 분할관계의 효력이 생긴다. 따라서 공유물의 분할을 위한 재판상 청구는 그 요건이 아니다.

(b) 공유물분할청구권은 소유권에 기한 권리이므로 소멸시효에 걸리지 않는다.

(ㄴ) 공유물분할의 실현 : 공유물에 대하여 공유자 중 1인의 분할청구가 있는 때에는 다른 공유자는 분할방법에 관하여 협의하여야 하고, 협의가 성립하지 아니하는 경우 공유자는 법원에 그 분할을 청구할 수 있다(§269 ①).

(a) 공유자는 공유자 중 1인의 분할청구가 있는 때에는 그 분할방법에 관하여 협의하여야 한다. 따라서 공유물에 대하여 공유자 중 1인의 분할청구로 다른 공유자는 그 분할방법에 관한 협의에 응할 의무를 부담하며, 공유자 전원의 협의로 공유물분할이 실현된다.[81] 따라서 분할청구로 분할의 협의가 성립하면 더 이상 분할청구의 소는 허용되지 않는다.[82]

(ㄴ) 공유물의 분할방법에 관하여 공유자간에 협의가 성립하지 않는 때에는 공유자는 법원에 그 분할의 실현을 청구할 수 있다.

공유물분할의 소는 결국 분할방법의 실현을 위한 소를 의미하고, 그 청구권의 행사는 공유자 각자가 다른 공유자 전원을 상대로 행사하여야 한다. 따라서 공유물분할의 실현(즉, 분할방법)에 관한 소는 공유자 전원을 상대로 하는 소위 필요적 공동관계가 된다.[83] 그리하여 판례는 공유물분할청구의 소는 분할을 청구하는 공유자가 원고가 되어 다른 공유자 전부를 공동피고로 하여야 하는 고유필수적 공동소송이고, 공동소송인과 상대방 사이에 판결의 합일확정을 필요로 하는 고유필수적 공동소송에서는 공동소송인 중 일부가 제기한 상소는 다른 공동소송인에게도 그 효력이 미치는 것이므로 공동소송인 전원에 대한 관계에서 판결의 확정이 차단되고 그 소

---

81) 대판 2001.7.10, 99다31124 참조.

82) 대판 1995.1.12, 94다30348·30355: 판례는 공유물분할의 협의가 성립하였으나 단지 그 「분할방법에 이견」이 있어 일부 공유자가 분할에 따른 이전등기에 협조하지 않거나 분할에 관하여 다툼이 있더라도 그 분할된 부분에 대한 소유권이전등기를 청구하든가 소유권확인을 구함은 별문제로 하고, 또 다시 일부 공유자가 소로써 그 분할을 청구하거나 이미 제기한 공유물분할의 소를 유지함은 허용되지 않는 것이라고 한다.

83) 대판 2003.12.12, 2003다44615; 2001.7.10, 99다31124.

송은 전체로서 상소심에 이심되며, 상소심판결의 효력은 상소를 하지 아니한 공동소송인에게 미치므로 상소심으로서는 공동소송인 전원에 대하여 심리·판단하여야 하는 것이라고 한다.[84)]

(나) 공유물분할의 제한 　공유물은 5년을 넘지 않는 범위에서 공유자간의 의사로 분할을 제한할 수 있다(§268 ①). 또한 그 계약을 갱신할 수 있으나 그 기간을 갱신한 날로부터 5년을 넘지 못한다(동조 ②).

(a) 공유물분할금지특약의 효력은 공유지분의 특별승계인에도 미치는가. 다수설은 공유물분할금지특약을 등기한 때에는 효력이 미치는 것이라고 한다. 그러나 공유관계의 특별승계인이란 점을 고려하면 반드시 등기를 표준으로 할 것은 아니다.

(b) 공유물의 분할금지는 당사자간의 의사 외에도 법률의 규정에 의하여도 제한된다. 예컨대 건물을 구분 소유하는 경우의 공유부분(§215)과 경계선상의 담·계표(§239)는 공유이지만 분할청구가 제한된다.

또한, 법률에 의한 구분소유건물의 공유부분·경계선상의 경계표·담 등은 그 분할을 청구하지 못한다(동조 제3항).

(다) 공유물분할의 방법 　공유물의 분할은 현물분할이 원칙이나 현물로 분할할 수 없거나 분할로 인하여 현저히 그 가격이 감손될 염려가 있는 때에는 법원은 물건의 경매를 명할 수 있다(동조 ②).

(ㄱ) 공유 토지를 현물분할 하는 경우에는 반드시 공유지분의 비율대로 토지면적을 분할해야 하는 것은 아니고 토지의 형상이나 위치·이용상황 등 제반사정을 고려하여 경제적 가치가 지분비율에 상응하도록 분할하여야 한다.[85)]

(ㄴ) 현물로 분할 할 수 없다는 요건은 이를 물리적으로 엄격히 해석할 것은 아니고, 공유물의 성질 , 위치나 면적, 이용상황, 분할 후의 사용가치 등에 비추어 현물분할 하는 것이 곤란하거나 부적당한 경우를 포함한다.[86)] 판례는 共有土地를 공유지분의 비율에 따라 현물분할 할 경우 공유자 1인이 소유할 부분이 너무 작아서 지상에 건축이 불가능하게 된다면 그 대지부분의 가액은 분할 전 건축이 가능한 대지지분의 가액 보다 현저히 감소될 것이 명백하여 공정한 분할이라고 보기 어려운 것이라고 한다.

다만, 현물분할로 현저히 가격이 감손될 염려는 공유자 중 1인에 관한 것을

84) 대판 2003.12.12, 2003다44615.

85) 대판 2001.3.9, 98다51169; 1993.1.19, 92다30603; 판례는 분할방법을 정함에 있어 특히 공유재산의 면적·위치·사용가치·가격·공유자의 실제 점유위치 등을 고려하지 않고 불공평하게 공유물의 분할방법을 결정한 것은 위법이라고 한다(대판 2001.3.9, 98다51169).

86) 대판 2002.4.12, 2002다4580.

포함하는가. 판례는 공유자 한사람이라도 현물분할에 의하여 단독으로 소유하게 될 부분의 가액이 분할 전의 소유지분가액보다 현저히 감소할 염려가 있는 경우를 포함하는 것이라고 한다.[87]

(라) 공유물분할의 효과　　분할의 결과 현물을 취득한 자는 단독소유자가 된다. 분할에 의하여 어떤 자가 취득한 부분에 하자가 있는 때에는 다른 공유자는 매도인과 동일한 담보책임을 진다.

분할의 효과는 소급하지 않으나, 다만 상속재산의 분할은 소급효가 인정된다(제1015조 참조).

3. 共同所有로서 合有

(1) 合有의 의의

법률의 규정이나 계약에 의하여 수인이 조합체로서 하나의 물건을 소유하는 형태를 합유(合有)라고 한다(제271조 제1항). 여기서 조합체란 공동의 목적을 가진 단체로서, 단체적 단일성은 약하고 구성원의 개별성이 강한 인적결합체로서의 성질을 가진다.

(2) 合有의 성립

합유관계는 조합이 재산권을 취득하므로 성립하며, 조합은 법률의 규정 또는 조합계약에 의하여 성립한다(제271조 제1항).

법률의 규정으로 합유관계가 성립하는 것은 민법의 조합재산과 수탁자가 수인인 신탁재산의 경우이며, 이들이 특히 부동산을 합유하는 경우에는 이를 등기하여야 한다.

(3) 合有의 법률관계

(가) 합유도 공유에서와 같이 지분이 있고 합유자의 권리도 지분권에 의하여 행사된다. 즉, 지분은 합유물 전부에 미친다(제271조 제1항 후단). 그러나 합유자의 持分은 공동목적을 위하여 구속되며, 임의로 처분하지 못한다는 점에서 공유지분과 다르다.

(나) 합유물의 보존행위는 각 합유자가 단독으로 할 수 있으나 처분 또는 변경에는 합유자 전원의 동의가 있어야 한다(제272조).

또한, 합유지분의 처분에도 합유자 전원의 동의가 있어야 한다(제273조 제1항). 이와 같이 합유지분의 처분에 관하여도 합유자 전원의 동의를 요하게 한 것은 합유의

87) 대판 2002.4.12, 2002다4580; 2001.3.9, 98다51169.

단체성에서 오는 제한이다.

(다) 합유자는 합유물의 분할을 청구하지 못한다(제273조 제2항). 그러므로 합유의 기반인 조합체가 존속하는 한 합유관계도 존속한다. 그러나 이 규정은 임의규정이므로 특약으로 분할하는 것은 무방하다.

(라) 부동산의 합유자 중 일부가 사망한 경우 합유자 사이에 특별한 약정이 없는 한 사망한 합유자의 상속인은 합유자로서 지위를 승계하지 못하므로, 해당 부동산은 잔존 합유자가 2인 이상일 경우에는 잔존 합유자의 합유로 귀속되고 잔존 합유자가 1인인 경우에는 잔존 합유자의 단독소유로 귀속된다.[88)]

(4) 合有의 종료

합유관계는 조합체의 해산 또는 합유물의 양도로 종료한다(제274조 제1항). 조합의 해산으로 합유관계를 종료하게 되면 합유재산은 이를 분할하게 되며, 그 분할에는 공유물의 분할에 관한 규정이 준용된다(동조 제2항).

4. 共同所有로서 總有

(1) 總有의 의의

법인아닌 사단의 사원이 집단체로서 물건을 소유하는 형태를 총유라고 한다(제275조 제1항).

총유(總有)는 소유권의 내용이 관리·처분의 권능과 사용·수익의 권능으로 분화되어 전자는 구성원의 총체, 즉 사단에 속하고, 후자는 각 구성원에게 분속된다. 그러나 총유에는 그 지분이 없는 점에서 공유·합유와 구별된다.

(2) 總有의 주체

총유의 주체는 권리능력 없는 사단, 예컨대 종중·문중·동창회, 동·리 등이 그 대표적인 것이나, 그 외에도 판례는 주택건설촉진법에 의하여 설립된 재건축조합,[89)] 어촌계는 권리능력 없는 사단으로서 어촌계가 가지는 어업권의 소멸로 인한 보상금은 어촌계의 총유라고 한다.[90)]

총유의 주체는 비록 법인격은 없으나 그 총유재산 중에 부동산이 있을 때에는 부동산등기법 제30조에 의하여 그 대표자가 그 단체의 명의로 등기할 수 있다.

---

88) 대판 1996.12.10, 96다23238; 1994.2.25, 93다39225.
89) 대판 1999.12.10, 98다 36344; 1996.10.25, 95다56866.
90) 대판 2000.5.12, 99다71931; 1999.7.27, 98다46167; 1997.10.28, 97다27619.

(3) 總有의 법률관계

총유의 법률관계는 사단의 정관 기타 규약에 의하여 정하여지나, 정관에서 정한 바가 없으면 민법 제276조(총유물의 관리·처분과 사용·수익)와 제277조(총유물에 관한 권리·의무의 득상)의 규정에 의한다.

(가) 총유물의 관리 및 처분은 사원총회의 결의에 의하고(제276조 제1항), 사용·수익은 정관에 좇아 각 사원이 할 수 있다(동조 제2항). 따라서 총류물의 보존행위에 대하여도 사원총회의 결의에 의하여야 하는 점에서 공유·합유와 다르다.

(나) 총유물에 관한 사원의 권리·의무는 사원의 지위를 취득·상실하는 때에 당연히 취득·상실된다(제277조).

5. 準共同所有

(1) 수인이 소유권 이외의 재산권을 공동으로 소유하는 경우 이를 준공동소유라고 한다(제278조). 민법이 준공동소유를 규정한 것은 소유권이 대물지배성을 바탕으로 하는 점에서 물건 이외의 지배에 대하여도 공동소유의 법리를 적용하려는데 있다.

(2) 준공동소유에는 준공유·준합유·준총유의 세 가지가 있다.

준공동소유의 대상인 재산권은 소유권 이외의 재산권으로서 지상권·전세권·저당권(지역권 제외) 등 민법상 물권과 주식·광업권·어업권·저작권·특허권·상표권 등 민법 이외의 법률상 인정되는 재산권 및 채권이다.[91]

(3) 준공동소유로서 재산권은 준공유·준합유·준총유적인 공동소유형태로 귀속한다. 또한 재산권을 준공유·준합유·준총유하는 때에는 법률에 특별한 규정이 있는 경우를 제외하고는 민법상 공유·합유·총유에 관한 규정을 준용한다(제278조).

제 6. 建物의 區分所有權

1. 區分所有權의 의의와 성립

(1) 區分所有權의 의의

건물의 구분소유(區分所有)란 1동의 건물을 구분하여 그 부분을 각각 별개의 물

---

91) 실정법상 준공유에 관한 특별규정을 두는 것으로는 주식의 준공유(상법 §33), 사채의 준공유(상법 §489), 유한회사 사원지분의 준공유(상법 §558) 등이다.

건으로 소유하는 것을 말하며, 그 전유부분을 목적으로 하는 소유권을 구분소유권이라고 한다.

민법 제215조는 "수인이 한 채의 건물을 구분하여 각각 그 일부분을 소유한 때에는 건물과 그 부속물 중 공용하는 부분은 그의 공유로 추정한다."라고 규정하여 구분소유권을 인정하고, 그 구체적인 법률관계에 관하여는 집합건물의 소유 및 관리에 관한 법률(1984.4.10, 법률 제3725호)을 두어 정하고 있다.

(2) 區分所有權의 성립

(가) 구조·기능상 독립　하나의 건물이 구분소유권의 객체로 되기 위해서는 먼저 건물의 구조상 독립성을 가져야 하고, 또한 기능(이용)상 독립성을 가져야 한다.

구조상 독립성이란 구분소유권의 목적인 전유부분이 타 전유부분과 벽·천정·바닥·문·창 등에 의하여 구조상 구획되어 있는 것을 말하고, 기능(이용)상 독립성이란 그 부분이 독립된 출입구에 의하여 외부로 통할 수 있어서 독립적으로 주거·점포·사무실·창고 등으로 사용할 수 있는 것을 말한다(동법 제1조).

(나) 구분소유의 등기　건물을 구분소유하기 위하여서는 구조상 및 기능상 독립성을 가져야 할 뿐만 아니라 또한 이를 구분등기 하여야 하고 등기함으로써 성립한다(부등법 제42조·제104조의 2).

(다) 구분소유권의 객체범위 제한　위의 구분소유권으로서 요건을 갖춘 경우에도 건물의 구조상 구분소유자 공동의 사용에 제공되는 부분은 구분소유권의 객체로 하지 못한다. 이것을 필요적 공용부분이라고 하며, 건물의 구조상 전유권의 대상이 될 수 없는 경계벽·천정 등이다.

다만, 집합건물인 상가건물의 지하주차장이 구분소유권의 대상이 될 수 있는가. 판례는 그 건물을 신축함에 있어 건축법규에 따른 부속주차장으로 설치되긴 하였으나 분양계약상 특약에 의하여 그 건물을 분양 받은 구분소유자들의 동의 하에 공용부분에서 제외되어 따로 분양되었고, 그 구조상 또는 이용상으로도 상가건물의 지상 및 지하실 점포, 기관실 등과 독립된 것이라면 이와 분리하여 독립된 구분소유권의 대상이 될 수 있는 것이라고 한다.[92]

또한, 임차인이 증개축한 부분이 구분소유권의 객체로 되는가. 판례는 증·개축한 건물의 부분이 독립성이 있고 임대인의 승낙을 받은 경우에는 구분소유권을 인정할 것이라고 한다.[93]

---

92) 대판 1995.12.26, 94다44675.

93) 대판 1977.5.24, 76다464.

2. 區分所有權의 內容

(1) 專有部分과 共用部分

(가) 전유부분 　전유부분이란 건물의 구분소유자가 건물의 사용·수익을 전유적으로 행사하는 부분을 말하며, 독립소유권의 대상이 된다.

(나) 공용부분 : 　공용부분이란 전유부분을 제외한 부분으로서, 이에는 법정공용부분과 약정공용부분이 있다. 법정공용부분은 등기를 요하지 아니하나 약정공용부분은 등기하여야 한다(동법 제3조 제4항).

(ㄱ) 법정공용부분이란 건물의 기본적 구조부분이 되는 것(예컨대 외벽·지붕·옥상·계단·기둥 등), 구조상 공용에 제공되는 것(예컨대 복도·현관·홀 등), 건물의 부속물로서 전유부분이 아닌 것(예컨대 수위실·화장실·전기·수도·가스 등의 배관)을 말한다. 또한 약정공용부분이란 규약에 의하여 공용부분으로 된 것으로서, 예컨대 관리인실·집회실·창고 등이다.

또한, 공용부분에는 구분소유자 전원에게 공용되는 것과 그 일부에 공용되는 것이 있다. 공용부분 중 어느 것에 해당하는가는 소유자들 간에 합의가 없는 한 그 건물의 구조에 따른 객관적 용도에 의하여 결정된다.[94]

(ㄴ) 약정공용부분은 구분소유권 및 의결권의 각 4분의 3 이상의 다수로 폐지할 수 있다. 다만 공용부분의 변경이 다른 구분소유자들의 권리에 특별한 영향을 미치는 경우에는 그 구분소유자의 동의를 얻어야 한다(동법 §3 ①② 참조).

[공동소유적 공유와 구분소유적 공유와 비교]

	공동소유적 공유	구분소유적 공유
공유물 사용·수익	공유물 전부에 대한 사용·수익	특정 공용부분에 대한 사용·수익 (건물의 대지 제외)
공유물과 공유지분의 처분	공유물의 처분과 공유지분의 처분이 구별	전유부분의 처분에 종속적
지분의 비율	목적물의 가액에 대한 자기지분 가액의 비례	전유부분의 면적에 비례
공유물 분할	분할의 자유	분할의 금지

(2) 建物의 대지관계

(가) 대지소유권의 귀속 　건물의 대지권은 지분권을 가지는 전유부분의 면적비율에 의한 구분소유자들의 공유로 귀속한다(동법 제12조 제1항). 다만 일부공용부분

94) 대판 1989.10.27, 89다카1497.

으로서의 면적이 있는 때에는 전유부분 면적의 비율에 따라 분배하여 전유부분의 면적에 산입한다(동조 제2항).

(나) 대지사용권　대지사용권이란 전유부분을 소유하기 위하여 건물의 대지에 가지는 권리이며, 건물의 전유부분과 일체성의 원칙이 적용된다(동법 제20조 제1항). 따라서 규약에 특별한 정함이 없는 한 그의 전유부분과 분리하여 처분하지 못한다.

구분소유자에 대지사용권이 없는 대지소유자는 그 전유부분의 철거를 청구할 수 있을 것이지만, 이것은 국민경제에 반할 뿐만 아니라 다른 구분소유자에 대한 관계에 있어서 법률관계가 복잡해지므로, 대지소유자는 구분소유자에 대하여 구분소유권을 시가로 매도할 것을 청구할 수 있게 한다(동법 제7조).

3. 區分所有權의 효과

(1) 專有部分의 효과

(가) 구분소유의 전유부분에 대하여는 통상의 소유권과 동일한 권리를 가진다. 그러나 구분소유권의 상린적 성질로부터 건물의 보전에 해로운 행위, 기타 건물의 관리·사용에 있어서 구분소유자 공동의 이익에 반하는 행위를 하지 못한다(동법 제5조 제1항).

또한, 특히 전유부분이 주거용인 경우에는 그 전유부분을 주거 이외의 용도로 사용하지 못하며, 내부벽을 철거하여 증축하거나 개축하지 못한다(동조 제2항).

(ㄱ) 구분소유자가 공동의 이익에 반하는 행위를 하거나 또는 할 염려가 있는 때에는 관리인 또는 관리단집회의 결의에 의하여 지정된 구분소유자는 그러한 위반행위의 정지 및 결과의 제거·예방에 필요한 조치를 취할 것을 청구할 수 있다(동법 제43조).

(ㄴ) 공동의 이익에 반하는 행위로 인하여 구분소유자의 공동생활상의 장애가 현저한 경우에는 일정한 요건 하에 소로써 상당한 기간 당해 구분소유자에 의한 전유부분의 사용금지를 청구할 수 있고(동법 제44조), 구분소유자가 건물보존에 해로운 행위 기타 건물의 관리 및 사용에 관하여 구분소유자의 공동이익에 반하는 행위를 한 경우에는 일정한 요건 하에 당해 구분소유자의 전유부분 및 대지사용권의 경매를 명할 것을 법원에 청구할 수 있다(동법 제45조 제1항).

- 청구사유
  - 타구분소유자의 공동이익에 반하는 행위, 정당한 이유 없이 주거의 용도에 제공된 건물의 증·개축행위
  - 규약에 정한 의무위반의 결과 공동생활의 유지가 극히 곤란하게 된 때
- 청구제한
  - 경매확정판결일로부터 6월이 경과한 때(동법 제45조 제4항)
  - 경매의 경우 당해 구분소유자의 경락인의 금지(동조 제5항)

(ㄷ) 전유부분의 전세권자·임차인 등과 같은 占有者에 대하여도 위에 준하는 요건 및 절차에 의하여 목적물의 인도를 청구할 수 있다(동법 제46조 제2항).

(나) 구분소유자는 그 전유부분 또는 공용부분의 보존·개량을 위한 필요한 범위 내에서 다른 구분소유자의 전유부분 또는 자기의 공유에 속하지 않는 공용부분의 사용을 청구할 수 있다. 그러나 이 경우 다른 구분소유자가 입은 손해는 보상하여야 한다(동조 제3항).

⑵ 共用部分의 효과

(가) 공용부분의 귀속　공용부분은 구분소유자 전원의 공유에 속한다(동법 제10조 제1항 본문). 일부 구분소유자만의 공용에 제공되는 공용부분은 이들 간의 공유에 속한다(동항 단서).

(ㄱ) 집합건물의 각 공유자지분은 그가 가지는 전유부분 면적의 비율에 의하고(동법 §2), 일부공용부분으로서 면적이 있는 것이 있을 때에는 그 공용부분의 면적은 이를 공용하는 구분소유자의 전유부분의 면적의 비률에 따라 구분하여 각 구분소유자 전유부분의 면적에 산입한다(동법 제12조 제2항).

(나) 공용부분에 관한 물권의 득실변경은 등기를 요하지 아니한다(동법 제13조 제3항). 공용부분의 부담·수익, 공용부분의 폐지·변경 및 관리에 관하여는 동법상 특별규정을 두고 있다(동법 제15조 내지 제17조).

(나) 공용부분의 처분제한　구분소유자는 공용부분에 대한 지분권을 가지나, 그 지분은 전유부분에 대한 소유권과 일체성을 가지므로 이와 분리하여 처분하거나 분할을 청구하지 못한다(동법 제13조 제1항·제2항).

(다) 공용부분의 관리·수익　공용부분의 관리에 관한 사항은 법률에 특별한 규정 또는 규약을 달리 정한 사유가 없는 한 통상의 집회결의로 정한다. 다만 보존행위는 각 공유자가 할 수 있다(동법 제16조 제1항, 제2항). 그러나 공용부분의 관리에 관한 사항이 다른 구분소유자들의 권리에 특별한 영향을 미치는 때에는 그 구분소유자의 승낙을 얻어야 한다(동조 제3항에 의한 제15조 제2항 준용).

(ㄱ) 구분소유자는 규약에 달리 정함이 없는 한 그 持分의 比率에 따라 공용부분의 관리비용 기타 의무를 부담하고 그 공용부분에서 생긴 수익을 취득할 권리를 가진다(동법 제17조). 이때 지분의 비율은 전유부분의 면적비율에 의한다.

(ㄴ) 관리단이 그의 재산으로써 채무를 이행할 수 없는 경우 구분소유자는 규약에 특별한 제한이 없는 한 자기의 전유부분의 비율에 따른 공유지분의 비율로 관리단채무를 변제할 책임을 진다(동법 제27조 제1항).

또한, 공유자가 공유부분에 관하여 다른 공유자에 대하여 가지는 채권 및 관리단 채무는 그 특정승계인에 대하여도 행사할 수 있다(동법 제18조, 제27조 제2항).

4. 建物의 再建築·復舊

(1) 建物의 再建築權

집합건물법 제47조 제1항은 "건물의 건축 후 상당한 기간이 경과되어 건물이 훼손, 일부 멸실하거나 그 밖의 사정에 의하여 건물의 가격에 비하여 과다한 수선·복구비나 관리비용이 소요되는 경우 또는 부근 토지의 이용상황의 변화나 그 밖의 사정에 의하여 건물을 재건축하면 그에 소요되는 비용에 비하여 현저한 효용의 증가가 있게 되는 경우 관리단집회는 그 건물을 철거하여 그 대지를 구분소유권의 목적이 될 새로운 건물의 대지로 이용할 것을 결의할 수 있다. 다만 재건축의 내용이 단지 내 다른 건물의 구분소유자에 특별한 영향을 미칠 때에는 그 구분소유자의 승낙을 얻어야 한다." 라고 규정하고, 동조 제2항은 "전항의 결의는 구분소유자 및 의결권의 각 5분의 4 이상의 다수의 결의에 의한다." 라고 하여 재건축요건을 규정한다.

(2) 建物의 復舊權

(가) 건물의 일부가 멸실한 경우 집합건물법 제50조 제1항은 "건물가액의 2분의 1 이하에 상당하는 건물 부분이 멸실한 때에는 각 구분소유자는 멸실한 공용부분과 자기의 전유부분을 복구할 수 있다" 라고 하여 각 구분소유자의 복구를 원칙으로 한다.[95)]

집합건물법이 이와 같은 태도를 취한 것은 그 멸실의 정도가 건물 전체에 비추어 비교적 적은 부분이어서 구분소유자 전원에 경미한 영향을 주는데 불과한 때에는 통상 관리권에 준하여 각 구분소유자가 이를 복구케 하여 종래 권리관계를 유지토록 하려는데 있다. 그러나 그 멸실의 정도가 건물가액의 2분의 1을 초과한 대규모 멸실의 경우에는 구분소유자 전체에 미치는 영향을 고려하여 사실상 건물의 전부멸실로 다루어 재건축하게 하고 있다.

(나) 건물의 일부가 멸실한 경우 각 구분소유자는 자기의 전유부분과 공용부분을 복구할 수 있고, 각 구분소유자가 복구한 공용부분에 대하여는 다른 구분소유자에 대하여 그 지분의 비율(동법 제12조 참조)로 복구에 소요된 비용의 상환을 청구할 수 있다(동법 제50조 제2항).

---

95) 이와 같은 태도는 각국의 입법이 대체로 동일한 태도를 취하고 있다(일본 건물의 구분소유법 §5 ②, 스위스 민법 §712 ③, 프랑스 민법 §12, 독일 주거소유법 §22 ②).

각 구분소유자가 자기의 전유부분과 공용부분을 복구하는 경우를 제외하고 관리단집회는 구분소유자 및 결의권의 5분의 4 이상의 다수에 의한 결의에 의하여 멸실한 공용부분을 복구할 것을 결의할 수 있고(동법 제50조 제4항), 공용부분의 복구결의로 각 구분소유자의 복구권은 배제된다.

5. 區分所有物의 管理

(1) 區分所有物의 관리단

(가) 건물의 구분소유관계가 성립하면 그 건물 및 대지와 부속시설의 관리에 관한 사업을 시행하기 위한 구분소유자 전원으로 구성된 관리단을 구성하여야 한다(동법 제23조). 또한 일부공용부분이 있는 경우 그 일부의 구분소유자는 규약에 의하여(동법 제28조 제2항 참조), 그 공용부분의 관리에 관한 사업의 시행을 목적으로 하는 관리단을 구성할 수 있다(동조 제2항).

(나) 구분소유자가 10인 이상인 때에는 관리인을 선임하여야 한다(동법 제24조 제1항). 관리인은 관리단집회의 결의에 의하여 선임되거나 해임된다(동조 제2항). 다만 관리인에게 부정행위, 기타 그 직무를 수행하기에 적합하지 아니한 사정이 있는 때에는 각 구분소유자는 그 해임을 법원에 청구할 수 있다(동조 제3항).

(ㄱ) 관리인은 대외적으로 구분소유자 관리단을 대표하는 권한을 가지며, 그 대표권제한은 선의의 제3자에 대항하지 못한다(동법 제25조 제2항).

(ㄴ) 집합건물의 관리에 관한 사항은 관리인에 의하여 행사되고(동법 제25조 제2항), 관리권 전반에 미친다. 판례는 집합건물 외벽의 바깥쪽 면도 외벽과 일체를 이루는 공용부분이므로 그곳에 간판을 설치하는 것도 집합건물의 관리에 관한 행위에 해당하고, 이러한 행위는 관리인의 권한에 속한다.[96]

(2) 區分所有物의 管理規約

건물과 대지 또는 부속시설의 관리 또는 사용에 관한 구분소유자 상호간의 사항으로서 동법에 규정되지 아니한 사항은 규약으로 정할 수 있다(동법 제28조 제1항). 이 규약의 효력은 구분소유권의 승계인에 대하여도 미치는 것이므로 일종의 정관의 성질을 갖는다(동법 제42조 제1항).

규약의 설정·변경·폐지 등에 관하여 동법은 특별한 규정을 두고 있다(동법 제28조 참조).

---

96) 대판 2004.4.9, 2003다2352.

제 4 장　用益物權

제 1 절　用益權概說

(1) 지상권(地上權)
- 일정 지상물소유를 위한 타인의 토지를 사용하는 권리
- 지상권의 강화
  - ㉠ 존속기간의 장기화
  - ㉡ 계약갱신청구와 지상물매수청구
  - ㉢ 구분지상권의 신설
  - ㉣ 지상권처분의 확보

(2) 지역권(地役權)
- 자기 토지의 편익을 위한 타인 토지사용권
- 지역권의 상린권적 보호(주위토지통행권)

(3) 전세권(傳貰權)
- 타인의 부동산을 사용 · 수익하는 권리
- 전세권의 강화
  - ㉠ 전세권의 물권화
  - ㉡ 건물전세의 최단존속기간 확보
  - ㉢ 전세물의 경매와 우선변제권

(1) 용익물권이란 타인의 물건을 일정한 범위에서 사용 · 수익할 수 있는 물권을 말한다. 이는 담보물권과 더불어 제한물권으로서 소유권에 대립한다.

민법상 용익물권에는 지상권 · 지역권 · 전세권의 3종이 있다. 지상권과 지역권은 모두 타인의 土地를 사용하는 점에서 공통되나, 다만 사용하는 목적을 달리하는 점에서 구별된다. 전자는 지상권자가 건물 기타 공작물 또는 수목을 소유하기 위하여 타인의 토지를 사용하는 물권이고(제279조), 후자는 지역권자가 자기 토지의 편익을 위하여 타인의 토지를 이용하는 물권이다.

그러나 전세권은 전세권자가 전세금을 지급하고 타인의 부동산(토지 또는 건물)을 점유하여 그 부동산을 사용 또는 수익하는 권리이다.

(2) 용익물권은 모두 타인의 토지 또는 건물인 부동산을 객체로 하므로 동산용익물권은 인정되지 않고, 부동산용익물권만 인정된다.

제 2 절 地 上 權

제 1. 地上權의 意義와 性質

1. 地上權의 의의

지상권(地上權)이란 타인의 토지에서 건물 기타의 공작물이나 수목을 소유하기 위하여 그 토지를 사용할 수 있는 권리를 말한다(제279조).

민법은 타인의 토지를 이용하는 권리로서 지상권을 예정하고 있으나 실제로는 임차권이 주로 이용되고 지상권은 담보권자(예컨대, 가등기권자 또는 저당권자)가 그 목적 토지에 건물을 축조하는 것을 방지하기 위하여 활용하고 있다.

2. 地上權의 성질

(1) 他人土地의 사용을 위한 제한물권

(가) 지상권은 물권이다. 지상권은 그 자체가 물권으로서 토지소유자에 대한 권리가 아니라 직접 그 객체인 토지를 지배하는 권리이다. 따라서 그 토지소유자의 변경은 지상권의 운명에 영향을 미치지 않는다. 또한 지상권의 양도나 전대에 토지소유자의 동의를 요하지 않고, 물권으로서의 양도성과 상속성을 갖는다.

(나) 지상권은 他人의 土地에 관한 권리이다(타물권성). 지상권의 객체는 타인의 토지인 것이 원칙이므로 지상권과 토지소유권이 동일인에게 귀속한 때에는 혼동으로 소멸한다. 지상권의 객체인 토지는 토지의 전부 뿐만 아니라 그 일부에 대하여도 성립한다. 그리고 지상권이라고는 하지만 지상에 한하지 않고 지하에도 미칠 수 있다. 이를 구분지상권이라고 하고 「지하 또는 공간」을 지상권의 목적물로 한다(제289조의 2).

(다) 지상권은 타인의 土地를 使用하는 권리이다(용익물권성). 지상권은 토지사용권을 본질적 내용으로 하는 권리이므로 토지를 점유할 수 있는 권리를 포함하며, 지상권자가 토지를 사용하는 점에서 소유자가 스스로 사용하는 경우와 같은 관계가 생긴다. 그러므로 지상권에는 상린관계에 관한 규정이 준용된다(제290조).

(라) 토지사용의 대가인 지료의 지급은 지상권의 성립요소가 아니다. 즉 무상의 지상권도 성립하며, 이 점에서 임차권과 구별된다.

⑵ 建物 등 地上物의 소유를 위한 물권

지상권은 타인의 토지에서 '건물 기타 공작물이나 수목을 소유'하는 것을 목적으로 하는 권리이다(제279조). 지상권은 다른 용익권과는 달리 타인의 토지상에 지상권자의 지상물소유를 목적으로 하는 권리이므로 지상권의 목적인 토지상에 지상권자가 설치한 건물 및 공작물이나 식재한 수목은 지상권자에게 귀속한다.

여기서 공작물(工作物)은 지상·지하의 모든 설비, 예컨대 교량·기념탑·전송탑·우물 터널 등을 말하며, 樹木의 종류에는 제한이 없으나 농업용 수목은 제외된다.

제 2. 地上權의 取得과 存續

1. 地上權의 取得

⑴ 法律行爲에 위한 취득

㈎ 지상권설정에 의한 취득 　지상권은 토지소유자와 지상권자 사이의 지상권설정계약, 즉 지상권설정을 목적으로 하는 물권적 합의와 등기에 의하여 취득되는 것이 보통이다.

(ㄱ) 지상권의 객체는 他人의 土地이어야 한다. 지상권의 객체인 토지는 토지의 전부는 물론 그 일부에 대하여도 성립한다. 또한 지상권이라고는 하지만 지상에 한하지 않고 「지하 또는 공간」을 포함한다(제289조의 2).

(a) 지상권은 타인의 토지에서 「건물 기타 공작물이나 수목을 소유」하기 위하여 행사하는 권리이므로 지상권의 목적인 토지상에 설치한 건물 및 공작물이나 식재한 수목은 지상권자의 소유에 속한다(제279조).

(b) 지상권의 목적으로서 공작물에는 건물·도로·연못·교량·탑·전주·기념비·담 등 지상공작물이나 지하철·터널·우물 등 지하공작물을 포함한다. 또한 수목은 식목의 대상이 되는 식물을 말하나, 경작의 대상이 되는 식물, 예컨대 벼·보리·야채·과수·상엽 등을 포함하는가. 다수설은 농지개혁법 제17조를 이유로 뽕나무·과수 등 식재하는 것이 농업용 수목이라고 보아야 할 것은 부정할 것이라고 하고, 종래 판례는 입도(立稻)·상엽(桑葉) 등을 대표적인 토지의 독립물로 다루어 왔다. 그러나 지상권의 목적이 되는가는 명확하지 않다.

생각건대, 원래 농지는 경자유전의 원칙에 의하여 경작자의 소유에 속하는 것을 원칙으로 하고, 또한 농지보전 및 이용에 관한 법률은 새로운 개척지를 제외하고는 원칙적으로 다년생 식물의 재배를 금지한다. 따라서 지상권은 타인토지의 사용권을 내용으로 하고 또한 그 존속기간에 법정최단기간을 규정한 민법의 취지와도 부합하지 못하므로 농업용 수목은 지상권의 대상에서 제외함이 타당할 것이다.

(ㄴ) 지상권의 성립에는 지상권설정의 합의를 요한다. 지상권설정의 합의는 지상권자의 「건물 기타 공작물이나 수목의 소유를 목적으로 타인의 토지를 사용」함을 목적으로 하는 지상권설정자와 지상권자간의 지상권설정의 채권계약이며 당사자간의 특별한 약정이 없는 한 채권계약 속에 지상권설정의 물권적 합의가 포함된다.

(ㄷ) 지상권은 타인의 토지사용권을 본질적 내용으로 하므로 지상권에는 타인 토지점유권을 포함한다. 그러나 목적토지의 점유는 지상권성립의 요소가 아니며 지상권성립과 무관하다.

또한, 지상권은 무상을 원칙으로 한다. 따라서 지상권성립에는 금전의 지급은 요구되지 않고 또한 지료지급은 지상권의 성립요소가 아니다. 그러나 당사자간의 약정으로 지료의 지급을 정할 수 있고, 그 지료의 지급을 정한 때에는 지상권의 내용을 이룬다.

(ㄹ) 지상권의 공시방법으로서 등기는 지상권의 성립 및 효력발생요건이다. 따라서 지상권은 이를 등기함으로써 성립한다.

지상권의 설정(또는 이전)의 등기를 신청하는 경우에는 지상권설정의 목적과 범위를 기재하고 만일 등기원인에 존속기간, 지료와 그 지급시기 또는 민법 제289조의 2 제1항 후단의 약정(구분지상권행사를 위한 토지사용의 제한의 약정)이 있는 때에는 이를 기재하여야 한다(부등법 제136조).

(나) 지상권설정추정에 의한 취득　토지소유자를 달리하는 건물이 존재하는 경우 지상권설정을 추정할 것인가. 민법은 명문 규정이 없으므로 판례는 관습상 법정지상권을 인정하여 건물소유자를 보호한다. 이에 대하여 학설은 물권법정주의를 들어 비판하고 건물 및 토지소유자의 보호를 위하여 지상권설정의 추정에 의한 지상권성립을 인정한다. 따라서 이 범위에서 관습상법정지상권 성립이 제한된다.

개정 민법(안)은 제279조의 2를 신설하여 제1항은 "동일한 소유자에 속하는 토지와 그 지상건물이 법률행위에 의하여 그 소유를 달리하게 되는 때에는 그 건물소유자를 위하여 존속기간을 정하지 아니한 지상권설정계약이 체결된 것으로 추정한다."라고 하여 당사자 약정에 의한 지상권성립을 추정한다.

(다) 지상권의 승계취득　지상권은 유증과 지상권의 양도에 의하여도 취득되며, 이 경우는 법률행위에 의한 것이므로 물권변동의 일반원칙에 따라 등기한 때 취득된다(제186조).

⑵ 法律規定에 의한 取得

지상권은 상속·판결·경매·공용징수·취득시효 기타 법률의 규정에 의하여서도 취득된다. 이 때 취득에는 등기를 요하지 않지만, 다만 지상권을 시효취득하기 위하여서는 등기하여야 효력이 생긴다(제248조).

⑶ 法定地上權

㈎ 민법상 법정지상권

(ㄱ) 전세권설정(傳貰權設定)의 법정지상권 : 전세권설정 당시의 대지와 건물이 동일한 소유자에 속하였으나 그 후 대지소유자가 변경된 때에는 그 대지소유자는 전세권설정자에 대하여 지상권을 설정한 것으로 본다(제305조). 이때 대지소유권의 변경에는 원인을 묻지 아니하며, 당사자간의 지상권 성립을 배제하는 특약은 효력이 없다.

민법이 이와 같은 지상권을 인정한 것은 전세권설정자(건물소유자)에 지상권을 인정함으로써 그 건물에 설정된 전세권자를 보호하기 위한 것이다.

(ㄴ) 저당권설정(抵當權設定)의 법정지상권 : 저당물의 경매로 토지와 지상건물이 다른 소유에 속한 경우 토지소유자는 건물소유자에 지상권을 설정한 것으로 본다(제366조).

(a) 민법 제366조 저당권설정의 법정지상권이 성립하기 위해서는 토지와 건물이 동일소유자에게 귀속하고 있는 때 그 어느 하나에 저당권을 설정하여 후일 저당물의 경매로 토지소유자를 달리한 경우는 물론이나, 토지·건물 모두에 저당권을 설정하여 그 저당물의 경매로 토지와 건물의 소유권이 각각 다른 사람에게 귀속하게 되는 경우를 포함한다. 따라서 동조의 법정지상권은 저당권설정당시부터 저당권의 목적이 되는 토지위에 건물이 존재할 경우에 만 성립하고 건물이 없는 토지에 저당권이 설정된 후 설정자가 그 토지상에 축조한 건물에는 성립하지 않는다.[1]

판례는 건물이 없는 토지에 저당권이 설정될 당시 근저당권자가 토지소유자에 의한 건물의 건축에 동의한 경우(대판 2003.9.5, 2003다26051), 또는 저당권이 설정된 후 근저당권설정자가 그 위에 건물을 건축하였다가 경매로 인하여 대지와 그 지상건물의 소유자를 달리하였을 경우에는 동조 규정의 법정지상권이 인정되지 아니할 뿐만 아니라 관습상법정지상권도 인정되지 않는 것이라고 한다(대판 2003.9.5, 2003다26051 ; 1995.12.26, 95다24524).

다만, 토지에 관하여 저당권이 설정될 당시 그 지상에 건물이 토지소유자에 의하여 건축 중이었고 건물의 규모와 종류가 외형상 예상할 수 있는 정도까지 건축이 진전된 경우에는 저당권자가 완성된 건물을 예상할 수 있으므로 동조 규정의 법정

1) 대판 1978.8.22, 78다630.

지상권을 인정한다.[2] 그러나 저당권이 설정될 당시 근저당권자가 토지소유자에 의한 건물의 건축에 동의하였다고 하더라도 그러한 사정은 주관적 사항이고 공시할 수도 없는 것이어서 법정지상권의 성립을 주장할 수 없는 것이라고 한다.[3]

(b) 법정저당권에 관한 민법 제366조는 강행규정이며, 당사자의 약정으로 그 성립을 배제하지 못한다. 또한 법정지상권 성립에 의한 지상권의 범위는 그 건물의 용도에 따른 이용의 적당한 범위에 미친다.

(나) **관습상 법정지상권** 동일인에 속하는 토지와 건물을 임의로 타인에게 매각하거나 그 외에 원인으로 인하여 토지와 건물의 소유가 다르게 된 때에는 특히 건물을 철거한다는 조건이 없는 한 건물의 소유자는 당연히 그 토지상에 소위 관습에 의한 법정지상권을 취득한다.[4]

(ㄱ) 관습법상 법정지상권이 성립하기 위해서는 다음의 요건을 갖추어야 한다.

(a) 토지와 건물이 동일인에게 속할 것이어야 한다. 따라서 토지와 건물이 각각 그 소유자를 달리하고 있는 때에는 물론이고 대지소유자의 승낙을 얻어 축조한 건물을 매수 또는 취득한 자는 지상권을 취득하지 못한다.[5]

(b) 건물은 건물로서 요건을 갖추고 있으면 족하고, 건물인 이상 무허가 건물이거나 미등기건물이거나 가리지 않는다.[6]

(c) 토지공유자 중 한 사람이 다른 공유자 지분의 과반수의 동의를 얻어 건물을 축조하여 보전등기 함으로써 토지와 건물의 소유가 달라진 경우에도 성립하는가. 판례는 이와 같은 경우 지상권의 성립을 인정하면 결국 토지소유자 1인으로 하여금 자신의 지분을 제외한 다른 공유자의 지분에까지 지상권설정의 처분행위를 허용하는 결과가 된다는 점을 들어 지상권성립을 부정한다.[7]

그밖에 대지와 그 지상의 미등기건물을 양도하여 대지에 소유권이전등기를 경료하고 건물에는 소유권이전등기를 경료하지 못하고 있다가 양수인이 대지에 설정한 저당권을 실행하여 대지의 소유자가 달라진 경우에도 지상권 성립을 부정한다.[8]

(d) 경매 기타 원인에 의하여 토지와 건물의 소유자가 달라졌을 것이어야 한다. 즉 동일인의 소유에 속하였던 토지와 건물이 경매·매매·증여 등 적법한 원인에 의하여 소유자를 달리한 것이어야 한다.

---

2) 대판 2003.9.5, 2003다26051; 1992.6.12, 92다7221.

3) 대판 2003.9.5, 2003다26051.

4) 대판 1992.4.10, 91다45356; 1968.7.31, 67다1759.

5) 대판 1971.12.28, 71다2124.

6) 대판 1988.4.12, 87다카2404.

7) 대판 1993.4.13, 92다55756.

8) 대판(전) 2002.6.20, 2002다9660; 1996.6.14, 94다53006.

(e) 등기는 그 요건이 아니다. 동조 규정에 의한 지상권의 성립에는 민법 제186조는 적용되지 않고 제187조가 적용된다.

(ㄴ) 지상권이 성립되는 시기는 그 양수인이 현실로 소유권이전등기를 경료한 때이다.[9]

(ㄷ) 동조 규정에 의한 지상권성립이 추정된 토지가 양도된 경우 건물소유자는 그 지상권을 취득할 당시의 토지소유자에 대하여는 물론, 그로부터 토지소유권을 전득한 제3자에 대하여도 등기 없이 지상권을 주장할 수 있다.[10]

또한, 지상권이 성립된 후 건물을 개축 또는 증축한 경우는 물론 건물이 멸실되거나 철거된 후에 신축한 경우에도 동조 규정에 의한 지상권이 성립하는가. 판례는 건물을 철거하고 그 소유의 새로운 건물을 신축하기로 한 합의는 지상권성립의 소극적 요건인 건물철거에 대한 특약이라고 볼 수 없는 것이라고 하여 긍정하고, 다만 그 지상권의 범위는 구건물을 기준으로 하여 그 유지 또는 사용을 위하여 일반적으로 필요한 범위내의 대지부분에 한정되는 것이라고 한다.[11]

(나) 특별법상 법정지상권

(ㄱ) 입목법상 법정지상권 : 입목이 경매 기타 사유로 토지와 그 입목이 각각 다른 소유에 속하게 된 경우 토지소유자는 그 입목소유자에 대한 지상권이 설정된 것으로 본다(입목법 제6조).

(ㄴ) 가등기담보법상 법정지상권 : 가등기의 목적이 된 토지 또는 건물이 가등기담보법상의 규정에 의하여 소유권을 취득하게 됨으로써 토지와 건물이 각각 다른 소유자에 속하게 되는 경우 그 지상물 소유자는 그 토지에 대하여 지상권을 취득한다(동법 제10조). 다만 본래 채권을 담보하기 위하여 대지상에 가등기를 경료한 대지소유자가 그 지상에 건물을 신축한 후 그 가등기에 기한 본등기가 경료되어 대지와 건물의 소유가 달라진 경우에도 관습상 법정지상권이 성립하는가.

판례는 이를 인정하면 당초 대지에 채권담보를 위한 가등기를 경료한 사람의 이익을 해한다는 점을 들어 특별한 사정이 없는 한 이를 부정할 것이라고 한다.[12]

---

9) 대판 1966.4.26, 65도2530.
10) 대판 1965.9.23, 65다1222.
11) 대판 2000.1.18, 98다58696.
12) 대판 1994.11.22, 94다5458.

[법정지상권의 비교]

법정지상권의 종류		성립조건	소유권변동	지료의 결정
민법상 법정지상권	저당권설정의 법정지상권(§366)	저당권설정 당시 토지와 건물의 동일 소유	경매	법원의 결정
	전세권설정의 법정지상권(§305)	전세권설정 당시 토지와 건물의 동일 소유	경매·매매등	법원의 결정
관습상 법정지상권		동일 소유에 속한 토지와 건물이 적법한 원인에 의하여 소유자를 달리한 경우	경매·매매 등	유상이 원칙
특별법상 법정지상권	가등기담보법상 법정지상권	가등기담보권설정당시 토지·건물의 동일 소유	경매	법원의 결정
	입목법상 법정지상권	입목저당권설정당시 입목·토지의 동일 소유	경매	법원의 결정

2. 地上權의 存續期間

(1) 設定行爲로 期間을 정한 경우

(가) 최단기간　지상권의 존속기간은 당사자가 지상권설정계약에서 임의로 정할 수 있다. 그러나 다음의 기간보다 더 짧게 할 수 없다. 만약 설정행위로 이 기간보다 짧은 기간을 약정한 때에는 이를 최단 법정기간까지 연장한다(제280조).

(ㄱ) 석조·석탄조 또는 이와 유사한 견고한 건물이나 수목의 소유를 목적으로 하는 때에는 30년

(ㄴ) 그 밖의 건물의 소유를 목적으로 하는 때에는 15년

(ㄷ) 건물 이외의 공작물의 소유를 목적으로 하는 때에는 5년

(나) 최장기간　지상권의 최장기간에 관하여는 민법에 아무런 제한이 없다. 따라서 영구무한의 지상권을 설정할 수 있는가. 소수설은 지상권에 영구무한으로 존속기간을 정하는 것은 소유권의 탄력성에 반할 여지가 있는 점에서 이를 부정해야 할 것이라 한다.[13] 그러나 다수설은 긍정하고, 판례 또한 민법상 지상권의 존속기간은 최단기만이 규정되어 있을 뿐 최장기에 관하여는 아무런 제한이 없으며, 존속기간이 영구인 지상권을 인정할 실제의 필요성도 있고, 이러한 지상권을 인정한다고 하더라도 지상권의 제한이 없는 토지소유권을 회복할 방법이 있을 뿐만 아니라, 특히 구분지상권의 경우에는 존속기간이 영구라고 할지라도 대지소유권을 전면적으로 제한하지 아니한다는 점 등에 비추어 지상권의 존속기간을 영구로 약정하는 것도

13) 곽윤직 413면, 김용한 364면, 이영준 656면; 대판 1991.3.12, 90다카27570 참조.

허용되는 것이라고 한다.[14)]

⑵ 設定行爲로써 기간을 정하지 않는 경우

존속기간을 당사자가 미리 정하지 않은 때에는 지상물의 종류와 구조에 따라 민법 제280조의 최단기간을 각각 그 존속기간으로 하고 설정계약 당시에 공작물의 종류와 구조를 정하지 않은 때에는 15년을 그 기간으로 한다(제281조). 다만 수목의 종류를 정하지 아니할 경우에는 30년이 된다.

⑶ 契約更新과 地上物買受請求權

(가) 존속기간이 만료되면 당사자는 그 기간을 갱신할 수 있다. 그러나 그 기간은 갱신한 날로부터 제280조의 최단기간보다 짧게 하지 못한다(제284조). 또한 지상권의 존속기간에 관한 규정에 위반되는 계약으로서 지상권자에게 불리한 것은 그 효력이 없다(제289조). 즉 강행규정성을 갖는다.

(나) 지상권이 소멸한 경우에도 그 지상에 건물 기타 공작물이나 수목이 현존하면 지상권자는 계약의 갱신을 청구할 수 있고, 지상권설정자가 이를 거절하면 지상권자는 상당한 가격으로 그 지상물을 매수할 것을 청구할 수 있다(제283조 제2항). 이때 지상권자의 매수청구권은 형성권이며, 이 규정은 토지임대차에 준용된다.

제 3. 地上權의 效力

1. 地上權者의 權利·義務

⑴ 土地使用權

(가) 지상권자는 설정행위로 정하여진 목적의 범위 안에서 토지를 점유하고 이를 사용할 수 있다(제279조). 따라서 지상권설정자는 지상권자의 토지사용을 방해하지 못하는 의무를 부담한다. 그러나 지상권자로 하여금 그것을 사용하게 할 적극적 의무는 없고 지상권자도 그 토지에 영구적인 손해를 가져오는 변경을 가하지 못한다.

(나) 지상권은 토지를 이용하는 권리이므로 인접하는 토지와의 이용을 꾀하는 상린관계의 규정은 지상권자와 이웃 토지의 이용자, 예컨대 소유자·지상권자 등 사이에 준용된다(제290조).

---

14) 대판 2001.5.29, 99다66410.

⑵ 物權的 請求權

지상권은 타인의 토지를 사용하는 물권이므로 그 결과 당연히 토지를 占有할 권리를 포함한다. 따라서 토지권의 내용실현이 방해되는 때에는 소유권에 있어서와 같은 물권적 청구권이 인정된다(제290조).

⑶ 地上權의 처분

(가) 지상권자는 지상권을 양도할 수 있고, 존속기간 내에서 토지를 임대할 수도 있다(제282조). 이는 강행규정이며, 이런 처분을 배척하는 특약은 무효이다.

한편, 지상권은 저당권의 목적이 되며(제371조 제1항), 지상권에 저당권을 설정한 때에는 민법상 저당권에 관한 규정이 준용된다. 그러나 저당권설정을 금지하는 당사자간의 특약은 유효하다.

(나) 법정지상권을 처분하기 위해서는 지상권자가 이를 등기하여 이전하여야 한다. 다만 법정지상권을 취득한 자가 이를 등기하지 않고 양도한 경우 그 양수인은 지상권을 취득하는가. 예컨대 토지소유자 甲으로부터 법정지상권을 취득한 건물소유자 乙이 그 지상건물을 丙에게 매도하고 등기이전을 경료하였으나 그 토지상 지상권을 등기 없이 처분한 경우 건물 취득자 丙은 지상권의 이전등기 없이도 지상권을 취득하는가. 문제된다.

종래 다수설·판례는 건물소유와 그 토지상 권리의 처분의 일체성을 들어 이를 긍정하였으나 최근의 판례는 건물소유자가 지상권을 취득한 것은 아니지만 매도인으로부터 법정지상권을 취득할 지위에 있는 건물양수인에 대하여 대지소유자가 건물의 철거를 구하는 것은 지상권의 부담을 인용하고 지상권 등기절차를 이행할 의무 있는 자가 그 권리자를 상대로 한 것이어서 신의성실의 원칙상 허용될 수 없는 것으로 토지소유자 甲의 丙에 대한 건물의 철거는 배척되는 것이라고 한다.[15]

⑷ 地料의 지급의무

(가) 지료(地料)는 지상권의 요소는 아니지만 당사자간에 지료를 지급하기로 한 때에는 지상권자는 지료지급의 의무가 있다.

(ㄱ) 약정지상권의 경우에는 당사자 의사에 의하여 지료지급의무를 부담하나 법정지상권의 경우에도 지료지급의무를 부담하는가. 판례는 법정지상권이라고 할지라도 대지소유자에게 지료를 지급할 의무는 있고, 법정지상권이 있는 건물의 양수인으로서 장차 법정지상권을 취득할 지위에 있어 대지소유자의 건물철거나 대지인도

15) 대판 1996.3.26, 95다45545·45552·45569; 1985.4.9, 84다카1131·1132.

청구를 거부할 수 있다고 하더라도 그 대지를 점유·사용함으로 인하여 얻은 이득은 부당이득으로서 대지소유자에게 반환할 의무가 있는 것이라고 하여 약정지상권과는 달리 원칙적으로 지료지급의 의무를 긍정한다.[16)]

(ㄴ) 지료액은 당사자의 약정으로 결정되지만, 법정지상권의 경우는 당사자의 합의 또는 당사자의 청구에 의하여 법원이 결정한다(제305조 제1항·제366조).

(나) 지료액이 결정된 후 토지에 관한 조세 기타의 부담의 증감이나 지가의 변동으로 지료액이 상당하지 않게 된 경우 토지소유자는 그 증액을 청구할 수 있고, 지상권자는 그 감액을 청구할 수 있다(제286조). 이것은 사정변경원칙의 적용이다.

2. 地上權設定者의 권리·의무

(1) 地料支給請求權

지상권의 설정계약에서 지료의 지급을 정한 경우, 지상권자가 2년분 이상의 지료를 지급하지 않은 때에는 지상권설정자는 지상권의 소멸을 청구할 수 있다(제287조). 이것은 지료증감청구권과 더불어 강행규정이며, 이에 위반되는 지상권자에 불리한 특약은 무효이다(제289조).

(2) 地上權者의 권리행사방해금지의무

지상권설정자는 지상권자의 지상권을 행사케 할 적극적 의무는 부담하지 않지만, 지상권자의 토지사용권을 방해하지 아니할 의무를 부담한다.

제 4. 地上權의 消滅

1. 地上權 消滅事由

(1) 一般的 消滅事由

지상권은 물권의 일반적 소멸원인, 즉 토지의 멸실·존속기간의 만료·혼동·소멸시효, 지상권에 우선하는 저당권의 실행 및 토지수용 등에 의하여 소멸한다.

(2) 特別消滅事由

(가) 설정자의 소멸청구 지상권자가 2년 이상의 지료를 지급하지 아니한 때에

---

16) 대판 1997.12.26, 96다34665.

는 지상권설정자는 지상권의 소멸을 청구할 수 있다(제287조). 그러나 지상권이 저당권의 목적이 되거나 또는 그 토지에 있는 건물·수목이 저당권 목적이 된 때에는 저당권자에게 통지한 후 상당한 기간이 경과하지 아니하면 그 효력이 생기지 않는다(제288조).

지료체납에 관한 민법 제297조는 법정지상권에도 준용되는가. 학설은 명확하지 않으나 지료가 정하여져 있거나, 지료의 정함이 없는 경우에도 지료지급을 청구한 경우에는 청구한 때로부터 동조 규정을 준용할 것이라고 본다. 그러나 판례는 법정지상권의 경우 당사자 사이에 지료에 관한 협의가 있었다거나 법원에 의하여 지료가 결정되었다는 아무런 입증이 없다면 법정지상권자가 지료를 지급하지 않았다고 하더라도 지료지급을 지체한 것으로 볼 수 없으므로 법정지상권자가 2년 이상의 지료를 지급하지 아니하였음을 이유로 하는 토지소유자의 지상권소멸청구는 이유가 없고, 지료액 또는 그 지급시기 등 지료에 관한 약정은 이를 등기하여야만 제3자에 대항할 수 있는 것이고 법원에 의한 지료결정은 당사자의 지료결정청구에 의하여 형식적 형성소송인 지료결정판결로 이루어져야 제3자에게도 효력이 미치는 것이라고 한다.[17]

(나) 지상권의 포기　　지료를 지급하지 않는 지상권자는 원칙적으로 그 권리를 포기할 수 있다. 그러나 포기에 의하여 지상권설정자에게 손해가 생긴 때에는 그 손해를 배상하여야 하고(제153조 제2항), 지상권이 저당권의 목적인 때에는 저당권자의 동의 없이 이를 포기하지 못한다(제371조 제2항).

또한, 포기는 법률행위이므로 등기를 하여야만 그 효력이 생긴다.

(다) 약정소멸사유의 발생　　당사자는 그 밖의 지상권의 소멸사유를 약정할 수 있다. 그러나 그것이 지상권자에게 불리한 것인 때에는 효력이 없다(제289조).

2. 地上權消滅의 효과

(1) 地上物收去權 및 買受請求權

지상권이 소멸하면 지상권자는 건물 기타의 공작물이나 수목을 수거하고 토지를 원상에 회복하여야 한다(제285조 제1항). 즉 지상권자는 지상권소멸에 따른 지상물의 수거권을 가진다. 그러나 이 경우 지상권설정자가 상당한 가액을 제공하여 공작물이나 수목의 매수를 청구하는 경우 지상권자는 정당한 이유 없이 이를 거절하지 못한다(동조 제2항). 이와 같이 지상물의 매수청구권은 지상권자의 권리지만 일정한 경

17) 대판 2003.6.10, 2003다18319.

우에는 지상권설정자도 행사할 수 있다(제283조 참조).

⑵ 有益費償還請求權

지상권자가 토지를 개량하기 위하여 지출한 비용, 즉 유익비는 그 상환청구를 할 수 있고 청구권자의 선택에 좇아 이를 상환하여야 한다. 그러나 필요비는 용익물권의 본질상 그 상환을 청구하지 못한다.

제 5. 特殊地上權

1. 區分地上權

⑴ 區分地上權의 의의

구분지상권이란 지하 또는 지상의 공간을 일정한 범위로 한정하여 그 공간에 건물 기타 공작물을 소유할 지상권을 목적으로 하는 것을 말하며, 토지의 효율적 이용에 따른 권리관계를 정하기 위하여 규정한다(제289조의 2).

⑵ 區分地上權의 성질

(가) 구분지상권은 일정범위의 지중 또는 공중의 용익을 위하여 토지소유자의 토지사용에 제한을 수반하는 권리로서, 토지분할·양도의 실질을 가진다.

(나) 토지의 상·하 범위를 객체로 하나, 토지의 어느 층에 한정하여 성립하는 권리이다. 또한 건물 기타 공작물을 소유하기 위한 권리이며, 수목소유는 제외된다. 따라서 지상권이 건물 기타 공적물 및 수목소유를 목적으로 하는 것과 구별된다.

⑶ 區分地上權의 성립

(가) 구분지상권은 토지소유자와 구분지상권자의 물권적 합의와 등기함으로써 성립한다. 다만 이 때 물권적 합의에는 토지의 상·하 범위를 정하여 등기하여야 하고, 당해 토지에 제3자가 대항력 있는 사용·수익권을 가지는 때에는 그 권리를 가진 자 전원의 승낙을 얻어야 한다(제289조의 2 제2항).

(나) 법정구분지상권의 성립에 관하여도 일반 법정지상권 성립요건을 갖추는 한 성립하고, 특히 관습상 법정구분지상권 성립에 관하여도 이를 긍정할 것이다.

⑷ 區分地上權의 내용

(가) 지상권의 준용 구분지상권에는 지상권에 관한 규정을 준용하며, 상린관계

에 관한 규정도 준용된다(제290조). 또한 구분지상권의 존속기간에 관하여도 민법 제290조에 의한 제280조가 준용한다.

(나) 구분지상권의 제한　　구분지상권을 설정한 경우 설정행위로써 지상권의 행사를 위한 토지의 사용을 제한할 수 있고, 또한 구분지상권의 본질상 토지사용에 일정한 제한이 수반된다.

구분지상권의 목적 토지에 제3자가 사용·수익할 권리를 가진 때에는 그 토지를 사용·수익할 권리를 가진 제3자는 그 지상권의 행사를 방해하지 못한다(제289조의 2 제2항).

2. 墳墓基地權

(1) 墳墓基地權의 의의

타인의 승낙을 얻어 그의 소유지에 분묘를 설치하거나, 승낙 없이 분묘를 설치하여 20년간 평온·공연히 점유한 경우 그 분묘기지에 대하여 취득되는 물권이며, 지상권은 아니지만 지상권에 유사한 관습상 물권이다.[18]

(2) 墳墓基地權의 성립요건 및 내용

(가) 분묘기지권의 성립요건　　분묘기지권을 취득하기 위해서는 다음의 요건 중 어느 하나를 갖추어야 한다.

(ㄱ) 토지소유자의 승낙을 얻어 분묘를 설치하였을 것

(ㄴ) 토지소유자의 승낙 없이 분묘를 설치하고 평온·공연하게 점유하였을 것

(ㄷ) 자기소유의 토지 위에 분묘를 설치한 후 그 기지에 대한 소유권을 유보하였거나 분묘이전의 약정 없이 토지를 처분하였을 것

(나) 분묘기지권의 내용　　분묘소유를 위한 권리이나, 새로운 분묘의 설치나 타 목적의 토지사용은 금지된다. 판례는 분묘기지권은 분묘의 기지 자체(봉분의 기지부분) 뿐만 아니라 그 분묘의 수호 및 제사에 필요한 범위 내에서 분묘의 기지 주위에 공지를 포함한 지역에까지 미치는 것이라 하고,[19] 또한 분묘기지권은 분묘를 수호하고 봉제사하는 목적을 달성하는데 필요한 범위 내에서 타인의 토지를 사용할 수 있는 권리를 의미하는 것으로서 분묘기지권에는 그 효력이 미치는 지역의 범위 내

---

18) 대판 1958.6.12, 4290민상771.

19) 대판 1997.5.23, 95다29086 : 판례는 분묘기지권은 분묘의 기지 자체(봉분의 기지부분)뿐만 아니라 그 분묘의 수호 및 제사에 필요한 범위 내에서 분묘의 기지 주위에 공지를 포함한 지역에까지 미치는 것이고 그 확실한 범위는 각 구체적인 경우에 개별적으로 정해야 할 것인바 莎城(무덤 뒤를 반달형으로 둘러쌓은 둔덕)이 조성되어 있다고 하여 반드시 그 사성 부분을 포함한 지역에까지 분묘기지권이 미치는 것은 아니라 한다.

라고 할지라도 기존의 분묘 외 새로운 분묘를 설치할 권능은 포함되지 아니하는 것이라고 한다.[20]

(3) 墳墓基地權의 존속

판례는 분묘수호를 위한 분묘기지권의 존속기간은 민법의 지상권의 규정에 따를 것이 아니라 당사자 사이의 약정 등 특별한 사정이 있으면 그에 따를 것이고, 그런 사정이 없으면 권리자가 분묘수호와 봉사를 계속하는 한 그 분묘가 존속하고 있는 동안은 분묘기지권이 존속하는 것이라고 한다.[21]

제3절 地役權

제1. 地役權의 意義·性質

1. 地役權의 意義

지역권(地役權)이란 일정한 목적(주로 통행과 인수)을 위하여 타인의 토지(승역지)를 자기 토지(요역지)의 편익에 이용할 수 있는 용익물권을 말한다(제291조).

지역권은 로마법의 역권(servitus)에서 유래하는 제도이다. 이 역권(役權)은 지역권과 인역권으로 나누어지는데, 지역권은 특정의 토지의 편익을 위하여 타인의 토지를 이용하는 것이며, 인역권은 특정한 사람의 편익을 위하여 타인의 토지를 이용하는 권리이다(예컨대 특정인이 타인의 토지에서 사냥을 하는 권리).

우리 민법에서는 특정 토지의 편익을 위하여 타인의 토지를 이용하는 지역권만을 인정하고 제302조의 특수지역권은 일종의 인역권의 성질을 갖는다.

20) 대판 1997.5.23, 95다29086: 판례는 분묘기지권은 분묘를 수호하고 봉제사하는 목적을 달성하는데 필요한 범위 내에서 타인의 토지를 사용할 수 있는 권리를 의미하는 것으로서 분묘기지권에는 그 효력이 미치는 지역의 범위 내라고 할지라도 기존의 분묘 외에 새로운 분묘를 설치할 권능은 포함되지 아니하는 것이므로, 부부 중 일방이 먼저 사망하여 이미 그 분묘가 설치되고 그 분묘기지권이 미치는 범위 내에서 그 후 사망한 다른 일방의 합장을 위하여 쌍분형태의 분묘를 설치하는 것도 허용되지 않는 것이라고 한다.

21) 대판 1982.1.26, 81다1220.

2. 地役權의 性質

(1) 지역권은 요역지의 이용가치를 증가시키기 위한 것이어야 하므로 요역지소유자의 개인적 이익을 위하여 이용하는 것 등은 이에 해당하지 않는다.

(2) 지역권은 일정한 목적, 주로 통행·인수를 위하여 승역지를 요역지의 편익에 제공케 하는 물권인 점에서 그 성립에 있어 특별한 성질을 갖는다. 즉 지역권은 인접하는 토지간의 이용조절이란 점에서 상린관계와 비슷하나, 상린관계와 비교하여 다음의 성질을 가진다.

(가) 지역권은 타인의 토지를 자기 토지의 편익을 위하여 이용하는 권리이다. 따라서 요역지소유자의 개인적 이익을 위하여 이용하는 것은 지역권이 아니다.

또한, 지역권도 인접하는 토지간의 이용조절이란 점에서는 상린관계와 비슷하나, 상린관계는 법률상 당연히 발생하는 최소한의 이용조절로서 소유권의 내용으로서 인정되는 것이지만, 지역권은 당사자간의 계약으로 성립하며, 상린관계에 의한 이용조절의 범위보다 더 넓은 조절기능을 가지는 물권이라는 점에서 다르다.

그 외에도 상린관계는 상호관계인 것을 원칙으로 하나 지역권은 일방적인 부담이라는 점에서도 차이가 있다.

(나) 지역권은 요역지소유권의 내용이 아니라 하나의 독립된 권리이다. 이 점에서 지역권은 토지소유권의 내용에 지나지 않는 상린권과 다르다.

(다) 지역권은 용익물권으로서 20년간 행사하지 아니하면 시효로 소멸한다. 그러나 상린권은 토지소유권의 내용이므로 소유권과 같이 소멸시효의 대상이 되지 않는다.

[지역권과 상인권의 비교]

	지 역 권	상 린 권
공 통 점	토지간의 이용조절을 위한 권리	
성 립	당사자간의 물권행위로 성립하며 상린권보다 넓은 이용조절을 목적으로 하는 요역지소유권으로부터 독립된 물권	법률상 당연히 발생하는 최소한의 이용조절을 위한 소유권의 한 내용으로서의 권리상호관계
상호관계	승역지소유자의 요역지소유자 및 용익권자에 대한 일방적 부담	토지소유자 및 용익권자의 상호간의 이용조절을 위한 권리
시효적용	용익물권으로서 20년간 행사하지 아니하므로 시효소멸 또는 취득시효의 대상이 되는 권리	소유권의 한 내용에 불과한 권리로서 소멸시효와는 무관한 권리

제 2. 地役權의 種類·內容

1. 地役權의 種類

⑴ 地役權의 행사 형태에 의한 분류

(가) 작위지역권·부작위지역권 지역권자가 일정한 행위를 할 수 있고, 승역지이용자가 이를 인용할 의무를 부담함을 내용으로 하는 것을 작위지역권 또는 적극지역권이라고 하고, 승역지이용자가 일정한 이용을 하지 않을 의무를 부담하는 것을 부작위지역권 또는 소극지역권이라고 한다.

(나) 계속지역권·불계속지역권 지역권의 실현이 끊임없이 계속되는 것을 계속지역권이라고 하고(예컨대, 통로를 개설한 통행지역권), 반대로 지역권의 내용을 실현하기 위하여 그때 그 때마다 지역권자의 행위를 필요로 하는 것을 불계속지역권이라고 한다(예컨대, 통로를 개설하지 아니한 통행지역권). 이 구별은 취득시효에 있다.

(다) 표현지역권·비표현지역권 지역권의 행사가 외부에서 인식될 수 있는 외형적 사실을 수반하는 것이 표현지역권이며(예컨대, 노출된 관을 통한 용수지역권), 그러한 외형적 사실을 나타내지 않는 것이 비표현지역권이다(예컨대 노출되지 않은 관을 통한 용수지역권). 그 구별의 실익은 취득시효에 있다. 즉 계속되는 표현지역권은 일정기간 행사하므로 지역권을 취득한다.

⑵ 便益의 內容에 의한 분류

지역권은 자기토지의 편익 내용에 따라 요역지소유자가 타인의 토지를 통행하기 위하여 설정하는 통행지역권, 승역지로부터 引水 또는 排水를 목적으로 하거나 도랑(구거) 또는 송수관을 부설하기 위한 용수지역권, 요역지의 관망이나 일조를 방해하는 건축물을 축조하지 아니할 관망·관망 또는 일조지역권 등이 있다.

2. 地役權의 內容

⑴ 要役地의 便益을 위한 권리

(가) 지역권은 타인의 토지를 자기토지의 편익에 이용하는 것을 내용으로 하는 물권이다. 여기서 편익을 얻은 토지를 요역지라고 하고, 편익을 주는 토지를 승역지라고 한다. 요역지와 승역지는 반드시 인접할 필요는 없으나 서로 편익을 주고받을 수 있을 정도의 장소적 관계는 있어야 한다.

(나) 토지편익의 종류에는 제한이 없으나, 민법은 용수지역권에 규정하고(제297

조), 판례는 통행지역권을 인정한다. 그밖에 관망이나 일조를 위한 지역권도 인정된다.

(다) 지역권은 요역지와 승역지의 두 토지 사이의 관계이다. 따라서 지역권이 설정된 후에 요역지에 대한 지상권 · 전세권 · 임차권을 취득한 자도 지역권을 행사할 수 있다(제292조 제1항). 승역지는 1필의 토지의 일부분일 수 있으나 요역지는 1필의 토지의 일부분일 수는 없다.

(2) 要役地에 부종 · 수반하는 권리

(가) 지역권의 부종성 및 수반성　지역권은 요역지소유권에 종된 권리로서 요역지에 부종한다. 따라서 요역지소유권이 이전되거나 다른 권리의 목적이 된 때에는 지역권도 이에 따라 이전된다. 이를 지역권의 부종성 및 수반성이라고 하고, 이 중 수반성은 설정행위로써 배제할 수 있으나 이 약정은 등기하여야 효력이 생긴다.

또한, 지역권은 요역지소유권으로부터 분리하여 양도하거나 다른 권리의 목적으로 하지 못한다(제292조 제2항).

(나) 지역권의 불가분성　토지공유자의 1인은 그의 지분에 관하여 그 토지를 위한 또는 그 토지가 부담하는 지역권을 소멸하게 하지 못한다. 토지의 분할이나 토지의 일부양도의 경우에는 지역권의 각 부분을 위하여 또는 그 승역지의 각 부분에 존재한다. 그러나 지역권의 성질상 토지의 일부 만에 관한 것인 때에는 그 일부분에 관하여서만 존속한다(제293조).

(ㄱ) 공유자의 1인이 지역권을 취득한 때에는 다른 공유자도 이를 취득한다(제295조 제1항). 또한 점유로 인한 지역권의 취득시효의 중단은 지역권을 행사하는 모든 공유자에 대한 공통된 사유가 아니면 그 효력이 없다(동조 제2항).

(ㄴ) 요역지가 수인의 공유로 되어 있는 경우에 그 1인을 위한 소멸시효의 중단 또는 정지가 있는 때에는 이 중단 또는 정지의 사유는 다른 공유자를 위하여도 효력이 있다. 그러나 소멸시효는 모든 공유자를 위하여 완성하지 않는다(제296조).

제 3. 地役權의 取得과 存續期間

1. 地役權의 取得

(1) 法律行爲에 의한 취득

(가) 지역권설정에 의한 취득　지역권은 설정계약에 의하여 취득되는 것이 보통

이며, 등기하여야 그 효력이 생긴다.

(ㄱ) 지역권의 객체는 승역지의 土地이다. 따라서 지역권은 반드시 타인의 토지이어야 하고 1필의 토지 또는 토지의 일부에 불문한다. 그러나 요역지는 1필의 토지이어야 하고 1필인 토지의 일부를 위한 지역권은 설정하지 못한다.

(ㄴ) 지역권의 설정은 지역권설정의 물권적 합의를 요한다. 지역권설정의 합의는 「요역지의 편익을 위한 승역지 사용」의 승역지소유자와 요역지소유자 및 용익권자간의 채권계약이며, 당사자간의 특별한 약정이 없는 한 지역권설정의 채권계약 속에 지역권설정의 물권적 합의가 포함된다.

(a) 지역권은 요역지의 편익을 위한 승역지 사용을 위한 권리이므로 지역권설정자는 반드시 승역지의 토지소유자이어야 하나, 지역권자는 요역지의 소유자이어야 하는가. 민법 제291조는 "지역권자는 일정한 목적을 위하여 타인의 토지를 자기토지의 편익에 이용하는 권리가 있다."라고 규정함으로써 견해가 대립하나, 다수설은 토지소유자는 물론 그 외에 건물소유자 및 지상권·전세권자를 포함하는 것이라고 한다.

다만, 임차권자의 지역권설정을 인정할 것인가. 부정설은 임차권에는 처분·임대의 자유가 없다는데 근거하나, 긍정설은 토지임차권의 물권화 경향에 대응하여 지상권자와 동일하게 취급해야 한다고 하며, 용익권자에 이를 준용하는 이상 이를 배척할 것은 아니다.

(b) 지역권설정의 합의는 묵시적으로도 할 수 있다. 다만 분양택지들을 매각하면서 토지 중 일부를 분양택지들을 위한 도로로 제공하고 매수인이 이를 묵인한 것이라면 묵시적인 지역권설정계약이 성립되었다고 볼 것인가. 판례는 분양 당시 도로로 제공되고 매수자가 이를 묵인한 것이라면 긍정할 것이라고 한다.[22)]

(ㄷ) 지역권은 언제나 무상인가. 다수설은 승역지사용의 대가는 지역권의 내용이 되나 등기할 길이 없으므로 제3자에 대항하지 못하는데 불과한 것으로 본다. 그러나 이에 대한 종래 판례는 무상임을 전제로 하고 비록 승역지사용의 대가로 지료 또는 보수를 지급하더라도 이는 지역권의 내용은 아니라고 한다.

(ㄹ) 지역권의 공시방법으로서의 등기는 지역권의 성립 및 효력발생요건이다. 따라서 지역권은 이를 등기함으로써 성립한다.

지역권설정의 등기는 승역지등기의 乙區에 지역권설정의 등기가 기재되고, 요역지등기의 乙區에는 요역지지역권의 등기가 등재된다.

(나) 지역권의 승계취득　지역권은 유증과 지역권의 양도에 의하여서도 취득되며, 이 경우는 법률행위에 의한 것이므로 물권변동의 일반원칙에 따라 등기한 때 취

22) 대판 1991.4.23, 90다15167 참조.

득된다(제186조).

⑵ 法律規定에 의한 취득

지역권은 상속·판결·경매·공용징수·취득시효 기타 법률의 규정에 의하여서도 취득된다. 이때 취득에는 등기를 요하지 않지만, 다만 지역권을 시효취득하기 위해서는 등기하여야 효력이 생긴다(제248조).

⑶ 地役權의 時效取得

(가) 지역권은 본질에 비추어 계속되고 표현된 것에 한하여 시효취득이 인정된다(제294조). 그리고 지역권의 취득시효에는 민법 제245조를 준용하고 있다. 다만 요역지가 공유인 때 공유자의 1인이 지역권을 취득하면 다른 공유자도 이를 취득한다(제295조 제1항). 이것은 지역권의 불가분성의 결과이다.

(나) 민법 제294조에 의하여 지역권을 취득함에 있어서는 요역지의 소유자가 승역지상 통로를 개설하여 승역지를 항시 사용하고 있는 객관적 상태가 민법 제245조에 규정된 기간 계속한 사실이 있어야 한다.[23)]

판례는 지역권의 시효취득을 엄격히 하여 토지를 불법점유한 자이거나,[24)] 정당한 근원에 기한 토지사용권을 가진 자라고 할지라도 통로개설이 없는 장소를 오랜 시일 통행한 사실 또는 토지의 소유자가 이웃하여 사는 交分으로 통행을 묵인하여 온 사실만으로는 지역권을 취득하는 것은 아니라고 하고,[25)] 또한 지역권의 시효취득자는 등기함으로써 지역권을 취득할 것이어서 등기 없는 통행지역권을 승계한 자는 그 토지소유자로부터 소유권을 취득한 자에는 대항할 수 없는 것이라고 한다.[26)]

그밖에도 용수권(用水權)에 대하여는 시효취득을 제한하여 비록 장구한 시일동안 평온·공연하게 지소(池沼)로부터 관개하여 왔다고 할지라도 이 지소가 사유지에 속하는 이상 그러한 사실 만으로서는 곧 위 지소의 물을 사용할 수 있는 용수권을 법률상 취득하였다고 볼 수 없고 또한 그러한 관습도 없는 것이라고 한다.[27)]

⑷ 慣習上 地役權의 취득여부

관습상 지역권의 취득을 인정할 것인가. 판례는 관습상 통행권은 성문법과 관습법 어디에서도 없는 것이라고 한다.[28)] 이것은 민법이 상린관계로서 통행지역권을

23) 대판 1991.4.23, 90다15167; 1970.7.21, 70다772·773.
24) 대판 1976.10.29, 76다1694.
25) 대판 1991.4.23, 90다15197; 1966.9.6, 65다2305.
26) 대판 1990.10.30, 90다카20395.
27) 대판 1967.5.30, 66다1382.
28) 대판 2002.2.26, 2001다64165.

규정하고 있으므로 상인권으로 보호될 것이기 때문이다.

2. 地役權의 存續期間과 존속보장

(1) 地役權의 存續期間

지역권의 존속기간에 관하여는 아무런 제한이 없다. 따라서 당사자가 임의로 그 기간을 약정할 수 있다.

다만, 영구무한의 지역권을 설정할 수 있는가. 통설은 지역권은 다른 제한물권과는 달리 소유권을 제한하는 정도가 낮고, 그 제한하는 범위에 있어서도 소유권자의 이용을 전적으로 빼앗지 않기 때문에 이를 긍정할 것이라고 하고, 판례 또한 긍정한다.[29] 그러나 근대 토지소유권개념과 토지이용상황의 변화 등을 고려할 때 부정할 것이다.[30].

(2) 地役權의 存續保障

(가) 토지공유자의 1인은 그의 지분에 관하여 그 토지를 위한 또는 그 토지가 부담하는 지역권을 소멸하게 하지 못한다. 토지의 분할이나 토지의 일부양도의 경우에는 지역권의 각 부분을 위하여 또는 그 승역지의 각 부분에 존재한다. 그러나 지역권의 성질상 토지의 일부 만에 관한 것인 때에는 그 일부분에만 존속한다(§293).

(나) 공유자의 1인이 지역권을 취득한 때에는 다른 공유자도 이를 취득한다(§295 ①). 또한 점유로 인한 지역권의 취득시효의 중단은 지역권을 행사하는 모든 공유자에 대한 공통된 사유가 아니면 그 효력이 없다(동조 ②).

(다) 요역지가 수인의 공유로 된 경우 그 1인을 위한 소멸시효의 중단 또는 정지사유는 다른 공유자를 위하여도 효력이 있다. 그러나 소멸시효는 모든 공유자를 위하여 완성하지 않는다(§296).

제 4. 地役權의 效力

1. 地役權者의 權利

(1) 承役地의 使用權

(가) 지역권자는 그 목적의 범위 내에서 승역지를 사용할 수 있다. 그러나 승역지

29) 대판 1980.1.29, 79다1704.
30) 이은영 623면.

의 사용에는 그 필요한 범위 내에서 승역지이용자에게 가장 손해가 적은 방법으로 하여야 한다.

(나) 용수지역권은 용수지역권의 수량이 요역지와 승역지의 수요에 부족한 경우 특약이 없는 한 각지 수요의 정도에 따라 먼저 가용에 공급하고 나머지를 다른 용도에 공급하여야 한다. 그러나 설정행위에 다른 약정이 있는 때에는 그 약정에 따른다. 또한 승역지에 여러 개의 용수지역권이 설정된 때에는 후 순위의 지역권자는 선순위지역권자의 용수를 방해하지 못한다(제297조).

(2) 物權的 請求權

지역권도 일정한 범위에서 승역지를 직접 지배하는 물권이므로 그 지배가 방해되는 경우에는 물권적 청구권이 생긴다. 그러나 지역권에는 승역지를 점유할 권능이 포함되지 않으므로 목적물반환청구권은 인정할 여지가 없고 방해제거청구권과 방해예방청구권(제301조)만을 가진다.

2. 承役地所有權者의 義務

(1) 地役權行使의 인용의무

승역지의 소유자 기타 이용자는 지역권의 행사를 방해하지 않을 의무와 그 행사를 인용할 의무를 질 뿐 적극적으로 사용·수익하게 하거나 수선의무는 부담하지 않는다. 그러나 특약에 의하여 승역지소유자가 자기 비용으로 지역권행사를 위한 공작물의 설치나 수선의 의무를 부담한 때에는 승역지소유자는 물론 그 특별승계인도 의무를 진다(제298조).

이 경우 승역지소유자는 지역권에 필요한 부분의 토지소유권을 지역권자에게 떠넘김(위기), 즉 승역지소유자가 지역권자에게 그 부분의 토지소유권을 포기하는 의사표시로써 그 부담을 면할 수 있고(제299조), 지역권자는 이를 거절하지 못한다.

(2) 費用負擔義務

승역지의 소유자는 지역권의 행사를 방해하지 않는 범위 안에서 지역권자가 지역권의 행사를 위하여 승역지에 설치한 공작물을 사용할 수 있다. 이때 승역지소유자는 그 수익 정도의 비율로 공작물의 설치·보존의 비용을 부담하여야 한다(제300조). 이것은 지역권의 목적이 수 개의 토지 간에 이용조절로 각 토지의 이용가치의 증대에 있기 때문이다.

제 5. 地役權의 消滅

1. 物權一般의 소멸원인에 의한 소멸

지역권은 요역지 또는 승역지의 멸실·포기·혼동·존속기간의 만료·소멸시효 등 물권일반의 소멸원인에 의하여 소멸한다.

2. 特殊한 소멸원인

(1) 떠넘김(委棄)

지역권은 떠넘김(위기)으로 소멸한다. 즉 승역지소유자가 지역권자에게 지역권의 대상이 된 부분의 토지소유권을 포기하면 혼동으로 인하여 지역권은 소멸한다(제299조).

(2) 取得時效

지역권은 20년 간 행사하지 않으면 시효로 소멸한다. 따라서 승역지가 제3자에 의하여 시효 취득되면 이로 인하여 지역권은 소멸한다. 그러나 요역지가 共有인 경우에 공유자의 한 사람에 관하여 소멸시효 완성을 방해하는 사정이 있으면, 그 전원에 관하여 소멸시효는 완성하지 못한다(제296조).

3. 地役權消滅의 제한

요역지가 共有인 때에는 그 한 사람만이 지역권을 소멸하게 하지 못하고, 또한 승역지가 共有인 때에는 한 사람만을 위하여 지역권을 소멸하게 하지 못한다. 그러나 지역권이 토지의 일부에만 관한 것일 때에는 기타 부분의 소유권에 관하여는 소멸한다(제293조 제2항 단서).

제 6. 特殊地役權

1. 特殊地役權의 의의

어느 일정한 지역의 주민이 집합체의 관계로 일정한 토지에서 초목·야생물 및 토사의 채취·방목 기타 공동으로 수익하는 경우에는 관습에 의하는 외에 지역권에 관한 규정을 준용한다(제302조). 이를 특수지역권 또는 입회권 및 총유적 토지용익권이라고도 한다.

2. 特殊地役權의 性質과 規律

(1) 特殊地役權의 성질

특수지역권은 농촌생활에 있어서 다수의 촌락민이 공동으로 타인의 산림·임야를 이용하는 일이 많으므로 이들 촌락민의 집합체를 보호하기 위하여 인정된 것이며, 승역지만이 있고 요역지는 없으므로 이른바 인역권에 속한다.

이 때 촌락민의 이용권은 촌락민에게 총유적으로 귀속되므로 촌락민의 지위의 득상에 따라 취득 또는 상실되며, 이를 양도하거나 상속하지 못한다.

(2) 民法의 規定

민법은 이를 총유에 관한 규정에 의하여 규율하게 되며, 다른 하나의 형태, 즉 목적 토지가 그 지역의 주민에게 속하지 않고 타인의 소유인 경우에 관하여 다른 관습이 없는 한 민법에 관한 규정을 준용하고 있다(제302조). 그러나 특수지역권은 현행 민법상 규정이 잔존하고 있지만 그 취득 행사가 희박한 규정이라 할 것이다.

제 4 절 傳 貰 權

제 1. 傳貰權의 意義와 性質

1. 傳貰權의 의의 및 사회적 작용

(1) 傳貰權의 의의

전세권(傳貰權)이란 농경지를 제외한 타인의 부동산을 전세금을 지급하고 점유하여 그 부동산의 용도에 좇아 사용·수익하며, 그 부동산 전부에 대하여 후순위권리자 기타 채권자보다 전세금의 우선변제를 받을 수 있는 물권을 말한다(제303조).

(2) 傳貰權의 사회적 작용

전세권은 종래 가옥의 대차방법의 하나로서 관습법상 인정되어 오던 것을 물권화한 것이며, 외국의 입법례에서는 찾아볼 수 없는 우리나라 특유의 제도이다.

현행 민법이 이를 물권으로 보호한 것은 종래 관습법상 전세의 법률적 성질이 부동산임대차와 금전소비대차와의 혼합계약인 채권계약에 불과한 것이어서 경제적 약자로서의 이용권자의 보호가 불충분한데 있었다. 그리하여 민법은 전세권자를 더욱 보호할 필요에서, 특히 건물전세권에 관하여는 최단존속기간과 묵시적 갱신제도 및 전세금의 반환을 위한 전세권자에 우선변제권을 인정하였다. 그 결과 부동산소유자는 전세권설정을 회피하여 관습상 전세, 소위 채권적 전세를 취하므로 최근 입법은 이것에 관하여도 적절히 규제할 필요에서 주택 및 상가건물임대차보호법을 제정하여 강화함으로써 사실상 전세권의 실익이 문제된다.

2. 傳貰權의 性質

(1) 傳貰權의 일반적 성질

(가) 전세권은 타인의 부동산(토지·건물)에 대한 권리이다(제303조 제1항). 전세권의 목적인 부동산은 1필의 토지 또는 1동의 건물의 일부라도 무방하나, 다만 농경지는 전세권의 목적물에서 제외된다(동조 제2항).

(나) 전세권은 타인의 부동산을 점유하여 그 용도에 좇아 사용·수익하는 것을 내용으로 하는 용익물권이다. 따라서 전세권에는 상호이용관계의 조절을 꾀하는 상린관계에 관한 규정이 준용된다(제319조).

다만, 타인의 토지상에 전세권을 설정하여 지상권을 실현할 수 있는가. 다수설은 전세권의 존속기간 내 목적을 달성할 수 있는 목적물의 범위에서는 긍정할 것이라고 한다. 그러나 지상권은 타인의 토지상에 지상물을 소유하기 위한 권리인데 반하여 전세권은 단순히 타인 부동산을 사용·수익하기 위한 권리에서 출발한 점에서 그 본질을 달리하고, 특히 존속기간 만료 후 그 지상에 잔존하는 지상물의 보호에 대한 지상권 규정의 준용 여부에 관한 언급이 없이 그 존속기간 내 실현 여부만을 이유로 이를 긍정함은 부당하다.

(다) 전세권은 전세금의 지급을 요소로 한다(제303조 제1항). 따라서 전세금 없는 전세권은 설정하지 못한다. 여기서 전세금은 전세권자가 설정자에게 교부하는 금전이며, 전세권이 소멸하는 때에는 다시 반환을 받게 된다. 그러므로 전세금의 지급은 목적부동산의 사용대가인 차임 또는 지료의 특수한 지급방법이라고 할 수 있어 전세권자는 목적물사용의 대가를 따로 지급할 필요가 없으며, 반면 전세금의 이자를 청구하지 못한다. 즉 차임 또는 지료와 전세금의 이자는 상계된다.

(2) 傳貰權의 담보물권성

(가) 전세권은 용익물권이지만, 다른 한편으로는 전세금의 반환을 피담보채권으로 하는 담보물권성도 가진다.

(ㄱ) 신용제공의 담보금으로서 전세금이 지급된다. 전세권자는 반드시 전세금을 지급하여야 하고, 그 금액은 상당한 고액(보통 목적부동산의 가액의 5할 내지 8할)에 달한다. 그 결과 실질상 전세권설정자는 목적부동산을 담보로 제공하여 금융을 얻은 것이 되고, 전세권자는 신용을 제공해서 목적부동산을 유치·사용하는 것과 같은 관계가 당사자 사이에 있게 된다. 이것은 민법상 소위 약정담보물권이 갖는 기능과 동일한 기능을 갖게 된다.

(ㄴ) 전세권자에 전세금 회복을 위한 경매권과 우선변제권이 인정된다. 전세권의 소멸로 전세권설정자는 전세금의 반환의무를 진다. 따라서 전세권설정자가 전세금의 반환이 지체된 경우 전세권자는 목적부동산에 대한 경매권을 행사할 수 있고, 경매실행으로 그 목적물로부터 우선변제를 받을 권리를 가진다.

특히, 현행 민법에서는 제303조 후단에서 전세권자는 “그 부동산 전부에 대하여 후순위권리자 및 기타 채권자보다 전세금의 우선변제를 받을 권리가 있다.”고 규정함으로써 전세권의 담보물권성을 뒷받침하는 실정법상 근거로 된다.

(나) 전세권은 전세금반환채권을 담보로 하는 범위에서는 담보물권성을 가지므로 담보물권의 통유성인 부종성·수반성·불가분성을 가진다. 그러나 물상대위성을 가지는가에 대하여는 명문 규정이 없는 점에서 부정할 것이다.

(3) 用益物權性과 담보물권성의 우열

전세권은 용익물권성과 담보물권성의 양면성을 가지나 그 본질적 기능은 어디에 두는가. 다수설은 본래 부동산이용을 주된 목적으로 하여 설정되는 것이라고 보며, 판례 또한 전세권이 용익물권적 성격과 담보물권적 성격을 겸비하고 있다는 점 및 목적물의 인도는 전세권의 성립요건이 아닌 점 등에 비추어 볼 때 당사자가 주로 채권담보를 목적으로 전세권을 설정하였고 그 설정과 동시에 목적물을 인도하지 아니한 경우라고 하더라도 장차 전세권자가 목적물을 사용·수익하는 것을 완전히 배제하는 것이 아니라면 그 전세권의 효력을 부정할 수는 없는 것이라고 하여 용익권 본질설을 취한 듯한 태도를 보이고 있다.[31]

---

31) 대판 1995.2.10, 94다18508.

제 2. 傳貰權의 取得과 存續期間

1. 傳貰權의 取得

(1) 法律行爲에 의한 취득

(가) 전세권설정에 의한 취득　　전세권은 부동산 소유자와의 설정계약으로 취득하는 것이 보통이다. 전세권설정에는 물권적 합의와 등기 외에 전세금을 지급하여야 하며, 이 때 전세금은 물권적 합의의 요소가 되므로 전세권설정계약은 일종의 요물계약이다.

(ㄱ) 전세권설정의 당사자는 전세권자와 전세권설정자의 합의에 의한다. 다만 제3자를 위한 전세권설정이 가능한가. 판례는 긍정한다.[32)]

(ㄴ) 전세권의 요소로서의 전세금은 반드시 현실적으로 지급되어야 하는가. 다수설은 부정한다. 판례 또한 전세금의 지급은 전세권의 요소가 되는 것이지만 그렇다고 하여 전세금의 지급이 반드시 현실적으로 수수되어야 하는 것은 아니고 기존의 채권으로 전세금의 지급에 갈음할 수 있는 것이라고 한다.[33)]

(ㄷ) 목적부동산이 전세권자에게 인도되지 않더라도 이들 요건만 갖추어지면 전세권은 취득되며, 전세권자의 전세권행사를 위한 목적물의 인도청구는 전세권에 기한 물권적 청구권의 대상이 될 뿐이다.

판례는 전세권이 용익물권적 성격과 담보물권적 성격을 겸비하고 있는 점 및 목적물의 인도는 전세권의 성립요건이 아닌 점 등에 비추어 볼 때 당사자가 주로 채권담보의 목적으로 전세권을 설정하였고 그 설정과 동시에 목적물을 인도하지 아니한 경우라고 하더라도 장차 전세권자가 목적물을 사용·수익하는 것을 완전히 배제하는 것이 아니라면 그 전세권의 효력을 부인할 수 없는 것이라고 한다.[34)]

(ㄹ) 전세권은 이를 등기하여야 하고, 등기는 전세권의 성립요건이다.

전세권설정(또는 이전)의 등기신청에는 신청서에 전세금을 기재하고 만일 등기원인에 존속기간 위약금이나 배상금 또는 민법 제306조 단서에 의한 약정(전세권의 양도·임대금지특약)이 있는 때에는 이를 기재하여야 한다(부등법 제139조 제1항).

---

32) 대판 1995.2.10, 94다18508: 판례는 전세권이 담보물권성을 가지는 이상 부종성과 수반성이 있는 것이기는 하지만 채권담보를 위한 담보권을 설정하는 경우 채권자와 채무자 및 제3자와의 사이에 합의가 있으면 채권자가 그 담보권명의를 제3자로 하는 것도 가능하고, 이와 같은 경우에는 채무자와 담보권명의자인 제3자 사이에 담보계약관계가 성립하는 것으로 그 담보권명의자는 피담보채권을 수령하고 그 담보권을 실행하는 등의 담보계약상 권리를 가지는 것이라 한다.

33) 대판 1995.2.10, 94다18508.

34) 대판 1995.2.10, 94다18508.

또한, 부동산의 일부가 전세권의 목적인 때에는 전세권등기신청서에 그 도면을 첨부하여야 한다(동조 제2항).

(나) 전세권의 승계취득　전세권은 유증과 전세권의 양도에 의하여도 취득되며, 이 경우는 법률행위에 의한 것이므로 물권변동의 일반원칙에 따라 등기한 때 취득된다(제186조).

⑵ 法律規定에 의한 취득

전세권은 상속·판결·경매·공용징수 기타 법률의 규정에 의해서도 취득된다. 이때 취득에는 등기를 요하지 않지만, 다만 전세권을 시효취득하기 위해서는 등기하여야 효력이 생긴다(제248조).

⑶ 傳貰權의 取得時效

민법 제245조 이하의 취득시효에 관한 규정은 소유권 이외의 재산권의 취득에 준용된다(제248조). 그렇다면 전세권도 시효에 의하여 취득할 수 있는가. 전세권은 그 특수성, 즉 전세금이 요소로 되어 있는 점과 그 존속기간 등에서 문제점을 가진다. 그러나 등기부취득시효의 경우 전세권자가 아니면서 등기부상으로는 전세권자로 등기되어 있는 자가 10년간 목적부동산을 평온·공연하게 선의이며 과실 없이 전세권자로서 점유한 때와, 또한 20년간 전세권자로서 평온·공연하게 목적부동산을 점유한 자가 이를 등기한 때에는 그 전세권 취득을 배척할 수 없을 것이지만, 민법이 전세권의 존속기간을 10년을 넘지 못하게 한 점을 고려하면 의문이 있다.

2. 傳貰權의 存續期間

⑴ 存續期間을 約定한 경우

(가) 존속기간의 제한　전세권의 존속기간은 당사자가 설정행위에서 임의로 정할 수 있으나 그 존속기간은 10년을 넘지 못하며, 당사자의 약정기간이 10년을 넘는 때에는 10년으로 단축된다(제312조 제1항). 그러나 전세권의 최단존속기간에 대하여는 제한이 없다. 다만 건물전세권에 대하여는 최단존속기간의 제한을 두며, 당사자가 그 존속기간을 1년 미만으로 정한 때에는 이를 1년으로 한다(동조 제2항).

(나) 존속기간의 갱신　약정한 존속기간이 만료한 때에는 계약을 갱신할 수 있다. 그러나 그 기간은 갱신한 날로부터 10년을 넘지 못한다(동조 제3항).

건물의 전세권설정자가 전세권의 존속기간 만료 전 6월부터 1월까지 사이에 전세권자에 대하여 갱신거절의 통지 또는 조건을 변경한다는 뜻을 통지하지 아니한 경우에는 그 기간이 만료된 때에 종전의 전세권과 동일한 조건으로 다시 전세권을 설정한 것으로 본다. 이 경우 존속기간은 정함이 없는 것으로 본다(동조 제4항).

다만, 이와 같이 전세권이 갱신된 경우 그 갱신된 전세권은 등기하여야 하는가, 판례는 전세권의 법정갱신은 법률의 규정에 의한 부동산에 관한 물권의 변동이므로 전세권 갱신에 관한 등기를 필요로 하지 아니하고, 전세권자는 그 등기 없이도 전세권 설정자나 그 목적물을 취득한 제3자에 대하여 그 권리를 주장할 수 있는 것이라 한다.[35] 그리하여 개정 민법(안)은 "그 기간이 만료된 때 등기 없이도 전전세권과 동일한 조건으로 다시 전세권을 설정한 것으로 본다."라고 하여 입법적으로 해결하였다(제312조 제4항, 개정안).

(2) 存續期間을 約定하지 않은 경우

당사자가 존속기간을 약정하지 않은 경우 당사자는 언제든지 전세권의 소멸을 통고할 수 있고, 통고가 상대방에게 도달한 날로부터 6개월이 지나면 전세권은 소멸한다(제313조). 그러나 그 소멸의 효력에 관하여는 6개월의 경과로 전세권이 당연히 소멸하는가, 아니면 전세권의 말소등기청구권이 생기는데 불과하고 현실로 말소등기를 하여야만 소멸하는가. 견해가 대립한다.

다수설・판례는 청구권의 성질을 형성권으로 이해하여 통고를 받은 날로부터 6월이 경과하므로 당연히 소멸하는 것이라고 본다.

제 3. 傳貰權의 效力

1. 傳貰權의 效力이 미치는 범위

(1) 建物傳貰權의 地上權・賃借權에 대한 효력

타인의 토지상에 축조된 건물에 전세권을 설정한 경우 그 전세권의 효력은 그 건물의 소유를 목적으로 한 지상권 또는 임차권에 미친다(제304조 제1항). 따라서 대지소유자를 달리하는 건물의 전세권설정자는 그 전세권자의 동의 없이 지상권 또는 임차권을 소멸하게 하는 행위를 하지 못한다(동조 제2항).

왜냐하면, 이와 같은 경우 건물소유자가 마음대로 지상권 또는 임차권을 소멸시킨다면 그 건물의 전세권자가 불측의 손해를 입게 되기 때문이다.

---

35) 대판 1989.7.11, 88다카21029.

⑵ 法定地上權

건물에 전세권을 설정한 경우, 즉 전세권설정 당초에는 건물과 대지가 동일한 소유자에 속하였으나 후일 대지를 타인에게 처분함으로써 건물과 대지의 소유자가 각각 다르게 된 때에는 대지소유권의 양수인은 전세권설정자에 대하여 지상권을 설정한 것으로 본다(제305조 제1항). 이를 전세권설정의 법정지상권이라고 하며, 건물소유자에 지상권을 인정함으로써 전세권자를 보호하려는데 있다.

또한, 법정지상권이 성립하면 대지소유자는 그 대지를 타인에게 임대하거나 또는 지상권·전세권을 설정하지 못한다(동조 제2항).

2. 傳貰權者의 권리·의무

⑴ 傳貰權者의 권리

(가) 목적물의 사용·수익권　전세권자는 목적부동산을 점유하여 사용·수익할 수 있다(제303조 제1항). 그 내용은 전세권 설정계약이나 목적물의 성질에 의하여 정하여지며, 전세권자가 이에 위반하면 그 설정자는 전세권의 소멸을 청구할 수 있고, 원상회복 또는 손해배상도 청구할 수 있다(제311조).

(나) 유익비상환청구권　전세권자가 목적물을 개량하기 위하여 지출한 금액 기타 유익비는 그 가액의 증가가 현존하는 경우에 한하여 소유자의 선택에 좇아 그 지출액이나 증가액의 상환을 청구할 수 있다. 이때 법원은 소유자의 청구에 의하여 상당한 상환기간을 허여할 수 있다(제310조). 그러나 필요비는 용익물권의 본질상 그 상환을 청구하지 못한다.

(다) 물권적 청구권　전세권자는 전세권이 침해당한 때, 또는 전세권 본래 목적의 용익에 방해되는 때에는 물권적 청구권을 가진다(제319조).

(라) 경매권 및 우선변제권　전세권자는 전세권설정자가 전세금의 반환을 지체한 때에는 민사소송법이 정하는 절차에 의하여 전세물의 경매를 청구할 수 있고(제318조), 그 부동산 전부에 대하여 후순위권리자 기타 채권자보다 전세금의 우선변제를 받을 수 있다(제303조 제1항 후단).

(ㄱ) 다만, 건물의 일부에 전세권을 설정한 경우 그 건물 전체를 경매목적물로 할 수 있는가. 긍정설은 현행 민법이 전세권자의 보호를 위하여 그 부동산의 전부에 대하여 우선변제권을 규정한 점을 든다.[36] 그러나 다수설·판례는 전세권의 목적물이 아닌 나머지 건물부분에 대하여는 우선변제권을 별론으로 하고 경매신청권은 없는

36) 이영준 741면.

것이라고 한다.[37]

(ㄴ) 또한, 목적물의 경매로 전세권자는 전세권을 포기하고 전세금의 우선변제를 청구할 수 있는가. 구 민사소송법은 전세권이 담보물권성과 용익물권성을 가지는 점을 고려하여 전세권의 존속기간의 정함이 없거나 경매신청의 등기 후 6월 이내에 그 존속기간이 만료되는 전세권은 경락으로 소멸하게 하였으나, 현행 민사집행법 제91조 제3항은 "매각부동산상 지상권·지역권·전세권 및 등기된 임차권은 저당권·압류채권·가압류채권에 대항할 수 없는 경우에는 매각으로 소멸한다."라고 하고, 제4항은 "전항의 경우 지상권·지역권·전세권 및 등기된 임차권은 매수인이 인수한다. 다만 그 중 전세권의 경우에는 전세권자가 동법 제88조(배당요구)에 의하여 배당을 요구하면 매각으로 소멸한다."라고 하여 그 잔존 존속기간을 불문하고 경매에 의한 배당을 청구할 수 있게 하였다.

(마) 전세권의 처분 전세권자는 전세권을 타인에게 양도하거나 담보로 제공할 수 있고, 또한 그 존속기간 내에서 그 목적물을 타인에게 전전세 또는 임대할 수 있다. 그러나 설정행위로써 이 처분을 금지할 수 있으나, 등기하여야만 제3자에게 대항할 수 있다(제306조).

(ㄱ) 전세권자는 전세금반환청구권을 그 전세권으로부터 분리하여 양도할 수 있는가. 이에 대한 종래 판례는 전세권의 요소로서의 전세금의 반환청구권의 이전을 부정하였으나,[38] 후기 판례는 이를 변경하여 전세권이 동시이행의 관계가 성립하더라도 위와 같은 내용의 채권 그대로를 미리 전세물명도 이전에 전세계약 자체와 분리하여 양도하더라도 설정자에 불이익하지 아니할 뿐만 아니라, 동일 내용의 조건부 또는 장래채권의 양도성을 부인할 것은 아니라고 한다.[39] 그러면서도 판례는 전세권의 존속 중에는 장래 그 전세권이 소멸하는 경우 전세금반환채권이 발생하는 것을 조건으로 그 장래 조건부채권을 양도할 수 있을 뿐이라고 한다.[40]

(ㄴ) 전세권의 양수인은 전세권설정자에 대하여 전세권양도인과 동일한 권리·의무를 부담한다(제307조). 따라서 전세권의 양수인은 전세금의 액수나 전세기간 등 전세권양도인과 전세권설정자 사이에 정해진 전세권의 기본적인 요소에 관한 내용만을 그대로 승계한다.[41]

37) 대판 1992.3.10, 91마256·257
38) 대판 1966.7.5, 66다850.
39) 대판 1969.12.23, 69다1745.
40) 대판 2002.8.30, 2001다69122.
41) 대판 2003.9.5, 2003다30210.

(2) 傳貰權者의 義務

전세권자는 목적물의 현상을 유지하고 통상의 관리에 속한 수선을 하여야 한다(제309조). 이 비용은 필요비이므로 전세권자는 임차인과 달라서 설정자에게 그 상환을 청구하지 못한다. 또한 전세권이 소멸하면 전세권자는 그 목적물을 원상회복하여 반환할 의무를 부담한다.

3. 傳貰權設定者의 권리 · 의무

전세권설정자는 대체로 위에서 설명한 전세권자의 권리 · 의무에 대응하는 권리 · 의무 외에 다음의 의무를 갖는다.

(가) 통상의 관리의무　전세권자는 목적물에 대한 통상의 관리의무를 진다(제309조). 그러나 목적부동산에 대한 공조 · 공과금의 지급의무는 부담하지 않는다.

(나) 원상회복의무　전세권자는 전세권이 소멸하면 목적물을 원상에 회복하여야 하고(제316조), 전세금 상환과 동시이행으로 전세권설정자에 인도하여야 한다.

(다) 전세금증감청구권　전세권설정자와 전세권자는 전세금이 목적부동산에 관한 공조 · 공과금 기타 부담의 증가나 경제사정의 변동으로 인하여 상당하지 아니하게 된 때에는 장래에 대하여 그 증감을 청구할 수 있다. 그러나 그 증액에 있어서는 전세권설정계약 또는 증액 후 1년 이내 증액하지 못한다.

또한, 그 증액의 경우에도 대통령령이 정하는 기준에 따른 비율을 초과하지 못한다(제312조의 2).

(ㄱ) 전세금증감청구권의 법률적 성질은 청구권인가, 형성권인가. 형성권설은 지상권의 지료증감청구권에서와 같이 이해하나,[42] 그 증액이나 감액은 당사자의 합의에 의하고, 또한 법원이 결정하는 경우도 법원은 그 청구권의 존부 및 내용을 확정해 주는데 불과한 것이라고 보아야 할 것이다.[43]

(ㄴ) 또한, 증액된 전세금은 등기 없이 제3자에 대항할 수 있는가. 긍정설이 있으나,[44] 부동산의 양수인이나 다른 담보권자 기타 채권자들에게 증액된 금액으로 대항하기 위해서는 이를 등기하여야 하고 그 증액된 전세금이 등기된 때로부터 우선변제권이 확보되는 것이라고 본다.[45]

---

42) 김용한 438면, 김증한 · 김학동 424면, 이영준 726면.
43) 동지, 곽윤직 465면, 김상용 563면, 이은영 640면.
44) 김상용 563면.
45) 동지, 곽윤직 465면, 이은영 640 · 641면.

제 4. 轉傳貰權

1. 轉傳貰의 의의

전세권자는 설정행위에서 금지되어 있지 않는 한 그의 전세권의 존속기간 내에서 전전세할 수 있다(306조). 즉 전세권자는 자기 전세권을 기초로 하여 그 전세권을 목적으로 하는 전세권을 다시 설정할 수 있다. 이것을 전전세라고 하며, 물권의 본질상 당연히 인정된다.

2. 轉傳貰의 성립요건

(1) 轉傳貰權의 설정

(가) 전전세권도 하나의 전세권인 물권이므로 그 설정은 역시 부동산물권변동의 일반원칙에 따라 물권행위와 등기를 요한다.

(ㄱ) 전전세권의 당사자가 되는 것은 원 전세권자(전전세설정자)와 전전세권자이며, 원전세권설정자는 당사자가 아니다. 따라서 전전세의 설정에 원 전세권설정자의 동의를 요하지 않는다.

(ㄴ) 전세금의 지급은 전세권의 요소이므로 전전세에 있어서도 반드시 전전세금의 지급이 있어야 한다.

(나) 전전세권의 존속기간은 원 전세권의 존속기간 내이어야 한다(제306조 본문).

(2) 轉傳貰權의 범위

전전세권은 원 전세권의 범위 내에서 유효하므로 원 전세권의 일부를 목적으로 하는 전전세권도 유효하다(부등법 제139조 제1항).

3. 轉傳貰의 효과

(1) 傳貰權의 존속과 傳貰權者의 책임부담

(가) 전전세권이 설정되더라도 원 전세권은 소멸하지 않는다. 그러므로 전전세권자는 원 전세권의 범위 내에서 목적부동산을 점유하여 사용·수익할 뿐만 아니라, 그 밖의 전세권자로서의 모든 권리를 가진다.

(나) 전세권자는 전전세권설정의 자유를 가지는 대신에 그 목적물의 멸실·훼손에 따른 책임도 전적으로 부담한다. 따라서 전세권자는 그 목적물을 전전세하지 않

았더라면 면할 수 있었던 불가항력으로 인한 손해에 대하여도 그 책임을 부담한다(제308조). 이를 전세권자의 책임가중이라고 한다.

(2) 傳貰權者의 전세권소멸행위의 금지

전전세권은 전세권자의 전세권을 바탕으로 성립하므로 전세권이 소멸하면 전전세권도 소멸한다. 따라서 명문의 규정이 없으나 전전세권이 존속하는 동안 전세권자는 그 전전세권의 기초가 되는 전세권을 소멸시키는 행위를 하지 못한다.

제 5. 傳貰權의 消滅

1. 傳貰權의 소멸사유

(1) 전세권은 물권 일반의 소멸원인 이외에 다음의 특유한 소멸원인으로도 소멸한다.

(가) 전세권의 소멸청구 및 통고　전세권자가 설정계약 또는 목적부동산의 성질에 의하여 정하여진 용법으로 이를 사용·수익하지 않는 경우에는 전세권설정자는 전세권의 소멸을 청구할 수 있다(제311조 제1항).

또한, 전세권의 존속기간을 약정하지 않은 경우에는 각 당사자는 언제전세권설정자는 든지 상대방에 대하여 전세권의 소멸을 통고할 수 있고, 상대방이 이 통고를 받은 날로부터 6개월이 경과하면 전세권은 소멸한다(제313조).

(나) 목적부동산의 멸실　전세목적물의 전부 또는 일부가 불가항력으로 멸실한 때에는 그 멸실한 부분의 전세권은 소멸한다. 그러나 불가항력으로 인한 일부멸실의 경우라도 전세권자가 그 잔존부분으로 전세권의 목적을 달성할 수 없는 때에는 전세권 전부의 소멸을 청구하고 전세금의 반환을 청구할 수 있다(제314조).

다만, 전세권의 목적물의 일부가 전세권자의 책임있는 사유로 멸실한 때에는 그 멸실된 부분에 대한 전세권이 소멸하는가. 다수설은 전세권이 용익물권인 점을 고려하여 전세권자의 귀책사유 여부를 묻지 않고 멸실 부분에 대한 전세권은 소멸하지만 전세금의 감액을 청구할 수 없는 것이라고 한다.[46] 그러나 민법 제314조의 규정의 해석과 목적물의 점유가 전세권의 성립·존속요건이 아닌 점, 또한 전세권자가 자기책임 있는 행위로 목적물의 일부를 멸실하고 그 전세목적을 달성할 수 없다는 이유로 전세권의 소멸을 청구할 수 있다는 것은 부당하므로 전세목적물의 일부

46) 김용한 452면, 곽윤직 266면, 김상용 558면, 고상룡 493면 송덕수 민법강의(상) 620면, 이영준 699면.

가 전세권자의 책임있는 사유로 멸실한 때에는 그 목적 달성여부를 묻지 않고 소멸하지 않고 전세권설정자는 그 전세권의 효력으로 손해배상을 청구할 수 있는 것이라고 본다(제315조).[47)]

(다) 전세권의 포기 전세권자는 존속기간의 약정과 관계없이 언제나 포기할 수 있다. 그러나 전세권이 제3자에의 권리의 목적인 때에는 제한된다. 즉, 전세권이 저당권의 목적인 때에는 그 저당권자의 동의 없이 포기하지 못한다.

(라) 약정소멸사유의 발생 당사자는 그밖에 전세권 소멸사유를 약정할 수 있고, 그 약정사유가 발생하면 전세권은 소멸한다. 그러나 전세권소멸의 특약은 등기하여야 효력이 생긴다.

(2) 전세권은 목적물의 경매로 소멸하는가. 목적물상 전세권자보다 선순위권리자가 경매하는 경우와 전세권자보다 선순위의 저당권이 있고, 후순위권리자가 경매하는 경우에는 목적물의 경매로 소멸한다(민사집행법 제81조 제3항). 그러나 선순위의 저당권 없는 후순위권리자가 경매하는 경우에는 전세권자가 달리 배당을 요구하지 않는 한 그 목적물의 경락인에 인수된다(동조 제4항).

2. 傳貰權消滅의 효과

(1) 同時履行權

전세권이 소멸한 때에는 그 설정자는 전세권자로부터 그 목적물의 인도 및 설정등기의 말소에 필요한 서류의 교부를 받는 동시에 전세금을 반환하여야 한다(제317조). 따라서 전세권자의 목적물 명도의무와 전세권자의 전세금반환의무는 동시이행관계에 서며,[48)] 전세권자인 채권자가 전세목적물의 경매를 청구하려면 우선 전세권설정자에 대하여 전세목적물의 인도의무 및 전세권말소등기 의무의 이행제공을 완료하여 전세권설정자를 이행지체에 빠뜨려야 한다.[49)]

(2) 附屬物 收去 및 買受請求

전세권이 그 존속기간의 만료로 소멸한 때에는 전세권자는 그 목적물을 원상에 회복하여야 하며, 목적물에 부속시킨 물건을 수거할 수 있다. 그러나 전세권설정자가 그 부속물의 매수를 청구할 때에는 전세권자는 정당한 이유 없이 이를 거절하지 못한다(제316조 제1항).

47) 동지, 지원림 민법강의 556면.
48) 대판 1982.9.14, 82다카710.
49) 대판 1977.4.13, 77마60.

또한, 부속물이 설정자의 동의를 얻어 부속시킨 것이거나 설정자로부터 매수한 것인 때에는 전세권자가 설정자에 대하여 그 부속물의 매수를 청구할 수 있다(동조 제2항).

⑶ 有益費償還請求 및 傳貰金優先辨濟權

전세권자가 유익비를 지출한 때에는 그것이 현존하는 범위에서 상환을 청구할 수 있다(제310조).

또한, 전세권설정자가 전세금의 반환을 지체한 때에는 전세권자는 민사집행법이 정하는 바에 따라 그 목적물을 경매하고, 그로부터 우선변제를 받을 수 있다.

제 5 장 擔保物權

제 1 절 擔保權概說

(1) 유치권(留置權)	① 목적물상 성립한 채권확보를 위한 법정담보물권 ② 물상대위성·우선변제권이 없는 물권 ③ 목적물 유치에 의한 사실상 우선변제를 받는 권리
(2) 질 권(質 權)	① 타인의 동산 또는 재산권상 성립하는 약정담보물권 ② 물상대위성·우선변제권이 확보되는 물권 ③ 유질(流質)이 금지되는 물권
(3) 저당권(抵當權)	① 타인의 부동산에 성립하는 약정담보물권 ② 목적물의 관념적 지배로 우선변제를 받는 권리 ③ 물상대위성을 가지나 부종성이 완화되는 권리

제 1. 擔保物權의 意義와 本質

1. 擔保物權의 의의와 사회적 작용

(1) 擔保物權의 의의

담보물권이란 채권의 담보를 목적으로 제공된 목적물상 성립하는 제한물권을 말한다.

담보물권은 물건의 경제적인 교환가치를 파악하여 거기에서 피담보채권의 우선변제를 확보함을 그 목적으로 하는 점에서 용익물권이 물건을 실질적으로 사용·수익하는 것을 목적으로 하는 것과 구별된다.

(2) 擔保物權制度의 사회적 작용

(가) 채권담보적 작용　채권은 원칙적으로 채무자의 임의이행을 전제로 하는 것이지만, 만약 채무자가 임의로 이행을 하지 않게 되면 부득이 채권자는 채무자의 일반재산을 강제 집행하여 변제를 받게 된다. 그러나 채무자의 일반재산은 모든 채권자에 대하여 평등하게 담보되므로 채무자의 재산이 모든 채권을 변제하기에 부족한 때에는 결국 채권액에 비례하여 변제 받는데 불과하게 된다. 그러므로 채권자가 특

정채권의 만족을 얻기 위해서는 일반채권자에 우선하는 특별담보권을 설정하게 되며, 이러한 목적에서 인정된 것이 물권법상 담보물권제도이다.

(나) 재화의 금융화 작용　담보제도는 본래 채권자의 특정채권을 확보하기 위하여 발달한 것이지만 이것에 국한하지 않고, 특히 물적 담보에서는 그러한 채무이행의 확보라는 소극적 작용 외에도 금전대차의 매개라는 적극적인 작용도 가진다. 예컨대 채권담보를 위한 저당권의 설정은 이를 채무자 측에서 본다면 그가 소유하는 재화를 금융화하는 수단이며, 채권자 측에서 본다면 자기재화의 투자수단으로서 의미를 가진다.

2. 擔保物權의 본질

(1) 擔保物權의 가치권성

담보물권은 용익물권이 목적물의 실체를 통하여 그가 가지는 이용가치를 취득하는 것과 달리 주로 목적물이 가지는 교환가치의 취득을 목적으로 하는 물권이다. 그러므로 이를 담보물권의 가치권이라고 부른다.

그렇지만, 담보물권 중 유치권은 물건의 교환가치를 직접 파악하지 아니하고, 또한 동산질권은 목적물의 유치적 효력에 의존하는 점에서 가치권성이 약하다. 그러나 저당권은 오로지 목적물의 교환가치만을 지배한다. 따라서 담보물권이 가치권성을 가진다고 할 때 담보권은 곧 저당권을 지칭한다.

(2) 擔保物權의 물권성

담보물권은 본질상 가치권성을 가지지만, 한편 민법상 담보물권은 물건 및 재산권을 직접 지배하는 권리인 점에서 물권성을 부인할 수 없다. 그 결과 담보물권에도 물권으로서의 배타성과 우선적 효력은 물론, 공시작용에 있어서도 다른 물권과 다르지 않다.

제 2. 物的擔保의 態樣과 特性

1. 物的擔保의 태양

(1) 擔保物權으로서 채권담보

(가) 법정담보물권　법률상 당연히 성립하는 법정담보물권에는 타인의 물건상

생긴 채권을 변제 받을 때까지 그 물건을 유치하는 유치권(제320조)과 일정한 채권(임차권의 차임채권)에 관하여 채무자의 일정한 재산으로부터 우선변제를 받는 법정질권과 법정저당권이 있다(제648조·제650조). 그러나 이들의 담보권은 모두 특수한 채권(차임채권)에만 성립되는 것으로 채권담보로서 기능은 크지 않다.

(나) 약정담보물권 당사자간의 약정에 의하여 성립하는 약정담보물권에는 질권·저당권이 있다. 질권은 동산 및 권리상에 성립하고, 저당권은 부동산상에만 성립되는 담보권이며, 양자는 담보목적물의 점유를 담보권설정자로부터 빼았는가 여부에 따라 차이를 가진다.

질권(質權)은 목적물을 점유하여 그 물건으로부터 우선변제를 받는 신용수수의 법적 수단이나, 저당권(抵當權)은 물건의 교환가치만을 파악함에 그치고 그 신용가치를 담보권 설정자에 남겨 두는 점에서 물적 담보 중 가장 합리적 담보제도이다.

[법정담보물권과 약정담보물권의 비교]

	법정담보물권	약정담보물권
성 립	법률의 규정	설정합의와 등기
기 능	유일의 채권담보 목적	재화의 금융화
성 질	부종성의 엄격화	부종성과 불가분성 완화

⑵ 變則的 債權擔保

(가) 채권자의 물적 채권담보방법은 민법상 제한물권의 형태가 그 전형적인 것이지만, 거래실정은 이것에 국한하지 않고 채권 또는 물권 이외의 방법에 의하여도 담보권을 확보한다. 이를 변칙담보라고 하고, 채권의 담보방법에는 널리 변칙담보를 포함한다.

변칙담보의 정의는 명확하지 않다. 통상은 민법과 특별 법률이 예정하지 아니한 담보, 즉 소유권이전 또는 소유권이전의 방법확보에 의한 담보를 말한다

(나) 권리이전의 형식에 의한 물적 담보는 매매형식을 취하는 담보이며, 일명 매도담보라고 한다.

매도담보는 양도담보가 그 대표적인 것이지만 이것에 국한하지 않는다.

(ㄱ) 양도담보 : 양도담보란 채권담보를 위한 법률적 수단으로서 목적물의 소유권을 이전하는 담보형식이며, 판례상 인정된 제도이다.

양도담보는 목적물의 소유권을 채권자에 이전하지만 그 물건의 현실적 지배를 설정자의 지배 하에 두고 담보하는 것이므로 채무자 재산의 효용에는 감소가 없고, 특히 현행법상 담보물권제도로는 불가능한 기업재산의 담보화가 가능할 뿐만 아니라, 복잡한 환가절

차를 밟지 않고 채권의 만족을 얻을 수 있다는 점등의 장점을 가진다. 그러나 반면, 목적물의 소유권을 일단 채권자에 미리 이전하므로 채무자는 처분의 권능을 상실할 뿐 아니라 채권자의 자의로부터 채무자를 보호하기 어려운 단점을 가진다.

(ㄴ) 환 매 : 매매계약체결시의 특약으로 매수인이 담보한 환매권을 행사함으로써 일단 매도된 목적물을 반환하는 해제조건부매매의 일종이며(제590조), 채권의 담보방법으로 일찍부터 행하여져 왔다. 그러나 이것은 소유권의 귀속을 불완전하게 하고 목적물의 개량을 방해할 염려가 있다는 점에서 법률상 상당한 제한을 가하고 있어 실제로는 잘 이용되지 않는다.

(ㄷ) 해제조건부매매 : 매매계약의 체결에 금융을 받는 자의 의사표시 내지 매매대금의 반환이 조건으로 되어 있는 경우이며, 환매와 거의 동일하므로 환매에 준한다.

(ㄹ) 재매매 : 환매의 제약을 피하기 위하여 이용되는 것으로 법적 제한이 없다는 점에서 환매와 다르지만 소유권이전의 형식에 의한 담보라는 점에서 양자가 동일하다.

(다) 권리이전의 방법확보에 의한 물적 담보로는 가등기담보가 그 대표적인 것이지만 이에 국한하지 않고, 매매예약 또는 대물반환예약에 의하여도 담보된다.

(ㄱ) 가등기담보 : 가등기담보란 담보목적의 소유권보전의 가등기를 말하며, 양도담보가 목적물의 사용·수익권은 채무자에 남겨 두지만 그 소유권을 채권자에 이전함에 따라 채무자가 목적물의 처분권을 상실하게 됨으로써 가지는 채무자의 불리한 지위를 탈피할 필요에서 인정된다.

가등기담보권의 설정원인은 대체로 매매예약을 원인으로 하여 소유권보전의 가등기를 취하며, 후일 채무를 이행하지 않는 경우 채권자가 목적물을 귀속실행에 의하거나 경매실행함으로써 목적물상 피담보채권에의 우선변제권을 확보하는 담보제도이다.

(ㄴ) 대물반환예약에 의한 담보 : 유질계약은 금지된다. 그러나 민법 제607조가 정하는 범위에서의 대물반환예약은 유효하며 소유권취득의 물적 담보로서의 의미를 가진다.

(1) 제한적 담보물권(대륙형 담보제도)
- 법정담보물권 - 유치권·법정질권·법정저당권
- 약정담보물권 - 질권·저당권

(2) 권리이전에 의한 물적 담보(영·미형의 담보제도) — 양도담보·재매매예약과 환매·해제조건부 매매

※ 기타 소유권이전에 의하지 않는 물적 담보 — 가등기담보

2. 擔保物權의 특성

(1) 각종 담보물권은 각기 그 특성을 가지지만, 채권담보라는 동일목적을 가지는 데서 그 법률적 성질에 있어서도 공통점을 가진다. 이것을 담보물권의 통유성이라 하며, 통상 부종성·수반성·불가분성·물상대위성을 든다. 그러나 그 인정범위에 있어서는 동일하지 않다.

(가) 부종성 담보물권은 피담보채권의 존재를 전제로 하여서만 존재할 수 있게

되는 성질을 가진다. 이를 담보물권의 부종성이라고 하며, 담보물권이 채권담보의 목적을 위하여 존재하는 것이라는데서 오는 논리적 결과이다.

담보물권의 부종성은 민법상 법정담보물권에서는 법률이 특히 보호할 채권에 대하여 법률상 당연히 발생하는 것이므로 그 채권의 존재를 떠나서는 의미를 갖지 못한다. 그러나 약정담보물권은 법정담보물권과는 달리 단순한 채권의 담보라는 지위를 이탈하여 목적물의 교환가치에 대한 배타적 지배권, 즉 가치권의 성격을 띠고 그 신용의 수수를 매개하는 것이므로 때로는 그 부종성이 완화되며, 이는 특히 가치권성이 강한 저당권(근저당)에 현저하다.

[부종성완화의 여러 요인]

(1) 담보권의 공시원칙
(2) 특정의 원칙
(3) 순위확정의 원칙(특히, 저당권 부종성 완화 요건)
(4) 독립의 원칙
(5) 유통성 확보의 원칙

(나) 수반성 피담보채권이 이전하면 담보채권도 따라서 이전되며, 피담보채권 위에 부담이 인정되면 담보물권도 그 부담에 복종하게 된다. 이것을 담보물권의 수반성이라고 하며, 모든 담보물권에 일반적으로 인정된다.

(다) 불가분성 담보물권이 피담보채권 전부의 변제가 있을 때까지 목적물의 전부에 그 효력이 미치게 되는 성질을 담보물권의 불가분성이라고 한다.

민법은 이를 유치권에 관하여 규정하고(제321조), 다른 담보물권에 준용한다. 따라서 불가분성은 민법상 모든 담보물권에 인정되는 성질이며 담보물권의 효력을 강화하기 위하여 인정된다.

(라) 물상대위성 담보물권은 담보물의 멸실·훼손 또는 공용징수로 인하여 담보물권설정자가 받을 금전(손해배상금·화재보상금) 기타의 물건에 대하여 이를 행사할 수 있다. 이것을 물상대위성이라고 하고, 민법은 질권에 관하여 규정하고(제342조), 이를 저당권에 준용한다. 따라서 물상대위성은 다른 담보물권의 성질에서와 달리 법률상 명문을 두는 경우에만 인정할 것이란 것이 통설이며, 특히 가치권에서 기인하므로 가치권의 성질이 희박하고 목적물 자체를 유치함으로써 변제를 간접적으로 강요하는데 불과한 유치권에는 인정되지 않는다.

(2) 이와 같이 민법은 담보물권의 통유성 중 부종성·수반성은 담보물권의 본질에서, 불가분성은 유치권에 규정하고 이를 다른 담보권에 준용케 함으로써 모든 물

권에 일반적으로 인정한다. 그러나 물상대위성은 질권에 규정하고 저당권에 이를 준용케 함으로써 유치권에는 인정되지 않는다.

다만, 변칙적담보로서 양도담보와 가등기담보에 물상대위성이 인정되는가. 민법은 양도담보권은 가등기담보권의 실행절차에 의하고 가등기담보권의 경매실행에 의하는 경우에는 저당권에 관한 규정을 준용하는 점을 들어 긍정한다.

또한, 전세권은 용익물권인 동시에 담보물권성을 가지는 점에서 담보물권의 통유성으로서 부종성·수반성·불가분성은 인정되나, 물상대위성을 갖는가. 다수설은 명문 규정이 없는 점에서 부정하고, 입법상 불비라고 한다.

제 3. 擔保物權의 效力

(1) 우선적 효력 ┌ 질권·저당권에 인정(※전세권)
└ 유치권 — 사실상 우선변제를 받는데 불과
(2) 유치적 효력 ┌ 질권·유치권에 인정
└ 저당권은 제외(순수한 가치권)
(3) 수익적 효력 — 민법에서는 부정되나 소유권이전형담보에서 인정

1. 擔保物權의 優先的 效力

(1) 담보물권의 우선적 효력은 담보권의 본질적 효력이며, 목적물로부터 우선변제를 받는다.

(가) 민법은 질권과 저당권에 우선변제적 효력을 규정하고(제329조, 제356조), 또한 기타 특별법상 인정되는 물권에도 규정한다. 따라서 담보물권 또는 담보물권적 효력을 갖는 권리상호간의 우선변제적 효력은 그 담보권의 성립순위에 따라 정하여지고, 그 외에 저당권의 효력이 준용되는 부동산양도담보·가등기담보 등에서도 인정된다.

(나) 유치권은 민법이 경매권만을 규정하고(제322조 제2항), 그 우선변제권에 관하여는 규정하고 있지 않는다.[1] 그러므로 유치권자의 우선변제적 효력은 그 성립순위로 정하여 지는 것은 아니지만, 유치권자는 그 물건이나 유가증권에 관하여 생긴 채권을 변제 받기 전에는 그 물건 또는 유가증권의 반환을 거절할 권리를 가지므로 유치물상 생긴 채권이 변제기에 있는 때에는 사실상 다른 담보권에 우선하여 변제 받게 된다.

1) 유치권에 우선변제적 효력이 없다는 점에서 다른 담보물권과 구별된다. 따라서 입법례에 따라서는 유치권을 채권의 변제를 받을 때까지 유치물의 반환을 거절할 수 있는 채권으로 구성한다.

(2) 우선적 효력을 가지는 권리는 물권에 한하지 않고 채권에도 인정된다. 현행법상 채권이면서도 우선변제적 효력을 가지는 권리로는 조세채권 · 주택 및 상가건물임차인의 보증금채권 · 근로관계로 인한 채권이 있고, 그 중 일정 채권에 관하여는 우선특권을 가진다.

(가) 조세채권은 우선특권을 가진다. 국세기본법은 국세가산금 또는 체납처분비는 다른 공과금 기타 채권에 우선 징수함을 규정하고(동법 제35조 제1항 본문), 지방세법상 자치단체의 징수금은 납세의무자 또는 특별징수의무자의 총재산에 대하여 따로 규정한 것을 제외하고는 공과금 기타 채권에 우선하여 징수함을 규정한다(동법 제31조 제1항, 제32조).[2] 따라서 담보목적물상 부과되는 조세채권은 그 납부기한에 불문하고 언제나 우선하고(국세기본법 제35조 제1항 3호, 지방세법 제31조 제2항 3호), 담보목적물 이외의 재산으로부터 부과되는 조세, 국세 · 가산금 · 체납처분비는 법정기일(설정자의 납세의무를 기준으로 한다) 후에 설정된 전세권 · 질권 또는 저당권을 제외하고 목적물상 담보된 채권에 우선하여 징수된다.[3]

(나) 일정 요건을 갖춘 주택 및 상가건물임차인의 보증금채권은 우선변제권을 가지고 또한 보증금 중의 일정액에 대하여는 우선특권이 주어진다. 예컨대 주택임차인이 주민등록과 주택을 인도 받아 대항력을 갖추는 동시 임대차계약서에 확정일자를 받은 경우 및 상가건물임차인이 건물의 인도와 부가가치세법 제5조, 소득세법 제168조 또는 법인세법 제111조의 규정에 의하여 사업자등록을 한 때에는 그 확정일자 익일 또는 사업자등록 익일을 기준으로 목적물상 담보권 기타 채권에 우선변제권을 가진다(주택임차법 §3, 상가건물임차법 §3, §5 ②).

또한, 보증금 중 일정액에 대하여는 주택 및 건물의 인도와 주민등록 및 사업자등록을 조건으로 다른 담보물권보다 우선하는 특권을 가진다(주택임차법 제8조, 상가건물임차법 제14조 제1항 전단). 다만 임차인이 당해 주택의 양수인에 대항할 수 있는 경우에는 그 임대차가 종료한 후가 아니면 보증금의 우선변제를 청구하지 못한다(주택임차법 제3조의 2 제1항 단서).

(다) 근로관계로 인한 채권은 질권 · 저당권에 담보되는 채권 및 질권 · 저당권에 우선하는 조세 · 공과금을 제외한 채권에 우선한다. 근로기준법 제37조 제2항은 "근로자의 최종 3월분의 임금채권, 최종 3년간의 퇴직금채권 및 재해보상금채권은 사용자의 총재산에 대하여 질권 또는 저당권에 의하여 담보된 채권, 조세, 공과금 및

2) 조세채권우선의 원칙은 성립상 일률적 · 무선택적 · 필연적이란 특수성과 국가재정에 기초한다는 공익성에 근거한다(대판 1983.11.22, 83다카1105).

3) 당해 목적물 자체에 부과되는 조세로 국세에는 상속세 · 증여세 · 재평가세 등이 있고, 지방세에는 취득세 · 등록세 · 재산세 · 농지세 · 도시계획세 등을 말한다.

다른 채권에 우선하여 변제되어야 한다. 다만 질권 또는 저당권에 우선하는 조세와 공과금에 대하여는 그러하지 아니하다."라고 하여 우선특권을 규정한다.

여기서 질권·저당권에 담보되는 채권 및 질권·저당권에 우선하는 조세·공과금을 제외한 우선변제권이 인정되는 근로관계로 인한 채권은, 사용자의 재산을 청산하기 위한 원인이 된 사실이 발생한 때를 기준으로 한 최종 3월분의 임금과 최종 3년간의 퇴직금채권 및 재해보상금채권이다.[4] 또한 최종 3개월분의 임금채권이란 최종 3개월 사이에 지급사유가 발생한 임금채권을 의미하는 것이 아니라 최종 3개월간 근무한 부분의 임금채권을 말한다.[5]

(3) 피담보채권에 우선하는 채권 상호간에는 특별법상 규정에 의하여 상대적으로 정하여 진다. 즉 주택 및 상가건물임차인의 보증금 중 일정액은 모든 국세·지방세에 우선하여 변제된다(국세기본법 제35조 제1항 4호, 지방세법 제31조 제2항 4호). 따라서 주택 및 상가건물임대차보증금 중 일정액은 피담보채권 및 모든 조세·공과금에 우선하여 변제된다. 그러나 일정액을 제외한 우선변제권이 확보된 보증금에 대하여는 후순위담보물권과 전세권 및 후순위의 조세·공과금에 우선하여 변제된다.

또한, 우선변제권을 갖는 근로관계로 인한 채권은 목적물상 피담보채권은 물론 담보목적물에 부과된 조세·공과금에 우선하여 변제된다. 다만 주택 및 상가건물임차인의 보증금 중 일정액과 임금채권에 관하여 주택임대차보호법 제8조 및 상가건물임대차보호법 제14조는 "임차인은 소액보증금 중 일정액을 다른 담보물권자보다 우선하여 변제 받을 수 있다."라고 하고, 또한 근로기준법 제37조 제2항은 "근로자의 최종 3월분의 임금채권, 최종 3년간의 퇴직금채권 및 재해보상금채권은 사용자의 총재산에 대하여 질권 또는 저당권에 의하여 담보된 채권, 조세, 공과금 및 다른 채권에 우선하여 변제되어야 한다."라고 규정한다. 따라서 동규정의 해석상 임차인의 보증금반환채권도 근로기준법상 규정된 다른 채권에 해당하는 것이라고 할 것이므로 임금채권은 보증금 중 일정액보다 우선하는 것으로 이해된다. 그러나 판례는 생존권보장적 측면에서 양자를 구별하지 않고 동등한 순위로 배당하게 하고 있다.

결국, 피담보채권에 우선하는 채권상호간에 최우선 순위는 주택 및 상가건물임차인의 보증금 중 일정액은 모든 국세·지방세에 우선하여 변제되고, 근로관계채권과의 관계에서는 동등 순위로 배당 받게 된다.

4) 대판 1993.3.19, 92가합60081: 판례는 근로기준법 제30조의2 제2항 규정상 우선변제권을 갖는 퇴직금이란 3월분의 임금과 마찬가지로 퇴직 전 최종 3개월간 근무한 부분에 대한 퇴직금이라고 해석함이 상당한 것이라고 한다.

5) 대판 2002.3.29, 2001다83838.

2. 擔保物權의 留置的效力 · 受益的效力

(1) 담보물권은 우선적 효력 외에 유치적 효력을 가지는 경우가 있다. 예컨대 담보물권의 성립 · 존속에 담보물의 점유를 수반하는 물권에는 담보물의 유치적 효력을 가지며, 질권 · 유치권이 이것이다.

(2) 양도담보 · 매도담보 · 대물변제예약 등에서는 목적물의 유치에 의한 수익적 효역이 인정된다.
그 외에도 권리이전형 물적 담보 또는 변칙담보에서는 채무자의 채무이행이 없으면 채권자는 목적물을 환가 · 정산하여 그 목적물의 소유권을 직접 취득하는 소유권취득적 효력을 가진다.

제2절 留置權

제 1. 留置權의 意義와 性質

1. 留置權의 의의

(1) 유치권(留置權)이란 타인의 물건 또는 유가증권을 점유한 자가 그 물건이나 유가증권에 관하여 생긴 채권을 변제 받을 때까지 그 물건 또는 유가증권을 유치할 수 있는 권리를 말한다(제320조 제1항). 예컨대 임차인이 임차물에 관하여 지출한 필요비의 상환을 받을 때까지는 임차물을 그대로 유치할 수 있고, 유가증권의 수취인은 그의 보수를 받을 때까지 임치물인 유가증권을 유치할 수 있는 것이 이것이다. 민법이 이러한 권리를 인정하는 것은 오로지 공평의 원리에 기인한다.

(2) 유치권은 다른 담보물권과는 달리 원칙적으로 우선변제권이 없고, 단순히 채무자의 변제가 있을 때까지 목적물을 유치해 둘 수 있는 효력만을 가지므로 담보물권으로서의 효력은 약하다. 그러나 유치권은 그 목적물상 채권의 변제를 받을 때 까지는 누구에 대하여도 반환을 거절할 권리를 가지므로 사실상으로는 우선변제권이 확보되는 담보로서 의미를 가진다.

2. 留置權의 法的 性質

⑴ 物權으로서 유치권

(가) 유치권은 물권이다. 따라서 유치권자는 목적물상 채권자뿐만 아니라, 그 목적물의 양수인이나 경락인 등에 대하여서도 권리를 주장하고 목적물을 유치할 수 있다. 그러나 유치권은 다음의 점에서 타물권과 구별된다.

(ㄱ) 유치권은 추급력이 없으며, 점유를 상실하면 유치권도 소멸한다(제328조).

(ㄴ) 동산·부동산을 묻지 않고 성립하며, 유가증권도 유치권의 목적으로 된다(제320조 제1항).

(나) 유치권은 법률상 당연히 발생하며, 부동산유치권에 있어서도 등기는 그 요건이 아니다(부등법 제2조 참조). 또한 유가증권의 유치에 있어서도 배서를 요하지 않는다. 결국 유치권은 목적물의 점유와 시종을 같이 하는 권리이므로 이로써 충분히 공시의 목적을 달성할 수 있는 것으로 이해된다.

⑵ 擔保物權으로서 유치권

(가) 법정담보물권 유치권은 일정한 요건을 갖추게 되면 법률상 당연히 성립하는 법정담보물권이라는 점에서 약정담보물권인 질권·저당권과 다르다. 그러나 당사자의 특약으로 유치권의 성립을 배제할 수 있다.

(나) 부종성·수반성·불가분성이 확보되는 물권 유치권은 담보물권의 일종이므로 피담보채권이 있어야 성립하며(부종성), 피담보채권이 이전하면 이에 따라 이전하며(수반성), 피담보채권의 전부가 변제되기까지 유치물 전부에 행사할 수 있다(불가분성). 그러나 유치권은 목적물의 교환가치를 목적으로 하는 것은 아니므로 물상대위성은 인정되지 않는다.

3. 留置權과 同時履行의 抗辯權

⑴ 유치권과 동시이행의 항변권은 모두 공평의 원칙에 기하여 인정된 제도라는 점에서 공통점을 지니며, 권리의 발생 면에서도 채권·채무 간에 일정한 견련관계가 있을 것과 채권이 변제기에 있음을 요한다는 점에서는 동일하다.

이와 같이 양자는 모두 그 근본이념이 公平의 原則에 입각하는 것이라고 하지만 그 공평을 요구하는 직접적인 목적은 양자가 달리한다. 즉 동시이행의 항변권은 당사자의 일방으로부터 선 이행의 강요를 피하는 것을 목적으로 하는데 비하여, 유치권은 오로지 유치권자의 채권담보를 목적으로 한다.

(2) 유치권은 독립된 물권임에 반하여 동시이행의 항변권은 쌍무계약상 채권의 한 권능에 지나지 않는 점에서 그 발생·소멸 및 효력상 차이를 가진다.

(가) 발생·소멸의 차이 유치권은 그 채권의 발생원인이 계약이든 사무관리이든 불문하나, 동시이행의 항변권은 쌍무계약에 기한 채권에 관하여만 성립한다.

또한, 소멸원인에 있어서도 유치권은 채무자가 상당한 담보를 제공하여 소멸을 청구할 수 있고, 유치권자의 의무위반, 점유의 상실에 의하여도 소멸한다(제328조). 이에 대하여 동시이행의 항변권은 이러한 특수한 소멸원인은 없다.

(나) 효력상 차이 유치권의 본질적 내용은 목적물을 직접 지배하여 유치하는데 있으나 동시이행의 항변권은 상대방의 청구에 대한 항변으로서 채무이행을 거절하는데 있다(연기적 항변권).

(ㄱ) 유치권에 의하여 거절할 수 있는 급부는 목적물의 인도에 한하지만 동시이행의 항변권에 의하여 거절할 수 있는 권리에는 이러한 제한이 없다. 그러나 동시이행의 항변권에 의하여 이행을 거절할 채무의 내용이 물건의 급부일 때에는 양자는 상당히 유사하다. 그렇지만 이 경우에도 유치권의 대상은 항상 타인의 물건임에 반하여 동시이행의 항변권은 자기소유의 물건을 대상으로 하며, 또한 유치권은 경매권을 가지나(제322조), 동시이행의 항변권은 성질상 이러한 권능을 포함하지 않는다.

(ㄴ) 유치권은 물권이므로 대세적 권리이나, 동시이행의 항변권은 채권의 한 권능에 불과하므로 당사자에 대한 상대적 권리에 불과하다.

[유치권과 동시이행의항변권의 비교]

	유 치 권	동시이행의 항변권
성 질	독립한 물권	채권의 한 권능에 불과
제도목적	유치권자의 채권담보	상대방의 선이행의 요구
발생원인	계약·사무관리에 불문	1개의 쌍무계약인 채권에 국한
소멸원인	담보제공, 점유의 상실	특별한 소멸원인이 없다.
효 력	① 목적물을 직접 점유하여 유치함이 본래의미의 효력 ② 거절할 수 있는 급부는 목적물의 인도에 국한된다. ③ 유치권의 대상은 항상 타인의 물건이 된다. ④ 목적물처분의 경매권이 존재 ⑤ 대세권(절대권)	① 상대방에 대한 자기채무이행을 거절하는 효력(연기적항변권) ② 거절할 수 있는 권능에는 제한이 없다. ③ 동시이행항변의 대상은 항상 자기소유의 물건이 된다. ④ 채권의 성질상 권능에 불과 ⑤ 대인권(상대권)

제 2. 留置權의 成立 · 效力

1. 留置權의 成立

(1) 法定擔保物權으로서 유치권

유치권은 법정담보물권으로 민법 제320조에서 그 성립을 규정하고, 그 효력에 관하여는 민법 제320조 내지 제325조에서 유치권자의 권리와 의무로 규정한다.

특히, 상사유치권은 상법에 따로 규정하고 있으나 민법상 유치권과 그 효력을 달리 하는 것은 아니다. 다만 상법의 이념인 신속 · 민활한 거래를 도모할 필요에서 그 성립요건을 완화하여 피담보채권과 목적물 사이의 견련성을 요하지 않는다는 점에 차이가 있을 뿐이다(상법 제58조).

(2) 留置權의 성립요건

(가) 타인의 물건이나 유가증권을 점유하여야 한다. 유치권의 목적물은 동산 · 부동산을 불문하며, 부동산인 때에도 등기를 요하지 않는다. 또한 유가증권은 어음 · 수표 · 주권 · 채권 · 선하증권 · 창고증권과 같이 재산권이 화체된 것을 가리키며, 타인의 것이면 족하고 채무자의 소유물에 한하지 않는다(제320조 제1항). 그러나 상사일반유치권은 채무자 소유의 물건 또는 유가증권이어야 한다(상법 제58조 참조).

(나) 채권(債權)이 유치권의 목적물에 관하여 생긴 것이어야 하고(제320조 제1항), 유치권의 목적물과 피담보채권 간에는 견련관계가 있어야 한다. 다만 이때 유치권의 목적물과 피담보채권 간에는 어느 정도의 견련관계를 가져야 하는가. 즉 민법 제320조 제1항이 「물건에 관하여 생긴 채권」이라고 규정한 의미를 좁게 해석하여 물건 자체에 관하여 생긴 채권이라고 볼 것인가, 아니면 넓게 해석하여 물건 자체에 관하여 생긴 채권에 더하여 물건의 반환청구권과 동일한 법률관계 또는 사실관계로 발생할 채권을 포함할 것인가.

다수설은 채권이 목적물 자체로부터 발생한 경우뿐만 아니라 목적물의 반환청구권과 동일한 법률관계 또는 사실관계로부터 발생한 경우에도 견련성을 인정할 것이라고 한다. 그리하여 피담보채권이 「목적물 자체에 관한 채권」, 예컨대 고용 · 도급 · 위임 · 임치 등에 기초한 보수청구권(제655조, 제664조, 제686조) 및 비용상환청구권(제688조), 사무관리 · 임차인 · 점유자의 비용청구권(제739조, 제626조, 제203조)은 물론, 「동일한 법률관계 또는 사실관계로 발생할 채권」으로서 가등기담보에서 소유권이전의 본등기는 경료하였으나 명도하지 않은 채무자가 갖는 청산금채권을 포함할 것이라고 한다. 그러나 매매계약의 무효 · 취소에 의한 원상회복으로서 매수인의 대금반환청구권, 부동산의 이중매매에서 점유를 이전 받았으나 등기를 이전 받지 못하여 소유권을 취득하지 못한 매수인의 부당이득반환 또는 손해배상청구채권은 부인한다. 또한 임차인이 건물을 목적대로 사용하지 아니한 대한 임대인의 손해배상청구권과 같은 배임행위로 인한 손해배상청구권에는 유치권이 성립하지 못한다.

이에 대하여 판례는 유치권은 물건과 원 채권의 견련관계가 있으면 성립하는 것이라고 하여, 그 담보되는 채권은 계약에 기한 것이든 또한 그 불이행으로 인한 지연배상금이든, 손해배상채권이 배상액의 예정에 관한 것이든 불문하는 것이라고 하고,[6] 또한 물건으로 인한 손해배상청구권(제758조, 제759조)에 관하여도 긍정할 것이라고 한다.[7]

다만, 임대차의 종료에 따른 임차인이 갖는 보증금반환청구권을 포함할 것인가. 채권이 목적물 그 자체를 목적으로 하는 경우에는 견련성을 부정한다. 그리하여 판례는 보증금반환청구권이 그 건물에 관하여 생긴 채권이라고 볼 수 없는 것이라고 하여 부정하고,[8] 또한 임대인과 임차인 사이에 건물명도시 반환하기로 한 권리금반환청구권도 동일한 것이라고 한다.[9]

그 외에도 판례는 전세권자가 소유자와 합의에 의하여 건물의 미완성부분을 완성시킨 경우 그 비용채권과 건물(대판 1967.11.28, 66다2111), 수급인이 도급인에 관하여 갖는 공사비잔금채권 및 그 지연배상금과 완성물(대판 1995.9.15, 95다16202; 1976.9.28, 76다582), 주택건물의 신축공사를 한 수급인의 공사대금채권과 주택건물(대판 1995.9.15, 95다16202), 매매목적부동산을 사용하여 온 임차인이 부동산매매계약체결이전에 그 부동산의 임차부분을 수선하여 발생한 유익비(대판 1990.2.23, 88다카32425·32432)에 관하여 유치권성립을 인정하고, 또한 동일한 기회 동일한 수하인에게 운송해 줄 것을 의뢰 받은 운송인이 운송물의 일부를 유치한 경우 운송물 전체에 대한 운임채권은 동일한 법률관계에서 발생한 채권으로서 피담보채권의 범위에 속한다고 보아야 운송인의 채권확보를 위한 상법 규정의 취지에 부합하는 것이라고 한다(대판 1993.3.12, 92다32906).

그러나 부동산을 임차하여 그 일부만을 인도 받았으나 인도 받지 못한 부분에 대한 손해배상청구권으로 점유사용 중인 물건에 관하여 유치권은 행사할 수 없고(대판 1955.10.6, 4288민상54), 임차인의 부속물매수청구에 따른 대금채권과 건물 또는 대지에는 유치권을 행사할 수 없는 것이라고 한다(대판 1977.12.13, 77다115). 또한 수급인의 재료와 노력으로 건축된 기성부분은 수급인의 소유라고 할 것이어서 그 공사대금채권에 대하여 유치권을 갖지 못하는 것이라고 한다(대판 1993.3.26, 91다14116).

이상 판례의 태도를 분석하면 유치권은 물건과 원 채권 간에 견련관계가 있으면 성립하는 것이라고 하면서도 실질적으로는 그 견련관계의 성립에 「채권

6) 대판 1976.9.28, 76다582; 1967.11.28, 66다2111.
7) 대판 1969.11.25, 69다1592.
8) 대판 1976.5.11, 75다1305.
9) 대판 1994.10.14, 93다62119.

이 목적물 자체로부터 발생한 경우」로 한정하려는 태도를 보이고 있다.

(다) 채권이 변제기에 있어야 한다(제320조 제1항). 이것은 변제기 전에 채권이행을 간접적으로 강제하는 것은 부당하기 때문이다. 또한 민법은 여러 곳에서 변제기에 있는 유익비의 상환청구권에 관하여 법원이 상당한 기한을 허여할 수 있도록 규정하고 있으므로, 이 경우 채무자에 기한이 허여되면 채권자의 유치권은 소멸한다.

(라) 유치권자는 목적물을 점유하여야 하고, 또한 그 점유는 계속되어야 한다. 이때 점유는 직접점유는 물론, 간접점유를 포함하는가. 긍정함이 보통이다. 그러나 반대설은 채권자가 채무자의 직접점유에 의해 간접점유 하는 경우에는 채무자가 자기를 위하여 점유한다는 의사표시로서 간접점유를 언제든지 소멸시킬 수 있고 이에 의하여 유치권이 소멸하므로 부정할 것이라고 한다.[10]

또한, 유치권자의 점유는 불법행위에 의하여 시작된 것이어서는 아니 된다. 예컨데 절도인이 도품을 수선하여도 그 수선료의 상환청구권에 관하여 유치권을 취득하지 못한다.

(마) 당사자간에 유치권의 발생을 배제하는 특약이 없어야 한다. 즉 유치권의 발생에 관한 민법규정은 임의규정이다.

2. 留置權의 效力

(1) 留置權者의 권리

(가) 목적물을 유치할 권리　　유치권의 중심적인 효력은 채권의 변제를 받을 때까지 목적물을 유치하는 것이다. 여기서 유치한다는 것은 목적물의 점유를 계속하고 인도를 거절하는 것으로 이러한 목적물의 유치는 유치권에 의하여 담보되는 채권의 전부의 변제를 받을 때까지 거절할 수 있는데 불과하고(제321조 ; 담보물권의 불가분성), 그 피담보채권의 변제를 청구할 수 있는 것은 아니다.

(나) 경매권　　유치권자는 채권의 변제를 받기 위하여 유치물을 경매할 수 있다(제322조 제1항). 그러나 우선변제를 받을 권리는 없다. 다만 경매의 결과 경락인이 결정되어도 그 경락인이 유치권자에게 채권의 전액을 변제하지 않으면 목적물을 인도 받을 수 없으므로 사실상으로는 우선변제를 받게 된다.

(다) 간이변제충당권　　유치권자는 정당한 이유가 있는 때에는 감정인의 평가에 의하여 유치물로부터 직접 변제에 충당할 것을 법원에 청구할 수 있다. 이 때 유치권자는 미리 채무자에게 통지하여야 한다(제322조 제2항).

---

10) 이영준, 물권법 763면.

(라) 과실수취권 유치권자는 유치물의 과실을 수취하여 다른 채무자보다 먼저 자기의 채권의 변제에 충당할 수 있다. 따라서 유치권자는 수취한 과실에 대하여 우선변제권이 있는 유치권을 취득하게 되며(유치권취득설), 이로써 그 과실에 존재하는 질권·저당권에 우선하여 충당할 수 있다. 또한 이 때 과실은 먼저 이자에 충당하고 나머지가 있으면 원본에 충당하게 되며, 과실이 금전이 아닌 때에는 경매하여 그 대금으로 충당하게 된다(제323조).

(마) 별제권 채무자가 파산한 경우 유치권자는 별제권을 가진다(파산법 제84조).

(바) 유치물사용권 원래, 유치권자는 유치물을 사용할 수 없지만, 채무자의 승낙 또는 보존에 필요한 범위 내에서 유치물을 사용할 수 있다(제324조 제2항).

왜냐하면, 채무자의 승낙 또는 보존에 필요한 범위 내라면 채무자의 이익을 해하는 일이 없기 때문이다(그러나 그 사용의 이익은 부당이득으로 반환하여야 한다). 따라서 유치권자가 채무자의 승낙 없이 유치물을 사용·대여 또는 담보로 제공하거나 임의로 사용한 때에는 그 손해의 발생 여부를 묻지 않고 채무자 또는 소유자는 그 소멸을 청구할 수 있다(동조 제3항).

(사) 비용상환청구권 유치권자가 유치물에 관하여 필요비를 지출한 때에는 소유자에게 그 상환을 청구할 수 있고(제325조 제1항), 또한 유익비를 지출한 것이 있는 때에는 그 가액의 증가가 현존한 경우에 한하여, 소유자의 선택에 좇아 그 지출한 금액이나 증가액의 상환을 청구할 수 있다. 그러나 소유자의 청구에 의하여 법원은 상당한 상환기간을 허여할 수 있고(동조 제2항), 기간의 허여로 유치권은 소멸한다. 특히 판례는 임대차계약에 있어 그 종료시에 원상으로 복구하여 반환하기로 한 약정은 유익비 등 청구권을 포기한 것으로 해석한다.[11)]

(2) 留置權者의 의무

(가) 유치권자는 선량한 관리자의 주의를 가지고 유치물을 점유하여야 하며(제324조 제1항), 유치물을 사용·대여·담보로 제공하려면 채무자의 승낙을 얻어야 한다. 그러나 유치물의 보존에 필요한 사용은 승낙 없이 할 수 있다(동조 제2항).

(나) 留置權者가 이 의무에 위반하면 채무자는 유치권의 소멸을 청구할 수 있고(동조 제3항), 청구권의 행사로 유치권은 당연히 소멸한다(형성권).

또한, 유치권자는 채무자가 변제하면 유치물을 반환할 의무를 부담한다.

11) 대판 1975.4.22, 73다2010.

제 3. 留置權의 消滅

1. 留置權의 일반적 소멸사유

⑴ 유치권은 물권이므로 물권의 일반적 소멸원인인 목적물의 멸실, 토지수용·혼동·포기 등에 의하여 소멸한다. 그러나 점유를 상실하면 유치권은 곧 소멸하므로(제328조) 유치권이 소멸시효에 걸리는 일은 없다.

⑵ 유치권은 담보물권이므로 담보물권에 공통된 소멸사유인 피담보채권의 소멸에 의하여 소멸한다. 여기서 주의할 것은 목적물을 유치하는 것은 유치권의 행사는 되지만 피담보채권 자체의 행사는 아니므로 피담보채권의 소멸시효진행에는 영향을 미치지 않는다는 점이다.

2. 留置權에 특수한 소멸사유

⑴ 占有의 상실

유치권은 점유를 요소로 하므로 점유의 상실로 당연히 소멸한다(제328조). 그러나 유치권자가 점유보호청구권을 행사하여 점유를 회수하면 점유는 계속된 것으로 되고, 따라서 유치권은 소멸하지 않는다.

⑵ 目的物使用違反

유치권자가 유치물의 보관의무에 위반할 때에는 채무자가 그 소멸을 청구할 수 있고, 또한 채무자의 승낙 없이 사용·대여 또는 담보로 제공한 때에는 그 소멸을 청구할 수 있고, 채무자의 청구로 유치권은 소멸한다(제324조).

⑶ 다른 擔保提供

채무자는 상당한 담보를 제공하여 유치권의 소멸을 청구할 수 있다(제327조). 민법은 채무자라고만 하고 있으나 소유자를 포함한다.

이것은 유치권에 담보되는 채권은 대체로 목적물의 가격에 비하여 적은 것이 보통이기 때문이며, 인적 담보·물적 담보를 묻지 않는다. 그러나 다른 담보의 제공에는 유치권자의 승낙이 있어야 한다.

제3절 質 權

제 1. 質權의 意義와 性質

1. 質權의 의의

(1) 질권(質權)이란 채권자가 그의 채권의 담보로서 채무자 또는 제3자(물상보증인)로부터 받은 물건 또는 재산권을 점유하고, 채무의 변제가 있을 때까지 유치함으로써 채무의 변제를 간접적으로 강제하는 동시에 채무의 변제가 없는 때에는 그 목적물로부터 우선변제를 받을 수 있는 권리를 말한다(제329조・제345조).

(2) 질권은 동산과 채권 기타의 재산권을 목적으로 하며, 동산을 목적으로 하는 질권을 동산질권이라고 하고, 재산권을 목적으로 하는 질권을 권리질권이라고 한다. 그러나 민법은 부동산을 목적으로 하는 부동산질권은 인정하지 않는다.

전당포영업자가 동산을 담보로 하는 것도 일종의 질권이지만, 이 경우에는 전당포영업법에 의하여 예외가 인정된다. 한편 상행위로 생긴 채권을 담보하는 질권은 상사질이라고 하며, 역시 상법에 특별규정이 있다(상법 제59조).

2. 質權의 법률적 성질

(1) 擔保物權으로서 질권

(가) 질권은 약정담보물권이다. 질권은 원칙적으로 당사자간의 계약에 의하여 성립하며, 목적물의 교환가치를 파악하는 것을 목적으로 하는 담보물권이다. 그러므로 질권은 목적물이 가지는 교환가치를 직접 배타적으로 지배하는 권리란 점에서 저당권이 단순한 교환가치만을 지배하는 것과 구별된다.

(나) 질권은 목적물을 유치함을 중심적 효력으로 한다. 질권은 가치의 담보로써 채무자 또는 제3자로부터 받은 물건을 점유하는 권리이다. 그러므로 채권자는 피담보채권의 변제가 있을 때까지 목적물을 유치할 수 있고, 간접적으로 설정자에 심리적 압박을 줌으로써 변제를 촉구한다.

(다) 질권은 우선변제적 권능을 가진다. 질권은 목적물의 교환가치로부터 우선변제를 받는 권능을 가지는 점에서 유치권과 다르고 저당권과 동일하다.

⑵ 擔保物權의 通有性으로서 질권

담보물권의 통유성이 확보된다. 질권은 자기 동산이나 권리상 채권이 성립하는 것은 혼동의 예외로서 인정되는 경우에 한하며, 원칙적으로 타물권이다. 그러므로 질권은 피담보채권이 계약의 무효·취소 또는 기타 원인으로 소멸하는 때에는 이를 담보할 질권도 그 존재의미를 상실하여 효력이 생기지 않거나 소멸하게 된다(부종성).

한편, 피담보채권이 그 동일성을 유지하면서 이전하는 때에는 이를 담보하는 질권도 다른 특약이 없는 한 이에 수반하여 이전한다고 해석되며(수반성), 그 외에 담보물권의 통유성으로서 불가분성 및 물상대위성도 가진다.

[질권·저당권의 비교]

	질 권	저 당 권
법률작용	① 양자 모두 담보물권이며 타물권으로서 목적물로부터 우선변제권을 갖는 권리 ② 질권에는 유질계약이 금지되지만 저당권에는 유저당이 인정된다.	
공시방법	동산질권에의 필수적 목적물의 인도 (제303조)	성립요건으로서의 등기
목 적 물	동산과 재산권	① 부동산과 부동산물권(전세권·지상권) ② 준부동산(항공기·선박 등)과 입목 및 각종 재단
기 타	물질을 유치하므로 소액의 금전, 단기소비자금의 금융에 적절	占有를 수반하지 않는 교환가치 파악으로 순수한 가치권의 지배

제 2. 動産質權

1. 動産質權의 성립

⑴ 動産質權의 설정

㈎ 질권은 약정담보물권이므로 당사자간의 질권설정을 위한 물권적 합의가 있어야 한다. 다만 예외적으로 법률의 규정에 의하여 당연히 성립하는 법정질권이 있다.

질권설정계약의 당사자는 채권자와 채무자인 것이 보통이나 제3자가 질권설정자가 되는 경우 그 제3자를 물상보증인이라고 한다. 물상보증인은 보통보증인과는 달리 질권자에 대하여 책임을 부담할 뿐이고 채무 자체를 부담하는 것은 아니지만, 채무자가 변제하지 않으면 자기재산이 경매 당하게 되므로 채무자에 대한 지위는 보증인과 비슷하다. 그러므로 물상보증인이 임의로 변제하거나 질권실행으로 질물의 소유권을 잃을 때에는 보증채무의 규정(제441조 이하)에 의하여 채무자에 대한 구상권이 인정된다.

(나) 동산질권의 설정은 질권설정을 위한 물권적 합의 외에 그 효력요건으로서 질물의 인도를 요한다(제330조). 이때 인도는 현실의 인도뿐만 아니라, 간이인도·반환청구권의 양도로도 할 수 있으나, 점유개정을 포함하는가. 즉 질권설정 후 점유매개관계를 설정하여 질물을 질권자로부터 반환하면 질권이 소멸하는가. 다수설은 점유개정을 금지하는 취지가 주로 질물의 유치적 확보에 있는 점을 들어 질권설정 후 점유개정의 방법에 의한 목적물의 반환으로 질권은 소멸하는 것이라고 한다(제332조).

이와 같이 질권의 설정을 위해서는 목적물의 점유를 질권자에게 이전하여야 하므로 동일물을 수인의 채권자에게 입질한다는 것은 불가능하다. 그러나 제3자가 점유하는 물건을 입질하는 경우에는 반환청구권의 양도에 의한 점유이전으로 가능하고, 이 경우 그 수 개의 질권간의 순위는 그 설정의 선·후에 의한다.

(다) 동산질권의 목적이 될 수 있는 동산에는 제한이 없으나, 양도할 수 있는 것이어야 한다(제331조). 이것은 질권에 우선변제권이 존재하므로 양도할 수 없는 물건은 그 대가로부터 우선변제를 받을 수 없기 때문이다. 그러나 국가정책적 입장에서 질권설정이 금지된 선박·자동차·항공기·건설기계 등은 제외된다.

(라) 담보물권은 부종성을 가지므로 질권설정에는 반드시 피담보채권이 있어야 한다. 그러나 그 피담보채권에는 법률상 아무런 제한이 없다. 따라서 특정급부 또는 일정행위를 목적으로 하는 채권이라도 그 불이행이 있게 되면 궁극적으로는 금전에 의한 손해배상채권으로 변하게 되므로 질권의 피담보채권으로 될 수 있다.

⑵ 法定質權의 성립

(가) 법정질권은 임대차관계에서 임대인을 보호하기 위하여 민법이 특별히 그 성립을 규정한 것이며, 다음의 요건을 갖추어야 한다.

(ㄱ) 토지임대인이 임차인에 대하여 차임 기타 임대차에 관한 채권을 가지는 때, 그 임차건물이나 공작물에 부속한 임차인 소유의 동산 및 그 토지의 과실을 압류하면 질권과 동일한 효력을 가진다(제648조).

(ㄴ) 건물 기타 공작물의 임대인이 임차인에 대하여 차임 기타 임대차에 관한 채권을 가지는 때, 그 임차건물이나 공작물에 부속한 임차인 소유의 동산을 압류하면 질권과 동일한 효력을 가진다(제650조).

(나) 법정질권에도 선의취득이 인정되는가. 즉 임차인이 타인소유 동산을 임차지

나 건물 등에 부속시킨 경우 이를 압류하면 법정질권이 성립하는가. 소수설은 선의취득에 관한 규정이 법정질권에도 준용된다는 점을 들어 긍정하나, 다수설은 민법이 법정질권의 성립에 임차인 소유의 동산이라고 한 점과 압류는 점유의 승계취득이 아니란 점을 들어 부정한다.

(3) 證券에 의하여 표상되는 동산의 입질과 화환

(가) 증권에 의한 동산질권 창고증권·화물상환증·선하증권으로 표상 되는 동산은 이들 증권의 배서·교부로 입질되며, 다음의 특질을 가진다.

(ㄱ) 증권을 배서·교부하여 질권자에 인도하는 것은 그 증권에 의하여 표상되는 동산 자체의 인도와 동일한 효력을 가지므로 동산(상품) 자체 위에 질권이 성립한다(상법 제133조·제157조·제820조 참조).

(ㄴ) 동산질권에서 요구되는 점유가 증권에 의해 갈음된 이상 질권자가 증권의 사실상 지배를 상실하지 않는 한 질권은 존속한다.

(ㄷ) 피담보채권은 따로 계약에 의하여 정하여지고, 질권설정자는 입질에 의하여 증권의 점유를 상실하므로 목적물의 처분이 제한된다.

(ㄹ) 질권의 실행은 증권의 처분에 의한다.

(나) 화 환 매매의 목적물을 표상 하는 운송증권을 그 어음채권의 담보로서 첨부한 것을 화환 또는 화환어음이라고 하며, 매도인이 은행으로부터 어음의 할인을 얻으면 목적물은 은행을 위해 입질(동산질)된다.

2. 動產質權의 효력

(1) 擔保權의 범위

(가) 피담보채권의 범위 동산질권에 의하여 담보되는 채권의 범위는 원본·이자·위약금·질권실행비용·질물보존비용·채무불이행 또는 질물의 하자로 생긴 손해배상에 미친다.

피담보채권의 범위는 당사자의 특약으로 변경할 수 있으나(제334조) 저당권에서보다 대체로 넓다. 왜냐하면 질권에서는 후순위 질권이 성립한다는 일이 적고, 또한 질권자는 질권에 의하여 담보되는 채권이 그 일부라도 잔존하는 한 질물의 전부에 대하여 그의 권리를 행사할 수 있기 때문이다(불가분성).

(나) 목적물의 범위 동산질권의 효력이 미치는 목적물의 범위는 설정계약에 의하여 인도된 물건의 전부에 미친다.

주물이 질물로 인도된 경우에도 그 종물의 인도가 없으면 질권의 효력은 종물에는 미치지 않는다. 그러나 동산질권의 효력은 목적물의 과실에도 미친다.

질권은 물상대위성이 있다. 따라서 질권자는 질물의 멸실·훼손 또는 공용징수로 인하여 설정자가 받을 금전 기타의 물건에 대하여서도 질권을 행사할 수 있다. 그러나 그것을 설정자에게 지급 또는 인도하기 전에 압류하여야 한다(제342조).

(2) 質權의 본질적 효력

(가) 유치적 효력 질권자는 피담보채권의 전부를 변제 받을 때까지 그 질물의 전부를 유치할 수 있다(제335조 본문). 따라서 질물이 다른 권리자에 의하여 경매된 경우에도 경락인은 질권자에게 변제하지 않으면 그 목적물의 인도를 청구하지 못한다. 이로써 질권자는 실질적으로 우선변제를 받을 수 있게 되나, 다만 질권자에 우선하는 채권자가 경매권을 행사하면 질권자는 유치하는 권리를 잃고 경락대금에서 배당을 받게 된다(동조 단서).

동산질권자는 타인의 물건을 보관하는 것이므로 선량한 관리자의 주의로써 목적물을 점유하여야 하며, 또한 질물로부터의 과실을 수취 및 지출한 비용의 상환을 청구할 수 있는 등 유치권자와 동일한 권리·의무가 인정된다.

(나) 우선변제적 효력 동산질권자는 질물로부터 다른 채권자보다 먼저 자기채권의 우선변제를 받을 권리가 있다(제329조).

우선변제를 받는 방법은 변제기가 도래한 후에 질권설정자와 유질 기타의 특약을 하지 않는 한 목적물을 경매하는 것이 원칙이다. 다만 특별한 사정이 있는 경우 질권자의 청구로 법원이 선임하는 감정인의 평가에 따라 청산하는 간이변제충당권이 인정된다(제338조).

(ㄱ) 질권에서는 특히 유질계약이 금지된다. 이를 인정하면 질권자가 채무자의 궁박한 상태를 이용하여 채무자를 해할 염려가 있기 때문이다. 그러나 유질이 금지되더라도 민법 제607조가 허용하는 범위에서는 무방하며, 또한 상행위에서 생긴 채권의 담보를 위하여 설정된 질권(상법 제59조)과 전당포영업에서의 입질은 예외가 인정된다(전당포영업법 제1조·제19조·제21조). 따라서 유질의 금지가 절대적인 것은 아니다.

(ㄴ) 질권자는 질물 이외의 債務者의 財産에 대하여 강제집행을 할 수 있다. 그러나 이를 무제한 인정하면 일반채권자를 해하게 되므로 민법은 질권자가 질물에 의하여 변제 받지 못한 부분에 한하여 채무자의 일반재산에 대하여 집행할 수 있게 하였다(제340조 제1항). 그러나 질물보다 다른 일반재산이 먼저 집행되어 배당되는 때에는 위와 같은 제한을 받지 않고 채권 전액을 가지고 배당에 참가할 수 있으나 다른 채권자의 청구가 있으면 질권자의 배당 전액을 공탁하여야 한다(동조 제2항).

(3) 質權侵害의 효력

(가) 물권적 청구권 동산질권은 점유를 수반하는 물권이므로 동산질권이 침해된 경우 점유권에 기한 점유보호청구권을 행사할 수 있음은 물론이다. 그러나 이것에 국한하지 않고 질권 자체에 기한 물권적 청구권을 행사할 수 있는가. 우리 민법은 물권적 청구권을 소유권에 규정하고 다른 물권에 준용하게 하고 있으면서도 질권과 유치권에 관하여는 준용규정을 두고 있지 않는 점에서 견해가 대립한다.

다수설은 구 민법이 동산질권자의 점유침탈이 질권설정자인 경우에만 물권적 청구권을 규정하여 왔으나 부당하여 현행 민법은 이를 삭제한 점과 질권자가 질물을 유실하거나 또는 제3자의 사기에 의한 질물의 인도를 준 경우 점유물반환청구권을 부정함은 부당하다는 점을 들어 긍정한다.

(나) 손해배상청구권 질권의 목적물이 질권설정자인 채무자나 그 밖의 제3자에 의하여 멸실 또는 훼손된 때에는 그 침해자의 불법행위가 성립한다. 따라서 질권자는 침해된 때로부터 침해자에 대한 불법행위로 인한 손해배상을 청구할 수 있고, 그 배상액은 피담보채권액을 한도로 한 배상이라고 한다.

(4) 動産質權者의 의무

(가) 동산질권자는 목적물을 선량한 관리자의 주의로써 보관할 의무를 지며, 또한 질권이 소멸한 때에는 이를 질권설정자에 반환할 의무를 진다.

(나) 질권자는 질권설정자의 승낙 없이 질물을 사용 · 임대하거나 담보로 제공하지 못한다. 질권자가 이를 위반한 경우 질권설정자는 질권의 소멸을 청구할 수 있다(제343조 · 제324조).

3. 動産質權의 소멸

(1) 質權一般의 소멸원인에 의한 소멸

질권은 물권일반의 공통된 소멸원인, 예컨대 목적물의 멸실 · 몰수 · 첨부 · 취득시효 · 포기 · 혼동 등에 의하여 소멸한다.

또한, 질권은 담보물권의 공통된 소멸원인, 예컨대 피담보채권의 소멸 · 질권의 실행 · 질권에 우선하는 다른 채권자의 실행 등에 의하여 소멸한다.

(2) 動産質權에 특별한 소멸원인

(가) 동산질권은 채권자가 목적물을 설정자에게 반환한 때, 또는 질권자의 의무위반에 대한 설정자의 소멸청구로 소멸한다(§343, §324 ③).

(나) 질권은 피담보채권과 분리하여 소멸시효에 걸리지 않는다. 그러나 피담보채권은 소멸시효에 걸리므로 질권자가 질물을 유치하는 경우에도 그 채권의 시효진행은 막지 못한다. 왜냐하면 질물의 유치는 질권의 행사가 아니기 때문이다. 따라서 유치권의 행사와 채권의 소멸시효관계에 관한 민법 제326조의 규정, 즉 「유치권의 행사는 채권의 소멸시효의 진행에 영향을 미치지 아니한다」는 규정을 질권에 준용할 것이 요구된다.[12)]

⑶ 動産質權消滅의 효과

(가) 동산질권은 질권자의 채권의 완제로 소멸하며, 이 경우 질권의 소멸과 목적물반환의 동시이행관계는 성립되지 않는다.

(나) 질권의 목적물이 가분물이고 채무자의 일부변제가 있는 때에도 담보물권의 不可分性에 의하여 목적물의 일부에 대한 질권의 소멸은 청구할 수 없으나 신의칙에 의하여 그 실행은 일부만의 환가에 충당할 것이라고 한다.[13)]

제 3. 權利質權

1. 權利質權의 의의와 성질

⑴ 權利質權의 의의와 사회적 기능

(가) 권리질권의 의의 채권 기타 재산권을 목적으로 하는 질권이 권리질권이다. 권리질권은 그 객체인 재산권의 교환가치를 지배하고, 그것으로부터 우선변제를 받는 것을 내용으로 하는 까닭에, 그 본질에 있어서는 동산질권과 다를 것이 없다. 그리하여 민법은 동산질권에 관한 규정을 권리질권에 준용한다(제355조).

(나) 권리질의 사회적 기능 권리질은 동산질권과는 달리 설정자로부터 물건의 이용권을 빼앗지 아니하고 환가하여 우선변제를 받는 권리이므로 권리질은 더욱 교환가치의 담보적 지배라는 가치권으로 순화된 것이다. 따라서 권리질권은 유체물 이외의 재산권, 특히 유가증권화된 권리나 무체재산권을 가치권으로 파악하여 담보화하는 기능을 가진다.

⑵ 權利質權의 성질

권리질권은 권리 그 자체를 목적으로 하는 질권이며, 다음의 특성을 가진다.

---

12) 곽윤직 420면, 김증한·김학동 494면, 김용한 521면, 이영준 762면, 김상용 646면, 이상태 385면.
13) 방순원 246면, 이영준 731면, 이은영 677면.

(가) 권리질은 동산질권에 비하여 우월적 지위를 가진다. 동산질권은 질물의 유치적 효력이 중심이 되고 있으나 권리질은 권리의 가치권성이 높고 재산법상 채권의 우월적 지위가 확보됨에 따라 동산질에서 보다 우월적 지위를 가진다. 따라서 오늘날 권리질권은 주로 채권질에서 현저한 발전을 보게 되었고, 더구나 채권의 증권화가 진전됨에 따라 장차 증권질이 질권의 중심이 될 것이다.

(나) 권리질도 동산질과 같이 담보물권의 일종이므로 여기에도 부종성 · 불가분성 · 물상대위성이 인정된다(제355조).

⑶ 權利質權의 목적물

권리질권의 목적이 되는 것은 양도성있는 재산권이다. 그러나 부동산의 사용 · 수익을 목적으로 하는 권리이어서는 아니 된다(제345조 단서). 따라서 지상권 · 전세권 · 부동산임차권 등은 권리질권의 목적이 되지 못한다. 결국 권리질권의 목적으로서 주요한 것은 채권 · 주식 · 무체재산권이 된다.

2. 債權質權

⑴ 債權質權의 의의와 설정

(가) 채권질권은 타인의 채권상에 성립하는 질권을 말한다.

(나) 채권질권의 설정은 다른 규정이 없으면 그 채권의 양도방법에 의한다(제346조). 즉 양도방법으로 채권의 공시방법에 갈음하며, 또한 그 질권의 형태에 따라서 그 공시방법을 달리한다.

(ㄱ) 지명채권을 질권의 목적으로 하는 때에는 채권증서가 있으면 그 증서를 질권자에게 교부하여야 질권설정의 효력이 생긴다(제347조). 그러나 채권증서가 없는 채권의 입질에서는 증서의 교부는 문제되지 않지만, 지명채권의 입질을 가지고 제3채무자(그 지명채권의 채무자) 기타 제3자에게 대항하려면 제3채무자에 질권설정의 사실을 통지하거나, 제3채무자가 이를 승낙하여야 하며, 또한 제3채무자 이외의 제3자에게 대항하기 위해서는 위의 통지나 승낙은 확정일자 있는 증서로써 하여야 한다(제349조 제1항 · 제450조 참조).

다만, 지명채권의 질권설정계약이 체결된 후 질권자가 채권증서에 대한 점유를 상실하면 질권이 소멸하는가. 소멸긍정설은 지명채권이라도 질권자가 설정자에게 채권증서를 반환하면 질권이 소멸한다는 것이 당사자의 의사 및 거래관행에 부합하는 것이라고 한다.[14] 그러나 다수설은 질권의 대항요건으로써 제3채무자에의 통

14) 이영준 842면.

지・승낙이 대항요건인 점을 들어 일단 통지한 이상 채권증서의 점유상실로 소멸하는 것은 아니라고 한다.

(ㄴ) 지시채권・무기명채권의 입질은 그 양도에 있어서와 같이 증서에 배서하여 질권자에게 교부하여야 그 효력이 생긴다(제508조・제523조).

(ㄷ) 저당권부채권을 질권의 목적으로 하는 경우에는 그 저당권등기에 질권을 설정하였다는 부기등기를 하여야만 질권의 효력이 저당권에도 미친다(제348조).

⑵ 債權質權의 효력

(가) 채권질권자도 채권을 변제 받을 때까지 그가 교부 받은 채권증서를 유치할 수 있지만, 이 증서의 유치는 크게 질권설정자를 구속하는 효과는 없다. 왜냐하면, 질권설정자는 채권증서가 없더라도 그 채권의 변제를 받거나, 상계・갱개 등으로 그 채권을 소멸하게 할 수도 있기 때문이다. 그러나 이를 허용하면 질권자의 이익이 부당히 침해되므로 민법은 질권자의 동의 없이 질권설정자가 질권의 목적이 되는 권리를 소멸하게 하거나, 질권자의 이익을 해하는 변경을 할 수 없는 것으로 하였다(제352조).

(나) 채권질권자가 질권의 목적인 채권에 의하여 우선변제를 받는 방법은 두 가지가 있다. 그 하나는 질권자가 자기의 이름으로 입질된 채권의 채무자로부터 직접 추심해서 변제에 충당하는 것이고(제353조 참조), 다른 하나는 민사집행법에 정한 절차에 따라 질권을 집행하는 것이다. 그 중 민사집행법에 따른 질권의 집행에는 추심・전부・환가의 방법에 의한다.

3. 債權 이외의 權利를 목적으로 하는 권리질권

⑴ 株式上 權利質權

(가) 무기명주식의 권리질권　무기명주식은 무기명채권과 같은 성질을 가지므로 질권설정의 합의와 주권의 교부로 효력이 생긴다.

(나) 기명주식의 권리질권　이에 관하여는 상법상 특칙을 두고 있다.

(ㄱ) 약식질 : 주권을 질권자에게 교부하므로 성립하며 주권의 계속적 점유를 제3자의 대항요건으로 한다.

(ㄴ) 등록질 : 회사가 등록질권자의 청구에 의하여 질권자의 성명과 주소를 주주명부에 부기하고 그 성명을 주권에 기재하는 방법에 의한다(상법 제340조).

⑵ 無體財産權의 權利質權

(가) 특허권・상표권・실용신안권・의장권・저작권・출판권 등 무체재산권도 질권의 목적으로 할 수 있다.

(나) 무체재산권 중 특허권·상표권·실용신안권의 입질은 이를 등록하여야 효력이 생긴다. 그러나 저작권을 목적으로 하는 질권의 설정은 장부상의 등록을 그 대항요건으로 한다(저작권법 제43조 제1항).

제 4. 轉 質 權

1. 轉質權의 의의

질권에는 질권자가 일단 질물에 투하한 자금을 유통화 할 수 있는 이른바 전질(轉質)이 인정된다(제336조). 예컨대 甲이 乙에 대한 채권의 담보로써 乙로부터 질물을 인도 받아 유치하고 있는 경우에는, 이 질물을 甲 자신의 丙에 대한 채무를 위하여 다시 담보로써 이용할 수 있다. 이것을 전질권이라고 하고, 질물소유자의 승낙을 받아 설정하는 승낙전질과 질권자의 자기책임 하에 설정하는 책임전질이 있다.

2. 責任轉質

(1) 責任轉質의 법적 성질

책임전질의 법률적 성질에 관하여 견해가 대립한다. 채권·질권공동입질설은 부종성에 근거하여 전질의 설정에는 채권질권을 공동입질 하는 것이라고 하나, 질물재입질설은 부종성을 완화하여 질권을 독립된 가치권으로 파악할 목적에서 질물을 재입질하는 것이라고 한다.

다수설은 질권과 원채권을 공동으로 입질하는 것이라고 한다. 즉 전질은 채권·질권의 공동입질이어야 하고 이렇게 하는 것이 질권의 채권에의 부종성과 저당권에 관하여 채권과 분리하여 저당권을 처분할 수 없게 한 제361조의 취지에도 맞을 뿐만 아니라, 전질의 내용·범위가 입질채권에 의하여 제약되고 그 보다 초과하지 못한다는 점을 인정하게 됨으로써 질권설정자·전질권자 등에게 불측의 손해를 입히지 않는다는 점에 있다.

(2) 責任轉質의 요건

책임전질이 성립하기 위해서는 다음의 요건을 갖추어야 한다

(가) 원질권의 범위내일 것이어야 한다. 전질도 질권이므로 일반질권의 요건을 갖추어야 함은 물론이나(합의와 인도), 원질권의 범위를 초과하여 설정하지 못한다(제336조 전단). 즉 원질권의 존속기간 내이어야 하고 전질의 피담보채권액이 원 질

권의 범위를 초과하지 않는 범위라야 한다.

(나) 통지 또는 승낙을 그 대항요건으로 한다. 책임전질은 원 질권설정자의 승낙을 요하지 않으나 원질권자가 채무자에게 전질의 사실을 통지하거나 채무자가 이를 승낙하지 않는 한 전질권을 가지고 채무자·보증인·질권설정자 및 그 승계인에게 대항하지 못한다(제337조 제1항).

3. 承諾轉質

(1) 원질권자는 질물소유자의 승낙을 얻으면 질물을 다시 입질할 수 있다. 이를 승락전질이라고 하고, 이때 전질권자의 질권은 원 질권과는 전혀 별개의 독립된 것이므로 전질요건·효과 등도 전질승낙의 내용에 따라 정하여진다.

(가) 승락전질은 원질권의 범위에 구속받지 않는, 소위 초과전질이 가능하며, 원 채무자에게 전질설정의 통지를 요하지 않는다. 또한 승낙전질의 경우에는 책임전질에서와 달리 제336조 후단의 질권자의 책임가중은 적용되지 않는다.

(나) 승낙전질과 책임전질의 차이는 승낙전질은 책임전질에서와 같이 질물에 관한 질권자의 책임이 가중되지 않는데 있다. 즉 불가항력에 의한 손해의 배상책임이 없다. 또한 승낙전질은 원질권과 관계없는 질권이므로 원질권설정자는 자기의 채무를 원질권자에게 변제해서 질권을 소멸시킬 수 있다.

(2) 이와 같이 원질권자의 질권이 소멸하여도 전질권자의 질권에는 영향이 없다. 따라서 전질권자는 계속 질물을 점유하고 유치할 수 있다. 그러나 원 질권설정자가 원질권자에게 그의 채무를 변제하는데 전질권자가 동의한 경우에는 그 변제를 가지고 원질권설정자는 대항할 수 있다(제337조 제2항 참조). 따라서 그 변제로 원 질권이 소멸하면 질물소유자는 그 질물의 반환을 청구할 수 있다.

제 5. 流質契約의 禁止

1. 流質의 意義와 금지된 내용

(1) 流質의 意義

유질(流質)이란 질권설정과 동시에 또는 변제기 전의 약정으로 채무불이행의 경우 질권자가 질물의 소유권을 취득하거나 임의매각의 방법으로 우선변제에 충당케 하는 당사자간의 약정이며, 질권자(채권자)의 폭리행위를 금지하기 위하여 로마법

이래로 각 국의 민법이 예외 없이 금지한다.

(2) 금지된 契約의 내용

유질계약의 금지, 즉 금지된 *流質*이란 변제기 전 법률이 허용한 방식이 아닌 방법에 의하여 질물의 처분을 약정하는 계약이며, 민법상 금지된다.

(가) 변제기 전의 약정　질권설정과 동시 또는 변제기 전의 질물 처분에 대한 약정이며 금지된다. 따라서 채무불이행으로 인한 변제기 후의 유질 처분의 약정은 허용된다.

(나) 법정방식에 의하지 않은 질물처분의 약정　담보권실행에 의한 경매 및 간이변제충당 이외의 방법에 의한 질물 처분의 약정이며 금지된다.

2. 禁止違反의 효과

유질계약은 무효이다(제339조). 다만 유질계약이 질권설정계약과 동시에 이루어진 경우 질권계약 자체를 무효로 할 것인가, 아니면 유질계약만을 무효로 할 것인가. 다수설은 당사자가 특히 질권자가 이러한 유질계약이 없었더라면 질권계약을 체결하지 않을 의사를 가지고 있었던 때에는 질권계약 전체를 무효로 할 것이라고 한다.

3. 流質契約禁止의 예외와 비판

(1) 流質契約禁止의 예외

(가) 민법 제607조　민법 제607조는 "차용물의 반환에 관하여 차주가 차용물에 갈음하여 다른 재산권을 이전할 것을 약정한 경우에는 그 재산의 예약 당시의 가액이 차용액 및 이에 붙인 이자의 합산액을 넘지 못한다."라고 규정함으로써 동조 규정에 반하지 않는 범위에서의 유질은 사실상 허용된다.

(나) 상법 제59조　상행위에 의한 채권을 확보하기 위하여 설정된 질권에는 민법 제339조(유질계약금지)의 적용이 배제된다. 따라서 이 경우에는 채무자의 상행위로 인한 질권으로 인정함이 통설이다.

(다) 전당포영업법상 예외　전당포업자에의 입질에서의 예외가 인정된다. 이것은 전당포업자의 엄중한 행정적 감독이 수반된다는데 있다.

(2) 流質契約禁止의 비판

(가) 유질계약의 목적은 환매이나 양도담보로도 달성이 가능하다(자금유통의 요청).

(나) 금전채권을 목적으로 하는 질권은 질권자가 직접 채권을 추심하여 자기채권

액에 대한 우선변제충당제도가 인정된다(제353조 제2항). 따라서 유질계약과 동일한 결과에 기인하여, 입질채권액이 피담보채권액을 초과하지 아니하는 범위에서 이를 금지할 이유가 없기 때문으로 본다.

(다) 유질계약을 엄격히 제한하면 경제상 금융의 유통을 저해하게 된다.

제4절 抵當權

제1. 抵當權의 意義와 性質

1. 抵當權의 의의와 사회적 작용

(1) 抵當權의 의의

저당권(抵當權)은 채권자가 채무자 또는 제3자(물상보증인)가 채무의 담보로써 제공한 부동산 또는 부동산물권(지상권·전세권)을 단지 관념상으로만 지배하고 후일 채무자가 채무를 이행하지 않는 경우에 그 저당목적물로부터 우선변제를 받는 담보물권이다(제356조). 따라서 저당권은 목적물상 점유를 수반하지 않고 순수한 교환가치만을 실현하는 담보권인 점에서 점유를 수반하는 유치권·질권과 구별된다.

(2) 抵當權의 사회적 작용

(가) 금융의 매개수단 저당권은 목적물상 그 가치(교환가치)만을 객체로 하는 권리이다. 이러한 의미에서 저당권은 가치권의 순수한 형태라고 할 수 있다. 그 결과 저당권은 목적물을 소유자가 그대로 이용하면서 담보로 제공하여 금전을 융통할 수 있는 길을 열어 줌으로써 목적물의 사용가치와 교환가치를 동시에 활용할 수 있게 해 준다. 이 점에서 저당권은 질권보다 우월한 지위를 갖는다.

(나) 부동산의 담보화 저당권은 그 존재를 공시하기 위하여 등기 또는 등록이라는 방법을 필요로 한다. 따라서 그러한 공시제도가 갖추어져 있지 못한 물건은 저당권의 목적물이 될 수 없다. 그러므로 민법상 저당권의 목적물은 부동산 및 부동산물권(지상권·전세권)에 한정되고, 광업권·어업권·선박·항공기·자동차·건설기계·공장재단·광업재단과 같은 것은 각종의 특별법에 의하여 이를 저당권의 목적

물로 할 수 있다.

2. 抵當權의 性質

(1) 擔保物權으로서 저당권

(가) 저당권은 원칙적으로 당사자의 계약으로 성립하는 약정담보물권이며, 목적물로부터 우선변제를 받는데서 질권과 공통한다. 그러나 목적물을 점유하지 않으므로 유치적 효력을 가지지 않는데서 질권과 다르다.

(나) 저당권은 타물권이다. 그러므로 자기가 가지는 물건이나 권리상에는 저당권은 성립하지 못한다.

(다) 저당권은 목적물의 점유가 그대로 설정자의 수중에 남아 있는 결과, 공적장부에 의한 공시방법이 저당권 설정의 불가결의 요건이 된다. 따라서 이러한 공시방법을 갖지 못한 것에는 저당권이 성립할 수 없다.

(2) 擔保物權으로서 통유성으로서 저당권

(가) 저당권은 채권에 부종한다. 따라서 피담보채권이 처음부터 무효이거나 취소되는 때에는 그 저당권도 무효 또는 소급적으로 효력을 잃는다. 그러나 장래에 발생할 채권을 담보하기 위한 저당권의 설정은 가능하다.

채권이 변제 · 포기 · 혼동 · 면제 · 기타 사유로 소멸하면 저당권도 그에 따라 소멸한다. 또한 저당권은 피담보채권과 분리해서 처분하지 못한다(제361조). 피담보채권이 상속 · 양도 등으로 그의 동일성을 잃지 않고서 승계 되는 때에는 원칙적으로 저당권도 이에 수반한다.

(나) 저당권은 불가분성과 물상대위성을 가진다. 민법은 물상대위를 질권에 관하여 규정하고, 이를 저당권에 준용한다(제342조, 제343조).

제 2. 抵當制度의 發展과 現代抵當權의 特質

1. 抵當制度의 발전

저당권은 유치적 효력을 갖지 아니하므로 목적물의 사용가치와 교환가치가 분화되어 사용가치는 저당권설정자에 남아 있고 교환가치만이 저당권자에 장악되는 소위 하나의 재화에 사용가치와 효용가치라는 이중의 효용을 발휘하게 된다.

이러한 기능은 기업자로 하여금 생산시설을 여전히 가동하면서 금융기관에 담보로 제공하여 생산자본의 조달을 가능케 하는 동시에 채권자는 담보물인 부동산을 관리하는 노력 없이 이자를 받음으로써 간접적으로 기업이윤의 분배에 참여하게 한다. 그 결과 저당권을 단순한 채권확보의 수단으로부터 투자의 매개수단으로 발전케 하며, 이로써 오늘날 저당권제도는 보전저당권으로부터 투자저당권으로, 또한 단순한 채권적 저당권으로부터 증권적 저당권으로 변신한다.

2. 現代抵當權의 특질

현대 저당권의 특색은 유통저당권을 인정하는데 있고, 그 저당권에 유통성을 확보하기 위해서는 다음의 여러 원칙을 전제로 한다.

(가) 공시의 원칙　저당권의 존재는 반드시 등기·등록 등에 의하여 공시하여야 한다는 원칙이다. 저당권은 질권과 달리 목적물의 점유를 여전히 채무자에 남겨 둠으로, 점유의 공시방법(등기·등록)을 관철하여 일반채권자에게 불측의 손해를 주지 않으려는데 있다. 이러한 공시의 원칙은 우리민법에서도 엄격하게 지켜지고 있으나, 다만 제649조(법정저당권)의 예외가 인정된다.

(나) 특정의 원칙　저당권은 한 개 또는 수 개의 특정·현존하는 목적물상에만 성립할 수 있다. 따라서 피담보채권이나 저당목적물은 항상 특정되어 등기되며(부동법 제140조), 채무자의 전 재산에 인정되는 포괄근저당이나 특정채권을 보호하기 위한 법정저당권 등은 원칙적으로 허용되지 않는다.

(다) 순위확정의 원칙　순위확정의 원칙은 두 개의 내용, 즉 저당권의 순위는 등기의 선후에 의하여 결정되고, 후에 등기된 저당권에 의하여 그 순위를 하강 당하지 않는다는 것과 한번 주어진 순위는 비록 선순위의 저당권이 소멸하여도 상승하지 않는 효력을 가진다.

이들 중 우리 민법은 첫째의 원칙은 이를 관철하고 있으나, 둘째의 원칙은 관철하지 않고 있다. 즉 우리 민법은 순위승진의 원칙을 채택하고 있으므로 목적물상 1번저당권이 소멸하면 2번저당권이 1번저당권의 지위를 가진다.

(라) 독립의 원칙　독립의 원칙이란 저당권을 피담보채권으로부터 절연하여 그 자체를 추상적인 존재가 되도록 하여야 한다는 원칙, 즉 저당권은 오로지 재화의 특정한 교환가치를 파악하여 이를 금융거래의 객체로 하여야 한다는 원칙이다. 이 원칙이 채택되면 저당권의 부종성은 배척되는 반면, 순위확정의 원칙을 인정하는 기초를 제공하고 저당권의 유통성 확보를 가능하게 한다.

독립의 원칙은 독일민법의 토지채무에서 채용되나 우리 민법은 채용하지 아니한다. 그러므로 우리 민법상 저당권은 그 담보한 채권과 분리하여 타인에게 양도하거나 다른 채권의 담보로 제공할 수 없고, 또한 피담보채권이 소멸하면 저당권도 소멸하므로 부종성이 엄격하게 유지되나, 다만 근저당에서 다소 완화되어 있을 뿐이다.

(마) 유통성의 확보 근대 저당권의 가장 중요한 특색은 저당권이 금융거래에서 쉽게 유통될 수 있어야 한다는 것이다. 이에 근대적 저당제도를 채택하는 나라에서는 저당권에 공신의 원칙을 인정하고, 또한 저당권의 증권화의 길을 열어 놓고 있다.

3. 우리 民法에서의 여러 원칙과 문제점

(1) 우리나라 저당제도는 위 근대 저당권의 여러 원칙 중, 공시의 원칙과 특정의 원칙이 인정될 뿐이다. 그러므로 우리 민법상 저당권은 보전저당에 국한하며, 투자저당, 즉 저당증권화제도는 인정되지 않는다. 그 결과 저당권은 그 설정방법이나 담보권의 범위가 넓은 양도담보나 가등기담보 등 변칙담보에 밀려 담보제도로서 중심적 지위가 퇴색되고 있는 실정에 있다. 따라서 그 개선책으로 저당권등기에 공신력을 인정하고 저당권순위확정의 원칙을 확보함과 아울러 목적물의 경매절차를 간소화하여 저당권자가 적정 · 신속하게 채권의 만족을 얻을 수 있도록 할 방안이 요청된다.

(2) 현행법은 그 보완책으로 「자산유동화에 관한 법률」을 마련하여 종래 저당권부채권의 양도에 대한 특례를 주고 있다.

동법은 종래 저당권부채권 등을 모아 담보증권화 할 수 있기 위해서는 채무자 및 물상보증인에 통지 · 승낙을 받아야 하고 또한 저당권이전등기를 경료해야 하는 등 복잡한 절차를 극복하기 위하여 채무자에 대한 통지는 그 통지가 송달되지 않는 경우에도 그 사실을 일간지에 공고하여 통지에 갈음하게 하고, 第3者에 대하여는 자산양도등록을 한 때 대항력을 갖춘 것으로 하고(자산유동화법 제7조 제1항 제2항, 주택법 제6조 제1항 제2항), 또한 抵當權의 讓渡에 관하여도 자산보유자가 저당권부채권을 양도한 경우 유동화전문회사는 저당권의 이전등기 없이 채권양도의 등록이 있는 때 그 저당권을 취득한 것(동법 제8조 제1항)으로 하여 저당권의 유통화를 보완한다.

제 3. 抵當權의 取得

1. 抵當權의 설정

(1) 抵當權의 目的物

저당권의 목적물은 양도가 가능하고, 등기·등록의 공시방법이 있을 것이어야 한다. 따라서 부동산인 물건, 부동산에 의하여 공시되는 물권(지상권·전세권 등), 상법상 등기한 선박, 입목법상 등기된 입목 및 특별법상 권리(어업권·광업권, 각종 재단, 자동차·항공기 등)에 설정이 가능하다.

(2) 抵當權 設定契約

(가) 저당권설정 당사자　저당권설정의 당사자는 저당권을 취득할 자(저당권자)와 목적재산에 저당권이라는 부담을 질 자(저당권설정자)이다.

(ㄱ) 저당권자는 채권자에 한하나,[15] 저당권설정자는 채무자 이외에 제3자(물상보증인)라도 무방하다. 다만 채무자 아닌 제3자를 채무자로 한 저당권설정계약이 유효한가. 판례는 근저당권 설정계약상의 채무자 아닌 제3자를 채무자로 하여 설정된 근저당권설정등기는 채무자를 달리한 것이므로 근저당권의 부종성에 비추어 원인 없는 무효의 등기라고 한다.[16]

(ㄴ) 저당권설정자는 목적재산의 소유자가 원칙이나, 그 외에 재산권에도 성립하므로 지상권자·전세권자도 저당권을 설정할 수 있다.

(나) 피담보채권　저당권에 의하여 담보될 수 있는 채권(피담보채권)은 금전채권을 원칙으로 하지만, 금전채권이 아닌 채권도 채무불이행이 있게 되면 역시 금전채권(즉, 손해배상채권)으로 변하게 되므로, 결국 저당권의 피담보채권은 처음부터 금전채권일 필요는 없다. 다만 이 경우에는 그 채권의 가액을 등기하여야 한다.

또한, 피담보채권은 장래에 발생할 채권을 위하여도 그 최고액을 한정하여 저당권을 설정할 수 있다(근저당). 뿐만 아니라, 채권의 일부를 피담보채권으로 할 수도 있고, 수 개의 채권을 합하여 피담보채권으로 할 수도 있으며, 채무자가 각기 다른 수 개의 채권에 관하여 물상보증인이 1개의 저당권을 설정할 수도 있다.

---

15) 다만, 판례는 채권자와 저당권자는 동일인 이어야 하나 제3자를 근저당권의 명의로 함에 있어 채권자와 채무자 및 제3자 사이에 합의가 있고, 채권양도 제3자를 위한 계약, 불가분채권의 형성 등 방법으로 채권이 제3자에 실질적으로 귀속되었다고 볼 수 있는 특별한 사정이 있는 때에는 제3자명의의 근저당권등기도 유효한 것이라고 한다[대판(전) 2001.3.15, 99다48948].

16) 대판 1981.9.8, 80다1468.

┌ 원 칙 ― 금전채권
└ 예 외 ┌ 손해배상채권, 장래의 특정채권
　　　　└ 최고액을 정한 장래 발생할 다수채권(근저당)

다만, 채권자를 달리하는 여러 개의 채권을 한 개의 피담보채권으로 하여 저당권을 설정할 수 있는가. 예컨대 甲·乙은행이 융자조건을 협정하여 채무자 丙에 대여한 경우 이로써 甲·乙은 한 개의 저당권을 준공유하는 것이라고 보며, 저당부동산에 대하여 각자의 피담보채권의 비율로 지분권을 가지는 것이라고 본다.

(3) 抵當權의 設定登記

저당권설정의 물권적 합의는 이를 등기하여야 그 효력이 생긴다.

등기하여야 할 사항은 채권자·채무자·채권액·변제기, 이자·이자의 발생기 또는 지급시기, 원본 또는 이자의 지급장소, 제358조 단서의 약정(저당권의 효력범위 약정), 채권이 조건부인 때에는 그 조건의 내용 등이다(부등법 제140조). 그리고 저당권설정 등기비용은 당사자 사이에 다른 약정이 없으면 채무자가 부담한다.

2. 法定抵當權의 취득

(1) 저당권은 약정담보물권인 것이 원칙이나 유일한 예외로서 법률상 성립하는 경우가 있다. 즉 토지임대인이 변제기를 경과한 최후 2년의 차임채권에 기하여 그 지상에 있는 임차인 소유의 건물을 압류하면 그 압류등기가 있는 때에 임대인은 법률상 당연히 저당권을 취득하는 것이 된다(제649조). 이를 법정저당권이라고 하며, 임차인이 임차지에 자기소유의 건물을 가지는 경우에 한하여, 또한 일정한 차임채권에 관하여만 성립한다.

(2) 부동산공사수급인의 저당권설정청구권에 의하여 성립하는 저당권은 법정저당권인가. 예컨대 부동산공사의 수급인이 공사를 완료하면 도급인은 그 보수를 지급하여야 하는데, 이 때 민법은 수급인의 그 보수에 관한 채권을 담보하기 위하여 그 부동산을 목적으로 하는 저당권의 설정을 청구할 수 있음을 규정하고 있다(제666조). 그러나 학설은 부동산공사수급인이 이 청구권을 행사하더라도 그 청구권행사에 의해 저당권이 당연히 성립되는 것은 아니란 점에서 약정저당권의 일종이라는데 견해가 일치한다.

제 4. 抵當權의 效力

1. 抵當權의 效力이 미치는 범위

(1) 被擔保債權의 범위

저당권에 의하여 담보되는 채권의 범위는 원본·이자·위약금, 채무불이행에 의한 손해배상 및 저당권의 실행비용에 미친다. 그러나 지연배상(지연이자)은 원본의 이행기일을 경과한 후 1년분에 한하여 저당권을 행사할 수 있다(제360조). 이것은 후순위저당권자 또는 저당부동산의 제3취득자를 보호하기 위한 것이다. 따라서 이 때 지연배상액에 대한 1년분의 제한은 저당권자의 제3자에 대한 관계에서의 제한이고 채무자나 저당권설정자가 저당권자에 대하여 주장할 수 있는 것은 아니다.[17)]

- (ㄱ) 원 본
  - 담보되는 원본의 액과 변제기·지급장소 등 — 등 기
  - 피담보채권이 금전채권이 아닌 경우 그 평가액 — 등 기
- (ㄴ) 이 자 – 이율·발생시기·지급과 시기를 등기한 경우 무제한 담보
- (ㄷ) 위약금 – 등기한 경우 담보(통설).
- (ㄹ) 손해배상액(지연배상) – 원본의 이행기일을 경과한 후 1년분에 국한

또한, 저당권자는 피담보채권이 일부라도 남아 있으면 목적물의 전부에 관하여 저당권을 행사할 수 있다(불가분성).

(2) 目的物의 범위

(가) 저당권의 효력은 저당부동산에 부합된 물건 및 종물에 미친다. 그러나 설정행위에서 다른 약정을 하거나 법률에 특별한 규정이 있는 때에는 그러지 아니한다(제358조).

(ㄱ) 저당부동산에 부착하여 이것과 일체를 이루는 물건, 예컨대 지상의 수목, 가옥의 증축된 부분이나 부속물은 저당부동산의 소유자 이외의 자가 그 권원에 의하여 부속시킨 경우(예컨대 지상권자가 식재한 수목)나 설정행위로 다른 약정이 있는 경우를 제외하고는 그 저당권의 설정 전·후를 묻지 않는다(제358조 단서).

(ㄴ) 저당부동산의 종물은 저당권설정 전·후를 불문하고 저당권의 효력이 미친다. 판례는 건물소유를 목적으로 하는 대지임차권에도 저당권의 효력이 미치는 것

17) 판례는 저당권의 피담보채권액의 범위에 관하여 민법 제360조가 지연배상에 대하여는 원본의 이행기일을 경과한 후 1년분에 한하여 저당권을 행사할 수 있다고 하고 있는 것은 저당권자의 제3자에 대한 관계에서의 제한이고 채무자나 저당권설정자가 저당권자에 대하여 대항할 수 있는 것은 아니라 하고, 이 규정은 양도담보에 관하여 준용된다고 하여도 동일한 것이라고 한다(대판 1992.5.12, 90다8855).

이라고 한다.[18]

부합물·종물이 저당부동산으로부터 분리·반출된 경우에도 저당권의 효력이 미치는가. 부합물·종물의 분리가 목적물의 사용을 위한 정당한 범위에서 분리된 때에는 저당권의 효력이 미치지 않는데 의문의 여지가 없다. 그러나 정당한 이용권의 범위를 넘어 분리·반출된 경우도 효력이 배척되는가. 다수설은 공시원칙설을 취하여, 공시의 원칙이 미치는 범위에서 저당권의 효력이 미친다고 할 것이나, 그 물건이 제3자의 지배 하에 있는 경우에는 특별히 압류하지 않은 이상 저당권의 효력은 미치지 않는 것이라고 한다.

또한, 종된 권리에도 저당권의 효력이 미치는가. 예컨대 지상권에 기하여 건물을 소유하는 자가 건물에 저당권을 설정한 경우 그 지상권에도 저당권의 효력이 미치는가. 판례는 민법 제100조 제2항의 유추적용에 의하여 건물의 종된 권리인 지상권에도 효력이 미치는 것이라고 하고,[19] 또한 건물의 소유를 목적으로 하여 토지를 임차한 사람이 그 토지 위에 소유하는 건물에 저당권을 설정한 때에는 민법 제358조(저당권의 효력범위) 본문에 따라서 저당권의 효력이 건물뿐만 아니라 건물의 소유를 목적으로 하는 토지임차권에도 미치는 것이라고 한다.[20]

(ㄷ) 목적부동산의 과실에는 미치지 아니하나, 저당부동산에 대한 압류가 있은 후 저당권설정자가 수취하는 과실 또는 수취할 수 있는 과실에 대하여는 효력이 미친다. 그러나 저당권자가 과실을 압류한 사실을 저당부동산의 소유권·지상권 또는 전세권의 제3취득자에게 통지한 후가 아니면 이들 제3취득자에 대항하지 못한다(제359조).

- 원 칙 – 효력 배제
  - 저당권에 점유권이 없는 당연한 결과
  - 과 실 – 천연과실·법정과실을 불문(다수설)
- 예 외 – 저당부동산을 압류한 때
  - 압류로 인한 그 부동산으로부터 수취된 또는 수취할 수 있는 과실
  - 압류사실의 통지 – 제3자에의 대항요건(소유권·지상권·전세권취득자)

(나) 목적 토지상의 건물에는 저당권의 효력이 미치지 않는다. 다만, 민법은 토지를 목적으로 저당권을 설정한 후에 그 설정자가 그 토지 위에 건물을 축조한 때에는 저당권자는 토지와 함께 그 건물에 대하여서도 경매를 청구할 수 있다. 그러나 건물의 경매대가로부터는 우선변제를 받지 못한다(제365조)라고 규정하여 일괄경매권을 규정한다.

---

18) 대판 1993.4.13, 92다24950.

19) 대판 1996.4.26, 95다52864; 1995.8.22, 94다12722; 1993.4.13, 92다24950; 1992.7.14, 92다527; 1985.2.26, 84다카1578·1579.

20) 대판 1993.4.13, 92다24950. 또한 판례는 임차인의 변경으로 당사자간의 개인적 신뢰를 더 이상 지속시키기 어려운 특별한 사정은 경락인이 주장·입증할 것이라고 한다.

(ㄱ) 일괄경매권이 인정되는 저당토지상 건물은 저당권설정 후 그 설정자가 축조한 경우에 한한다. 그러나 저당권설정자로부터 저당토지에 대한 용익권을 설정받은 자가 그 토지에 건물을 축조한 경우라도 그 후 저당권설정자가 그 건물의 소유권을 취득한 경우에는 저당권자는 토지와 함께 그 건물에 대하여 경매를 청구할 수 있다.[21)]

다만, 토지와 지상건물에 공동저당권을 설정한 후 그 건물을 철거하고 새로이 신축하여 소유하는 경우 저당권자는 그 토지와 건물의 동시경매권을 가지는가. 판례는 이 경우 마치 나대지상에 저당권을 설정한 후 그 설정자가 건물을 축조한 경우와 동일한 것으로 보아 민법 제365조에 의한 토지와 건물의 일괄경매권을 가지는 것이라고 한다.[22)]

(ㄴ) 축조된 건물이 미등기건물인 경우에는 경매를 청구하는 자가 이를 증명하여야 한다.

판례는 토지에 대한 경매절차에서 그 지상건물을 토지의 부합물 내지 종물로 보아 경매법원에서 저당토지와 함께 경매를 진행하고 경락허가를 하였다고 하여 그 건물의 소유권에 변동이 초래될 수 없는 것이라고 하고(대판 1997.9.26, 97다10314), 또한 토지에 대한 저당권자가 민법 제365조에 의하여 그 지상의 미등기건물에 대하여 토지와 함께 경매를 청구하는 경우에는 지상건물이 채무자 또는 저당권설정자의 소유임을 증명하는 서류로서 부동산등기법 제131조 소정의 서면을 첨부하여야 하는 것이라고 한다(대결 1995.12.11, 95마1262).

(ㄷ) 저당권자의 일괄경매청구권은 권리이지 의무는 아니다. 따라서 그 행사는 저당권자의 자유이다. 다만 토지만을 경매하여도 피담보채권의 완제를 받을 수 있는 경우 이를 동시경매 하는 경우 그 경매는 과잉경매로 되는가. 판례는 대지와 그 지상건물을 같이 경매하는 것은 그 가액을 높이는데 목적이 있는 것이므로 대지와 그 지상건물을 같이 경매한다고 하여 과잉경매의 규정은 적용되지 않는 것이라고 한다.[23)]

(다) 저당목적물의 멸실·훼손·공용징수로 인하여 저당권설정자가 받을 금전 기타의 것에 미친다. 이는 물상대위성의 결과이다. 그러나 저당권자가 물상대위권을 행사하기 위하여서는 그 지급 또는 인도전에 목적물을 압류하여야 한다.

---

21) 대판 2003.4.11, 2003다3850.

22) 대판 1998.4.28, 97마2935.

23) 대판 1968.9.30, 67마420; 1961.3.20, 4294민재항50.

2. 優先辨濟的 效力

⑴ 優先辨濟權

(가) 저당권자는 목적물로부터 우선변제를 받을 수 있다(제356조). 우선변제를 받는 방법은 민사집행법이 정한 절차에 의한 경매를 청구하여 그 경매대금으로부터 변제를 받는 것이며, 저당권자가 저당권을 실행하지 않고 있는 사이에 저당권자 아닌 일반채권자가 저당부동산에 강제집행을 하거나, 또는 저당부동산의 전세권자의 경매신청 및 후순위저당권자의 저당권실행(경매)의 경우에도 저당권자는 그가 가지는 순위에 따라 경매대금으로부터 당연히 우선변제를 받게 된다.

(나) 저당권자가 저당부동산의 매각대금으로부터 배당을 받았으나, 그 배당으로 피담보채권을 완제 받지 못한 경우에는 변제 받지 못한 잔액채권은 무담보의 채권으로서 남게 된다. 따라서 이 잔액채권의 만족을 위하여도 저당권자는 일반채권자로서 채무자의 일반재산에 대하여 스스로 강제집행을 하거나, 또는 타인이 집행하는 경우 그 배당에 가입할 수 있다.

(다) 저당권자가 저당부동산에 대한 집행을 하지 않은 채 먼저 일반재산에 집행하거나, 또는 타인이 집행한 경우 그 채권 전액에 관하여 배당에 가입할 수 있다(이 때 다른 채권자는 저당권자에 대하여 그 배당금액의 공탁을 청구할 수 있다).

또한, 저당부동산의 소유자가 파산한 경우 별제권을 가진다(파산법 제84조).

⑵ 抵當權者의 우선순위

(가) 저당권은 동일한 목적물에 관하여 우선변제권을 가지는 다른 담보물권이나 기타 권리와 경합되는 수가 있다. 이러한 경우 이들 권리와 사이에 우선순위가 문제되며, 다음의 순위에 의한다.

(ㄱ) 일반채권자에 대하여는 언제나 저당권자가 우선한다.

(ㄴ) 전세권과 경합하는 경우에는 설정등기의 선·후에 의하여 순위가 정해진다.

(ㄷ) 유치권은 우선변제권이 없으므로, 저당권과 우열의 문제는 생기지 않는다. 다만 유치권자는 사실상 우선변제를 받게 된다.

(ㄹ) 동일한 부동산 위에 수 개의 저당권이 경합하는 때에는 각 저당권의 설정순위, 즉 설정등기의 선·후에 의한다.

(나) 조세채권은 일반채권에 우선함은 물론 일정범위 내에서 물적 담보권에 우선한다. 즉 국세·가산금·채납처분비는 다른 공과금 기타 채권에 우선한다. 그러나 법정기일 전에 설정된 전세권·질권·저당권을 등기한 때에는 그러하지 아니한다(국세기본법 제35조 제1항). 따라서 목적물상 당해세를 제외하고는 목적물상 설정된 담보

권에는 우선하지 못한다.

여기서 법정기일이란 납세의무성립일 또는 납세고지일을 의미하며, 이 때 우선특권이 보장되는 국세란 국세기본법 제35조 제1항 제3호에 의하여 부과되는 조세로서, 특히 판례는 저당목적물의 소유자가 체납하고 있는 국세는 그 법정기일(설정자의 납세의무를 기준) 전에 설정된 저당채권에 우선하지 못하나 저당목적물에 부과된 국세와 가산금은 그 법정기일에 설정된 저당권에 언제나 우선한다. 그러나 상속세는 국세기본법 제35조 제1항 제3호에 의하여 저당권에 의하여 담보되는 채권보다 우선하는 당해세라고 볼 수 없는 것이라 한다(대판 1996.7.12, 96다21058).

또한, 임금채권과 일정범위의 퇴직금 및 재해보상금은 일정범위에서 우선특권이 인정된다(근로기준법 제37조 제2항). 따라서 동법상 임금채권과 일정범위의 퇴직금 및 재해보상금은 담보물권에는 후순위이지만 일반채권에는 우선하고, 그 중 근로자의 최종 3개월분의 임금채권과 최종 3년간의 퇴직금 및 재해보상금채권은 사용자의 총재산에 대하여 질권 또는 저당권에 의하여 담보된 채권, 조세·공과금 및 다른 채권에 우선한다.[24]

종래 근로기준법은 퇴직금의 우선변제조항을 두었으나 헌법재판소는 이와 같은 퇴직금의 우선변제조항은 질권·저당권의 본질적 내용을 침해할 우려가 있는 것이라 하여 위헌을 결정함으로써 임금채권의 우선변제권은 일정범위로 한정된다.[25]

또한, 임금 등에 대한 우선변제권은 그 지연손해금 채권에 대하여도 인정되는가. 판례는 위와 같은 임금 등 채권의 최우선변제권은 근로자의 생활안정을 위한 사회정책적 고려에서 담보물권자 등의 희생 아래 인정되고 있는 점, 민법 제334조, 제360조 등에 의하면 공시방법이 있는 민법상의 담보물권의 경우에도 우선변제권이 있는 피담보채권에 포함되는 이자 등 부대채권 및 그 범위에 관하여 별도로 규정하고 있음에 반하여, 위 근로기준법의 규정에는 최우선변제권이 있는 채권으로 원본채권만을 열거하고 있는 점 등에 비추어 볼 때, 임금 등에 대한 지연손해금채권에 대하여는 최우선변제권이 인정되지 않는 것이라고 한다.[26]

(다) 피담보채권에 우선하는 채권 상호간에는 특별법상 규정에 의하여 상대적으로 정하여 진다. 즉 주택 및 상가건물임차인의 보증금 중 일정액은 모든 국세·지방

---

24) 근로기준법 제37조 제2항 중 퇴직금 부분은 질권·저당권의 본질적 내용을 침해할 소지가 있고, 그 담보물권들의 효력제한에 있어서 입법자가 준수해야 할 과잉금지원칙에 위배되는 것으로 위헌성이 있다. 그러나 퇴직금의 전액이 아니고 근로자의 최저생활을 보장하고 사회정의를 실현할 수 있는 적정 범위내의 퇴직금채권을 다른 채권들보다 우선변제 함은 퇴직금의 후불 임금적 성격 및 사회보장적 급여로서의 성격에 비추어 상당하다 할 것이므로 우선변제될 퇴직금채권의 적정한 범위를 입법자의 결정에 맡길 것이라고 하였다(헌재판 1997.8.21, 94헌바19, 95헌바34, 97헌가11).

25) 헌재판 1997.8.21, 94헌다18; 95헌바34 ; 97헌가11.

26) 대결 2000.1.28, 99마5143.

세에 우선하여 변제된다(국세기본법 제35조 제1항 4호, 지방세법 제31조 제2항 4호). 따라서 주택 및 상가건물임대차보증금 중 일정액은 피담보채권 및 모든 조세·공과금에 우선하여 변제된다. 그러나 일정액을 제외한 우선변제권이 확보된 보증금에 대하여는 후순위담보물권과 전세권 및 후순위의 조세·공과금에 우선하여 변제된다.

또한, 우선변제권을 갖는 근로관계로 인한 채권은 목적물상 피담보채권은 물론 담보목적물에 부과된 조세·공과금에 우선하여 변제된다. 다만 주택 및 상가건물임차인의 보증금 중 일정액과 임금채권에 관하여 주택임대차보호법 제8조 및 상가건물임대차보호법 제14조는 "임차인은 소액보증금 중 일정액을 다른 담보물권자보다 우선하여 변제 받을 수 있다."라고 하고, 또한 근로기준법 제37조 제2항은 "근로자의 최종 3월분의 임금채권, 최종 3년간의 퇴직금채권 및 재해보상금채권은 사용자의 총재산에 대하여 질권 또는 저당권에 의하여 담보된 채권, 조세, 공과금 및 다른 채권에 우선하여 변제되어야 한다."라고 규정한다. 따라서 동규정의 해석상 임차인의 보증금반환채권도 근로기준법상 규정된 다른 채권에 해당하는 것이라고 할 것이므로 임금채권은 보증금 중 일정액보다 우선하는 것으로 이해된다. 그러나 판례는 생존권보장적 측면에서 양자를 구별하지 않고 동등한 순위로 배당하게 하고 있다.

결국, 피담보채권에 우선하는 채권상호간에 최우선 순위는 주택 및 상가건물임차인의 보증금 중 일정액은 모든 국세·지방세에 우선하여 변제되고, 근로관계채권과의 관계에서는 동등 순위로 배당 받게 된다.

3. 抵當權의 실행

(1) 抵當權의 경매실행

(가) 저당권실행의 요건　　저당권의 실행은 경매에 의한다. 저당권자는 일반채권자와는 달리 채무명의 없이 저당권의 증명만으로 경매를 청구할 수 있다. 따라서 저당권은 민사집행법 제264조 이하의 담보권의 실행 등을 위한 경매의 규정에 의하여 실행되며, 다음의 실체적 요건을 갖추어야 한다.

(ㄱ) 유효한 저당권이 존재할 것[27]

(ㄴ) 유효한 저당권을 가지는 자가 경매를 신청할 것

(ㄷ) 채권이 존재하고 그 액이 확정하고 있을 것

---

27) 다만 판례는 전세권에 대하여 설정된 저당권은 민사집행법 제264조 소정의 부동산경매절차에 의하여 실행하는 것이나 전세권의 존속기간이 만료되면 전세권의 용익물권적 권능이 소멸하기 때문에 더 이상 전세권 자체에 대하여 저당권을 실행할 수 없게 되는 것이라 한다(대판 1995.9.18, 95마684).

(ㄹ) 채권의 변제기가 도래하였음에도 불구하고 채무이행을 하지 않을 것

(ㅁ) 저당부동산의 제3취득자에 대한 통지는 그 요건이 아니다.

(나) **저당권실행절차** 저당권의 실행은 일정 사항을 기재한 경매신청서를 경매법원에 제출함으로써 시작된다.

(ㄱ) 법원은 경매개시결정과 동시에 그 부동산의 압류 및 경매신청의 기입등기를 행하고, 경매 및 경락기일을 정하여 공고하고 이를 경매절차의 이해관계인에 통지하여야 한다(민사집행법 제104조 제1항 제2항).

경매목적물의 매수신청인은 매수가격의 신고와 일정한 보증금을 납입하여 매수허가를 받아야 하고 더 이상 고가인 매수가격의 신고가 없으면 경매를 종결한다.

(ㄴ) 최고가 경매인에 대하여 법원은 경락기일에 이해관계인의 진술을 들은 후 경락허가 여부를 결정함과 동시에 대금지급기일을 지정한다. 대금지급기일에 경락인이 대금을 지급하면 집행법원은 배당기일을 정하고 배당기일에 이해관계인과 배당을 요구한 저당권자를 소환·심문하여 미리 작성한 배당표를 확정하고 배당을 실시함으로 저당권실행은 종료한다(민사집행법 제145조 이하).

(ㄷ) 지상권·전세권을 목적으로 하는 저당권은 물건의 저당권을 목적으로 하는 저당권의 실행을 준용한다(제371조 제1항).

특히, 개정 민법(안)은 전세권을 목적으로 하는 저당권에서 저당권자 또는 저당권설정자가 전세권설정자에게 저당권설정을 통지하거나 전세권설정자가 이를 승낙한 때에는 저당권자는 전세금반환채권을 직접 청구할 수 있음을 규정한다(동조 ③ 신설안).

(다) **저당권실행과 용익권의 관계**

(ㄱ) 저당권설정전의 용익권 : 저당권보다 먼저 설정된 지상권·전세권이 저당권에 대항할 수 있음은 당연하다.

부동산임차권도 등기가 있으면 저당권이 실행되더라도 경락인에게 대항할 수 있고(제621조 제2항), 건물소유를 목적으로 하는 토지임차권은 그 지상 건물을 등기한 때에는 토지의 저당권자 및 그 실행 후의 경락인에게 대항할 수 있다(제622조 제1항). 또한 주택 및 상가건물임차권은 목적물의 인도와 주민등록 및 사업자 등록을 마치면 등기 없이 대항할 수 있다(주택임차법 제3조, 상가건물임차법 제3조).

(ㄴ) 저당권설정 후의 용익권 : 저당권설정 후 용익권을 취득한 제3자는 저당권의 실행이 있을 때까지는 용익할 수 있으나, 저당권이 실행되면 그 경락인에 대하여는 대항할 수 없고 목적물을 경락인에게 인도하여야 한다.

(ㄷ) 저당권실행 후의 용익권 : 저당권실행이 착수되어 경매가 개시되고, 저당물이 압류되면 저당권설정자는 목적물로부터 과실을 수취하지 못하게 되고, 목적물

의 제3취득자도 저당권자로부터 압류통지를 받은 후에는 역시 목적물의 과실을 취득하지 못한다.

(라) 제3취득자의 지위　저당권의 목적물인 부동산을 그 저당권이 설정된 후에 양수하거나, 또는 그 저당부동산 위에 지상권·전세권을 취득한 자를 제3취득자라 한다. 이들은 저당권이 실행되기 전까지는 저당물을 소유하거나 용익하는데 지장을 받지 않으나, 저당권이 실행되면 그 권리를 상실하게 되므로 이들을 보호하기 위하여 민법은 몇 개의 규정을 두고 있다.

(ㄱ) 저당부동산에 대하여 소유권·지상권 또는 전세권을 취득한 제3자는 저당권자에 그 부동산으로 담보된 채권을 변제하고 저당권의 소멸을 청구할 수 있다(제364조). 또한 변제자는 당연히 채권자를 대위하고 채무자에 구상할 수 있다.

(ㄴ) 저당물이 경매될 때에는 저당물의 소유권을 취득한 제3자도 경매인이 될 수 있다(제363조 제2항).

(ㄷ) 저당물의 제3취득자가 그 목적물을 보존·개량하기 위하여 필요비 또는 유익비를 지출한 때에는 저당물의 경매대금에서 우선상환을 받을 수 있다(제367조).

(마) 저당권의 실행과 법정지상권의 성립　소유자를 같이 하는 토지 또는 그 지상의 건물에 저당권을 설정한 경우 후일 저당권실행으로 토지와 건물의 소유자를 달리하게 된 때에는 그 토지의 소유자는 건물소유자에 대하여 지상권을 설정한 것으로 본다(제366조). 이를 법정지상권이라고 하며, 민법이 이를 규정한 것은 저당권실행으로 건물의 소유자가 그 토지 위에 건물을 존치할 권한을 상실하게 됨은 사회·경제상 대단히 불이익할 뿐만 아니라, 저당권을 설정할 당시 당사자의 의사에도 반하는데 있다. 그러나 동법 규정상 법정지상권이 성립하기 위해서는 저당권설정 당시 그 지상에 건물이 존속하고 있었어야 하고, 또한 그 토지와 지상건물이 동일 소유자의 소유이어야 한다. 따라서 저당권설정 후 저당토지상 축조된 건물의 경우에는 법정지상권은 성립하지 않는다.

(2) 流抵當契約에 의한 저당권의 실행

(가) 유저당계약　유저당계약이란 저당권설정 당시 또는 저당권설정 후 변제기전에 후일 채무자가 채무불이행이 있게 되면 채권자가 임의로 저당물의 소유권을 취득하게 하거나 법률이 정한 방법(경매)에 의하지 않고 처분토록 하는 채권자와 채무자간의 약정이며, 저당물의 소유권을 취득할 목적 또는 저당물의 환가를 임의로 실행할 목적에서 행하여진다.[28]

28) 유저당계약은 통상 저당권에 병존한 대물반환의 예약에 의하며, 그 가등기의 확보 여부에 따라 의

(나) 유저당계약의 유효성과 그 위반의 효과 유저당계약은 유질계약의 금지규정과 관련하여 그 유효성이 문제된다. 그러나 학설과 우리 민법이 유질계약을 금지하면서 저당권에는 준용규정을 두고 있지 않고, 또한 유질계약이 금지되는 경우에도 민법 제607조는 대물반환예약을 규정하고 있으므로 동조 규정에 반하지 않는 범위에서는 사실상 유효한 유질이 인정되므로, 저당권 또한 동조 규정에 반하지 않는 한 그 유효성을 배척할 수 없는 것이라고 한다. 따라서 저당권자와 저당권설정자간에 저당권설정 당시 또는 저당권의 변제기 전에 저당목적물의 처분의 약정으로서 민법 제607조의 범위내의 약정, 즉 원리합계금의 범위 내에서의 대물반환예약은 유효하다.

(ㄱ) 대물반환예약에 의한 저당권자는 대물변제합의에 의하여 예약완결권을 가지며, 저당권자의 예약완결권 행사로 채무자는 소유권이전의 의무를 부담한다. 그러나 대물반환의 예약을 가등기 한 경우에는 물론 이를 등기하지 않는 경우에도 민법 제607조에 의하여 규제되므로 채권자는 청산의무를 부담하며, 그 구체적인 절차에 관하여는 가등기담보법이 준용된다.

(ㄴ) 다만, 대물반환의 예약이 민법 제607조의 범위를 넘는 범위, 즉 원리합계금의 범위를 넘는 대물반환의 예약은 유효한가. 민법 제607조는 "차용물의 반환에 관하여 차주가 차용물에 갈음하여 다른 재산권을 이전할 것을 예약한 경우에는 그 재산의 예약 당시 가액이 차용액 및 이에 붙인 이자의 합산액을 넘지 못한다."라고 하고, 나아가 민법 제608조는 "제607조의 규정에 위반한 당사자의 약정으로써 차주에 불리한 것은 환매 기타 여하한 명목이라도 그 효력이 없다."라고 규정한다. 따라서 민법 제607조의 범위를 넘는 대물반환의 예약은 민법 제608조에 의하여 무효이나, 다만 동조 규정에 반한 대물반환의 예약에 기하여 이미 채권자에 소유권을 이전한 경우 목적부동산의 소유권이전의 효력은 유효한가. 견해가 대립된다.

양도담보설은 민법 제607조 내지 제608조에 의하여 무효라고 하더라도 그 소유권이전은 무효로 되지 않고, 다만 채무자는 담보계약에 따라 청산청구권을 가지는 것이라고 한다(이영준 818면, 이은영 784면, 이상태 417면).

일부무효설은 민법 제608조가 제607조에 위반한 것의 「효력이 없다」란 의미는 단순히 무효란 뜻이 아니라 제607조에 반한 초과부분을 채무자에게 반환하여야 한다는 의미로 보아야 할 것이고 그 반환은 폭리행위제한의 일반규정에 의할 것이라고 한다(곽윤직 464-5면,

---

미를 달리한다. 즉 유저당계약에 병존한 대물반환예약을 가등기하는 경우에도 그것은 독립한 담보예약이라 할 것은 아니고 저당권실행의 특약에 불과한 것으로 보아야 할 것이지만, 다만 현행법은 가등기담보법을 두고 있으므로 이를 가등기하는 경우에는 동법상 하나의 독립한 담보로 될 것이라고 보며, 이제 진정한 의미의 유저당은 대물변제예약을 가등기하지 않는 경우가 될 것이라고 한다(곽윤직 621면).

김용한 564면, 김상용 781면, 강태성 담보물권법 236-7면).

다수설은 동 규정의 입법취지와 거래의 안전을 고려하여 일부무효설을 취한다. 그러나 유력한 견해는 일부무효설이 민법 제608조에서 「효력이 없다」는 것은 무효를 의미한다고 하면서도, 다른 한편 그 무효는 대물변제효력이 전면적으로 없다는 것을 의미하지 않고 제607조에 위반하는 초과부분을 채무자에게 반환하는 「청산 내지 정산」이 요구되는 소위 일부무효로 구성하는 것은 현행법 상 무효법리에 반하는 것이라 한다. 즉 현행법상 일부무효가 되기 위해서는 무효부분이 없더라도 법률행위를 하였으리라는 독립성을 가져야 하는데, 대물변제예약으로 인한 「나머지 대물변제예약」이 양적 개념, 성질·약정 어느 것에 의하여도 독립성을 갖는다고 볼 수 없는 것이어서 민법 제608조에는 적용의 여지가 없고, 또한 폭리행위로 전부를 무효로 하는 것보다는 폭리로 되는 부분만 무효로 하여 이미 지급한 것이 있으면 반환케 하는 것이 폭리를 다스리는 방법으로서 더 적절하다고 할 근거도 없다고 한다.

그리하여 현행법상 유저당 특약은 유효하지만 민법 제607조의 범위를 초과한 저당권설정계약과 함께 체결한 대물변제예약은 전부무효이지만 약한 의미의 양도담보로 전환되어 그 효력으로서 청산의무를 부담하며 이때 저당권설정자가 가지는 청산청구권은 부당이득반환청구권이 아니라 담보계약 내용에 따라 발생하는 계약적 청구권이라고 한다.[29)]

판례 또한 저당권설정과 아울러 대물반환의 예약을 하고 그 목적물인 부동산에 대한 소유권이전등기에 필요한 일체의 서류를 채권자에게 교부한 경우에 대물반환예약의 효력은 인정될 수 없다고 하여도 양도담보의 효력은 인정되어야 할 것이라 하고, 대물변제예약에 기하여 미처 소유권이전등기를 경료하지 아니한 경우에는 채권자는 양도담보약정을 원인으로 하여 담보목적물에 대한 소유권이전등기이행을 청구할 수 있는 것이라고 한다.[30)]

(다) 정산의 방법 유저당계약에 의하여 성립한 저당권은 가등기담보등에 관한 법률이 정한 절차에 따라서 청산절차를 밟아야 한다. 따라서 저당권자는 민법 제607조에 반하지 아니한 범위에서는 물론, 동법 규정을 위반한 것으로서 이미 저당물의 소유권이 채권자에 이전된 경우에도 귀속형 정산, 즉 채권자가 목적물의 소유권을 취득하고 정산하거나, 채권자의 임의실행의 방법에 의하여 정산하여야 한다.

---

29) 이영준 818-9면.

30) 대판 1999.2.9, 98다51220; 1996.4.26, 95다34781; 1968.6.28, 68다762, 763; 1967.1.31, 66다2227.

4. 抵當權侵害의 태양과 그 구제

(1) 抵當權侵害의 의의

저당권의 침해란 목적물의 가치가 감소하여 피담보채권의 담보력이 부족하게 되거나 저당권의 실행을 방해하는 행위를 말한다. 따라서 저당권의 침해로 되기 위하여서는 목적물의 가치를 감소케 하는 것이어야 하고, 저당물의 사용방해나 정당한 권리범위 내에서의 부합물·종물의 제거는 저당권침해로 되지 않는다.

(2) 抵當權侵害의 태양

저당목적물의 교환가치를 감소시키는 행위 또는 저당권의 실행을 사실상·법률상 방해하는 모든 행위는 저당권의 침해에 해당된다. 즉 저당권은 목적물의 교환가치만을 파악하므로 가치권의 침해가 아닌 한 소유자 또는 용익권자의 사용·수익은 원칙적으로 허용된다. 따라서 저당목적물에 대한 소유자 자신의 사용·수익이나, 타인을 위한 용익권의 설정은 물론, 권원 없는 제3자에 용익케 한 경우에도 그 자체만으로는 저당권의 침해로는 되지 않는다. 그리하여 통상 저당권의 침해형태로는 다음과 같이 들 수 있다.

(가) 목적물의 멸실·훼손 저당목적 건물에 방화를 하거나, 통상의 용도를 넘는 건물의 개조 및 토지 원상의 변경으로 교환가치를 감소시키는 것은 저당권의 침해가 된다.

(나) 저당목적물의 가격하락 물가하락으로 인한 저당목적의 가격의 하락은 그것만으로는 저당권의 침해라고 할 수 없으나, 저당권 실행절차의 진행을 고의로 방해하여 그 동안에 가격하락을 생기게 하는 것은 침해가 될 수 있다.

(다) 부합물·종물의 부당한 분리·반출 및 강제집행 부합물·종물의 분리가 정당한 이용을 벗어난 것인 경우 일응 저당권의 침해로 된다. 그러나 부합물·종물이 분리된 경우에도 공시작용이 미치는 한도에서는 저당권의 효력이 미치므로 부합물·종물이 분리가 저당권의 침해로 되기 위해서는 분리된 후 반출되어 저당권의 효력이 미치지 못하게 된 경우라야 한다.

또한, 제3자가 저당권의 효력이 미치는 부합물·종물에 대하여 강제집행을 하는 것은 저당권자가 목적물과 함께 일체적으로 파악하고 있는 교환가치에 감손을 가져오므로 당연히 저당권의 침해로 된다.

(라) 저당권실행의 방해 저당권이 존재함에도 불구하고 소유자 기타 제3자가 그 부존재를 주장하여 저당권실행의 금지 또는 개시된 경매절차의 정지를 명하는 가처분을 얻어 저당권의 실행을 방해하는 것은 저당권의 침해가 된다.

(마) 무효인 선순위등기의 존재　저당권보다 선순위의 무효인 저당권이나 임차권 등의 등기가 있어 저당권의 우선변제권을 제약하는 외관을 나타내는 경우에는 저당권의 실행과 처분을 사실상 방해하게 되므로 저당권의 침해가 된다.

(바) 일반채권 및 후순위저당권의 부당한 실행　저당부동산에 대한 일반채권자의 집행은 저당권자가 전부 변제를 받을 수 있는 경우에만 허용되므로, 저당권자의 변제에 충당하고 잔여 배당액이 없음에도 집행하는 경우에는 권리남용의 법리에 의해 저당권의 침해가 된다.

(3) 抵當權侵害의 구제

(가) 물권적 청구권의 행사　저당권의 침해로 저당권자는 목적물상 침해행위의 제거 또는 예방을 청구할 수 있다. 즉 저당권에 기한 유해등기의 말소청구 및 저당목적물 일부의 강제집행에 대한 제3자 이의의 소 제기 등을 행사하여 저당권침해의 제거 또는 예방을 청구할 수 있다(민사집행법 제45조 · 제48조). 그러나 저당권자는 목적물을 점유할 권리는 없으므로 저당물반환청구권은 인정되지 않는다.

(나) 손해배상청구　저당권침해로 인하여 손해가 발생한 때에는 그 손해배상을 청구할 수 있고, 그 청구권의 행사는 저당권실행 후에는 물론 저당권실행 이전의 경우에도 행사할 수 있고 그 손해액은 침해 당시 담보목적물가액의 범위 내에서 채권최고액을 한도로 하는 피담보채권액으로 확정할 것이라고 한다.[31]

(다) 담보물보충청구　저당권설정자의 책임 있는 사유로 저당물의 가액이 현저히 감소한 때에는 저당권자는 설정자에 대하여 원상회복 또는 상당한 담보의 제공을 청구할 수 있다(제362조).

(라) 기한이익의 상실　채무자가 담보를 손상 · 감소 또는 멸실케 한 때에는 기한의 이익을 주장하지 못한다(제388조 제1호). 따라서 채무자의 기한이익의 상실로 저당권자는 즉시 변제를 청구할 수 있고 저당권을 실행할 수 있게 된다.

(4) 救濟手段의 상호관계

저당권 침해가 있게 되면 저당권자는 저당권에 기한 수 개의 청구권을 갖게 된다. 예컨대 채무자가 담보를 손상 · 감소 또는 멸실하게 한 때에는 기한의 이익을 상실하게 되고, 기한이익상실에 의한 저당권자의 담보물보충청구권과 즉시변제청구권이 경합하고 또한 손해배상청구권과 담보물보충청구권이 경합하고 담보권자의 선택적 행사로 된다.

---

31) 대판 1998.11.10, 98다34126.

제 5. 抵當權의 處分 및 消滅

1. 抵當權의 處分

(1) 抵當權處分의 제한

저당권자는 피담보채권의 변제기 이전에 투하된 자본을 회수하려면 저당권을 처분하는 길 밖에는 없다. 그러나 우리 민법에서는 저당권의 유통성이 확보되지 않으므로 저당권의 처분이 쉽지 않고, 또한 현행 민법은 저당권의 부종성을 강화하여 그 담보한 채권과 분리하여 타인에게 양도하거나 다른 채권의 담보로 하지 못한다고 규정(제361조)함으로써, 더욱 그의 처분의 폭을 좁게 하고 있다.

(2) 抵當權處分의 방법

(가) 저당권은 이를 피담보채권과 함께 처분할 수 있다. 따라서 저당권부채권의 양도에는 부동산물권변동의 규정과 채권양도에 관한 규정이 모두 적용되게 된다. 즉 저당권의 양도에 관한 물권적 합의와 등기(부기등기)를 하여야 효력이 생기고, 한편 채권양도에 관한 당사자 사이에 합의가 있어야 할 뿐만 아니라, 채권자 기타 제3자에게 그 채권의 양도를 가지고 대항하려면 양도인이 채권자에게 통지하거나 또는 채무자가 승낙하여야 한다.

(나) 저당권부채권의 입질은 저당권설정등기에 입질의 부기등기로 한다(제348조).

(3) 資産流動化法에 의한 특례

저당권의 양도는 「자산유동화에 관한 법률」에 의한 특례가 인정된다. 즉 동법상 피담보채권양도의 대항요건으로서 채무자 및 물상보증인에 대한 통지는 그 통지가 송달되지 않는 경우에도 그 사실을 일간지에 공고하여 통지에 갈음하게 하고, 제3자에 대하여는 자산양도등록을 한 때 대항력을 갖춘 것으로 한다(자산유동화법 제7조 제1항, 제2항, 주택법 제6조 제1항, 제2항).

또한, 저당권의 양도에도 자산보유자가 저당권부채권을 양도한 경우 유동화전문회사는 저당권의 이전등기 없이 채권양도의 등록이 있는 때 그 저당권을 취득한 것으로 하여 저당권의 양도를 인정한다(동법 제8조 제1항).

2. 抵當權의 소멸

(1) 저당권은 물권에 공통하는 소멸원인 및 담보물권에 공통하는 소멸원인으로

소멸하는 외에 경매·제3취득자의 변제 등에 의하여 소멸한다.

(2) 민법은 저당권의 소멸에 관하여 다음과 같은 제한적 규정을 두고 있다.

(가) 저당권은 피담보채권이 시효로 소멸하면 그에 따라 저당권도 소멸한다(제369조). 이것은 부종성에 기인한 것이다. 그러나 저당권은 단독으로 소멸시효에 걸리지는 않는다. 그러나 제3자가 저당부동산을 시효취득한 때에는 그 저당권은 소멸한다.

(나) 지상권 또는 전세권을 목적으로 저당권을 설정한 자는 저당권자의 동의 없이 지상권·전세권을 소멸하게 하는 행위를 하지 못한다(제371조 제2항). 이것은 그들을 목적으로 하는 저당권 보호에 있다.

(다) 저당권은 저당부동산의 멸실·공용징수에 의하여도 소멸한다. 그러나 저당권은 물상대위성을 가지므로 목적물이 멸실 또는 공용징수로 소멸하는 경우에도 목적물의 멸실·공용징수로 인하여 저당권설정자가 받을 금전 기타 물건에 대위할 수 있으므로 그 범위에서 저당권은 소멸하지 않고 잔존한다(제370조, 제342조).

제 6. 特殊한 抵當權

1. 共同抵當

(1) 共同抵當의 의의와 성질

(가) 공동저당의 의의 동일한 채권의 담보로서 수 개의 부동산 위에 설정된 저당권을 공동저당 또는 총괄저당이라고 한다(제368조). 토지와 건물이 별개의 부동산으로 되어 있는 법제 하에서는 토지와 그 지상의 건물을 함께 저당하는 것이 편리하고, 한 개의 부동산만으로는 담보력이 부족하기 쉬우므로 하나의 채권담보를 위하여 수 개의 부동산에 저당권을 설정하는 일이 적지 않다.

한편, 공동저당을 설정하면 저당권자는 공동저당의 목적인 수 개의 부동산 중 한 개 또는 수 개로부터 채권의 전부 또는 일부의 우선변제를 받을 수 있으므로 채권자의 지위를 강화한다.

(나) 공동저당의 성질 공동저당에 있어서는 목적부동산의 수만큼의 저당권이 성립한다. 각 저당권은 모두 동일한 채권을 담보하는 것으로서 채권자가 어느 저당권에 의하여 채권 전부의 만족을 얻으면 다른 저당권도 목적달성으로 소멸한다.

그 밖의 점에서는 공동저당도 일반저당권과 동일한 성질을 가진다. 따라서 목적물은 부동산이 보통이지만 이것에 국한하지 않고 등기된 항공기·선박도 될 수 있으며, 그 성립·이행상 물상대위성·불가분성·부종성을 가진다.

⑵ 共同抵當의 실행

㈎ 공동저당의 실행과 배당 공동저당에 있어서는 공동저당권자·저당권설정자·선순위 또는 후순위저당권자 등 많은 관계자간에 이해가 복잡하게 얽히게 된다. 예컨대 공동저당의 목적인 개개의 부동산에 후순위저당권이 존재하는 경우 공동저당권자는 목적부동산 중 어느 것으로부터이든지 임의로 변제를 받을 수 있다는 원칙을 관철하게 되면 후순위저당권자는 불이익을 입게 된다. 민법은 이러한 문제를 해결하기 위하여 두 개의 법칙을 정하고 있다.

(ㄱ) 동시배당(同時配當)의 경우 : 저당권의 실행으로 목적부동산의 전부가 동시에 경매되어 그 대가를 배당하는 때에는 각 부동산의 경매대가에 비례하여 그 채권의 분담을 정한다(제368조 제1항). 즉 각 부동산상 분담액을 공제한 잔액은 후순위저당권자 또는 일반채권자의 변제에 충당한다.

예컨대, A가 B에 대한 300만원의 채권에 관하여 B소유의 X(300만원), Y(200만원), Z(100만원)의 부동산상에 1번저당권을 설정하고 다시 C는 X부동산상에 150만원의 2번저당권을, D는 Y부동산에 100만원의 2번저당권을, E는 Z부동산에 50만원의 2번저당권을 각각 설정한 경우 후일 A가 이들 부동산을 동시경매하면 A채권 300만원의 X·Y·Z 각 부동산분담액이 3 : 2 : 1이 되므로 따라서 X·Y·Z는 각각 300만원의 3/6, 2/6, 1/6을 부담하게 된다.

공동저당의 동시배당에 관한 민법 제368조 제1항의 규정은 후순위권리자가 없는 경우에도 적용되는가. 비록 공동저당의 목적물상 후순위권리자가 없는 경우에도 다른 담보권자 또는 채무명의를 갖는 배당요구자 및 압류채권자도 배당에 가입할 수 있으므로 이들의 보호를 위하여도 당연히 동조 규정이 적용된다. 그러나 공동저당의 목적부동산상에 선순위 저당권이 존재하는 때에는 일괄경매하지 못한다. 이것은 선순위저당권자를 보호하기 위한 것이며, 그 선순위저당권이 있는 부동산만을 별개로 경매하여야 한다.

또한, 공동저당의 목적물 중 어떤 부동산의 매득금만으로 채권전액을 완제 받기에 족한 때에는 민사집행법 제124조를 준용하여 다른 부동산의 경락을 허용하여서는 안 될 것이라고 하고,[32] 그 과잉경매의 여부는 법원의 직권조사사항이다.[33]

(ㄴ) 이시배당(異時配當)의 경우 : 공동저당권의 목적물 가운데서 어느 부동산만이 경매되고 그 대가를 먼저 배당하는 때에는 공동저당권자는 그 대가로부터 채

---

32) 이영준 849면.

33) 대판 1965.9.30, 65마584 ; 1966.7.26, 66마475.

권 전부의 변제를 받을 수 있다(동조 제2항 전단).

저당물의 순차경매로 그 경매된 부동산의 후순위저당권자는 만일 동시에 배당하였더라면 다른 부동산이 공동저당권을 부담하였을 금액의 한도에서 공동저당권자를 대위할 수 있다(동항 후단).

(나) 순차경매와 물상보증인의 지위　공동저당권의 목적물이 각각 채무자와 물상보증인의 소유물인 경우 채권자가 먼저 물상보증인의 소유물을 경매하게 되면 물상보증인의 대위권행사와 채무자소유물상 후순위저당권자의 관계에서 충돌이 생긴다.

예컨대, 甲이 乙에 대한 3,000만원의 채권담보로서 채무자 乙소유부동산에 3,000만원, 물상보증인 丙소유부동산에 3,000만원의 각각 1번의 저당권을 설정하였고, 다시 A가 채무자 乙소유부동산에 다시 1,500만원의 2번저당권을 설정한 경우 후일 채권자 甲이 저당권을 순차실행하는 경우 그 대위권의 행사 여부와 대위권행사의 경우 후순위저당권자와 관계가 문제된다.

(ㄱ) 甲이 먼저 채무자 乙의 부동산을 경매하여 채권의 변제를 받는 경우 乙의 부동산상의 후순위 저당권자 A는 물상보증인인 丙의 부동산상 공동저당권을 대위할 수 있는가. 학설은 후순위권리자가 대위하기 위하여서는 공동저당권의 채무자와 후순위 저당권자의 채무자가 동일인이어야 하고, 피대위부동산이 물상보증인이나 제3취득자의 소유가 아니어야 하는 것이라고 한다. 따라서 공동저당권자가 채무자 소유의 부동산 위에 설정된 저당권을 먼저 실행하는 경우에는 당해 부동산의 후순위저당권자는 물상보증인이 소유하고 있는 부동산에 대하여 선순위공동저당권자를 대위하지 못하는 것이라고 한다.[34]

판례도 채무자소유의 부동산에 대한 후순위 저당권자는 민법 제368조 제2항 후단에 의하여 1번공동저당권자를 대위하여 물상보증인소유의 부동산에 대하여 저당권을 행사할 수 없는 것이라고 한다.[35]

(ㄴ) 또한, 채권자 甲이 물상보증인 丙의 부동산을 먼저 경매하는 경우 丙의 채무자 乙부동산에 존재한 甲의 공동저당권을 대위하지만, 乙의 부동산에 존재한 후순위저당권자 A와 관계에서 우선순위가 문제된다.

유력설은 민법 제368조 제2항에 의한 후순위저당권자의 대위권을 우선시켜야 한다고 한다. 즉 동조의 후순위저당권자의 대위가 소유자를 달리하는 부동산의 경우에도 적용된다고 하지 않으면 공동저당의 목적물이 제3자에게 양도되었다는 우연한 사정으로 후순위저당권자의 지위가 불안하게 되고, 또한 공동저당의 목적물을 제공한 물상보증인은 부동산의 가격에 따른 피담보채권의 안분액은 부담할 각오를 하는

---

34) 김증한 441면, 곽윤직 650면.
35) 대판 1995.6.13, 95마500.

것으로써 채무자소유의 부동산 위의 후순위저당권자를 보호하는 것이 부동산담보가치의 이용을 위해서도 우선시켜야 하는 것이라고 한다.[36] 그러나 판례는 자기소유 부동산이 먼저 경매되어 1번저당권자에게 대위변제한 물상보증인은 1번저당권을 대위취득하고, 그 물상보증인 소유부동산의 후순위저당권자는 1번저당권을 대위하여 물상대위할 수 있는 것이라고 하여 일단 물상보증인을 후순위저당권자에 우선시키고 있다.[37]

(ㄷ) 대위권의 행사는 공동저당권자가 채권의 전액을 변제 받았을 경우뿐만 아니라, 그 일부를 변제 받은 경우에도 생긴다고 봄이 통설이다.

2. 根抵當

(1) 根抵當의 의의와 특질

(가) 근저당의 의의 근저당(根抵當)이란 계속적인 거래관계로부터 발생하는 다수의 채권을 장래 결산기에 확정될 채권의 일정한 한도까지 담보하려는 저당권을 말한다(제357조). 이와 같이 근저당은 장래에 발생할 채권을 담보하는 것이지만 장래 「특정된 채권」의 담보가 아니라, 장래 「증감 변동하는 불특정 채권」을 담보하는 점에서 그 본질적 특색을 지니며, 통상 저당권의 부종성을 완화함으로써 인정되는 제도이다.

(나) 근저당의 특질

(ㄱ) 근저당은 피담보채권이 장래 증감 변동하는 채권을 담보한다. 이러한 증감 변동의 원인은 주로 그 원인관계인 당좌대월계약 · 어음할인대부계약 · 상호계산계약 · 계속적 경매계약 등 계속적 계약관계에서 발생한다.

(ㄴ) 근저당은 결산기에 있어서 「일정 한도액」까지 담보한다. 결산기는 근저당의 기본이 되는 계속적 거래관계에 의하여 정하여지는 것이 보통이지만, 근저당설정계약에서 특별히 정한 것이 있으면 이에 의한다.

(ㄷ) 근저당은 일정 한도액을 담보하는 것이므로 거래 중에 피담보채권이 최고액을 넘거나, 또는 변제 · 상계로 인하여 채무가 일시 존재하지 않게 되더라도 담보물권의 부종성에 의해 근저당이 소멸하지 않고 마지막 결산기에 존재하는 채권을 일정 한도액까지 담보하게 된다.

---

36) 장경학 839면, 김용한 596면, 이영준 842.

37) 대판 1996.3.8, 95다36596; 1995.6.13, 95마500; 1994.5.10, 93다25417.

⑵ 根抵當의 설정과 변경

(가) 근저당권의 설정 근저당을 설정하려면 기본이 되는 계속적 거래계약과 담보할 최고액을 정하고, 이에 관한 저당권설정 합의와 등기하므로 행한다.

(ㄱ) 근저당권의 등기에는 반드시 저당권이라는 취지와 채권의 최고액을 등기하여야 하나, 존속기간의 등기는 필요적 요건이 아니다(존속기간의 등기가 없으면 기본거래계약의 결산기가 근저당의 결산기로 된다.).

(ㄴ) 근저당권에 의하여 담보되는 피담보채권은 특정한 거래관계로부터 장래 증감 변동되는 채권이어야 한다. 따라서 「불특정한 거래관계로부터 발생하는 채권」 또는 「장래 특정된 채권」은 근저당권의 피담보채권으로 하지 못한다.

그리하여 특히 개정 민법(안)은 "근저당권에 의하여 담보되는 채권의 범위는 특정한 계속적 거래계약 그 밖에 일정한 종류의 거래로부터 발생하는 채권 또는 특정한 원인에 기하여 계속적으로 발생하는 채권에 한정한다."라고 하여 이를 명문화한다(제357조의 2 신설안).

근저당에 의해 담보되는 기본계약을 한정하지 않고 최고액의 범위 내에서 저당권자와 채무자 사이의 모든 채무를 담보토록 하는 소위 포괄근저당을 인정할 것인가. 예컨대 甲이 乙은행과 금융거래를 맺으면서 개별적 기본거래계약이 없이 모든 거래를 포괄하여 당사자 사이에 현재 또는 장래 발생할 모든 채권을 일정 한도액까지 담보하는 저당권을 인정할 것인가. 저당권의 부종성과 관련하여 문제되나, 다수설은 단순긍정설을 취한다.

이에 대한 과거 판례는 단순유효설의 입장을 취하여 왔으나, 최근의 판례는 포괄근저당 약관의 예문해석을 적용하여 제한적긍정설을 취한다. 그리하여 판례는 근저당 설정계약서가 일률적으로 일반거래약관의 형태로 부동문자로 인쇄하여 두고 사용하는 계약서인 경우, 그 계약조항에 피담보채무의 범위를 근저당권의 설정으로 공급받은 계속적인 물품공급거래로 인한 대금채무 외 기존의 채무나 장래에 부담하게 될 다른 원인에 의한 모든 채무도 포괄적으로 포함하는 것으로 기재하였다고 하여도, 당사자의 의사를 당해 물품공급거래로 인한 대금채무만을 그 근저당권의 피담보채무로 약정한 취지라고 해석하는 것이 합리적이라 판단되는 때에는 그 계약서의 피담보채무에 관한 포괄적 기재는 부동문자로 인쇄된 일반거래약관의 예문에 불과한 것으로 보아 그 구속력은 배제하는 것이 타당한 것이라고 한다.[38]

(나) 근저당권의 변경 근저당권은 증감 변동하는 채권을 결산기에 최고액을 한도로 담보되는 것이므로 그 설정 후 피담보채권액의 확정 전이면 이를 변경할 수 있

38) 대판 1996.10.29, 95다2494.

다. 다만 권리변경등기에 관하여 등기상 이해관계 있는 제3자가 있는 경우에는 신청서에 그 승낙서 또는 이에 대항할 수 있는 재판의 등본을 첨부해야 한다(부등법 §63).

(ㄱ) 근저당권에 의하여 담보되는 債權의 範圍와 債務者는 원본의 확정전이면 변경할 수 있다. 또한 그 변경에는 후순위권리자 또는 제3자의 승낙을 요하지 아니한다(§357의 3 ①② 참조). 판례는 채권액이 확정되기 전이면 채무의 범위나 채무자를 변경할 수 있는 것이라고 하고 채무액이나 채무자가 변경된 경우는 당연히 변경 후의 범위에 속하는 채권이나 채무자에 대한 채권만이 당해 근저당권에 의하여 담보되는 것이라고 한다.[39]

(ㄴ) 당사자는 계약에 의하여 근저당권설정계약으로 정한 채권최고액과 존속기간을 변경할 수 있고 변경등기에 의한다. 다만 목적물상 후순위저당권자는 등기상 이해관계 있는 제3자에 해당되므로 최고액을 증액하거나 존속기간 및 결산기를 변경하는 때에는 후순위저당권자의 승낙서를 첨부하여야 한다. 그리하여 개정 민법(안)은 "근저당권의 채권최고액은 이해관계인의 승낙을 얻어 변경할 수 있다."라고 하여 이를 명백히 한다(제357조의 4 신설안).

(ㄷ) 근저당권의 설정원인인 기본계약을 변경 또는 추가할 수 있고, 이때 변경 및 추가는 근저당권의 내용을 변경하는 것은 아니므로 부기등기에 의한다.

판례는 채무자가 금융기관의 대출금채무를 담보하기 위하여 근저당권을 설정한 후 다시 같은 금융기관으로부터 추가대출을 받아 그 추가대출금의 일부로 기존채무를 변제함에 있어 그 추가대출금에 별도 담보를 제공하지 않고 추가담보로 근저당권을 설정하였으나 추가로 설정된 근저당권의 채권최고액이 그 추가대출금액에 미달하는 경우 다른 특별한 사정이 없는 한 당사자 사이에는 기왕에 설정된 근저당권으로 추가대출금채무를 담보시키려는 의사가 있었다고 해석함이 상당할 것이라고 한다.[40]

(ㄹ) 채무자의 사망 또는 법인의 합병으로 근저당권의 변경등기 없이 당연히 승계된다. 다만 근저당계약의 특정승계도 인정되는가. 근저당권의 당사자 변경은 계약인수에 해당되므로 기본계약의 당사자와 승계인의 합의가 있어야 하고 물상보증인이 근저당권설정자인 때에는 물상보증인의 동의가 있어야 한다(이에 관하여 후술한다).

39) 대판 1993.3.12, 92다48567.
40) 대판 1994.11.11, 94다23256.

⑵ 根抵當의 效力

㈎ 피담보채권의 범위 근저당에 의하여 담보되는 채권은 최고액을 한도로 하고 그 결산기에 현실적으로 존재하는 채권액의 전부에 미치지만, 이때 원본과 이자를 합친 것이 최고액을 넘으면 그 초과부분은 담보되지 못한다(§357 ②).

(ㄱ) 최고액의 범위 내 피담보채권의 범위는 당사자의 약정에 의하나,[41] 정함이 없는 때에는 민법 제360조와 제357조 제2항이 적용된다. 따라서 담보되는 채권액은 원본·이자·위약금·채무불이행으로 인한 손해배상·저당권실행비용이 된다.

(ㄴ) 1년 이내의 지연배상액이 최고액에 포함됨은 의문이 없으나, 1년을 초과한 지연배상액이 최고액에 포함되는가.

다수설·판례는 민법 제357조 제2항이 "채무의 이자는 최고액 중에 포함하는 것으로 본다."라고 규정한 점을 들어 일반저당권과 달리 최고액에 포함하되 그 포함되는 액이 최고액을 초과하는 경우 제외하면 충분한 것이라고 한다.[42]

이에 대하여 개정 민법(안)은 「채권최고액의 감액청구권」을 신설하여 "근저당권설정자는 원본이 확정된 후에는 근저당권자에 대하여 채권최고액을 현존하는 채무액과 이후 1년간 발생할 이자, 위약금 및 채무불이행으로 인한 손해배상액의 범위로 감액하여 줄 것을 청구할 수 있다."라고 하여 입법적으로 한정적부정설을 수용한다(제357조의 12 신설안).

(ㄷ) 저당권의 실행비용이 최고액에 포함되는가. 다수설은 실행비용은 결산기 이후에 발생하는 것이고 피담보채권의 변제는 실행비용을 경락대금에서 미리 공제하고 배당하는 것이므로 근저당권의 최고액에 포함되지 않는 것이라고 하고, 판례 또한 근저당권의 채권최고액은 당사자 사의의 계속적 거래관계에서 생긴 채권 가운데 담보할 채권액을 말하는 것이므로 실행비용은 채권최고액에 포함하지 않는 것이라고 한다.[43] 그러나 후순위권리자의 보호와 특히 물상보증인의 경우에는 실질이 최고액을 초과하는 책임을 부담하는 결과가 되는 점에서 의문이 없지 않다.

(ㄹ) 근저당권에 있어 채권총액이 그 채권최고액을 초과하는 경우 그 초과부분의 채권에는 근저당권이 소멸하는가. 근저당권의 목적이 채무자 소유인 때에는 적어도 근저당권자와 채무자 겸 근저당권설정자와의 관계에서는 존속하나 물상보증인과의 관계에서는 소멸한다.

---

41) 근저당권에 의해 담보되는 채권의 범위는 결산기에 이르러 확정되는 채권 중 설정계약에 의한 최고액을 말한다(대결 1971.5.15, 71마251; 대판 1971.4.6, 71다26).

42) 대판 1972.1.26, 71마1151; 1969.1.28, 68다2294; 또한 판례는 근저당의 경우 채무의 利子는 최고액 중에 산입한 것으로 본다는 취지의 규정은 근저당권에 있어서 채무최고액 약정에는 元本은 물론 그 利子까지도 산입되어 있는 것으로 본다는 취지의 규정에 불과하고 원본과 이자를 포함하여 채무최고액을 초과할 수 없는 규정이라고 볼 수 없는 것이라고 한다(대판 1972.1.26, 71마1151).

43) 대판 2001.11.27, 2001다47986; 1971.5.13, 71다251.

판례는 원래 저당권은 원본·이자·위약금, 채무불이행으로 인한 손해배상청구권 및 저당권의 실행비용을 담보하는 것이며, 채권최고액의 정함이 있는 근저당권에 있어서 이러한 채권의 총액이 그 채권최고액을 초과하는 경우 적어도 근저당권자는 채무자 겸 근저당권설정자와 관계에 있어서는 위 채권전액의 변제가 있을 때까지 근저당권의 효력은 채권최고액과는 관계없이 잔존채무에 여전히 미치는 것이라고 한다.[44)]

(나) 목적물의 범위 근저당권은 피담보채권이 증감변동 하는 것을 제외하고는 일반저당권과 동일하다. 따라서 근저당권의 목적물의 범위는 그 저당목적물과 이에 부합한 물건 및 종물에 미친다.

⑶ 根抵當權實行

(가) 저당권실행의 요건 근저당권실행은 담보될 채권액이 확정되고 그 변제기가 도래하여야 한다.

(ㄱ) 채권액의 확정은 근저당권 설정계약 내지 기본계약에서 정한 결산기의 도래로 확정되나 근저당권의 존속기간이 있는 때에는 그 기간의 만료 또는 기본계약 및 설정계약이 종료 및 해지·해제된 때이고, 채권액의 확정과 동시에 근저당권의 실행시기로 된다.

(ㄴ) 근저당권이 담보할 元本은 다음의 경우에 확정된다(제357조의 11 제1항, 신설안).

(a) 담보할 원본이 더 이상 발생하지 아니하게 된 때

(b) 근저당권자가 저당부동산에 대하여 경매 또는 제370조에 의하여 준용되는 제342조에 의한 압류를 신청한 때(다만 경매절차의 개시 또는 압류가 있는 때)

(c) 근저당권자가 저당부동산에 대하여 체납처분으로 인한 압류를 한 때

(d) 근저당권자가 저당부동산에 대한 경매절차의 개시 또는 체납처분으로 인한 압류가 있었음을 안 날로부터 2년이 경과한 때

(e) 채무자 또는 근저당권설정자가 파산선고 또는 회사정리절차의 개시결정 을 받은 때

다만, 근저당권자가 저당부동산에 대한 경매절차의 개시 또는 체납처분으로 인하여 목적물이 압류되거나, 채무자 또는 근저당권설정자의 파산선고 또는 회사정리절차의 개시결정이 그 효력을 잃은 때에는 그 원본이 확정된 것으로 하여 그 근저당권을 취득한 자가 있는 경우를 제외하고는 그 원본은 확정되지 아니한 것으로 본다. 그러나 원본이 확정된 것으로 하여 그 근저당권을 취득한 자가 있는 때에는 그

44) 대판 2000.10.12, 2000다59081.

러지 아니한다(동조 제2항 신설안).

(ㄷ) 근저당권에 관하여 담보할 원본의 확정기한을 정하지 아니한 때에는 근저당권설정자는 근저당권을 설정한 때로부터 3년이 경과한 경우 그 담보할 원본의 확정을 청구할 수 있고, 청구권의 행사로 담보할 원본은 그 청구를 한 때로부터 2주일이 경과함으로 확정된다(제357조의 10 제1항 제2항, 신설안).

또한, 원본의 확정 전에 근저당권에 관하여 상속이 개시된 때에는 상속인과 근저당권설정자는 상속인이 상속개시 후 취득하는 채권도 담보한다는 약정을 하고 이를 상속개시 후 6개월 내 등기하지 아니한 경우 그 담보할 원본채권은 상속개시시에 확정된다(제357조의 8 제1항 후단, 제3항, 신설안). 이는 원본의 확정 전 채무자에 상속이 개시되고 근저당권자와 근저당권설정자가 상속인이 상속개시 후 발생하는 채무도 부담한다는 약정한 경우에도 동일하다(동조 제2항 후단, 제3항, 신설안).

그 외에도 원본의 확정 전에 근저당권자인 法人에 合併이 있는 경우 근저당권설정자는 담보할 원본의 확정을 청구할 수 있고(제357조의 9 제1항 제2항, 신설안), 그 청구가 있는 때 담보할 원본은 합병시 확정된다(동조 제3항, 신설안). 그러나 근저당권설정자가 합병을 안 날로부터 2주간이 경과하거나 합병이 있은 날로부터 1개월이 경과한 때에는 그러하지 아니한다(동조 제4항, 신설안).

(나) 근저당권의 실행절차　근저당권의 실행절차는 일반저당권의 실행절차에 의한다. 또한 우선변제를 받는 채권최고액은 경매개시결정시를 표준으로 결정된다. 그러나 판례는 근저당권자가 그 피담보채권의 불이행을 이유로 경매신청을 한 때에는 그 신청시에 채권액이 확정되는 것이라고 한다.[45]

다만, 후순위저당권자 등의 경매신청에 의하여 소멸하는 선순위근저당권자의 피담보채권액은 어느 시점을 기준으로 확정되는가. 판례는 후순위근저당권자가 경매를 신청한 경우 선순위근저당권의 피담보채권은 그 근저당권이 소멸하는 시기, 즉 경락인이 경락대금을 완납한 때에 확정된다고 보아야 하는 것이라고 한다.[46]

(다) 근저당권의 공동귀속　근저당권이 수인에 속하는 경우 근저당권자는 그 채권액의 비율에 따라 변제받게 된다. 그러나 원본의 확정 전에 다른 비율을 약정하거나 근저당권자 중 일부가 먼저 받기로 약정한 때에는 그 약정에 따른다(제357조의 6 제1항, 신설안).

---

45) 대판 1988.10.11, 87다카545.
46) 대판 1999.9.21, 99다26085.

⑷ 根抵當權의 양도

(가) 피담보채권의 확정과 근저당권양도 피담보채권이 확정되면 근저당권은 보통저당권으로 전화한다. 따라서 피담보채권의 전부가 양도되면 저당권전부도 이전되고, 피담보채권의 일부가 양도되면 저당권은 채권의 양도인과 양수인간의 채권액에 비례한 준 공유관계가 성립한다.

다만, 피담보채권이 확정되기 전에 근저당권을 양도할 수 있는가. 종래 민법은 이를 명문으로 규정하고 있지 아니하여 견해가 대립하였다.

다수설은 당사자간 의사를 고려하여 긍정할 것이라고 하고, 판례 또한 근저당권은 계속적인 거래관계로부터 발생·소멸하는 불특정다수의 채권 중 그 결산기에 잔존하는 채권을 일정한 한도액의 범위 내에서 담보하는 것으로서 그 거래가 종료하기까지 그 피담보채권은 계속적으로 증감 변동하는 것이므로 근저당거래관계가 계속되는 관계로 근저당권의 피담보채권액이 확정되지 아니하는 동안에는 그 채권의 일부가 대위변제되었다고 하더라도 그 근저당권이 대위변제자에 이전될 수 없는 것이라고 하여 근저당채권액의 확정 후 법률관계에 준하는 것으로 하였다.[47)]

그리하여 개정 민법(안)은 이와 같은 학설·판례를 반영하여 근저당권양도에 관한 규정을 신설하여 제537조 6 제1항은 "근저당권자는 원본의 확정 전에 그 담보할 채권액과 함께 근저당권 또는 그 지분을 양도할 수 있다."라고 하고, 제2항은 "근저당권자는 원본의 확정 전에 그 담보할 채권과 함께 근저당권을 2개 이상의 근저당권으로 분할하여 양도할 수 있다." 라고 하여 양도할 수 있음을 명문으로 규정한다.

(나) 공유근저당권의 양도 근저당권이 수인에 속하는 경우 각 근저당권자는 다른 저당권자의 동의를 얻어 근저당권의 양도의 일반법리(§357의 5 참조)에 따라 그 권리를 양도할 수 있다(§357의 6 ②).

(다) 채권양도와 채무인수의 경우 피담보채권이 양도 또는 인수된 경우에 근저당권도 이전되는가. 이에 관하여 민법은 규정하고 있지 아니하나 개정 민법(안)은 이에 관하여도 명문의 규정을 두어 양수인 또는 인수인을 보호한다.

그리하여 개정 민법 제357조 7 제1항은 "원본의 확정 전에 근저당권자로부터 개별채권을 취득한 자는 그 채권에 관하여 근저당권을 행사할 수 없다. 원본의 확정 전에 채무를 변제하여 채권자를 대위하는 자도 또한 같다." 라고 하여, 피담보채권액이 제3자에 양도된 경우 그 양도된 채권에 관하여는 근저당권의 효력이 미치지 아니함을 규정한다. 이것은 근저당권의 기본이 되는 계속적 거래관계로부터 발생하는 개개의 채권은 변제·채권양도·채무인수 등의 사유로 근저당권의 효력범위에서 벗어날 우려가 있기 때문이다.

또한, 동조 제2항은 "원본채권의 확정 전에 개별채무의 인수가 있는 때에는 근저당권자는 인수인의 채무에 관하여 근저당권을 행사할 수 없다." 라고 하여 원본의 확정 전에 채

47) 대판 2000.12.26, 2000다54451.

무의 인수가 있는 때에는 근저당권자는 인수인의 채무에 관하여 근저당권을 행사하지 못함을 규정한다. 이것은 근저당권에 의하여 담보되는 채무에 대하여 개별적인 채무인수가 이루어지는 경우에 그 채무는 근저당권의 효력범위를 벗어나게 되므로 근저당권자는 인수인의 채무에 대하여 근저당권을 행사할 수 없게 한 것이다. 그러나 이것은 면책적 채무인수에 적용되고 중첩적 채무인수에는 적용되지 않는다.

(5) 根抵當權의 承繼

(가) 근저당권의 상속　근저당권은 상속에 의하여 그 상속인에 승계된다. 근저당권이 상속에 의하여 승계되는 경우 그 법률관계는 어떻게 되는가. 개정 민법(안)은 상속과 근저당권을 신설하여 그 법률관계를 명확히 규정한다.

(ㄱ) 원본의 확정 전에 근저당권자에 상속이 개시되는 경우에 원칙적으로 상속인의 근저당권은 상속시 존재하는 채권을 담보한다(제357조의 8 제1항 전단). 즉 상속개시 당시 피담보채권의 상속은 근저당권의 상속을 수반한다.

다만, 상속인과 근저당권의 설정자가 상속인이 상속개시 후에 취득하는 채권도 담보하는 것으로 약정할 수 있고(동항 후단), 상속인과 근저당권설정자간의 계약으로 이를 약정한 경우에는 피담보채권의 범위가 확장되고 이때 후순위저당권자 기타 이해관계인의 동의는 요구되지 않는다. 다만 그 약정은 상속개시 후 6개월 이내 상속에 따른 근저당이전의 부기등기와 그 약정사항을 등기하여야 하고(동조 제4항), 이를 등기하지 아니한 때 담보할 원본은 상속개시 시에 확정된 것으로 본다(동항 단서). 그밖에 상속인이 상속개시 전에 취득한 채권을 피담보채권에 포함시키려면 이를 위한 별도 약정을 하고 피담보채권의 확장을 위한 등기를 하여야 한다.

(ㄴ) 원본의 확정 전에 채무자에 대한 상속이 개시된 경우 근저당권은 원칙적으로 이미 존재하는 채무를 담보한다(제357조의 8 제2항 전단), 그러나 근저당권자와 근저당권설정자가 상속인이 상속개시 후에 부담하는 채무도 담보하는 것으로 약정할 수 있고(동항 단서), 근저당권자와 근저당권설정자가 이를 약정한 때에는 피담보채권의 범위가 확장된다. 다만 그 약정은 상속개시 후 6개월 이내 채무자변경의 등기와 그 약정사항을 등기하여야 하고(동조 제4항), 이를 등기하지 아니한 때 담보할 원본은 상속개시시에 확정된 것으로 본다(동항 단서).

(ㄷ) 원본의 확정 후에 근저당권자 또는 채무자의 상속이 개시된 경우에는 피담보채권의 확장은 허용되지 않는다. 물상보증인인 근저당권설정자의 상속은 피담보채권의 범위에 영향을 미치지 않는다.

(나) 합병과 근저당권　법인합병의 경우에는 피담보채권의 계속적 발생을 허용하는 것을 원칙으로 한다. 자연인의 경우와는 달리 법인의 거래에 있어서는 기본계약 및 근저당권 설정행위에 일신 전속적 성질을 갖는 것은 아니므로 상속의 경우와는 달리 피담보채권관계와 근저당권의 상속을 허용한다.

(ㄱ) 원본의 확정 전에 근저당권채무자인 법인의 합병이 있는 때에는 근저당권은 이미 존재하는 채권 또는 채무 외에 합병 후 존속하는 법인 또는 합병에 의하여 설립되는 법인이 취득하는 채권 또는 부담하는 채무를 담보한다(제357조의 9 제1항).

(ㄴ) 법인합병의 경우 채무자인 근저당권설정자의 합병이 있는 경우를 제외하고 근저당권설정자는 원본의 확정청구권을 가지며(동조 ②), 근저당권설정자의 청구로 담보할 원본은 합병시 확정된 것으로 본다(동조 ③).

물상보증인저당부동산의 제3취득자는 저당권자 측의 합병이든 채무자 측의 합병이든을 묻지 않고 원본의 확정을 청구할 수 있다.

(ㄷ) 원본확정청구권은 근저당권설정자가 합병이 있었음을 안 날로부터 2주간이 경과하기 전 또는 합병이 있은 날로부터 1개월이 경과하기 이전에 하여야 한다.

(5) 根抵當의 處分과 消滅

(가) 근저당의 처분　근저당의 기초인 계약관계가 존재하는 때에는 그 계약관계와 함께 근저당을 양도하는 것이 가능하다. 그러나 양도로 근저당권자라는 지위의 변동을 가지므로 근저당권자와 양수인 외에 채무자를 포함하는 3면계약으로 하여야 한다. 다만 포괄근저당에 있어서는 특별한 거래관계인 채권자·채무자 사이에서 생기는 일체의 채무를 담보하는 취지이므로 양도할 수 없다고 해석하여야 할 것이다.

(나) 근저당의 소멸　근저당은 피담보채권이 일시적으로 소멸하더라도 그것만으로 소멸하지 않고 피담보채권의 발생 가능성이 확정적으로 없게 된 때 비로소 소멸한다. 이것은 근저당의 특질에 의하여 당연한 것이다.

3. 財團抵當

재단저당이란 공업·광업·교통업 등의 여러 기업에서 그 기업경영에 관한 토지·건물·기계·기구·재료 등의 물적 설비를 일괄하여 재단이라는 단일체로 하여 그 위에 설정된 저당권을 말하며, 공장저당과 광업재단저당이 이것이다.

(1) 工場抵當

공장저당법이 인정하는 재단저당에는 공장재단저당과 협의의 공장저당이 있다. 공장재단저당의 목적이 되는 공장재단은 1개 또는 수 개의 공장에 관하여 설정되고 공장에 속하는 모든 물건(예컨대 토지의 공작물·기계·기구 및 그들의 부속물)과 권리(예컨대 지상권·전세권·임차권·공업소유권 등)로 구성된다.

재단이 성립되면 그것은 1개의 부동산으로 간주된다. 공장재단은 재단을 구성하는 것을 표시한 공장재단목록을 등기소에 제출하고 공장재단등기부에 소유권보존등기를 함으로써 성립한다.

공장저당법은 공장재단저당과 따로이 재단을 구성함이 없이 기계·기구 등을 부동산과 함께 저당권의 목적으로 하는 제도를 인정한다. 이를 狹義의 工場抵當이라고 하며, 개개의 부동산에 관하여 저당권을 설정하는 것이므로 공업소유권 등의 권리나 다른 부동산에 부가된 기계 · 기구 등에는 저당권의 효력이 미치지 않는다.

⑵ 鑛業財團抵當

광업재단은 광업권, 토지와 공작물, 지상권 기타 토지사용권, 임차권, 기계 · 기구, 차량 · 선박 기타 부속물로서 광업에 관하여 동일 광업권자에 속하는 것의 전부 또는 일부로써 구성한다(광업재단저당법 제4조).

광업재단에 관하여는 공장저당법 중 공장재단에 관한 규정이 준용된다(동법 제5조).

4. 動産抵當

동산을 담보에 제공하는 것으로 대표적인 것이 질권이지만 동산에 질권을 설정함에는 목적물의 점유를 질권자에 이전하여야 하므로 공장의 기계와 같은 생산시설을 담보로 제공하여 생산자금을 융자하는 것은 불가능하다.

이러한 이유에서 현재 저당권의 설정을 인정하는 동산에는 항공기 · 자동차 · 중기가 있다. 이들은 모두 등록에 의하여 저당권을 설정 · 공시한다. 또한 선박도 저당권의 객체가 되며, 이에 관하여는 상법에서 정한다.

5. 立木抵當

⑴ 立木抵當의 의의

입목에 관한 법률은 산림의 수목을 독립시켜 거래의 대상으로 하는 관행을 입법적으로 승인하여 일정 수목에 대하여 등기함으로써 독립된 부동산으로 하여 저당권의 객체로 할 수 있다.

여기서 입목저당(立木抵當)이란 등기된 입목을 대상으로 설정한 저당권을 말하며, 민법상 저당권에 유사한 형태를 취하고 있으나 약간의 특칙을 마련하고 있다.

⑵ 立木抵當權의 설정

(가) 저당권설정의 합의와 입목등기　　입목저당은 저당권자와 저당권설정자(채무자 또는 제3자)의 입목저당권설정의 합의와 입목등부에 등기함으로 성립한다.

일정 수목에 저당권을 설정하기 위해서는 먼저 입목의 보전등기를 하여야 하고, 그 저당권설정의 등기에는 채권자의 채권액과 채무자 및 그 외에 법률이 정한 일정 사항을 기재하여 신청하여야 한다.

┌ 변제기, 이자와 그 발생기 — 원본 또는 이자와 지급장소에 정함이 있는 때
│ 저당권의 효력이 미치는 범위 ─┐
└ 채권이 기한부인 때 ────────┘ 등기부에 기재 요

(나) 시업방법의 기재와 부보　입목저당의 등기에는 당사자간에 시업방법을 정하여 기재하여야 하고, 또한 입목을 저당의 목적으로 하려는 자는 그 입목을 보험(농업협동조합법에 의한 공제 포함)에 붙여야 한다(입목법 제22조).

(3) 立木抵當의 효력

(가) 입목에 대한 효력　저당된 입목은 당사자 사이에 약정된 시업방법에 따라 시업할 의무를 부담하며(입목법 제5조), 시업방법에 따라 조성·생육된 입목에 저당권의 효력이 미친다.

(ㄱ) 저당입목의 벌채는 저당권자의 동의와 행정기관의 허가를 얻어 벌채할 수 있고(동법 시행령 제2조), 벌채된 목재는 그 공시가 미치는 범위에서 저당권의 효력이 미친다.

입목의 벌채로 입목저당권자가 변제기 전에 그 벌채된 목재를 경매하는 경우에는 그 경락대금은 이를 공탁하여야 하고, 수목의 소유자가 위와 같은 경매의 면제를 받기 위해서는 상당한 담보를 공탁하고 경매의 면제를 신청하여야 한다(입목법 제4조).

(ㄴ) 입목소유자가 당사자간에 정한 시업방법에 따라 시업하지 아니한 때에는 천재·지변 등 불가항력적 사유에 의하여 침해된 경우를 제외하고는 저당권침해로 되며 저당권침해에 따른 책임을 부담한다.

(나) 지상권자 등 입목의 경우　지상권자 또는 토지의 임차인에게 속하는 입목이 저당권의 목적이 된 경우에는 지상권자 또는 임차인은 저당권자의 승낙 없이 그 권리를 포기하거나 계약을 해지하지 못한다(입목법 제7조).

(다) 법정지상권　입목의 경매 기타 사유로 인하여 토지와 그 입목이 각각 다른 소유자에게 속하게 되는 경우 토지소유자는 입목소유자에 대하여 지상권을 설정한 것으로 본다(입목법 제6조).

제 5 절 非典型擔保

제 1. 非典型擔保概說

(1) 소유권이전의 담보 ┌ 물권적 형태 — 양도담보
　　　　　　　　　　　└ 채권적 형태 — 환매 · 재매매
(2) 소유권이전 유보에 의한 담보 — 가등기담보

1. 非典型擔保의 의의

민법상 약정담보물권인 질권과 저당권은 담보목적물상의 권리를 채무자에게 그대로 남겨 두고, 다만 그 목적물상에 제한물권을 설정하는 제도이다. 이에 대하여 담보목적물상의 권리를 일시적으로 채권자에게 양도하고, 채무를 변제하면 이것을 다시 반환 받게 하거나, 처음부터 소유권을 이전하지는 않지만 변제기에 채무이행이 없는 경우 소유권을 이전 받거나 채권자가 임의로 실행할 수 있는 방법을 확보하여 행하는 담보제도가 있다. 이것을 비전형담보 또는 변칙담보라고 하며, 양도담보 · 가등기담보 및 환매 · 재매매예약 · 대물변제(반환)예약 등이 이것이다. 그러나 환매 · 재매매예약 · 대물변제예약 등은 채권법에서 다루어지므로 여기서는 양도담보와 가등기담보만을 보기로 한다.

---

(1) 소유권 이전의 방식에 의한 담보
- ㉠ 자금을 매매의 방식에 의하여 조달하는 경우 — 매도담보, 환매 · 재매매계약
  - 매매를 원인으로 한 소유권 이전의 양도담보
  - 채권 · 채무가 존재하지 않는 형식의 담보형태
- ㉡ 자금을 소비대차의 형식에 의하여 조달하는 경우 — 협의의 양도담보
  - 대물변제를 원인으로 한 소유권이전의 양도담보
  - 채권 · 채무가 존속하는 형식으로서의 담보형태

(2) 소유권이전유보의 방식에 의한 담보 — 가등기담보
- 매매예약 또는 대물변제예약을 원인으로 한 소유권이전의 가등기
- 채무불이행시 청산절차에 따라 소유권을 이전하는 담보형태

---

2. 非典型擔保制度의 사회적 작용

민법상 담보물권을 완비하고 있으면서도 비전형담보가 행하여지는 것은 민법상

담보제도가 금융거래 실정을 충족하지 못하는데 있다. 따라서 비전형담보 발생의 원인이 되는 민법상 담보제도의 단점은 대체로 다음과 같이 지적된다.

첫째로, 동산담보제도의 문제이다. 즉 동산은 질권의 목적이 되며, 질권을 설정하려면 질물의 점유를 채권자에 이전하여야 한다. 그러므로 채무자는 자기 소유물을 사용하지 못하게 되어 오히려 궁박한 상태에 빠져들게 되고, 특히 공장의 기계와 같은 생산시설을 담보로 하여 생산자금을 융통하는 것은 불가능하게 된다. 이러한 결점을 보충하기 위하여 점유개정의 법리를 활용한 동산양도담보가 행하여진다.

둘째로, 질권과 저당권에서는 우선변제를 받기 위한 환가절차가 번잡하고 목적물의 가치가 정당하게 평가되지 않는 경우가 많지만 부동산양도담보·가등기담보에서는 목적물의 환가방법을 당사자가 임의로 정할 수 있을 뿐만 아니라, 그 환가절차가 간편하고, 한편 채무자가 목적물의 처분권을 상실하지 않고 담보로 제공할 수 있는 점에서 널리 행하여진다. 즉 동산에서는 금지된 저당권을 탈피하여 실행할 목적에서 부동산은 채권자의 채권실행을 용이하게 하고 채무자가 목적물의 처분권을 확보할 필요에서 각각 변칙담보가 행하여진다.

- (1) 변칙담보의 작용
  - ㉠ 동산저당권의 설정화
  - ㉡ 유리한 담보권의 확보
  - ㉢ 우선변제 절차의 간이화
  - ㉣ 재산권의 담보화
- (2) 변칙담보의 규제
  - ㉠ 민법 제607조·제608조에 의한 제한
  - ㉡ 가등기담보법에 의한 규제

제 2. 假登記擔保

1. 假登記擔保의 의의와 사회적 작용

(1) 가등기담보란 채권자가 채무자에게 금전을 대여하면서 채무자소유의 부동산에 매매예약 또는 대물반환의 예약을 원인으로 한 가등기를 경료하고, 아울러 변제기가 되기까지 원리금을 지급하지 못할 경우에는 위 가등기에 기한 소유권이전의 본등기를 경료하여, 부동산을 명도 받기로 하는 담보형태를 말한다.

가등기담보는 흔히 채무액에 비하여 훨씬 고액인 부동산의 소유권을 상실하게 되는 경우가 많아서 채권자의 횡포를 방지하고 채무자를 보호하기 위하여 「가등기담보 등에 관한 법률」(1983. 법률 제3681호)을 두고 있다.

⑵ 가등기담보는 부동산소유권의 이전 형태를 취하는 담보제도에서 보다는 경비(등록세·취득세)를 절감할 수 있고, 담보목적인 부동산의 소유권이 설정자에 잔존하므로 아직 담보가치가 잔존하는 한 후순위담보권설정이 가능할 뿐만 아니라, 특히 채무자의 목적물처분의 권능을 잃지 않는다는 점에서 양도담보에서 보다 채무자에 유리한 지위가 확보된다.

2. 假登記擔保의 법적 구성

⑴ 가등기담보의 법적 구성에 관하여 담보물권설은 가등기담보권을 담보물권의 일종으로 구성하여 특별법상 변칙담보라고 하거나, 저당권에 유사한 것 또는 특수저당권이라고 한다. 그리하여 그 이론적 근거로서 동법상 가등기권리자에 인정하는 경매권·우선변제권·별제권 등은 모두 담보물권의 특유한 효력이며, 가등기담보권자의 소유권취득권능은 청산의무에 의하여 피담보채권의 범위 내에서의 가치취득권 내지 우선회수권으로 되어 있고 청산금을 지급할 때까지 다른 채권자의 경매가 개시되면 가등기담보권은 우선변제권으로 전환된다는 점을 든다.[48]

이에 대하여 신탁적양도설은 가등기담보와 소유권이전형인 양도담보와의 차이는 결국 담보방법으로서 소유권이전인가. 소유권이전예약의 가등기인가에 차이일 뿐이며, 소유권이전예약형의 가등기라 하더라도 후일 가등기에 기한 본등기가 행하여지면 이때 소유권이전예약형은 소유권이전형에 흡수되게 되므로, 결국 가등기담보는 양도담보와 본질을 달리할 것은 아니라고 한다.[49]

⑵ 이에 대한 종래 판례는 민법 제607조·제608조 위반의 대물변제예약은 무효라고 하였으나,[50] 점차 태도를 바꾸어 채권액을 초과하는 유저당의 효력을 인정하는 대물변제예약은 무효이지만, 다만 이를 바탕으로 채권자가 목적물의 소유권이전등기를 하고 있는 경우 그 등기는 채무를 담보하는 범위에서 유효하고, 그 때 담보는 약한 의미의 양도담보라고 새겨 정산을 요구하여 신탁적양도설을 견지하여 왔다.[51] 그러나 최근의 판례는 청산 없는 본등기가 약한 의미의 양도담보로서의 소유권이전을 인정할 것인가에 관하여 채권자의 청산 없는 본등기는 무효일 뿐만 아니라, 약한 의미의 양도담보로서의 소유권이전도 인정할 수 없는 것이라고 하고, 또한 청산 없

48) 곽윤직 686면, 김상용 856면, 이은영 824면.
49) 이영준 985~986면.
50) 대판 1962.5.24, 62다67.
51) 대판 1967.3.28, 67다61.

는 본등기에 근거하여 제3자에 소유권이 이전된 경우에도 종래 판례는 전득자의 선·악을 묻지 않고 소유권취득을 인정하였으나, 최근의 판례는 악의의 전득자에 소유권취득을 배척하여 신탁적양도설을 다소 수정하고 있다.[52]

3. 假登記擔保의 설정

(1) 被擔保債權의 대상

(가) 금전채권이 원칙이나 이에 국한하지 않고 장래 이행기에 금전채권으로 확정할 수 있는 것이면 가능하다.

또한, 채권의 일부를 피담보채권으로 하거나, 여러 종류의 채권을 합하여 하나의 피보전채권으로도 할 수 있다.

(나) 증감 변동하는 불특정채권에도 성립하는가. 판례는 채권자와 채무자가 가등기담보계약을 체결함에 있어 가등기 이후에 발생될 채무도 가등기부동산의 피담보채무의 범위에 포함시키기로 한 약정은 가등기담보법 제4조 제1항 내지 제3항의 어느 규정에도 반하는 것이라 볼 수 없고, 가등기담보권의 존재가 가등기에 의하여 공시되므로 후순위권리자로 하여금 예측할 수 없는 위험에 빠지게 하는 것도 아니라 하여 그 효력을 긍정한다.[53]

다만, 피담보채권의 최고액을 정하지 아니한 경우의 가등기담보권의 효력에 관하여 가등기담보가 근저당권과 병행된 때에는 근가등기담보에 피담보채권액이 정하여져 있지 않더라도 근저당권의 최고액의 범위에서 효력을 가지지만, 근저당권과 병행되지 않고 피담보채권의 최고액도 정해지지 아니한 경우에도 무효로 볼 것이 아니라 목적물의 담보가치 전체를 채권자가 파악하고 있는 것으로 본다.

(2) 設定當事者와 목적물

(가) 가등기담보권자는 피담보채권의 채권자이다. 가등기담보설정자는 채무자가 되는 것이 일반적이나, 담보가등기의 목적이 된 부동산의 물상보증인이 될 때도 있다(동법 제2조 제2항).

(나) 가등기담보의 목적물은 부동산이 가장 일반적인 것이지만, 그 외 등기·등록이 가능한 입목·공장재단·광업재단·자동차·항공기·선박·중기 등도 목적물이 될 수 있다(동법 제18조).

---

52) 대판 1994.1.25, 92다20132.
53) 대판 1994.6.28, 94다3087.

⑶ 擔保契約

가등기담보권의 설정계약은 채무불이행시에 차용물의 반환에 갈음하여 다른 재산권을 이전할 것을 예약하는 대물변제예약에 포함시켜서 하거나 이와 병존적으로 체결할 수도 있다.

(가) 대물변제예약은 어떠한 형식으로든 약정되면 족하고, 환매·양도담보 기타 명목 여하를 불문한다. 다만 민법 제607조 내지 제608조와의 관계에서 동조 규정에 의하여 효력이 상실되는 대물변제예약에만 이 법이 적용된다.

(나) 가등기담보법은 피담보채무의 이행을 확보하기 위한 소비대차계약과 이에 종된 담보계약이 체결된 경우에 적용된다. 가등기담보법 제1조는 "차용물의 반환에 관하여 차주가 차용물에 갈음하여 다른 재산권을 이전할 것을 예약한 경우에 적용한다."라고 규정한다.

그리하여 판례는 토지매매대금 등의 지급의 담보와 그 불이행의 경우 제재 내지 보상을 위하여 소유권이전청구권보전의 가등기를 경료한 경우(대판 1990.6.26, 88다카20392), 공사대금채권의 담보를 목적으로 가등기를 경료한 경우(대판 1992.4.10, 91다45356) 등에는 민법 제607조 내지 제608조가 적용될 여지가 없어 가등기담보법은 적용되지 않는 것이라 한다.

4. 假登記擔保의 효력

⑴ 被擔保債權과 目的物의 범위

(가) 피담보채권의 범위　가등기담보에 의하여 담보되는 채권은 금전채권 뿐만 아니라, 그 외의 채권도 가능하다.

다만, 가등기담보의 실행으로 목적부동산에 대한 소유권을 취득하거나, 우선변제를 받게 될 경우에는 금전채권으로 확정되어 있어야 한다.

피담보채권의 범위는 민법 제360조(저당권의 피담보채권의 범위)에 의하여 결정되므로(동법 제3조 제2항), 원본·이자·위약금·채무불이행으로 인한 손해배상 및 담보권 실행비용을 포함한다.

(나) 피담보목적물의 범위　피담보목적물의 범위는 설정계약에 의하나 민법 제358조(저당권의 효력범위)가 적용된다. 따라서 목적물상의 부합물·종물에도 미치며, 물상대위성을 가지므로 그 목적물의 변형물에도 미친다.

⑵ 擔保權의 대내·대외적 효력

(가) 담보권의 대내적 효력　목적물의 소유권은 담보권의 실행시까지 설정자에 귀속한다. 따라서 담보권의 설정자는 담보물의 사용·수익 또는 처분권을 잃지 않

는다.

(나) 담보권의 대외적 효력 담보권자는 피담보채권의 변제기 경과로 담보목적물의 실행권(처분권)을 가진다. 따라서 담보권자는 담보권실행의 결정권을 가지며, 특히 담보권을 경매 실행하는 경우 또는 국세기본법·국세징수법·지방세법 적용에서 저당권설정의 효과를 가지며(동법 제17조 제3항), 설정자가 파산한 경우 별제권이 확보된다(동법 제17조 제1항·파산법 제84조 참조).

5. 假登記擔保權의 실행

(1) 假登記擔保權者의 담보권실행

(가) 담보권실행의 통지와 청산기간

(ㄱ) 청산금의 통지 : 채권자가 담보계약에 의한 담보권을 실행하여 그 담보목적부동산의 소유권을 취득하기 위해서는 먼저 그 채권의 변제기 후에 청산금의 평가액을 채무자 등에게 통지하여야 한다.

(a) 통지의 상대방은 채무자와 물상보증인 또는 담보가등기 후 소유권을 취득한 제3자이며, 통지에는 청산금의 평가액, 통지 당시의 목적부동산의 평가액, 민법 제360조 규정의 채권액이 명시되어야 한다

(b) 담보목적부동산의 가액은 채무자에 대하여 목적부동산을 확정적으로 자기소유로 귀속시킨다는 뜻의 의사표시를 통지하는 시점을 기준으로 주관적으로 평가하면 족하고, 채권자가 일단 통지한 후에는 통지한 청산금의 수액에 관하여 다투지 못한다(동법 제9조).

판례는 귀속청산의 방법으로 부동산에 대한 양도담보권을 실행하기 위하여 거쳐야 할 실행절차에 있어서 담보목적부동산의 가액은 채무자에 대하여 목적부동산을 확정적으로 자기소유로 귀속시킨다는 뜻의 의사표시를 통지하는 시점을 기준으로 평가하면 족하고, 그 의사표시가 목적부동산을 둘러싼 재판과정에서 이루어진 것이라도 마찬가지라고 한다(대판 1992.4.10, 91다44674).

또한, 가등기담보권을 실행하여 그 담보목적부동산의 소유권을 취득하기 위하여 채무자 등에게 하는 담보권실행의 통지에는 채권자가 주관적으로 평가한 통지 당시의 목적부동산의 가액과 피담보채권액을 명시함으로써 청산금의 평가액을 채무자에 통지하면 족하고, 비록 채권자가 나름대로 평가한 청산금의 액수가 객관적인 평가액에 미치지 못한다고 하더라도 담보권실행의 통지로서의 효력이나 청산기간의 진행에는 아무런 영향이 없고, 다만 채무자 등은 정당하게 평가된 청산금을 지급받을 때까지 목적부동산의 소유권이전등기 및 인도채무의 이행을 거절하면서 피담보채무 전액을 채권자에게 지급하고 채권담보의 목적으로 마쳐진 가등기의 말소를 구할 수 있을 뿐이라 한다(대판 1996.7.30, 96다6974·6981).

(ㄴ) 청산기간 : 가등기담보권실행의 청산기간은 가등기담보법 제4조의 규정에 의

한 청산금의 평가액을 통지하고 그 통지가 도달한 날로부터 2개월로 한다. 따라서 동조 규정에 의한 위의 통지가 채무자 등에게 도달한 날로부터 2개월이 경과되면 채권자는 일정한 절차를 밟아 목적부동산의 소유권을 취득할 수 있게 된다(동법 제3조 제1항).

(나) 청산금의 지급

(ㄱ) 청산금의 지급의무 : 채권자는 청산금을 채무자 등에게 지급하여야만 담보가등기에 기한 본등기를 할 수 있다(동법 제4조 제1항). 이 경우 청산금의 지급의무와 부동산의 소유권이전등기 및 인도의무는 동시이행관계에 있다(동법 제4조 제3항). 따라서 채권자가 청산금을 지급할 때까지는 채무자 등은 본등기 및 인도를 거절할 수 있다.

(ㄴ) 청산금의 공탁 : 채권자 등의 청산금채권이 압류 또는 가압류된 경우에는 채권자는 청산금을 법원에 공탁함으로써 그 범위 내에서 채무를 면할 수 있다(동법 제8조 제1항). 이 때 채권자는 지체 없이 채무자 등과 압류 또는 가압류채권자에게 공탁의 통지를 하여야 한다(동법 제8조 제4항).

(ㄷ) 채무자 등의 말소청구권 : 채무자 등은 변제기 이후 채권자가 가등기담보권을 실행하더라도 청산금의 변제를 받을 때까지는 그 채무액을 채권자에게 지급하고, 담보가등기의 말소를 청구할 수 있다(동법 제11조). 그러나 채무의 변제기가 이미 10년이 경과하거나 또는 선의의 제3자가 소유권을 취득한 때에는 그 말소를 청구하지 못한다(동법 제11조 단서).

(다) 후순위권리자의 보호

(ㄱ) 채권자의 통지의무 : 채권자는 가등기담보권을 실행함에 있어서 채무자 등에게 통지가 도달한 때에는 지체 없이 그 통지사실·내용 및 도달일을 후순위권리자에게 통지하여야 한다. 그러나 후순위권리자 외에 대항력 있는 임차권자나 담보가등기 후에 등기한 제3자는 그 통지사실과 채권액만 통지하면 족하다(동법 제6조).

(ㄴ) 청산금의 처분제한 : 채무자 등이 채권자에 가지는 청산금지급청구권은 청산기간 전에 양도 기타 처분하거나, 후순위 권리자에게 통지를 하지 아니하고 채권자가 채무자 등에게 청산금을 지급한 경우에는 이로써 후순위 권리자에게 대항하지 못한다. 또한 청산금지급이 청산기간 전에 이루어진 경우에도 역시 후순위권리자에게 대항하지 못한다(동법 제7조).

(ㄷ) 청산금에 대한 권리행사 : 후순위권리자는 청산금의 지급이 있을 때까지는 통지된 청산금의 범위 안에서 직접 그 권리를 행사할 수 있다(동법 제5조 제1항). 그러나 후순위 권리자가 이 권리를 행사하기 위해서는 그 채권의 명세와 증서를 채권자에게 제시·교부하여야 하고(동법 제5조 제2항), 또한 후순위 권리자가 수인인 때

에는 그 순위에 따라야 한다.

(ㄹ) 경매청구권 : 청산기간 내에서의 후순위 권리자는 청산금에 대한 권리를 행사하지 않고 목적부동산의 경매를 청구할 수 있다(이 경우 그 피담보채권의 변제기 도래 전이라도 경매는 가능하다 ; 동법 제12조 제2항). 또한 가등기담보권자가 그 권리를 실행하기 위하여 채무자 등에게 일정한 통지를 한 후라도 청산금이 지급되기 전(청산금이 없는 경우에는 청산기간 경과 전)이면 제3자에 의한 목적부동산의 경매를 청구할 수 있고, 제3자의 신청에 의한 경매개시결정이 있게 되면 가등기담보권자의 본등기청구권이 제한된다(동법 제14조).

가등기된 부동산에 가등기권리자에 대한 청산금의 지급이나 공탁 없이 제3자의 강제경매신청에 의한 경매개시결정 등이 있는 경우 법원은 담보가등기권리자에 대하여 그 가등기가 담보가등기인 경우에는 그 내용 및 채권의 존부・원인 및 수액을, 담보가등기가 아닌 때에는 그 내용을 신고할 것을 상당한 기간을 정하여 최고하여야 한다(동법 제16조 제1항).

또한, 압류등기 전에 경료된 담보가등기권리가 매각에 의하여 소멸하는 때에는 위 채권신고를 한 경우에 한하여 그 채권자는 매각대금의 배당 또는 변제금의 교부를 받을 수 있다(동조 제2항). 그리고 소유권의 이전에 관한 가등기권리자는 경매 등의 절차에서 이해관계인으로서의 지위를 가진다(동조 제3항).

(ㅁ) 대항력있는 임차권의 보호 : 담보가등기 후에 대항력 있는 임차권을 취득한 자는 청산금의 범위 안에서 동시이행의 항변권을 가진다(동법 제5조 제5항).

(2) 競賣에 의한 담보권실행

채권자는 가등기담보 목적물의 소유권을 취득하지 아니하고 경매실행을 결정할 수 있고, 채권자가 그 경매실행을 결정한 때에는 목적물상 담보가등기는 저당권을 설정한 것으로 본다(동법 제12조 제1항 단서). 따라서 목적물의 실행절차는 민법상 저당권실행의 절차에 따른다.

(3) 破産 등의 경우와 가등기담보

목적부동산이 파산재단에 속하는 경우에는 파산법 중 저당권에 관한 규정을 준용한다. 또한 국세기본법・국세징수법・지방세법・회사정리법이 적용되는 경우의 담보가등기권에 대하여 이를 저당권으로 본다(동법 제17조).

(4) 法定地上權의 성립

채권자의 담보권실행으로 동일한 소유자의 토지 및 그 지상 건물에 대한 동법 제

4조에 의한 소유권을 취득하거나 담보가등기에 기한 본등기가 행하여진 경우에는 그 건물소유를 목적으로 하는 토지에 지상권이 설정된 것으로 본다(동법 제10조).

이 경우 그 존속기간이나 지료는 당사자의 청구에 의하여 법원이 정한다(동조 단서).

6. 假登記擔保權의 소멸

가등기담보도 담보권의 일종이므로 피담보채권이 변제 등의 원인으로 소멸하게 되면 그것으로 소멸한다.

그 외에 채무변제·목적물의 멸실, 강제경매 또는 담보권실행을 위한 경매가 행해진 때, 가등기담보법 제3조 이하의 절차에 의하여 목적부동산의 소유권이 가등기담보권자에게 이전한 때에 소멸한다.

7. 動産讓渡擔保에의 적용 여부

가등기담보법은 담보방법으로 가등기 하는 권리에 적용되나 그 외에도 권리이전의 방법으로 등기·등록할 수 있는 권리 및 전화가입권 등 채권을 담보하기 위하여 명의를 일시적으로 이전하는 경우에도 적용된다(동법 제18조).

이와 같이 가등기담보법은 그 권리의 확보 또는 이전을 등기·등록의 방법에 의하여 담보하는 변칙적 담보에 적용됨은 물론이다. 그러나 그 공시방법이 점유이전에 의하는 동산의 양도담보에도 적용되는가. 판례는 동산을 목적으로 하는 양도담보설정계약을 체결하는 동시에 채무불이행시 강제집행을 수락하는 공정증서를 작성하는 경우에는 위 공정증서에 의한 강제경매에는 다른 채권자는 배당을 요구할 수 없는 것이라고 한다.[54]

제 3. 讓渡擔保

1. 讓渡擔保의 의의와 성질

(1) 讓渡擔保의 의의

양도담보란 채권을 담보하기 위하여 목적물의 소유권을 이전하는 것이며, 채권이 이행기에 만족을 얻으면 그 소유권을 다시 채권자에게 반환하는 담보제도, 즉 소유권 자체를 이전하는 형식의 담보제도이다.

---

54) 대판 1994.5.13, 93다21910.

양도담보는 그 형식에 따라 매매의 형식을 취하는 것과 소비대차계약에 따른 채권담보(대물변제예약)를 위하여 소유권이전의 형식을 취하는 것으로 나눌 수 있다. 전자를 매도담보라고 하고, 후자를 협의의 양도담보라고 한다.

(2) 讓渡擔保의 법률적 성질

(가) 채권의 담보를 위하여 목적재산의 권리를 채권자에게 이전하는 이른바, 협의의 양도담보의 권리이전의 법률적 성질에 관하여 가등기담보법의 제정과 관련하여 문제된다. 즉 가등기담보법 제1조는 "차용물의 반환에 관하여 차주가 차용물에 갈음하여 다른 재산권을 이전할 것을 예약함에 있어서 그 재산의 예약 당시 가액이 차용액 및 이에 덧붙인 이자의 합산액을 초과하는 경우에 이에 따른 담보계약과 그 담보의 목적으로 경료된 가등기 또는 소유권이전등기의 효력을 정함에 있다."라고 하여 양도담보에 동법 규정의 적용을 예정하고, 나아가 동법 제4조 제2항은 "채권자가 부동산에 관하여 이미 소유권이전등기가 경료된 경우에는 청산기간 경과 후 청산금을 채무자 등에게 지급한 때에 목적부동산의 소유권을 취득한다."라고 규정함으로써 양도담보와 관련하여 동 규정의 소유권을 취득한다는 의미가 무엇인가. 가등기담보의 법률적 성질과 관련하여 견해가 대립한다.

(나) 최근의 다수설은 제한물권설을 취하며, 그 이론적 근거로서 현행법상 양도담보에도 가등기담보법이 적용되므로 양도담보에 의하여 이미 소유권이 이전된 경우에도 청산이 요구되고 청산기간 경과 후 청산금을 채권자에 지급하고 목적부동산의 소유권을 이전 받을 수 있다는 점(가담법 제4조 제2항 전단, 제2조 2호)과 세법(稅法)도 양도담보의 목적물로서 재산권을 양도한 경우에도 그 재산으로부터 체납금을 징수할 수 있음을 규정한 것(국세기본법 제42조, 지방세법 제36조) 외에도 현행 부동산명의 등기에 관한 법률에 의하면 채무의 담보를 위하여 채권자가 부동산물권을 이전 받은 경우에는 채무자·채권금액 및 채무변제를 위한 담보라는 뜻이 기재된 서면을 등기신청서와 함께 제출하게 하여 양도담보라는 취지·채권액·채무자가 공시되는 길이 마련되고 있는 점을 든다.

이에 대한 종래 판례는 신탁적소유권이전설을 취하여 소유권이 채권자에 이전된다고 하고 채권자로부터 그 담보목적부동산을 양수한 제3자는 이러한 양도담보 사실을 안 경우에도 소유권을 취득한다고 하였고,[55] 최근의 판례 역시 양도담보로 인한 소유권의 대내적·대외적 이전을 불문하고 채권자는 채무자에 대한 청산의무를 부담하므로 채권자는 담보목적물로부터 우선변제를 받은 후 나머지가 있으면 이를

55) 대판 1988.2.9, 87다424; 1987.3.10, 85다카2508.

채무자에게 반환하여야 한다고 하면서도 양도담보가 설정된 건물의 실질적 소유자는 설정자라고 하여 신탁적양도설을 견지하고 있다.[56)]

또한, 동산양도담보에서는 양도담보권자는 그 청산절차를 마치기 전이라도 담보목적물에 대한 사용·수익권은 없지만 제3자에 대한 관계에서는 목적물의 소유자로서 권리를 행사할 수 있다고 하여 신탁적 양도관계로 구성한다.[57)]

2. 讓渡擔保의 설정

(1) 擔保目的物

양도담보의 목적이 될 수 있는 것은 동산·부동산은 물론, 그 외에도 양도할 수 있는 재산권은 모두 해당된다. 따라서 판례는 기업용 동산·영업권 등 증감 변동하는 집합물도 양도담보의 목적물이 되는 것이라고 한다.[58)]

(2) 設定契約과 公示

담보설정계약은 담보를 취득하는 자와 이를 제공하는 자 사이의 계약에 의하고, 부동산에 관하여는 등기, 동산에 관하여는 인도가 있어야 한다.

특히, 부동산양도담보에 있어서는 양도담보를 등기원인으로 할 수 없었으므로 실제상 부동산양도담보의 공시는 그 소유권이전을 매매를 원인으로 함이 일반적이었고 또한 그렇게 하는 방법 외에는 없었다. 그러나 최근에는 부동산명의등기에 관한 법률에 의하여 채무자·채권금액 및 채무변제를 위한 담보라는 취지의 서면을 등기신청시에 제출하게 하고 있으므로(동법 제3조) 이제는 등기법을 개정하여 양도담보라는 취지의 공시가 가능할 것이라 보며, 또한 그렇게 하는 것이 거래의 안전을 위하여 필요할 것이라고 한다.[59)]

- (1) 동산인 경우
  - 현실의 인도
  - 점유개정 가능(대판 1960.10.26, 4293민상82)
- (2) 부동산인 경우 - 등 기
  - 명문규정이 없으나 매매를 원인으로 함이 보통
  - 피담보채권의 불기재(부등기)
- (3) 기타 재산권의 경우
  - 지명채권의 경우 — 당사자간의 설정계약으로 성립
  - 무기명채권의 경우 — 증서의 교부로 성립

56) 대판 1990.5.25, 89다카13384; 1988.2.9, 87다424; 1987.3.10, 85다카2508.
57) 대판 1994.8.26, 93다44739.
58) 대판 1990.12.26, 88다카20224.
59) 김주수, 민법개론 478면.

[판례] 단지 채무의 담보를 위하여 채무자가 자기비용과 노력으로 신축하는 건물의 건축허가 명의를 채권자 명의로 하였다면 이는 완성될 건물을 담보로 제공하기로 하는 합의로서 법률행위에 의한 담보물권의 설정에 다름 아니므로 완성된 소유권은 일단 이를 건축한 채무자가 원시적으로 취득한 후 채권자 명의로 소유권보존등기를 마침으로써 담보목적의 범위 내에서 위 채권자에게 소유권이 이전된다고 보아야 한다(대판 1990.4. 24, 89다카18884).

⑶ 被擔保債權

양도담보권이 성립하기 위해서는 피담보채권이 존재하여야 한다. 따라서 미담보채권이 무효·취소로 인하여 성립하지 않거나 소멸하면 그 목적물의 권리이전의 원인이 없으므로 부당이득의 문제로 된다.

3. 讓渡擔保의 효력

⑴ 讓渡擔保의 效力이 미치는 범위

(가) 피담보채권의 범위 피담보채권의 범위에 관하여는 저당권의 피담보채권의 범위에 관한 민법 제360조의 규정이 적용된다(가등기담보법 제3조 제2항). 따라서 원본·이자·위약금·채무불이행으로 인한 손해배상·담보권의 실행비용이 피담보채권에 포함되며(제360조 본문), 채무불이행에 의한 손해배상, 즉 지연배상은 원본의 이행기를 경과한 후의 1년분에 한한다(동조 단서).

또한, 양도담보권자가 그 계약상의 권리를 보전하기 위하여 목적부동산 위에 설정된 양도담보채무자의 제3채권자에 대한 근저당권의 피담보채무를 대위변제하여 양도담보채무자에게 구상채권이 발생하였을 때에는 특별한 사정이 없는 한, 이 구상채권도 위의 양도담보계약에 의하여 담보된다고 보아야 할 것이다.[60]

(나) 목적물의 범위 양도담보의 효력은 부합물이나 종물에도 미친다. 양도담보권자는 목적물의 소유권을 가지는 것이 보통이므로 물상대위성에 관해서는 대외적으로는 특별한 문제가 생기지 않으며 대내적으로 정산관계가 있을 뿐이다.

⑵ 讓渡擔保의 대내적 효력

(가) 양도담보권자의 권리

(ㄱ) 목적물의 이용관계 : 양도담보의 설정 당사자간에 누가 목적물을 점유 또는 이용할 권리를 가지는가는 당사자의 합의로써 정하여질 것이나 양도담보의 본질에 비추어 그 설정자에게 이용권을 보존케 하는 것이 합목적적이고, 또한 실제에 있어서도 그렇게 하는 것이 대부분이다.

60) 대판 1976.10.26, 76다2169.

판례는 부동산양도담보의 경우 특별한 사정이 없는 한 목적부동산에 대한 사용·수익권은 채무자인 양도담보설정자에 있다고 하고 양도담보권자는 사용·수익할 수 있는 정당한 권한이 있는 채무자나 채무자로부터 그 사용·수익할 수 있는 권한을 승계한 자에 대하여는 사용·수익하지 못한 것을 이유로 임료 상당의 손해배상이나 부당이득의 반환을 청구할 수 없는 것이라고 한다.[61]

한편, 담보목적물은 담보제공자가 이용하면서 차임 또는 사용대차의 형식을 취하는 경우에는 차임의 형식으로 이자가 지급되는데, 이때 차임연체의 경우에 문제가 생긴다. 그러나 차임은 실질적으로는 이자이므로 2기분의 이자를 지급하지 않았다고 하여 담보권을 실행할 수 있다고 함은 부당하므로 담보권자가 임대차를 해지하고 목적물의 반환을 청구할 수 없다고 해석하는 것이 통설이다(제640조 참조).

또한, 목적물을 이용하는데 필요한 비용은 원칙적으로 이용자가 부담한다. 그러나 담보권을 실행하는 경우에는 사용대차 또는 임대차에 관한 규정에 좇아 채권자로부터 상환을 받을 수 있게 된다.

(ㄴ) 우선변제권 : 양도담보권자가 담보권을 실행하려면 피담보채권에 이행지체가 있어야 함은 물론이다. 그 기간은 목적물의 임대차에 기간을 정하고 있으면 변제기도 이에 의한다고 해석되나 원본의 기한 또는 임대차의 기한 그 어느 것도 정함이 없는 때는 임대차를 기준으로 정할 것으로 해석된다(제603조 제2항·제635조 참조).

양도담보권실행에 의한 우선변제 또는 목적물의 소유권을 취득하기 위하여서는 양도담보에 가등기담보법이 적용되므로, 동법 제2조 내지 제11조에 의한다. 따라서 양도담보권자는 가등기담보법상의 이른바 권리취득의 실행절차에 의하게 된다.

(나) **양도담보권자의 의무** 양도담보권자는 그가 취득한 권리를 담보의 목적을 넘어서 행사하지 아니할 의무를 진다. 따라서 양도담보권자는 변제기 이전에 그 목적물을 처분하지 못한다. 그러나 이를 위반하여 처분한 때에는 언제나 신탁의무의 위반이 되고, 채무불이행의 법리에 따라 손해배상책임을 부담하게 된다.

판례는 부동산의 양도담보권의 설정자는 그 부동산의 명의가 비록 양도담보권자 앞으로 되어 있다 할지라도 그 부동산의 불법점유자인 제3자에 대하여는 그 실질적 소유자임을 주장하여 불법점유의 상태의 배제권을 행사할 수 있는 것이라고 한다.[62]

---

61) 대판 1988.11.22, 87다카2555.
62) 대판 1988.4.25, 87다카2696.

⑶ 讓渡擔保의 대외적 효력

(가) 담보목적물의 처분　양도담보 목적물은 제3자에 대한 관계에 있어서는 담보권의 강·약에 불문하고 목적물의 권리가 완전히 채권자에게 이전한다. 따라서 양도담보권자는 담보권의 실행으로 제3자에 대하여 담보물의 명도를 구할 수 있고, 또한 채무자가 명도를 거부하는 경우에는 담보권 실행방해를 이유로 손해배상청구권이 있다. 그러나 이 경우 양도담보권자에게는 목적부동산에 대한 사용·수익권이 없으므로 차임상당의 손해배상을 구할 수는 없다.[63]

담보권자가 목적물을 제3자에게 양도하면 담보권자로부터 양도담보의 목적물을 양수한 선의의 제3자는 완전하게 권리를 취득한다(가담법 제11조 단서). 그러나 악의의 제3자는 권리를 취득하지 못하므로 채무자 등은 그 제3자에 대하여 등기말소청구를 할 수 있다.

(나) 강제집행 및 파산 등의 경우　양도담보권자의 채권자는 목적물에 대하여 집행할 수 있으며, 양도담보설정자는 이에 이의를 제기할 수 없다. 그러나 양도담보를 제한물권으로 구성하는 견해에 의하면 압류채권자의 지위는 양도담보권자의 지위와 다를 바 없으므로 피담보채권의 변제기가 도래한 후 설정자는 압류채권자에게 변제하여 양도담보권을 소멸시킨 다음, 제3자이의의 소를 제기할 수 있다.

또한, 양도담보권자가 파산한 때에는 양도담보설정자에 환취권이 없다(파산법 제80조). 그러나 이 경우에도 양도담보를 제한물권으로 구성하는 견해에 의하면 양도담보권자의 채권자가 압류한 경우와 같이 설정자는 피담보채권을 변제함으로써 목적물을 환취할 수 있다고 해석하는 것이 타당하다고 한다.[64]

(ㄱ) 양도담보설정자의 채권자는 담보의 목적물에 대하여 집행할 수 없으며, 만약 집행하면 양도담보권자는 이의를 제기할 수 있다(민소법 제509조). 다만 양도담보를 제한물권으로 구성하는 견해에 의하면 담보권자에게 지나친 이익을 주게 되므로 제3자이의의 소의 제기를 인정하지 않으며, 우선변제청구의 소(민소법 제526조)를 제기할 수 있을 뿐이다.[65]

또한, 설정자가 파산하면 담보권자는 환취권을 가진다(파산법 제79조 이하). 다만 제한물권설에 의하면 환취권이 없고, 별제권(동법 제84조 이하)을 가지는데 지나지 않는다.

(ㄴ) 양도담보설정자가 목적물을 제3자에게 처분하더라도 제3자는 권리를 취득하지 못한다. 다만 동산양도담보에서는 선의취득의 보호를 받을 수 있을 뿐이다.

---

63) 대판 1979.10.30, 79다1545; 1991.10.8, 90다9780.
64) 곽윤직 697면.
65) 곽윤직 697면.

(4) 動産譲渡擔保의 효력

양도담보에서의 가등기담보법의 적용은 오직 등기·등록과 같은 공시방법이 마련되어 있는 것에 한하여 적용되는가. 가등기담보법의 성질상 그러한 공시방법이 없는 동산 기타 재산권을 목적으로 하는 양도담보에 있어서는 적용되지 아니함이 명백하다. 그러나 견해에 따라서는 가등기담보법을 부동산양도담보에만 적용하면 양도담보가 이원화될 뿐만 아니라 경제적 약자를 보호하기 위하여 모처럼 마련된 동법의 입법취지가 몰각될 것이란 점에서 동산양도담보에도 유추 적용할 것이라고 한다.[66] 따라서 이들의 견해에 의하면 동산양도담보도 부동산양도담보에서와 같이 가등기담보법이 정하는 바에 따라 정산의무를 부담하게 된다. 그러나 가등기담보법의 적용은 공시방법을 등기·등록의 방법에 의하는 경우에만 적용될 것이라고 보며, 판례도 동일한 태도를 취한다. 따라서 동산의 양도담보에 있어서는 그 법률적 구성을 신탁적 양도 또는 해제조건적 이전 등에 의하여 구성하게 되며, 그에 따라 양도담보의 효력이 정하여질 것으로 된다.

이하에서는 종래 통설·판례에 따라 그 효력의 범위를 설명한다.

(가) 소유권이전의 효력　제3자와의 관계에서는 언제나 소유권이전의 효과를 가진다. 따라서 채권자로부터 전득한 제3자는 선악에 불문하고 권리를 취득한다. 또한 양도담보권자(채권자)는 담보목적물에 대한 집행권을 가지나 양도담보권설정자가 제3자에 처분한 경우 제3자는 권리를 취득하지 못한다. 그러나 선의취득의 요건을 갖추는 경우에는 별개 문제로 될 것이다.

(나) 양도담보의 성질에 따른 학설과 제3자 권리행사와 관계　동산양도담보에서 점유개정의 방법에 의하여 목적물의 점유는 설정자에 잔존하고 담보권자는 간접점유만을 가지므로 그 목적물의 지배 상태의 외형을 신뢰한 제3자의 목적물상 권리행사와의 관계에서 법률관계가 문제된다.

(ㄱ) 양도담보권설정자의 일반채권자와 양도담보권자의 관계 :　설정자의 일반채권자가 강제집행을 하는 경우 담보권자의 강제집행에 대한 제3자이의의 소를 제기할 수 있는가. 수권설·해제조건적양도설에 의하면 인정되나, 신탁적양도설·청산설에 의하면 행사가 불가능하다.

또한, 설정자가 파산한 경우 담보권자의 파산재단에 대한 환취권이 인정되는가. 역시 양도담보의 법률적 성질에 따라 달리하며, 신탁적양도설·청산설에 의하면 긍정되나 수권설·해제조건적양도설에 의하면 이를 부정하고 별제권만 인정된다

(ㄴ) 양도담보권자의 일반채권자와 양도담보설정자의 관계 :　담보권자의 일반

66) 곽윤직 730면.

채권자가 강제집행을 하는 경우 담보권설정자의 제3자이의의 소를 제기할 수 있는가, 신탁적양도설·청산설에 의하면 외형상 담보권자의 소유물이므로 그 강제집행은 적법이며 채무자의 이의의 소제기가 불가능하다. 그러나 수권설 및 해제조건적양도설에 의하면 설정자의 제3자이의의 소의 행사가 가능하다.

또한, 담보권자가 파산한 경우 파산법 제80조는 "파산선고 전 파산자에게 재산을 양도한 자는 담보의 목적으로 할 것을 이유로 그 재산을 환취할 수 없다."라고 규정한다. 따라서 양도담보에서는 학설에 따라 달리한다. 수권설·해제조건적양도설의 경우에는 환취권이 인정되나 신탁적양도설·청산설에 의하면 환취권이 부정된다.

- (1) 양도담보설정자의 일반채권자와 양도담보권자와의 관계
  - ㉠ 설정자의 일반채권자가 강제집행을 하는 경우
    - 수권설·해제조건적양도설의 입장 — 제3자이의의 소 제기가능
    - 신탁적양도설·청산설의 입장 — 제3자이의의 소 제기불가능
  - ㉡ 설정자가 파산(破產)한 경우
    - 신탁적양도설·청산설의 입장 — 환취권행사 가능
    - 수권설·해제조건적양도설의 입장 — 별제권만 인정
- (2) 양도담보권자의 일반채권자와 양도담보설정자의 관계
  - ㉠ 담보권자의 일반채권자가 강제집행을 하는 경우
    - 신탁적양도설·청산설의 입장 — 제3자이의의 소 제기불가능
    - 수권설·해제조건적양도설의 입장 — 제3자이의의 소 행사 가능
  - ㉡ 담보권자가 파산한 경우
    - 수권설·해제조건적양도설의 입장 — 환취권이 인정
    - 신탁적양도설·청산설의 입장 — 환취권이 부정

---

4. 讓渡擔保의 소멸

(1) 被擔保債權의 소멸에 의한 소멸

(가) 채권이 변제 기타의 사유로 인하여 소멸하면 양도담보도 소멸한다. 따라서 채권자는 채무자에게 그 담보물의 소유권을 회복하여 줄 의무가 있으며, 이 경우에 목적물이 동산이면 소유권은 당연히 설정자에게 복귀하지만, 부동산인 경우에는 이전등기를 하여야 복귀한다.

이에 대하여 판례는 부동산의 등기명의가 양도담보권자 명의로 되어 있다고 할지라도 그 실질적 소유권은 양도담보 설정자에게 남아 있다고 보아야 하므로 담보권자는 등기명의가 남아 있다는 사실만으로 채무자로부터 적법하게 이전 받은 제3자에게 대하여 소유권을 주장할 수 없는 것이라고 한다(대판 1974.12.10, 74다183).

(ㄱ) 피담보채권의 소멸로 인하여 양도담보권이 소멸하면 설정자는 담보목적으로 경료된 소유권이전등기의 말소를 청구할 수 있다(가담법 제11조 본문). 판례는 피담보채무가 변제된 이후에 설정자가 행사하는 등기청구권은 위의 실질적 소유권에 기인한 물권적 청구권이므로 시효로 인하여 소멸되지 않는다고 한다.[67]

(ㄴ) 양도담보권자가 채무자에게 청산금을 지급함으로써 소유권을 취득한 때에는 양도담보권은 소멸한다(가담법 제4조). 이 경우 소유권이전등기가 이미 종료되어 있으므로, 등기의 문제는 발생하지 않는다.

(나) 피담보채권의 변제기가 도래한 날로부터 10년이 경과되면 담보의 목적으로 경료된 소유권이전등기는 원래의 뜻으로의 소유권이전등기로 변질한다. 그러므로 피담보채권의 변제가 있더라도 담보목적물의 소유권이전등기의 말소를 청구할 수 없고(가담법 제11조 단서), 청산금에 관한 것은 별도의 문제로 남게 된다.

또한, 양도담보권자가 청산금의 변제를 받기 이전에 담보목적으로 이전등기된 담보목적물을 처분한 결과 선의의 제3자가 그 소유권을 취득하게 된 때에도 위와 마찬가지로 소유권이전등기말소청구를 할 수 없다(가담법 제11조 단서).

(2) 讓渡擔保 目的物의 滅失·毀損에 의한 소멸

양도담보의 목적물이 멸실 또는 훼손되더라도 채권에는 영향이 없으나, 양도담보 자체는 영향을 받게 된다(통설). 그러나 멸실 또는 훼손된 목적물에 갈음하는 대표물이 있는 경우 양도담보권은 당연히 그 물건상에 대위하게 된다.

67) 대판 1979.2.13, 78다2412.

제 4 편
債 權 法

제 1 장　債權法과 債權關係

제 1 절　債權法과 債權

제 1. 債權法의 意義와 構成

1. 債權法의 의의

(1) 채권법이란 특정인이 타인의 일정 행위를 청구 내지 요구하는 법률관계(즉, 채권관계)를 규정하는 법규 전체를 지칭한다. 그러나 형식적 의미로는 민법전 제3편 채권규정의 총체를 뜻한다.

(2) 채권법은 재산관계법으로서 물권법과 관계에서 다음과 같이 기능한다.

(가) 타인의 협력확보수단으로서 채권법　채권은 타인의 협력에 대한 기대이며, 채권관계는 타인 상호간의 협력관계로서, 채권법은 곧 타인의 협력을 법률적으로 확보하는 수단이 된다. 따라서 채권법은 특히 사적 자치가 지배되는 계약법에서 중요하다.

(나) 물권관계실현의 수단으로서 채권법　채권법은 물권법보다 늦게 발달하였고, 기본적으로는 물권관계에 도달하기 위한 수단으로서 기능한다. 따라서 채권법은 목적규범이 아닌 수단규범이라고 할 수 있다 그러나 절대적인 것은 아니며, 오늘날 채권관계는 그 기본적 관계로부터 벗어나 타인을 지배하는 수단으로서 독자적 영역을 구축한다.

예컨대, 타인의 소유물상에 성립하는 임대차계약은 채권계약이지만 임대인인 채권자는 자기소유물을 배경으로 우월적 지위에서 임차인을 지배한다. 그 결과 물건의 지배를 요소로 하는 소유권은 이제 채권계약을 매개로 한 사람을 지배하는 결과를 가져온다. 이를 「물권의 채권화」라고 한다.

또한, 채권은 사람과 사람의 상대적 관계로부터 벗어나 그 자체가 독립된 경제적 가치를 가지는 재산권으로써 지위를 갖게 되며, 주식・사채・예금 등이 그 대표적인 것이다.

2. 債權法의 특질

⑴ 채권법상 규정은 임의규정이 원칙이다. 법률행위 자유 내지 계약자유의 원칙상 채권의 발생·내용·효력 등은 당사자의 의사에 의함이 원칙이고, 민법의 규정은 당사자의 의사가 명백하지 아니한 경우 그 해결을 위한 보충적 규정에 불과하다. 그리하여 계약자유의 원칙이 지배하는 계약법의 영역에서는 임의규정성이 현저하고, 강행규정성은 이른바 불법행위영역 법정채권관계에 한한다.

⑵ 채권법은 보편성·합리성이 지배되며, 국제거래의 발달에 따라 세계 공통법적 성격을 가진다.

┌ 채권의 보편성 — 재산거래관계·노동관계
└ 보편성의 제한(고유성) — 부동산의 이용·소비신용관계, 고용(가사적)관계

또한, 채권법 분야는 사법의 그 어느 분야에서보다도 당사자 사이에 강한 신의성실의 원칙이 지배된다.

3. 債權法의 구성

채권법은 민법 제3편의 채권의 규정(제373조~제766조), 즉 총칙·계약·사무관리·부당이득·불법행위의 5개 장과 제394개조로 구성된 법률을 의미하며, 형식적 의미의 채권법으로서 채권관계의 중심을 이룬다.

그 중 제1장 총칙은 채권법의 기본원리를 규정한 것으로 채권의 목적·채권의 효력·수인의 채권자 및 채무자·채권의 양도·채무인수·채권의 소멸·지시채권·무기명채권의 8개 절로 구성되고, 이에 이어 채권의 발생원인을 중심으로 제2장 계약·제3장 사무관리·제4장 부당이득·제5장 불법행위로 구성한다.

제 2. 債權과 債權關係

1. 債權의 의의

⑴ 채권(債權)이란 특정인(채권자)이 다른 특정인(채무자)에 대하여 일정한 행위(작위 또는 부작위)를 청구할 수 있는 권리이다. 따라서 채권의 본질은 청구권이지만, 모든 청구권이 채권인 것은 아니며, 다른 청구권과 달리 다음의 성질을 가진다.

(ㄱ) 채권은 채무자의 일정한 행위를 목적으로 하는 권리이다.

(ㄴ) 채권은 특정인(채무자)에게만 행사할 수 있는 상대적 권리이다.

(ㄷ) 채권이 존재하면 언제나 청구권이 발생하지만 채권과 청구권이 같은 것은 아니다.

(ㄹ) 특정 채무자의 행위를 요구할 수 있는 권리이다.

(ㅁ) 채권은 원칙적으로 배타성이 없다.

(ㅂ) 채권의 양도성은 점차로 확대되어 오고 있기는 하나, 일반적으로 물권과 같은 것은 아니다.

(2) 채권에는 청구권 이외에 급부보유력·소구력·집행력·채권자대위권·채권자취소권 등의 권능을 포함한다.

또한, 채권은 급부청구권의 실현을 목표로 하는 것이므로 그 청구권의 내용이 이행되면 동시에 채권도 소멸한다.

2. 債權關係

(1) 債權關係의 의의

(가) 채권관계란 2인 또는 그 이상의 다수인이 채권자 또는 채무자로서 서로 일정한 행위를 요구할 수 있는 권리를 갖고 그에 대응하는 채무를 부담하는 당사자간의 법률관계이며, 이때 채권은 채권관계의 요소를 이룬다.

(나) 채권관계는 본질적으로 하나의 채권과 채무로만 구성하는가, 아니면 그 외 여러 관계, 즉 유기적 관계로 구성하는가. 채권자지체, 특정물의 불완전이행, 체결상과실책임 등의 법률적 성질 결정과 관련하여 문제된다.

다수설은 주된 급부의무로서의 채권·채무 외에 그 실현을 위한 여러 부수적 의무를 부담하는 것이라고 보아 채권관계를 단순한 채권·채무관계로 보지 않고 포괄적·유기적 관계로 파악한다.

[채권관계의 구성 = 기본적 채권·채무 + 부수적 관계]

- (1) 기본적 관계
  - 채권 및 채무관계(채권 + 급부의무관계)
  - 당사자간 항변권·해제권·해지권·감액청구권·매수청구권 등
- (2) 부수적 관계
  - 기본적 채권·채무에 부수된 의무관계(통지의무·담보의무 등)
  - 기본적 채권·채무에 직접 관계없는 부수의무관계(보호의무)

(2) 債權關係의 구성

(가) 채권의 구성 채권은 채권자가 채무자에 대하여 가지는 급부청구권이며, 채

권관계로부터 급부의 실현을 목적으로 하는 채권자의 권리이다.

이와 같이 채권은 급부실현을 목적으로 하는 채권자의 권리이지만 채권자는 급부실현권 만을 갖는 것은 아니며, 그 외에 부수적 권리 또는 의무를 부담한다. 예컨대 채무자의 급부이행에 채권자의 협력이 요구되는 경우 채권자는 그 채권에 관련된 협력의무를 부담하며, 이때 채권자의 협력의무불이행으로 채권자의 지체책임을 부담하는 것이라고 한다.

(나) 채무의 구성　채무란 채권에 상응하여 채권자에게 일정한 행위를 부담하는 의무, 즉 급부의무로서 법적 구속을 말한다.

채무자의 급부의무는 주된 급부의무와 부수적 급부의무로 구성한다. 예컨대 매매계약상 채무자가 소유권 및 점유권을 이전하는 의무는 주된 급부의무이고, 그에 따른 설명서·보증서 등을 교부할 의무는 종된 의무에 속한다.

또한, 다수설은 부수의무에는 주된 급부의무에 밀접히 관련된 부수의무와 급부의무로부터 직접 관계없는 거래통념상 주어지는 넓은 주의의무(보호의무)를 부담한다고 하고, 이들의 부수의무위반으로 채무불이행책임을 부담하는 것이라고 한다.

(3) 債權關係로서 부수의무

(가) 부수의무의 의의　부수의무(부수적 채무)는 주된 급부의무가 채권관계의 목적 달성에 필요 불가결한 의무로서 통상 계약상 명시적으로 합의되어 있거나, 특히 쌍무계약에서는 상대방의 의무와 견련관계에서는 의무와 구별되는 계약의 목적 달성에 필요불가결하지 않은 의무, 즉 주된 급부의 완전한 실현에 이바지(보충)하는 의무로서 채권·채무에 구별 없이 신의칙상 창설된다.[1)]

주된 급부의무로부터 부수적 의무를 구별하는 실익은 채무불이행의 특수한 유형으로서 불완전이행, 채권자지체, 계약체결상과실책임의 법률적 성질을 정하는데 있다. 예컨대 특정물의 불완전이행이나 채권자지체의 법률적 성질에 주된 급부의무로부터 부수의무를 인정함으로서 채무불이행책임으로서 구성이 가능하게 되고, 또한 계약체결상과실책임의 법률적 성질에 급부의무로부터 구별된 보호의무를 인정함으로써 채무불이행적 책임의 이론구성을 가능하게 된다.

- (1) 주된 급부의무의 불이행 — 전형적 채무불이행 책임
- (2) 부수의무의 불이행 — 불완전이행·채권자지체의 채무불이행
- (3) 보호의무의 불이행
  - 급부의무로부터 파생된 보호의무 — 불완전이행(적극적 채권침해)의 채무불이행
  - 급부의무로부터 무관한 보호의무 — 계약체결상과실책임의 채무불이행

(나) 부수의무의 내용　부수의무의 내용에 관하여 견해가 다양하나 유력한 견해

---

1) 이영준, 신의성실의원칙에관한소고, 김증한화갑론집 26면.

는 급부의무에 밀접히 관련하여 급부의무로부터 파생하는 부수의무(예컨대, 배려의무·설명의무·교시의무·협동의무·부작위의무 등)와 급부의무로부터 먼 거리에 있거나(예컨대, 급부로부터 채권자의 생명·신체 등을 침해하지 아니할 의무), 급부의무의 성립과 관계없이 거래관행상 주어지는 부수의무(계약체결상 주의의무)로 분류하고, 전자를 부수의무, 후자를 특히 보호의무라고 하여 부수의무로부터 구별한다.

- 부수의무 — 주된 급부의무로부터 파생되고 밀접히 관련된 부수의무
- 보호의무
  - 주된 급부의무로부터 파생되나 먼 거리에 있는 부수의무
  - 주된 급부의무와 무관한 부수의무(거래통념상 주의의무)

부수의무인가, 요소인 급부의무인가는 상대적이어서 구체적인 경우에 따라 판단된다. 계약상 명시적으로 부수의무로 표시되어 있는 것은 물론 이것에 국한하지 않고 사회통념에 비추어 계약체결시에 모든 사정을 고려하여 객관적으로 결정된 당사자의 합의적 의사를 기준으로 하여 그 목적 달성에 필요불가결하거나, 특히 계약목적의 전제 요건으로 되어 있는 때에는 요소인 채무이고 부수의무는 아니다. 따라서 계약상 어떤 약관 또는 의무가 비록 외관상 부수적인 것으로 되어 있더라도, 객관적으로 결정된 당사자의 합의적 의사에서 그것이 중요시되고 계약의 목적 달성에 불가결할 뿐만 아니라, 그것이 이행되지 않는다면 당사자가 계약을 체결하지 않았을 것이라는 경우에는 요소인 채무이고 역시 부수의무는 아니다.

판례는 계약상 의무 가운데 주된 채무와 부수적 채무를 구별함에는 급부의 독립된 가치와 관계없이 계약을 체결할 때 표명되었거나 그 당시 상황으로 보아 분명하게 객관적으로 나타난 당사자의 합리적 의사에 의하여 결정하되, 계약의 내용·목적·불이행의 결과 등의 여러 사정을 고려하여 정할 것이라고 한다.[2]

(다) 부수의무의 법률상 취급　부수의무를 채권관계의 내용으로 파악할 때 그 법률적 취급을 어떻게 할 것인가.

다수설은 채권자와 채무자 사이에는 계약에 의하여 합의한 급부의무 외에 신의칙에 의해 부여되는 부수의무로서 용태의무가 존재하며 그 부수의무위반도 채무불이행책임으로서 그 위반에는 일부불이행과 같이 일반적 법리에 의하여 처리할 것이라고 한다.[3]

---

2) 대판 1997.4.7, 97마575; 1996.7.9, 96다14364·14371; 1995.12.22, 95다40397; 1987.5.26, 85다카914·915. 판례는 상가의 일부 층을 먼저 분양하면서 그 수분양자에게 장차 나머지 상가의 분양에 있어 상가 내 기존 업종과 중복되지 않는 업종을 지정하여 기존 수분양자의 영업권을 보호하겠다고 약정한 경우 그 약정에 기한 영업권보호채무는 분양계약의 주된 채무이다(대결 1997.4.7, 97마575).

3) 부수의무위반에 관한 독일의 이론은 부수의무, 특히 보호의무 위반으로 인한 손해를 채무불이행 체계로 처리하려는 견해와 채무불이행책임을 급부의무에 국한하고 보호의무위반으로 인한 일반법익침해는 불법행위책임으로 처리한다는 견해 및 이들과 별개의 제3의 책임체계로 설정하는 견해 등이 있다.

다만, 부수위무위반을 채무불이행책임으로 구성할 경우 그 채무불이행의 효과로서 계약의 해제권도 발생하는가.

제한적긍정설은 부수의무위반은 원칙적으로 해제권을 발생시키지 않지만 부수의무위반에 의하여 계약목적이 달성되지 않는 경우 해제할 수 있는 것이라고 하나, 다수설은 우리 민법 제544조에서 「주된 채무」란 계약을 맺은 목적을 달성하는데 필수불가결한 것 또는 그 불이행이 있으면 계약의 목적을 달성할 수 없을 만큼의 중대한 채무를 말하는 것이라고 하여 부수의무위반의 계약해제권의 발생을 부정하고, 판례 또한 채무불이행을 이유로 매매계약을 해제하려면, 당해 채무가 매매계약의 목적 달성에 있어 필요불가결하고 이를 이행하지 아니하면 매매계약의 목적이 달성되지 아니하여 매도인이 매매계약을 체결하지 아니하였을 것이라고 여겨질 정도의 주된 채무이어야 하고 그렇지 아니한 부수적 채무를 불이행한데에 지나지 아니한 경우에는 매매계약 전부를 해제할 수 없는 것이라고 한다.[4)]

(라) 보호의무　보호의무는 타인의 신체나 재산을 급부의무 발생의 전·후 과정에 걸쳐 계약적 또는 계약 외적인 사회적 접촉에서 생기는 손해로부터 구할 의무로서 급부의무로부터 가장 먼 거리에 있는 행위의무라고 한다.[5)]

(ㄱ) 급부의무와 관계 : 급부의무는 직접 재화의 변동을 내용으로 하는 반면 보호의무는 재화의 유지를 목적으로 한다. 즉 급부의무는 이행이익의 취득을 목적으로 하나 보호의무는 이행이익을 초과하는 또는 그와 별도의 부가적 손해로부터 채권자의 이익(완전성이익)을 목적으로 한다.

예컨대, 위험성 있는 물건을 판매하는 자는 그 제품에 대한 위험성을 고지하여 매수인이 그 물건으로부터 사람의 생명이나 신체에 피해를 입히지 않도록 하여야 할 의무를 부담하는 것이 이것이라고 한다.

(ㄴ) 보호의무의 법률적 취급 : 급부의무와 달리 보호의무를 인정할 때 그 법률적 취급을 어떻게 할 것인가. 즉 보호의무를 계약상 부수의무의 한 유형으로서 채무불이행적 구조로 파악할 것인가. 아니면 불법행위적 구조로 파악할 것인가 문제와 관련하여 견해가 대립한다.

불법행위책임설은 채무불이행에서 말하는 「채권」이란 본래의 급부(인도채무에서의 목적물인도, 행위채무에서 약정한 작위·부작위 또는 행위결과)를 의미하는 것이라고 하고, 급부의무에 종된 급부의무(즉 목적물상 선관주의의무)는 채무불이행책임을 발생시키지만 보호의무는 거래관행에 따라 부담하는 의무에 불과하므로 채권·채무를 중심으로 하는 상호 대립적 법률관계에 포섭될 성질이 아니어서 그 위반은 불법행위책임으로 처리될 뿐이라고 하거나

4) 대판 1997.4.7, 97마575 : 1994.12.22, 93다2766.
5) 이영준, 전게논문 36-46면

(이은영 176면), 우리 민법은 독일 민법과는 달리 불법행위나 채무불이행의 성립요건에 포괄적인 일반조항으로 구성되므로 보호의무를 굳이 계약상 의무로 파악할 필요도 바람직하지도 않다고 한다(양창수 219면).

채무불이행책임설은 우리 민법은 불법행위나 채무불이행의 성립요건에 포괄적인 일반조항으로 구성되지만 가해자에 귀책사유가 불명한 경우에는 양자에 구별의 의미가 있는 것으로써 이른바 위험은 계약관계가 존재하는 경우에는 당사자들의 자발적 의사에 의하여 채무자에게 인수되며, 이때 계약과 관련된 위험은 채무가 적절히 이행되지 않음에 따른 불이익뿐만 아니라, 이행과정에서 상대방에 발생한 손해를 포함하는 것이라고 한다(곽윤직 125면; 지원림, 민법강의 769면).

다수설은 채무불이행책임에서는 채무자가 자기에게 과실 없음을 입증하여야 하므로 피해자는 채권자로 행세함으로써 과실의 입증책임을 면할 수 있고 또한 이행보조자의 과실이 채무자의 과실로 되므로(제391조 제1항), 가해자가 피용자의 잘못으로 인한 책임을 추궁하기 쉽다는데 근거하여 보호의무를 부수의무에 편입시키거나, 구별하는 경우에도 그 위반은 채무불이행책임으로 성립할 수 있는 것이라고 한다.

이에 대하여 판례는 고용계약이나 노무도급계약상 사용자의 의무, 기획여행계약에 있어서의 여행업자의 의무, 숙박업자의 의무 등에 보호의무를 인정하면서도 그 법률적 취급에 관하여는 숙박업자의 보호의무에만 정면으로 채무불이행책임을 인정할 뿐이고 나머지에 대하여는 대체로 불법행위책임으로 파악한다.[6]

[판례] 공중접객업인 숙박업을 경영하는 자가 투숙객과 체결하는 숙박계약은 숙박업자가 고객에게 숙박을 할 수 있는 객실을 제공하여 고객으로 하여금 이를 사용할 수 있도록 하고 고객으로부터 그 대가를 받는 일종의 일시 사용을 위한 임대차계약으로서 객실 및 관련 시설은 오로지 숙박업자의 지배 아래 놓여 있는 것이므로 숙박업자는 통상의 임대차와 같이 단순히 여관 등의 객실 및 관련 시설을 제공하여 고객으로 하여금 이를 사용·수익하게 할 의무를 부담하는 것에서 한 걸음 더 나아가 고객에게 위험이 없는 안전하고 편안한 객실 및 관련 시설을 제공함으로써 고객의 안전을 배려하여야 할 보호의무를 부담하며 이러한 의무는 숙박계약의 특수성을 고려하여 신의칙상 인정되는 부수적인 의무로서 숙박업자가 이를 위반하여 고객의 생명·신체를 침해하여 투숙객에게 손해를 입힌 경우 불완전이행으로 인한 채무불이행책임을 부담하고, 이 경우 피해자로서는 구체적 보호의무의 존재와 그 위반 사실을 주장·입증하여야 하며 숙박업자로서는 통상의 채무불이행에 있어서와 마찬가지로 그 채무불이행에 관하여 자기에게 과실이 없음을 주장·입증하지 못하는 한 그 책임을 면할 수는 없다(대판 2000.11.14, 2000다38718·38725).

6) 대판 2000.5.16, 99다47129; 2000.3.10, 99다60115; 1999.2.23, 97다12082; 1998.11.24, 98다25061; 1998.1.23, 97다44676; 1997.4.25, 96다53086.

제 3. 債權의 發生

(1) 약정채권의 발생	전형계약 14종 비전형계약에 의한 채권발생
(2) 법정채권의 발생	사무관리(사실행위) — 비용상환청구권 부당이득(사건) — 이득반환청구권 불법행위(위법행위) — 손해배상청구권

1. 法律行爲에 의한 채권의 발생

(1) 채권은 원칙적으로 당사자간의 계약인 법률행위에 의하여 발생한다. 여기서 계약이란 서로 대립하는 두 개 이상의 의사표시의 합치를 말하며, 그 중 채권계약만이 채권발생의 원인이 된다.

(2) 단독행위에 의한 채권의 발생을 인정할 것인가. 통설은 단독행위에 의한 채권발생을 민법이 규정하고 있는 것으로는 유언과 재단법인 설립행위가 있을 뿐인 점을 들어 채권법상 단독행위로 인한 채권발생을 부정한다.

또한, 채권발생의 합동행위를 인정할 것인가. 민법은 합동행위를 독립된 채권발생의 법률요건으로 규정한 것은 없으나, 다수설은 민법 제703조의 조합원의 상호 출자의무 부담은 조합공동의 목적을 달성하기 위한 조합원 각자의 급부에 관한 합의로서 합동행위에 의한 채권발생의 원인이 되는 것이라고 한다.

2. 法律의 規定에 의한 채권의 발생

(1) 適法行爲에 의한 채권의 발생

법률행위 이외의 적법행위에 의한 채권의 발생의 전형적인 것으로는 사무관리(事務管理)에 의한 채권의 발생이다. 사무관리의 성립, 즉 의무 없이 타인을 위하여 사무를 관리함으로써 관리자는 본인에 대한 비용상환청구권(제739조)을 취득하고, 또한 사무관리자가 사무관리를 함에 있어 본인의 의사에 반하여 사무를 관리한 때에는 본인의 관리자에 대한 손해배상청구권이 발생한다(제734조).

또한, 유실물을 습득한 경우 습득자는 그 유실물의 반환을 받는 자에 대하여 물건가액의 100분의 5 내지 100분의 20의 범위 내에서의 보상금지급청구권을 취득한다(유실물법 제4조).

⑵ 違法行爲에 의한 채권의 발생

위법행위로서 채권의 발생원인인 것에 불법행위와 채무불이행이 있다.

불법행위(不法行爲)에 관하여 민법은 제750조는 「고의 또는 과실로 인한 위법행위로 타인에게 손해를 가한 자는 그 손해를 배상할 책임이 있다」라고 규정하여 행위자의 위법행위로 인한 채권의 발생을 인정하고 있다.

또한, 채무자가 고의·과실로 채무를 이행하지 않거나 이행할 수 없게 된 때에는 채무자의 채무불이행(債務不履行)책임이 성립하고 채무자는 채무자에 대하여 손해배상책임을 진다. 그러나 이때 손해배상청구권은 채권의 성질변경이며 종전의 채권과 동일성이 유지된다.

⑶ 債權發生으로서 사건

사건(事件), 즉 사람의 행위를 요건으로 하지 않고서 채권이 발생하는 것으로는 부당이득이 있다.

부당이득(不當利得)이란, 법률상 원인 없이 타인의 재산이나 노무에 의해 이익을 얻고 이로 인하여 타인에게 손해를 가하는 것으로서, 이런 이익과 손해 사이에 상당인과관계가 있는 경우에 그 이익을 반환할 채무를 부담하는 것을 말하며(제741조), 상대방이 받은 손실액의 범위에서 반환청구권을 취득한다.

⑷ 기타 債權의 발생

적법행위·위법행위 또는 사건 이외의 법률의 규정에 의한 채권의 발생으로는 신의칙상 발생이 있다.

예컨대 민법 제535조 제1항 전단은 "목적이 불능인 계약을 체결할 때 그 불능을 알았거나 알 수 있었던 자는 상대방이 그 계약의 유효를 믿었음으로 인하여 받은 손해를 배상하여야 한다."라고 규정하여 불법행위 또는 채무불이행 아닌 손해배상청구권의 발생을 규정한다.

제 2 절 債權의 目的

제 1. 債權의 目的과 給付

1. 債權의 目的

(1) 債權目的의 의의

채권의 목적이란 채권자가 채무자에 대하여 청구할 수 있는 일정한 행위, 즉 채무자의 행위를 말하며, 이를 채권의 내용 또는 객체라고 한다. 따라서 채권의 목적(내용)으로서의 채무자의 행위는 곧 급부(Leistung)이므로, 결국 채권의 목적은 급부를 가리킨다.

다만, 채권의 목적과 목적물은 구별되는가. 양자를 동의어로 보는 견해가 있으나, 일반적으로는 채권의 목적은 급부, 즉 채무자의 행위이고, 그 급부의 목적이 채권의 목적물(예컨대, 매매의 목적물)이므로 급부를 가리키는 채권의 목적과 급부의 목적을 가리키는 채권의 목적물을 구별한다.

(2) 債權目的의 요건

(가) 채권이 성립하기 위해서는 채권의 목적이 존재하여야 하고, 또한 채권이 유효하기 위해여서는 목적이 적법·타당하고, 확정할 수 있고, 또한 가능한 것이어야 한다.

(ㄱ) 급부가 적법하고 사회적 타당성이 있을 것이어야 한다. 채권의 목적이 적법하다고 함은 그 목적이 강행법규에 위반하지 않을 것을 의미하고, 사회적 타당성을 가져야 한다고 함은 공서양속에 반하지 않을 것을 의미한다. 따라서 부적법한 법률행위나 사회적 타당성이 없는 채권은 언제나 무효이다.

(ㄴ) 급부가 가능할 것이어야 한다. 급부는 실현 가능한 것이어야 하고, 실현 불가능한 법률행위는 무효이다. 실현 가능·불능의 여부는 사회통념에 의하여 정해지고 그 결정의 시기는 채권의 성립시를 표준으로 하므로, 결국 여기서 급부불능은 원시적 불능을 말한다.

(ㄷ) 급부가 확정할 수 있을 것이어야 한다. 즉 채권의 목적으로서의 급부는 처음부터 확정되어 있거나, 적어도 이행기까지 확정할 수 있는 것이어야 한다.

급부의 확정에 관하여 법정채권에는 법률이 급부의 확정표준을 정하고 있으나, 약정채권은 당사자의 의사에 의하게 하고, 다만 민법은 그 보충규정을 두고 있다.

(나) 채권법상 채권의 목적이기 위하여서는 금전적으로 산정할 수 있는 것이어야

하는가. 채권의 목적인 급부는 원칙적으로 금전으로 산정할 수 있는 것이어야 하나, 금전으로 산정할 수 없는 것도 채권의 목적으로 할 수 있다(제373조).

급부가 금전으로 가치를 산정할 수 있는 것이란 채권자에게 금전적 가치를 준다는 의미인가, 급부 자체가 금전적 가치를 가진다는 의미인가. 문제되나 채권은 금전적 가치를 요하지 아니하므로 어느 것이나 무관한 결과가 된다.

2. 債權의 目的으로서 급부

(1) 給付의 태양

(가) 작위급부와 부작위급부 급부의 내용이 적극적 행위로서 작위이냐 또는 소극적 행위로서 부작위이냐에 따른 구별이며, 전자는 적극급부, 후자는 소극급부라고도 한다.

노무제공·일의 완성·사무관리 등은 작위급부이고, 건축을 하지 아니할 의무, 자기 토지에의 통행을 방해하지 아니할 의무 등은 부작위급부에 속하며, 양자를 구별하는 실익은 채무불이행으로 인한 강제집행의 방법에 있다.

(나) 주는 급부와 하는 급부 작위급부를 그 내용에 따라 다시 구별한 것이며, 주는 급부는 작위가 물건의 인도인 급부이고, 하는 급부는 작위가 물건의 인도 이외의 것인 급부이다. 특히 후자를 협의의 작위급부라고도 한다.

협의의 작위급부를 목적으로 하는 채권의 경우에는 채권자와 채무자의 대인적 신뢰관계가 긴밀한 특색을 가지며, 양자의 구별은 강제집행의 방법에 있다(제389조 참조).

(다) 특정물급부와 불특정물급부 주는 급부에서 인도할 물건이 채권성립시에 이미 특정되어 있는가 여부에 의한 구별이다.

(ㄱ) 특정물급부에는 특정물의 인도에는 매도인의 채무와 같이 1회의 인도로 목적을 달성하는 것과, 임대인의 채무와 같이 목적물을 인도하여 상대방으로 하여금 계속적으로 사용·수익케 하는 것이 있다.

또한, 불특정물급부는 인도하여야 할 물건이 종류·수량에 의하여 정하여지는 것(예컨대 솔담배 100갑, 하이트맥주 50병)과 금전(화폐)인 경우가 있다. 여기서 특히 후자는 물건(즉, 금전)에 대한 관계가 대단히 희박하고 추상적 가치의 일정 관념에 가까움이 특색이다.

(ㄴ) 양자의 구별은 특정을 요하느냐의 여부, 목적물의 보관의무, 이행의 장소 등에 관하여 실익이 있다.

(라) 가분급부와 불가분급부 급부의 본질 및 가치를 변함이 없이 여러 개의 급

부로 할 수 있느냐 없느냐에 따른 구별이며, 쌀(백미) 100가마를 인도하여야 하는 것은 전자의 예이고, 馬 1필을 인도하여야 하는 것은 후자의 예이다.

(ㄱ) 불가분급부에는 성질상 불가분인 것과 성질상으로는 가분이지만 당사자의 의사에 의하여 불가분인 것이 있다.

(ㄴ) 가분급부는 불이행의 경우 분할적으로 다룰 수 있으므로, 일부불이행의 경우에 그 불이행에 해당하는 부분만의 계약해제를 할 수 있으나, 불가분급부는 언제나 일체로 다루어지는 까닭에 일부이행 · 일부불능의 문제는 생기지 않는다.

또한, 그 구별의 실익은 다수당사자 채권관계에 있다.

(마) 대체적 급부와 부대체적 급부　대체적 급부는 특정인 이외의 자도 할 수 있는 급부인데 반하여, 부대체적 급부는 특정의 채무자만이 할 수 있는 급부를 말한다.

대체적 급부를 목적으로 하는 채권은 제3자의 변제 · 대체집행 · 채무 인수가 가능하나, 부대체적 급부를 목적하는 채권은 그러하지 아니한다.

(바) 일시적 급부와 계속적 · 회귀적 급부　급부의 실현 모습에 의한 구별이다.

(ㄱ) 일시적 급부는 작위 또는 부작위로 완결하는 급부로서 비계속적 급부라고도 하며, 물건의 인도 · 대금의 지급 등이 이에 속한다. 또한 계속적 급부는 채무자가 급부를 완결하려면 계속적 또는 반복적으로 작위 · 부작위를 하여야 하는 급부로서, 수도 · 전기공급, 노무제공 등이 이것이다.

그외 회귀적 급부는 일정한 시간적 간격을 두고 일정한 행위를 반복하여야 하는 급부로서, 이자 · 차임의 지급 · 신문배달 · 우유배달 등은 그 예이다.

(ㄴ) 회귀적 급부를 목적으로 하는 채무에서는 기존채무가 존재하고, 이것을 기초로 하여 발생하는 지분채무의 내용으로써 각개의 지분급부가 반복적으로 행하여진다. 그리고 반복되는 지분급부는 모두가 합쳐져 채권의 내용이 되지만 반복되는 각개의 지분급부는 독립된 급부이므로 전 급부의 일부이행은 아니다.

또한, 계속적 급부와 회귀적 급부에서는 당사자 사이에 계속적 채권관계가 발생하므로 신의칙이 지배하는 정도가 강하다.

(ㄷ) 급부를 위와 같이 구별하는 실익은 계속적 급부와 회귀적 급부에서 일부의 급부로 인한 이행지체 · 이행불능의 효과가 일시적 급부(비계속적 급부)에서와 다른 데 있다.

(2) 민법상 給付의 분류

민법은 채권의 목적이라고 하여 특정물채권(제374조), 종류채권(제375조), 금전채권(제376조~제378조), 이자채권(제379조), 선택채권(제380조~제386조)을 규정한다.

민법상 이와 같은 규정은 급부성립의 태양(즉, 목적물의 특정)을 중심으로 규정한 것이며, 구체적인 급부내용은 각종 계약의 내용에서 정하여진다.

제 2. 債權目的의 特定

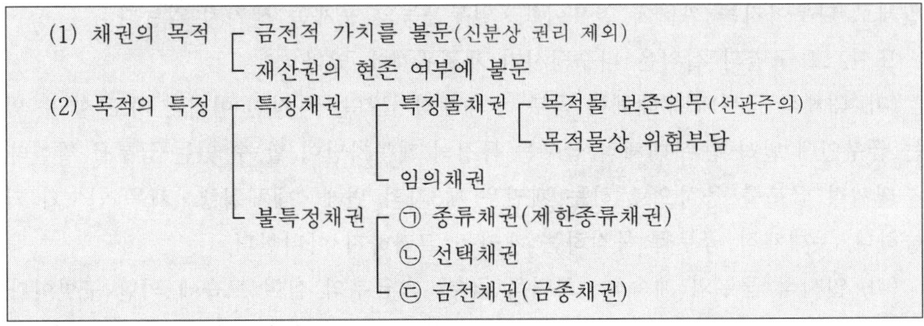

1. 債權의 目的이 특정된 채권

(1) 特定物債權

(가) 특정물채권의 의의　특정의 급부를 목적으로 하는 채권을 특정채권 또는 특정물채권이라고 하고, 채권특정에는 특정권리의 양도, 특정행위를 목적으로 하는 특정채권과 특정물상 성립하는 특정물채권이 포함된다.

(ㄱ) 특정물(特定物)이란 구체적 거래에 있어서 물건의 개성에 착안된 거래방법상 구별개념이며, 물건의 성질상 구별개념인 부대체물과 다르다(부대체물은 원칙적으로 특정물채권이 되나 반드시 그런 것은 아니다).

(ㄴ) 특정물 · 불특정물의 구별은 채권의 목적물보관의무 · 채무변제의 장소 · 매도인의 담보책임 등에서 실익이 생긴다.

(나) 특정물채권의 발생과 성질　특정물채권은 직접 법률의 규정에 의해 성립할 수 있고, 계약이나 유언으로도 성립할 수 있으나, 주로 증여 · 매매 · 교환 · 사용대차 · 임대차 · 임치 등에서 발생하며, 다음의 성질을 가진다.

(ㄱ) 보조적 채권 : 특정물채권은 기본적 채권관계를 완제하는 수단으로 사용되는, 소위 보조적 채권으로서의 성질을 가진다.

(ㄴ) 특정물채권에의 귀속 : 모든 채권은 채권의 목적이 특정되므로 이행 가능한 채권으로 된다. 따라서 채권이 성립당시부터 특정되어야 하는 것은 아니지만, 성립

된 채권이 이행 가능한 채권이기 위해서는 그 목적이 특정되어야 하므로 비록 성립 당시에는 불특정물을 목적으로 한 채권이라도 그 이행을 위해서는 특정물채권으로 귀속한다.

(다) 특정물채권의 효과

(ㄱ) 목적물보존의무 : 특정물의 인도가 채권의 목적인 때에는 채무자는 그 물건을 인도하기까지 선량한 관리자의 주의로 보존할 의무를 부담한다(제374조).

(a) 채무자의 목적물보존의 선관주의의무는 특정물채권의 성립과 동시에 생기는 것이 원칙이며,[7] 또한 물건을 채무자가 실제로 인도할 때까지 존속한다.

여기서「保存하여야 한다.」라고 함은 자연적 또는 인위적인 멸실·훼손으로부터 보호하여 그 경제적 가치를 유지하여야 한다는 뜻이며, 보존을 위하여 어떠한 행위를 하여야 하느냐는 특정물의 성질이나 경제적 효용에 따라서 구체적인 경우 사회통념에 의하여 정하여진다.

(b) 채무자의 선관주의의무는 무상수취인에 대하여는 경감되고(구체적 과실; 제695조), 또한 이행지체로 된 때에는 채무자의 책임이 가중(채무자의 과실 없는 경우에도 손해를 면할 수 없는 경우를 제외하고 손해배상책임; 제392조)되는 반면, 채권자지체로 된 때에는 책임이 경감(채무자 경과실의 경우 손해배상책임면제; 제401조)된다.

(c) 채무자가 보존의무를 게을리 하여 특정물을 멸실 또는 훼손한 때에는 손해배상책임(채무불이행 또는 담보책임)을 진다(제390조).

- ① 특정물보존의무 — 선관주의(추상적 경과실)로서의 주의의무
- ② 주의의무 발생·존속
  - 발생 — 목적물이 특정된 때
  - 존속 — 물건을 현실로 인도할 때까지
- ③ 특정물의 멸실·훼손
  - 채무자의 고의·과실 — 채무자의 손해배상책임
  - 불가항력적 사유 — 채권자의 위험부담

(ㄴ) 목적물인도의무 : 특정물의 인도가 채권의 목적인 경우 채무자는 선량한 관리자의 주의로서 보존한 후 그 목적물을 이행기의 현상대로 인도하여야 한다(제462조). 따라서 채무자는 비록 목적물이 훼손된 경우에도 이행기의 현상대로 인도하면 된다. 목적물이 이행기 전에 멸실한 때에는 목적물 인도의무는 소멸하나 목적물이 현존하는 한 목적물의 현상인도의무는 이행기 이후에도 존속한다.

다만, 하자 있는 특정물이라도 채무자가 이행시에 현상대로 인도한 이상 완전 이행으로 되는가. 변제제공설은 특정물에 생긴 변화가 동일성을 잃을 정도에 이르지 않는 경우에 유효한 변제제공이 되고 그 결과 채무자의 현상인도로 이행지체의 의

7) 그러나 임대차·사용대차·임치 등과 같은 경우에는 그 목적물의 인도를 받은 때 발생한다(대판 1962.3.8, 4294민상17).

무를 면할 뿐이고 채무불이행책임을 면하는 것은 아니라고 하나,[8] 통설은 채무자가 현상대로 인도한 이상 완전이행으로 되고, 목적물상의 하자는 별개의 담보책임의 문제로 되는 것이라고 한다.

(ㄷ) 채권자의 위험부담 : 채무자가 특정물보존의 선관주의를 다하였음에도 불구하고 멸실 또는 훼손된 경우 채무자는 손해배상의 책임이 없고, 채권자가 그 손해를 부담하게 된다. 이를 채권자의 위험부담, 즉 급부위함(Leis tunsge-fahr)이라고 하고, 쌍무계약상 채무자 위험부담인 대가위험(Preisgefahr od Vergutungsgefahr)과 구별된다.

(ㄹ) 과실의 귀속 : 특정물채무자가 과실수취권을 가지는 때에는 그 이행기까지 분리된 과실을 수취할 수 있는가. 과실이 특정물의 적극적 변화라는 점을 들어 인도해야 한다는 견해가 있으나 통설은, 과실은 분리와 동시에 독립한 물건이 되고, 그것은 이미 목적물 자체가 아니므로 수취할 권리자의 권리에 속하는 것이라고 한다. 따라서 이행기까지 분리된 과실을 수취할 수 있으나, 이행기 이후의 과실은 목적물과 함께 인도하여야 한다. 그러나 쌍무계약에서는 특칙이 존재한다. 따라서 쌍무계약에서는 이행기의 경과 여부를 불문하고 목적물을 현실적으로 인도할 때까지 분리된 과실은 매도인에 귀속하고, 다만 매수인이 이미 대금을 지급한 때에는 그 지급후 분리된 과실은 매수인에 이전하여야 한다(제587조 전단).

(2) 任意債權

(가) 임의채권의 의의와 성립　임의채권이란 채권의 목적은 본래 한 개의 급부에 특정하고 있으나 채권자 또는 채무자가 다른 급부로서 본래급부에 갈음할 수 있는 채권, 즉 대용권을 가지는 채권을 말한다. 예컨대 말 1필을 급부할 것이나 아니면 돈 5천만원을 지급한다는 경우가 이것이다.

(ㄱ) 임의채권은 선택채권과 비슷하나 처음부터 목적이 특정되어 하나의 급부가 본래 목적이며 다른 급부는 보충적인데 불과한 점이 선택채권과 다르다.

(ㄴ) 임의채권은 계약에 의하여 발생하나 법률의 규정에 의하여도 발생한다. 법률의 규정에 의한 임의채권의 예로는 전세권의 경매청구권(제318조), 주채무자의 면책청구와 담보제공(제443조 후단), 명예훼손과 손해배상 또는 적당한 처분(제764조) 등이 이것이다.

(나) 임의채권의 법률관계　임의채권은 채권이 성립한 때로부터 하나인 목적물이 특정되며, 다른 급부는 보충성을 가지는데 불과하므로 본래 급부가 원시적 불능인 때에는 채권은 성립하지 않고, 후발적 불능인 때에는 대용급부가 가능하더라도 채

8) 이은영 101면.

권은 소멸하고 비록 채무자가 대용급부의 의사를 표시하더라도 그것만으로는 특정되지 않는다. 따라서 대용급부(代用給付)를 할 의사표시를 한 후에 대용급부가 불능으로 되더라도 본래 급부를 할 의무를 면하지 못한다.

또한 대용권(代用權)없는 채권자는 본래의 급부를 청구할 수 없을 뿐만 아니라 대용급부의 수령을 거절하지 못한다.

- 본래의 급부가 채무자의 책임 없는 사유로 불능인 경우
  - 원시적 불능인 경우 — 채무의 불성립
  - 후발적 불능인 경우 — 채권의 소멸
- 임의채권에 대용급부의 의사를 표시 — 채권의 불특정

2. 債權의 목적이 特定되지 않은 채권

(1) 種類債權

(가) 종류채권의 의의　종류채권이란 일정한 종류에 속하는 물건의 일정량의 인도를 목적으로 하는 채권이다. 따라서 종류채권은 인도하여야 할 물건의 종류와 수량은 정하여져 있으나 그 종류에 속하는 물건 가운데 어느 것을 인도하여야 할 것인가는 아직 특정되어 있지 아니한 채권을 말한다.

(ㄱ) 종류채권은 상품매매에서 발생하는 것이 보통이나, 그 외에도 매매·증여·교환·소비대차·소비임치·유증 등에서도 발생한다.

(ㄴ) 종류채권으로서 동일 종류에 속하는 물건의 품질에 차이가 있으면 그 목적물의 품질은 법률행위의 성질 또는 당사자의 의사에 의하여 정하여진다. 그러나 당사자 의사에 의하여 정하여지지 않는 경우에는 동 종류에 속하는 중등의 품질을 가지는 물건을 급부하여야 한다(제375조 제1항). 따라서 종류채권에서 당사자간에 특별한 정함이 없는 한 채무자의 채무내용에 좇은 이행은 중등의 품질을 의미하므로 중등 이하의 물건을 제공한 때에는 물론이나 중등 이상의 물건을 제공한 때에도 채무내용에 좇은 이행이라고 볼 수 없는가. 다수설은 채권자가 중등의 품질의 물건을 급부 받아야 할 특별한 사정이 있는 경우라면 수령을 거절하고 채무불이행의 책임을 물을 수 있는 것이라고 한다.

(나) 종류채권의 특정　종류채권의 이행은 그 정해진 종류에 속하는 물건 중에서 소정의 수량인 물건을 구체적으로 특정하여야 한다. 이를 종류채권의 특정 또는 집중이라고 하고, 법률의 규정 또는 당사자 약정에 의한다.

(ㄱ) 법률의 규정에 의한 특정 : 채권의 목적을 종류로만 지정한 경우에는 채무자가 이행에 필요한 행위를 완료하거나 채권자의 동의를 얻어 이행할 물건을 지정

하는 때 특정된다(제375조 제2항). 여기서 「이행에 필요한 행위를 완료한 때」란 채무자가 채무내용에 좇은 이행으로 채권자가 언제나 수령할 수 있는 상태를 만든 것을 의미하고, 당사자간에 특별한 정함이 없는 한 구체적 채무내용에 따라 정하여 진다.

(ㄴ) 지정권자의 지정 등에 의한 특정 : 법률의 규정 이외에도 당사자간의 계약에 의하여 지정권이 주어진 경우 지정권을 가진 제3자가 목적물을 지정하거나, 당사자가 계약에 의하여 구체적으로 목적물을 선정한 경우 또는 대체물의 일정 수량의 인도를 목적으로 하는 강제집행에서 집행관이 목적물을 채무자로부터 인도 받아 수취한 때 특정된다(민사집행법 제257조).

- (a) 채무자가 이행에 필요한 행위를 완료한 때
  - ㉠ 지참채무의 경우 — 현실제공 또는 구두제공에 의한 제공
  - ㉡ 추심채무의 경우 — 구두제공(채권자에 수령을 최고한 때)
  - ㉢ 송부채무의 경우
    - 제3지가 이행의 장소인 경우 — 지참채무와 동일
    - 채무자가 호의로 제3지에 송부한 경우 — 발송한 때
- (b) 채권자의 동의를 얻어 이행할 물건을 분리·지정한 때

(다) 종류채권 특정의 효과

(ㄱ) 특정물채권으로의 전환 : 종류채권은 목적물의 특정에 의해 특정물채권으로 전환되는가. 즉 종류채권의 특정 후 불능으로 되면 채권자는 급부불능으로 인한 손해배상을 청구하거나, 다른 급부의 청구를 할 수 있는가.

통설은 종류채권의 특정으로 채권이 그 동일성을 해함이 없이 특정물채권으로 전환되는 것이라고 한다. 따라서 목적물이 특정된 후 불가항력적 사유에 의해 멸실하면 채무자는 채무를 면하나, 채무자의 귀책사유로 멸실하면 다른 물건으로 급부할 채무는 면하지만 손해배상책임을 부담하게 된다.

이에 대하여 유력한 견해는 종류채권의 특정으로 특정물채권의 규정이 준용될 뿐이라고 하거나,[9] 특정채권의 효과가 발생하나 불특정채권의 효력도 아울러 가지는 것이라고 한다.[10]

(ㄴ) 위험부담 : 쌍무계약의 위험부담은 채무자가 지는 것이 원칙이므로 특정 이후에도 대가의 위험은 여전히 채무자가 부담한다(제537조). 따라서 목적물이 불가항력으로 멸실하여도 채무자는 그 이행을 청구하지 못한다. 즉 채무자의 대가위험은 종류채권이 특정된 후에도 채권자에게 이전하지 않는다. 그러나 물건의 위험, 즉 급부위험(Sachgefahr) 또는 이행위험(Leistungsgefahr)은 채권자에 이전한다. 즉 물건의 위험은 특정할 때까지는 채무자가 부담하고, 특정된 때로부터 채권자에 이전된다.

---

9) 이은영 65면.
10) 김형배 64~65면.

(ㄷ) 보존의무 등 : 종류채권은 목적물의 특정에 의해 특정물채권으로 전환한다고 보거나, 적어도 특정물채권의 규정이 준용된다고 봄으로써 채무자는 물건을 인도할 때까지 선량한 관리자의 주의로서 보존하여야 한다(제374조).

또한, 특정 후 채무자는 특정된 물건을 급부하여야 하고, 이로서 채권자는 원칙적으로 특정된 물건 이외의 물건을 수령할 의무는 없으나, 거래통념상 타당하다고 인정되는 경우에는 다른 물건으로 급부할 수 있다.

(2) 選擇債權

(가) 선택채권의 의의　　선택채권은 수개의 급부 가운데 선택권을 가지는 자의 선택권 행사로 급부가 특정되는 채권을 말한다. 예컨대 甲馬의 급부나 乙牛의 급부를 선택할 수 있는 채권 또는 손목시계나 돈 1만원을 준다는 경우이다.

(ㄱ) 선택채권에서 두 개 이상의 급부는 선택할 가치가 있을 정도로 각각 다른 개성을 가지고 또한 독립한 가치를 가지는 것이라야 한다.

(ㄴ) 선택채권은 당사자의 약정 또는 법률의 규정에 의하여 발생하나 주로는 법률의 규정에 의하여 발생한다. 법률의 규정에 의한 선택채권의 발생은 점유자(제203조 제2항)・전세권자(제310조)・임차인(제626조)의 비용(유익비)상환청구권, 무권대리인의 책임(제135조) 등이다.

(나) 선택채권의 특정　　선택채권의 특정은 수 개의 급부 중 어느 하나를 선정하여 단순채권으로 변경하는 것, 즉 선택채권의 목적인 수 개의 급부가 하나의 급부로 특정되는 것을 말하며, 선택권의 행사 또는 급부불능에 의하여 특정된다.

(ㄱ) 선택권행사에 의한 특정 : 선택채권에서 선택권은 수 개의 급부 가운데 구체적으로 이행될 하나의 급부를 선정하는 의사표시이며(형성권), 누가 선택권을 가지는가는 선택채권의 발생원인에서 정하여 진다. 그러나 선택권자를 정할 법률규정이나 당사자의 의사표시가 없으면 채무자에게 속한다(제380조).

(a) 당사자 일방이 선택권을 가지는 경우 그 선택권 행사에 기간이 있는 때에는 상대방은 상당한 기간을 정하여 최고할 수 있고, 기간 내에 선택권을 행사하지 아니하면 선택권은 상대방에 이전된다. 그러나 선택권 행사에 기간이 없는 때에는 채권의 이행기가 도래한 후 상당 기간을 정하여 최고할 수 있고, 기간 내에 선택권을 행사하지 아니하는 때에도 선택권은 상대방에게 이전된다(제381조 제1항・제2항).

또한, 제3자가 선택권을 가지는 경우에는 제3자가 선택할 수 없거나, 기간 내 선택하지 아니하면 채권자나 채무자는 상당한 기간을 정하여 최고할 수 있고 제3자가 그 기간 내 선택권을 행사하지 아니하면 선택권은 역시 채무자에 귀속한다(제384조

제1항·제2항).

(b) 선택권의 행사는 상대방에 대한 의사표시로 하면 족하고 상대방의 승낙을 요하지 아니한다. 또한 선택의 의사표시에는 일정한 형식을 요하는 것도 아니므로 명시적이든 묵시적이든 불문하고, 일신전속권이 아니므로 대리인에 의하여도 할 수 있다. 그러나 선택의 의사표시는 단독행위이므로 조건이나 기한을 붙이지 못한다.

(c) 선택채권은 선택권 행사로 단순채권으로 전환되나, 반드시 특정물채권이 되는 것은 아니고, 그 급부의 목적물이 특정물이냐 불특정물이냐에 따라서 결정된다. 또한 선택의 효과는 채권이 발생한 때에 소급하여 생기지만 그 선택의 소급효는 제3자의 권리를 해하지 못한다(제386조).

- ① 선택권자 — 선택채권의 발생원인에서 결정(제135조 제1항, 제203조 제2항)
  - 법률의 규정 / 당사자 특약이 없는 경우 — 채무자에 귀속(제380조)
- ② 선택권의 이전
  - 당사자 일방이 선택권을 가진 경우 / 제3자가 선택권을 가지는 경우 — 선택권불행사로 채무자에 이전
- ③ 선택권행사로 인한 소급효 — 채권이 성립한 때 특정의 효과 발생

(ㄴ) 불능인 급부의 선택 : 선택권이 없는 당사자의 과실로 급부가 불능한 경우 그 급부가 하나 뿐인 경우에도 당연히 특정이 생기지 않고 선택권자는 불능으로 된 급부를 선택할 수 있다. 이를 불능급부의 선택이라고 한다.

민법 제385조 제1항은 급부가 원시적 불능이거나 선택권자의 과실 없이 후발적 불능이 되면 채권의 목적은 잔존부분에 존재함을 규정한다. 따라서 이때 잔존부분의 급부가 한 개이면 특정물채권이 되고, 수 개이면 다시 그 위에 선택권이 잔존하게 된다. 그러나 동조 제2항은 다시 제1항을 제한하여 이행불능이 선택권 없는 당사자의 과실로 인한 때에는 불능인 급부를 선택할 수 있게 하고 있다.

(a) 선택권이 채무자에 있는 경우에는 불능인 급부가 채무자의 귀책사유인 경우에도 채무자가 잔존 급부로 선택하면 되지만 채권자의 귀책사유인 경우에는 채무자가 불능인 급부를 선택하여 채무를 면할 수 있고, 또한 잔존 급부를 선택하여 채권자는 불법행위에 기한 손해배상의 책임을 물을 수 있다. 그러나 불능이 불가항력으로 인한 때에는 잔존 급부로 특정된다.

(b) 선택권이 채권자에 있고, 불능인 급부가 채무자의 귀책사유로 인한 때에는 채권자가 잔존급부를 선택하여 그 급부의 이행을 청구할 수 있고, 또한 불능인 급부를 선택하여 이행불능에 의한 손해배상을 청구할 수 있다. 그러나 채권자의 귀책사유인 때에는 채무자는 불능급부에 대한 손해배상책임만을 부담한다. 그러나 불가항력의

경우에는 민법 제385조 제1항이 적용되므로 채권의 목적은 잔존 급부에 존재한다.

- ① 선택권이 채무자에 있는 경우
  - 채무자의 귀책사유 — 채무자의 잔존급부로 선택
  - 채권자의 귀책사유
    - 채무자의 불능급부 선택 — 채무면제 가능
    - 채무자의 잔존급부 선택 가능
- ② 선택권이 채권자에 있는 경우
  - ⓐ 채무자의 귀책사유
    - 채권자의 잔존급부 선택 가능
    - 채권자의 불능급부 선택 가능
  - ⓑ 채권자의 귀책사유 — 불능급부에 대한 손해배상
  - ⓒ 불가항력의 경우 — 민법 제385조 제1항 적용(잔존 급부에 존속)

[선택채권과 임의채권의 비교]

	선 택 채 권	임 의 채 권
이의 · 성질	① 수 개의 급부 중 선택권행사에 의해 결정되는 1개의 급부를 목적으로 하는 채권 ② 수 개의 급부가 병립적으로 존재하고 급부의 선택으로 특정	① 1개의 특정급부를 목적으로 하나 채무자가 다른 급부로 보충 대용할 수 있는 채권 ② 다른 급부는 대용급부에 불과하고 급부의 특정문제가 없다.
급부의 불능	① 원시적 불능인 경우 잔존한 다른 급부가 있는한 채권이 성립 ② 후발적 불능인 경우 불가항력적 사유인 때에는 잔존급부로 특정되고, 어느 일방의 귀책사유에 기인하는 때에는 그 선택권의 유무에 따라 결정된다.	① 원시적 불능인 경우 언제나 채권의 불성립 ② 후발적 불능인 경우 불가항력적 사유인 경우와 동일하고, 다만 채무자의 귀책사유로 인한 때에는 손해배상채무를 부담하고 그 범위에서 대용급부의무가 존재한다.
급부의 특정	선택의 의사표시로 특정의 효과과 생기고, 채권의 발생시로부터 단순채권으로의 효과(소급효)가 생긴다.	특정의 문제는 없고, 비록 채무자가 대용급부의 의사를 표시한 경우에도 특정의 효과는 발생하지 않는다.

⑶ 金錢債權

(가) 금전채권의 의의와 발생　　금전채권이란 광의로는 금전의 급부를 목적으로 하는 채권을 모두 포함하는 것이나, 협의로는 일정액의 금전의 인도를 목적으로 하는 채권, 즉 금액채권을 말한다.

(ㄱ) 금전채권도 종류채권의 일종이지만 수량으로 표시된 일종의 추상적인 화폐가치에 중점이 있고, 이를 실현하는 구체적인 물건 자체에 대한 관계가 희박하다.

(ㄴ) 금전채권은 증여 · 소비대차 · 무상임치 · 유증 등 무상행위에서도 발생하나, 보통은 매매 · 이자부 소비대차 · 임대차 · 도급 · 고용 등 유상계약에서 발생한다. 또한 손해배상청구권도 금전채권에 속한다.

(나) 금전채권의 종류　　금전채권은 보통 금액채권을 뜻하지만 민법은 이것에 국

한하지 않고 금종채권과 외화채권을 규정한다.

(ㄱ) 금종채권 : 일정 종류에 속하는 통화의 일정량의 급부를 목적으로 하는 채권, 예컨대 1,000원권 100만원의 지급을 목적으로 하는 채권을 말하고, 특종통화가 변제기에 강제통용력을 잃게 되면 다른 통화로 지급하여야 한다(제376조).

(ㄴ) 외화채권 : 외국 금전 내지 통화의 급부를 목적으로 하는 채권을 말하고, 외화통화로 지급을 정한 경우 채무자는 당해 외국의 각종 통화로 변제할 수 있고(제377조 제1항), 다른 나라의 통화로 지정된 때 채무자는 지급할 때 이행지의 환금시가에 의하여 우리나라 통화로 변제할 수 있다(제378조).

판례는 외화채권을 우리나라 통화로 변제함에 있어서 환산기준 시기는 약정된 변제기가 아니라 현실로 이행하는 때라고 해석함이 상당하므로 채권자가 그 외화채권을 우리나라 통화로 환산하여 청구한 경우에도 법원이 그 이행을 명함에 있어서는 채무자가 현실로 이행할 때에 가장 가까운 사실심 변론종결 당시를 환산기준(외국환시세)으로 잡아야 하는 것이라고 한다(대판 2000.6.9, 99다56512; 1991.3.12, 90다2147.).

또한, 외화 특종통화가 변제기에 강제통용력을 잃은 때에는 그 나라의 다른 통화로 변제할 수 있고(제377조 제2항), 이 경우에도 지급시에 이행지의 환금시가에 따라 환산한 우리나라 통화로 변제할 수 있다(제378조).

(ㄷ) 금약관 : 채무자가 부담한 금화 또는 금화가치약관이며, 화폐가치의 등락에 따를 불공평을 구제하기 위하여 행한다.

(다) 금전채권의 특칙　금전채권도 종류채권의 일종이나 특칙이 주어진다.

(ㄱ) 이행불능의 배제 : 금전채권은 다른 채권에서와 달리 채무자의 책임 없는 사유에 의한 이행불능의 상태가 생길 수 없고, 단지 이행지체가 될 뿐이다. 그러나 경제공황의 경우에는 별개 문제로 된다.

(ㄴ) 이행지체의 요건완화 : 금전채권의 채무불이행으로 인한 손해배상청구에는 채권자에 손해의 증명을 요하지 아니한다. 따라서 채무자는 손해발생에 대한 채무자의 과실 없음을 항변하지 못한다(제397조).

[판례] 금전채무불이행에 관한 특칙을 규정한 민법 제397조는 그 이행지체가 있으면 지연이자 부분만큼의 손해가 있는 것으로 의제 하려는 데에 그 취지가 있는 것이므로 지연이자를 청구하는 채권자는 그 만큼의 손해가 있었다는 것을 증명할 필요가 없는 것이나, 그렇다고 하더라도 채권자가 금전채무의 불이행을 원인으로 손해배상을 구할 때에 지연이자 상당의 손해가 발생하였다는 취지의 주장은 하여야 하는 것이지 주장조차 하지 아니하여 그 손해를 청구하고 있다고 볼 수 없는 경우까지 지연이자 부분만큼의 손해를 인용해 줄 수는 없다(대판 2000.2.11, 99다49644).

(ㄷ) 손해배상액의 법정 : 금전채무 불이행으로 인한 손해배상액은 이자율에 관

한 특약이 있거나 지연손해금의 약정이 있는 경우를 제외하고는 법정이율에 의하여 산정된다(제397조 제1항).

또한, 당사자간에 실제손해를 배상한다는 특약이 있는 경우, 법률에 특별규정이 있는 경우(제685조, 제705조, 소송촉진등에관한법률 제3조), 손해배상액을 예정한 경우, 불이행 후 손해배상액에 약정이 있는 경우를 제외하고는 법정이율에 의한다.

(ㄹ) 금전채권과 사정변경 : 금전채무의 불이행은 무과실책임이어서 천재지변이나 경제공황 등 경제사정이 일반적으로 핍박한 경우에도 그 책임을 면할 수 없다. 그러나 이와 같은 특칙은 오히려 사회경제를 혼란케 하는 결과를 가져 올 우려가 있으므로 경우에 따라서는 지급유예(moratorium) 조치를 취하는 수도 있다.

(라) 금전채권에 대한 채무자의 자력보전방법

(ㄱ) 채권자는 채무자가 자기 채무자에 대하여 가지는 채권을 청구하지 않고 방치함으로써 소멸할 채권의 시효를 중단케 하거나, 자산상태가 약화된 경우 채무자를 대신하여 추심할 수 있다(채권자대위권; 제404조). 또한 채권자는 자기재산을 부당히 감소시키는 채무자의 거래행위를 부인할 수 있다(채권자취소권; 제406조).

(ㄴ) 채권자는 채무자가 자기 재산을 처분할 우려가 있는 경우 그 부동산을 압류나 가압류할 수 있고, 파산법상 부인권이 인정된다. 즉 채무자가 파산한 경우 채권자가 부인권을 행사하면 채무자가 다른 채권자에 행한 정당한 변제도 부인되며, 이로써 모든 채권자에 평등 분배하게 된다(동법 제64조).

[금전채권의 특질]

근본적 특질	① 급부되는 금전 자체에는 별 의미가 없고 화폐가치에 중점이 있다. ② 종류채권에서와 같은 목적물의 특정이 없고, 따라서 이행불능의 상태가 당초부터 발생하지 않는다.
구체적 특질	① 급부의 특정을 요하지 않는다. ② 이행불능이 없다(원칙). ③ 손해배상액의 정액(법정이자) ④ 지급유예제도와 사정변경칙의 적용이 예정된다. ⑤ 이행지체의 요건이 완화된다(입증책임의 배제).
요건상 특질	① 채무자에 대한 특칙 … 금전채무에 있어서는 채무자는 과실없음을 항변하지 못한다(제397조 제2항 후단). ② 채권자에 대한 특칙 … 손해의 발생 및 그 수액을 입증할 필요가 없다(제397조 제2항 전단). 또한 채무불이행으로 인한 손해배상액이 법정추정된다(배상액의 정액, 제397조 제1항).
효과상 특질	배상액의 정형, 즉 법정이율 또는 과잉이자로 되지 않는 범위에서의 약정이자에 의한다(제397조 제1항 ; 금전의 융통성을 고려한 입법)

⑷ 利子債權

㈎ 이자와 이자채권 이자채권이란 원본채권에 대한 이자의 지급을 목적으로 하는 채권을 말한다. 여기서 이자(利子)란 금전 기타 대체물의 사용대가로서 원본액과 사용기간에 비례하여 지급되는 금전 기타 대체물이며, 다음의 성질을 가진다.

(ㄱ) 종류채권의 하나이다. 이자채권은 원본채권을 전제로 성립하므로 원본채권에 대한 부종성 또는 종속성을 가진다. 또한 이자는 금전 기타 대체물이므로 일종의 종류채권이며, 특히 이자가 금전인 경우에는 금전채권의 일종이다.

(ㄴ) 기본이자채권과 지분이자채권으로 구성된다. 기본이자채권이란 일정기에 일정 이율의 이자가 생기는 것을 목적으로 하는 기본권이며, 종속성이 강하여 원본채권과 운명을 같이한다(절대적 주종관계). 그러나 지분이자채권은 기본이자채권의 효과로써 일정 변제기에 달한 일정액인 이자의 급부를 목적으로 하는 지분권이며, 원본채권에 대한 부종성이 약하고 독립성을 가진다(상대적 주종관계).

㈏ 이자의 발생과 이율 이자의 발생은 당사자 사이에 특약이 있거나(약정이자), 법률의 규정(법정이자)에 의하여 발생한다.

법정이자는 법정이율에 의하고, 약정이자는 약정이율에 의한다. 여기서 법정이율은 민사에서는 연 5분이고(제379조), 상사에 있어서는 연 6분이다.

다만, 「소송촉진 등에 관한 특례법」에 의한 법정이율, 즉 금전채무의 전부 또는 일부의 이행을 명하는 판결을 선고하는 경우 금전채무 불이행으로 인한 손해배상 산정기준이 되는 법정이율은 연 2할로 한다(동법 제3조 제1항 본문).

[판례] 소송촉진등에관한특례법 제3조는 금전채무의 전부 또는 일부의 이행을 명하는 판결을 선고하는 경우 금전채무불이행으로 인한 손해배상 산정의 기준이 되는 법정이율은 그 금전채무 이행을 구하는 소장 또는 이에 준하는 서면이 채무자에 송달된 날의 익일부터는 이자제한법의 범위 안에서 대통령령으로 정하는 이율에 의하게 하고 있다. 따라서, 금전채무불이행으로 인한 손해배상액의 산정은 약정이율이 없는 경우에도 약정 최고이율을 적용하게 된다. 이와 같은 입법의 취지는 지연이자의 법정이율이 낮은 것을 악용하여 고의로 이행하지 않거나, 소송지연의 획책을 방지하기 위한 것이나, 다만 채무자가 그 금전채무의 존부나 범위에 관하여 항쟁함이 상당한 때에는 그 이율을 적용할 것은 아니다(대판 1996.1.26, 90다15488 참조).

㈐ 이자의 제한 약정이자는 당사자간의 약정에 의하여 정하여진다. 그러나 국가의 종합적 금융정책과 소비경제 하에서의 경제적 약자를 보호하기 위하여 일정한 제한을 취한다.

(ㄱ) 「이자제한법」(2007.3.29. 법률 8322호)에 의한 이자의 제한은 연 40%를 초과하지 아니하는 범위 안에서 대통령령으로 정하도록 하고(동법 제2조 제1항), 동령에 의

한 이자의 제한은 년 30%를 초과하지 아니하는 범위로 한다.

또한, 「대부업의등록 및 금융이용자보호에 관한 법률」(일부개정 2005.5.31. 법률 7523호)에 의한 대부업자(동법 제11조 참조)가 개인 또는 소규모 법인(중소기업기본법 제2조 제2항에 의한 소기업에 해당하는 법인; 동령 제5조 제1항)에게 대부를 하는 경우 대부금 중 3천만원 이내에서 대통령령이 정하는 금액까지에 대한 이자율은 연 100분의 70의 범위 이내에서 대통령령이 정하는 율을 초과하지 못하게 하고(동법 제8조 제1항), 동령에 의한 최고이율은 연 100분의 66으로 한다(동령 제5조 제3항).

(ㄴ) 이자율의 산정은 당해 거래의 체결과 변제에 관한 부대비용(담보설정비용, 신용조회비용)을 제외한 예금·사례금·할인금·수수료·공제금·체당금·연체이자·선이자 등 그 명칭에 불문하고 금전대차 및 대부와 관련하여 대주 및 대부업자가 받는 것은 이를 이자로 본다(이자제한법 제4조, 대부업법 제8조 제2항).

또한, 이자에 다시 이자를 지급하기로 하는 복리약정에 의한 이율은 법정 최고이율을 초과하지 못한다(이자제한법 제5조).

(ㄷ) 「이자제한법」 또는 「대부업법」 하에서 이자제한과 관련된 여러 문제, 예컨대 이자제한법의 적용범위, 이율개정과 동법의 적용, 제한위반의 효과와 임의로 지급한 초과이자의 반환청구인정 여부, 선이자와 초과 지급된 이자의 원본충당문제 등이 발생한다. 그러나 동법들은 이에 관한 구체적 규정을 두어 그 효력을 정하고 있다.

(a) 이자제한법은 금전대차, 즉 금전을 목적으로 하는 소비대차의 약정이자에 적용된다(동법 제2조 제2항). 다만 대차금원이 10만원 미만의 대차계약(동법 제2조 제5항), 또는 다른 법률에 의한 인가·허가·등록을 마친 금융업 및 대부업에는 적용되지 않는다(동법 제7조). 따라서 전당포의 금전대차에는 동법이 적용되지 않는다.

이자제한법상 이율개정이 있는 경우, 예컨대 금전소비대차계약 체결 후 제한이율이 인상 또는 인하된 경우 문제되나 동법 제2조 제2항은 "…최고이자율은 약정한 때의 이자율을 말한다." 라고 하여 법률불소급원칙의 적용을 명백히 하고 있다. 따라서 인상된 경우, 즉 금전대차계약을 체결 당시 약정이율이 이자제한법의 제한이율을 초과하고 있었으나 그 후 이율의 인상으로 초과부분의 전부 또는 일부가 제한이율의 범위 내로 된 경우 그 초과부분은 무효이다. 다만 금전대차계약을 체결 당시 약정이율이 이자제한법의 제한이율을 초과하고 있지 않았으나 그 후 이율의 인하로 일부가 제한이율의 범위를 초과하는 경우 그 초과부분은 무효로 되는가. 문언의 의미는 부정할 것으로 해석되나 차주의 보호란 취지에서 그 인하된 제한이율의 범위에서 유효라고 할 것이다.

(b) 이자가 이자제한법 또는 대부업법의 최고이율을 초과하여 지급된 경우 그 임의 지급된 초과 부분의 무효인 利子는 원본충당 또는 반환을 주장할 수 있는가. 학설이 대립하여 왔으나 종래 판례는 채무자가 이자의 지급을 밝히고 지급하는 등 적

극적 의사가 있는 경우에는 지정충당으로 보아 원본충당의 주장이 부정되나 채무자의 적극적 의사표시 없이 지급된 때에는 법정충당으로 보아 이자제한법의 범위 내에서 이자에 충당하고 나머지는 원금에 충당한 것이라고 하고,[11] 그 반환청구에 관하여도 초기 판례는 제746조 본문을 적용하여 그 반환청구에 부정적인 태도를 취하였다.[12] 그러나 이자제한법은 "채무자가 최고이자율을 초과하는 이자를 임의로 지급한 경우에는 초과 지급된 이자 상당의 금액은 원본에 충당되고 원본이 소멸한 때에는 그 반환을 청구할 수 있다."라고 하고(동법 제2조 제4항), 또한 「대부업법」은 "대부업자가 동법상 제한이율을 위반하여 대부계약을 체결한 경우 그 초과하는 부분에 대한 이자약정은 이를 무효로 하며, 채무자가 그 초과부분에 대한 이자를 변제하였을 경우에는 그 반환을 청구할 수 있다."라고 하여(동법 제8조 제3항), 원본충당 및 반환청구를 인정한다. 따라서 채무자가 최고이자율을 초과하는 이자를 임의로 지급한 경우 그 초과 지급된 이자 상당의 금액은 원본에 충당되고 원본이 소멸한 때에는 반환을 청구할 수 있게 된다.

또한, 복리약정에 의한 이율이 법정 최고이율을 초과하는 때에는 그 초과부분은 원본에 충당한 것으로 본다(이자제한법 제5조).

(c) 차주가 지급하여야 할 이자를 미리 계산해서 약정원본에서 공제되는 이자를 선이자라고 하며, 법률에 특별한 제한이 없으므로 사적 자치의 원칙상 유효하다.

다만, 제한초과의 선이자를 공제한 경우 그 원금반환의 범위가 어떻게 되는가. 종래 판례는 차주가 실제로 받은 금액과 그 이자제한법에 의한 제한이율에 의한 이자의 합산액이 당사자 사이에 유효하게 성립한 금전대차계약의 원본액이며, 이것이 변제기에 채무자가 변제할 금액이라고 하였다.[13]

예컨대, 100만원을 월리 3分으로 3개월을 차용한 경우, 이자 9만원을 원금 100만원에서 미리 공제해서 차주에서 91만원을 교부한 경우 그 원본액의 범위는 실제로 받은 금액 + 이에 대한 제한이율에 의한 이자액, 즉 91만원 + 56,875=966,875원이 원본반환액이 된다.

그리하여 이자제한법은 선이자를 공제한 경우에는 채무자가 실제 수령한 금액을 원본으로 하여 법정최고이율에 따라 계산한 금액을 초과하는 때에는 그 초과부분은 원본에 충당한 것으로 하였다(동법 제3조).

---

11) 대판 1966.10.25, 66다1058.

12) 대판 1960.6.30, 4292민상838; 1961.7.20, 4293민상617; 1988.9.27, 87다카422.

13) 대판 1981.1.27, 80다2694.

제 3 절 債權의 效力

(1) 채권의 대내적 효력
- 채권의 청구력과 급부보유력
- 채무자의 채무이행과 채무불이행의 효과

(2) 채권의 대외적 효과
- 제3자의 채권침해
  - 불법행위 성립 여부
  - 방해배제청구권 인정 여부
- 채무자책임재산의 보전
  - 채권자대위권(제404조, 제405조)
  - 채권자취소권(제406조, 제407조)

제 1. 債權의 請求力과 給付保有力

(1) 채권자의 청구권행사 — 불법행위의 성립배제
(2) 채권자의 급부 수령 — 부당이득의 성립배제

(1) 채권자에 채권의 실현을 방해하는 장애가 있는 경우, 그 장애에 대하여 채권자에게 부여되는 법률적 보호가 채권의 효력이며, 채권은 적어도 채권자의 채권에 기하여 채무자에 대한 채무이행을 청구할 수 있고, 또한 채무자가 이행한 채무에 대하여 이를 수령할 권리를 가진다. 즉 채권은 채권자의 청구권행사가 불법행위가 성립되지 아니하며, 또한 채무자가 이행한 채무를 수령한 경우 부당이득을 구성하지 아니함에 있다. 이것은 채권이 가지는 기본적 또는 취소한의 법률적 효력이다.

(2) 채무자가 채무내용에 좇아 실현하는 과정을 채무의 이행이라고 하고, 채무의 이행으로 채권이 소멸하는 것을 채무변제라고 한다.

이들은 모두 채무의 내용을 실현하는 과정이며 채권의 효력에 포함하지만, 민법은 이를 채권의 소멸이라고 하여 별개로 규정하고 있다.

1. 債權의 請求力

(1) 債權과 請求力

채권은 청구권(請求權)을 본질로 하며, 채권자가 가지는 채권에 대하여 채무자가 이를 임의로 이행하지 아니하는 때에는 그 이행을 청구할 수 있고, 만일 채무자가 이에 응하지 아니하는 때에는 소구력과 집행력을 가진다.

이와 같이 채권자는 채무자에 대하여 가지는 채무이행을 청구할 수 있고, 이때 채권자가 채무자에 대하여 행사하는 청구권의 행사는 최소한 상대방에 대하여 불법행위를 구성하지 아니하는 효력을 가진다.

(2) 請求力이 결여된 채권

(가) 채무와 책임 채무는 채무와 책임을 수반함이 원칙이고, 동시에 채권은 청구력과 집행력을 가진다. 그러나 때로는 채권이 청구력을 결하거나 제한되는 채권이 있다. 이를 특히 채무의 면에서 고찰하여 불완전채무라고 하며, 자연채무와 책임없는 채무가 이것이다.

불완전채무는 강제력(소구력 · 집행력)이 결여되어 있다는 점에서 채권으로는 불완전하지만, 채무 그 자체로서는 엄연히 성립하여 있을 뿐만 아니라 채무자가 이를 임의로 이행한다면 유효한 변제로 되고, 그 밖에 상계의 자동채권으로 하거나, 갱개 또는 소비대차의 기초로 삼을 수 있다는 점에서 채무성이 배척되는 것은 아니다.

(나) 자연채무 자연채무는 채무가 존재하나 訴로써 이행을 청구하지 못하는 채무, 즉 채무자가 임의로 이행하지 아니하면 채권자가 소송상 청구할 수 없는 채무를 말한다.

┌ 채무자의 임의급부 — 유효한 변제로서 급부
└ 채무자의 반환청구권 배제 — 부당이득 구성 배제

(ㄱ) 자연채무의 인정여부 : 채무는 소구력 및 집행력을 부담하지만, 이것을 결여한 자연채무에 채무성을 인정할 것인가.

부정설은 채권은 채무와 책임이란 전제로, 채권의 본질은 책임에 있고 채무는 책임에 종속적인 것에 불과한 것이라고 보아 책임부분이 없는 자연채무 현상은 법률상 채무가 아니라고 하나, 통설은 자연채무의 채무성을 긍정한다.

그러면서도 그 성립범위에 관하여 급부반환청구배제설은 자연채무의 급부보유력, 즉 자연채무는 청구권은 결여되지만 채무에 바탕하여 이행된 급부는 채무자가 그 반환을 청구하지 못한다는 범위에서 긍정하나(광의설),[14] 법적유의설은 급부반환청구배제설과 같이 단순히 급부반환청구가 배제된다는 점만을 이유로 자연채무의 채무성을 긍정하면 결국 불법원인에 의해 급부된 채무도 자연채무로 다루어지게 되어 부당한 결과로 된다는 점에서 진정한 의미의 자연채무는 법률상 급부보유력이 주어

14) 김증한 41면, 현승종 87면, 황적인 39면.

지는 채무, 즉 급부반환청구가 배척되는 외에 법적인 다른 의미, 즉 갱개나 준소비대차 등의 기초가 된다거나 담보로서 유효히 성립할 수 있는 등의 의미를 가지는 범위에서 긍정할 것이라고 한다(협의설).[15]

(ㄴ) 자연채무의 발생원인 : 어떤 채무가 자연채무로 될 것인가. 자연채무의 개념, 즉 자연채무의 개념을 광의로 파악할 것인가. 협의로 파악할 것인가에 따라 달리하나, 통상 다음의 경우에는 자연채무가 되는 것이라고 한다.

- ① 불법원인에 의한 채무
  - 광의설 — 채권자에 수령력 · 보유력을 가지므로 자연채무라 본다.
  - 협의설 — 불법원인 급부는 무효이므로 자연채무를 배척한다.
- ② 통상인 이자를 초과(과잉이자)하여 지급할 채무
- ③ 소멸시효를 원용한 채무
- ④ 한정승인으로 책임이 면제된 채무
- ⑤ 승소의 종국판결 후 채권자가 소를 취하한 채무
- ⑥ 파산절차에서 제외된 채무
- ⑦ 화의상 일부 면제된 채무
- ⑧ 채권이 존재하면서 패소판결을 받은 채권
- ⑨ 특수한 사정에 의한 자연채무
  - ㉠ 호의적 채무
  - ㉡ 소구(訴求)하지 않겠다는 특약이 있는 채무
  - ㉢ 강제이행을 하지 않겠다는 특약이 있는 채무

(ㄷ) 자연채무의 효력 : 자연채무는 채무성이 긍정되는 이상 자연채무에 바탕하여 채무자가 임의로 이행한 급부는 채무 있는 변제로 되며, 이로써 채권자에 부당이득을 구성하지 않는다.

또한, 특히 자연채무의 인정범위를 법적 유의설(협의설)에 의하는 경우에는 반환청구를 배척하는 외에 일정한 법률상 효력이 주어진다.

- (a) 상계의 자동채권으로 하는 것
- (b) 갱개 · 준소비대차의 성립 기초
- (c) 담보나 보증의 유효한 성립
- (d) 자연채무 양도— 선의의 제3자에 자연채무성의 유지

(다) 책임없는 채무 　채무는 책임을 수반한다. 여기서 책임이란 채무자의 재산이 채권자의 강제집행에 의한 공취(Zugriff)에 복종하는 상태로서 집행력뿐만 아니라, 소구력 내지 소구 가능성을 포함하는 것이라고 본다.

- 책 임
  - 강제수단 내지 강제가능성(소구력 + 강제력) = 공취력
  - 채무자의 재산— 채권자의 공취력에 복종하는 상태를 의미
- 채 무 = 채무 + 책임

15) 곽윤직 100면, 김형배 119면, 이은영 38면.

이와 같이 채무는 책임을 수반함이 채무의 본질상 당연한 것이지만, 때로는 채무는 있지만 책임이 없거나 한정된 경우가 없지 않다. 따라서 채무와 책임은 분리되지 않는 것이 원칙이지만 언제나 그런 것은 아니다.

(ㄱ) 책임없는 채무 : 급부의 판결을 받을 수 있으나 강제집행을 할 수 없는 채권에서의 채무, 즉 강제집행 면제특약의 채무이며, 채권자의 집행력 포기로 채무자의 책임이 배제된다.

(ㄴ) 책임이 한정된 채무 : 법률의 규정에 의하여 채무자의 재산 중 한정된 범위에만 집행이 인정되는 채무, 즉 책임이 한정된 채무가 인정된다.

- 물적 유한책임
  - ㉠ 상속의 한정승인(제1028조)
  - ㉡ 특정물상 책임(전당포주의 책임)
  - ㉢ 선박소유자의 책임(상법 제746조)
- 금액유한책임 — 인적 유한책임(유한회사 사원의 책임)

(ㄷ) 채무없는 책임 : 채무의 주체와 책임의 주체가 분리된 채무, 채무자 이외의 자가 책임을 부담한 채무이며, 물상보증인·저당목적물의 제3취득자 등이 이것이다. 이들의 지위는 특별책임 또는 특별담보로서 책임을 부담하므로 채무자의 일반책임 또는 일반담보로서의 책임과는 차이를 가진다.

2. 債權의 給付受領權

(1) 채권자는 채권의 효력으로서 급부수령권을 가진다. 따라서 채권자는 채무자가 의미로 이행하는 급부에 대하여, 또는 채권자의 청구권의 행사에 의하여 이행되는 급부를 수령할 수 있고, 이때 채권자가 수령한 급부는 최소한 부당이득을 구성하지 아니하는 효력을 가진다. 이를 채권의 급부수령권이라고 하며, 청구력과 더불어 채권의 기본적 효력이다.

(2) 채권의 급부수령권이라 할 때 수령권은 상대방에 대하여 부당이득을 구성하지 아니하여 반환청구권이 배척되는 효력을 의미한다. 그러나 수령한 급부에 반환청구가 배척되는 것이라고 하여 모두 급부수령권을 가지는 것은 아니며, 적어도 채권의 효력으로서의 반환청구권이 배척되기 위해서는 채권자가 수령한 급부가 정당한 채권에 기한 급부수령, 즉 채권의 급부보유력에 의하여 반환청구가 배척되는 것이어야 한다. 따라서 불법원인에 의한 급여로서 무효인 채권에 의하여 수령한 급부에 반환청구가 배제되는데 불과한 것은 채권의 급부수령권에 따른 급부보유력을 가진다고 할 것은 아니다.

제 2. 債務者의 債務不履行과 그 救濟

(1) 채무자의 채무이행 — 채권자의 급부수령에 의한 채권소멸
(2) 채무자의 채무불이행
① 이행지체 — 이행강제, 손해배상(이행배상)청구, 계약해제권
② 이행불능 ┌ 전보배상의 청구
└ 계약해제 및 손해배상(이행배상)청구
③ 불완전이행 ┌ ㉠ 완전이행 또는 손해배상의 청구
㉡ 급부자체의 책임 — 담보책임
└ ㉢ 적극적 채권침해 — 채무불이행책임
④ 채권자지체 ┌ 법정책임설 — 민법 제401조 · 제403조 책임
└ 채무불이행책임설 —제401조 · 제403조 및 채무불이행책임

1. 債務不履行總說

채권은 채무자로부터 채무내용에 적합한 이행을 목적으로 성립 · 존속하며, 채무가 이행상태에 도달하여 소멸하기 위하여서는 채무자의 이행행위와 채권자의 수령이 있어야 한다. 이와 같이 채권의 목적은 채무자의 채무내용에 좇은 이행행위를 내용으로 하고, 채권자가 이를 수령함으로써 목적을 달하여 소멸하게 되며, 채권의 가장 본래적 효과이다.

채무자의 이행행위는 채무자의 자발적인 이행이 본래적이지만, 채무자가 임의로 채무이행을 하지 않는 경우에는 채무자의 채무불이행이 되며, 이로써 채권자는 강제이행 또는 기타 채무불이행책임을 묻게 된다. 이것 또한 채권관계에서 예정된 효과이며, 민법은 제390조 이하에서 규정하고 있다.

(1) 債務不履行의 개념과 입법태도

(가) 채무불이행의 개념　　채무자의 이행행위는 채무자의 자발적인 이행이 본래적이지만, 채무자의 임의이행이 없는 경우에는 채무불이행이 되며, 이로써 채권자는 강제이행 또는 기타 채무불이행책임을 묻게 된다.

여기서 채무자의 채무불이행이란 채무자가 채무내용에 좇은 이행을 하지 아니한 것을 말하며, 민법 제390조는 "채무자가 채무의 내용에 좇은 이행을 하지 아니한 때에는 … "이라고 하여 채무불이행을 추상적으로 표현하고 있다.

(나) 채무불이행의 민법태도

(ㄱ) 채무불이행의 포괄주의 : 민법은 채무불이행책임의 발생을 하나의 포괄규정

으로 규율한다. 즉 책임발생요건에 관하여 독일과 같이 개개의 구성요건을 유형별로 열거하는 입법태도를 취하지 않고, 하나의 일반적 요건을 제시함으로써 추상적으로 규율하는 입법주의를 취한다.

민법 제390조에서는「채무의 내용에 좇은 이행이 없는 때」라는 추상적인 표현을 사용함으로써 모든 채무불이행의 태양을 포용한다. 이와 같이 우리 민법이 채무불이행책임에 일반조항주의를 채택한 것은 문제 양상을 사회의 계속적인 변화에도 불구하고 모두 포섭할 수 있도록 함에 있고, 우수한 입법형식으로 평가된다.

(ㄴ) 채무불이행책임의 포섭범위 : 채무자의 채무이행은 채권의 목적인 급부의무의 이행을 의미하며, 이 급부의무를 이행하지 아니하면 채무불이행이 된다. 그러나 채무이행을 위한 채무자의 의무에 급부의무 이외에 부수의무를 부담하는가. 또한 부수의무위반은 채무불이행책임을 부담하는가. 다수설은 채권관계를 유기적 관계로 파악하므로 채권관계는 하나의 채권·채무 외에 부수적 관계를 포함한다고 본다. 따라서 주된 급부의무 이외에 부수의무위반 또는 불이행도 채무불이행책임을 부담한다는데 견해가 대체로 일치한다.

그렇다면, 이 부수의무에는 보호의무를 포함할 것인가. 주로 불완전이행의 채무불이행책임의 성립과 관련하여 문제된다. 다수설은 보호의무편입설을 취하여 채무자의 의무를 급부의무 외에 부수의무(예컨대 급부의무에 관련한 배려의무·설명의무·고시의무·협동의무 등)를 넓게 인정하여 보호의무, 즉 주된 급부의무로부터 밀접히 관련되어 있지 않거나, 급부의무에 직접 관계없이 거래관행상 요구되는 넓은 행동의무를 포함하는 것이라고 한다.

(2) 債務不履行의 태양

민법은 채무불이행의 형태로 이행지체와 이행불능을 규정한다(제390조). 따라서 이행지체와 이행불능은 전형적인 채무불이행의 형태이다.

다만, 불완전이행과 채권자지체도 채무불이행으로 다룰 것인가. 채권관계의 법률적 성질에 따라 결정된다. 채권관계를 유기적 관계로 이해하면 의무구조와 관련하여 주된 급부의무의 불이행과 부수적 의무위반 또는 불이행으로 파악하고, 불완전이행과 채권자지체는 주로 부수적 의무위반 또는 불이행을 중심으로 채무불이행의 태양에 포함시키고 있다.

따라서 우리 민법상 채무불이행의 태양은 주된 급부의무를 중심으로 이행지체·이행불능을, 부수적 의무를 중심으로 불완전이행·채권자지체로 집약된다.

⑶ 債務不履行責任

㈎ 채무불이행책임의 성질　채무불이행책임은 채무의 불이행이라는 사실 외에 채무자의 귀책사유라는 요건을 중시하여 민법은 채무불이행책임을 불법행위책임과 더불어 과실책임주의에 따라 규율하고 있다(제390조·제750조).

또한, 채무불이행책임은 당사자의 자발적 구속인 계약으로부터 생긴 채무의 불이행에 대한 책임을 주요내용으로 함으로써 일명 계약책임이라고도 한다. 그러므로 채무불이행책임은 계약당사자 사이에서 계약관계의 존속을 전제로 하여 발생하며, 그들 간의 합의에 기초한 채무의 연장으로 이해한다.

㈏ 채무불이행책임의 성립요건

(ㄱ) 채무자의 귀책사유 : 채무자의 채무불이행에 채무자의 귀책사유를 요하는가, 민법은 채무불이행 중 이행불능의 경우에만 채무자의 고의·과실 또는 책임 있는 사유를 요건으로 하면서 이행지체에 관하여는 제390조가 "채무자가 채무의 내용에 좇은 이행을 하지 아니하는 때에는 채권자는 손해배상을 청구할 수 있다. 그러나 채무자의 고의나 과실 없이 이행할 수 없게 된 때에는 그러지 아니한다."라고 규정함으로써 동조 단서가 규정한 "채무자의 고의나 과실 없이 이행할 수 없게 된 때에는 그러하지 아니한다."라고 한 의미가 채무불이행의 성립을 의미하는가, 아니면 손해배상책임을 의미하는가. 동조 규정의 해석과 관련하여 견해가 대립한다.

귀책사유불요설은 민법 제390조는 이행불능과는 달리 채무불이행에 채무자의 귀책사유를 직접 규정하고 있지 않다는 점과 통념상으로도 채무자가 이행기에 채무를 이행하지 아니하면 그것으로 채무불이행이 되고 다만 손해배상을 청구할 수 있을 것인가는 채무자의 귀책사유 여부를 따져 정하여야 할 것이므로 동조 단서의 규정은 바로 이를 규정한 것이라고 한다(이은영 179면).

귀책사유요구설은 우리 민법은 채무불이행을 불법행위와 함께 위법행위의 태양으로 하고 있고, 이행지체와 이행불능을 구별할 이유가 없을 뿐만 아니라, 민법은 이행보조자의 책임에 귀책사유를 규정하고 있는 점을 들어 긍정한다. 또한 견해에 따라서는 급부장애와 채무불이행을 구별하여 전자는 귀책사유를 불문하지만 후자는 귀책사유를 요하는 것이라고 한다(김형배 181면).

다수설·판례는 민법이 과실책임을 원칙으로 한다는 점과 또한 이행지체와 이행불능을 구별할 실질적 근거가 없는데다가 민법 제391조(이행보조자의 고의·과실)와 제392조(이행지체 등의 손해배상) 등의 규정으로 미루어 보아 이행지체에도 채무자의 귀책사유를 요하는 것이라고 한다. 그리하여 민법 제390조 단서는 「채무자의 고의나 과실 없이 이행할 수 없게 된 때」라고 표현하지만, 여기의 「이행할 수 없게 된 때」란 이행불능에 한정하는 의미로 사용된 것이 아니라 모든 채무불이행의 유형에 채무자의 귀책사유를 필요로 한다는 포괄적 의미로 사용된 것이라고 보아 귀책사유 있는 불이행을 채무불이행책임의 충족요건으로 하고 있다.

(a) 채무자의 채무불이행이 성립하기 위하여서는 채무자의 귀책사유, 즉 채무자의 고의·과실에 기한 것이어야 한다.[16]

여기서 고의(故意)는 행위자가 그 행위의 결과를 예견하면서도 감히 행하는 용태로서 채무불이행책임이 당연히 성립하나 다만 행위자의 주관적 의사인 고의를 어떻게 파악할 것인가. 학설이 대립된다.

의사설은 결과의 발생을 의욕한 것으로 의욕설은 고의는 결과를 알고 의욕한 것이라 하고, 인용설은 결과 발생을 인식·인용한 것까지를 고의로 본다. 그러나 인지설(표상설)은 고의는 결과를 인지한 것으로 족하므로 결과 발생의 가능성만 인식해도 고의로 본다.

다수설은 인식설을 취할 경우 고의의 범위가 너무 넓어지고, 의사설 중 의욕설은 미필적 고의는 고의로 보지 않는 결점을 가진 점에서 인용설을 취하고 채무자가 자기 이행의무를 알면서 정당한 사유 없이 의도적으로 이행하지 않는 경우에는 채무자의 불이행에 대한 고의를 인정한다.

또한, 과실(過失)이란 결과를 예견하여야 함에도 불구하고 예견하지 않고 행하는 용태로서 과실에 의한 채무불이행책임을 부담하기 위하여서는 「손해 또는 위법한 결과의 발생을 행위자가 예기하지 않을 것이어야 하고, 부주의에 의하여 그 결과의 발생을 예기치 않았을 것」이어야 한다.

다만, 과실 및 그 전제가 되는 주의의무의 판단을 객관적 입장에서 정할 것인가, 주관적 사정을 기초로 할 것인가. 다수설은 객관적과실설을 취하여 일반적인 채무불이행에 있어서의 과실을 추상적 과실로 파악하며, 다만 무상계약에 관하여는 자기재산과 동일한 주의의무가 채무자의 구체적·주관적 주의능력에 따른 주의로써 채무자 개인에 따른 능력 차이가 고려되어야 한다고 한다.

과실에는 추상적 과실(선관주의의무위반)과 구체적 과실(자기주의의무위반), 중과실과 경과실로 분류된다. 여기서 책임요건으로서 과실에는 중과실·경과실을 불문하나 때로는 경과실의 경우에는 책임요건에서 배제되는 경우가 있다(실화에 관한 책임). 이와 같이 중과실의 경우에만 책임을 지는 경우에는 법률이 특별히 규정하고 있는 경우이어야 한다(제100조 제1항, 제735조, 제401조, 제757조).

(b) 이행보조자의 고의·과실은 채무자의 고의·과실과 동일시된다(제391조). 채무불이행의 책임요건인 채무자의 귀책사유는 채무자 자신의 고의·과실은 물론, 이

16) 민법상 귀책사유로서의 고의·과실은 형법에서와는 달리 원칙적으로 구별의 실익은 존재하지 않는다. 다만 양자를 구별할 실익이 있는 경우로는 ① 과실상계에 있어서 책임분담의 정도, ② 채무자의 과실에 관한 면책약관의 경우에 불과하다.

행보조자의 고의·과실을 포함하는 개념이다(특히 약관규제법은 이행보조자의 고의 및 중대한 과실로 인한 법률상 책임을 배제하는 조항을 무효로 한다 ; 동법 제7조 1호). 따라서 채무자의 법정대리인이 채무자를 위하여 이행하거나 채무자가 타인을 위하여 이행하는 경우에는 법정대리인 또는 피용자의 고의·과실은 채무자의 고의·과실로 된다. 그러므로 이때 채무불이행에 따른 채권자와의 관계에서 책임의 주체는 이행보조자가 아닌 채무자로 된다.

[법정대리인과 이행보조자의 책임]

⑴ 法定代理人

법정대리인의 고의·과실을 채무자 자신의 고의·과실과 동일한 것으로 본다. 이때 민법 제391조의 법정대리인의 범위는 넓게 해석하여 친권자·후견인·법원에 의하여 선임된 부재자의 재산관리인 이외에 파산관재인(파산법 제147조), 유언집행자(제1093조 이하, 특히 제1103조), 가사대리권을 가진 부부(제827조) 등을 포함한다.

⑵ 이행보조자

㈎ 협의의 이행보조자　이행보조자란 채무자가 스스로 채무이행을 함에 있어 마치 자기의 손발과 같이 사용할 수 있는 자를 말하고, 이때 채무자의 이행을 보조하는 관계는 법률상 관계는 물론 사실상 관계로도 충분하다.

(a) 협의의 이행보조자로서 고의·과실이 채무자의 책임으로 귀속하기 위해서는 본인과의 종속적 관계, 즉 본인의 선임·지휘·감독을 받는 관계를 요하는가. 다수설은 긍정하나, 판례는 민법 제391조에서의 이행보조자로서의 피용자라고 함은 일반적으로 채무자의 의사 관여 아래 그 채무의 이행행위에 속하는 활동을 하는 사람이면 족하고 반드시 채무자의 지시 또는 감독을 받는 관계에 있어야 하는 것은 아니므로, 채무자에 대한 종속적인가 독립적인가는 문제되지 아니하는 것이라고 한다(대판 2002.7.12, 2001다44388).

(b) 협의의 이행보조자는 특히 일신전속적 채무를 제외하고는 급부의 성질을 불문하고 사용할 수 있고, 이행보조자의 고의·과실은 채무자 자신의 고의·과실로 간주되어 채무자의 귀책사유가 된다. 특히 상법상 이에 관한 명문규정(동법 제115조, 제135조 등)은 민법에 대한 주의규정으로 본다.

다만, 이행보조자의 고의·과실(거래의 성질·채무자의 직업, 기대되는 능력 등)이 채무자의 고의·과실로 되기 위해서는 누구를 기준으로 정할 것인가. 소수설은 채무자를 기준으로 정하여야 할 것이라고 하나(김형배 161면, 이은영 196면), 다수설은 이행보조자를 기준으로 정할 것이라고 한다.

㈏ 이행대행자　이행대행자란 이행보조자와는 달리 다소 독립하여 채무의 전부 또는 일부를 채무자에 갈음하여 이행하는 자를 말한다. 이들의 사용이 법률상 또는 채무의 성질상 허용되어 있는가에 따라 책임구성이 달라진다.

(a) 채무자의 개성이 급부행위와 중대한 관계를 갖는 경우에는 사용이 허락되지 않는다. 고용·위임 및 임치에 대해서는 명문이 있으나 그 외에 사용대차·임대차 등에서도 허용되지 않는다.

(b) 이행대행자는 언제나 성립하는 것은 아니므로 이행대행자의 행위가 언제나 채무자 자신의 행위와 동일시되는 것은 아니다.

이행대행자의 사용이 법률규정(제120조, 제657조 제2항, 제682조, 제701조, 제1103조 제2항 등 참조)이나 당사자간의 특약에 의하여 금지되어 있는 경우 대행자를 사용하면 그것만으로도 곧 채무자의 책임이 생긴다. 즉 대행자를 사용한다는 것이 바로 채무불이행이 되므로 그 밖의 대행자의 고의·과실은 논할 필요가 없다. 그러나 법률의 규정(제122조 참조)이나 채권자의 승낙에 의하여 적극적으로 대행자의 사용이 허용되는 경우에는 원칙적으로 그 대행자의 선임·감독에 관하여 채무자가 과실이 있는 때에만 책임을 진다(제121조, 제682조 제2항, 제701조 제1103조 등 참조).

다만, 법률상 또는 채권자와의 특약으로 대행자의 사용이 금지되지 않고 또한 특히 허용되어 있지도 않아서 급부의 성질상 대행자를 사용하더라도 무방하다고 해석되는 경우에는 그 대행자의 고의·과실은 마치 채무자 자신의 고의·과실로 간주되며, 민법 제391조가 이를 규정한다.

(ㄴ) 책임능력 : 채무자의 채무불이행으로서의 책임을 부담하기 위하여서는 채무자가 책임능력을 가져야 한다. 그러나 불법행위에서와는 달리 채무불이행에서의 채무자의 책임능력은 문제되지 않는다. 왜냐하면 무능력자의 채무부담이 법정대리인에 의한 방법으로 허용되는 이상 그 불이행에 따른 책임을 채무자 자신의 책임능력이 결여되었다는 이유로 부정하는 것은 형평에 맞지 않기 때문이라고 한다.[17]

또한, 채무불이행책임을 주관적 또는 객관적 과실책임 체계로 파악하지 않고 의사책임적 채무불이행(무상계약의 경우)과 행위책임적 채무불이행책임(유상계약의 경우)으로 나누는 견해에서는 전자는 고의·과실속에 흡수되고 후자는 추상적 과실이 문제되므로 별개로 책임능력이 문제될 여지가 없다고 한다.[18]

(ㄷ) 위법성 : 채무불이행책임에 채무자의 고의·과실과는 별도로 위법성이 요구되는가. 소수설은 귀책사유로서 고의·과실의 개념 속에 위법성의 요소가 포함되어 있으므로 이를 별개의 요건으로 할 필요는 없는 것이라고 한다.[19] 그러나 다수설은 이를 긍정한다.

양설의 차이는 채무자에게 유치권·동시이행의 항변권과 같이 이행의 지연을 정당화하는 이유가 있는 경우 채무자에게 귀책사유 자체가 없다고 할 것인가. 아니면 위법성이 없다고 할 것인가 문제이나 채무불이행에서 채무자의 고의·과실 자체가 행위의 비난 가능성으로 파악하면, 소수설과 같이 채무이행을 거절할 특별한 사유가 있는 경우에는 처음부터 귀책사유가 없는 것으로 보아야 할 것이다.

(ㄹ) 손해발생 및 인과관계 : 채무불이행책임은 채무자에 손해배상의무를 발생시키는 것을 내용으로 하므로 당연히 그 요건으로서 채권자에게 채무불이행으로 인한 손해가 발생하였을 것을 요구한다. 여기서 손해(損害)란 채권자에 보호되는 법익의

17) 김형배 172면, 이은영 192면.
18) 김형배 202면.
19) 김형배 174면, 이은영 193면.

침해로 생긴 불이익을 의미하며, 불법행위에서와 달리 채무자의 귀책사유에 의한 불이행으로 손해가 발생하였으리라는 사실이 매우 강하게 추정된다.

책임법에서 인과관계는 책임성립의 인과관계와 배상범위의 인과관계로 분해되며 채무자의 귀책사유로 인하여 채무불이행이 야기되었다는 사실로부터 책임성립의 인과관계가 존재하는 것으로 추정된다. 다수설은 인과관계의 판단을 규범적 판단으로써 상당인과관계설에 바탕하여 책임성립과 배상범위를 함께 처리한다.

(다) 입증책임 채권자는 채무자가 채무내용에 좇은 이행이 없었음을 주장・입증하면 채무자는 채권불이행이 채무자 자신의 귀책사유가 아님을 입증하여야 한다. 따라서 채무불이행의 사유에 채무자의 귀책사유에 바탕함이 추정되나 그 범위에 관하여 다수설・판례는 무제한추정설을 취하여 과실의 추정은 통상 채무불이행에서의 채무자 과실의 추정을 의미하는 것이라고 보며, 불완전이행에서의 확대 손해에 따른 채무자의 과실은 입증책임의 일반원칙에 따라 역시 채무자가 입증하여야 할 것이라고 한다.[20]

(4) 債務不履行의 효과

(가) 주된 급부의무불이행의 효과 민법은 제390조 이하에서는 채무불이행의 효과로서 손해배상의무만을 발생원인과 내용을 중심으로 규정하고, 그밖에 이행강제・계약해제 등을 손해배상책임과 분리하여 규정한다.

(ㄱ) 손해배상책임 : 채무불이행책임의 효과는 손해배상책임의 발생이며 채무자는 원칙적으로 손해배상의무만을 부담한다. 그러나 이 때 발생하는 손해배상청구권은 계약 본래의 효과는 아니며 채무자의 채무불이행으로 인한 계약의 파생적 효과이다. 학설은 손해배상의무의 확정을 위하여 먼저 손해배상책임의 확정을 이론적으로 책임성립단계와 배상범위결정단계로 나누어 고찰한다.

(a) 채무불이행책임에서의 손해는 지연손해와 전보손해로 분류된다. 지연손해는 이행지체에서 채권자가 받은 손해이며, 채권자는 본래 급부와 함께 청구하는 경우에 문제된다. 그러나 전보손해는 급부 자체가 불능인 경우 이행에 갈음한 손해배상으로서 통상 본래급부의 가액배상을 청구하는 것이지만, 경우에 따라서는 지연배상액을 더한 것이 된다.

(b) 채무불이행책임에서의 전보배상은 이행불능의 중심적 효과이지만, 문제는 이행지체의 경우에도 전보배상을 청구할 수 있는가. 학설은 지체 후 이행이 채권자에게 이익이 없는 경우 또는 채권자가 이행을 최고하였으나 그 기간 내 이행을 하지

20) 대판 1985.3.26, 84다카1864.

않는 경우에는 별도의 계약해제 없이 전보배상을 청구할 수 있는 것이라고 한다.

(ㄴ) 이행강제 : 이행지체 또는 불완전이행에서의 완전이행이 가능한 경우에는 그 이행 또는 완전이행을 청구할 수 있고, 채권자가 이를 청구함에도 채무자가 이행하지 않는 경우에는 그 이행을 강제할 수 있다(제389조).

강제이행의 방법은 채무의 성질에 따라 직접강제・대체집행・간접강제로 행사된다.

(ㄷ) 계약해제권 : 채무자가 이행을 지체한 경우 또는 불완전이행의 경우 채권자는 상당한 기간을 정하여 이행을 최고하고 채무자가 그 기간 내 이행하지 않으면 계약을 해제할 수 있다(제544조).

또한, 이행불능의 경우에도 그 불능이 채무자의 귀책사유로 인한 때에는 계약을 해제할 수 있고(제546조), 이때 해제권 행사에는 손해배상청구에 영향을 미치지 않는다(제551조).

(ㄹ) 이행불능과 대상청구권 : 이행불능으로 된 것과 동일한 원인에 의하여 채무자가 목적물의 대상이 되는 이익을 얻은 경우 채무자에 대한 이득반환청구권이며, 민법상 명문 규정이 없으나 채무자의 책임 없는 사유의 배상관계 목적에 적합하고, 또한 채무자의 귀책사유로 이행불능이 된 경우에도 전보배상의 방법으로 적당한 점에서 이를 인정하는데 학설・판례가 일치한다.[21]

(나) 부수의무 위반 또는 불이행의 효과 주된 급부의무 외에 부수의무 위반 또는 불이행이 채무불이행책임을 부담하므로 그 위반 또는 불이행으로 채권자가 받은 불이익에 대하여 손해배상을 청구할 수 있음은 물론이다.

다만, 부수의무 위반 또는 불이행으로 계약해제권도 발생하는가. 판례는 불이행이 있으면 계약목적이 달성되지 않는 채무란 부수의무가 아니고 요소인 채무를 말하는 것이라고 하고, 외관적으로는 부수적 채무라도 그 불이행의 결과 채권자가 실질적으로는 계약의 목적을 달성할 수 없는 경우와 마찬가지인 정도의 불이익을 입게 된 경우 그 채무는 부수적인 것이 아니고 요소인 것으로 보아 해제권 발생이 인정되는 것이라고 한다.[22]

[판례] 매수인이 매도인의 대출금 채무를 인수함과 아울러 매도인이 부담할 양도소득세와 제세공과금을 부담함으로써 매매대금의 지급에 갈음하기로 약정한 경우 이는 매매계약에 부수하는 약정이라기 보다는 내용을 이루는 중요한 요소라고 보아 매수인의 의무지체를 이유로 한 매도인의 계약해제가 적법하다(대판 1993.6.29, 93다19108).

21) 대판 1994.12.9, 94다25025; 판례는 취득시효가 완성된 토지가 수용됨으로써 취득시효완성을 원인으로 하는 소유권이전등기의무가 이행불능이 된 경우에는, 그 소유권이전등기청구권자는 소위 대상청구권의 행사로서 그 토지의 소유자가 그 토지의 대가로서 지급 받은 수용보상금의 반환을 청구할 수 있다고 보아야 할 것이라고 한다.

22) 대판 1993.6.29, 93다19108; 1976.4.27, 74다2151.

2. 債務不履行의 개별적 고찰

(1) 履行遲滯

(가) 이행지체의 의의　이행지체란 채무가 이행기에 있고 또한 이행이 가능함에도 불구하고 채무자의 귀책사유로 채무내용에 따른 이행을 하지 아니하는 경우의 채무불이행을 말한다(제390조).

(나) 이행지체의 요건　채무자의 이행지체가 성립하기 위해서는 다음의 요건을 갖추어야 한다.

(ㄱ) 채무가 이행기에 이행이 가능하고, 이행기를 경과(도과)하였을 것이어야 한다. 채무의 이행기에 관하여는 그 기한의 종류와 성질에 의하여 정하여진다.

(a) 확정기한부채무는 그 확정기한의 경과로 이행지체로 된다. 다만 확정기한부채무지만 그 이행기 전에도 채무자지체로 다루어 질 수 있는가. 예컨대 이행기 전이지만 채무자가 미리 이행거절의 의사를 확고히 표시한 경우에는 이행거절의 의사표시를 한 때로부터 재무자지체로 되는가. 부정할 것이지만 이러한 경우에까지 이행기의 경과를 요할 것은 아니므로 채무자지체는 아니지만 이행불능(주관적 불능)으로 다루어 채권자는 채무불이행의 효력을 주장할 수 있는 것이라고 보며, 판례 또한 동일한 태도를 취한다.[23)]

[판례] 부동산 매도인이 중도금의 수령을 거절하였을 뿐만 아니라 계약을 이행하지 아니할 의사를 명백히 표시한 경우 매수인은 신의성실의 원칙상 소유권이전등기의무 이행기일까지 기다릴 필요 없이 이를 이유로 매매계약을 해제할 수 있다(1993.6.25, 93다11821).

확정기한부채무이지만 지시채권·무기명채권의 채무자는 그 이행에 관하여 기한이 정하여져 있더라도 기한의 도래 후 증서의 소지인이 그 증서를 채무자에 제시하고 이행의 청구한 때로부터 지체로 되고, 추심채무나 이행에 먼저 채권자의 협력을 요하는 때에는 기한의 도래 후 채권자가 채무의 이행을 최고하거나 채무의 이행에 필요한 협력을 제공한 때로부터 지체로 된다.

또한, 쌍무계약상 동시이행의 항변권을 가지는 채무는 그 동시이행의 항변권이 존속하는 한 이행지체로 되지 아니한다(제536조).

(b) 불확정기한부채무는 채무자가 기한의 도래를 안 때로부터 지체책임을 진다(제387조 제1항 후문). 다만 당사자가 불확정한 사실이 발생한 때를 이행기한으로 정한 경우 그 시 사실이 발생한 때에는 물론이나 그 사실의 발생이 불가능한 때에도 이행기한이 도래 한 것으로 보아야 하는가. 판례는 긍정한다.[24)]

---

23) 대판 1993.6.25, 93다11821.

(c) 기한이 없는 채무는 채무자가 이행의 청구를 받은 날로부터 지체책임을 진다(제387조 제2항).

기한의 정함이 없는 채무에서 채권자는 언제나 그 이행을 청구할 수 있고 이행을 최고한 때로부터 지체책임을 진다. 그러나 반환시기의 약정이 없는 소비대차에 있어서의 대주는 상당한 기간을 정하여 최고하여야 하고 이 기간의 경과로 지체책임을 지고(제603조 제2항), 불법행위로 인한 손해배상채무는 불법행위시로부터 지체책임을 지고 별도의 최고를 요하지 아니한다.

(d) 기한의 이익을 상실한 채무는 채권자가 즉시 이행을 청구할 수 있고 이해의 청구로 지체책임을 진다. 다만 정지조건부기한이익상실의 특약을 한 경우에도 채권자의 이행의 청구로 지체로 되는가.

판례는 계약당사자 사이에 일정한 사유가 발생하면 채무자는 기한의 이익을 잃고 채권자의 별도의 의사표시가 없더라도 바로 이행기가 도래한 것과 같은 효과를 발생케 하는 이른바 정지조건부 기한이익상실의 특약을 한 경우에는 그 특약에 정한 기한이익의 상실사유가 발생함과 동시에 기한의 이익을 상실하게 하는 채권자의 의사표시가 없더라도 이행기 도래의 효과가 발생하고, 채무자는 특별한 사정이 없는 한 그때부터 이행지체의 상태에 놓이게 되는 것이라고 한다.[25]

- ① 확정기한이 있는 채무 ― 기간의 경과로 지체책임이 발생
  - ㉠ 지명채권과 무기명채권 ― 소지인이 증서를 제시하여 이행을 청구한 때
  - ㉡ 추심채무 기타 이행에 채권자의 협력을 요하는 경우 ― 채권자가 먼저 협력하여 이행을 최고한 때
  - ㉢ 동시이행의 관계가 성립된 채무 ― 상대방으로부터 이행제공을 받고도 자기채무 이행을 하지 아니한 때
- ② 불확정기한부채무
  - 채무자가 기한의 도래를 안 때(제387조 제1항)
  - 기한의 정함이 없으나 채권자가 최고한 때 ― 최고시
- ③ 기한의 정함이 없는 채무 ― 채권자의 최고시(제387조 제2항)
  - 원 칙 ― 도달한 익일(대판 1988.11.8, 88다3253; 1972.8.22, 72다1066)
  - 예 외
    - ㉠ 반환시기의 정함이 없는 소비대차 ― 상당기간을 정하여 최고하고 최고기간을 경과한 때(제603조 제2항)
    - ㉡ 불법행위에 의한 손해배상채무 ― 불법행위 성립시
- ④ 기한의 이익을 상실한 채무 ― 채권자의 최고가 있는 때

(ㄴ) 채무자가 채무를 이행하지 않는 것이 채무자의 귀책사유에 기인하고 위법한 것이어야 한다. 채무자는 이행지체가 채무자의 책임 없는 사유, 즉 불가항력적 사유

---

24) 대판 2002.3.29, 2001다41766.

25) 대판 1989.9.29, 88다카14663.

로 인한 때에는 이로써 채권자에 항변할 수 있다. 그러나 금전채무의 경우에는 불가항력에 의한 경우에도 이를 항변하지 못한다.

여기서 귀책사유란 채무자의 고의 · 과실을 의미하며, 이행보조자(이행대행자 포함), 법정대리인(유언집행자 포함)의 고의 · 과실을 포함한다(채무이행에 국한 ; 제391조).

(다) 이행지체의 효과

(ㄱ) 이행의 강제와 지연배상의 청구 : 이행지체의 경우에는 원칙적으로 이행이 가능하므로 채권자는 그 이행을 강제할 수 있고, 동시에 그 지체로 생긴 손해(지연배상)의 배상을 청구할 수 있다(제390조 본문). 따라서 채무자는 본래 급부와 함께 지연배상도 아울러 제공하여야 채무내용에 좇은 이행이 된다(제460조 참조).

(ㄴ) 계약해제와 손해배상의 청구 : 계약상 발생한 채무에 이행지체가 있는 경우 일정한 절차를 밟아 계약을 해제할 수 있고(제544조 · 제545조), 또한 계약해제로 손해배상을 청구할 수 있다(제551조).

이행지체로 인한 손해배상청구권은 지연배상이 원칙이지만 이행지체를 원인으로 계약을 해제한 경우에는 이행배상이 된다.

또한, 이행지체의 경우에도 계약의 해제 없이 전보배상을 청구할 수 있는가. 통설은 이행지체 후 채무자의 채무이행이 채권자에 아무런 이익이 없는 때에는 이행불능으로 다루어 계약의 해제 없이 곧 바로 전보배상을 청구할 수 있는 것이라고 하고, 양자의 구별은 신뢰이익의 포함 여부에 있는 것이라고 한다.

(ㄷ) 책임의 가중과 금전채권에의 특례 : 채무자는 지체 후 채무자의 책임 없는 사유에 의한 손해에 대하여도 책임을 진다. 다만 이행기에 이행하였더라도 생겼을 손해에 대하여는 채무자가 이를 입증하면 책임을 면한다. 그러나 금전채무에 있어서는 채권자의 손해발생의 입증책임이 면제된다.

(라) 이행지체의 종료　이행지체는 채권의 소멸, 채권자의 지체면제, 이행의 제공, 지체 후의 이행불능으로 종료한다.

(2) 履行不能

(가) 이행불능의 의의　이행불능이란 채권이 성립한 후 채무자의 책임 있는 사유로 이행이 불능한 경우의 채무불이행이며, 불능한 급부를 목적으로 하는 채권은 급부할 수 없으므로 채권의 침해로 된다(제390조 단서).

(나) 이행불능의 요건　성립된 채무가 채무불이행으로서의 불능이기 위해서는 다음의 요건을 갖추어야 한다

(ㄱ) 채무가 후발적으로 불능일 것이어야 한다.

(a) 불능의 기준에는 견해가 대립하나, 이행불능에서의 불능은 물리적 불능은 물론 거래통념상 불능을 포함한다(다만, 금전채무 제외).[26] 그러나 그 결정의 표준에 대하여 다수설은 원시적 불능과 달리 후발적 불능에서는 객관적·주관적 불능의 구별을 부정하고 사회의 거래일반 또는 경제법칙에 따라 결정할 것이라고 한다. 따라서 타인의 부동산을 양도하여 주기로 한 경우나 그 타인이 물건을 다른 타인에게 양도한 경우에도 불능으로 다루어진다. 그리하여 판례는 부동산의 이중양도는 원칙적으로 불능이 되나, 다만 제1매수인의 소유권이전청구권의 가등기를 한 경우에는 제2매수인이 소유권이전의 등기를 한 경우에도 이행불능은 되지 않는 것이라고 한다.[27]

1) 부동산소유권이전등기의무자가 그 부동산에 관하여 제3자 앞으로 채무담보를 위하여 소유권이전등기를 경료한 경우나 부동산상에 제3자 명의로 가등기를 마쳐준 경우에도 불능으로 다루어지는가. 판례는 부동산소유권이전등기 의무자가 그 부동산에 관하여 제3자 앞으로 비록 채무담보를 위하여 소유권이전등기를 경료하였다고 할지라도 그 의무자가 채무를 변제할 자력이 없는 경우에는 특단의 사정이 없는 한 그 소유권이전등기의무는 이행불능이 되는 것이라고 하나,[28] 가등기를 경료한 경우에는 가등기가 본등기의 순위보전의 효력을 가지는 것에 불과하고, 또한 그 소유권이전등기의무자의 처분권한이 상실되는 것도 아니므로 그 가등기만으로는 소유권이전등기의무가 이행불능이 된다고 할 수 없는 것이라고 한다.[29]

2) 급부가 실제로는 가능하지만 그 이행에 막대한 비용이 소요되는 경우에도 불능으로 다루어지는가. 소위 경제적 불능을 의미하나 절대적 불능은 아니므로 불능은 되지 않고, 다만 그 이행의 청구가 신의칙상 제한되는데 불과한 것이라고 본다.

(b) 이행불능을 정하는 표준은 이행기를 표준으로 정하나 이행기의 도래 전·후를 불문한다. 또한 이행지체 후 이행의 불능은 이행불능으로 취급된다.

(ㄴ) 채무이행의 불능이 채무자에 책임있는 사유에 기인한 것이어야 하고, 위법한 것이어야 한다. 채무자의 고의·과실 및 법정대리인·이행보조자의 고의·과실을 포함하고, 그 입증책임은 귀책사유가 없음을 채무자가 입증하여야 한다. 그러나 이행지체 후 이행불능이 된 때에는 채무자가 자기에게 과실 없는 경우에도 항변하지 못한다(제392조 본문).

(다) 이행불능의 효과

(ㄱ) 전보배상의 청구 : 이행불능의 원칙적 효과는 전보배상의 청구에 있다. 전

26) 대판 1999.7.26, 96다14616; 1991.7.26, 91다8104.
27) 대판 1974.5.28, 73다1133.
28) 대판 1991.7.26, 91다8104.
29) 대판 1993.9.14, 93다12268.

보배상이란 이행에 갈음한 배상이며, 이행지체에서의 손해배상이 지연배상을 원칙으로 하는 것과 구별된다.

다만, 이행불능으로서 손해배상을 전보배상이란 용어를 사용하는 경우에도 그 손해배상의 범위는 제393조의 기준에 따라 개별적으로 정하여지고 또한 구체적 사안에 따라 결정된다.

┌ 전보배상 — 동일성이 유지되는 것으로 본다(이설없음).
└ 채무자의 책임 없는 사유로 인한 이행불능
　┌ 채무자의 책임 면제(제390조 단서)
　└ 쌍무계약의 경우 — 위험부담의 문제

(ㄴ) 계약해제권 : 이행불능으로 인한 손해배상청구는 이행불능의 성질상 계약의 해제 없이 이행에 갈음한 배상을 청구하는 것이다. 그러나 채무자가 계약을 해제하고 손해배상을 청구하는 것을 배척하지 않을 것이라고 보며, 그 실익은 신뢰이익의 포함 여부에 있다.

(ㄷ) 이행불능과 대상청구권 : 이행불능으로 되게 한 것과 동일한 원인에 의하여 채무자가 목적물의 대상이 되는 이익을 얻은 경우 채권자는 채무자에 대하여 그 이익의 상환을 청구할 수 있는가.

제한적긍정설은 명문의 규정이 없는 대상청구권을 일반적으로는 인정할 수 없는 것이라 하고, 민법상 분배조정을 위한 제도(예컨대, 물상대위 · 손해배상자대위 · 변제자대위 등) 또는 제3자의 채권침해, 채권자대위, 위험부담의 법리 등의 법리에도 합리적으로 해결되지 않는 경우 예외적 · 보충적으로 인정할 것이라고 한다.[30] 그러나 다수설은 공평의 이념을 들어 일반적으로 긍정할 것이라고 하고, 판례 또한 「민법에는 이행불능의 효과로서 채권자의 전보배상청구권과 계약해제권 외에 별도로 대상청구권을 규정하고 있지 아니하나 해석상 이를 부정할 이유가 없다」라고 하고,[31] 나아가 판례는 「취득시효가 완성된 토지가 수용됨으로써 취득시효 완성을 원인으로 하는 소유권이전등기의무가 이행불능이 된 경우에는 그 소유권이전등기청구권자는 소위 대상청구권의 행사로서 그 토지의 소유자가 그 토지의 대가로서 지급 받은 수용보상금의 반환을 청구할 수 있다고 보아야 할 것」이라고 하여 일반적으로 인정한다.[32]

[판례] 채무자가 수령하게 되는 보상금이나 그 청구권에 대하여 채권자가 대상청구권을 가지는 경우에도 채권자는 채무자에 대하여 그가 지급 받은 보상금의 반환을 청구하거나 채무자로부터 보상청구권을 양도받아 보상금을 지급 받아야 할 것이나, 어떤 사유로 채권

30) 이은영 58면; 윤철홍, 이행불능에있어서의대상청구권, 고시연구(1991.10) 85면.
31) 대판 1992.5.12, 92다4581; 1996.12.10, 94다43825.
32) 대판 1994.12.9, 94다25025.

자가 직접 자신의 명의로 대상청구의 대상이 되는 보상금을 지급 받았다고 하더라도 이로써 채무자에 대한 관계에서 바로 부당이득이 되는 것은 아니라고 보아야 할 것이다(대판 2002.2.8, 99다23901).

(3) 不完全履行과 적극적 채권침해

(가) 불완전이행의 의의　채무자가 채무의 이행행위를 하였으나 이것이 채무내용에 좇은 완전한 이행이 아닐 뿐만 아니라, 그 하자있는 불완전한 이행으로 인하여 채권자에 손해가 생긴 경우를 말하며, 일명 적극적 채권침해라고도 한다.

(ㄱ) 불완전이행 또는 적극적 채권침해는 이행지체와 이행불능이 적극적 의무에 대한 소극적 위반인데 반하여, 불완전이행을 하지 아니할 소극적 의무에 대한 적극적 위반이나, 그 불완전이행의 본질을 어떻게 볼 것인가.

부수의무위반설은 불완전이행을 확대손해의 배상이라는 측면보다 급부의무 이외 부수의무위반이라 보며, 불완전이행과 적극적 채권침해의 용어를 구별하지 않고 동의어로 보거나(곽윤직 150면). 확대 손해가 발생한 경우를 적극적 채권침해라고 보고 그는 협의의 불완전이행에 속하고 일부지체와 일부불능을 포함한 것이 광의의 불완전이행이라고 한다(김용한 155면, 김주수 120면).

불완전급부설은 불완전이행은 무엇인가 이행행위를 하기는 하였지만 변제의 효과를 가져오기에는 미흡한 상태, 즉 채무자가 외견상의 이행행위를 하였으나 그의 불완전성으로 말미암아 채무내용에 좇은 이행이 되지 못하고 채권자에게 손해를 입힌 경우를 말하는 것이라고 한다(이은영 183면).

절충설은 불완전이행의 실질적 근거를 채권관계의 구성요소인 급부의무·부수적 주의의무·보호의무의 종합적 의무위반, 즉 급부목적물이나 급부행위에 하자가 있거나 또는 이행과 관련하여 주의를 제대로 하지 않음으로서 급부목적물이나 급부결과 또는 그 이외 채권자의 법익에 손해를 발생시킨 경우라고 한다(김형배 252면).

다수설은 부수의무위반설을 취하여 불완전이행 또는 적극적 채권침해는 채무자의 본래 급부의무의 불이행이 아니고 급부의무에 부수하는 주의의무, 즉 넓은 행동의무의 불이행이라고 한다.

예컨대, 甲이 정비업자 乙에게 자동차브레이크 수리를 요구하였는데 乙이 브레이크 수리를 하면서 브레이크 자체가 순 정품이 아닌 것을 사용하였을 뿐만 아니라, 브레이크오일이 부족하다는 것을 발견하고도 이를 甲에게 알려주지 않고 출고하여 사고가 발생한 경우, 브레이크수리의 잘못은 주된 급부의무의 위반이나, 이로 인한 채권자의 신체침해 등은 적극적 채권침해이고, 오일부족의 고지의무 불이행은 넓은 행동의무로서의 부수의무(보호의무) 위반의 적극적 채권침해이다.

(ㄴ) 불완전이행은 채무불이행에 관한 일반조항인 민법 제390조의 「채무내용에 좇은 이행을 하지 아니한 때」에 해당하는 해석상 채무불이행의 한 유형으로서 법률의 보완에 이바지하는 이론이므로 민법상 명문의 규정이 있는 경우에는 적용되지

않는다. 예컨대 종류매매에 있어 특정물에 하자가 있는 경우 그 목적물은 민법 제581조에 의함이 원칙이고, 동조 적용 이외의 경우에 비로소 불완전이행의 이론이 적용된다.

(나) 불완전이행의 요건 불완전이행으로서의 채무불이행이기 위해서는 다음의 요건을 갖추어야 한다.

(ㄱ) 이행행위가 있었을 것이어야 한다. 불완전이행이 되기 위해서는 우선 이행이 있어야 한다. 아무런 이행도 없을 때에는 이행지체나 이행불능은 되지만 불완전이행의 문제는 일어나지 않는다. 즉 불완전이행은 행하여진 이행내용·방법의 문제이다.

(ㄴ) 이행이 불완전할 것이어야 한다. 이행이 불완전하다는 것은 이행이 채무의 내용에 좇지 아니한 것, 즉 채무자가 작위 또는 부작위에 의하여 계약상 의무 일체를 위반하여 불완전한 이행을 하거나, 그 외에 의무이행과 관련한 넓은 주의의무(예컨대, 고지의무·보고의무·비밀유지의무 등) 위반으로 채권자에 손해를 가할 것이어야 한다.

(ㄷ) 채무자의 책임있는 사유에 기인한 것이어야 하고, 위법한 것이어야 한다. 불완전이행이 채무불이행책임으로 성립되기 위하여서는 이행지체 및 이행불능에 있어서와 같이 그것이 채무자에게 책임 있는 사유에 기인한 것이어야 하고, 위법한 것이어야 한다.[33]

또한, 이행보조자의 고의·과실은 적극적 채권침해를 묻지 않고 채무자의 책임에 귀착된다.

[판례] 여러 해 동안 완제품을 생산한 매수인이 부품의 재질에 따라 그 등급과 가격 및 용도에 차이가 있다는 사실을 알면서도 부품의 품질과 성능에 대하여 언급하지 아니한 채 거래관행에 따라 품명과 수량만을 구두로 발주하고 부품을 공급받아 사용하였고, 또한 그 부품에 대하여 매도인이 어떠한 품질과 성능을 보증하였다고 할 수 없는 경우, 부품의 하자가 손해발생의 원인이 되었다고는 볼 수 없다(대판 1997.5.7, 96다39455; 1995.6.30, 95다2616).

(ㄹ) 채권자에게 적극적 손해를 주었을 것이어야 한다. 불완전이행에 따른 적극적 채권침해로서의 채무불이행책임이 성립하기 위해서는 위 요건 외에 채권자에 적극적 손해를 주었어야 한다.

(다) 불완전이행의 효과 불완전이행은 채무의 내용에 좇은 이행이 아니므로 채권자는 이것을 수령하여도 채권은 소멸하지 않고, 또한 기타 청구권을 잃지 않는다.

(ㄱ) 완전이행이 가능한 경우 : 불완전이행이 있는 경우에 아직 완전한 이행이

33) 대판 1997.5.7, 96다39455; 1995.6.30, 95다2616; 판례는 매매목적물의 하자로 인하여 확대손해 내지 2차 손해가 발생하였다는 이유로 매도인에게 그 확대손해에 대한 배상책임을 지우기 위하여서는 채무의 내용으로 된 하자 없는 목적물을 인도하지 못한 의무위반사실 외에 그러한 의무위반에 대하여 매도인에게 귀책사유가 인정될 수 있어야만 하는 것이라고 한다(대판 1997.5.7, 96다39455).

가능한 때에는 채권자는 불완전 급부를 반환하고 완전한 이행을 청구할 수 있음과 동시에 이행지체로 인한 손해배상 및 적극적 채권침해로 인한 손해배상을 청구할 수 있다. 그러나 다시 완전한 급부를 하지 않더라도 그 불완전한 급부를 완전 급부로 할 수 있는 경우에는 신의칙상 추완청구권만 가진다.

(ㄴ) 완전이행이 불가능한 경우 : 이행방법이 불완전하여 채권자에게 적극적 손해를 가하는 동시에 급부의 목적물까지도 멸실시킨 경우 또는 불능은 아니지만 새로운 이행이 채권자에게 아무런 이익을 주지 않는 경우에는 이행불능이 생긴다. 따라서 이 경우에는 적극적 채권침해로 인한 손해배상 및 이행불능으로 인한 전보배상을 청구할 수 있다.

다만, 급부의 일부에 하자가 있는 경우, 하자있는 일부의 급부에 갈음하는 손해배상만을 청구할 것인가, 아니면 전부의 급부에 갈음하는 손해배상을 청구할 수 있는가, 학설은 일부불능에 준하여 잔존 부분만으로 채권의 목적을 달성할 수 있는가 여부에 따라 결정하여야 할 것이다.

(ㄷ) 완전이행이 가능한 경우 채권자는 상당한 기간을 정하여 그 이행을 최고하고 그 기간 내 이행하지 않은 때에는 계약을 해제할 수 있다(제544조). 또한 완전이행이 불능으로 된 때에는 채권자는 최고를 하지 않고 곧 계약을 해제할 수 있다. 이 경우 계약해제권은 신의칙상 상당한 기간 내 행사하여야 한다.

(라) 불완전이행의 인용　채권자가 하자를 발견하였음에도 불구하고 고의 또는 중대한 과실로 이것을 채무자에게 통지하지 않고서 시기를 경과하거나, 또는 채권자가 수령한 하자있는 목적물을 악의로 소비함으로써 채무자가 적당한 기회에 완전한 급부로 추완을 할 수 없게 된 경우에도 채권자가 이행이 불완전하다는 것을 주장하는 것은 권리남용이라고 할 수 있고, 또한 채권자는 채무자에 대한 일방적 의사표시로써 불완전한 이행을 완전한 이행으로 인정할 수 있다.

따라서 이때에는 채권자에게 완전이행청구권뿐만 아니라, 하자의 보수나 손해배상의 청구권도 발생하지 않는다고 해석되며, 이를 이행의 인용이라고 한다.

(4) 債權者遲滯

(가) 채권자지체의 의의　일반적으로 채권자지체(Glaubigerverzug)란 채무이행에 있어서 채권자의 수령 기타 협력을 요하는 경우에 채무자가 채무내용에 좇은 이행의 제공을 하였음에도 불구하고 채권자가 이에 협력하지 않는 것을 말하며, 일명 수령지체라고도 한다.

(나) 채권자지체의 법률적 성질　우리 민법 제400조에서 "채권자지체의 경우 채

권자는 이행의 제공이 있는 때로부터 지체의 책임이 있다." 라고 하고, 다시 민법 제401조 내지 제403조에서 채권자의 일정한 책임을 규정하고 있다. 따라서 채권자지체의 경우 지체책임의 성립에 채권자의 귀책사유를 요하는가. 또한 채권자는 동조의 책임을 부담함은 물론이지만, 그밖에 채무불이행의 책임도 질 것인가.

채권자지체의 본질적 문제이며 종래 다수설은 채권관계에서 채권자와 채무자는 공동의 목적을 향하여 서로 협력하여야 할 협동체를 이루는 것이므로 채권자에게도 신의칙이 요구하는 정도의 법률상 협력의무를 인정하여야 한다는 전제 하에, 채권자지체책임은 이 의무위반의 채무불이행책임이라고 한다.

이에 대하여 유력한 학설은 입법적으로 현행 민법은 구민법과 달리 제401조 내지 제403조에서 채권자지체의 효과를 규정하고 있으며, 그 가운데서도 특히 제403조는 채권자지체와 채권자책임을 규정할 뿐이고 채권자지체로 채무불이행의 책임이 생긴다고 규정하지 않고 있는 점을 들어 채권자수령의무에 의문을 제시하고,[34] 더욱이 채권자지체책임을 채무불이행책임으로 이해하게 되면 채권자의 귀책사유를 요구하게 되므로 채권자가 수령을 지체하고 있는 경우에도 채권자의 귀책사유가 없는 한 채무자는 민법 제401조 내지 제403조의 책임도 묻지 못하게 되어 오히려 채무자에 불리할 뿐만 아니라 채무불이행으로 인한 손해배상청구권과 계약해제권을 인정한다고 하여 추가적 이익이 있는가. 의문을 제기하고 법정책임을 주장하거나,[35] 채무불이행책임설을 따르면서도 이때 채권자가 부담하는 의무는 오히려 수령의무라기 보다 수령의 책무(Obligenheit)로 보아야 할 것이라고 한다.[36]

이에 대한 판례는 명확하지 아니하나 매매의 경우 매수인이 수령을 하지 않아 이행불능이 사례에서 신의성실의 원칙에 따라서 채권자지체의 책임을 인정하고, 또한 임치의 경우는 수치인에 고의 또는 중대한 과실이 없다는 점을 들어 임치인의 지체책임을 인정하고 있다.[37]

(다) 채권자지체의 요건　채권자지체책임의 법률적 성질을 채무불이행책임으로 이해할 경우 채권자지체가 성립하기 위해서는 다음의 요건을 갖추어야 한다.

(ㄱ) 채권의 성질상 이행에 채권자의 협력을 요할 것이어야 한다. 채무자의 이행행위만으로써 이행이 완료되고 채권자의 협력을 요하지 않는 경우(예컨대 부작위채무·의사표시를 하는 채무 등)에는 채권자지체가 생길 여지가 없다.

(ㄴ) 채무내용에 좇은 이행의 제공이 있을 것이어야 한다. 이행제공이 없거나, 이

34) 곽윤직 160면.
35) 이은영 336-368면.
36) 김형배 304면 이하; 정기웅, 채권자지체, 사법행정 1992.9, 45면; 지원림, 민법강의 849면.
37) 대판 1983.11.8, 83다카1476; 1958.5.8, 4290민상372 참조.

행의 제공이 채무내용에 좇은 것이 아닌 때에는 채권자지체가 생기지 않는다. 즉 이행이 주체·객체·장소·기간 등에 있어서 내용에 적합하지 않는 한 채권자는 수령할 의무가 없다.

(ㄷ) 채권자가 수령을 거절하거나 그 수령이 불능할 것이어야 한다. 수령의 거절·불능의 이유는 묻지 않는다. 그러나 이행불능으로 인한 수령불능은 포함되지 않는다.

(ㄹ) 채권자의 수령불능 또는 수령거절이 그의 귀책사유에 기인하고, 위법한 것이어야 한다. 따라서 채권자의 수령거절의 경우에는 당연하지만 수령불능의 경우에는 그 불능사유가 채권자의 귀책사유에 기인하고 또한 위법한 것이어야 한다.

(라) 채권자지체의 효과

(ㄱ) 채무자의 목적물보존의무경감 : 채권자지체 중에는 채무자의 주의의무가 경감되며, 고의 또는 중대한 과실에 대해서만 책임을 진다(제401조 참조). 따라서 채권자지체 중 채무자의 경과실로 인하여 목적물이 멸실·훼손된 때에는 채무자가 채무불이행책임을 부담하지 않고 채권자의 위험부담의 문제로 된다(제401조).

또한, 채권자지체 중 채권이 이자 있는 것이라도 채무자는 그 이자를 지급할 의무가 없다(제402조).

(ㄴ) 채권자의 비용부담 : 채권자지체로 인하여 목적물의 보관 또는 변제의 비용이 증가된 경우 채무자는 그 증가액을 채권자에 청구할 수 있다(제403조).

(ㄷ) 위험부담의 이전 : 민법은 쌍무계약의 위험부담에 관하여 이른바 채무자위험부담주의를 원칙으로 하고 있으나, 채권자지체 후 쌍방의 책임 없는 사유로 이행불능이 된 때에는 채권자가 그 위험을 부담한다.

(ㄹ) 손해배상청구와 계약해제권 : 채권자지체로 손해배상청구권과 계약해제권을 가지는가. 채권자지체의 본질론에 따라 달리한다. 즉 채권자지체를 법정책임으로 보면 배척되나, 채무불이행책임이라고 보면 채무자는 채권자지체로 인한 손해의 배상을 청구할 수 있고, 또한 계약의 유형이 매매·도급·임대차 등으로서 수령이 가능한 경우에는 채무자는 그 수령을 최고하고 그 기간 내에 수령하지 않으면 계약을 해제할 수 있다(제544조).

- 법정책임설 — 민법 제301조 내지 제303조 책임
  - 채무자 경과실에 의한 목적물멸실·훼손 — 채무자책임 면책(채권자위험부담)
  - 지체 후 목적물의 보관 및 변제증가비용 — 채권자 부담
- 채무불이행책임설 — 민법 제301조 내지 제303조 책임 + 채무불이행책임 (손해배상청구권·계약해제권)

3. 債務不履行에 대한 구제

(1) 채 무 = 채무 + 책임
(2) 책 임 = 채무이행의 법률적 확보(집행력 · 공취력)
(3) 채무이행의 궁극적 구제제도 = 강제이행 + 손해배상청구

채무이행을 법률적으로 확보하는 것이 책임이므로 채무불이행의 구제는 결국 책임의 종류 및 그 실현하는 방법의 문제로 된다.

채무자의 인격책임이 인정되었던 고대에는 채무불이행에 대한 책임은 매우 가혹한 것이었으나 인격책임을 배척하고 재산적 책임을 인정한 현대법에서는 결국 채무불이행에 대한 구제방법은 강제이행과 손해배상책임으로 귀착된다.

여기서 강제이행이란 채권의 본래 내용을 강제적으로 실현하는 작용이며, 채권의 목적에 가장 적합한 실현 작용이다. 그러나 강제이행이 채무의 성질상 허용되지 않는 경우에는 결국 손해배상을 청구하게 되고, 이를 채무자가 스스로 이행하지 않는 경우에는 종국적으로 강제이행으로 귀착된다.

(1) 强制履行

(가) 강제이행의 의의와 방법　강제이행이란 채무자가 채무의 이행이 가능함에도 불구하고 임의로 이행하지 않는 경우 채권자는 국가권력에 의하여 그 이행을 강제하는 것으로 일명 현실적 이행의 강제라고도 한다.

채무이행으로서 강제이행을 규정한 것은 현행 민법이 채권자에 자력구제를 인정하지 않는 반면, 채권의 실효를 확보하기 위함에 있고, 다음의 방법에 의한다.

(ㄱ) 직접강제 : 직접강제는 채무자의 의사 여하에 불구하고 국가기관(법원)에 의하여 직접 채권의 내용을 실현하는 방법이다.

직접강제는 채권의 실행으로서 가장 효과적일 뿐만 아니라, 채무자의 적극적 협력을 필요로 하지 않는 까닭에 채무자의 신체나 의사에 대하여 직접 압박을 주는 일이 없으므로 인격존중의 이상에도 적합하다. 그러나 이 방법은 이른바 주는 채무에 있어서만 효과적일 뿐, 하는 채무에는 적당하지 못하다.

(ㄴ) 대체집행 : 대체집행은 채무자로부터 비용을 추심하여 이 비용으로 채권자 또는 제3자로 하여금 채무자에 갈음하여 채권의 내용을 실현케 하는 방법이다.

대체집행은 물건의 인도 이외에 채무자의 행위를 목적으로 하는 채권으로써 제3자가 채무자에 갈음하여 이행하더라도 채권의 목적을 달성할 수 있는 경우, 즉 대체적 급부의무에 있어서는 적당하나 채무자 자신의 행위에 의하지 않고서는 채권의

내용을 실현할 수 없는 경우, 즉 부대체적 급부의무에서는 적당하지 못하다.

(ㄷ) 간접강제 : 간접강제는 채무자에게 손해배상을 과하거나 벌금 또는 채무자를 구금하는 등의 수단으로 심리적 압박을 가하여 채무자로 하여금 채무를 이행케 하는 방법이다. 예컨대 물건의 제작을 목적으로 하는 채권에 있어서 일정한 기간 내 이행하지 않으면 그 지체기간에 따라 손해배상을 명하는 것이 이것이며, 채무자 자신이 하지 않으면 그 목적을 달성할 수 없는 부대체적 급부의무에 효과적이다. 그러나 민법에는 이를 규정하지 않고 민사집행법에서 규정한다.

(나) 강제이행의 순서 민법 제389조 제1항은 "채무자가 임의로 채무를 이행하지 아니한 때에는 채권자는 그 강제이행을 법원에 청구할 수 있다. 그러나 채무의 성질이 강제이행을 하지 못할 것인 때에는 그러하지 아니한다." 라고 하고, 동조 제2항은 "전항의 의무가 법률행위를 목적으로 한 때에는 채무자의 의사표시에 갈음할 재판을 청구할 수 있고 채무자의 일신에 전속하지 아니한 행위를 목적으로 한 때에는 채무자의 비용으로 제3자에게 이를 하게 할 것을 법원에 청구할 수 있다." 라고 하였다. 여기에서 동조 제1항이 말하는 강제이행이란 무엇을 말하는가.

동조 규정의 해석에 대하여 학설·판례가 일치하여 민법 제389조 제2항 후단이 「채무자의 일신에 전속하지 아니한 작위를 목적으로 한 때」라 하여 이른바 대체적 급부의무에 있어서의 강제이행방법인 대체집행에 관하여 규정한 것으로 미루어 보아 동조 제1항에서 강제이행이란 직접강제를 말하는 것으로 본다. 따라서 동조 규정에 의한 강제이행의 순위는 결국 직접강제·대체집행·간접강제로 된다.

(ㄱ) 직접강제와 대체집행의 행사범위 : 직접강제가 허용되는 채무에는 대체집행 또는 간접강제는 허용되지 않는다. 왜냐하면 직접강제가 가능한 경우에 다른 강제집행의 방법을 아울러 인정한다는 것은 소송경제상으로 부당할 뿐만 아니라, 채무자의 인격존중이라는 이상에 직접강제가 가장 알맞은 방법이기 때문이다.

직접강제가 가능한 주는 채무에는 대체집행은 허용되지 않는다. 민법 제389조 제1항과의 관계에서 보면 대체집행을 할 수 있는 것은 그 외 이른바 하는 채무이며, 그 가운데서 제3자가 갈음해서 하여도 채권의 목적을 달성할 수 있는 대체적 작위채무에 한한다.

(ㄴ) 대체집행과 간접강제의 관계 : 대체집행은 간접강제를 할 수 없는 채무에 있어서만 허용되므로 직접강제와는 문제될 것이 없다. 다만 간접강제와 대체집행을 할 수 있는 채무에는 대체집행만을 할 수 있을 뿐이고, 간접강제는 허용되지 않는다. 이렇게 해석하는 것이 채무자의 인격존중이라는 이상에도 부합하며, 간접강제를 대체집행이 허용되지 않는 부대체적 급부의무를 인정하는 것으로 해석해 왔던 연혁

에도 합치하기 때문이다.

(다) 강제이행과 손해배상의 관계 이상의 강제이행의 여러 방법에 의하더라도 여전히 손해가 잔존하는 경우(예컨대 이행지체로 인한 손해 등)에는 그 손해의 배상을 청구할 수 있다. 즉 이행의 강제와 손해배상은 별개의 것으로서 일방의 청구가 타방의 청구를 배척하는 것이 아니다.

⑵ 損害의 賠償

- 실배상주의(독일) — 상당인과관계설에 의한 완전배상주의(고의 · 과실을 불문)
- 예현주의(프랑스)
  - 고의 — 예견가능성 여부를 불문
  - 과실 — 예견할 수 있었던 손해에 국한

(가) 손해와 손해의 배상 손해란 법익에 관하여 받은 불이익을 말하며, 그 손해의 산정에는 현실적 손해설과 차액설이 있다.

통설 · 판례는 원래 손해는 재산적 손해라는 점에서 차액설을 취한다. 따라서 채무불이행으로 인한 손해란 채무이행이 있었더라면 있었어야 할 이익상태와 채무가 이행되지 아니함으로 존재한 현재 이익상태와의 차액을 말한다.[38]

또한, 손해의 배상이란 채무불이행 또는 불법행위로 인하여 발생한 손해를 전보하여 손해가 발생하지 않았던 상태로 회복하는 것을 말하며, 적극적 · 소극적 손해, 물질적 손해를 불문한다.

다만, 채무불이행으로 인한 손해에는 정신적 손해, 즉 위자료를 포함하는가. 정신적 손해에 관하여는 불법행위법의 일반규정으로서 민법 제751조와 제752조에서 규정하고 있으므로 이를 채무불이행에도 준용할 것인가와 관련하여 문제된다.

소극설은 이를 일반적으로 긍정하게 되면 계약법과 불법행위법의 책임 체계를 붕괴시킬 염려가 있다는 점에서 부정할 것이라고 하나,[39] 통설은 채무불이행과 불법행위는 동일한 제도적 기능을 가지는 것이어서 정신적 손해에 대하여 양자를 달리하여야 할 이유가 없는 것이라 하여 긍정한다. 그러나 판례는 민법 제752조 의 일반적 적용을 부정하고 채무불이행으로 인한 피침해이익이 재산일 경우에는 재산적 손해를 전보하면 정신적 고통 또는 불이익도 전보되는 것이라고 볼 수 있을 것이므로, 정신적 손해로 인정되기 위해서는 원칙적으로 그와 별개로 채권자의 생명 · 신체 · 자유 · 명예 등의 인격적 이익이 침해되는 경우이어서 그 손해는 특별손해에 해당하고 채무자가 이를 알고 있었거나 알 수 있었을 경우에만 청구할 수 있는 것이라고 한다.[40]

38) 대판 1992.6.13, 91다33070.
39) 조규창, 소유권과위자료청구권, 고려대학교판례연구(1986) 135면 이하.

(나) 손해배상청구

(ㄱ) 배상의 발생 : 채무불이행으로 인한 손해배상을 청구할 수 있기 위해서는 채무불이행으로 인한 손해가 현실적으로 발생하고 있었어야 하고, 그 여부는 사회통념에 비추어 객관적이고 합리적으로 판단하여야 한다.

[판례] 채무불이행으로 인하여 배상하여야 할 손해는 현실로 입은 확실한 손해에 한하므로 채무불이행으로 인하여 채권자가 제3자에 대하여 채무를 부담하게 된 경우 채권자가 채무자에게 제3자에 대한 채무액과 동일한 금액을 손해배상금으로 청구하기 위하여서는 채무의 부담이 현실적·확정적이어서 손해가 현실적으로 발생하였다고 볼 것인가 여부는 사회통념에 비추어 객관적이고 합리적으로 판단하여야 한다(대판 2001.7.13, 2001다22833).

(ㄴ) 손해배상청구권의 성질 : 손해배상청구권은 본래채권의 확장(지연배상) 내지 내용의 변경(전보배상)이며, 본래채권과 동일성·부종성을 가진다. 따라서 본래채권상에 성립한 동시이행의 채무는 손해배상청구권과 관계에서도 유지되고, 또한 본래채권상 성립한 담보는 그 손해배상청구권에도 미치고(제334조 제360조 제429조), 본래채권의 양도로 손해배상청구권도 양도되며(부종성), 그 시효기간도 본래채권의 성질에 따라 결정된다(제264조).

(다) 손해배상의 범위

(ㄱ) 배상손해의 책임귀속에 관한 학설 : 채무불이행으로 인한 채무자가 부담할 손해배상의 범위결정에 관하여 종래 이래 통설은 상당인과관계론에 바탕하며 이들 중 절충적상당인과관계론에 의한다. 그러나 입법례에 따라서는 종래 인과관계이론을 획일적으로 적용함으로써 오는 결점을 보완하기 위하여 특히 일본에서는 보호범위설을 주장하여 그 손해배상의 범위는 인과관계와 관계없이 손해배상의 범위를 결정해야 한다고 하고 또한 독일에서는 규범목적설에 입각한 공평의 원칙에 따른 손해배상을 판시하고 있다. 이와 같은 추세에 따라 최근 우리나라에서도 민법 제393조를 독일과는 달리 영·미법의 제한배상주의를 본받은 일본민법을 답습한 것이라고 주장하고, 그 결과 독일과 같이 완전배상주의에서 나온 상당인과관계설로 해석할 수 없으므로 독일과 같이 인과관계론에 다시 보호규범론을 채용하거나 아니면 예현가능성에 따른 독자적인 이론을 취할 것이란 견해 등이 대두되고 있다.

규범목적설은 상당인과관계설이 채무와 이행이라는 원인사실과 손해와의 사이에 상당인과관계가 있는 사항과 채무불이행 또는 원인사실이 있을 때의 사정도 함께 고려함으로써 통상손해는 채무자의 예견가능성을 불문하나, 특별손해는 상당인과관계를 불문하게 된다고 한다. 즉 채무불이행에 의한 채무자에 의해 배상될 손해범위결정기준은 사실적 개연성, 즉 예견가능성과 무관한 책임귀속과 책임제한의 문제로서 법률상·계약상 모든 의무

---

40) 대판 2000.11.24, 2000다38718·38725; 1971.2.9, 70다2826; 1970.3.31, 69다2016.

는 어떤 특정이익을 보호하는데 기여한다고 보며, 손해배상법은 이 보호되는 이익(보호이익)에 대하여 가하여진 손해에 대한 책임을 가해자에 귀속시키는 것이라 한다. 따라서 구체적으로 어떤 이익이 보호되는 이익인가는 보호규범의 의미나 목적에 따라서 정해야 하므로 손해범위 결정은 곧 규범목적을 파악하는 것이라고 한다.

보호범위설은 종래 인과관계로 처리될 문제가 사실적 인과관계·보호범위·손해의 금전적 평가라는 3가지의 분석도구개념으로 구별되어야 하고 민법 제393조는 그 중 보호범위를 정한 것으로(특히 보호범위와 손해의 금전적 평가는 별개의 문제, 즉 손해란 손해액을 의미하는 것이 아니여서 손해의 금전적 평가는 제393조의 문제가 아니라 한다) 보호의 범위는 사실적 인과관계(선행사실과 후행 사실의 자연적 인과관계)의 존재와 그 손해배상의 타당성에 의하여 판단(법관의 정책적 판단)되어야 하는 것이라고 한다.

위험성관련설은 상당인과관계설은 침해된 규범이 규정하고 있는 유책성과 위법성의 내용, 행위의 위험성 등을 고려하지 아니하므로 책임귀속론으로는 적합하지 않다고 하고 배상의 범위 결정에 있어 발생한 손해를 "1차 손해와 후속 손해"로 분류하고, 1차 손해는 언제나 배상하여야 하지만 후속손해는 그 1차 손해와 사이에 위험성 관련이 있는 경우에만 배상시키는 것으로 결정할 것이라고 한다(즉, 1차 손해는 침해원인행위와 사이에 인과관계가 존재하는 것을 말하고, 후속 손해는 직접 침해된 원인행위에 의하여 야기된 것이 아니라 1차 손해에 의해 후속적으로 조건지어진 것이므로 양자는 반드시 구별하여 효과를 달리하여야 한다고 한다). 그리하여 민법 제393조제1항의 통상손해는 어떤 사정에 관한 채무자의 인식가능성을 문제로 함이 없이 위험성관련이 인정되는 손해를, 제2항의 특별손해는 어떤 사정에 관하여 채무자의 인식가능성이 있을 때 비로소 위험성 관련을 인정한 손해라고 한다(김형배 274면 이하).

예현가능성설은 채무불이행에 관한 손해배상범위 결정에 대한 우리 민법 제390조는 영·미판례의 태도를 채용한 일본민법 규정을 답습한 것으로서 완전배상주의 이론에 입각한 독일민법상 상당인과관계 이론과는 태도를 달리하는 것으로서 인과관계론에 의하여 정할 수 없고 인과관계론에 의하여 손해배상의 범위를 차단한 경우에도 다시 그 배상의 범위를 통상 또는 채무자가 예견할 수 있었던 범위(특별손해)에서 그 배상액을 산정해야 할 것이라고 한다.

이상과 같은 논의의 대두는 결국 우리 민법은 독일의 인과관계론에 바탕한 완전배상주의와 달리 제한배상주의의 태도를 취하고 있음에도 불구하고 무비판적으로 독일의 인과관계론만 답습하고 있을 뿐만 아니라, 오늘날 독일의 판례·학설은 완전배상주의를 수정하고 인과관계론에 병행하여 그 보호법익의 규범목적을 파악하여 책임귀속을 정할 것으로 전환하고 있음을 간과하고 있음을 지적하고 우리 민법상 손해배상의 책임법리에 관하여도 독일의 보호규범목적을 보완적으로 적용하거나,[41] 독자적인 영·미 판례제도를 채용한 예견가능성 체계에 따라 배상책임의 범위를 정할 것이라고 한다. 그리하여 규범목적설은 먼저 상당인과관계로서 책임의 원인과 범위를 정하는 것은 그 책임결정이 획일적이고 도식적이어서 개별성·구체성을 결여하므로 여기에 다시 한번 규범목적설로서 책임을 제한하는 상호보완적 적

41) 이종복, 일반조항 불법행위법에 의한 손해배상책임의 제한, 사법행정 1988.10, 22-23면.

용방법을 제안한다. 즉 배상책임의 범위 결정은 인과관계론에 의하여 정하고 그 구체적인 책임귀속의 결정은 보호규범에 의하여 정할 것이라고 한다.

이에 대한 비판으로 규범목적에 관하여 손해배상의 책임귀속에서는 그 근거가 되는 규범의 보호목적과 보호범위가 기초가 되지만 배상범위 확정에 있어서는 규범목적만으로는 충분하지 않다고 하거나,[42] 또한 독일민법 제823조 제2항의 보호법규위반의 구성요건에 해당하는 불법행위에 관하여 그 보호법규가 보호목적을 배상범위 결정으로 하고 있지만 우리 민법하의 채무불이행법이나 불법행위법은 이와 같은 요건을 규정하지 않고 일반조항주의를 취하고 있으므로 독일의 이론을 그대로 받아들이기는 어렵고,[43] 위험성관련성설 역시 그 구분이 어려울 뿐만 아니라, 원인행위와 조건관계에 있는 여러 가지의 손해를 구분하여 1차 손해와 후속손해, 배상의 범위에서 제외되는 손해를 구분하는 것은 현실적으로 불가능할 뿐만 아니라, 민법 제393조는 배상범위 결정의 기초단계인데도 1차 손해배상문제를 배상범위결정에서 제외하는 것은 옳지 않고, 또한 채무불이행의 모든 유형, 과실의 불법행위, 위험책임 등 모든 손해배상문제에 공통하여 하나의 위험성관련이란 판단기준을 사용하는 것은 결국 「상당성」과 같은 추상적 개념이 된다고 한다.[44]

더욱, 규범목적설이나 위험성관연설이 인과의 연속이 전혀 없는 손해에 대하여 규범목적이나 위험성관련의 존재만으로 배상책임을 인정하는 것은 결코 아니며, 이들의 이론도 인과연속의 손해 중에서 규범목적이나 위험성관련의 가치기준을 갖고 적정한 배상의 범위를 인과관계로 한정시키는 역할을 하며, 그 가치기준이 다를 뿐이지 역할에는 차이가 없으며 또한 이와 같은 주장은 상당인과관계설에서도 그 상당성을 풍부히 함으로써 흡수할 수 있다고 한다. 그리하여 우리 민법 제393조와 상당인과관계설에 관하여 다수설은 제1항이 상당인과관계의 원칙을 선언한 것이고, 제2항이 그 기초로 하여야 할 특별사정의 범위를 규정한 것이라고 봄은 타당한 것이라고 한다.

다시 말하여, 민법 제393조는 채무불이행의 경우 그 불이행과 손해와 사이의 인과관계를 규정한 것이며, 상당인과관계설 중 절충설에 의거한 것, 즉 제1항은 상당인과관계의 원칙을, 제2항은 절충설의 입장에서 고찰대상으로 삼는 사정의 범위를 규정한 것이라고 한다.

(ㄴ) 절충적상당인과관계설에 의한 손해배상의 범위 : 손해배상은 손해전보를 그

42) 김형배, 288-289면.
43) 이은영 256면.
44) 이은영 256-8면.

목적으로 하므로 손해배상의 범위는 손해의 범위에 한하여 정하여진다. 그리고 배상하여야 할 손해의 범위는 채무불이행과 원인·결과의 관계, 즉 인과관계가 있는 손해에 한정된다.

상당인과관계론에 의할 때 그 손해배상 범위는 다음의 특징으로 요약된다.

(1) 배상의 범위와 손해의 범위는 일치한다. 따라서 채무자의 채무불이행으로 인하여 배상하여야 할 「손해의 범위」는 채무불이행과 인과관계에 있는 모든 손해이다.

(2) 손해의 범위는 인과관계에 의하여 결정되며, 따라서 손해배상의 범위결정문제를 「손해의 범위 결정의 문제」와 동일시한다. 그러므로 배상의 범위결정은 결국 인과관계의 판정과 같은 문제로 다룬다.

(3) 인과관계론에 의한 손해의 배상은 완전배상주의에 바탕한다. 즉 배상하여야 할 손해의 범위는 채무불이행과 원인·결과와의 인과관계에 있는 모든 손해의 배상이 된다.

손해에 대한 인과관계의 범위를 어떻게 정할 것인가. 통설은 채무불이행 당시 통상인이 알 수 있었던 사정과 채무자가 특별히 알고 있었던 사정을 함께 고려하여 그 대상으로 하여야 할 것이라 한다. 즉 절충적 상당인과관계설을 취하며, 그 손해배상의 범위는 통상의 손해와 특별손해에 미친다.

(a) 통상손해란 사회일반의 통념상 그와 같은 채무불이행이 있으면 보통 발생할 것이라고 인정되는 손해, 즉 채무불이행과 상당인과관계에 있는 손해이며, 채무자의 예견 유무를 묻지 않는다. 따라서 채권자는 채무불이행이 있었다는 것과 관계에서 보통 생길 손해액을 입증함으로 족하다.

[판례] 토지의 매매계약이 매수인 측의 귀책사유로 해제되는 경우에 매도인 측이 입은 통상의 손해액은 그 계약이 해제되지 아니하고 이행된 경우에 매도인이 얻게되는 경제적 이익과 계약이 해제된 경우에 매도인에게 남아있는 경제적 이익의 차액이라고 할 것이고, 이 사건에서와 같이 매매계약이 해제된 후에 매도인이 제3자에게 그 매매목적물을 다시 매도한 경우라면 제3자의 매도가격이 시가에 비추어 현저히 저렴하게 책정된 것이라는 등의 특별한 사정이 없는 한 매도인이 당초의 매매계약에 의하여 취득할 것으로 예상되었던 매매대금과 제3자와의 사이에 매매계약에 의하여 취득하게 되는 매매대금과의 차액에 당초의 매매대금의 취득예정시가로부터 후의 매매대금의 취득시까지의 기간 동안의 당초 매매대금에 대한 법정이율에 의한 이자상당액을 합한 금액이다(대판 2001.11.30, 2001다15432).

(b) 특별한 사정으로 인한 손해, 즉 특별손해란 당사자 사이에 개별적·구체적 사정으로 인한 손해이며, 그 특별한 사정에 관하여는 채무자의 예견가능성, 즉 채무자가 그 사정을 알았거나 알 수 있었던 손해에 대하여만 책임을 부담한다.

여기서 채무자가 「그 사정을 알았거나 알 수 있었을 때」란 원인된 사정에 관한 것이고, 그 결과인 손해를 의미하지 않는다.[45]

---

45) 대판 2002.10.25, 2002다23598.

또한, 채무자가 알았거나 알 수 있었음을 결정하는 시기는 채권의 성립시가 아니라 채무불이행시를 표준으로 하며, 그 입증책임은 채권자에 있다.

[판례] 채무불이행자 또는 불법행위자는 특별한 사정의 존재를 알거나 알 수 있었으면 그러한 특별사정으로 인한 손해를 배상하여야 할 의무가 있는 것이고 그러한 특별사정에 의하여 발생한 손해의 액수까지 알거나 알 수 있었어야 하는 것은 아니다(대판 2002.10.25, 2002다23598).

(ㄷ) 손해배상액산정의 시기와 장소 : 채무불이행과 상당인과관계에 있는 손해를 어느 시점을 기준으로 해서 배상할 것인가. 특히 채권자가 전매 기타 처분을 목적으로 물건을 매수하고 채무불이행이 있은 후 경제사정의 변동이 있은 경우 채권자는 어느 때를 표준으로 하여 손해액을 산정할 것인가.

학설은 원래 손해배상청구권은 그 발생과 동시에 내용이 결정되어 변제기가 도래하게 되어 손해배상액이 확정되고, 그 후 손해는 배상금에 대한 지연이자만이 추가됨이 원칙이란 점에서 채무불이행시설을 취할 것이나, 인체침해의 일실이익 산정에서는 청구권발생 이후 피해자의 승진, 동 직종에 대한 임금의 상승 등으로 사고발생시를 기준으로 해서 산정하는 것이 피해자에게 매우 불리하게 될 때에는 사실심 변론종결시를 기준으로 배상액을 산정할 것이라고 한다.

이에 대하여 판례는 통상 손해액의 산정을 사실심 변론종결시를 기준으로 산정한 것도 있으나,[46] 대체로는 이행불능의 전보배상에는 채무이행이 불능으로 된 당시의 시가에 의하며,[47] 그 후 시가 앙등에 의한 손해는 특수한 사정에 해당하므로 채무자가 예견 가능한 경우에만 앙등가격으로 배상하고, 이행지체의 전보배상에는 채권자의 본래 의무이행의 최고시로부터 상당기간이 경과한 후 시가라고 하고, 그 후의 물가상승은 특별사정에 의한 손해라고 한다.[48]

(ㄹ) 손해배상가액의 산정 : 손해배상액의 산정으로서 재산적 손해는 통상 가격을 표준으로 정하고 특별가격 및 감정가격은 그것이 생기게 된 특별한 사정에 관하여 채무자가 알았거나 알 수 있었던 경우에만 배상책임을 진다(제393조 제2항). 그러나 비재산적 손해는 이를 직접 금전으로 평가한다는 것이 불가능하다. 그러므로 이에 대한 실제에서는 배상권리자가 정당하다고 생각하는 액을 청구케 하고, 그 범위 안에서 피해자의 사회적 지위, 정신적 고통의 정도, 당사자 쌍방의 자산, 채무불이행의 동기 등을 고려하여 법원이 재량으로 판정하게 된다.

---

46) 대판 1969.5.13, 68다7126.
47) 대판 1967.7.4, 67다836.
48) 대판 1967.6.13, 66다1842.

(ㅁ) 손해배상범위에 관한 특수문제

(a) 손익상계(損益相計) : 손익상계란 채무불이행으로 손해를 입은 자가 같은 원인에 의하여 이익도 있는 때에는 그 손해에서 그 이익을 공제한 잔액을 배상할 손해로 하여야 한다는 것을 말하며, 민법은 이를 규정하고 있지 않지만, 손해배상은 실제로 생긴 손해의 전보를 목적으로 하는 것이므로 채무불이행으로 인하여 채권자에게 손해가 생김과 동시에 이익도 생긴 경우에는 채무불이행과 상당인과관계에 있는 이상 그 배상할 액에서 이익의 액을 공제해야 하는 것이라고 하여 이를 인정한다.

(b) 과실상계(過失相計) : 민법상 과실상계란 채무불이행의 성립 또는 손해발생에 관하여 채권자도 과실이 있을 경우, 법원이 손해배상책임의 유무·범위를 정함에 있어 배상권리자의 과실을 참작하는 것을 말한다. 따라서 손해배상액 결정에 있어서의 과실상계는 민법상 상계와는 달리 상대방 과실의 참작을 의미하므로 그 적용상 반드시 쌍방 과실의 대소, 원인의 강약 등을 미리 확정하여 그 비율을 정하여야 하는 것은 아니다.

과실상계는 손해배상액을 예정한 경우도 적용되는가. 손해배상액의 예정의 본질에서 배척할 것이라고 본다.

또한, 과실상계는 채무불이행으로 인한 손해배상책임에 관하여만 적용되고 채무내용에 따른 본래의미의 급부를 청구하는 경우에는 적용되지 아니한다.[49)]

[판례] 과실상계는 원칙적으로 채무불이행 내지 불법행위로 인한 손해배상책임에 대하여 인정되는 것이지 채무내용에 따른 본래 급부의 이행을 구하는 경우에 적용될 것은 아니므로, 예금주가 인장관리를 다소 소홀히 하였거나 입·출금 내역을 조회하여 보지 않음으로써 금융기관 직원의 불법행위가 용이하게 된 사정이 있다고 할지라도 정기예탁금 계약에 기한 정기예탁금 반환청구사건에 있어서는 그러한 사정을 들어 금융기관의 채무액을 감경하거나 과실상계할 수 없다(대판 2001.2.9, 99다48801).

(3) 損害賠償額의 예정

(가) 손해배상액예정의 의의　손해배상액의 예정이란 채무불이행의 경우 채무자가 지급하여야 할 배상액을 미리 정하여 둠을 내용으로 하는 채권자와 채무자 사이의 계약을 말한다(제398조 제1항).

손해배상액을 예정하는 목적은 채권자가 채무불이행으로 인한 손해배상을 청구하려면 손해의 발생과 그 액을 입증하여야 하나, 그 입증이 용이하지 않고 또한 이로 말미암아 당사자 사이에 다툼이 생길 염려가 있으므로 그러한 입증의 곤란을 배제하고 다툼을 예방하여 손해배상의 법률관계를 간편히 하려는데 있다.

---

49) 대판 2001.2.9, 99다48801; 2000.4.7, 99다57742; 1999.2.5, 97다34822.

(ㄱ) 손해배상액의 예정의 본질을 어떻게 파악할 것인가. 즉 손해배상액의 예정에는 배상액을 예정한 것은 물론이나 이것에 국한하지 않고 배상책임도 예정한 것인가. 양설의 구별은 이행기에 채무이행이 없는 경우 손해배상의 책임과 배상액을 예정한 것이란 견해에 의하면 그 사실만으로 당연히 예정배상액을 청구할 수 있으나, 손해배상액만을 예정한 것이라고 보는 견해에 의하면 채무자가 자기의 귀책사유에 기하지 아니함을 입증하면 예정배상액을 청구하지 못하게 된다.

다수설은 민법이 배상액의 예정이라고 한 점에서 손해배상액만을 예정한 것이라고 하고, 판례는 명확하지 아니하나 매매계약 당시 매수인들이 대금을 납부지정일까지 납부하지 아니할 경우 그 채납액에 대하여 연채료를 가산하여 지급하기로 한 연체료 약정은 일종의 지연배상에 대한 예정으로서 이행지체의 책임이 발생할 때 비로소 그 지급의무가 발생하는 것[50]이라고 하면서도 그 손해의 발생에 관한 입증책임을 배척한다.[51]

[판례] 민법 제398조에서 손해배상액의 예정에 관하여 규정한 목적은 손해의 발생사실과 손해액에 대한 입증의 곤란을 덜고 분쟁의 발생을 미리 방지하여 법률관계를 쉽게 해결할 뿐 아니라 채무자에게 심리적 경고를 함으로써 채무의 이행을 확보하려는 것이고, 한편 제2항에 규정된 손해배상 예정액의 감액제도는 국가가 계약 당사자들 사이의 실질적 불평등을 제거하고 공정을 보장하기 위하여 계약의 내용에 간섭한다는 데에 그 취지가 있다(대판 1993.4.23, 92다41719).

(ㄴ) 손해배상액의 예정은 채무불이행을 정지조건으로 하는 조건부계약이며, 본래 채권관계에 종된 계약이다. 또한 손해배상액 예정의 방법은 금전으로 하는 것이 보통이지만, 물건·노무제공 또는 원상회복으로 하는 수도 있다. 그러나 금전으로 예정한 것이 아닌 것은 동조 규정을 준용(제398조 제5항에 의한 제1항 내지 제4항의 준용)하게 하고 있으므로, 이것은 본래 손해배상액의 예정과는 다르다.

(나) 손해배상액 예정의 성립요건 손해배상의 예정으로서 의미를 갖기 위해서는 다음의 요건을 갖추어야 한다.

(ㄱ) 채권이 존재하여야 한다. 현존 채권은 물론 장래채권을 포함하며, 그 채권에 대하여는 아무런 제한이 없다.

(ㄴ) 채무불이행 전의 약정일 것이어야 한다. 손해배상액의 예정은 채권발생과 동시에 하여야 하는 것은 아니지만, 적어도 채무불이행이 발생하기 전에 할 것이어야 한다. 따라서 이미 채무불이행이 발생한 후 당사자 사이에 배상액을 약정하는 것은 여기서 말하는 배상액의 예정이 아니고, 발생한 손해배상액의 약정을 의미한다.

50) 대판 1997.7.25, 97다5541.
51) 대판 2000.12.8, 2000다50350; 1993.4.23, 92다41719; 1991.1.11, 90다8053.

(ㄷ) 예정배상액은 금전으로 하는 것이 보통이나, 금전이 아닌 것으로써 손해배상에 충당하는 취지로 예정한 때에는 제398조 제1항 내지 제4항이 준용된다.

(ㄹ) 손해배상액의 예정은 자유로이 할 수 있으나 법률의 규정에 의하여 이를 금지하고 있는 경우, 예컨대 근로계약상 불이행에 대한 손해배상에는 금지된다(근로기준법 제24조 · 제111조).

(다) 손해배상액예정의 효과

(ㄱ) 예정배상액의 청구 : 손해배상액의 예정을 한 경우에는 채권자는 채무불이행의 사실을 증명하면 손해발생의 입증 없이 예정배상액을 청구할 수 있다. 따라서 채무자는 손해의 불발생 또는 실제의 손해액이 예정액보다 적다는 것 등을 증명하더라도 책임을 면하거나 감액을 청구하지 못한다.

또한, 채권자도 실제 손해액이 예정액보다 많다는 것을 증명하여 증액을 청구하지 못한다. 그러나 당사자가 불가항력적 무손해의 항변권, 특별손해의 배상 등에 관하여 특약을 한 때에는 그것에 따라야 함은 물론이다.

(ㄴ) 예정배상액의 감액 : 손해배상의 예정액이 부당히 과다한 경우에는 법원은 적당히 감액할 수 있다(제398조 제2항). 이것은 배상액 예정계약을 절대시한다면 채무자를 부당히 압박할 염려가 있기 때문이다. 주의할 것은, 민법이 인정하는 것은 배상의 예정액이 부당히 과다한 경우에 감액할 수 있음을 말하고, 반대로 과소한 경우 증액은 포함하지 않는다.

또한, 예정배상액을 감액한 경우 그 감액부분은 처음부터 무효로 된다.[52]

(ㄷ) 이행 또는 해제청구와 배상액예정의 관계 : 손해배상액의 예정은 이행의 청구나 계약해제에 영향을 미치지 아니한다(제398조 제3항). 그러나 배상액의 예정에는 여러 성질의 것이 있고, 예정배상액의 청구와 이들 권리와의 관계는 반드시 같지 아니하므로 일률적으로 결정할 수 없다. 즉 예정배상액이 지연배상액인 경우에는 이행지체가 있게 되면 채권자는 예정배상액을 청구하는 동시에 본래급부를 청구할 수 있고, 이행불능으로 되거나 계약이 해제된 경우에는 이 예정액은 표준이 되지 않고 따로 산정한다.

예정배상액이 전보배상액인 경우에는 이행지체가 있게 되면 예정배상액과 함께 본래 급부를 청구할 수 있고, 지연배상에 대하여는 이 예정배상액은 표준이 되지 않는다. 그러나 이행불능인 때에는 본래 급부를 청구하지 못하고 곧 예정배상액을 청구할 수 있다.

또한, 쌍무계약의 불이행시 계약관계를 청산하기 위한 소위 청산배상액을 예정한

52) 대판 1991.7.9, 91다11490.

경우 채권자는 채무불이행을 이유로 계약을 해제하지 않고 곧 예정배상액을 청구할 수 있고 예정배상액의 청구로 당사자 사이의 본래 채무는 소멸한다.

- (a) 지연배상액의 예정인 경우
  - 이행지체의 경우 — 예정배상액과 본래 급부청구 가능
  - 이행불능의 경우 — 예정배상액 적용 불가능
- (b) 전보배상액의 예정인 경우
  - 이행지체의 경우 — 예정배상액과 본래 급부청구 가능(지연배상적용불가능)
  - 이행불능의 경우 — 예정배상액 청구가능(본래 급부청구권의 소멸)
- (c) 청산을 위한 예정배상인 경우 — 계약해제 없이 곧 배상액청구 가능

(ㄹ) 불법행위로 인한 손해배상청구권과 관계 : 채무불이행으로 인한 손해배상액을 예정한 경우 그 예정배상액은 불법행위로 인한 손해배상에도 적용되는가.

판례는 계약 당시 당사자 사이에 손해배상액을 예정하는 내용의 약정이 있는 경우에는 그것은 계약상의 채무불이행으로 인한 손해액에 관한 것이고 이를 그 계약과 관련된 불법행위상의 손해까지 예정한 것은 아니라고 한다.[53]

[판례] 공사도급계약서 또는 그 계약내용에 편입된 약관에 수급인이 하자담보책임기간 중 도급인으로부터 하자보수요구를 받고 이에 불응한 경우 하자보수보증금은 도급인에게 귀속한다는 조항이 있을 때 이 하자보수보증금은 특별한 사정이 없는 한 손해배상액의 예정으로 볼 것이고(대판 2001.9.28, 2001다14689), 다만 하자보수보증금의 특성상 실손해가 하자보수보증금을 초과하는 경우에는 그 초과액의 손해배상을 구할 수 있다는 명시규정이 없다고 하더라도 도급인은 수급인의 하자보수의무불이행을 이유로 하자보수보증금의 몰취 외에 그 실손해액을 입증하여 수급인으로부터 그 초과액 상당의 손해배상을 받을 수도 있는 특수한 손해배상액의 예정으로 봄이 상당하다(대판 2002.7.12, 2000다17810).

(라) 위약금의 약정 : 위약금이란 채무불이행의 경우에 채무자가 채권자에게 지급할 것을 약정한 금전을 말한다.

(ㄱ) 위약금을 약정하는 목적에는 위약벌로 하기도 하고, 실제손해의 배상 · 신용의 보증 · 손해배상의 예정으로서 하는 등 여러 가지가 있으나, 민법은 당사자의 다툼을 피하기 위하여 약정한 위약금은 배상액의 예정을 위한 것으로 추정한다(제398조 제4항).

판례는 도급계약에서 계약이행보증금은 위약벌 또는 제재금의 성질을 가지며, 지체배상금은 손해배상액 예정금의 성질을 가지는 것이라고 하고(대판 2000.10.27, 99다17357; 1996.4.26, 95다11436), 토지분양계약상 수분양자가 지급한 계약보증금은 위약벌이라고 한다(대판 1999.3.26, 98다33260). 그러나 매매 당사자가 계약금으로 수수한 금액에 관하여 매수인이 위약하면 이를 무효로 하고 매도인이 위약하면 그 배액을 상환하기로 하는 뜻의 약정을 한 경우에 있어서 그 위약금의 약정은 민법 제398조 제4항이 정한 손해배상의 약정으로 추정되는 것이고, 이와 같은 약정이 있는 경우에는 채무자에게 채무불이행이 있으면 채권자는 실제손해액을 증명할 필요 없이 그 예정액을 청구할 수 있는 반면, 실제손해액이 예정액을 초과하더라도 그 초과액은 청구할 수 없는 것이라고 한다(대판 1999.4.27, 97다

53) 대판 1999.1.15, 98다48033; 1965.3.23, 65다34.

24009; 1988.5.19, 87다카3101).

(a) 위약금을 위약벌 내지 제재금으로 정한 경우 채권자는 채무자의 채무불이행을 주장하여 곧바로 그 지급을 청구할 수 있다.[54] 다만 당사자가 위약벌로서 위약금을 정한 경우 그 위약금의 약정은 채무불이행에 의한 손해배상청구권에 영향을 미치는가. 판례는 토지분양계약이 해제되었을 때에는 수분양자가 지급한 계약보증금이 분양자에게 귀속될 뿐만 아니라, 수분양자는 계약 해제로 인하여 분양자가 입은 손해에 대하여도 배상의무를 면하지 못하는 것으로 약정한 경우, 위 계약보증금의 몰취는 계약해제로 인한 손해배상과 별도의 성격을 가지는 것이라고 한다.[55]

(b) 위약금이나 제재금이 과다한 경우 법원은 감액할 수 있는가. 판례는 분뇨수거대행계약에 의하여 예치한 보증금이 그 계약내용으로 보아 계약위반에 대한 위약벌 또는 제재금의 성질로 해석되는 경우에 이를 손해배상의 예정으로 보아 감액한 것은 잘못이라고 하여 감액을 부정한다.[56]

(ㄴ) 위약금은 금전인 경우가 보통이지만, 금전 이외의 다른 물건으로도 할 수 있다. 그러나 금전 이외의 것을 약정한 때에는 본래의 위약금은 아니지만 역시 위약금에 관한 규정이 준용된다(제398조 제5항).

(4) 損害賠償者代位

(가) 손해배상자대위의 의의 채무자가 손해배상으로서 그 채권의 목적인 물건 또는 권리의 가액 전부를 변상한 때에는 그 물건 또는 권리에 관하여 당연히 채권자에 갈음하여 그 권리를 얻게 된다. 이것을 손해배상자대위라고 한다. 예컨대 수치인이 임치물을 도난당한 경우에 그 가액을 변상하면, 수치인은 그 물건의 소유권을 취득하는 것과 같은 경우가 이것이다.

민법이 배상자대위를 인정한 것은 채권자가 전보배상을 받았으면서도 채권의 목적인 물건이나 권리를 보유한다면 채권자는 이중의 이득을 보게 되어, 실손해를 배상케 한다는 손해배상제도의 목적에 어긋나기 때문이다.

(나) 손해배상자대위의 요건 손해배상자대위가 성립하기 위해서는 다음의 요건을 갖추어야 한다.

(ㄱ) 채권자가 채권의 목적인 물건 또는 권리의 전부를 변상받았어야 한다. 법문에는 「물건 또는 권리가액의 전부」라고 되어 있으나, 이것은 결국 물건이나 권리의 급부에 갈음할 손해의 전부, 즉 전보배상을 의미한다.

---

54) 대판 2000.10.27, 99다17357.
55) 대판 1999.3.26, 98다33260; 1998.4.24, 97다56969.
56) 대판 1968.6.4, 68다491.

(ㄴ) 채권자가 전액배상을 받아야 한다. 따라서 일부의 배상이 있는 때에는 배상자대위는 성립하지 않는다. 즉 일부대위도 성립할 여지가 없다. 그러나 상법 제682조(제3자에 대한 보험대위) 단서에는 특칙이 있다.

(ㄷ) 주채무자 이외의 자, 예컨대 보험인 또는 제3자가 손해를 배상하였을 경우에도 배상자대위가 성립될 수 있다.

(다) 손해배상자대위의 효과

(ㄱ) 권리의 이전 : 대위는 법률의 규정에 의한 권리의 이전이므로, 채권의 목적인 물건 또는 권리는 법률상 당연히 채권자로부터 배상자에게 이전된다. 따라서 그 물건이나 권리의 이전에 필요한 양도행위 기타 요건, 예컨대 등기 · 인도 또는 채권양도의 통지 · 승낙 등은 요구되지 않는다.[57] 즉 민법 제399조에서 "채권자는 그 물건 또는 권리에 관하여 당연히 채권자를 대위한다." 라고 함은 이를 의미한다.

여기서 물건 또는 권리란 채권의 목적물 그 자체뿐만 아니라 거래상 이에 갈음하는 것을 포함한다. 예컨대 수치물을 제3자가 훼손한 경우 수치인이 그 물건가액을 변상하였을 때에는 수치인은 임치인이 그 제3자에 대하여 가지는 손해배상청구권을 법률상 당연히 취득하게 된다.

(ㄴ) 권리이전의 비소급효 : 대위의 효과는 배상의무자가 배상한 때로부터 장래에 한하여서만 발생한다. 따라서 대위의 효과는 소급하지 않는다.

제 3. 第三者債權侵害의 效力

1. 第三者에 의한 債權侵害와 불법행위의 성립

(1) 채권침해와 不法行爲의 성립 여부

(가) 채권침해란 채권의 목적 실현이 타인에 의하여 방해되는 경우로서 채무자에 의한 채권침해와 제3자에 의한 채권침해로 나눌 수 있다.

여기서 채권의 대외적 효과는 제3자에 의한 채권침해가 문제된다. 즉 채권은 물권과 달리 상대권이므로 당사자 아닌 제3자가 채권을 침해한 경우 채권자에 대한 불법행위가 성립할 수 있는가. 소수설은 상대권인 채권의 경우는 성질상 제3자가 이를 침해할 수 없는 것이라고 하나, 다수설은 긍정한다. 그러나 그 성립범위에는 차이가 있다.

일반적긍정설은 상대권인 채권에도 일반적으로 불가침성이 있는 까닭에 이에 위

57) 대판 1977.7.12, 76다408.

반하는 채권침해는 곧 불법행위가 된다고 하나, 다수설은 제한적긍정설을 취하여 채권침해의 불법행위 성립은 일반적으로 성립하는 것이 아니라 채권의 성질에 의하여 결정되고, 가능한 경우 다시 불법행위법상 위법성이 있는 것으로 평가되면 그 한도에서 불법행위가 성립한다고 한다.

판례 또한 제3자에 의한 채권침해가 불법행위를 구성할 수 있다고 함은 시인되지만, 제3자의 채권침해가 반드시 언제나 불법행위가 되는 것은 아니고 채권침해의 태양에 따라 구체적으로 정하여 결정할 문제라고 하고, 특히 경쟁적 독립 경제주체간에는 제3자가 채무자와 적극 공모하였다거나 또는 제3자가 기망·협박 등 사회상규에 반하는 수단을 사용하거나 채권자를 해할 의사로 채무자와 계약을 체결하였다는 등의 특별한 사정이 있는 경우에 한하여 제3자의 고의·과실 및 위법성을 인정하여야 할 것이라고 한다.[58]

[판례] 제3자에 의한 채권침해가 불법행위가 구성할 수 있으나 제3자의 채권침해가 반드시 언제나 불법행위가 되는 것은 아니고 채권침해의 태양에 따라 그 성립을 구체적으로 검토하여 정하여야 하는 바, 독립한 경제주체간의 경쟁적 계약관계에 있어서는 단순히 제3자가 채무자와 채권자간의 계약내용을 알면서 채무자와 채권자간에 체결된 계약에 위반되는 내용의 계약을 체결한 것만으로 제3자의 고의·과실 및 위법성을 인정하기 부족하고 제3자가 채무자와 적극 공모하였다거나 또는 제3자가 기망·협박 등 사회상규에 반하는 수단을 사용하거나 채권자를 해할 의사로 채무자와 계약을 체결하였다는 등의 특별한 사정이 있는 경우에 한하여 제3자의 고의·과실 및 위법성을 인정하여야 한다(대판 2001.5.8, 99다38699).

(나) 제3자의 채권침해로 인한 불법행위 성립 여부에 관하여 독일입법은 일반적으로 불법행위가 성립하지는 않으나 침해행위가 보호법규위반이거나 양속위반으로서 위법성이 있는 경우에는 불법행위가 된다고 한다. 그러나 제3자의 채권침해로 불법행위가 성립한다고 하여도 채권이 상대권인 특성상 다음의 점을 고려하여야 한다. 즉 공시방법 없는 채권에 관해 제3자의 불법행위를 일반적으로 인정한다면 제3자에 가혹한 결과가 된다는 점과 채무자가 채권관계의 신뢰에 반한 결과 채무가 이행되지 않으면 채권자는 채무자에 대해 이행을 추궁할 것이지 제3자에 추급하여 책임을 추궁할 것이 아니라는 점이다.

(2) 제3자채권침해의 不法行爲 성립요건

(가) 고의·과실 일반적으로 불법행위가 성립하려면 그 주관적 요건으로써 가해자의 고의·과실을 요한다. 따라서 채권의 침해가 불법행위로 되려면 가해자가 침해되는 채권의 존재를 알거나 알 수 있어야 한다. 그 결과 채권의 침해가 있어도

---

58) 대판 2001.5.8, 99다38699; 1975.5.13, 73다1244.

가해자가 채권의 존재를 알지 못하는 때에는 보통 과실이 있었다고 할 수 없고, 이로써 채권침해에 의한 불법행위의 성립은 사실상 고의에 한정된다.

(나) 위법성 채권침해가 불법행위가 되려면 위법성을 가져야 하며, 이 때 위법성은 법률상 이익의 침해·법규위반·선량한 풍속 기타 사회질서위반을 의미한다. 예컨대 제3자의 채권취득행위가 형식적으로는 정당하나 부정한 경업 기타 사기·강박 등 수단에 의하는 때에는 불법행위가 성립한다. 그러나 이중매매나 이중계약은 일반적으로 불법행위가 성립되지 않고 매도인의 배신행위에 적극 가담한 경우에 불법행위가 성립하는 것이라고 한다.[59)]

(3) 債權侵害의 효과

제3자의 채권침해에 대하여 불법행위가 성립하면 이로써 침해자는 채권자에 대하여 일반불법행위의 효력에 따른 배상을 청구할 수 있다.

또한, 그 불법행위로 인하여 채권자에 손해를 배상한 자는 채권자대위권의 법리에 의하여 채권자의 권리를 대위할 수 있다.

2. 債權侵害에 대한 妨害排除請求權

(1) 채권침해와 妨害排除請求權의 인정 여부

제3자 채권침해의 경우 불법행위 성립 여부에 있어서와 같이 제3자가 채권자의 권리행사를 방해하는 경우 채권자는 채권의 효력으로써 제3자에 대해 방해배제를 청구할 수 있는가. 즉 제3자 채권침해의 경우 물권의 침해에서와 같이 방해배제청구권을 인정할 것인가.

다수설은 대체로 절충적 입장을 취하여, 채권의 일반적 성질로서는 부정할 것이지만, 다만 예외적으로 채권을 보호하기 위하여 필요한 경우에 정책적으로 인정되는데 불과한 것이라고 하거나,[60)] 채권이 점유를 수반하고 있는 때에는 그 지배권능으로서 인정되는 것이라고 한다.[61)] 그러나 판례는 채권의 실체성에 근거하여 정당한 이유 없이 제3자의 행위로 인하여 채무의 이행이 방해될 우려가 있는 때에는 그 제3자에 대하여 방해행위의 배제를 청구할 수 있는 것이라고 하여 일반적으로 채권의 방해배제청구를 긍정한다.[62)]

---

59) 대판 1978.1.24, 77다1804.
60) 곽윤직 122면 이하, 김용한 117면 이하.
61) 김형배 337면 이하.
62) 대판 1954.10.19, 4285민상129.

⑵ 妨害排除를 인정할 채권의 범위

(가) 제3자의 채권침해에 대한 방해배제청구권을 인정하는 경우에도 모든 채권에 대하여 인정되는 것은 아니다. 채권의 성질상 계속적 급부를 내용으로 하는 채권(예컨대, 임차권)에 문제되며, 그 공시방법의 확보 여부에 따라 달리 한다. 따라서 공시방법을 갖춘 채권에는 방해배제청구권을 인정하나 공시방법이 없는 채권에는 거래의 안정상 소극적으로 해석함이 일반적이다.

(나) 계속적 채권이면서 공시방법이 확보된 채권, 즉 등기된 임차권(대항력을 갖춘 주택 및 상가임차권 포함)에는 일반적으로 방해배제청구권이 인정된다. 그러나 공시방법을 갖춘 채권에서도 방해배제 및 방해예방청구에 한하고, 목적물반환청구는 부인한다. 왜냐하면 특정물채권에서 그 목적물을 제3자가 불법점유하고 있는 경우 채권자가 직접 제3자에 대하여 그 물건의 인도를 청구하는 것은 침해배제의 범위를 넘기 때문이라고 한다(물권이 채권에 우선하는 효력).

결국, 채권에서의 방해배제청구권은 사실상 그 실익이 문제되며, 오히려 물권자(소유권자)의 권리를 대위할 것이다.[63]

- 공시방법을 갖춘 경우
  - 방해예방청구 및 방해배제청구권만 인정
  - 목적물반환청구배제(점유 또는 본권자권리 대위행사)
- 공시방법을 갖추지 않은 경우
  - 부정설 — 본권자의 권리 대위행사
  - 긍정설 — 권리의 불가침성

제 4. 債務者責任財産保全의 效力

(1) 책임재산 = 채무자의 재산
(2) 책임재산 보전의 필요성
- 채무자의 일반재산의 보전(채무자 일반재산의 부당한 감소 방지)
- 채권의 실질가격의 유지

(3) 책임재산 보전을 위한 민법상 제도 = 채권자대위권, 채권자취소권

1. 責任財産의 保全으로서의 채권자대위권

⑴ 債權者代位權의 의의

(가) 채권자대위권이란 채무자가 그 재산권을 행사하지 않는 경우에 채권자가 그

63) 곽윤직 122면 이하, 이은영 48면, 임정평 117면.

의 채권을 보전하기 위하여 채무자에 갈음하여 그 권리를 행사함으로써 채무자의 책임재산의 유지·충실을 꾀하는 제도이다(제404조 제1항).

채권자대위권은 연혁적으로 강제집행제도가 완비되지 않았던 프랑스민법에 유래하나, 강제집행제도가 비교적 잘 정비되어 있는 입법례에서는 그 실익은 적다. 그러나 판례는 이 제도를 특정채권의 보전을 위해서도 확장·적용하고, 특히 임차인이 불법점거자에 대하여 임대인을 대위하여 그 명도를 청구하는 경우 등에도 적용하게 함으로써 제도의 필요성을 확대하고 있다.

(나) 채권자대위권은 채권의 한 권능으로서 주어지는 실체법상 권리라는데 견해가 일치한다. 그러나 그 법적 성격에 관하여는 견해가 대립한다.

포괄적담보권설은 책임재산을 보전할 뿐만 아니라 채권자가 자기채권의 보전을 위하여 채무자의 책임재산에 대하여 가지는 법률상 포괄적 담보권이라 하나,[64] 다수설은 채권자대위권을 담보권으로 이해하면 채권자 평등의 원칙에 반할 뿐만 아니라, 특히 채권자대위권이 전용되는 경우 담보와는 무관하게 된다는 점을 들어 채권자가 채무자의 재산권 내지 거래관계에 간섭할 수 있는 법정재산관리권으로 이해한다. 그리하여 채권자대위권은 채무자의 무자력, 즉 총채권자의 공동담보로서의 책임재산에 부족이 생긴 경우 채무자의 재산권 내지 거래관계에 간섭할 수 있는 일종의 재산관리권이라고 한다.

(2) 債權者代位權의 행사요건

(가) 채권자대위권을 행사하기 위해서는 다음의 요건을 갖추어야 한다.

(ㄱ) 채권자가 자기의 채권을 보전하기 위하여 필요할 것이어야 한다.

(a) 채권자의 채권이 유효히 존재하고 있어야 한다. 이때 보전될 채권은 그 발생원인 또는 발생 선·후를 불문(채권자취소권과 구별)하나, 보전될 채권은 확정된 것이어야 하는가. 판례는 채권의 범위 및 내용이 불명확·불확정한 채권의 보전을 위한 대위권 행사를 부정한다.[65]

(b) 채권자의 「채권을 보전할 필요」란 채권자가 채무자의 권리를 행사하지 않으면 자기채권에 관하여 완전한 만족을 얻을 수 없게 될 염려가 있는 것, 즉 채무자가 무자력일 것을 의미해야 할 것이지만, 이에 국한하지 않고 채무자의 권리가 대위채권자의 채권과 담보로서 관련성이 강하거나 불가분의 관계에 있는 경우에는 무자력일 필요는 없는 것이라고 하고,[66] 판례 또한 종래 이래 채무자의 무자력과 관계

64) 김형배 352면.

65) 대판 1999.4.9, 98다58016; 판례는 이혼으로 인한 재산분할청구권은 협의 또는 심판에 의하여 그 구체적 내용이 형성되기까지는 그 범위 및 내용이 불명확·불확정하기 때문에 구체적으로 권리가 발생하였다고 할 수 없으므로 이를 보전하기 위하여 대위권은 행사할 수 없는 것이라고 한다.

없이 특정채권의 보전을 위해서도 이를 인정하고 있다.[67]

(ㄴ) 채무자가 스스로 그 권리를 행사하지 않을 것이어야 한다. 채무자가 스스로 그 권리를 행사한 때에는 비록 그 행사가 채권자에게 불리하더라도 채권자는 거듭 행사하지 못한다. 또한 채무자가 권리를 행사하지 않는 이유가 무엇인가는 불문한다.

판례는 채권자대위권행사의 요건인 「채무자가 스스로 그 권리를 행사하지 않을 것」이란 채무자의 제3채무자에 대한 권리가 존재하고 채무자가 그 권리를 행사할 수 있는 상태에 있으나 스스로 그 권리를 행사하고 있지 아니하는 것을 의미하고, 여기서 권리를 행사할 수 있는 상태에 있다는 뜻은 권리행사를 할 수 없게 하는 법률적 장애가 없어야 한다는 뜻이며 채무자 자신에 관한 현실적인 장애까지 없어야 한다는 뜻은 아니고 채무자가 그 권리를 행사하지 않는 이유를 묻지 아니하므로 미등기 토지에 대한 시효취득자가 제3자 명의의 소유권보존 등기가 원인무효라고 하여 그 등기의 말소를 구하는 경우에 있어 채무자인 진정한 소유자가 성명불상자라고 하여도 그가 위 등기의 말소를 구하는데 어떤 법률적 장애가 있다고 할 수는 없어 그 채권자대위권의 행사에 어떤 법률적 장애가 될 수 없는 것이라고 한다.[68]

(ㄷ) 채권이 원칙적으로 변제기에 도래하고 있어야 한다. 채권자대위권은 강제집행을 준비하는 것을 목적으로 하는 것이므로, 대위채권자의 채권은 강제집행이 가능한 상태, 즉 변제기에 달하여 있어야 한다. 그러나 다음의 경우에는 예외가 인정된다(제404조 제2항).

(a) 재판상 대위, 즉 법원의 허가를 얻어 대위하는 것은 이행기 전이라도 무방하다. 채권의 기한 전에 채무자의 권리를 행사하지 아니하면 그 채권을 보전할 수 없거나 이를 보전함에 곤란이 생길 염려가 있는 경우 법원은 대위의 허가 여부를 결정한다(비송사건절차법 제80조 · 제87조).

(b) 보전행위는 재판상 대위, 즉 법원의 허가를 얻어서 하는 대위의 경우가 아니더라도 기한 전에 할 수 있다. 여기서 「보전행위」란 채무자 재산의 현상을 유지하는 행위를 말한다.

(ㄹ) 대위권의 행사는 재판상 또는 재판외 행사를 불문하나, 다수의 채권자들이 채무자의 권리를 공동으로 재판상 행사하는 때에는 유사필요적 공동소송이라고 한다.[69]

(나) 대위행사될 수 있는 권리는 강제집행이 가능한 재산권이어야 한다. 채권자대위권은 책임재산의 보전을 목적으로 하는 것이므로 대위의 대상이 되는 권리는 채

66) 이은영 353면, 김형배 356면.
67) 대판 2001.5.8, 99다38699; 1995.9.5, 95다22417; 1981.6.23, 80다1351; 1964.12.29, 64다804.
68) 대판 1992.2.25, 91다9312.
69) 대판 1991.12.27, 91다23486.

무자의 책임재산을 구성하는 것이어야 한다. 즉 그것은 재산권이며 강제집행이 가능한 권리이어야 한다. 따라서 압류금지채권은 대위권의 객체가 되지 못한다.[70]

재산권이면 채권·물권적 청구권·등기청구권 등의 청구권[71]이든, 취소권·해제권·환매권 등의 형성권이든 불문하고(반대설은 형성권자의 자기결정권을 침해하는 경우에는 허용할 수 없다고 한다), 또한 대위권의 대위행사도 가능하다.

채무자의 일신전속권은 대위권의 객체가 되지 못한다(제404조 제1항 단서). 그러나 여기서 말하는 일신전속권은 그 권리행사 여부를 권리자의 의사에 일임해야 할 권리, 즉 행사상 일신전속권을 의미하며, 귀속상 일신전속권과는 범위를 달리한다. 또한 민법에 규정은 없으나 압류할 수 없는 권리(민사집행법 제195조)도 책임재산을 구성하는 것이 아니므로 대위의 객체로 될 수 없다.

(3) 代位權行使의 방법·범위

(가) 대위권행사의 방법 채권자대위권은 재판상은 물론 재판 외에서도 행사할 수 있다.

(ㄱ) 채권자가 보존행위 외에 채무자의 권리를 대위 행사하는 경우에는 이를 채무자에 통지하여야 하고(제405조 제1항), 통지를 받은 후 대위 행사된 권리를 처분한 경우에도 이로서 채권자에 대항하지 못한다(동조 제2항).

(ㄴ) 대위권의 행사는 채권자가 자기의 이름으로 채무자의 권리를 행사하는 것이고, 채무자의 대리인으로서 하는 것은 아니다. 따라서 상대방은 채무자 자신이 그 권리를 행사하는 때 보다 불리한 지위에서야 할 이유가 없으므로, 채무자에 대한 항변권(동시이행의 항변권 등)의 행사는 물론, 채권의 추심·등기의 신청·담보권의 실행·소송의 제기·강제집행 등을 할 수 있다.

[판례] 채권자가 채권자대위권을 행사하여 제3자에 대하여 하는 청구에 있어서, 제3채무자는 채무자가 채권자에 대하여 가지는 항변으로 대항할 수 없고, 채권의 소멸시효가 완성된 경우 이를 원용할 수 있는 자는 원칙적으로는 시효이익을 직접 받는 자뿐이고, 채권자대위소송의 제3채무자는 이를 행사할 수 없다(대판 1998.12.8, 97다31472; 1997.7.22, 97다5749).

또한, 다수설은 대위권의 행사로써 상대방으로부터 물건의 인도를 구하는 경우에는 채권자는 채무자에 인도를 청구하는 것은 물론이지만, 직접 자기에게 인도를 청구할 수도 있다고 해석한다.[72]

---

70) 그러나 판례는 치료비청구권의 보전을 위하여 국가배상청구권을 대위 행사하는 것이 그 청구권의 압류를 금지하는 국가배상법 제4조에 위반하지 않는 것이라고 하였다(대판 1981.6.23, 80다1351).

71) 특히 판례는 국토이용관리법에 따른 토지거래허가신청절차의 협력의무이행청구권도 대위의 목적이 될 수 있는 것이라고 한다(대판 1995.9.5, 95다22917).

72) 대판 1962.1.11, 4294민상195.

왜냐하면 만약 이를 부인하면 채무자가 상대방으로부터 물건의 수령을 거절하는 때에는 대위권 행사의 목적을 달성할 수 없기 때문이다.

(나) 대위권행사의 범위 대위권의 행사는 채권의 보전을 위하여 인정되는 것이므로 이에 필요한 범위 내로 한정된다. 그러나 채권자의 공동담보로서 필요한 경우에는 대위채권자의 채권액을 넘는 채무자의 권리를 행사하는 것도 무방하다. 다만 특정채권보전의 경우에는 당해 채권의 보전에 필요한 권리에 관해서만 대위가 허용된다.

문제는 대위의 목적이 되는 권리를 處分할 수 있는가. 채무자의 모든 재산을 고려하여 보전의 의미로 볼 수 있는 경우에는 처분도 허용된다고 해석한다.

(4) 代位權行使의 효과

(가) 채무자의 처분권제한 채권자가 대위권의 행사에 착수하여 이를 채무자에게 통지하면 채무자는 이후 그 권리에 관하여 채권자의 대위행사를 방해하는 처분행위를 하지 못한다.

(나) 채무자 일반재산에의 귀속 대위행사의 효과는 모두 채무자의 일반재산으로 귀속한다. 따라서 채무자에 귀속된 재산은 모든 채권자를 위한 공동담보로서 의미를 가진다.

제3채무자가 목적물을 대위채권자에게 인도한 때에도 채무자의 채권은 소멸하고, 인도된 재산은 총채권자를 위한 공동담보로 된다. 다만 채권자가 채무자를 대신하여 제3채무자로부터 금전이나 물건의 변제를 수령할 수 있는가. 다수설은 대위권행사의 실효성에 근거하여 긍정하며, 이에 대한 판례는 채권자의 고유권이기는 하지만, 이것은 채무자의 제3채무자에 대한 권리를 대위 행사하는데 불과하므로 채무자에 이행하도록 청구함이 원칙이라고 한다.[73] 그러나 판례 중에는 금전이나 목적물을 채권자 자신에 직접 인도하라는 청구를 허용한 사례도 없지 않다.[74]

[판례] 채권자대위권을 행사함에 있어서 채권자가 제3채무자에 대하여 자기에게 직접 급부를 요구하여도 상관없는 것이고 자기에게 급부를 요구하여도 어차피 그 효과는 채무자에게 귀속되는 것이므로, 채권자대위권을 행사하여 채권자가 제3채무자에게 그 명의의 소유권보존등기나 소유권이전등기의 말소절차를 직접 자기에게 이행할 것을 청구하여 승소하였다고 하여도 그 효과는 원래의 소유자인 채무자에게 귀속되는 것이니, 법원이 채권자대위권을 행사하는 채권자에게 직접 말소등기절차를 이행할 것을 명하였다고 하여 무슨 위법이 있다고 할 수 없다(대판 1996.2.9, 95다27998).

73) 대판 1962.1.11, 4294민상195; 1966.9.27, 96다1149; 채권자대위권은 채권자의 고유권리라 하여도 이는 채무자가 제3채무자에게 대하여 가지고 있는 권리를 채권자가 대위하여 행사하는데 불과하므로 채권자가 대위권을 행사한 경우에 제3채무자에게 대하여 채무자에게 일정한 급부행위를 하라고 청구하는 것이 원칙이다(대판 1966.9.27, 96다1149).

74) 대판 1996.2.9, 95다27998.

또한, 대위채권자가 목적물을 직접 수령한 경우 자기채권의 우선변제에 충당할 수 있는가. 책임재산의 보전제도라는 본질에서 부정하는 견해가 있으나 다수설은 채무자에게 인도할 채무와 자기가 채무자로부터 이행 받을 채무가 상계적상에 있으면 상계의 의사표시로써 채권의 만족을 얻거나, 유치권의 행사로 우선변제에 충당할 것이라고 한다.

(다) 대위소송에 의한 판결의 효과 채권자가 대위권행사 소송에 의하여 얻은 판결의 효력은 채무자에 미치는가. 종래 학설은 채무자가 그 소송에 참가하지 않는 이상 미치지 않는다고 하는 견해가 우세하였다. 그러나 이렇게 해석하면 법률관계가 확정되지 않는 불이익이 크고, 재판 외의 대위의 효과가 채무자를 구속하는 것과도 균형을 잃을 뿐만 아니라, 대위하여 소송을 하는 채권자도 채무자를 위하여 소송을 관리할 권리가 있는 것으로서(민소법 제204조 제3항), 그 판결은 채무자를 구속한다고 해석한다. 그러나 판례는 어떤 사유에 의하든 채무자가 알았을 경우에만 기판력의 효력이 미친다고 한다.[75]

(라) 비용의 상환 채권자는 채무자의 권리를 행사하는 것이므로 그 한도에서 일종의 법적 위임관계가 성립한다. 따라서 채권자가 대위권행사로 인한 비용을 지출한 때에는 그 상환을 청구할 수 있다.

또한, 만일 채권자가 목적물을 대위 수령하여 목적물의 보관비를 지출할 때에는 그 대위 수령한 물건에 생긴 채권으로 그 목적물상 유치권을 행사할 수 있다.

(5) 特定債權의 보전을 위한 대위권

(가) 특정채권의 보전을 위한 대위권의 의의 채권자대위권은 채무자의 무자력을 바탕으로 하지만 특정채권의 보전을 위한 대위권, 즉 채권자가 채무자에 속한 특정권리를 행사하지 아니하고는 자기 채권을 확보할 수 없는 경우에도 채무자의 자력유무에 관계없이 채무자의 권리를 대위할 수 있는가. 채권자대위권의 전용문제이다.

학설은 채권자대위권제도의 본래 취지를 이탈하는 것이어도 제3자에게 부당한 손해를 입힐 염려가 없고, 취소권에서 민법 제407조와 같은 규정은 대위권에는 존재하지 않을 뿐만 아니라, 명문 규정에 반하지 아니한다는 점에서 이를 긍정한다.

판례 또한 채권자가 그 이행을 청구하기 위하여 임차인의 가옥명도가 선행되어야 할 필요가 있어서 그 명도를 구하는 경우에는 그 채권의 보전과 채무자인 임대인의 자력 유무는 관계없는 일이므로 무자력을 요건으로 한다고 볼 수 없는 것이라고 하고,[76] 또한 채권자가 자기의 채무자에 대한 부동산의 소유권이전등기청구권 등 특정

75) 대판 1991.12.27, 91다23486; 1975.5.13, 74다1664.

채권을 보전하기 위하여 채무자가 방치하고 있는 그 부동산에 관한 특정권리를 대위하여 행사하는 경우 채무자의 무자력을 요건으로 하지 아니하는 것이라고 한다.[77]

(나) 특정채권의 보전을 위한 대위권의 인정범위 학설은 채권자의 특정채권 행사가 자기채권 보전을 위한 경우에는 일반적으로 인정할 것이라고 한다. 그러나 종래 판례는 이를 긍정하더라도 일반적으로 인정할 것은 아니고 한정적·개별적으로만 인정할 것이라고 하여, 등기청구권과 부동산임차인의 방해배제청구권에 한하여 인정하여 왔다.[78] 그러나 최근의 판례는 태도를 바꾸어 채권자는 채무자에 대한 채권을 보전하기 위하여 채무자를 대위해서 채무자의 권리를 행사할 수 있는바 채권자가 보전하려는 권리와 대위하여 행사하려는 채무자의 권리가 밀접하게 관련되어 있고 채권자가 채무자의 권리를 대위하여 행사하는 것이 자기채권의 현실적 이행을 유효 적절하게 확보하기 위하여 필요한 경우에는 채권자대위권의 행사가 채무자의 자유로운 재산관리행위에 대한 부당한 간섭이 된다는 등의 특별한 사정이 없는 한 채권자는 채무자의 권리를 대위하여 행사할 수 있어야 하고 피보전채권이 특정채권이라 하여 반드시 순차매도 또는 임대차에 있어 소유권이전등기청구권이나 명도청구권 등의 보전을 위한 경우에만 한할 것은 아니라고 하여 대권자대위권의 일반적 적용을 긍정한다.[79]

2. 責任財産의 보전으로서 채권자취소권

(1) 債權者取消權의 의의

채무자가 채권자를 해함을 알면서 제3자와 재산권을 목적으로한 법률행위를 한 경우 채권자는 그 행위의 취소와 원상회복을 법원에 청구할 수 있다(제406조 제1항). 이것을 채권자취소권이라고 하며, 로마법의 소권(Actio Pauliana)에서 유래한다.

채권자취소권은 채권자대위권과 더불어 채권의 공동담보의 보전을 목적으로 하며, 파산법상 부인권(동법 제64조 이하) 제도와 성질을 같이 한다.

(2) 債權者取消權의 성질

채권자취소권은 채권자를 해하는 채무자의 행위의 효력을 부인하고, 채무자의 재산으로부터 일탈한 재산을 회복함을 목적으로 하는 제도이다. 그러나 그 법률적 성질을 정함에 있어서 사해행위의 효력을 부인함을 그 본체로 하는가, 아니면 일탈한

76) 대판 1989.4.25, 88다카4253.
77) 대판 1992.10.27, 91다483.
78) 대판 1996.1.18, 65다1313; 1967.10.12, 76다1591.
79) 대판 2001.5.8, 99다38699.

재산의 회복을 본체로 하는가, 견해가 대립되어 왔다.

형성권설은 사해행위의 효력을 부정하는 형성권이라 하고, 재판을 통하여 법률행위가 없었던 것과 같은 상태가 형성되는 것으로 이 경우 소의 종류는 형성의 소라고 한다.

청구권설은 채무자 책임재산으로부터 일출된 재산을 회복하여 자력을 보전하는 실체법상 순수한 채권적 청구권으로서 그 소의 성질은 이행의 소라고 한다.

절충설은 법률행위의 취소와 재산의 반환청구가 합쳐진 것이라고 한다.

일반적취소효과설(절대적효력설)은 채권자는 취소의 결과 원상회복된 채무자의 재산에 대하여만 강제집행할 권리가 있기 때문에 채무자는 취소의 효과를 받아야 하며 결국 채권자취소권의 취소는 통상의 법률행위취소와 동일한 법리로 이해되어야 하고(이은영 384면), 또한 취소의 효과도 절대적이어서 채무자와 수익자간의 사해행위는 처음부터 무효인 것으로 된다고 한다(서광민, 채권자취소권의 법률구성, 고시계 1993.4, 77면).

책임설은 채권자의 사해행위의 취소에도 채무자의 지위에는 영향이 없고 수익자 또는 전득자는 채무자 일종인 물상보증인의 책임으로 된다고 한다. 따라서 절대적 무효가 아닌 책임법적 무효로 된다고 한다(김형배 428면; 고상용, 채권자취소권의법적성질, 고시계 1981.4, 27면).

[채권자취소권의 법률적 성질에 대한 학설의 비교]

<table>
<tr><th></th><th>소의 피고</th><th>수익자 및 전득자의 선의·악의</th><th>취소의 효과</th></tr>
<tr><td>형성권설</td><td rowspan="2">채무자와 수익자</td><td rowspan="2">수익자가 선의인 경우 전득자의 선의·악의를 불문하고 반환청구 제한</td><td rowspan="2">전득자로부터 취소를 구하는 경우 채무자·수익자간, 수익자·전득자간의 법률행위 모두 무효</td></tr>
<tr><td>일반 취소권설</td></tr>
<tr><td>청구권설</td><td rowspan="3">수익자 또는 전득자</td><td rowspan="2">수익자가 선의인 경우에도 전득자가 악의이면 반환청구 가능</td><td rowspan="2">법률행위에 영향이 없고 채권자는 수익자 또는 전득자에 재산의 반환청구에 불과</td></tr>
<tr><td>절충설</td></tr>
<tr><td>책임설</td><td>일종의 물상보증인의 책임</td><td>책임법적 무효</td></tr>
</table>

통설·판례는 절충설을 취하여 형성의 소와 이행의 소의 결합, 즉 채무자의 사해행위의 효력을 부인하는 것과 일탈한 재산의 회복을 목적으로 하는 것이라고 본다. 그리하여 판례 이론에 의하면 채권자는 사해행위의 취소를 청구하는 동시에 일탈한 재산의 반환을 청구하는 것으로써 판결주문에서 취소와 반환을 명하여야 하나 재산의 반환을 청구하지 않고서 단순히 사해행위의 취소만을 청구하는 것도 가능하다고 한다. 따라서 사해행위의 취소는 채권자가 수익자 또는 전득자로부터 재산의 반환을 청구하는데 필요한 범위에서, 즉 그들 수익자 또는 전득자에 대한 관계에서만 상대적으로 효력이 생길 뿐이라고 한다.[80]

(3) 債權者取消權의 요건

(가) 채권자취소권의 객관적 요건 채권자취소권을 행사하기 위해서는 객관적

80) 대판 1984.11.24, 86마610; 1988.2.23, 87다카1989.

요건으로 다음의 요건을 갖추어야 한다.

(ㄱ) 채무자가 법률행위를 하였을 것

(ㄴ) 채무자의 법률행위는 재산권을 목적으로 하는 것이어야 한다. 따라서 취소권의 대상인 법률행위는 재산권을 목적으로 하지 않는 법률행위를 포함하지 않는다. 그러므로 혼인·입양·상속의 승인·포기 등은 비록 채권자의 재산상태를 악화하는 경우라도 사해행위가 되지 않는다.

(a) 재산권을 목적으로 하는 것이더라도 그 재산권의 압류가 금지되어 있으면 그것은 채권의 공동담보가 되지 아니하므로 사해행위가 되지 않는다.

(b) 「부동산실권리자명의등기에 관한 법률」에 의하여 무효인 명의수탁자의 부동산이 사해행위취소권의 객체인 재산권에 속하는가. 판례는 제4조 제2항 본문이 적용되어 명의수탁자인 채무자 명의의 소유권이전등기가 무효인 경우에는 그 부동산은 채무자의 소유가 아니기 때문에 이를 채무자의 일반 채권자들의 공동담보에 공하여지는 책임재산이라고 볼 수 없고, 채무자가 위 부동산에 관하여 제3자와 근저당권설정계약을 체결하고 나아가 그에게 근저당권설정등기를 마쳐주었다 하더라도 그로써 채무자의 책임재산에 감소를 초래한 것이라고 할 수 없으므로 이를 들어 채무자의 일반 채권자들을 해하는 사해행위라고 할 수 없고, 채무자에게 사해의 의사가 있다고 볼 수도 없는 것이라고 한다.[81]

(ㄷ) 채권자를 해하는 법률행위일 것이어야 한다. 여기서 「채권자를 害한다」라고 함은 채무자의 재산처분행위로 그의 일반재산이 감소하여 채권의 공동담보에 부족이 생기고 채권자에게 완전히 변제할 수 없는 것을 말하며,[82] 이 경우 채무자 자력의 산정에는 채무자의 적극재산은 물론, 채무자의 신용 등도 평가하여 산정하여야 하고, 그 자력의 산정시기는 사실심의 변론종결당시 무자력이어야 한다.

또한, 채무자가 연속하여 수 개의 재산처분행위를 한 경우 그 사해행위의 판단에 관하여 판례는 그 행위를 하나의 행위로 보아야 할 특별한 사정이 없는 한 일련의 행위를 일괄하여 그 전체의 사해성 여부를 판단할 것이 아니라 각 행위마다 그로 인하여 무자력이 초래되었는지 여부에 따라 판단할 것이고, 또한 채무자의 무자력 여부는 사해행위 당시를 기준으로 판단하여야 하는 것이므로 채무자의 적극재산에 포함되는 부동산이 사해행위가 있은 후에 경매절차에서 경락된 경우에 그 부동산의 평가는 경락된 가액을 기준으로 할 것이 아니라 사해행위당시 시가를 기준으로 할 것이라고 한다.[83]

---

81) 대판 2000.3.10, 99다55069.

82) 대판 2001.4.27, 2000다69026.

(a) 특정 일부의 채권자에게 변제하거나 대물변제하는 것은 사해행위로 되는가. 변제는 변제에 의하여 적극재산이 감소되지만 동시에 소극재산도 감소되므로 일부채권자와 통모하여 변제하지 아니한 이상 사해행위로 되지 않는다는데 학설·판례가 일치한다(대판 2001.4.10, 2000다66034; 1962.11.15, 62다634 : 1967.7.11, 67다847). 그러나 대물변제는 학설은 기존채무인 본래 급부의무를 소멸시키기 위한 방법으로서 행해지고 또한 상당한 가격으로 행해진 이상 사해행위라 할 것은 아니라 하나, 판례는 획일적이지 못하여 상당한 가격으로 평가된 대물변제는 사해행위로 되지 않는 것이라고 하면서도(대판 1967.4.25, 67다75), 한편 채무 전부를 변제하기에 부족한 채무자가 그의 유일한 재산인 부동산을 어느 특정채권자에 대물변제하거나, 이미 채무초과에 빠진 채무자가 특정부동산을 일부채권자에게 대물변제로 넘겨주는 것은 원칙적으로 사해행위로 되는 것이라고 한다(대판 1990.11.23, 90다카27198; 1996.10.29, 96다23207).

(b) 채무자가 책임재산에 제3자에 담보권을 설정하는 행위는 사해행위로 되는가. 물적 담보와 인적 담보에 따라 달리한다.

물적 담보는 변제·대물변제에 사해행위 성립을 부정하는 다수설에 의하면 사해행위 성립을 부정한다. 그러나 반대설은 일부 채권자를 위한 저당권 기타 담보설정은 피담보채권자에 우선변제권을 주는 것은 다른 채권자에게는 공동담보를 감소하는 행위로 되고 또한 물적 담보의 제공은 변제나 대물변제와 달리 담보채권자의 채권을 소멸시키지 않는다는 점에서 사해행위 성립을 긍정한다(김기선 188면, 김주수 210면, 김형배 413면, 이태재 167면).

이에 대하여 판례는 이미 채무초과에 빠진 채무자가 그의 유일한 재산인 부동산을 어느 특정채권자에 채권담보로 제공하는 행위는 특별한 사정이 없는 한 다른 채권자들과 관계에서 사해행위로 성립되는 것이라고 하나(대판 2002.4.12, 2000다43352), 다만 자금난으로 계속하여 사업을 추진하기 어려운 상황에 처한 채무자가 자금을 융통하여 사업을 계속 추진하는 것이 채무변제자력을 갖게 되는 최선의 방법이라고 생각하고 자금을 융통하기 위하여 부득이 특정재산에 담보를 설정하는 것은 특별한 사정이 없는 한 사해행위로 되는 것은 아니라고 한다(대판 2002.3.29, 2000다25842).

그러나 인적 담보의 제공은 주채무자가 변제자력을 가지는 범위에서는 원칙적으로 사해행위로 되지 않는다. 다만 연대채무의 경우에는 1인의 연대채무자가 다른 연대채무자에 자력이 있다는 것을 입증하더라도 채권자의 이행청구를 거절할 수 없으므로 원칙적으로 사해행위로 될 것이지만, 다만 그가 다른 연대채무자에게 그 부담부분을 확실히 구상할 수 있음을 입증한 때에는 그 한도에서 취소권은 인정되지 않는다고 한다(권오승, 채권자취소권, 고시연구 1991.6, 95면).

(c) 부동산을 매각하는 행위는 그 대가가 부당하게 저렴한 때에는 물론이지만 그 대가가 상당한 경우에도 사해행위가 되는가. 판례는 채무자가 자기의 유일한 부동산을 매각하여 소비하기 쉬운 금전으로 바꾸는 행위는 특별한 사정이 없는 한 사해행위가 된다고 하나(대판 1966.10.4, 66다1535), 다만 채무자가 소유부동산을 변제 또는 변제자력을 얻기 위하여 상당한 가액으로 매각하여 그 대금을 변제나 변제자력을 얻는데 사용하였거나, 저당권설정 또는 매도담보로 제공한 경우에는 사해행위가 되지 않는 것이라고 한다(대판 1964.4.14, 63다827).

(d) 신분상 재산분여행위도 사해행위로 되는가. 신분상 재산분여행위도 재산을 감소하는 행위이지만 신분상 행위는 원칙적으로 채무자 자유의사에 맡겨져야 할 행위이므로 원

---

83) 대판 2002.11.8, 2002다41589; 2001.4.27, 2000다69026.

칙적으로 사해행위가 되지 않는다. 그러나 재산분여가 부당하게 과대한 경우에는 사해행위가 성립한다. 판례는 채권자가 채무자를 상대로 손해배상청구권을 보전하기 위하여 그 소유부동산에 대하여 가압류 결정을 받기 하루 전에 채무자가 합의이혼하고 처에 대한 위자료 및 자녀 양육비조로 그의 유일한 재산인 위 부동산을 처에게 무상 양도하였다면 그 양도 경위에 비추어 채무자는 그 양여행위로써 자신이 무자력에 빠지게 되어 채권자를 해하는 것을 알고 있었다고 보여짐으로 위 양여행위는 채권자에 대한 사해행위가 되는 것이라고 한다(대판 1990.11.23, 90다카24762).

(ㄹ) 유효한 거래행위가 있을 것이어야 한다. 채권자취소권은 채무자가 채권자의 채권을 이행할 목적으로 제3자와 거래한 행위를 취소하는 것이므로 그들 간에 유효한 거래행위가 있어야 함은 물론이다.

채권자의 채권면탈을 목적으로 재산권을 은닉하는 경우, 즉 통정허위표시로서 무효인 법률행위에도 취소의 대상이 되는가. 다수설은 민법이 채권자취소권의 요건에 유효한 거래행위가 있음을 요건으로 하지 않고, 또한 무효인 행위에도 취소권의 대상이 될 수 있다는 소위 무효취소이중효이론에 근거하여 긍정하고,[84] 판례는 민법 제406조가 단순히 법률행위라고 할 뿐 유효한 법률행위임을 명시하지 아니하므로 무효인 법률행위도 사해행위 취소로서 요건을 갖추는 한(특히, 통정허위표시는 상대적 무효이므로) 채권자취소권의 대상이 되는 것이라고 본다.[85]

(ㅁ) 채권이 사해행위 이전에 발생하였을 것이어야 한다.

채권자취소권에 의하여 보전될 수 있는 채권은 원칙적으로 사해행위라고 볼 수 있는 행위가 행하여지기 전에 발생된 것이어야 한다는데 학설이 일치한다. 그러나 최근의 판례는 이 원칙에 대한 예외를 인정하여 사해행위 당시 이미 채권성립의 기초가 되는 법률관계가 발생되어 있고, 가까운 장래에 그 개연성이 실현화되어 채권이 성립한 경우에는 사해행위 이후에 발생한 채권도 채권자취소권의 피보전채권이 될 수 있는 것이라고 한다.[86]

판례는 채무자가 보증인의 보증 하에 은행으로부터 대출을 받음에 있어 채무자의 보증인에 대한 구상채무에 대하여 연대보증한 자가 연대보증 후 그 소유부동산을 제3자에게 증여한 경우 증여계약 당시 채무자가 당해 대출금을 당초 변제기까지 변제하지 못하고 변제기를 연장하였을 뿐만 아니라, 그 외에도 원금을 변제하지 못한 대출금이 많이 있었고, 거래처의 부도로 인하여 막대한 손해를 보고 있었던 점 등 증여계약 당시의 채무자의 재정상태에 비추어 볼 때 채권자취소권의 피보전채권인 구상채권성립의 개연성이 있었다고 할 여지가 있는 것이라고 하고(대판 1997.10.10, 97다8687), 나아가 판례는 채권의 성립기초가 되는 법률관계는 당사자 사이의 약정에 의한 법률관계에 한정되는 것이 아니고 채권성립

84) 고상용, 민법상이른바이중효의미, 민법학의 제문제(1990); 이영준, 민법총칙 696면.
85) 대판 1998.2.27, 97다50985; 1961.11.9, 4293민상263.
86) 대판 2002.11.8, 2002다42957; 1997.10.10, 97다8687; 1997.5.23, 96다38612; 1996.2.9, 95다14503; 1995.11.28, 95다27905.

의 개연성이 있는 준법률관계나 사실관계 등을 널리 포함하는 것으로 보아야 할 것이고, 따라서 당사자 사이의 채권발생을 목적으로 하는 계약의 교섭이 상당히 진행되어 그 계약 체결의 개연성이 고도로 높아진 단계도 여기에 포함되는 것으로 보아야 하는 것이라고 한다(대판 2002.11.8, 2002다42957).

그리하여 법원은 채무자의 사해행위 당시 아직 발생하지 아니한 이행보증인의 구상금 채권(대판 2000.2.25, 99다53704), 채무자의 보증인으로서 구상금 채무에 대하여 연대보증한 자가 연대보증 후 제3자에 증여한 경우(대판 1997.10.28, 97다34334), 사해행위당시 발생하지 아니한 조세채권이나 이미 대표이사가 가공원가를 계상하여 과세관청이 이를 인정상여로 소득 처분하여 종합소득세를 부과 처분한 경우(대판 2001.3.23, 2000다37281)등에 채권성립의 개연성을 인정하여 사해행위의 성립을 긍정하였다.

또한, 기존채무의 이행으로 가등기에 기하여 본등기한 경우 그 법률상 원인은 가등기시를 기준으로 하는가 본등기시를 기준으로 하는가. 판례는 채권자의 채권을 해한다는 것은 채무자의 재산감소를 목적으로 하는 채무자의 법률행위 자체를 말하는 것으로써 단지 기존채무의 이행으로써 등기를 하는 경우에 그 채무의 원인이 되는 행위가 취소권을 행사하려는 채권자의 채권보다 앞서 발생한 때에는 특별한 사정이 없는 한 그 등기는 채권자취소권의 대상이 될 수 없는 것이고, 가등기에 기하여 본등기가 경료된 경우 가등기의 원인인 법률행위와 본등기원인인 법률행위가 명백히 다른 것이 아닌 한 사해행위요건의 구비 여부는 가등기의 원인이 된 법률행위 당시를 기준으로 정할 것이라고 한다.[87]

(나) 채권자취소권의 주관적 요건　　채권자취소권을 행사하기 위해서는 객관적 요건 외에 채무자의 주관적 요건이 요구된다.

(ㄱ) 채무자의 악의 : 사해행위로서의 채무자의 악의를 민법은 사해의 의사라고 하지만 단순한 의욕은 아니고 적극적으로 채권자를 해하는 것, 즉 총채권자에 대한 변제자력에 부족을 초래한다는 것을 아는 것을 의미한다. 따라서 특정 결과를 의욕하는 것을 의미하지 않는다.

판례는 이미 채무초과의 상태에 빠져있는 채무자가 그의 유일한 재산인 부동산을 채권자 중의 어느 한 사람에게 담보로 제공하는 행위는 다른 채권자들의 관계에서 사해행위가 되는 것이라고 하고(대판 1986.9.23, 86다카83), 또한 채권자가 채무자를 상대로 손해배상채권을 보전하기 위하여 그 소유의 부동산에 대하여 가압류 결정을 받기 하루 전에 채무자가 합의이혼을 하고 처에 대한 위자료 및 자녀의 양육비조로 그의 유일한 위의 부동산을 처에게 무상 양도하였다면 그 양도 경위에 비추어 채무자는 그 양여행위로서 자신이 무자력에 빠지게 되어 채권자를 해한다는 사실을 알고 있었다고 보여짐으로 위 양여행위는 채권자에 대한 사해행위가 된다고 한다(대판 1990.11.23, 90다카24762).

한편, 판례는 주채무자 또는 제3자 소유의 부동산에 대하여 근저당권이 설정되어 있고 그 부동산의 가액 및 채권최고액이 당해 채무액을 초과하여 재무 전액에 대하여 채권자에

87) 대판 2001.10.12, 2001다37095.

게 우선변제권이 확보되어 있다면 연대보증인이 비록 유일한 재산을 처분하는 법률행위를 하더라도 채권자에 대하여 사해행위가 성립되지 않는다고 하고(대판 2000.12.8, 2000다21017), 이혼에 따른 재산분할은 혼인 중 쌍방의 협력으로 형성된 공동재산의 청산이라는 성격에 상대방에 대한 부양적 성격이 가미된 제도임에 비추어 이미 채무 초과상태에 있는 채무자가 이혼을 하면서 배우자에게 재산분할로 일정한 재산을 양도함으로써 결과적으로 일반 채권자에 대한 공동담보를 감소시키는 결과로 되어도 그 재산분할이 민법 제839조의 2 제2항의 규정취지에 따른 상당한 정도를 벗어나는 과대한 것이라고 인정할 만한 특별한 사정이 없는 한 사해행위로서 취소되어야 할 것은 아니라고 하였다(대판 2001.2.9, 2000다63516).

(ㄴ) 수익자 또는 전득자의 악의 : 사해의 의사는 채무자가 가지고 있어야 하고, 그 상대방인 수익자 또는 전득자는 사해의 목적이 있어야 하는 것은 아니지만 적어도 악의, 즉 채무자가 사해의 의사임을 알고 있어야 한다.

이때 수익자 또는 전득자는 자기가 선의임을 입증하지 못하는 한 악의로 추정된다.[88]

[판례] 채무자가 자기의 유일한 재산인 부동산을 매각하여 소비하기 쉬운 금전으로 바꾸거나 타인에게 무상으로 이전하여 주는 행위는 특별한 사장이 없는 한 채권자에 대한 사해행위가 되는 것이므로 채무자의 사해의 의사는 추정되는 것이고 이를 매수하거나 이전 받은 자가 악의가 없었다는 입증책임은 수익자에 있다(대판 2001.4.24, 2000다41875).

⑷ 債權者取消權의 행사

(가) 행사방법　채권자는 자기의 이름으로 행사하고 채무자의 대리인으로서 지위를 가지는 것은 아니다. 다만 채권자취소권은 사해행위를 이유로 하므로 재판상 행사하여야 하고(제406조 제1항), 이때 소의 성질은 사해행위를 취소하고, 또한 재산의 회복을 청구하는 것이므로 형성의 소와 이행의 소가 결합한 것이다.

(ㄱ) 소송당사자로서 원고는 채권자이고 피고는 사해행위를 한 채무자의 상대방(수익자) 또는 전득자이고, 채무자는 그 상대방이 아니다.[89] 또한 수익자 또는 전득자가 악의인 이상 비록 수익자가 선의라고 하더라도 악의의 전득자에는 청구의 상대방이 된다.

또한, 수익자 또는 전득자의 악의는 사해행위 또는 전득 당시를 기준으로 하여야 하고, 악의는 추정되므로 그 선의의 입증책임은 수익자·전득자에게 있다.[90]

(ㄴ) 채권자는 사해행위로 인한 법률행위의 취소와 원상회복을 동시에 구하는 것이나 그러하지 아니하고 사해행위의 취소만을 먼저 구하고 다음에 원상회복을 청구하는 것도 가능하다.[91]

---

88) 대판 2001.4.24, 2000다41875 ; 1997.5.23, 95다51908 ; 1991.2.12, 90나16276.
89) 대판 1991.8.13, 91다13717.
90) 대판 2001.4.24, 2000다41875 ; 1998.2.13, 97다6711 ; 1997.5.23, 95다51908.

(나) 채권자취소권의 행사범위 채권자가 취소할 수 있는 범위는 그 채권의 만족을 얻는 범위에 한한다.

(ㄱ) 취소권의 범위결정은 취소권을 행사하려고 하는 채권액을 표준으로 한다. 따라서 주채무자 또는 제3자 소유의 부동산에 대하여 채권자 앞으로 근저당권이 설정되어 채권자에게 우선변제권이 확보되어 있는 경우 취소권의 범위는 그 담보물로부터 우선변제받을 액을 공제한 나머지 채권액에 대해서만 채권자취소권의 대상이 된다.[92]

(ㄴ) 사해행위취소로 인한 채권자의 주된 목적은 사해행위 취소 그 자체보다는 일탈한 책임재산의 회복에 있다.[93] 따라서 사해행위취소에 의하여 일탈한 재산의 반환을 청구하는 경우에는 원칙적으로 그 재산권 자체의 반환을 청구해야 하며 함부로 평가액의 반환을 청구해서는 아니 된다. 그러나 채권액이 재산의 평가액보다 적을 때에는 먼저 사해행위의 일부분만을 취소하고, 다음에 그 행위의 내용이 可分인 때에는 재산의 반환을 청구하고, 不可分인 때에는 상당액의 손해배상을 청구하여야 한다.

(a) 채무자와 수익자 사이의 저당권설정행위가 사해행위로 취소된 부동산이 낙찰된 경우 그 등기의 말소를 청구할 수 있는가. 채무자와 수익자 사이의 저당권설정행위가 사해행위로 인정되어 저당권설정계약이 취소되는 경우에도 당해 부동산이 이미 입찰 절차에 의하여 낙찰되어 대금이 완납되었을 때에는 낙찰인의 소유권취득에는 영향을 미칠 수 없으므로 채권자취소권행사에 따르는 원상회복의 방법으로 입찰인의 소유권이전등기를 말소할 수 없고 수익자가 받은 배당금을 반환하여야 하는데 불과하다.[94]

(b) 사해행위로 취소되는 재산권에 수익자가 채무자에 대하여 가지는 반대채권으로서 상계를 주장할 수 있는가. 판례는 채권자취소권은 채권의 공동담보인 채무자의 책임재산을 보전하기 위하여 채무자와 수익자 사이의 사해행위를 취소하고 채무자의 일반재산으로부터 일탈된 재산을 모든 채권자를 위하여 수익자 또는 전득자로부터 환원시키는 제도로서 수익자로 하여금 자기의 반대채권으로써 상계를 허용하는 것은 사해행위에 의하여 이익을 받은 수익자를 보호하고 다른 채권자의 이익을 무시하는 결과가 되어 위 제도의 취지에 반하므로 수익자가 채권자취소에 따른

---

91) 대판 2001.9.4, 2001다14108.

92) 대판 2002.4.12, 2000다63912.

93) 대판 2002.5.10, 3002마1156; 그리하여 사해행위취소에 있어서의 의무이행지는 취소의 대상인 법률행위의 의무이행지가 아니라 취소로 인하여 형성되는 법률관계에 있어서의 의무이행지라고 한다.

94) 대판 2001.2.27, 2000다44348.

원상회복으로서 가액반환을 할 때 채무자에 대한 채권자라는 이유로 채무자에 대하여 가지는 자기의 채권과의 상계를 주장할 수 없는 것이라고 한다.[95)]

(5) 債權者取消權行使의 효과

(가) 채권자취소권행사의 효력　채권자취소권의 행사로 인한 사해행위의 취소와 일탈재산의 회복이라는 두 가지 효과는 실체법상 효과인 동시에 그 권리가 소송상 행사되므로 소송법상 효과의 주관적 범위라는 양면성을 가진다.

그러면 이와 같은 채권자취소권의 다원적 효과를 어떻게 이론을 구성할 것인가. 채권자취소권의 본질론에 따라 달리한다. 다수설은 책임법설이 실정법상 책임소송제도가 없다는 점에서, 일반적 취소권설은 사해행위의 본질에 반하는 것인 점에서 각각 배척하고 상대적 효력설(절충설)을 취하며, 판례 또한 채권자가 사해행위의 취소와 함께 수익자 또는 전득자로부터 책임재산의 회복을 구하는 사해행위취소의 소를 제기한 경우 그 취소의 효과는 채권자와 수익자 또는 전득자 사이의 관계에서만 생기는 것이므로 수익자 또는 전득자가 사해행위취소로 인한 원상회복 또는 이에 갈음하는 가액배상의 의무를 부담한다고 하더라도 이는 채권자에 대한 관계에서 생기는 법률효과에 불과하고 채무자와 사이에서 그 취소로 인한 법률관계가 생기는 형성되는 것은 아니라고 한다.[96)]

(나) 채무자의 일반재산으로의 귀속

(ㄱ) 취소는 모든 채권자의 이익을 위하여 그 효력이 있다(제407조). 즉 회복된 재산 또는 이에 갈음하는 손해배상은 채무자의 일반재산이 되고, 모든 채권자는 평등한 비율에 의한 변제를 청구할 수 있다.

(ㄴ) 사해행위취소의 효력은 사해행위의 취소를 명하는 판결이 확정된 때로부터 발생한다. 판례는 사해행위의 취소에 따라 수익자 또는 전득자가 채권자에게 부담하는 목적물의 반환의무가 불가능하거나 현저히 곤란하게 되어 원상회복의무의 이행으로서 목적물의 상당을 배상하여야 할 의무는 사해행위의 취소를 명하는 판결이 확정된 때 비로소 발생하는 것이므로 채권자의 사해행위취소청구와 함께 가액배상을 구하는 청구를 하고 법원이 사해행위의 취소와 동시에 가액배상금의 지급을 명하는 판결을 하는 경우 그 가액배상금의 지급채무에 관하여서는 그 판결이 확정된 다음날부터 이행지체책임을 진다고 할 것이고, 따라서 「소송촉진 등에 관한 특례법」

---

95) 대판 2001.6.1, 99다63183.

96) 대판 2002.5.10, 2002마1156; 2001.5.29, 99다9011; 1990.10.30, 89다카35421; 그리하여 특히 판례는 사해행위의 목적부동산에 수익자의 채권자 명의의 가압류등기가 경료된 경우, 그 후 채무자와 수익자 사이의 매매계약이 사해행위라는 이유로 취소되어 수익자명의의 소유권이전등기가 말소되더라도 위 가압류의 효력에는 영향이 없는 것이라고 한다(대판 1990.10.30, 89다카35421).

제3조 제1항 단서에 의하여 같은 조항 본문에 정한 이율이 적용되지 않는 것이라고 한다.[97]

(다) 채권자에의 인도청구와 우선변제권의 인정 여부 채권자는 사해행위의 취소로 인하여 회복되는 재산권이 물건의 인도를 목적으로 하는 때에는 수익자 또는 전득자에 대하여 재산 또는 손해배상을 자기에 인도할 것을 청구할 수 있고, 또한 채권자는 이로써 자기 채권의 우선변제에 충당할 수 있는가. 소수설은 채무자 책임재산 보전제도의 본질에 반한다는 점에서 부정하나, 통설·판례는 긍정한다. 따라서 취소채권자는 수익자 또는 전득자로부터 인도 받은 물건으로부터 사실상 우선변제 받게됨으로써 기타 일반채권자보다 우선적 지위를 취득하게 된다.

더욱, 통설·판례는 사해행위를 취소하여 금전을 회복하는 경우 또는 재산의 반환에 갈음하여 가액상환을 청구하는 경우에는 물건(특히, 부동산)의 회복을 청구하는 경우와는 달라서 법원이 피고인인 수익자나 전득자에 채무자에 대한 금전급부를 명하여도 채무자가 수령한 금전을 소비·은닉하게 되면 취소소송 자체가 무의미하게 되므로, 원고인 취소채권자가 스스로 금전의 급부를 수령할 수 있음을 긍정하고, 다만 취소채권자가 만족을 얻는 방법으로서 변제충당설과 상계설이 대립된다.

양설 중 특히 상계설에 의하면 회복한 재산의 반환채무와 취소채권자의 채권이 상계적상에 있게 되면 사실상 우선변제를 받는 것과 같은 효과를 거둘 수 있게 된다.

(6) 債權者取消權의 소멸

(가) 채권자취소권은 그 취소원인을 안 날로부터 1년, 법률행위를 한 날로부터 5년내 행사하여야 한다(제406조 제2항).

여기서 채권자가 「취소원인을 안 날」이란 단순히 재무자의 법률행위가 있었다는 사실을 아는 것으로는 부족하고 그 법률행위가 채권자를 해하는 것, 채무자가 채권자를 해함을 알면서 법률행위를 한 것을 채권자가 알게 된 때를 말한다.[98]

채권자가 사해의 객관적 사실을 알았다는 것만으로 취소의 원인을 알았다고 볼 수 있는가. 판례는 추정을 부정한다(대판 2002.9.24, 2002다32857). 따라서 채권자가 채무자의 유일한 재산에 대하여 가등기가 경료된 사실을 알고 채무자의 재산상태를 조사한 결과 다른 재산이 없음을 확인한 후 채무자의 재산에 대하여 가압류를 한 경우에는 채권자는 그 가압류 무렵에 채권자가 채무자를 해함을 알면서 사해행위를 한 사실을 알았다고 할 수 있지만 채권자가 채무자 부동산에 대한 가압류 신청시에 첨부한 등기부등본에 수익자 명의의 근저당권설정등기가 경료되어 있었다는 사실만으로는 채권자가 가압류신청시 취소원인을 알았다고는 볼 수는 없는 것이라고 한다(대판 2001.2.27, 2000다44348). 그러나 채무자의 유일

---

97) 대판 2002.6.14, 2000다3583.

98) 대판 2002.9.24, 2002다23857; 2001.2.27, 2000다44348; 2000.9.29, 2000다3262; 2000.6.13, 2000다15265.

한 재산을 처분한 사실을 채권자가 안 경우에는 채무자가 채권자를 해함을 알면서 법률행위를 한 것을 안 것으로 추정한다(2000.9.29, 2000다3262).

(ㄱ) 위 기간은 사해행위에 해당하는 법률행위가 실제로 있는 날로부터 기산한다.[99] 다만 사해행위취소와 원상회복을 청구하는 경우 그 원상회복도 위 기간 내 행사되어야 하는가. 판례는 사해행위취소와 원상회복을 청구하는 경우 사해행위취소가 민법 제 406조 제2항에 정하여진 기간 내 제기되었다면 원상회복청구는 그 기간이 지난 후에 하여도 무방한 것이라고 한다.[100]

(ㄴ) 또한,「채권자가 알게 된 때」란 채무자가 채권자를 해함을 알면서 법률행위를 한 것을 의미하고, 수익자·전득자의 악의까지 알아야 하는 것은 아니다.[101]

(나) 위 기간은 제척기간이며, 출소기간이다. 따라서 이 기간의 준수여부는 법원의 직권조사사항이다. 그러나 판례는 위 기간 준수에 관하여 의심이 있는 경우에는 필요한 정도에 따라 직권조사 할 수 있으나 법원에 현출된 모든 소송자료를 통하여 살펴보았을 때 그 기간이 도과하였다고 의심할 만한 사정이 발견되지 않는 경우에까지 법원이 직권으로 추가적 증거조사를 하여 판단할 의무는 없다.[102]

다만, 사해행위취소소송에서 피보전채권을 추가하거나 교환하는 것이 소의 변경으로 보아 제척기간을 정하여야 하는가. 판례는 채권자가 사해행위의 취소를 청구하면서 그 보전하고자 하는 채권을 추가하거나 교환하는 것은 그 사해행위취소권을 이유 있게 하는 공격방법에 관한 주장을 변경하는 것일 뿐이지 소송물 또는 청구 자체를 변경하는 것이 아니므로 소의 변경이라 할 수 없는 것이라고 하고, 따라서 소장에서 주장하였던 피보전권리가 소송계속 중 변제로 인하여 소멸한 후 원고가 새로운 피보전권리를 주장할 때 1년의 제척기간이 경과하였다고 하더라도 그 소가 부적법하게 되는 것은 아니라고 한다.[103]

(7) 특정채권의 보전과 債權者取消權의 인정 여부

채권자대위권에서와 같이 채권자의 특정채권을 보전하기 위하여도 채권자취소권을 인정할 것인가. 학설·판례는 일치하여 채권자취소권은 채권자대위권에서와는 달리 채무자의 사해행위를 대상으로 하므로 채무자의 변제자력이 있는 한 특정채권

---

99) 대판 2002.7.26, 2001다73138·73145; 1996.11.8, 96다26329; 따라서 판례는 목적물에 가등기가 설정된 경우의 가등기의 등기원인이 있는 날로부터 기산하여야 하고 본등기를 한 때로부터 기산하여야 하는 것은 아니라 한다(대판 1996.11.8, 96다26329).

100) 대판 2001.9.4, 2001다14108.

101) 대판 2000.9.29, 2000다3262.

102) 대판 2002.7.26, 2001다73138·73145.

103) 대판 2003.5.27, 2001다13532.

을 보전하기 위하여도 채권자취소권은 행사할 것은 아니라고 한다.

[채권자대위권과 채권자취소권의 비교]

	채권자대위권	채권자취소권
기 능	채권의 보전제도로서 채권자의 채권 행사범위의 확장	① 일반재산의 부당한 감소방지제도 ② 파산을 개시하지 않고 채무자 일반 재산의 보전제도(파산과 동일한 기능)
권리의 성 질	① 실체법상 권리 ② 채권의 제3자에 대한 고유 권리	① 실체법상 권리 ② 사해행위의 취소와 재산회복
행 사 요 건	① 채무자권리의 대위행사에 불과하나 채권자의 이름으로 행사 ② 무자력을 원칙(특정채권의 보전을 위한 행사 가능) ③ 채무자의 권리 불행사(방치를 의미하고 부적절한 행사 제외)	① 엄격한 소송상 행사 ② 언제나 채무자의 무자력을 요건(특정채권의 보전을 위한 행사 불가능) ③ 사해행위 당시 채무자의 사해행위 인식과, 수익자 · 전득자의 악의

제 4 절 債權의 消滅

제 1. 債權과 債權關係의 消滅

(1) 채권의 소멸이란 채권이 객관적으로 존재하지 않는 것을 말하며, 채권의 소멸원인이 발생하면 채무자의 주장을 요하지 않고 법률상 당연히 소멸한다.

또한, 채권이 소멸하면 이로써 채권관계도 원칙적으로 소멸하지만, 다만 쌍무계약에 있어서는 일방의 채권이 소멸하는 경우에도 타방의 채권이 잔존하는 경우도 있다. 예컨대 위험부담의 잔존 또는 계속적 채권관계에서의 원물의 원상회복 등이 이것이다.

(2) 채권의 일반적 소멸원인으로서 민법은 변제 · 대물변제 · 공탁 · 상계 · 갱개 · 면제 · 혼동의 일곱 가지를 규정하고 있다. 그러나 채권은 이러한 것 이외에도 권리의 일반적 소멸원인에 의하여 소멸하고, 또한 권리의 소멸을 목적으로 하는 계약에 의하여도 소멸한다.

이와 같이 채권의 소멸에는 채권의 목적이 달성되거나 달성불능으로서 채권의 목적 자체가 소멸하는 것이 보통이지만, 그 외에도 갱개·면제·혼동 등과 같이 목적 소멸 이외의 사유에 의하여도 소멸한다.

제 2. 債權의 消滅原因

(1) 목적의 소멸 여부에 의한 분류
- ① 목적의 소멸
  - 목적의 달성 — 변제·대물변제·공탁·상계
  - 목적달성 불능 — 이행불능(채무자의 귀책사유 없는 경우)
- ② 목적달성 이외의 사유 — 갱개·면제·혼동

(2) 원인되는 사실의 성질에 의한 분류
- ① 법률행위
  - 단독행위 — 면제·상계
  - 계 약 — 대물변제·갱개·공탁(이설있음)
- ② 준법률행위 — 변 제
- ③ 사 건 — 혼동·이행불능(채무자의 귀책사유 없는 경우)

1. 辨濟에 의한 채권의 소멸

(1) 辨濟의 의의와 성질

변제(辨濟)란 채무내용인 급부를 실현하는 채무자 기타 제3자의 행위를 말하며, 변제가 있으면 채권은 목적을 달하여 소멸한다.

변제의 법률적 성질에 관하여 견해가 대립된다. 그러나 변제는 반드시 급부행위에 의하여 실현되는 것이므로 그것은 법률상 행위이며, 혼동과 같은 사건은 아니다. 또한 급부행위와 변제는 구별되어야 하지만 급부행위가 법률행위인 때에는 법률행위에 관한 규정이 적용될 것이므로, 이 점에서 변제를 사실행위와 구별하여 준법률행위라고 본다.

(2) 辨濟者와 辨濟受領者

(가) 채무자 채무의 본래 변제자는 채무자이다. 따라서 채무자는 스스로 변제할 수 있고, 그 외 이행보조자에 의하여도 변제할 수 있다. 또한 급부가 법률행위이면 대리인에 의하여도 변제할 수 있다.

(나) 제 3 자 제3자의 변제란 채무자 및 채권자 또는 이와 동시될 수 있는 자 이외의 자가 자기의 이름으로 타인채무를 변제하는 것을 말하며, 민법은 제한된 범위

에서 이를 허용하고 있다(제469조).

왜냐하면, 채권자로서는 채무자 자신이 급부하지 않으면 채무의 목적을 달성할 수 없는 경우(부대체적 급부)를 제외하고는 제3자의 변제에 의하여 불이익을 받지 아니할 뿐만 아니라, 제3자로서는 채무자와의 관계에 따라 채무자에 대신하여 변제할 필요성(예컨대, 자기보다 우선하는 다른 채권의 소멸)이 있으므로 이를 인정하고 있다.[104)]

(ㄱ) 변제의 요건 : 제3자 변제이기 위해서는 제3자, 즉 채무자 및 채권자 또는 이와 동시될 수 있는 자(예컨대 채무자 및 채권자의 법정대리인이거나 이행보조자)가 아니어야 하고, 제3자가 타인(채무자)의 채무를 변제한다는 것을 인식·표시하여 급부행위를 하여야 하며, 제3자의 변제에 의하여 채권에 만족을 주어야 한다.

채권에 만족을 주는 방법에는 본래의미의 변제에 한하지 않고 대물변제나 공탁도 할 수 있다고 보나, 다만 제3자가 채권자에 대하여 가지고 있는 채권으로써 채무자의 채무와 상계할 수 있는가.

최근의 유력설은 긍정할 것이라고 하나,[105)] 상계는 단지 간편한 채무결재방법에 그치지 않고 담보적 기능도 가지는 점에서 채무자가 채권자에 대하여 가지는 채권의 담보를 제3자에 의하여 소멸 당하는 것은 부당하므로 부정할 것이다.

(ㄴ) 변제의 제한 : 다음의 경우에는 제3자 변제는 허용되지 않는다(제469조).

(a) 채무의 성질이 제3자의 변제를 허용하지 않을 때

(b) 당사자가 반대의사를 표시하였을 때

(c) 이해관계를 갖지 않는 제3자의 변제가 채무자의 의사에 반할 때

(ㄷ) 제삼자변제의 효과 : 제3자 변제에 의하여 채권은 소멸함이 원칙이지만, 절대적으로 소멸하는 것은 아니다. 제3자가 채무자에 대하여 구상권을 가질 경우에는 그 구상권을 확실하게 하기 위하여 민법은 변제에 의하여 소멸하여야 할 채권 및 이에 수반하는 담보권 등은 모두 변제자인 제3자에게 이전하게 하고 있으므로 채권은 상대적으로 소멸하게 된다. 그러나 그 밖의 점에서는 채무자의 변제에서와 동일하다.

[제3자변제의 요건·효과]

(1) 제3자변제의 요건
- 이해관계있는 제3자 — 언제나 변제 가능
- 이해관계없는 제3자 — 채무자의사에 반한 변제불가

(2) 제3자변제의 효과
- 채무자의 채무 — 소멸(상대적 소멸)
- 변제자(제3자)
  - 채무자에 대한 구상권
  - 채권자권리의 대위행사

104) 대판 2001.6.15, 99다13515.

105) 김형배 737면, 김용한 516면; 김주수, 민법개론 671면.

(다) 변제수령자 변제수령권자는 채권자이다. 채무자의 변제제공이 있으면 채권자는 이를 수령할 수 있고 채권자의 수령으로 채무는 소멸한다. 또한, 채권자는 대리인에 의하여도 수령할 수 있다.

판례는 부동산의 소유자를 대리하여 매매계약을 체결할 권한이 있는 자는 그 잔대금도 수령할 권한이 있다고 한다.[106)]

- 원칙적 수령권자 — 채권자 및 양수인
- 수령권한 없는 채권자
  - ㉠ 채권을 압류당한 자
  - ㉡ 채권의 입질채권자
  - ㉢ 파산채권자

(ㄱ) 수령권한없는 채권자 : 채권자라고 하더라도 언제나 수령할 권한을 갖는 것은 아니다. 채권자가 그의 채권자로부터 채권을 압류 또는 가압류 당하였거나 채권의 입질채권자 및 파산채권자는 변제수령권이 제한된다. 따라서 채무자가 변제수령권없는 자에 대하여 변제한 때에는 채권자가 이를 추인하지 아니하는 한 변제의 효력은 생기지 않는다. 그러나 채권자가 그 변제에 의하여 사실상 이익을 받은 때에는 그 한도에서 변제의 효력을 가진다(제472조).

(ㄴ) 표현수령자 : 표현수령자란 변제수령권을 갖는 자는 아니지만 변제자의 입장에서 보아 마치 변제수령권자로서의 외견을 갖춘 경우, 즉 채권의 준점유자 · 영수증소지인 · 증권적 채권의 증서소지인에 대한 변제는 유효한 변제로서 주장할 수 있다.

(a) 채권의 준점유자로서 채권증서의 소지인(예컨대 예금통장과 인장소지인 ; 비밀번호 포함, 현금카드작동자, 채권자로부터 발급 받은 면책증권소지자), 채권양도의 표현양수인 · 상속인, 무효인 전부명령 · 추심명령을 얻은 자 등이 이에 속하며, 유효한 변제로서 효력을 가진다.[107)]

또한, 영수증소지인에 대하여는 변제로서의 효력을 일반적으로 부여하나(제471조), 다만 이 때 영수증은 진정한 것이어야 하며 위조나 변조된 영수증은 제471조의 적용을 배척하는데 학설이 일치한다.

(b) 채무자의 표현수령자에 대한 변제가 유효한 변제로 되기 위하여서는 변제자의 선의 · 무과실이어야 한다. 여기서 변제자의 선의는 준점유자에 수령권한이 없음을 알지 못하는 것으로는 부족하고 수령자에게 수령권한이 있다고 적극적으로 신뢰하였어야 하며, 무과실은 객관적 기준에 의하여 정한다.

다만, 증권적 채권에 관하여는 변제자에 고의 · 중과실이 없는 한 유효한 변제로 다루어진다(제518조).

---

106) 대판 1991.1.29, 90다9247.
107) 대판 1985.12.24, 85다카880 ; 1977.5.24, 77다309.

판례는 은행이 예금청구자에 예금수령의 권한이 있는지 없는지를 판별하는 방편의 하나로 예금청구서에 압날한 인장과 은행에 신고하여 예금통장에 찍힌 인감을 대조·확인할 때에는 인감대조에 숙련된 은행원으로 하여금 그 직무 수행상 필요로 하는 충분한 주의를 다하여 인감을 대조하도록 하여야 할 것이고, 그러한 주의의무를 다하지 못하여 예금수령의 권한이 없는 자에게 예금을 지급하였다면 은행으로서는 그 예금지급으로써 채권의 준점유자에 대한 변제로서의 면책을 주장할 수 없는 것이라고 한다(대판 2001.6.12, 2000다70989; 1994.3.25, 93다32668).

한편, 판례는 혼인 외 자의 인지확정판결 전 표현상속인이 채무자에 대한 채권의 확정판결을 받은 경우 채무자의 표현상속인에 대한 변제는 특별한 사정이 없는 한 채무자에 과실이 없는 것이라고 한다(1995.1.24, 93다32200).

(c) 준점유자에 대한 선의변제의 효과는 절대적인가. 상대적효력설은 진정한 채권자에 대한 관계에서만 채권을 소멸시키는데 불과하다고 하나,[108] 통설은 채권의 준점유자에 대한 변제의 효과를 확정적(채무이행이라는 면에서 변제수령자에 대한 관계)·절대적(채권의 소멸이라는 의미에서 채권자에 대한 관계)인 것이라고 해석한다.

(3) 辨濟目的物, 場所·時期·費用 등

(가) 변제목적물 특정물의 인도를 목적으로 하는 채무에서의 채무자는 이행기의 현상대로 그 물건을 인도하여야 한다(제462조). 따라서 채무성립시에 완전하였던 물건이 채무자의 과실에 인하지 않고(제374조 참조) 이행기에 훼손되어 있더라도 그 현상대로 인도하기만 하면 채무의 내용에 따른 것으로 된다.

특정물의 채권자가 과실수취권을 가지는 경우 천연과실은 목적물을 인도할 이행기까지에 분리된 과실은 채무자에 수취되고, 이행기 이후 분리된 과실은 특정물과 함께 채권자에 인도하여야 한다. 그러나 쌍무계약에서는 특칙을 가진다. 따라서 쌍무계약에서는 계약이 있은 후에도 인도하지 아니한 물건으로부터 생긴 과실은 매도인에 속한다(제587조).

(ㄱ) 타인물건의 인도 : 채무의 변제로 타인의 물건을 인도한 채무자는 다시 유효한 변제를 하지 않으면 그 물건의 반환을 청구하지 못한다(제463조). 그러나 채권자가 변제로 받은 물건을 선의로 소비하였거나 타인에게 양도한 때에는 유효한 변제로 된다(제465조 제1항).

이때 채권자가 변제의 유효를 주장할 수 있는 것은 채무자에 대한 관계에서 뿐이고, 그 물건의 소유자에 대하여도 유효한 변제로 되는 것은 아니므로 소유자가 소유권에 기한 반환을 청구하면 이를 반환하여야 하고, 채권자는 채무자에 대하여 다시 이행을 청구할 수 있다(제465조 제2항).

(ㄴ) 양도무능력자의 인도 : 양도할 권능이 없는 소유자가 채무의 변제로 물건을

---

108) 김형배 682면, 이은영 118·123면.

양도한 경우에는 그 변제가 취소된 때부터 다시 유효한 변제를 하지 않으면 그 물건의 반환을 청구하지 못한다(제464조).

(나) 변제장소　채무의 성질 또는 당사자의 의사표시로 변제장소를 정하지 아니한 경우, 특정물의 인도는 채권의 성립 당시 그 물건이 있었던 장소에서 하여야 한다(제467조 제1항). 그러나 특정물 인도 이외의 채무이행은 채권자의 주소나 영업소에서 변제하여야 한다(동조 제2항, 상법 제56조). 이를 지참채무라고 한다.

- 채무이행의 장소 = 당사자 의사 또는 채무의 성질에 의하여 결정
- 지참채무 원칙
  - ㉠ 특정물의 인도 — 물건의 소재지
  - ㉡ 특정물 이외의 채무 — 채권자의 주소지
  - ㉢ 영업에 관한 채무 — 현 영업소

(다) 변제시기　채무이행은 이를 이행기 내지 변제기에 행함이 원칙이다. 그러나 변제기가 아니더라도 기한의 이익을 포기 또는 상실하거나, 이행이 유예된 때, 또는 쌍무계약의 경우 동시이행의 항변권을 가질 때에는 그 이행을 청구하거나 변제할 수 있다. 다만 변제기 전의 변제로 상대방이 손해를 받은 때에는 이를 배상하여야 한다(제468조).

- 원 칙 — 이행기 내지 변제기
- 변제기 전의 변제
  - ① 기한이익의 포기 또는 상실(제153조 · 제388조)
  - ② 이행이 유예된 때
  - ③ 쌍무계약의 경우 동시이행의 항변권을 가진 때(제536조)

(라) 변제비용　변제비용은 특약이 없는 한 채무자가 이를 부담한다(제473조 본문). 다만 채권자의 주소변경 기타 사유로 변제비용이 증가한 때에는 그 증가액은 채권자가 이를 부담한다(동조 단서). 이 경우 채권자 부담의 증가액은 채무자가 변제한 후 이를 구상하거나 변제액에서 공제할 수 있으나 동시이행은 주장하지 못한다.

(마) 변제증거

(ㄱ) 영수증청구권 : 변제자는 변제에 갈음하여 그 수령자에게 영수증의 교부를 청구할 수 있다(제474조). 영수증의 형식에는 제한이 없으며 채무 전액을 변제한 경우 뿐만 아니라, 일부만을 변제한 경우 또는 대물변제의 경우라도 그 수령증을 청구할 수 있다.

영수증교부의 시기는 변제를 한 후에 청구할 수 있을 뿐이라면 변제자에게 매우 불리하고, 또한 증거방법의 하나인 취지에서 볼 때 변제와 영수증의 교부는 동시이행의 관계에 선다고 해석된다.

(ㄴ) 채권증서반환청구권 : 증권적 채권의 변제자는 채무 전부의 변제 또는 변제 이외 사유에 의한 채무 전부의 소멸에 갈음하여 변제수령자(채권자)에 대하여 채권

증서의 반환을 청구할 수 있다(제475조).

채권증서의 반환과 변제가 동시이행의 관계를 가지는가. 다수설은 부정하며, 그 이유로서 민법 규정(제475조)의 문언에 비추어 부정함이 타당할 뿐만 아니라, 변제와 수령증의 교부에 동시이행의 관계를 인정하면 족하고 만약 채권증서의 반환과 동시이행의 관계를 인정하게 되면 채권증서를 분실한 채권자는 변제를 받지 못하는 불합리한 결과가 되기 때문이라고 한다. 그러나 증권적 채권(예컨대 지시채권 · 무기명채권)에서의 그 행사는 증권과 함께 행사하여야 하므로 변제와 증권의 반환은 동시이행의 관계에 있음은 명백하다(제519조 · 제542조).[109]

[민법상 변제자보호제도]

(1) 표현수령권자 보호
- ㉠ 채권의 준점유자에 대한 변제(제470조)
- ㉡ 영수증소지자에 대한 변제(제471조)
- ㉢ 증권적 채권증서소지인에 대한 변제

(2) 변제증명에 의한 보호
- 영수증청구권(제474조)
- 채권증서반환청구권(제475조)

(3) 변제자대위에 의한 보호(제480조, 제486조)

(4) 채권자의 협력의무에 의한 보호(제400조 내지 제403조)

⑷ 辨濟提供

(가) 변제제공의 의의 변제제공이란 채무자가 그 이행에 채권자의 협력을 필요로 하는 경우 채무자가 급부의 실현에 필요한 모든 준비를 다해서 채권자의 협력을 구하는 것을 말하며(제460조), 이 때 채무자가 갖추어야 할 변제준비행위의 정도는 그 변제에 관한 채무자의 협력과의 상관관계에서 정하여진다.

(나) 변제제공의 방법

(ㄱ) 변제제공은 현실제공과 구두제공의 방법에 의한다. 그러나 현실제공과 구두제공은 그 준비행위의 정도 차이에 불과하다.

변제제공은 현실제공이 원칙이나 예외적으로 채권자가 미리 변제수령을 거절하거나 협력을 거절하는 경우 채무자는 언제나 변제할 수 있는 정도의 준비를 하고 이 사실을 채권자에게 통지함으로 행한다. 그러나 후일 채권자가 이에 협력하면 채무자는 다시 현실제공을 하여야 한다.

(ㄴ) 변제제공은 채무내용에 좇은 것이어야 한다. 여기서 변제 제공이 채무내용에 좇은 제공이라 함은 완전한 급부의 제공으로서 원칙적으로 변제기에 정당한 변제의

---

109) 대판 1970.10.23, 70다2042.

장소에서의 제공이어야 한다.

채무자가 채무의 일부를 변제한 때에도 그 일부에 대하여는 변제제공의 효력을 가지는가. 판례는 채무의 일부변제는 채무의 본지에 따른 이행의 제공이라 할 수 없고 변제제고의 효력이 발생할 수 없는 것이어서 그 일부를 공탁하였다고 하여도 변제의 효력은 발생하지 않는 것이라고 한다.[110]

(다) 변제제공의 효과

(ㄱ) 채무불이행책임의 면제 : 변제제공에 의하여 채무자는 채무불이행으로 인하여 발생하는 일체의 책임을 면하게 된다. 즉 채무불이행으로 인한 손해배상·지연이자·위약금의 청구를 받거나, 강제집행 또는 담보금을 실행당하지 않는다. 이것은 변제제공의 가장 본질적인 효과이다.

(ㄴ) 약정이자의 발생정지 : 약정이자가 문제되는 것은 변제제공이 변제기 전에 행하여진 경우이며, 채무자의 변제기 전의 변제제공으로 이자의 발생이 정지된다. 왜냐하면 변제기 전의 제공은 채무자의 기한이익의 포기에 따른 채무내용에 좇은 이행에도 불구하고 변제기까지의 약정이자를 지급케 하는 것은 결과적으로 제공 후의 지연이자를 지급케 하는 것으로 되기 때문이다.

(ㄷ) 동시이행항변권의 소멸 등 : 계약이 쌍무계약인 때에는 변제제공으로 상대방의 동시이행의 항변권을 소멸시킨다.

또한, 변제제공에도 채권자(수령권자)가 수령하지 아니하면 채무자는 공탁을 할 수 있게 되나, 공탁은 변제제공 없이 이를 할 수도 있으므로 공탁이 반드시 변제제공의 효과라고 할 것은 아니다.

(5) 辨濟充當

변제충당이란 채무자가 동일한 채권자에 대하여 동종의 목적을 가지는 수 개의 채무를 부담하는 경우, 또는 한 개의 채무변제로서 수개의 급부를 하여야 하는 경우에 채무자가 변제로서 제공한 급부가 그 채무의 전부를 소멸케 하는데 부족한 때에는 그 급부로써 어느 채무에 충당할 것인가를 결정하는 것을 말한다.

(가) 지정충당　지정충당은 1차적으로 변제자가 할 수 있다. 즉 변제자는 변제제공시에 수령자에 대한 의사표시로써 변제에 충당할 채무를 지정할 수 있다. 이것은 변제자가 충당에 관하여 가장 큰 이해관계를 가지므로 민법이 그 지정권을 부여한데 있고, 특히 이 때 변제자의 충당지정에 대하여는 변제수령자의 동의를 요하거나, 또한 수령자가 이에 대하여 이의를 제기할 수도 없다. 그러나 채무자가 변제지정을

110) 대판 1984.9.11, 84다카781.

함에는 법률상 일정한 제한을 받는다.

(ㄱ) 변제자가 한 개 또는 수 개의 채무에 관하여 원본 이외에 이자 및 비용을 지급하여야 하는 경우에는 비용·이자·원본의 순서로 충당하여야 하며(제479조 제1항), 비용상호·이자상호·원본상호 사이에서는 법정충당의 예에 의한다(동조 제2항).

(ㄴ) 변제자가 변제지정을 하지 않고 변제하는 때에는 2차적으로 변제수령자가 그 수령당시 변제자에 대한 의사표시로써 충당할 수 있다. 여기서 수령당시란「수령 후 지체 없이」뜻으로 해석된다. 그러나 이에 대하여 변제자가 즉시 이의를 제기하면 충당은 효력을 잃지만, 이 경우 변제자가 다시 지정할 수는 없고, 법정충당에 의하여야 한다(통설). 그것은 충당권을 행사하지 않는 변제자는 이미 그 권리를 잃었다고 보는 것이 공평하기 때문이다.

[판례] 비용·이자·원본에 대한 변제충당에 있어서는 민법 제479조에 그 충당순위가 법정되어 있고 지정변제충당에 관한 같은 법 제476조는 준용되지 않으므로 당사자 사이에 특별한 합의가 없는 한 비용·이자·원본의 순으로 충당하여야 할 것이고 채무자는 물론 채권자라고 할지라도 위 법정순서와 다르게 일방적으로 충당의 순서를 지정할 수 없다고 할 것이지만 당사자의 일방적 지정에 대하여 상대방이 지체 없이 의의를 제기하지 아니함으로써 묵시적인 합의가 되었다고 보여지는 경우에는 그 법정순서와 달리 충당의 순서를 인정할 수 있다(대판 2002.5.10, 2002다12871·12888).

(ㄷ) 담보권실행을 위한 경매에서는 채권자와 채무자 사이에 합의가 있는 경우라도 민법 제476조에 의한 지정변제충당은 할 수 없고 민법 제477조 및 제479조에 의한 법정충당에 의하여야 한다.[111]

[판례] 담보권실행을 위한 경매에서 배당된 배당금이 담보권자가 가지는 수 개의 피담보채권 전부를 소멸시키기에 부족한 경우에는 민법 제476조에 의한 지정변제충당은 허용될 수 없고, 채권자와 채무자 사이에 변제충당에 관한 합의가 있었다고 하여 그 합의에 따른 변제충당도 허용될 수 없으며, 획일적으로 가장 공평 타당한 충당방법인 민법 제477조 및 제479조의 규정에 의한 법정변제충당의 방법에 따라 충당하여야 한다(대판 2003.5.16, 2002다8506).

(나) 법정충당　당사자의 어느 편에서도 충당지정을 하지 않을 때, 또는 수령자의 지정충당에 대하여 변제자가 즉시 이의를 제기한 때에는 법정충당 하여야 하며, 다음의 순위로 충당한다(제477조 각호 참조). 다만 이들의 표준에 의해서도 선·후가 정하여지지 않는 채무 또는 급부 간에는 채무액에 비례하여 각 채무의 변제에 충당한다.

(ㄱ) 이행기가 먼저 도래한 채무 : 총채무 또는 총급부 중 이행기가 도래한 것과 도래하지 않은 것이 있으면, 이행기가 도래한 채무의 변제에 충당한다.

(ㄴ) 변제이익이 많은 채무 : 총채무 또는 총급부가 이행기가 도래하였거나 도래

111) 대판 2003.5.16, 2002다8506; 2000.12.8, 2000다51339; 1999.8.24, 99다22281·22298.

하지 아니한 때에는 채무자에게 변제이익이 많은 채무에 충당한다.

판례는 주채무자의 채무는 보증인의 채무보다 변제이익이 많고(대판 2002.7.12, 99다68652), 또한 주체무자 이외의 자가 변제자인 경우에는 변제자가 발행 또는 배서한 어음에 의하여 담보되는 채무가 다른 채무보다 변제이익이 많다고 보아야 하나(대판 1999.8.24, 99다22281 · 22298), 변제자가 주채무자인 경우에 보증인이 있는 채무와 없는 채무사이에 있어서는 전자가 후자에 비하여 변제이익이 많다고 볼 이유는 없는 것이라고 한다(대판 1985.3.12, 84다카2093).

또한, 변제이익이 많고 적음은 변제자를 기준으로 정하여야 하고, 변제자가 수인인 경우에는 각별로 판단하여야 한다.[112]

(ㄷ) 변제이익이 동일한 채무의 경우 : 채무자에게 변제이익이 같은 것 사이에는 이행기가 먼저 도래한 채무나 먼저 도래할 채무의 변제에 충당한다. 그러나 기한이 정해져 있지 않은 채무는 언제나 이행기가 도래한 것으로 하고, 그러한 것 사이에 있어서는 먼저 성립한 것을 이행기가 먼저 도래한 것으로 한다.

(6) 辨濟에 의한 대위

(가) 변제자대위의 의의 　제3자 또는 보증인 · 연대채무자 등이 채무자를 위하여 변제한 때, 이러한 자가 채무자에 대하여 취득하는 구상권의 효력을 확보하기 위하여 그 구상권의 범위에서 채권자가 채무자에 대하여 가졌던 권리가 변제자에게 이전하는 것을 가리켜 변제자대위라고 한다.

(나) 대위권의 법률적 성질 　변제자 대위의 법률적 성질에 관하여 견해가 대립한다. 대위행사설은 채권자의 권리를 이전받는 것이 아니라 변제자 명의로 그 권리를 행사하는데 불과한 것이라고 하나,[113] 다수설은 권리이전설을 취하여 변제당시 채권자가 채무자에 대하여 가졌던 권리가 법률상 당연히 변제자에 이전되는 것이라고 본다.

(다) 대위권의 행사요건 　변제자가 대위권을 행사하기 위해서는 다음의 요건을 갖추어야 한다.

(a) 대위변제를 할 수 있는 자일 것

(b) 변제 기타(공탁 기타 출재)로 채권자에게 만족을 주었을 것

(c) 변제자가 채무자에 대하여 구상권을 가질 것

(d) 채권자의 승낙이 있거나(임의대위), 변제할 정당한 이익이 있을 것(법정대위)

---

112) 대판 1999.8.24, 99다22281 · 22289.

113) 이은영 139면.

(다) 변제자대위권의 행사

(ㄱ) 채권자의 승낙으로서 임의대위 : 변제할 정당한 이익이 없는 자가 대위하려면 변제와 동시(변제 이전이라도 무방하다)에 채권자의 승낙을 얻어야 하며, 이것을 임의대위라고 한다(제480조 제1항).

채권자의 승낙은 채권 및 담보권 이전에 관한 동의이며, 채권양도의 의사표시가 아니다. 즉 代位라는 법률상 효과를 낳게 하기 위한 의사통지(준법률행위)에 불과하다. 또한 변제자가 대위로써 채무자에게 대항하려면 채권자가 채무자에게 대위를 통지하거나 채무자가 승낙하여야 하며, 그 통지나 승낙을 가지고 채무자 이외의 제3자에게 대항하려면 확정일자 있는 증서로써 하여야 한다(동조 제2항에 의한 제450조 내지 제452조 준용).

(ㄴ) 변제할 정당한 이익으로서 법정대위 : 변제할 정당한 이익이 있는 자는 변제로 당연히 채권자를 대위하며, 이것을 법정대위라고 한다(제481조).

여기서 정당한 이익이 있는 자란 보증인·물상보증인·담보목적물의 제3취득자·연대채무자·후순위담보권자 등과 같이 변제를 하지 않을 때에는 그 채권자로부터 집행을 받는다든가, 자기권리를 상실하는 등의 지위에 있는 자를 말한다.

(라) 변제대위의 효과

(ㄱ) 변제대위자와 채권자간의 관계

(a) 권리의 이전 : 대위변제로 채권자가 채무자에 대하여 가지는 채권 및 그 담보에 관한 권리는 변제자에 이전한다. 즉 이행청구권·손해배상청구권·채권자대위권·채권자취소권 등과 같이 그 채권에 관하여 채권자가 가지는 권능 및 그 채권을 담보하는 담보물권 또는 보증인에 대한 권리가 구상권의 범위에서 변제자에게 당연히 이전한다.

채권의 일부에 대위변제한 경우에도 그 변제한 가액의 범위에서 종래의 채권자가 가지고 있던 채권 및 담보에 관한 권리를 대위변제자에 이전된다. 따라서 채권자가 부동산에 대하여 저당권을 가지고 있는 경우에는 채권자는 대위변제자에게 일부 대위변제에 따른 저당권의 일부 이전의 부기등기를 해 주어야 할 의무를 부담한다.[114] 그러나 이때 담보권이 근저당권인 경우에는 근저당권의 피담보채권이 확정되지 아니하는 동안에는 이전되지 않는다.[115]

[판례] 근저당권은 계속적인 거래관계로부터 발생·소멸하는 불특정다수의 채권 중 그 결산기에 잔존하는 채권을 일정한 한도액의 범위 내에서 담보하는 것으로서 그 거래가 종

114) 대판 1996.12.6, 96다35774.

115) 대판 2000.12.26, 2000다54451; 1996.6.14, 95다53812.

료하기까지 그 피담보채권은 계속적으로 증감·변동하는 것이므로, 근저당 거래관계가 계속되는 관계로 근저당권의 피담보채권이 확정되지 아니하는 동안에는 그 채권의 일부가 대위변제되었다고 하더라도 그 근저당권이 대위변제자에게 이전될 수 없다(대판 2000.12.26, 2000다54451).

대위변제에 의하여 이전되는 권리는 채권 및 그 담보에 관한 권리이고 계약당사자의 지위에서 가지는 계약취소권, 해제권·해지권 등은 이전되지 않는다.

왜냐하면, 변제에 의한 대위는 변제자의 구상권 확보가 목적이고 계약당사자의 지위를 이전 받는 것은 아니기 때문이다.

(b) 대위행사를 용이하게 할 의무 : 채권자는 대위자에 대하여 대위할 권리의 행사를 용이하게 할 의무를 진다. 즉 채권자는 대위의 통지를 하여야 하고, 담보물이 부동산인 때에는 대위의 부기등기에 협력하여야 한다. 그밖에 대위변제에 의하여 채권 전부의 변제를 받은 채권자는 그 채권에 관한 증서 및 그가 점유하는 담보물을 대위자에게 교부하여야 한다(제484조 제1항).

또한, 채권의 일부에 대한 대위변제가 있는 때에는 채권자는 채권증서에 그 대위를 기입하고 자기가 점유한 담보물의 보존에 관하여 대위자의 감독을 받아야 한다(동조 제2항).

(c) 담보권보존의무 : 채권자는 대위변제 받은 채권을 소멸시키지 아니할 의무를 부담한다. 따라서 민법 제481조(변제자 법정대위)의 규정에 의하여 대위할 자가 있는 경우 채권자의 고의·과실로 담보가 상실되거나 감소된 경우 대위할 자는 그 상실 또는 감소로 인하여 상환 받을 수 없는 한도에서 책임을 면한다(제485조).

상실 또는 감소되는 담보란 주된 채무를 담보하기 위한 인적 또는 물적 담보를 말하고, 담보의 상실 또는 감소의 전형적인 예로는 채권자가 인적 담보인 보증인의 채무를 면제해 주거나, 물적 담보인 담보물권을 포기 또는 순위를 불리하게 변경하거나 담보물을 훼손·반환하는 행위를 들 수 있다.

[제3자변제와 채권자의 의무]

- (1) 채권증서와 담보물의 교부의무
  - ㉠ 대위자의 권리행사를 용이하게 할 의무
  - ㉡ 일부대위와 대위자의 감독 — 채권증서에 대위 기입
  - ㉢ 담보물보존의 감독
- (2) 채권자의 담보보존의무
- (3) 채권자의 부당이득반환의무
  - 일부변제 후 채권자의 계약해지·해제의 경우
  - 전부변제의 경우 제외

또한, 면책의 범위결정에 관하여 학설은 담보의 상실 또는 감소된 때를 기준으로 하여야 한다는 설과 담보권을 실행하거나 실행할 수 있었던 때를 기준으로 하여야 한다는 견해가 대립하나, 판례는 담보의 상실 또는 감소된 때를 기준으로 정할 것이라고 한다.[116]

(ㄴ) 변제대위자와 채무자간의 효과 : 변제대위자는 자기의 권리에 의하여 구상할 수 있는 범위에서 채권 및 그 담보에 관한 권리를 행사할 수 있다(제482조 제1항). 즉 이행청구권·손해배상청구권·채권자대위권·채권자취소권 등과 같이 그 채권에 관하여 채권자가 가지는 권능 및 그 채권을 담보하는 담보물권 또는 보증인에 대한 권리가 구상권의 범위에서 채권자를 대위한다.

[판례] 물상보증인이 채무자의 채무를 변제한 경우, 그는 민법 제370조에 의하여 준용되는 같은 법 제341조에 의하여 채무자에 대하여 구상권을 가짐과 동시에 민법 제481조에 의하여 당연히 채권자를 대위하고, 위 구상권과 변제자대위권은 원본·변제기·이자·지연손해금의 유무 등에 있어서 내용이 다른 별개의 권리로서, 물상보증인은 고유의 구상권을 행사하든 대위하여 채권자의 권리를 행사하든 자유이며, 다만 채권자를 대위하는 경우에는 같은 법 제482조 제1항에 의하여 고유의 구상권의 범위에서 채권 및 그 담보에 관한 권리를 행사할 수 있는 것이어서, 변제자대위권은 고유의 구상권의 효력을 확보하는 역할을 한다(대판 1997.5.30, 97다1556).

(a) 채권의 일부를 대위변제한 자는 그 변제한 가액에 비례하여 채권자와 함께 그 권리를 행사하여야 한다(제483조 제1항). 따라서 대위변제자는 단독으로 행사할 수 없고 채권자가 권리를 행사하는 경우에만 공동으로 행사하여 우선변제를 받을 수 있다고 할 수 있다. 그러나 나머지 채무액에 대하여는 채권자가 우선한다(통설).

또한, 채권자가 채권의 일부에 대위변제한 채권계약을 해제 또는 해지한 때에는 채권자가 대위자에게 그 변제한 가액 및 이자를 상환하여야 한다(동조 제2항).

(b) 대위변제에 의한 대위자는 계약당사자의 지위를 이전 받는 것은 아니므로 전부 또는 일부의 대위변제를 불문하고 계약당사자의 지위에서 행사하는 권리는 채권자만이 행사할 수 있고 대위변제자는 행사하지 못한다.

(ㄷ) 변제대위자 상호간의 효과 : 법정대위, 즉 변제를 함에 있어 정당한 이익을 가지는 자가 수인인 때에는 상호간의 우열을 정하지 않으면 우연히 먼저 변제한 자가 부당한 이익을 얻고 법률관계의 혼란을 가져올 염려가 있으므로 민법은 각자의 구상권에 관하여 그 보호할 필요의 강약에 따라 우열의 순서와 비율을 규정하고 있다(제482조 제2항 각호 참조).

(a) 보증인은 전세물이나 저당물에 권리를 취득한 제3자에 대하여 채권자에 대위

116) 대판 2001.12.12, 99다13669.

하지만, 그러기 위하여서는 보증인은 미리 전세권이나 저당권의 등기에 그 대위를 부기하여야 한다. 또한 보증인은 제3취득자에 대하여 채권자에 대위하지만, 제3취득자는 보증인에 대하여 채권자를 대위하지 못한다(동항 제1호·제2호).

(b) 보증인과 물상보증인은 인원수에 비례하여 채권자를 대위한다. 다만 보증인이 물상보증인을 겸하는 경우에는 1인으로 계산하고, 물상보증인이 수인인 때에는 보증인의 부담부분을 제외하고 그 잔액에 대하여 각 재산의 가액에 비례하여 대위한다(동항 제5호 본문). 또한 수 개의 부동산에 담보권이 설정되어 그 제3취득자가 수인인 경우 그 1인이 변제한 때에는 다른 제3취득자에 대하여는 각 부동산의 가액에 비례하여 채권자를 대위한다. 또한 그 효력은 물상보증인 사이의 대위에 관하여도 동일하다(동항 제3호·제4호).

(c) 연대보증인과 보증인 상호간에는 각각 특별한 규정(제425조, 제447조, 제488조)이 있어, 그 규정에 의하여 구상권의 범위가 정하여진다.

2. 代物辨濟와 代物辨濟豫約

(1) 代物辨濟

(가) 대물변제의 의의·성질　대물변제란 채무자가 부담하는 본래급부에 갈음하여 현실로 다른 급부를 함으로써 채권을 소멸시키는 채권자와 변제자 간의 계약을 말한다. 예컨대 50만원의 금전채권에 갈음하여 컴퓨터 1대를 급부함으로써 채권을 소멸케 하는 것과 같이 본래 급부에 갈음하여 현실로 다른 급부를 함으로써 채권을 소멸시키는 것이며, 다음의 성질을 가진다.

(ㄱ) 본래급부와 상이한 다른 급부를 함으로써 채권을 소멸시키는 점에서 경개와 비슷하다. 그러나 갱개는 채무자가 본래급부 대신 다른 급부를 할 새로운 채무를 부담함으로써 본래채무를 소멸시키는 것과 구별된다.

(ㄴ) 반드시 채권자의 승낙을 요하므로 계약이다.

(ㄷ) 변제와 동일한 효력을 가지나 변제와 동일한 것은 아니다.

(나) 대물변제의 요건　채무자가 본래급부에 갈음하여 다른 급부를 하기 위해서는 다음의 요건을 갖추어야 한다.

(ㄱ) 채권이 존재할 것 : 대물변제는 기존의 채권을 소멸케 함을 내용으로 하므로 채권이 유효히 존재하여야 한다. 따라서 본래채무가 처음부터 존재하지 않거나 무효·취소된 경우이면 대물변제의 효력은 발생하지 않는다.[117)]

---

117) 대판 1991.11.12, 91다9503.

(ㄴ) 본래의 급부와 다른 급부를 할 것 : 본래급부와 다른 급부를 하여야 하나, 그 다른 급부의 내용이나 종류에는 아무런 제한이 없다. 예컨대 본래급부에 갈음하여 동산이나 부동산을 급부하거나 그 반대의 경우라도 무관하다. 또한 채권의 양도나 어음·수표의 교부도 다른 급부로 될 수 있다.

(ㄷ) 본래채무의 이행에 갈음하여 다른 급부가 행하여질 것 : 다른 급부는 본래부에 갈음하여 하는 것이어야 한다. 즉 변제를 위하여 하는 것이 아니라, 변제에 갈음하여(본래채무를 소멸케 하기 위하여) 하는 것이어야 한다.

(ㄹ) 당사자간에 합의가 있을 것 : 대물변제가 유효하기 위해서는 당사자가 행위능력이 있어야 하고, 또한 「이행에 갈음하여」라는 것이 밝혀져 있어야 한다.

(ㅁ) 대물의 등가성 : 대물의 등가성은 요구되지 않는다. 따라서 대물변제예약과는 달리 본래급부와 대물급부가 어느 정도 차이가 있어도 무방하고 정산의무는 부담하지 않는다. 그러나 민법 제104조에 반하는 범위에서는 별개 문제로 된다.

(다) 대물변제의 효과 대물변제로 본래채권은 물론 그 채권상 존재한 담보권도 당연히 소멸한다. 그러나 변제목적물에 하자가 있는 때에는 민법 제567조(매도인의 담보책임)의 준용에 의한 계약해제 또는 손해배상을 청구할 수 있다.

다만, 다른 급부를 청구할 수 있는가에 관하여 견해가 대립되지만 민법 제581조(종류채권의 담보책임)의 신설에 따라 대물변제의 목적물이 종류물일 때에는 하자 없는 물건의 청구가 가능한 것이라고 본다.

(2) 代物辨濟(반환)의 豫約

(가) 대물변제예약의 의의 대물변제의 예약이란 채권자가 본래 급부에 갈음하여 다른 급부로써 할 것을 미리 예정하는 계약을 말하고, 소비대차의 당사자 사이에서 널리 행하여진다. 예컨대 乙이 甲으로부터 500만원을 차용하고, 변제기에 변제하지 못할 경우 乙소유의 특정 부동산을 甲에게 이전할 것을 미리 약정하는 것과 같다.

(나) 대물변제예약의 제한 민법은 대물변제예약의 유효성을 인정하면서도 제607조·제608조를 두어 일정한 제한을 가하고 있다. 즉 대물변제예약의 목적물인 재산권가액이 본래 차용액과 이자의 합산을 넘지 못하게 하고(제607조), 이것에 위반하는 때에는 그 효력을 배제하고 있다(제608조).

따라서 동조가 규정한 「效力이 없다」라고 규정한 의미가 무엇인가. 이에 대한 종래 판례는 제608조에 의하여 제607조를 위반하는 대물변제예약은 전부무효로서 그러한 예약은 처음부터 없었던 것으로 하였다. 그러나 최근의 판례는 대물변제예약이 제607조·제608조에 위반하여 무효인 경우에 그 무효인 대물변제예약을 바탕으로 하여 차주인 채무자의 채무불이행시에 채권자인 대주에게 목적부동산의 소유권 이전등기를 경료한 때에는 그 등기는 차주의 원리금채무를 담보하는 범위에서는 유효하며, 이 때의 담보는 이른바 약한 의미의 양도담보를 설정한 것으로 본다. 즉 민법 제607조 내지 608조에 위반하는 대물변제예약은 무효이나 그 무효의 내용으로써 정산이 요구되는 것이라고 하여 약한 양도담보설을 취한다.[118)]

3. 供託・相計・更改・免除・混同에 의한 채권의 소멸

(1) 供 託

(가) 공탁의 의의　변제공탁이란 변제자가 채권자를 위하여 변제의 목적물을 공탁소에 임치하여 채무를 면하는 제도, 즉 채무소멸을 위한 공탁을 말한다. 이와 같이 공탁은 공탁자와 공탁소와의 임치계약이지만, 이에 의하여 채권자에게 임치계약상의 권리를 취득시키는 것이므로 그 법률적 성질은 제3자를 위한 임치계약이다.

민법이 변제공탁을 인정한 것은 채무의 성질이 채권자의 수령을 요하는 것이어서 채무자의 변제에도 채권자가 이를 수령하지 않는다면 채무자는 언제까지나 채무에 구속당하는 것이 되어 불공평한데 있다.

(나) 공탁의 요건

(ㄱ) 공탁의 원인 : 변제공탁하기 위해서는 다음의 원인이 있어야 한다.

(a) 채권자가 변제를 받지 아니하거나 받을 수 없는 때 : 변제자가 변제제공을 하였으나 채권자가 그것을 수령하지 않는 때에는 그 이유 여하를 묻지 않고 변제자는 변제목적물을 공탁하여 채무를 면할 수 있다. 그러나 반드시 채권자지체가 되는 경우에 한하는 것이 아니므로 변제자가 미리 변제수령을 거절한 경우에는 변제공탁할 필요 없이 직접 공탁을 할 수 있다고 해석한다.[119)]

(b) 변제자의 과실 없이 채권자를 알 수 없는 경우 : 여기서 「채권자를 알 수 없는 경우」라 함은 객관적으로 채권자 또는 변제수령권자가 존재하지만 채무자가 선량한 관리자의 주의를 다하여도 채권자가 누구인지 알 수 없는 경우, 예컨대 상속으로 인하여 채권자가 누구임을 알 수 없거나, 채권양도의 효력에 관하여 의문이 있는 경우 또는 채권자라고 칭하는 자가 수인 있는 경우 등이 이것이다.

(ㄴ) 공탁당사자 : 공탁당사자는 공탁자와 공탁소이다. 채권자는 계약의 당사자가 아니며, 다만 제3자 약관에 의한 효과의 당사자일 뿐이다.

---

118) 대판 1980.7.22, 80다998.
119) 대판 1981.9.8, 80다2851.

공탁자는 변제자이며 채무자에 한하지 않는다. 공탁소는 공탁사무를 행하는 국가기관이며, 공탁공무원으로써 구성한다.

(ㄷ) 공탁목적물 : 공탁목적물은 동산·부동산을 불문한다.[120] 변제목적물이 공탁에 적당하지 않거나 멸실·훼손의 염려가 있는 때 또는 공탁에 과다한 비용을 요하는 경우, 변제자는 법원의 허가를 얻어 경매하거나 시가로 방매하여 대금을 공탁할 수 있다(제490조). 이를 자조매각 또는 대금공탁이라고 한다.

(다) 공탁의 효과

(ㄱ) 채무의 소멸 : 공탁에 의하여 채무는 소멸한다. 그러나 공탁물을 회수한 때에는 공탁하지 않은 것으로 된다(제489조 제1항). 즉 공탁자는 공탁물을 회수할 수 있기 때문에 회수권이 있는 동안은 공탁의 효과는 불확정적이 된다.

(a) 공탁으로 인한 채무소멸의 불확정적인 효과를 어떻게 이론구성을 할 것인가. 다수설은 민법 제498조에서 「공탁하여 그 채무를 면할 수 있다」라고 할 뿐 채무소멸의 효과를 공탁물회수권의 소멸과 연결시키고 있지 않고 또한 동조 제2항이 질권 또는 저당권이 공탁으로 인하여 소멸한 때 공탁물 회수로 인한 공탁하지 아니한 것으로 한 규정은 단순한 주의적 규정이라 볼 것은 아니므로 해제조건으로 볼 것이 아니라 정지조건으로 해야 할 것이라고 한다. 그러나 정지조건설을 취하는 경우에도 변제자가 공탁물을 회수를 하지 않고 있는 동안에는 채권자의 이행청구를 거절할 근거 규정이 있어야 할 것이지만 우리 민법은 이와 같은 규정이 없다는 문제점을 지적한다.[121] 그리하여 견해에 따라서는 공탁물 회수는 채무자의 임의적인 것으로서 법률행위의 조건이 아니라 오히려 공탁의 철회로서의 성질을 갖는 것이라고 한다.[122]

(b) 변제공탁이 유효하기 위해서는 채무의 전부에 대한 변제의 제공 및 채무 전액에 대한 공탁이 있음을 요하고 채무의 전액이 아닌 일부에 대한 공탁은 채권자가 채권의 일부에 충당한다는 의사표시를 하고 이를 수령한 경우가 아닌 이상 그 부분에 대하여도 효력이 생기지 않는다.[123]

(c) 변제공탁으로 인한 채권소멸은 공탁공무원의 수탁처분과 공탁물보관자의 공탁물수령의 효과이다.[124]

(ㄴ) 채권자의 공탁물인도청구와 소유권의 이전 : 공탁에 의하여 채권자는 공탁

120) 다만 부동산에 관하여는 보관이 불편할 뿐만 아니라, 이전등기가 경료되지 않는 이상 채무가 소멸할 수 없는 점을 들어 부정하는 견해가 있다(지원림, 민법강의 847면).

121) 양창수, 공탁, 고시연구 1992.10. 102면.

122) 이은영, 449면.

123) 대판 1996.7.26, 96다14616.

124) 대판 1972.5.15, 72마401.

물인도청구권을 취득한다. 이에 관하여는 법률에 특별한 규정을 두고 있지 않으나, 공탁이 제3자를 위한 임치계약이라는 당연한 결과이다.

공탁물의 소유권이전시기는 공탁물에 따라 달리한다. 공탁물이 불특정물인 금전 그 밖의 소비물인 때에는 공탁에 의하여 소비임치가 성립하므로 공탁물의 소유권은 일단 공탁소가 취득하고 채권자가 공탁소로부터 그것과 동종·동질·동량의 물건을 수령한 때 소유권을 취득하는 것이 아니라 공탁자로부터 직접 채권자에게 소유권이 이전된다. 그러나 특정물의 경우에는 물권변동의 효과에 관한 일반원칙에 따라 그 특정물이 동산이면 공탁소로부터 채권자가 수령한 때 소유권을 취득하고(제188조 제1항), 부동산이면 채권자명의로 이전등기가 행하여진 때 취득된다(제186조).

(라) 공탁물의 회수　공탁은 변제자(공탁자)를 보호하기 위하여 인정된 제도이므로 채권자나 제3자에게 불이익을 주지 않는 한 공탁자로 하여금 공탁물의 회수를 허용함은 당연하다.

민법상 공탁물의 회수는 공평의 원리에 따라 채권자가 공탁을 승인하거나 공탁소에 대하여 공탁물의 수령을 통고 또는 공탁 유효판결이 확정되기까지는 회수할 수 있게 하고 있다(제489조 제1항).

(2) 相 計

(가) 상계의 의의　상계(相計)란 채무자가 그의 채권자에 대하여 동종의 채권을 가지는 경우에 그 채권과 채무를 대등액에서 소멸케 하는 일방적 의사표시를 말한다. 예컨대 甲이 乙에 대하여 10만원의 채권을 가지고 있고, 또한 乙이 甲에 대하여 5만원의 채권을 가지고 있는 경우, 甲 또는 乙의 상대방에 대한 일방적 의사표시로써 5만원의 한도에서 쌍방의 채권·채무를 소멸케 하는 것이 이것이다.

민법이 상계제도를 인정한 것은 서로 대립하는 채권·채무를 간이한 방법으로 결제케 함으로써 양 채권·채무관계를 원활·공평히 처리하고, 또한 상계권을 행사하려는 자에 대하여는 수동채권의 존재가 사실상 자동채권에 대한 담보로서의 기능을 하는 것이어서 그 담보적 기능에 대한 당사자의 합리적 기대가 법적으로 보호받을 만한 가치가 있음에 근거한다.[125]

(나) 상계의 성질　민법상 상계는 채무자의 단독행위이지만, 이와 동일한 목적을 당사자 사이의 계약, 즉 상계계약으로 달성할 수 있다.

(ㄱ) 상계계약은 낙성·불요식 유상계약으로 양 채권에 대한 유인적 상호채무면제계약이며, 그 성립에 계약일반의 성립·유효요건을 구비하여야 하나 민법이 정하

125) 대판 2003.4.11, 2002다59481.

는 상계요건이나 상계금지는 원칙적으로 적용되지 않는다.

또한, 상계계약의 효력은 원칙적으로 소급효를 가지며, 서로 유인적 관계에 선다.

(ㄴ) 상계가 채권소멸원인이 되는 근거에 관하여 변제·대물변제·특수한 변제 등으로 구성하려는 견해와 임치권·질권에 환원하려는 견해가 있었으나, 현재는 상계 자체가 독립한 하나의 특수한 채무소멸원인이라고 이해하는데 일치한다.

(다) 상계의 요건·방법

(ㄱ) 상계적상 : 채무자가 자기 채권으로 상계하기 위해서는 먼저 상계적상을 가져야 한다.

(a) 자동채권과 수동채권일 것 : 자동채권은 원칙적으로 상계자 자신이 피상계자에 대하여 가지는 채권이며, 원칙적으로 상계자 자신이 피상계자에 대하여 가지는 채권이어야 하고, 타인의 채권을 자동채권으로 하여 상계하지 못한다. 그러나 연대채무·보증채무 및 채권양도의 경우에는 예외가 인정된다.

수동채권은 피상계자가 상계자에 대하여 가지는 채권이며, 피상계자가 제3자에 대하여 가지는 채권과 상계하지 못한다. 또한 제3자는 채무자를 위하여 변제할 수 있으나 채권자에 대한 채권으로 채무자를 위하여 상계하지 못한다.

상계의 대상이 되는 자동채권과 수동채권은 상대방과 사이에서 직접 발생한 채권에 한하지 아니하고 제3자로부터 양수 등을 원인으로 하여 취득한 채권도 포함한다.[126]

(b) 목적의 동종성이 있을 것 : 대체로 상계할 수 있는 채권은 종류채권이고, 특히 금전채권이 보통이다. 그러나 채권의 목적이 동종이면 충분하고 원인 또는 채권액이 동일할 것을 요하지 않으며, 이행기 또는 이행지가 동일해야 하는 것도 아니다.

(c) 양 채권이 변제기에 있을 것 : 자동채권이 변제기에 있어야 하나, 수동채권은 채무자인 상계자가 스스로 기한의 이익을 포기하고 상계할 수 있다. 그러나 서로 현실적 이행을 하지 않으면 채권의 목적을 달성할 수 없는 부작위채무 또는 하는 채무는 물론, 그 외에 자동채권에 항변권이 붙은 경우에는 상계하지 못한다.

다만, 주채무자에 대한 사전구상권을 자동채권으로 상계할 수 있는가. 판례는 항변권이 붙어 있는 채권을 자동채권으로 하여 다른 채무(수동채무)와 상계를 허용한다면 상계자 일방의 의사표시에 의하여 상대방의 항변권행사 기회를 상실시키는 결과가 되므로 그러한 상계는 허용될 수 없고, 특히 수탁보증인이 주채무자에 대하여 가지는 민법 제442조의 사전구상권에는 민법 제443조 소정의 이른바 면책청구권이 항변권으로 부착되어 있는 만큼 이를 자동채권으로 하는 상계는 허용될 수 없는 것이라고 한다.[127]

126) 대판 2003.4.11, 2002다59481.

(d) 상계금지채권이 아닐 것 : 당사자의 약정 또는 법률의 규정에 의하여 상계가 금지된 채권은 상계하지 못한다. 특히 법률이 상계를 금지하고 있는 것으로는 고의의 불법행위에 의한 손해배상청구권(단독행위에 의한 수동채권에 국한), 근로임금과 전차・전대금채권(근로기준법 第25조), 상법상 주식의 납입(상법 第334조), 공무원연금(동법 第12조) 및 압류가 금지된 채권, 지급금지명령을 받은 채권 또는 질권이 설정된 채권 등이 이것이다.

[판례] 고의의 불법행위로 인한 손해배상채권을 수동채권으로 하는 상계는 허용되지 않는 것이며, 이는 그 자동채권이 동시에 행하여진 싸움에서 서로 상해를 가한 경우와 같이 동등한 사안에서 발생한 고의의 불법행위로 인한 손해배상채권인 경우도 마찬가지이다(대판 1994.2.25, 93다38444).

다만, 임금채권을 상계할 수 있는가. 근로기준법 第42조 第1항은 "임금은 통화로 직접 근로자에게 직접 지급하여야 한다."라고 규정한 점에서 문제되나 판례는 사용자가 근로자의 동의를 얻어 상계하는 것은 무방한 것이라고 한다.[128]

[상계가 금지되는 채권]

(1) 상계금지 특약이 있는 채권
(2) 법률상 금지되는 채권
- ① 고의의 불법행위에 기한 손해배상채무(과실의 경우 제외)
  - 수동채권에 국한
  - 단독행위로 인한 상계에 국한(상계계약의 경우 제외)
- ② 압류금지 채권, 지급이 금지된 채권
- ③ 질권이 설정된 채권(지급금지 명령의 효력)
- ④ 특별법상 상계가 금지된 채권(상법상 주식의 납입 : 상법 第334조) 및 근로기준법(동법 第25조)・공무원연금법(동법 第12조)상 제한

(3) 해석상 금지되는 채권
- ① 압류된 자동채권
- ② 자동채권에 질권이 설정된 경우

(4) 자동채권과 수동채권이 대립하지 않는 경우

(ㄴ) 상계적상의 현존 : 상계하기 위해서는 상계적상이어야 함은 물론 상계적상이 현존하여야 하며, 자동채권이 부존재 또는 무효인 경우의 상계는 무효이며(이 때 자동채권은 이행을 강제할 수 있는 것이어야 한다), 이와 같은 효력은 수동채권에 있어서도 동일하게 해석된다.

127) 대판 2001.11.13, 2001다55222.
128) 대판 2001.10.23, 2001다25184.

(ㄷ) 상계의 의사표시 : 상계의 의사표시가 있어야 한다.[129] 상계는 채무자의 단독행위(형성권)이며 채권자에 대한 일방적 의사표시로 행한다.

다만, 이때 채무자는 처분의 권한을 가진 행위능력자이어야 하고, 또한 상대방은 상계적상에 있는 수동채권을 가진 자이어야 한다.

[판례] 상계는 단독행위로서 상계하는지 여부는 채권자의 의사에 따르는 것이고 상계적상에 있는 자동채권이 있다고 하여 반드시 상계를 하여야 할 것은 아니므로 채권자가 채무자에 대하여 상계적상에 있는 자동채권을 상계처리 하지 아니하였다고 하여 이를 이유로 보증채무자가 보증한 신용보증채무의 이행을 거절할 수 없으며, 나아가 보증채무의 책임이 면제되는 것도 아니다(대판 1987.5.12, 86다카1340).

(라) 상계의 효과

(ㄱ) 채권의 소멸 : 상계에 의하여 당사자 쌍방의 채권은 그 대등액에서 소멸한다. 따라서 다액의 채권은 그 차액이 남게 된다. 그리고 피상계자가 수 개의 상계적상에 있는 수동채권을 가지고 있고 자동채권으로 그 전부를 소멸시키기에 부족한 때에는 변제충당의 규정을 준용하여 상계채권이 결정된다(제499조). 이것이 상계충당이다.

상계의 의사표시로 각 채무가 상계할 수 있는 때에 대등액에 관하여 소멸한 것으로 간주된다(제493조 제2항).

(ㄴ) 상계와 취소・해제권 : 상계가 적법하게 행하여진 경우에도 그 채권이 취소 또는 해제할 수 있는 채권이어서 이를 취소 또는 해제하면 그 채권은 처음부터 존재하지 않는 것으로 되어 상계는 무효로 된다.

또한, 쌍방채무의 이행지가 같지 않은 경우에도 상계할 수 있으나, 상계자는 그 상대방에 대하여 그로 인하여 생긴 손해를 배상해야 한다(제494조).

(3) 更 改

(가) 갱개의 의의 갱개(更改)란 채무의 요소를 변경함으로써 신채무를 성립시키는 동시에 구채무를 소멸케 하는 계약을 말한다. 따라서 갱개는 본래급부와 다른 급부를 함으로써 채권을 소멸시키는 점에 있어서는 대물변제와 유사하나, 대물변제는 다른 급부를 현실로 이행시키는데 대하여, 갱개는 다른 급부를 하게 하는 채무를 부담하는데 불과한 점에서 양자는 구별된다.

(나) 갱개의 성립요건 경개가 성립하기 위해서는 다음의 요건을 갖추어야 한다.

(ㄱ) 소멸할 채무의 존재 : 갱개가 성립하기 위해서는 소멸할 구채무가 유효하게 존재하여야 한다. 그것이 존재하지 않을 때 갱개는 무효이며, 신채권도 성립하지 않는다.

---

129) 대판 2000.9.8, 99다6524; 1987.5.12, 86다카1340.

갱개의 목적이 될 구채무의 발생원인·종류에는 아무런 제한이 없다. 즉, 계약에 의한 것이든 법률의 규정에 의한 것이든, 작위채무이든 부작위채무이든 이를 묻지 않는다.

(ㄴ) 신채무의 성립 : 신채무가 성립하지 않으면 갱개는 무효이고, 구채무는 그대로 존속한다. 즉, 구채무가 소멸하지 않는 때에는 신채무도 성립하지 않고, 신채무가 성립하지 않는 때에는 구채무도 소멸하지 않는다.

(ㄷ) 채무의 요소변경 : 갱개는 채무의 중요한 부분, 즉 채무요소의 변경이 있어야 한다. 여기서 채무의 요소 내지 중요부분이라 함은 채무의 동일성을 결정하는 중요한 부분을 말하며, 채권자·채무자·채무의 목적이 이에 해당한다. 그러나 이들 가운데의 어느 하나를 변경하는 경우에는 언제나 채무의 중요부분의 변경이 되는 것은 아니며, 다시 당사자가 신채무의 성립으로 구채무를 소멸시키려는 의사, 즉 갱개의사를 가지는 때에만 채무의 요소 내지 중요부분의 변경이 있다고 하여야 한다.

(다) 계약당사자　갱개는 계약이므로 반드시 계약을 체결하는 당사자가 있어야 하며, 갱개의 종류에 따라 각기 다르다.

(ㄱ) 채무자변경에 의한 갱개 : 채무자의 변경으로 인한 갱개는 신·구채권자와의 계약에 의한다(제501조 본문). 즉 구채무자는 당사자가 아니다. 그러나 채무자의 의사에 반하여 갱개하지 못한다(동조 단서).

(ㄴ) 채권자변경에 의한 갱개 : 채권자의 변경으로 인한 갱개는 신·구채권자와 채무자와의 3면계약에 의한다(이설없음). 채무자도 반드시 계약당사자가 되어야 한다는 점에서 채권양도와는 다르다.

이 계약에는 특별한 방법을 필요로 하지 않으나, 이로써 제3자에게 대항하려면 확정일자 있는 증서로 하여야 한다(제502조). 그리고 이 경우에는 민법 제451조 제1항(채권양도 통지와 채무자의 대항력)의 규정이 준용된다(제503조).

(ㄷ) 목적변경에 의한 갱개 : 목적변경으로 인한 갱개는 채권자와 채무자 사이의 계약에 의한다. 여기서 목적의 변경이란 채무내용인 급부의 중요부분의 변경을 말한다. 예컨대 가옥의 인도를 목적으로 하는 특정물인도채무를 소멸시키고, 500만원의 지급을 목적으로 하는 금전채무를 성립시키는 경우가 이것이다.

(라) 갱개의 효과

(ㄱ) 구채무의 소멸 : 갱개에 의하여 구채무는 소멸한다. 따라서 구채무에 관하여 존재하였던 담보권·보증채무·위약금 그밖의 종된 권리는 모두 소멸한다. 그러나 당사자는 특약으로써 구채무의 담보를 그 목적의 한도에서 신채무의 담보로 할 수 있다. 다만 제3자가 제공한 담보는 그의 승낙을 얻어야 한다(제505조).

(ㄴ) 신채무의 성립 : 갱개에 의하여 신채무가 성립한다. 그 결과 신채무는 구채무에 관하여 존재하였던 항변권을 수반하지 않는다. 그러나 채무자가 이의를 유보함으로써 구채무에 관한 항변권을 보류할 수 있다.

(마) 갱개계약의 해제　갱개계약으로 성립한 채무에 관하여 불이행이 있는 경우, 종래 판례는 갱개도 계약이므로 계약해제의 일반원칙에 따라 이를 해제할 수 있다고 하였으나 갱개계약은 신채무를 성립시킴으로써 구채무를 소멸시키는 계약이므로 신채무가 유효하게 성립한 때에는 그 효과가 완결하고 갱개계약의 이행문제는 발생할 여지가 없다. 따라서 신채무의 불이행은 갱개계약의 불이행으로 볼 것이 아니므로 이것을 이유로 하여 갱개계약을 해제하는 것은 인정되지 않는다.

(4) 免 除

(가) 면제의 의의와 성질　면제(免除)란 채권자가 채무자에 대한 일방적 의사표시에 의하여 권리를 무상으로 포기하는 것, 즉 채권의 포기를 말하며(제506조), 다음의 성질을 가진다.

(ㄱ) 채권자의 단독행위 : 면제는 채무자의 의사에 관계없이 채권자의 채무자에 대한 일방적 의사표시로서 단독행위에 속한다.

(ㄴ) 처분행위 : 면제는 채권의 처분행위이다. 따라서 화해계약 또는 증여계약에서 채권자가 채무를 면제하여야 할 의무를 부담하는 행위와 그 이행으로서 하는 면제행위와는 구별되어야 할 것이지만, 이와 같은 계약상 채권자의 의사표시 가운데에는 면제의 의사가 포함된다고 보아야 할 경우가 많을 것으로 본다.

(ㄷ) 무상행위 : 대물변제 · 상계 · 갱개 등도 직접 채권을 소멸케 하는 것을 목적으로 하는 점은 면제와 같다. 그러나 이러한 채권소멸원인은 채권자가 어떤 이익을 받는 대가로서 채권이 소멸하게 되지만, 면제에는 이러한 대가적 이익을 생각할 수 없다. 따라서 면제는 무상행위이다.

또한, 채무의 통일성이 유지되므로 갱개와 다르다.

(나) 면제의 방법

(ㄱ) 면제는 채권자의 채무자에 대한 일방적 의사표시로 행하며, 채무자에 도달한 때 효력이 생긴다.

(a) 면제는 채권자의 채무자에 대한 일방적 의사표시로서 족하고 어떠한 방식도 요구되지 않는다. 따라서 채권증서의 반환과 같은 묵시적 의사표시라도 무방하다. 또한, 추심의 기회가 있었음에도 불구하고 장기간 추심하지 않는 것도 사정에 따라서는 묵시의 면제라고 볼 수 있을 것이다. 그러나 어음채무의 면제에서는 어음의 성

질상 무방식이 아니며, 어음의 파훼 또는 교부가 요구된다.

(b) 면제는 단독행위이지만 조건·기한을 붙이는 것도 무방하다. 이 점은 상계에 조건·기한을 붙이지 못하는 것과 다르다. 그러나 면제의 의사표시는 철회하지 못한다고 본다. 왜냐하면 면제로 채권은 완전히 소멸하므로 철회를 인정한다면 채권의 부활을 인정하는 것이 되기 때문이다.

(ㄴ) 면제는 채권의 처분행위이므로 채권자는 처분능력을 가져야 한다.

(a) 채권 추심을 위임받은 자는 처분의 권능을 갖지 못한 자이므로 면제하지 못하나, 다만 추심의 목적으로 채권을 양도받은 자는 법률상 채권양수인의 지위를 가지므로 면제할 수 있다.

또한, 채권자라고 하더라도 채권이 압류되거나 질권의 목적이 된 경우에는 처분의 권능이 제한되므로 면제로써 압류채권자·질권자에 대항하지 못한다.

(b) 면제는 채무자의 협력을 요하지 않기 때문에 채무자는 처분권자가 아니어도 무방하다. 또한 면제는 채무자에 이익만을 주는 행위이므로 채무자가 무능력자인 경우에도 무방하다.

(다) 면제의 효과

(ㄱ) 종된 권리 등의 소멸 : 채권의 전부가 소멸하는 때에는 그에 수반하는 담보물권·보증채무 등의 종된 권리도 소멸한다.

일부면제도 유효하며, 이 경우에는 면제되는 범위에서만 채무가 소멸한다. 또한, 일부면제의 경우는 물적 담보·인적 담보 등 종된 권리는 존속한다고 본다.

(ㄴ) 기한부·조건부, 장래채권의 면제 : 기한부·조건부채권은 면제할 수 있고, 기한도래, 조건성취시에 효력이 생긴다.

장래채권은 면제의 전제가 되는 채권이 없으므로 면제할 수 없다는 견해가 있다. 그러나, 이 경우에도 면제를 유효로 하고 장래 채권이 발생한 때 효력이 생긴다고 봄이 당사자 의사에도 부합할 것이다.

(라) 면제의 제한 재산권상 권리는 원칙적으로 채권자의 의사만으로 자유로 포기할 수 있으나, 이로써 제3자에게 불이익을 주는 것이 아니어야 하고, 제3자가 그 채권에 정당한 이익을 가지는 경우는 면제할 수 없다.

또한, 신분권과 밀접히 결합하는 부부 및 친족간의 부양청구권 등은 재산권으로서 채권적 성격도 가지지만, 이들 권리는 장래에 향하여 포기하지 못한다.

(5) 混 同

(가) 혼동의 의의 채권의 혼동(混同)이란 채권과 채무가 동일인에게 귀속하는

것을 말한다(제507조). 예컨대 채권자가 채무자를 상속하거나, 채권자인 회사와 채무자인 회사가 합병한 경우 채무자가 채권을 양수한 경우 등이 이것이다.

(ㄱ) 혼동을 채권의 소멸원인으로 한 것은 두 개의 법률상 지위를 병존시키는 것이 무의미한데 있다. 따라서 혼동이 생긴 경우에도 이를 양립시킬 사정이 있는 때에는 혼동으로 채권은 소멸하지 않는다.

(ㄴ) 혼동은 사건으로서 법률요건에 속하며, 혼동으로서 채권소멸의 효과가 생긴다.

(나) 혼동의 태양

(ㄱ) 채권·채무의 혼동 : 채권과 채무가 동일한 주체에 귀속한 때(채권자가 채무자를 상속하는 경우)에는 채권은 소멸한다. 그러나 그 채권이 제3자 권리의 목적이 된 때에는 그러하지 아니한다(제507조).

(ㄴ) 채무와 채무의 혼동 : 채무자와 보증채무가 동일인에 귀속하는 때에는 원칙적으로 보증채무가 소멸한다. 그러나 보증채무에 부보증 또는 다른 담보가 있는 경우는 소멸하지 않는다.

(ㄷ) 물권과 채권 간에는 두 권리가 양립하므로 혼동이 생기지 않는다.

(다) 혼동의 효과

(ㄱ) 채권의 절대적 소멸 : 혼동이 있게 되면 채권은 원칙적으로 소멸하며(제507조 본문), 그 효과는 절대적이다.

(ㄴ) 소멸의 제한 : 혼동으로 소멸할 채권이 제3자권리의 목적인 때에는 그 채권은 소멸되지 않고(예컨대, 채권상에 질권이 설정되어 있는 경우), 증권적 채권에서는 채권이 독립된 재산으로 취급되므로 혼동으로 당연히 소멸하지 않는다.

또한, 상속인이 한정승인을 한 때에는 피상속인에 대한 그 재산상 권리·의무는 소멸하지 않는다(제1031조).

그 밖에도 채권과 채무가 외형상 1인에 귀속하는 것으로 보이더라도 실질이 별개의 것인 때에는 혼동으로 소멸하지 않는다. 예컨대 조합채권과 조합원 개인의 채무(제704조), 신탁재산인 채권과 수탁인 개인채무(신탁법 제23조)는 혼동으로 소멸하지 않는다.

제 2 장　債權의 結合 · 分散 · 移轉

제 1 절　債權의 結合 · 分散

제 1. 數人의 債權 · 債務關係總說

(1) 수인(數人)인 채권관계의 성립
- 불가분급부 — 언제나 불가분채권관계로만 성립
- 가분급부
  - 원 칙 — 분할채권관계로 성립
  - 당사자 약정(또는, 법률규정)
    - 불가분채권관계 성립
    - 연대채무의 성립

(2) 수인(數人)인 채권관계의 효력
- 대외적 효력
  - 채권자의 청구(채무자의 항변)
  - 채무자 1인에 관하여 생긴 사유의 효력
- 대내적 효력
  - 공동면책을 얻은 채무자의 구상권
  - 구상권의 범위에서의 대위권

1. 數人인 債權關係의 의의와 특질

(1) 수인인 債權關係의 의의

(가) 거래 통념상 하나로 취급되는 거래관계에 수인의 채권자가 공동으로 채권을 보유하거나, 수인이 채무를 부담하는 경우가 있게 된다. 이와 같이 하나의 계약관계에서 당사자 일방 또는 쌍방이 수인인 채권자 · 채무자인 관계를 수인인 채권관계 또는 다수당사자 채권관계라고 하고, 급부의 성질 또는 채권자의 채권강화의 필요에서 인정된다.

(나) 수인의 채권 · 채무관계에 대하여 민법은 제408조 이하에서 분할채권관계(제408조) · 불가분채권관계(제409조 내지 제412조) · 연대채무(제413조 내지 제427조) · 보증채무(제428조 내지 제448조)를 규정하고, 채권 · 채무를 동일한 법리로 규율한다.

(2) 수인인 債權關係의 특질

(가) 채권 · 채무의 공동적 귀속　　수인의 채권 · 채무는 공동소유의 법리에 따라

귀속 또는 분담된다. 따라서 통상 수인인 채권·채무의 공동적 귀속은 준공유적으로 귀속·분담하나, 수인인 조합체로서 채권·채무의 귀속은 준합유적으로 귀속·분담하고, 법인 아닌 사단인 집합체로서 채권·채무의 귀속은 준총유적으로 귀속·분담한다.

- (1) 준공유적 귀속 — 통상 채권·채무의 공동적 귀속·분담
- (2) 준합유적 귀속 — 수인인 조합체로서의 채권·채무의 귀속·분담
- (3) 준총유적 귀속 — 법인 아닌 사단의 집합체로서 채권·채무의 귀속·분담

(나) 해제·해지권행사의 불가분성　당사자의 일방 또는 쌍방이 수인인 때에는 계약의 해지나 해제는 그 전원으로부터 또는 전원에 대하여 하여야 한다(제547조 제1항). 또한, 해지·해제권이 당사자 1인에 대하여 소멸한 때에는 다른 당사자에 대하여도 소멸한다(동조 제2항). 이를 해제·해지권행사의 불가분성이라고 하고, 복수인 채권관계에서의 당연한 결과이다.

판례는 수필인 토지와 건물의 매매가 불가분의 상호 견련관계가 있는 경우 계약의 이행 및 해제는 전체에 대해서만 가능하고 그 중 일부에 대해서만 분리하여 이행 또는 해제할 수는 없는 것이라고 한다.[1]

2. 數人인 債權關係의 성립

(1) 수인의 채권·채무관계에서 채권관계의 성립 태양은 원칙적으로 급부의 성질에 의하여 결정된다.

(가) 채권의 목적인 급부가 不可分給付인 경우에는 언제나 불가분채권·채무관계로만 성립한다. 그러나 채권의 목적인 급부가 可分給付인 경우에는 분할채권관계로 성립함이 원칙이나, 당사자간의 특약 또는 법률의 규정에 의하여 예외적으로 불가분채권·연대채무관계로 성립한다.

- 불가분급부인 경우 — 언제나 불가분채권관계로 성립
- 가분급부인 경우
  - 원 칙 — 분할채권관계로 성립
  - 당사자 약정 — 연대채무 또는 불가분채권관계로 성립

(나) 당초 급부가 不可分給付이어서 불가분채권관계로 성립한 채권·채무관계가 후일 어떤 원인에 의하여 可分給付로 전환하면 원칙적으로 분할채권관계로 전환된다.

(2) 민법은 분할채권관계를 원칙으로 하므로 급부가 可分이면 분할채권관계로 성립하고, 급부가 不可分이면 불가분채권관계로 성립하나, 불가분급부가 후일 가분급

---

1) 대판 1991.7.12, 90다8343.

부로 되면 분할채권관계로 전환될 것이지만 일정한 경우 채권자보호를 위한 불가분채권관계 또는 연대채무로 추정된다(§616, §760, §832 참조).

또한, 상법에서는 연대채무를 원칙으로 한다(상법 §57).

3. 수인인 債權關係의 효력

(1) 수인인 債權關係의 대외적 효력

(가) 채권자의 청구권행사와 채무자의 책임　채권자의 이행청구로 분할채무는 채무자 각자에 개별적으로 청구되고 변제되나, 불가분채무·련대채무에서는 채권자가 임의로 선택하여 채무자 중 1인 또는 전부에 대하여 채무 전부의 이행을 청구할 수 있고, 채무자 중 1인은 그 전부 이행의 책임을 진다.

또한, 보증채무에서 채권자는 주채무자 또는 보증인에 대하여 임의로 그 이행을 청구할 수 있으나 보증인은 보증채무의 보충성에 기하여 항변권을 가진다.

- 이행의 청구
  - ㉠ 분할채무 — 개별적으로 청구·변제
  - ㉡ 연대채무 ┐ 선택적 행사 ┐ 채권·채무의 상대적 소멸
  - ㉢ 불가분채무 ┘ │
  - ㉣ 보증채무 — 제2차적 변제 ┘
- 채무자 항변
  - ㉠ 분할채무 — 자기 채무이행의 항변
  - ㉡ 연대채무·불가분채무 — 특별한 항변권은 없다.
  - ㉢ 보증채무 — 부종성·보충성에 의한 항변

(나) 채무자 1인에 관하여 생긴 사유의 효력　채무자 1인에 관하여 생긴 사유, 즉 이행의 청구, 면제·포기 등의 사유는 분할채권관계에서는 다른 채권자·채무자에 영향을 미치지 않는다. 그러나 불가분채권관계·연대채무에서는 원칙적으로 영향을 미치지 않으나, 불가분채권관계에는 채권관계의 성질상 또는 연대채무에서는 채무자간의 공동목적의 주관적 관련성을 가지므로 예외적으로 영향력을 가지며, 보증채무는 부종성에 따라 결정된다.

분할채권관계에서는 절대적 효력사유는 없고, 모두 상대적 효력사유에 불과하다. 그러나 불가분채권관계에서는 청구·변제와 그 효과, 련대채무에서는 청구·변제 및 이에 갈음한 사유는 절대적 효력사유로 되고, 보증채무에서는 주 채무자에 생긴 사유와 보증인의 주 채무자의 채무를 소멸케 한 사유는 절대적 효력을 가진다.

- (a) 분할채권관계
  - 타 채권자·채무자에 영향력 배제
  - 상대적 효력에 불과(절대적 효력사유 없음)
- (b) 불가분채권관계·연대채무 — 채무자간에 영향력 존재(절대적 효력사유)
  - ㉠ 불가분채권 — 이행의 청구, 시효중단, 이행지체, 변제·대물변제·공탁, 변제제공과 수령지체

ⓛ 불가분채무 — 변제 · 대물변제 · 공탁, 변제제공과 수령지체
ⓒ 연대채무 — 변제 · 대물변제 · 공탁, 상계 · 이행청구(이행지체 · 시효중단), 채권자지체, 경개 · 면제 · 혼동 · 소멸시효완성
(c) 보증채무 ┌ 부종성에 따라 결정
└ 채권자에 생긴 사유, 보증인의 주 채무를 소멸케 한 사유

⑵ 수인인 債權關係의 대내적 효력

㈎ 채권자에의 분배와 채무자의 부담

(ㄱ) 각종 채무의 부담부분 : 다수당사자 채권관계에서의 부담부분이란 공통된 하나의 채무에 대한 채무자가 그 내부관계에서 부담하는 비율을 말하며, 각종 채무관계에 따라 달리한다.

(a) 불가분채무 · 연대채무에서는 본질적인 것이나, 분할채무 · 보증채무에서는 원칙적으로 문제되지 않는다.

(b) 분할채무에서는 부담부분의 문제는 없으나, 다만 채무자간의 채무분할이 내부적 분할과 외부적 분할이 다른 경우에는 부담부분 유사현상(구상권은 가지나 대위권의 행사가 배제되는 관계)이 생긴다.

① 분할채권관계 — 채무자간의 분배 · 부담부분이 없다.
② 불가분채권관계 ┐
③ 연대채무 ───┘ 분배 · 부담부분이 존재(구상권)
④ 보증채무 ┌ 원 칙 — 부담부분이 없다(채무자에 대한 구상권).
└ 보증연대 · 연대보증 — 보증인간의 부담부분이 존재(구상권)

(ㄴ) 부담부분의 본질 : 수인인 채무자 상호간에 부담하는 부담부분의 본질을 어떻게 파악할 것인가. 분담액설은 채무자 1인이 분담할 분담액이라고 보나, 부담비률설은 채무자 상호간에 분담할 비율이라고 한다.

양설의 구별의 실익은 채무자 중 1인이 면책한 면책액이 자기 분담부분을 초과하지 아니하여 면책한 경우에도 다른 채무자에 구상할 수 있는가에 있다. 즉 분담부분의 본질을 분담액이라고 보면 자기가 부담한 부담부분 내의 면책에는 다른 채무자에 구상권을 행사하지 못하나, 부담비율로 보면 면책한 범위에서 다른 채무자가 부담할 비율에 따라 구상할 수 있고, 또한 면책을 얻을 때마다 구상권을 행사할 수 있게 된다.

다수설은 면책을 얻은 채무자의 보호를 위하여 부담부분의 본질을 채무자 1인이 부담할 비율로 본다.

(ㄷ) 부담부분의 비율 : 부담부분의 비율은 당사자의 약정으로 정할 수 있고, 당사자 약정으로 정함이 없는 경우 달리 부담부분을 결정하는 합리적 기준이 없는 때

에는 균등한 것으로 추정된다(제424조 참조).

(나) 면책채무자의 구상권·대위권

(ㄱ) 면책채무자의 구상권 : 수인의 채무자 중 1인의 면책채무자는 부담부분에 따른 구상권을 가지며, 채무자 상호간에 대외관계로부터 생긴 결과를 대내관계에 따라 사후적으로 조정하는 것이다.

(a) 채무자 상호간의 구상권은 부담부분에 근거한다. 따라서 분할채무에서는 타인 채무의 이행이 없으므로 구상권이 발생할 여지가 없으나, 불가분채무·연대채무에서는 본질적인 것이다. 또한 보증채무에서도 보증인은 타인의 채무를 변제하는 것이므로 구상권의 문제가 생긴다.

(b) 수인인 채무자 중 1인의 출재로 공동면책을 얻은 경우 그 구상권의 행사는 반드시 자기의 부담부분을 초과하여 면책하여야 하는가. 부담부분의 법률적 성질에 따라 결정된다. 다수설은 부담비율로 보아 그 일부라도 변제하면 그 부분만큼은 공동면책된 것이므로 변제된 부분에서 자기의 부담비율액을 제외한 나머지 부분에 대해서는 언제나 구상할 수 있는 것이라고 한다.

(ㄴ) 면책채무자의 대위권 : 부담부분의 효과로서 채무자 상호간에 구상권이 발생하고 또한 구상권 확보를 위한 범위에서 채권자의 지위를 대위할 권리를 가진다. 따라서 대위권행사는 구상권의 범위 내에서 가지지만 구상권과 달리 채권자에 존재한 제3자의 권리, 즉 부담부분 있는 채무자가 설정한 저당권에 대하여도 실행할 수 있는 점에서 그 실익이 있다.

제 2. 分割債權·債務關係

1. 分割債權·債務關係의 의의와 성질

(1) 分割債權·債務關係의 의의

(가) 분할채권관계란 가분급부를 목적으로 하여 복수채권자 각자가 분할된 독립채권을 갖고 또한 복수채무자 각자가 분할된 독립채무를 부담하는 다수당사자의 채권·채무관계를 말하고 수인의 채권관계에서의 원칙적 형태이다.

예컨대, 甲·乙이 공유하고 있던 가옥을 2천만원에 매각한 경우, 甲·乙이 각각 1천만원의 대금채권을 취득하는 것을 분할채권이라고 하고, 반대로 甲·乙이 2천만원에 가옥을 공동으로 매수한 경우, 甲·乙이 각각 1천만원의 대금채무를 부담하는 것을 분할채무라고 한다.

(나) 급부의 성질상 또는 당사자의 의사표시에 의하여 不可分給付로 한 것 이외의 모든 급부로서 급부의 본질 및 가치를 변경하지 않고 수 개의 급부로 분할할 수 있는 채권·채무관계를 가진다.

(2) 分割債權·債務關係의 성질

(가) 독립적 채권·채무관계 분할채권관계는 1개인 다수당사자의 채권관계인가, 수 개인 단수주체의 채권관계인가. 민법 제408조는 "채권자나 채무자가 수인인 경우에 특별한 의사표시가 없으면 각 채권자 또는 각 채무자는 균등한 비율로 권리가 있고 의무를 부담한다."라고 규정한다. 따라서 동법 규정의 취지에서 분할채권관계는 수 개인 단수주체의 채권·채무를 가진 것이라고 해석한다.

(나) 분할급부로서의 채무 채권의 목적인 급부가 可分인 경우에는 분할채권·채무로 성립함이 원칙이다. 따라서 분할채권관계에서 각 채권자 또는 각 채무자는 분할된 채권을 가지거나 채무를 부담한다.

2. 分割債權·債務關係의 발생

(1) 分割債權關係成立의 원칙

(가) 분할채권관계의 원칙적 성립 하나의 거래관계에 수인의 채권자나 채무자가 관여하는 경우 그 목적인 급부가 불가분급부가 아닌 한 분할채권·채무관계로 성립한다(제408조 참조).

- (ㄱ) 1개의 가분급부(可分給付)에 수인의 채권자가 관여하는 경우
  - ㉠ 조합이 채권을 취득하는 때(채권의 합유적 귀속)
  - ㉡ 채권을 공동상속한 경우
  - ㉢ 공유물을 매각·임대하거나, 공유물에 대한 제3자의 불법행위로 공유자가 대금채권·차임채권 또는 손해배상채권을 취득하는 때
  - ㉣ 채권이 수인에 양도·증여된 때
- (ㄴ) 1개의 가분급부(可分給付)에 수인의 채무자가 관여하는 경우
  - ㉠ 조합이 채무를 부담하는 때(채무의 합유적 귀속)
  - ㉡ 채무가 공동상속 되는 때
  - ㉢ 수인이 공동으로 불법행위를 하여 피해자에게 손해배상채무를 부담하는 경우 (연대채무로 규정)
  - ㉣ 수인이 공동으로 계약의 일방 당사자가 되어 물건을 매수하고 사람을 고용·금전 등으로 대차하는 경우

판례는 금전소비대차의 경우 특별한 의사표시가 없으면 이는 분할채권이라고 하고,[2] 또한 금전의 지급을 명하는 판결에 있어 피고가 수인인 경우, 특히 각자라든가

연대라는 표시가 없는 이상 분할채무로 추정한다.[3]

(나) 분할채권관계로의 전환 채권의 목적인 급부가 불가분급부이어서 불가분채권관계로 성립한 채권이 후일 급부가 분할급부로 변경되면 그 후의 채권관계는 분할채권관계로 전환됨을 원칙으로 한다(제412조).

왜냐하면 불가분채권관계는 그 급부의 성질이 불가분이기 때문에 서로 제약을 받는데 지나지 않는 복수의 채권관계이고, 그 실질은 각 채권 또는 채무는 각각 별개의 독립된 것이므로 불가분급부가 가분급부로 변경되면 각 채권자는 자기 부분만의 이행을 청구하게 하고, 또한 각 채무자도 자기의 부담부분만을 이행하게 함이 당연하기 때문이다.

(2) 分割債權 · 債務關係의 성립제한

수인의 채권자 · 채무자관계에서 급부가 가분인 때에는 당사자간에 특별한 약정이 없는 한 분할채권 · 채무관계로 성립하고, 불가분채권 · 채무관계 또는 연대채무의 성립은 배척된다. 그러나 예외적으로 특별한 경우에는 묵시적 불가분 또는 연대채무의 성립을 긍정할 것인가.

분할채무의 원칙상 이를 부정하는 견해가 있으나,[4] 다수설은 수인이 부담하는 채무가 「불가분적으로 가지는 이익의 대가」로서의 의미를 가지는 때에는 이를 불가분채무로 보고, 또한 당사자 사이에 특히 「채무자 전원의 자력이 종합적으로 고려」된다고 볼 수 있는 특수한 사정이 있는 때에는 상법 제57조 제1항[5]을 들어 연대채무로의 추정을 인정하여야 하는 것이라고 하고, 판례 역시 공동의 점유사용으로 말미암아 부담하게 되는 부당이득의 채무는 불가분적 이득의 상환으로서 특별한 사정이 없는 한 채무자들이 각자 채무 전부를 이행할 의무가 있는 불가분채무라고 한다.[6]

또한, 우리 민법 제616조는 수인이 공동하여 물건을 차용한 때에는 연대하여 그 의무를 부담한다고 하고, 이를 임대차에도 준용함으로써 분할채무 원칙의 중요한 제한을 가하고 있을 뿐만 아니라, 제760조에서는 공동불법행위로 인한 손해배상책

2) 대판 1993.9.14, 91다41316; 1987.5.26, 85다1146.

3) 대판 1993.9.14, 91다41316; 피고를 포함한 4인의 매도인이 원고를 포함한 4인의 매수인에게 임야를 매도하기로 하는 계약을 체결한 경우 매매계약의 무효를 원인으로 부당이득으로서 계약금의 반환을 구하는 채권은 특별한 사정이 없으면 불가분채권채무관계가 될 수 없으므로 매도인 중의 1인에 불과한 피고가 매수인 중의 1인에 불과한 원고에게 위 계약금 전액을 반환할 의무가 있다고 할 수 없는 것이라고 한다.

4) 이은영 390면.

5) 상법 제57조 제1항은 「수인이 그 1인 또는 전원에게 상행위가 되는 행위로 인하여 채무를 부담한 때에는 연대하여 변제할 책임이 있다」라고 하여 상행위로 인하여 성립하는 수인의 채무를 특별한 사정이 없는 한 연대채무를 추정한다.

6) 대판 1991.10.8, 91다3901; 1981.8.20, 80다2587.

임을 부담하는 경우에 연대책임을 인정한다.

3. 分割債權·債務關係의 효과

(1) 分割債權·債務關係의 대외적 효과

(가) 채권자의 청구 및 채무의 이행 각자의 채권·채무는 독립되고 다른 채권자·채무자가 존재하는 것에 영향을 받지 않는다. 그러나 해지·해제권행사의 불가분의 원칙이 적용되고 동시이행의 항변권도 각 채무에 대하여 생긴다.

또한, 각 채권자 또는 각 채무자는 특별한 의사표시가 없으면 균등한 비율로 분할된 채권을 가지고, 채무를 부담한다(제408조).

(나) 당사자 1인에 대하여 생긴 사유의 효력 각 채권자의 채권 또는 각 채무자의 채무는 각각 독립한 채권·채무이므로 한 사람의 채권자 또는 채무자에 관하여 생긴 사유, 예컨대 이행지체·이행불능·갱개·면제·혼동·시효 등은 다른 채권자나 채무자에 대하여 영향을 미치지 않는다.

또한, 각 채권자는 각자가 가지는 이상의 채권액의 이행을 청구하지 못하는 동시에 각 채무자도 자기가 부담하는 이상의 채무액을 변제할 의무가 없다. 그러나 각 채권자·채무자의 채권 또는 채무가 하나의 계약에 의해서 발생한 경우에는 그 계약의 해제나 해지는 모든 채권자로부터 모든 채무자에 대하여 하여야 한다.

(2) 分割債權·債務關係의 대내적 효력

(가) 분급 또는 구상권 및 대위권의 배척 분할채권·채무관계는 당사자간에 특별한 약정이 없는 한 대내관계에 있어서도 그 채권·채무의 비율은 균등하다고 해석되므로 채권자 또는 채무자 사이에서 분급관계나 구상관계는 원칙적으로 발생하지 않는다.

(나) 분급 또는 구상권유사문제의 발생 분할채권·채무관계에서 때로는 대내적 분할과 대외적 분할비율이 다른 경우에는 사실상 그들 간에 분급 또는 구상권의 문제가 생긴다. 그렇지만 어느 경우에도 채권자대위권은 행사하지 못한다. 이를 특히 分給 또는 구상권유사문제라고 한다.

제 3. 不可分債權·債務關係

1. 不可分債權關係

(1) 不可分債權의 의의

(가) 불가분채권관계란 하나의 불가분급부를 목적으로 하는 다수당사자의 채권관계에 있어서 채권자가 수인인 경우 또는 채무자가 수인인 경우를 말한다.

예컨대, 甲·乙이 공동으로 1대의 자동차를 매수한 경우 그 자동차의 인도청구권에 관하여는 甲·乙이 불가분채권을 가지게 되며, 반대로 甲·乙의 공유에 속하는 자동차를 매각한 경우 甲·乙의 자동차인도채무는 불가분채무를 부담한다.

(나) 불가분채권관계는 급부의 목적물이 성질상 불가분인 것과 성질상 가분이지만 당사자의 의사표시로 분할하여 급부하는 것을 제한하므로 급부가 불가분인 것이 있다. 그러나 그 구별은 급부 고유의 성질, 거래관념, 당사자의 의사 등을 종합하여 정한다.

(2) 不可分債權關係의 성립

(가) 급부의 성질상 불가분채권·채무　불가분채권관계는 원칙적으로 급부의 성질에 의하고 급부가 불가분이면 언제나 불가분채권·채무로만 성립한다. 종래의 판례·통설은 급부 자체는 가분적이지만 각 채무자가 불가분적으로 받을 이익이나 불가분급부의 대가로서 의미를 가지는 채무를 성질상 불가분채무로 추정한다.

그리하여 판례는 공동점유사용으로 부담하는 부당이득의 반환채무,[7] 공유자가 공유물에 대한관계에서 부당이득[8]은 불가분채무라고 하고, 또한 매도인들 상호간에 밀접한 신분관계를 가지고 있어 계약이행에 전원의 의사나 능력이 일체로서 고려된 매매계약의 무효로 발생한 매도인들의 매수인들에 대한 부당이득반환채무도 성질상 불가분채무라고 한다.[9]

(나) 의사표시에 의한 불가분채권·채무　급부의 성질이 불가분급부인 경우 외에 당사자 약정에 의한 불가분채권관계의 성립을 인정할 것인가. 민법이 연대채무를 규정하고 있는 점에서 문제되나, 불가분채무가 연대채무에서보다 채권자의 지위

7) 대판 1991.10.8, 91다3901.

8) 대판 1992.9.22, 92누2202.

9) 대판 1997.5.16, 97다7356: 판례는 국토이용관리법상 토지거래허가지역 내 있는 토지에 관한 매매계약을 체결함에 있어서 매도인들이 매매계약 당시 특약사항으로 분묘의 이장과 같은 여러 가지 불가분채무를 부담하였을 뿐만 아니라 매도인들 상호간에 밀접한 신분관계를 가지고 있어 계약이행에 전원의 의사나 능력이 일체로서 고려되었다고 할 것이므로 매매계약이 확정적으로 무효로 되면서 발생한 매도인들의 매수인들에 대한 부당이득반환채무도 성질상 불가분채무라고 한다.

가 강화되는 점에서 보면 계약자유의 원칙상 부정할 것은 아니다.

이와 같이 의사표시에 의한 불가분채권·채무관계를 인정하는 것은 이행의 청구나 이행을 간편히 하는 외에 채권의 효력을 확실히 하려는데 있다.

2. 不可分債權

(1) 不可分債權의 의의

(가) 불가분채권이란 한 개의 급부를 목적으로 하는 수 개의 독립된 채권을 말한다. 따라서 불가분채권은 급부가 불가분이므로 각 채권자는 채권 전부의 이행을 청구하게 된다.

(나) 불가분채권은 단일한 채권인가 복수의 채권인가. 다수설은 채권자의 수와 동일한 수 개의 채권이 존재하는 것이라고 본다.

왜냐하면, 채권자가 수인이면 채권도 또한 수 개라고 하는 것이 타당할 뿐만 아니라, 현행법상 각 채권자가 단독으로 이행을 청구할 수 있다는 점과, 채권자 1인에 관하여 생긴 사유가 다른 채권자에 대하여 영향을 미치지 않는 것을 원칙으로 하는 외에 불가분성이 소멸한 경우 채권이 분할채권으로 전환하기 때문이다.

(2) 不可分債權의 대외적 효력

(가) 채권자의 청구권행사 각 채권자는 모든 채권자를 위하여 이행을 청구할 수 있고, 채무자는 모든 채무자를 위하여 전부의 이행을 할 수 있다(제409조). 따라서 각 채권자는 단독으로 모든 채권자를 위하여 자기에게 급부할 것을 청구할 수 있으며(예컨대 이행의 청구·소의 제기·강제이행 등), 한 사람의 채권자에 대한 변제·변제제공은 모든 채권자에 대하여 채권의 소멸·이행지체의 효력이 생긴다.

(나) 채무자 1인에 관하여 생긴 사유의 효력 불가분채권자의 한 사람과 채무자와의 사이에서 생긴 사유로서 모든 채권자에 효력 있는 사유, 예컨대 채권자의 청구·시효중단·이행지체, 변제·공탁·변제제공과 수령지체를 제외하고는 다른 채권자에 대하여 영향을 미치지 않는다(제410조 제1항). 즉 상대적 효력이 생길 뿐이다. 따라서 채권자의 한 사람과 채무자와의 사이에서 갱개나 면제가 행하여진 경우에도 다른 채권자는 채무 전부의 이행을 청구할 수 있다. 다만 그 한 사람의 채권자가 그의 권리를 잃지 아니하였더라면 그에게 분급할 이익이 있는 때에는 이를 채권자에게 상환하여야 한다(동조 제2항).

민법이 이와 같은 상환의무를 규정한 것은 원칙적으로는 전부의 변제를 받은 채권자는 경개나 면제를 한 채권자에게 그가 취득하였을 이익을 분급하고, 분급 받은 채권자는 부당이득으로써 이를 채무자에게 반환하여야 할 것이지만 그러한 순환적 관계를 간결히 하기 위하여 전부의 변제를 받은 채권자가 경개나 면제를 한 채권자에게 분급할 이익을 직접 채무자에 상환할 것으로 하였다.

다만, 이때 상환하여야 하는 이익은 채권자에게 분급하여야 할 지분이익인가 아니면 그 가액이익인가. 다수설은 채권자에게 지급할 가액이익이라고 한다.

또한, 민법은 상환의무를 갱개·면제에만 규정하고 있지만 이것에 국한하지 않고 대물변제·상계·혼동·시효완성에 관하여도 동일하게 해석한다.

⑶ 不可分債權의 대내적 효력

불가분채권자 상호간의 관계에 관하여는 민법은 규정을 두고 있지 아니한다. 따라서 채권자 상호간의 관계는 구체적 사정에 따라 정할 것이지만 전부의 급부에 대하여 당사자간의 특별한 정함이 없는 한 균등한 비율에 의한 권리를 갖는다고 해석한다. 즉 성질상 불가분급부가 아닌 경우이면 그 대내관계에서는 분급되나, 성질상 불가분급부인 경우에는 채권자간의 공유관계로 된다.

3. 不可分債務

⑴ 不可分債務의 의의

불가분채무란 수인이 불가분급부를 이행하여야 할 채무, 즉 각 채무자가 단독으로 전부의 급부를 이행할 채무를 말하고, 그 법률적 성질은 불가분채권에서와 대체로 동일하다.

⑵ 不可分債務의 대외적 효력

(가) 전부채무의 부담　채무자 가운데 한 사람에 관하여 생긴 사유 중에서 변제·공탁·변제제공 및 그 효과인 채권자지체는 다른 채무자에 대해서도 효력이 생기지만, 그 이외의 사유는 다른 채무자에 영향을 미치지 아니한다(제422조). 따라서 채권자와 채무자 가운데 한 사람과 사이에서 갱개 또는 면제를 한 경우에도 다른 채무자는 채무의 전부를 이행하여야 한다. 그러나 채권자는 갱개를 하거나 면제를 받은 채무자가 부담하였어야 할 부분의 가액이익을 전부의 변제를 할 채무자에게 상환하여야 한다(제410조 제2항).

(나) 채무자 1인에 관하여 생긴 사유　불가분채무자 한 사람과 채권자와 사이에서 생긴 사유로서 모든 채무자에 효력 있는 사유, 예컨대 이행 또는 이와 동일시 할 수 있는 대물변제·공탁, 변제제공과 수령지체를 제외하고는 다른 채무자에 대하여

영향을 미치지 않는다. 즉 상대적 효력이 생길 뿐이다. 따라서 채권자와 채무자 1인과 사이에서 생긴 갱개·면제는 물론, 채무자 1인에 관한 법률행위의 무효·취소의 원인도 다른 채무자의 채무에는 영향을 미치지 않는다(제415조).

다만, 불가분채무에서 채권자의 채무자 1인에 대한 이행의 청구는 다른 채무자를 위하여도 지체의 효력을 가지는가. 긍정설은 민법 제411조는 제410조를 준용하고 있으므로 이행의 청구도 제410조 제1항에 의하여 절대적 효력을 가지는 것이라고 하나,[10] 다수설은 불가분채무에는 민법 제416조(이행청구의 절대적 효력)는 적용되지 않으므로 채권자가 채무자 한 사람에 행한 이행의 청구는 다른 채무자에는 효력이 없는 것이라고 한다.

- 절대적 효력사유 — 변제·공탁·변제제공 및 그 효과인 수령지체(제411조에 의한 제422조 준용)
- 상대적 효력사유
  - 절대적 효력발생 이외의 사유
  - 분급이익의 상환(제411조에 의한 제410조 제2항 준용)

(3) 不可分債務의 대내적 효력

(가) 면책채무자의 구상권 불가분채무자 상호간의 내부관계에 관하여는 연대채무에 관한 규정(제424조 내지 제427조)이 준용되므로 변제를 한 채무자는 다른 채무자에 대하여 그들의 부담부분에 관하여 구상할 수 있고, 이때 부담부분의 비율은 특별한 사정이 없는 한 균등한 것으로 추정된다.

(나) 면책채무자의 대위권 불가분채무자 중 면책채무자는 부담부분의 효과로서 구상권이 발생하고 또한 구상권의 확보를 위한 범위에서 채권자를 대위한다.

제 4. 連帶債務

1. 連帶債務의 의의와 성질

(1) 連帶債務의 의의

연대채무란 수인의 채무자가 동일한 내용의 급부에 관하여 각각 독립해서 전부의 급부를 하여야 할 채무를 부담하고, 그 중 한 사람의 채무자가 전부의 급부를 하면 모든 채무자의 채무가 소멸하는 다수당사자 채무를 말한다(제413조).

민법이 채권의 목적인 급부가 可分이면서도 연대채무를 인정한 것은 보증채무와 더불어 채권의 담보적 기능을 확보하여 채권자의 지위를 강화하려는데 있다. 그러

10) 김형배 443면.

나 채무자 한사람에 관하여 생긴 사유가 다른 채무자에도 효력이 미치는 효력, 즉 절대적 효력이 인정되는 사유와 범위가 불가분채무나 부진정연대채무에서보다 넓어 이들 채무에서보다는 담보적 기능이 약하다.

연대채무에 대한 연대채권을 인정할 것인가. 민법은 명문 규정이 없지만 학설은 긍정한다. 여기서 연대채권이란 채권자가 동일내용의 급부에 관하여 각자 독립하여 전부 또는 일부의 이행을 청구할 수 있고 그 가운데 한 사람이 변제를 받은 범위에서 다른 채권자도 채권이 소멸하는 채권관계이며, 당사자 특약에 의하여 성립할 수 있지만 사실상 실익은 적다.

(2) 連帶債務의 성질

연대채무는 채무자간에 공동목적의 결합관계를 가지는 채무의 특질상 다음의 성질을 가진다.

(가) 독립한 복수채무이다. 채무자 중 1인에 관하여 법률행위의 무효 또는 취소의 원인이 있더라도 다른 채무자의 채무에는 영향을 미치지 않는다. 또한 각 채무자의 채무는 그 태양을 달리할 수 있고 채무자 가운데의 한 사람에 대한 채권만을 분리해서 양도하는 것도 가능하다.

(나) 각 채무자는 전부급부의 의무를 부담한다.

(다) 각 채무자의 채무는 공동목적을 가진다. 따라서 민법 제416조 이하에서 변제 이외의 사유에 절대적 효력을 부여한 것은 연대채무의 결합관계를 배려한 규정으로 해석한다.

다만, 연대채무가 공동목적의 결합관계를 가진다고 할 때 그 결합관계의 내용을 어떻게 볼 것인가. 연대채무를 주관적공동관계로 보면 채권자 청구의 절대적 효력을 설명할 수 있지만, 免除나 時效와 같은 채무자 부담부분의 한도에서 생기는 절대적 효력을 설명하기 어렵고, 또한 상호보증관계[11]로 보면 채무자에 생긴 일정 사유의 절대적 효력은 설명할 수 있으나, 채권자 청구와 같이 전 채무에 대한 절대적 효력을 설명할 수 없는 결점이 지적된다. 그러나 다수설은 다수당사자 채권관계로서의 연대채무가 채권자의 채권강화라는데 중점을 두면서도 채권의 목적달성 이외의 일정 사유에 대하여도 절대적 효력을 인정한 것은 당사자간의 법률관계를 간결히 처리하고 또한 그렇게 하는 것이 공평하다는데 근거한 점을 들어 주관적 공동관계로 이해한다.

(라) 채무자 상호간에는 연대채무의 본질상 부담부분을 가진다. 따라서 연대채무에서의 부담부분은 당연한 것으로 된다.

11) 김형배 452면, 이은영 396면.

2. 連帶債務의 成立

(1) 約定連帶債務

(가) 연대채무는 당사자간의 계약에 의하여 성립하나, 이것에 국한하지 않고 유언에 의하여도 성립된다.

(나) 연대채무가 계약에 의하여 성립하는 경우에도 그 계약은 반드시 한 개의 계약이어야 하는 것은 아니며, 명시적·묵시적 의사를 불문한다.

또한, 연대채무가 1개의 법률행위에 의하여 발생한 경우에도 각 채무는 별개의 채무이므로 채무자 한사람에 생긴 사유, 즉 채무자 1인에 법률행위의 무효 또는 취소원인이 있더라도 그 무효·취소의 효력은 다른 채무자의 채무에는 영향을 미치지 않는다.

(2) 法定連帶債務

(가) 연대채무는 법률의 규정에 의하여도 성립한다. 그러나 민법규정에 의하여 성립되는 연대채무는 대부분 부진정연대채무로서 민법 제413조 이하에서 규정한 연대채무에서보다 채권자의 지위가 강화된다.

(ㄱ) 법인의 불법행위 관련자의 책임(제35조 제2항)
(ㄴ) 이사의 임무해태로 이사의 법인에 대한 손해배상책임(제65조)
(ㄷ) 공동차주의 연대의무(제616조)
(ㄹ) 임대차에서의 차주의 손해배상(제654조에 의한 제617조 준용)
(ㅁ) 공동불법행위로 인한 채무(제760조 ; 부진정연대채무)
(ㅂ) 가사로 인한 채무(제823조)

(나) 연대채무로서의 약정은 없으나 채무의 성립에 채무자의 총자력을 종합적으로 고려하였다고 볼 수 있는 특별한 사정이 있는 때에는 연대채무로 추정한다.

3. 連帶債務의 대외적 효력

(1) 債權者의 請求權行使

(가) 통상의 경우, 채권자는 연대채무자 1인 또는 전원에 대하여 동시 또는 순차로 채무의 전부나 일부의 이행을 청구할 수 있다(제414조). 예컨대 甲에 대하여 乙·丙·丁이 60만원의 연대채무를 부담한 경우, 甲은 乙·丙·丁 중 임의의 1인 또는 전원에 대하여 그 전부 또는 일부의 이행을 청구하거나, 乙·丙·丁에 대하여 순차로 전부나 일부의 이행을 청구함도 무방하다.

또한, 연대채무자 전원 또는 그 중의 수인이 파산선고를 받은 경우에도 채권자는 그 파산선고시에 가지는 채권의 전액에 관하여 각 파산재단의 배당에 가입할 수 있다(파산법 제19조). 예컨대 乙·丙·丁 전원 또는 乙·丙이 파산선고를 받은 경우 채권자 甲은 각 파산재단에 대하여 채권 전액을 가지고 배당에 참가할 수 있다. 왜냐하면 파산선고 후에 파산채권자가 다른 채무자로부터 일부 변제를 받거나 다른 채무자에 대한 회사정리절차 내지 파산절차에 참가하여 일부 변제 또는 배당을 받았다고 하더라도 그에 의하여 채권자가 채권 전액에 대하여 만족을 얻은 것이 아닌 한 파산채권액에 감소를 가져오는 것이 아니기 때문이다.[12)]

다만, 이와 같은 법리는 채권자가 연대채무자 1인으로부터 파산에 의하지 않고서 일부변제를 받은 후에 다시 다른 연대채무자가 파산한 경우에도 적용되는가. 파산법 제19조는「파산선고시에 가지는 채권의 전액에 관하여 각 파산재단의 배당에 가입할 수 있다」라고 하고 있으므로 부정할 것이다.

(나) 청구를 받은 연대채무자는 채무 전부에 대한 이행의 책임을 지며, 채무의 전부의 이행을 하지 않는 한 자기 채무의 소멸을 주장하지 못한다.

⑵ 連帶債務者 1인에 관하여 생긴 사유의 효과

(가) 절대적 효력이 있는 사유　채무자 1인에 관하여 생긴 사유는 다른 채무자에 효력이 미치지 않는 것이 원칙이지만, 연혁상 또는 실제상의 편의에서 다소의 예외가 인정된다(제416조 내지 제422조).

(ㄱ) 연대채무자 중 1인의 변제 및 이와 동일시하여야 할 대물변제 및 공탁, 상계(제418조 제1항), 변제제공의 효과로서 채권자지체(제422조), 그 외에 민법이 특별히 규정한 것으로서 이행의 청구(제416조)·갱개(제417조)·면제(제418조)·혼동(제420조)·소멸시효의 완성(제421조), 계약의 해제·해지(제547조 참조) 등은 절대적 효력을 가진다.

(ㄴ) 채권자에 대하여 반대채권을 가진 연대채무자가 상계한 때에는 다른 연대채무자의 채무도 소멸한다(제418조 제1항).

다만, 어느 연대채무자가 채권자에 대한 반대채권을 가지고 있으나 채무자가 이를 상계하지 않고 있는 때에는 다른 채무자가 이를 상계할 수 있는가. 다수설은 반대채권을 가진 채무자의 부담부분에 한하여 이를 상계할 수 있는 것으로 본다(제418조).

또한, 채권자가 모든 채무자의 이익을 위하여 한 사람의 채무자에 대하여 면제할 수 있는가. 우리 민법은 명문규정이 없으므로 면제나 면제계약은 무권대리행위로 다룰 수 있을 것이지만, 다수설은 대리권유무 문제로 다룰 것이 아니라 전원을 위하

12) 대판 2003.2.26, 2001다62114; 2002.12.24, 2002다24379; 2002.1.11, 2001다64035.

여 효력이 있는 것으로 본다.

(나) 상대적 효력이 있는 사유 　절대적 효력사유 이외의 사유는 상대적 효력을 가진다(제423조). 예컨대 소멸시효의 중단·정지, 시효이익의 포기, 채무자의 과실과 채무불이행(지체), 연대채무자 1인에 대한 채권의 양도, 판결의 효력 등이 이것이다.

다만, 이들 중 채권양도, 즉 채권자 甲은 연대채무자 乙·丙·丁 중 乙에 대한 채권만을 戊에게 양도할 수 있는가. 연대채무의 독립성에 근거하여 긍정함이 통설이며, 또한 채권자가 연대채무자 1인에 대하여 승소 또는 패소판결을 얻어도 다른 채무자에 대하여는 기판력을 미치게 하지 못한다.

- (ㄱ) 절대적 효력이 있는 사유
  - ① 변제·대물변제·공탁
  - ② 상 계(제418조)
  - ③ 이행의 청구(제416조) — 이행지체, 시효중단의 효력
  - ④ 채권자지체(제422조)
  - ⑤ 경개(제417조)·면제(제419조)·혼동(제420조)
  - ⑥ 시효완성(제421조), 계약의 해지·해제(제547조 참조)
- (ㄴ) 상대적 효력이 있는 사유
  - ① 시효의 중단·정지(제169조 참조)
  - ② 채무자의 과실과 채무불이행
  - ③ 판결의 효력
  - ④ 기타 당사자 약정에 의한 사항

4. 連帶債務의 대내적 효력

(1) 共同免責者의 구상권

(가) 구상권의 본질 　연대채무자의 한 사람이 변제 기타 출재로 공동면책을 한 때에는 사실상 타인의 채무를 변제한 것이 되므로 공동면책을 얻은 채무자는 다른 채무자에 구상할 수 있다(제425조).

다만, 면책채무자의 구상권이 성립하려면 자기의 부담부분을 넘어서 공동면책을 얻어야만 하는가. 부담부분의 본질에 따라 달리한다. 다수설은 연대채무자 사이의 부담부분이라는 것은 각 채무자가 부담하여야 할 일정한 비율이라고 보아 연대채무자 중 1인의 공동면책을 위한 출연이 있으면 그 비율로 구상할 수 있는 것이라고 본다.

(나) 구상권의 성립 　연대채무자가 다른 연대채무자에 구상권을 행사하기 위해서는 다음의 요건을 갖추어야 한다.

(ㄱ) 공동면책을 얻을 것 : 연대채무자의 한 사람이 모든 채무자를 위하여 채무를 소멸케 하거나, 감소하게 하였어야 한다.

(ㄴ) 자기의 출재로 인할 것 : 여기서 출재(出財)란 자기 재산의 감소로 타인의 재산을 증가하게 하는 것으로서 채무자가 그의 재산을 적극적으로 지출하는 것이 보통이겠지만, 소극적으로 새로운 채무를 부담하는 것도 포함된다. 따라서 변제는 물론이고, 대물변제·공탁·상계·갱개·혼동 등도 포함한다.

(다) 구상권의 범위 면책을 얻은 연대채무자의 구상권의 범위는 출재액·면책된 날 이후의 법정이자·피할 수 없는 경비 기타 손해배상액이다(제425조 제2항). 여기서 특히 출재액은 자기의 실제 출재액이 기준액이 될 것이지만, 그 출재액이 공동면책액을 넘어도 공동면책액 이상으로는 구상할 수 없고, 반대로 출재액이 공동면책액보다 적은 경우에도 출재액을 넘어서 구상하지 못한다.

(라) 구상권의 제한 연대채무자 중 한 사람이 공동면책을 얻기 위하여 출재행위를 함에는 다른 채무자에게 사전 및 사후에 통지하여야 하고, 이를 게을리 한 때에는 구상권이 제한된다(제426조).

예컨대, 甲·乙이 균등한 부담부분으로 丙에 대하여 60만원의 연대채무를 부담하는 경우 甲이 乙에게 사전에 통지를 하지 아니하고 60만원을 변제하였는데 乙이 丙에 대하여 상계적상에 있는 50만원의 반대채권을 가지고 있다면 乙은 자기의 부담부분인 30만원까지 丙에 대한 채권으로써 甲의 구상권과 상계할 수 있다. 그리고 위와 같이 상계로써 대항한 때에는 乙의 丙에 대한 채권은 그 범위에서 당연히 甲에게 이전된다.

(ㄱ) 면책채무자가 통지를 게을리 한 때, 즉 연대채무자 중 1인이 변제 기타 출재행위를 한 후 이를 다른 연대채무자에 통지하지 않은 경우 다른 연대채무자가 선의로 변제 기타 유상으로 공동면책을 얻은 때에는 그 채무자(제2의 면책행위를 한 자)는 자기의 면책행위의 유효를 주장할 수 있다(제426조 제2항).

예컨대 甲·乙이 丙에 대하여 연대채무를 부담하는 경우에 그 중 甲이 어느 날 공동면책행위를 하고, 그 사실을 乙에게 통지하지 아니하여 乙이 甲의 면책행위가 있었다는 사실을 알지 못하고 면책행위를 한 경우 乙은 甲에 대하여 자기의 면책행위의 유효를 주장할 수 있는 것과 같다. 그러나 그 효력은 상대적이므로 甲·乙 사이에서만 효력이 있다.

(ㄴ) 면책채무자가 사후통지를 게을리 하고 다른 채무자가 사전통지를 게을리 한 때에는 어떻게 되는가. 학설·판례는 민법에 규정이 없으므로 일반원칙에 따라 제1의 출재행위만 유효한 것이라고 한다.[13]

(라) 무자력자가 있는 경우의 구상권 보호

(ㄱ) 무자력자의 부담부분의 분담 : 연대채무자 중 상환할 자력이 없는 자가 있는 때에는 그 무자력자의 부담부분은 구상권자 및 다른 자력이 있는 채무자가 각자

13) 대판 1997.10.10, 95다46265.

의 부담부분에 비례하여 분담한다. 그러나 구상권자에 과실이 있는 때에는 다른 채무자에 대하여 분담을 청구하지 못한다(제427조 제1항). 여기서 「과실이 있는 때」란, 예컨대 구상권자가 구상시기를 놓쳤기 때문에 무자력으로 된 경우이다.

(ㄴ) 연대면제와 무자력자의 부담부분 : 상환할 자력이 없는 채무자의 부담부분을 분담할 다른 연대채무자가 채권자로부터 연대면제를 받은 때에는 그 채무자의 부담부분은 채권자의 부담으로 한다(동조 제2항).

여기서 연대면제란 채권자가 각 채무자에 대하여 전액을 청구할 수 있는 권리를 포기하고 부담부분에 대해서만 청구할 수 있는 것으로 하는 채권자의 의사표시, 즉 연대채무자의 채무를 채권자에 대한 관계에서 그 부담부분에 상당하는 액으로 제한하는 것을 말한다.

(2) 求償權者의 대위권

연대채무자는 변제할 정당한 이익이 있는 자이므로 연대채무자가 구상권을 가지는 때에는 그 범위에서 법정대위권을 가진다(제481조). 대위권은 구상권에 수반되어 생기는 것이므로 출재행위에 의하여 공동의 면책을 얻어야 한다.

5. 不眞正連帶債務

(1) 不眞正連帶債務의 의의와 성질

(가) 부진정연대채무란 수인의 채무자가 동일 내용의 給付에 관하여 각각 독립하여 전부의 급부를 하여야 할 채무를 분담하고 그 중 한 사람 또는 수인이 전부의 급부를 하면 채무자의 채무가 소멸하는 연대채무를 말하고, 채권의 담보력 강화를 위해 학설·판례가 인정한다.

(나) 부진정연대채무는 채무자간에 공동목적에 의한 주관적 관련이 없으므로 1인에 관하여 생긴 사유는 원칙적으로 다른 연대채무자에 영향을 미치지 않는다. 또한 채무자 내부관계에서의 구상관계는 원칙적으로 배척된다.

(2) 不眞正連帶債務의 발생원인

(가) 계약에 의한 발생　병존적 채무인수에 의한 부진정연대채무가 성립한다는데 대체로 견해가 일치한다. 그러나 계약에 의한 명시적 부진정연대채무가 성립하는가. 견해가 대립하나 부정함이 다수설이다.

(나) 법률의 규정에 의한 성립　법률의 규정에 의한 연대채무는 부진정연대채무 성립의 전형적인 것이며, 민법이 규정한 것으로는 다음과 같다.

(ㄱ) 민법의 규정에 의한 부진정연대채무가 성립하는 경우

① 타인의 가옥을 소실한 자의 불법행위에 기한 배상채무와 보험회사의 계약에 기한 전보의무
② 임치물을 부주의로 도난당한 수치인의 채무불이행에 기한 배상의무와 절취자의 불법행위에 기한 배상의무
③ 법인의 배상의무와 이사 기타 대표자 개인의 배상의무(제35조 제1항)
④ 가해행위를 한 피용자 자신의 배상의무(제750조)와 사용자의 배상의무(제756조; 대판 2000.3.14, 99다67376)
⑤ 책임무능력자의 가해행위에 기한 법정감독의무자의 배상의무와 대리감독자의 배상의무(제755조)
⑥ 피용자의 가해행위에 기한 사용자와 감독의무자의 배상의무(제756조)
⑦ 동물의 가해행위에 기한 점유자의 배상의무와 보관자의 배상의무(제759조)
⑧ 공동불법행위자의 배상의무(제760조; 대판 1999.2.26, 98다52469)

(ㄴ) 그 밖의 손해배상에 관하여 부진정연대가 문제되는 경우

① 1인은 재료를 제공하고 다른 사람은 이를 사용하여 일을 완성하여야 할 채무를 부담하는 경우에 재료도 일도 불완전하였던 경우
② 불가분채무의 공동채무불이행의 경우
③ 물건의 수치인과 어느 회사(사용자)에 고용된 운전사(피용자) 과실로 그 물건을 훼손한 경우 제3자의 책임

(3) 不眞正連帶債務의 효력

(가) 독립채무로서 채무　채권자는 부진정연대채무자에 대하여 동시 또는 순차로 채무의 이행을 청구할 수 있고, 각 채무자는 채무의 전부에 대하여 변제할 의무를 진다. 따라서 부진정연대채무자는 채권자에 대하여 각기 독립채무를 부담한다.

(나) 채무자 1인에 관하여 생긴 사유

(ㄱ) 변제·대물변제·공탁은 절대적 효력을 가진다. 부진정연대채무는 연대채무에서와 달리 변제 및 이에 준하는 것을 제외하고는 모두 상대적 효력을 가질 뿐이다. 따라서 연대채무에서 채권자를 만족시키지 못하는 사유, 예컨대 이행의 청구, 갱개·면제·혼동·소멸시효완성은 부진정연대채무에서 상대적 효력에 불과하다.

다만, 상계(相計)가 절대적 효력사유인가. 다수설은 이를 부정하면 채권자가 부당하게 자기채권 이상의 이익을 얻게 되는 점을 들어 긍정한다. 그러나 판례는 연대채무자에 대한 민법 제418조 제1항의 규정은 부진정연대채무에는 적용되지 않는 것이라 하여 부정한다.[14] 또한 판례는 상계가 절대적 효력이 있는 것인지는 별론으로 하더라도 부진정연대채무에는 부담부분이 존재하지 아니하므로 1인의 부진정연대채무자가 상계할 채권을 가지고 있음에도 이를 상계하지 않는 이상 다른 부진정연대채무자가 그 채권을 가지고 상계할 수는 없는 것이라고 한다.[15]

---

14) 대판 1996.12.10, 95다24304; 1989.3.28, 88다카4994.
15) 대판 1996.12.10, 95다24364; 1994.5.27, 93다21521.

(ㄴ) 일부변제·일부배당에도 각 채무는 독립성을 가진다(제421조 적용, 제422조 배제). 다만 채권자가 일부배당·일부변제를 받은 경우에도 채무 전액으로 다른 부진정연대채무자의 배당에 참가할 수 있는가. 다수설은 부진정연대채무에는 파산법 제19조의 적용은 없는 것이라고 하여 이를 긍정한다.16)

또한, 특히 판례는 금액이 다른 채무가 서로 부진정연대의 관계에 있을 때 그 금액이 많은 부분의 채무는 다른 채무자와 공동으로 채무를 부담하는 부분이 아니라 단독으로 채무를 부담하는 부분이라고 한다.17)

(ㄷ) 채권자가 그 중 1인의 채무자에 대하여 자기의 부담부분 또는 부담부분을 넘어선 청구권을 포기하는 의사표시를 한 경우에도 다른 채무자에게는 영향을 미치지 않는다. 판례는 피해자가 부진정연대채무자 중 1인에 대하여 손해배상에 관한 권리를 포기하거나 채무를 면제하는 의사표시를 하였다고 하더라도 다른 채무자에는 그 효력이 미치지 않는 것이라고 한다.18)

(다) 면책채무자의 구상권 부진정연대채무자 1인의 면책행위로 구상권이 성립하는가. 긍정설은 부진정연대채무자 1인만이 전부의 채무를 부담할 경우 또는 통상 부진정연대채무의 경우 각 채무자의 과실의 정도, 손해배상에의 가공도 내지 원인에 따라 부담의 비율이 결정되므로 그 범위에서 구상관계가 발생하는 것이라고 하나, 통설은 특별한 법률관계 또는 어느 채무자가 종국적 책임자로 된 경우를 제외하고는 부진정연대채무의 본질상 부정한다.

판례는 수인의 불법행위로 인한 손해배상책임은 부진정분할채무이나 구상권행사에 있어서는 성질상 연대채무에 관한 규정이 준용되는 것이라고 하고,19) 그 구상권행사의 상대방은 민법 제425조 제1항(출재채무자의 구상권)의 규정에 의한 공동면책이 된 다른 연대채무자에 한하는 것이라고 한다.20)

(ㄱ) 법정감독의무자·대리감독자·사용자 또는 감독자와 사용자간에 전자로부터 후자에의 구상권 유사관계가 성립하고, 또한 보험회사·수치인의 전부배상의 경우 불법행위에 대한 채권자 권리를 대위행사 하는 경우에도 구상권 유사관계가 성립한다.

---

16) 김형배 채권법총론(중판) 536면, 곽윤직 302면.
17) 대판 2000.3.14, 99다67376.
18) 대판 1997.12.12, 96다50896.
19) 대판 2000.12.26, 2000다38275; 1997.12.23, 97다42830; 1991.10.22, 90다20244.
20) 대판 1991.10.22, 90다20244.

[불가분채무 · 연대채무 · 부진정연대채무의 비교]

	불가분채무	연대채무	부진정연대채무
공통점	채무자 각자가 채무의 전부를 부담하는 채무관계		
각자책임의 근거	급부의 불가분성 또는 당사자의 의사에 근거	급부가 가분적이나 당사자의 의사에 근거(채권자 지위 강화)	책임채무의 본질에 근거
채무의 성립	① 계약 또는 급부의 성질에 의하여 성립 ② 급부가 不可分이면 언제나 불가분채무로 성립	① 계약·유언 및 법률규정에 의한 성립 ② 채무자의 자력을 종합적으로 고려한 때 연대채무로 추정	주로 법률의 규정에 의한 성립
절대적 효력사유	① 이행의 청구와 그 효과(시효중단, 이행지체) ② 변제 · 공탁(연대채무에서 변제에 갈음한 사유 제외) ③ 변제제공, 수령지체	① 이행의 청구와 그 효과(시효중단,이행지체), ② 변제 및 변제에 갈음한 사유(대물변제 · 공탁 · 상계 · 갱개 · 면제 · 혼동 · 소멸시효완성) ③ 변제제공, 수령지체 ④ 계약의 해제 · 해지	① 변제 · 대물변제 · 공탁 ② 상계(판례 부정)
분할채무 전환	급부의 가분화로 인한 분할채무로의 전환	연대면제에 의한 분할채무로 전환	특별한 사유 없음.

(ㄴ) 채무자 상호간에 주관적 연계관계가 없으므로 구상요건으로서 통지에 관한 민법 제426조의 규정은 부진정연대채무에는 적용되지 않는다. 그리하여 판례는 공동불법행위로 인한 손해배상채무에 그 구상요건으로서 통지에 관한 민법 제426조의 규정은 유추 적용할 수 없는 것이라고 한다.[21)]

제 5. 保證債務

1. 保證債務의 의의와 성질

(1) 保證債務의 의의

보증채무(Burgschaftsschuld)란 주된 채무자가 그의 채무를 이행하지 않는 경우에 이를 이행하여야 할 채무를 말한다(제428조 제1항).

보증채무는 주 채무의 이행을 담보하기 위하여 주 채무와 동일한 급부를 내용으로 하고 주 채무와 보증채무 양자 가운데 어느 하나가 이행되면 채권자의 채권이 모두 소멸하는 다수당사자 채무관계이며, 인적 담보의 전형적인 예이다.

21) 대판 1998.6.26, 98다5777; 1976.7.13, 74다746.

(2) 保證債務의 성질

(가) 채무의 독립성 보증채무는 주채무와 별개의 독립된 채무이다. 따라서 주채무는 민사채무이고, 보증채무는 상사채무일 수도 있다. 또한 보증채무를 다시 보증하는 이른바 부보증도 가능하고, 보증채무에만 위약금을 정하거나 손해배상액을 예정할 수도 있다. 그러나 보증채무의 독립성은 그 부종성·수반성으로 인하여 연대채무의 독립성에서와 같이 완전한 것은 아니다.

판례는 보증채무는 주채무와 별개의 채무이므로 보증채무 자체의 이행지체로 인한 지연손해금은 보증한도액과 별도로 부담하고 이 경우 보증채무의 연체이율에 관하여 특별한 약정이 없는 경우라면 그 거래행위의 성질에 따라 상법 또는 민법에서 정한 법정이율에 따라야 하며, 주채무에 관하여 약정된 연체이율이 당연히 여기에 적용되는 것은 아니라고 한다.[22]

(나) 채무내용의 동일성 보증채무는 주채무와 동일한 내용을 가진 채무이다. 민법 제428조 제1항이 「주 채무자가 이행하지 아니하는 채무」라고 함은 바로 보증채무의 내용을 뜻하는 것으로 주채무와 동일성을 의미하는 것으로 해석한다.

(다) 부종성·수반성 보증채무는 주채무에 부종한다. 주채무의 무효·취소는 보증채무의 무효·취소를 가져올 뿐만 아니라, 주채무에 관하여 생긴 사유는 모두 보증채무에도 영향을 미친다. 또한 보증채무는 주채무에 수반한다. 따라서 주채무자에 대한 채권이 이전하면 보증인에 대한 채권도 이전한다.[23]

다만, 주채무자에 대한 채권이 이전으로 보증인에 대한 채권이 이전하는 경우 주채권의 이전에 관하여 대항력을 갖추어야 함은 물론이지만 이와는 별도로 보증채권에 관하여도 대항요건을 갖추어야 하는가. 판례는 주채권의 이전에 관하여 갖추고 있으면 족하고 별도로 보증채권에 까지 갖추어야 할 것은 것이라고 한다.[24] 그러나 어느 경우에도 주채권과 분리하여 보증채권만을 양도하지는 못한다.

(라) 보충성 보증채무는 주채무에 대하여 보충성을 가진다. 따라서 보증채무는 주채무자가 이행하지 않는 경우 이행할 책임을 진다. 그리하여 채권자로부터 이행의 청구를 받은 때에는 보증인은 먼저 주채무자에게 청구할 것을 요구하는 최고의 항변권과 주채무자의 재산에 집행을 구하는 검색의 항변권을 가진다.

---

22) 대판 2000.4.11, 99다12123.
23) 대판 2002.9.10, 2002다21509.
24) 대판 2002.9.10, 2002다21509.

2. 保證債務의 성립

(1) 保證契約의 체결

(가) 보증채무는 채권자와 보증인간의 계약에 의하여 성립한다.

(ㄱ) 보증계약의 법률적 성질은 낙성·편무·무상계약이다. 따라서 보증채무는 보증인만 의무를 부담한다.

(ㄴ) 보증계약은 불요식계약이다. 그러나 개정만법(안)은 보증인의 보호란 측면에서 보증계약을 요식계약으로 하고 있다.

그리하여 개정 민법(안)은 보증은 그 의사가 보증인의 기명날인 또는 서명이 있는 서면으로 표시하여야 효력이 생긴다(§428의 2 ①). 전항은 보증인의 채무를 불리하게 변경하는 경우에도 동일하다(동조 ②). 그러나 그 방식에 하자가 있는 보증계약이라도 보증인이 보증을 이행하는 경우에는 그 한도에서 그 무효를 주장하지 못한다(동조 ③) 라고 규정한다.

(나) 주채무자는 보증계약의 당사자가 아니다. 따라서 채무자가 보증인에 부탁하여 보증계약을 체결하는 경우에도 채무자의 사정은 보증계약에 영향을 미치지 않는다. 예컨대 채무자가 주채무에 관하여 허위의 사실을 알려주고 보증인이 이를 믿고서 보증계약을 체결한 경우에도 일반적으로 제3자에 의한 사기 또는 단순한 동기의 착오로 되며 보증계약의 효력에는 영향을 미치지 않는다.

(2) 保證債務의 요건

(가) 주채무에 관한 요건 　보증계약이 성립하기 위해서는 주채무에 관한 다음의 요건을 갖추어야 한다.

(ㄱ) 주채무가 존재할 것이어야 한다. 보증채무가 유효히 성립·존속하기 위해서는 주채무가 존재하고 있어야 한다.

다만, 보증계약 체결 후 채권자가 보증인의 승낙 없이 주채무자에 대한 변제기간을 연장하여 준 경우에도 보증채무는 유효히 존속하는가. 판례는 채무자에 대한 변제기의 연장이 반드시 보증인의 책임을 가중하는 것이라고 볼 수는 없는 것이므로 확정채무의 물상보증인이나 연대보증인의 책임과 채무에는 영향이 없는 것이라고 한다.[25)]

(ㄴ) 주채무는 대체적 급부를 내용으로 하여야 한다. 주채무는 대체적 급부를 내용으로 하는 것이 원칙이나, 주채무의 내용이 일반적으로 대체성이 없는 것일 때에도 채권자와 보증인 사이에서 대체성을 승인하면 성립할 수 있다.

또한, 부대체적 급부를 내용으로 하는 채권의 경우에도 주채무자의 채무불이행

---

25) 대판 2002.6.14, 2002다14853; 1999.9.7, 98다19578.

으로 인하여 주채무가 손해배상채권으로 되는 때, 그 손해배상 채권을 보증할 보증채무의 성립이 가능하다.

(ㄷ) 주채무는 장래채무·조건부채무라도 무방하다. 민법은 장래채무에 관한 보증채무의 성립은 명문 규정을 두고 있으나(제428조 제2항), 조건부채무에 관하여는 명문규정이 없다. 그러나 이를 인정하는데 학설이 일치한다.

또한, 장래채무는 장래 특정채무는 물론이지만 장래 불특정채무를 포함하는데 이설이 없다. 그러나 장래채무·조건부채무에 관한 보증채무의 성립은 채권질권이나 저당권설정과 달리 현재 채무의 성립이 아닌 장래의 보증채무 또는 조건부보증채무가 성립하는데 불과하다.[26]

(ㄹ) 보증채무는 주채무와 운명을 같이한다. 다만 취소의 원인이 있음을 알면서 보증한 자는 주채무자의 채무가 취소된 경우 또는 불이행의 경우에도 독립채무를 부담하는가. 민법 제436조는 "취소원인이 있는 채무를 보증한 자가 보증계약 당시에 그 원인 있음을 안 경우에 주채무의 불이행 또는 취소가 있는 때에는 주채무와 동일한 목적의 독립채무를 부담한 것으로 본다."라고 규정하여 보증채무의 성립에 주채무로부터의 독립성을 규정한다. 그러나 개정 민법(안)은 동조 규정을 삭제하였다. 따라서 보증채무는 취소원인이 있음을 알면서 보증한 경우나 취소되지 않고 불이행 경우를 묻지 않고 주채무와 운명을 같이 한다.

(나) 보증인에 관한 요건 보증인을 세울 의무가 없는 경우, 즉 임의보증의 경우에는 보증인의 자격에 관하여 제한이 없다(다만, 계약체결상 요건으로서의 능력을 가져야 함은 물론이다). 그러나 채무자가 보증인을 세울 의무를 부담하는 경우에는 그 보증인은 행위능력자이어야 하고, 변제자력이 있어야 한다(제431조 제1항).

(ㄱ) 보증인이 자력이 없는 경우 채권자는 그 변경을 청구할 수 있으나(제431조 제2항), 보증계약 후 보증인이 능력을 상실하여도 성립한 계약의 효력에는 영향이 없다. 따라서 보증인의 자격을 정한 민법 제431조는 보증인을 세울 의무요건이지만 보증계약의 성립요건은 아니다.

(ㄴ) 채권자는 보증계약을 체결함에 있어 채무자의 자력(신용상태)을 고지할 신의칙상 의무를 부담하는가. 판례는 보증제도는 주채무자의 위험상태를 인수하는 것이므로 주채무자의 자력유무에 따른 보증계약의 체결 여부는 보증인이 스스로 결정하는 것이고 채권자가 이를 고지할 신의칙상 의무는 없는 것이라고 한다.[27]

---

26) 최식 129-130면, 곽윤직 314면.

27) 대판 2002.7.12, 99다68652; 1998.7.24, 97다35276.

3. 保證債務의 내용

⑴ 保證債務의 목적·범위

보증채무의 목적인 급부는 보증채무의 부종성으로 말미암아 주채무의 그것과 동일하고, 주채무의 목적이 동일성을 잃지 않고서 변경된 때에는 보증채무의 목적도 그에 따라 변경된다. 또한 보증채무의 범위에 관하여는 다음에 의하여 정하여진다.

(가) 부종성에 의하여 정해지는 범위 보증인은 주채무를 보증하는 것이므로 보증채무의 범위는 주채무의 그것보다 클 수는 없다.

(ㄱ) 특약으로 주채무의 범위를 넘어 정한 때에는 주채무의 한도로 감축된다(제430조). 그러나 주채무보다 범위를 작게 하는 것은 무방하다.

(ㄴ) 보증한도액을 정한 근보증에 있어 보증채무는 특별한 사정이 없는 한 보증한도 범위 안에서 확정된 주채무 및 그 이자·위약금·손해배상 또는 기타 주채무에 종속한 채무를 부담한다.[28]

(나) 법률의 규정에 의한 범위 보증채무는 주채무의 이자·위약금·손해배상 그 밖의 주채무에 종속된 채무를 포함한다(제429조). 결국 보증채무의 범위에 관하여 당사자가 특히 정한 바가 없으면 주채무의 그것과 같게 된다. 이것을 무한보증이라고 한다.

다만, 주채무에 관하여 약정된 지연손해금은 당연히 보증인의 피담보채권액에 포함하는가. 판례는 보증채무는 주채무와 별개의 채무이므로 보증채무 자체의 이행지체로 인한 지연손해금은 보증한도액과 별도로 부담하고, 이 경우 보증채무의 연체이율에 관하여 특별한 약정이 없는 경우라면 그 거래행위의 성질에 따라 상법 또는 민법에서 정한 법정이율에 따라야 할 것이고, 주채무에 관하여 약정된 연체이율이 당연히 여기에 적용되는 것은 아니라고 한다.[29]

(다) 당사자의 약정에 의한 제한 당사자(보증인과 채권자)는 계약에 의하여 보증채무의 범위를 제한할 수 있다. 이것을 유한보증이라고 한다.

⑵ 保證債務의 형태

법률행위에 따른 조건·기간 등 보증채무의 형태도 주채무와 동일한 것이 원칙이다. 이와 같이 보증채무의 형태는 주채무의 그것보다 무거울 수는 없으나, 다만 보증채무의 이행을 확보하고 그 불이행의 경우에 대비하기 위하여 보증채무에 관하여서만 위약금 기타 손해배상액을 예정할 수 있다(제429조 제2항).

---

28) 대판 2000.4.11, 99다12132.
29) 대판 2003.6.13, 2001다29803; 2002.4.11, 99다12123.

또한, 보증채무에 관하여 보증인을 세우고(부보증), 담보권을 설정하는 것(물상보증)도 가능하다.

4. 保證債務의 대외적 효력

(1) 대외적 효력
- ① 채권자의 청구 — 채무자·보증인에 동시 또는 선택적 청구
- ② 보증인의 항변
  - 부종성에 기한 항변
  - 보충성에 기한 항변
- ③ 채무자와 보증인간에 생긴 사유의 효력

(2) 대내적 효력
- 보증인의 면책행위에 따른 구상권
- 구상권의 범위에서의 대위권

(1) 債權者의 청구와 保證人의 항변권

채권자는 주채무자가 이행하지 않고, 또한 보증채무의 이행기가 도래한 때에는 보증인에 대하여 이행을 청구할 수 있다. 따라서 채권자는 주채무자와 보증인에 대하여 각각 또는 동시나 순차로 전부 및 일부의 이행을 청구할 수 있다. 그러나 보증인은 채권자의 청구에 대하여 다음의 항변권을 가진다.

(가) 부종성에 기한 항변권 보증인은 주채무자가 가지는 항변권을 원용할 수 있다(제433조 제1항). 보증채무는 별개의 채무이긴 하지만 주채무 이행의 담보를 목적으로 하는 것이므로 주채무의 효력을 제한하는 항변권은 보증인도 이를 원용하여 그 채무를 제한할 수 있다고 하여야 보증채무의 부종성에 합치되기 때문이다. 그러나 한편 보증채무는 주채무와 별개·독립된 채무이므로 주채무자가 항변권을 포기하더라도 보증인에게는 영향을 미치지 않는다(동조 제2항). 따라서 보증인은 여전히 주채무자가 포기 전에 가졌던 항변권을 원용할 수 있으므로 채무자가 시효이익을 포기한 후에도 보증인은 행사할 수 있다.

문제는 보증인이 자기 보증채무에 관하여 시효이익을 포기하거나 채무를 승인한 경우에도 주채무에 관한 시효이익을 원용할 수 있는가. 판례는 보증인의 보증채무에 관한 시효원용의 포기와는 별개로 주채무의 시효완성을 원용할 수 있는 것이라고 한다.[30)]

또한, 보증인은 주채무자가 채권자에 대하여 취소권 또는 해제·해지권을 가지는

30) 대판 2002.5.14, 2000다62476; 1991.1.29, 89다카1114. 판례는 보증채무에 대한 소멸시효가 중단되었다고 하더라도 이로써 주채무에 대한 소멸시효가 중단되는 것은 아니라고 하고, 한편 주채무가 소멸시효완성으로 소멸된 경우에는 보증채무도 그 채무자체의 시효중단에 불구하고 부종성에 따라 당연히 소멸하는 것이라고 한다(대판 2002.5.14, 2000다62476).

동안은 채권자에 대하여 채무이행을 거절할 수 있고(제345조), 주채무자의 채권에 의한 상계로 채권자에 대항할 수 있다(제434조).

(나) 보충성에 기한 항변권

(ㄱ) 최고(催告)의 항변권 : 채권자가 보증인에 이행을 청구한 경우 보증인이 주채무자의 변제자력이 있는 사실 및 그 집행이 용이한 것을 증명하여 먼저 주채무자에게 청구할 것을 항변할 수 있다. 이것을 최고의 항변권이라고 한다(제437조).

보증인이 채권자의 청구에 대하여 최고의 항변권을 행사하면 채권자는 주채무자에 청구하지 않는 이상 보증인에 대하여 청구하지 못한다. 이때 청구는 재판 외의 것이라도 무방하며, 청구의 결과를 증명할 필요도 없다. 그러나 이 항변권은 채무자가 아직 주채무자에게 최고를 하지 않은 경우에만 허용되는 것이고, 사전 또는 동시에 주채무자에게 최고한 때에는 허용되지 않으므로 실효성은 매우 적다.

- (a) 행사효과
  - ㉠ 보증인에의 이행청구 제한
  - ㉡ 채권자의 주채무자에 최고 해태로 인하여 변제받지 못한 한도에서 보증인의 의무 면제(제438조)
  - ㉢ 보증인이 항변권을 가지는 동안의 채권자의 상계금지
- (b) 행사제한
  - ㉠ 보증인이 연대보증인 때(제437조 단서)
  - ㉡ 주채무자가 파산선고를 받은 때
  - ㉢ 주채무자의 행방을 알 수 없는 때
  - ㉣ 보증인이 항변권을 포기한 때

(ㄴ) 검색(檢索)의 항변권 : 채권자가 주채무자에게 먼저 청구한 후에 보증인에 대하여 이행을 청구한 경우에도 보증인은 다시 주채무자에게 변제자력이 있다는 사실 및 그 집행이 용이함을 증명하여 먼저 주채무자의 재산에 대하여 집행할 것을 항변할 수 있다(제437조). 이것을 검색의 항변권이라고 한다.

채권자의 청구에 대하여 보증인이 검색의 항변권을 행사하면 채권자는 먼저 주채무자의 재산에 대하여 집행하지 않으면 보증인에 대하여 다시 이행을 청구하지 못한다. 또한 보증인의 항변권행사 결과 채권자가 주채무자의 재산에 대하여 집행하였으나 채권의 완제를 받지 못하면 그 잔액에 관하여 다시 보증인에게 청구할 수 있음은 물론이다. 뿐만 아니라, 이 경우 보증인은 주채무자의 재산상태가 후에 이르러 호전되었다고 하여 다시 검색의 항변을 하지 못한다.

(ㄷ) 항변권행사와 보증인의 면책 : 보증인이 유효한 최고 또는 검색의 항변권 행사가 있었음에도 채권자가 주채무자에 대한 청구를 게을리 하여 그 후 주채무자로부터 전부 또는 일부의 변제를 받지 못하게 된 경우 보증인은 채권자가 즉시 청구 또는 집행을 하였더라면 변제를 받았을 한도에서 그 의무를 면한다(제438조).

- (a) 행사요건
  - ㉠ 주채무자의 변제자력, 집행이 용이함을 입증
  - ㉡ 변제자력 ―거래통념상 상당한 액을 변제할 수 있는 자력
  - ㉢ 집행의 용이성
    - 채무자 소재지의 동산
    - 원격지의 동산·부동산·채권 제외
- (b) 행사효과
  - ㉠ 이행청구 제한 ― 주채무자 재산에의 집행 요
  - ㉡ 집행해태로 인해 변제 받지 못한 한도에서의 보증인의 채무면제(제438조)
  - ㉢ 보증인이 항변권을 가지는 동안의 채권자의 상계 금지

(2) 主債務者 또는 保證人에 관하여 생긴 사유의 효력

(가) 주채무자에 관하여 생긴 사유의 효력 채권자와 주채무자의 사이에서 주채무자에 관하여 생긴 사유는 모두 보증인에 대하여서도 효력을 미친다. 이것은 보증채무의 부종성에서 오는 결과로서 보증채무는 언제나 그 당시 주채무의 변제를 담보하여야 하는 것이기 때문이다.

(ㄱ) 주채무의 소멸은 그 원인 여하를 묻지 않고 보증채무의 소멸을 가져온다. 그러나 주채무자가 사망하여 상속인이 한정승인하거나, 강제화의에서 주채무가 일부 면제된 경우에도 보증채무에는 영향을 미치지 아니한다.[31]

(ㄴ) 항변권이 붙어있는 채권을 자동채권으로 하여 다른 채무(수동채무)와 상계할 수 있는가. 이를 허용하면 상계자 일방의 의사표시에 의하여 상대방의 항변권 행사의 기회를 상실시키는 것이 되므로 허용할 수 없고, 특히 판례는 수탁보증인이 주채무자에 대하여 가지는 민법 제442조의 사전구상권에는 민법 제443조 소정의 이른바 면책청구권이 항변권으로 부착되어 있는 만큼 이를 자동채권으로 하는 상계는 허용될 수 없는 것이라고 한다.[32]

(ㄷ) 주채무자에 대한 채권이 양도된 경우 보증인에 대한 채권도 당연히 양수인에 이전되며, 주채무자에 대한 시효중단은 보증인에 대하여도 효력이 미친다(제440조).

(나) 보증인에 관하여 생긴 사유의 효력 채권자와 보증인과 사이에서 보증인에 관하여 생긴 사유의 효력은 변제 기타 채권의 목적을 달성시키는 사유를 제외하고는 채무자에게 영향을 미치지 아니한다. 따라서 채무자는 보증인이 채권자에 행한 채무소멸행위 외의 사유로는 항변하지 못한다.

(다) 채권자의 통지의무와 보증인의 면책 채권자의 통지의무에 관하여 민법은 규정하고 있지 아니한다. 그러나 개정 민법(안)은 보증인 보호란 측면에서 채권자의 통지의무와 이로 인한 보증인의 면책을 규정한다.

그리하여 개정 민법(안)은 채권자는 주채무자가 원본·이자 그밖에 채무를 3개월 이상

31) 김형배 517면.
32) 대판 2001.11.13, 2001다55222·55239

이행하지 아니한 경우 또는 주채무자가 이행기에 이행할 수 없음을 미리 안 경우에는 보증인에게 지체 없이 이를 알려야 한다(§436의 2 ①). 또한 채권자는 보증인의 청구가 있으면 주채무의 내용 및 그 이행 여부를 알려야 한다(동조 ②).라고 하고, 채권자가 위 사유의 발생 또는 보증인의 청구에 위반하여 알리지 아니함으로써 보증인이 손해를 입은 때에는 그 한도에서 채무를 면한다(동조 ③).라고 규정한다.

5. 保證債務의 대내적 효력

(1) 受託保證人의 구상권

(가) 구상권의 행사　　수탁보증인은 과실 없이 변제 기타의 출재로 주채무를 소멸하게 한 때에는 주채무자에 대하여 구상할 수 있다(제441조 제1항). 이때 보증인의 면책에는 변제에 한하지 않고, 그밖에 대물변제·갱개·상계 등을 포함하나, 다만 채무면제와 같이 출재 없이 주채무를 소멸시킨 경우에는 구상권은 생기지 않는다.

(ㄱ) 부탁을 받은 보증인의 구상권의 범위에는 연체채무자의 구상권에 관한 민법 제425조 제2항이 준용되므로, 구상할 수 있는 범위는 출재액과 보증인의 출재로 면책된 날 이후의 법정이자 및 피할 수 없는 경비 기타 손해배상액이다.

(ㄴ) 보증인에게 과실이 있는 경우, 즉 보증인이 통지의무를 게을리한 때에는 구상권의 행사가 제한된다.

(나) 사전구상권　　보증인이 구상권을 갖기 위해서는 면책행위가 있어야 하는 것이 원칙이지만, 예외적으로 면책행위가 있기 전에 구상권을 행사할 수 있는 경우가 있다. 이것을 사전구상권이라고 한다. 여기서 「미리」라고 함은 보증인이 자기의 출재로 주채무를 소멸시키기 전이라는 뜻을 말한다.

(ㄱ) 보증인의 사전구상권이 인정되기 위해서는 다음의 요건을 갖추어야 한다(제442조 제1항 각호).

- (a) 보증인이 과실없이 변제재판을 받은 때
- (b) 주채무자의 파산재단에 채권자가 가입하지 않은 때
- (c) 이행기가 불확정하고 그 최장기도 확정할 수 없는 보증계약이 5년을 경과한 때
- (d) 채무이행기가 도래한 때

(ㄴ) 보증인의 사전구상권에 대한 채무자의 보호를 위하여 민법은 일정 규정을 둔다. 즉 보증인의 사전구상권행사로 주채무자가 보증인에 배상하는 경우 자기를 면책하게 할 것을 청구하거나, 자기에게 담보를 제공하게 할 수 있다(제443조 전단).

또한, 주채무자는 배상할 금액을 보증인에게 지급하지 않고, 그에 갈음하여 이를 공탁하거나 그에 상당하는 담보제공 또는 보증인을 면책하게 함으로써 의무를 면할

수 있다(제443조 후단).

┌ 보증인에게 배상하는 경우 ┌ 자기에의 면책청구
│　　　　　　　　　　　　　└ 담보제공 청구(제443조 전단)
└ 보증인에 지급하지 않고 공탁·담보제공, 보증인을 면책하여 의무를 면한다.

⑵ 付託없는 保證人의 구상권

(가) 구상권의 범위　주채무자의 부탁을 받지 않고 보증인이 된 자가 변제 그 밖의 출재로 주채무자를 면책케 한 경우의 보증인과 주채무자와의 구상관계는 사무관리의 그것과 동일하다.

(ㄱ) 보증인이 된 것이 주채무자의 의사에 반하지 않는 경우 : 주채무자는 보증인이 변제 그 밖의 자기의 출재로 주채무를 소멸케 한 때에는 그 당시 이익을 받은 한도에서 배상하여야 한다(제444조 제1항). 따라서 이 경우 구상권의 범위는 결국 본인의 의사에 반하지 않는 사무관리인의 비용상환청구권의 범위와 같다.

(ㄴ) 보증인이 된 것이 주채무자의 의사에 반하는 경우 : 주채무자는 보증인이 변제 그 밖의 자기의 출재로 주채무를 소멸하게 한 때에는 주채무자는 현존이익의 한도에서 배상하여야 한다(제444조 제2항). 그러나 주채무자가 구상한 날 이전에 상계 원인이 있음을 주장한 때에는 그 상계로 소멸할 채무는 보증인에게 이전된다. 결국, 이 경우 구상권의 범위는 본인의 의사에 반하는 사무관리인의 비용상환청구권의 범위와 같다.

(나) 구상권의 제한　부탁 없는 보증인은 사전구상권을 갖지 못한다. 또한 구상권 제한에 관한 사전 및 사후 통지는 수탁보증인의 경우와 같으나(제445조), 다만 주채무자가 면책한 경우에는 이를 보증인에게 통지할 의무가 없으므로 그로 인하여 보증인이 선의로 변제하더라도 보증인은 그 유효를 주장하지 못한다.

⑶ 主債務者가 수인인 경우의 구상관계

(가) 보증인이 주채무자 전원을 위하여 보증인이 된 경우, 주채무가 분할채무인 경우에는 그 구상권도 각 채무자에 관하여 분할채무로 된다. 그러나 주채무가 불가분 또는 연대채무이고 보증인이 채무자 전원을 보증하고 있는 경우에는 그 구상권에 관하여도 모든 채무자는 불가분 또는 연대채무를 부담하는 것으로 해석한다.

(나) 보증인이 채무자 1인을 위하여 보증한 때에는 보증인은 그 채무자에 대하여 전액을 구상하고 그 채무자가 다른 채무자에 대하여 부담부분을 구상함이 원칙이다. 그러나 민법은 구상관계를 간편히 하기 위하여 보증인은 보증하지 아니한 채무자에 대하여도 직접 부담부분에 관하여 구상권을 행사할 수 있게 하고 있다(제447조).

예컨대, 乙·丙·丁이 甲에 대한 60만원의 연대채무를 부담하는 경우에 A는 乙만의 보증인이라고 하더라도 60만원의 채무전액을 변제할 책임을 지는데, 이때 A가 60만원을 변제하면 그것은 당연히 丙·丁의 채무도 소멸케 된다. 따라서 A는 乙에 대하여 전액을 구상할 수 있음은 물론이지만, 乙이 이에 응하여 배상하면 乙은 다른 연대채무자 丙·丁에 대하여 그들의 부담부분 만큼 구상할 수 있게 되어 구상관계를 복잡하게 하므로 A로 하여금 丙·丁에 대하여도 그들의 부담부분에 한하여 구상할 수 있게 된다.

(4) 保證人의 대위권

보증인은 변제할 정당한 이익을 가진 자이므로 그 수탁의 여부를 불문하고 당연히 채권자에 대위한다.

다만, 연대채무자들 중 어느 1인이 자신의 부담부분을 넘어 채무를 변제함으로써 채권자의 그 다른 연대채무자에 대한 원채권을 행사하는 경우에도 그 자신의 연대보증인도 겸한 다른 연대채무자의 연대보증인에 대하여 대위할 수 있는가. 판례는 연대채무자가 수인이 있는 경우에 이들 모두를 위한 연대보증인은 보증채무의 이행으로 한 출연액 전부에 대하여 어느 연대채무자에게나 구상권을 가지는 것이므로, 이와 반대로 연대채무자들 중 어느 1인이 자신의 내부부담부분을 넘어 채무를 변제함으로써 채권자의 그 다른 연대채무자에 대한 원채권을 행사하는 경우에도 그 자신의 연대보증인도 겸한 다른 연대채무자의 연대보증인에 대하여는 대위할 수 없는 것이라고 한다.[33]

6. 기타의 保證債務

(1) 連帶保證

(가) 연대보증의 의의와 성질　연대보증이란 보증인이 주채무자와 연대하여 채무를 부담함으로써 주채무의 이행을 담보하는 보증채무를 말한다. 연대보증도 채권의 담보목적임은 보통의 보증채무와 동일하나, 주채무자와 보증인이 연대하여 주채무의 이행을 담보함으로써 채권자의 지위를 강화하며, 다음의 성질을 가진다.

(ㄱ) 보충성이 없다 : 연대보증인은 주채무자와 연대하여 채무를 부담하는 결과 연대보증에는 보충성이 인정되지 않는다. 따라서 연대보증인은 보통보증에서와 달리 최고·검색의 항변권은 인정되지 않는다.

(ㄴ) 분별의 이익이 없다 : 연대보증인이 수인이 있더라도 그들 사이에 분별의 이익이 없다. 그러므로 채권자는 어느 연대보증인에 대하여서도 주채무 전부의 이행을 청구할 수 있다. 이 점에서 보증연대와 유사하나, 보증연대는 채권자에 대한

33) 대판 1992.5.12, 91다3062.

관계에서는 보통의 보증이며, 보충성을 갖는 점에서 연대보증과 구별된다.

(나) 연대보증의 성립　연대보증채무는 보증인이 주채무자와 연대하여 보증할 것을 약정함으로 성립하는 것이 보통이지만, 법률의 규정에 의하여 성립한다.

(ㄱ) 당사자약정에 의한 성립 : 연대보증채무는 보증인이 주채무자와 연대하여 보증할 것을 약정한 경우 성립한다. 연대보증의 성립에는 보증계약상 특히 연대라는 특약을 요하며, 명시적 의사는 물론 묵시적으로도 할 수 있다.[34]

연대보증의 성립에는 민법 제415조(채무자에 생긴 무효·취소)의 규정이 적용되지 않는다. 즉 주채무자와 채권자 사이와 법률행위의 무효 또는 취소로 인하여 주채무의 효력이 발생하지 않는 때에는 연대보증채무도 성립하지 않는다. 이것은 연대보증도 주채무에 부종하여 성립하기 때문이다.

(ㄴ) 법률규정에 의한 성립 : 연대보증은 법률의 규정에 의하여 성립하는 경우도 있다. 상법 제57조 제2항은 "보증인이 있는 경우 그 보증이 상행위이거나 주채무가 상행위로 인한 것인 때에는 주채무자와 보증인은 연대하여 변제할 책임이 있다." 라고 하여 연대보증의 성립을 규정한다.

(다) 연대보증의 효력

(ㄱ) 원칙적 보증채무로서 효력 : 채권자가 연대보증인에 대하여 가지는 권리는 연대채무자에 대한 권리와 같다. 따라서 연대보증인은 채권자의 청구에 대하여 최고 및 검색의 항변권을 갖지 않는다(제437조 단서). 그러나 연대보증도 보증채무의 일종이므로 보증채무의 부종성에 기한 권리를 가진다. 즉 연대보증인은 보통의 보증인과 마찬가지로 주채무자가 채권자에 대하여 가지는 항변권을 주장할 수 있다.

또한, 연대보증채무의 목적·범위·태양에 관하여서도 민법 제429조(보증채무의 범위)·제430조(목적·형태상의 부종성)가 그대로 적용된다.

(a) 주채무자에 관하여 생긴 사유 : 주채무자에 관하여 생긴 사유의 효력은 모두 연대보증인에게 미친다. 이것은 연대보증채무의 부종성의 결과이다. 따라서 주채무의 변경·소멸은 그 원인 여하를 불문하고 보증채무와 같은 효과를 가진다.

또한, 주채무에 관하여 시효중단의 사유가 생긴 때에는 연대채무의 규정에 의하여 연대보증인에 대하여도 절대적 효력을 가진다(제440조). 따라서 주된 채무가 시효완성에 의하여 소멸한 이상, 연대보증인은 이를 원용할 수 있고,[35] 연대보증인이 자기 채무의 소멸시효이익을 포기한 사실이 있더라도 주된 채무의 시효완성을 원용하여 거절할 수 있다.

---

34) 대판 1971.3.23, 71다294.

35) 대판 1996.9.20, 96다22655

(b) 연대보증인에 관하여 생긴 사유 : 연대보증인에 관하여 생긴 사유의 효력은 보통의 보증과 다름이 없다. 즉 주채무를 소멸시켜 채권의 목적을 달성시킨 사유를 제외하고는 주채무에 대하여 영향이 없다. 따라서 연대보증인이 채권자에 행한 변제 · 대물변제 · 상계 · 갱개 등은 주채무자의 채무에 영향을 미치나, 그 밖의 사유는 영향을 미치지 않는다.

(ㄴ) 대내적 효력(구상관계) : 주채무자와 연대보증인의 사이의 구상관계는 보통의 보증에 있어서와 같으며, 민법 제441조 이하의 규정이 그대로 적용된다. 즉 연대보증인은 그가 출재한 금액의 범위와 채무자의 면책액의 한도에서 구상권을 가진다. 그리고 수인의 보증인이 주된 채무자와 연대하여 보증한 경우 보증인 상호간의 부담부분은 특약이 없는 한 균등한 것으로 된다.

다만, 수인의 연대보증인이 주채무자의 채무를 일정한 한도에서 보증하기로 하고 (이른바 일부보증) 연대보증인 중 1인이 변제로서 주채무를 감소시킨 경우, 채권자에 잔존하는 채권액이 그 보증한 한도 내의 채무로 남아 있는 경우에도 구상할 수 있는가. 판례는 부정한다.[36] 또한 연대보증한 주채무가 제3자변제에 의하여 소멸한 경우 그 제3자는 연대보증인에 대하여 부담액 상당의 부당이득의 반환을 청구할 수 있는가에 관하여도 이를 부정한다.[37]

⑵ 共同保證

(가) 공동보증의 의의　공동보증이란 동일한 주채무자에 관하여 수인이 보증채무를 부담하는 것을 말한다. 수인의 보증인은 동일 또는 별개의 계약에 의하여 동시 또는 이시를 묻지 않고 공동보증인이 될 수 있다.

공동보증은 보통의 보증과 다를 바 없으나, 다만 보증인이 수인인 관계로 보증인의 채무자에 대한 관계(분별의 이익) 및 보증인 상호간의 관계에 있어서 보통의 보증과는 다른 효력이 인정된다.

(나) 채권자와 공동보증인간의 효력　공동보증인은 각기 다른 행위(동시 또는 이시)로 보증채무를 부담하는 경우에도 채권자에 대해서는 주채무액은 원칙적으로 균등한 비율로 분할하여 그 일부의 보증채무를 부담한다(제408조 · 제439조). 이를 分別의 이익이라고 하며, 오로지 보증인을 보호하고 공동보증의 법률관계를 간명하게 하려는 취지에서 인정된다. 그러나 다음의 경우에는 분별의 이익이 인정되지 않는다.

(ㄱ) 주채무가 불가분이면 보증인은 성질상 분별의 이익을 가지지 못한다. 왜냐

36) 대판 2002.3.15, 2001다59071.
37) 대판 1996.9.20, 96다22655.

하면 보증인이 그 부담부분만을 변제하여도 그 변제는 채무내용에 좇은 변제가 되지 못하기 때문이다.

(ㄴ) 공동보증인이 각각 주채무자와 연대하여 채무를 부담한 때에는 분별의 이익이 없다.

(ㄷ) 각 보증인이 서로 연대하여 채무를 부담한 때, 예컨대 각 보증인이 전액을 변제할 특약(연대의 특약)을 하거나 또는 분별의 이익을 포기한 때이며, 보증인간의 특약에만 의하는 경우와 주채무자가 이에 가담하는 경우가 있다. 전자의 경우에는 채권자에 대하여는 분별의 이익을 잃지 아니하고 보증인 상호간의 채무관계에 그치지만, 후자에 있어서는 완전히 분별의 이익을 잃는다.

(다) 공동보증인 상호간의 효력

(ㄱ) 주채무자에 대한 구상관계 : 주채무자에는 공동보증인이 분별의 이익을 불문하고, 또한 자기 부담부분을 초과한 변제 여부에 관계없이 자기의 변제액 전액에 관하여 구상할 수 있다. 그러나 공동보증인 상호간에는 분별의 이익을 가지는가 여부에 따라 구상관계를 달리한다.

(ㄴ) 공동보증인간의 구상관계 : 분별의 이익을 가지는 경우의 각 공동보증인은 자기가 부담하는 부분, 즉 분할보증채무액에 관하여만 이행할 의무를 부담하나, 만일 공동보증인 중 1인이 자기의 부담부분을 넘어 변제한 때에는 다른 보증인에 대한 관계에서 사무관리가 되고, 마치 주채무자의 부탁을 받지 않은 보증인이 변제한 경우와 비슷하므로 민법 제444조가 준용된다(제448조 제1항).

분별의 이익이 없는 경우의 공동보증인은 채무자에 대하여 전액을 변제할 의무를 지게 되나 보증인 상호간에는 각자의 부담부분만의 의무를 지게 된다. 그러므로 이 경우 공동보증인 상호간의 관계는 연대채무자 상호간의 관계와 비슷하므로 공동보증인 중 1인이 자기의 부담부분을 넘어 변제한 때에는 연대채무자의 구상권에 관한 민법 제425조(출재채무자의 구상권) 내지 제427조(상환무자력자의 구상권)가 준용된다.

지급보증계약의 보증인과 주계약상의 보증인과 간에 공동보증인 상호간의 구상권행사에 관한 민법 제448조가 준용되는가.

판례는 지급보증계약과 주계약상에 부종하는 보증계약은 계약당사자, 계약관계를 규율하는 기본적인 법률규정 등이 상이하여 지급보증계약상 보증인을 주계약상 보증인과 동일한 지위에 있는 보증인으로 보기는 어렵다고 할 것이므로 지급보증계약상의 보증인과 주계약상의 보증인 사이에는 공동보증인간의 구상권에 관한 민법 제448조는 당연히 준용되는 것은 아니라고 한다(대판 2001.12.27, 2001다29742).

(ㄷ) 주채무자에 대한 구상권과 다른 보증인에 대한 구상권의 관계 : 어느 공동

보증인이 자기의 부담부분을 넘어 변제하여 공동면책을 얻음으로써 다른 공동보증인에 대하여 구상할 때에는 그 범위 내에서 주채무자에 대하여도 구상할 수 있다. 이 경우 양자 사이에는 우열이 없는 청구권의 경합이 생긴다.

(a) 공동보증인과 주채무자에 대한 구상권
- 우열이 없는 청구권의 경합
- 부진정연대채무관계 성립

(b) 공동보증인간의 資力의 유무가 있는 경우
- 분별의 이익이 있는 경우 — 채무자가 부담
- 연대보증·보증연대의 경우 — 유자력 보증인간에 부담

(ㄹ) 공동보증인 중 무자력자가 있는 경우 : 공동보증인 사이에 무자력의 보증인이 있는 때에는 그 무자력자가 부담한 부담부분은 분별의 이익이 있으면 채권자가 부담하고, 분별의 이익이 없는 연대보증이나 보증연대의 경우에는 자력을 가진 다른 보증인 사이에서 분담된다.

(3) 繼續的 保證(근보증)

(가) 계속적 보증의 의의 보증인이 특정 또는 불특정 거래에서 장차 계속적으로 발생할 주채무를 보증하는 경우를 계속적 보증이라고 하고, 널리 계속적 채권관계에서 발생하는 현재 또는 장래의 채무에 대한 보증을 가리킨다.[38]

계속적 보증에는 장래 발생할 주채무와 동질의 채무를 부담하는 근보증(신용보증)과 손해를 담보하는 신원보증이 있다.

(나) 근보증

(ㄱ) 근보증의 의의 : 근보증은 특히 은행거래(당좌대월·어음할인·신용카드거래 등), 상품거래 등 일정한 거래관계로부터 발생하는 일체의 채무를 보증하는 계약이며, 일명 신용보증이라고도 한다.

(ㄴ) 근보증의 유효성 : 근보증은 장래 일정 거래관계로부터 발생할 채권을 보증하는 것이므로 보증채무의 부종성과 관련하여 그 유효성이 문제된다. 그러나 학설·판례는 신용거래에 대한 현실적 요청과 민법 제428조 제2항이 "보증은 장래채무에 대하여도 할 수 있다."라고 규정한데 근거하여 효력을 긍정한다.

그러나 개정 민법(안) 제448조의 2 제1항은 "보증은 불확정 다수의 채무에 대하여도 이를 할 수 있다. 이 경우 그 보증하는 채무의 최고액을 정하여야 하며, 제428조의 2 제1항의 규정에 의한 서면에 이를 기재하여야 한다."라고 하고, 제2항은 "근보증인의 채무범

38) 판례는 계속적 보증계약의 보증인이 장차 그 보증계약에 기한 보증채무를 이행할 경우 피보증인이 계속적 보증계약의 보증인에게 부담하게 될 불확실한 구상금채무를 보증하는 것도 역시 계속적 보증에 해당하는 것이라고 한다(대판 1996.12.10, 96다27858).

위는 채권자와 주채무자 사이의 특정한 계속적 거래계약 그 밖의 일정한 종류의 거래로부터 발생하는 채무 또는 특정한 원인에 기하여 계속적으로 발생하는 채무에 한정된다."라고 하여 정면으로 규정하고, 나아가 제448조의 3 내지 제448조의 5를 신설하여 그 효력과 한계를 규정한다.

다만, 신용보증은 장래 성립할 특정 또는 불특정채무를 보증하는 것이므로 이와 같은 장래 성립할 특정 또는 불특정채무를 보증하는 계약을 체결한 경우 보증계약 체결과 동시 보증채무가 현재 유효히 성립하는가. 보증채무의 부종성에 관련한 효력발생시기 내지 이론구성이 문제된다.

종래 통설은 주채무에 종속하는 것이라고 본다. 따라서 보증채무는 담보물권과 같이 우선적 효력이 없고 순위담보의 효력이 없으므로 주된 채권이 현실적으로 발생하기 전에는 보증채무만이 발생할 것은 아니라고 한다. 그러나 판례는 채권자와 주채무자 사이의 계속적 거래관계에 대한 보증인의 근보증행위가 이루어진 시점에 대한 판단은 보증의 의사표시 당시를 기준으로 할 것이고, 주채무가 실질적으로 발생하여 구체적 보증채무가 발생한 때를 기준으로 할 것은 아니라고 하여 보증계약 체결시 성립하는 것으로 이해한다.[39]

생각건대, 종래 민법에는 명문 규정이 없으므로 통설과 같이 해석할 수 있지만, 개정 민법(안)이 이를 명문으로 규정한 이상 굳이 보증채무의 부종성을 내세워 보증계약의 효력발생을 구체적 채권발생에 미루어 유보할 것은 아니다.

- (a) 장래 특정채권보증
  - 채권액의 확정
  - 주된 채무가 한번 변제되면 보증채무는 그 범위에서 당연히 소멸·감축
- (b) 장래 불특정채권보증
  - 채권액의 증감변동
  - 보증채무가 일단 감축하더라도 다시 새로운 채권의 발생(대출 등)에 응하여 확대

(ㄷ) 근보증의 성립 : 근보증은 먼저 채권자와 주채무자간의 일정 거래관계(은행거래·상품거래 등)가 성립하여야 하고, 또한 채권자와 보증인간에 이들 거래관계로부터 발생하는 일체의 채무를 보증할 보증계약을 체결하므로 성립한다. 그러나 개정 민법(안)은 보증계약의 성립에 일정한 제한을 가하고 있다.

(a) 근보증의 피담보채무는 채권자와 주채무자 사이의 특정한 계속적 거래계약 그 밖의 일정한 종류의 거래로부터 발생하는 채무 또는 특정한 원인에 기하여 계속적으로 발생하는 채무에 한정한다(제448조의 2 제2항 신설안)

(b) 보증계약의 채결에는 근보증의 의사가 보증인의 기명날인 또는 서명 있는 서면으로 표시되어야 하고(제428조의 2 제1항), 또한 보증하는 채무의 최고액을 정하여 개재하여

39) 대판 2002.7.9, 99다73159.

야 한다(제448조의 2).

또한, 보증인의 채무를 불리하게 변경하는 경우에도 보증인의 기명날인 또는 서명 있는 서면에 의하여야 하고(제428조의 2 제2항), 이를 위반한 근보증계약의 변경은 그 효력이 발생하지 않는다(동조 제3항).

(라) 보증인의 책임한도 : 보증책임의 한도에 관하여 민법은 규정하고 있지 아니한다. 그러나 개정 민법(안)은 근보증인의 채무범위는 채권자와 주채무자 사이의 특정한 계속적 거래계약 그 밖의 일정한 종류의 거래로부터 발생하는 채무 또는 특정한 원인에 기하여 계속적으로 발생하는 채무에 한정한다(제448조의 2 제2항 신설안).

또한, 근보증인이 부담할 피담보채무의 범위는 보증계약에 의하여 정하여진다.

(a) 보증한도액이 보증계약에서 정하여진 경우 그 한도액은 원본한도액을 의미하고 이자·지연이자는 이에 포함하지 않는다. 그러나 보증계약에서 보증한도액에 특별한 정함이 없으면 그 한도액은 주채무자에 대한 이자·지연배상액 등 부수적 의무까지를 포함하지만,[40] 보증채무 자체의 지체에 대한 지연손해금은 포함하지 않는다.[41]

(b) 보증계약에 의하여 담보되는 채무가 계속적 거래관계에 기초한 것으로서 장래 성립 및 발생하는 불확정채무일 경우 보증채무의 한도액이나 보증기간에 정함이 없으면 원칙적으로 변제기에 있는 주채무 전액에 미친다.[42]

판례는 계속적 보증계약에 있어 보증인은 변제기에 있는 주채무 전액에 대하여 책임을 지는 것이 원칙이고, 다만 보증 당시 주채무액을 보증인이 예상하였거나 예상할 수 있었을 경우에는 그 예상범위로 보증책임을 제한할 수 있으나 그 예상범위를 상회하는 주채무의 과다발생원인이 채권자가 주채무자의 자산상태가 현저히 악화된 사실을 잘 알거나 중대한 과실로서 알지 못하는 탓으로 이를 알지 못하는 보증인에게 아무런 통보나 의사타진도 없이 고의로 거래규모를 확대함에 연유하는 등 신의칙에 반하는 사정이 있는 경우에 한하여 보증책임을 합리적인 범위 내로 제한할 수 있는 것이라고 한다. 또한 판례는 신용보증 중에서 보증기간이나 보증한도액을 정하지 않은 소위 포괄근보증일 경우에는 채권자와 보증인간의 이해조정을 위하여 그 책임이 무제한으로 미친다고 할 것이 아니라 보증계약이 체결된 사정과 보증되는 거래의 사정 등을 고려하여 합리적 범위에서 제한될 것이라고 한다.[43]

40) 대판 1999.3.23, 98다64639.

41) 대판 1998.2.27, 97다1433.

42) 대판 1988.11.8, 88다3253.

43) 대판 1987.4.28, 82다카789; 1991.10.8, 91다14147; 1995.6.30, 94다40444; 판례는 근보증계약에 있어서와 같이 비록 계약서의 문언상 기간이나 보증한도액을 정함이 없이 위 회사가 부담하는 모든 채무를 보증하는 것으로 되어 있다고 하더라도 그 보증을 하게 된 동기와 목적, 피보증채무의 내용, 거래의 관행 등 제반 사정에 비추어 당사자의 의사가 계약문언과는 달리 일정범위의 거래보증에 국한시킬 것이었다고 인정할 수 있는 경우에는 그 보증책임의 범위를 제한하여 새겨야 할 것이라고

그리하여 개정 민법(안)은 근보증인의 채무범위는 채권자와 주채무자 사이의 특정한 계속적 거래계약 그 밖의 일정한 종류의 거래로부터 발생하는 채무 또는 특정한 원인에 기하여 계속적으로 발생하는 채무에 한정함을 규정한다(제448조의 2 제2항 신설안).

(c) 계속적 거래 도중 기간과 한도의 정함이 없는 보증을 한 경우 계약일 이후 발생하는 채무는 물론이나 계약일 현재 발생한 채권을 포함하는가. 판례는 특별한 사정이 없는 한 긍정할 것이라고 한다.44)

(d) 보증계약에서 보증한도액을 직접 정하고 있지 않더라도 피보증거래내용에서 거래한도액이 정하여져 있다면 그 금액이 보증한도액으로 된다.45)

(e) 신용보증기금이 행한 개별적 신용보증이 원래의 한도거래신용보증에서 정한 기간과 한도금액 범위 내에서 이루어졌고 그 보증기한 종료시에 부담하는 채무가 확정된 경우에는 그 개별적 신용보증이 계속적 보증의 일부분인지 여부에 관계없이 신용보증기금의 구상금채권에 대하여 보증한 보증인으로서는 위 확정된 주채무에 대하여 신용보증약정에 따른 의무를 이행한 신용보증기금의 구상금채권에 대하여 보증책임을 부담한다. 또한 이러한 법리는 계속적 채권관계에서 채권자와 주채무자 사이에서는 주계약상의 거래기간이 연장되었으나 보증인과 사이에서는 보증기간이 연장되지 아니하여 보증계약관계가 종료됨으로써 그 보증계약 종료시에 확정되는 보증채무가 있는 경우에도 동일한 것이라고 한다.46)

(ㅁ) 근보증계약의 존속 : 보증기간은 당사자 약정에 의하여 정하여 진다. 그러나 개정 민법(안)은 보증계약의 기간을 법정한다.

따라서 개정 민법(안)에 의한 보증계약의 존속기간은 그 기간은 3년을 넘지 못한다(§448의 3 ① 전단). 당사자의 약정기간이 3년을 넘은 때에는 3년으로 단축된다(동항 후단). 근보증기간의 약정이 없는 때에는 3년으로 본다.

또한, 근보증기간은 이를 갱신할 수 있다. 그러나 그 기간은 갱신한 날로부터 3년을 넘지 못한다(§448의 3 ③).

(ㅂ) 근보증계약의 해지권 : 근보증계약의 존속기간을 정하지 아니한 경우는 물론, 근보증계약의 존속기간이 정하여 진 경우에도 근보증계약시의 사정이 현저히 변경되거나 그밖에 부득이한 사유가 있는 때에는 근보증계약을 해지할 수 있는가. 민법은 규정하고 있지 아니한다, 그러나 학설 판례는 대체로 긍정하고, 더욱 개정

한다(대판 1987.4.28, 82다카789).

44) 대판 1995.9.15, 94다41485.

45) 대판 1999.6.22, 99다19322.

46) 대판 2003.11.14, 2003다21872; 1999.8.24, 99다26481.

민법(안)은 이를 명문으로 규정한다(제448조의 4 신설안).

여기서 현저한 「사정의 변화」란 주채무자에 대한 신뢰성의 상실, 주채무자의 자산상태의 변화, 보증인의 지위변동 기타 채권자 측의 사정 등을 의미하고, 그 밖에 부득이한 사유란 사회통념상 그 보증을 계속·존속시키는 것이 상당하지 않다고 볼 수 있는 경우를 의미한다.

판례는 계속적인 보증에 있어서는 보증계약 후 당초 예정하지 못한 사정변경이 생겨 보증인에게 계속하여 보증책임을 지우는 것이 당사자 의사의 해석 내지 신의칙에 비추어 상당하지 못하다고 인정되는 경우에는 상대방인 채권자에게 신의칙상 묵과할 수 없는 손해를 입게 하는 등의 특별한 사정이 없는 한 보증인의 일방적인 보증계약해지의 의사표시에 의하여 보증계약을 해지할 수 있는 것이라고 하고,[47] 또한 이 경우 보증인은 해지 후 발생한 채무에 대하여는 보증책임을 부담하지 않는 것이라고 한다.[48]

① 주채무자의 재산상태의 현저한 악화
② 채무자 지위의 중대한 변화로 인한 보증채무의 범위의 현저한 가중
③ 보증인의 신분이나 지위에 중대한 변화가 생긴 때(대판 1998.6.26, 98다11826; 1996.10.29, 95다17533; 1994.12.27, 94다46008)
④ 보증인의 주채무자에 대한 신뢰가 깨어진 경우(대판 1992.7.14, 92다8668)
⑤ 채무자의 자산상태가 악화되었음을 알면서 채권자가 보증인의 의사를 묻거나 다른 담보를 요구하지 않은 채 계속해서 채무자와 거래하고 있는 경우
⑥ 담보계약 체결 후 상당한 기간을 경과하여 계약체결의 목적을 달성하였다고 볼수 있는 경우

(바) 강행규정성 : 근보증계약에 관한 민법 규정은 임의규정이다. 그러나 개정 민법(안)은 근보증계약에 관한 민법 규정을 대폭 신설하고 이들의 규정을 강행규정으로 한다.

따라서 개정 민법(안)의 규정 중 근보증계약에 관한 채권자의 통지의무(제436조의 2), 근보증인의 채무범위(제448조의 2 ②), 근보증의 존속기간의 제한(제448조의 3), 근보증의 해지(제448조의 4)에 관한 규정은 강행규정이다. 따라서 동조 규정에 반하는 약정으로서 보증인에 불리한 것은 효력이 없다.

(다) 신원보증

(ㄱ) 신원보증의 의의 : 신원보증은 주로 고용계약에 부수하여 체결하는 보증계약이며 그 내용은 다양하다.

본래 신원보증은 사용자가 노무자의 인물·재능 등을 숙지하게 될 때까지 노무

47) 대판 2002.2.26, 2002다48265; 2001.11.27, 99다8353; 2000.3.10, 99다61750; 1996.12.10, 96다27858.
48) 대판 2002.2.26, 2000다48265.

자의 신상을 보증하는 것이지만 실제에서는 사용자와 피용자간의 채무불이행에 대한 손해배상을 담보하거나(근보증), 사용자와 피용자 간을 불문하고 그 피용자를 고용함으로써 발생하는 모든 손해를 담보하는 경우(일종의 손해담보계약), 또는 피용자에 대한 일체의 재산상 및 신분상의 문제를 담보하는 경우(일명 신원인수)로 행하여지며, 그 실질은 손해담보계약적 성질을 가진다. 그리하여 신원보증법 제2조는 "피용자가 업무를 수행하는 과정에서 그의 책임 있는 사유로 사용자에게 손해를 입힌 경우에 그 손해를 배상할 채무를 부담할 것을 약정하는 계약"이라고 하여 신원보증을 일종의 손해담보계약적 형태로 정의하면서 그 책임의 범위를 제한하고 있다.

(ㄴ) 신원보증법의 적용범위 : 피용자의 행위로 사용자가 받은 손해를 배상할 것을 약정하는 보증계약에 적용된다.

(a) 피용자를 위한 보증계약에 적용된다. 다만 법인의 대표자를 피보증인으로 하여 신원보증할 수 있는가. 판례는 신용협동조합의 이사장은 고용계약상 피용자가 아니지만, 이와 유사한 지위에 있으므로 구신원보증법(2002.1.14. 법률 제6592호로 개정되기 전의 것)이 유추 적용되고, 법인의 대표자를 피보증인으로 하는 신원보증에 있어서 대표자가 자신의 불법행위를 안 경우 법인이 그 사실을 안 것으로 보아 통지할 의무가 발생하는 것이고, 대표자가 아닌 다른 임원이나 직원이 그 불법행위를 안 때에 비로소 법인의 통지의무가 발생하는 것은 아니라고 하여 적용을 긍정한다.[49)]

(b) 피용자의 행위로 사용자가 입은 손해(장래 사고에 대한 책임)에 대한 배상책임을 보증한다. 보증할 책임의 성질은 피용자가 종사해야 할 업무에 관련 있는 사유에 대한 피용자의 자기책임행위에 대한 책임이나 피용보조자의 고의・과실을 포함하고 또한 업무집행의 기회 또는 제한・이용 또는 악용행위를 포함한다.[50)]

(ㄷ) 신원보증의 존속기간 : 신원보증계약은 2년을 초과하지 못한다. 따라서 2년을 초과하여 정한 때에는 2년으로 단축되고(동법 제3조 제2항), 또한 갱신할 수 있으나 그 기간은 갱신한 때로부터 2년을 넘지 못한다(동조 제3항). 그러나 존속기간을 정하지 아니한 신원보증계약은 원칙적으로 그 성립일로부터 2년간 효력을 가진다(동법 제3조 제1항).

(ㄹ) 신원보증인의 책임 : 신원보증인은 피용자의 고의 또는 중과실로 인한 행위로 인하여 발생한 손해에 대하여 배상할 책임이 있다(동법 제6조 제1항).

(a) 신원보증인이 2인 이상인 때에는 특별한 의사표시가 없으면 각 신원보증인은 균등한 비율로 의무를 부담한다(동조 제2항).

---

49) 대판 2003.5.16, 2003다5344.
50) 대판 1972.9.26, 72다1317.

(b) 법원은 신원보증인의 손해배상을 산정함에 있어 피용자의 감독에 관한 사용자 과실의 유무, 신원보증인을 하게 된 사유 및 주의를 한 정도, 피용자의 임무 또는 신원의 변화 그 밖에 사정을 참작하여야 한다(동조 제3항).

판례는 신원보증계약은 사용자의 감독을 전제로 하므로 사용자가 감독상 과실이 있는 경우 신원보증인의 책임은 당연히 감경되거나 부인될 수 있고, 또한 피용자의 지위·직무의 변동이 손해발생 또는 손해확대의 위험을 증대시킬 경우에는 피용자의 임무 또는 신원변화는 보증책임에 영향을 미치는 것이라고 한다.[51]

(ㅁ) 사용자의 통지의무와 보증인의 면책 : 신용보증에서 사용자는 다음의 사유가 생긴 경우 지체 없이 신원보증인에 통지하여야 한다(동법 제4조).

(a) 피용자가 업무상 부적임하거나 불성실한 사적이 있어 이로 말미암아 신원보증인에 책임을 부담시킬 염려가 있음을 안 때(동법 제4조 제1항 1호)

(b) 피용자의 임무 또는 임지를 변경함으로써 신원보증인의 책임을 가중시키거나 또는 감독이 곤란하게 된 때(동항 2호)

사용자가 위의 통지를 게을리 함으로써 신원보증인의 계약해지권을 박탈당하였다고 인정되는 경우에는 보증인의 책임을 면한다. 판례는 사용자가 통지의무를 게을리 한 경우 신원보증계약이 실효 또는 면제되는 것은 아니고 단순히 이를 참작하는데 불과한 것이라고 하고,[52] 다만 통지해태로 신원보증인의 계약해지권을 박탈당하였다고 인정되는 경우에만 책임이 면제되는 것이라고 한다.[53] 그리하여 판례는 사용자가 위 통지의무를 이행하지 않는 경우에 신원보증인과 피보증인의 관계가 그러한 통지를 받았더라면 신원보증계약을 해지하였을 것이라는 특수한 사정으로 신원보증을 하게 된 경위 등을 포함한 신원보증인과 피용자와의 관계임무 또는 임지를 변경함에 따라 변화하게 된 업무의 내용과 피용자에 대한 책임의 가중 또는 감독 어려움의 정도, 업무 또는 임지변경에 대한 신원보증인의 예측가능성, 가중된 책임에 대한 신원보증인의 변제가능성 등을 종합적으로 고려하여 판단할 것이라고 한다.[54]

(ㅂ) 신원보증계약의 해지권 : 신원보증인은 신원보증계약이 존속하는 경우에도 다음 사유의 발생으로 해지권을 가진다.

(a) 사용자로부터 피용자가 업무상 부적격자이거나 불성실한 행적이 있어 이로 말미암아 신원보증인의 책임을 야기할 염려가 있거나, 피용자의 업무 또는 업무수

51) 대판 1966.3.22, 66다 2444.
52) 대판 1972.7.31, 72다1029.
53) 대판 1997.2.14, 96다43904; 1976.6.8, 75다1682.
54) 대판 2004.2.27, 2003다46277.

행의 장소를 변경함으로써 신원보증인의 책임을 가중하거나 감독이 곤란하게 됨을 사용자로부터 통고를 받거나, 신원보증인이 이를 안 때(동법 제5조 1호).

(b) 피용자의 고의 또는 과실 있는 행위로 발생한 손해를 신원보증인이 배상한 때(동법 제5조 2호)

(c) 기타 계약의 기초가 되는 사정에 중대한 변경이 생긴 때(사정변경)

(라) 계속적 보증의 비상속성 계속적 보증이 상속되는가. 학설은 보증인이 사망하기 전에 채무가 이미 구체화·개별화된 경우에는 긍정할 것이나, 추상적·기본적 보증채무의 경우에는 보증인의 책임범위가 넓고 주채무자와 보증인간의 강한 신뢰관계를 바탕으로 성립한 일신전속적 채무로 보아 부정할 것이라고 한다.

판례 또한 보증한도액이 정해진 계속적 보증계약의 경우 보증인이 사망하였다고 하더라도 보증계약이 당연히 종료되는 것은 아니고 특별한 사정이 없는 한 상속인들이 보증인의 지위를 승계한다고 보아야 할 것이나, 보증기간과 보증한도액의 정함이 없는 계속적 보증계약의 경우에는 보증인이 사망하면 보증인의 지위가 상속인에게 상속된다고 할 수 없고, 다만 기왕에 발생된 보증채무만이 상속되는 것이라고 한다.[55)]

특히, 신원보증법은 피보증인이 사망하면 보증계약상의 의무는 상속되지 않고 소멸함을 규정한다(동법 제7조). 따라서 신원보증인의 채무에는 이미 발생한 구체적 신원보증채무는 상속인에 상속되나 신원보증계약에 의해서 발생하는 추상적 신원보증채무는 상속되지 않는다.

55) 대판 2003.12.26, 2003다30784; 2001.6.12, 2000다47187; 1998.2.10, 97누5367; 1999.6.22, 99다19322·19339.

제 2 절 債權關係의 移轉

제 1. 債權의 讓渡

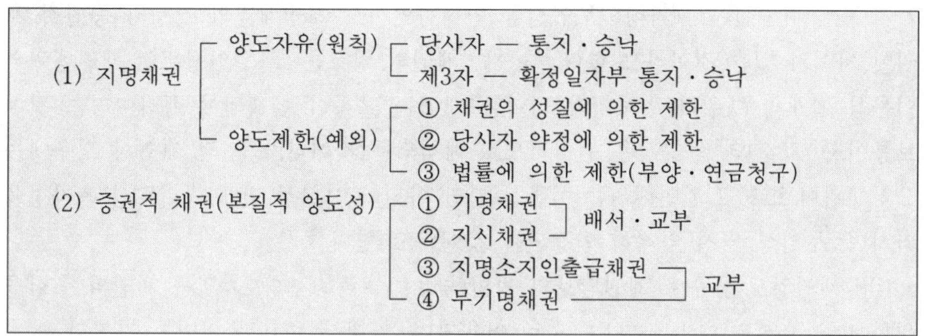

1. 債權讓渡의 의의와 양도성

(1) 債權讓渡의 의의와 성질

(가) 채권양도란 채권이 그 동일성을 유지하면서 이전하는 신·구채권자 사이의 계약을 말하며, 계약자유의 이념상 원칙적으로 인정된다.

원래, 로마법상 채권은 채권자와 채무자를 맺는 법쇄이며, 양자 중 어느 편의 변경에도 채권은 그 동일성을 상실하는 것으로 보아 채권양도를 인정하지 않았다. 그러나 근세에 이른 자본주의 발달은 채권의 상대성보다는 재산권성이 강조되고, 더욱이 근대 경제 아래에서 자본의 유동화는 채권의 양도성을 절실히 요구하였다. 그리하여 근대법은 채권의 양도성을 일반적으로 인정하고, 우리 민법도 이를 명문화하였다.

(나) 채권양도는 양도계약에 의하여 개개의 채권이 이전될 뿐이고, 채권자로서 지위가 이전되는 것은 아니다. 따라서 채권양도는 그 지위를 이전하는 계약인수와 구별된다.

(다) 채권양도자유의 확보는 채권의 본질상 채무자의 이익을 다소 희생함으로써 이루어지며, 그 양도행위 자체에서 다음의 성질을 가진다.

(ㄱ) 채권양도는 채권의 귀속주체를 직접 변경케 하는 계약이므로 처분행위이다.

(ㄴ) 채권자와 양수인간의 낙성·불요식계약이다. 다만 증권적 채권의 양도는 요

식계약인가. 소수설은 배서·교부 또는 교부는 양도의 합의방식이 아닌 법률에 의하여 특별히 요구되는 또 하나의 요건이어서 불요식행위라고 한다.[56] 그러나 다수설은 배서·교부 또는 교부를 요하는 요식계약이라고 한다.

(ㄷ) 채권양도는 채권의 이전 그 자체를 목적으로 하는 준물권계약이다. 다만 채권양도를 준물권행위라고 할 때 그 원인된 행위(매매·교환 등)와 독자성·무인성을 가지는가. 다수설은 독자성·무인성을 인정하면서도 지명채권의 경우와 증권적 채권에 차이가 있는 것이라고 한다. 즉 지명채권의 양도는 그 원인행위인 채권행위와 이론상 별개의 행위라고 하더라도 이들 행위는 오히려 합체되어 행하여지는 것이 보통이고, 그 결과 독자성은 원칙적으로 배척되는 것이나, 증권적 채권의 경우에는 요식행위이므로 그 원인행위는 이론상 뿐만 아니라 사실상 별개 행위로서 독자성을 가지며, 무인성 역시 엄격히 인정되는 것이라고 한다.

(라) 채권양도는 주로 채권담보의 방법(담보를 위한 채권양도) 또는 채권의 추심을 위한 방법(추심을 위한 채권양도)으로 이용되며, 거래상 중요한 의미를 가진다.

판례는 기존채무에 관하여, 채무자가 제3자에 대하여 가지고 있는 채권을 기존채무의 채권자에게 양도한 경우 그들 사이에 다른 특별한 의사표시가 없었다면 기존채무의 변제를 위하여 또는 그 담보조로 양도한 것이라고 추정하여야 하는 것이라고 한다.[57]

(2) 債權의 양도성

(가) 채권은 원칙적으로 양도성을 가진다. 따라서 통상 채권은 물론 조건부 또는 장래의 채권이라도 채권발생의 기초인 법률관계가 이미 존재하고 또한 그 내용이 명확한 것이면 양도할 수 있다.

(나) 지명채권(指名債權)은 채권자가 특정되어 있는 채권이지만 일반적으로 양도성을 가진다(제449조 제1항). 그러나 채권의 특질상 양도가 제한된 채권이거나 법률의 규정(부양청구권·연금청구권 등) 또는 당사자간의 특약에 의하여 양도성이 제한된다.

증권적 채권(證券的債權)은 양도성을 본질로 한다. 따라서 증권적 채권의 양도성은 제한하지 못하며, 민법은 그 양도에 관하여 상법상 유가증권의 양도 법리에 따르게 하고 있다.

---

56) 곽윤직 402면.

57) 대판 1991.4.9, 91다2526.

2. 指名債權의 양도

(1) 指名債權의 의의

지명채권(指名債權)이란 채권자가 특정되어 있는 채권이며, 통상 채권은 지명채권으로 성립한다. 지명채권은 원래 채권의 성립·존속·행사·양도 등에 증권의 작성·교부를 요하지 아니하며, 지명채권에 증서가 있는 경우에도 이 때 증서는 단순한 증거방법에 불과하다.

(2) 指名債權의 양도성과 그 제한

(가) 원칙적 양도성 지명채권은 원칙적으로 양도성을 가진다(제449조 제1항). 이것은 오늘날 채권이 재산권이란 점에 바탕한다.

(나) 양도성이 제한되는 지명채권

(ㄱ) 채권의 성질상 제한 : 채권의 성질이 양도를 허용하지 않을 때에는 양도하지 못한다(제449조 제1항 단서). 채권의 성질이 「양도를 허용하지 아니한 때」라고 함은 채권자가 변경되면 그 동일성을 잃게 되거나 또는 채권의 목적을 달성하지 못하게 되는 것을 의미하며, 구체적으로 다음과 같은 채권이 이에 속한다.

(a) 채권자가 변경되면 당연히 그 급부의 내용이 달라지는 채권, 예컨대 특정인을 교수케 하는 채권, 그림을 그리게 하는 채권 등이 그것이며, 부작위채권도 대체로 이에 속한다.

(b) 채권자가 변경되면 권리의 행사에 뚜렷한 차이가 생기는 채권, 예컨대 민법상 사용차주의 권리, 임차권·사용대차채권 등은 물론, 그 외에 명문 규정이 없으나 위임인의 채권·종신정기금채권 등도 이것이다.

(c) 특정 채권자와의 사이에서 결제되어야 할 특별한 사유가 있는 채권, 예컨대 전세권이 존속하는 동안의 전세금반환채권, 상호계산(상법 제72조 이하)에 계상된 채권 등이다. 다만 위자료청구권이 상속성을 가지는가. 판례는 긍정한다.[58]

또한, 매매로 인한 소유권이전등기청구권은 양도성을 가지는가. 통상의 채권양도와 달리 양도인의 채무자에 대한 통지만으로는 채무자에 대한 대항력이 생기지 않으며 반드시 채무자의 동의나 승낙을 받아야 한다.[59]

(d) 채권 간에 주종관계가 있는 때의 종된 채권, 예컨대 원본채권에 대한 기본이자채권이 이것이다.

(ㄴ) 당사자의 의사표시에 의한 제한 : 채권의 양도성에 대하여는 당사자가 반

58) 대판 1966.10.18, 66다1335.

59) 대판 2001.10.9, 2000다51216 ; 1997.5.16, 97다485 ; 1996.2.9, 95다49325 ; 1995.8.22, 95다15575.

대의 의사표시를 할 수 있다(제449조 제2항 본문). 즉 채권계약 또한 단독행위로 발생한 것일 때에는 당사자간의 특약 또는 단독행위에 의하여 그 채권을 양도할 수 없는 것으로 할 수 있다. 이와 같이 양도금지의 의사표시가 있으면 채권은 양도성을 잃게 되나, 다만 이로써 선의의 제3자에 대항하지 못한다(제449조 제2항 단서). 그러나 선의의 제3자가 채권양도 금지특약을 알지 못한데 과실이 있는 경우에도 대항할 수 없는가. 판례는 민법 제449조 제2항은 선의의 제3자에의 대항하지 못한다고 규정하고 있으나, 제3자의 중대한 과실은 악의와 같이 취급되어야 하므로, 양도금지 특약의 존재를 알지 못하고 채권을 양수한 경우 그 알지 못함에 과실이 있는 때에는 악의의 양수인과 같이 취급되는 것이라고 한다.[60]

양도금지특약이 있는 채권을 압류할 수 있는가. 학설·판례는 일치하여 압류채권자의 선·악을 묻지 않고 긍정할 것이라고 하고, 특히 판례는 당사자 사이의 양도금지 특약이 있는 채권이라도 압류 및 전부명령에 따라 이전될 수 있고 양도금지특약이 있는 사실에 관하여 압류채권자가 선의인가, 악의인가는 전부명령의 효력에 영향이 없는 것이라고 한다.[61]

(ㄷ) 법률에 의한 제한 : 민법이 양도금지를 규정한 채권은 물론, 그 외 특별 법률에서 제한된 채권, 예컨대 부양청구권·연금청구권·재해보상청구권 등이다.

법률에 의하여 양도가 금지되는 채권은 양도 또는 압류하지 못한다. 따라서 그러한 채권에 관하여 전부명령이 있더라도 무효이다. 그러나 반대로 압류가 금지되는 채권이 반드시 양도가 금지되는 채권은 아니며, 그 양도성의 유무는 채권의 특수성을 고려하여 결정해야 할 것이다.

(3) 指名債權의 양도요건·효력

(가) 지명채권의 양도요건

(ㄱ) 讓渡契約 : 지명채권의 양도는 채권자(양도인)와 양수인간의 계약으로 성립한다. 따라서 채권양도계약의 당사자는 채권자와 양수인간의 계약으로 성립하고 채무자는 양도계약의 당사자가 아니다.

지명채권의 양도계약은 불요식행위이다. 따라서 채권을 성립시킨 법률행위가 요식행위인 경우에도 일단 성립한 채권의 양도에는 특별한 방식을 요하지 않는다.

(ㄴ) 채권의 특정 : 채권의 양도에는 채권자에 채권이 존재하여야 한다. 따라서 채권양도의 목적인 채권이 존재하지 아니하면 그 양도는 효력을 발생하지 않는다.

---

60) 대판 2000.4.25, 99다67482; 1996.6.28, 96다18281.

61) 대판 2002.8.27, 2001다71699; 1976.10.29, 76다1623.

즉 채권양도에서의 선의취득은 인정되지 않는다.

채권이 특정되어 있거나 특정 가능한 것이어야 한다. 따라서 양도 당시 특정된 채권은 물론 장래 특정 가능한 채권이라도 양도가 가능하다.

[판례] 채권양도에서 양도채권이 사회통념상 다른 채권과 구별하여 그 동일성을 인식할 수 있을 정도로 되어 있다면 그 채권은 특정된 것으로 보아야 하고 양도채권의 종류나 금액 등이 구체적으로 적시되어 있어야 하는 것은 아니다(대판 1998.5.29, 96다51110).

(나) 양도의 효력

(ㄱ) 채권의 이전 : 채권의 양도로 채권이 동일성을 유지하면서 양수인에 이전된다. 따라서 채무자가 양도인에 대하여 가지는 항변권 등은 그대로 양수인에 이전된다.

또한, 담보를 위한 양도나 추심을 위한 양도에 있어서도 일단 채권은 양수인에 이전되며, 비록 채권이 가압류된 경우라고 하더라도 가압류에 의하여 권리행사가 제한된 상태로 양수인에 이전된다.[62)]

다만, 채권양도에 의하여 이전되는 권리는 채권 그 자체이고 당사자의 지위가 이전되는 것은 아니다. 따라서 채권양도의 경우에도 채권관계의 당사자 지위로서 가지는 권리, 예컨대 계약의 해제권·해지권 등은 이전되지 않는다.

(ㄴ) 부수된 권리의 이전 : 채권의 양도로 그 채권에 부수된 권리, 예컨대 양도채권을 담보하는 권리(질권·저당권 등) 등도 양수인에 이전된다. 그러나 이때 이전되는 담보권은 채권양도계약 자체로부터 이전되는 것은 아니며 담보권 수반성의 결과이다.

(4) 指名債權讓渡의 대항요건

(가) 채무자에 대한 요건

(ㄱ) 채무자에의 통지 : 채권자의 채무자에의 통지는 채권양도의 사실을 알리는 행위로서 그 법적 성질은 관념통지이다.

(a) 통지방법에는 제한이 없으나 채권의 양도 후 통지이어야 한다. 따라서 채권의 양도 전 미리 하는 통지는 양도통지가 아니다.[63)]

(b) 채권양도의 통지는 양도인이 채무자에 대한 의사로 하여야 한다. 이 경우 양수인은 양도인을 대위하여 통지할 수 있는가. 채권양도의 통지는 채권자가 채무자에 대하여만 하여야 하고 양수인이 양도인의 지위에서 통지하지 못한다. 그러나 판례는 양수인이 양도인의 사자로서 한 통지는 유효한 것이라고 한다.[64)]

(c) 채무자가 수인인 경우에는 그 수인에 대한 의사로 하여야 한다. 따라서 연대

62) 대판 2000.4.11, 99다23888.
63) 대판 2000.4.11, 2000다2627.
64) 대판 1997.6.27, 95다40977·40984.

채무인 경우에는 그 전원에 대하여 하여야 한다. 그러나 보증채무의 경우에는 주채무자에 통지함으로 족하고 보증인에 통지를 요하는 것은 아니다.[65]

(ㄴ) 채무자의 승낙 : 채무자의 승낙이라 함은 채무자가 채권양도의 사실을 승인하는 일종의 관념통지이다.

채무자의 승낙은 양도인 또는 양수인의 어느 쪽에도 무방하다. 그러나 양도통지와 달리 채무자의 사전승낙은 양도할 채권이나 양수인이 특정되어 있는 한 채무자에 대항력을 가진다.

(ㄷ) 통지·승낙의 채무자에 대한 효력 : 채권양도의 통지나 승낙이 없는 동안의 양수인은 선·악을 묻지 않고 채무자에 대하여 채권양수의 효력을 주장하지 못한다. 따라서 채무자는 양수인에 대하여 변제를 거절할 수 있다. 그러나 채권자의 통지 또는 채무자의 승낙이 있는 경우 대항력을 가진 범위에서 양도인에 주장할 수 있다.

[판례] 민법 제451조 제1항은 채무자의 승낙이라는 사실에 공신력을 주어 양수인을 보호하고 거래의 안전을 꾀하기 위한 규정으로서 이 경우 양도인에게 대항할 수 있는 사유로서 양수인에게 대항하지 못하는 사유는 협의의 항변권에 한하지 아니하고, 넓게 채권의 성립·존속·행사를 저지하거나 배척하는 사유를 포함하고, 이는 지명채권에 대한 질권설정의 경우에도 같다(대판 1997.5.30, 96다22648).

(a) 단순통지 또는 이의를 유보한 승낙을 한 경우 : 채권자가 채무자에 대하여 양도통지만을 한 경우 채무자는 그 통지를 받을 때까지 양도인에 대하여 생긴 사유로 양수인에게 대항할 수 있다(제451조 제2항). 또한 채무자가 양수인의 청구에 대하여 이의를 유보한 승낙을 한 경우에는 그 범위에서 양도의 효력이 생긴다.

(b) 채무자가 이의를 유보하지 아니한 승낙을 한 경우 : 채무자가 이의를 유보하지 아니하고 승낙을 한 경우에는 양도인에 대항할 수 있는 사유로 선의의 양수인에게 대항하지 못한다(제451조 제1항 본문). 여기서 「이의를 유보하지 않은 승낙」이란 채권의 불성립·성립에 있어서의 하자, 채권소멸 등의 항변을 양도인에 대하여 가지고 있음을 유보하지 않고서 행한 단순승낙을 말한다.

채무자의 단순승낙으로 양수인에 주장하지 못하는데서 채무자가 받게 되는 불이익은 채무자와 양도인의 사이에서 조정된다. 즉 채무자가 그 채무를 소멸하기 위하여 양수인에 급부한 것이 있으면 이를 회수할 수 있고, 또한 양도인에 부담한 채무가 있으면 이를 성립하지 아니하는 것으로 주장할 수 있다(제451조 제1항 단서).

(ㄹ) 양도통지의 철회 : 채권자의 양도통지는 양수인의 동의가 없으면 철회하지 못한다(제452조 제2항). 통지는 양수인을 위한 것뿐만 아니라 채무자의 선의의 변제

65) 대판 1976.4.13, 75다1100.

기타 면책행위 등과 관련하여 채권관계에 중대한 영향을 미치므로 양수인의 동의 없이 철회하지 못하게 하고 있다.

판례는 민법 제452조 제2항에 채권양도통지는 양수인의 동의 없이는 철회하지 못한다고 되어 있으므로 채권양도인이 채권양도계약의 해제사실을 채무자에게 통지하였더라도 이것을 채권양수인에게 대항할 수 없는 것이라고 한다.[66)]

(나) 제3자에의 대항요건

(ㄱ) 확정일자 있는 증서에 의한 통지·승낙 : 양수인이 채권양도의 효력을 채무자 이외의 제3자에게 대항하기 위한 양도인의 통지 또는 채무자의 승낙은 확정일자있는 증서로써 하여야 한다(제450조 제2항).

여기서 확정일자란 당사자가 후에 변경하지 못하는 확정된 날짜를 말하며, 이와 같이 양도 또는 승낙을 확정일자 있는 증서로써 하게 한 것은 채권양도의 일자를 명확히 하여 채권자와 채무자가 통정하여 양도일을 소급시킴으로써 발생되는 제3자의 권리침해를 방지하려는데 있다. 그러므로 통지 또는 승낙행위 자체를 확정일자 있는 증서로 하여야 한다.[67)]

(ㄴ) 확정일자 있는 증서에 의한 통지·승낙의 효력 : 확정일자 있는 통지로 제3자에 대항력을 가진다(제450조 제2항).

대항력을 갖는 제3자의 범위에 관하여 종래 소수설은 채무자 이외의 모든 자를 지칭한다는 견해(무제한설)가 있었으나, 오늘날 학설·판례는 범위를 제한하여 채권에 관하여 양수인의 지위와 양립하지 않는 법률상의 지위를 취득한 자, 예컨대 2중양도에 있어서의 양수인 외에 질권자·압류채권자·파산채권자 등 또는 그 채권자에 대하여 법률상 이익을 가지는 자를 가리키는 것으로 본다(제한설).[68)]

[판례] 양도인이 채권양도 통지서에 공증인가 합동법률사무소의 확정일자 인정을 받아 그 자리에서 채무자에 교부한 경우 확정일자 있는 증서에 의한 채권양도의 통지가 있었다고 볼 것이다(대판 1986.12.9, 86다카858).

⑷ 指名債權의 이중양도와 대항력

(가) 양수인의 우선순위 채권의 2중양도에 있어서 확정일자부 통지와 단순통지간의 우열은 채무자간에 있어서는 확정일자를 요하지 아니하므로 양자가 모두 동등한 효력을 가지므로 양자 중 먼저 통지·승낙이 있는 양수인이 우선한다.[69)] 그러나 제3자간에 있어서는 확정일자 있는 통지·승낙에 의한 양도가 우선한다.

---

66) 대판 1978.6.13, 78다468.

67) 대판 2000.4.11, 2000다2627; 1988.4.12, 87다카2429; 1998.10.2, 98다28879.

68) 대판 1989.1.17, 87다카1814; 1965.12.28, 65다1228 참조.

69) 대판 1971.12.28, 71다2048.

다만, 양자 모두 확정일자있는 통지·승낙이나 그 도달과 관계에서 확정일자를 우선시킬 것인가, 도달을 우선시킬 것인가. 종래 판례는 지명채권의 양수인과 제3자 간의 우열은 통지의 도달 또는 승낙의 일시의 순위에 의하고 그 우열이 없는 경우에는 양수인의 채무자에 대한 채권 전액의 청구권을 인정하나, 다만 제3자에의 공평의 원칙상 안분을 요하는 것이라고 하였다.[70] 그러나 최근의 판례는 채권양도 통지는 채무자에 대하여 당해 채권을 신채권자에게 양도하였다는 사실을 통지하는 것이므로 이것이 채무자에 도달됨으로써 그 효력을 발생하는 것이고, 위 도달은 사회통념상 인식할 수 있었다고 인정되는 상태를 지칭하는 것이라고 한다.[71] 그러나 확정일자 없는 통지 간에는 언제나 확정일자 있는 통지가 우선한다.[72]

(나) 우열이 없는 대항관계 확정일자 있는 채권양도 통지와 채권가압류결정 정본이 동시에 제3채무자에 도달한 경우의 대항관계를 어떻게 할 것인가. 종래 판례는 양수인의 양수금청구에 대하여 채무자가 이들 정본을 송달 받은 사실로서 채권양수인에 대항할 수 있다고 하였다.[73] 그러나 최근의 판례는 이를 변경하여 채권양도 통지와 채권가압류결정 정본이 동시에 도달한 경우에는 양자가 모두 대항력을 갖추었으므로 그 전액에 대하여 채권양수금·압류전부금 또는 추심금의 이행청구를 하여 적법하게 이를 변제 받을 수 있고, 제3채무자로서는 이들 중 누구에게라도 그 채무 전액을 변제하면 다른 채무자에 대한 관계에서도 유효하게 면책되는 것이며, 다만 양수채권액과 가압류 또는 압류된 채권액의 합계액이 제3채무자에 대한 채권액을 초과하면 그들 상호간에는 법률상 지위가 대등하므로 공평의 원칙상 각 채권액에 안분하여 이를 내부적으로 다시 정산하여야 하는 것이라고 한다.[74]

3. 證券的 債權의 양도

(1) 지시채권 — 배서 + 교부		
(2) 무기명채권		증서의 교부
(3) 지명소지인 출급채권		

(1) 證券的 債權의 의의와 양도성

증권적 채권이란 채권이 증권에 화체되어 그 성립·존속·양도·행사 등을 증권

70) 대판 1994.4.26, 93다24223; 1987.8.18, 87다카5531.
71) 대판 1960.12.15, 4293민상62.
72) 대판 1972.1.31, 71다2697.
73) 대판 1987.8.18, 87다카553.
74) 대판 1994.4.26, 93다24223.

과 같이 하는 채권을 말하며, 채권자를 결정하는 방법에 의하여 기명채권 · 지시채권 · 지명소지인출급채권 · 무기명채권의 4종으로 나누어진다.

증권적 채권은 주로 채권의 양도성을 증가시키고 채권거래의 안전을 꾀하기 위하여 고안된 것이므로 양도성을 그 본질로 하며, 그것을 박탈하는 것은 허용하지 않는다. 그러므로 증권적 채권에서는 그 유통성 및 안전성이 특히 고려되며 그 법리는 상법상 유가증권의 법리에 따르게 한다.

⑵ 指示債權의 양도

㈎ 지시채권의 의의 　지시채권이란 특정인 또는 그가 지시한 자에게 변제하여야 할 증권적 채권, 예컨대 증권상 기재된 특정의 채권자 甲 또는 甲이 지정한 乙, 乙이 지정한 丙에게 지급하여야 할 채권을 말한다.

지시채권(指示債權)은 전형적 유가증권으로서 상법이 규정한 화물상환증 · 창고증권 · 선하증권 · 어음 · 수표 등이며 우선적으로 상법의 적용을 받는다.

㈏ 지시채권의 양도로서의 배서 · 교부 　지시채권의 양도는 배서 · 교부하므로 양도된다. 여기서 배서(背書)란 채권양도의 의사표시를 증권에 기재하는 것을 말하며, 증서의 이면에 기재함이 원칙이며, 반드시 배서인이 서명 또는 기명날인하여야 한다(제510조 제1항). 또한 교부(交付)란 증서의 점유이전이며, 증권적 채권의 양도의 효력발생요건이다.

㈐ 지시채권의 양도와 양수인 및 채무자의 보호

(ㄱ) 양수인의 보호 : 채권양도의 일반원칙에 의하며, 채무자는 그가 양도인에 대하여 대항할 수 있는 모든 항변을 가지고 양수인에게 대항할 수 있다(제451조). 그러나 배서에 의하여 채권을 취득하는 경우에도 이 원칙을 관철한다면 지시채권의 양수인의 권리는 매우 불안전할 뿐만 아니라 유통성을 해하게 된다. 그리하여 배서에 의한 지시채권의 취득자를 보호하기 위한 일정한 제한을 두고 있다.

(a) 인적 항변의 제한 : 채무자는 물적 항변으로써는 누구에게나 대항할 수 있지만, 전 소지인에 대한 인적항변으로써 현 소지인에게 대항하지 못한다. 그러나 현 소지인이 그 채무자를 해함을 알고 취득한 때에는 그러하지 아니한다.

(b) 선의취득의 요건완화 : 지시채권은 유통성이 특히 강하므로 거래의 안전을 도모하기 위하여 동산의 선의취득(제249조)보다 그 요건을 완화하고 있다. 즉 소지인이 증서를 무권리자로부터 취득한 경우 그 소지인은 양도인이 무권리자임을 알지 못하고(즉, 선의), 또한 그 알지 못한데 중대한 과실이 없으면 그 증서상 권리를 취득한다(제514조).

(ㄴ) 채무자의 보호 :　민법은 양수인 보호와 관련하여 채무자의 보호를 위하여도 일정한 규정을 두고 있다.

(a) 채무자는 진정한 변제수령자에게 변제함으로써만 채무를 면할 수 있으므로 변제수령자격에 관하여 조사할 필요가 있다. 그러나 지시채권에서는 그 유통성이 특히 강하여 채권자의 변동이 빈번하므로 증서의 소지인이 진정한 채권자의 여부를 조사하기란 매우 어렵다. 그리하여 민법은 배서연속의 조사의무는 규정하나, 그 배서인의 서명 또는 날인의 진위나 소지인의 지위를 조사할 의무는 면제한다. 다만 채무자가 변제하는 때에 소지인이 권리자 아님을 알았거나 중대한 과실로 알지 못한 때에는 그러하지 아니한다(제518조).

[판례] 양도성예금증서를 취득함에 있어서 통상적인 거래기준으로 판단하여 볼 때 양도인이나 그 양도성예금증서 자체에 의하여 양도인의 실질적 무권리성을 의심하게 할 만한 사정이 있는데도 불구하고 이에 대하여 상당하다고 인정될 만한 조사를 하지 아니하고 만연히 양수한 경우에는 중대한 과실이 있다고 할 것이지만, 양도성예금증서는 단순한 교부만으로 양도가 가능하므로 양수인이 할인의 방법으로 이를 취득함에 있어서 그 양도성예금증서가 잘못된 것이라는 의심이 가거나 양도인의 실질적인 무권리성을 의심하게 될만한 특별한 사정이 없는 이상 위 양도성예금증서의 발행인이나 전 소지인에게 반드시 확인한 다음 취득하여야 할 주의의무가 있다고는 할 수 없다(대판 2000.5.16, 99다71573).

(b) 채무자는 증서와 교환으로 변제할 의무가 있다(제519조). 이와 같이 지시채권에 증서와 교환으로 변제하게 한 것은 증서상 권리는 증서와 불가분적 관계에 있고, 또한 만약 증서와 교환 없이 변제하게 되면 그 증서를 선의의 제3자가 취득하여 행사하는 경우 채무자는 2중변제의 위험을 부담하게 되는데 있다.

(c) 지시채권의 이행지체는 증서의 제시를 요건으로 한다. 즉 통상 채무는 변제기의 경과로 당연히 채무자의 지체책임이 발생한다. 그러나 지시채권의 지체책임은 비록 그 증서에 변제기한이 있는 경우라도 그 기한이 도래한 후 소지인이 그 증서를 제시하여 이행을 청구한 때로부터 부담하게 된다(제517조).

(d) 증서에 변제장소를 정하지 아니한 때에는 채무자의 현 영업소를 변제장소로 하고 영업소가 없는 때에는 현주소를 변제장소로 한다. 또한 채무자는 변제에 갈음하여 증서의 소지인에 대하여 영수를 증명하는 기재를 청구할 수 있고(제520조), 일부변제의 경우 채무자의 청구가 있으면 채권자는 증서에 그 뜻을 기재하여야 한다(동조 제2항).

(라) 증서의 멸실·상실　　멸실한 증서나 소지인의 점유를 이탈한 증서는 공시최고의 절차에 의하여 무효로 할 수 있다(제521조). 공시최고의 신청이 있으면 법원은 채무자로 하여금 채무의 목적물을 공탁하게 할 수 있고, 소지인이 상당한 담보를 제

공하면 변제하게 할 수 있다(제522조).

(3) 無記名債權의 양도

(가) 무기명채권의 의의　무기명채권이란 특정 채권자를 지정함이 없이 증서의 소지인에게 변제하여야 하는 증권적 채권을 말한다. 예컨대 무기명사채·무기명주식·무기명수표 등 상법이나 어음법상 유가증권이나 그 밖에 철도승차권·극장관람권·상품권 등이 이에 속한다.

(나) 무기명채권의 양도로서의 증서교부　무기명채권의 양도는 그 증서의 교부에 의한다(제523조). 따라서 무기명채권의 증서교부는 채권양도의 성립 내지 효력발생요건이다.

지시채권의 양도에 관한 민법 제514조 내지 제522조의 규정(배서를 제외한 지시채권에 관한 규정)은 무기명채권의 양도에 준용된다. 그러므로 지시채권양도에 관한 이들의 설명은 그대로 무기명채권에도 타당하다.

(4) 指名所持人出給債權의 양도

(가) 지명소지인출급채권의 의의와 양도　지명소지인출급채권이란 특정인 또는 증서의 정당한 소지인에게 변제하여야 하는 증권적 채권을 말하며, 그 양도는 무기명채권의 양도에 있어서와 같다.

(나) 면책증서　면책증서(면책증권)란 채무자가 증서의 소지인에게 변제한 경우 비록 그 소지인이 진정한 채권자가 아닌 경우에도 채무자가 선의이면 그 채무를 면하는 효력을 가진 증권을 말한다. 예컨대 철도여객의 수화물상환증·음식점의 신발표·목욕탕의 휴대물예치증 등이다.

증권적 채권에 면책증서를 부여하는 이유는 그 증서의 소지인이 진정한 권리자이냐의 여부를 조사한다는 것이 곤란할 뿐만 아니라, 채무자에게 조사의무를 부담시킨다는 것이 통념에 반하기 때문이다.

4. 기타 債權의 양도

(1) 抵當權附債權의 양도

민법 제361조는 "저당권은 그 담보한 채권과 분리하여 타인에게 양도하거나 다른 채권의 담보로 하지 못한다."라고 하여 부종성을 엄격히 하고 있으므로, 저당권만의 양도는 인정되지 않는다. 따라서 현행 민법상 저당권의 양도는 결국 피담보채권과 저당권을 동시에 양도하게 되며, 이때 저당권을 피담보채권과 함께 양도하는 경우 저당권의 측면에서보다 피담보채권의 측면에서 보면 저당권의 양도는 곧 피담보채권의 양도로 되며 이것이 곧 저당권부채권의 양도이다. 그리하여 저당권부채권의 양도에는 언제나 채권의 양도와 물권의 양도가 결합되어 있고 그 결과 저당권의 양도에는 채권양도에 관한 규정(제449조, 제452조)과 물권변동에 관한 규정(제186조 등)이 모두 적용된다. 따라서 물권변동에 따른 저당권의 이전등기를 하지 않으면 양도의 효력이 생기지 않고, 또한 그 등기와 별도로 채권양도의 대항요건을 갖추어야 한다.

(2) 抵當權附債權의 양도

민법 제317조는 전세권이 소멸한 때에는 전세금의 반환과 전세목적물의 인도 및 전세권의 말소등기에 필요한 서류의 교부가 동시이행관계라고 규정하고 있으므로, 전세금의 반환은 전세권자라는 특정인에게 변제하여야 할 성질의 것으로서 그 반환청구권의 양도는 제한된다. 그리하여 종래 다수설은 전세금은 전세권의 요소로서 전세권과 분리할 수 없는 점을 들어 부정하고, 초기 판례 또한 전세권자는 전세권이 존속하는 한 전세권과 분리하여 전세금반환청구권만을 양도하여도 전세권의 요소가 되는 전세금반환청구권은 이전되지 않는다고 하였다.[75] 그러나 최근의 판례는 종래 태도를 변경하여 담보물권의 성격도 가지는 이상 부종성과 수반성이 있는 것이므로 전세권을 그 담보하는 전세금반환채권과 분리하여 양도하는 것은 허용되지 않는다고 할 것이나, 한편 담보물권의 수반성이란 피담보채권의 처분이 있으면 언제나 담보물권도 처분된다는 것이 아니라 채권담보라고 하는 담보물권제도의 존재목적에 비추어 볼 때 특별한 사정이 없는 한 피담보채권의 처분에는 담보물권의 처분도 포함된다고 하는 것이 합리적일 뿐이므로 전세권이 존속기간의 만료로 인하여 소멸한 경우이거나 전세계약의 합의해지 또는 당사자간의 특약에 의하여 전세금반환채권의 처분에도 불구하고 전세권의 처분이 따르지 않는 경우 등 특별한 사정이 있는 경우라면 채권양수인은 담보물권이 없는 무담보채권을 양수한 것이 되는 것이라고 한다.[76] 그러면서도 더욱 최근의 판례는 전세권의 존속 중에는 장래 그 전세권이 소멸하는 경우 전세금반환채권이 발생하는 것을 조건으로 그 장래 조건부채권을 양도할 수 있을 뿐이라고 한다.[77]

---

75) 대판 1966.9.6, 66다769; 1966.7.5, 66다850; 1966.6.28, 66다771.

76) 대판 1999.2.5, 97다33997; 1997.11.25, 97다29790; 이 사건 97다29790 사례에서 乙회사는 甲소유 건물에 전세권을 설정하고 그 존속기간 만료 후 전세금채권을 丙에게 양도하고 이를 甲에 통지하였다.

77) 대판 2002.8.30, 2001다69122.

⑶ 所有權移轉登記請求權의 양도

부동산의 매매로 인한 소유권이전등기청구권은 양도할 수 있는가. 등기청구권의 법률적 성질이 물권적 청구권인가 채권적 청구권인가에 따라 이론구성을 달리할 것이지만 등기청구권을 채권적 청구권으로 보는 경우에도 매도인의 동의를 받은 경우에는 양도할 수 있음은 당연하다.

다만 부동산매매로 인한 등기청구권을 매도인의 동의 없이 양도할 수 있는가. 판례는 부동산의 매매로 인한 소유권이전등기청구권은 물권의 이전을 목적으로 하는 매매의 효과로서 매도인이 부담하는 재산권이전의무의 한 내용을 이루는 것이고, 매도인이 물권행위의 성립요건을 갖추도록 의무를 부담하는 경우에 발생하는 채권적 청구권으로 그 이행과정에 신뢰관계가 따르므로, 매수인으로부터 소유권이전등기청구권을 양도받은 양수인은 매도인이 그 양도에 동의나 승낙이 있어야 한다.[78] 따라서 매매로 인한 소유권이전등기청구권은 통상의 채권양도와 달리 양도인의 채무자에 대한 통지만으로는 채무자에 대한 대항력이 생기지 않으며 반드시 채무자의 동의나 승낙을 받아야 대항력이 생기는 것이라고 한다.[79]

제 2. 債務의 引受

1. 債務引受의 의의와 성질

⑴ 債務引受의 의의

채무인수(債務引受)란 채무가 그 동일성을 유지하면서 인수인에게 이전하는 것을 목적으로 하는 계약을 말하고, 채무인수에 의하여 채무는 채무자로부터 제3자에 이전되지만 그 동일성이 유지되는 점에서 채무자 변경으로 인한 갱개(更改)와 구별된다.

광의의 채무인수에는 면책적 채무인수·병존적 채무인수와 그 외에 채무자가 부담한 특정채무의 변제의무를 인수하는 이행인수를 포함한다. 그러나 협의(본래의미)의 채무인수는 면책적 채무인수만을 말한다.

78) 대판 2005.3.10, 2004다67653, 67660; 1995.8.22, 95다15575; 1997.5.16, 97다485 참조.
79) 대판 2005.3.10, 2004다67653, 67660; 2001.10.9, 2000다51216; 1997.5.16, 97다485; 1996.2.9, 95다49325; 1995.8.22, 95다15575.

(2) 債務引受의 성질

(가) 채무인수(引受契約)의 법률적 성질에 관하여 채권자·채무자·인수인의 3면 계약에 의할 경우 및 채권자와 인수인간의 계약에 의할 경우에는 인수인의 의무부담행위 내지 채권행위로서의 성질을 가짐과 동시에 채권자가 그의 채권을 처분한다고 할 수 있으므로 처분행위의 성질도 가진다. 그러나 채무자와 인수인간의 계약에 의할 경우에는 채권행위이며, 채권자의 승낙은 준물권행위로서 성질을 가진다.

(나) 채무인수는 채무의 이전 그 자체를 목적으로 하는 계약이므로 그 원인행위와 이론상 별개의 행위이다. 그러나 채무자의 채무를 이전 받는 준물권행위로서 채무인수는 원인관계와 무관한 것이라고 할 수 없다. 그러나 채무자와 인수인간의 계약에 의한 인수의 경우에는 준물권행위를 이루는 채권자의 승낙은 무인성을 가진다고 해석한다.

(다) 채무인수계약은 낙성·불요식계약으로 특별한 방식을 요하지 아니한다.

2. 債務引受의 요건

(1) 채권자·채무자·인수인간의 계약 — 인수계약의 자유
(2) 채권자·인수인간의 계약
┌ 이해관계 있는 제3자 — 언제나 인수 가능
└ 이해관계 없는 제3자 — 채무자 의사에 반한 인수 불가능
(3) 채무자·인수인간의 계약 — 채무자의 승낙(관념통지)

(1) 債務에 관한 요건

(가) 채무인수는 유효한 채무의 존재를 전제로 하고, 채무가 성질상 이전할 수 있는 것이어야 한다(제453조 제1항 단서). 그 이전의 가능 여부는 거래통념에 의하여 결정할 것이지만, 일반적으로 이전할 수 없는 채무는 채무자가 변경되면 그 급부의 내용이 전혀 달라지는 채무(작위채무), 채무자의 변경으로 채무의 이행에 현저한 차이가 생기는 채무(예컨대, 고용·위임·임치), 특정의 채무자와 사이에서 결제되어야 할 특별한 사유가 있는 채무(상호계산에 계상된 채무) 등이다.

(나) 채무인수 당사자의 의사표시에 의해 채무인수를 제한할 수 있는가. 민법은 명문의 규정을 두고 있지 않지만, 채권자와 채무자가 미리 인수금지의 특약을 하고 있는 때에는 그 특약은 유효하다고 할 것이나, 다만 이 특약은 선의의 제3자에게 대항하지 못한다고 해석된다.

⑵ 引受契約의 당사자

(가) 채권자·채무자·인수인간의 계약 민법에 명문 규정은 없지만 계약자유의 원칙상 채무인수는 채권자·채무자·인수인간의 계약으로 할 수 있음은 당연하다.

(나) 채권자와 인수인간의 계약 채권자와 인수인간의 계약으로 할 수 있다. 그러나 채권자와 인수인간의 채무인수는 이해관계 없는 제3자는 채무자의 의사에 반하여 인수하지 못한다(제453조). 그것은 이해관계 없는 제3자의 변제(제469조) 및 채무자의 변경으로 인한 갱개와 동일하게 보아야 할 것이기 때문이다.

(다) 채무자와 인수인간의 계약 채무인수는 채무자와 인수인간의 계약으로도 할 수 있다. 그러나 채무자·인수인 사이의 계약에 의한 채무인수는 채권자의 승낙이 있어야만 그 효력이 생긴다(제454조 제1항).

판례는 부동산의 매수인이 매매목적물에 관한 임대차보증금반환채무 등을 인수하는 한편 그 채무액을 매매대금에서 공제하기로 약정한 경우 그 인수는 특별한 사정이 없는 이상 매도인을 면책시키는 면책적 채무인수가 아니라 이행인수로 보아야 하고 면책적 채무인수로 보기 위해서는 이에 대한 채권자의 승낙이 있어야 하는 것이라고 한다.[80] 그러나 금전소비대차계약으로 인한 채무에 관하여 제3자가 채무자를 위하여 어음이나 수표를 발행하는 것은 특별한 사정이 없는 한 동일한 채무를 중첩적으로 인수라고 한다.[81]

(ㄱ) 채권자의 승낙 또는 거절의 의사표시는 채무자 또는 인수인 어느 쪽에 하여도 무방하다. 또한 채무자와 인수인은 그 승낙 여부의 확답을 최고할 수 있고(제455조 제1항), 최고기간 내 채권자가 확답을 발송하지 아니한 때에는 승낙을 거절한 것으로 본다(동조 제2항). 한편 채무자나 인수인은 채권자의 승낙이 있을 때까지는 계약을 철회 또는 변경할 수 있다(제456조).

(ㄴ) 채권자가 채무자와 인수인간의 계약에 승낙하지 않는 동안의 제3자는 채무자에 대하여 채권자에게 변제할 의무를 부담하는 것으로 추정된다. 민법은 이를 규정하지 않았으나 개정민법(안)은 이를 명문으로 규정한다(§451③ 신설안).

또한, 채권자가 승낙을 거절하는 경우에도 동일하다(동항 후단). 따라서 제3자는 채무자에 대하여 채권자에게 변제할 의무를 부담하는 것으로 추정한다.

80) 대판 2001.4.27, 2000다69026; 1998.11.24, 98다33765; 1997.6.24, 97다1273.
81) 대판 1998.3.13, 97다52493.

3. 債務引受의 효과

(1) 채무의 이전
- 항변권의 이전
- 채권관계 자체의 효과(당사자지위 · 해제 등) 비 이전

(2) 담보권 이전
- 법정담보의 경우 — 당연히 이전
- 약정담보의 경우
  - 채무자 제공
    - 채권자 · 인수인간의 계약 — 소 멸
    - 인수계약에의 채무자참가 — 이 전
  - 제3자 제공
    - 원 칙 — 소 멸
    - 물상보증인의 인수 동의 — 이 전

(1) 債務의 이전

채무인수에 의하여 채무는 그 동일성을 잃지 않고 채무자로부터 인수인에 이전된다. 따라서 채무인수로 채무자는 채무를 면하고, 본래채무는 물론, 이자채권 · 위약금채권 등과 같은 종된 채무도 원칙적으로 인수인에 이전된다.

채무의 이전시기는 채무인수가 효력을 발생하는 때이다. 다만 채무자 · 인수인간의 계약에 의한 경우에는 채권자의 승낙으로 효력이 생기지만(제454조 제1항), 승낙의 효력은 다른 의사표시가 없으면 채무자 · 인수인 사이의 계약이 있을 때에 소급하여 생긴다. 그러나 이 소급효는 제3자의 권리를 해하지 못한다(제457조).

(2) 抗辯權의 이전

인수인은 전 채무자가 갖고 있던 항변으로 채권자에게 대항할 수 있다(제458조). 따라서 채권의 성립 · 존속 또는 이행을 저지 · 배척하는 모든 사유는 인수인도 주장할 수 있다. 그러나 채무의 발생원인이 되는 계약의 취소권 · 해제권 및 상계권은 이전되지 않는다.

다만, 인수인은 채무인수의 원인이 된 법률관계에 기하여 전 채무자에게 대항할 수 있는 사유로 채권자에게 대항할 수 있는가. 민법은 이를 규정하지 않았으나 개정민법은 이를 명문으로 규정하여 부정한다(§458 ② 신설안).

(3) 擔保權의 이전

(가) 법정담보의 경우 전 채무자의 채무에 부종하는 법정담보물권인 유치권 · 법정질권 · 법정저당권 등은 특정채권의 보전을 위하여 법률상 당연히 성립된 것이므로 채무와 같이 이전된다.

(가) 약정담보의 경우 약정담보권의 경우는 담보권설정자에 따라 달리한다.

(ㄱ) 제3자가 제공한 경우 : 제3자가 제공한 담보는 보증이든 물상보증이든을 불문하고 채무인수로 소멸함이 원칙이다(제459조 본문). 그러나 보증인 또는 물상보증인이 채무인수에 동의한 때에는 존속한다(동조 단서). 그것은 채무인수에 대한 이들의 동의는 그 보증하는 채무자의 책임재산의 변경을 동의한 것으로 볼 수 있기 때문이다.

물상보증인이 채무인수에 관하여 하는 동의는 채무인수인을 위하여 새로운 담보를 설정하겠다는 의사표시가 아니라 기존의 담보를 채무인수인을 위하여 계속 유지하겠다는 의사표시에 불과하여 그 동의에 의하여 유지되는 담보는 기존의 담보와 동일한 내용을 갖는다. 그리하여 판례는 근저당권에 관하여 채무인수를 원인으로 채무자를 교체하는 변경등기(부기등기)가 마쳐진 경우 특별한 사정이 없는 한 그 근저당권은 당초 구 채무자가 부담하고 있다가 신 채무자가 인수하게 된 채무만을 담보하는 것이지, 그 후 신 채무자(채무인수인)가 다른 원인으로 부담하게 된 새로운 채무까지 담보하는 것으로 볼 수 없는 것이라고 한다(대판 2000.12.26, 2000다56204).

(ㄴ) 채무자가 제공한 경우 : 채무자가 설정한 담보는 그 채무인수가 채권자·인수인간의 계약에 의해 성립한 경우에 한하여 소멸되고, 인수계약에 채무자가 당사자로써 참여한 경우에는 제459조 단서를 유추 채무에 부종하여 이전된다고 해석된다.

4. 債務引受와 유사한 계약

(1) 倂存的 債務引受

(가) 병존적 채무인수의 의의 병존적 채무인수란 인수인이 채무자의 채무와 동일한 내용의 채무를 병립하여 부담할 채권자와 인수인간의 계약이며, 채무자가 여전히 채무를 면하지 않는 중첩적 채무인수이다.

(나) 병존적 채무인수의 성립 병존적 채무인수는 채권자·채무자·인수인간의 계약에 의하나 채무자의 반대의사에 의하여서는 성립하지 못한다.[82]

다만, 채무자·인수인간의 계약으로 병존적 채무인수가 성립하는가. 학설은 제3자를 위한 계약의 일종으로 유효한 것이라고 하고, 판례는 계약당사자 일방이 상대방의 제3자에 대한 채무와 동일한 내용의 채무를 중첩적으로 인수하여 직접 제3자에게 이행하기로 하는 약정은 제3자를 위한 계약이라고 한다.[83]

(다) 병존적 채무인수의 효과 인수인은 채무자의 채무와 동일내용의 채무를 부담한다. 다만 채무자와 인수인간의 채무의 성질에 관하여는 연대채무로 볼 것인가, 부진정연대채무로 볼 것인가. 견해가 대립하나 다수설은 연대채무로 이해한다. 그러나 부진정연대관계설이 주장하는 바와 같이 병존적 채무인수계약으로 인수인이

82) 대판 1966.9.6, 66다1202.
83) 대판 1989.4.25, 87다카2443.

채무자와 병존하여 채무를 인수한 이상 연대채무관계로 보아야 할 것이지만, 이때 인수인에 생긴 사유로 채권자에 영향을 미친다고 함은 채무인수의 법리상 부당하므로 불진정연대채무로 봄이 타당할 것이다.

⑵ 契約引受

(가) 계약인수의 의의　계약인수는 계약당사자의 지위승계를 목적으로 하는 계약, 즉 계약관계에서의 채권·채무와 그 밖에 파생하는 부수적 권리관계를 포괄적으로 이전함을 목적으로 하는 계약을 말한다.

(나) 계약인수의 성립　契約의 引受는 통상 계약당사자와 인수인간의 3면계약에 의한다. 다만 계약당사자 일방과 인수인간의 인수계약이 있고 나머지 계약당사자가 이것에 동의나 승낙하는 형태로도 성립하는가. 판례는 계약 당사자로서의 지위의 승계를 목적으로 하는 계약의 인수는 계약으로부터 발생하는 채권채무의 이전 외에 그 계약관계로부터 생기는 해제권 등 포괄적인 권리의무의 양도를 포함하는 것이므로 그 계약은 양도인과 양수인 및 잔류 당사자의 동시적인 합의에 의한 3면계약으로 이루어지는 것이 통상적이라고 할 것이지만, 계약관계자 3인 중 2인의 합의와 나머지 당사자의 동의 내지 승낙의 방법으로도 가능한 것이라고 한다.[84)]

(다) 계약인수의 효과　계약인수로 계약당사자 지위는 인수인에 승계된다. 따라서 계약에 따르는 현존 또는 장래 채권·채무가 인수인에 이전되는 것은 물론 계약당사자로서 지위에서 가지는 취소권, 해제권·해지권 등도 모두 인수인에 이전된다.

⑶ 履行引受

(가) 이행인수의 의의　이행인수는 인수인이 채무자의 채무에 대한 그 채무의 이행을 약정하는 채무자와 인수인간의 계약을 말한다.

(나) 이행인수의 효과　단순한 채무의 변제의무를 부담하는데 불과하고 직접 채권자에게 의무를 부담함은 배척된다. 즉 인수인의 불이행은 채무자의 채무불이행의 성립에 불과하다. 판례는 이행인수의 경우 매도인이 매수인의 인수채무 불이행으로 인하여 또는 임의로 매수인을 대신하여 매수인의 인수채무를 변제한 때에는 매도인은 매수인에 대하여 그로 인한 손해배상채권 또는 구상채권을 가지고 매도인이 위 채무를 변제하고 매수인에 대하여 그 변제액만큼의 매매대금의 지급을 구하는 경우 이는 손해배상채권 또는 구상채권을 청구하는 것이라고 한다.[85)]

---

84) 대판 1992.3.13, 91다32534.
85) 대판 1997.6.24, 97다2273.

제 3 장　約定債權關係

제 1 절　契約總說

(1) 약정채권의 발생 — 계약(契約)에 의한 발생(제527조-제733조)

(2) 법정채권의 발생
- ① 사무관리(제734조-제740조)
- ② 부당이득(제741조-제749조)
- ③ 불법행위(제750조-제766조)

(3) 특수한 채권발생
- ① 사실적 계약관계
- ② 계약체결상 과실
- ③ 명령(命令)된 계약

제 1. 契約의 槪念

1. 契約의 의의와 契約自由의 원칙

(1) 契約의 의의

(가) 계약(契約)은 사법상 효과의 발생을 목적으로 하는 당사자 사이의 합의, 즉 복수의사표시의 합치인 법률행위를 말하며 단독행위나 합동행위와 구별된다.

계약의 성립은 청약자와 승낙자의 의사표시로 성립하고, 광의의 계약과 협의의 계약으로 분류된다.

(ㄱ) 광의의 계약 : 광의의 계약에는 채권의 발생을 목적으로 하는 채권계약뿐만 아니라, 물권의 변동을 목적으로 하는 물권계약 또는 물권적 합의·채권의 양도와 같은 물권 이외의 재산권의 변동을 목적으로 하는 준물권행위, 혼인과 같은 가족법상 법률관계의 변동을 목적으로 하는 가족법상 계약 등도 포함한다.

(ㄴ) 협의의 계약 : 협의의 계약은 일정한 채권의 발생을 목적으로 하는 채권계약만을 말하며, 채권법 제3편의 계약만을 말한다.

(나) 광의의 계약과 협의의 계약의 구별의 실익은 민법상 법정해제권의 적용 여부와 제3자를 위한 계약의 성립 여부에 있고, 채무불이행에 의한 법정해제권은 적어도

광의의 계약에는 적용되지 않는다.

또한, 제3자를 위한 계약의 성립은 협의의 계약에 성립하고 광의의 계약에는 원칙적으로 성립이 배척 또는 제한된다.

(2) 契約自由의 원칙과 내용

(가) 계약자유의 원칙이란 개인생활에 있어서는 국가의 간섭을 원칙적으로 배척하여 개인의 자유로운 의사에 따라 계약을 체결할 수 있고, 또한 그 계약내용의 실현에 있어서도 당사자간의 자발적인 노력에 의한다는 원칙을 말한다.

근대 민법 하에서 계약자유원칙은 헌법상 행복추구권 속에 함축된 일반적 행동자유권으로부터 파생되는 사적 자치의 가장 전형적인 표현이며, 소유권절대의 원칙·과실책임의 원칙과 더불어 사법지배의 3대 원칙을 이룬다.[1)]

(나) 계약자유원칙의 내용은 계약체결의 자유, 상대방선택의 자유, 내용결정의 자유, 방식채택의 자유를 들 수 있다. 그러나 크게는 계약체결의 자유와 계약내용결정(형성)의 자유로 파악된다.

(3) 契約自由原則의 제한

계약자유의 원칙은 18세기 자연법 사상에 바탕하여 확립되었고, 초기에는 거의 무제한에 가까웠다. 그러나 19~20세기 자본주의의 발달은 사회적 강자와 약자의 뚜렷한 구별을 가져 왔고, 이로써 계약자유는 사회적 강자, 즉 소유하는 자의 자유로 전락하였다. 이에 국가는 개인에게 보다 실질적 자유·평등의 확보와 인간다운 생존을 보장할 필요에서 개인 상호간의 계약에 관하여도 개입·간섭하고 있다.

(가) 계약 공정성을 위한 제한 　계약자유는 개인의 생존배려 또는 공익적 차원에서 계약체결상 자유제한과 계약내용에 있어서의 자유제한이 주어진다.

(ㄱ) 계약체결상 자유제한 : 예컨대 우편·통신·전기·가스·운송 등 공익적·독점적 기업에 대한 승낙제한, 공증인·집달관·법무사 등 공공적 직업종사자와 의사·한의사·약사·조산원·간호원 등 공익적 집무종사자에 대한 직무집행거절 제한이 주어진다.

(ㄴ) 계약내용결정상 자유제한 : 사회적·경제적 약자를 보호하기 위한 제한, 예컨대 유질계약의 금지(제339조)·농지개혁법·노동관계법에서의 제한 등 특별법률 기타 사회입법에 의한 구체적 제한은 물론, 민법상 일반적 제한으로 선량한 풍속

1) 이른바 契約自由의 原則이란 계약을 채결할 것인가의 여부, 체결한다면 어떤 내용의, 어떠한 상대방과의 관계에서, 어떠한 방식으로 계약을 체결하느냐 하는 것도 당사자 자신이 자기 의사로 결정하는 자유뿐만 아니라 원치 않으면 계약을 체결하지 않을 자유 말하며, 이는 헌법상 행복추구권 속에 함축된 일반적 행동자유권으로부터 파생되는 것이라고 할 것이다(헌재결 1991.6.3, 89헌마204).

기타 사회질서에 위반하는 사항을 내용으로 하는 계약을 규제한다(제103조 참조).

그 외에도 계약내용의 결정은 계약의 단체성·공정성의 견지에서 제한이 주어지며, 부합계약에 의한 제한·법관에 의한 계약내용의 조정 등은 그 대표적인 예이다.

부합계약(附合契約)에서는 당사자의 의사에 의하여 그 합리성을 보장할 수 없다는 점을 고려하여 국가가 약관의 작성을 승인하거나 일정한 조건을 과하는 등 적극적 감독을 하게 되고, 또한 법률행위의 해석상 부합계약의 내용은 원칙적으로 민법의 임의규정에 반하지 못하는 제한을 받는다.

(나) 정책적 이유에 의한 제한　　정책상 이유에 의한 제한은 주로 계약방식의 자유에 대한 제한이며, 원래 계약은 불요식 계약이 원칙이지만, 계약내용의 정형화의 결과 또는 법률관계의 명확성을 위하여 각종의 방식이 요구되는 경우가 많다.

예컨대, 경자유전의 원칙에 의한 소재지 행정기관의 농지매매증명, 토지거래규제지역의 토지거래에 관한 행정기관의 허가·신고제도 및 거래행위에 대한 일정 공부상 등기·등록제도 등이다.

2. 契約의 분류

(1) 契約의 存在·成立論的 分類

(가) 전형계약·비전형계약　　계약법은 물권법에서와 달리 계약자유의 원칙이 지배되므로 당사자는 선량한 풍속 기타 사회질서에 반하지 아니하는 범위에서는 채권의 목적을 임의로 정할 수 있다. 그러나 민법 제3편에서는 통상 거래에서 행하여지는 계약의 내용을 정형화하여 14개의 계약을 규정하고 있다. 이를 전형계약(유명계약)이라 하고, 그 밖에 당사자가 임의로 창출하여 정하는 계약을 비전형계약(무명계약)이라고 한다.

비전형계약에 관하여 특별법을 제정하여 정형화하는 경우에는 동법상 효력이 주어진다. 그러나 특별법상 정형화되지 못한 단계의 비전형계약의 효력을 어떻게 정할 것인가에 관하여 흡수주의·결합주의·유추주의가 대립한다.

통설은 유추주의를 취하여, 먼저 비전형계약에 계약의 통칙적 규정을 적용한 후 그 비전형계약 중에 특별히 내재하고 있는 이익적 상황이나 법률적 이유에 관하여 어떤 전형계약과 유사한 점이 있으면 그 전형계약의 규정도 아울러 또는 주종적으로 적용할 것이라고 한다.

(나) 낙성계약·요물계약　　낙성계약은 당사자의 합의만으로 성립하는 계약이며, 민법상 전형계약은 현상광고를 제외하고는 모두 이에 속한다.

요물계약은 당사자의 합의 외에 물건의 인도 기타 급부를 하여야만 성립하는 계약이며, 민법상 현상광고만이 이에 속한다.

⑵ 契約의 代價論的 分類

㈎ 쌍무계약·편무계약 당사자 쌍방이 서로 대가적 의무를 부담하는가에 따라 쌍무계약과 편무계약으로 분류된다.

(ㄱ) 쌍무계약이란 당사자 쌍방이 서로 대가적 의무를 부담하는 계약을 말한다. 매매·교환·임대차·고용·도급·조합·화해는 이에 속하고, 위임·임치·종신정기금도 유상인 때에는 쌍무계약이 된다.

쌍무계약이 개념에 관하여 학설이 일치하는 것은 아니다. 쌍무계약은 편무계약과는 달리 그 특질상 계약 내용의 대가성·상환성을 가지므로 이들 중 쌍무성인 개념을 어디에 두는가. 다수설·판례는 쌍무계약의 본질을 대가성에 두어 상대방의 급부에 대한 급부로서 관계를 가지는 것을 의미하는 것이라고 한다.[2)]

(ㄴ) 편무계약이란 당사자의 일방만이 채무를 부담하거나, 또는 쌍방이 채무를 부담하더라도 그 채무가 서로 대가적 의의를 갖지 않는 계약을 말한다. 증여·사용대차·현상광고가 이것에 속하고, 소비대차·위임·임치·종신정기금도 무상이면 편무계약이 된다.

다만, 소비대차가 유상인 때, 즉 이자부소비대차에 관하여 견해가 대립하나, 다수설은 대주의 원본대여채무와 차주의 이자지급채무는 서로 대가적 의의를 가지는 것은 아니라 보아 편무계약이라고 한다. 그러나 이와 같은 견해는 마치 대가적 의미를 동시이행의 관계로 해석하는 것으로써 부당하고, 쌍무성의 의미를 대가적 의미를 가지면서 상호의존적 성질을 가지는가 여부에서 찾아야 할 것으로 보아 쌍무성을 가지는 것이라고 하여야 할 것이다.

(ㄷ) 쌍무계약에 있어서는 채무가 서로 대가적 의미를 가지고, 상호 의존관계에 있으므로 동시이행의 항변(제536조)·위험부담(제534조)의 문제가 생기나, 편무계약에 있어서는 이러한 문제가 생길 여지가 없다.

또한, 계약의 해제에 관한 규정은 주로 쌍무계약에 적용되고, 파산법에서도 특별규정을 두고 있다(동법 제50조).

㈏ 유상계약·무상계약 계약당사자가 서로 대가적 의미를 가지는 재산의 출현을 요하는가에 따라 유상계약과 무상계약으로 분류된다.

(ㄱ) 유상계약이란 계약당사자가 서로 대가적 의의를 가지는 재산상 출연을 하는 계약이며, 민법상 전형계약 중에서 매매·교환·임대차·고용·도급·조합·현상광고·화해는 유상계약이고, 소비대차·위임·임치·종신정기금은 약정에 의하여 유상 또는 무상이 된다.

---

2) 대판 2001.7.22, 2001다27784.

편무계약은 무상계약임이 원칙이다. 그러나 편무계약인 경우에도 계약의 성립시에 출연인 급부가 행하여지는 경우에는 유상성을 가진다. 예컨대 현상광고에서는 계약의 효과로서 광고자만이 채무를 부담하나, 이 채무에 기하여 광고자가 장차 부담할 보수의 지급과 응모자가 행하는 광고에서 정한 행위의 완료는 출연에 관하여 서로 의존관계에 서게 되므로 현상광고는 편무계약이지만 유상계약이 된다. 그러나 부담부증여는 이러한 의존관계가 인정되지 않으므로 유상계약은 아니다.

┌ 쌍무·편무의 구별 — 계약의 효과로 생기는 채무만을 대상으로 구별
└ 유상·무상의 구별 — 계약의 성립부터 그 효과로 생기는 채권관계 그 내용의 이행에 이르기까지의 과정을 대상으로 결정

(ㄴ) 무상계약이란 계약당사자 일방만이 급부를 하는데 그치거나 당사자 쌍방이 급부하더라도 그 급부 사이에 대가적 의미를 갖지 않는 계약이며, 민법상 전형계약 중 증여·사용대차는 언제나 무상계약이다.

(ㄷ) 민법상 유상계약에는 매매에 관한 규정이 준용되고(제567조), 파산법상 부인권 행사에 있어서도 특별히 취급된다.

⑶ 기타 契約의 분류

(가) 본계약·예약 장래 일정한 계약을 체결할 것을 미리 약정하는 계약을 예약이라고 하고, 이 예약에 기하여 장래 체결될 계약을 본계약이라고 한다.

예약(豫約)에는 일방예약과 쌍방예약, 편무예약과 쌍무예약이 있다. 당사자 쌍방이 본계약의 채무를 부담하는 경우를 쌍방예약·쌍무예약, 당사자 일방만이 본계약의 채무를 부담하는 경우를 일방예약·편무예약이라고 한다.

일방예약·쌍방예약은 예약완결권의 행사로 상대방의 승낙 없이 당연히 본계약이 성립하는 예약의 형태이며, 낙성·불요식계약이면 대체로 이에 속한다. 그러나 편무예약·쌍무예약은 예약완결권의 행사와 상대방이 이에 승낙하므로 본계약이 성립하는 예약이며, 요물·요식계약이 대체로 이에 속한다.

예약(豫約)은 본 계약의 성립을 내용으로 하므로 예약과 본 계약은 먼저 주요부분의 내용이 일치하고 있어야 하고, 방식에 있어서도 대체로 일치한다. 예컨대 서면에 의하지 않은 증여예약은 서면에 의하지 않은 증여와 같이 해제할 수 있다. 그러나 어음행위는 요식행위이나 어음발행의 예약은 반드시 방식을 갖추어야 하는 것은 아니다. 그러나 예약은 본 계약과는 달리 언제나 낙성으로만 성립한다.

또한, 예약은 항상 채권계약이지만, 예약에 의하여 장래 체결될 본계약은 채권계약뿐만 아니라, 물권계약 또는 가족법상 계약일 수도 있다.

(나) 유인계약·무인계약 계약에 의하여 성립하는 채무가 그것을 성립시키는 원

인된 사실이 없으면 동시에 채무도 성립하지 않는 관계에 서는 계약을 유인계약, 그 원인관계가 단절되고 그 사실이 없어도 채무만은 성립하는 계약이 무인계약이다.

(ㄱ) 민법상 전형계약은 모두 유인계약에 속하고, 기타 채권계약은 원칙적으로 유인계약으로 된다. 무인계약은 법률의 규정에 의하나, 이에 국한하지 않고 계약자유의 원칙상 그 성립이 가능하다.

(ㄴ) 어음·수표행위는 전형적인 무인행위에 속하고, 물권행위에 관하여는 견해가 대립하나, 판례는 유인행위라고 한다.

(다) 계속적 계약·일시적 계약　계약은 일시적 급부로써 그 목적을 달성하는 것과 일정기간 계속하는 급부로써 그 목적을 달성하는 것으로 구별할 수 있다. 전자를 일시적 계약이라고 하고, 후자를 계속적 계약이라고 한다.

계속적 계약에는 소비대차·사용대차·임대차·고용·위임·조합·종신정기금이 이것에 속하며, 일시적 계약과는 달리 기본채권과 지분채권·해지권·상호신뢰성·사정변경의 적용·계약기간의 제한·지배관계의 설정 등의 특성을 가진다.

제 2. 契約의 成立

(1) 계약의 성립요건
- ① 주관적 합치
  - 당사자와 계약체결의사의 합치
  - 착오적용의 배제
- ② 객관적 합치 — 청약·승낙내용의 합치

(2) 계약의 성립형태
- ① 청약과 승낙의 합치
  - 통상 계약의 성립
  - 계약의 경쟁체결
- ② 승낙없는 계약성립
  - 교차청약에 의한 성립
  - 의사실현에 의한 성립
- ③ 개별적 청약·승낙없는 성립 — 사실적 계약(필수계약)의 성립

1. 請約과 承諾에 의한 계약의 성립

(1) 請　約

(가) 청약의 의의　청약은 이에 대응하는 승낙과 결합하여 계약을 성립시킬 것을 목적으로 하는 확정적 의사표시이며, 다음의 성질을 가진다.

(ㄱ) 청약은 의사표시이다. 청약은 그의 승낙을 기다려 일정한 법률효과를 발생할 수 있는 것이므로, 법률요건으로서의 법률행위가 아니고 이를 구성하는 법률사실인 의사표시에 지나지 않는다. 따라서 그 자체만으로는 당사자가 목적으로 하는 법률효과를 발생하는 것은 아니며, 상대방이 다시 승낙을 하여 계약이 성립함으로써 효력이 발생한다.

(ㄴ) 청약은 확정적 의사표시이다. 청약은 이에 대한 승낙만 있으면 계약이 성립하며, 이 점에서 청약의 유인과 구별된다.

청약의 유인은 상대방에게 청약을 시키려고 하는 의사의 통지이므로, 상대방이 이에 대응하여 의사표시를 하더라도 그것만으로 계약은 성립하지 않고, 청약의 유인을 한 자가 다시 승낙을 하여야 비로소 계약이 성립한다.

- 청약의 유인
  - 청약을 시키려는 의사통지
  - 청약의 유인자 — 승낙 여부의 자유를 가진다.
- 청약유인의 예 — 상품의 진열, 기차시간표의 게시, 광고, 단순한 경매 · 입찰 등

※ 자동판매기설치, 정찰제 상품진열 — 청약이라는 설(다수설)

[판례] 건설회사가 분양계약체결시 광고내용을 계약상대방에게 설명하였더라도 체결된 분양계약서에는 이러한 내용이 기재되어 있지 않은 점과 그 후 상가운영경위 등에 비추어 볼 때 위와 같은 광고 및 분양계약체결시의 설명은 청약의 유인에 불과할 뿐 상가분양계약의 내용이 되었다고 볼 수 없다(대판 2001.5.29, 99다55601 · 55618).

(ㄷ) 청약은 계약내용을 결정할 수 있을 정도의 사항을 포함하여야 한다.[3)]

(ㄹ) 청약은 특정인의 의사표시이지만, 그 특정인은 청약의 의사표시 그 자체로부터 명확히 알 수 있음을 요하지는 않는다.

(ㅁ) 청약은 상대방있는 의사표시이지만, 그 상대방은 특정인이 아니라도 무방하다. 즉 불특정 다수인에 대한 것도 유효하다.

(나) 청약의 효력

(ㄱ) 청약의 효력발생 : 청약은 의사표시의 효력발생시기에 관한 일반원칙에 따라 청약의 의사표시가 상대방에게 도달한 때 효력이 생긴다.

청약은 상대방에 도달한 때 효력을 발생하므로 청약의 발신 후 도달 전, 또는 청약의 도달 후 승낙의 발신 전 청약자가 사망하거나 행위능력을 상실하는 경우에도 그 성립하는 계약에는 영향을 미치지 않는다(제111조 제2항). 그러나 구체적 계약에서 청약의 발신 후 도달하기 전이라면 청약자가 철회할 수 있으므로 청약의 철회로 효력을 잃거나 무능력을 이유로 취소할 수 있고, 청약의 도달 후 상대방이 승낙을 발신하기 전에 사망한 경우에는 청약자 상속인의 상속능력문제로 된다. 예컨대 위

3) 대판 2003.4.11, 2001다53059.

임·조합과 같이 당사자의 사망으로 계약 자체가 종료하는 경우나, 고용과 같이 특정인의 능력을 요건으로 하는 청약에서는 청약자의 사망으로 효력을 잃게 되므로 비록 상대방이 승낙하더라도 계약은 성립하지 않는다.

또한, 청약의 상대방이 능력을 상실하거나 사망한 경우에는 수령능력 또는 상속인의 상속능력문제로 된다.

- (a) 청약 발신 후 도달 전 청약자에 생긴 사유(사망·능력상실)
  - 원 칙 — 청약의 효력발생에 영향을 미치지 아니한다(제111조 제2항).
  - 예 외 — 청약자가 반대의사를 표시한 때(취소)
- (b) 청약 도달 후 상대방의 승낙 발신 전에 생긴 사유
  - 사망의 경우 — 청약자 등 상속인의 청약자로서 지위의 승계 여부 문제
    - 위임·조합 — 효력상실
    - 기타의 경우 — 유 효
  - 능력상실의 경우 — 청약의 의사에 영향을 미치지 아니한다.
- (c) 청약의 상대방에 생긴 사유(사망·능력상실)
  - 발신 후 도달전 능력
    - 상 실 — 수령능력의 문제
    - 사 망 — 상속인의 상속능력(지위승계) 문제
  - 도달 후 능력상실 — 유효 또는 상속인의 상속능력 문제

(ㄴ) 청약의 구속력(비철회성) : 계약의 청약은 이를 철회하지 못한다(제527조). 이를 청약의 구속력라고 한다. 따라서 청약자의 청약이 일단 효력을 발생하면 청약자는 임의로 철회하지 못한다.

(a) 승낙의 기간을 정한 계약의 청약은 청약자가 그 기간 내 승낙의 통지를 받지 못하면 효력을 잃는다(제528조 제1항). 또한 승낙기간을 정하지 아니한 청약은 청약자가 상당한 기간 내에 승낙의 통지를 받지 못한 때 효력을 잃는다(제529조). 따라서 청약은 청약자가 승낙기간을 정한 때에는 「그 기간동안」, 승낙기간을 정하지 아니한 때에는 「상당한 기간동안」 구속력을 가지며, 철회하지 못한다.

또한, 청약은 그 기간 또는 상당한 기간이 경과하면 그 효력을 잃게 되므로 역시 철회의 문제는 생기지 않는다.

(b) 청약자가 처음부터 철회의 자유를 유보하거나 불특정다수인에 대한 청약은 구속력이 생기지 않는다.

또한, 청약의 구속력은 대화자간의 청약에도 적용되는가. 다수설은 대화자 사이에서는 후일에 諾否의 확답을 하기로 하였다는 것과 같은 특별한 사정이 없는 한 그 대화의 종료로써 청약은 승낙적격을 잃는 것이라고 해석한다. 즉 대화자간의 청약은 그 대화자관계가 계속되고 있는 동안에 한하여 승낙적격을 가진다.

(c) 청약의 기간 내 도달할 수 있는 승낙은 채권자가 그 연착의 통지를 하지 아니

하는 한 청약은 구속력을 잃지 않는 것으로 해석된다(제528조 제2항 참조).

- ① 승낙기간을 정한 경우
  - 승낙기간 동안 구속력 — 기간의 경과로 소멸
  - 승낙기간의 유보 — 청약 후에도 가능
- ② 승낙기간을 정하지 않은 경우 — 상당한 기간 구속력(기간경과로 소멸)
- ③ 청약구속력의 예외
  - ㉠ 청약자가 철회의 자유를 유보한 때
  - ㉡ 불특정 다수인에 대한 청약
  - ㉢ 승낙기간을 정하지 않은 대화자간의 청약

⑵ 承　諾

(가) 승낙의 의의　　승낙은 계약을 성립시킬 것을 목적으로 하는 특정청약에 대한 의사표시이며, 다음과 같이 요약된다.

(ㄱ) 승낙은 특정청약에 대한 청약의 상대방이 계약을 성립시킬 의사로써 행하여져야 한다(승낙자가 누구이냐를 표시할 필요는 없다).

(ㄴ) 승낙은 청약이 승낙적격을 가지는 동안에 하여야 한다.

(ㄷ) 승낙은 청약의 내용과 일치하여야 한다. 객관적으로 합치하지 않는 승낙, 즉 청약에 조건을 붙이거나 기타 변경을 가한 승낙은 청약의 거절과 함께 새로운 청약을 한 것으로 본다.

(ㄹ) 피청약자는 계약자유의 원칙상 승낙할 의무는 없다. 따라서 승낙자는 승낙여부의 자유를 가진다. 또한 청약에 대하여 반드시 승낙 여부의 회답을 하여야 하는 것은 아니다. 그러므로 비록 청약자가 승낙의 회답이 없으면 승낙한 것으로 본다는 부언을 하여 청약한 경우라도 이로써 승낙의 효력은 발생하지 않는다.[4)]

(ㅁ) 승낙의 방식에는 특별한 제한이 없다. 즉 승낙은 불요식인 의사표시임을 원칙으로 한다. 그러나 특별한 방식을 정하여 청약하거나 관습이 있는 때에는 그 방시 또는 관습에 따라야 한다. 대체로 주문품의 송부, 물품의 대금지급행위, 이행의 준비행위는 묵시적 승낙이라고 한다.

(나) 승낙의 효력발생

(ㄱ) 승낙의 효력발생시기 :　민법은 격지자간의 계약은 승낙자의 통지를 발송한 때에 성립한다고 규정하여(제531조), 승낙에 관하여 발신주의를 취하고 있다. 그러나 한편 청약의 효력에 관하여는 승낙기간을 정한 경우에는 그 기간 내 또한 승낙기간을 정하지 아니한 경우에는 상당한 기간 내 승낙의 통지를 받지 못한 때에는 그 효력을 잃는다(제528조 제1항・제529조)라고 규정하고 있으므로 이 두 규정과의 관계에

4) 대판 1991.1.29, 98다48903: 판례는 상거래관계로서 상법 제53조가 적용되는 경우가 아닌 이상, 청약의 상대방에게 청약을 받아들일 것인지 여부에 회답할 의무가 있는 것은 아니므로 승낙간주의 효력은 생기지 않고, 단지 그 기간은 경우에 따라 승낙기간을 정하는 의미를 가질 수 있을 뿐이라고 한다

서 승낙의 효력발생시기가 문제되고, 다수설은 불도달을 해제조건으로 이해하였다

그러나 개정 민법(안)은 승낙의 효력발생시기에 관한 이와 같은 논란을 불식하기 위하여 "격지자간의 계약은 승낙의 통지가 도달한 때에 성립한다."라고 하여 도달주의로 일원화하였다. 따라서 개정 민법안에 의하면 격지자간의 계약성립은 승낙기간 또는 상당한 기간 내 승낙의 통지가 도달한 때이다.

다만, 대화자간의 계약의 성립시기에는 민법에 특별한 규정이 없으므로 의사표시의 일반원칙에 의할 것이지만, 대화자간에는 표백과 도달이 함께 이루어지므로 승낙의 의사표시는 표백한 때 효력을 발생하고, 계약도 표백한 때 성립한다.

(ㄴ) 승낙적격 : 청약은 이에 대응한 승낙만 있으면 계약을 성립시킬 수 있는 효력, 즉 승낙을 받을 수 있는 효력을 가진다. 이 효력을 청약의 실질적 효력 또는 승낙적격이라고 한다.

(a) 승낙기간을 정한 청약은 그 기간 내에 한하여 승낙할 수 있고, 그 승낙은 기간 내 도달하여야 한다(제528조 제1항).

승낙이 보통의 경우라면 승낙기간 내 도달할 수 있는 때에 발신되었음에도 불구하고 특별한 사정에 의하여 승낙기간의 경과 후 도달한 경우에는 청약자가 승낙자에 대하여 지체 없이 승낙이 연착된 뜻을 통지하지 않으면 계약은 성립한 것으로 본다(동조 제2항). 또한 승낙기간이 경과한 후 도달한 승낙은 계약을 성립시키는 효력은 갖지 못하나, 청약자는 이것을 새로운 청약으로 보고 승낙할 수 있다(제530조).

(b) 승낙기간을 정하지 아니한 청약은 청약자가 상당한 기간 내 승낙의 통지를 받지 못한 때에는 승낙적격을 잃게 되고(제529조), 청약을 받은 자가 청약에 대한 승낙을 거절한 때에는 청약이 승낙적격을 잃게 됨은 물론이다.

또한, 청약을 받은 자가 청약에 조건을 붙이거나 기타 변경을 가하여 승낙한 때에는 청약을 거절하고 새로운 청약을 한 것으로 본다(제534조).

⑶ 意思의 合致

(가) 객관적 합치와 주관적 합치

(ㄱ) 객관적 합치 : 의사표시의 객관적 합치란 수 개의 의사표시가 그 객관적인 내용에 있어서 일치하는 것을 말한다. 즉 표시행위에 사용된 문자나 언어가 형식적으로 꼭 같다는 것을 의미하는 것이 아니라, 표시행위로부터 추단되는 의사표시의 내용이 실질적으로 일치하는 것을 의미한다.

이때 의사표시의 내용이 객관적으로 합치하기 위해서는 당사자의 의사표시에 나타나 있는 사항에 관하여는 일치하고 있어야 하며, 또한 계약 내용의 중요한 점에

관하여서도 일치하고 있어야 한다.[5] 한편 판례는 계약내용의 중요한 점 및 계약의 객관적 요소는 아니더라도 특히 당사자가 그것에 중대한 의의를 두고 계약성립의 요건으로 할 의사를 표시한 때에는 이에 관한 합치가 있어야 계약이 적법·유효하게 성립하는 것이라고 한다.[6]

(ㄴ) 주관적 합치 : 의사표시의 주관적 합치란 당사자의 의사표시가 상대방의 의사표시와 결합하여 계약을 성립시키려고 하는 의사를 가지는 것, 즉 의사표시가 서로 결합하려고 하고 또한 당사자가 서로 의도하는 상대방에 틀림이 없는 것을 의미한다. 따라서 甲의 乙에 대한 청약에 대하여 丙이 승낙을 하여도 계약은 성립하지 않는다. 다만 甲의 청약이 乙이라는 특정인에 중점을 두지 않고 상품에 중점을 두고 있는 것이 명백한 경우에는 동일 상품을 취급하고 있는 丙이 승낙함으로써 주관적 합치가 성립하는 경우가 있다.

주관적 합치는 상대방의 특정의사표시와 결합하려고 하는 경우뿐만 아니라, 단지 상대방과 계약체결을 의욕할 뿐인 경우에도 존재한다(교차청약의 경우).

(나) 불합의와 착오 계약을 성립시키는 수 개의 의사표시가 객관적으로 합치하지 않는 경우, 즉 불합의(不合意)가 있는 경우에는 계약은 성립하지 않는다.

(ㄱ) 의지적 불합의의 경우는 물론이고 숨겨진 불합의(무의식적 불합의)도 원칙적으로 계약은 성립하지 않는다. 예컨대 청약자는 원서를 사겠다고 하는데 승낙자는 이를 오해하고 우리말 번역서를 팔겠다고 하는 경우가 이것이다.

(ㄴ) 불합의는 대립하는 두 개의 의사표시가 객관적으로 합치하지 않는 경우에 인정되는 것이므로, 어떤 하나의 의사표시의 성립 과정에 있어서 의사와 표시 사이에 불일치가 생기는 경우인 착오와 구별된다.

또한, 불합의에는 법률행위의 중요부분에 관한 것이 아니더라도 계약은 성립하지 않는다. 따라서 착오에 관한 일반이론은 계약의 성립에는 적용되지 않는다.

(4) 契約의 競爭締結

(가) 계약의 경쟁체결은 경매·입찰 등과 같이 당사자 일방에게 경쟁을 시켜서 청약자가 가장 유리한 조건으로 계약을 체결하는 방법, 즉 특수한 형태의 청약과 승낙의 방법이며, 결국 경쟁체결의 신청이 계약의 청약이냐, 청약의 유인에 지나지 않느냐에 있다.

---

5) 대판 2001.3.23, 2000다51650 : 판례는 계약이 성립하기 위해서는 당해 계약내용을 이루는 모든 사항에 관하여 있어야 하는 것은 아니지만 그 본질적 사항이나 계약내용의 중요한 점에 관하여는 구체적으로 의사의 합치가 있거나 적어도 장래 구체적으로 특정할 수 있는 기준과 방법에 관한 합의가 있어야 하는 것이라고 한다.

6) 대판 2003.4.11, 2001다53059.

(나) 계약의 경쟁체결의 방법에는 경매와 입찰이 있다. 경쟁자가 서로 다른 경쟁자의 조건을 알 수 있는 것이 경매이고, 그렇지 않은 것이 입찰이다.

경매와 입찰이 청약인가 청약의 유인인가. 대체로 올라가는 경매와 입찰은 청약의 유인이나, 내려가는 경매와 구체적 내용을 정한 입찰은 곧 청약이 된다.

(다) 경쟁체결에 의한 계약으로 경매는 낙찰된 때, 입찰은 입찰서를 개파(開破)한 때 성립한다.

- 경매(競賣)
  - 올라가는 경매
    - 청약의 유인에 불과
    - 최저가격을 정하여 경매하는 경우 - 청약
  - 내려가는 경매 — 언제나 청약으로서의 의미
  - ※ 계약의 성립 — 낙찰된 때(수락 - 승낙을 의미)
- 입찰(入札)
  - 청약의 유인에 불과
  - 최고·최저가격과 구체적 계약조건을 정한 경우 請約
  - ※ 계약의 성립 — 입찰서의 개파로 성립

2. 기타 방법에 의한 계약의 성립

(1) 交叉請約에 의한 계약성립

교차청약(Kreuzofferte)이란 당사자들이 동일한 내용을 가지는 청약을 서로 행한 경우를 말한다. 예컨대 甲이 乙에게 어떤 물건을 1만원에 팔겠다고 청약하였으나 乙이 그 청약을 수령하기 전에 甲에게 동일한 물건을 1만원에 사겠다고 청약한 경우가 이것이다.

교차청약에 의하여도 계약은 성립하며, 양 청약이 모두 「상대방에게 도달한 때」 성립한다(제533조). 따라서 후에 한 청약은 승낙으로서의 의미를 가진다.

(2) 意思實現에 의한 계약성립

(가) 민법 제532조는 청약자의 의사표시나 관습에 의하여 승낙의 통지가 필요하지 아니한 경우 계약은 승낙의 의사표시로 확정되는 사실이 있는 때 성립한다고 규정하고 있다. 이러한 사실에 의하여 계약이 성립하는 것을 의사실현에 의한 계약의 성립이라고 한다.

(나) 의사실현에 의해 계약이 성립되는 경우로는, 먼저 청약자의 의사표시에 의하여 승낙의 통지를 필요로 하지 않는 경우이며, 또한 관습에 의하여 승낙의 통지를 필요로 하지 않는 경우이다. 양자는 모두 특별한 승낙의 의사표시 없이 계약이 성립된 것으로 다루어지며, 계약이 성립하는 시기는 「의사실현의 사실이 발생한 때」이다. 즉 청약자가 그 사실을 안 때를 요하지 아니하고 의사실현의 사실이 있는 것

만으로 계약이 성립한다.

[의사실현과 묵시승낙의 구별]

(1) 승낙의 의사표시로 볼 수 있는 경우
① 청약과 더불어 송부된 물품의 처분(양도), 소비행위 — 의사실현
② 계약에 의하여 부담한 채무의 이행 ┐
③ 받은 물품의 대금지급행위 ├ 묵시승낙
④ 주문 받은 물품의 송부행위 ┘
※ 받은 물품의 보관행위 — 계약의 불성립(불구속)
(2) 침묵도 의사표시의 실현이라고 볼 수 있는 경우
① 당사자 사이에 미리 양해가 되어 있는 경우
② 동종의 거래가 계속적으로 행해지는 경우(상법 제53조)
③ 불승낙의 경우에는 특히 적극적인 일정 행위가 있어야 함이 거래관습 또는 실정으로 요구되어 있는 경우

(3) 事實行爲에 의한 계약성립

(가) 사실행위에 의한 계약의 성립, 즉 사실적 계약(faktische vertrags verhaltnisse)이란 종래의 전통적인 이론에 수정을 가하여 일정한 경우에는 청약·승낙에 해당하는 진정한 의사표시가 없더라도 당사자의 사실행위 또는 활동으로 계약의 성립을 인정하는 것을 말하며, 일명 필수계약론이라고 한다. 예컨대 근로계약·조합계약·임대차계약과 같은 계속적 계약관계의 경우 의사표시가 당사자의 무능력·취소 등으로 효력을 잃은 경우에도 당사자 사이에 계약에 비슷한 채권관계의 성립을 인정하는 이론이다.

(나) 사실적 행위에 의한 계약의 성립을 인정할 것인가. 다수의 견해는 프랑스·영국 등의 입법례와 같은 준계약이라는 개념을 인정하지 않는 독일이나 우리나라 법제 아래서는 묵시의 의사를 추정하거나 그러한 추정을 할 수 없는 경우에는 부당이득의 법리를 원용해서 문제를 처리할 수밖에 없고, 근대 민법이 예상한 계약의 사명은 의사의 합치로 성립하는 거래관계였으나, 현대사회에서는 근대 민법이 예상하지 못한 거래관계가 적지 않게 나타나므로 묵시적 의사표시의 추정이 부자유스럽고 부당이득의 법리로도 적절하지 아니한 때에는 사실적 계약관계를 도입해서 문제를 처리할 필요가 있을 것이라고 하고, 판례는 유료주차장에서 주차하면서 관리인에게 차량의 감시를 거절하고 주차료를 지급하지 않겠다고 한 사례에서 유료주차장에 주차한 사실로부터 계약관계의 성립을 인정한다.

(4) 普通去來約款에 의한 계약성립

(가) 약관의 의의　약관(約款)이란 그 명칭이나 형태 또는 범위를 불문하고 계약의 일방당사자가 다수의 상대방과 사이에 계약을 체결하기 위하여 일정한 형식에 의하여 미리 마련한 계약의 내용이 되는 것, 즉 사업자가 장차 그의 업종에 속하는 다수의 계약을 체결할 때 계약에 포함시킬 목적으로 미리 일방적으로 마련한 정형적 계약내용 내지 계약조건을 말한다(약관규제법 제2조 제1항).

(나) 약관의 계약에의 편입

(ㄱ) 약관의 구속력 : 약관이 계약의 내용으로 성립되기 위해서는 상대방의 동의를 요하는가. 다수설은 약관규제법 제3조(명시·설명의무), 제4조(개별약정의 우선적 효력), 제6조 내지 제14조(불공정약관의 무효) 등의 규정에 근거하여 계약설을 취하고, 판례 또한 약관이 계약당사자 사이에 구속력을 갖는 것은 그 자체가 법규범이거나 또는 법규범적 성질을 가지기 때문이 아니라 당사자가 그 약관의 규정을 계약내용에 포함시키기로 합의하였기 때문이므로 계약당사자가 명시적으로 약관의 규정과 다른 내용의 약정을 하였다면, 약관의 규정을 이유로 그 약정의 효력을 부인할 수는 없는 것이라고 하여 긍정한다.[7] 따라서 다수설·판례에 의하면 약관이 계약의 내용으로 편입되기 위해서는 상대방의 동의를 요하고, 상대방의 동의에 의하여 구속력을 가진다.

(ㄴ) 약관의 계약내용에의 편입요건 : 약관의 계약에의 편입되기 위해서는 고객의 동의와 사업자의 약관내용의 명시·설명의무의 이행을 요한다.

(a) 약관에 대한 상대방의 동의는 계약내용으로 편입하기 위한 요건이며, 명시·묵시를 불문한다.

(b) 사업자는 고객의 동의에 앞서 약관의 내용을 이루는 사항으로서 고객의 권리·의무에 관계되는 중요한 내용에 대하여 설명하여야 한다(동법 제3조). 따라서 사업자의 명시·설명의무는 약관내용 전부에 대한 고객의 동의 또는 이해의무로서 부과하는 것은 아니다. 그리하여 판례는 계약자가 그 보험약관의 내용을 알지 못한 경우에도 약관의 구속력을 배제할 수 없는 것이라고 한다.[8]

그렇다면, 고객이 약관의 내용을 알지 못한다는 것과 명시·설명의무와 관계를 어떻게 볼 것인가. 다수설은 약관규제법 제3조가 사업자의 약관 명시·설명의무를 부과하면서 이를 위반한 때에는 「사업자가 그 약관을 계약의 내용으로 주장할 수 없다」라고 규정한 점에 근거하여 명시·설명하지 아니한 것을 해제조건으로 계약에

---

7) 대판 1998.9.8, 97다53663.

8) 대판 1985.11.26, 84다카2543.

편입하는 것이라고 한다.

(다) 명시·설명의무위반의 효과 사업자가 명시·설명위무를 위반하여 계약을 채결한 때에는 당해 약관을 계약의 내용으로 주장하지 못한다(동법 제3조 제3항). 따라서 명시설명의무는 사업자가 부담하는 의무이고 고객이 부담하는 의무는 아니므로 고객이 약관의 유효함을 주장하는 것은 무방하다.

판례는 보험자 및 보험계약의 체결 또는 모집에 종사하는 자는 보험계약의 체결에 있어서 보험계약자 또는 피보험자에게 보험약관에 기재되어 있는 보험상품의 내용, 보험요율의 체계 및 보험청약서상 기재 사항의 변동 등 보험계약의 중요한 내용에 대하여 구체적이고 상세한 명시·설명의무를 지고 있다고 할 것이어서 보험자가 이러한 보험약관의 명시·설명의무에 위반하여 보험계약을 체결한 때에는 그 약관의 내용을 보험계약의 내용으로 주장할 수 없다고 할 것이므로, 보험계약자나 그 대리인이 그 약관에 규정된 고지의무를 위반하였다고 하더라도 이를 이유로 보험계약을 해지할 수는 없는 것이라고 한다.[9)]

제 3. 契約의 效力

> (1) 계약의 성립상 효력 — 계약체결상 과실(신뢰이익의 배상)
> (2) 계약의 이행상 효력 — 동시이행의 항변권
> (3) 계약의 존속상 효력 — 위험부담 ┌ 물건(급부)의 위험
> └ 대가(대금)의 위험

1. 契約效力槪觀

(1) 雙務契約의 효력

(가) 쌍무계약의 효력은 쌍무계약의 특질과 관련하여 파악된다. 쌍무계약은 특질상 그 성립·이행·존속상 견련성을 가지며, 이들의 견련관계는 곧 계약의 효력으로 파악된다.

(ㄱ) 성립상 견련관계(Abhangigkeit in der Entstehung) = 계약체결상 과실책임문제 : 쌍무계약인 하나의 채무가 불능·불법 등의 이유로 성립하지 않거나, 무능력 또는 착오·사기·강박 등의 이유로 취소되면 그 대가인 다른 채무도 성립하

9) 대판 1998.11.10, 98다20059; 1998.4.10, 97다47255; 1997.9.9, 95다45837.

지 않는다. 그러나 그 계약체결상 과실이 있는 때에는 그 과실에 따른 상대방의 신뢰이익에 대하여는 배상책임이 생긴다.

민법은 계약의 성립과 관련하여 발생하는 계약체결상 과실책임은 계약의 효력 밖의 문제로서 신의칙상 부담하는 법정책임의 형태로 규정한다. 그러나 유력한 학설은 계약상 의무를 계약의 성립에서만 구하지 않고 그 외에 계약의 체결과정에서 주어지는 넓은 행동의무로서 부수적 의무를 인정하고 계약체결상 과실책임은 바로 이 부수의무 위반으로서 채무불이행책임으로 이해한다. 따라서 계약체결상 과실책임의 법적 성질을 채무불이행책임으로 이해하면 계약체결상 상대방이 부담하는 신뢰이익의 배상책임도 계약효력의 범주에 포함된다.

(ㄴ) 이행상 견련관계(Erfullungskette) = 동시이행 항변권문제 : 쌍무계약의 각 채무는 일방의 채무가 이행될 때까지는 타방의 채무도 이행하지 않아도 좋다는 관계에 서게 된다. 이러한 효력은 쌍무계약의 본질적 속성인 상환성에서 연유하며 공평의 이상을 반영한 동시이행의 항변권으로 나타난다.

동시이행의 항변권에 관하여 강한 견련관계를 인정하여 청구권부인의 태도를 취하는 입법주의(스위스채무법: §82)와 약한 견련관계를 인정하여 연기적 항변권을 취하는 입법주의(독일민법: §36)가 있으나 우리 민법 제336조 제1항은 "쌍무계약의 당사자 일방은 상대방이 그 채무이행을 제공할 때까지 자기의 채무이행을 거절할 수 있다."라고 하여 이행거절권의 형태로서 독일법주의를 취하고 있다.

(ㄷ) 존속상 견련관계(Befreiungskette) = 위험부담문제 : 쌍무계약의 각 채무가 완전히 이행되기 전에 하나의 채무가 채무자의 책임 없는 사유로 인하여 이행불능으로 되어 소멸한 경우 다른 채무는 어떠한 영향을 받는가의 문제, 즉 대가위험부담의 문제이다.

위험부담의 입법주의에 관하여 채무자주・채권자주의・소유자주의가 대립되나 우리 민법 제537조는 "쌍무계약의 당사자 일방의 채무가 당사자 쌍방의 책임 없는 사유로 이행할 수 없게 된 때에는 채무자는 상대방의 이행을 청구하지 못한다."라고 하여 채무자 위험부담주의를 취하고 있다.

(나) 쌍무계약은 계약당사자가 서로 대가적 의미를 가지며, 또한 원칙적으로 상대방의 채무와 상환으로 이행되어야 할 성질을 가진 채무를 부담하는 관계이므로 결국 쌍무계약의 중심적 효력은 동시이행의 항변권을 의미한다. 그러나 채권관계의 존속과 관련하여 쌍방의 책임 없는 사유로 목적물이 멸실한 경우에는 그 위험부담의 문제가 발생하고, 또한 계약이 소멸하는 경우에도 상대방의 채무와 관계에서 견련관계가 발생하지만 우리 민법은 특히 계약의 소멸상 관계로서 계약해제권 전반을 쌍무계약의 효력으로서는 규정하지 않고, 이행지체(제544조), 이행불능(제546조)의

효과로서 규정한다.

(2) 片務契約의 효력

편무계약은 쌍무계약에서와는 달리 성립·이행상은 견련관계는 문제되지 않고, 다만 존속상 견련관계에서만 문제된다. 따라서 계약의 목적이 원시적 불능이어서 계약 자체가 성립하지 않는 경우는 언제나 무효이므로 계약체결상 과실문제는 발생하지 않고, 또한 편무계약은 대가성을 갖지 아니하므로 동시이행의 항변권은 발생하지 않는다.

또한, 존속상 견련관계로서 위험부담도 목적물 자체의 위험부담만이 문제되고 대가위험은 발생하지 않는다.

2. 契約成立에 있어서 체결상 과실

(1) 契約締結上 過失責任의 의의와 성질

(가) 계약체결상 과실이란 계약체결 단계 또는 계약체결 전 준비단계에서의 당사자 일방의 과실을 말하고, 이때 당사자 일방이 자기의 책임 있는 사유로 상대방에 손해를 끼친 경우 그 상대방에 발생한 손해에 대하여 배상책임을 부담한다(제535조 제1항).

(나) 체결상 과실책임은 계약체결의 단계 또는 계약체결의 준비단계에서 상대방에게 발생한 손해의 전보라는 점에서 그 법률적 성질을 어떻게 볼 것인가. 즉 우리 민법의 태도는 계약책임도 불법행위책임도 아닌 계약체결상 과실책임으로 규정하면서 간접적으로 계약목적이 당초부터 불능인 경우에는 무효임을 선언하고, 또한 그 계약이 무효인 경우에는 이행이익의 손해와 신뢰이익의 손해를 구별하고 있다.

그렇다면 이와 같은 우리 민법의 태도는 계약성립 외에 발생하는 계약체결상 과실에 대한 책임의 신설규정인가, 아니면 원시적 불능의 효과에 대한 예외규정인가. 통설은 먼저 제535조는 원시적 불능의 경우 그 계약이 간접적으로 무효라고 규정한 것이라고 보고, 동조의 요건을 갖추고 있는 경우는 무효로 보나 채무불이행 중 이행불능의 부분에서는 채권이 성립되고 나서 급부가 불능으로 된 후발적 불능에 한한다고 정의하고 후발적 불능은 무효로 되지 아니하며 법률행위를 무효로 하는 불능은 원시적 불능에 국한한다고 한다. 그리하여 계약상 의무에는 급부의무 외에 신의칙상 여러 부수의무가 존재하는데 계약체결상 과실책임은 바로 이를 위반한 책임으로서 계약상 책임이라고 하고, 판례는 어느 일방이 교섭단계에서 계약이 확실하게 체결되리라는 정당한 기대 내지 신뢰를 부여하여 상대방이 그 신뢰에 따라 행동하였음에도 상당한 이유 없이 계약의 체결을 거부하여 손해를 입혔다면 이는 신의성실의 원칙에 비추어 볼 때 계약자유의 한계를 넘는 위법한 행위로서 불법행위를 구성한다고 할 것이라고 한다.[10)]

그렇다면, 통설과 같이 원시적 불능과 후발적 불능을 구별하여 원시적 불능만을 무효로 함은 타당한 것이라고 볼 수 있는가. 오늘날 입법추세는 이를 부정(유엔매매법 등)하고, 또한 논리적으로도 그 구별이 쉽지 아니할 뿐만 아니라 원시적 불능계약의 효력이 채무자의 귀책사유 없는 후발적 불능인 경우와 특별히 달리 취급되어야 할 필연적 근거는 없다.

다만, 민법은 계약체결의 목적이 원시적으로 불능이어서 계약의 효력은 처음부터 발생할 수 없을 것이지만 그 계약체결의 신뢰로 인하여 상대방이 받은 손해의 전보를 규정한 것이며 협의의 급부의무불이행책임은 아니지만, 광의의 계약상 부수의무위반의 책임으로 이해해야 할 것이다. 그리하여 체결상 과실책임은 이익형량상 입증책임이나 이행보조자의 책임 등에 관하여 채무불이행과 동일하게 다루어야 할 것이다.

(2) 契約締結上 過失責任의 성립과 효과

(가) 계약체결상 과실책임의 성립 민법상 계약체결상 과실책임이 성립하기 위해서는 다음의 요건을 갖추어야 한다.

(ㄱ) 원시적 불능 : 원시적 불능이어야 한다. 즉 계약체결상 과실책임은 체결된 계약의 내용이 원시적·객관적으로 불능이기 때문에 그 계약이 무효이어야 한다. 여기서 전부가 불능인 경우는 문제가 없으나 일부가 불능인 때에는 문제된다. 예컨대, 매매 또는 유상계약의 일부가 불능인 경우에는 제580조에 의한 매도인의 담보책임을 부담하게 되므로 민법 제535조의 적용이 배제된다.

다만, 일부불능으로 계약 전체를 무효로 할 경우에는 체결상 과실책임을 부담하는가. 긍정하는 견해가 있으나,[11)] 동조 규정을 정면으로 적용할 것은 아니다. 그리하여 판례는 부동산매매계약에 있어서 실제면적이 계약면적에 미달하는 경우에는 그 매매가 수량지정매매에 해당할 때에 한하여 민법 제574조, 제572조에 의한 대금감액지급청구권은 별론으로 하고, 그 매매계약이 미달부분만큼 일부무효임을 들어 이와 별도로 일반부당이득반환청구를 하거나 그 부분의 원시적 불능임을 이유로 민법 제535조가 규정하는 계약체결상 과실에 따른 책임의 이행을 구할 수는 없는 것이라고 한다.[12)]

---

10) 대판 2001.6.15, 99다40418.
11) 최병욱, 계약체결상과실책임, 고시계 1986.10, 68면; 이영환, 원시적불능의경우계약체결상과실, 고시계 1990.11. 123면.
12) 대판 2002.4.9, 99다47396.

(ㄴ) 급부자의 과실 : 급부를 할 자가 그 불능을 알았거나 또는 알 수 있었어야 한다. 따라서 급부자의 고의의 경우에도 체결상 과실이 적용되고, 이때 과실에는 경과실·중과실을 불문한다.

또한, 통상 급부의무자는 그 급부가 가능하여 계약이 이행될 수 있도록 배려할 의무를 진다고 할 수 있으므로 계약체결자(급부의무자)의 과실은 추정되며, 그 여부는 계약체결 당시를 표준으로 정할 것이다.

(ㄷ) 상대방의 선의·무과실 : 상대방이 선의이고 무과실이어야 한다. 따라서 상대방이 원시적 불능임을 알지 못하는데 과실이 있는 때에는 책임이 성립하지 않는다.

다만, 계약체결시에 불능사유가 일시적인 것으로서 가까운 시일 내에 제거될 수 있다고 믿고 체결한 경우 그 판단에 잘못이 있는 것과 같은 쌍방의 착오로 인한 계약에는 동조 규정을 적용하고 과실상계를 주장할 수 있는가. 판례는 소송계속중임을 알면서 소송목적물을 매수한 자는 매매계약이 이행불능이라는 사정을 알았거나 알 수 있었을 경우에 해당하므로 손해배상을 청구할 수 없는 것이라고 한다.[13]

또한, 이행보조자의 고의·과실은 계약체결상 과실에도 적용되는가. 계약체결상 과실책임의 성질을 불법행위책임으로 파악하면 사용자로서의 책임을 인정할 뿐이나, 계약상 책임으로 이해하면 채무자로서의 책임을 지게 된다.

(나) 계약체결상 과실책임의 효과

(ㄱ) 신뢰이익의 배상 : 고의 또는 과실로 목적이 불능한 계약을 체결한 당사자는 상대방이 그 계약을 유효한 것으로 믿었기 때문에 입은 손해(소극적 계약이익)를 배상하여야 한다. 즉 계약이 성립하지 못한데 대한 상대방이 받은 손해, 예컨대 목적물 조사비용, 대금지급을 위한 금전의 이자, 제3자로부터 유리한 청약을 거절한 것으로 인한 손해 등이 이것이다. 그러나 이행이익 또는 적극적 계약이익, 즉 계약의 성립을 전제로 하여 계약이 이행된 경우에 받을 수 있었을 이익이나 목적물의 이용 및 전매로 인한 이익 등은 포함되지 않는다.

(ㄴ) 이행이익의 초과금지 : 신뢰이익이 이행이익을 초과하는 경우에는 그 이행이익을 한도로만 책임을 부담한다. 즉 배상하여야 할 신뢰이익은 이행이익을 초과하지 못한다.

(3) 기타 契約締結上 過失의 적용

민법은 채무불이행과 별도로 계약체결상 과실을 특히 원시적 불능에 관하여만 규정한다. 그러나 학설은 이것에 국한하지 않고 널리 계약체결의 준비단계에서는 물

---

13) 대판 1972.5.9, 72다382.

론, 때로는 계약 자체가 유효한 경우에도 상대방에 주어진 신뢰이익에 대한 손해배상의 책임을 확대 적용하고 있다.

(가) 계약체결의 준비단계에서 과실　계약체결의 준비단계에서 당사자 일방의 과실로 상대방에 손해를 주었다면 체결상 과실책임이 생긴다. 예컨대 계약체결을 위한 비용(조사비용)을 지급하였으나, 상대방의 과실 있는 행위에 의하여 계약이 체결되지 않았을 경우의 비용 또는 체결의 준비를 위하여 당사자 일방의 안내로 목적물을 조사하던 중 그 자의 과실로 인한 물건의 파손·도난 등으로 상대방에게 손해를 끼친 경우의 손해배상 등은 이른바 체결상 과실책임이며, 통설은 신의칙에 입각한 신뢰이익의 배상을 인정한다.

(나) 계약이 유효한 경우의 과실　유효한 계약이 성립한 경우에도 그 계약상 하자로 인한 책임이 발생하는 경우이며, 예컨대 매매목적물의 사용방법을 잘 못 알려준 데 따른 손해가 발생한 경우, 고용계약상 중요한 사실을 알리지 않은데 따른 손해가 발생한 경우, 도급계약·운송계약 등에서 수급인·운송인 등이 계약체결 전에 한 통지나 고지가 잘못되어 손해가 발생한 경우, 위임계약 체결시에 수임인의 과실로 손해가 발생한 경우 등이며, 이 경우에도 체결상 과실책임을 준용할 것이라고 한다.

(다) 계약이 무효·취소된 경우의 과실

(ㄱ) 무능력의 경우 : 무능력자제도는 객관적인 표준에 따라 획일화하는 제도이므로 무능력자행위의 취소로 상대방이 비록 손해(신뢰이익의 상실)를 받은 경우에도 배상을 인정할 여지가 없다. 그러나 일시적인 심신상실자 또는 금치산선고를 받지 않은 심신상실자가 행한 법률행위는 행위 당시 의사능력이 없었다는 것을 입증하면 그 행위는 무효가 된다. 이러한 경우에는 그 상대방 보호를 위하여 의사무능력자에 체결상 과실을 인정하여 신뢰이익의 배상책임을 지게 된다.

(ㄴ) 착오의 경우 : 법률행위내용의 중요부분에 착오가 있는 때에는 표의자의 과실유무를 묻지 않고 취소할 수 있으나, 표의자에게 중대한 과실이 있는 때에는 취소가 제한되므로 이 경우 상대방의 보호는 문제될 여지는 없다. 그러나 표의자에 輕過失이 있는 경우에는 취소할 수 있으므로 표의자가 자기의 경과실에 바탕하여 착오를 일으키고 이를 이유로 취소한 경우에는 상대방 보호가 문제된다.

다수설은 표의자에게 경과실이 있고 착오를 이유로 취소한 경우에는 민법 중 체결상 과실책임의 규정을 준용하여 상대방이 입은 손해를 배상할 것이라고 하나, 판례는 소극적 태도를 취하였다.[14)]

그리하여 개정 민법(안)은 착오자의 경과실을 원인으로 한 상대방의 손해배상책

14) 대판 1997.8.22, 97다13023.

임을 명문으로 규정함으로써 동조 규정을 우회하지 않고 직접 부담하게 하였다(§109의 2 신설안).

[계약체결과 신뢰책임]

(1) 불능계약의 신뢰책임
- 원시적 불능의 경우(§533) — 계약불성립에 대한 책임(소극적 계약책임)
- 계약체결의 준비단계에서의 체결상 과실(§544 준용)

(2) 계약이 유효한 경우의 신뢰책임

(3) 계약이 무효 또는 취소되는 경우 신뢰책임
- 일시적 심신상실 또는 금치산선고를 받지 아니한 자의 무효인 행위에 대한 책임 (무능력자행위로 인한 취소의 경우 적용배제)
- 착오자의 경과실에 의한 취소의 경우(§533 유추적용)

3. 契約의 성립 · 존속과 이행상 효력

(1) 契約成立後의 법률관계

계약의 성립 후 계약으로부터 발생하는 법률효과는 계약의 종류 · 내용에 따라 다르다. 편무계약에서는 일방만이 의무를 부담하므로 다른 특별한 문제는 발생할 여지는 없고 단지 계약의 존속상 목적물에 대한 위험부담이 있을 뿐이다. 그러나 쌍무계약에서는 쌍방이 의무를 부담하는 관계이므로 상대방 채무와 공평의 견지에서 계약의 존속상은 물론 이행상에서도 문제된다.

그리하여 민법은 쌍무계약의 성립 · 존속으로부터 발생하는 효력으로서 위험부담과 계약의 이행과정으로 행사되는 동시이행의 항변권을 규정한다.

(2) 契約履行과 동시리행의 항변권

(가) 동시이행항변권의 의의　동시이행의 항변권이란 쌍무계약의 당사자 일방은 상대방이 그 채무의 이행을 제공할 때까지 자기 채무이행을 거절할 수 있는 권리이다. 민법 제536조 제1항은 「쌍무계약의 당사자 일방은 상대방이 그 채무이행을 제공할 때까지 자기의 채무이행을 거절할 수 있다. 그러나 상대방의 채무가 변제기에 있지 아니한 때에는 그러지 아니하다.」라고 하여 동시이행의 항변권을 규정한다.

민법이 쌍무계약상 동시이행의 항변권을 인정하는 근거에 관하여 학설은 쌍무계약에서의 채무는 「공여 받기 위하여 공여한다(do ut des)」라는 관계에 있으므로 일방 당사자의 선이행위험에 대한 담보적 기능을 가진 것이라고 하거나,[15] 쌍무계약

15) 이은영 125면.

에서의 기능상 견련관계를 인정하여 공평이상의 견지에서 부여한 것이라고 한다.[16] 그러나 판례는 동시이행의 항변권은 공평의 관념과 신의칙에 입각하여 각 당사자가 부담하는 채무가 서로 대가적 의미를 가지고 관련되어 있을 때 그 이행상 견연관계를 인정하여 당사자 일방은 상대방이 채무를 이행하거나 이행의 제공을 하지 아니한 채 당사자 일방의 채무이행을 청구할 때에는 자기 채무이행을 거절할 수 있도록 하는 제도로 이해한다.[17]

(나) 동시이행항변권의 성립요건 쌍무계약상 동시이행의 항변권이 성립하기 위해서는 다음의 요건을 갖추어야 한다.

(ㄱ) 1개의 쌍무계약에 의하여 당사자 쌍방이 서로 대가적 의미를 가지는 채무를 부담할 것이어야 한다. 따라서 쌍방의 채무가 1개 쌍무계약에서 발생하지 않고 각각 별개의 원인으로부터 발생한 것인 때에는 동시이행의 항변권은 발생하지 않고, 또한 1개의 계약에 관하여 상호 채무를 부담한 경우에도 쌍방의 채무가 서로 대가적 의미를 가진 것이어야 한다.[18]

(a) 채무내용이 변경된 경우에도 동일성이 유지되는 범위에서는 동시이행의 항변권은 존속한다. 그러나 일방의 채무가 이행불능 기타 원인으로 소멸한 경우에는 동시이행의 항변권도 소멸한다.

(b) 일방의 채무가 채무자의 책임 있는 사유로 계약이 해제되고 그 계약해제로 인하여 변경된 손해배상청구권과의 관계에서도 동시이행의 항변권은 존속하는가. 판례는 민법 제571조에 의한 계약해제의 경우에도 손해배상청구권과 매수인의 대지인도의무와는 발생원인이 다르다고 하더라도 이행의 견련관계는 양 의무가 그대로 존재하고 그들 의무사이에는 동시이행관계가 있다고 함이 공평의 이상에 합치하는 것이라고 하여 긍정한다.[19]

(ㄴ) 상대방의 채무가 변제기에 있을 것이어야 한다. 상대방의 채무가 변제기에 도래하고 있지 않고 자기채무가 변제기에 있는 때에는 자기채무의 이행을 거절할 수 없으므로 동시이행의 항변권은 성립하지 않는다.

(a) 일방의 채무가 선이행의 의무를 부담하는 경우에도 선이행의무자가 이행하지 않고 있는 동안에 상대방의 채무가 변제기에 도래하거나, 상대방에 채무이행이 곤란할 현저한 사유가 있는 경우에는 동시이행의 관계가 성립한다.

민법은 후이행의무자에 그가 부담하는 의무이행이 현저히 곤란한 사유(예컨대 재

16) 양창수, 동시이행의 항변권, 고시계(1990.7) 93면.
17) 대판 1999.4.23, 98다53899.
18) 대판 1990.4.13, 89다카23794.
19) 대판 1993.4.9, 92다2546.

산상태의 악화)가 있는 때에는 그 채무이행을 제공할 때까지 선이행의무자는 자기의 채무이행을 거절할 수 있다고 규정하고(제536조 제2항), 판례는 쌍무계약의 당사자 일방이 계약상 선이행의무를 부담하고 있는데 그와 대가관계에 있는 상대방의 채무가 아직 이행기에 이르지 아니하였지만 이행기의 이행이 현저하게 불투명하게 된 경우에는 민법 제536조 제2항 및 신의칙에 의하여 그 당사자에게 반대급부의 이행이 확실하여 질 때까지 선이행의무의 이행을 거절할 수 있다고 보아야 하는 것이라 한다.[20] 이를 일명 「불안의 항변권」이라고 하며, 공평의 원칙과 신의칙에 입각한 사정변경원칙의 적용이다.

(b) 동조 규정의 항변권은 이를 원용하여야만 효력이 생기는가. 판례는 대가적 채무간에 이행거절의 권능을 가지는 경우에는 비록 이행거절의 의사를 구체적으로 밝히지 아니하였다고 할지라도 이행거절 권능의 존재 자체로 이행지체책임은 발생하지 않는다고 한다.[21]

[판례] 이행거절의 권능은 어디까지나 자기채무의 이행을 거절할 권능에 지나지 아니할 뿐 당초에 약정된 변제기를 변경시키거나 변제기의 정함이 없는 채무로 그 성질을 변경시키는 효력을 가지는 것은 아니므로 설사 이행거절의 권능을 가지는 매수인이 이를 행사하지 않고 대금채무를 이행하였다고 하더라도 납부기한 전에 선납한 것에 해당한다고 볼 수 없고(대판 1997.7.25, 97다5541), 또한 대가적 채무간에 이행거절의 권능을 가지는 경우에는 비록 이행거절의 의사를 구체적으로 밝히지 아니하였다고 할지라도 이행거절 권능의 존재 자체로 이행지체책임은 발생하지 않는다. 따라서 이행지체를 전제로 하여 약정된 연체료의 지급의무는 발생하지 아니하며 이에 대하여는 이행거절권의 포기하는 문제가 생길 여지도 없고 피고는 원고가 납부한 금원을 임의로 연체료에 충당할 수 없다(대판 1988.2.9, 87다432; 1992.2.14, 91다17917; 1996.12.20, 95다52222·52239).

(ㄷ) 상대방이 자기의 채무이행 또는 그 제공을 하지 않고 이행의 청구를 하였어야 한다. 쌍무계약의 당사자 일방이 채무내용에 좇은 이행을 하면 그 채무는 소멸하고 상대방의 채무만 잔존하게 되므로 동시이행의 관계는 존재하지 않고, 또한 당사자 일방이 이행의 제공을 하여 그것이 계속되고 있는 한 상대방은 그 수령과 상환으로 반대급부를 하면 족하므로 역시 동시이행의 항변권은 문제되지 않는다.

(a) 일부이행 또는 불완전이행의 경우에도 동시이행의 항변권을 가지는가. 채무가 가분인 경우에는 원칙적으로 상대방이 아직 이행하지 않거나 그 이행의 불완전한 부분에 상당한 범위에서 채무이행을 거절할 수 있다. 다만 불이행 또는 불완전부분이 근소·경미한 경우에는 신의칙에 비추어 일부에도 항변권이 없고 반대로 그 부분이 중요한 것이면 전부에 대하여 항변권을 행사할 수 있다. 그러나 債務가

20) 대판 1996.8.23, 96다16650; 1995.2.28, 93다53887; 1994.12.12, 93다60632.
21) 대판 1996.12.20, 95다52222·52239; 1992.2.14, 91다17917; 1988.2.9, 87다432.

不可分인 경우에는 불이행 또는 불완전이행 부분이 계약의 취지와 공평의 이상에 비추어 그 중요성의 여부에 따라 급부 전체의 거절권행사 여부를 결정하게 된다.

(b) 수령불능 또는 반대채무의 이행불능(사망 또는 채무자의 책임있는 사유)의 경우에도 행사할 수 있다. 그러나 일방이 이행을 제공하였으나 수령지체에 빠진 당사자는 그 후 상대방이 자기채무이행의 제공을 다시 하지 않고서 이행을 청구한 경우에도 동시이행의 항변권을 가지는가. 다수설・판례는 채무자가 한번 이행을 제공하였다고 하여 채무자의 채무에 어떤 영향을 받는 것은 아니므로 양 채무의 이행상 견연관계는 존속하고, 계약해제와는 달리 본래급부를 청구하려면 역시 자기채무와 상환으로만 이행을 청구할 수 있는 것이라고 한다.

또한, 동시이행의 항변권의 담보적 기능을 감안하여 이를 부인하면 당사자 일방이 제공한 후 무자력이 된 경우에도 자기의 이행만을 강요받게 되어 불공평하므로 실질적인 면에서도 수령지체책임은 별론으로 하더라도 동시이행의 항변권마저 행사할 수 없게 되는 것은 아니라고 한다.[22)]

(다) 동시이행항변권의 효력

(ㄱ) 자기채무이행거절권 : 동시이행의 항변권은 상대방이 그 채무이행을 제공할 때까지 자기 채무이행을 거절할 수 있는 것을 내용으로 한다(제536조). 따라서 동시이행의 항변권은 자기채무이행을 거절하는 권능에 불과하고 당초 약정된 채무의 변제기를 변경시키거나 변제기의 정함이 없는 채무로 그 성질을 변경시키는 효력을 갖는 것은 아니다. 그리하여 판례는 설사 이행거절의 권능을 가지는 매수인이 이를 행사하지 아니하고 대금채무를 이행하였다고 하더라도 납부기한 전에 선납한 것에 해당한다고 볼 수 없는 것이라고 한다.[23)]

원용권의 행사는 재판상 또는 재판 외를 불문한다. 또한 그 행사시기는 이행기 또는 이행기 후를 불문하고 상대방이 이행을 청구한 때 원용함으로 족하다.

(ㄴ) 지체책임의 불발생 : 동시이행의 항변권을 가지는 채무자는 비록 이행기에 이행하지 않더라도 이행지체로 되지 않는다. 따라서 상대방이 이행지체로 계약을 해제하기 위해서는 자기채무의 이행을 제공하여야 한다.

다만, 지체책임불발생의 효과는 동시이행항변권의 존재효과인가 행사효과인가. 행사효과설은 쌍무계약상 원고가 자기채권의 본래 급부와 상대방 채무의 불이행을 이유로 지연배상을 동시에 청구하였을 때 존재효과설에 의하면 법원은 채무자인 피고가 동시이행의 항변을 원용하지 않더라도 본래 급부만을 명하여야 하는데 이것은

22) 대판 1972.11.14, 72다1513・1514.
23) 대판 1997.7.25, 97다5541.

민사소송법상 당사자의무에 반한다는 점을 든다. 그러나 다수설은 행사효과설에 의하면 원용권을 행사하지 않는 한 지체책임이 일단 발생하게 되어 동시이행의 항변권을 인정하는 취지에 반한다는 점을 들어 존재효과설을 취하고, 판례 또한 대가적 채무간에 이행거절의 권능을 가지는 경우에는 비록 이행거절의 의사를 구체적으로 밝히지 아니하였다고 할지라도 이행거절권능의 존재 자체로부터 이행지체책임은 발생하지 않는 것이라고 한다.[24]

생각건대, 행사효과설에서도 상대방이 동시이행의 항변을 행사하면 그 시기에 관계없이 소급하여 소멸하므로 결국 양설은 차이가 없게 되지만, 동시이행의 항변권이 공평이상에 근거한 이상 굳이 상대방의 행사를 요건으로 할 것은 아니다.

(ㄷ) 상계금지 : 동시이행의 관계에 있는 채권은 자동채권으로서 상계하지 못한다. 그것은 피상계자에게 불이익하기 때문이다.

(ㄹ) 항변권원용과 소송상 효력 : 동시이행의 항변권은 청구를 받은 계약당사자가 주장(원용)하지 않는 한 효력이 발생하지 않는다.

원용권의 행사는 재판상 또는 재판 외에서 할 수 있으나 당사자 일방의 소송상 채무이행의 청구로 상대방이 동시이행의 항변권을 행사한 경우, 법원은 원고패소의 판결을 할 것인가. 학설·판례는 원고패소판결을 할 것이 아니라 피고에게 원고로부터의 반대급부의 이행과 상환으로 채무이행을 명하는 원고 일부승소판결을 할 것이라고 한다.[25]

다만 상환급부판결의 집행, 즉 원고가 행하는 이행 및 이행의 제공은 집행문부여요건인가, 또는 집행개시요건인가. 채권자의 반대급부의 이행 또는 이행제공의 유무를 법원이 심사할 것인가, 아니면 집행기관이 심사할 것인가 문제와 관련하여 문제된다. 학설·판례는 비록 집행기관이 심사하더라도 반대급부의 내용은 이미 판결로 확정되어 있으므로 상대방에 불이익할 것은 아니란 점과, 특히 집행문부여요건설에 따르면 원고가 집행문을 부여받기 위해서는 사실상 선이행의 의무를 부담하게 된다는 점을 들어 집행개시요건이라고 한다.[26]

(다) 동시이행항변권의 확장　쌍무계약이 아닌 비쌍무계약에서 두 개의 채무가 서로 대가적 의미가 있어서 상환으로 이행되는 것이 공평의 원칙에 적합한 경우에도 동시이행의 항변권을 인정할 것인가.

통설은 민법이 동시이행의 항변권을 준용토록 한 경우에는 물론이나 준용규정이

24) 대판 1995.3.14, 94다26646; 1993.1.9, 93다11203·11210; 1989.10.27, 88다카33442.
25) 대판 1977.11.30, 77마371 참조.
26) 곽윤직, 101면; 대판 1962.2.15, 4294민상708; 대결 1977.11.30, 77마371.

없는 경우에도 널리 동시이행항변권의 적용범위를 확장하여 해결하려고 한다. 그리하여 비록 두 채무가 1개의 쌍무계약에서 발생한 것이 아니라고 하더라도 1개의 법률요건에 의하여 발생한 것이고 또한 양자를 견련하여 이행하게 하는 것이 공평한 것이라고 판단되는 경우에는 동시이행의 관계를 인정할 것이라고 한다. 이에 대하여 판례는 원래 쌍무계약에서 인정되는 동시이행의 항변권을 비쌍무계약에 확장함에 있어서는 양 채무가 동일한 법률요건으로부터 생겨서 공평의 관점에서 보아 견련적으로 이행시킴이 마땅한 경우라야 할 것이라고 하고,[27] 나아가 동시이행의 항변권은 당사자 쌍방이 부담하는 각 채무가 고유의 대가관계에 있는 쌍무계약의 채무가 아니라고 하더라도 구체적인 계약관계에서 당사자 쌍방이 부담하는 채무 사이에 대가적 의미가 있어 이행상 견련관계를 인정하여야 할 사정이 있는 경우에는 이를 인정하여야 할 것이라고 한다.[28]

결국, 통설·판례에 의하면 비쌍무계약이지만 민법이 동시이행의 항변권을 준용토록 한 경우에는 물론이고 준용규정이 없는 경우에도 구체적인 계약관계에서 당사자 쌍방이 부담하는 채무 사이에 대가적 의미가 있어 이행상 견련관계를 인정하는 것이 공평한 것이라고 판단되는 경우에는 동시이행관계를 인정할 것으로 된다.

[비쌍무계약상 동시이행의 항변권의 성립]

(1) 민법상 준용규정을 두는 경우
- ① 전세권의 소멸과 전세금의 반환(제317조)
- ② 계약해제와 원상회복의무(제548조 제1항)
- ③ 부담부증여(제561조)
- ④ 매도인의 담보책임으로서의 법률관계(제583조)
- ⑤ 수급인의 하자보수책임과 도급인의 대금지급의무(제667조)
- ⑥ 종신정기금계약의 해제(제728조)

(2) 해석·판례상 인정되는 경우
- ① 변제와 영수증청구교부
- ② 변제와 차용증서의 교부
- ③ 변제와 유가증권의 교부(대판1970.10.23, 70다2042)
- ④ 변제와 담보권소멸절차(대판 1962.1.31, 4294민상528)
- ⑤ 용익권소멸의 법률관계
- ⑥ 임대차보증금반환채무와 목적물반환(대판 1987.6.23, 87다카98)

27) 대판 2000.10.27, 2000다36118.
28) 대판 2001.3.27, 2000다43819.

기타 판례상 동시이행관계가 성립하는 경우

(1) 법률행위의 무효취소와 원상회복(대판 1995.9.15, 94다55071)

(2) 계약의 해제와 당사자가 상호 취득한 것의 반환관계(대판 1993.5.14, 92다45025)

(3) 기존채무와 관련하여 어음이 교부된 경우 원인채무의 이행의무와 어음의 반환의무(대판 1993.5.14, 92다45025).

(4) 임대차관계의 종료와 임차인의 목적물인도채무와 보증금반환채무(대판 1977.9.28, 77다1241·1242; 1998.7.10, 98다15545).

(5) 명의수탁재산이 상속재산에 포함됨으로써 명의수탁자의 상속인이 추가로 부담한 상속세 상당액에 대하여 명의신탁자가 상환의무를 부담하는 경우, 명의신탁자가 상속인에 대하여 부담하는 위 상환의무와 상속인이 명의신탁자에 대하여 부담하는 소유권이전등기의무(대판 1999.10.12, 98다6176).

(6) 부동산매매계약과 이행인수계약이 함께 이루어진 경우 매수인의 인수채무불이행 또는 매도인의 임의변제로 인한 매수인의 손해배상채무 및 구상채무와 매도인의 소유권이전등기의무(대판 1993.2.12, 92다23193).

(7) 매매계약상 대금지급의무와 소유권이전등기 및 가압류등기의 말소(대판 2000.11.14, 2000다8533).

(8) 토지의 일부를 매매한 후 대금 감액의 합의가 되어 매도인이 매수인에게 이미 지급받은 대금의 일부를 반환할 의무를 부담한 상태에서 매수인 명의로 토지 전체에 대한 소유권이전등기를 경료한 경우, 매수인의 매도인에 대한 매매목적 이외의 토지 부분에 관한 명의신탁해지를 원인으로 한 소유권이전등기절차이행의무와 매도인의 매수인에 대한 대금반환의무(대판 1999.4.23, 98다53899).

(9) 금전채권에 대한 압류 및 추심명령이 있는 채권·채무(대판 2001.3.9, 2000다73490)

⑶ 契約의 存續과 위험부담

(가) 위험부담의 의의 위험부담은 쌍무계약에서 생기는 대립하는 양 채무 사이의 존속상 견련관계를 정하는 제도이다. 즉 쌍무계약상 일방채무의 전부 또는 일부가 채무자의 책임 없는 사유로 이행불능으로 된 경우 타방의 채무는 어떠한 영향을 받는가. 예컨대 甲의 가옥을 乙에 매각하였으나 재난으로 소실하여 이행할 수 없게 된 경우 매수인 乙의 대금지급채무는 소멸하는가. 문제이다.

본래, 위험(危險)이란 채권의 목적이 쌍방의 책임 없는 사유로 이행불능으로 된 경우 그로 인한 일방이 부담할 불이익을 말하고, 특히 쌍무계약에서는 양 채무가 서로 대립하는 관계에 있으므로 위험은 목적물이 멸실함으로 인하여 인도 받지 못하는 불이익인 物件의 위험과 그 대가를 청구하지 못하는 대가위험이 있다. 그러나 통상의 위험이란 대가위험을 말한다.

(나) 위험부담의 입법태도 위험부담의 입법주의에는 채무자주의·채권자주의·소유자주의·분담주의가 있다.

(ㄱ) 민법상 위험부담은 채무자주의를 취한다. 민법 제537조는 "쌍무계약의 당사

자 일방의 채무가 당사자 쌍방의 책임 없는 사유로 이행할 수 없게 된 때 채무자는 상대방의 이행을 청구하지 못한다."라고 하여 채무자주의를 규정한다.

위험부담, 예컨대 甲의 건물을 乙에게 매도한 경우 丙의 실화로 소실하여 이행불능이 된 경우 채무자주의에 의하면 甲의 건물인도채무를 면책하는 동시에 甲이 乙에 대하여 가지는 대금지급청구은 소멸하고, 다만 甲은 丙에 대하여 가지게 되는 손해배상청구권은 자기책임 하에서 처리하여야 한다. 그러나 채권자주의에 의하면 甲의 乙에 대한 대금지급청구권은 소멸하지 않으나 乙은 甲에 대한 이행을 청구하지 못하고, 다만 甲의 丙에 대한 손해배상청구권을 승계하나 그 실현 여부의 위험은 스스로 부담하게 된다. 그러나 어느 주의에 의하던 불가항력적 사유에 의한 경우에는 乙은 구제받지 못한다.

(ㄴ) 쌍무계약에서 위험부담에 관한 민법 제537조, 제538조에 관한 규정은 임의규정이다. 따라서 당사자가 특별히 그 분담을 정한 때에는 그에 의한다.

(다) 위험부담의 적용

(ㄱ) 이행기전의 불능이어야 한다. 다만 이행기 후에도 위험부담은 적용 되는가. 이행지체와 수령지체의 경우로 나누어진다.

(a) 이행지체의 경우 : 위험부담은 이행기 전·후를 불문하고 일괄된다. 따라서 이행지체의 경우에도 이행기 전의 불능과 동일하게 적용된다. 그러므로 급부위험은 언제나 채권자가 부담하고 대가위험은 채무자가 부담한다.

(b) 수령지체의 경우 : 위험부담의 채무자주의는 이행기 전·후를 불문하고 일관되나 수령지체의 경우에도 위험부담이 적용되는가. 민법 제538조 제1항 후단은 「채권자의 수령지체 중에 당사자 쌍방의 책임 없는 사유로 이행할 수 없게 된 때에도 같다」라고 하여 채권자의 책임 있는 사유로 이행불능이 된 경우와 동일하게 하고 있다. 따라서 수령지체 중 채무자의 책임 있는 사유로 인한 때에는 이행기 전의 불능과 같으나 쌍방의 책임 없는 사유로 이행불능이 된 때 채무자는 채무를 면하지만 상대방에 대하여 가지는 채권은 소멸하지 않는 것으로 하고 있다. 이를 위험부담의 전가라고 하며, 위험부담의 채권자주의가 지배된다. 그러나 이 경우 채무자는 자기채무의 이행을 면함으로써 이익을 받은 때에는 그 이익(목적물의 인도비용 등)은 상환하여야 한다(제580조 제2항).

또한, 수령지체 후에도 목적물상 선관주의의무는 여전히 존속한다. 그러나 채무자의 경과실로 멸실한 때에는 그 위험부담은 채권자의 부담으로 한다(제401조 참조). 이를 채권자위험부담의 가중이라고 한다.

[판례] 수급인이 도급인에게 공사대금을 지급하고 기성부분을 인도 받아 가라고 최고하였다면 수급인은 이로써 자기의무의 이행제공을 하였다고 볼 수 있는데 도급인이 아무런 이유 없이 수령을 거절하던 중 쌍방이 책임질 수 없는 제3자의 행위로 기성부분이 철거되었다면

도급인의 수급인에 대한 공사대금지급채무는 여전히 남아있다(대판 1993.3.26, 91다14116).

(ㄴ) 이행의 전부가 불능으로 된 경우이어야 한다. 따라서 급부의 전부가 불능으로 되면 위험부담의 채무자주의의 결과 채무자는 상대방의 채무이행을 청구하지 못한다(제537조). 따라서 상대방이 이미 채무를 이행한 경우에는 채무자에 부당이득이 구성되고 반환청구의 대상이 된다(제741조).

급부의 일부가 불능으로 된 경우에도 불능부분으로 인한 계약목적을 달성할 수 없는 경우에는 위험부담이 적용된다. 따라서 불능부분이 급부 전체의 가치를 잃게 하는 것이면 반대급부청구권은 소멸하고 위험부담의 문제로 된다.

다만, 임대차의 목적물의 일부가 임대인의 책임 없는 사유로 인하여 멸실한 경우 임차인은 그 멸실 부분의 비율에 응하여 차임의 감축을 청구할 수 있을 뿐이고(제627조 제1항), 또한 운송물의 전부 또는 일부가 그 성질 또는 하자로 인하여 멸실한 때에도 운송인은 운임 전부를 청구할 수 있고 위험부담의 문제로 되는 것은 아니다(상법 제134조 제1항).

(ㄷ) 쌍방의 책임 없는 사유로 인한 이행불능이어야 한다. 다만 일방의 책임 있는 사유로 인한 이행불능의 경우에도 적용되는가. 민법 제538조 제1항 전단은 「쌍방계약의 당사자 일방의 채무가 채권자의 책임 있는 사유로 이행할 수 없게 된 때에는 채무자는 상대방에 이행을 청구할 수 있다.」라고 하여 쌍방의 책임 없는 사유로 인한 불능에서와 같이 채무자의 목적물인도채무는 면책되나, 그 반대급부청구권은 소멸하지 않는 것으로 하고 있다. 즉 민법은 채권의 목적물이 당사자 어느 일방의

- (1) 변제기 전의 불능
  - 쌍방의 책임있는 사유 — 쌍방의 귀책사유 문제
  - 쌍방의 책임없는 사유 — 위험부담의 전형적인 문제(채무자주의)
  - ※ 채무자주의의 결과
    - 채무자의 채무 — 면 책
    - 채권자에 대한 대금지급청구권 — 소 멸
- (2) 변제기 후의 불능
  - 채무자지체 경우
    - 채무자의 책임없는 사유 / 채무자의 책임있는 사유 — 채무자의 책임부담
  - 채권자지체의 경우
    - 채무자의 책임있는 사유 — 채무자의 귀책사유 문제
    - 채무자의 경과실 / 쌍방의 책임없는 사유 — 채권자의 책임부담(위험부담의 전가)
  - ※ 채권자주의의 결과
    - 채무자의 급부의무 — 면 책
    - 채무자의 채권자에 대한 대금지급청구권 — 불소멸
    - 채무자가 받은 이익 — 채권자에의 반환(부당이득)

책임 있는 사유로 멸실한 경우에도 위험부담이 적용되는 형태로 규정하고 있다. 그러나 불능이 채무자에게 책임 있는 경우에는 채무는 소멸하지 않고 손해배상채무로 존속하며, 채권자의 과실이 병존하는 경우에도 과실상계의 규정이 적용되므로 위험부담의 문제는 아니다. 따라서 채권의 목적물이 채권자·채무자인 어느 일방의 책임 있는 사유로 소멸한 경우에는 당사자간의 귀책사유문제로 되고 위험부담은 적용되지 않는다.

이행불능이 계약에 미치는 영향

이행불능이란 광의로는 채무이행을 불가능케 하는 사실 전반을 말하나, 협의로는 채무자의 귀책사유로 인하여 이행이 불능으로 된 것만을 말한다.

이행불능에는 여러 가지 태양이 있으나 그 중 불능이 계약에 효력을 미치는 것으로는 특히 원시적 불능과 후발적 불능, 전부불능과 일부불능에서 문제된다.

(1) 원시적 불능의 경우

(가) 계약의 무효 불능인 법률행위로서 전부불능의 경우에는 일반적으로 법률행위 자체가 무효로 된다. 그러나 일부불능의 경우에는 계약 전체가 무효임이 원칙이나, 다만 불능인 부분이 없더라도 계약을 하였을 것이라고 인정될 때에는 나머지 부분은 무효로 되지 않는다(제137조).

(나) 계약체결상 과실 원시적 불능목적의 계약이 편무계약인 때에는 언제나 무효로 된다. 그러나 쌍무계약인 때에는 그 불능한 급부를 이행하였어야 할 자가 그 불능을 알았거나 또는 알 수 있었던 때에는 선의·무과실의 상대방에 대하여 신뢰이익의 배상책임을 진다(제535조). 그러나 매매 기타 유상계약에서 일부불능의 경우에는 민법은 특칙을 두어 담보책임을 부담하게 하고 있으므로 일부불능으로 인한 담보책임이 성립하는 경우에는 계약체결상 과실책임은 발생하지 않는다.

(2) 후발적 불능의 경우

(가) 계약의 해제 급부의 전부가 채무자의 책임 있는 사유로 이행이 불능하게 된 때, 즉 전부불능의 경우에는 채권자는 계약을 해제할 수 있고(제546조), 일부불능의 경우에는 원칙적으로 불능으로 된 부분에 관해서만 해제할 수 있다.

후발적 급부불능으로 인한 계약해제권이 행사되면 계약관계는 소급적으로 소멸하여 계약이 처음부터 존재하지 않았던 것과 같은 상태로 되며, 이로써 원상회복의무와 손해배상청구권이 발생한다(제548조 이하). 이때 손해배상의 범위는 전보배상액으로부터 해제를 한 자가 채무를 면하고 또는 급부한 것의 반환을 청구할 수 있는 것으로 인하여 얻은 이익을 공제한 잔액이 배상액으로 된다.

(나) 위험부담 쌍무계약에 있어서 일방의 채무가 채무자의 책임 없는 사유로 이행불능이 되어 소멸한 경우에 이것과 대가관계에 있는 상대방의 채무가 소멸할 것인가의 문제가 위험부담의 문제이며, 민법은 채무자주의를 채택한다(제537조). 따라서 全部不能의 경우에는 반대급부청구권이 당연 상실되고, 만일 이미 반대급부를 수령한 것이 있으면 반환해야 한다. 그러나 일부불능의 경우에는 그것이 급부 전체의 가치를 잃게 하는 것이면 반대

급부청구권이 전부 소멸하고 그렇지 않으면 그 부분에 상응하여 감축된다.

다만, 위험부담에 관한 민법규정은 임의규정이므로 당사자의 특약으로 이와 다르게 할 수 있음은 물론이다.

3. 第三者를 위한 계약

(1) 계약의 구성관계 ┌ 계약당사자 — 요약자와 낙약자
└ 수익자 — 제3자(수익의 의사표시)

(2) 출연관계 ┌ 요약자와 낙약자 — 대가관계
└ 요약자와 수익자 — 보상관계

(3) 계약의 효력 ┌ ① 요약자 · 낙약자 — 계약의 소멸 · 변경금지
│ ② 낙약자 · 수익자 — 낙약자의 계약내용 이행의무
└ ③ 요약자 · 낙약자 — 요약자의 대가관계 이행의무

(1) 第3者를 위한 契約의 의의와 사회적 작용

(가) 제3자를 위한 계약의 의의 제3자를 위한 계약이란 당사자 아닌 제3자로 하여금 직접 계약당사자 일방에 대하여 발생하는 권리를 취득하게 하는 것을 목적으로 하는 계약을 말한다. 예컨대 甲 · 乙 사이의 계약으로 甲이 乙에게 자기소유의 자동차를 이전할 채무를 지고, 乙이 그 대가로서 500만원을 직접 제3자인 丙에게 지급할 의무를 지는 경우이며, 이때 甲을 요약자, 乙을 낙약자라고 부른다.

제3자를 위한 계약은 제3자로 하여금 직접 낙약자에 대한 권리를 취득하게 하는 계약이므로, 단순히 당사자간에만 제3자에 급부할 것을 청구할 권리는 제3자를 위한 계약으로 되지 못한다. 따라서 이행인수 · 면책적 채무인수는 제3자를 위한 계약이 아니다. 그러나 병존적 채무인수를 원채무자와 인수인 사이의 계약에 의하는 경우에는 제3자를 위한 계약이라고 할 수 있다.

(나) 제3자를 위한 계약의 사회적 작용 제3자를 위한 계약은 급부절차를 간편히 할뿐만 아니라 수익자를 미리 확정하여 둠으로써 법률관계를 명확히 하는 기능을 가진다. 다시 말하여 제3자를 위한 계약은 요약자가 낙약자로부터 급부를 받아 다시 이를 수익자에게 급부한다는 번거러움을 제거하는 기능을 가질 뿐만 아니라, 생명보험에서와 같이 급부의무가 요약자의 사망 후에 발생하는 경우 그에 대한 수익자의 권리를 미리 확정해 둠으로써 법률관계를 명확히 한다.

(2) 第3者를 위한 契約의 법률적 성질

제3자를 위한 계약은 통상계약에서와는 달리 당사자 이외의 제3자에 효력이 발생

하는 점에서 그 법률적 성질이 문제된다.

다수설은 제3자를 위한 계약은 특히 그 효력이 계약 당사자 외에 제3자에 직접 귀속한다는 점에서 대리행위와 유사하나, 대리는 본인의 의사와 관계없이 귀속하는 점에서 양자를 구별하고 직접취득설을 취한다. 따라서 제3자를 위한 계약은 당사자간의 계약 그 자체에 기하여 제3자에 직접 권리취득의 효과가 주어지는 점을 제외하고는 통상의 계약과 구별할 것은 아니다.

⑶ 第三者를 위한 契約의 성립과 출연관계

(가) 제3자를 위한 계약의 성립범위　제3자를 위한 채권계약은 원칙적으로 성립한다. 그러나 제3자를 위한 계약이 광의의 계약에도 성립하는가. 문제된다.

(ㄱ) 신분상 계약에는 성질상 제3자를 위한 계약은 성립하지 못한다. 다만 물권계약과 준물권계약에는 제3자를 위한 계약이 성립하는가. 다수설은 제3자에게 직접 물권을 취득케 하는 약정도 가능한 것이라고 하고, 판례 또한 청약자가 제3자에 대하여 가지는 채권에 관하여 채무의 면제를 하는 계약도 제3자를 위한 계약에 준하는 것으로써 이에 의하여 채무면제의 효력이 생기는 것이라고 한다.[29]

(ㄴ) 제3자에 일정한 의무를 부담케 하는 내용의 계약을 제3자를 위한 계약으로 성립할 수 있는가. 법률의 규정이 있는 경우를 제외하고는 누구도 자기의 의사에 의하지 아니하고는 의무를 부담할 것은 아니란 점에서 이를 부정하나 다만 제3자의 동의가 있는 경우에는 성립할 수 있는 것이라고 한다.[30]

(나) 제3자를 위한 계약의 성립요건　제3자를 위한 계약이 성립하기 위해서는 다음의 요건을 갖추어야 한다.

(ㄱ) 요약자와 낙약자간의 계약 : 요약자와 낙약자 사이에 유효한 계약이 성립하여야 하며, 제3자에의 권리취득이 성립의 절대적 요건이다.

제3자를 위한 계약의 당사자는 요약자와 낙약자이며, 수익자(제3자)는 당사자가 아니다. 또한 제3자로 하여금 권리를 취득하게 하려는 약관을 수반한다는 것 외에는 통상인 계약과 다름이 없다.

(ㄴ) 제3자권리취득의 의사표시 : 제3자에게 직접 권리를 취득하게 하는 의사표시가 있어야 한다.

(a) 제3자를 위한 계약은 제3자로 하여금 급부청구권, 즉 채권을 취득하게 하는 계약이다. 그러나 채권 이외의 권리, 특히 물권을 직접 제3자에게 취득시키려는 물

29) 대판 1980.9.24, 78다790.
30) 곽윤직 112면.

권계약이나 준물권계약도 무방하다.

(b) 권리취득의 제3자란 계약당사자 이외의 자를 의미하며, 자연인·법인을 묻지 않는다. 또한 제3자는 계약성립 당시 현존함을 요하지 않고 특정할 수 있는 자이면 된다. 그러므로 胎兒나 아직 성립하지 않은 法人 등을 위한 계약도 유효하다. 그러나 계약이 효력을 발생하여 그 효과가 제3자에게 귀속되려면 제3자는 특정되고 또한 권리능력을 가져야 한다.

(다) 제3자를 위한 계약의 출연관계　제3자를 위한 계약을 체결하여 낙약자가 제3자에 대하여 채무를 부담한다는 경제적 출연의 원인에는 보통 다음과 같은 관계가 존재한다.

(ㄱ) 보상관계 : 낙약자가 제3자에게 급부함으로써 입은 재산상 출연은 요약자와의 원인관계에 의하여 보상된다. 이때 낙약자·요약자 사이의 원인관계를 보상관계라고 하고 계약의 내용을 이룬다. 따라서 보상관계의 흠결이나 하자는 계약의 효력에 영향을 미치며, 낙약자는 이로부터 발생하는 권리(항변권)로 제3자에게 대항할 수 있다.

(ㄴ) 대가관계 : 요약자와 제3자 사이의 원인관계를 대가관계라고 한다. 대가관계는 제3자를 위한 계약 자체와는 전혀 무관하므로 그 흠결이나 하자 등은 계약의 효력에 영향을 미치지 않는다. 따라서 낙약자는 대가관계에 기한 권리(항변권)로 제3자에 대항하지 못한다.

(4) 第三者를 위한 契約의 효력

(가) 제3자의 지위　제3자를 위한 계약이 성립한 경우 제3자는 수익의 의사표시를 함으로써 낙약자에 대하여 직접 권리를 취득한다(제539조).

(ㄱ) 수익의 의사표시전의 지위 : 제3자의 권리는 제3자가 낙약자에 대하여 수익의 의사표시를 한 때에 발생한다(제539조 제2항). 따라서 수익의 의사표시 전의 제3자는 권리취득적 지위를 가지는데 불과하다.

(a) 수익자의 수익의 의사표시는 원칙적으로 존재하여야 하고 제3자의 권리취득의 요건이다. 이때 제3자에 취득되는 권리는 제3자에게 사실상 이익을 주는데 그치지 않고 직접 권리를 취득케 하는 것이라야 한다.

다만, 수익의 의사표시는 권리발생의 절대적 요건인가. 법률에 특별한 규정이 있는 경우, 예컨대 보험계약(상법 제639조), 신탁계약(신탁법 제51조), 운송계약(운송법 제140조)을 제외하고는 아무리 이익을 주는 행위라고 할지라도 수익자의 의사에 반하여 강요할 수 없으므로 수익자의 수익의 의사를 요한다고 해석함이 타당하다. 그러나 요약자와 낙약자간의 특약에 의한 수익의 의사 없는 제3자에의 권리취득이 가능함은 물론이다.

(b) 제3자의 수익의 의사표시는 낙약자에 대한 일방적 의사표시이며, 명시·묵시에 불문하나 채무자, 즉 낙약자에 대한 의사로 하여야 한다(제539조 제2항). 판례는 제3자가 낙약자에 대하여 이행을 청구하거나 이행의 소를 제기한 경우에는 수익의 의사표시가 있는 것으로 본다.31)

(c) 제3자는 수익의 의사표시에 의하여 계약상 권리를 취득하므로 이때 수익의 의사표시는 일종의 형성권으로 재산적 색채가 강하다. 그러므로 이를 상속·양도할 수 있음은 물론이고, 채권자대위권의 목적으로 할 수 있다.

(d) 수익의 의사표시는 계약에서 특별히 정한 바가 없으면 10년의 제척기간에 걸린다.

(ㄴ) 수익의 의사표시후의 지위 : 제3자를 위한 계약에서 수익자는 수익의 의사표시로서 수익자의 지위를 가진다. 따라서 낙약자는 제3자의 수익의 의사표시를 한 때로부터 채무이행의무를 부담하며 제3자 수익권의 범위에서 계약은 구속된다. 그러므로 계약당사자는 그 계약의 내용을 임의로 변경 또는 소멸케 하지 못한다(제541조). 다만 제3자의 권리에 대하여 채무를 부담하는 자(낙약자)는 이 권리를 발생시킬 계약에 기인하는 항변은 물론이고, 인적 항변도 가능하다(제542조).

[판례] 제3자를 위한 계약에 있어서 제3자가 민법 제539조 제2항에 따라 수익의 의사표시를 함으로써 제3자에게 권리가 확정적으로 귀속된 경우에는 요약자와 낙약자의 합의에 의하여 제3자의 권리를 변경·소멸시킬 수 있음을 미리 유보하였거나 제3자의 동의가 있는 경우가 아니면 계약의 당사자인 요약자와 낙약자는 제3자의 권리를 변경·소멸시키지 못하고, 만일 계약의 당사자가 제3자의 권리를 임의로 변경·소멸시키는 행위를 한 경우 이는 제3자에 대하여 효력이 없다(대판 2002.1.25, 2001다30285).

(a) 제3자가 취득하는 권리의 구체적 내용은 요약자와 낙약자간의 계약에 의하여 정하여진다.

수익의 의사표시에 의하여 취득되는 권리는 조건·기한부 권리라도 무방하며, 부담부권리도 가능하다.

(b) 제3자는 계약당사자가 아니므로 해제권·해지권을 갖지 못하며 요약자의 무능력, 낙약자의 사기·강박 등을 이유로 하는 취소권도 행사할 수 없다.

또한, 법률행위 상대방의 선의·악의나 과실의 유무 등은 오로지 요약자에 관하여 고려되어야 하며, 의사의 흠결, 사기·강박 등도 요약자와 낙약자에 관하여만 문제되어야 한다. 따라서 第三者(수익자)가 낙약자를 기망·강박한 경우에는 제3자의 사기·강박(제110조 제2항)으로 보아 요약자가 악의인 경우에만 낙약자는 취소할 수

31) 대판 1972.8.29, 72다1208.

있다고 본다. 다만 제108조 내지 110조 및 제548조 제1항 단서에서와 같은 제3자 보호규정에서는 계약당사자와 마찬가지로 다루어진다.

(나) 요약자의 지위 요약자는 낙약자에 대하여 계약당사자로서 지위를 가진다.

(ㄱ) 요약자는 낙약자에 대하여 第三者에의 채무이행을 청구할 권리를 가진다. 이 경우 낙약자에게 청구할 수 있는 요약자의 권리와 제3자의 권리는 오로지 계약의 내용에 따라 결정된다. 그러나 수익의 의사표시 후에도 요약자와 수익자간의 연대채권은 성립하지 않는다.

(a) 요약자는 낙약자의 수익자에 대한 이행을 청구할 수 있고 그 채무불이행에 따른 손해배상을 청구할 수 있으나 요약자 자신에 대한 직접 청구는 불가능하다.

(b) 요약자와 제3자 사이의 원인관계, 즉 대가관계는 제3자를 위한 계약의 내용이 아니므로 비록 이들 간의 관계가 결여되어도 계약은 유효하게 성립하고, 제3자는 낙약자에 대하여 직접 권리를 취득한다. 따라서 이러한 경우 제3자가 계약상 취득한 이득은 요약자에 대한 관계에서 부당이득이 되며, 제3자는 이를 반환하여야 한다.

(ㄴ) 요약자는 계약당사자로서 단독해제권이 인정되는가. 즉 제3자가 수익의 의사표시를 한 후에는 요약자는 임의로 해약하지 못하지만, 다만 낙약자가 의무를 이행하지 아니하는 경우에는 이를 단독으로 해제할 수 있는가. 다수설은 요약자가 제3자에 권리를 취득시키려면 자신도 낙약자에 채무를 부담하는 것이 보통이므로 낙약자의 채무불이행이 있는 경우 계약을 해제하여 채무를 면하려는 것을 금할 이유가 없는 것이라고 보며,[32] 판례 또한 제3자를 위한 유상・쌍무계약의 경우 특별한 사정이 없는 한 낙약자의 귀책사유로 인한 이행불능 또는 이행지체가 있는 때에는 제3자의 동의 없이 계약당사자로서 계약을 해제할 수 있는 것이라고 한다.[33]

(다) 낙약자의 지위 낙약자는 요약자와 더불어 계약당사자이며, 그 계약에서 발생하는 채무를 제3자에게 이행할 의무를 진다. 그러나 이때 낙약자가 부담하는 채무는 모두 요약자와의 보상관계에 바탕을 두는 것이므로 요약자의 보상관계의 결여로 낙약자에게 생긴 항변은 이로써 제3자에게 대항할 수 있다(제542조).

채무자인 낙약자는 제3자에게 상당한 기간을 정하여 수익의 의사 여부의 확답을 최고할 수 있고, 그 기간 내 확답을 받지 못한 때에는 제3자가 계약상 이익을 거절한 것으로 본다(제540조).

---

32) 곽윤직 120면.
33) 대판 1970.2.24, 69다1410・1411.

제 4. 契約의 解除·解止

1. 契約의 解除

(1) 解除의 意義와 적용범위

(가) 해제의 의의　해제란 유효하게 성립하고 발생한 계약의 효력을 당사자의 일방적 의사표시에 의하여 소급적으로 소멸시킴으로써 당사자 사이에 처음부터 계약이 존재하지 않았던 것과 동일한 효과를 생기게 하는 것을 말한다.

(ㄱ) 해제는 유효하게 성립한 계약을 소급적으로 소멸시키는 당사자 일방의 의사표시로서 이때 계약을 소멸시키는 권리를 해제권이라고 한다.

(ㄴ) 해제는 해제권자의 일방적 의사표시에 의하여 계약의 효력을 소급적으로 해소시키는 점에서 取消와 유사하고 解止와 구별된다.

해제(解除)는 계약에 관한 것이지만 取消는 법률행위 일반에 관한 것인 점에서, 해제의 효과는 소급적이지만, 解止는 장래에 향하여 효력이 소멸하는 점에서 각각 구별된다.

또한, 해제는 해제권에 의하여 해제의 의사표시를 함으로 효력이 발생하나, 해제조건은 조건이 된 사실의 발생에 의하여 당연히 해제의 효력이 발생하는 것과 다르다.

다만, 실권약관은 자동적 계약해제를 내용으로 하는 일종의 해제조건이지만 일종의 해제권유보조항으로 보는 판례에 따르면 해제와 유사하다(대판 1982.4.27, 80다851).

(나) 해제의 적용범위와 민법태도

(ㄱ) 해제의 적용범위 : 해제에 관한 민법규정은 채권계약 전반에 적용되고 주로 쌍무계약에 적용된다. 따라서 약정해제가 광의의 계약(물권계약, 준물권계약)에 적용되는 것과 달리 법정해제는 채권계약에만 적용되고, 쌍무계약에 적용된다.

(a) 신분상 계약에 법정해제는 적용되지 않는다. 다만 물권계약과 준물권계약에도 법정해제가 적용되는가. 소수설은 준물권계약에는 준용할 것이라고 하나, 다수설은 물권행위와 준물권행위에는 이행의 문제가 없다는 점에서 부정한다.

(b) 약정해제는 편무계약에도 적용되나 법정해제는 편무계약에도 적용되는가. 다수설·판례는 민법 제555조가 편무계약인 증여계약의 해제를 규정(제544조 참조)한 점에 비추어 긍정한다.

민법은 건물 기타 토지 공작물의 도급계약에서 그 완성된 부분의 하자로 계약의 목적을 달할 수 없는 경우에도 도급인의 해제권 행사가 제한하였다(제668조 후단). 그러나 개정민법(안)은 이를 삭제하였다.

(ㄴ) 해제에 관한 민법태도 : 해제제도에 관하여는 입법례가 일치하지 않는다. 로마법은 Pacta Sunt Senvanda 원칙상 계약준수를 요구하므로 해제개념을 부인한

다. 그러나 프랑스민법은 일반적 법정해제권을 확립하고 채권자에 계약이행청구 또는 재판상 해제권을 인정한다. 그러나 우리 민법은 법정해제에 관한 일반적 규정을 두면서 해제와 해지를 엄격히 구별하여 계속적 계약에서는 해제를, 일시적 계약에서는 해지를 규정한다.

또한, 해제권의 행사에는 특별한 방식을 요하지 아니하고 재판상 또는 재판 외에 행사를 불문할 뿐만 아니라, 계약해제의 효과로서 원상회복의무와 손해배상청구권을 규정한다.

(2) 解除權의 발생

(1) 약정해제권의 발생 — 당사자 약정에 의한 발생(광의의 계약에 적용)
(2) 법정해제권의 발생 ┌ 채무불이행에 의한 발생
 ┌ 이행지체 · 이행불능 · 불완전이행으로 인한 발생
 └ 채권자지체로 인한 발생(통설)
└ 사정변경에 의한 발생(판례부정)

(가) 약정해제권의 발생　당사자는 계약에 의하여 해제권을 발생시킬 수 있다. 즉 당사자간의 계약에 의하여 해제권을 약정한 때에는 그 사유의 발생으로 해제권이 발생한다(제531조 제1항). 따라서 약정해제권은 계약체결과 동시 또는 성립 전 · 후를 불문하고 당사자의 일방 또는 쌍방을 위하여 해제권을 부담시킬 수 있고 계약금계약과 환매권의 유보는 그 전형적인 예이다.

다만, 약정해제권은 계약의 이행 후에도 유보할 수 있는가. 계약자유의 원칙상 부정할 것은 아니다.

(ㄱ) 약정해제는 합의해제와 구별된다. 판례는 합의해제 또는 해제계약은 해제권의 유무에 불구하고 계약당사자 쌍방이 합의에 의하여 기존 계약의 효력을 소멸시켜 당초부터 계약이 체결되지 않았던 것과 같은 상태로 복귀시킬 것을 내용으로 하는 새로운 계약으로서 그 효력은 그 합의 내용에 의하여 결정되고 여기에는 해제에 관한 민법 제548조 제2항의 규정은 적용되지 않는다.[34)]

(ㄴ) 약정해제권은 채권계약에는 물론 물권계약 · 준물권계약 및 가족법상 계약에도 적용되며, 그 행사방법이나 효과에 관하여 당사자 사이에 특약이 있으면 이에 따라야 함은 물론이지만, 특약이 없는 경우에는 법정해제권의 행사방법 · 효과 및 소멸에 관한 규정이 적용된다.

(나) 법정해제권의 발생　법정해제권은 법률의 규정에 의하여 발생하고 계약일

34) 대판 1996.7.30, 95다6011 ; 1993.5.25, 92다28058.

반에 공통하는 것이지만 각종 계약에 특수한 것도 없지 않다. 그러나 통상 법정해제권이란 채무불이행을 원인으로 한 계약일반의 해제권을 의미한다.

민법은 채무불이행으로 인한 법정해제권의 발생에 관하여 통일적 규정을 두지 아니하고 이행지체로 인한 해제(제544조)와 이행불능으로 인한 해제(제546조)를 각각 규정한다. 그러나 개정 민법(안)은 채무불이행에 관한 통일적 일반규정을 마련하여 민법상 법정해제권의 발생은 채무자의 귀책사유로 인한 채무불이행에 의하도록 한다.

그리하여 개정 민법(안) 제544조의 2 제1항은 "채무자가 채무내용을 이행하지 아니한 때에는 채권자는 상당한 기간을 정하여 그 이행을 최고하고 그 기간 내 이행하지 아니한 때에는 계약을 해제할 수 있다. 그러나 채무자의 고의·과실 없이 그 이행이 이루어지지 아니하는 때에는 그러지 아니하다."라고 하여 채무불이행으로 인한 법정해제권의 일반규정으로 규정한다.

(ㄱ) 채무내용에 좇은 이행을 하지 아니한 때 : 채무자의 고의·과실로 채무이행기에 채무내용에 좇은 이행을 하지 아니한 때에는 계약을 해제할 수 있다. 여기서 「채무내용에 좇은 이행을 하지 아니한 때」란 이행지체로 인한 경우와 이행불능으로 인한 경우를 포함한다.

(a) 채무자가 채무이행기에 채무이행을 할 수 있음에도 채무자의 고의 과실로 채무이행을 하지 아니하는 때에는 물론 채무자의 책임 있는 사유로 전부 또는 일부의 이행이 불능하게 된 때에도 계약을 해제할 수 있다. 따라서 채권자는 이행지체로 인한 때에는 본래이행을 청구하고 그 기간 내 이행이 없는 때에는 계약을 해제할 수 있게 되나, 이행불능의 경우에는 해제권발생 후 채권자가 본래급부를 청구한다든가 채무자가 급부하여 해제권을 소멸시키지 못한다.

또한, 채무의 일부가 이행불능인 때에도 나머지 부분만으로 계약의 목적을 달할 수 없을 때에는 계약을 해제할 수 있다. 그러나 유동적 무효인 상태에서는 계약해제권은 행사하지 못한다.[35]

(b) 최고는 해제권의 행사요건이며, 최고의 방식에는 특별한 제한이 없다. 그러나 최고권의 행사는 이행지체가 있는 때로부터 그 이행의 장소와 상당한 기간을 정하여 행사하여야 한다. 여기서 상당한 기간이란 채무자가 이행기 이후 이행의 준비 또는 급부완료에 필요한 기간이라고 보며 이행하기 위하여 요구되는 기간을 의미하지 않는다. 또한 그 상당한 기간은 채무의 성질 기타 객관적 사정에 의하여 정하여지고 채무자의 주관적 사정은 고려되지 않는다.

35) 대판 1997.7.25, 97다4357.

이와 같이 계약해제권의 발생요건으로서 최고는 이행지체가 된 때로부터 상당한 기간을 가진 최고이어야 하나 이들의 요건을 결한 최고도 유효한 최고로 되는가. 학설은 일치하여 이행지체는 해제권의 발생요건이나 최고의 요건은 아니란 점에서 무효라고 할 것은 아니라고 한다. 판례 또한 그 이행의 장소나 최고의 유예기간을 지정하지 아니한 최고라고 하더라도 무효라고 할 것은 아니며, 특히 통상의 기간보다 짧게 한 최고는 상당기간이 경과하므로 최고의 효력이 발생할 것이라고 한다.[36] 그러나 채권자가 이행의 장소를 지정한 경우에는 그 장소로 하여야 하고 최고 중 명시된 장소가 계약상 장소와 다른 때에는 최고의 효력이 없는 것이라고 한다.[37]

또한, 최고에는 이행하여야 할 채무내용을 표시하여야 하지만 최고와 의무내용이 일치하지 않은 최고의 경우에도 유효한 최고로 되는가.

과다최고의 경우에는 원칙적으로 부적합한 최고라고 보아야 하지만,[38] 양적 차이가 비교적 적다거나 과다하게 최고한 진의가 본래 급부하여야 할 수량을 청구한 것이라면 그 최고는 본래 급부하여야 할 수량의 범위 내에서 유효하다.[39] 그러나 과소최고의 경우에는 원칙적으로 최고한 범위에서 효력이 생긴다. 따라서 그 해제권의 행사는 수량이 아주 근소하여 채권자가 전부의 이행을 최고를 의미하는 것으로 인정될 경우를 제외하고는 원칙적으로 최고에 표시된 범위에서 가진다.

- 과대최고의 경우
  - 급부량이 특정된 때 — 동일성이 식별될 수 있는 경우 유효
  - 급부량이 특정되지 아니한 때 — 객관적 과대최고는 무효
- 과소최고의 경우 — 최고에 의해 표시된 범위에서 유효

(c) 해제권의 행사에는 최고를 요하나, 채무이행이 불가능하게 된 때, 채무가 이행되지 아니할 것이 명백하게 예견되는 때 또는 계약의 상질 또는 당사자의 의사표시에 의하여 일정한 시일 또는 일정한 기간 내 이행하지 아니하면 계약의 목적을 달성할 수 없을 경우에 채무자가 그 시기에 이행하지 아니한 때에는 최고를 요하지 아니한다. 그리하여 개정 민법(안)은 이를 명문으로 규정한다(신설안 제544조의 2 제1항 1호 내지 3호)

현행 민법 하에서는 「채무자가 미리 이행하지 아니할 의사를 표시한 경우」에도 최고를 요하는가에 견해가 대립하였다 그리하여 개정 민법(안)은 채무가 이행되지 아니할 것이 명백하게 예견되는 때에도 최고 없이 해제할 수 있게 함으로써 상대방이 채무를 이행하지 아니할 의사를 명백히 표시한 경우에는 물론이고, 채무자가 이

36) 대판 2002.4.26, 2000다50497; 1965.3.30, 64다1224.
37) 대판 1993.5.25, 92다49430.
38) 대판 1994.5.10, 93다47615; 1990.6.26, 89다카34022.
39) 대판 1994.5.10, 93다47615; 1988.12.13, 87다카3147.

행하지 아니할 의사를 표시하지 않았더라도 이행할 의사가 없음이 명백한 경우에도 최고를 요하지 않는 것으로 하였다. 그러나 이행거절의 의사표시가 적법하게 철회된 경우에는 상대방으로서는 자기채무의 이행을 제공하고 상당한 기간을 정하여 이행을 최고한 후가 아니면 해제하지 못한다.[40)]

다만, 채무가 이행되지 아니할 것이 명백하게 예견되는 때 채권자는 이행기 전이라도 계약을 해제할 수 있는가. 판례는 계약상 채무자가 계약을 이행하지 아니할 의사를 명백히 표시한 경우에 채권자는 신의성실의 원칙상 이행기 전이라도 이행의 최고 없이 채무자의 이행거절을 이유로 계약을 해제할 수 있고, 채무자가 계약을 이행하지 아니할 의사를 명백히 표시하였는지 여부는 계약 이행에 관한 당사자의 행동과 계약 전후의 구체적인 사정 등을 종합적으로 살펴서 판단하여야 할 것이라고 한다.[41)] 따라서 이와 같은 판례에 따르면 이행기 전이라도 채권자는 해제할 수 있고 그 손해배상청구권에 영향을 미치지 아니할 것이라고 본다.

또한, 채무자가 이행기에 한번 이행을 제공하여 상대방이 지체에 빠진 경우에도 최고하여야 하는가. 판례는 쌍무계약의 일방 당사자가 이행기에 한번 이행제공을 하여 상대방을 이행지체에 빠지게 한 경우, 신의성실의 원칙상 이행을 최고 하는 일방 당사자로서는 그 채무이행의 제공을 계속할 필요는 없다고 하더라도 상대방이 최고기간 내에 이행 또는 이행제공을 하면 계약해제권은 소멸되므로 상대방의 이행을 수령하고 자신의 채무를 이행할 수 있는 정도의 준비가 되어 있으면 족한 것이라고 한다.[42)]

(d) 최고로 인한 해제권은 원칙적으로 최고기간의 만료로 발생한다. 그러나 채무자가 미리 또는 최고기간 내에 불이행의 의사를 표시한 때에는 기간의 경과를 요하지 않고 발생하며, 또한 해제권이 발생한 후라도 해제권의 행사 전에 채무자가 채무내용에 좇는 이행을 하거나 해제권을 포기하므로 소멸한다.

(ㄴ) 불완전이행으로 인한 해제권의 발생 : 불완전이행으로 인한 해제권이 발생하는가. 민법은 정면으로 규정하고 있지 않지만 민법 제544조의 2 제1항이 「채무내용에 좇은 이행이 이루어지지 아니한 때」라고 함으로써 부정할 것은 아니다.

불완전이행으로 인한 해제권이 발생하기 위해서는 채무자의 완전이행이 불가능한 경우이어야 한다. 즉 완전이행이 가능한 경우에는 이행지체에 준하여 채권자가 상당한 기간을 정하여 이행을 최고하고 그 기간 내 완전한 이행이 없는 때 해제권이

40) 대판 2003.2.26, 2000다40995.
41) 대판 2005.8.19, 2004다53173.
42) 대판 1996.11.26, 96다35590 · 35606.

발생한다. 그러나 완전이행이 불가능한 경우에는 이행불능에 준하여 최고 없이 곧 해제할 수 있다.

다만, 物件의 급부를 목적으로 하는 경우에는 불완전이행으로 인한 채무불이행은 발생하지 않고 하자담보책임에 따라 결정된다. 즉 특정물의 급부를 목적으로 하는 경우에는 목적물에 하자가 있더라도 불완전이행은 인정할 여지는 없고 그로 인한 손해가 확대된 경우에만 불완전이행의 문제가 생긴다. 또한 불특정물의 급부에 관하여도 채무불이행문제는 발생하지 않고 역시 담보책임의 규정에 따라 해제권의 행사 여부가 결정된다.

(ㄷ) 수령지체로 인한 해제권의 발생 : 채권자의 수령지체로 해제권이 발생하는가. 수령지체의 본질론에 따라 달리한다. 즉 법정책임설에 의하면 채권자는 채무불이행의 문제는 발생하지 않고 민법 제401조(채무자의 책임경감)와 제403조(채권자의 비용부담)의 책임만 부담하므로 해제권은 발생하지 않지만, 채무불이행책임설에 의하면 민법 제401조와 제403조의 책임 외에 채무불이행책임도 부담하므로 해제권이 발생할 여지가 있게 된다.

다수설은 채권자에게 수령의무를 인정하고 수령지체를 일종의 채무불이행이라고 한다. 따라서 채무불이행책임설에 의하면 채무자는 상당한 기간을 정하여 수령을 최고하여 해제할 수 있게 된다.

(ㄹ) 사정변경으로 인한 해제권의 발생 : 계약성립에 기초된 사정이 후일 당사자가 예견하지 못한 또는 예견할 수 없었던 사정으로 계약내용에 중대한 변경을 받게 되고, 이로 인하여 당초 정하여진 행위의 효과를 그대로 유지하거나 강제한다면 심히 부당한 결과를 가져오는 경우의 계약해제권을 의미한다.[43]

(a) 계약내용의 사정변경으로 계약을 해제할 수 있는가. 다수설은 사정변경칙이 민법 제2조의 신의칙에 바탕한 분칙(파생의 원칙 또는 변경적 효력)이라는 점을 들어 해제권발생을 긍정한다. 그러나 유력한 부정설은 사정변경의 원칙을 민법의 일반원칙으로의 해제권행사를 부정하고 만약 예견치 못한 사회적·경제적 격변으로 기존 계약관계의 불균형이 극심하게 될 경우에는 특별법의 제정으로 특정된 계약유형에서만 인정하여야 할 것이라고 한다.

또한, 우리나라 학설이 도입하고 있는 독일의 행위기초이론은 해제권의 근거로 되는 것이 아니라 주관적 행위기초문제는 착오이론으로 객관적 행위기초문제는 이

43) 우리나라 사정변경이론의 기초가 된 독일의 행위기초이론, 프랑스의 불예견론, 영미의 계약목적 불달성이론에서는 그러한 사정변경으로 계약의 구속력을 유지시키는 것이 부당하다고 판단되는 경우에는 계약의 구속력을 부정하거나 계약관계를 해소시킨다는데 근거한다.

행불능의 문제로 해결할 것이라고 하고,[44] 판례 또한 구민법시행 당시 이래 채권을 발생시키는 법률행위성립 후 당시 환경이 된 사정에 당사자 쌍방이 예견하지 못하고 또한 예견할 수 없었던 변경이 발생한 결과 본래급부가 신의형평의 원칙상 당사자에 현저히 부당하게 될 경우 당사자는 신의형평이 요구하는 바에 따라 그 급부내용을 적당히 변경할 것을 상대방에 제의할 수 있고 상대방이 이를 거절할 때에는 계약을 해제할 수 있다는 규범인 소위 사정변경의 원칙은 민법상 용납되지 않는 것이라고 판시한 이래 이 원칙을 고수하여 사정변경에 관한 해제권발생의 일반적 적용을 배척한다.[45] 그러면서도 최근의 판례는 계속적 계약에 관하여는 해제권을 인정한다.[46] 그리하여 개정 민법(안) 제544조의 4는 "당사자가 계약 당시 예견할 수 없었던 현저한 사정변경으로 인하여 계약을 유지하는 것이 명백히 부당한 때에는 그 당사자는 변경된 사정에 따른 계약의 수정을 요구할 수 있고, 상당기간 내 계약의 수정에 관한 합의가 이루어지지 아니한 때에는 계약을 해지 또는 해지할 수 있다."라고 하여 계약해제권을 규정한다.

(b) 사정변경으로 인한 해제권을 행사하기 위해서는 계약의 성립 후 당사자가 예견하지 못한 또는 예견할 수 없었던 현저한 사정변경으로 인하여 계약을 유지하는 것이 명백히 부당한 경우이어야 하고, 또한 사정변경으로 당사자는 변경된 사정에 따른 계약의 수정을 요구할 수 있고, 상당기간 내 계약의 수정에 관한 합의가 이루어지지 아니한 때이어야 한다.

다만, 사정변경으로 당사자는 계약의 변경을 요구하여야 하는가. 개정법은 이를 규정하고 있으나 임의적 규정에 불과하고, 현저한 사정변경으로 계약을 유지하는 것이 명백히 부당한 이상 이를 필요적 요건으로 할 것은 아니다.

(c) 사정변경의 발생으로 곧 해제권이 발생하고 원칙적으로 최고를 요하지 않는다. 왜냐하면 이행을 강제하는 것이 신의칙에 반하는 경우이기 때문이다.

(d) 사정변경으로 인한 해제권의 행사로 법정해제와 동일한 효과가 발생하나 손해배상의무는 발생하지 않는다.

(다) 부수의무불이행과 해제권발생 채무자는 계약당사자로서 계약에서 생기는 수종의 채무를 부담하게 되고 그 모든 채무를 이행하지 않는 한 채무내용에 좇은 이행이라고 할 수 없다. 즉 완전이행이 아니면 그 채무내용의 이행이라고 볼 수 없다. 그렇다면 이 경우 그 부수적 의무의 불이행으로 계약을 해제할 수 있는가. 견

44) 이영준, 사정변경의원칙에관한연구, 사법논집 제5집(1974) 106면.
45) 대판 1955.4.14, 4286민상231; 1974.4.30, 73다1465; 1963.9.12, 63다452.
46) 대판 1992.5.26, 92다2332; 1990.2.27, 89다카1381.

해가 대립한다.

부정설은 민법 제544조의 해제가 허용되는 채무불이행은 계약목적 달성에 필요불가결한 채무불이행에 한정되는 것이라고 한다.

한정적긍정설은 원칙적으로 부정되나 부수의무위반으로 목적달성 불능의 경우에는 해제권이 발생한다고 한다.

다수설은 민법이 해제권의 발생에 일반적 채무불이행의 경우로 하지 않고, 이행지체와 이행불능의 경우에 규정하고 있는 점에서 불완전하지만 일단 채무를 이행한 경우 해제권을 부여함은 해석상 불가능한 것이라고 한다.

또한, 최근의 판례도 계약상 의무 가운데 주된 채무와 부수적 채무를 구별함에 있어서는 급부의 독립된 가치와는 관계없이 계약을 체결할 때 표명되었거나 그 당시 상황으로 보아 분명하게 객관적으로 나타난 당사자의 합리적 의사에 의하여 결정하되 계약의 내용·목적·불이행의 결과 등의 여러 사정을 고려하여 판단하여야 하고, 채무불이행을 이유로 매매계약을 해제하려면 당해 채무가 매매계약의 목적달성에 있어 필요불가결하고 이를 이행하지 아니하면 매매계약의 목적이 달성되지 아니하여 매도인이 매매계약을 체결하지 아니하였을 것이라고 여겨질 정도의 주된 채무이어야 하고, 그렇지 않은 부수적 채무를 불이행한 데 지나지 아니한 경우에는 매매계약 전부를 해제할 수 없는 것이라고 하여 해제권의 발생을 부정한다.[47)]

그리하여 판례는 매매계약시 향후 작성할 검인계약서상 매매대금을 실제 대금과는 달리 매매대상 부동산의 과세표준액으로 작성하기로 약정하였으나 매수인이 이를 이행하지 않은 경우 검인계약서상 매매대금에 관한 약정부분은 조세회피 등의 의도에서 매도인의 편의를 보아 준다는 것일 뿐 매매계약의 주된 목적을 달성하는 데 필수불가결한 것은 아니라고 할 것이므로 위 매매계약에 부수되는 의무를 규정한 것에 불과한 것이어서 그 불이행에 의하여 매매계약의 목적을 달성할 수 없게 되는 등의 특별한 사정이 없는 한 그 불이행만을 들어 매도인이 매매계약을 해제할 수 없는 것이라고 하였다.[48)]

(3) 解除權의 행사와 解除의 법적 구성

(가) 해제권의 행사 해제권의 행사는 해제권자의 자유이다. 따라서 해제권자는 해제권을 행사하지 않고 본래 채무이행을 강제할 수도 있다.

(ㄱ) 해제권의 행사방법 : 해제권행사의 상대방은 계약당사자인 상대방 또는 그

47) 대판 2001.11.13, 2001다20394·20400; 1994.12.22, 93다12766; 1992.6.23, 92다7795; 대결 1997.4.7, 97마575.

48) 대판 1992.6.23, 92다7795.

법률상 지위를 승계한 자이며, 약정 및 법정해제권을 불문하고 상대방에 대한 의사표시로 하여야 한다.

(a) 해제의 의사표시 방식에는 아무런 제한이 없다. 다만 약정해제권에 관하여는 당사자가 그 행사방식을 정하고 있는 때에는 이에 따라야 한다.

또한, 해제의 의사표시에는 條件이나 期限을 붙일 수 없다. 그러나 조건과 기한을 붙인 경우에도 상대방의 지위를 불이익하게 하지 않는 경우, 예컨대 최고와 동시 최고기간 내 이행하지 아니하면 다시 해제의 의사표시 없이 해제된다고 한 최고는 불이행을 정지조건으로 한 해제의 의사표시이지만 유효한 것이라고 한다.[49]

(b) 법정해제권은 채권자에만 인정된다. 그러나 약정해제권은 대체로 일방 또는 쌍방을 위하여 행사되는 것과 구별된다.

(c) 계약상 목적물이 압류・가압류된 경우에도 해제할 수 있는가. 판례는 소유권이전등기청구권의 가압류나 압류가 행하여지면 제3채무자로서는 채무자에게 등기이전행위를 하여서는 아니 되고, 그와 같은 행위로 채권자에게 대항할 수 없다 할 것이나, 가압류나 압류에 의하여 그 채권의 발생원인인 법률관계에 대한 채무자와 제3채무자의 처분까지도 구속되는 것은 아니므로 기본적 계약관계인 매매계약 자체를 해제할 수 있는 것이라고 한다.[50]

(ㄴ) 해제권의 不可分性 : 계약당사자 일방 또는 쌍방이 수인인 경우 해제권의 행사는 각각 그 전원으로부터 또는 그 전원에 대한 의사로 하여야 한다(제547조 제1항). 이것을 해제권행사의 불가분성이라고 하고, 수인의 계약관계에서 발생하는 법률관계를 간결・신속히 하려는데 있다.

(a) 해제권행사의 불가분성은 1개의 계약에만 적용되고 수인에 대응하는 수 개의 계약이 존재하는 경우에는 제외된다.

적용의 대상인 채무내용은 가분・불가분・연대 여부에 불문하고 분할채무・불가분채무를 포함한다. 또한 전원에 대한 전원으로부터의 해제의 의사표시이면 족하고, 동시・이시를 불문한다.

(b) 해제권의 불가분성은 해제권의 소멸에도 적용된다. 따라서 계약당사자 일방 또는 쌍방이 수인인 경우 해제 또는 해지의 권리가 당사자 1인에 대하여 소멸한 때에는 다른 당사자에 대하여도 소멸한다(제547조 제2항).

(c) 해제권의 불가분성에 관한 민법 제547조는 임의규정에 불과하다. 따라서 당사자간에 다른 약정이 있는 때에는 그에 따른다.

---

49) 곽윤직 149면.
50) 대판 2000.4.11, 99다51685.

(ㄷ) 철회의 제한 등 : 해제의 효력은 그 의사표시가 상대방에게 도달한 때 발생하고, 이를 철회하지 못한다. 그러나 무능력·의사표시의 착오나 하자를 이유로 하는 취소는 제한 받지 않는다.

(나) 해제의 법적 구성 해제권행사로 계약이 해제되면 당사자는 계약상 구속으로부터 벗어나게 되고, 이로써 새로운 원상회복과 손해배상의무를 부담하게 된다. 그렇다면 이 경우 원상회복의무와 손해배상청구권의 법률적 성질을 어떻게 볼 것인가, 특히 원상회복의무의 법률적 성질과 관련하여 해제의 법적 구성이 문제된다.

직접효과설은 해제권의 행사로 계약이 소급적으로 소멸하는 것이라고 한다.

간접효과설은 해제권행사에 의해 채권관계 자체가 소멸하는 것이 아니라 작용을 저지함에 불과한 것이라고 한다.

절충설은 해제권행사로 장래에 향하여서는 채권관계가 소멸하나 기존의 효력에는 영향을 미치지 않는다고 한다.

청산관계설은 계약해제의 경우에도 본래계약은 존속하고 다만 청산을 위한 범위에서 계약내용이 변경되는 것이라고 한다.

통설·판례는 직접효과설을 취한다. 따라서 직접효과설에 의하면 해제권자의 해제권행사로 계약이 소급적으로 소멸하여, 이미 이행한 것은 부당이득이 되고 아직 이행하지 아니한 것은 소멸하게 됨으로써 이때 원상회복의무는 부당이득으로써 반환청구권이 되고 손해배상청구권은 채무불이행에 대한 일반 손해배상이라고 한다. 그 결과 직접효과설의 결점은 해제권의 행사로 계약이 소급적으로 소멸한다고 보면 이론상 부당이득의 성립은 가능하지만, 채무가 소멸하고 없으면서도 왜 채무불이행에 의한 손해배상청구권이 성립하는가. 모순이 있게 된다.

그리하여 최근의 유력한 학설은 청산관계열을 주장하여 해제의 효과는 미이행되었거나 다른 사유로 소멸된 계약상 본래의 급부의무를 폐기시키지만 동시에 쌍방당사자에 대하여 이미 이행된 급부의 반환의무를 지우는데 있으며, 이러한 효과는 직접효과설이 주장하는 것처럼 해제로 인하여 계약 자체가 소급적으로 소멸하기 때문인 것이 아니라, 본래 계약은 존속하지만, 계약내용이 변경되는 것이라고 한다. 즉, 계약의 해제로 본래 계약상 미이행채무는 청산관계상 기이행채무로 전화하여 소멸하고, 기이행채무는 미이행채무로 되어 그 이행이 있어야 비로소 소멸된다고 하며, 이때 해제로 인하여 계약내용이 변경된 채무관계를 청산관계(Abwicklungs verhaltnis) 또는 원상회복관계(Ruckgewahrschuld verhaltnis)라고 한다.[51]

---

51) 이은영 182면 이하; 김용담, 계약해제에관한고찰, 사법행정(1983.11) 30면 이하; 김형배,계약해제에관한이론구성, 고시연구(1978.10) 190면; 황적인, 계약해제의효과, 고시연구(1987.2) 171면.

⑷ 解除의 效果

(1) 계약해제의 효과 [원상회복의무(부당이득의 반환: 통설) / 손해배상청구권(채무불이행으로 인한 일반손해의 배상)

(2) 해제와 제3자의 권리, 해제와 동시이행의 항변권

계약해제의 효과는 해제권행사의 법률적 구성을 어떻게 볼 것인가에 불문하고 우리 민법은 원상회복의무와 손해배상청구권을 규정하고 있다. 따라서 법정해제의 경우에는 제548조(원상회복의무)·제549조(원상회복의무와 동시이행)·제551조(손해배상)가 적용된다. 그러나 약정해제의 경우에는 당사자 사이의 계약에 의하여 정하여질 것이지만, 특약이 없으면 제551조(손해배상청구)는 적용되지 않는다.

㈎ 원상회복의무 계약의 해제로 각 당사자는 그 상대방에 대하여 원상회복의무를 부담한다. 그러나 제3자의 권리를 해하지 못한다(제548조).

(ㄱ) 원상회복의 성질 : 원상회복청구권의 법률적 성질은 직접효과설에 의하면 부당이득반환의 청구이지만 부당이득의 일반법리에 의하지 않고 받은 급부의 전부(현존이익의 여부에 불문)를 반환하여야 한다. 그러나 청산관계설에 의하면 채무내용의 변경에 따른 기이행채무의 반환청구권이 된다.

이에 대하여 판례는 계약해제의 효과로서의 원상회복의무를 규정한 민법 제548조 제1항 본문은 부당이득에 관한 특별규정의 의미를 가진 것이어서 그 이익반환의 범위는 이익의 현존여부나 선의 악의에 불문하고 특단의 사유가 없는 한 받은 이익의 전부라고 하고,[52] 또한 민법 제548조 제2항이 계약해제로 인한 원상회복의무의 이행으로서 반환하는 금전에는 그 받은 날로부터 이자를 가산하여야 한다. 라고 하고 있는 바, 이때 이자의 반환은 원상회복의무의 범위에 속하는 것으로 일종의 부당이득의 성질을 가지는 것이지 반환의무의 이행지체로 인한 손해배상은 아니라고 한다.[53]

(ㄴ) 원상회복의 내용 : 계약해제의 효과로 원상회복할 권리의 내용은 그 이전된 급부의 성질에 따라 달리한다.

(a) 계약에 의하여 이미 이행된 것이 물권의 설정 또는 이전인 경우에는 원물의 반환이 원칙이나 목적물의 멸실·훼손의 경우에는 해제 당시 객관적 가액을 반환하여야 한다. 다만 이 경우 목적물의 멸실·훼손이 채무자의 책임 있는 사유에 국한하는가. 견해가 대립하나 다수설은 채무자의 책임 있는 사유로 인한 경우에만 국한할 것이라고 한다.

1) 원물반환의 시기에 관하여 견해가 대립한다. 즉 해제권의 법률적 성질을 직접

52) 대판 1998.12.23, 98다43175.

53) 대판 2000.6.23, 2000다16275·16282

효과설을 취하면 그 계약은 소급적으로 소멸하게 되므로 이 경우 계약의 이행으로써 물권행위나 준물권행위가 이루어지고 또한 이에 바탕하여 등기나 인도로써 권리가 이전된 경우 그 이전된 권리는 언제 복귀되는가.

채권적효과설은 물권행위의 독자성·무인성에 바탕하여 등기나 인도가 이루어진 때 복귀하는 것이라고 하나, 다수설·판례는 물권행위의 유인성에 바탕하여 물권적 효과설을 취한다. 따라서 해제권행사로 이전된 물권은 그 표상의 잔존 여부를 불문하고 당연히 복귀한다.[54)]

2) 계약에 의하여 소멸한 권리는 계약의 해제로 당연히 부활한다. 예컨대 임대인이 목적 토지를 임차인에게 매각한 후 그 매매계약이 해제되면 임차인이 소유권을 취득한 결과 혼동으로 소멸한 임대차관계는 당연히 부활하고, 또한 금전소비대차의 대주가 차주로부터 토지를 매수하고 그 대여금채권과 대금채권을 상계한 경우, 후일 목적물상 저당권실행으로 매수인이 계약을 해제하였다면 상계는 효력을 잃으나 그 대여금채권은 소멸하지 않는다.

(b) 급부된 것이 노무 또는 무형의 것인 때에는 당연히 그 객관적 가액을 반환할 것이지만 그 가액의 산정시기에 관하여 견해가 대립한다. 즉 해제 당시 객관적 가액을 반환할 것이란 견해와 급부 받을 당시 객관적 가액을 반환할 것이란 견해가 대립되나 후설이 다수설이다.

또한, 금전급부의 경우에는 급부 받은 날로부터 이자를 붙여 반환하여야 한다(제548조 제2항).

(c) 수령한 물건으로부터 현실로 수취한 과실은 반환하여야 하고 상환 당시 과실의 현존 여부에 불문한다. 그러나 채무자의 책임 없는 사유로 멸실·훼손한 경우에는 제외된다.

또한, 반환의무자가 필요비·유익비를 지출한 경우에는 상대방이 받은 이익의 한도에서 반환하여야 한다.

(ㄷ) 원상회복의 제한 : 해제권행사로 인한 원상회복의 효과는 제3자의 권리를 해하지 못한다(제548조 제1항 단서). 이 경우 제3자는 선의·악의를 불문한다. 따라서 동 규정의 법률적 성질은 물권복귀의 채권적효과설에 의하면 주의적 규정에 불과하지만 물권적효과설에 의하면 필요적 규정으로 된다.

민법 제548조 제1항 단서에서 말하는 第三者란 일반적으로 해제의 의사표시 전에 그 해제될 계약으로부터 생긴 법률효과를 기초로 하여 새로운 이해관계를 가진 자, 예컨대 계약에 기한 급부의 목적인 물건이나 권리의 양수인, 급부 목적의 저당권자

54) 대판 1982.7.27, 80다2968; 1977.5.24, 75다1394.

나 질권자 등으로서 등기·인도에 의하여 완전한 권리를 취득하여 이를 가지고 계약당사자에게 대항할 수 있는 자를 말한다. 그러나 해제에 의하여 소멸할 계약상 채권을 양수한 자나 그 채권 자체를 압류 또는 전부 받은 채권자, 제3자를 위한 계약의 수익자 등은 여기서 말하는 제3자에 해당하지 않는다.[55)]

[판례] 甲이 乙과 교환계약에 의하여 취득한 토지를 丙이 甲으로부터 전득하고 자신의 앞으로 바로 소유권이전등기를 마쳤다면 丙은 乙이 해제되었다고 주장하는 위 교환계약으로부터 생긴 법률적 효과를 기초로 하여 새로운 이해관계를 가졌을 뿐만 아니라 등기를 마침으로써 완전한 권리를 취득한 자이므로 민법 제548조 제1항 단서 소정의 제3자에 해당한다(대판 1997.12.26, 96다44860).

다만, 계약해제로 소유권을 상실하게 된 임대인으로부터 주택을 임차 받아 대항력을 갖춘 주택임차인은 계약해제로 인하여 권리를 침해받지 아니할 제3자에 포함하는가. 판례는 긍정하고, 이로써 계약해제로 새로운 소유권을 회복한 제3자는 주택임대차보호법 제3조 제2항에 따라 임대인의 지위를 승계하는 것이라고 한다.[56)]

(나) 손해배상의 청구 계약해제로 손해배상청구권을 가진다. 민법 제551조는 「계약의 해제는 손해배상의 청구에 영향을 미치지 아니한다.」라고 하여 계약해제와 손해배상청구권이 양립할 수 있음은 명백히 하고 있다. 민법이 이와 같은 태도를 취한 것은 계약해제로 인한 원상회복은 급부가 이행되어 있는 경우에만 이루어지는 것이고, 원상회복에 의해 비록 급부된 것이 반환된 경우라고 하더라도 채무불이행에 의해 계약이 해제될 때까지 당사자 일방이 입은 손해라는 사실관계가 제거되는 것은 아니므로 진정한 의미의 원상회복, 즉 계약체결 전의 상태로의 회복은 계약해제로 발생한 손해도 제거된 후에야 이루어진다는 점에서 해제와 손해배상청구의 양립을 인정한다.

(ㄱ) 손해배상청구권의 성질 : 계약해제로 인한 손해배상청구권의 법률적 성질에 관하여 계약의 소급적 소멸과 관련하여 특별손해배상설·신뢰이익배상설·채무불이행에 의한 일반손해배상설이 대립한다.

위 학설 중 계약해제로 인한 특별손해배상설은 해제로 인하여 계약에 기한 채권관계는 소멸한다는 형식논리에서 이론을 구성하며, 또한 해제의 효과로서도 원상회복을 인정하여 계약체결 전의 상태로 돌아가는 것으로 충분한 것이라고 한다. 그러나 채무불이행으로 인한 일반손해배상설은 계약해제로 인한 손해배상은 진정한 계약체결전의 상태로 돌아가기 위하여 이미 발생하고 있는 손해를 배상하는 문제이므로 계약이 해제되었을 때 비로소 문제가 되는 손해, 즉 신뢰이익의 배상은 법률에

55) 대판 2000.4.11, 99다51685; 2000.1.14, 99다40937; 1991.5.28, 90다카16761

56) 대판 2003.8.22, 2003다12717.

특별한 규정이 없는 이상 문제가 되지 않는 것이고,[57] 또한 채권관계가 유효하게 성립하고 있었던 동안에 발생한 손해는 계약해제 후에도 그대로 남게 되므로 이때 손해배상은 채무불이행에 기한 일반손해를 배상하는 것이라고 한다.

그리하여 통설은 계약해제로 인한 손해배상청구권의 법률적 성질은 채무불이행으로 인한 일반손해배상청구권이라고 보며, 판례 또한 계약이 해제된 경우 당사자는 상대방으로부터 받은 돈, 물건의 반환 등 서로 상대방을 원상으로 회복케 할 의무를 지고 있고, 이 경우의 손해배상의 청구도 채무불이행으로 인한 손해배상과 다를 것이 없으므로 전보배상으로서 그 계약의 이행으로 인하여 채권자가 얻었을 이익, 즉 이행이익을 손해로서 청구하여야 하고, 그 계약이 해제되지 아니하였을 경우 채권자가 그 채무의 이행으로 소요하게 된 비용, 즉 신뢰이익의 배상을 청구할 수는 없는 법리라고 하여 동일한 태도를 취한다.[58]

(ㄴ) 손해배상청구권의 행사요건 : 계약해제로 인한 손해배상청구권은 채무불이행으로 인한 일반 손해배상청구권이므로 채무자의 귀책사유에 근거한다. 따라서 계약해제로 인한 손해배상청구권은 법정해제로 인한 것이나 이 경우에도 해제권의 발생이 채무자의 귀책사유에 의하지 아니한 경우에는 제외된다.

또한, 약정해제의 경우에는 손해배상청구권은 발생하지 않지만, 당사자 일방이 타방의 채무불이행을 이유로 합의해제한 경우에는 손해배상청구권이 발생한다.

(ㄷ) 손해배상의 범위 : 계약해제로 인한 손해배상의 범위는 이행에 갈음하는 손해배상액으로부터 해제한 자가 채무를 면하고, 또는 이행한 것의 반환을 청구할 수 있는 것으로 인하여 얻은 이익을 공제한 잔액(손익상계)이며, 해제의 이유가 이행지체이든, 이행불능이든 동일하다.

(a) 배상액을 산정하는 표준은 계약이 이행된 것과 마찬가지의 이익, 즉 이행기에 이행되어서 채권자의 수중에 들어간 것과 같은 이익이며, 그 가액의 산정은 원칙적으로 해제시의 객관적 가액을 표준으로 한다.

또한, 해제로 인한 손해배상액은 그 지급을 최고한 때부터 지연이자가 생긴다.

이행이익에는 이행이익에 갈음하여 계약이 이행되리라고 믿고 채권자가 지출한 비용, 즉 신뢰이익의 배상을 포함한다. 또한 그 신뢰이익 중 계약의 체결과 이행을 위하여 통상적으로 지출되는 비용은 통상 손해로서 상대방이 알았거나 알 수 있었는지 여부와 관계없이 청구할 수 있으나, 이를 초과하는 비용은 특별한 사정으로 인한 손해로서 상대방이 알았거나 알 수 있었던 경우에 한하여 그 배상을 구할 수 있

57) 대판 1962.2.22, 4294민상667.

58) 대판 1983.5.24, 82다카1667; 1966.7.21, 65민상69.

다. 그러나 이 경우 신뢰이익은 과잉배상금지원칙상 이행이익의 범위를 초과하지는 못한다.[59]

[판례] 매매대금을 완불하지 않은 토지의 매수인이 그 토지상에 건물을 신축하기 위하여 설계비 또는 공사계약금을 지출하였다가 계약이 해제됨으로 말미암아 이를 회수하지 못하는 손해를 입게 되었다고 하더라도 이것은 이례적인 사정에 속하는 것으로서, 설사 토지의 매도인이 매수인의 취득 목적을 알았다고 하더라도 마찬가지라 할 것이므로, 토지의 매도인으로서는 소유권이전의무의 이행기까지 최소한 매수인이 설계계약 또는 공사도급계약을 체결하였다는 점을 알았거나 알 수 있었을 때에 한하여 그 배상책임을 부담한다(대판 1996.2.13, 95다47619).

(b) 특약에 의하여 본래급부에 갈음하는 배상액이 예정되어 있는 때에는 해제되더라도 이 예정액에 관한 특약은 효력을 잃지 아니하고, 해제로 인한 손해배상의 기준이 된다. 왜냐하면 이 예정은 채무불이행으로 인한 손해배상에 관하여 그 손해액 산정의 다툼을 피하려고 하는 취지를 가짐에 불과한 것이기 때문이다.

다만, 배상액의 예정이라고 하는 것 중에는 지연배상과 전보배상뿐만 아니라 채무자가 그 부담하는 채무를 면하고, 상대방이 그것을 공제한 손해액으로서 지급할 액이 예정되는 경우도 적지 않다. 그러한 경우 채권자가 해제한 때에는 그 예정액을 청구할 수 있고 그 예정액은 전보배상액과 채권자가 자기채무를 면하는 것으로 인한 이익과 공제한 잔액이 된다.

(다) 해제와 동시이행　　해제에 의하여 계약당사자가 부담하는 원상회복의무는 동시이행의 관계에 선다(제549조).

다만, 손해배상의무에 관하여도 동시이행의 관계가 성립하는가. 해제권행사의 법률적 성질에 직접효과설을 취하면 계약의 해제로 발생하는 손해배상청구권은 종전의 계약내용과 동일성이 유지되지 못한다는 점에서 부정하나, 다수설은 공평의 견지에서 이를 긍정한다.[60]

(5) 解除權의 소멸

(가) 해제권의 일반적 소멸원인　　해제권은 형성권이므로 권리의 행사 등 권리일반의 공통한 소멸원인으로 인하여 소멸한다.

(ㄱ) 해제권의 포기 :　해제권은 이를 포기할 수 있다. 포기의 방법에는 특별한 규정이 없으나, 상대방에 대한 일방적 의사표시에 의하여 행하여지는 것으로 해석한다. 또한 해제권은 형성권이므로 10년의 제척기간이 주어진다.

---

59) 대판 2002.6.11, 2002다2539.

60) 곽윤직 164면.

(ㄴ) 해제권의 실효 : 채권자가 해제권을 오랫동안 행사하지 않음으로 인하여 상대방에 해제권을 행사하지 아니할 것이라는 신뢰를 갖게 한 경우에는 해제권행사가 제한되며, 실효원칙적용의 결과이다.

(나) 해제권의 특수한 소멸원인

(ㄱ) 존속기간의 경과 및 최고 : 해제권 행사에 기한의 정함이 있는 경우에는 그 기간의 경과로 해제권이 소멸하게 된다. 그러나 기한의 정함이 없는 경우에는 상당한 기간을 정하여 그 행사 여부의 확답을 최고할 수 있고, 그 기간 내 해제의 통지를 받지 못하면 해제권은 소멸한다(제552조).

(ㄴ) 목적물의 훼손·반환불능 : 해제권자가 고의 또는 과실로 계약상 목적물을 현저히 훼손하거나 또는 반환할 수 없게 되면 해제권은 소멸한다(제553조 전단).

(ㄷ) 목적물의 가공·개조 : 해제권자가 목적물을 가공 또는 개조하여 다른 종류의 물건으로 변경한 때에도 해제권은 소멸한다(제553조 단서).

(다) 해제권의 불가분성 당사자의 일방 또는 쌍방이 수인 있는 경우, 그 중의 한 사람에 관하여 해제권이 소멸한 때에는 다른 당사자에 관하여도 소멸한다(제547조). 그러나 당사자는 이와 다른 특약을 할 수 있다.

[약정해제와 법정해제의 비교]

	약 정 해 제	법 정 해 제
해제권발생	당사자간의 약정	채무불이행사유의 발생
해제권적용	광의의 계약에 적용	채권계약에만 적용
해제권행사	① 일방 쌍방을 위한 행사 ② 조건·기한부과 가능	① 일방(채권자)만이 행사 ② 조건·기한부과 금지
해제 효과	원상회복의무만 발생	원상회복의무와 손해배상청구권의 발생

(6) 解除와 取消의 경합

매매계약이 해제되면 약정해제에 따른 계약금의 몰수 또는 채무불이행으로 인한 손해배상을 청구할 수 있게 되며, 그 원상회복에 관하여도 제3자의 권리를 침해하지 않는 범위에서 가능하게 된다. 그러나 매수인이 착오 등을 이유로 매매계약을 취소하면 그 계약은 소급적으로 무효로 되므로 매수인은 원상회복을 구하는 의미로 계약금의 반환은 물론 소유권의 회복에 대하여도 전득자의 선의가 아닌 이상 반환을 청구할 수 있게 된다. 그렇다면 해제로 매매계약이 실효된 경우에도 계약내용의 중요부분에 착오가 있는 이상 이를 취소할 수 있는가.

학설·판례는 만일 매수인이 매매계약을 취소하기 전에 매도인이 적법하게 해제하여 계약이 소급적으로 소멸함으로써 더 이상 취소할 대상이 없다고 하게 되면 매수인으로서는 채무불이행으로 인한 책임을 면할 수 없게 되어 하자있는 의사표시를 한 자를 보호할 수 없는 결과로 되어 불합리하다는 점을 들어 이미 계약이 적법하게 해제된 후에도 그 계약에 다른 취소의 원인이 있는 때에는 이를 취소하여 계약의 모든 효력을 무효로 돌릴 수 있는 것이라고 한다.[61]

2. 契約의 解止

(1) 해지권의 발생
- 약정해지권 — 당사자간의 약정
- 법정해지권 — 개별적 계약에서 구체적으로 규정

* 법정해지권의 일반적 사유 발생에의 적용 여부

(2) 해지의 효과
- 원상회복의무 배제
- 손해배상청구(채무자 귀책사유의 경우에만 가능)

(1) 解止의 의의와 적용범위

(가) 계약해지의 의의　계약해지란 계약체결 후 당사자 일방의 의사표시로써 계속적 채권관계를 장래에 향하여 소멸시키는 것을 말한다.

해지(解止)는 장래에 향하여 효력을 소멸시키는 것이므로 이미 경과한 부분에는 영향을 미치지 않는다. 이와 같이 해지는 소급효가 없는 점에서 해제와 다르다.

(나) 해지할 수 있는 계약의 범위　해지할 수 있는 계약은 계속적 채권관계를 발생하는 계약에 한한다. 우리 민법의 전형계약 중 소비대차·사용대차·임대차·고용·위임·조합·종신정기금은 계속적 계약에 속하며, 해지권의 대상이 된다. 그러나 종신정기금은 계약의 성질상 해제만 인정된다.

(ㄱ) 계속적 채권계약과 일시적 채권계약을 구별하는 기준이 되는 급부의 계속성은 상대적 개념이며, 이들 전형계약이 언제나 계속적 채권관계를 발생시키는 것이 아니다. 특히 증여의 경우, 보통은 일시적 채권관계나 정기증여는 계속적 채권관계에 속한다. 그러므로 해지를 인정할 것이냐 아니냐는 구체적으로 판단하여야 한다.

(ㄴ) 계속적 채권관계라고 해서 언제나 해지만이 행사할 수 있는 것은 아니다. 예컨대, 소비대차·사용대차·임대차·임치 등에 있어서는 목적물의 교부 전, 또는 고용에 있어서는 노무의 제공이 있기 전, 당사자 일방의 의사표시로 계약의 효과를 소급적으로 소멸시키는 것은 해지가 아니고 일종의 해제인 까닭이다.

또한, 특정계약에서는 정책상 해지권행사가 제한되는 경우가 있다. 예컨대 고용

61) 대판 1991.8.27, 91다11308.

계약에서 사용자는 정당한 이유없이 노동자를 해고하지 못한다(근로기준법 제27조).

(2) 解止權의 발생

(가) 약정해지권의 발생 계속적 채권관계를 발생시키는 계약에서도 당사자의 일방 또는 쌍방이 해지권을 부담하는 약정을 할 수 있다. 이 경우에는 그 약정에 따라 해지권을 행사하여야 한다.

(나) 법정해지권의 발생 법정해지권의 발생은 개별적 계약에서 구체적으로 정하고 있다. 따라서 민법이 개별적 계약에서 구체적으로 정하고 있는 때 해제권이 발생함은 물론이며, 다음의 사유에 의한다.

(ㄱ) 존속기간의 약정이 없는 경우 : 존속기간의 약정이 없는 경우에는 당사자의 일방 또는 쌍방이 언제든지 또는 일정한 조건하에 이를 해지할 수 있다. 또한 존속기간의 약정이 있는 경우도 일정한 경우 해지권을 행사할 수 있다.

(ㄴ) 신의칙에 반하는 경우 : 계속적 계약에서는 채권자와 채무자간의 부단한 협력이 요구되므로 민법은 각종의 계약에서 신의칙에 반하는 현저한 사유가 있는 때에는 해지할 수 있음을 규정하고 있다. 예컨대 임대차에 있어서 임대인이 임차인의 의사에 반한 보존행위를 한 경우(제625조)와 차임이 지체된 경우(제640조), 고용에 있어서 사용자가 약정된 이외의 노무제공을 요구한 때 또는 노무자에게 필요한 지능이 없는 때(제658조) 등이며, 그 외에 당사자의 사망 또는 파산으로 해지권이 발생하는 경우(사용대차, 임대차)도 있다.

(ㄷ) 목적물의 일부멸실의 경우 : 임대목적물의 일부멸실로 그 잔존부분으로 임차목적을 달성할 수 없는 경우 임차인은 해지권을 가진다(제627조 제2항).

(다) 채무불이행과 해지권의 발생 채무불이행으로 인한 법정해지권이 발생하는가. 민법은 이에 관한 명문규정을 두지 아니하여 견해가 대립하였다.

다수설은 민법상 이를 준용할 명문 규정이 없다는 점에서 부정하였다. 그러나 소수설은 민법이 각종 전형계약에서 규정하는 해지권의 발생이 이른바 법정해지권의 발생을 인정하여야 할 경우를 반드시 망라하고 있는 것은 아니며, 특히 계속적 채권관계 구별의 표준이 되는 급부의 계속성은 상대적 개념이어서 민법이 일시적 채권관계가 생길 뿐이라고 생각하는 계약에서 계속적 채권관계가 발생할 수도 있게 되나, 이에 관하여는 민법상 전혀 규정하는 바 없는 점을 들어 민법 제544조 내지 제546조는 해지에도 적용되는 것이라고 하였다.

그리하여 개정 민법(안) 제544조의 3 제1항은 “계속적 계약관계에서 채무자가 채무의 내용에 좇은 이행을 하지 아니하여 장래의 계약이행이 의심스러운 경우에는 채권자는 상당한 기간을 정하여 그 이행을 최고하고 그 기간 내 이행이 이루어지지 아니하는 때에는 약정된 계약기간에 불구하고 계약을 해지할 수 있다. 그러나 채무자의 고의나 과실 없이 그 이행이 이루어지지 아니한 때에는 그러지 아니하다."라고 하고, 동조 제2항은 "제1항의 경우에 채무자의 중대한 채무불이행으로 인하여 계약을 유지할 수 없는 부득이한 사유가 있는 때에는 채권자는 최고를 하지 아니하고 계약을 해지할 수 있다."라고 하여 채무불이행에 의한 계약해지권을 정면으로 규정한다.

(라) 사정변경에 의한 해지권의 발생 사정변경에 의한 법정해지권이 발생하는가. 법정해제권에서와는 달리 판례는 회사임원이나 직원이어서 부득이 회사채무의 보증인이 된 자가 그 후 회사로부터 퇴사하여 임원이나 직원의 지위를 떠난 때에는 보증계약 성립 당시의 사정에 현저한 변경이 생긴 경우에 해당하므로 사정변경을 이유로 보증계약을 해지할 수 있는 것으로 보아야 하고, 비록 위 계속적 보증계약에서 보증기간을 정하였다고 하더라도 그것이 특히 퇴사 후에도 보증채무를 부담키로 특약한 취지라고 인정되지 않는 한 위와 같은 해지권의 발생에 영향이 없는 것이라고 하여 계속적 계약에 관하여는 해제권을 인정한다.[62)]

그리하여 개정 민법(안) 제544조의 4는 "당사자가 계약 당시 예견할 수 없었던 현저한 사정변경으로 인하여 계약을 유지하는 것이 명백히 부당한 때에는 그 당사자는 변경된 사정에 따른 계약의 수정을 요구할 수 있고, 상당기간 내 계약의 수정에 관한 합의가 이루어지지 아니한 때에는 계약을 해지 또는 해지할 수 있다."라고 하여 계약해제권을 규정한다.

(3) 解止權의 행사와 소멸

(가) 해지권의 행사 해지권은 형성권이므로 계약 또는 법률의 규정에 의하여 당사자 일방이나 쌍방이 해지의 권리가 있는 때에는 그 해지는 상대방에 대한 의사표시로 한다(제543조 제1항). 이때 의사표시는 철회하지 못한다(동조 제2항).

또한, 해지권행사에 不可分性이 적용되므로 당사자의 일방 또는 쌍방이 수인인 때에 계약해지는 그 전원으로부터 전원에 대하여 행사하여야 하고(제547조 제1항), 이때 해지의 권리가 당사자 1인에 대하여 소멸하면 다른 당사자에 대하여도 소멸한다(동조 제2항).

(나) 해지권의 소멸 해지권은 형성권이므로 10년의 제척기간으로 소멸한다. 또한 해지권을 가지는 자가 해지권을 포기하거나, 당사자간의 약정 법률의 규정에 의하여도 소멸한다.

(4) 解止의 효과

(가) 해지의 비소급효 해지에는 소급효가 없고 원상회복의무를 생기게 하지 않

62) 대판 1992.5.26, 92다2332; 1990.2.27, 89다카1381.

는다. 해지는 계속적 계약관계를 장래에 향하여 소멸케 하는 것이므로 어떤 권리가 소급적으로 소멸하거나 부활하는 일은 없다. 그러나 계속적 계약, 예컨대 임대차에서 임대차계약이 해지되면 임차인은 목적물을 반환하여야 하는 것과 같은 의무는 생긴다. 민법은 이를 원상회복의무라고 하고 있으나(제615조, 제654조 참조), 이것은 해제에 있어서의 원상회복과는 다르므로 이를 학문상 청산의무라고 부른다.

(ㄱ) 해지 이전에 발생한 개개의 채무가 아직 이행되지 않고 있는 경우에는 해지권행사로 기본적 채권관계가 소멸하여도 그 채무는 소멸하지 않는다. 예컨대 지체된 차임 또는 이자는 그 대표적인 것이다.

[판례] 계속적 공급계약에 있어서 그 계약이 해지되면 그 해지의 효과는 그 계약에 의하여 이미 당사자간에 이의 없이 이행된 급부와 이에 대한 반대급부가 청산된 부분에 대하여는 미치지 아니할 것이나 위 계약해지가 있기까지에 채무자가 생산한 물건 중 아직 채무자가 채권자에게 공급하지 아니한 부분과 위 해지 이후에 채무자가 생산한 물건에 대하여는 달리 특별한 사정이 없는 한 그 해지의 효과가 미친다(대판 1966.12.27, 66다1373).

(ㄴ) 계약의 존속기간을 정하지 않고 당사자의 일방 또는 쌍방이 해지권을 가지는 경우, 해지의 의사표시는 일정한 기간(해지기간)이 경과함으로써 효력이 생기는 경우가 많다(제635조 제2항 각호, 제659조 제2항, 제660조 제2항).

(나) 손해배상의 청구 계약의 해지는 손해배상의 청구에 영향을 미치지 않는다(제551조). 그러나 손해배상청구권의 본질상 상대방의 채무불이행을 원인으로 하지 않는 해지에 있어서는 특별한 규정이 없는 한 손해배상을 청구할 수 없는 것은 물론이다.

제 2 절 民法上 典型契約

제 1. 財產權移轉型契約

1. 贈 與

(1) 贈與의 의의 및 성질

(가) 증여(Schenkung, Gift)란 당사자 일방(증여자)이 무상으로 재산을 수여하는 의사를 표시하고 상대방이 이를 승낙함으로써 성립하는 계약을 말하며(제554조), 주

로 자선·종교·학술 등의 목적을 위하여 기부(寄附)로서 작용한다.

(나) 증여는 재산권이전의 계약인 점에서 일방적 법률행위인 유증과 구별된다.

(ㄱ) 증여는 계약이다. 증여는 증여자와 수증자의 의사표시의 합치로써 성립하므로 계약이며, 증여자의 단독행위가 아니다. 비록 무상으로 타인에게 재산을 공여하는 경우라고 하더라도 단독행위인 유증이나 채무면제는 증여가 아니다.

(ㄴ) 증여는 무상으로 재산을 수여하는 계약이다. 여기서 「재산을 수여한다」라고 함은 증여자의 재산이 감소하고 수증자의 재산이 증가하는 것을 의미한다. 따라서 기존의 권리를 양도하는 것뿐만 아니라, 용익물권을 설정 또는 무인의 채무를 부담하는 것 등도 포함된다. 또한 채무를 면제하거나 무상으로 노무를 제공하는 것도 그 노무가 보통 유상으로 급부되는 것인 경우에는 증여로 될 수 있다.

또한, 「무상」이란 대가가 없는 것, 즉 수증자로부터 대가인 재산적 이익을 받지 않고 재산적 이익을 주는 것이다. 따라서 수증자가 어떤 부담, 예컨대 노무제공, 물건의 인도 등 의무를 지는 경우에도 그것이 대가로 되어 있지 않은 때에는 역시 무상이며 증여가 된다.

증여는 전형적인 무상계약으로서 증여자의 책임이 경감됨이 특색이다.

(ㄷ) 증여는 낙성·불요식계약이다. 즉 목적물의 인도 기타 출연행위를 실행하지 않더라도 당사자 의사의 합치만으로 증여는 성립한다. 그러나 동산 등의 증여에 있어서는 계약과 동시에 목적물이 교부되는 경우도 적지 않다. 이와 같이 계약과 동시에 출연행위가 행하여지는 증여를 현실증여라고 한다.

또한. 증여는 당사자간의 意思의 合致만으로 성립한다. 그러나 민법은 서면에 의하지 아니한 증여는 당사자가 언제나 이를 해제할 수 있게 함으로써 당사자가 증여계약의 구속력을 확보하기 위해서는 서면에 의하여야 하므로(제555조), 증여는 사실상 요식성을 띠게 된다.

⑵ 贈與의 효력

(가) 증여자의 재산수여의무 증여자는 증여계약상 부담한 재산적 출연을 완료할 의무를 부담한다. 따라서 재산권의 이전이 증여계약의 목적인 경우에는 종국적으로 그 재산권을 이전해 주어야 하며, 또한 현실증여로서 불특정물을 증여한 경우에는 하자 없는 물건을 급부할 의무를 진다.

다만, 증여자가 특정재산을 이전하기로 한 경우 증여자는 그 목적물상 선관주의 의무를 부담하는가. 이를 긍정하는 견해가 있으나,[63] 다수설은 증여의 무상성을 고

63) 김기선 104면.

려하여 자기재산과 동일한 주의로서 보관하면 족할 것이라고 한다.

(나) 증여자의 담보책임　증여는 무상계약이므로 비록 증여자가 계약에 기하여 급부한 물건이나 권리에 하자나 흠결이 있더라도 그 담보책임을 지지 아니함이 원칙이다(제559조 제1항 전단). 그러나 증여에도 다음의 경우에는 담보책임이 인정된다.

(a) 특약이 있는 경우, 즉 민법 제559조는 강행규정이 아니므로 당사자가 특약에 의하여 담보책임을 질 뜻을 정한 때에는 그것에 따른다.

(b) 증여자가 그 하자나 흠결을 알고 수증자에게 고지하지 아니하고 증여한 때(즉, 악의인 때)에는 담보책임을 진다(제559조 제1항 단서). 이때 담보책임의 요건으로서 증여자가 고지하지 않은 이유를 묻지 않으나 수증자가 알고 있으면 책임은 생기지 않는다.

(c) 부담부증여의 경우, 즉 증여가 부담부인 경우에는 매매와 유사한 관계가 성립되므로 증여자는 수증자의 부담의 한도에서 매도인과 같은 담보책임을 진다(제559조 제2항).

(d) 증여의 목적이 불특정물 또는 일정금액인 경우에는 완전물을 급부할 의무를 부담하는가. 학설이 대립하나 특별한 의사표시가 없는 한 완전물을 급부할 의무를 부담하는 것이라 한다.[64]

(ㄴ) 담보책임의 존속기간에 관하여는 매매의 규정(제575조 제2항)을 유추 적용하여 1년의 제척기간에 걸린다고 해석한다.

(3) 贈與의 특유한 해제

(가) 서면에 의하지 않은 증여해제　증여의 의사가 서면으로 표시되지 아니한 경우에는 양 당사자가 이를 해제할 수 있다(제555조). 그러나 이미 이행한 부분에 대하여는 영향을 미치지 아니한다(제558조).

(ㄱ) 증여의 의사가 「서면으로 표시」된다고 함은 증여증서 또는 증여계약서를 필요로 하는 것은 아니며, 수증자 성명의 기재도 필요로 하지 않는다. 따라서 증여의 성립을 증명하는데 족한 문서이면 되고, 또한 증여자의 증여인 확정적인 의사표시가 수증자에 대한 관계에서 서면에 표시되어 있으면 족하다. 판례는 서면 자체는 비록 매매계약서 또는 매도증서로 되어 있어 매매를 가장하여 증여증서를 작성한 것이라고 하더라도 증여에 이른 경위를 아울러 고려할 때 그 서면이 바로 「증여의사를 표시한 서면」이라고 인정되면 증여를 위한 서면에 해당하는 것이라고 한다.[65]

또한, 「이행한 부분」이란 증여자가 증여계약에 의하여 부담한 채무의 주요한

64) 곽윤직 197면.
65) 대판 1991.9.10, 91다6160.

부분을 이행하는 것을 말하며, 동산에 있어서는 인도, 부동산에 있어서는 등기의 이전을 의미한다.[66] 이행이 양적으로 일부 완료된 때에는 그 부분은 해제하지 못하나 질적으로 일부 완료된 때에는 그 부분이 중요한 것인가 여부에 따라 결정된다.

[판례] 토지에 대한 증여는 증여자의 의사에 기하여 수증자에게 소유권이전등기가 경료됨으로써 이행이 완료되므로 증여자가 그 이행 후 증여계약을 해제하였다고 하더라도 증여계약이나 그에 의한 소유권이전등기의 효력에는 영향을 미치지 아니한다(대판 1991.8.13, 90다6729).

(ㄴ) 동조 규정의 해제는 일종의 특수한 철회일 뿐 민법 제543조 이하에서 규정한 본래의미의 해제와는 다르다. 따라서 해제권행사에 형성권의 제척기간은 적용되지 않는다.[67]

(나) 망은행위에 의한 증여해제 증여자 또는 그 배우자나 직계혈족에 대한 범죄행위가 있는 때(제556조 제1항 1호), 또는 부양의무 있는 수증자가 이를 이행하지 아니한 때(제556조 제1항 2호)에는 증여계약을 해제할 수 있다.

(ㄱ) 해제권은 해제원인인 망은행위가 있는 날로부터 6월(제척기간)을 경과하거나 증여자가 수증자에 대하여 용서의 의사를 표시한 때 소멸한다(제556조 제2항).

(ㄴ) 증여자의 망은행위를 이유로 계약을 해제하였다고 하더라도 증여자가 이미 이행한 부분이 있는 때에는 그 부분에 대하여는 영향을 미치지 않는다. 따라서 증여자는 부당이득을 이유로 이미 이행한 것의 반환을 청구하지 못한다(제558조).

(다) 재산상태의 악화로 인한 증여해제 증여계약 후 증여자의 재산상태가 현저히 변경되고 그 이행으로 인하여 생계에 중대한 영향을 미칠 경우에는 증여를 해제할 수 있다(제557조). 그러나 이미 이행한 부분에 대하여는 영향을 미치지 않는다(제558조).

이것은 무상계약인 증여계약에 있어서까지 증여자의 재산상태의 현저한 악화에도 불구하고, 그 이행을 강행하는 것은 타당하지 않다는데 있다. 그리하여 판례는 민법 제557조 소정의 증여자의 재산상태 변경을 이유로 한 증여계약을 해제하기 위하여서는 증여자의 증여 당시의 재산상태가 증여 후의 그것과 비교하여 현저히 변경되어 증여 목적부동산의 소유권을 수증자에게 이전하게 되면 생계에 중대한 영향을 미치게 될 것이라는 등의 요건이 구비되어야 하는 것이라고 한다.[68]

---

66) 대판 1976.2.10, 75다2295.
67) 대판 2003.4.11, 2003다1755.
68) 대판 1996.10.11, 95다37759.

(4) 특수한 贈與

(가) 부담부증여　부담부증여란 수증자가 증여를 받는 동시에 일정한 급부를 하여야 할 채무를 부담할 것을 부관으로 하는 증여를 말한다(제561조).

(ㄱ) 부담부증여에서 상대부담은 증여계약의 일부로서의 부담이며, 증여와 별개의 부수계약이 아니다. 또한 통상의 쌍무・유상계약으로 성립한다.

(ㄴ) 상대부담 있는 증여의 증여자는 그 상대부담의 한도에서 담보책임이 있다(제559조 제1항). 이것은 부담부증여의 특칙이며, 쌍무계약에 관한 규정이 준용된다. 따라서 상대부담 있는 증여에서는 민법 제561조에 의하여 쌍무계약에 관한 규정이 준용되어 부담의무 있는 상대방이 자신의 의무를 이행하지 아니할 때에는 비록 증여계약이 이미 이행되어 있다고 하더라도 증여자는 계약을 해제할 수 있고, 그 경우 민법 제555조(서면에 의하지 아니한 증여해제)와 제558조(해제와 이행완료부분)는 적용되지 아니한다.[69]

(나) 정기증여　정기증여란 정기적으로 무상으로 재산을 수여하는 것을 내용으로 하는 증여를 말한다.

정기증여는 계속적 채권관계로서의 성질을 가지며, 증여자 또는 수증자의 사망으로 효력이 상실된다(제560조).

(다) 사인증여　증여자의 사망으로 효력이 발생하는 증여를 사인증여라고 한다. 사인증여는 증여자의 사망과 더불어 그 효력이 발생하므로 유증과 유사한 계약이므로 유증에 관한 규정을 준용한다(제562조). 그러나 유증이 단독행위인 점에서 다음의 규정은 준용이 제한된다.

(a) 능력 내지 방식(제1061조~제1063조・제1065조)
(b) 승인과 포기(제1074조~제1077조)
(c) 유증의 철회에 관한 규정(제1108조 이하)

그리하여 판례는 민법 제562조는 사인증여에는 유증에 관한 규정을 준용하도록 규정하고 있지만, 유증의 방식에 관한 민법 제1065조 내지 제1072조는 그것이 단독행위임을 전제로 하는 것이어서 계약인 사인증여에는 적용되지 아니하는 것이라고 한다.[70]

---

69) 대판 1997.7.8, 97다2177.
70) 대판 1996.4.12, 94다37714・37721.

2. 賣 買

(1) 賣買의 의의와 적용

(가) 매매란 당사자의 일방(매도인)이 재산권을 이전할 것을 약정하고, 상대방(매수인)이 이에 대하여 그 대금을 지급할 것을 약정함으로써 성립하는 계약이다(제563조).

(나) 매매의 특질은 재산권의 이전에 대한 대가가 金錢이라는 점에 있다. 따라서 금전 이외의 다른 물건이나 권리로써 급부 되는 경우에는 매매가 아니고 교환이다.

또한, 매매는 재산권을 금전과 교환하는 행위로서 자본주의하의 채권계약 또는 유상계약 중 가장 전형적인 것이므로 민법은 매매에 관하여 상세히 규정하고 이를 널리 다른 유상계약에 준용토록 하고 있다(제567조).

(2) 賣買의 법률적 성질

(가) 매매는 낙성·쌍무·불요식의 전형적인 유상계약이다.

(ㄱ) 매매는 당사자 쌍방의 의사합치에 의하여 성립하는 낙성계약이다. 따라서 매매에 있어서 재산권의 이전이나 대금의 지급은 그 계약내용의 이행이며, 성립요건은 아니다.

(ㄴ) 매매에 있어서는 양 당사자의 출연을 원인으로 하고 또한 상호간에 대립관계에서는 유상계약이다. 따라서 매매는 가장 전형적인 유상계약이며, 매매의 규정은 다른 유상계약에 준용된다(제567조).

(ㄷ) 매매는 양 채무(재산권이전의무와 대금지급의무)가 서로 대가적 의의를 가지므로 쌍무계약이며, 아무런 방식도 필요로 하지 않으므로 불요식계약이다.

(나) 매매는 재산권의 이전에 대한 代金의 支給을 목적으로 하는 계약이다. 즉 매매는 매도인의 재산권이전에 대한 반대급부로서 금전의 지급을 목적으로 한다.

계약과 동시에 목적물과 대금을 서로 교부하는 매매, 즉 현실매매도 매매이며, 다만 채권행위와 물권행위가 하나의 행위로 합체되어서 행하여지는 것에 지나지 않는다. 따라서 현실매매는 실제상 위험부담이나 동시이행의 항변의 문제는 생기지 않고, 다만 물건의 하자에 관한 담보책임의 규정이 적용된다.

(3) 賣買의 성립

(가) 매매의 목적물 매매의 목적물은 재산권이면 족하다. 매매의 목적인 재산권은 물건(동산·부동산)인 경우가 많으나, 지상권·저당권과 같은 제한물권이나 채권은 물론이고, 저작권·특허권 등의 무체재산권, 사실적 관계(고객관계 등)로써 구성

되는 영업 내지 기업도 매매의 그 목적이 될 수 있다.

(ㄱ) 매매의 목적인 재산권은 반드시 현존할 것을 요하지 않는다.

(ㄴ) 매매목적인 재산권은 반드시 현재 매도인에게 속하여 있을 필요는 없다. 즉 타인의 물건이나 타인에게 속하는 권리라도 무방하다(제569조).

(나) **매매계약체결의 합의** 매매는 목적재산권의 이전과 대금의 지급에 관한 당사자의 의사표시의 합치만 있으면 유효하게 성립한다.

(ㄱ) 재산권이전과 대금지급의사의 합치 : 매매는 매도인의 재산권이전의 의사와 매수인의 대금지급의사의 합치만으로 성립하고 기타 사항, 예컨대 계약의 비용·채무의 이행시기 및 이행장소 등에 관하여는 반드시 합의가 있을 것을 요하지 않는다.

또한, 그 매매목적물과 대금은 반드시 계약체결 당시에 구체적으로 특정할 필요는 없고 사후에라도 구체적으로 특정할 수 있는 방법과 기준이 정하여져 있으면 충분하다.[71]

(ㄴ) 매매의 一方豫約 : 매매계약체결에 앞서 매매예약을 체결할 수 있고, 매매계약의 체결에 앞서 매매예약을 체결한 때에는 다른 의사표시가 없는 한 상대방이 매매를 완결할 의사를 표시하는 때 매매의 효력이 생긴다(제564조 제1항).[72]

(a) 매매의 一方豫約으로 의사표시의 기간을 정하지 아니한 때에는 예약자는 상당한 기간을 정하여 매매완결여부의 확답을 상대방에 최고할 수 있고(제564조 제2항), 예약자가 기간 내 확답을 받지 못한 때에는 예약은 그 효력을 잃는다(동조 3항).

① 제척기간
- 형성권으로 보는 경우 — 10년(판례)
- 물권취득권으로 보는 경우 — 20년(제162조 제2항)

② 양도성 — 예약의무자의 승낙을 요하지 아니하나 통지함을 요한다.

③ 존속기간
- 존속기간의 약정이 없는 경우 — 최고 가능
- 기간 내 확답이 없는 경우 — 완결권의 효력상실(제564조 제2항·제3항)

(b) 매매예약의 완결권은 일종의 형성권으로서 당사자 사이에 그 행사기간을 약정한 때에는 그 기간 내에, 그러한 약정이 없는 때에는 그 예약이 성립한 때로부터 10년 내에 이를 행사하여야 하고, 그 기간은 제척기간이다.[73]

(다) **매매계약금의 교부** 매매계약의 성립에 관련하여 통상 계약금이 교부된다. 여기서 계약금(契約金)이란 계약체결에 관련하여 당사자 일방이 상대방에 대하여 교

71) 대판 1993.6.8, 92다49447.

72) 판례는 매매예약이 성립하기 위해서는 그 예약에 터잡아 맺어질 본계약의 요소가 되는 매매목적물, 이전방법, 매매가액 및 지급방법 등의 내용이 확정되어 있거나 확정될 수 있어야 하는 것이라고 한다(대판 1993.6.8, 92다49447).

73) 대판 2000.10.13, 99다18725.

부하는 금전 기타 유가물이며, 계약금계약의 성질에 따라 증약금·위약금·해약금 등의 성질을 가지나, 민법은 당사자간에 특별한 약정이 없는 한 해약금으로 추정한다(제565조).

(ㄱ) 계약금계약 : 계약체결에 관련하여 당사자의 일방이 상대방에 대하여 금전 기타의 유가물을 교부하는 계약을 계약금계약이라고 한다.

계약금계약은 금전 기타의 유가물을 교부하는 것을 성립요건으로 하므로 요물계약이다. 또한 매매 기타 계약에 부수되어 행하여지는 종된 계약이지만, 반드시 주된 계약과 동시에 성립할 것을 요하지 않는다.

(a) 계약금은 금전 이외의 것이라도 무방하다. 금액의 대소는 원칙적으로 불문하나(부동산매매에 있는 그 가격의 1할이 보통이다) 지나치게 소액인 때에는 증약금에 지나지 않고, 또한 다액인 때에는 손해배상액의 예정인 성질을 겸한 것으로 본다.

(b) 매수인이 체결시에 교부하고 그 후 수회에 걸쳐 대금이 지급되는 경우에는 원칙적으로 체결시에 교부된 것만이 계약금이다. 그러나 후에 지급되는 것도 계약금이라는 뜻이 분명할 때에는 그 총액이 계약금이 된다.

(ㄴ) 약정해제로서 계약금계약 : 매매의 당사자 일방이 이행에 착수할 때까지 교부자는 이를 포기하고, 수령자는 그 배액을 상환하여 계약을 해제할 수 있다(제565조 제1항).

(a) 契約의 履行에 착수한다는 것은 채무이행행위의 일부를 이행하거나 또는 이행에 필요한 전제 행위를 하는 것을 의미하나, 판례는 당사자 일방이 이행에 착수하였다고 함은 반드시 계약내용에 들어맞는 이행의 제공에 들어가야 하는 것은 아니지만 객관적으로 외부에서 인식할 수 있을 정도로 채무이행행위의 일부를 행하거나 또는 이행에 필요한 전제 행위를 행하는 것으로서 단순히 이행의 준비를 하는 것만으로는 부족한 것이라고 하고,[74] 특히 매매계약을 체결하고 그 중도금 지급을 정한 때에는 그 중도금의 지급을 계약의 이행이라고 본다.[75]

(b) 민법 제565조 제1항에서 말하는 당사자의 일방이란 매매당사자 중 어느 일방을 말하는 것이고 쌍방을 요하는 것은 아니다.[76] 또한 계약금을 받은 매도인이 그 배액을 상환하고 계약을 해제하려면 계약해제의 의사표시 외에 계약금의 배액을 이행제공하면 족하고 비록 상대방이 수령하지 아니한다고 하

74) 대판 1997.6.27, 97다9369.

75) 대판 2000.2.11, 99다62074; 1971.5.24, 71다473 참조.

76) 대판 2000.2.11, 99다62074; 1971.5.24, 71다473; 판례는 비록 상대방인 매도인이 매매계약의 이행에는 전혀 착수한 바가 없다고 하더라도 매수인이 중도금을 지급하여 이미 이행에 착수한 이상 매수인은 민법 제565조에 의하여 계약금을 포기하고 매매계약을 해제하지 못하는 것이라고 한다.

더라도 이를 공탁하여야 하는 것은 아니다.[77)]

(c) 유동적 무효인 상태에 있는 계약도 계약금계약으로 해약할 수 있는가. 무효・취소의 이중효문제이며, 판례는 특별한 사정이 없는 한 국토이용관리법상 토지거래허가를 받지 않아 유동적 무효인 상태에 있는 매매계약에 있어서도 당사자 사이의 매매계약은 매도인이 계약금의 배액을 상환하고 계약을 해제함으로써 적법하게 해제되는 것이라고 하여 긍정한다.[78)]

(ㄷ) 원상회복과 손해배상청구권의 배제 : 해제는 소급효를 가지나, 이행에 착수하기 전에 하여야 하므로 원상회복의무는 생기지 않는다. 또한 해약금에 의한 해제는 해약금계약이라는 특약에 의한 것이고 채무불이행에 기한 해제가 아닐 뿐만 아니라, 계약금의 포기 또는 배액의 상환은 그 손해를 보상한다는 취지이므로 별도의 손해배상청구권은 발생하지 않는다. 그러나 계약금이 교부되어 있더라도 상대방이 계약을 이행하지 않는 때에는 채무불이행을 이유로 계약을 해제할 수 있음은 물론이고, 또한 이 경우에는 손해배상 및 계약금의 반환 등 원상회복도 청구할 수 있다.

(ㄹ) 계약이행과 契約金의 반환 : 계약의 이행으로 계약금계약은 효력을 상실한다. 따라서 당사자간에 특약이 없는 한 계약금의 수령자는 이를 반환하여야 한다. 그러나 실제에 있어서는 계약이 이행되면 대금의 일부에 충당함이 보통이다.

(라) 매매계약에 관한 비용　매매계약의 비용부담은 당사자 사이에 특약이 있으면 이에 따르지만, 특약이 없으면 당사자 쌍방이 균분하여 부담한다(제566조).

매매계약에 관한 비용이란 매매계약의 체결에 필요한 비용을 가리키고 이행 또는 이행의 수령에 요하는 비용을 가리키는 것은 아니다.

예컨대, 계약증서의 인지료・공정증서의 작성수수료・목적물의 측량 기타 평가에 관한 비용이 이에 속한다. 그러나 부동산매매에서의 등기비용은 이행에 관한 비용이며, 공동신청주의의 원칙상 쌍방이 균분하여 부담할 것이지만 실제에서는 관습상 매수인이 부담한다.

(4) 賣買의 효력

(1) 매도인의 의무 ┌ 재산권이전 의무
　　　　　　　　　└ 담보책임
(2) 매수인의 의무 ┌ 대금지급 의무
　　　　　　　　　└ 목적물 수령의무

77) 대판 1992.5.12, 91다2152.
78) 대판 1997.6.27, 97다9369.

(가) 매도인의 재산권이전의무

(ㄱ) 목적물의 이전 : 매매는 재산권이전과 금전의 급부를 교환하는 것을 그 본체로 하므로 매도인은 그 목적인 재산권이전에 필요한 일체의 행위를 할 의무를 진다.

(a) 권리 그 자체를 이전하여야 한다. 따라서 매매의 목적인 권리가 물권인 때에는 매도인은 등기 또는 목적물의 인도의무를 부담한다.

매매목적인 권리가 타인에 속하는 때에는 매도인이 이를 취득하여 매수인에 이전하여야 하고, 토지소유권·지상권·전세권과 같은 부동산의 점유를 내용으로 하는 물권인 때에는 등기 외에 부동산의 점유도 이전하여야 한다.

(b) 종된 물건은 물론, 종된 권리도 이전하여야 한다. 예컨대 건물의 매도인은 원칙적으로 그 건물소유를 목적으로 하는 토지상의 권리, 즉 지상권 또는 토지임차권을 설정해 주거나 지상권 또는 임차권을 양도·전대하여야 한다. 또한 목적물에 관한 증서(예컨대 권리증서·채권증서)가 있는 때에는 이들의 증서도 교부하여야 한다.

(c) 매도인의 재산권이전의무는 원칙적으로 매수인의 잔대대금지급채무와 동시이행의 관계에 선다. 여기서 매매목적물이 동산인 때에는 목적동산의 인도와 대금지급이 동시이행의 관계에 있게 되고, 부동산인 때에는 이전등기절차이행의 의무와 대금지급이 동시이행의 관계에 있는 것은 물론이나 목적부동산의 명도의무도 동시이행의 관계에 있는가. 판례는 부동산매매계약이 체결된 경우에는 매도인의 소유권이전등기의무, 인도의무와 매수인의 잔대금지급의무는 동시이행의 관계에 있는 것이라고 한다.[79)]

또한, 매매목적 부동산이 가압류된 경우 그 등기의 말소와 관계에도 동시이행의 관계가 성립하는가. 판례는 매도인이 잔대금지급의무와 동시이행의 관계에 있는 소유권이전등기의무는 특별한 사정이 없는 한 제한이나 부담이 없는 완전한 소유권이전등기의무를 지는 것이므로 매매목적 부동산이 가압류등기 등이 되어 있는 경우에는 매도인은 소유권이전등기 의무와 아울러 가압류등기의 말소의무도 매수인의 대금지급의무와 동시이행의 관계에 있는 것이라고 한다.[80)]

(ㄴ) 과실의 귀속 : 매매계약이 성립한 후에도 아직 현실로 인도하지 아니한 목적물로부터 생긴 과실은 매수인의 지체 여부를 불문하고 매도인에게 귀속한다(제587조 전단). 그러나 매수인이 이미 대금을 지급하였음에도 불구하고 목적물을 인도하지 않은 때에는 대금지급 후 분리된 과실을 수취하지 못한다(동조 후단 참조). 이

79) 대판 2000.11.28, 2000다8533; 1991.9.10, 91다6368.
80) 대판 2000.11.28, 2000다8533.

것은 매도인이 목적물을 인도할 때까지는 매수인이 대금의 이자를 지급할 의무를 부담하지 않는 것에 대응하는 것으로 매도인과 매수인 사이의 과실과 이자에 관한 복잡한 이행관계의 발생을 방지하고 공평을 기하려는데 있다.

[판례] 부동산매매에 있어 목적부동산을 제3자가 점유하고 있어 인도 받지 아니한 매수인이 명도소송제기의 방편으로 미리 소유권이전등기를 경료받았다고 하더라도 아직 매매대금을 완급 받지 않은 이상 부동산으로부터 발생하는 과실은 매수인이 아니라 매도인에 귀속하는 것이다(대판 1992.4.28, 91다32527).

(다) 매도인의 담보책임

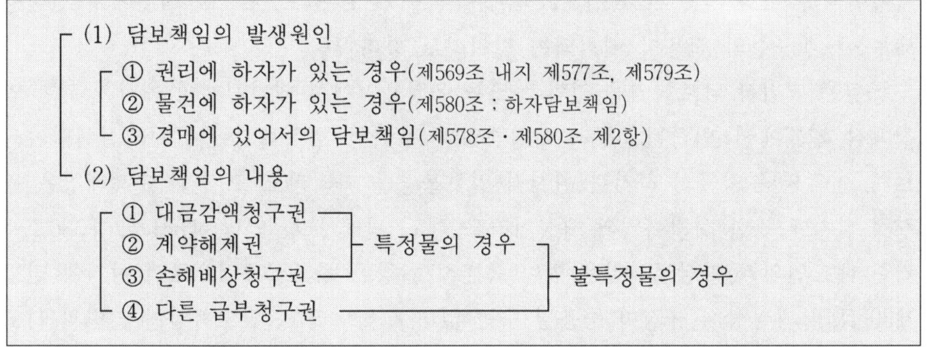

매매목적인 재산권의 하자로 인하여 그 재산권의 전부 또는 일부를 이전할 수 없거나, 그 급부된 물건에 하자가 있는 경우 매도인은 매수인에게 그 하자에 대한 책임을 부담한다. 이를 매도인의 담보책임이라고 하고(제570조 내지 제584조), 매도인의 귀책사유를 불문한다. 민법은 매도인의 담보책임을 권리에 관한 담보책임으로 제570조 내지 579조에서 규정하고, 물건에 관한 담보책임은 제580조에서 하자담보책임으로 규정한다. 따라서 하자담보책임이란 곧 물건에 관한 담보책임을 의미하고 권리에 관한 담보책임은 물건에 대한 담보책임과 구별하여 추탈담보책임이라고 한다.

(ㄱ) 담보책임의 성질 : 매도인의 담보책임은 법정책임이며 무과실책임이다. 그러나 이때 법정책임이 신의칙상 법정책임무과실책임인가, 채무불이행적 법정책임무과실책임인가. 담보책임의 내용에 따라 달리한다.

(a) 권리흠결의 경우에는 그 책임 요건을 매도인의 소유권이전의무의 전부 또는 일부의 불이행을 이유로 하므로 그 본질은 매도인의 계약상 채무불이행적 법정책임이 명백하다(제569조). 또한 불특정물매매, 즉 종류매매인 때에는 그 담보책임의 본질이 완전한 물건을 인도하지 않는 데에서 부담하는 소위 매도인의 채무불이행책임의 성격이라는데 이설이 없다.

다만, 특정물매매에서는 그 특정물에 원시적으로 존재하는 하자에 대하여 매도인이 부담하는 담보책임은 신의칙상 책임인가, 채무불이행적 책임인가.

민법은 매도인의 담보책임에 관하여 채무불이행책임과 별도로 제570조 내지 제584조에서 명문으로 규정하고 있으므로 법정책임이라는데 이설이 없다. 그렇다면, 양설의 차이점은 채무불이행책임과는 전혀 별개의 법정책임인가, 아니면 채무불이행책임성을 가진 법정책임인가 문제로서 그 구별의 실익은 결국 손해배상책임과 관련하여 법정책임설에서 하자란 원시적 일부불능을 가리키고 그 결과 손해배상의 범위는 신뢰이익의 범위로 한정되나, 채무불이행설은 일반채무불이행에서와 같이 이행이익을 포함하나, 그 요건·효과에 특칙을 두고 있으므로 그 범위에서 민법상 채무불이행규정의 적용이 배척되는 것이라고 한다.[81)]

통설은 민법상 담보책임을 연혁상 또는 유상계약에서 대가관계의 유지를 위한 법정책적 견지에서 인정된 채무불이행책임과 무관한 법정책임이며 무과실책임이라 보며, 이로써 특정물의 하자란 원시적 일부불능을 가리키고 그 결과 손해배상은 원시적 하자에 관한 신뢰이익의 배상이라고 하고, 판례 또한 민법 제581조, 제580조에 기한 매도인의 하자담보책임은 법이 특별히 인정한 무과실책임으로서 여기에 민법 제396조의 과실상계 규정이 준용될 수는 없다고 하더라도, 담보책임이 민법의 지도이념인 공평의 원칙에 입각한 것인 이상 하자 발생 및 그 확대에 가공한 매수인의 잘못을 참작하여 손해배상의 범위를 정할 것이라고 한다.[82)]

(b) 민법상 담보책임을 채무불이행적 법정책임으로 구성할 경우 담보책임의 내용에 관하여 채무불이행의 일반이론이 적용된다. 그러나 민법은 그 요건·효과에 대하여 특칙을 두고 있으므로 그 범위에서 채무불이행의 일반규정의 적용이 배척된다.

(ㄴ) 담보책임의 성립 : 담보책임의 성립요건으로 목적물의 하자에는 무과실책임을 규정하고 있으므로 매도인의 선의·악의 또는 과실의 유무는 그 요건이 아니다. 그러나 매수인에 대하여는 매매형태, 하자의 내용에 따라 달리한다.

(a) 권리(權利)의 하자는 원칙적으로 매수인의 선·악을 불문한다. 그러나 권리의 하자 중 목적물의 수량부족·일부멸실의 경우(제574조), 제한물권에 의하여 소유권이 제한되는 경우(제572조)에는 선의의 매수인에 대하여만 담보책임을 부담한다.

(b) 물건(物件)의 하자는 매수인이 목적물에 하자 있음을 알지 못하고 그 알지 못하는데 과실이 없어야 한다(제580조 제1항 단서). 즉 매수인의 선의·무과실을 요

---

81) 김주수 182면, 이은영 211면; 김형배, 하자담보책임의성질, 고려대논문집(제19집) 129면; 조규창, 물건의하자담보책임, 고려대논문집(제21집) 256면.

82) 대판 1995.6.30, 94다23920; 1990.3.9, 88다카31866; 1980.11.11, 80다923·924.

하고, 그 입증책임은 매도인이 부담한다. 따라서 매수인의 선의는 추정된다. 그리하여 판례는 목적물이 다량이고 거래통념상 일일이 점검하는 것이 요구되지 않는 경우에는 통상 점검으로 용이하게 발견할 수 있는 하자가 혼입되어 있어도 전체로는 매수인의 선의・무과실이 인정되는 것이라고 하고, 또한 일반적인 표준에서 발견할 수 없는 하자라도 매수인이 특히 알고 있는 경우에는 담보책임은 생기지 않는 것이라고 한다.

다만, 하자에는 후발적 하자를 포함할 것인가. 특정물에 대하여는 계약체결 당시에 이미 목적물에 물질적 결함이 있음을 요하지만, 불특정물의 경우에는 계약체결 후 그 특정 전에 생긴 것도 포함한다는 의미에서 후발적 하자도 포함하는 것이라고 한다. 그러나 민법이 매매의 목적물에 하자가 있는 때(제581조 제1항)라고 한 점을 보면 특정물의 경우와 구별할 것은 아니며, 판례 또한 법률적 하자의 존부는 매매계약성립시를 기준으로 판단하여야 할 것이라고 한다.[83)]

(c) 경매(競賣)에 있어서는 일정한 제한 하에 담보책임을 인정한다. 즉 경매물의 하자에는 담보책임(하자담보책임)을 인정하지 않고(제580조 제4항), 권리의 하자에는 권리일반에 따른 담보책임을 부담하나, 손해배상에 관하여는 일정한 제한을 두고 있다. 따라서 물건의 하자와 권리의 하자의 구별실익은 경매에서 현저히 나타난다. 즉 물건의 경우에는 매수인의 선・악을 묻지 않고 담보책임을 지지 않지만, 권리의 하자에서 그 대금반환의 범위는 채무자가 무자력이면 사실상 경매인의 경락대금의 범위로 감축된다(제578조 참조).

경매로 인한 담보책임은 경매절차는 유효히 이루어졌으나 경매의 목적이 된 권리의 전부나 일부가 타인에 속하는 등의 하자로 경락인이 완전한 소유권을 취득할 수 없거나 이를 잃게 되는 경우에만 적용된다. 따라서 경매절차 자체가 무효인 경우에는 담보책임은 성립하지 않는다.[84)]

(ㄷ) 담보책임의 내용 : 민법은 매도인의 담보책임으로 계약해제권・대금감액청구권・손해배상청구권을 규정하고, 불특정물의 경우에는 다른 급부청구권(완전물급부청구권)을 규정한다. 그러나 매도인이 부담할 담보책임의 내용은 하자의 내용・정도, 매수인의 선・악에 따라 정하여진다.

(a) 권리(權利)의 하자는 원칙적으로 매매목적의 달성 여부에 따라 계약해제권・대금감액청구권・손해배상청구권을 가지나 악의의 매수인에는 저당권・전세권 등의 실행으로 소유권을 잃거나 취득하지 못하는 경우를 제외하고는 손해배상청구

83) 대판 2000.1.8, 98다18506.
84) 대판 1993.5.25, 92다15574.

권은 발생하지 않는다. 또한 권리의 일부가 타인에 속하여 이전될 수 없는 경우 악의의 매수인은 그 목적달성이 불가능한 경우에도 계약해제권은 인정되지 않고 대금감액청구권만 가진다.

이에 대하여 물건(物件)의 하자는 선의·무과실의 매수인에만 인정되고 매매의 목적달성 여부에 따라 계약해제권과 손해배상청구권을 가진다. 또한 매매의 목적물을 종류로 지정한 경우, 즉 불특정물의 하자는 특정물에 대한 담보책임을 행사하지 아니하고 하자 없는 물건을 청구할 수 있다(제581조 제1항 제2항).

물건에 흠이 있다는 것은 매매목적물에 물질적인 결함이 있는 것을 말한다. 결함의 여부는 일반적으로 그 종류의 것으로서 보통 가져야 할 품질·성질을 표준으로 하여 판단하여야 하고, 매도인이 견본 또는 광고로서 목적물이 특수한 성능이나 품질을 갖고 있음을 표시한 때에는 그 표준에 따라 하자의 유무를 결정하여야 한다. 판례는 매매목적물이 거래통념상 기대되는 객관적 성질·성능을 결여하거나, 당사자가 예정 또는 보증한 성질을 결여한 경우 매도인은 매수인에 대하여 그 하자로 인한 담보책임을 부담할 것이라고 한다.[85]

다만, 매매목적물에 법률적 하자(法律的 瑕疵)가 있는 경우, 예컨대 공장부지로서 매수한 토지가 하천법의 적용구역이어서 공장을 세울 수 없는 경우, 벌채 목적으로 매수한 산림이 보안림구역이어서 벌채하지 못하게 된 경우에 이를 물건의 하자로 볼 수 있는가. 법정책임설에 의하면 권리의 하자로 보지만, 채무불이행책임설에 의하면 물건의 하자라고 하고, 판례 또한 건축을 목적으로 매입한 토지가 건축허가를 받을 수 없어 건축이 불가능한 법률적 제한 내지 장애 역시 매매목적물의 하자에 해당하고 그 하자의 존부는 매매계약 성립시를 기준으로 판단하여야 할 것이라고 한다.[86] 그러나 이와 같은 경우의 법률적 하자는 권리의 하자로 보아 민법 제575조를 적용하는 것이 이론적으로 타당하다. 왜냐하면 하자담보책임은 민법 제575조를 준용함으로 양자에 차이가 없지만 경매의 경우에는 차이가 있으므로 법률적 하자를 물건의 하자로 보아 경매에서 적용을 배척하면 결국 목적물이 제한물권에 의해 제한되는 경우와 법률적 하자를 구별하는 것이 되어 권형을 잃기 때문이다.

담보책임판단의 기준으로서 매매목적은 반드시 계약의 내용으로 되어 있어야 하는 것은 아니며, 또한 매도인이 이를 알고 있어야 하는 것도 아니다. 그러나 단지 매수인이 주관적으로 의도하고 있었다는 것만으로 부족하고 그 매매의 목적물·성질 기타 계약 당시의 사정으로부터 객관적으로 이해할 수 있는 것이어야 한다.

---

85) 대판 2000.1.18, 98다18506.
86) 대판 2000.1.18, 98다18506.

(b) 계약해제(契約解除)는 언제나 계약 전부에 대하여 해야 하는 것은 아니다. 목적물이 수량적으로 可分이고, 하자가 그 일부에만 존재하여 계약의 목적이 일부에 의하여도 달성할 수 있는 경우에는 일부해제를 인정하여야 한다.

(d) 손해배상의 범위에 관하여 신뢰이익설, 신뢰이익·이행이익병존설, 규범목적설, 일반손해배상설이 대립한다.

다수설은 담보책임의 내용으로서의 배상할 손해는 계약이 유효할 것으로 믿은 데 대한 소극적 계약이익의 배상, 즉 신뢰이익의 배상이라고 한다. 그러나 판례는 타인 권리를 매매한 경우에는 이른바 원시적 하자가 있었던 것이 아니라 제569조에 의한 그 권리를 취득하여 매수인에게 이전하여야 할 의무위반, 즉 채무불이행이 있었다고 할 수 있는 바, 이 경우에는 이행이익을 배상하여야 할 것이라고 한다.87)

손해의 범위는 하자의 정도에 따라 달리하나, 소유권상실로 인한 손해의 범위는 소유권상실 당시 객관적 가액에 의한다. 다만 경매절차에서 경매신고인이 없어 2차에 걸쳐 최저경매가액이 저감되어 낙찰된 경우 소유자가 소유권을 잃게 된 손해의 범위는 어느 때를 기준으로 정할 것인가. 판례는 비록 2차 경매에서 경매가액이 저감되어 낙찰된 경우라고 하더라도 소유권자가 소유권을 잃게 되므로 받은 손해의 범위는 2차경매에서 낙찰된 가액이 아니라 1차경매기일에서 평가액이 그 객관적 교환가치로 되는 것이라고 한다.88)

또한, 매도인의 담보책임에 매수인의 과실을 상계할 수 있는가. 민법 제580조와 제581조에 기한 매도인의 하자담보책임은 법이 특별히 인정한 무과실책임이므로 이를 적용할 것은 아니다. 그러나 판례는 매도인의 담보책임에 민법 제396조의 과실상계규정이 준용될 수는 없다고 하더라도, 담보책임이 민법의 지도이념인 공평의 원칙에 입각한 것인 이상 하자의 발생 및 그 확대에 가공한 매수인의 잘못이 있는 때에는 이를 참작하여 손해배상의 범위를 정할 것이라고 한다.89)

---

(1) 물건(物件)의 하자인 경우(하자담보책임) — 선의·무과실의 매수인에만 인정
- ① 특정물의 경우
  - 목적달성 불능 — 계약해제·손해배상청구
  - 목적달성 가능 — 손해배상청구 가능
- ② 불특정물의 경우 — 특정물의 담보책임 외 다른 급부청구 가능

87) 대판 1967.5.18, 66다2618.
88) 대판 1996.4.23, 95다42621.
89) 대판 1995.6.30, 94다23920.

(2) 권리(權利)의 하자인 경우

- ① 권리의 전부가 타인에 속한 경우 — 선의·악의 매수인에 불문
  - 계약해제권
  - 손해배상청구권 — 선의의 매수인에만 인정
- ② 권리의 전부가 타인에 속한 경우
  - 목적달성 불능 — 선의의 매수인 — 계약해제·손해배상청구 가능
  - 목적달성 가능
    - 선의·악의의 매수인 — 계약해제 가능
    - 선의의 매수인 — 손해배상청구 가능
- ③ 목적물의 수량부족의 경우 — 선의의 매수인에만 인정
  - 목적달성 불능 — 계약해제·손해배상청구 가능
  - 목적달성 가능 — 대금감액·손해배상청구 가능
- ④ 용익권 등 제한물권에 의해 제한되는 경우 — 선의의 매수인에만 인정
  - 목적달성 불능 — 계약해제·손해배상청구 가능
  - 목적달성 가능 — 손해배상청구 가능
- ⑤ 저당권·전세권·주택임차권실행의 경우 — 선의·악의 매수인에 불문 — 계약해제권 및 손해배상청구권 인정

(3) 경매(競賣)에서의 담보책임

- ① 물건의 하자 — 선의·악의 매수인에 불문하고 담보책임 배제
- ② 권리의 하자 — 권리일반에 따른 담보책임(사실상 감경되는 결과)

(ㄹ) 담보책임의 행사 : 담보책임의 행사기간은 물건의 하자와 권리의 하자에 따라 달리한다.

권리(權利)의 하자는 매수인의 선·악에 따라 달리한다. 선의의 매수인은 사실을 알았거나 알 수 있었던 날로부터, 악의의 매수인은 계약한 날로부터 1년 내 행사하여야 하고(제573조), 물건(物件)의 하자는 매수인이 하자있음을 알았거나 알 수 있었던 날로부터 6월 내 행사하여야 한다(제582조).(그러나 개정 민법(안)에서는 모두 1년으로 규정한다.)

다만, 권리의 전부가 타인에 속하여 이전할 수 없는 경우와 목적물상 저당권·전세권 등의 행사(경매)로 매수인이 소유권을 취득하지 못하거나 잃게 되는 경우에는 제척기간의 적용은 없다. 왜냐하면 이 때에는 권리를 신속히 행사하여야 할 이유가 없기 때문이다. 여기서 안 날이란 매수인이 현실로 하자있음을 안 날을 의미하며, 하자의 발견에 지체는 적용되지 않는다. 그러나 상인간의 매매에는 매수인이 목적물을 수취하면 지체 없이 검사하고, 하자가 있는 것을 발견한 때에는 곧 그 뜻을 통지하지 않으면 매도인의 책임을 물을 수 없게 된다(상법 제69조).

또한, 청구권의 행사는 재판상·재판 외를 불문한다.[90]

(ㅂ) 담보책임에 관한 민법 규정의 성질 : 담보책임에 관한 민법 규정은 임의규

90) 대판 1964.4.21, 63다691.

정이다(§584 참조). 따라서 당사자가 민법 제569조(타인권리의 매매) 내지 제583조(담보책임과 동시이행)가 규정하는 담보책임을 면제하거나 경감하는 특약은 유효하다(그러나 제571조의 책임을 면하는 특약이 제외됨은 동조 규정의 성질상 당연하다).

그렇다면, 담보책임을 가중(加重)하는 특약은 유효한 것인가. 민법은 이에 관한 일반규정을 두지 않고 단지 채권매도인이 채무자의 자력을 담보하는 경우에 대한 추정규정을 두고 있을 뿐이다(제579조). 따라서 동조 규정의 해석상 제척기간을 배척하는 특약은 유효하다.

당사자가 면책특약을 한 경우에도 매도인이 이를 알고 고지하지 아니한 사실 및 제3자에게 권리를 설정 또는 양도한 행위에 대하여는 담보책임을 면하지 못한다(제584조). 여기서 매도인이 이를 알고 고지하지 아니한 사실이란 알면서 고지하지 아니한 것이 담보책임의 요건이 되는 것을 말하고, 제3자에게 권리를 설정 또는 양도한 행위란 매도인이 스스로 제3자에게 권리를 설정 또는 양도한 행위가 담보책임의 요건으로 되는 것을 말한다.

다만, 매도인의 이러한 행위는 매매계약 이전에 행하여진 것이어야 하는가, 아니면 매매계약 후에 하였더라도 제584조(담보책임의 면제특약의 제한)가 적용되는가. 다수설은 후자의 경우에는 채무불이행의 문제로서 다루는 것이 타당하므로 민법 제584조는 적용되지 않는 것이라고 한다.

(ㅁ) 담보책임과 동시이행 : 민법 제572조 · 제575조 · 제580조 · 제581조의 경우 매수인은 계약의 전부 또는 일부를 해제할 수 있다. 그러므로 매수인은 이미 지급한 대금의 전부 또는 일부의 반환을 청구하는 동시에 이미 수령한 것이 있으면 그것을 반환하여야 하며, 이들 간에 동시이행관계가 성립한다.

판례는 민법 제538조의 취지가 매도인은 동조 규정에 터 잡아 이미 지급받은 대금의 전부나 일부의 지급의무가 있는 반면 매도인은 매수인에게서 수령한 목적물이 있다면 원상회복의무로서 이를 반환할 의무가 있는데 이러한 쌍방 당사자의 의무는 하나의 쌍무계약에서 발생한 것은 아닐지라도 동일한 생활관계에서 발생한 것으로서로 밀접한 관계에 있어 그 이행에 견련관계를 인정함이 공평의 원칙에 부합하기 때문에 일반해제의 경우와 마찬가지로 이들의 경우에도 민법 제536조(동시이행의 항변)를 준용할 것이라고 한다.[91]

(ㅂ) 매도인의 담보책임과 타제도의 관계

(a) 담보책임과 곽오(錯誤)와 관계 : 매매목적물에 하자가 있음을 매수인이 알지 못하고 매매계약을 체결한 경우에는 착오가 있다고 할 수 있고, 또한 민법은 하

91) 대판 1993.4.9, 92다25946.

자에 대한 담보책임을 규정하고 있으므로 계약성립의 착오와 매매목적물에 담보책임이 경합하는 경우에는 이를 선택적으로 행사할 수 있는가.

통설은 민법상 담보책임에 관한 규정을 법률행위일반의 착오에 관한 규정의 특칙으로 이해한다. 그 결과 매매목적물의 하자에 관하여는 민법상 착오에 관한 규정의 적용이 배척되고 오직 담보책임의 규정만이 적용되는 것이라고 한다.

또한, 판례는 민법 제569조가 타인권리의 매매를 유효로 한 것은 선의의 매수인의 신뢰이익을 보호하기 위한 것이므로, 매수인이 매도인의 기망에 의하여 타인의 물건을 매도인의 것으로 잘못 알고 매수한다는 의사표시를 한 것이고 만일 타인의 물건인 줄 알았더라면 매수하지 아니하였을 사정이 있는 경우 매수인은 민법 제110조에 의하여 매수의 의사표시를 취소할 수 있다고 할 것이라고 하여 민법 제109조의 직접적 적용을 회피한다.[92)]

(b)사기(詐欺) 및 불법행위(不法行爲)와 담보책임 : 사기에 의하여 하자있는 물건을 매수한 경우 담보책임에 관한 규정의 경합을 인정할 것인가.

학설・판례는 매수인이 선의인 것을 요건으로 하는 담보책임과 계약당사자 또는 제3자가 상대방에 기망행위를 하였다는 것은 별개 문제란 점에서 양자의 경합을 긍정한다.[93)] 그리하여 판례에서 민법 제569조가 타인권리의 매매를 유효로 한 것은 선의매수인의 신뢰이익을 보호하기 위한 것이므로, 매수인이 매도인의 기망에 의하여 타인물건을 매도인의 것으로 잘못 알고 매수한다는 의사표시를 한 것이고 만일 타인의 물건인 줄 알았더라면 매수하지 아니하였을 사정이 있는 경우에는 매수인은 민법 제110조에 의하여 매수의 의사표시를 취소할 수 있다고 할 것이라고 한다.[94)]

또한, 사기로 인하여 불법행위를 구성하는 경우에는 하자담보책임과 불법행위책임이 경합한다.

(c) 불완전이행(不完全履行)과 담보책임 : 불특정물매매에 있어서는 계약체결 후 그 특정 전에 목적물에 하자가 생긴 경우 불완전이행과 담보책임이 경합하는가. 담보책임의 법률적 성질과 관련하여 견해가 대립한다.

담보책임의 법적 성질을 법정책임으로 이해하는 통설에 의하면 민법 제581조의 담보책임만을 물을 수 있는 것이라고 하고, 다만 특정물의 경우라도 계약 당시에는 하자가 없었으나 채무자가 보관 또는 운송방법 등의 잘못으로 하자가 생긴 경우나 확대손해가 발생한 경우에는 불완전이행의 문제가 생기는 것이라고 한다. 그러나

92) 대판 1973.10.23, 73다628.
93) 대판 1973.10.23, 73다268.
94) 대판 1973.10.23, 73다628.

판례는 물건의 하자에 대한 매도인의 책임에 원심이 채무불이행을 원인으로 한 손해배상책임을 인정하고 있는 이상 구태여 하자담보책임의 성립을 따져 볼 필요도 없다고 할 것이고, 또한 원심이 적극적 채권침해의 성립을 부정한 것인지 여부는 판결결과에 아무런 영향이 없다고 할 것이라고 하여 양자의 경합을 긍정하는 태도를 취한다.[95)]

(d) 계약체결상 과실(契約締結上 過失)과 담보책임 : 매매목적물의 원시적 일부불능의 경우에는 체결상 과실책임과 하자담보책임이 경합하는가.

유력설은 유상계약의 특칙인 하자담보책임제도가 우선적으로 적용된다고 한다. 판례 또한 부동산매매계약에 있어서 실제면적이 계약면적에 미달하는 경우에는 그 매매가 수량지정의 매매에 해당할 때에 한하여 민법 제574조, 제572조에 의한 대금감액청구권을 행사하는 것은 별론으로 하고 그 매매계약이 미달하는 부분만큼 일부무효임을 들어 이와 별도로 일반부당이득의 반환을 청구하거나 그 부분의 원시적 불능을 이유로 민법 제535조가 규정하는 계약체결상 과실에 따른 책임의 이행을 청구할 것은 아니라고 하여 부정한다.[96)]

[채무불이행책임과 담보책임의 비교]

요건상 차이	채무불이행책임은 채무자의 고의·과실의 귀책사유를 요하나, 담보책임은 매도인의 귀책사유를 요하지 않는다. 또한 채무불이행책임은 매수인의 선의를 요하지 않고 다만 매수인의 과실은 손해배상책임 및 배상액 결정의 참작에 불과하나, 담보책임은 매수인의 선의를 요함이 보통이고 그 선의·악의 및 과실의 유무에 따라 책임의 내용을 달리한다.
효과상 차이	채무불이행책임에서는 책임내용으로 언제나 손해배상청구권이 발생하고 또한 일정한 요건 하에 계약해제권이 발생하나, 담보책임에서 손해배상청구권은 선의의 경우에만 인정됨이 원칙이고, 계약해제권은 목적달성 불능의 경우에만 인정된다. 그러나 종류물에서 완전물급부청구권은 양자가 동일하다.
행사기간의 차이	채무불이행책임에서는 특별한 제한이 없고 그 내용인 청구권에서 통상 10년의 소멸시효가 적용되나, 담보책임에서는 1년 또는 6월의 제척기간이 적용된다.

증여·도급에서의 담보책임

(1) 증여(贈與)에서의 담보책임

무상계약인 증여에는 담보책임에 관한 규정이 배척됨이 원칙이다(제559조 제1항 전단). 그러나 다음의 경우에는 예외적으로 담보책임을 부담한다.

95) 대판 1993.11.23, 93다37328; 1992.4.28, 91다29972; 1970.12.29, 70다2449.

96) 대판 2002.4.9, 99다47396.

(a) 증여자가 그 하자나 흠을 알고 고지하지 않는 때(제559조 제1항 단서).
(b) 상대부담 있는 증여(제559조 제2항).
(c) 증여자가 담보책임을 질 것을 특약한 때

(2) 도급(都給)에서의 하자담보책임

(가) 하자담보책임의 내용 완성된 목적물 또는 완성 전의 성취된 부분에 하자가 있는 때에는 수급인은 도급인에 대해 담보책임을 부담한다. 수급인은 일정요건 아래 담보책임을 부담하나, 매매와는 다음의 점에서 책임내용을 달리한다.

(ㄱ) 하자보수의무라는 매도인에게 존재하지 않는 담보책임을 가진다.

(ㄴ) 손해배상의 범위는 언제나 이행이익의 배상이 된다.

(ㄷ) 계약해제권의 행사가 제한된다. 도급인이 완성된 목적물의 하자로 인하여 계약의 목적을 달성할 수 없는 때에는 계약을 해제할 수 있으나, 건물 기타 토지의 공작물에 대하여는 그러하지 아니한다(제668조).

(나) 담보책임이 면책되는 경우

(ㄱ) 책임발생의 제한 : 목적물의 하자가 도급인이 제공한 재료의 성질 또는 도급인의 지시에 기인한 때에는 적용하지 않는다. 그러나 수급인이 그 재료 또는 지시가 부적당함을 알고 도급인에게 고지하지 아니한 때에는 그러하지 아니한다(제669조).

(ㄴ) 존속기간의 제한 : 도급에 기한 하자보수·손해배상의 청구 및 계약해제는 목적물의 인도를 받은 날로부터 1년 내 행사하여야 한다(제670조 제1항). 다만 목적물의 인도를 요하지 않는 경우에는 일의 종료일로부터 기산한다(동조 제2항). 그러나 토지·건물의 수급인에 관한 목적물 또는 지반공사의 하자에 대하여는 인도 후 5년간의 담보책임을 지나, 다만 목적물이 석조·석탄조·연와조·금속 기타 이와 유사한 재료로 조성된 것인 때에는 그 기간은 10년으로 된다(제671조 제1항).

(ㄷ) 특약의 제한 : 수급인이 담보책임해제의 특약을 한 때에도 수급인이 알고 고지하지 아니한 사실에 대하여는 책임을 면치 못한다(제672조).

(다) 매수인의 대금지급의무

(ㄱ) 대금지급의 시기·장소 등 : 매매당사자 일방의 의무이행에 기간이 있는 때에는 그 상대방에 대하여도 동일한 기한이 있는 것으로 추정한다(제585조).

대금의 지급장소에 관하여도 특약 또는 관습이 없는 한 매도인의 주소에서 지급하는 것이 원칙이나 목적물의 인도와 동시에 대금을 지급할 경우에는 그 인도 장소에서 지급하여야 한다(제586조).

(ㄴ) 대금의 이자 : 매수인은 목적물의 인도를 받은 날로부터 대금의 이자를 지급하여야 한다(제587조 후단). 이 규정은 목적물이 인도될 때까지는 매도인이 과실수취권을 갖는 것과 표리를 이루는 것으로서 그 적용은 매도인이 먼저 그 채무를 이행하였으나 매수인이 대금지급의무를 이행하지 않은 경우에만 적용된다.

대금지급에 대하여 기한이 있는 때에는 목적물의 인도를 받았더라도 그 시기까지는 이자의 지급의무를 부담하지 아니한다(동조 단서).

(ㄷ) 매수인의 대금지급거절권 : 매매목적물에 대하여 다른 권리를 주장하는 자

가 있어 매수인이 매수한 권리의 전부나 일부를 잃거나 잃을 염려가 있는 때에는 그 위험부담의 한도에서 대금지급을 거절할 수 있다(제588조).

(a) 매매의 목적물에 대하여 「권리를 주장하는 자가 있다」라고 함은 목적물의 전부 또는 일부가 자기에게 속한다고 주장하는 자가 있는 경우뿐만 아니라 목적물 위에 용익적 권리를 가지는 것을 주장하는 자가 있는 경우를 포함하고, 특히 채권의 매매에서 채무자가 채무의 존재를 부인하는 경우에도 동일하다.

또한, 「권리의 전부 또는 일부를 잃을 염려가 있다」라고 함은 객관적 · 일반적으로 보아서 위험성이 인정되는 경우를 말한다.

[판례] 매매계약을 맺은 후에야 등기부상 매매목적물이 매도인의 소유가 아닌 것이 발견되었다면 매수인은 경우에 따라서는 민법 제588조에 의하여 중도금지급을 거절할 수 있고 그렇지 않고 계약에 있어서 형평의 원칙이나 신의성실에 비추어 선행의무에 해당하는 중도금지급의무라고 하더라도 그 지급을 거절할 수 있다(대판 1977.2.8, 76다2619; 1974.6.11, 73다1632).

(b) 매수인이 대금지급을 거절하는 경우 매도인은 상당한 담보를 제공하고 대금의 지급을 청구할 수 있고(제588조 단서). 또한 매도인은 매수인에 대하여 공탁을 청구할 수 있다(제589조). 따라서 매도인이 상당한 담보를 제공하고 또한 공탁을 청구한 때에는 매수인은 이를 거절하지 못한다. 그리고 매수인이 권리를 잃을 염려가 없어질 때까지는 매도인은 공탁금을 수령할 수 없다고 해석된다.

- 매수인의 대금지급 거절의 경우
  - 목적물의 전부 또는 일부가 자기 권리에 속함을 주장하는 자가 있는 경우
  - 용익적 권리를 가지는 것을 주장하는 자가 있는 경우
- 매도인의 권리
  - 상당한 담보제공과 그 지급청구(매수인의 대금지급거절 불가)
  - 매수인에의 대금공탁의 청구(제589조)

(c) 매수인의 잔대금지급채무와 매도인의 소유권이전등기의무의 이행은 동시이행의 관계를 가진다. 다만 매매계약을 채결하면서 당해 부동산의 양도소득세를 매수인이 부담하기로 하는 약정을 한 경우 매수인의 양도소득세납부의무와 매도인의 소유권이전등기의무이행의 관계에서도 동시이행의 관계가 성립하는가.

판례는 양도소득세를 매수인이 부담키로 하는 약정이 있었다면 매수인이 양도소득세액을 부담하기 위한 이행제공의 형태 · 방법 · 시기 등에 관하여 당사자간에 어떤 약정이 있었는지를 확정한 다음, 그것이 매도인의 소유권이전등기의무와 견련관계에 있다고 볼 수 있는지 여부를 판단하여 정할 것이라고 하였다.[97]

(라) 매수인의 목적물수령의무　현행 민법에는 매수인의 목적물수령의무를 인정

97) 대판 1993.8.24, 92다56490; 1992.8.18, 91다30927; 1991.5.28, 90다카27471.

하는 규정은 없다. 그러나 채권관계의 구성을 채권·채무의 공동목적 달성을 위하여 서로 협력하여야 할 유기적 관계로 이해하는 다수설에 의하면 채권자의 수령의무를 인정한다. 그렇다면 매수인이 매매대금을 이미 지급하였거나 기간이 도래하지 아니하여 대금채무를 지체하지 않고 있는 경우에도 매도인은 그 수령의무불이행을 이유로 계약을 해제 또는 손해배상을 청구할 수 있는가.

채권관계의 부수의무위반의 효력문제이며, 다수설·판례에 의하면 어느 경우에도 계약해제권의 행사는 불가능하게 된다.

(5) 還買와 再賣買豫約

(가) 환 매

(ㄱ) 환매(還賣)의 의의와 성질 : 광의에 있어서의 환매는 재매매예약, 해제권유보부매매 등도 포함한다. 그러나 통상 환매란 민법 제590조 이하에 규정되어 있는 환매를 의미한다. 따라서 환매란 매도인이 매매계약과 동시에 특약으로 환매할 권리, 즉 환매권을 유보하여 매매계약을 체결하고 후일 매도인이 그 환매권을 행사하여 목적물을 다시 매수하는 환매약관부매매를 말한다(제590조 이하).

환매는 일단 매도한 목적물을 일정기간 내에 다시 원소유자인 매도인에 회복케 한다는 점에서 재매매예약과 더불어 채권의 담보적 작용을 갖는다.

환매는 재매매예약, 양도담보(매도담보)와 더불어 매도담보의 한 형태이다. 그러나 환매에서 금융을 받은 자(매도인)는 매매의 형식에 의하여 목적물의 대금으로서 일정한 금전을 받는 것이므로 이것을 변제할 채무를 지지 않는데 반하여, 양도담보는 당사자 사이에 소비대차관계가 존재하고, 금전을 받는 자는 이것을 변제할 채무를 진다는 점에 주요한 차이가 있다. 요컨대 환매는 권리의 이전에 의하거나 또는 융자받은 금전의 반환청구권을 수반하지 않는 담보제도의 일종이다.

(ㄴ) 환매의 성립 : 환매의 목적물은 부동산·동산을 불문하고, 또한 그밖의 재산권(예컨대, 채권·무체재산권 등)에 관하여도 성립한다.

(a) 환매의 특약은 매매의 계약과 동시에 하여야 한다(제590조 전단). 매매계약이 있은 후에 특약을 하여도 그것은 민법상 환매는 되지 않는다. 그러나 이 경우 재매매예약으로는 유효할 것이라고 보며, 또한 환매특약은 매매계약의 불가분적인 내용으로 되는 것은 아니므로 후에 그 내용을 다소 변경 또는 이 특약만을 소멸케 하는 것은 무방하다.

판례는 토지를 매매하면서 그 토지 중 공장부지 및 도로부지에 편입하지 아니할 부분을 원가로 반환한다는 약정은 공장부지 및 도로부지로 사용되지 않기로 확정된 때에는 그 부분 매매는 해제되어 원상태로 돌아간다는 일종의 해제조건부매매로 봄이 상당하고, 그 환원에 당사자의 의사표시를 요하는 조건부환매계약이라고 볼 수 없는 것이라고 한다(대판 1981.6.9, 80다3195).

환매의 특약은 매매계약에 종된 계약이므로 환매계약의 무효·취소는 환매특약을 무효로 한다. 그러나 반대로 환매의 특약의 무효·취소는 당사자가 그 특약의 무효를 조건으로 하지 않는 한 매매계약의 효력에는 영향을 미치지 않는다.

(b) 환매기간은 부동산은 5년, 동산은 3년을 넘지 못한다. 당사자가 이 기간보다 긴 기간을 정한 때에는 그 기간으로 단축된다. 그리고 환매기간을 정한 때에는 다시 이를 연장하지 못한다(제591조).

(c) 부동산환매권은 이를 등기할 수 있고, 부동산등기법은 그 등기절차를 규정한다. 따라서 부동산환매권은 등기함으로써 제3자에 대항력을 가진다.

(ㄷ) 환매권의 실행

(a) 환매권의 성질 : 환매권의 법률적 성질을 어떻게 볼 것인가. 해제권설·물권취득권설·예약완결권설·청산권설[98] 등 견해가 다양하다.

다수설은 환매권은 환매계약과 동시에 정한 특약에 의하여 인정된 일종의 약정해제권이나 보통의 해제와 달리 목적물의 소유권을 다시 회복하는 권리로서의 실질을 갖추고 있는 것이라고 한다. 그러나 해제권설은 구민법 제579조가 「그 매매를 해제할 수 있다」라고 규정한데 근거하나, 현행 민법 제590조는 「환매할 수 있다」라고 규정하여, 해제라는 용어를 쓰지 않는 점에서 의문이 있고, 물권취득권설은 환매권행사에 민법 제187조를 적용하려는 것은 형식주의하의 현행 민법의 해석상, 또한 청산권설은 환매를 일종의 담보권으로만 파악함으로써 환매권의 양도성에 어려운 점이 있다. 그렇다면, 환매권을 일종의 재매매예약완결권과 같은 맥락에서 파악하는 것이 타당할 것이다.

(b) 환매권의 행사 : 환매권의 행사는 환매기간 내에 하여야 하고(제594조 제1항), 환매권자로부터 환매의무자에 대한 의사표시로서 한다.

1) 환매권의 행사에는 환매대금을 지급하여야 한다. 환매대금은 원칙적으로 매매대금과 매수인이 부담한 매매비용을 합한 것이다(제590조 후단). 그러나 당사자간에 특약이 있으면 그 특약에 의한다(동조 제2항). 그러나 代金의 利子는 매수인이 목적물을 용익하여 얻는 과실과 상계한 것으로 보는 것이므로 특별한 정함이 없는 한 매도인은 대금의 이자를 지급할 의무는 없다(동조 제3항).

2) 환매권의 행사는 형성권이므로 환매할 수 있는 날로부터 10년 내 행사하여야

---

98) 김형배 370면: 환매를 일종의 정지조건부매매로 보아 환매권의 행사로 성립된 매매가 청산관계로 되는 것이라고 한다.

한다.

(c) 共有持分의 환매 : 목적물의 공유지분도 환매약관부로 양도할 수 있고, 그 법률관계도 목적물 그 자체의 환매와 다르지 않다. 그러나 민법은 지분의 환매 후 그 환매권을 행사하기 전에 분할되는 경우의 법률관계에 특칙을 두고 있다.

즉, 공유물이 협의에 의하여 또는 법원이 명하는 경매에 의하여 분할된 때에는 환매권자는 매수인이 받은 부분 또는 대금에 대하여, 그리고 분할의 방법이 정하여지고 매수인이 받을 부분 또는 대금액이 결정되었거나 아직 현실로 받지 않는 동안이면 그 받을 부분 또는 대금에 대하여 환매권을 행사할 수 있음을 규정하여 분할의 효력을 다투지 못하게 하고 있다(제595조 본문). 그러나 이 경우에도 매도인(환매권자)에게 통지하지 않고 분할한 때에는 분할한 것을 매도인에게 대항하지 못한다(동조 단서)라고 하여 매도인은 분할이 없는 것으로서 지분에 대하여 환매할 수 있음을 규정한다.

(d) 환매권의 대위행사 : 환매권은 일종의 재산권으로서 양도성이 있으므로 채권자대위권의 목적이 될 수 있다. 그러나 매수인은 법원이 선정한 감정인의 평가액에 매도인이 반환할 금액을 공제한 잔액으로 매도인의 채무를 변제하고, 잉여금이 있으면 이를 매도인에 지급하여 환매권을 소멸시킬 수 있다(제593조).

(ㄹ) 환매권행사의 효과

(a) 소유권의 복귀 : 환매권의 행사로 목적물의 소유권은 매도인에 복귀한다. 따만 이때 복귀되는 소유권은 물권적 복귀인가 채권적 복귀인가. 환매권의 법률적 성질과 관련하여 견해가 대립한다.

다수설은 해제권설을 취하면서 그 소유권의 회복은 채권적 복귀를 취한다. 즉 환매의 의사표시로써 매매계약이 해제되더라도 그 이행으로서 소유권이전에는 직접 영향을 받지 않고, 다만 환매권자에게 반환청구권이 생기는데 불과한 것이라고 한다. 그러므로 환매권행사에 의한 소유권의 복귀는 이 반환청구권을 행사하여 등기이전 또는 인도를 받은 때 비로소 복귀한다.

또한, 판례는 매도인이 환매기간 내 환매를 하지 아니하면, 그 기간의 경과와 동시에 매수인의 소유로 귀속되는 것이지만 당해 부동산이 미등기로서 매수인이 그 취득등기를 하지 아니하였다면 매수인은 소유권을 취득할 수 없고, 다만 환매기간 경과 후에는 채권적 담보권만 행사할 수 있다고 하고,[99] 더욱 부동산등기법 제64조의 2에 의하면 환매특약의 등기는 매수인의 권리취득의 등기를 부기하고 이 등기는 환매에 의한 권리취득의 등기를 한 때에는 이를 말소하도록 되어 있으며 「환매에

99) 대판 1980.9.9, 80다941.

의한 권리취득의 등기」는 이전등기의 방법으로 하여야 할 것인 바, 설사 환매특약부 매매계약의 매도인이 환매기간 내 매수인에게 환매의 의사표시를 한바 있다고 하여도 그 환매에 의한 권리취득의 등기를 함이 없이는 부동산에 가압류한 후 집행을 한 자에 대하여 이를 주장할 수 없는 것이라고 한다.[100]

(b) 목적물상 권리소멸 : 매수인 또는 전득자는 목적부동산의 완전한 소유자로 되므로 그 위에 용익권이나 담보물권을 설정하는 것도 자유이다. 그러나 환매권이 실행되어 소유권이 매도인에게 복귀하면 이러한 권리는 모두 소멸한다.

(c) 비용상환청구권 : 매수인 또는 전득자가 목적물에 관하여 비용을 지출한 경우에 매도인(환매권자)은 민법 제203조의 규정에 의하여 그 지출한 금액을 상환하여야 한다. 그러나 매수인 또는 전득자가 과실을 취득한 때에는 통상의 필요비는 청구하지 못한다(제203조 제1항).

유익비는 매도인(환매권자)의 선택에 따라 지출한 금액이나 현존 증가액을 상환하여야 하고(동조 제2항). 이 경우 법원은 매도인의 청구에 의하여 상당한 기간을 허여할 수 있다(제594조 제2항 단서)(그러나 개정 민법(안)은 이를 삭제하였다(제594조 제2항 단서 삭제). 따라서 개정 민법안에 의하면 환매권행사로 매수인의 유익비상환청구에 대한 매도인 상환기간허여는 인정되지 않는다.)

(ㅁ) 환매권의 양도 : 환매권은 양도할 수 있고 환매의무자의 승낙을 요하지 아니한다. 그러나 환매목적물이 동산인 경우에는 채권양도에 준하여 환매의무자의 승낙 또는 이에 대한 통지가 있어야만 제3자에게 대항할 수 있고, 환매권이 등기되어 있는 경우에는 그 이전등기를 하여야 환매권 이전의 효력이 생긴다.

환매목적물이 부동산인 경우 환매등기와 동시에 환매권의 보류를 등기한 때에는 제3자에 대하여 효력이 있다(제592조). 즉 환매권자는 목적물의 전득자에 대하여도 환매권을 행사할 수 있다. 이 경우에 환매의 의사표시는 언제나 전득자에 대한 의사로 하여야 한다.

(나) 재매매예약

(ㄱ) 재매매예약의 의의 : 매매계약과 동시에 또는 그 후에 매도인이 일정기간 내에 매매목적물을 매수한다는 예약을 재매매예약이라고 하고, 그 예약에 따라 본계약인 재매매를 성립케 하려는 의사표시를 할 수 있는 권리를 재매매의 예약완결권이라고 하며, 민법은 매매예약에 일방예약 추정을 규정한다(제564조).

재매매예약은 환매와 더불어 소유권이전형식에 의한 담보제도로서 동일한 작용을 한다. 더욱 현행 민법은 구민법상 환매에 대해 두었던 여러 가지 제한을 완화함

100) 대판 1990.12.26, 90다카16914.

으로써 양자는 근본적인 점에서는 차이가 없고, 다만 기술적인 점에서만 차이가 있을 뿐이다.

(ㄴ) 재매매예약의 성립 : 재매매목적물은 부동산·동산을 불문하고, 또한 그 밖의 재산권(예컨대 채권·무체재산권 등)에 관하여도 재매매예약의 특약을 할 수 있다.

(a) 재매매예약의 특약에는 제한이 없다. 즉 매매계약과 동시 또는 매매계약이 있은 후에 특약을 하여도 유효하다. 또한 존속기간에 대하여도 제한이 없다.

(b) 재매매예약의 공시는 불가능하다. 다만 일반청구권의 보전문제로서 가등기하는 것은 가능하다. 따라서 재매매예약권에 기한 가등기한 때에는 제3자에 대항력을 가진다.

(ㄷ) 재매매권의 실행

(a) 재매매예약완결권의 성질 : 재매매예약의 법률적 성질은 보통의 매매예약과 동일하다. 매매예약이란 본계약의 체결이 있으면 상대방이 이를 승낙할 의무를 부담하는 경우와 본계약을 성립시키려는 의사표시를 하면 상대방의 승낙 여부와 관계없이 본계약이 성립하는 경우로 나누어지나, 우리 민법은 매매의 일방예약은 상대방이 매매를 완결할 의사를 표시한 때 매매의 효력이 생긴다(제564조 제1항)라고 하여 후자의 의미를 규정하고 있다. 따라서 재매매예약도 매도인이 미리 매수인에 대하여 장래에 예약완결권을 행사하여 매매를 완결할 의사표시를 한 때에는 당초의 목적물을 다시 매매로서 매도인(원소유자)에게 이전할 것을 약정한 것이라고 보아 예약완결권은 형성권의 일종이며 물권취득권에 속한다.

(b) 재매매권의 행사 : 예약완결권의 행사는 재매매기간 내에 하여야 하고, 예약완결권자로부터 재매매의무자에 대한 의사표시로서 한다.

또한, 예약완결권의 행사에는 재매매대금의 지급을 요하지 않는다. 재매매대금은 매매대금과 매수인이 부담한 매매비용을 합한 것이 될 것이나 이에 국한하지 않고 당사자간의 약정에 의하여 정할 수 있고 이것이 오히려 원칙이다.

예약완결권을 형성권으로 보면 재재매할 수 있는 날로부터 10년 내에 행사하여야 하나, 물권취득권으로 보면 20년 내에 행사하여야 한다.

(ㄹ) 재매매권행사의 효과 : 재매매예약완결권의 행사로 목적물의 소유권은 매도인에 복귀한다. 이때 복귀되는 소유권의 복귀관계 및 비용부담 등에 관하여는 환매에서와 대체로 동일하다.

[환매와 재매매예약의 비교]

	환 매	재매매예약
의 의	매도인이 매매계약과 동시에 특약으로 환매할 권리를 유보한 매매계약	매매계약과 동시 또는 그 후 매도인이 일정기간 내 매매목적물을 매수한다는 예약
법적성질	① 해제조건부매매 ② 환매권은 일종의 약정해제권이며, 형성권(다수설)	① 해제조건부 매매 ② 예약완결권은 형성권의 일종이며 물권취득권
성립요건	① 동산·부동산에 불문 ② 환매특약은 매매계약과 동시에 하여야 한다(§590 ①).	① 동산·부동산에 불문 ② 매매계약과 동시 또는 이시(異時)를 불문한다.
실행요건	① 환매대금은 본래 매매의 대금과 매수인이 부담한 매매비용에 한 정함이 원칙(§590 ①). ② 환매권행사에는 매수인이 지급한 대금과 비용을 지급하여야 한다.	① 재매매대금에는 제한이 없다. 따라서 재재매예약완결시 별개로 정함이 원칙 ② 재매매예약완결권의 행사에는 대금의 제공을 요하지 않는다.
기간제한	동산 3년, 부동산 5년이며, 갱신하지 못한다.	원칙적으로 제한이 없다. 다만 재매매예약완결권의 성질에 따라 10년 또는 20년의 제한을 받는다
대항력	부동산환매권은 등기하여야 제3자에 대항할 수 있고 부동산등기법은 그 공시절차를 규정한다.	재매매예약의 공시는 불가능하다. 다만 재매매예약의 가등기권으로의 등기는 가능하다.

3. 交 換

(1) 交換의 의의와 성질

(가) 교환(交換)은 당사자 쌍방이 금전 이외의 재산권을 상호 이전할 것을 약정함으로써 성립하는 계약이다(제596조).

교환은 낙성·쌍무·유상·불요식의 계약인 점은 매매와 같으나, 다만 교환의 목적물이 금전 이외의 재산권에 한정된다는 점에서 매매와 다르다.

(나) 교환은 연역적으로 매매보다 앞선 계약이었지만 오늘날은 특수한 재화의 이용자간에 배분을 합리적으로 할 필요에서만 행하여지고 그 구체적인 내용에 대하여는 민법 중 매매에 관한 규정이 전적으로 준용된다.

(2) 交換의 성립

(가) 재산권의 상호이전 교환은 당사자 쌍방이 금전 이외에의 재산권을 상호 이전할 것을 약정함으로써 성립한다(제596조). 따라서 당사자의 일방이 금전인 소유

권을 이전하는 경우에는 매매로 된다.

(나) **보충금부 교환** 당사자의 일방이 다른 권리와 함께 금전(보충금 또는 보족금)의 소유권을 이전할 것을 약정하는 경우, 즉 보충금부교환의 법률적 성질이 문제된다. 그러나 이때 지급되는 보충금이 일방의 재산권 가치를 보충하는데 그치고 급부에 종속하고 있는데 지나지 않는 경우에는 교환으로 볼 것이지만, 금전이 주된 경우에는 혼합계약이라고 해석한다.

(다) **환 금** 환금(換金)이란 특정종류의 금전을 급부함을 목적으로 하는 것이므로 당사자 쌍방이 금전 이외의 소유권을 이전을 목적으로 하는 교환과는 다르다. 따라서 환금은 교환도 매매도 아닌 일종의 유상인 무명계약이라고 할 수 있다.

⑶ 交換의 효력

(가) 교환의 효력에는 매매의 매도인에 관한 규정을 준용한다(제567조). 즉 특정물 교환의 소유권이전시기 또는 담보책임 등은 매매에서와 동일하다. 또한 교환은 쌍무계약이므로 동시이행의 항변권 및 위험부담에 관한 규정(제536조 내지 제538조)이 준용된다.

(나) 보충금부교환의 보충금에는 매매대금에 관한 규정이 준용된다(제597조). 보충금을 지급하는 당사자도 그 급부하는 금전 이외의 물건에는 매도인의 담보책임에 관한 규정이 준용된다.

4. 終身定期金

⑴ 終身定期金의 의의와 성질

(가) 종신정기금계약이란 당사자 일방이 자기·상대방 또는 제3자의 종신까지 정기로 금전 기타 물건을 상대방 또는 제3자에게 지급할 것을 약정함으로써 성립하는 계약이다(제725조).

종신정기금은 보험적 작용을 가지지만, 실제로 개인 간에 이 제도를 이용되는 일은 거의 없다. 다만 우편연금법·공무원연금법 등과 같이 공법적 제도로 인정되고 있는 것은 있으나, 이에는 특별규정을 두고 있으므로 민법 규정은 적용될 여지는 없다.

(나) 종신정기금계약은 당사자의 의사표시만으로 성립하는 낙성계약이며, 특별한 방식을 요하지 않는 불요식계약이다. 그러나 유언으로 하는 경우는 요식행위인 유증이지만, 이 경우에도 종신정기금에 관한 규정이 준용된다(제730조).

(ㄱ) 정기금채무자가 당초부터 증여의 의사로서 정기급부를 약정할 때에는 무상·편무계약이 되고, 증여에 관한 규정이 준용된다. 그리고 정기금채무자가 상대방

으로부터 금전을 차용하고 있거나, 물건을 매수하고 대금을 지급할 채무를 지고 그 것을 종신정기금으로 하여 점차로 변제케 하는 경우에는 유상·쌍무계약이 되며, 이에는 소비대차·매매 등의 규정이 준용된다.

(ㄴ) 종신정기금계약은 정기급부의 의무가 특정인의 사망시까지 존속하여 사람의 사망이라는 불확실한 사실로 급부의 양이 증감하는 것이므로 사행계약이다.

⑵ 終身定期金契約의 성립

(가) 특정인의 종신까지 정기로 대금 기타 물건을 지급할 것을 약정함으로써 성립한다. 다만 민법은 금전 기타의 물건이라고 규정하여 마치 물건의 종류에 제한이 없는 것 같으나, 종신정기금계약의 성질에 비추어 대체물이 아닌 것은 정기금의 목적물이 될 수 없다.

(나) 특정인은 급부할 채무자 자신이든, 급부 받을 채권자인 상대방이든 또는 당사자 이외의 제3자이든 불문한다.

종신은 육체의 존재를 전제로 하므로 자연인에만 가능하고, 법인·조합 등에는 성립하지 않는다.

⑶ 終身定期金契約의 효력

(가) 정기금채권의 발생 종신정기금계약의 체결에 의하여 1개의 포괄적 채권인 정기금채권이 발생하며, 이 기본적 채권으로부터 다시 매기의 변제기 도래로 각개의 지분적 채권이 발생한다.

종신정기금으로 발생하는 지분적 채권은 기본적인 정기금채권으로부터 분리한 채권이므로 독립하여 소멸시효에 걸리기도 하고, 또한 양도 기타 처분의 목적이 된다.

(ㄱ) 정기금의 지급시기는 선급과 같은 특약이 없는 한 매기간의 경과 후에 변제하면 족하다.

(ㄴ) 정기금채권이 표준된 기간의 도중에 소멸한 경우에는 계약에서 특별히 정함이 없으면 정기금을 일수로써 계산하여 정한다(제726조).

(나) 정기금채무불이행의 효과 정기금채무자가 정기금의 지급 기타 의무를 이행하지 아니한 경우, 정기금채무자가 정기금의 원본을 받고 있지 않은 때에는 계약해제의 일반규정에 따라 해제하고, 그로 인하여 손해가 발생하였으면 그 배상을 청구할 수 있다. 그러나 채무자가 정기금의 원본을 받은 때에는 그 원본의 반환을 청구할 수 있고, 정기금채권자가 이미 받은 채무액에서 그 원본의 이자를 공제한 잔액을 정기금채무자에게 반환하여야 한다(제727조 제1항 단서).

제 2. 貸借型契約

1. 消費貸借

(1) 消費貸借의 의의와 성질

(가) 소비대차의 의의 소비대차(Darlehn)란 당사자 일방이 금전 기타 대체물의 소유권을 상대방에게 이전할 것을 약정하고 상대방은 그와 동종·동질·동량의 물건을 반환할 것을 약정함으로써 성립하는 계약이다(제598조).

소비대차의 특질은 소비물을 목적으로 하므로 차주는 본래 차용물 그 자체를 반환하지 않고, 동일한 종류·품질·수량을 반환할 관계에 선다는 점에서 본래 차용물의 반환을 전제로 하는 사용대차·임대차와 구별된다.

(나) 소비대차의 성질 소비대차는 낙성·불요식계약이며, 원칙적으로 무상·편무계약이다. 다만 이자부소비대차는 쌍무성을 가지는가.

다수설은 대주의 원본대여의무가 선이행의 의무를 부담하는 것이라고 하여 편무계약설을 취한다. 즉 소비대차가 성립하면 대주는 금전 기타 대체물의 소유권을 이전하여 줄 채무를 부담하지만, 이때 차주는 그와 같은 종류의 품질 및 수량인 물건을 반환하여 줄 채무를 부담하나, 대주의 목적물인도 전에 차주의 반환채무는 발생하지 않는 것이라고 한다. 그러나 쌍무성을 대가적 상환성에서 파악하면 역시 쌍무계약이라고 할 것이다.

(2) 消費貸借의 성립요건

(가) 소비대차의 목적물 소비대차의 목적물은 대체물에 한하므로 비대체물에는 원칙적으로 소비대차는 성립하지 않는다. 따라서 소비대차의 목적물은 비소비물이라도 금전 기타 대체물이면 무방하므로 무기명채권, 백지위임장부기명주식과 같은 것이라도 대체성이 있는 한 소비대차의 목적물이 될 수 있다.

또한, 부대체물이라도 일정 경우에는 소비대차의 목적물이 될 수 있다. 즉 대주가 물건을 차주에게 매각하여 차주로부터 지급할 대금으로써 소비대차의 목적으로 한 때에는 매매계약과 동시에 소비대차가 성립한다.

(나) 소비대차의 약정 소비대차는 대주가 일정액의 금전 또는 일정한 품질의 일정량, 기타 대체물의 소유권을 차주에게 이전하여 일정기간 동안 차주로 하여금 이를 이용하게 할 것과, 반환시기가 도래하였을 때에 차주가 차용한 것과 같은 종류·품질·수량의 것을 대주에게 반환할 것을 약정함으로써 성립한다.

다만, 이자부소비대차계약을 체결하는 때에는 그밖에 이자에 관한 특약의 합의가 있어야 함은 물론이다.

(다) 소비대차에 관한 특칙

(ㄱ) 소비대차의 失效에 관한 특칙 : 소비대차는 낙성계약이므로 당사자간의 합의만으로 유효히 성립한다. 따라서 소비대차의 성립에 차주가 현실로 금전 등을 수수하거나 현실의 수수가 있는 것과 같은 경제적 이익을 취득하여야 하는 것은 아니다.[101] 그러나 민법은 특칙을 두어 대주가 목적물을 차주에게 인도하기 전에 당사자 일방이 파산선고를 받은 때에는 그 효력을 잃는다고 규정한다(제599조). 이것은 만일 대주가 파산선고를 받았다고 한다면, 차주는 파산채권자로서 배당에 가입하게 되고, 차주의 반환청구권은 파산재단을 구성하게 되겠지만 이렇게까지 하여 계약의 효력을 유지할 필요가 없고, 반대로 차주가 파산선고를 받으면 신용계약인 소비대차의 기초가 상실되어 역시 계약의 효력을 그대로 유지한다는 것은 타당하지 않기 때문에 둔 규정이며, 사정변경의 구체적 적용의 예이다.

(ㄴ) 소비대차해제에 관한 특칙 : 이자 없는 소비대차는 무상·편무계약이어서 대주만이 경제적 손실을 보게 된다. 여기서 민법은 당사자 사이의 공평을 꾀하기 위하여 무이자부소비대차의 당사자는 목적물의 인도전이면 언제든지 계약을 해제할 수 있는 것으로 하였다. 그러나 해제로 인하여 상대방에게 손해가 생긴 때에는 이를 배상하여야 한다(제601조).

⑶ 消費貸借의 효력

(가) 목적물의 인도의무 소비대차의 목적은 차주가 목적물을 임의로 소비 사용하는데 있으므로 대주는 목적물인 금전 기타 임차물의 소유권을 차주에게 이전하여야 한다.

(ㄱ) 목적물의 인도는 현실인도에 한하지 않고, 간이인도·점유개정·목적물반환청구권의 양도도 포함한다.

차주에 대한 목적물의 인도는 대주는 물론 제3자도 무방하다. 또한 인도하는 목적물의 수령은 차주에 국한하지 않고 차주가 지정하는 제3자도 할 수 있다.

(ㄴ) 대물대차, 즉 금전대차라고 하여 대주가 반드시 금전으로만 지급하여야 하는 것은 아니다. 차주가 금전을 현실로 수수하는 것과 동일한 경제상 이익을 주는 유상증권 기타 물건을 이행한 때에도 금전소유권이전의무를 이행한 것으로 된다(제606조).

다만, 민법 제607조는 "금전대차의 경우에 차주가 금전에 갈음하여 유가증권 기타 물건을 받은 때에는 그 인도시의 가액으로써 차용액으로 한다." 라고 하고 제608

101) 대판 1991.4.9, 90다1465.

조는 이를 위반한 당사자의 약정으로서 차주에 불리한 것은 환매 기타 여하한 명목이라도 효력이 없음을 규정한다.

(나) 담보책임 이자부소비대차의 경우에는 매도인의 하자담보책임에 관한 민법 제580조 내지 제582조의 규정을 준용한다(제602조 제1항). 따라서 차주는 계약의 해제 또는 손해배상을 청구하거나 그렇지 않고 하자 없는 물건을 청구할 수도 있다(제581조 제2항·제602조). 그러나 소비대차가 금전 기타 대체물을 목적으로 하는 점에서 추탈담보책임(권리의 하자에 대한 담보책임)에 관한 규정은 준용되지 않는다.

무이자부소비대차의 경우에는 목적물에 하자가 있더라도 담보책임을 부담하지 않음이 원칙이다. 그러나 대주가 목적물에 하자가 있음을 알고 고지하지 아니한 때에는 이자부소비대차에서와 동일한 담보책임을 부담한다(제602조 제2항).

(다) 차주의 목적물반환의무 차주는 대주로부터 인도 받은 물건과 같은 종류·품질·수량을 반환하여야 한다(제598조). 다만 차주는 수령한 물건에 하자가 있는 경우 그와 동일한 물건을 반환하면 족할 것이지만 그와 동일한 하자 있는 물건을 찾는 것은 쉽지 아니할 것이므로 하자있는 물건에 갈음한 가액을 반환할 수 있다(제602조 제2항 본문). 또한 차용물과 같은 종류·품질·수량의 물건을 반환할 수 없는 경우에는 불능 당시의 시가로 상환하여야 하고, 특종통화를 목적물로 한 경우에는 그 통화가 강제통용력을 잃었더라도 가격상환을 인정하지 않고 다른 통화로써 반환하여야 한다(제604조).

(라) 이자의 지급의무 소비대차는 당사자의 특약 또는 법률의 규정에 의하여 이자의 지급이 정하여져 있는 경우를 제외하고는 이자를 지급할 의무는 없다. 그러나 이자지급의 특약이 있는 때에는 차주가 목적물의 인도를 받은 때로부터, 또는 차주의 책임 있는 사유로 수령을 지체한 때에는 대주가 그 이행을 제공한 때로부터 이자를 지급하여야 한다(제600조).

利子의 約定은「이자제한법」(2007.3.29, 법률 제8322호) 및「대부업의 등록 및 금융이용자보호에 관한 법률」(2002.8.26, 법률 제6706호)에 의한 제한을 받는다. 동법은 과잉이자를 금지하고 특히 대부업자는 대부계약을 체결하고자 하는 자의 재력·신용·부채상황 및 변제계획 등을 감안하여 변제능력을 초과하는 대부계약을 금지하고(동법 제7조), 그 이율에 관하여도 제한하고 있다(동법 제8조 참조).

(4) 代物返還의 豫約

(가) 대물반환예약의 의의 대물반환의 예약이란 차용물의 반환에 관하여 차주가가 차용물에 갈음하여 다른 재산권을 이전할 것을 예약하는 것, 즉 대물급부에 의

한 채무결재를 이행기 전에 미리 예약하는 것을 말한다. 예컨대 甲이 乙로부터 금전을 차용하면서 변제기에 원리금과 이자를 변제하지 못하면 甲소유 특정부동산의 소유권을 이전하기로 계약하는 것이다.

민법 제607조는 「차용물의 반환에 관하여 차주가 차용물에 갈음하여 다른 재산권을 이전할 것을 예약한 경우에는 그 재산의 예약 당시의 가액이 차용액 및 이에 붙인 이자의 합산을 넘지 못한다.」라고 하여 대물반환의 예약을 인정한다.

(나) 대물반환예약의 성립요건

(ㄱ) 목적물의 범위 : 대물반환예약에서 대물급부물에 대하여는 특별한 제한이 없다. 따라서 동산과 부동산은 물론이고 그 밖의 재산권을 포함한다.

따라서 대물반환의 목적물은 본래 급부 아닌 재산권이면 족하지만, 다만 대물급부의 대상인 재산권의 가액은 예약당시 가액을 기준으로 하여 차용액과 이에 붙인 이자의 합산을 넘지 않는 것이어야 한다.[102]

(ㄴ) 대물반환의 합의 : 대물반환예약에서 대물급부의 합의는 이행기 전의 합의이어야 한다. 여기서 이행기 전이란 소비대차계약의 채결과 동시 또는 체결 후를 불문하고 이행기 전의 합의이면 족하다. 따라서 이행기 경과 후, 즉 이행지체로 대물급부의 합의를 한 경우에는 여기서 말하는 대물반환의 예약으로 되지 않는다.

또한, 合意의 方式에는 특별한 제한이 없다. 다만 당사자가 부동산을 대물반환의 목적으로 하는 경우에는 그 예약상 권리를 확보하기 위하여 소유권보전의 가등기를 경료함이 보통이다.

(다) 대물반환예약의 효력 민법 제607조에 반하지 아니하는 범위에서 대물반환예약의 효력은 유효하고, 이로써 채무자는 본래급부에 갈음하여 재산권을 이전할 의무를 부담한다.

다만, 동법 규정을 위반하는 대물반환의 예약을 한 경우에는 그 효력을 어떻게 할 것인가. 민법 제608조는 「제607조의 규정을 위반한 당사자의 약정으로서 차주에 불리한 것은 환매 기타 여하한 명목이라도 효력이 없다」라고 규정하고 동조 규정의 성질을 효력규정이라는데 견해가 일치한다. 따라서 민법 제607조의 규정을 위반한 대물반환의 예약은 그 초과부분에 한하여 효력이 없는 것이 아니라 그 법률행위 전부를 무효로 한다.

또한, 당사자가 부동산을 대물반환의 목적으로 하고 그 예약상 권리를 가등기한 경우에는 소위 「가등기담보등에 관한 법률」이 적용되므로 동 법률과 민법 제608조의 적용이 문제된다. 이에 대한 판례는 대물변제예약 자체의 효력은 부정하면서 양

102) 대판 1996.4.26, 95다34781.

도담보로서 효력만 인정해야 할 것이라고 한다.[103]

[판례] 채무자가 그 소유 토지를 차용 원리금에 대한 대물변제조로 채권자에게 양도하기로 약정하고 그 차용 원리금의 담보조로 그 토지에 소유권이전등기청구권 가등기를 하였다가 그 차용 원리금에 갈음한 현실적인 대물변제조로 채권자 앞으로 소유권이전등기를 한 경우, 채무자와 채권자간의 그 약정은 민법 607조 소정의 대물반환의 예약이라고 할 것이어서 같은 법 제607조, 제608조가 적용되어 그 재산의 가액이 차용 원리금의 합산액을 넘는 경우에는 그 효력이 없고, 여기서 그 재산의 가액이 차용액과 이에 붙인 이자의 합산액을 넘는지의 여부는 예약 당시를 기준으로 할 것이지 소유권이전 당시를 기준으로 할 것은 아니다(대판 1996.4.26, 95다34781).

2. 賃貸借

(1) 賃貸借의 의의와 성질

(가) 임대차의 의의　임대차는 당사자 일방(임대인)이 상대방에게 목적물을 사용·수익하게 할 것을 약정하고, 상대방(임대인)이 이에 대하여 차임을 지급할 것을 약정함으로써 성립하는 계약이다(제618조).

임대차는 소비대차·사용대차와 함께 타인의 물건을 사용·수익하는 것이지만 차주가 목적물의 처분권을 취득하지 않고, 사용·수익한 후 그 목적물 자체를 반환하는 점에서 소비대차와 다르고, 사용·수익의 대가를 지급하는 점에서 사용대차와 다르다.

(나) 임대차의 법률적 성질　임대차계약의 법률적 성질은 쌍무·유상·낙성·불요식계약이다. 따라서 임대차계약은 유상의 쌍무계약이며, 낙성계약으로서 특별한 방식을 요하지 않는 채권계약이다. 그러나 민법 제621조 제1항은 「부동산임차인은 당사자간에 반대약정이 없으면 임대인에 대하여 그 임대차등기절차에 협력할 것은 청구할 수 있다」라고 하고, 동조 제2항은 「부동산임대차를 등기한 때에는 그때부터 제3자에 대하여 효력이 있다」라고 함으로써 등기된 부동산임차권의 법률적 성질에 관하여 견해가 대립하여 왔다.

임차권의 법률적 성질에 관하여 로마법에서는 임차권을 채권으로 보고 임대인의 소유권은 아무런 제한도 받지 않는 물권이므로 후일 임대인이 제3자에게 소유권을 양도하면 「매매는 임대차를 깨뜨린다(Kauf bricht Miete)」는 원칙을 적용함으로써 임차인은 제3자에 대항할 수 없는데 대하여, 게르만법계에서는 임차권을 채권으로 하면서도 임차인의 보호를 위하여 임차권에 점유취득 내지 등기에 대항력을 부여하고 있다. 그러므로 이 경우에는 「매매는 임대차를 깨뜨리지 못한다(kauf bricht nicht Miete)」는 원칙을 확립하였다. 전자를 「채권주의」라고 한다면 후자를 일종의 「물권주의」라고 한다.

다수설은 민법상 등기된 부동산임차권의 대항력은 임차인이 갖는 채권의 행사과

---

103) 대판 1996.4.26, 95다34781; 1991.12.24, 91다11223.

정에서 부여되는 권리에 불과하기 때문에 본질적으로는 채권의 성질을 가지는 것이지만, 임차권의 채권성을 엄격히 관철하게 되면 임대차에 의한 물건의 이용관계는 용이하게 교란되고 이로써 사회적·경제적 약자인 임차인의 지위를 부당하게 침해하는 사태에 빠지게 되어 사회적 타당성을 해하는 결과가 된다는 점을 들어 오늘날 특히 빈번히 행하여지는 대지·건물 등의 부동산임차권에 대하여는 그 본질에 있어서는 하나의 채권이지만 실질적 효력은 물권화의 과정에 있는 권리로 이해하여 특별히 보호하여야 할 것이라고 한다.

⑵ 賃貸借의 성립과 존속기간

㈎ 임차권의 성립

(ㄱ) 임차권의 目的物 : 임대차의 목적물은 동산·부동산, 물건의 일부 등을 가리지 않는다. 다만 금전 기타 소비물에 관하여는 성질상 특별히 동일물을 반환한다고 하는 사정이 없는 한 임대차의 목적물로는 되지 않는다.

임대인은 목적물의 소유자일 것이 보통이지만, 반드시 임대인이 그 물건에 대한 소유권 기타 처분권을 가져야 하는 것은 아니며, 타인의 권리에 속하는 물건의 임대차도 유효하다. 다만 기업이나 권리에 관해서도 그 용익의 대가를 지급하는 계약을 할 수 있으나 이들은 민법상 임대차의 목적은 될 수 없다.

(ㄴ) 임차권설정의 合意 : 임차권설정자와 임차권자의 임차권설정의 합의함으로 성립하고, 그 합의의 성립에는 특별한 제한이 없다.

(a) 임차권설정자는 목적물의 소유자임이 원칙이나 임차권설정은 처분행위가 아니므로 반드시 처분의 권능을 요하지 않는다.

(b) 임대차의 합의에는 당사자 일방이 상대방에게 목적물을 사용·수익하게 하고 상대방이 이에 대한 차임을 지급할 것을 내용으로 하여야 한다. 따라서 차임지급이 없는 약정은 임대차로 되지 않고 사용대차로 된다.

다만, 임차권은 타인 물건의 사용권을 목적으로 하지만 토지임차권의 경우 그 토지상에 임차인의 물건을 소유할 수 있는가. 계약자유의 원칙상 부정하지 않는다.

임차권상 보증금과 권리금

1. 임차권상 보증금

⑴ 보증금의 의의와 성질

㈎ 부동산임대차, 특히 건물임대차에서 임차인의 차임 등을 확보하기 위하여 임차인

또는 제3자가 임대인에게 교부하는 금전 기타 유가물을 말하며, 민법상 명문 규정이 없으나 관습상 교부함이 보통이다.

임차권성립에 보증금을 교부하는 것은 임차인의 목적물 사용에 따른 임대인의 차임채권의 확보와 임대목적물의 멸실·훼손에 대한 손해배상청구권을 담보하려는데 있다.

(나) 보증금의 법률적 성질에 관하여 채권질설은 임차인이 임대인에 대하여 가지는 보증금반환청구권을 임대인에게 질입하는 일종의 질권설정으로 보나, 신탁적소유권양도설은 정지조건부반환채무를 수반하는(임차인의 채무불이행 채무에 대한) 소유권이전으로 본다.

이에 대하여 특히 개정 민법(안)은 제647조의 2를 신설하여 "임차인이 임대인에게 보증금을 지급한 경우에 임대인은 임대차 종료 후 보증금으로써 지체된 차임 그 밖의 임대차와 관련하여 생긴 채권의 변제에 충당하고 잉여가 있으면 이를 반환하여야 한다."라고 명문화하여 신탁적소유권이전을 취한다.

또한, 보증금계약은 보증금 수수에 관한 약정이며, 임대차에 종된 계약이다. 따라서 보증금계약은 임대차계약의 유효한 성립을 전제로 성립하고 임대차와 분리하여 양도하지 못한다.

(다) 보증금의 교부는 임차인이 임대인에 교부하나 제3자도 가능하다. 또한 보증금의 많고 적음에는 불문한다.

(2) 보증금의 효력

(가) 담보금으로서 효력　보증금은 차임 또는 목적물의 멸실·훼손 등 임대차관계에서 발생하는 임차인이 임대인에 부담하는 채무를 담보한다.

임대인은 보증금으로 임차인의 연체차임에 대하여 충당하거나, 충당하지 않고 그 지급을 청구할 수 있다. 이 경우 임차인은 보증금지급을 이유로 차임지급을 거절하지 못한다. 판례는 부동산임대차에 있어서 수수된 보증금은 임료채무, 목적물의 멸실·훼손 등으로 인한 손해배상채무 등 임대차관계에 따른 임차인의 모든 채무를 담보하는 것으로서 그 피담보채무 상당액은 임대차관계의 종료 후 목적물이 반환될 때에 특별한 사정이 없는 한 별도의 의사표시 없이 보증금에서 당연히 공제되는 것이라고 한다(대판 1999.12.7, 99다50729; 1999.7.27, 99다24881).

(나) 보증금반환청구권　보증금반환청구권의 법률적 성질에 관하여 견해가 대립한다. 정지조건설은 임대차 종료 또는 임차물 반환시에 임차인의 반환채무가 없을 것을 조건(임차인이 채무의 부존재를 입증)으로 한다는데 반하여, 해제조건설은 임대차 종료시에 임차인의 채무 부존재를 해제조건으로 반환청구권이 발생하는 것이라고 한다.

양설의 차이는 반환청구권의 발생시기와 동시이행관계의 성립 여부에 있고, 다수설은 정지조건설을 취한다. 따라서 임대차종료 또는 임차물반환시에 임차인의 반환채무가 없을 것을 조건으로 반환청구권이 발생한다.

- 반환청구시기
  - 임대차종료시설(해제조건설 : 소수설)
  - 목적물반환시설(정지조건설 : 다수설)
- 동시이행관계 성립 여부
  - 임대차종료시설 — 동시이행의 관계가 성립
  - 목적물인도시설 — 목적물 반환의무를 보증금 반환의 선행의무로 파악

(다) 보증금의 우선변제권　임차인의 보증금회수를 위한 목적물상 경매청구권 및 우선변제권은 원칙적으로 인정되지 않는다. 그러나 다음의 경우에는 예외가 인정된다.

(ㄱ) 등기된 임차권의 우선변제권 :　민법상 등기된 주택임차권 및 상가건물임차권에는 주택임차권보호법 또는 상가건물임대차보호법상 임차권소멸 후 임차권등기명령을 신

청할 수 있고 등기명령집행의 의한 등기된 경우에는 우선변제권 있는 주택임차권 및 상가건물임차권의 효력이 준용된다.

(ㄴ) 주택 및 상가건물임대차권보호법상 우선변제권 : 대항력을 갖춘 주택임차권 및 상가건물임차권의 보증금 중 일정액(주택임차법 제8조 제1항, 상가건물임차법 제14조 제1항)과 주택 및 상가건물임차권의 대항요건과 확정일자 있는 임대차계약증서에 의한 보증금은 후순위권리자 기타 채권자보다 우선변제권을 가진다(주택임차법 제3조의 2, 상가건물임차법 제5조 제3항).

또한, 임대차가 종료된 후 보증금을 반환 받지 못한 주택 및 상가건물임차인은 임차주택 또는 건물의 소재지를 관할하는 지방법원·지방법원지원 또는 시·군법원에 임차권등기명령을 신청할 수 있고(주택임차법 제3조의 3 제1항, 동조 각호, 상가건물인차법 제6조 제1항), 임차권등기명령집행에 의한 임차권등기가 경료되면 동법 규정에 의한 대항력 및 우선변제권을 취득한다. 또한 임차인이 임차권등기 이전에 이미 대항력 또는 우선변제권을 취득한 경우에는 그 대항력 또는 우선변제권은 그대로 유지되며, 임차권등기 이후 대항요건을 상실하더라도 이미 취득한 대항력 또는 우선변제권은 상실하지 아니한다(주택임차법 제3조의 3 제5항, 상가건물임차법 제6조 제5항). 그러나 임차권등기명령의 집행에 의한 임차권등기가 경료된 당해 주택(임차목적이 주택의 일부인 경우에는 해당부분에 한한다) 및 상가건물을 다시 임차한 임차인은 각 동법에 의한 우선변제를 받을 권리가 배척된다(주택임차법 제3조의 3 제6항, 상가건물임차법 제6조 제6항).

(ㄷ) 증액보증금의 우선변제권 : 우선변제권을 가지는 임대차보증금이 임차권의 존속 중 증액된 경우 그 증액된 보증금은 우선변제권을 가지는가. 판례는 대항력을 갖춘 임차인이 저당권설정등기 이후에 임대인과의 합의로 임차보증금을 증액한 경우 그 합의 당사자 사이에서만 효력이 있고 저당권자에게는 대항할 수 없으므로 그 경락인에 대해 임차보증금의 증액부분을 대항할 수 없는 것이라고 한다(대판 1990.8.24, 90다카11377).

(ㄹ) 보증금반환과 임차권의 종료 : 임차권의 소멸은 보증금의 반환과 무관하다. 그러나 주택 및 상가건물 임차권은 동법에 의하여 특별규정을 두고 있다. 따라서 주택 및 상가건물임차권에서는 보증금의 반환을 정지조건으로 임차권은 종료한다(주택임차법 제4조 제2항, 상가건물임차법 제9조 제2항).

⑶ 보증금의 승계와 양도

(가) 보증금의 승계

(ㄱ) 임차인이 대항력을 가지는 경우 : 임차권이 등기된 경우(대항력을 갖춘 경우 포함) 보증금에 관한 권리·의무는 당연히 새로운 소유권자에게 이전된다. 따라서 이 경우 양도인(임대인)의 보증금반환채무는 소멸한다(대판 1996.11.22, 96다39126; 1987.3.10, 86다카1114). 그러나 계약에 의한 승계와 양도인(임차인)에게 이미 담보채무가 존재하는 경우에는 제한된다.

다만, 대항력을 갖춘 임차인이 양수인이 된 경우에도 보증금반환채무는 존속하는가. 판례는 주택의 임차인이 제3자에 대한 대항력을 갖춘 후 임차주택의 소유권이 양도되어 그 양수인이 임대인의 지위를 승계하는 경우에는, 임대차보증금의 반환채무도 부동산의 소유권과 결합하여 일체로서 이전하는 것이므로 양도인의 임대인으로서 지위나 보증금반환채무는 소멸하는 것이고, 대항력을 갖춘 임차인이 양수인이 된 경우라고 하여 달리 볼 이유가 없으므로 대항력을 갖춘 임차인이 당해 주택을 양수한 때에도 임대인의 보증금반환채무는 소멸하고 양수인인 임차인이 임대인의 자신에 대한 보증금반환채무를 인수하게 되어, 결국 임차인의 보증금반환채권은 혼동으로 소멸하는 것이라고 한다(대판 1996.11.22, 96다38216).

(ㄴ) 임차인이 대항력을 가지지 아니하는 경우 : 임차인이 등기 등 대항력을 갖추지

아니한 임차목적물이 제3자에 양도한 경우 그 보증금은 양수인에 이전되지 않고 양도인(임대인)에 존속한다.

다만, 이 경우 임차인은 임대인에 대한 보증금반환채권에 기하여 목적물상 유치권을 행사할 수 있는가. 유치권의 피담보채권의 성립범위의 문제이나 부정함이 다수설이다.

(나) 보증금의 양도 보증금반환채권은 이를 양도할 수 있다. 다만 임대인과 임차인간의 임차권양도금지의 특약이 있는 경우 그 임차보증금반환채권의 양도가 금지되는가, 판례는 임대인과 임차인간의 약정에 의하여 임차권의 양도가 금지되어 있다고 하더라도 그러한 사정만으로 임대차계약에 따른 임차보증금반환채권의 양도까지 금지하는 것은 아니라고 한다(대판 2001.6.12, 2001다2624).

2. 임차권상 권리금

(1) 권리금의 의의와 종류

(가) 토지 또는 건물, 특히 점포임대차에 부수해서 주로 그 부동산이 갖는 특수한 장소적 이익의 대가로서 임차인으로부터 임대인에게(또는 임차권의 양수인으로부터 양도인에게) 지급되는 금전이다.

(나) 권리금은 통상 영업상 이익의 대가로서 지급함이 원칙이나, 이에 국한하지 않는다. 따라서 권리금은 차임 합산의 先給金으로 지급되는 경우, 임차권에 교환가치를 부여하는 대가로서 지급되는 경우, 귀속재산, 국유재산의 임차권·차지권 등 양도의 대가로서 지급되는 경우 등이 있다.

(2) 권라금수수의 효력

(가) 영업상 이익의 대가 등의 충당 권리금은 영업상이익에 충당함이 원칙이며, 그 반환청구는 인정되지 않는다. 판례는 영업용 건물의 임대차에 수반되어 행하여지는 권리금의 지급은 임대차계약의 내용을 이루는 것이 아니고 권리금 자체는 영업시설·비품 등 유형물이나 거래처·신용·영업상 비법(노하우) 또는 점포위치에 따른 상업상의 이점 등 무형의 재산적 가치의 양도 또는 일정기간 동안의 이용대가라고 볼 것인 바, 권리금이 임차인으로부터 임대인에게 지급된 경우에 그 유형·무형의 재산적 가치의 양수 또는 약정기간 동안의 이용이 유효하게 이루어 진 이상 임대인은 그 권리금의 반환의무를 지지 아니하는 것이라고 한다(대판 2001.4.10, 2000다59050).

다만, 임대인이 임대차계약에서 「모든 권리금을 인정한다.」라는 단서 조항을 둔 경우 임차인은 그 임대인에 대하여 반환을 청구할 수 있는가.

판례는 통상 권리금은 새로운 임차인으로부터만 지급을 받을 뿐이고 임대인에 대하여는 지급을 구할 수 없는 것이므로 설사 이와 같은 단서 조항을 두었다고 하여도 임대인이 임차인에게 반환할 것을 약정하였다고 볼 수 없고, 단지 임차인이 후일 임차권을 승계한 자로부터 권리금을 수수하는 것을 임대인이 용인하고, 나아가 임대인이 정당한 사유 없이 명도를 구하거나 점포에 대한 임대차계약의 갱신을 거절하고 타에 처분하면서 권리금을 지급 받지 못하게 하는 등으로 임차인의 권리금 회수의 기회를 방해하는 경우에 임대인이 임차인에게 직접 권리금의 지급을 책임지겠다는 취지로 해석할 것이라고 하여 임대인의 권리금반환의 의무를 원칙적으로 부정한다(대판 2000.4.11, 2000다4517·4524). 그러나 임대인이 그 임대차의 종료에 즈음하여 그 재산적 가치를 도로 양수한다든지 권리금 수수 후 일정기간 이상으로 임대차를 존속시켜 그 가치를 이용케 하기로 하였음에도 임대인의 사정으로 중도 해지됨으로써 약정기간 동안의 재산적 가치를 이용케 해 주지 못하는 등 특별한 사정이 있는 때에는 그 권리금의 전부 또는 일부를 반환할 의무를 부담한다.

(나) 권리금의 양도성　권리금은 당사자간의 특약이 없는 한 양도성을 가지며, 통상 임차인과 전차인 등의 사이에서 양도된다.

(나) 임대차의 존속기간

(ㄱ) 契約으로 기간을 정하는 경우 : 임대차의 최장존속기간은 20년을 넘지 못하며, 20년보다 긴 기간을 정한 때에는 20년으로 단축된다(제651조 제1항 단서). 다만 석조·석탄조·연와조 또는 이와 유사한 견고한 건물 기타 공작물의 소유를 목적으로 하는 토지임대차와 식목·채염을 목적으로 하는 토지임대차에 관하여는 최장기간의 제한을 받지 아니한다(제651조 제1항 본문).

임차권의 최단존속기간에는 아무런 제한이 없다. 다만 주택임대차보호법의 적용을 받는 주거용건물의 임대차는 최단기간을 2년으로 하고(동법 제5조), 또한 상가건물임대차보호법의 적용을 받는 상가건물의 임대차에 관하여는 1년의 제한을 받는다(동법 제9조 제1항). 그러나 어느 경우에나 임대인에 한하여만 적용되고 임차인에는 적용되지 않는다.

(ㄴ) 임대차의 갱신 : 통상 임대차는 그 존속기간이 20년으로 제한된다. 그러나 10년을 넘지 않은 범위 내에서 갱신할 수 있다(제651조 제2항). 또한 최장존속기간의 제한이 없는 임대차는 갱신기간에도 제한이 없다. 따라서 임대차의 기간이 만료된 후 임차인이 임차물의 사용·수익을 계속하는 경우에는 임대인이 상당한 기간 내에 이의를 제기하지 아니하면 종전의 임대차와 동일한 조건으로 갱신한 것으로 본다(제639조 제1항 본문). 다만 존속기간은 약정이 없는 것과 같이 된다(동조 단서 참조).

(ㄷ) 契約으로 기간을 정하지 않은 경우 : 임대차기간의 약정이 없는 경우 당사자는 언제든지 계약의 해지를 통고할 수 있다(제635조 제1항).

해지의 통고는 임대인·임차인의 어느 쪽에서나 할 수 있고, 그 의사표시가 상대방에 도달한 후 토지·건물 기타 공작물에 대하여는 임대인이 한 경우에는 6월, 임차인이 한 경우에는 1월, 동산에 대하여는 5일이 경과함으로써 해지의 효력이 생긴다(제635조 제2항). 또한 민법의 이 규정은 기간의 약정 있는 임대차에서 당사자의 일방 또는 쌍방이 해지권을 담보한 때에도 준용된다(제636조).

해지통고로 임대차계약이 종료된 경우, 그 임대물이 적법하게 전대된 때에는 임대인이 전차인에 대하여 그 사유를 통지하지 않으면 해지로써 전차인에게 대항하지 못하나, 전차인이 이 통지를 받은 때에는 전술한 해지기간이 적용된다(제638조 제2항).

(ㄹ) 단기임대차의 존속기간 : 처분의 능력 또는 권한이 없는 자, 예컨대 부재자 재산관리인·후견인·상속재산관리인·권한이 정하여져 있지 않은 대리인이 임대

하는 경우에는 식목·채염 또는 석조·석탄조·연와조 및 이와 유사한 건축을 목적으로 한 토지는 10년, 기타 토지는 5년, 건물 기타 공작물은 3년, 동산은 6월의 기간을 넘지 못한다(제619조).

또한 위 기간은 계약으로 갱신할 수 있으나, 그것은 기간만료 전 토지에는 1년, 건물 기타 공작물에는 3월, 동산에는 1월내 행사하지 않으면 효력이 없다(제620조).

⑶ 賃貸借의 효력

㈎ 임차권의 등기와 대항력 임차권은 채권에 불과하므로 임차인은 자기의 임차권으로 제3자에 대항하지 못한다. 따라서 「매매는 임대차를 깨뜨린다」는 원칙에 의하여 임대인의 목적물 양도로 자기 임차권의 승계를 주장하지 못한다.

(ㄱ) 부동산임차권의 등기와 대항력 : 민법 제621조는 「부동산임차인은 당사자간에 반대약정이 없으면 임차인에 대하여 그 임대차등기절차에 협력할 것을 청구할 수 있다」라고 하여 등기청구권을 규정하고, 나아가 부동산등기법 제156조 제1항은 "임차권의 설정 또는 임차물의 전대의 등기를 신청하는 경우에는 신청서에 그 차임을 기재하여야 한다. 이 경우 등기원인에 존속기간, 차임의 지급 및 그 지급시기나 임차보증금의 약정이 있는 때 또는 임차권의 양도나 임차물의 전대에 대한 임대인의 동의가 있는 때에는 이를 기재하고, 임대한 자가 처분의 능력 또는 권한이 없는 자인 때에는 그 뜻을 기재하여야 한다."라고 하여 일정사항을 등기사항으로 하고 있다. 따라서 부동산임차권은 등기할 수 있고 이를 등기한 때에는 당해 목적물의 양수인 또는 제3자에 대하여 대항력을 가진다.

(ㄴ) 지상물소유목적의 토지임차권과 대항력 : 건물의 소유를 목적으로 하는 토지임대차는 이를 등기하지 아니한 경우에도 임차인이 그 지상 건물을 등기한 때에는 제3자에 대하여 임차권의 효력을 주장할 수 있다(제622조 제1항).

여기서 토지임차권의 대항력을 취득하기 위해서는 토지임차인이 건물을 축조하여 그 건물에 관하여 보존등기를 한 경우뿐만 아니라, 지상임차권과 건물을 양도하여 이전등기를 한 경우에도 포함한다. 그러나 어느 경우에도 단지 건물을 취득한 것만으로 대항력이 생기는 것은 아니므로 토지임차인이 임차지상의 건물을 등기하여야 하고,[104] 설사 이를 등기한 경우라도 임차인이 지상건물을 등기하기 전에 제3자가 이미 그 토지에 물권취득의 등기를 한 때에는 인정되지 않는다.[105]

또한, 토지임차권이 존속하는 일필의 토지상 한 채의 건물에 관하여 등기가 있으

104) 대판 1975.7.30, 74다2032.
105) 대판 2003.2.28, 2000다65802.

면 전체에 관하여 대항력이 생긴다. 그러나 건물이 임대차기간의 만료 전에 멸실 또는 후폐한 때에는 그 효력을 잃는다(동조 제2항).

토지임차인의 지상건물등기의 지번과 토지등기의 지번이 일치하지 않는 경우에도 대지임차권의 효력을 주장할 수 있는가. 판례는 민법 제622조 제1항의 규정은 그 차지상에 임차인이 소유하는 건물의 등기라고 볼만한 등기가 있으면 임차인은 그 차지권을 가지고 제3자에게 대항할 수 있다는 것으로서 건물등기의 지번이 반드시 토지등기의 지번과 일치할 것을 요구하고 있다고는 해석되지 아니하므로 설사 그 표시가 다르다 하더라도 그 지상건물이 등기부상의 건물표시와 사회통념상 동일성이 있고 그것이 임차한 토지 위에 건립되어 있어서 쉽게 경정등기를 할 수 있는 경우라면 경정등기 전이라고 하더라도 동조 소정의 대항력을 갖추었다고 보아야 할 것이라고 한다(대판 1986.11.25, 86다카1119).

또한, 지상건물을 등기함으로써 그 대지에 대한 임차권의 효력을 가진 자가 건물의 소유권과 함께 건물의 소유를 목적으로 한 토지임차권을 양도한 경우 양수인이 임대인에 대하여 임차권의 효력을 주장하기 위해서는 임대인의 그 토지 전대에 대한 동의를 요하는가. 판례는 민법 제622조 제1항은 건물의 소유를 목적으로 한 토지임대차는 이를 등기하지 아니한 경우에도 임차인이 그 지상건물을 등기한 때에는 토지에 관하여 권리를 취득한 제3자에 대하여 임대차의 효력을 주장할 수 있음을 규정한 것에 불과할 뿐, 임차인으로부터 건물의 소유권과 함께 건물의 소유를 목적으로 한 토지임차권을 취득한 사람이 토지임대인에 대한 관계에서 임차권의 양도에 관한 그의 동의가 없어도 임차권의 취득을 대항할 수 있다는 것까지 규정한 것은 아니라고 한다(대판 1996.2.27, 95다29345).

(ㄷ) 동산임차권과 대항력 : 민법은 임차권과 제3자의 관계에서 부동산임차권에 대하여만 규정하였을 뿐이고 동산임차권에는 규정하지 않았다. 그렇다면 동산의 임차인은 임차목적동산에 대하여 물권을 취득한 자에 대항할 수 있는가. 동산임차권의 대항력이 문제되는 것은 임차인이 직접 점유하는 동산이 반환청구권의 양도에 의하여 이전된 경우이며, 임대인의 제3자에 대한 소유권양도에서 요하는 목적물의 인도는 목적물반환청구권의 양도이므로 양수인의 소유권취득으로 목적물의 반환청구권은 목적물상 임차권의 범위에서 사실상 제한을 받게 된다. 따라서 동산임차권도 새로운 취득자에 대하여 효력이 생기므로 동산임차인은 새로운 소유권취득자에 대하여 물권적 청구권을 행사할 수 있는 것으로 해석된다.

(나) 임대인의 권리 · 의무

(ㄱ) 목적물을 使用 · 收益케 할 의무 : 임대인은 임차인에게 목적물을 인도하고, 그 사용 · 수익에 필요한 상태를 유지할 의무를 진다(제623조).

(a) 임대인이 임차인에게 목적물을 인도하기 전에 제3자에게 양도하거나 임대하여 인도하였을 때에는 임대인은 채무불이행책임을 진다. 또한 임대차가 계속되는 동안에 목적물의 진정한 소유자가 나타나 임차인의 사용 · 수익이 불가능하게 된 때에도 채무불이행책임을 진다.

다만, 임대인이 목적물의 소유권을 상실한 사실만으로도 임대차계약상 위반으로 되는가. 임대차계약상 임대인의 의무는 목적물을 사용·수익케 할 의무로서 목적물에 대한 소유권 있음을 성립요건으로 하고 있지 아니한다. 따라서 임대인이 임차목적물의 소유권을 상실하였다는 이유만으로 그 의무가 불능하게 된 것이라고 단정할 것은 아니다.[106]

(b) 제3자가 임차물을 침해하여 그 사용·수익을 방해하는 경우 임대인은 이 방해를 제거할 의무가 있다. 이 경우 임차인이 점유보호청구권을 가진다는 것을 이유로 이 방해제거의 의무를 면하지 못한다. 또한 임차권이 대항요건을 갖추고 있어서 그 임차권 자체에 기하여 방해의 배제를 청구할 수 있는 경우에도 같다.

(c) 임대인의 목적물의 사용·수익케 할 의무와 관련하여 이에서 나아가 보호의무를 부담하는가. 판례는 통상의 임대차관계에 있어서 임대인의 임차인에 대한 의무는 특별한 사정이 없는 한 단순히 임차인에게 임대목적물을 제공하여 임차인으로 하여금 이를 사용·수익하게 함에 그치는 것이고, 더 나아가 임차인의 안전을 배려하여 주거나 도난을 방지하는 등의 보호의무까지 부담한다고 볼 수 없을 뿐만 아니라 임대인이 임차인에게 임대목적물을 제공하여 그 의무를 이행한 경우 임대목적물은 임차인의 지배 아래 놓이게 되어 그 이후에는 임차인의 관리 하에 임대목적물의 사용·수익이 이루어지는 것이라고 한다.[107] 그러나 일시사용을 위한 임대차에는 임대인의 보호의무를 긍정한다.[108]

판례는 공중접객업인 숙박업을 경영하는 자가 투숙객과 체결하는 숙박계약은 숙박업자가 고객에게 숙박을 할 수 있는 객실을 제공하여 고객으로 하여금 이를 사용할 수 있도록 하고 고객으로부터 그 대가를 받는 일종의 일시 사용을 위한 임대차계약으로서 객실 및 관련 시설은 오로지 숙박업자의 지배 아래 놓여 있는 것이므로 숙박업자는 통상의 임대차와 같이 단순히 여관 등의 객실 및 관련 시설을 제공하여 고객으로 하여금 이를 사용·수익하게 할 의무를 부담하는 것에서 한 걸음 더 나아가 고객에게 위험이 없는 안전하고 편안한 객실 및 관련 시설을 제공함으로써 고객의 안전을 배려하여야 할 보호의무를 부담하며 이러한 의무는 숙박계약의 특수성을 고려하여 신의칙상 인정되는 부수적인 의무로서 숙박업자가 이를 위반하여 고객의 생명·신체를 침해하여 투숙객에게 손해를 입힌 경우 불완전이행으로 인한 채무불이행책임을 부담하고, 이 경우 피해자로서는 구체적 보호의무의 존재와 그 위반 사실을 주장·입증하여야 하며 숙박업자로서는 통상의 채무불이행에 있어서와 마찬가지로 그 채무불이행에 관하여 자기에게 과실이 없음을 주장·입증하지 못하는 한 그 책임을 면할 수는 없는 것이라고 한다(대판 2000.11.24, 2000다38718·38725).

(ㄴ) 목적물수선의 권리·의무 : 임대인은 목적물의 사용·수익에 필요한 수선

106) 대판 1994.5.10, 93다37977.
107) 대판 1999.7.9, 99다10004.
108) 대판 2000.11.24, 2000다38718·38725.

의무와 권리를 가진다. 따라서 임차인은 임대인에 목적물의 수선을 청구할 수 있고, 임대인도 목적물의 보존에 필요한 수선행위를 하는 경우 임차인은 이를 거절하지 못한다(제624조). 다만 임대인이 임차인의 의사에 반하여 보존행위를 함으로써 임차인이 이로 인하여 임차목적을 달성할 수 없는 때에는 그 계약을 해지할 수 있다(제625조).

(a) 임대인에 수선의무가 생기는 것은 목적물의 사용・수익에 필요하고, 경제적으로 보아서 조달 가능한 것이어야 하고, 수선을 필요로 하는 원인은 인위적・자연적인 것이거나, 통상의 과정에서 생긴 것이거나, 특별한 원인(폭풍・홍수 등)으로 생긴 것이거나 묻지 않는다.

다만, 수선의 필요가 임차인의 귀책사유로 인하여 생긴 경우에도 임대인은 수선의무를 부담하는가. 다수설은 임대인의 수선의무를 긍정하고, 이때 임차인은 보관의무위반 또는 불법행위로 인한 손해배상의무를 부담하는 것이라고 한다.

(b) 임대인이 수선의무불이행에 대하여 임차인에게는 채무불이행의 일반적 효과로서 손해배상청구권(제390조)과 해지권(제547조)이 생기는 이외에 차임지급거절권 또는 감액청구권이 생긴다.

이때 특히 차임지급거절권에 관하여 통설・판례는 수선되지 않기 때문에 사용・수익을 할 수 없는 비율에 응하여 수선될 때까지 차임의 전부 또는 일부의 지급을 거절할 수 있는 것이라고 한다.

(c) 임대인의 수선의무에 관한 민법 규정은 임의규정이므로 당사자간의 수선의무를 면책케 하는 특약은 유효하다.

다만, 판례는 임대인의 수선의무는 특약에 의하여 이를 면제하거나 임차인의 부담으로 돌릴 수 있으나, 그러한 특약에서 수선의무의 범위를 명시하고 있는 등의 특별한 사정이 없는 한 그러한 특약에 의하여 임대인이 수선의무를 면하거나 임차인이 그 수선의무를 부담하게 되는 것은 통상 생길 수 있는 파손의 수선 등 소규모의 수선에 한한다고 할 것이고, 큰 파손의 수리, 건물의 주요 구성부분에 대한 대수선, 기본적 설비부분의 교체 등과 같은 대규모의 수선은 이에 포함되지 아니하고 여전히 임대인이 그 수선의무를 부담한다고 해석함이 상당한 것이라고 한다.[109]

(ㄷ) 임대인의 담보책임 : 임대차계약은 유상계약이므로 매매계약의 담보책임에 관한 규정이 준용된다(제567조).

(a) 임대목적물에 하자가 있거나 또는 그 권리에 하자가 있는 때에는 담보책임에 관한 규정에 따라서 임차인은 임대인에 대하여 손해배상을 청구할 수 있다. 또한 임

109) 대판 1994.12.9, 94다34692・34708.

대차의 목적물의 권리 일부가 타인에 속하거나 목적물의 수량이 부족한 경우 등에 있어서는 차임의 감액을 청구할 수 있고, 하자로 인하여 계약의 목적을 달성할 수 없을 때에는 계약을 해제・해지할 수 있다.

(b) 임대인이 수선의무를 부담하는 범위에서 담보책임을 배척할 수 있는가. 임대인의 수선의무를 규정한 제623조는 임대인의 담보책임에 관한 특칙은 아니므로 임대인에게 수선의무가 있는 것을 이유로 임대인의 담보책임을 배척하지 않는다. 따라서 목적물에 하자가 있는 경우 수선이 가능한 때에는 수선의무와 하자담보책임(제580조)을 부담하고, 수선이 불능한 때에는 하자담보책임만이 생긴다.

(ㄹ) 차임지급청구권 : 임대인은 임차인에 대하여 차임지급청구권을 가진다. 이는 임대차관계에서 임대인이 가지는 본질적인 권리이다.

차임은 金錢에 한하지 않는다. 또한 차임의 額도 계약으로 정하여짐은 물론이며, 반드시 기간에 비례하여 정하여질 필요는 없다.

(a) 차임청구권과 법정담보권의 성립 : 토지임대인이 임대차에 관한 채권에 의하여 임차지에 부속 또는 그 사용의 편익에 공용한 임차인 소유 동산 및 그 토지의 과실을 압류한 때(제648조)와 건물 기타 공작물의 임대인이 임대차에 관한 채권에 의하여 그 건물 기타 공작물에 부속한 임차인 소유의 동산을 압류한 때에는 질권과 동일한 효력이 있다(제650조). 이를 법정질권이라고 하며, 일시 사용을 위한 임대차에는 적용되지 않는다(제653조).

또한, 토지임대인이 변제기를 경과한 최후 2년의 차임채권에 의하여 그 토지에 있는 임차인 소유의 건물을 압류한 때에는 저당권과 동일한 효력이 있다(제649조). 이를 법정저당권이라고 하며, 그 성립시기는 압류등기시이다.

(b) 차임지체와 계약해지권 : 임대인은 건물 기타 공작물의 임대차에는 임차인의 차임연체액이 2기의 차임액에 달하는 때(제640조)와, 건물 기타 공작물의 소유 또는 식목・채염・목축을 목적으로 한 토지임대차의 차임연체액이 2년의 차임액에 달하는 때에는 계약을 해지할 수 있다(제641조). 그러나 그 토지에 있는 건물 기타 공작물이 담보물권(저당권)의 목적이 된 때에는 그 담보물권자(저당권자)에 통지한 후 상당한 기간이 경과하지 않으면 해지의 효력이 발생하지 않는다(제642조).

(ㅁ) 차임증액청구권 : 임대인은 임대물에 대한 공과부담의 증감 기타 경제사정의 변동으로 약정한 차임이 상당하지 아니하게 된 때에는 장래에 대한 차임의 증액을 청구할 수 있다(제628조).

다만, 차임증액금지의 특약이 있는 경우에도 증액을 청구할 수 있는가. 판례는 그와 같은 약정 후 그 특약을 그대로 유지시키는 것이 신의칙에 반한다고 인정될 정도의 사정변경이 있다고 보여 지는 경우에는 형평의 원칙상 임대인에게 차임증액청구를 인정하여야 하는 것이라고 한다.110)

[판례] 임대차계약에 있어서 차임은 당사자간의 합의가 있어야 하고 임대차기간 중에 당사자 일방이 차임을 변경하고자 할 때에도 상대방의 동의를 얻어야 하며, 그렇지 아니한 경우에는 민법 제628조에 의하여 차임의 증감을 청구하여야 할 것이고, 만일 임대차계약 채결시에 임대인이 일방적으로 차임을 인상할 수 있고 상대방이 이의를 할 수 없다는 약정을 하였다면 이는 강행규정인 제628조에 위반하는 약정으로서 임차인에게 불리한 것이므로 효력이 없다(대판 1992.11.24, 92다31163).

(다) 임차인의 권리 · 의무

(ㄱ) 목적물의 사용 · 수익권 : 임차인은 임차권의 범위에서 임차물을 사용 · 수익하는 권리를 가진다. 그 사용 · 수익의 정도와 방법은 당사자 사이의 계약 또는 목적물의 성질에 의하여 정하여진 용법에 따라 하여야 하고, 특히 임차인은 임대인의 승낙 없이 임차물을 타인에게 용익하게 하지 못한다.

임차인이 용익권의 범위를 넘어서 용익한 때에는 채무불이행으로 된다. 따라서 임대인은 위반행위의 정지청구 및 손해배상을 청구할 수 있고, 또한 계약을 해지할 수 있다. 이때 해지는 즉시 해지할 수 있고, 손해배상의 청구는 임대인이 목적물의 반환을 받은 때부터 6월내 행사하여야 한다.

(ㄴ) 차임감액청구권 : 당사자가 약정으로 차임액을 정한 후에 특별한 사정이 발생한 때에는 임차인은 그 감액을 청구할 수 있다.

(a) 임차물의 일부가 임차인의 과실 없이 훼손 · 멸실의 사유로 사용 · 수익할 수 없게 된 때에는 임차인은 그 부분의 비율에 의한 차임의 감액을 청구할 수 있고(제627조 제1항), 만일 그 잔존부분만으로는 임차의 목적을 달성할 수 없는 경우에는 계약을 해지할 수 있다(동조 제2항).

또한, 임차물에 대한 공과부담의 증감 기타 경제사정의 변동으로 약정한 차임이 상당하지 아니하게 된 때에는 임차인은 장래에 대한 차임의 감액을 청구할 수 있다(제628조). 이 규정은 강행규정이며, 이에 위반하는 것으로서 임차인에게 불리한 것은 그 효력이 없다(제652조).

(b) 동조 규정의 감액청구권은 이른바 형성권이므로 임대인의 승낙을 요하지 아니하고 청구의 의사표시가 상대방에게 도달한 때로부터 당연히 감액의 효력이 생긴다.

110) 대판 1996.11.12, 96다34061; 그러면서도 판례는 당사자 사이에 실질적으로 임차물의 영구적 무상사용을 보장하기 위하여 임대기간을 20년으로 하되, 기간 만료시 10년간씩 기간을 연장하고, 임대차기간 존속 중에는 임료로 매년 1원을 지급 받기로 하는 내용의 차임불증액 특약이 있는 임대차계약이 체결된 사안에서, 임대인의 불공정법률행위 주장 및 사정변경으로 인한 차임증액청구를 모두 배척하였다.

또한 민법 제627조 내지 제628조는 강행규정이며, 이에 위반하는 것으로서 임차인에게 불리한 것은 효력이 없다(제652조). 그러나 민법 제628조(사정변경에 의한 감액청구)의 감액청구권은 일시 사용을 위한 임대차 또는 전대차에는 적용되지 않는다(제653조).

(ㄷ) 임차물보관의무 : 임차인은 임차물 자체를 반환할 의무(특정물인도의무)를 부담하는 것이므로 선량한 관리자의 주의로서 임차물을 보관하여야 한다. 민법은 임차인의 보관의무와 관련하여 다음의 두 가지 의무를 규정하고 있다.

(a) 임차물의 수리를 요하거나 권리를 주장하는 자가 있는 경우 임대인은 지체 없이 임대인에게 이를 통지하여야 한다. 그러나 임차인이 이미 이를 안 때에는 그러하지 아니한다(제634조).

(b) 임대인이 임대물의 보존에 필요한 행위를 하는 때에는 임차인은 이를 거절하지 못한다(제624조). 그러나 그로 인하여 임차를 한 목적을 달성할 수 없을 때에는 계약을 해지할 수 있다(제625조).

(ㄹ) 차임지급의무 : 임차인은 차임을 지급하여야 한다(제618조). 이 의무는 임대차계약의 요소이며, 임대차관계에서 임대인의 의무가 이행불능으로 되지 않는 한 그 사용수익의 대가로 차임을 지급할 의무를 진다.[111]

(a) 차임의 지급은 後給을 원칙으로 한다. 따라서 동산과 건물 및 대지에 관하여는 매월 말, 기타 토지에 관하여는 매년 말, 그러나 수확기가 있는 것에 관하여는 그 수확 후 지체 없이 지급하여야 한다(제633조).

(b) 임차인이 借賃의 支給을 지체한 경우 토지임대인은 그 차임채권으로 임차지에 부속 또는 그 사용의 편익에 제공한 임차인소유 동산 및 과실을 압류하거나(제648조), 임차인소유 지상건물을 압류(제649조)할 수 있고 이로써 법정질권 또는 법정저당권을 취득한다.

또한, 건물 또는 공작물의 임대차 및 건물 기타 공작물의 소유 또는 식목·채염·목축을 목적으로 하는 토지임대차인 경우 임차인의 차임지체액이 2기에 달하는 때에는 임대인은 계약을 해지할 수 있다(제640조, 제641조).

- 차임 — 후급이 원칙
  - ㉠ 동산·건물·대지 — 매월 말
  - ㉡ 기타 토지 — 매년 말
  - ㉢ 수확기가 있는 경우 — 수확 후 지체 없이
- 지체의 효과
  - 법정담보권의 성립(법정저당권·법정질권)
  - 계약해지권 발생(제640조, 제641조)

---

111) 대판 1996.9.6, 94다54641: 이 경우 임대인의 이행불능인 사유로서 판례는 임차인이 진실한 소유자로부터 목적물의 반환청구나, 임료 내지 그 해당 액의 지급요구를 받는 등 이유로 임대인이 임차인으로 하여금 사용·수익케 할 수 없는 경우를 든다.

(ㅁ) 임차권의 양도와 전대 : 임차인은 임대인의 동의 없이 임차권을 양도하거나 전대하지 못한다(제629조).

임차권의 양도란 임차인으로서 법률상 지위를 그 동일성을 유지하면서 제3자에게 이전하는 계약을 말하고, 또한 전대란 임차인이 다시 제3자(전차인)로 하여금 임차물을 사용·수익하게 하는 약정이며, 이를 위반하는 때에는 임차권의 소멸(해지)을 청구할 수 있다(동조 제2항). 그러나 건물의 임차인이 그 건물의 소부분을 타인에게 사용케 하는 경우에는 그 예외가 인정된다(제632조).

(라) 임차권소멸시의 효과

(ㄱ) 목적물반환의무 : 임차인은 임대차가 종료한 때에는 목적물을 반환할 의무를 진다. 이 의무는 계약상 의무이며, 그 반환은 임대차의 종료한 때이다.

임차인의 임차물반환채무이행이 임차인의 귀책사유로 불능으로 된 때에는 손해배상책임을 진다. 따라서 임차인의 임차물반환채무이행불능으로 손해배상책임을 면하기 위해서는 그 이행불능이 임차인의 귀책사유로 아닌 것임을 입증하여야 하고 그 원인이 불명한 경우에도 동일하다.[112]

임차건물이 전기배선의 이상으로 인한 화재로 일부 소훼되어 임차인의 임차목적물반환채무가 일부 이행불능이 된 경우 판례는 그 발화부위인 전기배선이 건물구조의 일부를 이루고 있어 임차인이 전기배선의 이상을 미리 알았거나 알 수 있었다고 보기 어렵고, 그 하자를 수리 유지할 책임은 임대인에게 있어 임차목적물반환채무의 이행불능은 임대인으로서의 의무를 다하지 못한 결과로서 임차인의 임차목적물의 보존에 관한 선량한 관리자의 주의의무를 다하지 아니한 결과라 할 수 없는 것이라고 한다(대판 2000.7.4, 99다64384).

(ㄴ) 부속물매수청구권 : 건물 기타 공작물의 임차인이 그 사용의 편익을 위하여 임대인의 동의를 얻어 임차건물이나 기타의 공작물에 부속시킨 물건이 있거나, 또한 임대인으로부터 매수한 부속물이 있는 때에는 임대차의 종료시에 임대인에 대하여 그 부속물의 매수를 청구할 수 있다(제646조 제1항·제2항).

(a) 민법 제646조에 의한 매수청구권이 인정되는 것은 건물이나 공작물임차권에 한한다. 여기서 부속물이란 건물 기타 공작물에 부가되어 목적물의 객관적인 이용가치를 증가시키는 임차인소유의 물건이며, 매수청구의 대상이 되는 부속물이란 건물에 부속된 물건으로서 임차인의 소유에 속하고, 건물의 구성부분으로는 되지 아니한 것으로서 건물의 사용에 객관적인 편익을 가져오게 하는 물건을 말한다. 따라서 부속물이라고 하더라도 오로지 임차인의 특수목적에 사용하기 위하여 부속된 것일 때에는 이에 해당하지 않으며, 당해 건물의 객관적인 사용목적은 그 건물 자체의

112) 대판 2001.1.19, 2000다57351; 2000.7.4, 99다64384.

구조와 임대차계약 당시 당사자 사이에 합의된 사용목적, 기타 건물의 위치, 주위환경 등 제반 사정을 참작하여 정하여야 한다.113)

(b) 매수청구권의 대상인 부속물은 임대인의 동의를 얻어서 부속시킨 것이거나, 임대인으로부터 매수한 것이어야 한다(제646조 제1항, 제2항).

(c) 부속물매수청구권이 생기는 것은 임대차가 종료한 때이며, 종료원인은 묻지 않고, 행사하여야 할 시기, 행사방법에도 아무런 제한이 없다.

또한, 부속물매수청구권은 형성권이므로 임차인의 단독적 의사표시로 효력이 발생한다. 따라서 임차인의 단독적 의사표시로 부속물에 관하여 매매계약이 성립되며, 그 대금에 관하여는 매수청구권을 행사할 때의 시가에 의하여 법원이 정한다.

(d) 매수청구권에 관한 민법규정은 강행규정이다. 따라서 이를 배제하는 특약은 임차인에게 불리한 것으로서 그 효력이 없다(제652조). 그리고 일시사용을 위한 임대차에는 적용되지 않는다(제653조).

또한, 판례는 임대차계약이 임차인의 채무불이행으로 인하여 해지된 경우에는 민법 제646조에 의한 부속물매수청구권은 행사할 수 없는 것이라고 한다.114)

(ㄷ) 비용상환의무 : 임차인이 보존에 관한 필요비를 지출한 때에는 임대인은 임대차의 종료를 기다리지 않고 상환할 의무를 지고, 또한 임차인이 지급한 유익비는 임대차 종료시에 그 가액의 증가가 현존한 때에 한하여 임차인이 지출한 금액이나 그 증가액을 상환하지 않으면 아니 된다. 그러나 임대인의 청구가 있는 경우 법원은 상당한 상환기간을 허여할 수 있다.

(a) 유익비라고 할 수 있기 위해서는 목적물의 객관적 가치를 증가하는 것이어야 한다. 그러나 목적물 자체에 가하여짐을 요하지 않는다. 예컨대 건물임차인이 건물에 접속한 도로포장의 비용을 지출한 경우에도 가옥으로서 건물가치를 증가하는 한 유익비가 된다. 그러나 임차인이 영업을 경영하기 위하여 부착시킨 시설물을 유익비로서 그 상환을 청구할 수 없다.115) 또한 임대차계약을 체결하면서 임차인에 원상회복의무를 약정한 경우에도 유익비의 상환을 청구할 수 없는 것이라고 한다.116)

[판례] 임대차계약 체결시 임차인이 임대인의 승인 하에 임차목적물인 건물부분을 개축 또는 변조할 수 있으나 임차목적물을 임대인에게 명도할 때에는 임차인이 일체 비용을 부담하여 원상복구를 하기로 약정하였다면, 이는 임차인이 임차목적물에 지출한 각종 유익비의 상환청구권을 미리 포기하기로 한 취지의 특약이라고 봄이 상당하다(대판 1994.9.30,

113) 대판 1993.10.8, 93다25738 · 25745.
114) 대판 1990.1.23, 88다카7245 · 7252.
115) 대판 1994.9.30, 94다20389.
116) 대판 1994.9.30, 94다20389.

94다20389).

(b) 필요비 및 유익비상환청구권은 모두 임대인이 목적물의 반환을 받은 날부터 6월내 청구하여야 한다(제617조, 제654조). 이 기간은 제척기간이며, 제소기간이다. 따라서 6월내 소를 제기하여야 하고, 그 기간의 기산점은 원칙적으로 임대인이 목적물을 반환한 때이나, 유익비에 관하여 상환기간이 허여된 때에는 그 기간이 경과한 때부터 기산하여야 한다.

또한, 필요비는 곧 청구할 수 있으므로 위의 제척기간과는 따로이 지출한 때로부터 보통의 소멸시효가 진행한다.

(c) 임차인은 비용상환청구권에 관하여 유치권을 가진다. 그러나 유익비에 관하여 상환기간이 허여되면 유치권은 발생하지 않는다. 그리고 임대차가 종료한 후에 점유할 권리 없음을 알면서 점유하는 때에는 불법점유가 되고, 그 후에 지출한 비용에는 유치권이 발생하지 않는다(제320조 제2항 참조).

(ㄹ) 기타 지상물소유목적의 토지임차권의 효과

(a) 임차권갱신청구권 : 건물 기타 공작물의 소유 또는 식목・채염・목축을 목적으로 한 토지임대차의 기간이 만료한 경우 건물・수목 기타 지상시설이 현존하는 때에는 임차권의 갱신을 청구할 수 있고(제642조에 의한 제283조 준용), 임대인이 이에 응함으로써 임차권은 갱신된다. 따라서 지상물소유목적의 토지임차권에는 묵시갱신권은 인정되지 않는다.

(b) 지상건물매수청구권 : 건물 기타 공작물의 소유 또는 식목・채염・목축을 목적으로 한 토지임대차에서 임차인의 계약갱신청구로 임대인이 갱신을 원하지 아니하는 경우 임차인은 그 대지상 지상물의 매수를 청구할 수 있고(제642조에 의한 제283조 준용), 임차인의 매수청구권의 행사로 매매의 효력이 생긴다.

① 임차권자의 지상물매수청구권은 임차권의 존속기간의 만료에 의하여 소멸하는 경우에만 인정된다. 따라서 임차권의 존속기간만료 이외의 사유로 소멸하는 경우에는 인정되지 않는다.[117]

[판례] 토지임대차에 있어서 토지임차인의 차임연체 등 채무불이행을 이유로 그 임대차계약이 해지되는 경우, 토지임차인으로서는 토지임대인에 대하여 그 지상건물의 매수를 청구할 수는 없는 것이다(대판 1996.2.27, 95다29345).

다만, 기간의 약정이 없는 임대차에 있어서 임대인에 의한 해지통고에 의하여 그 임차권이 소멸된 경우에도 매수청구권이 인정되는가. 판례는 토지임차인의 지상물매수청구권은 기간의 정함이 없는 임대차에 있어서 임대인에 의한 해지통고에 의

117) 대판 1995.7.11, 94다34265; 1994.2.22, 93다44104.

하여 그 임차권이 소멸된 경우에도 마찬가지라고 한다.[118]

② 매수청구권의 행사방법에는 제한이 없다. 따라서 재판상 재판 외를 불문하고, 그 행사시기에 관하여도 지상물이 현존하면 족하고 특별한 제한이 없다.[119]

다만, 매수청구권의 대상이 되는 지상물은 그 지상물이 객관적으로 경제적 가치가 있고 임대인에 소용이 있는 것이어야 하는가. 판례는 부정한다.[120] 그러나 민법 제643조가 규정하는 매수청구권의 대상이 되는 건물에는 임차인이 임차토지상에 그 건물을 소유하면서 그 필요에 따라 설치한 것으로서 건물로부터 용이하게 분리할 수 없고 그 건물을 사용하는데 객관적인 편익을 주는 부속물이나 부속시설을 포함하는 것이지만 이와 달리 임차인 자신의 특수한 용도나 사업을 위하여 설치한 물건이나 시설은 포함하지 않는다.[121]

③ 임차인의 부속물매수청구권에 관한 규정은 강행규정이다. 따라서 건물소유를 목적으로 하는 토지임차인이 임대차가 종료하기 전에 임대인간에 건물 기타 지상시설 일체를 포기하기로 약정하였다고 하더라도 임대차계약의 조건이나 계약이 채결된 경위 등 제반 사정을 종합적으로 고려하여 실질적으로 임차인에게 불리하다고 볼 수 없는 특별한 사정이 없는 한 이와 같은 약정은 효력이 없다.[122]

⑷ 賃貸借의 종료

㈎ 임대차의 종료원인

(ㄱ) 존속기간의 만료 : 임대차에 존속기간이 정하여져 있는 경우에는 그 기간의 만료로 종료한다.

(ㄴ) 해지통고 : 다음의 경우 당사자의 해지통고로 임대차는 종료한다.

(a) 기간의 약정이 없는 경우 : 임대차기간의 약정이 없는 경우 당사자는 언제든지 계약해지를 통고할 수 있고 상대방이 통고를 받은 날로부터 일정기간(부동산의 경우에는 6월 또는 1월, 동산의 경우에는 5일)이 경과함으로써 종료된다(제635조 제1항·제2항). 또한 기간의 약정이 있는 경우에도 당사자의 일방 또는 쌍방이 그 기간만료 전에 해지할 권리를 유보한 때에도 동일한 절차에 의하여 해지할 수 있다(제636조).

(b) 임차인이 破産한 경우 : 임차인이 파산선고를 받은 경우에는 기간의 약정이 있는 때에도 임대인 또는 파산관재인은 민법 제635조(기간의 약정이 없는 경우의 해지통고)의 규정에 의하여 해지를 통고할 수 있다. 그러나 이 경우 각 당사자는 계약해

118) 대판 1995.12.26, 95다42195; 1995.7.11, 94다 34256.
119) 대판 2002.5.31, 2001다42080.
120) 대판 2002.5.31, 2001다42080.
121) 대판 2002.11.13, 2002다46003·46027·46010.
122) 대판 2002.5.31, 2001다42080.

지로 인한 손해배상을 청구하지 못한다(제637조 제1항 · 제2항).

(ㄷ) 즉시해지권(단순해지) : 다음의 일정한 사유가 발생한 경우 당사자는 그 임대차의 존속기간의 유무에 불구하고 즉시해지권을 행사할 수 있다.

(a) 임차인이 해지할 수 있는 경우 : 임대인이 임차인의 의사에 반하여 보존행위를 하는 경우에 이로 인하여 임차목적을 달성할 수 없을 때(제625조)와 임차물의 일부가 임차인의 과실 없이 멸실 기타 사유로 사용 · 수익할 수 없게 된 경우 그 잔존부분만으로는 임차의 목적을 달성할 수 없을 때(제627조 제2항)에는 임차인은 계약을 해지할 수 있다.

또한, 임대차계약에서 임대인의 지위양도로 임차인은 계약을 해지할 수 있는가. 판례는 임대차계약에서 임대인 지위의 양도는 임대인의 의무 이전을 수반하는 것이지만 임대임의 의무는 임대인이 누구인가에 의하여 이행방법이 특별히 달라지는 것은 아니고 목적물의 소유자 지위에서 거의 완전히 이행할 수 있으며, 임차인의 입장에서 보아도 신 소유자에게 그 의무의 승계를 인정하는 것이 오히려 유리할 수도 있으므로 임대인과 신 소유자와의 계약만으로써 그 지위를 양도할 수 있되 이 경우 임차인이 원하지 아니하면 임대차의 승계를 임차인에게 강요할 수는 없으므로 스스로 임대차관계를 종료시켜야 한다는 공평의 원칙 및 신의성실의 원칙에 따라 임차인이 곧 이의를 제기 함으로써 승계되는 임대차관계의 구속을 면할 수 있고 임대인과의 임대차관계도 해지할 수 있는 것이라고 한다.[123)]

(b) 임대인이 解止할 수 있는 경우 : 임차인이 임대인의 동의 없이 제3자에게 임차권을 양도하거나 또는 임차물을 전대한 때(제629조 제2항)와 건물 기타 공작물의 임대차에서 차임연체액이 2기의 차임액에 달한 때(제640조) 및 건물 기타 공작물의 소유 또는 수목 · 채염 · 목축을 목적으로 하는 토지임대차의 경우에 차임연체액이 2년의 차임액에 달하는 때(제641조)에 해지할 수 있다.

(나) 임대차종료의 효과 임대차가 종료하면 장래에 향하여 임차권이 소멸한다. 따라서 임대차소멸의 효과는 소급하지 않는다. 그러나 임대차가 종료하면 임차인은 목적물을 원상으로 회복하여 반환하여야 하므로 만약 이에 부속시킨 물건이 있을 때에는 이를 수거할 수 있다.

또한, 임대차의 해지로 손해배상청구에는 영향을 미치지 않는다. 따라서 해지권의 행사가 상대방의 귀책사유에 기인하는 것인 때에는 그 손해의 배상을 청구할 수 있음은 물론이다.

123) 대판 2002.3.29, 2002다4887 ; 대결 1998.9.8, 8마100

(5) 賃借權의 양도와 전대

(가) 임차권 양도·전대의 의의 임차권의 양도(讓渡)란 임차권이 그 동일성을 유지하면서 이전하는 계약, 지명채권인 임차권 그 자체의 직접적인 이전을 목적으로 하는 계약을 말하고, 임차권의 전대(轉貸)란 임대차계약에 의하여 임대인으로부터 어떤 물건을 차용하고 있는 임차인이 그 자신이 임대인(전대인)이 되어서 그의 임차물을 다시 제3자(전차인)로 하여금 사용·수익하게 하는 계약을 말한다.

임차권의 양도가 있게 되면 양도인은 그의 임차인으로서의 지위를 벗어나고 양수인이 임차인의 지위를 승계하여 임차인의 권리의무를 취득하는데 대하여, 전대에 있어서는 임차인은 종전의 계약상 지위를 유지하면서 그것과 별개로 전대인과 사이에 새로이 임대차관계를 발생시키는 계약을 체결한다는 점에서 양자는 근본적으로 구별된다. 즉 임차권의 양도에 있어서 양수인의 임차권취득은 이전적 취득인데 대하여, 전대에 있어서 전차인의 임차권취득은 설정적 취득이다.

민법은 임차권의 양도와 전대를 원칙적으로 허용하지 않고, 다만 임대인의 동의가 있는 경우에만 양도·전대할 수 있는 것으로 하고 있다(제629조 제1항).

(나) 임차권양도와 전대의 성립 임차권의 양도는 양도인(임차인)과 양수인 사이의 양도계약만으로 성립하고, 임차권의 전대는 전대인과 전차인 사이의 임차계약만으로 유효하게 성립한다. 다만 제3자, 특히 임대인에 대한 관계에서 임차권을 유효하게 취득하는가 여부는 임대인의 동의 유무에 의해 결정된다.

임차권의 양도·전대에 대한 임대인의 동의는 임차인에 대하여 그 목적물에 대한 용익권능을 승계적 또는 설정적으로 이전할 수 있는 권능을 주는 의사표시이다. 따라서 임대인의 동의는 특별한 방식을 요하지 않으며 일반적·개별적으로도 할 수 있고, 또한 명시·묵시를 불문한다. 그리하여 판례는 임차인의 지위를 승계한 자로부터 임료를 계속 지급 받은 경우에는 위 임차권의 양수를 묵시적으로 동의하였다고 보아야 할 것이라고 한다.[124]

(다) 임대인의 동의 없는 양도·전대의 법률관계 임대인의 동의 없는 임차권의 양도 및 전대의 법률관계에 관하여 다수설·판례는 당사자 사이에서는 유효한 계약이 성립하고 단지 임대인에게 대항할 수 없을 뿐이라고 한다.[125] 따라서 임대인의 동의 없는 임차권양도·전대계약은 그 당사자, 즉 양도인(임차인)과 양수인 또는 임차인과 전차인 사이에서는 유효하지만 임차인은 임대인의 동의를 받을 의무를 양수인 또는 전차인에 부담하는 것이므로,[126] 임대인의 동의를 얻지 못한 양도·전대에

124) 대판 1980.1.15, 79다2059.

125) 대판 1955.7.7, 4288민상500.

는 양수인에 대하여 담보책임을 부담한다.

판례는 비록 임대주택건설촉진법에 의하여 건설된 아파트의 임차권양도가 같은 법에 의하여 금지되는 것이라고 하여도 임차권양도계약 자체는 그 당사자 사이에서는 유효한 것이므로 임차권의 양도가 금지되었다는 사정만으로 임차권양도계약이 해제조건부라고 볼 수도 없는 것이라고 한다.[127]

(ㄱ) 양수인 또는 전차인은 동의하지 않은 임대인에 대하여 임차권을 취득하였음을 주장하지 못한다. 그러므로 목적물에 대한 점유사용은 불법점유가 되고, 임대인에 대하여 방해배제의무를 부담한다. 그러나 임대인은 임차인에 대한 임대차계약을 해지하지 않는 한, 직접 자기에게 목적물의 인도를 청구하거나 불법점유를 이유로 한 차임에 갈음하는 손해배상청구권은 행사하지 못한다.

다만, 임대인과 전차인 사이에는 민법 제256조 단서(부동산에의 부합의 예외)의 적용이 없으므로 전차인은 임차지에 부속시킨 물건의 소유권을 보유하지 못한다. 그러므로 임대인은 임차인(전대인)과의 임대차를 해지하지 않더라도 소유권에 기한 물권적 청구권을 전차인에 대하여 행사함으로써 방해배제를 청구할 수 있다.

(ㄴ) 임차인의 무단양도·전대로 임대인은 해지권을 취득한다(제629조 제2항). 그러나 건물의 小部分을 전대한 때에는 예외가 인정된다(제632조).

다만, 임차인이 임대인의 동의 없이 제3자로 하여금 임차물을 사용·수익케 한 경우에도 임대인은 해지할 수 있는가. 판례는 임차인이 임대인으로부터 별도의 승낙을 얻은 바 없이 제3자에게 임차물을 사용·수익하도록 한 경우에 있어서도 임차인의 당해 행위가 임대인에 대한 배신적 행위라고 인정할 수 없는 특별한 사정이 있는 경우(예컨대 임차인이 부부로서 임차건물에 동거하면서 함께 가구점을 경영하는 경우)에는 위 법 조항에 의한 해지권은 발생하지 않는 것이라고 한다.[128]

(ㄷ) 임대인이 해지권을 행사하지 않는 한 임차인은 여전히 임대차계약의 당사자로서의 지위를 보유하므로 임대인은 양도·전대와는 관계없이 임차인에게 차임을 청구할 수 있다. 또한 임대차관계가 존속하는 한 임차인은 목적물보관의무를 부담하므로 양수인의 행위로 임대인에게 손해가 생기면 임대인에 대한 관계에서는 양수인 또는 전차인은 임차인(양도인)의 이행보조자의 지위에 서게 되며, 이로써 임차인은 임대인에 대하여 손해배상의 책임을 진다.

126) 대판 1986.2.25, 85다카1812.
127) 대판 1993.11.19, 92다43128.
128) 대판 1993.4.27, 92다45308; 1993.4.13, 92다24950; 1972.1.31, 71다2400.

(라) 임대인의 동의 있는 양도·전대의 법률관계

(ㄱ) 임대인의 동의있는 양도의 법률관계 : 임대인의 동의 있는 임차권의 양도는 그 동일성을 유지하면서 양수인에게 확정적으로 이전한다. 즉 양도인에 대한 관계에 있어서 뿐만 아니라, 임대인이나 기타의 제3자에 대한 관계에 있어서도 임대인의 지위는 양수인에게 승계적으로 이전하며, 이로써 양도인은 임대차관계에서 벗어나게 된다.

차임지급의무도 당연히 양수인에게 이전한다. 그러나 양도인의 연체차임채무나 기타의 다른 의무위반에 의한 손해배상채무 등은 그것을 인수하는데 관한 특약이 없는 한 양수인에게 이전하지 않는다.

[판례] 임대차보증금반환채권이 가압류 또는 압류된 후 임차권이 양도된 경우에 임대인이 위 임차권의 양도를 승낙하였다면 임대인과 구 임차인과의 임대차관계는 종료되어 구 임차인은 임대차관계로부터 이탈하게 되고, 구 임차인의 임대차보증금반환채권은 구 임차인과 임대인과의 임대차관계의 종료로 인하여 임대인의 임차권 양도 승낙시에 이행기에 도달하게 된다고 보아야 한다(대판 1998.7.14, 96다17202).

(ㄴ) 임대인의 동의있는 전대의 법률관계 : 임대인의 동의 있는 임차물의 전대는 유효한 전차로써 효력이 발생하고, 전대인과 전차인간의 관계는 전대차계약의 내용에 의하여 결정된다. 즉 전대가 유상이면 임대차가 되고, 무상이면 사용대차가 된다.

(a) 임대인과 임차인간의 법률관계는 전대차의 성립에 의하여 아무런 영향도 받지 않는다. 다만 임대인은 전차인에 대하여 직접 권리를 행사할 수 있으나, 이로 인하여 임대인과 임차인(전대인)에 대한 차임채권을 행사할 수 없게 되는 것은 아니다(제630조 제2항).

(b) 임대인은 임차인(전대인)에 대하여 차임청구나 해지권 등을 행사하여야 하고, 또한 그것으로 충분하다. 따라서 전차인은 임대인에 대한 관계에 있어서 전대차상 의무는 부담하나 권리는 갖지 않는다. 그러므로 임대인에 대하여 수선이나 비용상환을 청구하지는 못한다.

전차인은 임대인에 대하여 직접 의무를 부담한다(제630조 제1항 전단). 의무의 내용은 전대차계약으로 정하여지나 임대차계약의 제약을 받는다. 따라서 전차인은 전대차계약에서 정하여진 것 이상으로 임대인에게 의무를 부담하지 않은 동시에 임대차계약으로 임차인이 부담하는 것 이상의 의무도 부담하지 않는다.

전차인이 부담하는 의무의 주요한 것은 목적물의 보관의무, 그 위반에 의한 손해배상의무, 임대차종료시의 목적물반환의무, 차임지급의무이다(전대차가 무상인 때에는 의무가 없다). 특히, 전차인은 차임지급에 관하여 임대인에 대하여 직접 의무를 부담하나, 그렇다고 임차인(전대인)에 대한 의무를 면하는 것은 아니다. 따라서 임차인(전대인)에게 차임을 지급하면 그 범위에서 임대인의 전차인에 대한 차임청구권은 소멸하게 된다. 그러나 전차인은 전대인에 대한 차임의 지급으로써 임대인에게 대항하지 못한다(제630조 제1항 후단).

(c) 전차인의 전차권은 전대인의 임차권을 기초로 하여 성립하므로 전대인의 임차권의 기간만료·채무불이행에 의한 해지 등으로 소멸하면 전차인의 전차권도 소멸한다. 그러나 민법은 전차인의 보호를 위하여 이에 대한 일정한 제한을 두고 있다. 즉 전대차의 기초가 되는 임차권을 임대인과 임차인이 합의로 종료케 한 때에도 전차인의 권리는 소멸하지 않는다(제631조).

(d) 임대인의 해지통고로 임대인과 임차인간의 임대차계약이 종료하게 되면 전차인은 목적물을 임대인에게 반환하여야 한다. 그러나 해지통고에 의한 임대차의 종료를 전차인이 알지 못한 경우에는 그 전차인에 대항하지 못한다(제638조 제1항).

또한, 전차인이 통지를 받은 때 해지의 효력은 그 전차인에 관하여서는 일정한 기간이 경과하므로 효력이 생긴다(제638조 제2항·제635조 제3항). 민법의 동조 규정은 강행규정이고(제652조), 일시사용을 위한 전대차의 경우에는 적용되지 않는다(제653조).

건물 기타 공작물의 소유 또는 식목·채염·목축을 목적으로 한 토지임차인이 적법하게 그 토지를 전대한 경우에, 임대차 및 전대차의 기간이 동시에 만료되고 건물·수목 기타 지상시설이 현존한 때에는 전차인은 임대인에 대하여 전 전대차와 동일한 조건으로 임대할 것을 청구할 수 있다(제644조 제1항). 이 때 임대인이 임대할 것을 원하지 않는 경우에는 임대인에 대하여 상당한 가액으로 건물·식목 기타 지상시설물을 매수할 것을 청구할 수 있다(제644조 제2항·제283조 제2항). 그리고 위와 같은 전차인의 임대청구권과 매수청구권은 지상권자가 그 토지를 임대한 경우에도 준용된다(제645조).

建物 기타 工作物의 임차인이 적법하게 전대한 경우에 전차인이 그 사용의 편익을 위하여 임대인의 동의를 얻어 부속한 물건이 있는 때에는 전대차의 종료시에 임대인에 대하여 그 부속물의 매수를 청구할 수 있다(제647조 제1항). 또한 임대인으로부터 매수한 부속물 또는 그의 동의를 얻어 임차인으로부터 매수한 부속물이 있는 경우에도 전차인은 위의 매수청구권이 인정된다(동조 제2항). 그러나 일시사용을 위한 전대차의 경우에는 적용되지 않는다(제653조).

⑹ 賃貸借의 승계

(가) 임차권의 상속　임대차는 사용대차와는 달리 임차인의 死亡을 임대차관계

의 종료원인으로 하는 규정은 없다(제614조 참조). 따라서 우리 민법상 임차권은 임차인의 死亡으로 그 상속인에게 상속된다고 해석된다. 왜냐하면 우리 민법은 임차인의 사망을 임차권의 종료원인으로 하지 않고 또한 임차권은 사용대차와 같은 오로지 차주를 위한 인적 제도가 아니라 일종의 재산권으로서 객관적 가치를 가지기 때문이다. 따라서 임차권은 임차인의 사망으로 원칙적으로 그 상속인에 상속되고 상속으로 임차권은 승계된다.

(나) 임차권의 승계　임차권은 상속 아닌 승계(承繼)가 인정되는가. 토지임차권과 달리 건물임차권에서는 임차권의 목적이 단순한 사용·수익권으로서 재산권이 아닌 住居라는 점에서 문제된다. 즉 건물임차권의 경우 동거하는 가족이 상속인이 아닌 경우(예컨대 사실혼관계에 있는 자) 상속인이 임차권을 주장하여 그 반환을 청구할 수 있는가. 또한 상속인이 동거가족의 주거권을 인정하는 경우에도 임대인은 무단전대·무단양도를 주장하여 임차권을 해지할 수 있는가. 주택임차권에서와는 달리 일반임차권에서는 명문규정이 없으므로 구체적 사안에 따라 해석한다.[129)]

(ㄱ) 동거가족 중에 상속인이 있고 또는 동거하지 않는 상속인도 있을 때에는 공동상속인 사이의 상속재산분할 문제로 되는 결과 동거하고 있지 않던 상속인이 거주하게 되어도 이에 임대인은 이의를 제기할 수 없으나, 다만 이로 인하여 사용·수익의 상태가 현저하게 변경되는 경우에는 해지할 수 있다.[130)]

또한, 동거가족이 모두 상속인이 아닌 경우 임차권은 상속인에 상속되고 이로써 동거인의 퇴거를 요구할 수 있지만, 다만 동거가족의 퇴거를 요구하는 것이 여러 사정에 비추어 부당한 때에는 권리남용이 된다. 따라서 이 경우 상속인은 동거가족에게 전대 또는 임차권의 양도를 하여야 하고, 또한 임대인은 동의 없는 전대 또는 양도를 주장하지 못한다.

(ㄴ) 임차권의 상속인이 존재하지 아니하는 경우(제1053조 이하)에는 동거가족이 그대로 임차인의 지위를 승계한다고 해석한다.

(나) 임대인의 목적물양도와 임차권의 승계　임차권은 채권이므로 임대인이 목적물상 임차권을 설정한 경우에도 임의로 양도할 수 있음은 물론이다.

다만, 임대인이 임대 중인 목적물을 제3자에 양도한 경우 임차인은 그 목적물의 양수인에게 자기 임차권을 주장할 수 있는가. 이것은 부동산양도에 있어서 중요한 문제이며, 「매매는 임대차를 깨뜨리는가」여부와 관련하여 일찍부터 논의되어 왔다.

---

129) 주택임차권에서는 사실상 혼인관계에 있는 자의 특별보호를 위하여 일정요건 하에 상속권 아닌 임차권승계를 인정한다(동법 제9조 제2항).

130) 곽윤직, 361면.

그러나 이에 대한 우리 민법은 부동산임차권을 등기한 때에는 제3자에 대하여도 효력이 있다(제621조 제2항)라고 하여 목적물의 양도로 인한 임차권의 승계에 등기를 요건으로 한다. 따라서 임대인의 목적물양도로 인한 임대차관계의 승계는 공시방법의 여부에 따라 달리한다.

(ㄱ) *公示方法을 갖춘 경우* : 민법 제621조 제2항은 「부동산임차권을 등기한 때에는 제3자에 대하여도 효력이 있다」라고 하고, 또한 제622조 제1항은 「건물소유를 목적으로 한 토지임대차는 이를 등기하지 아니한 경우에도 임차인이 그 지상건물을 등기한 때에는 제3자에 효력이 있다」라고 규정한다. 따라서 대항력을 가지는 임차권은 양수인의 양도인에 대한 지위 승계로 임차인에 대한 임대인의 지위를 승계한다.

[판례] 소유권을 취득하였다가 계약해제로 소유권을 상실하게 된 임대인으로부터 그 계약이 해제되기 전에 주택을 임차 받아 주택의 인도와 주민등록을 마침으로써 주택임대차보호법 제3조 제1항에 의한 대항력을 갖춘 임차인은 민법 제548조 제1항 단서의 규정에 따라 계약해제로 인하여 권리를 침해받지 않는 제3자에 해당하므로 임대인의 임대권원의 바탕이 되는 계약의 해제에도 불구하고 자신의 임차권을 새로운 소유자에게 대항할 수 있고 이 경우 계약해제로 새로운 소유권을 회복한 제3자는 주택임대차보호법 제3조 제2항에 따라 임대인의 지위를 승계한다(대판 2003.8.22, 2003다12717).

(ㄴ) *公示方法을 갖추지 아니한 경우* : 등기 또는 등기에 갈음하는 공시방법에 의하여 대항력을 갖지 못한 임차권은 그 양수인에 대하여 임차권의 승계를 주장할 수 있는가. 다수설은 우리 민법은 임차권에 관하여 독일민법에서와 같이 채권주의를 취하고 있는 점과, 또한 민법은 등기라는 공시방법을 요건으로 대항력을 주고 있는 점을 들어 등기 또는 등기에 갈음하는 공시제도가 확보된 임차권에 한하여 임차권의 승계를 인정할 것이라고 하고, 판례 또한 목적물에 대하여 비록 임대차가 이루어진 사실을 알면서 소유권을 취득한 자라고 하더라도 임대차를 등기하지 못한 임차인은 그 임대차로서 대항할 수는 없는 것이라고 한다.[131]

3. 住宅 및 商街建物賃貸借

(1) 住宅賃借權의 의의와 성질

(가) 당사자 일방(임대인)이 타방(임차인)에 특히 주거용건물 및 상가건물을 사용·수익함을 약정하고 상대방이 이에 차임을 지급함을 약정함으로써 성립하는 계약을 말한다(제681조, 주택임차법 제1조, 상가건물임차법 제1조).

(나) 주택 및 상가건물임대차계약의 법률적 성질은 낙성·쌍무·유상계약이며, 강

131) 대판 1977.12.13, 77다115.

행규정성을 가진다. 따라서 동법에 위반된 약정으로서 임차인에게 불리한 것은 무효이다.

⑵ 住宅 및 商街建物賃貸借保護法의 적용범위

(가) 주택임차권보호법의 적용은 주거용건물, 즉 주택의 전부 또는 일부가 주거용인 주택임대차에 적용되나 그 외에 임대주택의 일부가 주거 외의 목적인 경우에도 적용된다. 또한 동법의 규정은 미등기 전세에 준용한다(동법 제12조). 그러나 일시사용을 위한 임대차에는 적용되지 아니한다(동법 제11조).

(나) 상가건물임대차보호법은 상가건물의 임대차에 적용한다. 여기서 상가건물이란 전용인 상가목적의 건물은 물론 임대차 목적물의 주된 부분을 영업용으로 사용하는 경우를 포함한다(동법 제2조). 다만 상가건물의 임대차이나 보증금액이 대통령령이 정하는 일정범위를 초과하는 임대차에는 적용되지 아니한다(동조 단서).

또한, 동법은 목적 건물의 등기를 하지 아니한 전세계약에 관하여도 준용하고, 이 경우 전세금은 임대차의 보증금으로 본다(동법 제17조). 그러나 일시사용을 위한 임대차임이 명백한 경우에는 적용되지 않는다(동조 단서).

⑶ 住宅 및 商街建物賃借權의 성립

(가) 계약당사자　주택 및 상가건물의 임대인과 임차인간의 계약에 의하여 성립한다. 즉 임대인은 주거 및 상가용으로 건물을 사용·수익케 함을 약정하고 임차인은 사용·수익에 따른 차임을 지급함을 약정함으로써 성립한다.

(나) 임대차의 존속기간　주택 및 상가임차권의 존속기간을 약정하는 경우 동법상 최단기간의 제한규정을 두며, 주택임차권의 존속기간의 정함이 없거나 기간을 2년 미만으로 정한 때에는 그 기간을 2년으로 보며(동법 제4조 제1항), 상가건물임차권은 기간의 정함이 없거나 기간을 1년 미만으로 정한 때에는 그 기간을 1년으로 본다(동법 제9조 제1항). 그러나 임차인은 2년 또는 1년 미만으로 정한 기간이 유효함을 주장함은 무방하다(동법 제4조 단서, 동법 제9조 단서).

(다) 임대차계약의 갱신

(ㄱ) 갱신요구권 : 상가건물임차권은 계약갱신요구권을 가진다. 상가건물의 임차인은 최초의 임대차 기간을 포함하여 5년을 넘지 않는 범위에서 계약갱신을 요구할 수 있고, 이 경우 임대인은 동법이 정한 일정사유가 있는 경우를 제외하고는 이를 거절하지 못한다(동법 제10조 제1항 제2항).

(ㄴ) 묵시갱신권 : 주택 및 상가임차권은 임대인이 임대차기간 만료 전 6월부터 1월까지에 임차인에 대하여 갱신거절의 통지 또는 조건을 변경하지 아니하면 갱신

하지 아니한다는 뜻의 통지를 하지 아니한 경우에는 그 기간이 만료된 때에 전 임대차와 동일한 조건으로 다시 임대차를 한 것으로 본다(주택임차법 제6조 제1항, 상가건물임차법 제10조 제1항 전단, 제4항). 그러나 주택임차인이 2기의 차임액에 달하도록 차임을 연체하거나 기타 임차인으로서 의무를 현저히 위반한 때에는 적용되지 아니하고(주택임차법 제6조 제2항), 또한 상가건물임차권에 있어서는 동법(동법 제10조 제1항 각호)이 정한 다음의 일정한 사유가 있는 경우에는 적용하지 않는다.

① 임차인이 2기에 차임액에 달하도록 차임을 연체한 사실이 있는 때
② 임차인이 허위 또는 기타 부정한 방법으로 임차한 경우
③ 쌍방의 합의 하에 임대인이 임차인에게 상당한 보상을 제공한 경우
④ 임대인의 동의 없이 목적건물의 일부 또는 전부를 전대한 때
⑤ 임차인이 임차건물의 전부 또는 일부를 고의 또는 중과실로 파손한 때
⑥ 임차건물의 전부 또는 일부멸실로 임차목적을 달성할 수 없는 경우
⑦ 임대인이 목적건물의 전부 또는 대부분을 철거하거나 재건축하기 위하여 목적 건물의 회복이 필요한 경우
⑧ 기타 임차인이 의무를 현저히 위반하거나 임대차를 존속시키기 어려운 중대한 사유가 있는 경우

(ㄷ) 갱신의 존속기간 : 계약갱신의 존속기간은 정함이 없는 것으로 보며, 이경우 임차인은 언제나 계약을 해지할 수 있고, 해지통고 후 3월이 경과함으로써 해지된다(주택임차법 제6조 제1항 단서, 상가건물임차호법 제10조 제4항 단서, 제5항).

---

(1) 최단기간의 제한
- 2년(주택) 또는 1년(상가)의 단축제한
- 임차인에 적용배제

(2) 최장기간의 제한 — 20년의 초과 금지
- 20년을 초과하여 정한 때 — 20년으로 단축효과(제651조)
- 계약의 갱신 — 10년을 넘지 않는 범위에서 갱신(회수에는 제한 없음)

(3) 계약의 묵시갱신
- ㉠ 갱신의 원칙 — 임대차기간 만료 전 6월부터 1월까지 사이에 갱신거절 또는 조건변경을 통지하지 아니한 때
  - 전임대차와 동일한 조건으로 갱신
  - 존속기간 — 정함이 없는 것으로 본다(임차인은 언제나 해지할 수 있고, 임대인이 통고를 받은 날로부터 3월이 경과하므로 소멸).
- ㉡ 적용제한
  - 2기(주택) 또는 3기(상가) 이상의 차임연체가 있는 때
  - 임차인이 현저히 의무를 위반 또는 특별제한사유(상가건물)

(4) 계약갱신요구권 — 상가건물인차권(5년을 넘지 않는 범위)

⑷ 住宅 및 商街建物賃借權의 효력

㈎ 임차권의 대항력 임차권에 등기가 없는 경우에도 임차인이 주택의 인도와 주민등록 또는 건물의 인도와 사업자등록을 마친 때에는 그 익일부터 제3자에 대하

여 효력이 생긴다. 여기서 「주민등록 또는 사업자등록을 마친 때」란 전입신고 또는 사업자등록의 신고를 한 때 주민등록 또는 사업자등록이 된 것으로 본다(주택임대차보호법 제3조 제1항, 상가건물임대차보호법 제3조 제1항).

(ㄱ) 주택 및 건물의 인도 : 주택 및 상가건물임차권이 대항력을 갖기 위해서는 주택 또는 건물의 인도가 있어야 한다.

대항요건으로서 주택 및 건물의 인도는 현실의 인도가 원칙이나 관념적 인도를 포함하는가. 학설은 동법이 주택 및 건물의 인도라고만 하고 있을 뿐만 아니라 민법상 인도에는 현실의 인도뿐만 아니라 관념적 인도를 포함하는 점을 들어 긍정하고, 판례 또한 주택임대차보호법 제3조 제1항 소정의 대항력은 임차인이 당해 주택에 거주하면서 이를 직접 점유하는 경우뿐만 아니라 타인의 점유를 매개로 하여 이를 간접점유 하는 경우에도 인정될 수 있는 것이라고 한다.[132)]

(ㄴ) 주민등록 및 사업자등록에 의한 공시 : 주택임대차보호법 및 상가건물임대차보호법 각 제3조 제1항에서 주택 및 건물의 인도와 더불어 대항력의 요건으로 규정하고 있는 주민등록 및 사업자등록은 거래의 안전을 위하여 임대차의 존재를 제3자가 명백히 인식할 수 있게 하는 공시방법으로 마련된 것이므로 주민등록 및 사업자등록이 어떤 임대차를 공시하는 효력이 있는가는 일반 사회통념상 그 주민등록 및 사업자등록으로 당해 임대차건물에 임차인이 주소 또는 거소를 가진 자 또는 사업자로 등록되어 있는지를 인식할 수 있는가 여부에 따라 결정된다.[133)]

그리하여 판례는 주택을 임차하여 적법한 전입신고를 마친 후에 그 대지가 분할됨으로써 주택의 지번이 변경되자 갱신된 임대차계약서에는 새로운 지번을 표시하였으나 주민등록상 주소는 주택에 대한 경매개시결정 기입등기가 경료된 후에야 변경한 경우, 임차인은 주택에 대한 유효한 공시방법인 주민등록을 갖추었다고 볼 수 없어 경락인에게 대항할 수 없는 것이라고 한다.[134)]

그 외에도 판례는 전출신고를 할 당시에는 신거주지를 260의 3으로 기재하였으나, 전입신고를 함에 있어서는 신거주지를 206의 3으로 신고한 경우(대판 1997.7.11, 79다10024), 임차인이 분양광고 및 건물의 외벽표기에 따라 「109동 201호」으로 전입신고를 마쳤으나 그 후 건축물관리대장 및 등기부상으로 「B동 201호」으로 표기된 경우(대판 2002.2.22, 2001다78478), 임대차계약서 및 외벽표기에 따라 현일맨션타운 104동 301호로 하여 전입신고를 마쳤으나 그 후 건물의 건축물관리대장 및 등기부상 A동 301호로 표기된 경우(대판 2003.3, 2002다66687)에는 일반사회통념상 당해 주택의 유효한 공시방법이라고 인식할 수 없는 것

132) 대판 2001.1.19, 2000다55645.

133) 대판 2002.3.15, 2001다80204; 1997.7.11, 79다10024; 1995.4.28, 94다27427; 1994.11.22, 94다13176; 1989.6.27, 89다카3370.

134) 대판 2000.4.21, 2000다1549.

이라 하고, 또한 일단 임차권의 대항력을 취득한 후 어떤 이유에서든지 그 가족과 함께 일시적이나마 다른 곳으로 주민등록을 이전하였다가 다시 전입신고를 한 경우(대판 1998.1.23, 97다43468)에도 종전의 대항력은 유지되지 않는 것이라고 한다.

그러나 다가구용 단독주택의 지번만 기재하여 전입신고를 한 경우(대판 1998.1.23, 97다47828; 1997.11.11, 97다29530), 임차인 본인뿐만 아니라, 그 배우자나 자녀 등 가족의 주민등록(대판 1996.1.26, 95다30338), 가족의 주민등록은 그대로 둔 채 임차인만 주민등록을 일시 다른 곳으로 옮긴 경우(대판 1996.1.26, 95다30338), 임차인의 의사에 관계없이 주민등록이 직권 말소되었다가 임차인의 이의제기로 직권 회복된 경우(대판 2002.10.11, 2002다20957)에는 유효한 공시방법일 뿐만 아니라 종전의 대항력이 유지되는 것이라고 한다.

다만, 타인의 점유를 매개로 하여 이를 간접점유 하는 경우, 즉 제3자를 위하여 임차권자을 설정한 경우 그 임차권의 공시방법으로서 주민등록은 누구의 명의로 하여야 하는가. 주민등록법상 당해 주택에 실제로 거주하지 아니하는 간접점유자인 임차인은 주민등록의 대상이 되는「당해 주택에 주소 또는 거소를 가진 자」(주민등록법 제6조 제1항)가 아니므로 임차권자인 간접점유자의 주민등록은 주민등록법 소정의 적법한 주민등록이 되지 못한다. 따라서 간접점유자에 불과한 임차인 자신의 주민등록으로는 대항력의 요건을 적법하게 갖추었다고 할 수 없고, 이로써 임차인의 임대차가 제3자에 대하여 적법하게 대항력을 취득할 수 있기 위해서는 임차인과의 점유매개관계에 기하여 당해 주택에 실제로 거주하는 직접점유자가 자신의 주민등록을 마친 경우라야 한다.135)

(ㄷ) 對抗力의 효력발생 : 주택 및 상가건물임차권으로 대항하기 위해서는 임차인의 주택 및 건물의 인도와 주민등록 및 사업자등록을 모두 갖추어야 하고, 또한 일치하여야 한다.136)

(a) 주택 및 건물의 인도가 있고 주민등록 및 사업자등록이 된 때에는 주민등록 및 사업자등록이 된 때 대항력이 생기고, 반대로 주민등록 및 사업자등록이 있고 주택 및 건물의 인도가 된 때에는 주택 및 건물의 인도가 있는 때 대항력이 생기나 주민등록이 주거자를 전제로 하고 사업자등록이 사업자를 전제로 하는 점에서 통상은 주민등록 또는 사업자등록을 기준으로 정한다.

[사업자등록의 등록사항 · 열람]

상가건물의 임대차에 이해관계가 있는 자는 건물의 소재지관할세무서장에게 다음 각 호 사항의 열람 또는 제공을 요청할 수 있고, 이때 세무서장은 정당한 사유 없이 이를 거부하지 못한다(상가건물임차법 제4조 제1항).

---

135) 대판 2001.1.19, 2000다55645.

136) 대판 2000.4.21, 2000다1549; 1996.4.12, 95다55474; 1996.2.23, 95다48421; 1995.8.11, 95다177; 1990.5.22, 89다카18648.

① 임대인·임차인의 성명·주소, 주민등록번호
② 건물의 소재지, 임대차목적물 및 면적
③ 사업자등록신청일
④ 사업자등록신청일당시의 보증금 및 차임, 임대차기간
⑤ 임대차계약서상의 확정일자를 받은 날
⑥ 기타 대통령령이 정하는 사항

(b) 주택 및 건물의 인도와 주민등록 및 사업자등록을 갖춘 익일부터 대항력이 발생한다(주택임차법 제3조 제1항 단서, 상가건물임차법 제3조 제1항 단서).

판례는 동법이 규정한「인도와 주민등록을 갖춘 다음 날부터 대항력이 발생한다」라고 한 것은 인도와 주민등록이 등기와 달리 간이한 공시방법이어서 인도 및 주민등록과 제3자 명의의 등기가 같은 날 이루어진 경우에 그 선·후 관계를 밝혀 선순위권리자를 정하는 것이 사실상 곤란한데다가 제3자가 인도와 주민등록을 마친 임차인이 없음을 확인하고 등기까지 경료하였음에도 그 후 같은 날 임차인이 인도와 주민등록을 마침으로 인하여 입을 수 있는 불측의 피해를 방지하기 위하여 임차인보다 등기를 경료한 자를 우선시키고자 하는 취지이고, 같은 법 제3조의 2 제1항에 규정된 우선변제적 효력은 대항력과 마찬가지로 주택임차권의 제3자에 대한 물권적 효력으로서 임차인과 제3자 사이의 우선순위를 대항력과 달리 규율하여야 할 아무런 합리적 근거가 없는 것이라고 한다.[137]

(나) 양수인의 지위승계 임차주택 및 상가임차건물의 양수인(기타 전대할 권리를 승계할 자를 포함한다)은 임대인의 지위를 승계한 것으로 본다(주택임차법 제3조 제2항, 상가건물임차법 제3조 제2항).

(다) 주택 및 상가건물임차권이 있는 경우와 매도인의 담보책임 매매의 목적물이 주택 및 상가건물임대차의 목적이 된 건물이 매매 또는 경매의 목적이 된 경우에는 민법 제575조 제1항 및 제3항(제한물권 있는 담보책임), 제578조(경매와 담보책임) 및 제536조(동시이행의 항변권)의 규정을 준용한다(주택임차법 제3조 제3항 및 제4항, 상가건물임차법 제3조 제3항 및 제4항), 따라서 선의의 매수인은 계약해제권과 손해배상청구권을 가지며, 담보책임을 지는 경우 양 당사자의 의무는 동시이행의 관계가 성립한다. 또한 請求權의 行使는 매수인이 그 사실을 안 날로부터 1년 내에 행사하여야 한다(민법 제573조).

(라) 차임증감청구권 약정한 차임 또는 보증금이 임차주택 및 상가임차건물에 관한 조세·공과금 기타 부담의 증감이나 경제사정의 변동으로 인하여 상당하지 아니하게 된 경우 당사자는 장래에 대하여 그 증감을 청구할 수 있다(주택임차법 제7조,

137) 대판 1997.12.12, 97다22393.

상가건물임차법 제11조 제1항). 그러나 그 약정차임 등의 증액청구는 대통령령이 정하는 기준에 따른 비율(주택임차권의 약정차임은 20분의 1의 금액을 초과하지 못한다. 동법시행령 제2조 제1항)을 초과하지 못하고(주택임차법 제7조, 상가건물임차법 제11조 제2항), 임대차계약 또는 약정한 차임 등의 증액이 있은 후 1년 이내에 행사하지 못한다(주택임차법시행령 제2조 제2항, 상가건물임차법 제11조 제2항). 따라서 청구권의 법률적 성질은 감액청구권이 형성권적 성질을 가지는데 반하여 증액청구권은 청구권적 성질에 불과한 것이라고 본다.

또한, 보증금의 전부 또는 일부를 월 단위의 차임으로 전환하는 경우에 그 전환되는 금액에 은행법에 의한 금융기관에서 적용되는 대출금리 및 당해 지역의 경제여건 등을 감안하여 대통령령이 정하는 비율을 곱한 월차임의 범위를 초과하지 못하고(주택임차법 제7조의 2, 상가건물임차법 제12조),[138] 동조 규정은 전대차관계에도 적용된다(상가건물임차법 제13조 제1항).

다만, 보증금의 증액청구제한은 임대차계약이 종료한 후에도 적용되는가. 판례는 주택임대차보호법 제7조의 규정은 임대차계약의 존속 중 당사자 일방이 약정한 차임 등의 증감을 청구한 때에 한하여 적용되고, 임대차계약이 종료된 후 재계약을 하거나 또는 임대차계약 종료 전이라도 당사자의 합의로 차임 등이 증액된 경우에는 적용되지 않는 것이라고 한다.[139]

(5) 保證金의 回收

(가) 목적물의 경매권 　주택 및 상가건물임차권은 주택 및 상가건물임대차보호법에 의하여 그 보증금채권의 우선변제를 받기 위한 목적물의 경매권을 가진다.

다만, 주택 및 상가건물임차권자가 그 보증금반환을 위한 임차목적물의 경매를 청구하려면 그 목적물을 현실로 인도하여야 하는가. 주택 및 상가건물임대차보호법은 각각 특칙을 두어 「임차인이 임차주택 또는 건물에 대하여 보증금반환청구소송의 확정판결 이에 준하는 집행근원에 기한 경매를 신청하는 경우에는 민사집행법 제41조의 규정에 불문하고 반대채무의 이행 또는 이행의 제공을 집행개시의 요건으로 하지 아니한다.」라고 규정한다(주택임차법 제3조의 2 제1항, 상가건물임차법 제5조 제1항). 따라서 임차권에 있어서의 보증금의 회수를 위한 경매권의 행사에 목적물의 인도를 요건으로 하는 것과는 달리 주택 및 상가건물임차권에 있어서의 보증금회수를 위한 경매에는 목적물의 인도를 요건으로 하지 아니한다.

---

138) 현행 주택임대차보호법시행령은 동법 제7조의 2에서 대통령령이 정하는 비율을 연 1할 4푼으로 하고 있다(동령 제2조의 2, 2002.6.19 신설).

139) 대판 1993.12.7, 93다30532.

또한, 주택 및 상가건물임차권자가 임차권설정자에 대하여 제기하는 보증금의 반환청구소송에는 소액사건심판법 제6조・제7조・제10조 및 제11조의 2 규정을 준용한다(주택임차법 제13조, 상가건물임차법 제18조).

(나) 보증금의 우선특권 및 우선변제권

(ㄱ) 一定保證金의 우선특권 : 주택 및 상가건물임대차보호법상 대항력을 갖춘 주택 및 상가건물임차권자는 경매 등의 절차에서 보증금 중 일정액에 관하여 다른 담보권자, 특히 먼저 성립한 담보권자보다 자기채권의 우선변제권을 가진다(주택임차법 제8조 제1항, 상가건물임차법 제14조 제1항). 다만 그 보호되는 금전은 일정금액 이하의 보증금 중 일정액에 한한다.

보증금의 최고액 및 보증금 중 일정액이 수차에 걸쳐 개정된 경우 그 우선액의 범위는 선순위저당권에 의해 제한을 받는가. 주택임대차보호법시행령은 그 부칙에서 소급적용을 제한함으로써 문제된다. 그러나 동법상 일정액의 보호는 선순위저당권과 무관한 것일 뿐만 아니라 생존권 배려의 우선특권이므로 선순위의 저당권에 의하여 제한되지 않는다. 따라서 동법상 우선특권의 범위와 액은 목적물의 경매개시결정일을 기준으로 정하여야 하고 선순위저당권설정일을 기준으로 정하여지는 것은 아니다. 그러므로 동법 시행령 부칙의 소급적용제한규정은 동법 취지에 반하는 것으로써 그 범위에서 무효이다.

(a) 주택임차권에서 우선변제를 받는 임차권자 및 보증금 중 일정액의 범위와 기준은 주택가액의 2분의 1의 범위 안에서 대통령령으로 정한다. 따라서 전세금의 총액이 주택가액의 2분의 1을 초과한 경우에는 주택가액의 2분의 1에 해당하는 금액에 한하여 우선변제권을 가진다(주택임차법시행령 제3조 제2항).[140]

하나의 주택에 임차권자가 2인 이상이고, 그 각 소액보증금의 합산액이 주택가액의 2분의 1을 초과한 경우에는 그 각 소액보증금의 합산액에 대한 각 임차권자의 보증금의 비율로 그 주택가액의 2분의 1에 해당하는 분할한 금액을 임차권자의 보증금 중 일정액으로 본다(동령 제3조 제3항 단서).

또한, 하나의 주택에 임차권자가 2인 이상이고 이들이 그 주택에서 가정공동생활을 하는 경우에는 이들을 1인의 임차권자인 것으로 보아 각 보증금을 합산한다(동령 동조 제4항). 여기서 배당액의 기준되는 주택가액이란 낙찰대금에다가 입찰보증금에

---

140) 동법 제8조의 규정에 의하여 우선변제를 받을 임차인 및 보증금 중 일정액은 다음 각 호의 구분에 의한 금액 이하에 의한다(동법시행령 제3조 및 제4조).
1. 수도권정비계획법에 의한 수도권 중 과밀억제지역 : 보증금 4,000만원 이하인 금액 중 1600만원
2. 광역시(군지역과 인천광역시지역 제외) : 보증금 3,500만원 이하인 금액 중 1,400만원
3. 그 밖의 지역 : 보증금 3,000만원 이하인 금액 중 1,200만원

대한 배당기일까지의 이자, 몰수된 입찰보증금 등을 포함한 금액에서 집행비용을 공제한 실재 배당할 금액을 말한다.141)

그 외에 우선변제를 받는 주택가액에는 대지가액을 포함한다. 그러나 대지가액으로부터 우선변제를 받기 위해서는 대지에 관한 저당권설정 당시 이미 그 지상 건물이 존재하는 경우에만 적용된다.142)

(b) 상가건물임차권에서 우선변제를 받는 임차권자 및 보증금 중 일정액의 범위와 기준은 상가건물가액(설정자소유의 대지가액을 포함한다)의 3분의 1의 범위에서 당해 지역의 경제여건, 보증금 및 차임 등을 고려하여 대통령령으로 정한다(상가건물임차법 제14조 제3항).

(c) 우선변제를 받는 보증금 중 일정액은 미등기건물에도 적용되는가. 주택임대차보호법 제8조에 의하여 다른 담보물권자보다 우선변제를 받을 주택임차인은 제1항의 규정상 그 임차주택에 대한 경매신청의 등기 전에 주택을 인도 받고 전입신고를 마쳐 그 주택이나 임차인의 유무 등 대지의 부담 사항이 파악되어 지는 때에만 제3항에 의하여 주택경락가액(대지가액 포함)의 2분의 1의 범위 안에서 최우선변제를 받게 된다. 그러므로 동법 제8조에 의한 건물이나 토지의 경락대금에서 우선변제 받기 위해서는 그 임대차 후라도 목적물인 주택에 관하여 소유권등기가 경료되어 경매신청등기가 되는 경우이어야 한다.143)

(ㄴ) 보증금채권의 우선변제권 : 주택 및 상가건물임대차보호법상 대항요건과 확정일자 있는 주택 및 상가건물임대차계약증서에 의한 보증금은 후순위권리자 기타 채권자보다 우선변제권을 가진다(주택임차법 제3조의 2, 상가건물임차법 제5조 제3항).

(a) 우선변제권의 요건 : 주택 및 상가건물임차권자가 경매 등의 절차에서 보증금의 우선변제권을 갖기 위해서는 그 대항요건으로서 주택 및 건물의 인도와 주민등록 또는 사업자등록과 주택 및 상가건물임대차계약증서에 확정일자를 받았어야 하고, 이 경우 대항요건으로서 주택 및 건물의 인도와 주민등록 및 사업자등록은 배당요구의 종기인 경락기일까지 계속 존속하고 있어야 한다.144)

[판례] 주택임대차보호법 제3조의2 제2항에 의하면, 주택임차인은 같은 법 제3조 제1항에 규정된 대항요건과 임대차계약서 상에 확정일자를 갖춘 경우에는 경매절차 등에서 보증금을 우선하여 변제 받을 수 있고, 여기서 확정일자의 요건을 규정한 것은 임대인과 임

141) 대판 2001.4.27, 2001다8974.
142) 대판 1999.7.23, 99다25532.
143) 대판 2001.10.30, 2001다39657.
144) 대판 1998.1.23, 97다43468; 1997.10.10, 95다44597.

차인 사이의 담합으로 임차보증금의 액수를 사후에 변경하는 것을 방지하고자 하는 취지일 뿐, 대항요건으로 규정된 주민등록과 같이 당해 임대차의 존재 사실을 제3자에게 공시하고자 하는 것은 아니므로, 확정일자를 받은 임대차계약서가 당사자 사이에 체결된 당해 임대차계약에 관한 것으로서 진정하게 작성된 이상, 위와 같이 임대차계약서에 임대차 목적물을 표시하면서 아파트의 명칭과 그 전유 부분의 동·호수의 기재를 누락하였다는 사유만으로 주택임대차보호법 제3조의2 제2항에 규정된 확정일자의 요건을 갖추지 못하였다고 볼 수는 없다(대판 1999.6.11, 99다7992).

(b) 우선변제권의 효력발생시기 : 주택 및 상가건물임차권의 우선변제권의 효력발생시기는 주택 및 상가건물임차권의 대항요건과 임대차계약증서상의 확정일자를 기준으로 정한다. 따라서 주택 및 상가건물임차인이 주택 및 건물의 인도와 주민등록 및 사업자등록을 마친 당일 또는 그 이전에 임대차계약증서상에 확정일자를 갖춘 경우에는 주택 및 상가건물의 인도와 주민등록 및 사업자등록을 마친 다음 날을 기준으로 하여야 하고, 주택 및 건물의 인도와 주민등록 및 사업자등록 후에 임대차계약증서상에 확정일자를 갖춘 경우에는 임대차계약증서상에 확정일자를 갖춘 익일을 기준으로 우선변제권의 효력이 발생한다(동법 제3조 제1항 및 제3조의2 제1항 참조).[145]

(c) 배당의 요구권 : 주택 및 상가임차건물이 기간만료 전에 경매되는 경우 양수인에게 대항할 수 있는 주택 및 상가건물임차권자가 스스로 임대차관계의 승계주장을 포기하고 우선변제를 청구할 수 있는가.

현행 민사집행법 제91조 제3항은 「지상권·지역권·전세권 및 등기된 임차권은 매수인이 인수한다. 다만 그 중 전세권의 경우에는 전세권자가 제88조(배당요구)에 따라 배당을 요구하면 매각으로 소멸한다」라고 규정하여 문제되나, 임차권의 본질상 임차주택의 양수인에게 대항할 수 있는 임차권자라도 스스로 임대차관계의 승계를 원하지 아니할 때에는 승계되는 임대차관계의 구속을 면할 수 있다고 보아야 하므로 임차주택이 임대차기간 만료 전에 경매되는 경우 임대차계약을 해지함으로써 종료시키고 우선변제를 청구할 수 있고, 그 경우 임차인에게 인정되는 해지권은 공평의 원칙 및 신의성실의 원칙에 근거한 즉시해지권이 된다.[146] 따라서 대항력 있는 주택 및 상가건물임차권자는 목적물상 후순위권리자의 경매로 인한 권리변동의 경우 그 경락자에 대하여 스스로 임대차관계의 승계주장을 포기하고 그 우선변제를 청구할 수 있다.

(d) 계약갱신으로 증액된 보증금채권에도 우선변제적 효력을 가지는가. 확정일자

145) 대판 1999.3.23, 98다46938.
146) 대판 1996.7.12, 94다37646.

부 임대차는 그 확정일자에 의하여 우선순위가 정하여지므로 갱신계약에 관한 임대차에 있어서도 그 확정일자가 근저당권의 등기일이나 국세채권의 법정기일보다 빠른 경우에는 이들 채권자 보다 우선하여 변제 받게 되지만, 갱신계약의 계약서상 확정일자를 부여받지 않았거나 이들 채권자보다 확정일자가 늦은 때에는 갱신계약에 따라 증액된 임차보증금을 우선하여 변제 받을 수 있는 효력이 당초의 확정일자에 소급하여 발생하는 것은 아니므로 갱신계약에 따라 증액된 임차보증금이라고 하여 그 예외를 인정할 것은 아니다.[147] 따라서 등기된 임차권은 물론 계약갱신으로 증액된 주택 및 상가건물임대차보증금채권은 별도의 대항력을 갖추고 또한 그 확정일자가 다른 채권자보다 선순위로 되지 않는 한 우선변제권은 갖지 못한다.

(ㄷ) 權限 없는 자로부터 임차한 임차인의 우선변제권 : 권한 없는 자로부터 임차한 주택 및 상가건물임차인이 동법 제3조의 대항요건과 임대차계약증서에의 확정일자를 부여받은 경우 우선변제권을 가지는가.

판례는 매도인으로부터 매매계약의 해제를 해제조건부로 전세권한을 부여받은 매수인이 주택을 임대한 후 매도인과 매수인 사이의 매매계약이 해제됨으로써 해제조건이 성취되어 그 때부터 매수인이 주택을 전세 놓을 권한을 상실하게 되었다면 임차인은 전세계약을 체결할 권한이 없는 자와 사이에 전세계약을 체결한 임차인과 마찬가지로 매도인에 대한 관계에서 그 주택에 대한 사용·수익권을 주장할 수 없게 되어 매도인의 명도청구에 대항할 수 없게 되는 바, 이러한 법리는 임차인이 그 주택에 입주하고 주민등록까지 마쳐 주택임대차보호법상의 대항요건을 구비하였거나 전세계약서에 확정일자를 부여받았다고 하더라도 동일한 것이라고 하여 부정한다.[148] 그러나 최근의 판례는 소유권을 취득하였다가 계약해제로 소유권을 상실하게 된 임대인으로부터 그 계약이 해제되기 전에 주택을 임차 받아 주택의 인도와 주민등록을 마침으로써 주택임대차보호법 제3조 제1항에 의한 대항요건을 갖춘 임차인은 민법 제548조 제1항 단서의 규정에 따라 계약해제로 인하여 권리를 침해받지 않는 제3자에 해당하므로 임대인의 임대권원의 바탕이 되는 계약의 해제에도 불구하고 자신의 임차권을 새로운 소유자에게 대항할 수 있고, 이 경우 계약해제로 소유권을 회복한 제3자는 주택임대차보호법 제3조 제2항에 따라 임대인의 지위를 승계하는 것이라고 한다.[149]

(다) 임차권의 소멸과 등기명령의 신청 주택 및 상가건물임차권이 종료된 후

147) 대판 1997.10.15, 97구14820.
148) 대판 1995.12.12, 94다32037.
149) 대판 2003.8.22, 2003다12717.

보증금을 반환 받지 못한 주택 및 상가건물임차권자는 그 주택의 소재지를 관할하는 지방법원·지방법원지원 또는 시·군 법원에 등기명령을 신청할 수 있고(주택임차법 제3조의 3 제1항 각호, 상가건물임차법 제6조 제1항), 등기청구권의 행사로 임차권으로 등기된다. 따라서 주택 및 상가건물임차권이지만 동법 규정에 의하여 임차권으로 등기된다.

(ㄱ) 등기명령의 신청에는 다음 각 호의 사항을 기재하여야 하며, 신청의 이유 및 등기원인이 된 사실을 소명하여야 한다(주택임차법 제3조의 3 제2항, 상가건물임차법 제6조 제2항).

- (a) 신청의 취지 및 이유
- (b) 임차의 목적인 주택 및 상가건물(주택 및 건물의 일부인 경우 그 도면 첨부).
- (c) 임차권등기원인이 된 사실(주택 및 상가건물임차권자가 각 동법 제3조 제1항의 규정에 의한 대항력을 취득하였거나 주택임차권보호법 제3조의 2 또는 상가건물임대차보호법 제5조 제2항의 규정에 의한 우선변제권을 취득한 경우 그 사실)
- (d) 기타 대법원규칙이 정하는 사항

(ㄴ) 등기명령신청서의 기재사항, 등기명령의 촉탁, 등기공무원의 임차권등기기입 등 등기명령의 집행에 관하여 필요한 사항은 대법원규칙으로 정한다(주택임차법 제3조의 3 제7항, 상가건물임차법 제6조 제7항). 또한 등기신청을 기각하는 결정에 대하여 주택 및 상가건물임차권자는 항고할 수 있다(주택임차법 제3조의 3 제4항, 상가건물임차법 제6조 제4항).

(ㄷ) 주택 및 상가건물임차권자는 등기명령의 신청 및 그에 따른 등기와 관련하여 소요된 비용은 그 설정자에 청구할 수 있다(주택임차법 제3조의 3 제8항, 상가건물임차법 제6조 제8항). 따라서 임차권자가 그 비용을 임대인에 청구하는 경우 특별한 사정이 없는 한 임대인의 부담으로 된다.

(ㄹ) 등기명령의 집행에 의한 임차권등기가 경료되면 주택 및 상가건물임차권자는 동법 규정에 의한 대항력 및 우선변제권을 취득한다.

또한, 주택 및 상가건물임차권자가 임차권등기 이전에 이미 대항력 또는 우선변제권을 취득한 경우에는 그 대항력 또는 우선변제권은 그대로 유지되며, 임차권등기 이후에는 동법 규정에 의한 대항요건을 상실하더라도 이미 취득한 대항력 또는 우선변제권은 상실하지 아니한다(주택임차법 제3조의 3 제5항, 상가건물임차법 제6조 제5항). 그러나 등기명령의 집행에 의한 임차권등기가 경료된 이후 당해 주택 및 상가건물에 설정한 주택 및 상가건물임차권자는 각 동법에 의한 우선변제를 받을 권리가 배척된다(주택임차법 제3조의 3 제6항, 상가건물임차법 제6조 제6항).

(라) 보증금의 수령 임대차의 종료와 목적물을 인도한 후가 아니면 우선변제에

의한 보증금을 수령하지 못한다(주택임차법 제3조의 2 제2항 · 제3항, 상가건물임차법 제5조 제3항). 따라서 보증금의 수령은 목적물의 인도와 동시이행관계에 있는 것은 아니다.

⑹ 住宅賃借權의 승계

(가) 임차권의 승계와 제한 임차인이 상속권자 없이 사망한 경우에 그 주택에서 가정공동생활을 하던 사실상의 혼인관계에 있는 자는 임차인의 권리와 의무를 승계한다(동법 제9조 제1항).

또한, 임차인이 사망한 경우에 사망 당시 상속권자가 그 주택에서 가정공동생활을 하고 있지 아니한 때에는 그 주택에서 가정공동생활을 하던 사실상의 혼인관계에 있는 자와 2촌 이내의 친족은 공동으로 임차인의 권리와 의무를 승계한다(동법 제9조 제2항). 다만 임차인이 사망한 후 1월 이내에 임대인에 대하여 반대의사를 표시한 때에는 그러하지 아니한다(동법 제9조 제3항).

이것은 사실상 가정공동생활관계에 있는 사실혼 배우자의 주거안정을 보호하기 위한 주택임차권에서의 특별규정이며, 사실혼 배우자의 주거안정을 위한 범위에서 인정된다.

(나) 채권 · 채무의 귀속 임차권상속은 물론, 임차권의 승계로 임대차관계에서 생긴 채권 · 채무는 임차인의 권리 · 의무를 승계한 자에게 귀속한다(동법 제9조 제4항).

⑺ 住宅 및 商街建物賃借權의 소멸

(가) 경매에 의한 소멸 임차주택 및 상가건물에 대하여 민사집행법에 의한 경매가 행하여진 경우에는 그 임차주택 및 상가건물의 경락에 의하여 소멸한다. 다만 보증금이 전액 변제되지 아니한 대항력 있는 임차권은 그러하지 아니한다(주택임차법 제3조의 5, 상가건물임차법 제8조).

(나) 임차권의 종료와 임대차관계의 존속 임차권이 종료한 경우에도 임차인이 보증금의 반환을 받을 때까지는 임대차관계는 존속하는 것으로 본다(주택임차법 제4조 제2항, 상가건물임차법 제9조 제2항). 따라서 임차인은 임차권의 존속기간 만료 등으로 임차권이 소멸한 후에도 계속하여 목적물을 사용 · 수익할 권리를 가진다.

4. 使用貸借

⑴ 使用貸借의 의의와 성질

(가) 사용대차(使用貸借)란 대주가 차주에게 무상으로 사용 · 수익하게 하기 위하

여 목적물을 인도할 것을 약정하고 차주는 이를 사용·수익한 후 그 물건을 반환할 것을 약정함으로 성립하는 계약을 말한다(제609조).

(나) 사용대차는 차주가 목적물을 무상으로 사용·수익하는 점에서 임대차가 유상인 것과 다르고, 또한 차용물 자체를 그대로 반환하여야 한다는 점에서 소비대차와 본질을 달리하며, 다음의 성질을 가진다.

(ㄱ) 낙성계약이다.

(ㄴ) 무상계약이며, 편무계약이다. 사용대차는 무상임이 원칙이나, 다만 대가에 해당하지 않는 부담(예컨대 공과금·관리비)이 달려 있는 부담부사용대차의 성립이 가능하며, 그 성격은 부담부증여와 유사하다.

또한, 사용대차는 대주의 목적물인도의무와 차주의 반환의무는 대가적 의존관계에 있지 아니하므로 편무계약(불완전 쌍무계약)이라고 본다.

(ㄷ) 물건의 使用·受益을 목적으로 하는 계약이다. 사용대차의 목적이 되는 물건은 동산·부동산, 대차물·부대차물을 불문하며, 물건의 일부 또는 타인의 물건에도 성립한다.

⑵ 使用貸借의 효력

(가) 목적물 대여 및 사용·수익 허용의무 대주는 차주에게 목적물을 사용·수익할 수 있도록 제공할 의무를 지며, 용익을 방해하지 아니할 의무를 진다. 따라서 이때 대주가 부담하는 의무는 소극적 의무이며 임대차에서와 같은 차용물의 유지·수선의무는 물론 목적물의 하자나 권리의 흠결에 관한 담보책임도 원칙적으로 부담하지 않는다. 그러나 대주가 그 하자나 권리의 흠결을 알고 있으면서 차주에 이를 고지하지 아니한 때와 부담 있는 사용대차에서는 그 한도에서 담보책임을 부담한다(제612조·제559조 제2항).

(나) 차용물의 사용·수익권 차주는 차용물의 용익권을 가진다. 용익권의 범위는 계약 또는 목적물의 성질에 따라 정하여지며(제610조 제1항), 대주의 승낙이 있는 경우에만 전대 또는 양도할 수 있다(동조 제2항).

차주의 위반에 대하여 대주는 계약을 해지할 수 있고 또한 손해가 있으면 그 목적물의 반환을 받은 날로부터 6월내 그 손해의 배상을 청구할 수 있다(제617조).

(다) 차용물의 보관 및 반환의무 차주는 선량한 관리자의 주의로써 차용물을 보관할 의무를 지며(제374조), 통상의 필요비를 부담한다(제611조 제1항). 그러나 차주가 목적물상 통상의 필요비 이외의 비용을 지출한 때에는 그 목적물의 반환을 받은 날로부터 6월내 그 상환을 청구할 수 있다(제617조).

또한, 사용대차가 종료한 경우 차주는 특별한 정함이 없는 한 그 차용물 자체를 원상에 회복하여 계약 당시 그 물건이 있었던 장소에 반환하여야 한다.

(라) 공동차주의 연대의무 수인이 공동으로 물건을 차용한 경우에는 연대하여 의무를 부담한다(제616조). 따라서 공동차주의 의무에 관하여는 연대채무에 관한 규정을 준용한다.

⑶ 使用貸借의 종료

(가) 존속기간의 만료 계약에서 존속기간을 정한 때에는 그 기간의 만료로 종료하고 약정기간을 정하지 아니한 때에는 계약 또는 목적물의 성질에 의하여 사용·수익이 종료하므로 만료한다(제613조 제2항).

(나) 계약의 해제·해지 대주가 목적물을 차주에 인도하기 전이면 당사자는 언제나 그 계약을 해제할 수 있다(제612조에 의한 제601조 준용). 그러나 계약해제로 인하여 상대방이 받은 손해는 배상하여야 한다.

사용대차가 성립한 경우에도 차주가 목적물의 용법에 반하는 용익을 하거나 무단으로 전대·양도한 경우(제610조 제3항), 부정기사용대차에서 용익에 충분한 기간이 경과한 때(제613조 제2항 단서), 또한 차주가 사망하거나 파산선고를 받은 때(제614조)에는 계약을 해지할 수 있다.

뿐만 아니라, 차주는 다른 특약이 없는 한 언제든지 계약을 해지할 수 있고, 이로써 사용대차관계는 종료한다.

제 3. 勞務型契約

1. 雇 傭

⑴ 雇傭의 의의와 성질

(가) 고용(雇傭)은 당사자의 일방(노무자)이 상대방에 대하여 노무를 제공할 것을 약정하고, 상대방(사용자)이 이에 대한 보수를 지급할 것을 약정함으로써 성립하는 계약이다(제655조).

(ㄱ) 고용의 목적은 오로지 노무의 제공에 있고 노무의 종류에는 제한이 없으나 당사자(노무자)가 스스로 제공하여야 하므로 타인으로 하여금 노무를 제공하게 하는 것(노무자공급계약)은 고용이 아니다.

(ㄴ) 고용계약과 근로계약은 구별되는가. 다수설은 동일설을 취하여 양자 모두

근로자가 자주성을 잃게 되어 노동법원리에 의해 규율되어야 하는 이른바 근로계약이지만, 다만 일정한 고용에는 근로기준법의 적용이 배제됨으로써 근로계약이 되지 못하고 민법상 고용에 머무르게 된다고 한다.[150]

(나) 고용계약은 노무자와 사용자간의 낙성·쌍무·유상·불요식의 계약이다.

⑵ 雇傭의 성립

(가) 고용은 당사자의 합의만으로써 성립하고, 또한 그 합의에 관하여 어떤 방식을 요구하는 것은 아니다. 그러나 단체협약에 관하여는 서면의 작성이 요구된다(노동조합법 제36조 제1항).

(나) 노무에 대한 보수의 지급은 고용의 요소이다. 따라서 보수의 지급을 전제로 하지 않는 고용계약은 처음부터 성립하지 않는다.[151]

보수지급의 합의는 명시적 합의는 물론 묵시적 합의라도 무방하고 종류에는 제한이 없다. 그러므로 보수는 금전이 보통이지만, 금전 이외 물건의 급부나 물건의 사용을 허여하는 것과 같은 생활상 이익의 제공을 내용으로 하는 것도 무방하다.

또한, 보수결정의 기준에도 제한이 없으나, 근로기준법에는 일정한 제한이 있다.

⑶ 雇傭의 효력

(가) 노무자의 의무

(ㄱ) 노무제공의무 : 노무자는 노무를 제공할 의무를 진다. 급부하여야 할 노무의 내용은 계약 또는 거래의 관행으로 정하여지나 사용자의 지시(지휘·명령)에 따라 급부하여야 한다. 다만 사용자의 지시권은 계약의 취지·관행 및 신의성실의 원칙에 의하여 일정한 제한을 받는 것은 물론이고, 그 밖에 근로기준법·취업규칙·단체협약 등에 의하여도 제한된다. 그러므로 사용자는 노무자에 대하여 약정하지 아니한 노무의 제공을 요구하지 못한다(제658조 제1항).

근로기준법이 준용되는 근로계약의 불이행에 대하여 위약금 또는 손해배상액을 예정하는 것은 금지된다. 그러나 근로기준법의 적용이 없는 고용에 있어서는 손해배상액의 예정도 위약금의 특약도 원칙적으로 자유이다.

(a) 제3자의 노무제공금지 : 노무자는 사용자의 동의 없이 제3자로 하여금 자기에 갈음하여 노무를 제공하게 하지 못한다(제657조 제2항). 노무자가 이에 위반한 경우 사용자는 계약을 해지할 수 있다(동조 제3항).

(b) 사용자의 노무제공청구권의 양도제한 : 사용자는 노무자의 동의 없이 노무를

150) 곽윤직 377면 이하, 이은영 375면.
151) 대판 2002.1.11, 2001도5145.

청구하는 권리를 제3자에게 양도하지 못한다(제657조 제1항). 사용자가 노무자의 동의 없이 양도한 권리는 무효일 뿐만 아니라, 노무자는 사용자에 대하여 계약을 해지할 수 있다(동조 제3항).

(ㄴ) 사용자의 指示에 따를 의무 : 노무자는 노무제공의 의무 이행에 사용자의 지휘·명령에 따라야 한다. 그러나 그 지휘·명령이 사회질서에 반하거나 공법적 규정에 반하는 때에는 그러하지 아니함은 물론이다.

(나) 사용자의 의무

(ㄱ) 보수지급의무 : 보수는 금전에 한하지 않는다(근로기준법 제18조 참조). 보수의 내용과 보수액은 당사자의 약정에 의하나 약정이 없으면 관습에 의하여 지급하여야 한다(제656조 제1항).

또한, 보수의 지급시기에 관하여도 당사자간의 약정에 의할 것이나, 약정이 없으면 관습에 의하고 특별한 관습이 없으면 노무를 종료한 후 지체 없이 지급하여야 한다(동조 제2항). 따라서 보수는 특약 또는 관습이 없으면 후급이 원칙이며, 노무자의 동시이행의 항변권은 인정되지 않는다.

(ㄴ) 보호(부조)의무 등 : 사용자가 그 시설의 불완전 기타 사용자로서의 주의를 결하였기 때문에 노무자의 생명·신체·건강을 해할 경우에는 고용계약상 책임을 부담한다. 그리하여 노무자가 사용자와 동거를 요하는 성질인 노무의 경우 사용자는 노무자의 와병·부상 등에 대하여 보호의무가 있다고 해석하고, 또한 특히 판례는 사용자의 안전배려의무로서 노무자가 노무제공 상에 손해를 입지 않도록 필요한 조치를 강구하고 노무자의 생명·건강·풍기 등에 관한 보호시설을 하고 적당한 휴양을 주어야 하는 것이라고 한다.[152]

(4) 雇傭의 해지

(가) 장기고용의 해지권 고용의 약정기한이 3년이 넘거나 당사자 일방 또는 제3자의 종신까지로 된 때에는 각 당사자는 3년을 경과한 후 언제든지 해지할 수 있고, 상대방이 그 통고를 받은 날로부터 3월이 경과한 때 해지의 효력이 생긴다(제659조 제1항·제2항).

(나) 부정기고용의 해지 고용기간의 약정이 없는 경우 당사자는 언제나 해지할 수 있고 상대방이 그 통고를 받은 날로부터 1월이 경과한 때 해지의 효력이 생긴다(제660조 제1항·제2항). 그러나 기간으로 보수를 정한 때에는 상대방이 해지통고를 받은 당기후의 1기를 경과함으로써 해지의 효력이 생긴다(동조 제3항).

152) 대판 2000.5.16, 99다47129.

(다) 정기고용에서의 법정갱신 고용기간만료 후 노무자가 계속하여 노무를 제공하는 경우, 사용자가 상당한 기간 내 이의를 제기하지 아니한 때에는 종전의 고용과 동일한 조건으로 다시 고용한 것으로 본다(제662조 제1항). 이 경우 갱신된 고용은 부정기고용으로 되며, 그 해지에는 부정기고용의 해지에 관한 제660조의 규정이 적용되나, 다만 제3자가 제공한 담보는 기간의 만료로 소멸한다(동조 제2항).

(라) 고용계약의 즉시해지 고용계약의 약정기간과 관계없이 다음의 일정한 사유가 발생하면 노무자와 사용자는 고용을 해지할 수 있다.

(ㄱ) 노무자측의 해지권 : 사용자가 노무자의 동의 없이 그 권리를 제3자에 양도한 때(제657조 제3항), 사용자가 노무자에 대하여 약정하지 아니한 노무제공을 요구한 때(제658조 제1항), 노무자에 노무를 제공할 수 없는 부득이한 사유(질병·가사사정 등)가 생긴 때(제661조) 해지권이 생긴다.

(ㄴ) 사용자측의 해지권 : 노무자가 사용자의 동의 없이 제3자로 하여금 자기에 갈음하여 노무를 제공하게 한 때(제657조 제2항), 약정한 노무가 특수한 기능을 요하는 경우 노무자가 그 기능이 없는 때(제658조 제2항), 사용자에게 고용을 계속할 수 없는 부득이한 사정이 생긴 때(제661조), 사용자가 파산한 때(제663조 제1항) 해지할 수 있다.

2. 都 給

(1) 都給의 의의와 성질

(가) 도급(都給)이란 당사자의 일방(수급인)이 어떤 일을 완성할 것을 약정하고 상대방(도급인)이 그 일의 결과에 대하여 보수를 지급할 것을 약정하므로 성립하는 계약을 말한다(제664조).

(나) 도급은 고용·위임 등과 함께 타인 노무의 이용에 관한 노무공급형계약의 일종이지만 일의 완성을 목적으로 하는 점에서 특색을 가지며, 다음의 성질을 가진다.

(ㄱ) 도급은 일의 완성에 대하여 보수를 지급하는 계약이다. 즉 도급은 수급인의 일을 완성할 채무와 도급인의 보수지급채무가 서로 대가적 의의를 가지므로 유상·쌍무계약이다.

(ㄴ) 도급은 합의만으로 성립하고 아무런 형식도 요하지 아니하므로 낙성·불요식계약이다.

(2) 都給契約의 성립

(가) 도급계약은 수급인이 어떤 일을 완성할 것을 약정하고 도급인이 그 일의 결

과에 대하여 보수를 지급할 것을 약정하므로 성립한다.

(나) 도급의 목적인 일의 완성, 예컨대 건물의 신축과 같은 유형적인 것은 물론 사람의 운송과 같은 무형적인 것이든, 금전적 가치를 가지는 것이든 불문한다.

또한, 수급인에 지급되는 보수는 금전이 원칙이지만 이것에 한하지 않고 물건의 급부나 사용, 노무의 제공 등 대가로서 이익을 주는 것이면 그 종류나 형식을 묻지 않는다.

(3) 都給의 효력

(가) 수급인의 의무

(ㄱ) 일의 완성의무 : 수급인은 적당한 시기에 일에 착수하여 계약에 정해진 내용의 일을 완성할 의무를 지며, 이것은 도급의 기본적 의무이다.

(a) 수급인은 계약의 내용에 따라 일을 완성하여야 하고, 일의 완성에 대하여 원칙적으로 독립적 지위에 선다. 그러나 재료나 노력에 차이를 일으키지 않는 한 특약이 없더라도 도급인은 수급인에 대하여 적당한 지시나 감독을 할 수 있고(제669조 참조), 이때 도급인의 지시가 부적당한 것인 때에는 고지·거절하여야 하고 이를 게을리 하여 완성된 일에 하자가 있는 때에는 담보책임을 부담한다.

(b) 수급인은 일의 완성에 필요한 노무를 스스로 제공하여야 하는가. 일의 성질이나 당사자 사이의 특약으로 수급인이 스스로 제공하여야 하는 경우가 아닌 이상 제3자를 사용하는 것도 무방하다.

수급인이 제3자를 사용하는 것에는 수급인의 보조자로 사용하는 경우는 물론 제3자로 하여금 독립하여 일의 전부 또는 일부를 완성하게 할 수 있고, 이를 특히 하도급이라고 한다.

[판례] 공사도급계약에 있어 당사자 사이에 특약이 있거나 일의 성질상 수급인 자신이 하지 아니하면 채무의 본지에 따른 이행이 될 수 없다는 등의 특별한 사정이 없는 한 반드시 수급인 자신이 직접 일을 완성하여야 하는 것은 아니고, 이행보조자 또는 이행대행자를 사용하더라도 공사도급계약에서 정한대로 공사를 이행하는 한 계약을 불이행하였다고 볼 수 없다(대판 2002.4.12, 2001다82545·82552).

(c) 수급인이 일을 완성할 시기에 관하여는 특약이 없는 한 도급인이 최고를 한 때로부터 지체로 된다(제387조 제2항).

(d) 수급인이 일의 완성을 지체한 경우 그 지체에 따른 손해배상을 예정할 수 있다. 다만 이때 지체상금은 천제지변이나 이에 준하는 경제사정의 급격한 변동 등 불가항력으로 인하여 목적물의 완성이 지연 된 때에는 그 지급의무를 면한다. 또한 그 지체상금이 부당하게 과다한 경우 이를 감액할 수 있다.[153]

(ㄴ) 목적물인도의무 : 수급인은 일을 완성한 후 완성된 목적물을 인도할 의무를 진다(제665조).

(a) 인도된 목적물의 소유권은 목적물의 완성과 동시 시원적으로 도급인의 소유에 귀속한다. 그러나 재료의 전부 또는 주요 부분이 제3자에게 속하는 경우에는 가공의 원칙에 의하여 소유권의 귀속이 정하여진다.

다만, 수급인이 재료의 전부 또는 주요부분을 조달하여 부대체물을 제작·공급하는 경우에도 도급인에 귀속하는가. 다수설·판례는 당사자간에 특약이 없는 한 제작물의 완성과 동시에 일단 수급인에 귀속하였다가 인도에 의하여 도급인에 이전하는 것이라고 본다.[154] 그러면서도 판례는 도급계약에서는 수급인이 자기의 노력과 재료를 들여 건물을 완성하더라도 도급인과 수급인 사이에 도급인 명의로 건축허가를 받아 소유권보전등기를 하기로 하는 등 완성된 건물의 소유권은 도급인에게 귀속시키기로 합의한 것으로 보여 질 경우에는 그 건물의 소유권은 도급인에게 원시적으로 귀속하는 것이라고 한다.[155]

(b) 소유권의 이전시기에 관하여 부동산이 목적물인 경우 도급인취득설에 의한다면 도급인은 원시적으로 그 소유권을 취득하게 되므로 소유권의 이전이라는 문제가 생기지 않으나, 수급인취득설에 의하거나 동산의 경우에는 목적물의 소유권은 일단 수급인에게 귀속하므로 이를 도급인에게 이전하는 방법 내지 소유권의 이전시기가 문제된다. 이에 대하여 학설·판례는 그 완성물이 동산인 때에는 물론이고 부동산인 경우에도 그 소유권은 인도에 의하여 도급인에게 이전한다고 한다.[156]

(c) 목적물의 인도는 당사자간의 약정이나 다른 관습이 없는 한 보수지급과 동시에 하면 족하다. 따라서 목적물의 인도와 보수의 지급은 동시이행의 관계를 가지며,[157] 또한 목적물이 도급인의 소유물인 경우 수급인은 보수의 지급을 받을 때까지 유치권을 가진다.

(ㄷ) 담보책임 : 도급은 유상계약이므로 매도인의 담보책임에 관한 매매의 규정이 준용된다. 그런데 민법은 일의 완성된 목적물 또는 완성 전의 성취된 부분에 하자가 있는 경우에 그 수급인이 부담하여야 할 책임에 관하여 별개의 특별규정을 두고 있다.

(a) 하자보수의무 : 도급인은 완성된 목적물 또는 완성 전의 성취된 부분에 하자

153) 대판 2002.9.4, 2001다1386 참조.
154) 대판 1999.2.9, 98두16675; 1993.3.26, 91다14116; 1985.5.28, 84다2234.
155) 대판 2003.12.18, 98다43601; 1997.5.30, 97다8601; 1992.3.27, 91다34790; 1990.4.24, 89다카18884.
156) 대판 1971.2.13, 77다979·980.
157) 대판 1996.7.12, 96다7250·7267.

가 있는 때에는 도급인은 수급인에 대하여 상당한 기간을 정하여 그 하자의 보수를 청구할 수 있다(제667조 제1항 본문). 그러나 그 하자가 중요하지 아니한 경우에 그 보수에 과다한 비용을 요할 때에는 하자의 보수를 청구하지 못한다(동항 단서).

다만 보수감액을 청구할 수 있는가. 민법은 하자보수청구 외에 손해배상청구권만을 규정하였으나 개정 민법(안)은 보수감액청구권을 추가하고 있다.

또한, 완성된 목적물의 하자로 인하여 계약의 목적을 달성할 수 없을 때에는 계약을 해제할 수 있다(제668조). 다만 건물 기타 토지의 공작물에 대하여는 해제하지 못한다(동조 단서). 그러나 개정 민법(안)에서는 동조 단서 규정을 삭제하여 이를 긍정할 태도를 취한다.

(b) 담보책임의 감면 : 목적물의 하자가 도급인이 제공한 재료의 성질 또는 도급인의 지시에 기인한 때에는 수급인의 담보책임은 생기지 않는다(제669조 전단). 그러나 수급인이 그 재료 또는 지시가 부적당한 것을 알면서도 이를 도급인에게 고지하지 않은 경우에는 담보책임을 면하지 못한다(동조 단서).

[판례] 건축도급계약의 수급인이 설계도면의 기재대로 시공한 경우 하자담보책임을 부담하는가. 판례는 건축설계도면은 도급인의 지시에 따른 것과 같아서 수급인이 그 설계도면이 부적당함을 알고 도급인 에게 고지하지 아니한 것이 아닌 이상, 그로 인하여 목적물에 하자가 생겼다고 하더라도 수급인에게 하자담보책임을 지울 수는 없다(대판 1996.5.14, 95다24975).

또한, 당사자가 담보책임을 부담하지 않는다는 약정을 하거나, 담보책임을 경감한다는 약정은 원칙적으로 유효하다. 그러나 특약이 있더라도 수급인이 알고 있으면서 도급인에게 고지하지 않는 사실에 대하여는 그 책임을 면하지 못한다(제672조).

판례는 민법 제672조가 수급인이 담보책임이 없음을 약정한 경우에도 알고 고지하지 아니한 사실에 대하여는 그 책임을 면하지 못한다고 규정한 취지는 그와 같은 경우에도 담보책임을 면하게 하는 것은 신의성실의 원칙에 위배된다는 데 있으므로, 담보책임을 면제하는 약정을 한 경우뿐만 아니라 담보책임기간을 단축하는 등 법에 규정된 담보책임을 제한하는 약정을 한 경우에도, 수급인이 알고 고지하지 아니한 사실에 대하여 그 책임을 제한하는 것이 신의성실의 원칙에 위배된다면 그 규정의 취지를 유추하여 그 사실에 대하여는 담보책임이 제한되지 않는다고 보아야 하는 것이라고 한다.[158]

(c) 책임의 존속기간 : 도급인의 하자보수·손해배상청구 및 계약의 해제는 원칙

158) 대판 1999.9.21, 99다19032.

적으로 목적물의 인도를 받은 날로부터 1년 내 행사하여야 한다(제670조 제1항). 다만 목적물의 인도를 요하지 아니하는 경우 이 기간은 일을 종료한 날로부터 기산한다(동조 제2항).

토지·건물 기타 공작물 수급인의 목적물 또는 지반공사의 하자에 대하여는 인도 후 5년 간 담보책임을 부담하나, 목적물이 석조·석탄조·연와조·금속 기타 이와 유사한 재료로 된 것(콘크리트조·블록조)인 때 그 기간은 10년이 된다(제671조 제1항). 그러나 이러한 목적물의 하자로 인하여 그 물건이 멸실 또는 훼손된 때에는 그 멸실 또는 훼손된 날로부터 1년 내 보수와 손해배상청구권을 행사하여야 한다(제671조 제2항).

- 원 칙 — 목적물의 인도를 받은 날로부터 1년 내 행사(제670조)
  - ※ 기산점
    - 목적물의 인도를 요하는 때 — 인도시
    - 목적물의 인도를 요하지 않는 때 — 일을 종료한 때
- 토지공작물의 경우(제671조 제1항)
  - ㉠ 보통 공작물 — 인도 후 5년
  - ㉡ 석조·석탄조·연와조·금속 기타 이에 유사한 재료로 조성된 경우 — 10년
  - ㉢ 지반공사 — 인도 후 5년
  - ※ 토지공작물이 멸실 또는 훼손된 경우 : 1년 이내 보수 또는 손해배상청구(제671조 제2항)

또한, 위 기간은 제척기간으로서 재판상 또는 재판 외에 행사기간이며 재판상 청구를 위한 출소기간이라고 할 것은 아니다.[159]

(나) 도급인의 의무

(ㄱ) 보수지급의무 : 도급인은 수급인에 대하여 보수를 지급할 의무가 있다.

(a) 보수지급은 약정한 시기에 지급하여야 하고 그 시기의 약정이 없으면 관습에 의한다. 일의 완성물의 인도를 필요로 하는 경우에는 당사자의 약정이나 다른 관습이 없는 한 목적물의 인도와 동시에 지급하여야 하고, 인도를 요하지 않는 경우에는 일이 완성된 후 지체 없이 지급하여야 한다.

특히, 개정 민법(안)에서는 이를 명문으로 규정한다(제565제1항 제2항, 개정안)

(b) 보수는 계약의 체결시 그 액을 정하는 것이 보통이지만, 개산액을 정하거나, 그 액을 정하지 아니한 경우에는 실제로 소요된 비용과의 관계가 문제된다.

정액도급의 경우에는 비록 견적에 잘못이 있는 경우라도 약정액 이상을 청구하지 못함이 원칙이고 반대로 약정액보다 훨씬 적은 비용을 지출하였더라도 감액을 청구하지 못한다. 그러나 개산도급의 경우에는 그 증감을 청구할 수 있으나, 다만 개산액이 최고액 및 최저액으로 정해져 있는 때에는 그 범위에서 제한된다.

---

159) 대판 2000.6.9, 2000다15371.

(c) 완성된 목적물에 하자가 있는 경우 도급인이 갖는 하자보수 및 손해배상청구권과 수급인의 보수지급청구권은 특별한 사정이 없는 한 동시이행의 관계가 성립한다.[160]

(d) 부동산공사수급인은 그 보수청구권을 담보하기 위하여 공사의 목적부동산상에 저당권을 설정할 것을 청구할 수 있다(제666조). 그러나 이 청구권의 행사로 당연히 저당권이 성립하는 것이 아니며 도급인이 수급인의 청구에 응하여 등기를 하여야 저당권이 성립한다. 즉 청구권의 행사로 수급인은 등기청구권을 취득하게 될 뿐이다. 또한 수급인이 일을 완성한 후 완성된 목적물을 인도할 의무를 지는 경우, 그 목적물의 인도는 보수지급과 동시이행의 관계를 가지며(제665조 제1항), 또한 목적물이 도급인의 소유물인 경우 수급인은 보수의 지급을 받을 때까지 유치권을 가진다.

그 외에도 도급인의 파산으로 수급인 또는 파산관재인이 계약을 해제한 경우(제674조 제1항). 그 완성된 부분에 대한 수급인의 보수 및 보수에 포함되지 아니한 비용에 대하여 파산재단의 배당에 가입할 수 있다(동항 단서).

- ① 정액도급의 경우
  - 원 칙 — 수급인의 증감청구 금지
  - 예 외 — 사정변경칙 적용(스위스채무법 제373조)
- ② 개산도급의 경우
  - 최고액으로 정하여진 경우 — 정액도급과 동일
  - 최저액으로 정하여진 경우 — 상당액의 증액청구 가능
  - 단순한 계산액으로 정하여진 경우 — 실제 비용에 따른 증감청구 가능
- ③ 보수액을 정하지 아니한 경우 — 거래관행에 따라 실제로 지출한 비용+이윤을 포함한 금액(대판 1965.11.16, 65다1176)

(ㄴ) 목적물인도의무 : 도급인은 수급인이 완성한 목적물을 인도 받을 의무를 진다(제665조 참조). 특히 수급인이 재료의 전부 또는 주요부분을 조달하여 부대체물을 제작·공급하여 목적물의 소유권이 일단 도급인에 귀속한 경우에도 도급인은 그 완성한 목적물을 보수지급과 동시에 인도 받을 의무를 부담한다.

(ㄷ) 보호의무 : 도급은 수급인과 도급인이 대등한 계약당사자인 성격을 가지는 점에서 고용과 본질을 달리한다. 그러나 도급인이 자본가인 제조·판매업자이고, 수급인이 도급인의 재료를 사용하고, 제품의 규격은 물론이고, 사용하는 도구 등에 관하여도 도급인의 지시에 따르도록 한 경우에는 도급인과 수급인 사이에는 그 한도에서 고용과 유사한 관계가 생긴다. 이러한 점에 착안하여 독일민법 제618조를 준용하여, 도급인은 노무의 성질이 허용하는 범위 내에서 노무자의 생명·신체에 위험이 생기지 않도록 주의할 의무가 있는 것이라고 해석한다.

160) 대판 2001.6.15, 2001다21632·21649.

(다) 목적물의 멸실과 위험부담

(ㄱ) 도급인에 인도를 요하는 완성물이 인도전에 이행불능이 된 경우 그 이행불능 사유가 수급인에 책임 있는 사유로 인한 때에는 수급인의 채무불이행 또는 도급인의 소유물을 침해한데 대한 불법행위책임을 구성하고, 도급인에 책임 있는 사유로 인한 때 또는 도급인의 수령지체 중 수급인의 경과실로 인한 때에는 도급인이 위험을 부담하게 되므로 수급인은 보수청구권을 잃지 않는다(제538조 제1항). 그러나 인도를 요하는 완성물이 당사자 쌍방의 책임 없는 사유로 완성된 또는 일부 성취된 목적물이 이행불능으로 된 때에는 목적물을 인도하기까지의 위험은 수급인이 부담하게 되므로 수급인은 처음부터 일을 다시 시작하여 일을 완성할 의무를 부담한다. 따라서 수급인은 처음부터 다시 시작하여 일을 완성하여 인도하지 않는 한 이미 지출한 비용은 물론, 보수의 지급을 청구하지 못한다(제537조). 따라서 보수로서 이미 수령한 것이 있으면 이를 반환하여야 한다.

(ㄴ) 완성물의 인도를 요하지 않는 도급계약의 경우에는 수급인이 일을 완성하면 곧 그 채무는 완제된 것으로 되는 것이지만, 이 경우에도 채무이행 자체가 당사자의 쌍방에게 책임 없는 사유로 이행불능이 된 때에는 수급인은 채무를 면하지만, 도급인에 대한 보수는 청구하지 못한다(제537조). 그러나 도급인에게 책임 있는 사유로 이행불능이 된 때에는 보수청구권은 잃지 않는다(제548조).

(다) 불법행위로 인한 제3자에 대한 책임

(ㄱ) 도급인은 수급인의 불법행위로 제3자에게 가한 손해에 대하여 사용자책임을 부담하는가. 도급인의 수급인에 대한 지휘·감독권의 정도에 따라 달리한다.

판례는 도급계약에 있어서 도급인은 도급 또는 지시에 관하여 중대한 과실이 없는 한 그 수급인이 그 일에 관하여 제3자에게 가한 손해를 배상할 책임이 없는 것이고, 다만 도급인이 수급인의 일의 진행 및 방법에 관하여 구체적인 지휘·감독권을 유보하고 공사의 시행에 관하여 구체적으로 지휘·감독한 경우 도급인과 수급인의 관계는 실질적으로 사용자와 피용자의 관계와 다를 바가 없으므로 수급인이나 수급인의 피용자의 불법행위로 인하여 제3자에게 가한 손해에 대하여 도급인은 민법 제756조 소정의 사용자책임을 면할 수 없는 것이라고 한다. 따라서 이 경우 지휘·감독이란 실질적인 사용자관계가 인정될 정도로 구체적으로 공사의 운영 및 시행을 직접 지시·지도하고, 감시·독려하는 등 공사시행방법과 공사 진행에 관한 것이어야 하고,[161] 단순히 공사의 운영 및 시공의 정도가 설계도 또는 시방서대로 시행되고 있는가를 확

161) 대판 2003.7.11, 2001다25436.

인하여 공정을 감독하는 데에 불과한 이른바 감리는 여기에 해당하지 않는다.[162)]

(ㄴ) 수급인은 완성된 건물로 인하여 제3자에 손해를 끼친 경우 그 제3자에 대하여 손해배상책임을 지는가. 판례는 일조방해와 관련하여 건물건축공사의 수급인은 도급계약에 기한 의무이행으로서 건물을 건축하는 것이므로 원칙적으로 일조방해에 대한 손해배상책임이 없다고 할 것이지만, 수급인이 스스로 또는 도급인과 서로 의사를 같이하여 타인이 향수하는 일조를 방해하려는 목적으로 건물을 건축한 경우, 당해 건물이 건축법규에 위반되었고 그로 인하여 타인이 향수하는 일조를 방해하게 된다는 것을 알거나 알 수 있었는데도 과실로 이를 모른 채 건물을 건축한 경우, 도급인과 사실상 공동 사업주체로서 이해관계를 같이하면서 건물을 건축한 경우 등 특별한 사정이 있는 때에는 수급인도 손해배상책임을 질 것이라고 한다.[163)]

⑶ 都給契約의 해제

㈎ 일의 완성 전의 해제

(ㄱ) 수급인의 채무불이행과 계약해제권 : 도급인은 수급인의 채무불이행을 이유로 계약을 해제할 수 있고, 이 경우 도급인은 수급인에 대하여 원상회복을 청구할 수 있고 또한 손해가 발생한 경우 그 손해의 배상을 청구할 수 있다. 그러나 건축도급계약의 수급인이 일을 완성하지 못한 상태에서 그 채무불이행을 원인으로 계약이 해제된 경우 해제당시 공사가 상당한 정도로 진척되어 이를 원상회복하는 것이 중대한 사회적·경제적 손실을 초래하게 될 뿐만 아니라 완성된 부분이 도급인에 이익이 되는 경우에는 그 미완성된 부분에 대하여만 실효된다.[164)]

손해배상의 범위에 관하여 판례는 당초 시공회사가 공사를 중단함으로 인하여 도급인이 그 미 시공부분에 대하여 비용을 들여 다른 방법으로 공사를 시공할 수밖에 없고 그 비용이 당초 공사회사와 약정한 공사대금보다 증가되는 경우라면 증가된 공사비용 중 합리적인 범위 내의 비용은 시공회사의 공사도급계약위반으로 인한 손해라 하고(대판 2001.12.14, 99다58129), 또한 당초 시공회사가 공사를 중단하여 도급인이 제3자의 시공회사로 하여금 같은 규모의 공사를 하게 하였으나 그 비용이 당초 시공회사와 약정한 공사대금보다 증가되어 도급인의 자금사정상 부득이 공사규모를 축소하게 됨으로써 건축하지 못하게 된 부분에 관한 공사비용 중 합리적인 범위 내의 비용도 시공회사의 채무불이행으로 인한 손해라고 한다(대판 2002.1.26, 2000다31885).

(ㄴ) 도급인의 임의해제권 : 도급인은 수급인이 일을 완성하기 전이면 언제나 그 손해를 배상하고 계약을 해제할 수 있다(제673조). 이는 도급인에 불필요하게 된

162) 대판 2004.4.16, 2003다12489.
163) 대판 2005.3.24, 2004다38792.
164) 대판 1994.11.4, 94다18584.

일을 무리하게 완성시킬 필요가 없는 데 있다.

다만, 일의 완성 전 도급인의 해제권행사에 수급인 過失의 상계나 손해배상액의 감액을 청구할 수 있는가. 민법 제673조에서 도급인으로 하여금 자유로운 해제권을 행사할 수 있도록 하는 대신 수급인이 입은 손해를 배상하도록 하고 있는 것은 도급인의 일방적인 의사에 기한 도급계약해제를 인정하는 대신 도급인의 일방적인 계약해제로 인하여 수급인이 입게 될 손해를 배상하게 하는 것이므로 위 규정에 의하여 도급계약을 해제한 이상 특별한 사정이 없는 한 도급인은 수급인에 대한 손해배상에 있어서 과실상계나 손해배상예정액의 감액을 청구하지 못한다.[165]

(나) 일의 완성 후의 해제　도급인은 수급인이 일을 완성한 후라 하더라도 완성된 목적물의 하자로 인하여 계약의 목적을 달할 수 없는 때에는 계약을 해제할 수 있다. 그러나 건물 기타 토지공작물에 대하여는 그러하지 아니한다(제668조).

(다) 도급인의 파산과 계약해제　도급인이 파산선고를 받은 때에는 수급인 또는 파산관재인은 계약을 해제할 수 있다(제674조 제1항). 이 경우에 수급인은 일의 완성된 부분에 대한 보수 및 보수에 포함되지 아니한 비용에 대하여 파산재단의 배당에 가입할 수 있다(동항 단서). 그러나 각 당사자는 상대방에 대하여 계약해제로 인한 손해의 배상을 청구하지 못한다(동조 제2항).

3. 委　任

(1) 委任의 의의와 성질

(가) 위임(委任)은 당사자 일방이 상대방에 대하여 사무처리를 위탁하고 상대방이 이를 승낙함으로써 성립하는 계약이다(제680조).

위임의 목적인 사무 중에는 가옥의 매매・임대차를 위탁하는 것과 같은 법률행위인 것과 장부정리・입원환자의 위문을 위탁하는 것과 같은 비법률행위인 것이 있다. 전자를 협의의 위임, 후자를 준위임이라고 한다.

(나) 위임은 他人의 사무를 처리하는 것을 내용으로 하는 편무・무상・낙성・불요식계약이다.

(다) 위임은 대리와 사무관리가 타인의 사무를 처리하나는 점에서 유사하나, 그 성립의 기초 및 효과귀속에 있어서는 달리한다.

165) 대판 2002.5.10, 2000다37296・37302.

[위임 · 대리 · 사무관리의 비교]

	위 임	대 리	사무관리
근본이념	신임관계의 존재	능력확장 · 보충	상호부조에 바탕
사무처리원인	위 탁	법률상 지위	위탁 없는 관리
성립요건	의사합치로 성립하는 계약	본인의 수권 또는 법률의 규정	사실상 관리로 성립
사무내용	법률행위 · 비법률행위에 불문	법률행위에 국한	법률행위 · 비법률행위를 불문

⑵ 委任의 成立

(가) 위임은 他人의 사무처리의 위탁을 목적으로 하여야 한다. 따라서 계약에 의하지 아니한 사무의 처리는 사무관리이나 위임은 아니다.

[판례] 경찰관이 응급의 구호를 요하는 자를 보건의료기관에게 긴급구호요청을 하고, 보건의료기관이 이에 따라 치료행위를 하였다고 하더라도 국가와 보건의료기관 사이에 국가가 그 치료행위를 보건의료기관에 위탁하고 보건의료기관이 이를 승낙하는 내용의 치료위임계약이 체결된 것으로는 볼 수 없다(대판 1994.2.22, 93다4472).

(ㄱ) 他人의 사무 : 위임의 목적인 사무는 위임인 또는 제3자의 사무일 것을 요하며, 수임인이 자신의 것이어서는 아니 된다. 그러나 위임사무처리의 법률상 효과가 위임인에 관하여 발생하는 한 수임인이 그 사실상 이익을 받는 것은 무방하다.

(ㄴ) 사무의 처리 : 위임에 있어서의 사무처리는 일정한 사무를 그 목적에 좇아 가장 합리적으로 처리하는 것을 말한다. 즉 수임인이 급부하는 노무는 사무의 처리라는 목적에 통일되고, 또한 이 경우 수임인은 어느 정도 자유재량권을 가진다. 그러나 사무의 처리를 위한 대리권을 수여하여야 하는 것은 아니다.

(나) 위임인이 수임인에게 보수를 지급하는 것은 위임의 요건이 아니다(제686조 제1항). 그러나 관습 또는 묵시적 의사표시에 의하여 유상으로 성립되는 경우도 있다.

⑶ 委任의 효력

(가) 수임인의 의무

(ㄱ) 위임사무처리의무 : 수임인은 위임의 본지에 따라 선량한 관리자의 주의로써 위임사무를 처리하여야 한다(제681조). 이것은 위임에 의하여 생기는 위임자의 기본적인 채무이다.

(a) 수임자가 위임의 본지에 따른 선량한 관리자의 주의로서 사무를 관리하는 것, 즉 추상적 경과실의 책임을 지는 것은 위임이 유상이든 무상이든 이를 묻지 않고 또한 보수의 많고 적음에는 불문한다.

委任의 본지란 수임계약의 목적에 적합하도록 사무를 처리하는 것을 말한다. 따라서 사무처리방법은 계약내용 또는 위임자의 지시에 따라야 할 것이나, 그 후 사정의 변경이 있을 때에는 지시의 변경을 요구하고, 급박한 사정이 있는 경우에는 임기의 조치를 취하여 위임을 받지 않은 사항에 관하여도 이를 처리할 수 있는 권한과 의무가 수임인에게 있다고 해석한다(독일민법 제665조, 스위스채무법 제397조 참조).

(b) 수임인은 위임인의 승낙이나 부득이한 사유 없이 제3자로 하여금 자기에 갈음하여 위임사무를 처리하게 하지 못한다(제682조 제1항). 그러나 수임인이 사무를 처리함에 있어서 이른바 이행보조자를 사용하는 것은 무방하다.

(ㄴ) 보고의무 : 수임인은 위임인의 청구가 있을 경우 위임사무의 처리상황을 보고하여야 하고, 또한 위임이 종료한 때에는 지체 없이 그 전말을 보고하여야 한다(제683조).

(ㄷ) 취득물인도 및 취득권리이전의무 : 수임인은 위임사무의 처리로 인하여 받은 금전 기타의 물건 및 그 수취한 과실을 수임인에게 인도하여야 한다(제684조 제1항). 수임인이 제3자로부터 받은 것은 물론이고, 사무처리의 필요에 의하여 위임인으로부터 받은 것을 포함하며, 과실은 천연과실이든 법정과실이든을 묻지 않는다.

또한, 수임인이 위임인을 위하여 지가의 명의로 취득한 권리는 위임인에게 이전하여야 하고, 수임인이 위임인에게 인도할 금전 또는 위임인의 이익을 위하여 사용할 금전을 자기를 위하여 소비한 때에는 소비한 날 이후의 이자를 지급하여야 한다. 그 외에 손해가 있으면 이를 배상하여야 한다(제685조).

(나) 위임인의 의무

(ㄱ) 비용선급의무 : 위임사무의 처리에 비용을 요하는 경우 위임인은 수임인의 청구에 의하여 이를 선급하여야 하고(제687조), 수임인의 수임사무처리에 필요비를 지출한 때에는 지출한 날 이후의 이자를 청구할 수 있다(제688조 제1항).

또한, 수임인이 위임사무 처리에 필요한 채무를 부담한 때에는 위임인에게 자기에 갈음하여 이를 변제 또는 그 채무가 변제기에 있지 아니한 때에는 상당한 담보를 제공하게 할 수 있고, 수임인이 위임사무의 처리를 위하여 과실 없이 손해를 받은 때에는 그 배상을 청구할 수 있다(동조 제2항·제3항).

이때 손해배상청구권의 성립은 법정요건을 갖춤으로 족하고 위임인의 지시 기타에 관하여 고의·과실을 요하지 않는다.

[판례] 위임계약에 있어서 수임인이 위임의 본지에 좇은 업무처리를 하지 아니한 까닭에 만약 수임인이 위임의 본지에 좇은 업무처리를 하였더라면 지출하지 아니하여도 될 비용을 위임인이 지출한 경우에, 수임인의 채무불이행으로 인하여 위임인이 입게 된 손해액은

그 지출한 비용이다(대판 1996.12.10, 96다36289).

(ㄴ) 보수지급의무 : 위임은 원칙적으로 무상이므로 수임인은 특별한 약정이 없으면 보수를 청구하지 못한다(제686조 제1항). 그러나 위임이 유상인 때, 즉 보수의 특약이 있거나 그러한 특약을 인정할 수 있을 때에는 그러하지 아니한다.

(a) 보수의 내용에는 제한이 없고 그 지급시기도 특약으로 자유로 정할 수 있으나 특약이 없으면 수임인은 위임사무를 처리한 후가 아니면 그 지급을 청구하지 못한다. 그러나 기간으로 보수를 정한 때에는 그 기간의 경과로 청구권을 가진다(제686조 제2항).

(b) 수임인의 위임사무 처리 중 위임인의 책임 없는 사유로 위임이 종료된 때에는 수임인은 이미 처리한 비율에 따른 보수를 청구할 수 있다(제686조 제3항). 그러나 위임의 종료가 수임인의 책임 있는 사유로 인한 때에는 그 비율에 의한 보수도 청구할 수 없는 것이 원칙이지만, 보수가 정기분할급일 때에는 그 사유가 발생할 때까지의 사무처리에 대하여는 그 기간에 상응하는 보수를 지급하여야 한다.

⑶ 委任의 종료

㈎ 위임의 종료원인

(ㄱ) 해지권행사에 의한 소멸 : 각 당사자는 언제든지 위임계약을 해지할 수 있다(제689조 제1항). 민법은 위임이 유상이든 무상이든 또는 기간의 약정 여부를 묻지 않고 각 당사자가 언제든지 해지할 수 있고, 이때 위임인 또는 수임인의 해지권의 포기는 원칙적으로 무효라고 한다. 그러나 당사자 일방의 해지가 상대방이 不利한 時期에 행하여졌을 때에는 부득이한 사유가 없는 한 그 손해를 배상하여야 할 책임을 진다(제689조 제2항).

(a) 배상하여야 할 손해의 범위에 관하여 다수설은 위임이 해지된 것 자체로부터 생기는 손해가 아니고, 해지가 불리한 시기이었기 때문에 생기는 손해에 한한다고 해석하고, 판례 또한 배상의 범위는 위임이 해지되었다는 사실로부터 생기는 손해가 아니라 적당한 시기에 해지되었더라면 입지 아니하였을 손해에 한정하는 것이라고 한다.[166)]

[판례] 민법상 위임계약은 그것이 유상이든 무상이든 당사자 쌍방의 특별한 대인적 신뢰관계를 기초로 하는 위임계약의 본질상 각 당사자는 언제든지 이를 해지할 수 있고 그로 말미암아 상대방이 손해를 입은 일이 있어도 그것을 배상할 의무를 부담하지 않는 것이 원칙이며, 다만 상대방이 不利한 시기에 해지한 때에는 그 해지가 부득이한 사유에 의한 것이 아닌 한 그로 인한 손해를 배상하여야 하나 그 배상의 범위는 위임이 해지되었다는

166) 대판 1991.4.9, 90다18968.

사실로부터 생기는 손해가 아니라 적당한 시기에 해지되었더라면 입지 아니하였을 손해에 한한다고 볼 것이다(대판 1991.4.9, 90다18968).

(b) 당사자 사이에 일정한 기간 또는 일정 사무처리가 종료할 때까지는 임의로 해지하지 않는다는 특약은 유효한 것인가. 유력설은 수임인에 의한 해지권의 포기는 무상위임에서는 위임이 당사자의 신뢰관계를 기초로 하고 있을 뿐만 아니라 수임인에게 선관주의의무라는 무거운 책임을 지우고 있는 점을 들어 원칙적으로 무효라고 하나, 유상위임에서는 사회질서에 위반하지 않는 한 그 유효성을 인정할 것이라고 한다.

(c) 해지권행사에 의한 해지효과는 위임관계를 장래에 향하여 종료한다(제550조).

(ㄴ) 당사자의 사망·파산·금치산 : 위임은 당사자 일방의 사망으로 인하여 종료한다(제690조 전단). 그러나 그 위임사무가 위임인이 경영하는 사무에 관계되고, 그 사업이 상속인에게 승계될 성질의 것일 때에는 위임인의 사망으로 종료하지 않는다. 또한, 위임은 당사자 일방의 파산 또는 위임인의 금치산선고로 종료한다(동조 후단).

(나) 위임종료시의 특별조치 위임종료의 경우에도 급박한 사정이 있는 때에는 수임인·상속인이나 법정대리인은 위임인·상속인이나 법정관리인(위임인의 금치산선고로 종료된 때)이 위임사무를 처리할 수 있을 때까지 그 사무의 처리를 계속하여야 한다. 이 경우에는 위임의 존속과 동일한 효력이 있다(제691조).

위임종료의 사유는 이를 상대방에게 통지하거나 상대방이 안 때가 아니면 이로써 대항하지 못한다(제692조). 그러나 동규정은 해지 이외의 사유로 종료한 경우에 한하여 적용된다. 그것은 해지는 상대방에 대한 통지에 의하여 행해지기 때문이다. 또한 본조에 의하여 위임의 종료를 대항하지 못한다는 것은 위임이 종료했음에도 불구하고 사무의 처리를 계속한 수임인에 대한 관계에 있어서는 위임은 그대로 존속하는 것이 되어 그 동안의 비용의 상환(제688조)이나 보수의 청구(제686조) 등을 할 수 있다는 것을 의미한다.

4. 懸賞廣告

(1) 懸賞廣告의 의의와 사회적 작용

(가) 현상광고(懸賞廣告)란 광고자가 어느 행위를 한 자에게 일정한 보수를 지급할 의사를 표시하고, 이에 응한 자가 그 광고에 정한 행위를 완료함으로 성립하는 계약을 말한다(제675조).

(나) 현상광고의 내용이 되는 일정한 행위는 유형적·무형적인 것을 가리지 않고,

분실물의 발견·제공·구인·범죄나 범죄자의 적발·작품의 창조·상공업적인 발명 등에 이르기까지 매우 다양하다. 따라서 현상광고는 오늘날 특히 매스컴의 발달과 함께 상품의 선전 또는 그 소비의 자극을 위하여 주로 이용되고 있다.

⑵ 縣賞廣告의 법률적 성질

(가) 현상광고는 타인의 노동력을 요하는 것을 목적으로 하는 점에 있어서는 고용·위임·도급·임치와 동일하다. 그러나 현상광고가 일정한 결과의 발생을 목적으로 한다는 점에서 이를 요하지 않는 고용·위임·임치와 구별되고, 또한 불특정다수인에 대한 것이라는 점에서 특정인을 상대로 하는 도급과 구별된다.

(나) 현상광고의 법률적 성질이 계약인가, 단독행위인가. 우리 민법은 독일민법이 광고부지의 행위라도 「보수청구권이 생긴다.」라고 한 것과는 달리 「보수청구권을 준용한다.」라고 규정(제677조)한 점에 바탕 하여 견해가 대립하나, 다수설은 현상광고가 광고자의 광고행위를 청약으로 하고, 이에 대한 지정행위의 완료를 승낙으로 하여 성립하는 도급유사의 계약이라고 본다.

(다) 현상광고도 대가의 지급이 있으므로 유상계약이며, 지정행위의 완료 자체는 채무내용이 되지 않고 광고자만이 보수지급채무를 부담하므로 편무계약이다. 또한 지정행위의 완료 자체가 계약의 성립요건이 되므로 요물계약이다.

다만, 현상광고가 요식계약인가. 다수설은 현상광고의 청약을 요식행위라고 하더라도 반드시 계약 자체가 요식행위로 되는 것은 아니며, 또한 광고는 불특정다수에 대한 의사표시로서 그 의사표시를 어떻게 하느냐는 자유이고 구두라도 무관하므로 청약을 굳이 요식행위로 볼 것은 아니다.

⑶ 懸賞廣告의 성립

(가) 광 고　현상광고에서 광고는 계약설의 입장에서는 계약의 청약으로서 성질을 가지지만 단독행위설의 입장에서는 불특정다수에 대한 의사표시, 즉 지정행위의 완료를 정지조건으로 하는 채무부담의 단독행위로서 성질을 가진다. 따라서 현상광고가 성립하기 위해서는 불특정다수에 대한 의사표시 외에 지정행위 및 보수지급의 의사가 있어야 한다.

현상광고에 條件이나 期限을 붙일 수 있는가. 민법 제675조에서 정하는 현상광고란 광고자가 어느 행위를 한 자에게 일정한 보수를 지급할 의사를 표시하고 이에 응한 자가 그 광고에 정한 행위를 완료함으로써 그 효력이 생기는 것이므로 그 광고에 정한 행위의 완료에 조건이나 기한을 붙일 수 있는 것은 당연하다.[167]

광고를 철회(撤回)할 수 있는가. 현상광고의 법률적 성질을 계약설에 의하면 철회하지 못하나 단독행위설에 의하면 철회할 수 있다. 그러나 민법은 그 법률적 성질과 관계없이 철회를 규정하고 있다. 즉 광고에 지정행위의 완료기간을 정하지 아니한 때에는 그 행위를 완료한 자가 있기 전 그 광고와 동일한 방법으로 철회할 수 있고(제679조 제2항), 전 광고와 동일한 방법으로 철회할 수 없는 때에는 그와 유사한 방법으로 철회할 수 있게 하고 있다(동조 제3항). 그러나 이 때 철회는 어느 경우에도 그 철회를 안 자에 대하여만 효력이 있다(동항 단서).

(나) 지정행위의 완료 지정행위의 완료에 대하여도 계약설의 입장에서는 승낙으로서의 의미를 가지지만, 단독행위설의 입장에서는 정지조건의 성취로서의 의미를 가진다.[168] 그리하여 특히 단독행위설에 의하면 상대방이 광고를 알고 있을 필요가 없을 뿐만 아니라, 지정행위를 하는 자가 능력자임을 요하지 않는다.

⑷ 懸賞廣告의 효력

현상광고의 지정행위의 완료로 곧 보수지급청구권을 취득하며(제675조), 광고부지자가 광고가 있기 전에 지정행위를 완료한 경우에도 청구권을 취득한다.

현상광고로 인한 지정행위의 완료자가 수인인 때에는 그 지정행위 완료 형태에 따라 달리한다. 즉 순차로 지정행위를 완료한 경우에는 먼저 지정행위를 완료한 자가 취득한다(제676조 제1항). 그러나 동시에 지정행위를 완료한 때에는 보수가 가분이면 평등비율로 나누어 갖지만, 불가분인 때에는 추첨에 의한다(동조 제2항).

⑸ 優秀懸賞廣告

(가) 광고행위의 지정행위의 완료자 중 가장 우수한 사람에게만 보수를 지급하기로 한 특수한 현상광고를 말하며, 우수현상광고로 하기 위해서는 반드시 응모기간을 정하여야 하고, 또한 철회할 수 없음이 원칙이다(제678조).

(ㄱ) 응 모 : 단독행위설의 경우에는 조건성취의 통지이며, 응모는 응모기간 내 광고자에 도달하여야 한다(제111조). 그러나 계약설의 경우에는 승낙의 의사표시이며, 응모는 응모기간 내 광고자에 발송하므로 족하다(제531조).

또한, 판정 전에 응모를 철회할 수 있는가. 단독행위설에 의하면 가능하나 계약설에 의하면 응모로 이미 계약은 성립된 것이므로 철회하지 못한다.

(ㄴ) 判 定 : 우수의 판정은 광고 중에 정한 자가 한다. 그러나 광고 중에 판정자를 정하지 아니한 때에는 광고자가 판정한다(제678조 제2항).

---

167) 대판 2000.8.22, 2000다3675.

168) 대판 2000.8.22, 2000다3675: 판례는 민법 제756조에 정하는 현상광고란 광고자가 어느 행위를 한 자에게 일정한 보수를 지급할 의사를 표시하고 이에 응한 자가 그 광고에 정한 행위를 완료함으로써 그 효력이 생기는 것으로서 그 광고에 정한 행위의 완료에 조건이나 기한을 붙일 수 있는 것이라고 한다.

우수자 판정은 광고의 성질상 표준이 정하여져 있는 때를 제외하고는 반드시 판정해야 하고(동조 제3항), 응모자는 그 판정에 이의를 제기하지 못한다(동조 제4항).

(나) 우수현상광고의 광고자로서 당선자에게 일정한 계약을 체결할 의무가 있는 자가 그 의무를 위반함으로써 계약이 종국적인 체결에 이르지 않게 된 경우 상대방은 그러한 계약체결불이행을 원인으로 손해배상을 청구할 수 있고, 이 경우 손해배상청구권의 소멸시효기간은 그 계약이 체결되었을 때 취득하게 될 이행청구권에 적용되는 소멸시효기간에 따른다.[169)]

제 4. 기타 典型契約

1. 任 置

(1) 任置의 의의와 성질

(가) 임치(任置)란 당사자의 일방(임치인)이 상대방에 대하여 금전이나 유가증권 기타 물건의 보관을 위탁하고, 상대방(수치인)이 이를 승낙함으로써 성립하는 계약이다(제693조).

(나) 임치는 타인의 물건 등을 보관한다는 한정된 특수한 노무를 목적으로 하는 점에서 다른 노무공급계약과 구별된다. 또한 임치는 위임과 구별되지만, 유사한 점이 많으므로 실제로는 위임의 규정이 주로 적용된다(제701조 참조).

(2) 任置의 성립

(가) 임치는 금전이나 유가증권 기타 물건을 보관하는 것을 내용으로 한다. 따라서 임치의 목적물은 금전이나 유가증권 기타의 물건이며, 동산 · 부동산, 대체물 · 불대체물을 묻지 않는다. 또한 임치는 목적물을 보관하는 것을 그 요소로 한다.

보관(保管)이란 목적물을 자기의 지배 하에 두고 그 멸실 · 훼손을 방지하고 원상을 유지하는 행위를 말한다. 따라서 단지 물건을 넣어두기 위한 창고나 금고의 제공은 사용대차나 임대차에 불과하며 임치가 아니다.

(나) 임치계약은 낙성계약이고, 요물계약이 아니므로 수치인이 목적물의 점유를 취득하는 것은 임치계약의 성립요건이 아니다. 또한 민법상 임치는 무상을 원칙으

---

169) 대판 2005.1.14, 2002다57119: 예컨대 우수현상광고의 당선자가 광고주에 대하여 우수작으로 판정된 계획설계에 기초하여 기본 및 실시설계계약을 청구할 수 있는 경우 이행청구권은 설계에 종사하는 자의 공사에 관한 채권으로서 민법 제163조 제3호 소정의 3년의 단기소멸시효가 적용된다.

로 하므로 무상·편무계약이다. 그러나 특약으로 보수의 지급을 정할 수 있으며, 이 때에는 유상·쌍무계약이 된다.

⑶ 任置의 효력

(가) 수치인의 의무

(ㄱ) 임치물의 보관의무 : 무상임치의 경우는 자기재산과 동일한 주의(구체적 과실에 대한 책임)를 가지고 보관하면 족하나(제695조), 유상임치의 경우에는 선량한 관리자의 주의의무를 가지고 보관하여야 한다.

다만 상인이 그 영업범위 내에서 물건의 임치를 받은 때에는 비록 무상이더라도 선량한 관리자의 주의가 요구되며(상법 제62조), 공중접객업자가 객으로부터 받은 임치물에 관하여는 무거운 책임을 지게 된다(상법 제152조 제1항).

(a) 수치인은 임치인의 동의 없이 임치물을 사용하지 못한다(제694조). 그러나 보관을 위하여 필요한 한도에서는 임치인의 승낙이 없어도 사용할 수 있는 것으로 본다. 수치인이 임치물을 제3자에 보관하는 경우에는 민법 제701조에 의하여 복위임에 관한 제682조가 준용된다.

(b) 수치인은 임치물을 보관함에 있어 부수의무를 부담한다. 즉 제3자가 소유물 기타의 점유할 권리를 근거로 수취인에 대하여 임치물의 인도를 청구하는 소를 제기하거나 임치물을 압류한 때에는 수치인은 지체 없이 임치인에게 이를 통지하여야 한다(제696조).

또한, 임치는 위임과 유사한 점이 많으므로 위임에 관한 규정의 준용에 의하여 수치인은 임치물의 보관을 위하여 받은 금전 기타의 물건 및 과실의 인도의무, 취득권리이전의무·금전소비의 책임 등을 부담한다.

(ㄴ) 수치물반환의무 : 임치가 종료하면 수치인은 계약상 반환의무를 부담하는 동시에 임치인이 소유자인 때에는 소유권에 기한 반환청구권에도 응하여야 한다.

반환의 목적물은 수치인이 받은 물건이나 금전 또는 유가증권 그 자체이며, 반환하여야 할 상대방은 임치인 또는 그가 지정한 자이다.

반환의 장소에 관하여 특약이 없으면 보관한 장소에서 반환하여야 한다. 그러나 정당한 이유(예컨대 화재)로 임치물을 전치한 때에는 현존하는 장소에서 반환할 수 있다(제700조).

(나) 임치인의 의무

(ㄱ) 비용선급 등 의무 : 무상임치·유상임치를 불문하고 임치인은 위임에서의 위임인과 같이 비용선급의 의무·필요비상환의무·채무대변제 및 담보제공의 의무

를 진다. 또한 임치인은 임치물의 성질 또는 하자로 인하여 생긴 손해를 수치인에게 배상하여야 한다(제697조 전단).

(ㄴ) 보수지급의무 : 유상임치의 경우 임치인은 보수지급의무를 진다. 임치기간 중에 수치인의 책임 없는 사유로 임치관계가 종료된 때에는 수치인은 이미 행한 보관의 비율에 따른 보수를 청구할 수 있다(제701조에 의한 제687조 준용).

(ㄷ) 임치물인도의무 : 임치인의 임치물인도의무가 있는가. 다수설은 무상의 경우와 유상의 경우를 구별하여 무상임치에 있어서는 임치인의 목적물인도의무를 인정할 수 없으나, 유상임치의 경우에는 긍정할 것이라고 한다.

(3) 任置의 종료

(가) 임치는 기간만료 · 목적물의 멸실 · 해제조건의 성취 · 혼동 등 계약종료의 일반원인에 의한 종료 외에 민법은 임치의 특수한 종료원인으로서 당사자에 의한 해지를 인정한다.

다만, 당사자의 사망 · 파산 · 금치산 등은 임치의 종료원인이 되는가. 다수설은 민법에 규정이 없고, 또한 보관은 위임사무의 처리와 같이 당사자간의 신뢰관계에 기한 것이 아니라는 것을 이유로 이를 부정한다.

(나) 임치는 당사자간의 해지권행사에 의하여 해지된다. 임치인은 임치기간에 관한 약정의 유무에 불구하고 언제든지 해지할 수 있고, 수치인은 기간의 약정이 없는 때에는 언제든지 해지할 수 있으나(제699조), 임치기간의 특약이 있는 때에는 부득이한 사유가 없으면 기간만료 전에 해지하지 못한다(제698조 본문).

(4) 消費任置

(가) 수치인이 대체물인 임치물을 소비하고 그 것과 동종 · 동질 · 동량의 물건을 반환할 의무를 부담하는 경우의 임치를 소비임치 또는 불규칙임치라고 하고 은행예금은 그 대표적인 것이다.

[판례] 예금계약은 예금자가 예금의 의사를 표시하면서 금융기관에 돈을 제공하고 금융기관이 그 의사에 따라 그 돈을 받아 확인을 하면 그로써 성립하며, 금융기관의 직원이 그 받은 돈을 금융기관에 입금하지 아니하고 이를 횡령하였다고 하더라도 예금계약의 성립에는 아무런 지장이 없다(대판 1996.1.26, 95다26919).

(나) 소비임치는 받은 물건과 동종 · 동질 · 동량의 물건을 반환하는 점에서 소비대차와 같으므로 소비임치에 관하여는 민법 중 소비대차에 관한 규정을 준용한다(제702조 본문). 그러나 소비대차는 차주가 목적물을 이용하는 것을 전제로 하는 반면, 소비임치는 임치인을 위하여 보관하는 것을 목적으로 하므로 소비임치에 있어

서 그 반환시기의 약정이 없는 경우 임치인은 상당기간을 정하여 반환을 최고하여야 하는 규정은 적용되지 않는다(동조 단서).

2. 組 合

(1) 組合의 의의 및 성질

(가) 조합계약의 의의 조합계약은 2인 이상의 특정인이 금전 기타 재산 또는 노무를 상호 출자하여 공동사업을 경영할 것을 약정함으로 성립하는 단체형 계약을 말한다(제703조 제1항).[170]

조합계약은 공동의 사업을 경영하기 위한 복수당사자의 결합으로써 단체를 형성하는 것이 특징이며, 이 점에 있어서 매매·임대차·고용 등과는 전혀 다른 특수성을 가진다.

(나) 조합계약의 성질 민법상 조합은 2인 이상이 상호 출자하여 공동사업을 경영할 공동체 관계를 형성한다는 점에서 조합의 법적 성질을 특수 법률행위(계약+합동행위)라는 견해가 있다.[171] 그러나 다수설은 2인 이상이 약정한다는 것은 각 당사자가 의사표시를 하고, 그 의사표시가 모든 당사자 사이에 서로 교환되는 것이란 점에서 계약으로 본다.

또한, 조합계약이 쌍무성을 가지는가. 다수설은 쌍무성을 배척할 것은 아니지만 본래 의미의 쌍무계약은 아니라고 본다.

(2) 組合의 성립

(가) 조합성립의 합의 조합은 2인 이상 당사자간의 합의, 즉 조합계약이 성립하여야 한다. 조합계약은 낙성·불요식 계약이므로 당사자간의 합의만 있으면 되고 특별한 방식은 요하지 않는다.

(나) 공동사업의 경영 조합은 공동사업의 경영을 목적으로 하여야 하며, 사업은 계속적인 것이 많으나, 반드시 계속적인 것을 요하지 않고 단일한 일을 목적으로 하는 이른바 당좌조합을 포함한다.

또한, 조합의 공동사업의 경영으로 얻은 이익은 반드시 조합원 전원에 분배되어야 하는가. 판례는 내부적인 조합관계가 있다고 하려면 서로 출자하여 공동사업을 경영할 것을 약정하여야 하며, 영리사업을 목적으로 하면서 당사자 중의 일부만이 이익을 분배받고 다른 자는 전혀 이익분배를 받지 않는 경우에는 조합관계(동업관계)라고 할 수 없는 것이라고 한다.[172]

---

170) 공동수급체는 기본적으로 민법상 조합의 성질을 가진다(대판 2000.12.12, 99다49620).
171) 곽윤직, 채권각론 481면.

(다) 공동의 출자 조합원 공동의 출자가 있어야 한다. 여기서 출자(出資)란 자본의 갹출을 의미하며, 출자의 종류에는 제한이 없다. 따라서 금전뿐만 아니라 기타 재산, 예컨대 물건이나 무체재산권 및 노무·신용 등은 물론 단순한 부작위(공동사업의 협력, 기업간의 카르텔 등)를 포함한다.

또한, 각 조합원 출자의 종류·내용의 동일성 여부를 불문한다.

(3) 組合의 법률관계

(가) 조합의 업무집행 조합은 사단과 달라서 각 조합원의 개성이 중요시되므로 각 조합원은 조합의 업무집행권한을 가지는 것을 그 본질로 한다.

[사단과 조합의 비교]

	의 의	자산의 귀속	책임의 한계
사 단	인격체로서 통일적 조직과 기관에 의하여 법률적 효과를 귀속케 하는 실재적 인격체	사원에 의하여 출자 또는 재산을 취득하고 사단 자체에 귀속한다.	사단 자체 책임에 귀속하고 사단은 유한책임을 부담한다.
조 합	구성원인 조합원 각자에 의하여 또는 구성원 전원으로부터 대리권이 주어진 자에 의하여 행동하고 법률효과가 각 조합원에게 귀속하는데 불과한 비인격체	합수적 원리에 의하여 형성되고 조합원의 소유에 속하지만 규약에 의한 단체적 구속을 받는다.	조합원 각자에게 귀속하고 각 조합원은 무한책임을 부담한다.

(ㄱ) 組合의 대내관계 : 조합의 업무집행에 관하여 조합원 전원이 업무를 집행하는 경우에는 조합의 단체성에 근거하여 다수결의 원칙에 따라 조합원의 과반수로써 결정한다(제706조 제2항 전단).[173] 그러나 통상 사무만은 각 조합원이 전행할 수 있다(제706조 제3항 본문).

[판례] 조합재산의 처분·변경에 관한 행위는 다른 특별한 사정이 없는 한 조합의 특별사무에 해당하는 업무집행이며, 업무집행조합원이 수인 있는 경우에는 조합의 통상사무의 범위에 속하지 아니하는 특별사무에 관한 사무집행은 민법 제706조 제2항에 따라 원칙적으로 업무집행조합원의 과반수로써 결정한다(대판 2000.10.10, 2000다28506·28513).

(a) 업무집행자가 수인이 있는 경우 그 업무집행은 과반수로 정하나, 조합의 통상의무는 각 업무집행자가 단독으로 전행할 수 있다. 그러나 다른 업무집행자가 그 사무의 완료 전에 이의를 제기한 때에는 즉시 중지하여야 한다.

(b) 업무집행자로 선임된 조합원은 정당한 사유 없이 사임하지 못하고, 또한 다

172) 대판 2000.7.7, 98다44666.
173) 대판 2000.10.10, 2000다28506·28513.

른 조합원의 일치가 아니면 해임하지 못한다(제708조).

(ㄴ) 組合의 대외관계 : 조합은 법인격을 갖지 못하므로 권리의 주체가 되거나 대표기관은 있을 수 없다. 따라서 조합의 대외관계에는 대리제도가 활용된다. 그리하여 조합계약에서 업무집행자를 정하지 않은 경우에는 각 조합원이, 업무집행자를 정한 때에는 그 업무집행조합원이 조합목적을 달성하는데 필요한 범위에서 조합을 위하여 대리할 권한이 있는 것으로 추정된다(제709조).

또한, 업무집행자가 수인 있는 때에는 조합의 통상사무 이외의 사항에 관한 내부적인 결정은 과반수에 의하여야 하고(제706조 제1항 · 제2항), 대리는 각자대리가 원칙이다.

(나) 조합의 재산관계 조합재산을 구성하는 개개의 합유물에 대한 각 조합원의 지분은 이를 처분하거나 전체 또는 개개의 조합재산을 분할하지 못한다(제273조 제2항). 다만 조합원 전원의 합의로 조합재산에 속하는 합유물을 분할하거나, 조합이 해산되어 청산관계가 끝난 후 특정 잔여재산의 분할은 가능하며, 공유물의 분할에 관한 규정을 준용한다(제274조 제2항).

판례는 민법상 조합의 재산은 조합원 전원에게 합유적으로 귀속하는 것이어서 특별한 사정이 없는 한 조합원 1인에 대한 채권으로써 그 조합원 개인을 집행채무자로 하여 조합의 채권에 대하여 강제 집행할 수 없고 조합업무를 집행할 권한을 수여 받은 업무집행조합원은 조합재산에 관하여 조합원으로부터 임의적 소송신탁을 받아 자기이름으로 소송을 수행할 수 있는 것이라고 하고(대판 2001.2.23, 2000다68924), 또한 조합채무는 조합원들이 조합재산에 의하여 합유적으로 부담하는 채무이고 두 사람으로 이루어진 조합관계에 있어 그 중 1인이 탈퇴하면 탈퇴자 사이의 조합관계는 종료된다 할 것이나 특별한 사정이 없는 한 조합은 해산되지 아니하고 조합원들의 합유에 속한 조합재산은 남은 조합원에게 귀속하게 되므로 이 경우 조합채권자는 잔존 조합원에게 여전히 그 조합채무 전부에 대한 이행을 청구할 수 있는 것이라고 한다(대판 1999.5.11, 99다1284).

(다) 조합채무에 대한 책임 조합재산이 조합원 개인의 재산과 구별되는 것과 같이 조합채무도 조합원 개인의 채무와는 구별되어 소극적 조합재산을 이루며, 전조합원에게 합유적으로 귀속한다. 따라서 조합의 채권자는 조합재산으로부터 채권의 전액에 관하여 변제를 청구할 권리가 있다. 따라서 조합의 채무는 조합원의 채무로서 특별한 사정이 없는 한 조합채권자는 각 조합원에 대하여 지분의 비율에 따라 또는 균일적으로 변제의 청구를 할 수 있을 뿐이다.[174]

(ㄱ) 조합원 중 변제자력이 없는 자가 있어 그 변제할 수 없는 부분은 다른 조합원이 균분하여 변제할 책임이 있다. 그러나 개정 민법(안)은 조합원채권자가 조합원의

174) 대판 1992.11.27, 92다30405.

손실부담의 비율을 알지 못한 경우에 만 변제할 책임이 있는 것으로 한다(제713조 개정안).

(ㄴ) 조합원 1인에 대한 채권으로서 그 조합원 개인을 집행채무자로 하여 조합의 채권에 대하여 강제집행하지 못한다. 따라서 조합원 중 1인이 임의로 조합채무자에 대하여 출자지분의 비율에 따른 급부를 청구하여 강제집행을 하는 경우 판례는 다른 조합원은 보존행위로서 제3자이의의소를 제기할 수 있고,175) 조합업무를 집행할 권한을 수여받은 업무집행조합원은 조합재산에 관하여 조합원으로부터 임의적 소송신탁을 받아 자기이름으로 소송을 수행할 수 있는 것이라고 한다.176)

또한, 조합원지분에 대한 압류는 그 조합원의 장래 이익배당 및 지분반환을 받을 권리에 대하여 효력이 있을 뿐이고 지분 그 자체에 대하여는 집행하지 못한다. 그 외에도 조합의 채무자는 그 채무와 조합원 중 1인에 대한 반대채권으로 상계하지 못한다(§715).

(ㄷ) 조합원 1인이 탈퇴하면 잔존하는 1인의 조합원에게 전부의 이행을 청구할 수 있는가. 조합채무는 조합원들이 조합재산에 의하여 합유적으로 부담하는 채무이고 두 사람으로 이루어진 조합관계에 있어 그중 1인이 탈퇴하면 탈퇴자 사이의 조합관계는 종료된다고 할 것이나 특별한 사정이 없는 한 조합은 해산되지 아니하고 조합원들의 합유에 속한 조합재산은 남은 조합원에게 귀속하게 되므로 이 경우 조합채권자는 잔존 조합원에게 여전히 그 조합채무 전부에 대한 이행을 청구할 수 있다.177)

(라) 조합의 활동과 이익분배 손익분배의 비율은 조합계약에서 자유로이 정할 수 있다. 그러나 영리목적 조합에서의 이익분배는 모든 조합원에 하여야 한다.

利益 또는 損失 중 어느 한쪽에 대해서만 분배비율을 정한 때에의 그 비율은 양자에 공통한 것으로 추정되고, 정하지 않은 때에는 각 조합원의 출자가액에 비례하여 정하여진다.

(ㄱ) 이익분배의 시기 : 조합계약으로 정하여지는 것이 보통이나, 그렇지 않은 때에는 영리목적 조합의 경우에는 업무집행의 규정에 따라 결정한 때, 비영리목적 조합의 경우에는 전 조합원의 합의 또는 청산시에 분배하게 된다.

(ㄴ) 손실분담의 시기 : 손실분담에 관하여 조합계약에서 따로 정한 바가 없으면, 조합이 해산하여 청산함에 있어서 조합재산으로 조합채무를 완제할 수 없게 된 때 비로소 분담하는 것으로 해석한다.

┌ (a) 분배비율(分配比率) — 원칙적으로 조합계약에서 자유결정에 의한다.
│ ┌ ㉠ 영리목적의 조합 — 모든 조합원에 당연히 이익분배를 요한다.

175) 대판 1997.8.26, 97다4401.

176) 대판 2001.2.23, 2000다68924.

177) 대판 1999.5.11, 99다1284.

ⓛ 분배비율의 추정 — 利益 또는 損失 중 어느 한쪽에 대해서만 분배비율을 정한 때에도 그 비율은 양자에 공통한 것으로 추정한다(제711조 제2항).

ⓒ 강제집행 — 각조합원 또는 조합원전원의 채무명의에 의한 강제집행가능

(b) 분배시기(分配時期)

㉠ 이익분배
- 영리목적조합 — 업무집행의 규정에 따라 결정
- 비영리목적조합 — 전 조합원의 합의 또는 청산기에 분배

ⓛ 손실분배
- 조합계약에서 정함이 원칙
- 정함이 없는 때 — 조합채무를 완제할 수 없게 된 때 분배가능

⑷ 組合員의 탈퇴 및 가입

(가) 조합원의 탈퇴 조합원은 그 조합으로부터 임의 또는 강제에 의하여 탈퇴된다(제716조 · 제717조).

(ㄱ) 임의탈퇴 : 조합원은 일방적 의사표시에 의하여 다른 조합원과의 조합계약상 법률관계를 장래에 향하여 해소시킬 수 있다. 이것을 임의탈퇴라고 한다.

조합계약으로, 조합의 존족기간을 정하고 있지 않거나 또는 조합원의 종신까지 존속할 것을 정한 때에는 각 조합원은 언제든지 탈퇴할 수 있다. 그러나 부득이한 사유 없이 조합에 불리한 시기에 탈퇴하지 못한다(제716조 제1항).

조합의 존속기간을 정한 경우에는 그 기간 동안은 탈퇴할 수 없는 것이 원칙이나, 이 때에도 부득이한 사유가 있으면 역시 탈퇴할 수 있다(동조 제2항).

(ㄴ) 강제탈퇴 : 조합원에게 다음의 사유가 생긴 때에는 그 의사의 여하에 불구하고 탈퇴하게 된다(제717조). 예컨대 조합원의 사망 · 파산 · 금치산 및 제명이며, 특히 조합원의 제명은 정당한 사유가 있는 때에 한하여 다른 조합원의 일치로써 결정하여야 하고(제718조 제1항), 이를 당해 조합원에게 통지하지 않으면 대항하지 못한다(동조 제2항). 또한 민법 제717조에 반하여 조합원의 탈퇴를 제한하는 약정은 무효이다.[178]

조합원의 한 사람이 탈퇴하면 그 탈퇴조합원이 조합재산에 대하여 가지고 있었던 합유지분은 당연히 잔존 조합원들에게 각자의 지분에 따라서 분배된다. 탈퇴조합원의 합유지분은 탈퇴에 의한 조합재산의 정리, 즉 탈퇴계산이 있게 되며, 탈퇴조합원과 다른 조합원 사이의 재산은 탈퇴 당시의 조합재산 상태에 의하여야 한다(제719조 제1항). 그러나 탈퇴 당시에 완결되지 아니한 사항에 대하여는 완결 후에 계산할 수 있다(동조 제3항).

(나) 조합원의 가입(가입계약) : 조합원의 가입은 새로 조합원으로서 가입하려는 자와 조합원 전원과의 가입에 의하여야 한다. 그러나 조합계약의 약관 속에 가입에

178) 대판 2004.9.13, 2003다64602.

관한 특약이 있으면 이에 의할 것이다.

⑸ 組合의 解散 및 淸算

㈎ 조합의 해산 조합은 조합의 목적인 공동사업의 성공 또는 성공불능이 확정될 때, 조합계약에서 정한 사유가 발생한 때, 조합원 전원의 동의가 있는 때 또는 각 조합원은 부득이한 사유가로 조합의 해산을 청구한 때 해산된다. 그러나 다음의 경우에도 조합은 해산되는가. 문제된다.

(ㄱ) 조합은 각 조합원은 부득이한 사유가 있는 때 조합의 해산청구로 소멸함은 물론이나(제720조). 이 경우 부득이한 사유에는 조합원 한 사람에 관하여 생긴 사유를 포함하는가. 다수설·판례는 예컨대 경제사정의 격변으로 사업경영이 곤란하게 된다거나, 조합원이 서로 항쟁하고 있는 경우와 같이 조합 전체로서 사업계속이 곤란하게 되는 사정을 말하는 것이고, 단순히 조합원 한 사람에 관하여 생긴 사유로는 해산을 청구할 수는 없는 것이라고 한다.[179]

[판례] 2인의 동업자 중 1명이 동업의 준비과정과 영업과정에서 부정을 저질러 형사고소를 당하고 그 사유로 결국 형사소추 되어 유죄판결을 받았다면 동업자간의 신뢰관계는 깨어져서 원만한 조합운영을 기대할 수 없게 되었다고 할 것이고, 이러한 상황에서 다른 동업자가 동업계약의 해지통고를 한 것은 조합의 해산청구로 볼 수 있으므로 그 조합은 그 해산청구로 말미암아 해산되었다 할 것이다(대판 1998.12.8, 97다31472).

(ㄴ) 조합이 두 사람으로 이루어진 조합에서 한사람이 탈퇴하여 조합원이 한 사람이 된 경우 조합관계는 종료되나 조합 자체도 해산되는가. 긍정하는 견해가 있으나 판례는 특별한 사정이 없는 한 조합은 해산되지 아니하는 것이라고 한다.[180]

(ㄷ) 각 조합원은 조합계약을 解除할 수 있는가. 판례는 동업계약과 같은 조합계약에서는 조합의 해산청구를 하거나 조합으로부터 탈퇴를 하거나 또는 다른 조합원을 제명할 수 있을 뿐이지 일반계약에 있어서처럼 조합계약을 해제하고 상대방에게 그로 인한 원상회복의 의무를 부담지울 수는 없는 것이라고 한다.[181]

㈏ 조합의 청산 청산은 해산한 조합의 재산관계를 정리하는 것을 말하며, 그 청산이 완료된 때에 조합은 완전히 소멸된다.

(ㄱ) 청산사무는 원칙적으로 조합원 전원의 공동 또는 그들이 선임한 자가 집행한다(제721조 제1항). 이때 청산사무의 집행방법은 일반사무집행에서와 같이 통상 사무는 단독으로, 기타 사무는 과반수로 결정한다(제722조).

---

179) 대판 1998.12.8, 97다31472 참조.
180) 대판 1999.5.11, 99다1284.
181) 대판 1994.5.13, 94다7157.

(ㄴ) 청산인의 직무권한에는 민법 중 법인에 관한 규정이 준용된다.

(5) 組合의 淸算과 잔여재산의 분배

(가) 청산으로 인한 잔여재산은 조합원의 출자가액에 비례하여 이를 분배한다.

(나) 잔여재산은 청산절차의 종료로 분배된다. 조합의 해산으로 조합원들에게 분배할 재산과 그 가액은 청산절차가 종료된 때 확정되는 것이므로 조합원들 사이에 특별한 약정이 없는 이상 청산절차가 종료되지 아니한 상태에서는 잔여재산의 분배를 청구하지 못한다.[182] 다만 조합이 목적달성으로 해산되고 오로지 그 잔무로서 잔여재산의 분배만이 남아 있는 경우에도 청산절차를 거쳐야 하는가.

판례는 이를 부정하고 각 조합원은 자신의 잔여재산의 분배비율의 범위 내에서 그 분배비율을 초과하여 잔여재산을 보유하고 있는 조합원에 대하여 바로 잔여재산의 분배를 청구할 수 있는 것이라고 한다.[183]

3. 和 解

(1) 和解의 의의와 성질

(가) 화해(transactio, transaction, Vergleich)란 당사자가 상호 양보하여 그들 사이의 분쟁을 종지할 것을 약정함으로써 그 효력이 생기는 계약을 말한다(제731조).

(나) 화해(和解)는 당사자 쌍방이 상호 양보하여 분쟁을 종지할 채무, 즉 대가적 의의를 가지는 채무를 가지고 있으므로 유상·쌍무계약이다. 또한 화해는 당사자의 분쟁을 종지하기 위한 호양의 합의로써만 성립하므로 낙성·불요식계약이다.

다만, 화해는 종전의 법률관계와 동일성을 가지는가. 특수계약설은 화해는 법률관계에 관한 다툼을 확정하는 것을 목적으로 하는 특수계약, 즉 확정계약이라 하나,[184] 동일계약설은 화해당사자 각자의 양보는 화해계약의 동기에 불과하므로 화해전의 법률관계와 동일한 것이라고 한다.[185] 그러나 다수설은 화해가 종전의 법률관계에 바탕하지만 종전의 다툼이 된 사항을 상호 양보하여 새로운 법률관계로 확정하는 것이란 점을 들어 또 다른 하나의 계약이라고 본다.

---

182) 대판 2002.3.29, 2002다427.

183) 대판 2002.3.29, 2002다427; 2000.4.21, 99다35713; 나아가 재산분배청구권행사에 관하여도 판례는 조합원 상호간의 내부관계에서 발생하는 것으로서 각 조합원이 분배비율을 초과하여 잔여재산을 보유하고 있는 조합원을 상대로 개별적으로 행사하면 족한 것이지 반드시 조합원들이 공동으로 행사하거나 조합원 전원을 상대로 행사하여야 하는 것은 아니라고 한다(대판 2000.4.21, 99다35713).

184) 김형배 767면 이하.

185) 이은영 463면.

⑵ 和解의 성립

㈎ 화해가 성립하기 위해서는 다음의 요건을 갖추어야 한다.

(ㄱ) 당사자 사이에 분쟁이 있을 것이어야 한다. 화해는 당사자가 분쟁을 종지할 것을 내용으로 하는 것이므로 화해가 성립하기 위하여서는 당사자 사이에 분쟁이 있을 것을 전제로 한다. 여기서 분쟁(紛爭)이란 법률관계의 존부・범위・태양 등에 관하여 당사자의 주장이 일치하지 않는 것을 말하며, 예컨대 토지의 경계를 다투거나 임금계약의 효력을 다투는 것은 이에 속한다.

분쟁이 있는 법률관계의 종류에는 특별한 제한은 없다. 채권이든 물권이든 무체재산권이든 이를 묻지 않으며, 또 반드시 재산관계에 한하는 것은 아니다. 다만 당사자가 처분할 수 있는 법률관계이어야 하므로 친족관계의 존부에 관한 분쟁은 화해의 목적이 되지 않는다.

확정판결로 확정된 법률관계도 당사자는 재판상 다투지 못하나, 사실상 다툼이 있으면 화해를 할 수 있고 화해계약의 불이행이 있으면 제소할 수 있다.

(ㄴ) 분쟁의 존재는 현실적이어야 한다. 장래 생길지도 모르는 분쟁을 미연에 방지하기 위하여 계약을 하는 것은 화해라고는 할 수 없다. 그러나 이러한 계약은 일종의 무명계약으로서 유효함은 물론이다.

(ㄷ) 당사자가 상호양보하여 분쟁을 종지시킬 것이어야 한다. 화해를 위한 양보란 원래 당사자 쌍방이 상대방의 주장을 부분적으로 승인하고 자기의 주장을 부분적으로 철회하는 것을 말하며, 화해가 성립하기 위해서는 당사자 쌍방이 상호 양보하는 것이어야 한다. 따라서 일방만이 주장을 포기하여도 화해라고는 할 수 없다.

또한, 화해는 당사자 스스로가 분쟁을 종지할 것을 요건으로 하는 것이므로 현재 또는 장래의 분쟁을 제3자의 해결에 맡기는 중재계약과는 본질적으로 다르다.

(ㄹ) 당사자가 處分의 능력 또는 권한을 가질 것이어야 한다. 화해는 처분행위이므로 화해의 당사자는 그 법률관계에 처분의 권능을 가진 자이어야 한다.

㈏ 화해의 의사표시에는 자기구속을 포함한다. 따라서 화해의 의사표시에 착오가 있는 경우에도 이를 이유로 취소하지 못한다. 그러나 자기의사와 관계없이 이루어진 화해의 의사표시(예컨대 사기・강박)에는 영향을 미치지 아니한다.

⑶ 和解의 효력

㈎ 법률관계를 확정하는 효력　화해의 주된 효과는 분쟁의 대상으로 되어 있는 법률관계를 확정한다는데 있다. 즉 당사자는 화해에 의하여 정해진 의무를 이행하고 권리를 승인하며, 이로써 다시 종전의 주장을 할 수 없게 된다. 따라서 다툼이

된 사항에 관하여 당사자가 양해하고 화해계약을 체결하고 그 화해계약이 유효히 존속하는 이상 더 이상 책임을 묻지 못한다.

다만, 불법행위로 인한 손해배상에 대하여 피해자가 일정한 금액을 받고, 더 이상 책임을 묻지 않기로 합의하였으나 그 후 예견하지 못한 추가손해가 발생한 경우 피해자는 그 배상을 청구할 수 있는가.

학설은 화해계약체결 후 추가치료비와 같은 후발손해에 관한 사항도 통상 화해의 목적인 사항이어서 비록 착오가 있는 경우에도 화해계약을 취소할 수는 없는 것이지만 계약체결 당시 당사자가 후발손해에 대하여 전혀 예상하지 못한 경우에는 화해계약의 목적인 분쟁 이외의 사항에 해당하는 것으로 보아 화해계약을 취소하고 추가손해의 배상을 청구할 수 있다고 해석하고, 판례 또한 불법행위로 인한 손해배상에 관하여 가해자와 피해자 사이에 피해자가 일정한 금액을 지급 받고 그 나머지 청구를 포기하기로 합의가 이루어진 때에는 그 후 그 이상의 손해가 발생하였다고 하여 다시 그 배상을 청구할 수는 없는 것이지만 그 합의가 손해발생의 원인인 사고 후 얼마 지나지 아니하여 손해의 범위를 정확히 확인하기 어려운 상황에서 이루어 진 것이고 후발손해가 합의 당시의 사정으로 보아 예상이 불가능한 것으로서 당사자가 후발손해를 예상하였더라면 사회통념상 그 합의 금액으로는 화해하지 않았을 것이라고 보는 것이 상당할 만큼 그 손해가 중대한 것일 때에는 당사자의 의사가 이러한 손해에 대해서까지 그 배상청구권을 포기한 것이라고 볼 수 없으므로 다시 그 배상을 청구할 수 있는 것이라고 한다.[186)]

[판례] 불법행위로 인한 손해배상에 관하여 가해자와 피해 당사자 사이에 피해자가 일정한 금액을 받고 그 나머지의 금액을 포기하기로 약정한 경우, 그것이 모든 손해가 확실하게 파악되지 않은 상황 아래서 조급하게 적은 금액을 받고 그러한 합의가 이루어 진 경우에는 그 합의 당시 피해자가 포기한 손해배상청구권은 그 당시 예측이 가능했던 손해에 대한 것뿐이라고 해석해야 할 것이다(대판 1989.7.25, 89다카968).

화해에 의하여 확정되는 것은 분쟁의 대상이 되고, 이에 관한 당사자 쌍방이 합의한 사항에 한하며, 당사자가 다툰 사실이 없었던 사항은 물론이고 화해의 전제로서 서로 양해하고 있는데 지나지 않는 사항에는 효력이 생기지 않는다.[187)]

---

186) 대판 2000.3.23, 99다63176; 1989.7.25, 89다카968; 1970.8.31, 70다1284.

187) 대판 2001.4.27, 99다17319; 판례는 재판상 화해 또는 제소 전 화해는 확정판결과 동일한 효력이 있으며, 당사자간의 사법상의 화해계약이 그 내용을 이루는 것이면 화해는 창설적 효력을 가져 화해가 이루어지면 종전의 법률관계를 바탕으로 한 권리의무관계는 소멸하나, 재판상 화해 등의 창설적 효력이 미치는 범위는 당사자가 서로 양보하여 확정하기로 합의한 사항에 한하며 당사자가 다툰 사실이 없었던 사항은 물론 화해의 전제로서 서로 양해하고 있는데 지나지 않는 사항에 관하여는 그 효력이 생기지 않는 것이라고 한다.

(나) 화해의 창설적 효력 화해의 확정력은 종래의 법률관계를 확정하여 지속시킨다는 의미에서 확인적인가, 아니면 새로운 법률관계를 발생케 한다는 의미에서 창설적인가 문제된다.

다수설은 종래의 법률관계를 종지 시키고 새로운 법률관계를 발생시킨다는 점을 들어 창설적 효력이라 보며, 민법 제732조는 화해계약은 당사자 일방이 양보한 권리가 소멸되고 상대방이 화해로 인하여 그 권리를 취득하는 효력이 있다고 규정하고 있으므로 창설적 효력임이 명백하다.

이와 같이 화해는 법률관계의 내용을 창설하는 효력을 가지나 그 법률관계로 인한 권리행사시점을 창설하는 효력을 가지는 것은 아니다. 따라서 화해로 인한 손해배상액의 합의는 그 손해배상청구권의 시효에는 영향을 미치지 않는다.

(4) 和解와 錯誤의 관계

화해는 자기구속을 포함함으로 화해계약은 착오를 이유로 취소하지 못한다(제733조 본문). 즉 분쟁의 대상이 되고 상호 양보에 의하여 결정된 사항 자체에 관하여 비록 착오가 있더라도 민법총칙상 착오의 규정은 적용되지 않는다. 그러나 당사자의 자격이나 또는 화해의 목적인 분쟁 이외의 사항에 착오가 있는 경우에는 제109조가 적용되며, 화해계약은 취소할 수 있다(제733조 단서).

판례는 민법상 화해에 있어서 당사자는 착오를 이유로 취소하지 못하고 다만 화해 당사자의 자격 또는 화해의 목적인 분쟁 이외의 사항에 착오가 있는 때 한하여 취소할 수 있는바, 여기서 화해의 목적인 분쟁 이외의 사항이란 분쟁의 대상이 아니라 분쟁의 전제 또는 기초가 된 사항으로서 쌍방 당사자가 예정한 것이어서 상호 양보의 내용으로 되지 않고 다툼이 없는 사실로 양해된 사항을 말하고, 또한 민법 제109조 제1항 단서에서 규정한 중대한 과실이라 함은 표의자의 직업·행위의 종류·목적 등에 비추어 보통 요구되는 주의를 현저히 결여한 것을 말하는 것이라고 한다(대판 1995.12.12, 94다22453).

또한, 판례는 화해계약에서 결정된 사항과 진실과의 차이의 정도가 당사자의 주장범위를 현저히 넘고 또한 당사자가 그에 관해 별로 의문을 갖지 아니하여 다툼의 대상으로 삼지 아니한 때에는 이는 민법 제733조 단서 소정의 화해의 목적인 분쟁 이외의 사항에 관한 것으로서 당사자는 착오를 이유로 그 화해계약을 취소할 수 있는 것이라고 한다(대판 1989.8.8, 88다카15413).

(5) 和解契約의 실효

화해는 의사표시를 요소로 하는 법률행위이므로 무효나 취소에 관한 규정은 착오를 제외하고 모두 적용된다.

또한, 화해는 계약이므로 계약해제에 대한 규정의 적용을 받는다. 즉 계약해제권을 보유할 수도 있고, 또는 당사자 일방의 채무불이행으로 법정해제권이 발생할 수 있다. 그리고 당사자 쌍방이 해제계약을 하는 것도 무방하다.

제3절 非典型契約

제1. 財産權移轉型의 非典型契約

1. 見本賣買·試驗賣買

(1) 見本賣買

(가) 견본매매의 의의 견본매매란 현물견본 또는 모형으로 매매목적물의 성질을 정하여 두고 매매하는 것을 말한다. 예컨대 물건을 전시하고 전시된 물건 또는 같은 종류의 품질이라고 하여 매매하는 경우로서, 견본은 매도인이 제시하는 것이 보통이나 때로는 매수인이 제시하는 경우도 있다. 그러나 그 효과에는 차이가 없다.

(나) 견본매매의 효력 견본매매에 기한 본매매의 목적물은 견본과 동일한 품질·성상을 가져야 하므로 목적물의 품질·성상이 그와 다른 때에는 특정물·불특정물매매를 불문하고 하자담보책임이 생긴다(제580조·제581조). 그러나 조건부매매는 아니므로 매수인은 견본에 적합하지 않다는 것을 이유로 계약의 무효를 주장하거나 목적물의 수령을 거절하지는 못한다.

다만, 상사매매에서 매수인은 그 목적물을 수령한 즉시로 견본에 적합하지 아니하다는 사실을 매도인에 통지하지 아니하면 계약의 해제 또는 손해배상을 청구하지 못한다(상법 제69조).

(2) 試驗賣買

(가) 시험매매의 의의 시험매매 또는 시미매매란 매매목적물을 시험해 본 결과 매수인의 마음에 들면 매수키로 하는 매매이며, 매매에 있어서 뿐만 아니라 임대차·고용 등에서도 볼 수 있다.

시험매매의 성질에 관하여 매수인의 주관적 욕구에 적합함을 정지조건으로 하는 정지조건부매매설과 매수인에게 완결권이 주어지는 매매의 일방예약설이 대립하나, 다수설은 시험의 결과를 정지조건으로 한 매매라고 본다.

(나) 시험매매의 효과 시험매매에서 매수인은 시용권을 가지며, 매도인은 매수

인의 시용(試用)을 인용할 의무를 진다.

매도인은 시용의 기간 내 상당한 기간을 정하여 매수 여부를 최고할 수 있고, 기간 내 매수인의 확답이 없는 경우에는 매매가 성립되지 아니한 것으로 본다(제564조 유추적용). 또한 매수인이 이를 원하는 의사표시를 하기까지에도 목적물에 대한 위험은 매도인이 부담한다.

매매의 성립은 試用의 결과에 따라 결정되고, 매매 불성립의 경우에도 그 試用分에 대한 대가는 지급할 의무를 부담하지 않는다.

2. 分割支給約款附賣買

(1) 分割支給約款附賣買의 의의와 사회적 작용

(가) 분할지급약관부매매란 매매대금을 연부·월부·주부 등과 같이 정기적으로 분할하여 지급키로 하는 약관이 붙은 매매를 말한다. 그 중에서도 월부제가 가장 널리 행하여지므로 보통 월부판매로 통칭되며, 특수매매의 형태 중 계속적 급부매매와 더불어 가장 중요한 것의 하나이다.

(나) 할부판매제도는 대금의 정기적인 분할지급과 목적물의 대금완제 전에 선 인도를 그 내용으로 하므로 매수인의 입장에서는 일시급으로는 매수할 수 없는 고가의 물건을 구입할 수 있고, 매도인으로서는 소유권유보라는 형식으로 대금채권의 담보적 기능을 다하면서 판매영역을 확대할 수 있는 이점을 가지므로 널리 활용되나, 한편 매도인은 대금완제를 확보하기 위하여 여러 가지 권리를 보유하는 반면, 경제적 약자인 매수인에게는 종종 불리한 약관을 붙이는 경우가 없지 않다. 그리하여 입법은 1991년 「할부거래에 관한 법률」과 「방문판매 등에 관한 법률」을 제정하여 계약내용을 규제한다.

「할부거래에 관한 법률」은 할부거래법상 할부판매업자는 상품 매매시에 할부판매, 상품의 종류와 내용, 현금판매가격, 매회의 할부금액, 대금지급의 기간과 회수, 할부수수료의 실제연간요율 등을 구매자가 알 수 있게 표시하여야 한다(동법 제3조).

할부거래약관은 반드시 계약체결시에 명시되어야 하며, 약관의 중요사항을 매수인이 이해할 수 있도록 설명되어야 한다(약관규제법 제3조 제1항·제2항). 특히 할부판매가격, 매회의 할부금액, 할부금지급의 시기 및 방법, 상품인도시기, 계약해제, 소유권유보의 특약이 있는 경우 그 내용 등 사항은 계약서에 기재하여 매수인에게 교부하여야 한다(동법 제4조). 이상의 명시의무, 설명의무위반의 경우 그 약관은 계약내용으로 되지 않는다(동법 제3조 제3항).

또한, 소비자가 상품구입의 의사표시를 함에 따라 일반계약이 체결된 후에도 소비자에게 진정한 구입의 필요가 있는가를 재고할 기간(cooling off period)이 인정된다. 할부거래법은 매수인의 철회권(동법 제5조), 철회권행사의 효력(동법 제6조), 신용제공자가 있는 경우 매수인의 철회통보(동법 제7조)에 관한 규정을 두고 있다. 따라서 동법상 소비자는 계약서를 교부받은 날로부터 7일 이내 계약을 철회할 수 있고, 계약해제와 달리 계약금을 지급한 경우에도 그 반환을 청구할 수 있음이 특색이다. 그러나 실제에서는 그 회수를 위한 제도의 확보가 문제되며, 그 외에도 그 적용의 업종범위 · 고지제도와 그 위반의 효과, 고객의 철회권포기의 허용 여부 등의 규제가 문제된다.

(2) 分割支給約款附賣買의 형태와 성질

(가) 분할지급약관부매매(할부판매)는 대금지급방법에 관한 특별약정이 붙는 매매계약이다. 그러므로 비록 대금완제 전에 목적물을 인도하더라도 그 계약은 당사자의 합의시에 성립하고 대금완제시에 다시 매매계약을 하거나 대금의 완제를 정지조건으로 하는 조건부계약도 아니다.

(나) 분할지급약관부매매에서 목적물의 인도는 제1회분 지급시에 인도하는 것(선도형)과 수회분의 지급이 있은 후에 인도하는 것(중간인도형)이 있다. 그 외에 대금완제 후에 인도하는 것(후도형)도 없지 아니하나, 이는 일종의 대금 저축이므로 여기서 말하는 이른바 월부판매에는 포함되지 아니한다.

(다) 분할지급약관부매매는 통상 대금의 완제 전에 목적물을 매수인에 이전하게 되므로 그 목적물의 이전과 소유권의 취득, 매수인의 물권적 청구권의 인정 여부, 목적물의 사용 · 수익의 근거, 매수인의 목적물보관의무의 정도, 매수인의 목적물처분권의 인정 여부 등에 관련하여 정지조건적이전설, 양도담보권설, 물권적기대권취득설이 대립한다.

여기서 양도담보권설과 물권적기대권취득설은 소유권유보의 실질적 목적을 반영시킨 견해이기도 하나 매수인이 대금의 완제 전에 소유권을 취득한다고 보기는 어렵다. 더구나 물권적기대권취득설이 말하는 담보권은 적절한 공시방법이 없을 뿐만 아니라, 그 권리의 실현방법도 통상의 담보물권과는 달리 목적물의 반환이라는 방법에 의하므로 타당성이 없다. 따라서 정지조건적이전설에 따라 매수인은 물권적기대권을 취득한다고 보되, 매도인에게 귀속되는 소유권은 그 실질에 있어 잔존대금을 피담보채권으로 하는 담보권이라는 점을 감안하여 그 소유권의 내용과 효력은 가능한 이러한 담보목적에 제한된다고 보아야 할 것이다.

- 형 태
  - ㉠ 매매계약성립과 동시 목적물인도형
  - ㉡ 1회분지급시인도형(선도형)
  - ㉢ 수회분지급 후 인도(중간인도형)
  - ㉣ 대금완납 후 인도형(후도형 : 대금저축이며 할부판매에서 제외)
- 성 질
  - 정지조건적 이전설(유보소유권설)
  - 양도담보설(담보물권취득설)

⑶ 分割支給約款附賣買의 법률관계

(가) 매수인의 기대권취득 소유권유보의 특약이 있는 동산의 할부매매의 매수인은 대금완제라는 조건의 성취로 법률상 당연히 완전한 소유권을 취득하게 되는 기대를 가지며, 이러한 기대를 하나의 재산권으로 보아 물권적기대권으로서 인정하고 보호하는 것이 적당할 것이라 한다. 따라서 물권적기대권설에 의하면 매수인은 물권적 기대권을 매도인의 동의 없이 양도할 수 있고 담보에 제공(예컨대 권리질의 설정)하는 것도 가능하며, 물권적기대권에 대한 침해는 불법행위로서 손해배상청구권을 발생케 한다. 그러나 기대권의 양수인이 자동적으로 할부매매의 매수인의 지위에 들어서는 것은 아니고 그러기 위해서는 매도인의 동의를 요하는 계약인수가 있어야 한다.

(나) 매수인의 권리・의무

(ㄱ) 목적물의 사용・수익권 : 매수인은 할부매매계약 자체의 효력으로 자유로이 목적물을 사용・수익할 수 있다. 따라서 할부매매는 본질적으로 매매에 임대차와 유사한 요소가 결합되어 있다고 할 수 있다(양도담보설정설에 따르면 매수인은 실질적인 소유자로서 사용・수익한다). 그러나 사용・수익을 제한하는 특약이 있는 경우가 많으며, 이러한 특약은 원칙적으로 유효하다.

(ㄴ) 占有者로서 지위 : 매수인은 점유자로서 모든 보호를 받는다. 이때 매도인은 어떠한 법률적 구성을 취하든 간접점유자가 된다.

(ㄷ) 목적물상 선관주의의무 : 매수인은 정지조건부소유권취득 또는 물권적기대권설에 의하면 아직 소유권을 취득하지 않으므로 목적물보관상 주의의무를 부담한다. 그러나 양도담보설정설에 따르면 자기재산에 있어서와 동일한 주의로써 의무를 부담한다.

(ㄹ) 비용의 부담 : 목적물에 지출된 공조・공과, 수선비용 등은 특약이 없는 한 사용・수익자인 매수인이 부담한다. 그러나 계약이 해제되면 비용상환문제가 발생한다. 그러나 보통은 그 지출비용과 목적물상 사용・수익권이 상계되는 것으로 한다.

(다) 위험부담의 문제 매수인이 목적물을 인도 받아 할부금을 지급하는 도중에 당사자 쌍방의 책임 없는 사유로 목적물이 멸실한 경우, 매수인의 잔대금채무는 어떻게 되는가.

매도인부담설은 매도인의 의무를 소유권이전의무로 보고 제537조의 채무자위험부담주의를 적용하여 매수인의 잔대금채무가 소멸하는 것이라 하나, 매수인부담설은 매도인의 의무를 점유이전의무로 파악하여 위험부담의 문제는 발생하지 않고 매수인의 잔대금채무는 소멸하지 않는다고 한다. 그러나 할부매매의 본질을 직시하면 매도인의 소유권이전의무는 대금완제라는 조건의 성취로 현실화되어 즉시 이행될 것이므로 완제전이라도 묵시적으로만 존재할 뿐이며, 현실적으로도 매도인에게 소유권을 보유하는 것은 어디까지나 대금채권을 확보하기 위한 수단에 지나지 않으므로 대금채무는 소멸하지 않는다고 해석하는 것이 타당하다.

(라) 제3자에 대한 법률관계 목적물의 소유권이 매수인에 이전된 관계로 목적물에 대한 제3자가 압류한 경우 제3자이의의 소를 제기할 수 있고 또는 매도인·매수인이 파산한 경우 환취권을 행사할 수 있는가. 대금분할지급부매매의 법률적 성질에 따라 달리한다.

- (ㄱ) 일반채권자의 압류와 제3자이의의 소 제기문제
  - ① 매도인의 일반채권자가 압류한 경우
    - 정지조건적 소유권이전설, 물권적 기대권취득설 — 매수인의 행사 불가능
    - 양도담보권설—매수인의 행사 가능
  - ② 매수인의 일반채권자가 압류한 경우
    - 정지조건적 소유권이전설, 물권적 기대권취득설 — 매도인의 행사 가능
- (ㄴ) 매도인·매수인의 파산과 환취권의 행사 여부
  - ① 매도인이 파산한 경우
    - 정지조건적 소유권이전설, 물권적 기대권취득설 — 매수인의 행사 불가능
    - 양도담보권설 — 매수인의 행사 가능
  - ② 매수인이 파산한 경우
    - 정지조건적 소유권이전설, 물권적 기대권취득설 — 매도인의 행사 가능
    - 양도담보권설 — 매도인의 행사 불가능

(마) 대금채무불이행에 관한 약관과 유효성 실권약관·기한이익상실약관·위약금약관·자력구제허용조항 등에 대한 부합계약의 성질과 관련하여 그 유효성이 문제되며, 매수인에 지나치게 불리한 약관은 그 효력이 배척된다.

3. 繼續的 供給附賣買

(1) 繼續的 供給附賣買의 의의

계속적 공급부매매(Successiver Leiferungsvertrag)란 매도인이 일정기간 또는 상당한 기간 동안 매수인에게 일정 수량의 물건을 계속적으로 공급하고, 매수인은 그에 따른 대금을 지급하기로 하는 매매계약을 말한다. 예컨대, 도매상과 소매상간의 거래, 우유·신문·잡지 등의 정기적 배달, 수도·전기 등 계속적 공급 등이 이것이며, 회귀적 급부계약도 그 일종에 속한다.

⑵ 繼續的 供給附賣買의 특질

(가) 해제 · 해지권의 제한 계속적 공급계약의 성질은 매매계약이면서 각개의 급부가 분할적으로 행하여지는데 있으므로 계속적 계약관계의 성질상 매기의 급부로 지분적 채권 · 채무가 발생하나 1개의 매매계약에 의한 목적물 및 대금의 분할적 급부이므로 1회의 불이행은 채무의 일부불이행이 된다.

계속적계약의 채무불이행은 계약의 본질상 前回의 불이행을 이유로 今回의 給付에 관하여 동시이행의 항변을 할 수 있고, 또한 1회의 불이행으로 인하여 계약의 목적을 달성할 수 없는 때에는 장래에 향하여 그 계약을 해제 또는 해지할 수 있다. 따라서 채무자가 일단 일부이행이 있고 잔존 채무에 대한 일부지체나 일부불능이 생기면 채권자는 원칙적으로 미이행부분에 대하여만 해제 · 해지할 수 있을 뿐이다.

또한, 계속적 공급계약을 체결하였으나 채무자가 처음부터 이행의무를 게을리 하는 경우에는 계속적 채권관계란 특질상 사정변경에 의한 해제권의 발생도 예정된다.

(나) 계약상 지위이전의 제한 계속적 공급계약상 지위가 제3자에 이전되는 경우 그 계약상 지위는 별개로 이전되는가. 계속적 채권관계의 이전이란 점에서 개개의 채권양도와 채무인수가 별개로 행하여진다고도 볼 수도 있으나, 계약상 지위의 이전이므로 하나의 계약상 지위가 포괄적으로 이전되는 것이라고 본다.

또한, 그 이전방식에는 계속적 계약관계의 특질상 계약당사자와 인수인간의 합의를 요한다.

(다) 집단적 계약으로서 제한 전기 · 가스 · 수도 등 생활필수품의 공급을 목적으로 하는 계속적 공급계약은 집단계약 또는 부합계약으로써 계약자유가 제한되고, 또한 이른바 사실적 계약관계가 적용된다.

4. 訪問賣買 · 通信賣買 · 多段階賣買

⑴ 訪問賣買 · 電話勸誘賣買(통신매매)

(가) 방문매매 및 전화권유매매의 의의

(ㄱ) 방문판매(訪問賣買)란 재화 또는 용역의 판매를 업으로 하는 자(판매업자)가 방문의 방법으로 그의 영업소 · 대리점 기타 영업장소 외에서 방문판매업자 또는 방문판매원이 소비자에게 권유하여 계약의 청약을 받거나 계약을 체결하여 재화 또는 용역을 판매하는 것을 말한다(방문판매법 제2조 제1 · 2호).

전화권유매매(電話勸誘賣買), 즉 통신매매란[188] 전화를 이용하여 전화권유판매

188) 널리 통신판매란 광고 · 우편 · 전기통신 · 신문 · 잡지 등의 매체를 이용하여 상품 또는 용역을 매매

업자 또는 전화권유판매원이 소비자에게 권유하여 계약을 청약 받거나 계약을 체결하는 등으로 재화를 판매하는 것을 말한다(동법 제2조 제3·4호).

(ㄴ) 「방문판매 등에 관한 법률」은 방문매매 및 전화권유매매에서의 매수인(소비자)을 보호하기 위하여 그 자격의 제한, 서면의 교부의무, 청약의 철회 등을 규정한다.

(나) 방문매매 및 전화권유매매의 성립 방문매매 및 전화권유매매에서의 판매자는 방문판매원 또는 전화권유판매원으로 하여금 매수인(소비자)이 청약하도록 권유하여 매수인의 청약을 받아 판매자(또는 판매업자)가 이를 승낙함으로 성립한다.

(ㄱ) 방문매매 및 전화권유매매에서의 계약당사자는 판매자(또는 판매업자)와 매수인(소비자)이다.

(a) 방문매매 및 전화권유매매에서의 청약자는 원칙적으로 매수인(소비자)이다.

방문매매 및 전화권유매매에서의 방문매매업자 또는 전화권유매매업자로 되기 위하여서는 그 상호·주소·전화번호·전자우편주소(법인의 경우에는 대표자의 성명·주민등록번호 및 주소를 포함한다) 및 그 밖에 대통령령이 정하는 일정한 사항을 대통령령이 정하는 바에 따라 공정거래위원회, 특별시장·광역시장 또는 도지사에게 신고하여야 한다(동법 제5조 제1항). 다만 방문판매원 또는 전화권유판매원을 두지 아니하는 소규모 방문매매업자, 일정 절차에 따라 등록한 다단계판매업자는 그러하지 아니한다(동항 단서).

(b) 방문매매자 및 전화권유매매업자는 재화 등의 매매에 관한 계약을 체결하기에 앞서 매수인에게 계약의 내용을 이해할 수 있도록 할 일정한 사항을 설명하여야 하고(동법 제7조), 또한 계약체결당사자가 미성년자인 경우에는 그 취소권을 고지하여야 한다.

동법은 방문판매업자에 ① 방문판매업자(방문판매원 포함) 등의 성명·주소·전화번호·전자우편주소, ② 재화의 명칭·종류·내용, ③ 재화 등의 가격과 지급방법·시기, ④ 재화 등의 공급방법·시기, ⑤ 청약의 철회 및 계약의 해제의 기한·행사방법·효과에 관한 사항 및 청약철회 등의 권리행사에 필요한 서식, ⑥ 재화 등의 교환·반품·수리보증 및 대금환불의 조건과 절차, ⑦ 전자매체로 공급이 가능한 재화 등의 설치·전송 등과 관련하여 요구되는 기술적 사항, ⑧ 소비자피해보상·재화 등에 대한 불만 및 소비자와 사업자 사이의 분쟁처리에 관한 사항, ⑨ 거래에 관한 약관, ⑩ 그 밖에 소비자의 구매여부 판단에 영향을 주는 거래조건 또는 소비자의 피해구제에 필요한 사항의 설명(동법 제7조 제1항 각호)과 계약체결당사자가 미성년자인 경우에는 그 계약을 미성년자 본인 아닌 법정대리인이 취소할 수 있다는 내용을 고지할 것을 요구하고 있다(동조 제2항).

(ㄴ) 방문매매 및 전화권유매매에서의 계약체결은 매수인이 계약내용을 이해할

하는 것을 포함한다.

수 있도록 설명하여야 할 일정한 사항을 포함한 계약서를 교부하여야 한다. 따라서 방문매매 및 전화권유매매에서의 매매계약은 요식계약으로 된다.

다만, 전화권유매매에 관한 계약서의 교부에는 소비자 등의 동의를 얻어 당해 계약내용을 모사전송이나 전자문서로 송부하는 것을 갈음할 수 있으며 모사전송 또는 전자문서에 의하여 송부한 계약의 내용이나 도달에 관하여 다툼이 있는 경우에는 전화권유판매자가 이를 입증하여야 한다(동법 제7조 제4항).

(나) 청약철회와 재화의 반환

(ㄱ) 청약의 철회 : 방문판매 또는 전화권유매매의 방법으로 재화 등의 구매에 관한 계약을 체결한 매수인(소비자)은 그 계약서의 교부를 받은 날로부터 14일(다만 그 계약서를 교부받은 때 보다 재화의 공급 등이 늦게 이루어진 경우에는 재화 등을 공급받거나 공급이 개시된 날로부터 14일), 계약서를 교부받지 아니한 경우, 방문판매자 등이 기재되지 아니한 계약서를 교부받은 경우 또는 방문판매자 등의 주소변경 등 사유로 위 기간 내 해약할 수 없는 경우에는 그 주소를 안 날 또는 알 수 있었던 날로부터 14일 내에 청약을 철회할 수 있다(동법 제8조 제1항 1호 · 2호). 그러나 다음의 경우에는 그러하지 아니한다(동조 제2항 각 호).

(a) 소비자의 책임 있는 사유로 재화 등이 멸실 및 훼손된 경우(재화 등의 확인을 위한 범위 제외)
(b) 재화 등의 사용 또는 일부 소비에 의하여 그 가치가 현저히 감소된 경우
(c) 시간의 경과에 의한 재판매가 곤란할 정도로 재화 등의 가치가 현저히 감소한 경우
(d) 복제가 가능한 재화 등의 포장을 훼손한 경우
(e) 그 외 거래의 안전을 위하여 필요한 사항

또한, 재화 등의 내용이 표시 · 광고의 내용과 다르거나, 계약내용과 다르게 이행된 경우에는 당해 재화 등을 공급받은 날로부터 3월내, 그 사실을 안 날 또는 알 수 있었던 날로부터 30일 이내에 그 청약을 철회할 수 있다(동조 제3항).

(ㄴ) 재화의 반환 : 매수인(소비자)이 청약을 철회한 경우에는 이미 공급받은 재화 등은 반환하여야 하고(동법 제9조 제1항), 또한 재화 등의 반환을 받은 방문매매자는 그 반환을 받은 날로부터 3영업일 내 이미 지급 받은 재화 등의 대금을 반환하여야 한다(동조 제2항). 또한 방문매매자 등은 청약의 철회에 따른 위약금 또는 손해배상을 청구하지 못한다(동법 제9조 제9항).

(다) 계약해제와 손해배상의 청구

(ㄱ) 매수인(소비자)에게 책임 있는 사유로 재화 등의 판매에 관한 계약이 해제된 방문판매자 등이 매수인에게 손해배상을 청구하는 손해배상액은 다음 각 호에서 정한 금액에 대금미납에 따른 지연배상금을 더한 금액을 초과할 수 없다(동법 제10조

제1항 각 호).

(a) 공급받은 재화 등이 반환된 경우에는 반환된 재화 등의 통상 사용료 액 또는 그 사용에 의하여 통상 얻어지는 이익에 상당한 금액과 반환된 재화 등의 판매가액에서 그 재화 등이 반환된 당시의 가액을 공제한 금액 중 큰 금액

(b) 공급받은 재화 등이 반환되지 아니한 경우에는 그 재화 등의 판매가액에 상당하는 금액

(ㄴ) 공정거래위원회는 방문판매자 등과 매수인(소비자)간의 손해배상청구에 따른 분쟁의 원활한 해결을 위하여 필요한 경우 그 손해배상액의 산정기준을 정하여 고지할 수 있다(동조 제2항).

(2) 多段階賣買

(가) 다단계매매의 의의　다단계판매란 판매업자가 특정인(다단계판매인)에게 자기가 공급하는 상품을 판매하는 활동[189]을 하면 일정한 이익을 얻을 수 있다고 권유하여 판매원의 가입이 단계적으로 이루어지는 다단계판매조직(3단계 이상이어야 한다)을 통하여 재화 등을 판매하는 것을 말한다(방문판매법 제2조 제5·6호).

방문판매법은 다단계판매에 있어 소비자를 보호하기 위하여 자격의 제한, 서면의 교부의무(동법 제8조), 청약의 철회 등을 규정한다(동법 제21조 이하).

(나) 다단계매매의 성립　다단계매매에서의 판매자는 다단계판매원으로 하여금 매수인(소비자)이 청약하도록 권유하여 매수인의 청약을 받아 판매자(또는 판매업자)가 이를 승낙함으로 성립한다.

(ㄱ) 다단계매매에서의 계약당사자는 판매자(또는 판매업자)와 매수인(소비자)이다. 다단계매매에서의 청약자는 원칙적으로 매수인(소비자)이다.

다단계판매업자(다단계판매원 포함)는 일정한 요건을 갖추어 공정관리위원회 또는 시·도지사에게 등록하여야 한다(동법 제13조 제1항, 제15조 제1항).

(ㄴ) 다단계판매에서의 계약의 체결에는 방문매매 및 전화권유매매에서의 계약체결에 관한 규정을 준용한다(동법 제16조). 따라서 다단계판매자 또는 다단계판매업자는 재화 등의 매매에 관한 계약을 체결하기에 앞서 소비자에게 계약의 내용을 이해할 수 있도록 할 일정한 사항을 설명하여야 하고, 또한 이들 사항을 포함한 계약서를 교부하여야 한다. 따라서 다단계판매에서의 매매계약은 요식계약으로 된다.

189) 다단계판매원의 활동조건은 당해 판매업자가 공급하는 재화 등을 소비자에게 판매할 것, 당해 판매업자가 공급하는 재화 등을 소비자의 전부 또는 일부를 당해 특정인의 하위판매원으로 가입토록 하여 그 하위판매원이 당해 특정인의 활동과 동일한 활동을 할 것을 요건으로 한다(동호 가,나).

(나) 청약의 철회와 재화의 반환

(ㄱ) 청약의 철회 : 다단계판매에서의 청약의 철회에는 방문매매 및 전화권유매매에서의 계약체결에 관한 규정을 준용한다(동법 제17조). 따라서 다단계매매의 방법으로 재화 등의 구매에 관한 계약을 체결한 매수인(소비자)은 그 계약서의 교부를 받은 날로부터 14일 내에 청약을 철회할 수 있고, 재화 등의 내용이 표시·광고의 내용과 다르거나, 계약내용과 다르게 이행된 경우에는 당해 재화 등을 공급받은 날로부터 3월내, 그 사실을 안 날 또는 알 수 있었던 날로부터 30일 이내에 그 청약을 철회할 수 있다.

이 경우 매수자(소비자)는 다단계판매원과 재화 등의 구매에 관한 계약을 체결한 경우에는 다단계판매원에게 우선적으로 청약철회 등을 하고, 다단계판매원의 소재불명 등 대통령령이 정하는 일정한 사유로 인하여 다단계판매원에게 청약철회 등을 할 수 없는 경우에 한하여 당해 재화 등을 공급한 다단계판매업자에 청약철회 등을 할 수 있다(동법 제17조 제1항).

또한, 다단계판매의 방법으로 재화 등의 구매에 관한 계약을 체결한 다단계판매원은 다단계판매업자에게 재고의 범위를 허위로 알리는 등의 방법으로 재화 등의 재고를 과다하게 보유한 경우, 재판매가 곤란할 정도로 재화 등을 훼손한 경우, 그 밖에 대통령령이 정하는 경우를 제외하고는 계약을 체결한 날로부터 3월 이내 서면으로 당해 계약에 관한 청약철회 등을 할 수 있다(동조 제2항).

(ㄴ) 財貨의 반환 : 다단계판매의 상대방(다단계판매자가 다단계판매원 또는 소비자에게 판매한 때에는 다단계판매원 또는 소비자를, 다단계판매원이 소비자에게 판매한 때에는 소비자를 말한다)이 청약을 철회한 경우에는 이미 공급받은 재화 등은 반환하여야 하고(동법 제18조 제1항), 또한 재화 등 반환을 받은 다단계판매자는 그 반환을 받은 날로부터 3영업일 내 이미 지급 받은 재화 등의 대금을 반환하여야 한다(동조 제2항). 이 경우 청약의 철회에 따른 위약금 또는 손해배상을 청구하지 못하나(동법 제9조 제9항), 다만 다단계판매업자가 다단계판매원에게 재화 등의 대금을 반환함에 있어서는 대통령령이 정하는 범위에서 비용을 공제할 수 있다(동법 제18조 제2항).

(다) 계약의 해제와 손해배상의 청구

(ㄱ) 다단계판매에서 다단계판매자와의 재화 등의 매매계약이 취소된 경우에는 방문판매 및 전화권유판매에 관한 규정을 준용한다(동법 제19조). 따라서 매수인(소비자)의 책임 있는 사유로 재화 등의 판매에 관한 계약이 해제된 경우 다단계판매자 등은 손해배상을 청구할 수 있다.

이 경우 매수인이 부담하는 손해배상액은 공급받은 재화 등이 반환된 경우에는 반환된 재화 등의 통상 사용료 액 또는 그 사용으로 통상 얻어지는 이익에 상당한 금액과 반환된 재화 등의 판매가액에서 그 재화 등이 반환된 당시의 가액을 공제한 금액 중 큰 금액을, 공급받은 재화 등이 반환되지 아니한 경우에는 그 재화 등의 판매가액에 상당하는 금액에 대금미납에 따른 지연배상금을 더한 금액을 초과하지 못한다(동법 제10조 제1항 각 호 참조).

(ㄴ) 공정거래위원회는 방문판매자 등과 매수인(소비자)간의 손해배상청구에 따른 분쟁의 원활한 해결을 위하여 필요한 경우 그 손해배상액의 산정기준을 정하여 고지할 수 있다(동법 제19조에 의한 제10조 제2항 준용).

제 2. 貸借型의 非典型契約

1. 信用去來貸借

(1) 서 설

(가) 신용거래란 소비자의 신용거래(대금지급) 또는 공급자(매도인)의 신용거래(판매신용)를 확보하기 위하여 고안된 여러 신용거래 형태를 말하고, 이들 중 전자를 특히 소비자신용이라고 한다.

신용거래의 발달은 현대 산업사회에서의 소비자에 대한 구매력 확대와 소비유인을 위한 방안에서 발전된 계약영역이나 실정법상 규정이 없는 점에서 그 법률관계는 물론, 특히 소비자신용에서 공정거래계약상 여러 가지 문제점을 가진다.

(나) 소비신용의 형태에는 크게 판매신용과 대부신용이 있다.

(ㄱ) 판매신용(販賣信用)이란 매도인이 매수인의 현실적 반대급부 없이 상품의 인도나 서비스를 제공함으로써 매수인에게 신용을 제공하는 형태, 즉 외상판매나 할부판매에서와 같이 매도인이 직접 신용제공자가 되어 상품을 판매하는 경우를 말하며, 일반적인 신용판매의 형태를 말한다.

(ㄴ) 貸付信用이란 소비자가 상품판매인 이외의 제3자(예컨대 금융기관·신용카드 회사 등)의 신용을 받아 매수인으로부터 매수하는 소위 대차자신용을 말하며, 이 때 신용제공자와 상품판매인 사이의 유대관계의 정도 또는 제공의 범위에 따라 다음의 형태로 분류된다.

(2) 팩터링거래(팩터링 금융)

(가) 팩터링거래의 의의와 성질 팩터링거래(factoring)란 상품의 매도인이 신용

판매를 하고 그 외상대금채권은 제3자인 금융업자(팩터링회사)에 양도하여 그 금융업자가 직접 매수인에게 대금을 지급 받도록 하는 소비자판매금융의 형태를 말한다.

팩터링계약의 법률적 성질에 관하여 학설은 상품매도인의 채권양도를 채권의 매매로 파악하여 팩터링회사가 팩터링고객(상품매도인)에 지급하는 금전을 채권의 매수대금으로 보거나(판매계약설), 팩터링거래를 팩터링고객(상품매도인)에 대한 일종의 금융기능으로 파악하여 매수인을 채권담보로 한 소비대차를 파악하는 견해(소비대차설)가 대립한다. 그러나 절충설은 팩터링계약을 진정팩터링(소비자의 대금불이행에 대한 위험을 팩터링회사가 부담하는 형태)은 채권매매로 보지만 부진정팩터링은 채권을 담보로 한 소비대차라고 한다.[190]

(나) 팩터링거래의 법률관계

(ㄱ) 팩터링회사와 팩터링고객과의 관계 : 팩터링거래는 팩터링계약(factoring), 즉 팩터링회사(ractor)와 팩터링고객(client)간의 계약에 의한다. 예컨대 본사와 대리점간의 계약에서 본사가 대리점이 갖는 물건의 할부신용판매권을 담보로 제공하여 금융기관으로부터 대리점 명의로 대출 받는 동시에, 대리점에 대한 물품대금채권과 상환하는 것을 내용으로 하는 계약을 체결하는 경우이며, 이때 본사가 대리점에 대하여 반환하여야 할 금전은 그 물건의 출고가와 그 신용판매채권에서의 금융비용·수금수수료·소비자가 일시 상환할 경우의 그 할인액을 공제한 금액이라고 한다.[191]

(ㄴ) 팩터링회사와 소비자와의 관계 : 팩터링회사와 소비자의 관계는 순수한 금전채무의 법률관계로서, 팩터링회사는 소비자에 대하여 팩터링고객(상품매도인)으로부터 양수 받은 대금지급의 이행을 소비자에게 직접 청구할 수 있다. 그러나 이때 소비자가 지급할 대금지급채무는 매매계약에서 발생한 채무이므로 목적물인도청구권과 상환채무로서 의미를 가지며, 그 거래가 할부인 경우에는 할부매매에 관한 관행이 그대로 적용된다.

(3) 신용(信用)카드거래

(가) 신용카드거래의 의의 신용카드거래란 카드회사와 카드이용계약을 맺는 회원이 그 카드회사와 가맹점계약을 맺은 상점으로부터 물건을 구입하거나 서비스를 제공받고 그 대금지급으로 카드를 제시하는 거래를 총칭하며, 소비자가 현금을 소지하지 않고 물건이나 서비스를 제공받을 뿐만 아니라, 가맹점으로부터 할인 또는 일정기간 대금지급을 유예 받을 수 있다는 점에서 널리 행하여진다.

---

190) 정동윤, 새로운 행위의 상행위(민사법과 환경법의 제문제 1986) 843면.

191) 대판 1991.9.10, 90다카3660 참조.

(나) 신용카드의 법적 성질

(ㄱ) 회원은 물품의 구입시 카드를 제시하지 않고는 회원으로서 권리를 행사하지 못하며, 이로써 신용카드가 카드회원과의 신용계약의 존재를 표창하는 점에서 카드 자체가 증거증권성을 가진다.

(ㄴ) 물품을 판매하는 가맹점은 카드소지자에 판매하므로, 카드소지자이면 거래에 적합하고, 만일 카드소지자이지만 진정한 권리자(회원)가 아니라고 하더라도 책임을 면한다.

(다) 신용카드거래의 법률관계

(ㄱ) 信用카드의 發給과 行使 : 신용카드는 카드발행자·회원·가맹점간에서 먼저 카드발급은 회원의 신청에 의하여 카드발행자가 발급하며, 가맹점은 회원의 카드 제시에 의하여 당연히 물품과 서비스의 제공의무를 부담한다(다만 매상표상에 카드소비자의 서명과 물품 또는 서비스제공이 동시이행관계가 된다). 따라서 가맹점은 소비자가 서명한 매상표를 카드회사에 제시하고 그 대금을 카드회사로부터 제공받는 동시 카드회사는 회원(소비자)에게 카드 사용대금을 청구한다.

(ㄴ) 대금채권과 그 구상관계 : 신용카드에 의하여 회원이 구입한 물품대금은 매매당사자가 아닌 카드발급자가 가맹점에 지급하고 카드발급자는 이를 회원으로부터 구상하는 법률관계를 취하므로, 이때 카드발급자가 회원이 지급할 대금을 구상할 근거가 무엇인가. 학설은 채권양도설·채무인수설·지급보증설·직접채무설 등이 대립한다.

채권양도설에 의하면 가맹점은 회원에 대하여 대금채권을 전혀 갖지 아니하므로 카드발급자가 파산 등 지급불능인 때에는 회원에게 대금지급을 청구할 수 없는 결점을 가지고(면책적 채무인수설도 동일), 지급보증설에 의하면 가맹점에 대한 대금지급의무는 회원의 주채무와 카드발급의 보증채무가 되어 실제거래상 대금지급채무를 카드발급자가 지는 것과 상반되며, 직접채무설은 가맹점과 회원 사이에 매매계약에 기초한 권리·의무의 발생을 원만히 설명하지 못한다는 점이 지적된다. 그리하여, 최근의 유력설로 채무인수설이 주장된다.[192)]

(ㄷ) 구매자의 항변권과 무권리자사용에 대한 카드발급자의 책임 : 신용카드의 대금지급채무는 카드회원과 가맹점간의 매매계약에 기초하므로 비록 카드발급자가 가맹점에 물품대금을 지급한 경우에도 물품의 구입자(회원)는 카드발급자에 대하여 매매계약에 바탕한 각종 항변권(예컨대 채무소멸·대금감액청구권·대금반환청구권 등)

192) 이은영, 281면; 정찬형, 수표카드와 신용카드(고시계 1988.10) 58면; 김문환, 크레디트카드의 실태와 문제점(상법학의 현대적 문제 1985) 68면; 김성태, 크레디트카드거래(고시계 1984.11) 179면.

을 가져야 하지만, 대부분의 경우에는 약관에 의하여 매매계약과 카드대금 결제를 단절시켜 별개로 처리하므로 비록 그 물품에 하자가 있는 경우에도 사실상 그 책임을 묻지 못한다.

또한, 카드발급자는 회원으로부터 카드 분실·도난 등 신고를 받은 때에는 그때부터 그 회원은 책임을 면하고, 카드발급자가 가맹점으로부터 책임을 진다(동법 제12조 제1항). 그러나 신고를 받기 전 무권리자의 사용에 대하여는 궁극적으로 회원의 책임으로 된다.

(ㄹ) 카드보증인의 책임 : 신용카드는 보통 그 사용자 회원에 대하여 보증인을 세울 의무를 지며, 이로써 보증인은 카드발급자의 회원에 대하여 가지는 대금지급채무의 구상권에 대하여 당연히 책임을 진다. 따라서 이때 회원이 카드발급자에게 부담할 보증의 한도액이 문제되나 이에 대한 판례는 보증인의 보호를 위해 그 범위를 제한하여 보증인은 회원의 월간 카드이용한도액의 범위에서만 채무를 부담할 것이라고 하고,[193] 또한 카드발급자가 보증인에 통지하지 않고 불량회원과 재 거래한 때에는 보증인의 책임을 감면하게 하고 있다.[194]

2. 施設貸與契約(리스계약)

(1) 리스契約의 의의와 형태

(가) 리스계약, 즉 시설대여계약이란 시설의 대여를 하는 대여회사와 이를 이용하는 이용자간의 계약이며, 이때 대여회사는 이용자가 선정하는 물건을 매수하여 일정기간 사용하게 하고 그 대가로 대여료를 정기적으로 지급 받는 것을 내용으로 하며(때로는 사용기간 만료시에 이용자에게 소유권을 이전하기도 한다), 영·미법에서 발달한 독특한 계약유형이나 오늘날 일반적으로 보급되고 있다.

(나) 널리, '리스'의 형태에는 물건의 대여회사가 목적물의 취득을 위한 금융만을 담당하고 이용자가 전적으로 그 물건에 대한 유지·관리책임을 지며, 당사자간에 그 해지를 금지케 함으로써 주로 장기간의 설비금융 수단으로 이용되는 '금융리스', 리스의 목적물이 금융리스와 같이 특정인에 사용할 물건이 아니라 주로 일반인에 널리 이용가치가 있는 물건(예컨대 복사기·자동차 등)의 대여를 목적으로 하는 '대여리스'(렌탈), 금융업자가 아닌 자연인 또는 자영업자를 상대로 매도인이 권유하여 이용자가 직접 물건을 선정·인도 받고 매도인과 리스계약을 체결하는 '소비자리스'

---

193) 대판 1986.1.23, 85다카1626.
194) 대판 1986.2.25, 84다카1587.

등이 있다. 그러나 우리나라에서 널리 보급된 리스는 주로 금융리스이다.

(2) 리스契約의 체결과 법적 성질

리스계약의 체결은 물건의 이용자가 직접 그 물건의 매도인과 교섭하며, 계약내용(가격·품질·인도시기 등)을 결정하고, 이에 따라 대여회사가 매입하지만 이용자는 대여회사와 그 물건에 대한 시설대여계약을 체결하여 매도인으로부터 직접 물건을 검사하여 인도 받고 그 물건의 수령증을 대여회사에 교부하므로 성립한다. 따라서 대여회사는 그 물건의 매도인에 대하여 대금의 지급의무를 부담하고, 이용자는 그 대여회사에 대하여 정기적으로 대여료를 지급할 의무를 부담하는 법률관계이다. 그러나 그 법적 성질을 어떻게 파악할 것인가.

특수계약설은 금융리스는 적어도 타인의 물건을 일정기간 유상으로 사용·수익한다는 점에서 일종의 임대차임이 명백하나, 다만 이 때 리스료는 물건의 사용·수익의 대가가 아니며, 리스회사는 리스이용자의 물건사용·수익에 적극적 의무를 부담하지 않고, 또한 물건의 하자에 대하여도 담보책임을 지지 아니하므로 통상의 임대차와는 다른 특수한 임대차의 하나라고 본다. 그러나 비전형계약설은 민법상 임대차와는 다른 독자적인 계약형태라고 한다.

이에 대한 판례는 시설임대차계약은 형식에서 임대차계약과 유사하나 그 실질은 물적 금융이라고 본다. 따라서 일종의 비전형계약이며, 이것에 관하여 임대차에 관한 규정이 전면으로 적용될 것은 아니라고 본다.[195]

[판례] 시설대여(리스)는 시설대여회사가 대여 시설 이용자가 선정한 특정 물건을 새로이 취득하거나 대여 받아 그 물건에 대한 직접적인 유지·관리책임을 지지 아니하면서 대여 시설 이용자에게 일정 기간 사용하게 하고 그 기간 종료 후의 물건의 처분에 관하여는 당사자간의 약정으로 정하는 계약으로서, 형식에서는 임대차계약과 유사하나 그 실질은 대여 시설을 취득하는 데 소요되는 자금에 관한 금융의 편의를 제공하는 것을 본질적인 내용으로 하는 물적 금융이고 임대차계약과는 여러 가지 다른 특질이 있기 때문에 이에 대하여는 민법의 임대차에 관한 규정이 바로 적용되는 것은 아니다(대판 1997.10.24, 97다27107).

(3) 貸與契約의 법률관계

금융리스의 통상 법률관계는 관습상 대체로 다음과 같이 구성한다.

대여물건의 소유권은 리스회사가 가지고 사용자와의 관계에서는 일단 대여계약관계로 존속기간 동안은 무조건 대여료의 지급을 청구할 수 있고, 그 대여료의 지체의 경우에는 일방적으로 계약을 해지하여 그 물건의 반환을 청구할 수 있다. 또한 계약이 존속하는 경우에도 사용자의 물건 사용에 적합한 상태를 유지하거나 수선의무는 부담하지 않는다.

195) 대판 1997.10.24, 97다27107; 1987.11.24, 86다카2799·2800; 1986.8.19, 84다카503·504.

이에 반하여 사용자는 그 물건의 매도인으로부터 직접 물건을 인도 받지 못하였거나 물건에 하자가 있는 경우에도 리스회사에는 그 책임을 묻지 못한다.

판례는 리스계약은 물건의 인도를 계약 성립의 요건으로 하지 않는 낙성계약으로서 리스이용자가 리스물건수령증서를 리스회사에 발급한 이상, 특별한 사정이 없는 한 현실적으로 리스물건이 인도되기 전이라고 하여도 이 때부터 리스기간이 개시되는 것이라 하고(대판 1997.10.24, 97다27107) 또한 시설대여(리스)의 경우에 리스물건이용자가 정당한 이유 없이 리스목적물의 검수 및 인수를 거절하고 물건수령증을 발급하지 아니한 경우에는 신의성실의 원칙상 물건수령증이 발급된 것과 같이 보아 리스물건공급자로서는 리스회사에 대한 자신의 의무를 모두 이행한 것으로 봄이 상당한 것이라고 한다(대판 2001.11.27, 99다61736).

또한, 대여물건의 관리 또는 사용에 대한 책임은 전적으로 사용자의 책임 하에 둠으로 사용자가 물건을 도난당하거나 책임 없는 사유로 멸실 또는 훼손된 경우에도 그 위험부담은 사용자에 있고, 일부 멸실로 인한 사용료의 감액청구나 계약해지권은 인정되지 않는다. 그 외에도 이용자는 대여기간 중 어떠한 사유로도 계약을 해지할 수 없고, 계약이 해지된 경우에도 그 약정기간에 따른 사용료의 전부를 지급할 의무를 부담하게 함이 보통이다.

[판례] 리스계약은 매매계약과는 달리 리스이용자가 그 기종·성능·규격 등을 선정하고 매매대금 및 그 지급조건까지도 미리 공급자와 리스이용자 사이의 협의로써 결정되지만 그 소유권은 처음부터 리스회사에 귀속되어 그 취득자금의 회수 기타 손해에 대한 담보로서의 기능을 가지므로 리스회사로서도 그 매매대금의 적정성에 대하여 어느 정도 실질적인 이해관계를 가진다고 할 것이다. 따라서 리스물건 공급자와 리스이용자 사이에 미리 결정된 매매계약이 이례적으로 고가이어서 리스회사에 대하여 불측의 손해를 가할 염려가 있는 경우에는 공급자는 이를 리스회사에 고지하여 승낙을 받을 신의칙상 주의의무를 부담할 것이라 할 것이어서 리스회사는 이를 고지 받지 못한 경우에는 부작위에 의한 기망을 이유로 리스물건 공급계약을 취소할 수 있다(대판 1997.11.28, 97다26098).

제 3. 勞務型의 非典型契約

1. 旅行契約

(1) 旅行契約의 의의와 성질

(가) 여행계약(Reisevertra)이란 당사자 일방이 여행급부의 총체를 실행하고 상대방은 일정 대금을 지급할 것을 약정함으로 성립하는 계약을 말한다.[196] 개정민법(안) 제674조의 2는 "여행계약은 상대방을 다른 곳으로 운송하여 숙박 또는 관광을

196) 이은영 541-2면; 서민, 여행계약, 민사판례연구Ⅹ.Ⅰ(1987) 504면; 이승길, 여행계약에있어서의여행업자의책임, 중원지역개발연구 제6집(1996) 28면.

하게 할 것을 약정하고 상대방이 그 대금을 지급할 것을 약정함으로 효력이 생긴다."라고 규정하여 여행계약을 신설하였다(이하 신설안을 중심으로 설명한다).

(나) 여행계약은 도급계약에 유사하다. 그러나 민법상 도급은 주로 물건의 제작을 염두에 둔 것이지만 여행계약은 운송·숙식 및 관광안내 등 종합서비스의 제공을 내용으로 하는 도급유사의 독립계약이며, 낙성계약이다(제674조의 2 참조).

(2) 旅行契約의 성립

(가) 여행계약의 체결 여행계약의 당사자는 여행업자와 여행자이다.

(ㄱ) 여행업자는 여행자로부터 포괄대금의 지급을 받고 계약내용대로 급부를 이행할 것은 약속한 자, 즉 모든 여행과정에서 다수 여행상 급부를 조직하여 모든 급부를 자기 이름으로 집합·형성된 것으로 여행목적을 달성시킬 것을 약속하고 전체의 비용을 일괄하여 지급받은 자이며, 또한 旅行者는 여행업자와 여행계약을 체결하고 여행대금을 지급할 의무를 부담하는 자이며 여행계약의 당사자로 된다.

(ㄴ) 여행계약의 請約은 여행자가 여행업자에 구두·전화·서신·서류 등에 의한 의사로 여행의 의사를 표시하고, 여행업자가 이를 승낙함으로 성립한다. 그러나 여행계약이 약관에 의하여 이루어지는 경우에는 일정제한이 주어진다.

(나) 약관에 의한 여행계약의 성립 여행계약이 約款에 의하여 이루어지는 경우에는 여행자가 여행업자의 명시·설명에 의하여 그 약관에 동의하고 일정경비를 계약금으로 납입함으로써 성립한다. 여행표준약관 제4조는 "여행자가 당사에 구두·전화·서신·서류 등에 의한 의사표시로 여행을 신청하며, 당사는 소정절차에 따라 이에 대한 신청을 확인한 후 여행자가 여행경비의 10% 계약금을 납입하면 여행계약이 성립한다."라고 하여 일정여행경비의 납입을 여행계약의 성립요건으로 한다.

(3) 旅行契約의 효력

(가) 여행업자의 권리·의무

(ㄱ) 旅行의 실행과 변경 : 여행업자는 여행계약에서 정한 내용에 따라 여행을 실행할 의무를 진다. 따라서 여행업자는 여행자를 여행지로 운송하여 숙박 또는 관광을 하게 할 종합적 서비스를 제공할 적극적 의무를 부담한다.

여행 중 부득이한 사유로 여행내용을 변경할 필요가 있는 경우 여행업자는 그 내용을 변경할 수 있다. 그러나 그 사실을 여행자에게 알려 여행자로 하여금 적절한 선택을 할 수 있도록 하여야 하고, 특히 여행조건의 변경으로 여행요금에 변경이 있는 경우에는 그 내용을 설명하여야 한다. 또한 여행조건의 변경으로 인하여 여행목적을 달성할 수 없는 경우에는 여행자로 하여금 여행계약을 해지할 수 있도록 하여야 한다.

(ㄴ) 안전배려의무 : 여행자는 여행계획의 수립이나 여행의 실시에 따른 여행자의 신체 및 재산상안전을 배려할 의무를 부담한다.[197] 관광진흥법은 소정의 국외여행인솔자는 여행업자의 여행자에 대한 안전배려의무의 이행보조자로서 당해 여행의 구체적인 상황에 따라 여행자의 안전을 확보하기 위하여 적절한 조치를 강구할 주의의무를 규정한다(동법 제16조의 3).

그리하여 판례는 기획여행과 관련하여 계약상 부수의무로서 여행자의 생명·신체·재산 등의 안전을 확보하기 위하여, 여행목적지·여행일정·여행행정·여행서비스기관의 선택 등에 관하여 미리 충분히 조사·검토하여 전문업자로서의 합리적인 판단을 하고, 또한 그 계약 내용의 실시에 관하여 조우할지 모르는 위험을 미리 제거할 수단을 강구하거나 또는 여행자에게 그 뜻을 고지하여 여행자 스스로 그 위험을 수용할지 여부에 관하여 선택의 기회를 주는 등의 합리적 조치를 취할 신의칙상 주의의무를 부여한다.[198]

(ㄷ) 담보책임 : 여행주체자는 실행된 여행에 하자가 있는 때에는 여행자에 대하여 담보책임을 진다(제674조의 6).

(a) 여행자는 실행된 여행에 하자가 있는 때에는 여행주체자에 대하여 대금의 감액을 청구하거나 상당한 기간을 정하여 그 추완을 청구할 수 있다. 그러나 그 하자가 중요하지 아니한 것으로서 그 추완에 과다한 비용을 요하는 때에는 그러지 아니한다(동조 제1항).

(b) 여행자는 감액청구, 추완청구 외에 손해배상을 청구할 수 있다(동조 제2항). 따라서 실행된 여행의 하자가 중요하지 아니한 것으로서 그 추완에 과다한 비용을 요하는 때에는 손해배상청구권만을 가진다. 또한 여행자는 실행된 여행에 중대한 하자로 인하여 계약의 내용에 좇은 이행을 기대할 수 없는 때에는 계약을 해지할 수 있다(제674조의 7 제1항).

계약이 해지된 때에는 여행주체자는 대금청구권을 상실한다(제674조의 6 제2항 전단). 그러나 이미 실행된 여행이 여행자의 이익이 있는 범위에서는 그러하지 아니한다(동항 후단). 또한 여행주체자는 계약이 해지된 때에도 원래 계약이 귀환운송을 포함하는 때에는 여행자를 귀환 운송하여야 하고 그 귀환운송을 위한 비용

197) 이은영 546면.

198) 대판 1998.11.24, 98다25061 : 판례는 기획여행에 참여한 여행자가 여행지에서 놀이시설을 이용하다가 다른 여행자의 과실에 의한 행위로 인하여 상해를 입은 사안에서, 국외여행인솔자의 과실이 있다고 보아 여행업자 및 국외여행인솔자의 손해배상책임을 인정하였다.

은 여행주체자가 부담한다(동조 제3항).

(c) 담보책임으로서 감액청구, 추완청구, 계약해제권은 계약으로 정한 여행종료일로부터 3개월 내 행사하여야 한다(제674조의 8).

(d) 여행주체자의 담보책임 면책특약은 유효하나, 다만 이를 알고 고지하지 아니한 사항에 대하여는 그 담보책임을 면하지 못한다(제674조의 9).

(ㄹ) 계약해지권 : 여행주체자는 부득이한 사유가 있는 경우에는 계약을 해지할 수 있다. 이 경우 여행주체자는 자기의 과실로 인한 경우를 제외하고는 손해배상책임을 부담하지 않는다(제674조의 4).

(나) 여행자의 권리·의무

(ㄱ) 계약해지권 : 여행자는 여행개시 전에는 언제나 계약을 해지할 수 있다. 그러나 여행자는 상대방에게 발생한 손해를 배상하여야 한다(제674조의 3).

또한, 여행자는 부득이한 사유가 있는 경우에는 계약을 해지할 수 있다. 이 경우 여행자는 자기의 과실로 인한 경우를 제외하고는 손해배상책임을 부담하지 않는다(제674조의 4).

(ㄴ) 대금지급의무 : 여행자는 약정한 시기에 대금을 지급할 의무를 진다(제674조의 5 전단). 대금지급의 시기는 당사자의 약정에 의하나 약정이 없는 때에는 관습에 의하고 관습이 없는 때에는 여행의 종료 후 지체 없이 지급하여야 한다(동조 후단). 그러나 여행계약의 관행상 선급이 원칙이며, 특히 여행계약의 성립요건으로 일정 비용의 선급을 요구한다.

2. 仲介契約

(1) 仲介契約의 의의

(가) 중개계약(Marklervertrag)이란 당사자 일방이 상대방에 대하여 계약체결의 소개 또는 주산을 의뢰하고 상대방이 이를 승낙함으로 성립하는 계약을 말한다. 개정 민법(안) 제692조의 2는 "중개는 당사자 일방이 상대방에 대하여 계약체결의 소개 또는 주선을 의뢰하고 상대방이 이를 승낙함으로써 그 효력이 생긴다."라고 규정하여 중개계약을 신설하였다(이하 신설안을 중심으로 설명한다).

중개계약은 부동산중개업법과 관련하여 주로 부동산중개계약을 의미하나, 이에 국한하지 않고 혼인의 주선 등 일종의 정보제공계약을 의미한다.

(2) 仲介契約의 성질

(가) 중개계약은 도급유사의 계약이다. 중개계약은 중개인의 행위가 유상인 것으

로부터 위임과 구별하고, 중개인이 소정의 성과를 얻었을 때에만 보수를 청구할 수 있다는 점에서 고용계약과 구별된다.

또한, 중개인은 거래에 대해서 일정한 권한이 주어지고 있지만 원칙적으로 거래를 완성시키는 의무를 지지 않는 점에서 도급계약과 구별된다.

(나) 중개계약은 낙성계약이다. 개정 민법(안) 제692조의 2는 "중개는 당사자 일방이 상대방에 대하여 계약체결의 소개 또는 주산을 의뢰하고 상대방이 이를 승낙함으로써 그 효력이 생긴다."라고 하여 낙성계약을 규정한다.

다만 「공인중개사의 업무 및 부동산 거래신고에 관한 법률」(일부개정 2006.12.28 법률 제8120호)상 부동산중개에 대하여는 동법상 일정한 방식을 갖추어야 한다. 따라서 동법이 적용되는 부동산중개계약에서는 요식계약이 된다(동법 제26조 제1항).

또한, 중개계약은 무상을 원칙으로 한다. 따라서 중개계약은 당사자간에 보수의 지급을 약정한 경우에만 유상계약이 된다(제692조의 3 제1항 참조). 그러나 부동산중개업법상 중개계약은 유상으로 한다.

(다) 중개계약상 중개인은 원칙적으로 중개할 의무를 부담하거나, 거래의 성립을 보증하는 것은 아니다. 따라서 중개인이 중개할 의무를 부담하는 경우에는 중개고용계약이 되고, 거래의 성립을 보증하는 경우에는 중개도급계약이 된다.

또한, 중개의뢰인은 중개된 계약의 효력이 발생하기까지는 언제나 취소할 수 있다. 그러나 중계전속계약을 체결한 때에는 예외가 인정된다.

(3) 仲介契約의 성립

(가) 중개계약의 체결 중개계약의 청약은 중개의뢰인이 중개인에 대한 중개계약체결의 의사표시를 하고, 중개인이 이를 승낙함으로 성립한다.

(ㄱ) 중개계약의 당사자는 중개인과 중개의뢰인이다. 중개인이 되는 자는 특별한 제한이 없다. 그러나 부동산중개를 업으로 하는 자는 일정한 자격을 갖추어야 하고, 부동산중개업법에 의하여 등록한 자라야 하고(동법 제8조), 부동산중개업법상 부동산중개사는 중개법인을 설립할 수 있고, 중개법인은 중개계약의 당사자로 된다.

또한, 중개의뢰인은 계약의 성립을 중개인에게 의뢰하는 자를 말하고 특별한 제한이 없다.

(ㄴ) 중개계약의 請約은 중개의뢰인이 중개인에 대한 중개계약체결의 의사표시를 하고, 중개인이 이를 승낙함으로 성립한다. 그러나 부동산중개계약의 성립에는 일정한 방식을 갖추어야 한다.

「공인중개사의 업무 및 부동산 거래신고에 관한 법률」 제22조는 "중개의뢰인은 중개의뢰내용을 명확하게 하기 위하여 필요한 경우에는 중개업자에게 중개대상물의 위치 및 규모, 거래예정가격, 거래예정가격에 대하여 제32조의 규정에 의하여 정한 중개수수료, 그 밖에 중개업자와 중개의뢰인이 준수하여야 할 사항을 기재한 일반중개계약서의 작성을 요청할 수 있다."라고 하고, 제23조는 제1항은 "중개의뢰인은 중개대상물의 중개를 의뢰함에 있어서 특정한 중개업자를 정하여 그 중개업자에 한하여 당해 중개대상물을 중개하도록 하는 계약, 소위 전속중개계약을 체결할 수 있다."라고 한다. 또한 제26조 제1항은 "중개업자는 중개대상물에 관하여 중개가 완성된 때에는 대통령령이 정하는 바에 따라 거래계약서를 작성하여 거래당사자에게 교부하고 대통령령이 정하는 기간 동안 그 사본을 보존하여야 한다."라고 규정하여 요식행위성을 취한다.

(ㄷ) 중개계약에서의 보수의 지급은 그 요건이 아니다. 개정 민법(안) 제692조 제1항은 "중개에 관하여 보수의 지급을 약정한 경우에는, 중개인은 … 그 보수의 지급을 청구할 수 있다."라고 하여 무상계약을 원칙으로 한다. 그러나 「공인중개사의 업무 및 부동산 거래신고에 관한 법률」상 중개계약은 유상으로 한다(동법 제32조 참조).

(나) 부동산중개전속계약의 체결 부동산중개계약에서의 중개의뢰인은 중개대상물의 중개를 의뢰함에 있어서 특정한 중개업자를 정하여 그 중개업자에 한하여 당해 중개대상물을 중개하도록 하는 중개전속계약을 체결할 수 있다(동법 제23조 제1항).

중개업법상 중개업자가 부동산중개전속계약을 체결하고자 하는 때에는 건설교통부령이 정하는 표준계약서를 작성하여야 한다(동조 제2항).

(4) 仲介契約의 효력

(가) 중개인의 권리·의무

(ㄱ) 소개 및 주선할 권리 : 중개인은 중개의뢰인으로부터 의뢰받은 계약에 대하여 소개 및 주선할 수 있다. 그러나 중개전속계약 또는 특별한 약정이 있는 경우를 제외하고는 반드시 중개할 의무를 부담하는 것은 아니다.

(a) 仲介人의 선관주의의무 : 중개인은 중개의뢰인의 본지에 따라 선량한 관리자의 주의로써 의뢰인의 사무를 처리하여야 한다(제692조의 5에 의한 제681조 준용). 여기서 仲介의 본지란 중개수임계약의 목적에 적합하도록 사무를 처리하는 것을 말한다. 판례는 부동산중개업자와 중개의뢰인과의 법률관계는 민법상 위임관계와 같으므로 중개업자는 중개의뢰인의 본지에 따라 선량한 관리자의 주의로써 의뢰 받은

중개업무를 처리하여야 할 의무가 있는 것이라고 한다.[199]

(b) 중개대상물의 확인 · 설명의무 : 부동산중개업자가 중개의뢰를 받은 경우에는 당해 중개대상물의 상태 · 입지 · 권리관계, 법령의 규정에 의한 거래 또는 이용제한사항 기타 대통령령이 정하는 사항을 확인하여 이를 당해 중개대상물에 관한 권리를 취득하고자 하는 중개의뢰인에게 서면으로 제시하고 성실 · 정확하게 설명하여야 한다(동법 제25조 제1항). 이 경우 중개업자는 확인 또는 설명을 위하여 필요한 경우에는 중개대상물의 매도의뢰인, 임대의뢰인 등에게 당해 중개대상물의 상태에 관한 자료를 요구할 수 있다(동조 제2항).

또한, 중개업자는 중개가 완성되어 거래계약서를 작성하는 때에는 확인 · 설명사항을 서면으로 작성하여 거래당사자 쌍방에게 교부하고, 일정 기간동안 그 사본을 보관하여야 한다(동조 제3항).

(c) 복임권의 제한 : 중개인은 중개의뢰인의 승낙이나 부득이한 사유 없이 제3자로 하여금 자기에 갈음하여 위임사무를 처리하게 하지 못한다(제692조의 5에 의한 제682조 제1항 준용). 그러나 중개인이이 사무를 처리함에 있어서 이른바 이행보조자를 사용하는 것은 무방하다.

[부동산중개업자의 중개제한 행위]

부동산중개업법상 중개업자는 다음의 행위를 하여서는 아니 된다(동법 제33조).

① 중개대상물의 매매를 업으로 하는 행위
② 중개사무소 개설등록을 하지 아니하고 중개업을 영위하는 자인 사실을 알면서 그를 통하여 중개를 의뢰받거나 그에게 자기의 명의를 이용하게 하는 행위
③ 사례·증여 그 밖의 어떠한 명목으로도 법정수수료 또는 실비를 초과하여 금품을 받는 행위
④ 당해 중개대상물의 거래상의 중요사항에 관하여 거짓된 언행 그 밖의 방법으로 중개의뢰인의 판단을 그르치게 하는 행위
⑤ 관계 법령에서 양도·알선 등이 금지된 부동산의 분양·임대 등과 관련 있는 증서 등의 매매·교환 등을 중개하거나 그 매매를 업으로 하는 행위
⑥ 중개의뢰인과 직접 거래를 하거나 거래당사자 쌍방을 대리하는 행위
⑦ 탈세 등 관계 법령을 위반할 목적으로 소유권보존등기 또는 이전등기를 하지 아니한 부동산이나 관계 법령의 규정에 의하여 전매 등 권리의 변동이 제한된 부동산의 매매를 중개하는 등 부동산투기를 조장하는 행위

(ㄴ) 보고의무 : 중개인은 의뢰인의 청구가 있을 경우 중개사무의 처리상황을 보고하여야 하고, 또한 중개위임이 종료한 때에는 지체 없이 그 전말을 보고하여야 한다(제692조의 5에 의한 제683조 준용).

(ㄷ) 성실의무 및 비밀유지의무 : 부동산중개업상 중개업자는 전문직업인으로

---

199) 대판 1993.5.11, 92다55350.

서의 품위를 유지하고 신의와 성실로써 공정하게 중개행위를 하여야 할 의무를 부담한다(동법 제29조 제1항).

또한, 중개업자 등은 다른 법률에 특별한 규정이 있는 경우를 제외하고는 그 직무상 알게 된 비밀을 누설하여서는 아니 되는 의무를 부담한다(동조 제2항).

(ㄹ) 보수지급청구권 : 중개인은 중개계약을 체결함에 있어 보수지급을 약정한 때에는 그 보수의 지급을 청구할 수 있다(제692조의 3 참조).

(a) 보수의 지급은 소개 또는 주선에 의하여 계약이 성립한 때에만 청구할 수 있다(동조 후단). 동조는 소개 또는 주선에 의하여 계약이 성립한 때라고 규정하고 있으나 이것에 국한하지 않고 중개인이 소개 또는 주선하고 나아가 계약이 성사될 수 있도록 하는 일련의 행위를 요하는 것이라고 본다.

보수의 내용은 당사자의 약정에 의한다. 다만 부동산중개업에서의 중개업자는 중개업무에 관하여 중개의뢰인으로부터 소정의 수수료를 청구할 수 있다(동법 제32조 전단).

다만, 계약이 일단 성립하였으나 후일 취소 또는 해제된 경우 보수의 지급을 청구할 수 있는가. 민법상 명문규정이 없으나 부동산중개업법에서는 "중개업자의 고의 또는 과실로 인하여 중개의뢰인 간의 거래행위가 무효·취소 또는 해제된 경우에는 그러하지 아니한다."라고 하여 보수지급청구권을 규정한다(동법 제32조 후단).

(b) 중개인이 중개에 관하여 지출한 비용은 특별한 약정이 있는 경우에만 그 계약의 성립 여부를 불문하고 그 지급을 청구할 수 있다(제692조의 3 제2항). 그러나 부동산중개업자는 중개대상물의 권리관계 등 확인에 소요되는 실비를 청구할 수 있다(동법 제32조 제2항).

(c) 중개인이 계약에 위반하여 의뢰인의 상대방을 위하여 행위를 하거나 신의성실에 반하여 그 상대방과 보수를 약정한 경우 중개인은 의뢰인에 대하여 보수나 비용상환을 청구하지 못한다(제692조의 4 제2항).

(ㅁ) 이행금예치권고권 : 부동산중개업상 중개업자는 거래의 안전을 보장하기 위하여 필요하다고 인정하는 경우에는 거래계약의 이행이 완료될 때까지 계약금 또는 중도금을 중개업자 또는 제3자의 명의로 금융기관, 제35조의2의 규정에 의한 공제사업을 하는 자, 신탁업법에 의한 신탁회사 등에 예치하도록 거래당사자에게 권고할 수 있다(동법 제31조 제1항). 이때 중개의뢰인이 계약금 등을 예치한 경우 매도인·임대인 등 계약금 등을 수령할 수 있는 권리가 있는 자는 당해 계약을 해지한 때 계약금 등의 반환을 보장하는 내용의 금융기관 또는 보증보험회사가 발행하는 보증서를 계약금 등의 예치명의자에게 교부하고 계약금 등을 미리 수령할 수 있다(동조 제2항).

(ㅂ) 계약해지권 : 중개인은 중계계약을 언제든지 해지할 수 있다(제692조의 5에

의한 제689조 제1항 준용). 다만 부득이한 사유가 없이 중개의뢰인이 불리한 시기에 계약을 해지한 때에는 그 손해를 배상하여야 한다(제692조의 5에 의한 제689조 제2항 준용).

(ㅅ) 손해배상의무 : 중개인이 중개의 본지에 따라 위임사무를 처리하지 아니하여 의뢰인이 손해가 발생한 때에는 그 손해를 배상하여야 한다. 부동산중개업법 제30조 제1항은 "중개업자가 중개행위를 함에 있어서 고의 또는 과실로 인하여 거래당사자에게 재산상의 손해를 발생하게 한 때에는 그 손해를 배상할 책임이 있다."라고 하여 이를 규정한다.

(나) 중개의뢰인의 권리 · 의무

(ㄱ) 계약해지권 : 중개의뢰인은 중계계약을 언제든지 해지할 수 있다(제692조의 5에 의한 제689조 제1항 준용). 다만 부득이한 사유가 없이 중개인이 불리한 시기에 계약을 해지한 때에는 그 손해를 배상하여야 한다(제692조의 5에 의한 제689조 제2항 준용).

(ㄴ) 중개처리상황보고청구권 : 중개의뢰인은 중개위임이 종료한 때에는 지체없이 그 전말의 보고를 청구할 수 있다(제692조의 5에 의한 제683조 준용).

(ㄷ) 보수지급의무 : 중개의뢰인이 중개계약을 체결함에 있어 그 보수의 지급을 약정하고 또한 중개인의 소개 또는 주선에 의하여 계약이 성립한 때에는 그 보수를 지급하여야 한다(제692조의 3 참조). 따라서 중개의뢰인은 의뢰한 중개인의 소개 및 주선에 의하여 성립한 경우에만 보수를 지급할 의무를 진다. 보수지급시기에 대하여는 당사자의 약정에 의하나 약정이 없는 때에는 계약의 성립 후 지체 없이 지급하여야 한다. 따라서 보수지급은 후급이 원칙이다.

(a) 중개에 관하여 약정한 보수가 부당하게 과다한 경우에는 법원은 적당히 감액할 수 있다(제692조의 4 제1항).

(b) 중개인이 중개에 관하여 지출한 비용은 특별한 약정이 있는 경우에만 그 계약의 성립 여부를 불문하고 지급의무를 진다(제692조의 3 제2항).

또한, 부동산중개업자는 동법 제32조 제2항의 규정에 의한 중개대상물의 권리관계 등의 확인에 소요되는 실비를 지급하여야 한다.

(c) 중개인이 계약에 위반하여 의뢰인의 상대방을 위하여 행위를 하거나 신의성실에 반하여 그 상대방과 보수를 약정한 경우 의뢰인은 그 보수의 지급을 거절할 수 있다(제692조의 4 제2항).

(5) 仲介契約의 소멸

(가) 중개계약은 계약의 해지, 당사자의 사망, 파산 및 금치산선고로 소멸한다.

(ㄱ) 중개계약은 각 당사자가 언제든지 해지할 수 있다(제692조의 5에 의한 제689조 제1항 준용). 따라서 중개계약의 해지로 중개계약은 소멸한다.

(ㄴ) 중개계약은 당사자 일방의 사망으로 소멸한다. 따라서 중개계약은 피상속인의 사망으로 상속하지 않는다(제692조의 5에 의한 제690조 준용).

(ㄷ) 중개계약은 당사자 일방의 파산선고 또는 금치산선고로 종료한다(제692조의 5에 의한 제690조 준용).

(나) 중개계약 종료사유는 이를 상대방에게 통지하거나 상대방이 이를 안 때가 아니면 이로써 상대방에게 대항하지 못한다(제692조의 5에 의한 제692조 준용).

또한, 중개계약종료의 경우에 급박한 사정이 있는 때에는 중개의뢰인 그 상속인이나 법정대리인은 의뢰인 그 상속인이나 법정대리인이 중개사무를 처리할 수 있을 때까지 그 사무의 처리를 계속하여야 한다.

이때는 중개계약이 존속한 것과 동일한 것으로 본다(제692조의 5에 의한 제691조 준용).

제 4 장　法定債權關係

(1) 채권법상 채권의 발생
- ① 사무관리(제734조-제740조)
- ② 부당이득(제741조-제749조)
- ③ 불법행위(제750조-제766조)

(2) 채권법이외의 채권의 발생
- ① 부재자재산관리인(제22조 이하)·후견인(제941조 이하)·공동상속재산관리인(제1040조)·상속인없는 재산관리인(제1053조 이하)·유언집행자(제1093조 이하) 등의 보수청구
- ② 유실물습득에 의한 보상금청구(유실물법 제4조)
- ③ 부양의무자간의 채권(제974조 이하)

제 1 절　事務管理·不當利得

제 1. 事務管理

1. 事務管理의 의의와 성질

(1) 事務管理의 의의

(가) 사무관리(事務管理)란 법률상 의무 없이 타인을 위하여 사무를 관리하는 행위를 말한다(제734조 제1항).

타인의 사무를 관리하는 관계는 위임·고용 또는 친권 등 법률상 의무에 기초하여 행하는 경우가 보통이지만 법률상 의무 없이 행하는 경우가 없지 않다.

이와 같이 법률상 의무 없이 타인의 사무를 관리하는 행위는 법 밖의 문제로서 취급될 것이지만 민법은 이를 방치하지 않고 그 법률관계의 귀속을 정하고 있다. 그렇다면 관리자가 법률상 의무 없이 타인의 사무를 관리한 행위를 민법이 특별히 규정하여 그 효과의 귀속을 정한 이유는 무엇인가.

통설은 사회부조설을 취한다. 그리하여 원래 사무관리제도는 부재자의 이익을 위하여 인정된 제도이지만 오늘날은 널리 타인의 이익을 증진시키는 것이 사회연대·사회부조에 부합한다는 이념, 즉 본인의 이익을 보호하는 동시에 사회전체의 이익

을 보호한다는 데에서 그 의미를 찾는다.

(나) 사무관리는 위임·부당이득·불법행위와 구별된다. 사무관리는 법률의 규정에 의한 채권발생인 점에서 부당이득·불법행위와 동일하고, 委任이 계약에 의한 채권의 발생인 것과 구별된다.

또한, 사무관리는 적법행위로서 준법률행위인데 반하여, 부당이득이 사건으로서, 불법행위가 위법행위로서 채권의 발생인 점에서 각각 구별된다.

[위임·부당이득·불법행위의 비교]

	위 임	부당이득	불법행위
공통점	타인의 사무처리	법률의 규정에 의한 채권발생	
차이점	발생원인에서 위임은 계약에 의하나 사무관리는 법률의 규정에 의하여 발생한다.	부당이득은 객관적 요건의 충족으로 성립하나, 사무관리는 주관적 요건(관리의사)이 필요하다.	불법행위는 주관적 요건으로 행위자의 고의·과실과 객관적 요건으로 손해의 발생이 요구된다.
상호관계		사무관리가 성립하면 부당이득은 배척된다.	사무관리의 결과 손해가 발생하면 긴급피난이 아닌 한 불법행위가 성립한다.

(2) 事務管理의 법적 성질

(가) 준법률행위로서 사무관리 　사무관리는 당사자의 의사와 관계없이 일종의 법정채권관계를 발생하는 준법률행위이다. 즉 의무 없이 타인의 사무를 관리하는 사실이 있으면 곧 본인과 관리인간에 법정채권관계가 발생한다. 따라서 민법은 사무관리를 계약의 장에서 다루지 아니하고, 법정채권관계로 다루고 있다.

(나) 비법률행위로서 사무관리 　사무관리는 의사표시나 당사자의 합의를 요건으로 하는 것이 아니므로 계약도 법률행위도 아니다. 따라서 사무관리는 법률행위가 아니므로 의사표시 및 법률행위에 관한 민법규정이 적용되지 아니한다.

2. 事務管理의 유형

(1) 正當事務管理와 不當事務管理

(가) 사무관리는 본인의 이익 및 의사에의 합치 여부에 따라 정당사무관리와 부당사무관리로 나누어진다.

정당사무관리란 관리자가 의무 없이 타인의 사무처리를 개시하였고 그 사무의 개시가 본인의 이익 및 의사에 합치하는 경우를 말하고, 부당사무관리란 사무관리의 개시 및 처리방법이 본인의 이익 및 의사에 반한 경우를 말한다.

(나) 사무관리는 본래 정당사무관리를 전제로 하는 것이지만 부당사무관리인이라고 하더라도 그 사무관리행위가 공익에 적합하거나 후일 본인이 추인한 때에는 정당사무관리와 같이 다루어진다.

또한, 관리자가 본인의 생명·신체·명예·재산에 대한 급박한 위해를 면하기 위하여 관리행위를 개시한 긴급사무관리의 경우에는 그 관리행위가 본인의 이익·의사에 적합했는가의 여부에 관계없이 관리인의 고의·중과실이 없는 한 면책된다(제735조).

(2) 誤想事務管理와 無斷事務管理

사무의 타인성 인정 여부 또는 그 이익의 본인에의 귀속 여부에 따른 분류이다.

오상사무관리란 타인의 사무를 자기의 사무로 오신하여 처리한 경우를 말하고, 무단사무관리란 관리자가 타인의 사무임을 알면서 그것을 자기 또는 제3자의 것으로 하겠다는 의사로 처리하는 경우를 말한다.

여기서 오상 또는 무단사무관리가 사무관리로서 성립하는가. 사무관리제도의 본질론에 따라 달리한다.

사무관리제도의 본질을 사회부조정신에 바탕한 주관설에 의하면 어느 경우에도 사무관리는 성립하지 않고, 다만 무단사무관리의 경우 관리인에 사실상 귀속되게 되는 이득을 배척하기 위하여 사무관리를 준용할 것인가, 즉 준사무관리를 인정할 것인가 문제로 되지만, 본인의 사무로부터 생긴 이익을 본인에 귀속시킨다는 관계(귀속성설)로 보는 객관설에 의하면 양자 모두 사무관리가 성립한다.

사무관리제도를 사회부조정신(주관설)에서 파악하는 통설에 의하면 오상사무관리 또는 무단사무관리는 사무관리가 성립하지 않고, 다만 준사무관리문제로 처리되는 데 불과하다.

3. 事務管理의 성립

(1) 사무(事務)의 요건
- ① 타인의 사무
- ② 타인을 위한 의사(부조설의 입장)
- ③ 법률상 의무가 없을 것
- ④ 본인의 불리 또는 의사에 반함이 불명할 것

(2) 당사자(當事者) 요건
- ① 본인의 요건
  - 법인 + 자연인
  - 의사능력·행위능력을 요하지 않는다.
- ② 관리자 요건 — 의사능력은 요구되나 행위능력은 요하지 않는다.

⑴ 관리되는 事務의 요건

(가) 사무의 관리 사무관리의 대상으로서 사무는 타인의 사무이어야 한다.

여기서 사무(事務)란 법률이 채권관계의 발생을 인정할 만한 일을 의미하고, 일인 이상 그 성질이 법률행위든 사실행위든지를 불문하나 단순한 인용인 부작위나 위법행위는 제외된다.

또한, 사무의 관리란 일의 처리를 의미한다. 일의 처리인 이상 보존·개량행위는 물론 처분행위도 포함되며, 기존의 권리관계의 처리뿐만 아니라 새로운 권리관계를 취득시키는 행위도 포함된다. 따라서 사무관리의 대상으로서 사무의 관리란 그 사무의 목적에 따라 이를 실현시키는데 따르는 일체의 행위를 말한다.

(나) 타인사무의 관리 타인의 사무란 그 사무의 이익이 타인에게 귀속하는 것을 말한다. 따라서 자기의 사무를 타인의 것으로 오인할 경우에는 사무관리가 성립되지 않는다.

⑵ 管理行爲의 요건

(가) 타인을 위한 의사 사무관리가 성립하기 위한 관리자의 관리행위에 타인을 위하여 한다는 의사, 즉 이타적 의사가 있어야 하는가. 사무관리의 본질과 관련하여 견해가 대립 한다.

통설은 사회부조설을 취하며, 판례 또한 사무관리가 성립하기 위하여서는 우선 그 사무가 타인의 사무이고 타인을 위하여 사무를 처리하는 의사, 즉 관리의 사실상의 이익을 타인에게 귀속시키려는 의사가 있어야 함은 물론 나아가 그 사무의 처리가 본인에게 불리하거나 본인의 의사에 반한다는 것이 명백하지 아니할 것을 요한다.[1] 그 결과 관리자의 관리행위가 사무관리로 성립하기 위하여서는 타인을 위한 의사, 즉 이타적 의사로서 관리함을 요한다. 그러나 이때 관리자의 利他的 意思는 반드시 외부에 표명되어야 하는 것은 아니고, 대리의사와 같이 그 법률효과를 직접 본인에게 귀속시킬 의사까지를 요하는 것은 아니다.

또한, 他人을 위한 의사와 自己를 위한 의사, 즉 타인의 이익을 위함과 동시에 자기의 이익을 위하는 경우에도 사무관리가 성립하는가. 다수설은 타인의 이익을 위하는 한도에서 사무관리가 성립될 수 있는 것이라고 한다. 예컨대 공유자 전원이 부담할 비용을 그 중의 1인이 전부 부담한 때에는 다른 공유자의 부담부분에 대하여 사무관리가 성립된다. 또한 이때 타인은 반드시 처음부터 확정되어 있어야 하는 것이 아니다. 예컨대 甲을 위하여 한다는 것이 乙을 위한 것으로 된 때에는 乙에 대한

1) 대판 1997.10.10, 97다26326.

사무관리가 성립한다.

(나) 법률상 의무 없는 관리　사무관리는 법률 또는 계약상 관리의무 없는 자의 관리를 말한다. 그러나 의무 있는 자라도 그 의무의 범위를 넘은 부분에 관하여는 사무관리가 성립될 수 있다.

다만, 본인에 대하여는 의무가 없지만 제3자에 대하여 관리의무를 부담하고 있는 경우에도 사무관리가 성립하는가. 예컨대 乙이 甲의 위임을 받아 丙의 사무를 처리한 경우, 乙의 丙에 대한 사무관리가 성립하는가. 이때 乙의 행위는 수임인으로서 채무이행에 불과하므로 丙에 대한 사무관리가 되지 아니하나, 다만 부탁을 받지 아니한 보증인이 채무를 변제한 경우에는 주된 채무자에 대하여 사무관리가 성립한다. 또한 부담부분 없는 연대채무자가 변제한 경우도 동일하다.

(다) 본인에 불리 또는 의사에 반하지 않는 관리　관리행위가 본인에게 불이익하거나 본인의 의사에 반하는 것이 명백한 경우에는 사무관리가 성립하지 않는다(제737조 단서). 그러나 자살자가 구조를 거절하는 것과 같이 그 거부행위 자체가 공서양속에 반하는 경우에는 본인의 의사에 반하는 경우에도 사무관리가 성립한다.

(3) 本人 및 管理者의 能力要件

(가) 본인의 요건　사무관리가 성립하기 위한 본인은 자연인에 한하지 않고 법인이라도 무방하다. 또한 본인은 수익자의 위치에 있고, 사무관리에는 의사표시가 요건이 아니므로 본인에게 행위능력이나 의사능력을 요하지 아니한다.

(나) 관리인의 요건　사무관리에는 의사표시나 법률행위에 관한 통칙규정이 적용되지 않으므로 사무관리자로서 관리인은 관리의사를 결정할 의사능력만 갖추면 족하게 된다.

그렇다면 무능력자의 행위에 의하여도 사무관리가 성립되는가. 다수설은 사무관리에는 관리의사를 결정할 의사능력만 있으면 족하므로 관리행위에 행위능력자임을 요하지 않고, 다만 민법 제135조 제2항의 규정을 유추하여 무능력자는 관리자로서 특별책임을 지지 않고 단지 불법행위 또는 부당이득에 의한 책임만 질뿐이라고 한다. 그러나 민법은 관리자에게 상당히 무거운 의무와 책임을 가하고 있으므로 관리자에 행위능력을 요구하지 않고 적용하게 되면 무능력자보호를 위한 민법 정신에 어긋나게 될 뿐만 아니라, 더욱 사무관리는 위임관계에 서지 않는 관리자에게 위임에 비슷한 책임을 인정하려는 것이므로 위임에 있어서와 같이 관리자에게 행위능력이 요구되는 것으로 해석하여야 할 것이 요구된다.[2)]

---

2) 동지, 곽윤직 541면.

4. 事務管理의 효과

(1) 사무관리의 일반적 효과
- 위법성조각
  - 위법성조각 — 불법행위성립 배제
  - 관리방법의 부당(중과실) — 채무불이행의 특별책임
- 본인과 관리자간의 채권관계 발생(직접효과 불귀속)

(2) 사무관리의 당사자간 효과
- 관리자 의무
  - ① 관리계속의무
  - ② 관리개시통지의무
  - ③ 계산의무
- 본인의 의무 -- 비용상환의무, 손해배상의무

(1) 違法性의 阻却

사무처리행위가 사무관리의 요건을 구비하면 위법성이 조각된다. 그러나 관리의 방법을 잘못하여 본인에 손해를 준 때에는 관리행위 자체가 위법성을 가진다고 볼 수 없으나 관리자의 채무불이행이 있으므로 민법은 관리자의 무과실에 대한 별개의 특별한 책임을 규정한다(제734조 제3항).

(2) 管理人의 계산의무

(가) 사무관리에도 위임에 관한 수임인의 의무인 민법 제683조 내지 제685조의 규정이 준용된다(제738조). 따라서 관리인은 본인의 청구가 있는 때에는 언제든지 사무의 관리상황을 보고하여야 하고, 관리가 종료한 때에는 지체 없이 그 전말을 보고하여야 한다.

(나) 관리인은 사무관리로 인하여 받은 금전 기타 물건 및 수취한 과실은 본인에게 인도하여야 하며, 본인을 위하여 자기명의로 취득한 권리도 이전하여야 한다. 또한 관리자가 본인에게 인도할 금전 또는 본인의 이익을 위하여 사용할 금전을 자기를 위하여 소비한 때에는 소비한 날 이후의 이자를 지급하여야 하며, 그 외에 손해가 있으면 그 손해도 배상하여야 한다.

(3) 본인의 비용상환 및 손해전보의무

(가) 비용상환의무　본인은 관리자가 본인을 위하여 지출한 사무관리비용을 상환하여야 한다(제739조 제1항). 여기서 본인이 상환할 사무관리비용에는 필요비와 유익비를 포함하나, 그 상환의 범위에 관하여는 특칙을 두고 있다.

(ㄱ) 사무관리가 本人의 意思에 반하지 않는 경우 : 원래 사무관리로 인한 본인

의 이익은 부당이득이 되므로 부당이득의 법리에 따라 그 반환을 청구할 수 있을 것이지만 사무관리의 이타적 성질에 비추어 특히 관리가 본인의 의사에 반하지 아니하는 한 현존이익에 관계없이 그 비용 전액을 상환케 하고 있다(제739조 제1항).

관리자가 본인을 위하여 필요 또는 유익한 채무를 부담한 때에는 본인에게 자기에 갈음하여 그 채무를 변제하게 할 수 있고, 그 채무가 아직 변제기에 있지 아니한 때에는 상당한 담보의 제공을 청구할 수 있다(동조 제2항).

(ㄴ) 사무관리가 本人의 意思에 반한 경우 : 관리자의 관리행위가 본인의 의사에 반하는 때에는 본인은 현존이익의 한도 내에서 그 책임을 진다(제739조 제3항).

(나) 손해보상의무 관리자가 사무처리를 함에 있어서 과실 없이 손해를 받은 때에는 본인의 현존이익의 한도 내에서 그 손해의 보상을 청구할 수 있다.

5. 準事務管理

(1) 準事務管理의 의의와 유형

(가) 준사무관리의 의의 준사무관리(準事務管理)란 권리 없음을 알면서 타인의 사무를 자기를 위한 의사로써 관리한 경우, 예컨대 X의 소설을 Y회사가 무단으로 영화화하여 수억원의 이득을 취한 경우 X가 Y에 대하여 사무관리에 준하여 그 이익 전부의 반환을 청구할 수 있는가. 결국 본인에 그 이익 전부의 반환을 주장하기 위하여 사무관리이론을 준용토록 하는데 있다.

(나) 준사무관리의 유형

(ㄱ) 오상사무관리 : 타인의 사무를 자기의 사무라고 잘못 믿고서 하는 사무관리이며, 광의의 준사무관리에 속한다.

(ㄴ) 무단사무관리 : 타인의 사무임을 알면서 이를 자기의 사무라고 칭하여 행하는 사무관리로서 통상 준사무관리(협의의 준사무관리)라고 함은 이를 말한다.

(2) 민법상 準事務管理의 인정 여부

준사무관리의 인정 여부의 문제는 관리자의 특수한 재능과 기회로 얻은 본인의 관리능력 이상으로 생긴 이득을 누구에게 잔존시킬 것인가 문제, 즉 본인의 사무임을 강조하여 본인에 귀속시킬 것인가, 아니면 관리자의 특유한 재능과 기회를 강조하여 관리자에 잔존시킬 것인가.

독일민법 제687조 제2항에서는 「타인의 사무에 관하여 권한이 없음을 알면서 그것을 자기의 사무로서 관리하는 자가 있는 때에 본인은 사무관리의 규정에서 생기는 청구권을 주장할 수 있다」고 규정한다. 그러나 우리 민법은 이와 같은 준사무관리에 관한 규정을 두고 있지 아니하므로 그 인정 여부가 문제되나, 다수설은 본인의 사무임을 강조하여 본인에 귀속시킬 것이라고 한다. 그러면서도 그 이론적 근거에 관하여는 다시 견해가 대립한다.

개입권설은 준사무관리의 본질을 타인행위에 대한 본인의 개입권으로 보아, 타인의 사무를 악의로 자기를 위하여 관리하는 경우에는 본인이 그 관리를 자기를 위하여 하는 것으로 간주할 수 있다고 한다(상법상 경업금지의무위반 등에 대한 개입권을 규정한데 근거 : 상법 제172조). 그러나 제재설은 준사무관리의 본질을 제재로 보며, 타인의 배타적·독점적으로 보호되는 권리영역을 악의로 침해한 자에 대하여는 제재를 가하는 것이 마땅하므로 권리자는 자기가 입은 손해 여하를 불문하고 그 침해행위로 얻은 이익의 반환을 청구할 수 있는 것이라고 한다.

위 학설들은 종래 준사무관리긍정설이 위법한 간섭자의 책임이 적법한 사무관리자의 책임보다 가볍게 되는 결과를 피하기 위하여 비록 사무관리의 요건을 구비하지 못한 경우에도 사무관리의 규정을 유추 적용하여야 한다는 주장에 그칠 뿐이고, 준사무관리의 본질과 사무관리·부당이득·불법행위의 관계 내지 차이점을 명확히 하지는 못함으로써 문제를 부당이득 또는 불법행위이론의 테두리 내에서 해결하려는데 대한 반성이며, 다수설은 실정법적 근거에 보다 접근시켜 개입권설을 취한다.

(3) 準事務管理의 요건과 효과

(가) 준사무관리의 성립　준사무관리가 성립하기 위해서는 타인의 사무를 관리할 것, 자기를 위한 의사로써 관리할 것, 관리할 권리가 없으며 또한 이를 관리자가 알고 있을 것을 요한다. 그러나 사무관리의 요건 중 본인에게 불리하거나 본인의 의사에 반한다는 것이 명백하지 않을 것은 준사무관리의 성립에는 요하지 않는다.

(나) 준사무관리 성립의 효과　사무관리의 규정 중 의무에 관한 규정만을 떼어서 준사무관리에 유추 적용하여 관리자가 얻은 이득의 전부를 반환할 의무를 진다. 반대로 본인은 부당이득의 일반원칙에 의한 의무를 지는데 그친다.

준사무관리가 인정되는 경우에도 부당이득·불법행위의 성립을 배척하는 것은 아니며 양자는 선택적 관계에 있다.

제 2. 不當利得

1. 不當利得의 의의와 성질

(1) 不當利得의 의의

(가) 부당이득과 손실간의 조정 부당이득(不當利得)이란 원인 없이 타인의 재산 또는 노무로 인하여 이익을 얻고 이로 인하여 타인에게 손해를 가한 경우 그 이익을 손실자에게 반환하는 제도를 말한다(제741조). 예컨대 채무자가 채무를 이미 변제한 것을 알지 못하고 2중으로 변제하고 채권자가 이를 알지 못하고 수령한 경우가 이것이다.

부당이득제도는 로마법의 Condiction(부당이득반환청구소송권)에서 유래하고, 누구도 타인의 손실로 이득을 하여서는 아니 된다는 공평이론에 입각한다. 따라서 부당이득제도는 형식적 안전을 위하여 인정되는 재산적 가치의 이전에 따른 실질적 불공정을 상대적으로 조정함에 있다.

(나) 사건으로서 법률요건 부당이득은 이득자의 사실행위에 의하거나 사람의 행위에 관계없이, 또는 이득자와 손실자간의 법률행위에 의하여 발생하는 경우가 있다. 여기서 전자의 경우에는 이득자와 관계없이, 후자의 경우에도 그 법률행위 자체가 부당이득이 되는 것은 아니고 그 행위에 의하여 일방 당사자에게 법률상 원인 없는 이득이 생기게 되는데 있다. 따라서 부당이득은 자연적 사실인 사건(事件)으로서 법률요건이 된다.

(2) 다른 請求權과 관계

민법은 손실자가 정당한 원인 없이 이득을 취득한 자로부터 그 이득을 반환 받을 수 있는 수단으로서 부당이득제도 외에도 불법행위·사무관리 및 계약 또는 소유권·점유권에 의한 청구권을 확보한다.

여기서 만일 손실자에게 이러한 청구권이 인정되면 그것과 별개로 부당이득반환청구권도 인정되는가. 청구권경합문제로 되며, 구체적 경우에 따라 달리한다.

(ㄱ) 부당이득은 사무관리·불법행위와 청구권경합관계에 있다는데 이설이 없다. 그러나 계약관계로 인한 채무불이행책임과 부당이득은 그 계약관계가 존속하는 한 부당이득은 성립되지 아니하고, 계약관계가 소멸하면 채무불이행은 성립하지 않는다. 따라서 양자간에는 당초부터 경합관계는 발생하지 않는다.

(ㄴ) 부당이득은 물권적 청구권과 경합하는가. 물권행위의 유인성·무인성론에 따라 달리한다. 즉 원인행위인 채권행위가 무효·취소되는 경우 물권행위의 무인성

을 취하는 입장에서는 원칙적으로 물권적 청구권은 발생하지 않고 부당이득반환청구권만 존속하나, 다만 무효·취소원인이 채권행위와 물권행위에 공통하는 경우에는 부당이득반환청구권과 물권적 청구권이 발생하고, 또한 물권행위의 유인성과 유인·무인성에 무관한 경우에는 부당이득청구권과 물권적 청구권이 성립하게 되며, 양자 경합의 여지가 발생한다. 그러나 그 적용에서는 청구권경합이 사실상 배척된다.

2. 不當利得의 유형

(1) 不當利得의 분류

부당이득의 성립으로서 「타인의 손실에 기한 법률상 원인 없는 이득」이란 매우 다양하고 추상적이어서 이를 일률적으로 규율할 것인가. 또한 유형화할 것인가. 우리 민법은 전자에 관하여는 통일주의를 취하면서, 후자에 관하여는 학설이 점차 다원적 유형화를 취하여 설명하고 있다.

(2) 給付不當利得, 侵害不當利得, 支出不當利得

(가) 급부부당이득과 침해부당이득　이득자의 이득이 손실자의 급부행위로 인한 것인가의 여부에 따른 분류이다.

(ㄱ) 급부부당이득(給付不當利得)이란, 예컨대 손실자가 처음에는 법률행위에 바탕하여 정당히 급부한 것 이였지만 후일 그 급부의 기초가 되었던 법률행위가 무효 또는 취소됨으로써 이미 이행하였던 급부행위가 부당이득이 되는 경우를 말하고, 침해부당이득(侵害不當利得)이란 이득이 이득자의 행위, 예컨대 무권리자가 타인의 물건이나 재산권을 사용·수익·처분함에 의하여 얻은 이득을 말한다.

(ㄱ) 급부부당이득은 적법행위인 법률행위에 의함이 원칙이지만, 침해부당이득은 사실행위(타인 물건의 불법점거)에 의하든 법률행위(타인 물건의 제3자에의 매각)에 의하든 불문한다.

(나) 지출부당이득　급부부당이득과는 달리 손실자가 급부 이외의 목적으로 금전 등의 출연행위를 한 경우, 예컨대 타인 물건에 비용을 지출한 경우나 자기 물건을 부합시킨 경우 또는 자기의 노무로 가공한 경우, 그 물건의 소유자에 부당이득이 구성되는 경우이며, 민법은 각개의 경우 특칙(제203조·제325조·제617조·제626조·제701조)을 두고 있지만, 이러한 명문 규정이 없는 때에는 부당이득의 법리(제741조)에 의하여 반환된다.

3. 不當利得의 要件

(1) 타인의 財産 또는 勞務로 인한 이득

(가) 이득의 수취　부당이득이 구성되기 위해서는 먼저 이득자에 이익의 수취가 있어야 한다.

(ㄱ) 利得의 개념 : 부당이득이 성립하기 위한 利得의 개념을 어떻게 정할 것인가. 견해가 대립한다.

소수설은 이득을 급부부당이득과 침해부당이득으로 나누어 급부부당이득은 급부가 급부수령자 전체재산의 입장에서 어떤 의미를 가지는가를 불문하고 정할 것이라 하나,[3] 다수설은 이를 구별하지 않고 차액설(통일설)을 취한다.

판례는 획일적이지 못하여 이득은 실질적 이익을 의미하는 것이라는 전제에서 법률상 원인 없이 건물을 점유하였다고 하여도 이를 본래의 용도대로 점유·사용할 수 없었다면 본래 용도에 따른 실질적 이익을 얻은 것이라고 볼 수 없는 것이라고 하거나,[4] 건물소유를 목적으로 한 대지임대차에 있어서 약정임료와 실질임료 사이에 현격한 차이가 있는 경우에는 임대차계약이 종료한 후 반환할 부당이득금의 액수는 다시 산정된 부당이득 당시의 실제임료상당액이라고 하고,[5] 한편 부동산의 불법점거자에 대한 부당이득은 일률적으로 임료상당액이라고 한다.[6]

(ㄴ) 재산적 이익의 증가 : 부당이득으로서의 재산적 이익은 사실상 재산총액의 증가를 의미하며, 이익의 형태에 불문한다.

(a) 이득의 소극적·적극적 증가 : 재산의 취득·기존재산권 내용의 확장·채무소멸·재산권 이외의 재산적 이익의 취득(등기원인 없이 부동산물권등기의 취득) 등 적극적 증가와 자기의 재산으로 지출해야 할 비용을 어떤 사실로 지출하지 않게 된 경우 등 소극적 증가를 포함한다.

(b) 타인의 財産 또는 勞務로 인한 이익 : 타인의 재산을 원인으로 하여 이익을 얻는 것의 총칭이며, 타인의 기존재산뿐만 아니라 타인에 당연히 귀속해야 할 재산을 귀속시키지 않는 경우를 포함하며,[7] 수익의 방법에는 특별한 제한이 없다. 즉 수

---

3) 그리하여 단순한 기회의 제공이나 단순한 점유의 취득(예컨대, 원인행위의 무효·취소에 의한 재산의 당연 복귀설의 경우)에도 부당이득이 구성하고 또한 침해부당이득의 경우 이득은 침해자가 가지는 권리의 변형물 내지 유출물이라는 성질을 가지므로 배타적 이익의 내용이 타인에 돌아간 이상 타인이 그 이익을 이용하여 얼마만큼 수익을 얻었는가에 무관하게 이용에 대한 객관적 대가가 이득이라고 한다.

4) 대판 2001.2.9, 2000다61398; 1992.11.24, 92다25830·25847.

5) 대판 2001.6.1, 99다60535.

6) 대판 1998.5.8, 98다2389.

7) 대판 1981.1.13, 80다380; 판례는 민법 제741조 소정의 他人의 財産이라 함은 현실적으로 이미 타인

익자의 행위·손실자의 행위·제3자의 행위로 인한 것이든, 또한 자연적 사실에 의한 것이든 불문한다.

(나) 손실자에의 손실 부당이득에서 손실의 개념을 어떻게 정할 것인가. 소수설은 급부부당이득에 있어서는 급부가 급부자 전체 재산의 입장에서 어떤 의미를 가지는가를 불문하고 정할 것이라고 하고, 침해부당이득에서는 부당이득의 성립여부와 무관한 것이라고 한다. 그러나 다수설은 損失도 이득과 표리관계에 서는 것으로 보아 차액설을 취하며, 손실의 개념을 기존재산의 감소는 물론 당연히 증가되어야 할 재산의 증가가 저지되는 경우를 포함하는 것이라고 한다.

(다) 수익과 손실의 인과관계 부당이득이 성립하기 위하여 종래 통설은 손실과 수익 사이에 직접적인 인과관계가 있어야 한다고 하였으나, 오늘날 다수설은 수익과 손실과의 원인관계는 사회통념상 그 연결이 인정되면 족하고 직접적 인과관계의 성립을 요하지 않는다고 한다. 그러나 판례는 저작권 침해자로부터 그 침해사실을 알지 못하고 저작물작성권을 취득한 자에 부당이득이 구성하는가에 관하여, 침해한 사실을 알지 못하고 저작권을 취득한 자는 침해한 새로운 저작물 자체에 대한 제2차적 저작물작성권을 취득한 것이 되어 원저작자에 대한 관계에서 법률상 원인 없이 이득을 얻고, 이로 인하여 원저작자에 대한 손해를 가한 것이 된다고 볼 수 없는 것이라고 하여 손실과 수익간에 직접적인 인과관계를 요하고 있다.[8)]

⑵ 법률상 原因없는 利得

(가) 법률상 원인의 의미 부당이득으로서 「법률상 원인 없는 이득」의 의미를 어떻게 파악할 것인가. 즉 이득을 급부부당이득과 침해부당이득을 구별하여 파악할 것인가 아니면 구별하지 않고 통일적으로 파악할 것인가.

다수설·판례는 통일설에 바탕하여 그 기준을 정의·공평에 의하여 정할 것이라고 한다.[9)] 그러나 견해에 따라서는 정의와 공평이란 개념이 추상적일 뿐만 아니라, 법은 정의와 공평을 이상으로 하면서도 때로는 거래의 안전·법적 논리의 일관성 등을 이유로 정의와 공평에 맞지 않는 법률효과를 일단 발생시키기도 한다는 점에서 각종의 부당이득에 있어서 그 법률상 원인이 무엇인가는 따로 밝혀져야 할 것이라고 한다.

의 재산으로 귀속되어 있는 것만이 아니라 당연히 그 타인에 귀속되어야 할 재산도 포함하는 것이라고 한다.

8) 대판 1996.6.11, 95다49639.

9) 대판 2001.3.13, 99다26948.

[판례] 확정된 배당표에 의하여 배당을 실시하는 것은 실체법상 권리를 확정하는 것은 아니므로 배당을 받아야 할 채권자가 배당을 받지 못하고 배당을 받지 못할 자가 배당을 받은 경우에는 배당을 받지 못한 채권자로서는 배당에 관하여 이의를 한 여부에 관계없이 배당을 받지 못할 자이면서도 배당을 받았던 자를 상대로 부당이득반환청구권을 갖는다고 할 것이고 배당을 받지 못한 채권자가 일반채권자라고 하여 달리 볼 것은 아니라 하여 일응 수익자에게 귀속하게 되는 이익을 손실자에 대한 관계에서도 그대로 보유하게 되는 것이 공평이나 정의의 이상에 반함을 의미하는 것이다(대판 2001.3.13, 99다26948).

(나) 법률상 원인 없는 이득의 태양

(ㄱ) 이득자의 事實行爲에 의한 경우 : 부당이득이 손실자의 의사와 관계없이 오로지 이득자의 사실행위에 의하여 취득되는 경우(예컨대, 물건의 절도·부당사용 등)이며 특별한 제한 없이 이득의 수취 자체로서 부당이득이 구성된다.

(ㄴ) 손실자의 給付行爲에 의한 경우 : 당초 이득자와 손실자간에 일정한 법률관계가 있어 이것을 바탕으로 손실자가 급부행위를 하였으나 후일 그 원인된 법률관계가 무효 또는 취소(예컨대, 무능력·착오·사기·강박 등)되므로 부당이득이 되는 경우를 말하며, 그 급부행위의 유인·무인성에 따라 달리한다.

예컨대, 그 급부행위가 무인행위인 경우에는 수익자에게 이득이 잔존하므로 부당이득반환청구권이 생기나, 급부행위가 유인행위인 경우에도 부당이득이 성립되는가. 급부행위가 유인행위인 경우에는 수익자에 이득이 잔존하지 아니하므로 소유권에 기한 반환청구권은 생기지만 부당이득반환청구권이 생길 여지가 없게 된다. 그러나 이 경우에도 다수설은 수익자에 본권의 취득은 없지만 수익자가 목적물을 점유 또는 등기를 이전 받고 있는 때에는 그 점유 또는 등기에 수익자에 유리한 지위가 주어지므로 이득이 잔존한다고 보아 부당이득반환청구권을 인정한다.

(ㄷ) 경매절차의 경우 : 경매신청채권자의 착오로 실제보다 감축된 채권액을 기재한 채권계산서에 의하여 배당표가 작성·확정되고 이에 따라 후순위권리자가 받은 배당금 또는 저당권자가 물상대위권을 행사하여 우선변제를 받기 위한 권리실행의 방법과 그 권리를 행사하지 아니하여 다른 채권자가 수령한 보상금 또는 변제공탁금은 부당이득을 구성하는가. 판례는 부정한다.[10]

10) 대판 2002.10.8, 2002다33137 ; 2002.10.8, 2001다3044.

4. 不當利得의 효과

(1) 이득자(利得者)의 반환의무
- ① 반환의 대상
  - 원 칙 — 원물 반환
  - 예 외 — 가액 반환
- ② 반환의 한도 — 수익자의 이득을 한도로 한 손실자의 손실액
- ③ 반환의 범위
  - 선의의 수익자 — 현존이익
  - 악의의 수익자 — 받은 이익 + 증가액 + 손해
  - 전득자의 반환의무 — 과실수취의 경우

(2) 반환의무자(返還義務者)의 목적물상 비용상환청구권

(1) 利得返還義務

(가) 이득반환의 대상 부당이득의 수익자는 이득을 반환할 의무를 진다.

(ㄱ) 이득자가 부당이득법에 의하여 반환하여야 할 이득의 개념에 관하여 견해가 대립한다. 재산차액설은 수익자가 법률상 원인 없는 이득을 취함에 의해 생긴 재산의 증가가 반환되어야 할 이득이라고 하고, 취득이익설은 취득이익 자체 또는 가액이라고 한다.

통설·판례는 차액설을 취한다. 그러나 다수설은 차액설을 취할 경우 특히 반환범위에 관한 중복기준설에 따라 이익이 손실보다 작은 경우 부당이득의 반환범위가 이익에의 범위 내로 한정되게 되어 손실자에 가혹한 결과를 가져온다는 점을 들어 취득이익설을 주장한다.

[판례] 일반적으로 수익자가 법률상 원인 없이 이득한 재산을 처분함으로 인하여 원물반환이 불가능한 경우에 있어서 반환하여야 할 가액은 특별한 사정이 없는 한 그 처분 당시의 대가이나, 이 경우에 수익자가 그 법률상 원인 없는 이득을 얻기 위하여 지출한 비용은 수익자가 반환하여야 할 이득의 범위에서 공제되어야 하고, 수익자가 자신의 노력 등으로 부당이득한 재산을 이용하여 남긴 이른바 운용이익도 그것이 사회통념상 수익자의 행위가 개입되지 아니하였더라도 부당이득된 재산으로부터 손실자가 당연히 취득하였으리라고 생각되는 범위 내의 것이 아닌 한 수익자가 반환하여야 할 이득의 범위에서 공제되어야 하는 것이다(대판 1995.5.12, 94다25551).

(ㄴ) 반환의 대상물은 원칙적으로 얻은 이익, 즉 원물이다. 그러나 수익자가 얻은 물건을 소비하거나 또는 노무에 의하여 수익한 경우에는 그 가액을 반환하여야 한다(제747조 제1항). 이때 수익자가 그 이익을 반환할 수 없는 경우에는 수익자로부터 무상으로 그 이익의 목적물을 양수한 악의의 제3자는 그 원물 또는 가액을 반환하여야 한다(제747조 제2항).

다만, 수익자가 대체물을 받았으나 그 물건이 멸실한 경우 문제된다. 학설은 가격을 반환하여야 한다는 설과 원물반환의 원칙에 따라 동종의 다른 물건을 반환해야 한다는 설이 대립되나, 가격반환설이 타당하다.

(나) 반환의무의 한도　부당이득의 반환범위는 이득자의 이득을 한도로 한 손실자의 손해액이다. 따라서 이득자가 손실 이상의 이득을 얻은 경우나 또한 손실자에게 이익을 초과하는 손해가 발생하고 있어도 그 초과이익에 대하여는 그 반환을 청구하지 못한다.

(2) 利得返還義務의 범위

(가) 선의수익자와 현존이익의 반환　선의인 수익자의 반환범위는 현존이익을 그 한도로 한다(제748조 제1항).

여기서 선의(善意)란 법률상 원인 없는 이득임을 알지 못함을 말하며, 그 알지 못한데 대한 과실의 유무를 불문한다. 그러나 비록 수익 당시에는 선의였더라도 그 후에 법률상 원인 없음을 안 때에는 그 때부터 악의의 수익자로 되고(제749조 제1항), 부당이득반환청구소송에서 패소한 때에는 그 소를 제기한 때에 소급하여 악의의 수익자로 된다(동조 제2항).

또한, 현존이익(現存利益)이란 당초에 취득한 이익(원물)의 현존물 또는 그 원물을 처분하거나 멸실한 경우이면 그로 인하여 변형된 모든 대가와 대상물을 말하며, 원물이 현존하는 경우와 현존하지 않는 경우를 달리한다.

(ㄱ) 원물이 현존하는 경우 : 원물이 현존하는 경우에는 그 원물을 반환함이 원칙이다. 다만 원물로부터 수취된 과실반환이 문제되나 선의점유자의 과실수취권을 인정한 민법 제201조 제1항은 일반적 부당이득의 반환범위를 규정한 민법 제748조에 대한 특별규정으로 해석한다. 따라서 부당이득물로부터 과실을 수취한 선의의 수익자는 선의의 점유자로서 그 수취한 원물에서 과실이 생기고, 그 과실이 현존하는 경우라도 반환의무는 없다.

수익자가 그 목적물의 보존을 위하여 지출한 통상의 필요비가 있었더라도 과실을 취득한 경우에는 그 상환을 청구하지 못하고(제203조 제1항), 목적물의 개량을 위한 유익비를 지출한 때에는 그로 인한 가액의 증가가 현존하는 경우에 한하여 반환청구권자의 선택에 따라 그 지출액 또는 증가액을 반환 받게 된다(제203조 제2항),

(ㄴ) 원물이 현존하지 않는 경우 : 원물이 처분 또는 멸실된 경우에는 그로 인하여 생긴 대가 또는 손해배상금이 현존하는 한 그 범위에서 반환의무를 진다. 이때, 특히 원물의 멸실 또는 처분에 의한 이득의 감소가 수익자의 과실에 의한 경우

에도 현존이익을 반환함으로 족하다.

현존이익의 존재 여부의 판단시기에 관하여 부당이득의 반환청구를 받은 때로 보는 견해와 민법 제197조 제2항(악의의 점유) 및 제749조 제2항(수익자의 악의 인정)에 근거하여 반환청구의 소를 제기한 때로 보는 견해가 대립한다. 그러나 부당이득의 반환청구는 재판 외에서도 할 수 있고 그 반환청구를 받은 후부터는 악의의 수익자라고 하더라도 소송에서 패소하지 않는 한 선의의 수익자로 간주되므로 부당이득의 반환을 청구 받은 때로 본다.

또한, 민법은 수익자에 이익이 현존하는 것으로 추정하므로 그 멸실 등에 대한 입증책임은 수익자에 있다.

> [판례] 법률상 원인 없이 타인의 재산 또는 노무로 인하여 이익을 얻고 그로 인하여 타인에게 손해를 가한 경우, 그 취득한 것이 금전상 이득인 때에는 그 금전은 이를 취득한 자가 소비하였는가 여부를 불문하고 현존하는 것으로 추정된다(대판 1996.12.10, 96다32881).

(나) 악의수익자와 손해의 전보　수익자가 그 이득이 법률상 원인 없음을 안 경우에는 그 받은 이익에 이자를 붙여 반환하여야 하고, 손해가 있으면 이를 배상하여야 한다(제748조 제2항). 악의의 입증책임은 부당이득반환청구권자에게 있고, 이익의 이자는 법정이율에 의한다.

(ㄱ) 원물반환의 경우 : 선의의 수익자인 경우와 같이 제201조(점유자와 과실) 내지 제203조(점유자의 상환청구권)의 규정에 따라 결정된다.

원물의 멸실·훼손에는 제202조(점유자의 회복자에 대한 책임)의 책임을 진다. 즉 멸실·훼손이 그에게 책임 있는 사유로 인한 때에만 손해의 전부를 배상할 책임이 있다.

원물의 과실은 제201조에 의하여 현존하는 과실을 반환하여야 함은 물론이고, 이미 소비하였거나 과실로 인하여 훼손 또는 수취하지 못한 경우에도 그 과실의 대가를 보상하여야 한다. 이때 수익자가 원물에 관하여 비용을 지출하였을 때에는 제203조에 의하여 그 상환을 청구할 수 있다.

(ㄴ) 가액반환의 경우 : 원물이 아닌 그 가액을 반환할 때에는 민법 제748조 제2항(악의수익자의 반환범위)에 의하여 그 범위가 결정된다.

반환할 가액은 수익 당시를 표준으로 정하고, 그 이익의 현존 여부는 이를 묻지 않고 언제나 그 가액에 이자를 붙여 반환하여야 한다. 그러나 원물을 이용하여 얻은 이득은 이를 과실로 반환하면 된다. 또한 악의의 수익자는 이익의 전액과 이자를 반환하여도 손실자에게 아직 손해가 잔존한 때에는 이를 배상하여야 한다. 따라서 악의수익자의 반환범위는 민법 제202조 제2항이 제748조 제2항의 특칙이라거나 우선 적용되는 것은 아니다.[11]

또한, 수익자가 받은 이익이 상대방이 받은 손해보다 큰 경우 그 반환의무는 손해를 한도로 한다고 해석한다.

(다) 전득자의 반환의무 수익자가 그 이익을 반환할 수 없는 경우에 수익자로부터 무상으로 그 이익의 목적물을 양수한 악의의 전득자가 있는 경우에는 그 목적물을 반환하여야 하고, 만약 그 원물의 반환이 불능한 경우에는 그 가액을 반환하여야 한다(제747조 제2항).

(3) 반환되는 利益의 範圍와 다른 제도의 관계

(가) 부당이득으로 반환되는 범위 부당이득제도는 이득자의 이익반환과 손실자의 손해배상이라는 양면의 법리가 함께 조화되어야 한다는 점에 있다. 그리하여 수익자의 이익이 손실자의 손해보다 적은 경우에는 이득자가 실제로 수취한 이익을 반환하여야 하는 점에서 손해배상과 차이를 가지며, 수익자의 이익이 손실자의 손해보다 큰 때에는 실제손해를 반환하여야 하는 점에서 수취인의 취득물인도 및 이전의무와 차이를 가진다.

또한, 손실자의 손해산정도 그 손실자의 그 목적물을 이용할 의사의 유무, 그 능력이나 기회의 유무를 불문하고 사회통념상 그 이익이 손실자에게 당연히 귀속되어야 할 것으로 생각되는 통상 범위의 손해, 즉 객관적 이용가치를 기준으로 한다.

이와 같이 부당이득법이 수익자의 이익이 손실자의 손해보다 큰 경우에 손실자의 손해를 한도로 하고 그 이유로서 만약 손해보다 많은 이익을 모두 반환케 한다면 손실자가 우연히 개입된 수익자의 특유한 재능으로 인한 이득을 부당이득 하게 되는 때문이라고 한다. 그러나 이와 같이 부당이득법이 수익자의 특유한 재능에 의한 이득까지 반환케 하면 손실자에게 부당이득이 생긴다고 한다면 손실자의 손해의 산정도 손실자의 의사와 재능을 기준으로 삼아야 할 것인데도 불구하고, 그 목적물의 객관적 가치를 기준으로 하는 점에서 문제점이 있게 된다. 그러나 부당이득제도는 본래 재산적 가치이동의 형평을 실현하는데 있고, 그 형평의 관념은 특별한 사정이 없는 한 사회통념을 기준으로 하는 것이기 때문에 이득반환의 범위를 정하는데 있어서도 사회통념상 목적물의 가치를 기준으로 삼아야 하고 수익자의 특유한 재능에 의한 이득은 반환이익의 범위에 포함되지 아니하는 동시에 또한 손실자의 의사나 재능의 우열도 문제 삼지 아니한다.

(나) 사무관리 · 불법행위와의 관계 부당이득에 관한 반환이익의 범위를 실질적 利得 또는 損失의 범위로 이해할 때에 적법행위인 사무관리자의 취득물인도 및 이

11) 대판 2003.11.14, 2001다61869.

전의무(제738조에 의한 제684조 준용)의 불균형이 문제된다. 즉 사무관리자는 본인의 사무를 관리하면서 받은 금전 기타 물건 및 그 수취한 과실을 모두 본인에게 인도할 의무를 지고 또한 사무관리자가 본인을 위하여 자기명의로 취득한 권리를 본인에게 이전하여야 한다. 따라서 사무관리자는 적법행위를 한 자임에도 불구하고 법률상 원인 없이 타인의 재산 또는 노무로 인하여 이익을 취득한 부당이득자보다 그 반환범위가 넓다는 모순이 생긴다. 더구나 타인의 사무인 줄 알면서 권한 없이 자기 이익을 위하여 그 사무를 처리한다거나, 본인의 의사에 반하는 줄 알면서 또는 본인에게 불리함이 명백한데도 불구하고 타인의 사무를 관리하는 경우에는 부당이득 또는 불법행위가 될 것이지만, 경우에 따라서는 그로 인한 악의인 수익자의 반환의무 또는 불법행위자로서 손해배상의무가 사무관리자의 취득물인도 및 이전의무보다 가벼울 수가 있게 된다. 예컨대 타인의 출판물이나 저작권을 사용하여 또는 타인의 특허권을 이용하여 자기의 특유한 재능으로 예상 밖의 이익을 얻게 되며, 이 경우 그 부당이득자 또는 불법행위자는 악의인 수익자로서 이득의 반환 또는 불법행위로 인한 손해배상을 하고도 막대한 잔여이익을 취득할 수 있는데 반하여, 타인의 이익을 위한 사무관리자인 경우에는 그 모든 취득이익을 본인에게 인도하여야 한다는 것으로 된다. 따라서 학자들은 이 경우를 준사무관리로 인정하여 사무관리자와 같은 무거운 의무를 지워야 한다고 주장한다. 그러나 일반적 견해는 부당이득에서 반환하여야 할 이익의 범위를 수익자의 이익이 손실자의 손해보다 큰 경우에 그 손해를 한도로 반환케 하는 법리를 만약 사무관리에서와 같이 적용하면 사무관리자의 특유한 재능에 의한 취득이익을 반환하여 본인에게 부당이득을 낳게 되므로 이를 인도할 의무가 없는 것이라고 한다. 따라서 별개로 사무관리제도의 취지와 상반되는 준사무관리제도도 필요 없게 될 뿐만 아니라, 부당이득자의 책임 또는 불법행위자의 책임과도 불균형의 문제가 생기지 아니한다고 해석하기도 한다.

5. 不當利得의 특칙으로서 비채변제

(1) 협의의 비채변제 — 채무없는 변제 — 제742조 · 제744조 · 제746조에 의한 제한
(2) 광의의 비채변제 ┌ 타인채무의 변제 — 제745조 제1항에 의한 제한
                    └ 변제기전의 변제 — 제743조에 의한 제한

┌ 제742조(채무없음을 알면서 한 변제) ┐
│ 제744조(도의관념에 적합한 변제)   ├ 비채변제이나 반환청구제한
└ 제746조(불법원인급여) ─────────────┘

⑴ 非債辨濟의 의의

광의의 비채변제는 채무가 없음에도 불구하고 변제목적으로 급부하는 것을 말한다. 이러한 비채변제는 법률상 원인이 없으므로 변제자는 부당이득으로서 그 반환을 청구할 수 있게 된다(제741조). 그러나 민법은 3개의 특칙을 두어 그 반환을 제한하고 있다. 즉 협의의 비채변제, 기한 전의 변제 및 타인채무의 변제가 그것이다.

⑵ 협의의 非債辨濟

(가) 협의의 비채변제의 의의·요건 채무가 없음에도 불구하고 변제하여 부당이득이 성립하는 것을 특히 협의의 비채변제라고 한다. 협의의 비채변제로서 그 반환을 청구하기 위해서는 다음의 요건을 갖추어야 한다.

(ㄱ) 채무가 존재하지 않을 것 : 변제당시에 채무가 존재하지 아니 함을 말한다. 따라서 채권의 발생원인인 법률행위의 무효·취소 등으로 처음부터 채권이 존재하지 않던, 일단 성립한 채권이 후일 변제·면제 기타 사유로 소멸한 것이든 불문한다.

(ㄴ) 변제자가 변제당시 채무의 부존재를 알지 못하였을 것 : 변제자가 채무 없음을 알면서 변제한 때에는 반환을 청구하지 못한다(제742조). 그러나 채무 없음을 알면서도 변제를 한 경우에 변제자가 채무는 없지만 일단 변제한다고 유보하였거나 그 외 변제를 합리화할 어떤 사정이 있는 때에는 부당이득의 반환이 인정된다. 또한 채무 없음을 알지 못한 것이 과실에 기하든,[12] 사실의 오인·법률의 오해이든을 묻지 아니하고 그 여부 판단은 급부자를 기준으로 정할 것이다.[13]

[판례] 원고가 소외인의 피고에 대한 채무에 관하여 변제할 정당한 이익이 있는 자로서 그 변제조로 지급한 금원 중 일부에 해당하는 채무가 존재하지 아니하여 대위변제가 성립하지 아니하는 경우에는 피고는 원고에 대하여 위 금액에 관하여 부당이득을 한 것이 되고, 부당이득의 성립여부는 원고와 피고 사이의 문제이므로 반환청구를 할 수 없는 악의의 비채변제에 해당하는가는 원고를 기준으로 채무가 없음을 알고 변제하였는지 여부를 판단하여야 한다(대판 1990.6.8, 89다카20481).

(ㄷ) 변제가 도의관념에 적합한 것이 아닐 것 : 변제자의 변제가 도의관념에 적합한 것인 때에는 그 반환을 청구하지 못한다(제744조). 예컨대 채무 없는 자가 착오로 변제한 경우, 법률상 부양의무 없는 자가 착오로 친족인 고아를 부양한 경우 또는 시효가 완성된 줄 모르고 채무를 변제한 경우 등은 비채변제이지만 제744조에 의하여 그 반환을 청구하지 못한다.

---

12) 대판 1998.11.13, 97다58453; 판례는 민법 제742조 소정의 비채변제에 관한 규정은 변제자가 채무 없음을 알면서도 변제를 한 경우에 적용되는 것이고, 채무 없음을 알지 못한 경우에는 그 과실 유무를 불문하고 적용되지 아니하는 것이라고 한다.

13) 대판 1990.6.8, 89다카20481.

(나) 협의의 비채변제의 효과　비채변제를 이유로 부당이득의 반환을 청구하는 자는 변제수령자에 대하여 급부한 사실 외에 채무가 없다는 사실도 입증하여야 한다. 그러나 채무 없음을 알지 못한 것은 변제자 측에서 입증할 필요는 없고, 변제수령자가 변제자가 그것을 알고 있었음을 입증하여 반환의무를 면할 수 있을 뿐이다.

(3) 辨濟期前의 변제

(가) 변제기 전의 변제의 의의 · 요건　변제기 전에 채무자가 그 채무를 변제하는 것은 법률상 원인 있는 변제일 뿐만 아니라, 채무는 변제로 소멸하므로 채권자에게 급부 그 자체로 인하여 이득이 있다고는 할 수 없으므로 급부한 것 자체에 대하여는 그 반환을 청구할 수 없음은 당연하다. 그러나 채무자가 착오로 변제기 전에 변제를 하고 채권자가 급부 받은 것을 변제기까지 이용함으로써 사실상 이익을 얻은 때에는 법률상 원인 없는 이득이 되므로 일종의 비채변제로 다루어지며, 변제기 전의 변제가 비채변제로 되기 위하여서는 채무자가 착오로 인하여 변제기 전에 변제를 하고 채권자가 이로 인한 사실상 이득을 얻었어야 한다.

(나) 변제기 전의 변제의 효과　채무자가 착오로 인하여 변제기 전에 변제를 한 때에는 변제자는 그 반환을 청구할 수 있으나, 다만 급부한 것 자체의 반환을 청구하지 못하고, 변제기 전의 변제로 인하여 얻은 이익의 반환을 청구할 수 있게 된다(제743조).

(4) 他人債務의 변제

(가) 타인채무변제의 유형　채무자 아닌 자가 타인의 채무라는 것을 알면서 변제하는 경우, 그것은 이른바 제3자의 변제가 되고, 원칙적으로 유효하다(제469조). 따라서 채무자와 변제자 사이에는 사무관리 또는 부당이득의 문제가 남을 뿐이다. 그러나 타인의 채무를 자기채무라고 오신하여 변제한 경우에는 변제자의 변제는 무효이므로 이 경우 변제자는 채권자의 선의 · 악의를 묻지 않고 반환을 청구할 수 있다.

(나) 타인채무변제로서 비채변제의 성립　타인채무의 변제로 유효한 변제가 성립하기 위해서는 다음의 요건을 갖추어야 한다.

(ㄱ) 채권자가 유효한 변제를 받았다고 오신할 것이어야 한다. 그러나 채권자 측에서는 변제자를 진정한 채무자로 오신하든 그 변제가 제3자의 변제라고 오신하든 묻지 않는다.

(ㄴ) 오신한 결과 채권자가 증서를 훼손하거나, 담보의 포기 또는 시효로 인하여 그 채권을 잃을 것이어야 한다. 여기서 '증서의 훼손'이란 물리적으로 증서를 파훼하는 경우뿐만 아니라, 채무자 또는 변제자에게 반환하는 경우와 같이 채권자가 자유

로 이를 입증방법으로써 이용할 수 없게 된 모든 경우를 포함한다.

(다) 타인채무변제의 효과　타인채무변제로서 비채변제가 성립한 경우의 효과는 변제자와 채권자 · 채무자간의 관계에서 처리된다.

(ㄱ) 변제자와 채권자의 관계 : 타인채무의 변제에도 변제자는 채권자에 대하여 부당이득을 이유로 급부한 것의 반환을 청구하지 못한다. 즉 선의의 채권자를 보호하기 위하여 유효한 변제로 다루어진다.

(ㄴ) 변제자와 채무자의 관계 : 타인채무의 변제가 유효한 변제로서 변제자가 채권자에 대한 반환청구권을 잃게 되면 그 진정한 채무자는 채무를 면하게 되며, 이로써 채무자는 변제자의 손실로 부당하게 이익을 얻게 된다. 따라서 변제자는 채무자에 대하여 구상권을 행사할 수 있고(제754조 제2항), 이때 구상권의 성질은 부당이득반환청구권이 된다.

6. 不法原因給與와 不當利得

(1) 不法原因給與의 의의와 입법취지

(가) 불법원인급여란 불법한 원인에 기하여 행하여진 급부를 말하며, 불법목적의 법률행위는 무효이므로(제103조 참조) 이행된 급부행위는 원인을 결하게 되어 일단 부당이득이 성립한다. 그러나 민법은 그 반환청구에 관하여는 그 급부의 원인이 불법임을 이유로 특별히 제한하고 있다.

불법원인급여제도는 로마법의 불법원인에 의한 또는 부도덕한 원인에 의한 이득반환청구소송권에서 유래하는 것으로 독일민법은 불법원인에 의한 부당이득으로써 제817조에 통합하였으며, 영국에서는 clean hands의 원칙에서 같은 사상으로 표현되고 있다. 우리 민법은 독일민법을 본받아 이를 규정한다.

(나) 급부의 원인이 반사회질서행위로서 무효인 경우 이미 그 이행된 급부를 비채변제로 다루어 그 반환청구를 인정한다면, 그것은 행위자가 스스로 법률의 이상에 반하는 행위를 하고 그 행위가 무효임을 이유로 다시 법률상 보호를 받으려는 부당한 결과가 된다. 여기서 민법은 사회적 타당성이 없는 행위를 한 자에 그 실현을 거절하고, 다른 한편으로는 그 행위의 결과를 복구하려는 자에 대하여도 협력을 거절하려고 한다. 전자가 민법 제103조의 취지이고, 후자가 제746조의 취지이다.

(2) 民法 제746조 본문적용의 요건

(가) 급부원인이 불법한 것일 것

(ㄱ) 原因의 不法 : 재산을 급여 또는 노무의 제공이 민법 제746조의 불법원인

의 급여로 되기 위해서는 그 급여원인이 불법인 것이어야 한다.

(a) 불법성 판단기준에 관하여 학설은 선량한 풍속의 위반에 한한다는 설, 선량한 풍속 기타 사회질서 위반 및 강행법규 위반을 포함한다는 설이 있으나 다수설은 민법 제746조는 급여 받은 자로 하여금 그 급여를 보유하는 결과를 긍정하는 것이므로 제103조보다 그 범위가 좁아야 하며, 강행법규 위반의 경우도 반환을 소구할 수 없다고 하면 결국 법이 강행법규 위반에 의한 실현을 막으려고 하는 취지에 반하는 결과가 된다는 점을 들어 민법 제746조의 불법이란 제103조의 선량한 풍속 기타 사회질서 위반에 한하는 것이라고 하고, 판례 또한 민법 제746조가 규정하는 불법원인이라 함은 그 원인되는 행위가 선량한 풍속 기타 사회질서에 위반하는 경우를 말하는 것으로서 법률의 금지에 위반되는 경우라고 할지라도 그것이 선량한 풍속 기타 사회질서에 위반되지 아니하는 경우에는 이에 해당하지 않는 것이라고 한다.[14)]

(b) 不法의 인식은 있어야 하는가. 다수설은 부정한다. 왜냐하면 법이 금지하는 것은 누구나 당연히 알고 있어야 할 뿐만 아니라 민법 제103조도 객관적 기준에 의하여 정하여지기 때문이다. 그러나 판례는 부동산이중매매의 경우 매수인의 매수행위의 불법성 판단에 관하여 매매목적물이 다른 사람에게 매도된 것을 안다는 것만으로는 부족하고, 적어도 그 매도사실을 알고도 매도를 요청하여 매매계약에 이르는 정도가 되어야 하는 것이라고 한다.[15)]

(c) 동기의 不法도 포함하는가. 단순한 동기의 불법은 문제가 되지 않으나 그 불법한 동기가 급부행위와 직접 관련이 있는 때에는 급부행위의 불법성을 결정하는데 참작하여야 한다. 그리하여 판례는 도박자금으로 쓰이는 줄 알고 바꾸어 준 백미채권의 양도에 관해 이를 긍정한다.

(ㄴ) 불법급부의 원인 : 불법원인의 급부로서 급부의 원인은 급부가 선행하는 법률행위에 기한 경우에는 그 법률행위가 급부의 원인이고, 선행 법률행위 없이 행하여지는 경우에는 그 급부에 의하여 달성하려는 사회적 목적이 급부의 원인이 된다. 또한 급부 자체가 불법한 경우는 물론, 불법한 급부의 대가로 급부하는 경우 및 불법한 행위를 조건으로 급부하는 경우도 불법의 원인이 된다.

판례는 인사권자에게 승진을 청착하여 교제비조로 직한 금전, 도지사에게 택시운송사업면허의 청탁으로 지급한 금전(대판 1991.3.22, 91다520), 첩관계의 유지를 위한 급여(대판 1970.11. 13, 79다483), 도박임을 알면서 대여한 금전 등은 선량한 풍속 기타 사회질서에 위

14) 대판 2001.5.29, 2001다1782 ; 1983.11.2, 83다430 ; 1981.7.28, 81다145 ; 1969.11.11, 69다925.
15) 대판 1994.3.11, 93다55289.

반의 급여로서 무효인 행위라고 하였고, 구 이자제한법을 초과하여 지급한 이자(대판 1983.11.22, 83다430), 관세법의 적용을 회피하기 위한 급여(대판 1969.9.30, 69다1139), 덕대계약(대판 1963.10.31, 63다466)은 효력규정인 특별법 위반의 행위로서 무효라고 하였다.

그러나 덕대계약에 의해 인도된 광산(대판 1970.10.30, 70다1390 · 1391), 차용액과 이자의 합산을 초과한 대물변제예약에 의한 급부(대판 1968.6.28, 68다737 · 738; 1962.5.24, 62다67), 실질이 명의신탁인 소유권의 이전(대판 1980.4.8, 80다1), 담배사업법 위반행위로서 담배사재기(대판 2001.5.29, 2001다1782), 건설업면허대여의 방편으로 체결되는 건설업양도양수계약은 강행규정인 위 동법 규정들의 적용을 잠탈하기 위한 탈법행위로서 무효이지만, 위 계약자체가 선량한 풍속 기타 사회질서에 어긋나는 반윤리적인 것은 아니어서 그 계약의 형식으로 이루어진 건설업면허의 대여가 불법원인급여에 해당하는 것은 아니라고 하였다(대판 1988.11.22, 88다카7306; 1981.7.28, 81다145; 1980.4.8, 80다1).

(a) 통정허위표시에 기하여 이행이 이루어진 경우 그 이행으로서의 급여는 불법원인급여로 되는가. 통정허위표시는 그 원인이 다양할 뿐만 아니라 허위표시는 당초부터 당사자간에는 무효로서 급부가 없다는 점에서 불법원인급여의 일반적 요건에서 그 성립을 부정한다.

그리하여 판례는 불법원인급여를 규정한 민법 제746조 소정의 불법의 원인이라 함은 재산을 급여한 원인이 선량한 풍속 기타 사회질서에 위반하는 경우를 가리키는 것으로서, 양도소득세를 회피하기 위한 방법으로 매매계약을 체결한 경우,[16] 강제집행을 면할 목적으로 부동산의 소유자명의를 신탁하는 것이 통정허위표시라 하더라도 민법 제103조의 반사회적 법률행위로서 불법원인급여에 해당한다고는 볼 수는 없는 것이라고 하였다.[17] 그러나 한편 판례는 부동산 소유자가 자신의 부동산에 대하여 취득시효가 완성된 사실을 알고 이를 제3자에게 처분하여 소유권이전등기를 넘겨줌으로써 취득시효 완성을 원인으로 한 소유권이전등기의무를 이행불능에 빠뜨려 시효취득을 주장하는 자에게 손해를 입힌 경우,[18] 취득시효가 완성된 부동산의 소유자가 그 부동산을 시효취득자에 대한 소유권이전등기 의무를 회피하기 위한 목적으로 아들에게 증여하여 소유권이전등기를 넘겨 준 경우는 그들간에 불법행위가 구성하고 이에 제3자나 수증자인 아들이 이에 적극 가담한 이상 그 등기의 원인행위가 사회질서에 반하거나 통정허위표시에 의한 무효의 등기라고 한다.[19]

(b) 또한, 不動産二重賣買로 인한 소유권의 이전이 불법원인의 급여로 되는가. 매도인이 부동산을 처분하는 것은 자기의 경제적 이익을 꾀하는 행위로서 불법한 행위라 할 것은 아니지만, 판례는 매도인의 배임행위와 매수인이 매도인의 배임행위

16) 대판 1992.12.22, 91다35540 · 35557; 1990.7.13, 90누1991; 1989.7.11, 86누8609; 1987.5.12, 86누916.
17) 대판 1994.4.15, 93.다61307; 1980.4.8, 80다1.
18) 대판 1995.6.30, 94다52416; 1994.4.12, 93다60779; 1993.2.9, 92다47892.
19) 대판 1995.6.30, 94다52416; 1994.4.12, 93다60779; 1993.2.9, 92다47892.

에 적극 가담한 행위로 이루어진 때에는 매수인의 반사회적 행위성을 인정하여 소유권취득을 부정한다.[20] 그러나 이 경우 매수인의 행위가 반사회적 행위로 되기 위하여서는 매매목적물이 다른 사람에게 매도된 것을 안다는 것만으로는 부족하고, 적어도 그 매도사실을 알고도 매도를 요청하여 매매계약에 이르는 정도가 되어야 하는 것이라고 한다.[21]

[판례] 부동산의 이중매매가 반사회적 법률행위로서 무효가 되기 위하여서는 매도인의 배임행위와 매수인이 매도인의 배임행위에 적극 가담한 행위로 이루어진 매매로서, 그 적극 가담하는 행위는 매수인이 다른 사람에게 매매목적물이 매도된 것을 안다는 것만으로는 부족하고, 적어도 그 매도사실을 알고도 매도를 요청하여 매매계약에 이르는 정도가 되어야 한다(대판 1994.3.11, 93다55289).

(나) 급부가 종국적일 것

(ㄱ) 給付란 급여자의 자유의사에 기하여 행하여진 재산적 가치의 출연을 말하며, 급부가 종국적이어야 한다.

급부가 종국적인 것이 아니고 종속적이어서 수령자가 이를 실현하려면 다시 국가의 협력 내지 법의 보호를 기다려야 하는 경우에는 민법 제746조의 급부가 아니므로 동조의 적용을 배제하고 부당이득의 본칙에 돌아가서 그 반환청구를 인정하여야 한다.

양도담보가 반공서양속행위로서 무효인 경우 설정자는 담보권자 명의의 등기의 말소를 청구할 수 있는가. 판례는 도박자금을 제공함으로 인하여 발생한 채권의 담보로 부동산에 관하여 근저당권설정등기가 경료되었을 뿐이라면 위와 같은 근저당권설정등기로 근저당권자가 받을 이익은 소유권이전과 같은 종국적인 것이 되지 못하고, 따라서 민법 제746조에서 말하는 이익에는 해당하지 아니한다고 할 것이므로 그 부동산의 소유자는 민법 제746조의 적용을 받음이 없이 그 말소를 청구할 수 있는 것이라고 한다.[22]

(ㄴ) 동산·부동산에 있어서와 같이 여러 행위를 거쳐서 소유권이 이전되는 경우에는 등기·인도까지 이루어진 경우에 급부가 있는 것으로 보며, 급여자 자신뿐만 아니라, 그 대리인·일반승계인, 특히 상속인에 관하여도 적용된다.

(3) 不法原因給與의 효과

(가) 민법 제746조 본조 적용의 효과

(ㄱ) 반환청구의 배척 : 급부자는 그의 급부로 수령자가 얻은 이익의 반환을 청

20) 대판 1994.3.11, 93다55289; 1988.9.27, 84다카2267; 1981.12.22, 81다카197.
21) 대판 1994.3.11, 93다55289.
22) 대판 1994.12.14, 93다55234.

구하지 못한다. 여기서 그 이익이란 급부된 것이 물건이면 그 원물 또는 이에 갈음하는 이득이고, 물건 이외의 것이면 그 사실상 이득이다.

(ㄴ) 민법 제746조 본문의 적용범위 : 민법 제746조 본문이 적용되기 위해서는 불법원인이 급여자에만 있을 것이어야 한다. 따라서 불법원인이 수익자에만 있는 경우에는 급여자는 그 반환을 청구할 수 있으므로(동조 단서), 불법원인이 급여자에게만 있는 경우 또는 수익자와 급여자의 모두에 있는 경우 반환청구가 제한된다.[23]

(a) 불법원인급여자가 수익자와 약정에 의하여 그 급여대상으로서 급여물이 아닌 다른 물품의 지급을 받기로 하였을 경우라도 그 지급을 구하는 원인으로서 당초의 불법원인급여사실을 주장하게 되는 한 그 청구는 불법원인급여의 반환청구의 범위에 속한다.[24]

(b) 불법원인급여가 동시에 불법행위를 구성한 경우 급여자가 불법행위를 이유로 손해배상을 청구하는 경우에도 제746조가 적용되는가. 피해자가 그 불법행위를 주장함에 있어 자기도 불법한 급여를 하였음을 진술하여야 할 때에는 제746조의 취지를 적용하여 그 배상청구를 거절할 것이 된다. 예컨대 甲이 乙에게 市로부터 택시운송사업면허를 받는데 청탁금으로 쓰기 위한 돈으로 7,400만원을 교부하였으나 결국 면허를 받지 못하게 되자 甲이 乙의 불법행위를 이유로 손해배상청구를 한데 대하여 하급 판례는 甲에게도 과실을 인정, 과실을 상계하여 甲의 청구를 인정하였다.[25]

(c) 契約이 불법하여 채무가 무효인 줄 알면서 이행한 경우에도 그 급부는 제742조를 배척하여 제746조가 적용되는가. 불법계약에 의한 급부는 제746조의 불법원인급여가 되는 동시에 제742조의 비채변제가 되나 이 경우에도 제746조는 일반적으로 적용되어야 할 강행규정이므로 제746조 만이 적용된다.

(d) 불법원인으로 소유권을 이전한 경우, 동조 적용에 의하여 부당이득으로는 그 반환을 청구할 수 없으나 소유권에 기한 반환은 청구할 수 있는가.

다수설은 부정한다. 과거 판례는 물권적 청구권인 소유물반환청구권과 채권적 청구권인 부당이득반환청구권은 그 근거가 상이하며, 소유물반환청구권은 원인의 불법 여하를 묻지 않는다고 하여 이를 긍정하였다.[26] 그러나 후일 판례는 태도를 변경하여 민법 제746조는 단지 부당이득제도만을 제한하는 것이 아니라 동법 제103조와 함께 사법의 기본이념으로서 결국 사회적 타당성이 없는 행위를 행한 자가 스스

23) 대판 1993.12.10, 93다12947.
24) 대판 1966.12.27, 66다2145; 1964.7.12, 64다389
25) 부산지판 1984.2.22, 83가합4442.
26) 대판 1960.9.15, 4293민상57.

로 불법한 행위를 주장하여 복구를 구하는 것은 그 형식 여하에 불구하고 소구할 수 없다는 이상을 표현한 것이므로 부당이득반환청구는 물론 소유권에 기한 반환청구도 할 수 없는 것이라고 한다.[27]

(ㄷ) 반환청구제한과 소유권의 귀속 : 불법원인의 급여이나 그 반환청구가 제한되는 경우 그 목적물의 소유권은 누구에 귀속하는가. 판례는 민법 제746조는 단지 부당이득제도만을 제한하는 것이 아니라 동법 제103조와 함께 사법의 기본이념으로서, 결국 사회적 타당성이 없는 행위를 한 사람은 스스로 불법한 행위를 주장하여 복구를 그 형식 여하에 불구하고 소구할 수 없다는 이상을 표현한 것이므로, 급여를 한 사람은 그 원인행위가 법률상 무효라고 하여 상대방에게 부당이득반환청구를 할 수 없음은 물론 급여한 물건의 소유권은 여전히 자기에게 있다고 하여 소유권에 기한 반환청구도 할 수 없고, 따라서 급여한 물건의 소유권은 급여를 받은 상대방에게 귀속하는 것이라고 한다.[28]

(나) 민법 제746조 단서적용의 효과 민법 제746조 본문은 급여자의 급부가 불법한 경우에는 그 복구를 허용하지 않는다는 취지이므로 불법원인이 급여자에는 없고 수익자에만 있는 경우에는 그 반환을 청구할 수 있음이 원칙이다. 따라서 동조 단서는 이를 규정한다. 예컨대 그 급부행위 자체가 제104조의 폭리행위의 경우에는 폭리를 취한 자에만 불법원인이 있으므로 본조 단서가 적용된다.

(다) 불법원인급여의 반환계약의 효력 수령자가 급부를 임의로 반환하거나 후일 당사자간에 급부의 반환을 계약하는 것은 민법 제746조가 금지하는 것이 아니고 제103조에도 반하지 않으므로 유효하다.[29] 다만 반환계약의 내용이 불법한 목적이 달성되지 않을 것을 조건으로 반환할 것을 약속한 경우에는 제103조에 반할 뿐만 아니라 제746조가 회피되는 결과가 되므로 그 특약은 무효라고 보아야 한다.

[판례] 민법 제746조가 불법원인급여자의 수령자에 대한 급여물반환청구를 법률상 보호하지 않는데 그 입법의 취지가 있는 것일 뿐이므로 그 수령자가 임의로 급여된 물건이나 이에 가름하여 다른 물건을 급여자에게 반환하는 것까지를 선량한 풍속 기타의 사회질서에 위배된다고 하는 취지가 아니나 그 소위 임의반환은 현실적인 반환을 하였을 경우를 이르는 것으로서 반환에 관한 약정과 같이 그 약정의 이행청구에 있어 약정의 원인이 된 당초의 불법원인급여에 관한 사실을 주장하게 되는 경우까지를 말하는 것은 아니다(대판 1964.10.27, 64다798,799).

---

27) 대판 1991.3.22, 91다520; 1989.9.29, 89다카5994.
28) 대판 1979.11.13, 79다483; 1977.6.28, 77다728; 1960.9.15, 4293민상57.
29) 대판 1964.10.27, 64다798,799.

⑷ 不法原因給與의 반환청구제한과 그 회복론

(가) 불법원인급여와 반환청구제한의 문제점 불법원인에 기하여 이미 그 이행이 이루어진 경우에는 민법 제746조 본문의 적용으로 급여자에 반환청구를 인정하지 않는 결과 불법원인급여로써 소유권의 이전등기 또는 물건의 인도가 이루어진 경우에는 그 물건의 소유권은 사실상 수령자에게 잔존 귀속하게 되는 불합리한 점이 생긴다. 여기서 불법원인급여인 원인행위가 통상 제103조 위반으로서 그 재산권 이전이 직접 불법행위를 감행한 급여자와 수령자간에만 이해를 가지는 때에는 급부수령자가 반환을 거절하기 위해서는 급부수령의 원인이 불법행위임을 들추어 거절한다는 불합리성이 있고, 또한 그들 간의 불법행위의 정도 또는 형평의 견지에서 반환청구권의 인정 여부가 논의될 뿐만 아니라, 특히 행위자의 불법원인급여에 제3자의 권리가 침해되는 경우, 예컨대 부동산이중매매나, 채권일탈목적의 통정허위표시와 같은 불법원인급여의 경우에는 불법원인급여로 인한 제1의 매수인 또는 통정허위표시로 침해받은 채권자의 권리를 어떻게 구제할 것인가 문제된다.

그리하여 불법원인급여에 따른 반환청구 또는 그 회복론으로 종래 학설·판례를 통하여 대두된 것으로는 불법성의 비교교량에 의한 회복론, 불법행위론에 의한 회복론, 물권적 청구권론에 의한 회복론, 채권자대위권·취소권론에 의한 회복론, 제3자채권침해론에 의한 회복론, 원인무효의 등기에 대한 제746조 적용배척론 등이 있었다. 그러나 이들 중 대부분의 이론은 학설 또는 판례의 변경에 의하여 배척되고 오늘날 판례에 의하여 유지되거나 유력한 학설로 지지되고 있는 것으로는 불법성의 비교교량에 의한 회복론, 채권자대위권·취소권론에 의한 회복론, 제3자채권침해론에 의한 회복론, 원인무효등기의 이해관계인에 의한 회복론 등이며, 그 구체적인 불법원인급여의 형태와 관련하여 그 적용을 달리한다.

(나) 회복론의 적용과 전득자의 관계 이상의 이론 중 불법행위 감행의 당사자간, 즉 급부자와 급부수령자간에서는 주로 불법행위 비교교량론, 원인무효등기에 대한 제746조적용배척론에 의한 회복이 주장되고, 불법행위 감행당사자로부터 제3자의 권리보호가 문제되는 경우에는 그 제3자의 채권자대위권·취소권론, 불법행위론, 원인무효등기에 대한 민법 제746조적용배척론 등에 의한 회복이 주장된다.

여기서 목적 부동산이 불법원인급여 수령자에 귀속하고 있는 때에는 특별한 문제가 없지만 목적 부동산이 급부수령자로부터 제3자에 이전된 경우 선의의 전득자에 대하여도 대항할 수 있는가. 위 이론 중 불법행위론, 채권자취소권론에 의하면 선의의 전득자에 대하여는 대항할 수 없게 된다. 그리하여 판례는 주로 그 반환청구권의 이론적 근거를 불법행위비교교량론, 제3자의 채권자대위권에 의하면서 선의의 전득자에 대하여는 등기원인의 불법성에 근거하여 전득자명의의 등기는 원인무효의 등기인 무권리자로부터 취득이라고 하여 그가 선의이든 악의든을 불문하고 말소되어야 하는 것이라고 한다.[30)]

제 2 절 不法行爲

제 1. 不法行爲槪說

1. 不法行爲槪念과 責任

(1) 不法行爲의 개념

(가) 불법행위의 의의　불법행위(不法行爲)란 고의·과실에 의한 위법행위로 타인에게 손해를 가하는 행위를 말한다(제750조). 즉 법의 기본적 질서에 위반하는 행위로서 그 본질상 허용할 수 없다고 평가되는 행위, 예컨대 타인의 신체·생명을 해하는 행위, 타인의 재화를 절취하거나 파괴하는 행위, 타인의 명예·신용·정조 등을 해하는 행위 등으로 재산적 또는 정신적 손해를 가하는 행위를 말한다.

(나) 불법행위의 법률적 성질

(ㄱ) 법률요건으로서 불법행위 : 불법행위는 손해배상청구권의 발생원인으로서의 법률요건이다.

불법행위는 손해배상청구권이라는 법률상 효과를 발생시키는 것이지만, 이것은 당사자의 자유의사에 기한 것이 아니라는 점에서 계약 기타 법률행위와 다르고, 법률행위에 의하지 않은 채권발생원인으로서 사무관리·부당이득과 동일하다.

또한, 불법행위는 사람의 행위가 채권(손해배상채권)의 발생원인이 된다는 점에서 계약 기타 법률행위 또는 사무관리와 동일하고, 사건인 부당이득과 다르다.

(ㄴ) 위법행위로서 불법행위 : 불법행위는 이른바 위법행위이다. 불법행위에서 행위자의 행위는 법률행위나 사무관리와 같이 법률이 허용하는 적법한 행위가 아닌 위법한 행위인 점에서 채무불이행과 성질을 같이한다.

그러나 채무불이행은 법률의 규정 또는 법률행위에 의하여 채권관계가 성립하고

30) 대판 1996.10.25, 96다29151; 1985.11.26, 85다카1580; 1984.6.12, 82다카672; 1979.7.24, 79다942.

그 채권관계로부터 채무자가 의무를 위반함으로써 권리자의 예정된 이익을 침해한 것인데 반하여, 불법행위는 아무런 특별관계가 없는 자가 다른 자의 이익을 침해하는 것인 점에서 양자는 구별된다.

[채무불이행책임과 불법행위책임의 비교]

	채무불이행책임(계약책임)	불법행위책임
책임능력	의사능력을 요하나, 다만 계약상 능력은 행위능력을 전제로 함으로 별도로 논할 실익이 없고, 또한 민법은 이를 규정하고 있지 않다.	고의·과실의 전제로서 일정한 판단능력, 즉 정신능력을 요하고, 민법은 이를 규정한다(제753조, 제754조).
책임요건	① 추상적 경과실을 주관적 책임요건으로 하나, 무상수치인의 책임(제695조)은 구체적 과실을 요하고, 客으로부터 임치를 받은 공중접객업자의 책임에는 경과실을 요한다. 또한 금전채무의 이행지체, 매도인의 담보책임은 무과실책임을 부담하고, 법정대리인 또는 피용자의 고의·과실은 채무자의 고의·과실로 된다. ③ 책임요건이 변경되는 경우(면책약관)가 인정되므로 구체적 개별성을 갖는다.	① 추상적 경과실을 주관적 책임요건하나, 실화책임에서는 중과실을 요하고, 토지공작물의 소유자책임에서는 무과실책임을 부담한다. ② 피해자의 승낙에 의하여 미리 면책 또는 변경은 원칙적으로 인정되지 않는다.
과 실 의 입증	① 채무자가 귀책사유 없음을 입증(제750조) ② 일반적·추상적 주의의무위반에 근거	① 피해자(채권자)가 가해자의 고의·과실을 입증(제390조) ② 채무를 부담하는 자의 구체적 주의의무위반에 근거
연대책임 및 책임의 제한	① 연대책임을 질 경우는 없다.② 고가물의 종류·가액을 명시하지 않는 송하인(상법 제135조), 손해배상액을 명시하지 않는 철도운송(철도법 제23조 제2항)의 경우에는 책임액이 면제 또는 한정된다.	① 공동불법행위에 기한 연대책임 성립(부진정연대책임) ② 책임제한 규정은 없다.
소멸시효	본래채권의 확장 내지 변형이므로 일반채권과 같이 10년(상사에 관하여는 5년)으로 소멸한다(제162조).	불법행위가 있은 때로부터 3년의 단기소멸(제766조)
과실상계	채무불이행에 관한 채권자에 과실이 있는 경우 법원은 손해배상의 책임 및 그 금액을 정함에 이를 참작하여야 한다(제398조).	① 과실상계에 관한 규정(제398조) 준용(제763조). ② 고의의 불법행위채권을 수동채권으로 하는 상계금지(제496조).
특 별 법 적용	운송인에 관한 특칙이 존재 (상법 제135조·제138조)	실화책임에 관한 특별법률 존재

(2) 不法行爲의 책임

(가) 불법행위책임의 본질 　불법행위의 책임에 관하여 민법 제750조는 "불법행

위의 책임으로 고의 또는 과실로 인한 위법행위로 타인에게 가한 자는 그 손해를 배상할 책임이 있다."라고 규정한다.

여기서 민법이 불법행위책임으로 들고 있는 위법행위는 형벌법규, 금지법규 또는 단속법규 위반인 법률의 기본적 질서를 파괴하는 행위나 공서양속위반으로서 반사회윤리성에 의하여 그 배상책임이 인정되어야 하는가, 아니면 사회적 위험분산의 원리에 의하여 위법성을 인정하기 곤란한 경우에도 그 가해자에게 배상(전보)책임을 지울 수 있는가.

유력설은 민법이 그 표현으로서 가해자의 고의·과실, 이익침해 등의 요건을 들고 있으나 그것이 독자적으로 불법행위의 귀책요건을 규정하고 있는 것이 아니라, 오히려 반사회윤리성이라고 하는 대 원칙에서 유출된 개별적 형식규준에 불과하다고 설명한다. 그리하여 그 불법행위에 대하여 고의가 있거나 중대한 과실이 있는 경우에는 비록 객관적으로 나타난 피해가 경미한 경우에도 불법행위로서 책임을 지우는 것이 당연하고, 또한 중요한 권리침해행위에 대하여는 경한 과실의 경우에도 불법행위책임은 성립된다고 한다.

또한, 민법이 불법행위책임으로서 손해배상책임은 가해자에게 피해자의 손해를 배상케 하거나 원상회복을 명하여 불법행위 이전의 상태로 되돌리려는데 있는가, 아니면 불법행위의 반사회윤리적 성격을 고려하여 이에 대한 반격으로서 제재를 가하는데 있는가. 본래 불법행위책임을 인정하는 법의 정신은 연혁상 반사회윤리성에 대한 반격으로서 제재적 성격에서 출발하였다. 그러나 근대법에서는 어떤 불법행위가 일면에서 개인에게 손해를 가하고, 다른 일면에서 형법상 범죄를 구성하는 경우, 개인에 대한 책임과 사회에 대한 책임을 구별하여 전자는 위법하게 타인의 법익을 침해한데 대한 손해의 전보의무를, 후자는 위법하게 타인의 법익을 침해함으로써 사회질서를 문란케 하거나, 또는 직접 사회적 이익을 침해한데 대한 형벌의 책임으로 분화하였다. 그리하여 그 행위의 법률효과에 있어서도 민사책임은 손해배상 또는 원상회복에 의하여 피해자로 하여금 불법행위 이전의 상태로 회복시키거나, 회복에 가까운 상태를 실현케 함에 있는데 반하여, 형사책임은 범죄의 성립에 관하여는 개인의 피해를 고려하면서도 그 법률효과에서는 침해된 사회질서의 보호와 범죄자의 교정을 문제삼을 뿐 피해자의 구제는 그 직접적 목적으로 하지 아니한다.

(나) 불법행위책임입법　불법행위책임에 관하여 근대 민법 이전에는 행위에 의하여 결과가 발생하면 행위자의 고의·과실을 불문하고 행위자에게 책임을 부과하는 결과책임주의가 지배하였다. 그러나 이러한 결과책임주의 하에서는 개인의 자유롭고 창의적인 활동이 불가능하므로 이러한 점에 대한 반성으로 근대민법은 과실책

임주의를 확립하였다.

여기서 과실책임주의란 「過失없으면 責任이 없다」는 원칙, 즉 책임의 유무를 정함에 있어 행위결과가 아닌 행위자의 주관에 중점을 두어 행위자가 자기의 가해행위에 관하여 고의 또는 과실이 있는 경우에만 책임을 지는 주의이며, 사적 자치의 원칙과 함께 근대 민법의 주요한 원칙을 이룬다.

2. 過失責任主義와 無過失責任主義

(1) 過失責任主義

(가) 근대 민법은 모든 법률상 효과는 개인의 의사에 따라 발생한다고 하는 기본원리(법률행위자유의 원칙)를 명백히 함과 동시에, 타인에 대한 책임의 유무에 관하여도 그 귀책원인을 개인의 주관에 두었다. 그리하여 개인이 자기의 가해행위에 관하여 책임을 지는 것은 그 행위가 자기의 고의 또는 과실로 인한 경우에 한한다고 하는 원칙을 확립하였으며, 이것을 과실책임주의(자기책임의 원칙)라고 한다.

(나) 과실책임주의는 개인의 자유활동, 자유경쟁을 존중하는 개인주의적 자유경제 이상에는 적합할 뿐만 아니라 최소한 기반을 제공한 점에 그 존재의미가 인정된다. 그러나 이 원칙은 자본주의의 발달과 더불어 그 수정이 불가피하게 되고 있다.

(2) 無過失責任主義

(가) 무과실책임주의란 과실책임주의에 대응하는 개념이며, 행위와 손해 사이에 인과관계가 있는 한 행위자가 손해발생에 관하여 고의·과실이 없는 경우에도 배상책임을 지게 하려는 주의를 말한다.

(나) 무과실책임주의는 실질적 공평의 요청에서 과실책임을 보충하기 위하여 등장한 것이며, 반드시 불법행위에서만 문제되는 것은 아니지만, 입법·학설상 문제되는 것은 주로 불법행위에 관해서이다.

(ㄱ) 무과실책임주의의 근거 : 불법행위제도에 관한 무과실책임론은 19세기 후반에 기계문명의 발달과 더불어 기업의 내외에서 생기는 불가피한 손해를 전보할 필요에서 대두한다. 그러나 그 이론적 근거를 어디에 둘 것인가.

위험책임설은 자신이 위험을 만들어 낸 사람은 그 결과에 대하여 책임을 져야 한다고 하고(위험물에 대한 관리자의 절대적 주의의무 부과), 보상책임설은 이익을 얻는 과정에서 손해를 입힌 자는 그 이익에서 보상하는 것이 공평한 것이라고 한다. 그 외에도 원인책임설, 구체적공평설 등이 있다.

다수설은 무과실책임의 근거를 일원적으로 파악하기는 부적당한 것이라고 하고 손해의 공평·타당한 분담이라는 이상에서 구체적으로 정할 것이라고 한다. 또한 그 적용에서도 이러한 무과실책임론을 일반적으로 확장·적용하게 되면 과실책임주의가 보장하는 개인활동의 자유를 저해하게 된다는 점에서 법률에 특별한 규정이 있는 경우 개별적으로만 적용되어야 할 것이라고 한다.

(ㄴ) 불법행위법상 무과실책임 : 우리 민법은 무과실책임에 관하여 개별적 규정을 두는 경우에만 인정하는 태도를 취하고, 특히 불법행위법상 일정한 경우 무과실책임의 성립을 규정하고 있다.

(a) 절대적 무과실책임 : 공작물 또는 수목의 소유자는 공작물의 설치·보존이나 수목의 식재 또는 보존에 관하여 점유자가 과실이 없는 경우(배상책임이 없는 경우)에도 이로 인한 손해를 배상할 책임을 진다(제758조 제1항·제2항). 이것은 소유자의 과실을 요하지 않고 또한 면책사유도 인정되지 않는 절대적 무과실책임이며, 그 책임의 근거를 위험한 상태를 야기한 자에 대한 소위 「위험한 상태의 인수」라는 위험책임설에 입각한다.

실정법상 위험책임을 반영한 것으로는 민법상 공작물 등의 점유자·소유자책임(제758조 제1항), 수목의 점유자와 소유자책임(제758조 제2항), 동물의 점유자책임(제759조)을 들 수 있고, 특별법상 국가의 영조물책임(국가배상법 제5조), 자동차운행자의 책임(자동차손해배상보장법 제3조), 오염물질로 인한 생명·신체침해(환경보전법 제60조) 등을 들 수 있다.

그러나 견해 중에는 현행법상 민사책임은 과실책임을 기본원리로 하고, 다만 위험책임은 예외적인 경우에 보충적 원리로 적용될 뿐이나, 이와 같은 현행법 제도 하에서도 위험책임을 강화할 필요가 있고 그 방법의 모색으로 특별법의 유추에 의하여 민법 밖에 또 하나의 책임원리로서 위험책임을 확보하여 불법행위책임체계로 확보하려고 한다(김형배, 전게).

(b) 상대적 무과실책임 : 이것은 엄밀한 의미에서는 무과실책임은 아니다. 즉 책임의 근거가 책임을 질 자의 과실 있는 행위에 바탕 하지만, 다만 결과에 대한 책임부담자의 과실이 추정되고 그 무과실의 입증책임이 전환되어 있는데 불과하다. 즉 부담자의 책임이 가중된 형태로서 일명 중간책임이라고 부르기도 한다.

중간책임은 과실책임과 위험책임의 중간형태로서 결국 책임의 근거를 행위와 위험의 사이에서 어디에 역점을 둘 것인가 문제에 귀착하며, 이들 중 중간책임은 위험한 상태에서보다 행위자의 행위에 근거한다.

그리하여 위험책임의 귀책영역은 과실책임의 과실개념을 조작하여 입증책임의 전가로 확보되나, 그 외에도 과실의 추정과 입증책임의 경감, 과실개념의 객관화(책임의 근거로서 과실에 대한 가해자의 주관적 귀책에서 행위자의 주의의무의 확대로 객관화하며, 대표적인 예로써 공해책임과 제조물책임에서의 위험방지의무를 확대시킨다), 사용자·감독자책임의 가중(과실의 추정) 등 다양한 형태로 나타난다.

우리 민법상 상대적 무과실책임주의를 규정한 것으로는 무능력자행위에 대한 감독자의 책임(제755조), 피용자행위에 대한 사용자의 책임(제756조), 공작물 등 점유자의 책임(제758조), 동물의 점유자책임(제759조) 등이 이것이다.

상대적 무과실책임의 본질은 주로 보상책임 또는 원인책임설에 근거하고 있지만 반드시 그런 것은 아니며, 동물의 점유자의 책임과 같이 위험책임설에 바탕한 것도 있다.

---

(1) 절대적 무과실책임 — 공작물 또는 수목의 식재·보존에 관한 소유자의 책임
  - 점유자 — 상대적 무과실
  - 소유자 — 절대적 무과실

(2) 상대적 무과실책임 — 엄격한 과실책임은 아니며(중간책임), 입증책임의 가해자에게로의 전환(가해자의 과실 추정)
  - ㉠ 책임무능력자의 감독자의 책임(제755조 제1항)
  - ㉡ 사용자의 책임(제756조 제1항)
  - ㉢ 공작물 등의 점유자의 책임(제758조 제1항·제2항)
  - ㉣ 동물의 점유자의 책임(제759조)

제 2. 不法行爲의 成立

(1) 주관적 요건
  - ① 행위자의 책임능력(의사능력)
  - ② 행위자의 고의·과실(추상적 과실)
  - ③ 위법행위

(2) 객관적 요건
  - ① 위법행위로 인한 손해발생
  - ② 인과관계
    - 위법행위와 결과발생간의 인과관계
    - 위법행위와 손해발생간의 인과관계

1. 一般不法行爲의 성립

민법 제3편 제5장은 제750조에서 제766조까지에서 불법행위를 규정하고 있다. 그 중 민법 제750조는 손해배상제도의 기본원칙으로서의 과실책임주의를 규정하고, 제755조 내지 제760조에서는 무과실책임주의 또는 이를 이탈한 책임주의를 규정하고 있다. 전자를 소위 일반불법행위라고 하고, 후자를 특수불법행위라고 한다.

그리하여 일반불법행위의 성립요건으로서 불법행위자의 고의·과실 있는 행위, 가해자의 위법성, 가해행위로 인한 손해의 발생, 가해자의 책임능력을 요구하고, 그 특수불법행위의 성립으로서 행위자의 고의·과실 없는 행위(절대적 무과실책임) 또

는 가해자 아닌 일정자의 과실의 추정에 의한 책임의 성립을 인정한다.

(1) 故意·過失에 의한 가해행위

(가) 행위자의 가해행위 불법행위책임이 성립하기 위해서는 원칙적으로 행위자의 행위가 있어야 한다.

그렇다면, 불법행위책임의 성립요건으로서 행위자의 행위란 무엇을 의미하는가. 통설은 인간의 사회활동, 즉 인간이 일정목적을 설정하고 그 목적달성을 위하여 자기의사에 따라 외계(자신의 신체 포함)를 자연의 법칙에 좇아 지배·조종하는 것, 다시 말하여「행위자의 의식 있는 결과야기의 행태로서 사회적으로 중요성을 갖는 것」을 말하며, 가해자 자신이 피해자에 손해를 야기 시키는 행위를 하였어야 한다. 즉 가해자의 고의·과실은 자기의 행위일 것을 요하며 현실로 자기 자신이 하는 행위뿐만 아니라 타인을 이용하는 경우도 포함한다. 또한 그 타인의 행위가 책임무능력자의 행위이든 적법한 행위이든 불법행위이든 동일하다.

고의 또는 과실있는 행위 중에는 不作爲도 포함된다. 그러나 부작위에 의하여 불법행위가 성립하기 위해서는 행위자에게 작위의무가 있어야 한다.

(나) 고의·과실이 있는 행위 불법행위의 성립으로서 가해자의 행위는 고의·과실 있는 행위이어야 한다.

(ㄱ) 고의(故意) : 고의란 일정한 결과발생을 의욕한 것이라고 하나, 구체적으로 결과발생의 의욕이란 무엇을 의미하는가. 의욕설은 결과를 알고 의욕한 것이라고 하고, 인식설은 결과발생을 인식·인용한 것까지를 고의로 본다는 것을 알면서 감히 이를 행하는 심리상태를 말하는 것이라고 한다.

통설은 의욕설을 취하는 경우 미필적 고의를 고의로 보지 않는 점에서 통념에 반할 뿐만 아니라 고의의 범위가 너무 좁아진다는 점을 들어 인식설을 취한다. 따라서 불법행위 성립에서 고의는 위법의 인식이 없고 비록 정당한 행위라고 확신하고 있더라도 객관적으로 위법이라고 할 만한 사실이 발생하는 것에 관한 인식만 있으면 성립되는 것이라고 한다.

고의(故意)에는 미필적 고의와 개괄적 고의가 있다. 미필적 고의(未必的 故意)란 일정한 결과가 발생할지도 모른다고 인식하면서 감히 행하는 행위이며, 결과발생에 인식을 가졌다는 점에서 결과발생을 예상하면서도 방지할 수 있을 것이라고 생각하면서 감히 행하는 인식 있는 과실과 구별된다.

또한, 개괄적 고의(概括的 故意)란 수인이 모인 가운데 폭탄을 투척하는 경우와 같이 살인의 인식은 가졌으나 어느 특정인의 살인을 인식하지 않고 행한 경우의 고의이며, 모두 고의 있는 행위로 불법행위가 성립한다.

또한, 심신미약상태에서 행위에 고의가 성립할 수 있는가. 판례는 가해자의 고위에 의한 행위란 구체적인 정신능력으로서 책임능력에 장애가 없는 상태에서 행한 행위이어야 하는 것이라고 하여 심신미약상태에서의 행위에 고의의 불법행위성립을 부정한다.[31)]

(ㄴ) 과실(過 失) : 과실이란 일정한 결과가 발생한다는 것을 알고 있어야 함에도 불구하고 부주의로 이를 알지 못하고 행하는 심리상태를 말하는 것이나 그 결정의 표준에 관하여 주관적과실설은 행위자의 비난가능성, 즉 행위자 개인의 능력과 개별적 상황에 따라 정할 것이라고 한다.[32)]

통설·판례는 객관적과실설을 취하여, 불법행위법상 과실이란 가해자가 상대방의 법익보호에 관하여 알고 있어야 할 사실에 대한 부주의를 말하며, 구체적 과실이 아닌 추상적 과실을 의미하나, 중과실과 경과실을 불문한다. 그러나 과실책임에서 過失은 구체적 가해자가 손해발생을 방지할 수 있었음에도 이를 방지하지 못한 점에서 그 책임을 구하여야 할 것이므로 책임의 근거로서 과실은 구체적 과실이어야 한다. 그럼에도 통설·판례가 추상적 과실을 취한 것은 구체적 행위자의 능력으로써 예견할 수 없는 경우에 면책된다고 한다면 현실적으로 발생한 결과는 그 상황에서 그의 능력으로는 예견 내지 회피할 수 없었던 것이 되어 언제나 면책되는 결과가 되고, 이로써 구체적 과실은 단순한 의제에 불과한 결과가 된다.

그렇다면, 이제 불법행위법에서 귀책의 근거는 행위자의 과실에서가 아니라 피해자가 가해자와 접촉하면서 그와 같은 상황에서 행위자가 통상 평균인과 같은 행위를 하여 줄 것이라는 신뢰에서 찾아야 하고 이로써 행위자의 과실은 상대방의 신뢰배반에서 찾게 된다. 이를 소위 「과실의 객관화」라고 하며, 판례는 손해배상책임에서의 과실이란 통상적인 사람을 기준으로 하여 마땅히 하여야 할 의무를 태만히 하였거나 또는 하지 아니하면 아니 될 의무를 이행하지 아니한 경우를 말하는 것이라고 하고,[33)] 또한 불법행위의 성립요건으로서 과실은 이른바 추상적 과실만이 문제되는 것이고 그러한 과실은 사회평균인으로서의 주위의무를 가리키는 것이지만 그러나 여기서 사회평균인이라는 것은 추상적인 일반인을 의미하는 것이 아니라 그때그때의 구체적인 사례에서의 보통인을 말하는 것이라고 한다.[34)]

---

31) 대판 2001.4.24, 2001다10199: 판례는 책임보험계약 보험약관에서 고의로 인한 손해에 대하여는 보험자가 보상하지 아니하기로 규정된 경우에 고의행위라고 구분 짓기 위하여서는 특별한 사정이 없는 한 구체적인 정신능력으로서 책임능력이 전제되어 있다고 할 것이어서 피보험자의 고의에 의한 손해에 해당하려면 그 피보험자가 책임능력에 장애가 없는 상태에서 고의행위에 의하여 손해가 발생된 경우이어야 하는 것이라고 한다.

32) 김형배, 불법행위에있어서책임귀속의근거와손해배상의범위, 고려대논문집(제18집 1980) 참조.

33) 대판 1979.12.26, 79다1843.

┌ 구체적 과실—행위자의 구체적·주관적 주의능력의 결여
└ 추상적 과실—통상인에게 요구되는 주의능력의 결여

또한, 위험관계인이 부담하는 주의의무의 내용으로 학설은 위험관리의무·보호의무·경고 및 금지의무, 업무상 안전의무·설명의무 등을 들고 있으나, 판례는 위험방지의무, 즉 결과회피의무로 구성한다.[35]

[판례] (1) 중앙분리대가 설치된 고속도로를 진행 중인 운전사에게 대향차선의 차량이 중앙분리대를 갑자기 넘어오리라는 것을 예상하여 대향차선 차량의 동태까지 살피도록 기대할 수 없고 다만 대향차선 차량이 중앙분리대를 넘어 오기 시작하는 것을 보고 그때부터 이를 피할 수 있는 조치를 할 여유가 있는 경우에 한하여 책임이 있다(대판 1983.9.27, 83다2184; 1975.8.19, 74다1487; 1980.6.10, 80다618,619).

(2) 근로계약에 수반되는 신의칙상의 부수적인 의무로서 근로자에 대한 보호의무를 부담하는 사용자에게 근로자가 입은 신체상 재해에 대하여 민법 제750조 소정의 불법행위책임을 지우기 위해서는 사용자에게 당해 근로로 인하여 근로자의 신체상 재해가 발생할 수 있음을 알았거나 알 수 있었음에도 불구하고 그 회피를 위한 별다른 안전조치를 취하지 않은 과실이 있음이 인정되어야 하고, 위와 같은 과실의 존재는 손해배상을 청구하는 근로자에게 그 입증책임이 있다(대판 2000.3.10, 99다60115; 1997.4.25, 96다53086; 1998.1.23, 97다44676; 1999.2.23, 97다12082).

(a) 전문직업인의 과실은 직무상 주의의무로 파악하고, 또한 과실을 추정한다. 예컨대 공무원의 행정처분이나 법무사·부동산중개업자의 과실은 통상의 직무상 또는 전문직 직업인으로서 업무상 주의의무로 파악하고 또한 특별한 사정이 없는 한 그 가해행위에 대한 과실을 추정한다.

판례는 행정직공무원의 위법한 행정처분에 관하여 법령에 의한 해석이 복잡·미묘하여 워낙 어렵고 이에 대한 학설·판례조차 귀일되어 있지 않는 등 특별한 사정이 없는 한 일반적으로 관계공무원이 관계법규를 알지 못하거나 필요한 지식을 갖추지 못하고 법규해석을 그르쳐 행정처분을 하였다면 그가 법률전문가 아닌 행정직공무원이라 하여 과실이 없다고 할 수 없는 것이라고 한다.[36]

또한, 판례는 공무원의 편의재량권의 면탈은 공무원의 직무상과실이 있다고 볼 수 없는 것이라고 하고(대판 2002.5.10, 2001다62312; 1984.7.24, 84다카597), 법무사의 등기신청행위에 등기신청을 위임하는 자와 등기부상 등기의무자로 기재된 자가 실질적으로 동일인인가를 조사할 의무는 인감증명서나 주민등록증 등을 제시하게 하는 방법으로 확인하는 것으로 그 증명서와 대조로써 특별히 의심하여야 할 사정이 발견되지 않는 한 그 이상의 조사방법을 강구하여야 할 의무까지 있는 것은 아니라고 한다(대판 2001.5.29, 2001다17664).

(b) 한편, 加害者에 過失이 있는 경우에도 특별 법률에 의하여 과실이 면책된다.

34) 대판 2001.1.19, 2000다12532.
35) 대판 1967.7.18, 66다1938.
36) 대판 2001.2.9, 98다52988.

예컨대 실화책임에서 失火者의 過失은 중과실이 아닌 한 그 책임이 면책된다. 따라서 실화자의 경과실은 면책되나, 다만 그 적용범위는 실화자의 경과실로 인한 직접 화재에는 적용되지 아니하고 발화점과 불가분의 일체를 이루는 건물의 소실, 즉 직접화제로부터 연소한 부분에만 적용된다.[37)]

실화로 인한 불법행위책임에 실화자의 경과실을 면책케 한 것은 평등의 원칙에 반하는가. 헌법재판소 판례는 失火로 인하여 화재가 발생한 경우에는 失火者 자신도 피해를 입을 뿐만 아니라, 부근 가옥 기타 물건에 연소함으로써 그 피해가 예상외로 확대되어 실화자의 책임이 과다하게 되는 점을 고려하여 그 책임을 중대한 과실로 인한 실화의 경우에 한정함으로써 경과실로 인한 실화자를 지나치게 가혹한 부담으로부터 구제하려는 것이 실화책임에 관한 법률의 입법목적이고, 현대에 있어서도 경과실로 인한 실화자를 지나치게 가혹한 부담으로부터 구제할 필요는 여전히 존재하므로 위 입법목적은 정당한 것이라고 하고[헌재판(전) 1995.3.23, 94헌바33], 판례 또한 「실화책임에 관한 법률」은 실화로 인하여 일단 화제가 발생한 경우에는 부근 가옥 기타 건물에 연소함으로써 그 피해가 예상외로 확대되어 실화자의 책임이 과다하게 되는 점을 고려하여 그 책임을 제한함으로써 실화자를 지나치게 가혹한 부담으로부터 구제하는데 그 입법취지가 있는 것이라고 한다(대판 2000.5.16, 99다32431).

(ㄷ) 책임발생요건으로서 고의와 과실 사이에는 그 법률효과 발생에 차이가 없다. 따라서 피해자는 손해배상을 청구함에 있어서 가해자의 고의 또는 과실을 선택적으로 또는 아울러 주장할 수 있으며, 법원도 당사자의 주장에 한정할 필요는 없다. 즉 법원은 과실을 주장하는 경우에 고의를 인정하여도 무방하다.

(다) 고의 · 과실의 입증책임 불법행위에서 고의 · 과실의 입증책임은 피해자가 부담함이 원칙이다. 그러나 입증책임을 피해자에게 엄격하게 요구하는 것은 과실책임주의의 폐해를 증대시키는 것이 되므로 입법은 일정한 경우 그 입증책임을 전환한다. 예컨대 특수한 불법행위영역, 즉 공중에 대하여 위험한 사업에 종사하는 자, 타인의 생명 · 재산에 대하여 책임 있는 지위에 있는 자와 같이 가해자의 고의 · 과실을 피해자가 입증하기 사실상 곤란한 영역에서는 피해자 측에서 가해행위로 피해가 발생하였음을 입증할 때에는 가해자에게 과실이 있는 것으로 일단 추정하게 되어 가해자측에서 과실이 없었음을 입증하지 못하면 책임을 지게 한다(영역책임설).

또한, 판례는 권리 없이 가처분이나 가압류를 한 경우 실체상 청구권이 없음이 확인된 때에는 그 채권자에 고의 · 과실이 있는 것으로 추정하고,[38)] 그밖에 의료행위와 같은 고도의 전문기술에 의한 불법행위 등에는 가해자의 과실을 추정한다.[39)]

---

37) 대판 2000.5.16, 99다32431; 1994.3.22, 93다56404.
38) 대판 2002.9.24, 2000다46148; 2001.2.23, 98다26484; 1980.2.26, 79다2138 · 2139.
39) 대판 1995.3.17, 93다41075; 1980.5.13, 79다1390.

(2) 責任能力

(가) 책임능력의 의의　책임능력이란 자기행위의 결과를 판별하고 인식할 수 있는 정신적 능력을 말하며, 일명 불법행위능력이라고 한다. 여기서 책임능력을 어떻게 볼 것인가.

규범판단능력설은 행위자의 가해행위 책임귀속의 전제로 파악하여 행위자의 비난이라는 의사적 요소를 넘어 책임의 사회적 타당성을 정하는 규범적 판단으로 이해해야 할 것이라고 한다.[40] 그러나 다수설은 의사능력개념설을 취하여 인간의 행위를 자유의사의 소산으로 파악하고, 책임은 그 의사 선택에 대한 비난 가능성이라고 한다. 그리하여 책임능력은 곧 자기행위의 결과를 변식할 수 있는 정신적 능력(일명 불법행위능력)으로서 이는 곧 과실책임주의를 원칙으로 하여 고의 또는 과실이 불법행위의 요건이 되면, 고의 또는 과실의 전제로서 요구되는 것이라고 한다.

결국, 책임능력은 고의·과실의 전제로서 요구되는 자기행위의 「책임을 인식할 수 있는 능력」을 말한다.

(나) 미성년자의 책임능력　미성년자가 타인에게 손해를 가한 경우에 그 행위의 책임을 변식할 지능이 없는 때에는 배상의 책임이 없다(제753조). 미성년자의 법률행위는 미성년자가 의사능력을 가지는 경우에도 일률적으로 취소할 수 있게 하면서도 불법행위의 책임에 민법 제753조와 같이 다루는 것은 책임능력이 행위능력에 비하여 그 요구되는 지능의 정도가 낮아도 무방하다고 생각되고, 또한 불법행위는 법률행위와 달라서 각 경우에 개별적으로 책임의 유무를 판정하는 것이 적당하기 때문이다.

판례는 13세 3개월 된 자에 책임변식능력이 있다고 하고(대판 1969.7.8, 68다2406), 14세 3개월 된 자에 특별한 사정이 없는 한 사회통념상 책임능력이 있다고 하였다(대판 1969.2.25, 68다1822). 그러나 다른 판례는 13세 5개월 된 중학생이 전쟁놀이 중 장난감이라고 할 수 없는 위험한 물건인 고무총으로 땅콩크기의 돌을 발사하여 같이 놀던 아이의 오른쪽 눈을 실명케 한 사례에서 불법행위책임을 변식할 능력이 있다고 하였다(대판 1978.7.11, 78다729). 이와 같은 사례에서 보면 판례는 책임변식능력을 판단하면서 연령으로 획일적으로 정하지 않고 개별적 사안에서 구체적으로 정하고 있다고 볼 수 있고, 더욱 판례가 이와 같은 태도를 취한 것은 이들 모두에 감독자책임을 물으면서 민법 제756조(사용자의 책임능력)와 제755조(책임무능력자의 감독자책임)의 관계가 전자는 책임능력있는 피용자의 불법행위를 전제로 하지만, 후자는 책임능력 없는 것을 전제로 한 점을 고려한 것이라고 볼 수 있다.

(다) 심신상실자의 책임능력 :　심신상실 중에 타인에게 손해를 가한 자는 배상의 책임이 없다(제754조). 여기서 심신상실(心神喪失)은 불법행위책임의 기초가 되는 판단능력을 제753조가 미성년자에 관하여 행위의 책임을 변식할 지능이 없는 때

40) 이은영 597면.

라고 하는 경우와 같은 정도의 판단력의 상실을 의미하여 심신상실자의 책임을 배제하고 감독의무자가 책임을 지게 된다(제755조). 그러나 고의 또는 과실로 일시적인 심신상실을 초래한 때에는 그 심신상실 중의 행위에 대하여도 책임을 면치 못한다(제754조 단서). 이것은 고의 또는 과실과 손해의 발생 사이에 인과관계가 있기 때문이며, 일시적 심신상실이 가해자의 고의·과실로 인한 것이란 입증책임은 피해자에게 있다.

(3) 違法性

(가) 위법성의 의의 불법행위가 성립하기 위해서는 가해행위가 위법한 것이어야 한다(제750조). 가해행위가 위법(違法)하다고 함은 법률이 보호할 가치 있는 이익을 위법하게 침해하는 것을 말한다.

구민법은 위법성이라는 요건 대신에 권리침해를 불법행위의 구성요건으로 하였으나 타인의 권리를 침해하지 않더라도 사회규범을 위반한다는 가해행위는 곧 불법행위가 성립된다고 하여야 한다는 데에서 현행 민법은 위법성을 요건으로 하였다. 그러나 그것은 법률에 의하여 보호될만한 가치있는 이익을 보다 넓게 인정하기 위한 것이므로 권리침해가 위법성을 갖는 것은 명백하다.

(나) 위법성의 판단 위법성의 평가는 손해의 공평분담이라는 불법행위법의 목적에 비추어 객관적으로 정하며 실정법질서 및 기타 사회질서가 그 기준이 된다(객관적·실질적 위법성론). 그러나 그 위법성의 평가대상, 즉 결과의 불법성에서 구할 것인가, 행위의 불법성에서 구할 것인가.

결과불법설은 가해행위가 위법성을 가져야 하지만 타인의 권리를 침해하는 행위이어야 할 필요는 없고 법이 가치를 부정하여 허용하지 않는 것이면 족하다고 한다. 즉 위법성은 법규위반에 한하지 않고 선량한 풍속 기타 사회질서에 반하는 것도 포함하는 것이라고 한다. 그러나 행위불법설은 어떤 행위의 결과로 보호법익의 침해가 있었는가와 그러한 침해는 법규범이 행위자에 부과한 주의의무를 게을리 함으로써 일어난 것인가를 함께 고려하여 정할 것이라고 하여 소위 과실개념과 위법성 개념을 주의의무해태라는 요건으로 통합한다.

다수설은 결과불법설을 취하여, 위법성은 법규위반에 한하지 않고 선량한 풍속 기타 사회질서에 반하는 것도 포함하는 것으로서 구체적으로 위법행위 내지 행위의 위법성을 판단하기 위해서는 피침해이익의 성질과 침해행위의 태양의 양면을 관련지어 종합적으로 정할 것이라 한다. 그리하여 예컨대 피침해이익이 강한 것이면 비록 침해행위의 위법성이 약하다고 하더라도 가해행위에 위법성이 있는 것으로 되고, 피침해이익이 약한 것이면 침해행위의 위법성이 큰 경우에만 가해행위가 위법성을 갖는 것이라고 한다. 그러나 행위불법설은 결과불법설이 가해행위에 대한 사회적 비난의 근거를 명확히 밝히지 못하고 위법성을 도식적으로 처리한다는 문제점이 지적하고, 과실과 위법성의 근거를 명확히 하고 부작위에 대한 책임과 행위자의 책임한계를 명확히 설정하여 줄 수 있기 위해서는 과실개념과 위법성의 개념은 주의의무해태라는 요건으로 통합하여 정할 것이라고 한다.

이에 대하여 판례는 불법행위 성립요건으로서의 위법성은 관련행위 전체를 일체로만 판단하여 결정하여야 하는 것은 아니고 문제가 되는 행위마다 개별적·상대적으로 판단할 것이므로 어느 시설을 적법하게 가동하거나 공용에 제공하는 경우에도 그 위법성을 별도로 판단하여야 하고 이러한 경우의 판단기준은 그 유해의 정도가 사회생활상 통상의 수인한도를 넘는 것이어야 하는 것이라고 한다.[41]

그리하여 판례는 가해자가 피해자의 멱살을 잡아 밀고 당기었지만 이는 피해자가 계속 시비를 걸며 가해자의 멱살을 잡아 떠밀거나 손톱으로 할퀴는 등 부당한 공격을 가한데서 벗어나려고 한 행위임을 알 수 있어서 그에 이르게 된 경위·목적·수단 등 제반 사정에 비추어보면 사회통념상 허용될 정도의 상당성이 있으므로 위법성이 없는 것이라고 한다(대판 1991.11.26, 91다17375).

나아가 판례가 위법성을 갖기 위한 요건으로서 부당제소 또는 부당응소는 소제기나 응소행위가 권리실현이나 권리보호를 빙자하여 상대방의 권리나 이익을 침해하거나 상당한 이유 없이 상대방에게 고통을 주려는 의사로 행하여지는 등 고의 또는 과실이 인정되고, 이것이 공서양속에 반하는 정도에 이른 것이어야 하고(대판 1997.2.28, 96다32126; 2002.5.31, 2001다64486; 1996.5.10, 95다45897), 확정판결에 의한 강제집행은 소송당사자가 상대방의 권리를 해할 의사로 상대방의 소송관여를 방해하거나 허위의 주장으로 법원을 기망하는 등 부정한 방법으로 실체의 권리관계와 다른 내용의 확정판결을 취득하여 집행하는 것과 같은 특별한 사정을 요한다(대판 2001.11.13, 99다32899).

또한, 法官의 法令에 따르지 아니한 재판이 위법하기 위해서는 당해 법관이 위법 또는 부당한 목적을 가지고 재판을 하였다거나 법이 법관의 직무수행상 준수할 것을 요구하고 있는 기준을 현저하게 위반하는 등 법관이 그에게 부여된 권한의 취지에 명백히 어긋나게 이를 행사하였다고 인정할 만한 특별한 사정이 있어야 하고(대판 2001.10.12, 2001다47290; 2001.4.24, 2000다16114; 2001.3.9, 2000다29905 참조), 고객과 사이에 주식의 포괄적 일임매매약정이 있는 증권회사는 고객과 포괄적 일임매매 약정을 하였음을 기화로 그 직원이 충실의무를 위반하여 고객의 이익을 무시하고 회사의 영업 실적만을 증대시키기 위하여 무리하게 빈번한 회전매매를 함으로써 고객에게 손해를 입힌 경우에는 과당매매행위로서 불법행위가 성립되는 것이라고 한다(대판 2003.6.27, 2002다72804).

그 밖에도 제3자의 채권침해가 위법성을 갖기 위해서는 제3자가 채무자와 적극 공모하였다거나 또는 제3자가 기망·협박 등 사회상규에 반하는 수단을 사용하거나 채권자를 해할 의사로 채무자와 계약을 체결하였다는 등의 특별한 사정이 있어야 하고(대판 2001.5.8,

41) 대판 2001.2.9, 99다55434.

99다38699; 1975.5.13, 73다1244), 온라인 서비스 제공자인 인터넷상의 홈페이지 운영자가 자신이 관리하는 전자게시판에 타인의 명예를 훼손하는 내용이 게재된 것을 방치하였을 때 명예훼손으로 인한 손해배상책임을 지기 위해서는 그 운영자에게 그 게시물을 삭제할 의무가 있음에도 정당한 사유 없이 이를 이행하지 아니한 경우이어야 하고(대판 2003.6.27, 2002다72194), 그 삭제의무가 있는지는 게시의 목적, 내용, 게시기간과 방법, 그로 인한 피해의 정도, 게시자와 피해자의 관계, 반론 또는 삭제요구의 유무 등 게시에 관련한 쌍방의 대응태도, 당해 사이트의 성격 및 규모·영리 목적의 유무, 개방 정도, 운영자가 게시물의 내용을 알았거나 알 수 있었던 시점, 삭제의 기술적·경제적 난이도 등을 종합하여 판단하여야 할 것으로서, 특별한 사정이 없다면 단지 홈페이지 운영자가 제공하는 게시판에 다른 사람에 의하여 제3자의 명예를 훼손하는 글이 게시되고 그 운영자가 이를 알았거나 알 수 있었다는 사정만으로 항상 운영자가 그 글을 즉시 삭제할 의무를 지게 된다고 단정할 수 없는 것이라고 한다.

(다) 위법성의 조각

(ㄱ) 정당방위(正當防衛) : 민법 제761조 제1항은 "타인의 불법행위에 대하여 자기 또는 제3자의 이익을 방어하기 위하여 부득이 타인에게 손해를 가한 자는 배상할 책임이 없다."라고 하여 정당방위를 규정한다.

(a) 정당방위로서 위법성이 조각하기 위하여서는 타인의 불법행위가 있고, 가해자의 행위가 자기 또는 제3자의 이익을 방위하기 위한 행위이고 방위상 부득이한 것으로 타인에게 손해를 가한 것이어야 한다.

(b) 정당방위가 성립하면 방위를 위한 가해행위는 위법성이 없어지고, 행위자는 그 행위로 인하여 생긴 손해를 배상할 의무를 지지 아니한다. 그러나 방위행위로 인하여 제3자가 피해를 받는 경우 그 제3자는 방위행위의 원인인 불법행위를 한 자에 대하여 손해배상을 청구할 수 있다(제761조 제1항 단서). 다만 제3자의 손해배상청구권이 발생하기 위해서는 가해자에게 고의·과실 및 책임능력이 있을 것을 요한다.

(ㄴ) 긴급피난(緊急避難) : 긴급한 위난을 피하기 위하여 부득이 타인에게 손해를 가한 경우에도 정당방위의 규정이 준용된다(제761조 제2항).

긴급피난은 위급한 침해에 대하여 국가의 공권력적 구제를 요구할 여유가 없을 때에 私人의 자력방위를 인정하려는 제도이며, 긴급피난행위는 위법성은 배척되고, 이로 인하여 생긴 손해에 대하여는 배상책임이 없다(동조 제2항). 그리고 그 위난이 사람의 행위로 인한 것일 때에도 특정인의 위법행위에 의하여 야기된 것이 아니면 제761조 제1항 단서는 준용될 여지가 없다고 해석된다.

(ㄷ) 자력구조(自力救濟) : 자력구제란 자기 권리의 실현에 국가기관의 구제를 기다릴 여유가 없는 경우 권리자가 스스로 私力으로써 구제하는 행위를 말하며, 일명 자조라고도 한다.

자력구제에 관하여 민법은 이에 관한 일반규정을 두지 않고, 단지 점유자의 자력구제로서 주로 점유침탈을 중심으로 규정하고 있을 뿐이다(제209조 참조). 그러나 점유권 이외의 권리, 예컨대 소유권자와 기타 본권자 등에도 자력구제를 인정할 것인가. 다수설은 자력으로써 구제하지 않으면 후에 이르러 공권력에 의한 권리를 실현하는 것이 불가능하거나 또는 대단히 곤란하게 될 급박한 사정이 있는 경우에는 민법 및 형법의 정당방위 및 긴급피난의 규정을 유추하여 인정할 것이라고 한다. 그러나 그 요건으로서 자력구제에 사용되는 수단이 선량한 풍속 기타 사회질서에 반하지 않는 것이어야 하고, 또한 그 정도가 상당한 것이어서 권리남용에 이르지 않는 것이어야 한다.

(ㄹ) 사무관리(事務管理) : 사무관리가 성립하면 법률상 의무 없이 타인의 사무에 간섭한 것도 적법한 것이 되어 위법은 조각된다. 다만 사무관리상 의무를 위반하면 채무불이행으로 인한 배상책임을 질뿐이다(제734조 참조).

(ㅁ) 정당(正當)한 권리행사 : 정당한 권리행사에 의하여 타인의 이익을 침해하더라도 그 행위의 위법성은 조각된다. 그러나 권리의 행사가 사회질서나 신의성실의 원칙에 반하는 경우에는 권리남용으로 그 가해행위의 위법성은 조각되지 않고, 또한 행정관청의 허가를 얻은 행위는 그것으로써 곧 사법상 책임의 위법성을 조각하는 것은 아니다. 그러나 사회법상 정당한 쟁의행위나 단체교섭은 근로자의 근로기본권의 행사로서 위법성이 조각된다.

또한, 개인의 법익을 침해하는 경우에도 그것이 오로지 공공의 이익에 관한 사항을 목적으로 하는 때에는 위법성이 조각된다. 판례는 신문 등 언론매체가 개인의 명예를 훼손하는 행위를 한 경우에도 그것이 공공의 이해에 관한 사항으로서 그 목적이 오로지 공공의 이익을 위한 것일 때에는 그 기사 등 보도내용의 진실성이 증명되거나 그 증명이 없더라도 행위자가 그것을 진실이라고 믿을 만한 상당한 이유가 있는 경우에는 위법성이 없는 것이라고 한다.[42)]

(ㅂ) 정당업무(正當業務) : 법령상 정당한 업무로서 성질을 가지는 행위는 원칙적으로 위법성이 조각된다. 예컨대 의사의 수술·스포츠로 인한 가해행위·현행범의 포박·전염병 환자의 격리수용 등은 이에 속한다. 그러나 정당업무도 사회질서에 부합되어 일반적으로 시인되는 범위에서 위법성이 조각된다.

(ㅅ) 피해자승낙(被害者承諾) : 피해자의 승낙이 있을 때에는 원칙적으로 행위의 위법성이 조각된다. 그러나 피해자의 승낙에 관하여 위법성이 조각되기 위해서는 피해자가 피해의 의미를 이해할 수 있는 능력(승낙능력)을 가져야 하고, 그 승낙

---

42) 대판 1996.5.28, 94다33828; 1994.8.26, 94도237; 1993.11.26, 93다18389; 1988.10.11, 85다카29.

이 자기 스스로의 자유로운 의사결정에 의하여 행하여진 것이어야 한다.

또한, 피해자가 그 법익을 자유로 처분할 수 있는 권능을 가지고, 침해에 관하여 승낙을 하여도 사회질서에 반하지 않는 것이어야 한다.

(4) 損害의 발생

(가) 불법행위책임이 성립하기 위해서는 가해자의 가해행위로 인하여 피해자에게 손해가 발생하였어야 한다(제750조).

여기서 손해(損害)란 피해자가 누리고 있던 보호법익의 침해를 말한다. 그러나 책임성립단계에서의 손해는 피해자에 생긴 자연적 손해를 가리키며, 이것은 아직 배상범위・배상액에 의해 구체화되지 않는 추상적 손해이며, 피해액은 배상액결정의 중요한 자료가 되나 피해액과 손해액이 언제나 일치하는 것은 아니다(제한배상주의의 결과).

(나) 「損害없으면 不法行爲가 없다」는 법언에 따라 위법행위가 있었다고 하더라도 손해가 현실적으로 발생하지 아니하면 손해배상청구권은 발생하지 않는다.

(ㄱ) 현실손해로서는 재산적 손해와 정신적 손해가 있다. 정신적 손해의 배상으로서의 위자료청구를 별개의 규정으로 인정되고 있으나(제751조, 제752조), 제750조의 손해에도 재산적 손해 외에 정신적 손해를 포함한다는데 이설이 없다.

또한, 재산적 손해에는 적극적 손해뿐만 아니라, 소극적 손해도 포함된다.

판례는 불법행위로 인한 손해배상청구권은 현실적으로 손해가 발생한 때에 성립하는 것이고 이 때 현실적으로 손해가 발생하였는지 여부는 사회통념에 비추어 객관적이고 합리적으로 판단하여야 하는 것인바, 어음이 「지급을 위하여」 교부된 경우 채권자가 지급기일에 적법한 지급제시를 하지 아니하여 소구권이 보전되지 아니하였으나 어음의 주채무자인 발행인이 자력이 있는 경우(대판 1996.11.8, 95다25060; 1986.10.28, 86다카218), 부동산처분금지가처분의 부당한 집행에 의해 상대방이 받은 점용이익을 초과하지 아니한 범위의 불이익(대판 2001.1.19, 2000다58132; 1995.4.14, 94다6529; 1995.12.12, 95다34095・34101; 1998.9.22, 98다21366)은 상대방에 손해가 발생한 것이라고 볼 수 없고, 선천적으로 장애를 지닌 채 태어난 아이가 정상적인 아이에 비하여 더 소요되는 치료비 등의 비용은 아이 자신이 청구할 수 있는 손해라고 할 수는 없는 것이라고 한다(대판 1999.6.11, 98다22857).

또한, 매도인이 매수인으로부터 매매대금을 전부 지급 받은 후 매수인의 승낙 없이 매매목적물에 관하여 제3자에게 근저당권설정등기, 가등기 등을 각 경료하였으나 그 후 그 피담보채무가 존재하지 않는 것으로 밝혀지거나 등기 자체가 말소된 경우에는 매수인이 그 피담보채무 또는 매매대금 상당의 손해를 현실적으로 입었다고는 볼 수 없는 것이라고 한다(대판 1998.8.25, 97다4760; 1992.11.27, 92다29948 ;1998.4.24, 97다28568).

(ㄴ) 손해발생의 입증책임은 피해자인 원고에게 있다. 손해가 발생하였더라도 원고가 그 금액에 관하여 적확한 산정을 하고 있지 않을 때에는 배상청구는 인정되지 않는다.[43]

미확정손해, 즉 손해의 발생 내지 손해액이 아직 확정되지 않은 동안에도 손해배상을 청구를 할 수 있는가. 특히 저당권 기타 담보권침해와 관련하여 문제되나 침해행위에 의하여 저당목적물의 가치가 감소되더라도 잔존 가액이 피담보채권액보다 크면 저당권자에게는 손해가 없고, 따라서 배상은 인정되지 않는다. 그러나 저당목적물의 가액이 피담보채권액보다 적으면 그 만큼 손해가 있다고 하여야 하나, 채무자가 변제를 하거나 저당권자가 다른 담보로부터 만족을 하게 되면 손해는 없는 것으로 된다.

또한, 청구권의 행사에 관하여도 변제기 도래 후이면 저당권실행 전이더라도 손해배상을 청구할 수 있다는 견해가 있으나(곽윤직 668면), 다수설은 변제기 전에도 배상을 청구할 수 있는 것이라고 한다.

(5) 因果關係

(가) 인과관계의 성립 불법행위로 인한 손해배상을 청구할 수 있기 위해서는 인과관계가 있어야 한다.

불법행위로 인한 인과관계의 성립에는 두 가지로 파악할 수 있다. 하나는 불법행위의 성립요건으로서 요구되는 인과관계, 즉 책임성립의 인과관계(책임설정적 인과관계)이고, 다른 하나는 성립한 불법행위에서 손해배상의 범위를 정하는데 요구되는 인과관계, 즉 손해발생의 인과관계(책임충족적 인과관계)이다. 전자는 민법 제750조가 규정하고, 후자는 제763조에 의하여 준용되는 제393조가 이를 규정한다.

(ㄱ) 책임성립의 인과관계 : 불법행위책임이 성립하기 위해서는 행위자의 고의·과실 있는 가해행위와 그 결과발생 사이에 인과관계가 있어야 한다. 그리하여 책임성립의 인과관계의 판단은 원인과 결과발생 간에 상당인과관계, 즉 법적 인과관계설에 의하여 판단한다.

(ㄴ) 손해발생의 인과관계 : 불법행위 책임의 인과관계가 성립하는 경우에도 손해배상청구권이 발생하기 위해서는 손해가 현실적으로 발생하여야 하고 또한 발생된 손해와 사이에 인과관계가 있어야 하는가. 가해자가 배상할 손해의 범위 결정과 관계에서 문제된다.

법적인과관계설은 그 책임의 성립·배상범위의 결정, 배상액산정의 단계를 구분하지 않고 모두 상당인과관계, 즉 상당성에 의하여 판단할 것이라고 한다.

사실적인과관계설은 단계를 구분하여 책임성립단계에서 상당성이라는 법적 인과관계의 심사는 필요하지 않고 단지 자연적, 즉 사실적 인과관계의 존부만이 문제되고, 또한 그 배상범위결정도 인과관계의 존부에 관한 판단에 의해서가 아니라 규범목적(제한배상주의)에 의하여 판단할 것이라고 한다(김형배, 인과관계, 민법학연구 1986, 339면 이하).

통설·판례는 우리 민법의 불법행위법상 위법행위와 손해간의 인과관계를 정하

---

43) 대판 1962.3.22, 4294민상1259; 다만 영·미법에서는 위법인 침해가 있으면 현실적인 손해가 없는 경우에도 근소한 금액의 배상을 명하는 명목상 손해배상(nominal damages)이 인정된다.

는 직접적인 규정은 없지만 민법 제763조는 제393조의 채무불이행으로 인한 손해배상에 관한 규정을 준용하게 하고, 민법 제393조는 그 배상의 범위를 통상 손해와 행위자(채무자)가 특별히 알거나 알 수 있었던 범위, 즉 예견가능성의 범위에서 손해배상의 책임을 지게하고 있으므로 동조 규정은 바로 독일의 불법행위법상 인과관계를 규정한 것이라고 해석하고 그 배상책임의 범위는 절충적 상당인과관계가 성립한 범위에서 부담할 것이라고 한다.[44)]

그리하여 판례는 자동차운전면허가 없는 줄 알면서 자동차를 대여함으로써 발생한 교통사고에서 자동차대여사업자가 무면허자에 자동차를 대여한 행위와 무면허운전자가 운전 미숙으로 발생한 교통사고(대판 1998.11.27, 98다39701), 야간경계근무자가 근무인계를 함에 있어 적법한 절차도 밟지 않고 분초장의 참여도 없이 후번 근무자도 아닌 음주 만취한 자에게 실탄이 장착된 총기를 맡긴 과실과 이를 인계 받은 자가 초소를 이탈하여 이유 없이 총기를 난사하여 양민을 사살한 행위와 사이에는 불법행위성립에 상당인과관계가 있는 것이라고 한다(대판 1978.7.25, 78다659).

또한, 손해발생의 범위에 관하여도 토지구획정리사업시행자가 사도·사유지를 지정하지 아니하면서 청산금도 지급하지 않기로 결정하여 환지계획의 청산금명세에 포함시키지 아니한 채 사업을 시행하고 환지처분의 공고를 함으로써 소유자가 토지소유권을 상실한 경우 토지구획정리사업시행자가 배상할 손해배상액은 그 토지상실에 대한 손실보상금인 청산금상당액이라고 하고, 그 평가의 기준시기는 환지처분시를 기준으로, 토지거래가액의 평가는 환지처분공고를 거침으로써 소유권이 상실되는 종전의 토지면적이라고 한다(대판 1990.6.12, 89다카9552).

위의 학설에서 상당인과관계설은 Traeger의 주장 이래 자연과학적으로 무한정 확대되는 손해배상의 범위를 사회과학적으로 고찰하여 그 범위를 한정시킨 공적은 인정되나 그 결점으로 상당인과관계라고 하지만 어느 것이 손해발생과 상당인과관계가 있는 것인지 구별이 불확실하고, 실제로 중요한 것은 손해액의 산정이나 손해액의 산정에는 아무런 기준을 제시해 주지 못하고, 또한 재판의 기준으로는 불합리하다는 점은 있지만 그렇다고 하여 사실적인과관계설과 같이 가해행위와 손해와의 관계가 이들 사이에 존재하는 자연적이고 과학적인 원인·결과의 관계에 불과한 것이라고 할 수 있는가. 의문이 있고, 또한 우리 민법은 독일민법과 달리 그 보호법익을 규정하고 있지 않다는 점은 사실적 인과관계설의 난점이라고 지적된다.

(나) 인과관계의 입증　인과관계의 입증은 원고에 있다는 것이 통설·판례이다. 따라서 책임설정적 인과관계는 물론 책임충족적 인과관계의 입증책임은 원칙적으로 原告가 부담한다. 따라서 가해행위로 손해가 발생하였더라도 원고가 그 피해액에 관하여 정확히 산정하지 못하면 손해배상청구는 인정되지 않는다. 그러나 민법

44) 대판 1998.11.27, 98다39701; 1978.7.25, 78다659.

은 일정한 경우 인과관계를 추정하는 규정을 두고(제755조 제1항 단서·제756조 제1항 단서), 또한 이를 의제하는 규정(제760조 제2항)을 두고 있기도 한다.

한편, 입법상 명문 규정은 없으나 의료과오책임이나 제조물책임 또는 환경오염피해 등 인과관계의 입증에 고도의 전문적 지식을 요하거나 입증이 용이하지 아니한 불법행위 유형에 있어서는 당초부터 그 입증책임을 가해자인 피고에 부담케 하거나 피해자의 입증책임을 경감한다. 그리하여 의료과오책임이나 제조물책임에서는 처음부터 가해자에 입증책임을 부담하게 하고,[45] 또한 공해소송에서는 개연성이론에 의해 인과관계가 사실상 추정되거나 간접반증이론에 의하여 입증책임이 전가되기도 한다.[46]

(다) 인과관계의 경합

(ㄱ) 자연력(自然力)과 경합 : 불법행위에 기한 손해배상청구에서 피해자가 입은 손해가 자연력과 가해자의 과실행위가 경합되어 발생된 경우 자연력에 의한 손해 부분이 공제되는가. 판례는 가해자 손해배상의 공평한 부담이라는 견지에서 손해발생에 대하여 자연력이 기여하였다고 인정되는 부분을 공제한 나머지 부분으로 제한하여야 할 것이라고 하나, 다만 특수한 자연적 조건 아래 발생한 것이라고 하더라도 가해자가 그와 같은 자연적 조건이나 그에 따른 위험의 정도를 미리 예상할 수 있었고 또한 과도한 노력이나 비용을 들이지 아니하고도 적절한 조치를 취하여 자연적 조건에 따른 위험발생을 사전에 예방할 수 있었다면 그러한 사고방지조치를 소홀히 하여 발생한 사고로 인한 손해배상의 범위를 정함에 있어서는 자연력의 기여분을 인정하여 가해자의 배상범위를 제한할 것은 아니라고 한다.[47]

(ㄴ) 가해행위(加害行爲)와 경합 : 발생한 손해가 가해자 상호간의 행위로 인한 경우 가해행위와 손해발생간의 인과관계가 성립되는 범위에서 배상책임을 부담한다.

가해자 상호간의 배상책임 범위에 관하여 학설은 그들 상호간의 행위가 모두 결과를 야기하기에 충분한 경우(중첩적 경합)에는 민법 제760조 제1항을 유추하여 부진정연대책임을 부담하여야 하고, 가해행위 모두가 결과를 야기하기에는 부족하지만 양 가해행위가 경합함으로써 결과발생이 야기된 경우에는 민법 제760조 제2항을 유추하여 부진정연대책임을 질 것이라고 한다.

또한, 제1의 가해행위는 결과를 야기하기에 충분하지만 제2의 가해행위는 결과를 야기하기는 충분하지는 않지만 제2의 가해행위가 제1의 가해행위에 경합된 경우(과

---

45) 대판 1974.12.10, 72다1774.

46) 대판 1984.6.12, 81다558.

47) 대판 2001.2.23, 99다61316; 1995.2.28, 94다31334; 1993.2.23, 92다52122; 1991.7.23, 89다카1275.

잉적 경합)에는 제2의 가해행위자도 부진정연대책임을 부담하지만 자기의 기여분을 입증하여 감책될 수 있는 것이라고 한다.[48]

이에 대하여 판례는 사고로 상해를 입은 피해자가 다른 사고로 인하여 사망한 경우, 그 두 사고 사이에 1차 사고가 없었더라면 2차 사고도 발생하지 않았을 것이라고 인정되는 것과 같은 조건적 관계가 존재하지 아니하는 경우에는 1차 사고의 가해자는 2차 사고로 인하여 피해자가 사망한 때까지의 손해만을 배상할 것이라고 하고,[49] 또한 확대된 손해에 대하여도 2차 가해자에 대한 중대한 과실이 있다는 등의 특별한 사정이 없는 한 인과관계가 성립되는 것이라고 한다.[50]

[판례] 사고로 인하여 상해를 입은 피해자가 치료를 받던 중 치료를 하던 의사의 과실 등으로 인한 의료사고로 증상이 악화되거나 새로운 증상이 생겨 손해가 확대된 경우에는 의사에게 중대한 과실이 있다는 등의 특별한 사정이 없는 한 확대된 손해와 최초의 사고 사이에도 상당인과관계가 있다고 할 것이고, 위와 같은 특별한 사정의 존재에 관한 입증책임은 최초의 사고를 야기한 자에게 있다(대판 2000.9.8, 99다48245).

2. 共同不法行爲

(1) 共同不法行爲의 의의

공동불법행위(共同不法行爲)란 통상 수인 공동의 위법행위에 의하여 타인에게 손해를 가한 경우, 즉 수인의 행위에 의하여 성립하는 불법행위를 말한다.

민법 제760조 제1항은 「수인이 공동의 불법행위로 타인에게 손해를 가한 때에는 연대하여 그 손해를 배상할 책임이 있다」라고 규정하고, 동조 제2항은 「공동 아닌 수인의 행위 중 어느 자의 행위가 손해를 가한 것인지를 알 수 없는 때에도 전항과 같다」라고 규정하며, 나아가 동조 제3항은 「교사자나 방조자는 공동불법행위자로 본다」라고 규정한다. 여기서 민법 제760조 제1항과 동조 제3항은 공동의 불법행위에 관여한데 대한 책임가중이고 제2항은 피해자가 인과관계를 입증하여야 하는 곤란을 덜어주기 위한 것이다.

1개 또는 동일한 손해에 대하여 복수의 원인자가 있는 경우 공동불법행위로 되는가. 복수원인자간에는 수인 각자의 수개인 불법행위가 경합하는 경우도 있고(제750조의 경합), 복수자간의 불법행위 중 특별관계에 있는 자의 불법행위로 인정하는 경우(이사의 불법행위와 법인의 책임, 제35조; 책임무능력자의 불법행위와 감독자책임, 제755조; 피용자와 사용자책임, 제756조)가 있다.

---

48) 지원림, 민법강의 1456-7면.

49) 대판 1995.2.10, 94다51895; 1979.4.24, 79다156.

50) 대판 2000.9.8, 99다48245; 1998.11.24, 98다32045; 1997.8.29, 96다46903; 1994.11.25, 94다35671.

그 중 전자의 경우는 복수불법행위자의 불법행위성립을 법적으로 인정하는 동시에 그 책임 역시 법정책임으로 규정한다. 그러므로 공동불법행위의 경우 복수불법행위가 사실상 각자 독립하여 존재하는데 반하여, 후자의 경우에는 특별관계에 있는 자에 대하여 법정불법행위자로 규정하여 그 불법행위책임을 법정화한 점이 다르다.

⑵ 共同不法行爲의 성질

(가) 행위의 공동성 불법행위에 관한 민법의 규정은 수인의 행위가 서로 관련·공동하여 손해에 대하여 원인을 이루고 있으므로 그 결과에 대하여도 공동책임을 지도록 한다.

(나) 책임의 연대성 공동불법행위자는 연대하여 배상책임을 진다고 할 때「연대하여」란 무엇을 의미하는가. 혼합채무설은 제760조 제2항의 경우는 부진정연대채무이나 제1항과 제3항의 경우는 연대채무라고 한다.[51] 그러나 다수설은 공동불법행위자 사이에는 반드시 긴밀한 주관적 공동관계를 필요로 한다고 할 수 없고, 피해자를 두텁게 보호할 필요가 있을 뿐 아니라, 제755조·제756조·제759조의 경우에 그 책임이 부진정연대채무로 해석하는 것과 균형을 유지할 필요에서도 부진정연대채무라고 봄이 타당할 것이라고 하고, 판례는 제760조의 법문이 연대라고 되어 있는 문구에 구애됨이 없이 공동불법행위자 상호간에 부진정연대채무가 성립하는 것이라고 한다.[52]

⑶ 共同不法行爲의 태양과 요건

(가) 협의의 공동불법행위 수인이 공동으로 위법행위를 하여 타인에게 손해를 가한 경우이며, 민법 제760조 제1항의 공동불법행위가 성립하기 위해서는 다음의 요건을 갖추어야 한다.

(ㄱ) 가해행위의 독립성 : 수인의 행위가 각각 독립하여 불법행위의 요건을 구비하여야 한다. 즉 각인에게 고의·과실과 책임능력이 있고, 또한 각인의 행위와 손해의 발생 사이에 인과관계가 있을 것이어야 한다.

(ㄴ) 행위의 관련공동성 : 각 행위자 사이의 행위는 서로 관련공동성이 있어야 한다. 이 점은 공동불법행위의 특질이며, 여기서 관련공동성의 의미를 어떻게 파악할 것인가.

주관적공동설은 공동불법행위가 성립하기 위해서는 가해자들 사이에 공모 내지 공동의 인식이 있어야 한다고 하나,[53] 다수설은 객관적공동설을 취하여 반드시 공

---

51) 곽윤직 599면.
52) 대판 1972.11.28, 72다939; 1969.8.26, 69다962.
53) 김증한 511면, 이태재 506면, 이은영 614면.

동행위자 사이의 통모 또는 공동인식을 요하는 것이 아니고, 각자의 행위가 객관적으로 관련공동이 있으면 충분한 것이라고 한다.

판례 또한 수인이 공동하여 타인에게 손해를 가하는 민법 제760조 제1항의 공동불법행위가 성립하려면 각 행위가 독립하여 불법행위의 요건을 갖추고 있으면서 객관적으로 관련되고 공동하여 위법하게 피해자에게 손해를 가한 것으로 인정되어야 하는 것이라고 하고,[54] 또한 민법 제760조 제1항의 이른바 협의의 공동불법행위의 구성범위를 한계 지우기 위하여 객관적 관련공동성의 유무를 판단함에 있어서는 그 제2항의 독립행위의 경합의 경우와 그 제3항의 교사방조행위를 공동불법행위의 범주에 넣어 같은 법률효과를 부여하는 것을 감안하여 그 점과의 균형이 맞도록 해석되어야 하는 것이라고 한다.[55]

> [판례] 교통사고로 인하여 상해를 입은 피해자가 치료를 받던 중 의사의 과실 등으로 인한 의료사고로 증상이 악화되거나 새로운 증상이 생겨 사망에 이르는 등 손해가 확대된 경우, 특별한 사정이 없는 한 그와 같은 손해와 교통사고 사이에도 상당인과관계가 있다고 보아야 하므로, 교통사고와 의료사고가 각기 독립하여 불법행위의 요건을 갖추고 있으면서 객관적으로 관련되고 공동하여 위법하게 피해자에게 손해를 가한 것으로 인정된다면 공동불법행위가 성립되므로 이들은 연대하여 손해를 배상할 책임이 있다(1994.11.25, 94다35671).

(나) 가해자불명의 공동불법행위　가해자불명의 공동불법행위에는 두 가지가 있다. 그 하나는 주관적 공동이 없는 위법행위가 사실상 경합한 경우이고, 다른 하나는 수인이 공동행위를 하였으나 그 공동행위는 손해를 일으킨 위법행위는 아니고 공동행위자 중의 1인이 위법행위를 하여 타인에게 손해를 가한 경우이다.

(ㄱ) 성립요건 : 동조 규정의 공동불법행위가 성립하기 위해서는 다음의 요건을 갖추어야 한다.

(a) 각자의 행위가 불법행위의 요건을 구비할 것이어야 한다. 각인에게 고의・과실 및 책임능력을 요하는 점은 협의의 공동불법행위의 경우와 같다.

(b) 共同아닌 수인의 행위가 있을 것이어야 한다. 즉 협의의 공동불법행위와는 달리 수인의 불법행위가 공모 내지 공동의 인식, 즉 주관적 공동이 없이 성립한 것이어야 한다.

(c) 수인 중 가해자가 불명할 것이어야 한다. 주관적 공동 없는 위법행위가 경합하고 있으나 그 어느 편의 위법행위가 손해를 일으켰는지 또는 어느 편의 위법행위가 어느 부분의 손해를 일으켰는지를 알 수 없는 경우나, 손해를 일으킬 위험성 있

---

54) 대판 1998.2.13, 96다7854; 1997.8.29, 96다46903; 1997.11.28, 97다18448; 1989.5.23, 87다카2723; 1963.10.31, 63다573.

55) 대판 1998.9.25, 98다9205; 1998.6.12, 96다55631; 1997.11.28, 97다18448; 1988.4.12, 87다카2951.

는 행위에 관여한 수인 중 어느 자의 행위가 손해를 일으켰는지를 알 수 없는 경우이어야 한다.

(ㄴ) 가해자아닌 자의 면책 : 민법 제760조 제2항이 「공동 아닌 수인의 행위 중 어느 자의 행위가 손해를 가한 것인지를 알 수 없는 때에도 연대하여 그 손해를 배상할 책임이 있다.」라고 규정한 것은 인과관계에 관한 피해자의 입증책임을 덜고자 함이므로 어느 자의 행위와 손해의 어느 부분과 사이에 인과관계가 있음이 입증된 때에는 일반불법행위의 요건에 의하면 충분할 것이다. 그러므로 공동행위자 중의 어느 자가 자기의 행위와 손해발생의 사이에 인과관계가 없음을 입증한 때에는 책임을 면하고, 또한 자기의 행위가 손해의 어느 부분에 대해서만 원인을 주었는지를 입증한 때에는 그 부분의 손해만을 배상할 책임이 있다.

특히, 가해자 측의 과실행위가 자연력과 경합하여 손해가 발생한 경우 가해자의 손해배상 범위로서 자연역의 기여분을 공제할 수 있는가에 관하여 판례는 이를 긍정한다.[56] 따라서 제760조 제2항의 적용에 주관적 결합이 없는 원인경합으로 보는 동시에 가해자의 보호를 위한 전부책임을 분할책임화 하고 있다.

[판례] 태풍셀마호로 말미암아 피해자의 공장으로 바닷물이 유입되면서 가해자 측의 아이빔과 석회가 공장에 유입됨으로써 공장 내의 각종 기계설비 등을 충격, 파괴한데 대하여 가해자의 손해배상 범위를 자연역의 기여분을 50%로 본 원심판결은 정당하다(대판 1993.2.23, 92다52122).

(다) 교사 · 방조에 의한 공동불법행위　교사자와 방조자는 공동불법행위자로 본다. 그러나 이 경우에도 주관적 공동이 있으면 직접 불법행위에 가담하지 않았더라도 협의의 공동불법행위로 된다.

교사자는 불법행위자의 위법행위를 직접 교사한 자이고, 방조자는 불법행위를 용이하게 한 자로서 작위에 의한 경우뿐만 아니라 작위의무 있는 자가 그것을 방지하여야 할 제반 조치를 취하지 아니하는 부작위로 인하여 불법행위자의 실행행위를 용이하게 하는 경우를 포함한다.

다만, 과실에 의한 방조도 불법행위로 성립하는가. 판례는 불법행위에서의 방조는 형법과 달리 손해의 전보를 목적으로 하여 과실을 원칙적으로 고의와 동일시하므로 과실에 의한 방조도 가능하나, 다만 이 경우의 과실의 내용은 불법행위에 도움을 주지 않아야 할 주의의무가 있음을 전제로 하여 이에 위반하는 것을 말하는 것이라고 한다.[57]

---

56) 대판 1993.2.23, 92다52122.

57) 대판 1998.12.23, 98다31264 ; 1994.3.11, 93다33975.

(4) 共同不法行爲의 효과

(가) 공동불법행위자의 연대책임 공동불법행위자가 피해자에 대하여 손해를 가한 때에는 연대하여 그 손해를 배상할 책임이 있다. 이때 책임은 연대채무가 아닌 부진정연대채무이다.

(ㄱ) 공동불법행위자는 각자 공동불법행위와 상당인과관계에 있는 모든 손해, 즉 통상의 손해와 예견 가능한 특별한 사정으로 인한 손해를 배상하여야 한다(제393조). 그러나 특별한 사정으로 인한 손해에 관하여 공동불법행위자 중 1인이 예견가능성을 가지고 있지 않은 경우에도 연대책임을 지는가. 다수설은 객관적 공동설에 바탕하여 예견가능성이 있는 자 만이 배상책임을 지는 것이라고 하나 주관적 공동설에 따르면 예견가능성이 없는 자도 연대책임을 지는 것이라고 한다.[58)]

(ㄴ) 공동불법행위자 일부와 상계될 과실이 있는 경우 그 과실상계는 전체적으로 평가되는가, 아니면 개별적으로 평가되는가.

판례는 공동불법행위 책임은 가해자 각 개인의 행위에 대하여 개별적으로 그로 인한 손해를 구하는 것이 아니라 그 가해자들이 공동으로 가한 불법행위에 대하여 그 책임을 추궁하는 것으로, 법원이 피해자의 과실을 들어 과실상계를 함에 있어서는 피해자의 공동불법행위자 각인에 대한 과실비율이 서로 다르더라도 피해자의 과실을 공동불법행위자 각인에 대한 과실로 개별적으로 평가할 것이 아니고 그들 전원에 대한 과실로 전체적으로 평가하여야 하는 것이라고 하고,[59)] 한편 판례는 과실비율이 다른 공동불법행위자 1인이 손해액의 일부를 변제한 경우 다른 공동불법행위자의 면책범위에 관하여 판례는 불법행위의 성립이후에 적은 손해액을 배상할 의무가 있는 자가 손해액의 일부를 변제한 경우 많은 손해액을 배상할 의무 있는 자의 채무는 그 변제금 전액에 해당하는 부분이 소멸하나, 많은 손해액을 배상할 의무 있는 자가 손해액의 일부를 변제하였다면 그 중 적은 범위의 손해액을 배상할 의무 있는 자의 채무는 그 변제금 전액에 해당하는 채무가 소멸하는 것이 아니라 적은 범위의 손해배상책임만을 부담하는 쪽의 과실비율에 상응하는 부분만큼 소멸하는 것이라고 한다.[60)]

(나) 불법행위자 상호간의 구상관계 공동불법행위자 중 1인이 피해자에게 손해의 전부를 배상한 경우 그 배상자는 다른 자에 대하여 본래 부담하여야 할 책임의 비율에 따라 구상권을 가지는가. 공동불법행위자는 채권자에 대한 관계에서는 연대

58) 이은영 619면, 지원림 민법강의 1409면.
59) 대판 2000.9.8, 99다48245; 1998.6.12, 96다55631; 1998.10.20, 98다31691; 1997.4.11, 97다3118.
60) 대판 2001.11.13, 2001다12362.

책임(부진정연대채무)을 지되, 공동불법행위자들 내부관계에서는 일정한 부담부분이 있고, 이 부담부분은 공동불법행위자의 과실의 정도에 따라 정하여지는 것으로서 공동불법행위자 중 1인이 자기의 부담부분 이상을 변제하여 공동의 면책을 얻게 하였을 때에는 다른 공동불법행위자에게 그 부담부분의 비율에 따라 구상권을 행사할 수 있고 판례 또한 동일한 태도를 취한다.[61]

한편, 판례는 공동불법행위자 중 1인에 대하여 구상의무를 부담하는 다른 불법행위자가 수인 있는 때에는 특별한 사정이 없는 한 그들의 구상권자에 대한 채무는 부진정연대채무관계에 있는 것이라고 볼 근거는 없으며, 오히려 다수당사자 사이의 분할채무의 원칙이 적용되어 각자 부담부분에 대한 책임을 질 것이라고 한다.[62]

제 3. 不法行爲의 效果

1. 不法行爲成立과 구제제도

(1) 불법행위가 성립하면 그 기본적 효과로서 불법행위로 인하여 생긴 손해의 배상을 청구하는 권리, 즉 피해자의 가해자에 대한 손해배상청구권이 발생한다(제750조). 이때 손해의 범위·방법 등에 관하여는 채무불이행으로 인한 손해배상의 경우 몇 개의 규정을 두고 이를 불법행위로 인한 손해배상에 준용한다(제763조, 제393조, 제394조, 제396조, 제399조). 따라서 우리 민법은 불법행위의 기본적 효과로서 금전손해배상제도를 기초로 하고, 그 보충하는 제도로서 침해예방·침해제거청구권과 원상회복문제를 고려할 수 있으나 다만 그 법적 근거와 구체적 요건·범위에 관하여 일치하는 것은 아니다.

(2) 손해배상의 방법에는 원상회복주의와 금전배상주의가 있다. 입법례로서 독일 민법은 원상회복주의를 원칙으로 하고 금전배상을 보충적으로 취하나(동법 제249조 내지 제251조), 우리 민법은 금전배상주의를 취한다. 그러나 개정 민법(안)은 금전배상주의를 원칙으로 하면서 원상회복주의를 예외적으로 가미하고 있다(제764조, 제394조, 개정안).

---

61) 대판 1999.2.26, 98다52469; 1997.12.12, 96다50896; 1995.10.12, 93다31078; 1989.9.26, 88다카27232.
62) 대판 2002.9.27, 2002다15917.

2. 損害賠償의 責任

(1) 損害의 賠償

(가) 금전배상의 원칙 손해배상의 방법은 원칙적으로 금전배상이다. 따라서 재산적 손해뿐만 아니라 정신적 손해의 배상(위자료)도 금전으로 평가된다.

(ㄱ) 손해의 전보방법에는 불법행위 성립전의 상태를 재현시키는 이른바 원상회복방법도 있지만, 우리 민법이 금전배상을 원칙으로 한 것은 원상회복방법은 물건의 파괴 등과 같은 한정된 손해에만 타당하고 신체·생명 등에 대한 불법행위에는 적당하지 않고, 더욱이 현대사회에서는 모든 손해를 일단 금전으로 평가·산정함이 가능하고 또한 금전은 가분성을 가지므로 과실상계 등으로 당사자간에 발생한 손해를 분배하는 경우의 구체적 해결에 적당할 뿐만 아니라, 피해자나 배상책임자의 면에서도 간편한 구제수단이라는 점에 근거한다.

(ㄴ) 손해배상의 지급방법에는 일시금배상(원본배상)과 정기금배상이 있고, 피해자는 그 중 어느 것을 청구하든 자유이다. 그러나 다음의 경우에는 금전배상의 예외가 인정된다.

(a) 당사자 사이에 특별한 의사표시가 있으면 금전으로 배상하지 않고 다른 방법으로 배상할 수 있다(제394조·제763조).

(b) 타인의 명예를 훼손한 자에 대하여는 법원은 피해자의 청구에 의하여 손해배상에 갈음하거나 손해배상과 함께 명예회복에 적당한 처분을 명할 수 있다(제764조).

다만, 명예회복의 적당한 처분으로 사죄광고를 명할 수 있는가. 헌법재판소는 민법 764조가 사죄광고를 포함하는 취지라면 그에 의한 기본권제한에 있어서 그 선택된 수단이 목적에 적합하지 아니할 뿐만 아니라 그 정도 또한 과잉하여 비례원칙에 정한 한계를 벗어난 것으로 헌법 제37조 제2항에 의하여 정당화 될 수 없는 것으로써 헌법 제19조에 위반되는 동시에 헌법상 보장된 인격권을 침해하는 것이라고 한다.[63]

(c) 광업법은 손해배상에 관하여 금전배상을 원칙으로 하면서 배상금액에 비하여 과다한 비용을 필요로 하지 않고서 원상에 회복할 수 있는 경우 피해자는 원상회복을 청구할 수 있다고 규정하고 있다(동법 제62조).

(나) 손해배상의 범위와 산정

(ㄱ) 손해배상의 범위 : 불법행위로 인한 가해자가 배상할 손해배상의 범위는 채무불이행에 관한 민법 제393조가 준용된다. 따라서 불법행위자가 피해자에 배상할 손해배상의 범위는 그 불법행위와 상당인과관계에 있는 모든 손해이고 이때 손

63) 헌재결 1991.4.1, 89헌마160.

해에는 재산적 손해뿐만 아니라 정신적 손해도 포함된다(제751조).

다만, 견해에 따라서는 불법행위로 인한 손해에는 채무불이행으로 인한 손해배상과는 달리 예견가능성을 기초로 배상의 범위를 정할 수 없는 것이라 하고 규범목적에 의하여 정할 것이라 하고(김형배, 민법학연구 328면 이하), 판례 또한 공무원의 직무상 행위로 인한 국가배상책임을 범위에 관하여 「공무원에게 부과된 직무상 의무의 내용이 단순히 공공 일반의 추상적 이익을 위한 것이거나 행정기관 내부의 질서를 규율하기 위한 것이 아니고 전적으로 또는 부수적으로 사회구성원 개인의 구체적인 안전과 이익을 보호하기 위하여 설정된 것이라면, 공무원이 그와 같은 직무상 의무를 위반함으로 인하여 개인이 입게 된 손해에 대하여는 상당인과관계가 인정되는 범위 안에서 국가가 그 손해배상책임을 부담하여야 할 것이고, 이 경우 상당인과관계의 유무를 판단함에 있어서는 일반적인 결과 발생의 개연성은 물론 직무상의 의무를 부과하는 법령 기타 행동규범의 목적이나 가해행위의 태양 및 피해의 정도 등을 종합적으로 고려하여야 한다」(대판 1998.9.22, 98다2631; 1998.5.8, 97다36613; 1998.2.10, 97다49534; 1997.9.9, 97다12907; 1994.12.27, 94다36285; 1993.2.12, 91다43466) 라고 한데 대하여 견해 중에는 불법행위로 인한 손해와의 인과관계를 정함에 있어 규범목적을 취한 것이라고 한다(지원림 민법강의 1499면).

(ㄴ) 손해배상액의 산정 : 손해배상액의 산정시기는 원칙적으로 불법행위시의 교환가격에 의한다.

(a) 불법행위로 인하여 노동력을 상실한 피해자의 일실수익 손해는 원칙적으로 노동력 상실 당시의 수익을 기준으로 산정할 것이지만, 장차 그 수익이 증가될 것이 상당한 정도로 확실하게 예측할 수 있는 객관적인 자료가 있는 때에는 그 증가될 수익도 고려하여야 한다.[64]

다만, 장차 증가될 임금수익을 기준으로 산정한 일실이익 상당의 손해가 통상손해인가. 판례는 장차 그 임금수익이 증가될 것이 상당한 정도로 확실하게 예측할 수 있는 객관적 자료가 있는 일실이익 상당의 손해는 당해 불법행위에 의하여 사회통념상 통상 생기는 손해라고 한다.[65]

(b) 불법행위가 있은 후 목적물의 가격등귀와 같은 손해는 특별사정에 의한 손해로서 그 예견가능성이 있었던 경우에 한하여 배상액에 포함된다.

판례는 불법행위의 직접적 대상에 대한 손해가 아닌 간접적 손해는 특별한 사정으로 인한 손해로써 가해자가 그 사정을 알았거나 알 수 있었을 것이라고 인정되는 경우에만 배상책임이 있는 것이라고 한다.[66]

(c) 불법행위로 인한 손해배상채무에는 언제부터 지연이자를 부담하는가. 통설·판례는 불법행위가 있었던 때로부터 지연이자(법정이자)를 붙여야 한다고 한다. 그

64) 대판 1995.12.22, 95다31539.
65) 대판 1989.12.26, 88다카6761.
66) 대판 1996.1.26, 94다5472.

러나 불법행위시 이후의 등귀가격에 의하여 배상하는 때에는 그 등귀한 때로부터 지연이자를 붙여야 한다.

⑵ 損害賠償額의 算定

(가) 재산적 손해의 산정

(ㄱ) 재산권침해의 경우 : 소유물의 멸실·훼손으로 인한 손해는 원칙적으로 멸실 또는 훼손 당시 그 물건이 가지고 있었던 교환가격이 배상할 손해가 된다.[67] 기타의 재산권이 침해된 경우에도 동일하나, 임차권이 침해된 경우에는 차임상당액이 통상의 손해로 된다.

다만, 점유권의 침해로 손해배상을 청구할 수 있는가. 예컨대 점유 중인 가옥이나 물건이 파괴된 경우와 같이 점유물의 멸실로 목적물의 이용이 방해된 경우 점유자의 점유권침해로 받게 되는 손해는 그 목적물의 소유권이나 임차권 등의 본권에 대한 침해로 인한 손해이므로 점유권 자체의 침해로 인한 손해배상의 청구는 할 수는 것이라고 해석된다.

(ㄴ) 생명·신체침해의 경우 : 사람의 생명·신체침해에는 별개로 논의된다.

(a) 생명(生命)침해의 경우 : 피해자의 사망으로 인하여 생긴 재산적 손해의 산정은 피상속인이 취득할 수 있었던 이익의 손해배상청구권이 상속인에게 상속된다고 하는 경우에 비로소 문제된다. 그러나 그 상속을 부정하고 피부양자가 장차 부양을 받을 이익을 손실한 것으로 이해하여 그 배상을 청구한다고 하더라도 유사한 계산방법이 취하여진다.

1) 피해자 사망으로 피해자 본인에 발생한 현실배상액은 피해자 본인에 생존을 추정하는 평균수명까지의 일실이익 총액에서 손익상계와 과실상계 및 중간이익을 공제한 금액이며, 판례는 봉급생활자가 회사에서 정년 퇴직한 이후 가동연한인 60세가 될 때까지 입은 일실수입은 노동부 발행 임금구조기본통계조사보고서에 따른 전 경력 고졸남자의 월 급여액을 기초로 산정되나,[68] 농업에 종사하는 자에 대하여는 건강상태에 따라 65세가 될 때까지는 가동연한으로 볼 수 있는 것이라 한다.[69]

[판례] 1994년경 우리나라 전체 농가인구 중 60세 이상의 농가인구가 차지하는 비율이 25%인 점과 사고 당시 피해자가 거주하던 지역의 실제 농사에 종사하는 인구 중 60세 이상의 점유비율, 그리고 농촌인구의 도시유입에 따라 점차 노령화되고 있는 우리나라 농촌의 현실 및 피해자가 사고 당시 만 52세 7개월의 나이로 실제 농업노동에 종사하여 왔을 뿐만 아니라 농한기에는 건설현장에서 근무할 정도로 건강하였던 점에 비추어 보면 피해

67) 대판 1971.2.9, 70다2826.

68) 대판 1995.9.29, 94다61946.

69) 대판 1997.12.23, 96다46491.

자의 가동연한을 65세가 될 때까지로 봄이 상당하다(대판 1997.12.23, 96다46491).

2) 불법행위 당시 피해자가 둘 이상의 수입이 있는 업무에 종사하고 있었던 경우 이를 합산하여 청구할 수 있는가. 판례는 각 업무의 성격이나 근무형태 등에 비추어 그들 업무가 서로 독립적이어서 양립 가능한 것이고 또한 실제로 피해자가 어느 한 쪽의 업무에만 전념하고 있는 것이 아닌 경우에 한하여 피해자의 일실 수익의 산정에 있어 각 업종의 수입 상실액을 모두 개별적으로 평가하여 합산하여야 하는 것이라고 한다.[70]

3) 일실수익산정의 기초가 되는 소득액에서 제 세금액을 공제하여야 하는가. 판례는 생명이나 신체에 대한 불법행위로 인하여 가동능력의 전부 또는 일부를 상실함으로써 일실하는 이익의 액은 그 피해자가 그로 인하여 상실하게 된 가동능력에 대한 총 평가액으로서 그 소득에 대하여 소득세 등 제 세금액을 공제하지 아니한 금액이라고 보아야 하는 것이라 하여 부정한다.[71]

(b) 신체(身體)침해의 경우 : 신체상해의 경우에는 치료비·입원비·의족비 등과, 치료기간 중의 휴업으로 인한 수입의 감소를 손해로써 청구할 수 있고, 불구가 된 경우에는 사망에 이르기까지 얻을 수 있었던 이익이 감소한 부분, 연소자가 부상한 경우에는 장차 성년이 된 경우에 얻을 수 있었던 수입의 감소분을 현재에 청구할 수 있다. 그러나 신체의 상해를 입은 자가 청구하는 손해배상액산정에 있어서 생활비는 공제하지 않는다.

- 단순한 신체침해의 경우
  - 입원비·치료비 등
  - 치료기간 중 휴업으로 인한 감소비(일실이익)
- 불구(不具)가 된 경우 ―사망에 이르기까지의 이익 감소비

판례는 불법행위로 신체장애를 입은 피해자는 보통 그 정도의 가동능력을 상실하였다고 봄이 우리의 경험법칙에 합치되고, 또한 피해자가 종전과 같은 직종에 종사하면서 종전과 다름없는 수입을 얻었다고 하더라도 피해자의 신체훼손에 불구하고 재산상 아무런 손해를 입지 않았다고 할 수 없는 것이라고 한다.[72]

(ㄷ) 기타 권리(權利)침해의 경우 : 생명·신체 이외의 인격적 이익, 즉 자유·명예·신용 등의 손해에 의하여도 재산상 손해가 생기고, 또한 영업상 이익의 침해에 의하여도 재산상 손해가 생긴다.

특히, 인격권침해에 관하여 판례는 인격권의 성질상 일단 침해된 후의 구제수단(예컨대 금전배상이나 명예회복 처분)만으로는 그 피해의 완전한 회복이 어렵고 손해

70) 대판 2002.1.8, 2001다64646.
71) 대판 2003.6.13, 2003다18807.
72) 대판 1995.12.22, 95다31539.

전보의 실효성을 기대하기 어려우므로 인격권침해에 대하여는 사전구제수단으로 침해행위의 정지·방지 등 금지청구권도 인정되는 것이라고 한다.[73)]

(나) 정신적 손해의 산정　정신적 손해란은 위법한 행위로 인하여 생기는 정신적 고통 기타 무형의 손해이며, 그 손해의 배상을 보통 위자료라고 한다.

(ㄱ) 위자료의 법률적 성질 : 위자료청구권의 법률적 성질을 어떻게 볼 것인가. 제재열은 위자료는 손해배상이 아닌 사적 제재로서 피해자가 가해자에게 과하는 일종의 벌금이라 하나, 제재설을 취하면 위자료청구권의 상속에 대한 설명이 어려울 뿐만 아니라 민·형사책임의 분화를 파괴하는 결과를 초래한다는 점을 들어 다수설은 배상설을 취한다.

그리하여 위자료 역시 순수한 손해배상이지만 재산상 손해와는 달리 금액적 평가가 어렵고, 정신적 고통의 정도 또한 개별적인 것이어서 그 인정 여부와 산정은 정책적 입장에서 법원의 규범적 판단에 맡겨지는 것이라고 한다.

(ㄴ) 위자료의 인정범위 : 위자료의 배상을 인정할 필요는 인격적 침해의 경우에 특히 크다. 따라서 민법 제751조 제1항은 타인의 신체·자유 또는 명예를 해하거나 기타 정신적 고통을 가한 경우에 재산 이외의 손해에 대하여도 배상할 책임이 있다고 규정하고 있다.

문제는 재산권침해의 경우에도 위자료를 청구할 수 있는가. 재산권침해의 경우 정신적 손해는 일반적으로 재산적 손해에 가리워져 있어서, 재산적 손해가 배상되면 정신적 손해도 일응 회복된다고 보아야 할 것이라고 한다. 따라서 재산권침해의 경우 통상 발생하는 침해는 재산적 손해이다. 그러나 재산적 손해에 가리워질 수 없는 특별한 정신적 침해가 있는 때(예컨대 피해자의 선조 전래의 토지를 사취한 경우)에는 그것은 특별사정으로 인한 손해로서 당사자에게 예견가능성이 있었던 경우에만 배상시킬 수 있다고 해석된다.

(ㄷ) 위자료의 산정 : 위자료의 산정에는 재산적 손해의 경우와 같은 명확한 기준을 세우기는 어렵고, 최후의 판단은 사회통념과 법원의 판단에 의한다. 판례도 위자료의 액수에 관하여는 재산적 손해와 같이 이를 입증할 수는 없는 성질의 것이라 한다. 즉 당사자 쌍방의 사회적 지위·자산·가해의 동기·태양 등의 제반 사정을 고려하여 공평의 원칙에 입각하여 정할 것이라고 한다.

(3) 損害賠償額算定의 특수문제

(가) 손익상계　불법행위가 피해자에게 손해와 함께 이익도 준 경우에는 이익을

---

73) 대판 1996.4.12, 93다40614·40621.

공제한 잔액이 배상하여야 할 손해액이다. 이것을 손익상계라고 한다.

민법은 손익상계(損益相計)에 관하여 특별히 규정하고 있지는 않으나 이것은 손해액의 산정에 있어서 당연히 예정된 것이고, 민법 제750조의 손해라고 하는 것은 손익상계된 손해를 가리킨다. 그러나 구체적으로 어느 범위의 이익이 공제되어야 하는가, 그것은 불법행위와 상당인과관계에 있는 이익이고, 실제적으로는 공평의 원칙에 따라서 판단하여야 한다.

(나) 과실상계 과실상계(過失相計)란 불법행위의 성립 또는 손해의 발생에 관하여 채권자 또는 피해자에게도 과실이 있는 때 법원이 손해배상책임의 유무 및 손해액의 범위를 정함에 있어 배상권리자의 과실을 참작하는 것을 말한다.

민법 제396조(과실상계)가 규정한 과실과 제750조(불법행위의 내용)가 규정한 과실을 구별할 것인가. 최근의 판례는 불법행위에 있어서의 피해자의 과실을 따지는 과실상계에서의 과실은 가해자의 과실과 달리 사회통념이나 신의성실의 원칙에 따라 공동생활에 있어 요구되는 약한 의미의 부주의를 의미하는 것으로 보아야 한다고 하여 양자를 구별한다.[74]

(ㄱ) 상계대상 : 불법행위에 있어서의 과실상계에는 피해자의 과실이 있어야 한다. 그 과실은 불법행위의 성립 또는 손해의 확대, 어느 것에 관한 것이라도 무방하다. 다만 피해자에게 책임능력이 없는 경우 그 자에게 감독의무자가 있을 때는 감독의무자의 과실은 곧 피해자측의 과실로 보아 상계하고,[75] 또한 피해자와 일정범위의 친족관계에 있는 경우에도 피해자측의 과실로 상계한다.[76]

(a) 피용자의 과실이 손해배상의 원인이 된 경우에도 그 과실은 피해자의 배상청구에 있어서도 고려되어야 할 것이라 본다. 다만 배상권리자 이외의 자의 과실, 즉 유아·정신병자 등의 감독의무자의 과실을 참작할 것인가.

다수설·판례는 피해자 개인인 幼兒의 배상청구라도 그 행사의 결과는 사실상 가족인 부모의 이익에 돌아가므로 공평의 이념상 감독의무자의 과실을 참작할 것이라 한다.[77]

(b) 피해자가 사망하고 그 부모·배우자·자손 등으로부터 배상청구를 하는 경우에 직접의 피해자인 死者의 過失을 참작할 것인가.

74) 대판 1997.12.9, 97다43086.
75) 대판 1969.9.23, 69다1164.
76) 대판 1989.4.11, 88다카2933: 판례는 아버지와 생계를 같이하는 미성년의 아들이 아버지가 운전하는 자동차에 동승하여 가다가 다른 자동차와 충돌하여 상해를 입은 경우 그 손해액을 산정함에 있어서는 피해자의 아들과 가족관계 및 생활관계에서 일체를 이루는 운전자인 아버지의 과실을 피해자측의 과실로 참작하는 것이 형평의 원칙에 비추어 상당한 것이라고 한다.
77) 대판 1969.11.25, 69다1603.

사고의 발생에 관하여 死者에게도 과실이 있을 때에는 배상청구권자에게는 과실이 없더라도 참작하여야 할 것이라고 본다.

(ㄴ) 과실상계의 효과 : 피해자에게 과실이 있으면 법원은 손해배상 책임과 금액을 정함에 있어 이를 참작하여야 한다. 따라서 피해자의 과실이 인정되는 경우에는 그 주장이 없더라도 법원은 직권으로 심리·판단하여 참작하여야 한다. 다만 어느 정도로 권리자의 과실을 참작하느냐는 법원의 자유재량에 의한다.78)

또한, 손해배상액의 예정이 있는 경우에도 과실상계의 규정이 적용되는가에 관하여 학설은 긍정하나, 판례는 이를 부정한다.79)

(ㄷ) 과실상계의 적용범위 : 과실상계는 공평의 이상에 입각한 것이므로 무과실책임의 경우에도 적당히 확장하여 적용하여야 할 것이라 한다. 그리하여 가해자가 이른바 중간적 책임을 질 경우는 물론이지만, 절대적 무과실책임을 지는 경우에도 적용되어야 할 것이라고 본다.

(다) 중간이익의 공제 중간이익의 공제란 장래의 일정한 시기에 일정한 가액을 취득할 권리가 침해된 경우에는 장래의 가액으로부터 중간이자를 공제한 현재의 손해액을 배상하여야 함을 말한다. 예컨대 1년 후 인도하여야 할 물건을 멸실한 경우에 현재 일시에 배상하여야 할 손해액, 즉 장래채무의 불이행으로 인한 현재의 손해액은 장래 급부액으로부터 중간이자를 공제하여야 하는 것을 말한다.

중간이익의 계산법에는 가르프초우(Garpzow)식과 라이프니쯔(Leibniz)식 및 호프만(Hoffman)식이 있고, 그 산식(算式)은, 현재의 배상액을 X, 년수를 n, 년이율을 r, 장래의 손해액을 A라고 하면 다음과 같다.

(ㄱ) Hoffman식… $X = \frac{A}{1 + nr}$ … (단리계산)

(ㄴ) Garpzow식… $X = A(1 - nr)$ … (장래가액을 원본으로 한 중간이자 공제)

(ㄷ) Leibniz식 … $X = \frac{A}{(1 + r)^n}$ … (복리계산)

판례는 Leibniz식을 원칙으로 취하지만 Hoffman식 계산법에 의하는 것도 무방하다고 한다.

(라) 배상액의 경감 불법행위로 인한 손해배상이 거액에 달하고, 특히 가해자가 빈곤한 경우에는 그 배상액을 경감할 수 있다.

민법은 불법행위가 고의 또는 중대한 과실로 인한 것이 아니고, 가해자가 그 배상을 함으로써 배상자의 생계에 중대한 영향을 미치게 될 경우에는 법원에 그 배상액의 경감을 청구할 수 있고(제765조 제1항), 이 청구가 있는 때에는 가해자와 피해자 쌍방의 재

78) 대판 1972.12.26, 72다1037.

79) 대판 1972.3.31, 72다108.

산상태와 손해의 원인 등을 참작하여 배상액을 경감할 수 있게 하고 있다(동조 제2항).

(마) 고의의 불법행위채권과 상계금지 고의의 불법행위자는 피해자의 손해배상채권을 수동채권으로 하여 상계하지 못한다(제496조). 그러나 과실의 불법행위로 인한 채권은 그러하지 아니한다. 또한 고의의 불법행위채권이라도 자동채권으로서 피해자가 상계하는 것은 무방하다.

다만, 청구원인의 실질이 고의의 불법행위에 기인한 것이나 피해자가 불법행위에 기한 손해배상청구권을 행사하지 않고 부당이득반환채권을 행사하는 경우에도 상계금지에 관한 민법 제496조가 적용되는가. 판례는 부당이득의 원인의 실질이 고의의 불법행위에 기인한 것인 이상 동조 규정을 유추 적용할 것이라고 한다.[80]

(4) 損害賠償請求權의 행사

(가) 손해배상청구권자 불법행위로 인한 손해배상청구권을 갖는 자는 원칙적으로 손해를 받은 피해자이며, 자연인뿐만 아니라 법인 및 권리능력 없는 사단을 포함한다.

또한 胎兒는 손해발생청구권에 관하여 이미 출생한 것으로 본다(제762조). 따라서 태아도 태아 자신에 침해된 재산적 정신적 손해에 대한 고유의 배상청구권을 가진다.

(ㄱ) 재산적 손해의 청구는 피해자 자신이나 다만 피해자 사망의 경우 그 유족은 피해자 본인의 생존을 추정하는 평균수명까지의 일실이익 총액에서 손익상계와 과실상계 및 중간이익을 공제한 현실배상액과 민법 제750조에 의한 피해자가 사망시까지 부담한 치료비·간호비·부양청구권의 침해 및 장례비 등을 청구한다.

(ㄴ) 재산적 손해와는 달리 정신적 손해에 대하여는 피해자의 일정 친족도 자신이 받은 정신적 고통에 대하여 고유의 배상청구권을 가진다. 따라서 피해자의 직계존속·비속, 배우자도 위자료청구권을 가지나(제752조), 이에 국한하지 않고 그 외에 사실적 친족관계에 있는 자를 포함하는가.

다수설·판례는 민법 제752조의 열거는 예시하는데 불과하고, 이들에 대한 입증책임을 면제하는데 있으므로 이들 이외의 자도 피해자와의 특별한 관계와 정신적 고통을 입증하면 제750조·제751조에 의하여 청구할 수 있는 것이라고 한다.[81]

[판례] 민법 제752조는 생명침해의 경우에 있어서의 위자료청구권자를 규정하고 있으나, 이러한 위자료청구권자의 규정은 제한적인 규정이 아니라 다만 거기에 규정된 자들은 그 정신적 고통에 관한 거증책임을 경감한다는 취지에 불과하므로 동조에 규정된 친족 이외의 친족이라고 하더라도 그 정신적 고통에 대한 입증만 있다면 일반원칙인 본법 제750조, 본조의 규정에 따라 위자료를 청구할 수 있다(대판 1978.9.26, 78다1545).

80) 대판 2002.1.25, 2001다52506.

81) 대판 1978.9.26, 78다1545.

(ㄷ) 손해배상의 의무를 부담하는 자는 가해자이나 이에 국한하지 않고, 일정 경우에는 가해자와 일정 관계(감독의무자 사용자 등)에 있는 자도 배상의무자로 된다.

또한, 법인 대표기관의 위법행위에 대하여는 법인이 손해배상책임을 진다.

(나) 손해배상자의 대위　불법행위로 인하여 멸실 또는 훼손되거나 소재불명으로 된 물건에 관하여 불법행위자가 전액을 배상한 경우에는 그 물건에 관한 권리는 손해배상자에게 이전한다. 이것은 공평의 이상에 적합하기 때문이다.

(다) 손해배상청구권과의 소멸시효　불법행위로 인한 손해배상청구권은 피해자나 그 법정대리인이 그 손해 및 가해를 안 날부터 3년 내 이를 행사하지 않으면 시효로 소멸하고, 또한 불법행위를 한 날부터 10년이 지나면 역시 소멸한다. 여기서 3년의 기간은 시효기간이고, 10년의 기간은 제척기간이다. 특히 불법행위로 인한 손해배상청구권 소멸의 기산점에 관하여 판례는 민법 제766조 제1항 소정의 손해를 안다는 것은 단순히 손해발생의 사실을 안다는 것으로는 부족하고 가해행위가 불법행위로서 이를 원인으로 하여 손해배상을 소구할 수 있다는 사실까지 아는 것을 의미하는 것이라고 한다.[82]

[판례] 가해행위와 이로 인한 현실적인 손해의 발생 사이에 시간적 간격이 있는 불법행위에 기한 손해배상채권에 있어서 소멸시효의 기산점이 되는 불법행위를 안 날이라 함은 단지 관념적이고 부동적인 상태에서 잠재하고 있던 손해에 대한 인식이 있었다는 정도만으로는 부족하고 그러한 손해가 그 후 현실화된 것을 안 날을 의미한다(대판 2001.1.19, 2000다11836).

다만, 불법행위가 계속적인 경우 그 손해배상의 청구권의 소멸시효의 그 기산점은 어떻게 되는가. 판례는 불법행위가 계속적으로 행하여지는 결과 손해도 역시 계속적으로 발생하는 경우에는 특별한 사정이 없는 한 그 손해는 날마다 새로운 불법행위에 기하여 발생하는 손해로서 민법 제766조 제1항을 적용함에 있어서 그 각 손해를 안 때로부터 각별로 소멸시효가 진행되는 것이라고 한다.[83]

(5) 損害賠償請求權의 상속성

불법행위로 인한 손해배상청구권도 원칙적으로 양도성을 갖는다. 그러나 재산적 손해의 배상청구권은 일반채권과 마찬가지로 양도성을 가지지만(제449조), 정신적 손해의 배상청구권에 관하여는 그 양도성・상속성을 부정할 것이다. 그러나 의자료청구권이라고 하더라도 그것이 행사상 일신전속권에 불과한 것이어서 특히 피해자의 신체침해의 경우에는 피해자가 청구권을 행사할 의사를 표시하였거나 포기할 의사가 명확하지 아니한 때에는 이미 재산권으로 성질을 가진 것이므로 상속인에 상속된다.

---

82) 대판 2001.1.19, 2000다11836 ; 1997.12.26, 97다28780 ; 1996.8.23, 96다33450.

83) 대판 1999.3.23, 98다30285.

다만, 피해자 즉사(卽死)의 경우에는 먼저 피해자 본인에 발생하고 상속인에게 상속되는가. 다수설은 시간적 간격설, 즉 즉사라고 하더라도 사자가 치명상을 입을 때와 사망한 사이에는 이론상 또는 실제상 시간적 간격이 있는 것이며, 사자는 치명상을 입는 순간 손해배상청구권을 취득하고, 동시에 그것이 상속인에게 승계되는 것인데 그 액은 사망 자체로 인한 손해배상청구액과 차이가 없는 것이라 하고, 최근 판례 또한 위자료청구권은 피해자가 이를 포기하거나 면제하였다고 볼 수 있는 특별한 사정이 없는 한 원칙적으로 상속되는 것이고 이는 피해자가 즉사한 경우에도 동일한 것이라고 한다.[84)]

- (1) 생명침해(生命侵害)의 경우
  - ㉠ 청구권자
    - 피해자의 직계존속 · 직계비속 · 배우자
    - 반드시 호적상 관련자에 불문
  - ㉡ 입증책임
    - 원 칙 — 정신적 손해의 입증을 요하지 않고 인정(판례)
    - 형제자매, 내연의 처 등 — 입증책임 부담
- (2) 생명참해(生命侵害) 이외의 경우(신체침해의 경우)
  - ㉠ 본인(침해자)의 위자료 청구
  - ㉡ 본인 외에 피해자의 직계존속 · 비속, 배우자 등의 청구 여부
    - 정신적 손해 — 부모 · 부부 · 자녀 등의 친족관계에 있는 자의 청구 인정
    - 재산적 손해 — 치료비를 자기의무 이행으로 지출한 경우에도 청구 가능

---

3. 不法行爲와 妨害豫防 및 除去請求權

(1) 不法行爲와 物權的請求權의 확장

불법행위의 효과는 그것으로 인하여 생긴 손해배상을 청구하는 권리의 발생이므로 현재 계속되고 있는 또는 장래 발생할 침해행위의 배제 · 예방은 불법행위 효과로서 직접 발생하는 것이 아니다. 그러나 모든 권리침해에 이와 같은 방해배제 또는 예방청구권을 인정하지 아니하면 결국 권리의 완전한 보호를 기할 수 없어 불법행위제도의 취지에 반한다. 그리하여 학설은 물권적 청구권의 이론을 확장하여 방해제거 또는 방해예방의 청구권을 인정할 것이라고 한다.

(2) 물권 또는 물권유사권리침해와 방해예방 · 방해제거청구

(가) 물권(物權)에 관하여 침해가 있는 경우 불법행위에 의한 손해배상청구권과는 별개로 그 본질적 효력으로서 물권적 청구권을 물권의 일반적 효력으로 인정하고 있다. 따라서 불법행위에 기한 물권침해는 물론 이에 국한하지 않고, 물권이 아

---

84) 대판 1966.10.18, 66다1335.

니라고 하더라도 물권과 같은 절대권 기타 이에 유사한 성질의 권리에 관하여는 물권적 청구권 유사의 청구권을 인정하는 것이 타당하다고 하며, 그 대표적인 것으로서 인격권과 무체재산권을 들고 있다.[85)]

(ㄱ) 무체재산권으로서 공업소유권에 관하여 특허법(동법 제155조), 실용신안법(동법 제29조), 의장법(동법 제56조의 2), 상표법(동법 제35조) 등은 모두 일정한 경우 방해제거청구를 인정하고 부정경쟁방지법도 손해배상청구와 아울러 부정경쟁행위의 중지청구권을 인정하고 있다(동법 제2조, 제3조).

(ㄴ) 성명권·초상권침해, 명예훼손 등 인격권침해에 관하여도 그 효과적인 보호를 위하여 부작위청구나 방해제거청구, 특히 명예훼손의 경우 그 내용을 담은 출판물의 유포저지를 위한 회수·파기 또는 부작위청구가 요청된다.

(나) 이와 같이 물권 또는 이에 유사한 성질의 권리로서 인격권·무체재산권에 대한 불법한 침해에는 손해배상청구권 외에 침해방지 또는 제거청구가 인정되며 그 행사요건으로서는 침해자의 위법한 것임을 요하나 침해가 유책적, 즉 고의·과실은 요구되지 않는 점에서 위법·유책적 침해를 전제로 하는 손해배상청구권과 달리한다.

또한, 손해배상은 이미 발생하여 완결된 위법한 침해의 전보로서 침해의 효과를 문제삼는데 대하여 침해예방·제거청구는 장래 방해 없는 상태의 확보로서 손해의 원인을 문제삼는 점에서 구별된다. 그러나 때로는 손해배상의 방법으로서 원상회복과 방해제거청구와의 사이에 한계를 짓는 것이 어려울 경우가 없지 않다. 예컨대 명예훼손의 경우 법원은 피해자의 청구가 있는데 손해배상에 갈음하여 또는 손해배상과 함께 명예회복에 적당한 처분, 즉 신문지상에의 사죄광고 등은 침해에 대한 일종의 명예회복이라 할 수 있으나 명예훼손 기사가 실린 출판물 등의 배포금지나 회수 등은 침해예방이지만 제거영역에 속한다고 할 것이다.

제 4. 特殊한 不法行爲로 인한 責任

(1) 타인(他人)의 불법행위로 인한 책임
- ① 의사무능력자의 불법행위와 감독의무자의책임
- ② 미성년자의 불법행위와 감독의무자의 책임
- ③ 피용자의 불법행위와 사용자의 책임

(2) 위험책임(危險責任)의 법리에 의한 불법행위책임
- ① 위험원의 인수에 의한 불법행위책임(절대적 무과실책임)
- ② 동물의 점유자의 책임
- ③ 과실의 객관화 또는 추정에 의한 불법행위성립(중간책임)

85) 이영준, 물권법 49면.

1. 他人의 不法行爲로 인한 責任

(1) 의사무능력자의 不法行爲와 감독자책임

(가) 감독자책임의 의의와 근거 책임무능력자가 그 위법행위에 관하여 배상책임을 부담하지 않는 경우도 그 자를 감독할 법정의무 있는 자와 감독의무자에 갈음하여 감독하는 자는 그 감독을 게을리 하지 않았다는 것을 입증하지 못하면 배상책임을 부담한다(제755조 제1항·제2항). 이와 같이 민법이 책임무능력자의 행위에 관하여 감독의무자에게 배상책임을 지게 한 것은 피해자의 보호를 두텁게 함과 아울러 감독의무자의 주의를 촉구하여 책임무능력자에 의한 가해행위를 감소시키기 위한 데 있다.

(나) 감독자책임의 특성 책임무능력자에 대한 감독자의 책임은 다음의 점에서 보통의 불법행위보다 무거운 책임을 부담한다.

(ㄱ) 책임요건으로서의 감독의무자의 과실은 책임무능력자의 행위에 관한 일반적인 감독을 태만함을 의미하고, 당해 위법행위가 행하여진데 대한 과실을 의미하는 것은 아니다.

(ㄴ) 입증책임이 전환되어 감독의무를 해태하지 않았음을 감독의무자 스스로가 입증하여야 한다. 동조 제755조에 의한 감독의무자의 책임은 타인의 행위에 의한 책임이며, 법익침해에 대한 감독자의 고의·과실을 필요로 하지 않으므로, 일종의 무과실책임이라고 할 수 있다. 그러나 감독의무자(또는 대리감독자)가 감독의무를 해태하지 않았다는 것을 입증하면 그 책임을 면할 수 있으므로, 이 점에서 제758조에 의한 책임과는 달라서 절대적 무과실책임이라고는 할 수 없는 중간책임의 형태이다.

(다) 감독자책임의 요건 의사무능력자의 불법행위에 대한 감독자의 책임이 성립하기 위하여서는 다음의 요건을 갖추어야 한다.

(ㄱ) 의사무능력자의 불법행위가 있어야 한다. 의사무능력자란 책임무능력자, 즉 민법 제753조·제754조에서 말하는 미성년자·심신상실자를 가리키며, 무능력자에게 책임이 없는 경우란 객관적으로 위법한 불법행위가 될 만한 가해행위가 있으면서도 행위자에게 불법행위책임이 생기지 않는 경우만을 의미한다. 따라서 미성년자나 심신상실자가 책임을 지는 경우에는 비록 감독의무자에게 과실이 있다고 하더라도 감독의무자는 본조에 의한 책임을 지지 않는다.

(ㄴ) 감독의무자 또는 대리감독자가 감독의무를 게을리 하여야 한다. 의무를 게을리 하였다는 것을 피해자가 입증할 필요는 없으며, 감독자가 의무를 게을리 하지 않았다는 것을 입증해서 책임을 면할 수 있을 뿐이다.

다만, 감독의무자가 감독을 게을리 하지 않았더라도 역시 가해행위로 손해가 생겼으리라는 것을 입증하면 그 책임을 면할 수 있는가.

다수설은 감독상 과실과 가해행위 사이에도 인과관계를 기초로 하고 있다고 파악하여 제756조 제1항 단서를 유추 적용하여 그러한 경우에는 책임을 면한다고 해석할 것이라 하고, 판례 또한 민법 제755조에 의하여 책임능력 없는 미성년자를 감독할 법정의무 있는 자 또는 그에 갈음하여 무능력자를 감독하는 자가 지는 손해배상책임은 그 미성년자에게 책임이 없음을 전제로 하여 이를 보충하는 책임이고, 그 경우에 감독의무자 자신이 감독의무를 해태하지 아니하였음을 입증하지 아니하는 한 책임을 면할 수 없는 것이라 하여 동일한 태도를 취한다.86)

(라) 배상책임자 민법 제755조에 의한 배상책임자, 즉 책임부담자는 책임무능력자를 감독할 법정의무자 및 감독의무자에 갈음하여 감독하는 자이다.

(ㄱ) 법정감독의무자는 미성년자에 있어서는 친권자와 후견인이고, 금치산자에 있어서는 후견인이다. 금치산선고를 받지 않은 심신상실자의 감독의무자에 관하여는 특별규정이 없는 이상 관습법 또는 조리에 의하여 적당한 지위에 있는 자를 감독의무자라고 하여야 할 것이다.

(ㄴ) 대리감독자는 법정감독의무자와의 계약 또는 법률에 의하여 감독의무를 지는 자이며, 유치원원장·초등학교장·정신병원장 등이 이에 속한다. 이 외에 사실상 감독을 하는 자, 예컨대 일가의 세대주나 고아의 사실상 양육자도 포함된다.

판례는 지방자치단체가 설치·경영하는 학교의 교장이나 교사는 학생을 보호·감독할 의무를 지는 것이지만 이러한 보호·감독의무는 교육법에 따라 학생들을 친권자 등 법정감독의무자에 대신하여 감독을 하여야 하는 의무로서 학교 내에 있어서의 학생의 전 생활관계에 미치는 것이 아니고 학교에서의 교육활동 및 이와 밀접 불가분의 관계에 있는 생활관계에 한하며, 그 의무 범위내의 생활관계라 하더라도 교육활동의 때·장소, 가해자의 분별능력, 가해자의 성행, 가해자와 피해자와의 관계, 기타 여러 사정을 고려하여 사고가 학교생활에서 통상 발생할 수 있다고 하는 것이 예측되거나 또는 예측가능성(사고발생의 구체적 위험성)이 있는 경우에 한하여 교장이나 교사는 보호·감독의무 위반에 대한 책임이 있는 것이라고 한다(대판 1997.6.13, 96다44433; 1997.6.27, 97다15258).

(ㄷ) 법정감독의무자와 대리감독자의 책임은 서로 배척하는 것이 아니다. 이 경우 책임은 이른바 부진정연대채무이므로, 피해자는 전부의 배상을 얻을 때까지 양자의 어느 편에 대해서든지 책임을 물을 수 있다.

86) 서울지판 1993.11.5, 93나10124.

⑵ 책임능력있는 未成年者의 不法行爲와 감독자책임

우리 민법상 감독의무자의 책임은 가해행위를 한 미성년자가 책임능력이 없는 때에는 민법 제755조에 의하여 감독의무자가 책임을 지게 되나, 가해행위를 한 미성년자가 책임능력이 있는 때에는 그 미성년자가 피해자에 대하여 직접 손해배상책임을 부담한다. 그러나 가해자인 미성년자에게 비록 책임능력은 있을지라도 그 손해를 배상할 자력이 없는 때에는 사실상 피해자의 구제가 어렵게 되고 또한 그것이 보통이다. 그리하여 학설은 피해자의 보호란 측면에서 책임능력 있는 미성년자의 가해행위에 대한 감독의무자의 책임을 인정할 것인가.

종래 학설은 민법은 자기의 고의·과실로 인한 위법행위로 타인에 손해를 준 때에만 책임을 진다는 자기책임의 원칙을 바탕으로 하고 있으므로 그에 대한 예외가 인정되려면 제755조와 같은 특별규정이 있어야 할 것이라 하여 감독의무자의 책임을 배척하였다. 그러나 현재 학설은 피해자의 보호라는 측면을 강조하여 감독의무자의 책임을 긍정하는데 대체로 학설이 일치하고, 다만 그 실정법적 근거를 어디에서 찾을 것인가에 관하여 일반불법행위책임설, 민법제750조특별적용설,[87] 민법제755조확대적용설, 신원보증책임설[88] 등이 대립하여 왔다.

그러나 다수설은 이들 학설 중 제755조 확대적용설은 제755조에 배치되며, 신원보증인책임설은 친권자를 「고용계약 등에 부수하여 체결되는 계약」인 신원보증의 당사자로 인정하는 것은 부당할 뿐만 아니라, 신원보증인으로서 친권자의 지위를 인정하면 친권자는 子의 불법행위에 대하여 언제나 책임을 진다는 결론에 도달하게 되어 부당하다고 지적하고,[89] 감독의무자에게 민법 제750조에 의한 일반불법행위책임을 인정할 것이라고 한다. 즉 법정감독의무자의 미성년자에 대한 보호·교양·감호의무위반으로 인하여 미성년자가 불법행위를 하고 그로 인해 피해자가 손해를 입은 경우 법정감독의무자인 친권자의 감독의무위반과 손해발생간에는 인과관계가 인정되므로 법정감독의무자는 민법 제750조의 일반불법행위 원칙에 따라서 손해배상책임을 부담할 것이라고 한다.

이에 대한 한 때 판례는 「무능력자에게 책임이 없는 경우」란 객관적으로 위법한 불법행위가 될만한 가해행위가 있으면서도 행위자에게 불법행위의 책임이 생기지 않는 경우만을 의미한다고 하였다.[90] 그러나 최근의 판례는 「책임능력 있는 미성년자의 불법행위로 인하여 손해가 발생한 경우에 그 발생된 손해가 당해 미성년자의

87) Christian von Bar, Verkehrspflichten(1980), S.93.: 김상용, 전게논문 567면.
88) 조규창, 미성년자의불법행위에대한친권자의책임, 판례연구(고대법학연구소) 제2집(1983) 151면.
89) 김상용, 전게논문 566면; 송덕수, 책임능력의미성연자의감독의무자책임, 고시연구(1993.3) 111면.
90) 대판 1976.1.14, 75다1795.

감독의무자의 의무위반과 상당인과관계가 있을 경우에는 감독의무자는 일반불법행위자로서 손해배상책임이 있다」라고 하고,[91] 나아가 발생된 손해와 당해 미성년자의 감독의무자의 의무위반과 인과관계의 성립에 관하여는 책임능력 있는 미성년자의 가해행위로 불법행위가 성립하는 경우에 그 법정감독의무자인 친권자는 친권에 복종하는 미성년자를 보호・양육하고 감독할 의무가 있으므로(제913조), 이 의무위반과 미성년자의 제3자에 대한 가해행위로 인한 손해발생 간에는 상당인과관계가 인정되는 것이라고 하여, 일반적 감독의무를 바탕으로 불법행위책임을 판시하고 있다.[92]

(3) 피용자의 不法行爲로 인한 사용자책임

(가) 사용자책임의 의의와 근거

(ㄱ) 민법은 「타인을 사용하여 어느 사무에 종사하게 한 자 및 사용자에 갈음하여 그 사무를 감독하는 자는 피용자가 그 사무집행에 관하여 타인에게 손해를 가한 경우에 피용자의 선임・감독에 과실이 없음을 입증하지 못하는 한 그 손해를 배상할 책임을 진다」라고 하여 사용자책임을 규정한다(제756조). 이러한 피용자의 불법행위로 인한 사용자의 책임을 널리 사용자책임이라고 한다.

(ㄴ) 사용자책임은 타인의 노동력을 이용하여 자기의 활동범위를 확장하는 자는 그 만큼 사회적 세력을 확장하여 이익을 얻을 가능성을 증대시키고 있으므로, 그 확장된 활동범위 내에서 제3자에게 가한 손해에 대하여 배상책임을 인정하는 것은 손해의 公平한 分擔이라는 이상에 적합한 점에 있다. 그러나 그 구체적인 근거에 관하여 보상책임설, 위험책임설,[93] 기업책임설, 사회정책적고려설[94]이 대립된다.

다수설은 위 학설에서 위험책임설은 만약 위험이 현실화하여 손해가 발생하면 그 손해에 대하여 절대적인 책임을 져야 한다는 것이므로 공작물 소유자의 책임(제758조 제1항 단서 참조)과 같은 절대적인 무과실책임을 논증하는데는 적합할지 모르나 사용자책임과 기타 불완전한 무과실책임을 인정하는 근거로서는 부적합하고, 기업책임설은 피용자의 인간성을 도외시하고 또한 기업책임이라는 것은 사용자책임의 기능을 설명하는 것일 뿐이지 사용자책임의 근거로는 삼을 수 없는 것이라고 하

89) 광주고판 1987.7.22, 87나345.

92) 판례는 책임능력 있는 미성년자의 불법행위로 인하여 손해가 발생한 경우 그 손해가 미성년자의 감독의무자의 의무위반과 상당인과관계가 있는 경우 감독의무자에게 일반불법행위자로서 손해배상의무를 인정하는 것은 당원의 일관된 견해라 한다(대판 1994.2.8, 93다13605; 1993.8.27, 93다22357 ; 1992.5.22, 91다37690; 1991.11.8, 91다32473; 1991.4.9, 91다18500; 1990.4.24, 87다2184; 1989.5.9, 88다카2745).

93) 김행남, 무과실책임론, 법조(1969.8) 51면.

94) Prosser. W. l., Handbook of the law of Torts 4th ed., West Publishing Co., 1971, p. 459 ; 권용우, 사용자책임과구상권제한, 고시연구(1990.6) 27면.

고,[95] 보상책임설을 취한다. 그리하여 사용자책임은 「이익이 있는 곳에는 손해도 있다」라는 보상책임의 원리에 근거하여 피용자의 외부에 나타난 행위를 통하여 과실책임 내지 자기책임만을 부담케 함은 내부적으로 이익을 수취하는 기업사용자는 책임을 지지 않게 되어 공평의 원칙에 반하고 또한 피해자를 두텁게 보호한다는 취지에서 지는 보상책임이라고 한다.

그러나 판례는 위험책임설에 바탕한 것도 있으나,[96] 대부분은 보상책임설에 입각하고 있다.[97]

(나) 사용자책임의 성질

(ㄱ) 피용자에 대한 사용자책임의 대외적 관계로서 책임의 성질을 어떻게 볼 것인가. 다수설은 사용자책임에 있어서의 過失은 피용자의 선임·감독에 관한 것이고, 피용자 개개의 가해행위에 관한 것이 아니므로 그 책임은 엄밀한 의미의 과실책임이라고는 할 수 없고, 또한 입증책임이 사용자에게 있을 뿐만 아니라, 그 입증이 매우 곤란하다는 의미에서 보통인 불법행위의 경우에 비하여 그 책임이 가중되어 있다. 그러므로 사용자책임은 결과적으로 보면 점차 무과실책임으로 발전하나, 한편 사용자는 피용자의 선임·감독에 과실이 없음을 입증함으로써 책임을 면한다는 점에서 절대적 무과실책임이라고도 할 수 없고 중간책임 또는 상대적 무과실책임이라고 한다.

그리하여 판례는 사용자의 면책사유를 엄격하게 해석하여 가능한 사용자의 배상책임을 넓게 인정함으로써 기업책임을 실현화하려는 경향[98]을 보이는 한편, 위험직종이 아닌 경우에는 사용자의 주의의무 정도를 낮추어 일반인으로서의 보통의 주의의무를 다하는 경우에는 면책을 인정하고 있다.[99]

(ㄴ) 민법이 피용자행위에 대해 사용자·감독자가 책임을 지게 되나 사용자·감독자가 배상한 때에는 이를 피용자에게 구상할 수 있는 점에서 사용자책임의 성질이 논의된다.

고유책임설은 특히, 위험업무에서 피용자의 경과실은 사용자에게만 책임을 인정하고, 피용자 자신의 책임은 면책할 수 있다는 점에서 대외적으로 사용자 자신이 부담할 책임이라고 한다.[100] 그러나 통설은 대위책임설을 취한다. 그 결과 가해행위를 한 피용자는 민법 제750조에 따라 책임을 부담하나, 다만 사용자는 사회적 손해의

95) 김현태 13면; 김상용, 사용자배상책임에관한학설및판례연구, 판례월보 1988.10, 32면.
96) 대판 1961.11.23, 60민상745.
97) 대판 1981.7.28, 81다281 ; 1974.5.28, 73다935.
98) 대판 1964.6.2, 63다804.
99) 대판 1978.3.14, 77다491; 1979.4.24, 79다185.
100) 이은영 629면; 김형배, 사용자책임의구상권제한, 고시계(1987.5).

공평부담, 즉 사용자가 피용자를 통하여 그 세력을 확대함으로써 그 확장된 활동범위에서 발생한 손해의 공평부담을 위한 대위책임(보상책임)이라 하고, 판례 또한 피용자의 불법행위가 외관상 사용자의 사무집행의 범위 내에 속하는 것으로 보여지는 경우에 사용자는 민법 제756조에 의한 배상책임을 면할 수 없으나, 다만 피용자의 행위가 사용자의 사무집행행위에 해당하지 않음을 피해자 자신이 알았거나 또는 중대한 과실로 알지 못한 경우에는 사용자책임을 물을 수 없는 것이라고 한다.[101]

(다) 사용자책임의 요건　피용자의 불법행위에 대한 사용자의 책임이 성립하기 위하여서는 다음의 요건을 갖추어야 한다.

(ㄱ) 타인을 사용하여 어느 事務에 종사하게 할 것이어야 한다. 타인을 사용하여 자기의 어떤 사무에 종사케 하는 것이며, 여기서 事務라는 것은 통속적으로 일이라고 하는 것과 같이 매우 넓은 의미이다. 따라서 영리적인 것에 한하지 않고 또한 계속적이거나 일시적이거나 묻지 않는다. 그러나 타인을 사용한다고 하기 위하여서는 최소한 사용자와 피용자간에 실질적 선임·감독의 관계가 있어야 한다.[102]

- 도급의 경우
  - 도급인의 수급인에 대한 책임배제(제757조)
  - 예 외
    - 도급인의 중대한 과실(도급 또는 지시)
    - 노무도급(사실상 피용자에 불과하므로)
- 명의대여자 — 사용자로서의 책임(대판 1969.1.28, 67다2522)

> [판례] 사용자책임은 타인을 사용하여 어느 사무에 종사하게 한 자로 하여금 피용자가 그 사무집행에 관하여 제3자에게 가한 손해를 배상하게 하는 것으로서, 사용자책임이 성립하려면 사용자와 불법행위자 사이에 사용관계, 즉 사용자가 불법행위자를 실질적으로 지휘·감독하는 관계에 있어야 한다(대판 1999.10.12. 98다62671).

다만, 위임의 경우에도 위임인은 수임인의 불법행위에 대하여 사용자로서의 책임을 부담하는가. 판례는 위임의 경우에도 위임인과 수임인 사이에 지휘·감독관계가 있고 수임인의 불법행위가 외형상 객관적으로 위임인의 사무집행에 관련된 경우 위임인은 수임인의 불법행위에 대하여 사용자책임을 지는 것이라고 한다.[103]

(ㄴ) 피용자가 제3자에게 손해를 가할 것이어야 한다. 여기서 제3자란 사용자와 가해자 및 가해행위를 한 피용자를 제외한 기타의 자이다. 따라서 동일한 사업주에게 고용자간에 가해행위가 있은 경우에도 사용자는 책임을 부담한다.

(ㄷ) 피용자가 사무집행에 관하여 손해를 가한 것이어야 한다. 여기서 「사무집행에 관하여」라는 것은 사무의 과정 중을 의미하며, 「사무집행에 관하여 한 행위」란

---

101) 대판 1983.6.28, 83다카217.
102) 대판 2002.4.26, 2002다4894; 1999.10.12. 98다62671.
103) 대판 1998.4.28, 96다25500; 1996.10.11, 96다30182; 1995.4.11, 94다15646; 1994.9.30, 94다14148; 1982.11.23, 82다카1133.

사용자가 피용자를 사용함으로써 그 사회적 활동이 확장되었다고 객관적으로 인정되는 범위에서 피용자가 한 행위를 의미한다. 따라서 피용자가 사무집행에 관하여 한 행위로서 사용자의 책임이 성립하기 위하여서는 결국 그 행위가 사용자의 사무범위 내에 속하는 것이어야 하고, 그것이 피용자가 담당하는 직무의 범위 내 행위이어야 한다.

다만, 행위의 외형상 사용자의 사무에 속하고 있는 것은 비록 피용자가 그 지위를 남용하여 자기의 이익을 꾀할 목적으로 행한 것 또는 피용자의 행위가 사용자의 명령이나 금지에 위반한 부당한 것이라도 사무의 집행에 관하여 한 행위가 되는가.

다수설은 행위의 내용상 사용자의 사무라고 인정할 수 없는 것이라도 그 사무의 집행을 조장하기 위하여 이것과 상당한 견련관계에 있고, 사용자의 확장된 활동범위 내의 행위라고 인정할 수 있는 것은 사무집행에 관하여 한 행위라고 하고, 판례는 민법 제756조에 규정된 사용자책임의 요건인 「그 사무집행에 관하여」라 함은 피용자의 불법행위가 외형상 객관적으로 사용자의 사업활동 내지 사무집행행위 또는 그와 관련된 것이라고 보여 질 때에는 행위자의 주관적 사정을 고려함이 없이 이를 사무집행에 관하여 한 행위로 본다는 것이고, 외형상 객관적으로 사용자의 사무집행에 관련된 것인지 여부는 피용자의 본래 직무와 불법행위와의 관련 정도 및 사용자에게 손해발생에 대한 위험창출과 방지조치 결여의 책임이 어느 정도 있는지를 고려하여 판단하여야 하는 것이라고 하고,[104] 또 다른 판례는 사용자의 사업 진행 자체 또는 이에 필요한 행위뿐만 아니라 이와 관련된 이익을 도모하기 위한 경우라도 포함되므로 택시회사의 운전사가 택시에 승객을 태우고 운행 중 차속에서 부녀를 강간한 경우 위 회사는 사용자로서 손해배상책임이 있다고 한다.[105]

(ㄹ) 피용자의 가해행위는 불법행위의 일반적 요건을 구비할 것이어야 한다. 즉 사용자에게 책임을 지게 하는 전제로서 피용자의 가해행위가 불법행위의 일반요건을 구비할 것이어야 한다.

이와 같이 피용자의 행위로 사용자가 책임을 지기 위하여서는 피용자의 가해행위는 위법성과 가해행위로 인한 손해의 발생은 물론이나, 다만 피용자의 가해행위가 책임능력이 있고 또한 그의 고의·과실로 인한 것이어야 하는가.

소수설은 피해자로 하여금 사용자와 피용자의 불법행위성립의 모든 요건을 입증토록 함은 피해자에 너무 가혹한 결과가 된다는 점을 들어 부정하나,[106] 다수설은

---

104) 대판 1999.1.26, 98다39930.
105) 대판 1991.1.11, 90다8954.
106) 김형배, 사용자책임과구상권제한, 고시계(1987.5) 42면; 이은영 631면.

민법 제756조 제3항에 근거하여 피용자의 고의과실을 요하는 것이라 하고, 판례 또한 책임무능력자(국민학교 1학년생)의 대리감독자(담임교사)에게 민법 제755조 제2항에 의한 배상책임이 있다고 하여 위 대리감독자의 사용자 또는 사용자에 갈음한 감독자(학교를 설립 경영하는 지방자치단체)에게 당연히 민법 제756조에 의한 사용자책임이 있다고 볼 수는 없으며, 책임무능력자의 가해행위에 관하여 그 대리감독자에게 고의 또는 과실이 인정됨으로써 별도로 불법행위의 일반 요건을 충족한 때에만 위 대리감독자의 사용자 또는 사용자에 갈음한 감독자는 민법 제756조의 사용자책임을 지게되는 것이라고 한다.107)

또한, 피용자의 행위로 인한 사용자가 책임을 지기 위하여서는 피용자의 행위가 사용자나 사용자에 갈음하여 그 사무를 감독하는 자의 사무집행행위에 해당하지 않음을 피해자 자신이 알았거나 중대한 과실로 인하여 알지 못한 경우가 아니어야 한다. 즉 불법행위가 외관상 사용자의 사무집행의 범위 내에 속하는 것으로 보여 지는 경우에도 피해자 자신이 그 사무를 감독하는 자의 사무집행행위에 해당하지 않음을 알았거나 중대한 과실로 인하여 알지 못한 경우에는 사용자책임이 면책된다. 다만 이 경우 「중대한 과실」이란 무엇을 의미하는가.

판례는 거래의 상대방이 조금만 주의를 기울였더라면 피용자의 행위가 그 직무권한 내에서 적법하게 행하여진 것이 아니라는 사정을 알 수 있었음에도 만연히 이를 직무권한 내의 행위라고 믿음으로써 일반인에게 요구되는 주의의무에 현저히 위반하는 것으로 거의 고의에 가까운 정도의 주의를 결여하고, 공평의 관점에서 상대방을 구태여 보호할 필요가 없다고 봄이 상당하다고 인정되는 상태를 말하는 것이라고 한다.108)

> [판례] 피용자의 불법행위가 외관상 사용자의 사무집행의 범위 내에 속하는 것으로 보여 지는 경우에 사용자는 민법 제756조에 의한 배상책임을 면할 수 없으나, 다만 피용자의 행위가 사용자의 사무집행행위에 해당하지 않음을 피해자 자신이 알았거나 또는 중대한 과실로 알지 못한 경우에는 사용자책임을 물을 수 없다(대판 1983.6.28, 83다카217).

(ㅁ) 사용자가 면책사유 있음을 입증하지 못할 것이어야 한다. 사용자는 피용자의 선임 및 그 사무 감독에 상당한 주의를 한 때, 또는 상당한 주의를 하여도 손해가 생겼을 경우에는 그 책임을 면할 수 있다. 그러나 그 면책사유의 입증책임은 모두 사용자가 진다.109)

---

107) 대판 1981.8.11, 81다298; 1976.7.13, 74다746.

108) 대판 1999.1.26, 98다39930; 1998.3.27, 97다19687; 1998.7.24, 97다49978; 1998.10.27, 97다47989; 1996.12.10, 95다17595.

109) 대판 1971.10.11, 71다1641.

(a) 선임과 사무감독의 어느 쪽에든지 과실이 있으면 책임은 면하지 못한다. 그리고 주의의무의 정도는 일반적으로 사업 또는 사무의 종류에 따라서 차이를 가진다.

그리하여 판례는 사용자의 면책사유로서 운전사의 선임에 있어서 운전 기술을 고려한 것 만으로서는 충분한 주의의무를 다하였다고 볼 수 없고 운전사로서 면밀한 주의력을 가지고 책임을 중히 여기고 생각이 깊은 자를 선임하여야 한다고 하고(대판 1964.12.29, 64다1095), 사무 감독에 있어 매일 아침 훈시한 것(대판 1964.10.28, 64다693), 또는 정기적인 사무지시 및 사무 감독을 한 것만으로는 주의의무를 다한 것이라고 볼 수 없는 것이라고 하였다(대판 1969.1.21, 68다321).

(b) 使用者에 갈음하여 사무를 감독하는 지배자 · 인사담당자 · 공장장 또는 현장감독과 같은 감독기관이 피용자의 선임 · 감독에 있어서 과실이 있는 경우에 사용자도 직접 책임을 지는가. 또는 그 감독기관을 선임 · 감독하는데 있어서 과실이 있는 때에만 사용자도 책임을 지는가.

다수설은 피해자에게 충분한 배상을 받게 하고 사용자에게 부당한 이익을 주지 않기 위하여서는 감독자의 과실은 사용자의 과실로 보고 사용자도 직접 책임을 져야 할 것이라고 한다.

(라) 배상책임자　민법 제756조에 의하여 배상책임을 지는 자는 사용자와 대리감독자이다. 사용자는 피용자의 불법행위로 인하여 발생한 모든 손해에 대하여 직접 배상할 의무를 지며, 적극적 손해, 소극적 손해이거나 재산적 손해, 정신적 손해이거나 묻지 않는다. 또한 대리감독자는 선임 · 감독 중의 어느 한 쪽의 임무만을 지는 자와 두 임무를 모두 가지는 자를 포함한다.

(ㄱ) 피용자 자신의 책임 : 사용자가 책임을 지는 경우에도 피용자 자신은 불법행위자로서 피해자에 대하여 배상책임을 진다. 그리고 이 경우에 사용자책임과 피용자책임과의 관계는 부진정연대채무로 된다. 즉 피해자는 사용자 및 피용자에 대하여 동시 또는 순차로 그 전부의 배상을 청구할 수 있다.

(ㄴ) 피용자에 대한 구상권 : 사용자 또는 대리감독자가 배상한 때에는 피용자에 대하여 구상권을 행사할 수 있다(제756조 제3항). 그러나 그 구상권의 범위에 관하여는 견해가 대립한다.

고유책임설은 그 구상권의 범위가 위험성의 범위에서 제한되는 것이라 하나, 대위책임설의 입장에서는 사용자가 배상한 전액에 대하여 구상할 수 있는 것이라고 한다.

다수설은 대위책임설을 취하나, 판례는 신의칙에 바탕하여 구상권제한설을 취한다. 그리하여 판례는 사업의 성격과 규모, 사업시설의 상황, 피용자의 업무내용, 근로조건이나 근로태도, 가해행위의 상황, 가해행위의 예방이나 손실의 보상에 관한 사용자의 배려의 정도 등의 제반 사정에 비추어 손해의 공평한 분담이라는 견지에서 신의칙상 상당하다고 인정되는 한도 내에서만 피용자에 대한 손해배상이나 구상권을 행사할 수 있는 것이라고 하고,[110] 경우에 따라서는 그 구상권 자체를 부인한다.[111]

[판례] 쌍방 과실의 경중, 곤도라 기사인 위 피고의 근무조건과 그러한 근무조건이 위 사고발생에 미친 영향의 정도, 위 피해자가 사고를 당한 정도, 위 피해자가 사고를 당한 경위, 원고의 노무자에 대한 인력관리상황, 위 사고 후 위 피고가 실형을 복역한 후 현재 면직되어 있음에 반하여 원고는 국내 유수의 공동주택관리업체로서의 지위를 그대로 유지하고 있는 점 등 제반 사정을 참작하여 보면 피고에게 과실이 있었다는 것만으로 원고가 위 피고에 대하여 피해자에게 배상한데 대한 구상이나 손해배상을 구하는 것은 신의칙상 허용되지 않는다(대판 1994.2.23, 93다26498).

또한, 대리감독자에게 선임·감독상 과실이 있는 경우 감독자의 대리감독자에 구상권을 행사할 수 있는가. 다수설은 피용자와 대리감독자의 공동불법행위가 되는 경우를 제외하고는 구상할 수 없다고 해석한다. 그것은 대리감독자에게 무거운 책임을 인정하는 것은 타당하지 않기 때문이다.

(마) 명의대여자의 책임 타인 명의사용자의 불법행위에 대하여 명의대여자는 민법 제756조에 의한 책임을 지는가.

판례는 타인에게 어떤 사업에 관하여 자기명의를 사용할 것을 허용한 경우에 그 사업의 내부관계에 있어서는 타인의 사업이고 명의자의 고용인이 아니라고 하더라도 외부관계에 있어서는 그 사업의 명의자의 사업이고, 또한 그 타인은 명의자의 종업원임을 표명한 것과 다름이 없으므로 명의사용을 허용 받은 사람이 업무수행을 함에 있어 고의 또는 과실로 다른 사람에게 손해를 주었다면 명의사용을 허용한 사람은 민법 제756조에 의하여 그 손해를 배상할 책임이 있고, 또한 명의대여관계의 경우 민법 제756조가 규정하고 있는 사용자책임의 요건으로서의 사용관계에 있는가 여부는 실제적으로 지휘·감독하였는가의 여부에 관계없이 객관적·규범적으로 보아 사용자가 그 불법행위자를 지휘·감독해야할 지위에 있었는가의 여부를 기준으로 결정할 것이라고 한다.[112]

2. 動物의 占有者·保管者責任

(1) 占有者責任의 의의·근거

(가) 점유자책임의 의의 동물의 점유자 또는 점유자에 갈음하여 동물을 보관한

110) 대판 1987.9.8, 86다카1045.
111) 대판 1994.2.23, 93다26498.
112) 대판 2002.4.26, 2002다4894; 2001.8.21, 2001다3658.

자는 그 동물이 타인에게 가한 손해를 배상할 책임이 있다. 다만 동물의 종류와 성질에 따라 그 보관에 상당한 주의를 해태하지 않았음을 입증하여 그 책임을 면한다(제759조).

(나) 점유자책임의 근거 민법이 동물의 점유자와 점유자에 갈음한 보관자에 책임을 규정한 것은 동물은 타인에게 위해를 가할 가능성이 있으므로, 그 점유자 또는 보관자에게 책임을 가중하여 그 손해발생에 예방의무를 지우려는데 있다. 따라서 동조 규정의 책임은 일종의 위험책임이며, 사용자책임 등과 같이 과실의 입증책임을 전환하여 이른바 중간책임의 형태를 취한다.

(2) 責任의 성립요건

(가) 동물이 타인에 가한 손해에 대하여 점유자 또는 점유자에 갈음한 보관자의 책임이 성립하기 위하여서는 다음의 요건을 갖추어야 한다.

(ㄱ) 동물이 타인에게 손해를 가하였을 것 : 동물의 종류에는 제한이 없으며 가축이냐, 아니냐를 묻지 않고 사회통념에 의하여 정해진다.

또한, 他人에게 가한 손해라는 것은 인체에 가한 손해뿐만 아니라 물건을 훼손한 경우와 같이 타인의 소유물 등에 가한 손해도 포함된다. 그러나 동물의 독립동작에 의하여 손해가 발생할 것을 요한다. 따라서 사람이 사주한 경우에는 그 자가 보통의 불법행위의 책임을 지게 된다.

(ㄴ) 면책사유가 없을 것 : 면책사유는 동물의 종류와 성질에 따라 그 보관에 상당한 주의를 해태하지 아니한 경우이다(제759조 제1항 단서). 상당한 주의를 해태하지 아니한다는 것은 당해 동물에 의하여 손해가 발생하는 것을 현실적으로 방지하는 대책을 강구한다는 것을 의미하고, 면책의 입증책임은 동물의 점유자에 있다.

(3) 賠償責任者

(가) 동물의 점유자·보관자 동물의 가해로 인한 책임을 지는 자는 점유자와 점유자에 갈음하여 보관한 자이다(제759조 제1항 제2항).

(ㄱ) 동물의 점유자(占有者) : 동물의 점유자는 물권법상 점유자와 동일하게 해석한다. 따라서 타인을 점유보조자로 하여 스스로 점유하는 자도 점유자로서 책임을 진다.

다만, 직접점유자가 책임을 지는 경우에 간접점유자도 점유자로서 책임을 지는가. 민법 제759조는 현실적으로 동물을 점유하는 자에게 책임을 지우도록 하려는 취지로 볼 수 있으므로, 직접점유자가 있는 때에는 간접점유자가 제759조의 무거운 책임을 지지 않고, 부적당한 보관자를 선임한 것에 관하여 과실이 있는 경우에 제750조에 의한 일반불법행위의 책임을 질뿐이라고 해석되고, 이 경우 양자의 책임은 사용자책임에서 사용자와 피용자간에서와 같이 부진정연대채무가 된다.

또한, 점유보조자는 점유자는 아니지만 사실상 지배하는 자로서 점유자로서의 책임을 부담하는가. 점유보조자는 동물의 보관자로서의 책임은 별문제로 하고 점유자로서의 책임은 지지 않는다.[113]

(ㄴ) 동물의 보관자(保管者) : 점유자에 갈음하여 동물을 보관하는 자란, 예컨대 수치인·운송인 등과 같이 타인을 위하여 점유하는 자이지만, 스스로도 독립한 점유자인 자(간접점유에 있어서의 직접점유자)를 의미한다고 해석된다(그러나 점유보조자라고 해석하는 견해도 있다).

또한, 보관자는 당연히 위의 점유자에 포함되는 것이지만 민법이 이를 주의적으로 규정하고 있다.

(나) 점유자·보관자의 구상권 동물의 가해에 관하여 따로 그 손해의 원인에 대한 책임 있는 자가 있을 때에는 배상을 한 점유자 또는 보관자는 그 자에 대하여 구상할 수 있다고 해석된다.

예컨대, 점유보조자인 피용자의 과실로 사용자가 책임을 지게 된 경우 또는 동물의 우리나 쇠사슬이 불안전하여 책임을 지게 된 경우에는 그 피용자 또는 우리·쇠사슬의 제조자·판매자에 대하여 그 책임을 물을 수 있다.

3. 工作物에 대한 책임

(1) 工作物 및 樹木에 대한 책임

(가) 공작물책임의 의의 공작물의 설치·보존 또는 수목의 식재·보존에 하자가 있어서 그것으로 인하여 타인에게 손해를 가한 때에는 그 공작물이나 수목의 점유자가 손해배상의 책임을 진다. 그러나 만약 점유자가 손해의 발생을 방지하는데 필요한 주의를 한 것을 증명하여 책임을 면한 경우에는 제2차적으로 그 공작물의 소유자가 책임을 진다(제758조 제1항·제2항).

민법 제758조 제1항은 "공작물의 설치·보존의 하자로 인하여 타인에 손해를 가한 때에는 그 공작물점유자가 손해배상의 책임을 진다. 그러나 만약 점유자가 손해의 발생을 방지하는데 필요한 주의를 해태하지 아니한 때에는 그 소유자가 손해를 배상할 책임이 있다."라고 하고, 동조 제2항은 "전항의 규정은 수목의 식재 또는 보존에 하자가 있는 경우에 준용한다."라고 하여 공작물의 설치·보존 또는 수목의 식

---

113) 동지, 곽윤직 696면.

재·보존의 하자에 대한 책임을 규정한다.

(나) 공작물책임의 구성

(ㄱ) 상대적 무과실책임으로서 점유자의 책임 : 공작물의 설치·보존 또는 수목의 재식·보존의 하자에 대한 점유자의 책임은 점유자가 그 설치·보존 또는 재식·보존에 대한 과실로 인하여 손해를 받은 타인에 대하여 배상할 책임을 진다(제758조 제1항 참조). 그러나 이때 점유자는 그 손해발생에 대한 과실이 추정되며, 자기의 과실 없음을 입증하지 못하면 그 손해발생에 대한 제1차적인 책임을 부담한다. 따라서 이 경우 점유자의 책임은 소위 위험에 대한 상대적 무과실책임이며 중간책임에 속한다.

(ㄴ) 절대적 무과실책임으로서 소유자책임 : 공작물의 설치·보존 또는 수목의 식재·보존에 하자가 있어서 그것으로 인하여 타인에게 손해를 가한 때에는 그 공작물이나 수목의 점유자가 손해배상의 책임을 진다. 그러나 만약 점유자가 손해의 발생을 방지하는 데 필요한 주의를 한 것을 증명하여 책임을 면한 경우에는, 제2차적으로 그 공작물의 소유자가 책임을 지게 된다(제758조 제1항 제2항). 따라서 이 경우 소유자의 책임에는 아무런 면책사유도 인정되지 않으므로 절대적 무과실책임을 인정한다. 그러므로 동조 규정에 의한 소유자의 책임은 위험책임의 원이에 의한 불법행위책임을 규정한다.

(다) 공작물책임의 성립요건 공작물의 설치·보존 또는 수목의 식재·보존의 하자로 점유자가 책임을 부담하기 위하여서는 다음의 요건을 갖추어야 한다.

(ㄱ) 공작물 또는 수목에서 손해가 생겼을 것 : 공작물이란 인공적 작업에 의하여 성립한 물적·인적 설비를 말하며, 기업시설도 포함된다. 따라서 건물·도로·철도·전주·공장에 설치된 기계와 자동차·항공기와 같은 동적인 기업설비도 포함한다.

(ㄴ) 공작물의 설치·보존 또는 수목의 식재·보존에 하자가 있을 것 : 여기서 하자란 그 물건이 본래 갖추고 있어야 할 성질이나 설비를 결여하는 것이며, 특히 공작물의 설치·보존의 하자란 공작물이 그 용도에 따라 통상 갖추어야 할 안전성을 갖추지 못한 상태에 있음을 말하고,[114] 이러한 안전성 결여로 말미암아 발생한 손해에 대해서만 배상책임을 물을 수 있다.[115]

여기서 공작물이 그 용도에 따라 본래 갖추어야 할 안전성이란 그 공작물 자체만의 용도에 국한하지 않고 실제 설치·사용되고 있는 상황에서 요구되는 안전성을

---

114) 대판 1992.4.24, 91다37652.

115) 대판 1982.4.27, 81다266.

포함한다.[116]

또한, 공작물의 설치·보존 또는 수목의 식재·보존의 하자는 그 공작물 또는 수목에 존재함을 말하고 설치·보존의 점유자·소유자의 고의·과실은 요구되지 않는다. 따라서 위험한 공작물에는 손해방지에 충분한 설비나 조치를 취하지 않는 것 자체가 하자로 인정된다.

예컨대, 철도선로의 건널목에 보안시설이 없는 것은 물론, 육교에 관한 추락방지 시설이 허술하거나 안전시설을 하지 아니한 것은 이에 속하고,[117] 그 하자는 손해의 발생에 따른 공작물 자체에 있음이 추정된다.[118] 그러므로 소유자는 책임능력이 없더라도 공작물 책임을 부담하여야 하고, 또한 소유자가 자신의 지식으로 가능한 주의를 다하여 타인이 설치한 공작물을 매수하였다고 하더라도 그 공작물의 설치·보존상 하자에 따른 책임을 면할 수 없다.[119]

판례도 도급인의 하자있는 베란다 공사로 일어난 추락사고에 대하여 사고 당시 공작물의 점유자이며 소유자인 피고는 손해배상책임을 면할 수 없는 것이라고 하고,[120] 또한 승강기 점유자인 피고가 제3자의 전문 업체와 승강이 보수계약을 체결하여 제3자에게 그 보수·점검업무에 종사케 하였더라도 그 책임을 면할 수 없는 것이라고 한다.[121]

하자의 존재에 관한 입증책임은 공작물의 점유자 또는 소유자에 전환된다.[122] 다만 공작물의 점유자는 손해방지에 필요한 행위를 해태하지 아니하였음을 입증하면 책임을 면한다.

(ㄷ) 손해가 공작물 등의 하자로 인하여 생겼을 것 : 하자와 손해 사이에 인과관계가 있어야 한다. 그러나 하자가 손해발생의 유일한 원인일 필요는 없다. 예컨대 풍우 등의 자연력이나, 피해자의 행위가 경합하는 경우에도 배상책임이 생긴다. 그러나 피해자의 과실이 경합한 때에는 과실상계의 규정이 준용되어 배상범위를 정하는데 참작되어야 한다.

(다) 배상책임자 제1차적으로 점유자, 제2차적으로 소유자가 배상책임을 진다(제758조 제1항). 즉 공작물의 설치·보존 또는 수목의 식재·보존의 하자로 인하여 타인에게 손해를 가한 때에는 그 공작물 또는 수목의 점유자가 책임을 진다(제758조

116) 대판 1988.10.24, 87다카827.
117) 대판 1991.1.15, 90아8071.
118) 대판 1974.11.26, 74다246; 1969.12.30, 69다1604.
119) 김현태, 공작물책임, 새법정 제5권 제9호, 56면.
120) 대판 1971.7.6, 71다888.
121) 대판 1991.1.15, 90다8671.
122) 대판 1974.11.26, 74다246.

제1항 전단 ; 과실책임). 그러나 점유자가 그 손해의 방지에 필요한 주의를 해태하지 아니한 때에는 그 소유자가 배상책임을 진다(동항 후단 ; 무과실책임).

판례는 가옥의 임차인인 직접점유자가 공작물의 설치·보존상의 하자로 인하여 피해를 입었을 경우에는 소유자는 이에 대하여 손해배상을 하여 줄 책임이 있고, 피해자인 직접점유자에게 그 보존상 과실이 있으면 이를 과실상계 사유로 삼아야 할 것이라고 한다.123)

[판례] 공작물의 임차인인 직접점유자가 공작물의 설치·보존의 하자로 인하여 손해를 입은 경우에는 소유자가 그 손해를 배상할 책임이 있고, 이 경우 공작물의 설치·보존에 관하여 피해자에게 과실이 있다고 하더라도 과실상계의 사유가 될 뿐이다(대판 1993.11.9, 93다40560).

또한, 점유자·소유자 이외에 그 손해의 원인에 대한 책임 있는 자(예컨대, 공작물을 불완전하게 만든 수급인 등)가 있는 때에는 배상을 한 점유자 또는 소유자는 그들에 대하여 구상권을 행사할 수 있다(제758조 제3항).

판례는 민법 제758조는 공작물의 설치·보존의 하자로 인하여 타인에게 손해를 가한 경우 그 점유자 또는 소유자에게 일반불법행위와 달리 이른바 위험책임의 법리에 따라 책임을 가중시킨 규정일 뿐이고, 그 공작물 시공자가 그 시공상의 고의·과실로 인하여 피해자에게 가한 손해를 민법 제750조에 의하여 직접책임을 부담하게 되는 것을 배척하는 취지의 규정은 아니라고 한다.124)

(2) 自動車運行者의 책임

(가) 자동차운행자책임의 의의와 근거

(ㄱ) 자동차손해배상보장법은 자기를 위하여 자동차를 운행하는 자(운행자)는 그 운행으로 말미암아 다른 사람을 사망하게 하거나 부상케 한 때는 그 손해를 배상할 책임이 있다.

자동차손해배상보장법 제3조는 「자기를 위하여 자동차를 운행하는 자는 그 운행으로 말미암아 다른 사람을 사망하게 하거나 부상하게 한 때에는 그 손해를 배상할 책임을 진다. 다만 다음 각호 1에 해당하는 때에는 그러하지 아니하다」라고 하고, 다음 각 호로서 ① 승객이 아닌 자가 사망하거나 부상할 경우에 있어서 자기 및 운전자가 자동차의 운행에 관하여 주의를 게을리 하지 아니하고 피해자 또는 자기 및 운전자외의 제3자에게 고의 또는 과실이 있으며, 또한 자동차의 구조상 결함 또는 기능의 장해가 없었다는 것을 증명한 때, ② 승객이 사망하거나 부상한 경우에 있어

123) 대판 1989.3.14, 88다카11121 ; 1993.11.9, 93다40560.
124) 대판 1996.11.22, 96다39219.

서 그 것이 그 승객의 고의 및 자살행위로 인하여 말미암은 것인 때를 규정한다.

(ㄴ) 자동차손해배상보장법 제3조는 자동차운행자에게 무거운 내용의 무과실의 입증책임을 과함으로써 사실상 무과실책임을 지우고 있다. 동법이 자동차운행자에 이와 같은 무거운 책임을 지우는 것은 운행자가 자동차의 운행에 의하여 필연적으로 생기는 위험을 지배하고 있는 것에 의한 위험책임과 운행에 의하여 이익을 받고 있다는 것에 의한 보상책임에 근거한다.

(나) 자동차손해배상법의 적용범위 동법이 적용되는 손해이기 위하여서는 다음의 요건을 갖추어야 한다.

(ㄱ) 생명·신체상 손해 : 자동차손해배상보장법 제3조의 특별책임은 사람의 생명 또는 신체의 死傷으로 인한 손해에 관해서만 적용된다. 따라서 동일한 자동차 사고라도 그 밖의 손해(재산상 손해)에 관한 배상책임의 성립 여부는 일반 불법행위에 의한다.

(ㄴ) 자기를 위하여 자동차를 운행한 자의 책임 : 동법상 책임은 이른바 운행자, 즉 자기를 위하여 자동차를 운행하는 자에 대하여 적용된다.

(a) 자기를 위하여 자동차를 운행하는 자란 자동차에 대한 운행을 지배하여 그 이익을 향수하는 주체로서의 지위에 있는 자를 말한다.[125] 따라서 운행자에는 자동차의 보유자, 즉 자동차의 소유자 또는 자동차를 사용할 권리가 있는 자로서 자기를 위하여 자동차를 운행하는 자와 보유자가 아닌 자라도 사실상 자동자의 운행을 지배하여 그 이익을 받는 책임주체로서의 지위에 있는 자를 포함하다.[126] 그러나 자동차의 운행에 직접 종사하고 있는 자라도 보유자에게 고용되어 있는 운전자와 같이 타인을 위하여 자동차의 운전 또는 운전보조에 종사하는 자는 포함되지 않는다.

무단운전이란 자동차운전자에 의한 무단운전이며 자동차보유자(권리자)가 운행자로서의 책임을 지고, 도난운전의 경우에는 자동차보유자는 책임이 없고 도인이 운행자로서의 책임을 진다. 그러나 보유자의 자동차 열쇠 방치로 인한 도난의 경우에는 보관상 과실에 의한 일반불법행위책임을 부담한다. 그러나 자동차대여 또는 등록명의인 아닌 자의 운행에는 획일적으로 정할 수 없고 구체적 사항에 따라 개별적으로 정하여진다.

- 자동차대여
  - 친우·가족에 무상의 일시적 대여 — 대주가 운행자
  - 임대자(Rent car) — 대주·차주가 모두 운행자
- 등록명의인 아닌 자의 운행
  - 소유권유보부매매 — 매수인이 운행자
  - 명의대여 — 구체적 사안에 따라 결정

(b) 자동차운행에서 운행이란 사람 또는 물건의 운송과 관계없이 자동차를 당해 장치의 용법에 따라 사용하고 있는 것을 말하고(동법 제2조 제2호), 장치란 원동기 또

125) 대판 2001.4.24, 2001다3788.
126) 대판 1987.1.10, 87다카378.

는 주행장치는 물론 자동차에 계속적으로 고정되어 있는 장치로서 자동차의 구조상 설비되어 있는 자동차의 고유의 장치를 뜻한다. 따라서 자동차 각종 장치의 전부 또는 일부를 각각의 사용목적에 따라 사용하는 경우에는 운행 중에 있다고 할 수 있으나 자동차에 타고 있다가 사망하였다 하더라도 그 사고가 자동차의 운송수단으로서의 본질이나 위험과는 전혀 무관하게 사용되었을 경우까지 자동차의 운행 중의 사고라고 할 수는 없다.[127)]

(ㄷ) 운행으로 인한 타인에 가한 손해 : 자동차 운행으로 인한 타인에 가한 손해는 자동차의 장치가 고유한 기능으로 생긴 손해이어야 하는가. 아니면 이들의 장치가 위험한 상태에 있으므로 족한 것인가. 즉 자동차 운행 중의 사고는 물론이나 정지상태에서의 사고를 포함하는가와 관련하여 문제되나, 동법의 태도(동법 제2조 제1호)와 판례는 고유기능설을 취한다.[128)] 그러나 소수설은 위험책임의 근거에서 존재한다고 보아 운행 중에 있는 것으로 해석하여야 할 것이라고 한다.

또한, 손해의 발생으로서 他人이란 사고발생 자동차의 운행자 및 당해 사고의 과실있는 운전자를 제외한 자를 말한다.

(다) 자동차운행책임의 면책 자동차운행자는 그 운행으로 타인의 생명 또는 신체의 사상에 이르게 한데 대한 책임을 지나, 다만 승객 이외의 자가 死傷한 경우에도, 자기 및 운전자가 자동차의 운행에 관하여 주의를 태만히 하지 아니하고, 피해자 또는 운전자 이외의 제3자에게 고의 또는 과실이 있으며, 자동차의 구조상 결함 또는 기능의 장애가 있었다는 것을 증명한 때에는 책임을 면한다(동법 제3조).

또한, 승객의 경우에 있어서도 승객의 고의 및 자살행위로 인하여 사상한 때에는 역시 면책된다(동법 제3조).

[판례] 택시기사가 택시를 주차시키면서 열쇠를 차안에 꽂아두거나 시정장치를 하지 아니하여 성명불상자로 하여금 택시에 폭발물을 설치하도록 방치한 과실로 말미암아 폭발물이 폭발하여 승객이 다친 경우, 보험자는 피보험자가 피해자에 대하여 부담하는 사무집행상 과실로 말미암아 발생한 손해에 대하여 직접 배상할 책임이 있다(대판 1997.6.10, 95다22740).

(라) 민법상 책임과 관계 자동차운행자의 불법행위가 성립하는 때에는 법원은 당연히 자동차손해배상보장법을 적용하여야 한다. 그러나 동법이 적용되는 범위는 인적 손해에 국한된다. 따라서 물적 손해와 운전자에 대한 구상권, 자동차운행이외의 사고로 인한 손해, 법정액을 넘는 배상액의 청구에는 민법 제750조 내지 제756조가 적용된다.

---

127) 대판 2000.1.21, 99다41824 ; 1994.4.29, 93다55180.
128) 대판 1980.8.12, 80다904.

4. 製造物에 대한 책임

(1) 製造物責任의 의의

제조물책임이란 상품의 대량생산 및 다단계적 유통구조에 있어서 상품의 제조자가 그 상품의 결함으로 소비자 또는 최종 이용자의 생명·신체·재산에 끼친 손해에 관하여 그 피해자에게 직접 배상할 책임을 말한다.

제조물책임법 제2조 제1항은 제조물의 개념을 「다른 동산이나 동산의 일부를 구성하는 경우를 포함하는 제조 또는 가공된 동산」이라고 규정하고 그 결함에 대한 제조자의 책임을 규정한다.

제조물책임입법은 1979년 통일제조물책임법(Uniform Product Liability Act, 44 Fed, Reg, 62, 714, 1979 : UPLA)에서 이며, 그 후 1988년 UPLA를 기초로 하여 통일제조물안전법(The Uniform Product Safety Act)이 마련하였다.

그리하여 오늘날 판례는 명시적·묵시적인 상품에 대한 보증이 있는 경우에는 제조자가 소비자에게 직접으로 계약상 책임을 진다는 담보책임의 법리를 불법행위법의 분야에 새로운 결과책임의 법리로 도입하고 있을 뿐만 아니라, 제조자는 제조과정을 배타적으로 지배하고 있으므로 최선의 주의를 다하였다고 하더라도 결함이 생겨서 소비자에게 손해를 끼쳤으면 불법행위를 이유로 손해배상책임을 부담하여야 한다는 이론을 확립한다.

(2) 製造物責任의 법적 구성

(가) 제조물책임의 법률적 구성에 관하여 계약상 책임에서 구할 것인가. 불법행위법상 책임에서 구할 것인가. 견해가 대립한다.

(ㄱ) 계약책임적 구성론 : 제조물에 대한 제조자의 책임근거를 계약론에서 구하는 것으로 하자담보책임설·적극적 채권침해설·특별책임설이 있다. 그러나 이들의 이론은 어느 경우에나 제조자와 소비자간에 직접적 계약관계가 없고, 특히 담보책임설은 신뢰이익의 배상이므로 제조물책임으로서 상품의 결함이 야기한 손해를 포섭할 수 없는 결점을 가진다. 또한 적극적 채권침해설은 재산적 손해에 국한하므로 제조물책임으로서의 주된 대상인 생명·신체침해에 대한 책임을 포섭할 수 없는 문제점을 가진다.

(ㄴ) 불법행위법적 구성론 : 제조물에 대한 제조자의 책임근거를 불법행위책임에서 구하는 것으로 이에는 다시 민법 제758조유추적용설과 민법 제750조의 일반불법행위책임설이 있다.

(나) 다수설은 불법행위책임법적 구성을 취하며, 그 중 민법 제750조의 일반불법행위책임으로 구성할 것이라고 하고, 그 이론구성으로 우리 민법상 불법행위성립에는 가해자와 피해자 사이의 계약당사자관계를 요건으로 하지 않고, 불법행위의 성

립요건으로서의 과실개념은 침해야기의 예견가능성을 전제로 하여 일반사회의 공공생활상 요구되는 주의의무위반 내지 결과회피의무위반이라 할 것이므로 제조자는 제조상품에 결함이 있는 경우 이로 인하여 그 소비자가 피해를 당하리라는 것을 예견할 수 있는 동시에, 그 상품의 소비자가 불측의 손해를 입지 않게 할 주의의무가 있고, 또한 민법 제750조의 일반불법행위로 인한 손해배상책임의 범위는 그 불법행위와 상당인과관계에 있는 모든 손해배상을 포괄함이 논리적으로 타당한 것이라 하고,129) 오늘날 판례 또한 명시적·묵시적인 상품에 대한 보증이 있는 경우에는 제조자가 소비자에게 직접으로 계약상 책임을 진다는 담보책임의 법리를 불법행위법의 분야에 새로운 결과책임의 법리로서 도입하고 있을 뿐만 아니라, 제조자는 제조과정을 배타적으로 지배하고 있으므로 최선의 주의를 다하였다고 하더라도 결함이 생겨서 소비자에게 손해를 끼쳤으면 불법행위를 이유로 손해배상책임을 부담하여야 한다는 이론을 확립한다.130)

판례가 제조물책임을 인정한 사례로서 콜라병에 탄산가스가 과다하게 투입되어 제조회사의 고용원이 이를 들여다보는 순간 폭발하여 뚜껑이 튀어나와 상처를 입은 사건(대판 1975.7.22, 75다344), 양계업자가 닭사료 제조회사에서 배합사료를 구입, 이를 닭에 먹인바 갑자기 산란율이 격감하여 경제성이 상실되자 이를 폐계 처분한 사건(대판 1977.1.25, 75다2092), 서울시내국민학교에 배달된 급식 빵이 부패하여 집단식중독을 일으킨 사건으로서 관련단체에 대하여 업무상 과실치사상죄를 인정한 사건(대판 1978.9.25, 78도2082), 어린이가 문방구점에서 불량 장난감 주사기를 가지고 놀다가 눈을 다친 사건에서 주사기 제조회사에 결함을 인정한 사건(대판 1979.12.26, 79다1772), 가스통의 도색과 글씨가 잘못되어 산소와 질소의 구분이 어렵게 되어 있어 이를 환자에게 투입한 결과 그 환자가 사망한 사건(대판 1979.3.27, 79다2221), 냉장고 병꽂이 불량으로 토닉 워터병이 떨어져 깨어진 유리조각이 눈에 튀어 부상한 사건(대전지판 1987.9.17, 85가합828), 계기용 변류기(Metering Outfit : MOF) 폭발사건(대판 1992.11.24, 92다18139)을 들 수 있다.

(3) 製造物責任의 요건

(가) 제조물의 결함

(ㄱ) 제조물책임법에서의 제조물이란 「다른 동산이나 동산의 일부를 구성하는 경우를 포함하는 제조 또는 가공된 동산」을 말한다(동법 제2조 제1항). 따라서 동산이 아닌 부동산(특히, 아파트)이나 제조물이 아닌 농·수산물은 동법에서의 제조물에 해당하지 않는다. 그러나 엘리베이터와 같이 부동산에 부합된 동산은 동법 적용의

---

129) 이에 대한 유력한 견해는 제조자가 매도인이고 피해자가 매수인이어서 제조자와 피해자 사이에 직접 계약관계가 있는 때에는 채무불이행책임이나 하자담보책임으로 해결하자는 견해도 있다(김현태, 제조물책임에관한연구, 연세대사회과학론문집 제7집(1975); 이영준, 결함제조물에대한경고의무의근거, 김기선고희기념논문집, 395면).

130) 대판 1992.11.24, 92다18139.

대상이 된다.

(ㄴ) 제조물의 결함은 제조물 그 자체의 객관적·물리적 하자를 의미하며, 통상의 소비자가 예측하는 정도를 넘는 위험을 야기하는 하자가 있는 것을 말한다. 따라서 하자담보책임에 있어서의 하자는 그 물건이 통상 지녀야 할 성질을 결하는 객관적 하자뿐만 아니라 계약상 특정용도에 적합하지 않거나 매도인이 특히 보증한 성능 또는 성질을 구비하지 않은 것도 포함한다는 점에서 구별된다.

(a) 제조물의 결함에는 설계상 결함·제조상(제조과정) 결함, 설명·경고상 결함으로 유형화됨이 보통이다(미국 통일제조물책임법 제104조 참조).

여기서 설계(設計)상 결함이란 제조물의 설계 또는 설계과정을 말하고, 제조(製造)상 결함이란 제조물의 제조·관리과정에서 생긴 결함으로 제조자는 제조물의 설계 또는 제조과정상 결함이 생기지 않도록 기술적으로 충분한 설계 또는 재료를 선정하여야 하고 또한 완성된 제조물을 출하하기 전에 미리 제조상 결함이 있는가를 판단하기 위해 그 적재검사·마감검사·조종검사 등 필요한 검사를 하여야 하며, 이를 이행하지 아니한 때에는 그 발생한 손해에 대하여 책임을 부담하는 것이라고 한다.

또한, 설명(說明)·경고(警告)상 결함이란 사용에 따라서 위험이 수반될 수 있는 상품의 경우에는 안전한 사용방법을 설명하고 그 부적당한 사용에 생기는 위험을 경고하여야 하고 제조자가 그 설명과 경고를 제조물에 통상의 이용자가 주의를 집중시킬 수 있는 방법으로 행하지 아니한 때에는 역시 제조자의 과실로서 책임을 부담하는 것이라고 한다.

(b) 결함의 판단기준에는 Restatement of Torts, Second, 제402A조를 들고, 동조는 제조물의 결함을 「제조물이용자, 소비자 또는 그의 재산에 대하여 부당하게 위험한 상태」라고 한다.

(c) 설계상 결함으로서 개발도상의 결함에 대하여는 면책하는 것이 보통이다.

예컨대, 어떤 제조물이 제조 당시의 과학수준에 의하면 완전하였던 것이지만 그 후 과학기술의 발달 또는 부작용의 발견 등에 의한 손해로 판정된 경우에는 현재 과학기술의 수준에서는 결함의 예견회피가능성이 없다고 하여 제조물책임을 인정하지 않는 것이 일반적이다.

(나) 제조자와 제조자의 과실

(ㄱ) 제조자 : 제조물책임의 주체로서의 제조자란 직접의 제조행위를 한 자가 아니라 자기의 이름으로 상품을 제조하여 이를 유통시킨 자, 즉 통상 기업주를 의미한다.

또한, 피용자의 과실은 제조자의 책임에 포섭시키려는 것이 제조물책임의 불법행위책임적 구성의 법리이다(제756조 사용자책임 참조).

(ㄴ) 제조자의 과실 : 제조자의 책임에서 제조자가 책임을 부담하기 위하여서는 제조자의 과실을 요하는가. 동법은 불법행위책임요건으로서 가해자의 고의·과실에 갈음하여 제조물의 결함으로 타인의 생명·신체 또는 재산에 발생한 손해에 대하여 제조업자 등에 책임을 규정한다. 따라서 제조물책임에서 제조자 등의 책임은 무과실책임으로 규정한다(동법 제3조 제1항).[131]

따라서 제조자책임에서 제조자의 과실은 제조자가 부담한 주의의무를 게을리 하거나 어긋나게 행하는 것을 말하며, 소비자가 그 존재에 대해 고도의 개연적 진실을 담보하는 경험칙상 간접사실만을 입증하고, 이에 대하여 제조자의 그 존부를 불명케 하는 간접반증이 없는 것을 전제로 하여 법원이 위 경험칙의 적용과 그에 기한 자유심증의 결과로서 과실의 존재를 추인하는 소위 사실상 추정에 의하여 증명된다. 또한 이러한 추정은 구체적인 특정의 과실의 추정이 아니라 「무엇인가의 過失」 또는 「어떤 過失」의 추정으로 족하다.

또한, 제조물책임을 위험책임에 가깝게 하여 과실이라는 책임원인에서 벗어나기 위하여서는 제조자의 주의의무를 포괄적인 위험방지의무로 이해하고 상품의 결함 등으로 손해발생이 야기되었을 경우에는 특별한 반증이 없는 한 제조자에 의무위반이 있다고 추정한다.[132]

[판례] 무릇 물품을 제조·판매하는 제조업자 등은 그 제품의 구조, 품질, 성능 등에 있어서 그 유통 당시의 기술 수준과 경제성에 비추어 기대 가능한 범위 내의 안전성과 내구성을 갖춘 제품을 제조·판매하여야 할 책임이 있고, 이러한 안전성과 내구성을 갖추지 못한 결함으로 인하여 소비자에게 손해가 발생한 경우에는 불법행위로 인한 손해배상의무를 부담한다(대판 2000.2.25, 98다15934).

(다) 제조물의 결함이 야기한 손해 제조물의 소비자가 그 제조물을 구입함에 있어서 고려할 수 있었던 범위를 넘어 제조물 그 자체 이외에 확대된 손해를 의미하며, 사람의 생명·신체에 대한 손해는 물론 이에 국한하지 않고 재산상 손해를 포함한다. 그러나 이때 재산적 손해에는 제조물 그 자체 이 외에 발생한 손해, 즉 전매이익과 같은 경제적 손실 내지 얻을 수 있었던 이익을 의미한다. 따라서 제조물 그 자체에 발생한 손해, 즉 제조물에 상품적 합성이 결여되어 제조물 자체에 발생한 손해는 포함하지 않는다.[133]

131) 대판 2000.2.25, 98다15934; 1992.11.24, 92다18139.
132) 대판 1979.12.26, 79다1772.
133) 대판 2000.7.28, 98다35525; 1999.2.5, 97다26593; 1992.11.24, 92다18139.

[판례] 제조물책임이란 제조물에 통상적으로 기대되는 안전성을 결여한 결함으로 인하여 생명·신체나 제조물 그 자체 외의 다른 재산에 손해가 발생한 경우에 제조업자 등에게 지우는 손해배상책임이고, 제조물에 상품적 합성이 결여되어 제조물 그 자체에 발생한 손해는 제조물책임의 적용 대상이 아니므로, 하자담보책임으로서 그 배상을 구하여야 한다(대판 2000.7.28, 98다35525).

(라) 결함과 손해와의 인과관계　인과관계의 입증은 자연적 인과관계의 연쇄를 모두 증명할 필요는 없고, 법관이 자유심증에 터 잡아 얻는 확신에 의하여 그 법적 인과관계의 존재를 확정할 수 있는 정도면 족하다. 그러나 인과관계의 증명에 필요한 전문적·기술적 지식이나 자료가 모두 제조자 측에 있다는 점에서(책임영역설) 그 증명에 있어서도 과실의 증명에서와 같이 사실상 추정의 법리가 도입되고 있다.

(4) 損害賠償請求權의 행사

(가) 책임의 주체

(ㄱ) 제조물책임의 주체는 제조업자 또는 유통업자이다. 제조업자는 완성품의 제조자 또는 그 완성품의 제조자가 하청을 받아 제조한 경우에도 상표권자가 제조자로서 책임을 진다. 제조물책임법은 제조업자로서 제조물의 제조·가공 또는 수입을 업으로 하는 자와 제조물에 성명·상호·상표 기타 식별 가능한 기호 등을 사용하여 자신을 제조물의 제조·가공 또는 수입업자으로 표시한 자와 제조물의 제조·가공 또는 수입업자로 오인시킬 수 있는 표시를 한 자를 들고 있다(동법 제2조 제3호). 따라서 제조자와 표시상 제조업자는 물론, 수입업자는 언제나 제조자와 동일한 책임을 진다.

도매상·소매상 등 영리목적으로 판매·대여 등의 방법에 의하여 공급하는 자는 제조물의 제조업자 또는 공급자가 있거나 제조업자를 알 수 없는 경우에는 책임을 부담하지 아니한다. 그러나 영리목적으로 판매·대여 등의 방법에 의하여 공급하는 자라도 제조물의 제조업자 또는 제조물을 자신에게 공급한 자를 알거나 알 수 있었음에도 불구하고 상당한 기간 내 그 제조업자 또는 공급한 자를 피해자 또는 그 법정대리인에게 고지하지 아니한 때에는 제조물의 책임을 진다(동법 제3조 제2항).

(ㄴ) 제조물의 결함으로 인한 손해에 관련된 다수의 책임자가 있는 때에는 그들의 공동불법행위로서 민법 제760조가 적용된다.

(나) 청구권의 행사기간　손해배상청구권의 행사는 제조업자가 제조물을 공급한 날로부터 10년 내, 또는 손해 및 책임의 주체를 안 날로부터 3년 내 행사하여야 한다. 다만 위기간은 신체에 누적되어 사람의 건강을 해하는 물질에 의하여 발생한 손해 또는 일정한 잠복기간이 경과한 후에 증상이 나타나는 손해에 대하여는 그 손해

가 발생한 날로부터 기산한다(동법 제7조).

5. 公害責任

(1) 公害責任의 의의와 특성

(가) 현대사회에서의 공해는 첨단 기업 활동에 따르는 매연・취기・진동・폐수 등의 방산, 또는 시민생활 자체를 원인(제217조 참조)으로 하여 발생하게 되고, 이로써 다수의 시민이 건강 또는 생활환경에 해를 받거나 혹은 재산적 손해를 입게 되는 일이 많다.

여기서 공해(公害), 특히 환경오염이란 인간의 인위적 활동에 의하여 발생하는 유해요소가 일정지역의 대기・수질・토양 등에 작용하여 그를 이용하는 사람・동물・식물 등에 손해를 끼칠 정도의 나쁜 상태를 야기하는 것을 말하며(환경정책기본법 제3조), 환경을 오염시킨 자의 위법한 사회활동 여부를 묻지 않고 발생하거나(가해자의 적법한 활동의 부수적 결과 발생) 그로 인한 침해자의 침해가 계속적이고 광범위하게 발생함이 특색이다.

(나) 공해로부터 침해된 피해를 구제 받기 위한 사법상 제도로서 그 공해행위 자체에 대하여는 민법상 상린관계의 법리로서 구성할 수 있으나 그 침해행위로부터 발생 또는 발생할 손해에 대하여는 이것으로부터 나아가 좀더 적극적인 구제방법이 요구된다. 따라서 공해로부터 침해된 법익의 적극적 구제방법으로는 통상 일반불법행위책임으로 묻게 된다. 그러나 일반불법행위는 본질상 개별적・우발적으로 생기는 개인의 위법한 행위를 염두에 두고 성립된 제도이므로 공해와 같이 사회에 필연적・대량적으로 생기는 사고에 관하여는 적절한 구제책이라고 보기 어렵다.

그리하여, 최근의 입법들은 특히 환경오염피해에 대한 구제책으로 환경정책기본법・원자력손해배상법・광업법・수산업법 등 특별법을 두고 있다.

(2) 環境汚染被害와 손해배상책임

(가) 환경정책기본법상 환경오염에 대한 손해배상책임　환경오염피해에 대한 구제책으로서 동법상 손해배상책임을 부담하며, 다음의 요건을 갖추어야 한다.

(ㄱ) 환경오염책임을 부담하기 위하여서는 사업장 등에서 환경오염이 발생하여 피해가 발생하였어야 한다.

환경오염은 제1차적으로 인간의 인위적 활동에 의하여 발생한 유해요소가 대기・수질・토양 등에 해를 끼치고 이들을 매개로 하여 제2차적으로 인체나 재산에 피해를 입히게 된다. 따라서 환경오염책임을 부담하기 위해서는 사람의 인위적 활동, 즉 사업장 등에서 오염물질이 발생하여 피해자에게 손해가 발생하였어야 하고 그들 간에 인과적 연속이 성립하면 책임을 지게 된다. 즉 어떤 사업장에서 야기 시켰다는 인과관계와 그 환경오염으로 손해가 발생하였다는 두 인과관계가 연속적으로 성립하면 배상책임이 발생한다.

여기서 사업장(事業場) 등이란 오염물질의 배출시설이 설치되어 있는 공장·사업장·기타 설비(예컨대 자동차·중기, 하수·폐수·분뇨종말처리장, 산업폐기물처리소 등)를 말하며, 이들에서 발산하는 유해물질에 의하여 오염(대기·수질·토양·해양·방사선오염)·진동·소음·악취 등으로서 사람의 건강이나 환경에 피해를 주는 것을 말한다(동법 제3조 4호).

(ㄴ) 환경오염으로 타인에게 발생한 손해는 가해자의 과실과 관계없이 언제나 배상하여야 한다. 따라서 무과실책임이며, 발생한 손해가 사업장 등에서 발생되는 환경오염으로 인한 손해라는 것이 증명되면 그 사업장의 경영자는 배상책임을 진다(동법 제31조 제1항).

(나) 일반불법행위법상 손해배상책임　환경정책기본법에 의하여 배상되는 경우를 제외한 공해(환경오염피해)는 일반불법행위책임(제750조)으로 구제된다. 따라서 공해로 인한 손해배상청구권을 행사하기 위해서는 다음의 요건을 갖추어야 한다.

(ㄱ) 환경오염행위자의 고의·과실에 의한 손해발생 : 환경오염행위에 대한 일반불법행위에 따른 손해배상책임을 부담하기 위하여서는 환경정책기본법에 의한 손해배상책임과는 달리 환경오염행위자에 대한 고의·과실로 인한 신체·재산상 피해를 주었어야 한다(과실책임주의).

(ㄴ) 수인한도 초과의 환경오염으로부터의 손해발생 : 환경오염행위자로서의 기업자 등은 보통 설비를 갖추고 활동하는 경우가 많으므로 고의에 의한 환경오염행위의 성립은 용이하지 않다. 따라서 이들의 행위로부터 일반불법행위 성립은 특히 過失이 문제되며, 기업자 등의 과실 인정기준에 관하여 방지의무위반설·예견가능성설 및 수인한도론이 제기된다. 그러나 최근의 유력한 견해는 수인한도를 기준으로 과실의 개념을 객관화하여 위법성 개념에 접근시키려 한다. 즉 위법성과 과실요건을 일원화하여 당해 행위에 대한 피해가 사회통념상 요구되는 수인한도를 넘으면 위법성이 인정되는 것은 물론 과실도 함께 인정된다고 한다. 따라서 환경오염행위가 일반불법행위법상 위법한 법익침해로 되기 위하여서는 그 피해의 정도가 사회통념상 인내할 것이 요구되는 정도를 초과하여 피해자에 구체적 손해를 주었으면 족하다고 한다.

(ㄷ) 인과관계의 성립 : 공해에서는 소음·진동·채광방해 등 직접적인 것은 인과관계의 입증이 쉽지만, 대기·물 등 자연의 매개물을 통하는 간접적인 것이거나,

다수의 원인이 경합하여 피해를 생기게 하는 것에 대해서는 인과관계의 입증이 쉽지 않다. 따라서 피해자의 구제라는 견지에서, 공해에서는 어느 정도의 개연성이 밝혀지고 사회통념으로 보아서 인과관계가 있다고 판단되는 정도로서 충분하다고 하는 것이 판례의 입장이다.[134] 이것은 인과관계의 사실상 추정으로서 증거책임의 전환을 의미한다. 그러나 최근의 판례는 이것에 국한하지 않고 그 개연성에 의한 인과관계존재라는 종합적 사실을 몇 개의 주요사실로 분석하여 유형화하고 간접사실에 의한 증명을 허용하고 있다. 즉, 공해책임의 인과관계를 피해발생의 메카니즘과 원인물질, 원인물질이 피해자에 도달한 경로, 가해영역에서의 원인물질의 생성 및 배출이라는 유형사실로 분석하여 이 세 가지 주요사실을 간접사실에 의하여 증명하되 피해자가 이들 중 두 가지 사실만 입증한 경우에는 가해자가 다른 간접사실을 증명하여 인과관계의 성립을 배척하지 않는 한 인과관계의 성립을 인정한다.[135]

[판례] 오염물질인 폐수를 배출하는 등의 공해로 인한 손해배상을 청구하는 소송에 있어서는 기업이 배출한 원인물질이 물을 매체로 하여 간접적으로 손해를 끼치는 수가 많고 공해문제에 관하여는 현재의 과학수준으로도 해명할 수 없는 분야가 있기 때문에 가해행위와 손해의 발생 사이의 인과관계를 구성하는 하나하나의 고리를 자연과학적으로 증명한다는 것은 극히 곤란하거나 불가능한 경우가 대부분이므로 이러한 공해소송에 있어서 피해자에게 사실적 인과관계의 존재에 관하여 과학적으로 엄밀한 증명을 요구한다는 것은 공해로 인한 사법적 구제를 사실상 거부하는 결과가 될 우려가 있는 반면, 가해기업은 기술적·경제적으로 피해자보다 훨씬 원인조사가 용이한 경우가 많을 뿐만 아니라, 그 원인을 은폐할 염려가 있고 가해기업이 어떠한 유해한 원인물질을 배출하고 그것이 피해 물건에 도달하여 손해가 발생하였다면 가해자 측에서 그것이 무해하다는 것을 입증하지 못하는 한 책임을 면할 수 없다고 보는 것이 사회형평의 관념에 적합하다(대판 1997.6.27, 95다2692).

(다) 공동불법행위와의 관계　공해는 다수 가해자의 관여에 의하여 생기는 일이 많다. 따라서 각각의 가해행위가 단독으로 손해를 발생케 한 경우에도 공동불법행위를 적용함이 좋을 것이라고 한다.[136] 그리하여 판례는 공단소재 공장들에서 배출된 공해물질로 인하여 초래된 공장주변 주민들의 생활환경침해 및 장차 발병 가능한 만성적 신체·건강상 장애로 인한 정신적 고통에 대하여 공장주들의 공동불법행위로서 위자료의 지급의무를 진다고 한다.[137]

또한, 환경정책기본법은 사업장 등이 2개 이상 있을 경우 어느 사업장 등에 의하여 피해가 발생한 것인지 알 수 없는 때에는 각 사업자는 연대하여 그 피해를 배상하여야 함을 규정하고 있다(동법 제31조 제1항).

134) 대판 1974.12.10, 72다1774.
135) 대판 1997.6.27, 95다2692 참조.
136) 김주수, 민법개론 668면.
137) 대판 1991.7.25, 90다카26607.

[판례] 공단 소재 공장들에서 배출된 공해물질로 인하여 초래된 공장주변 주민들의 생활환경침해 및 장차 발병 가능한 만성적 신체・건강상 장애로 인한 정신적 고통에 대하여 공장주들의 공동불법행위로서 위자료의 지급의무를 진다(대판 1991.7.25, 90다카 26607).

(라) 장래피해의 배상 환경오염피해는 그 공해원인이 제거되지 않는 한 손해가 계속적으로 생기는 경우가 많으므로, 이때 손해배상의 청구에는 현재 발생한 손해의 배상은 물론 將來 發生할 損害에 관하여도 청구할 수 있는가.

학설은 불법행위제도를 과거에 생긴 손해의 배상에만 적용한다고 한다면 계속적으로 생기는 손해배상을 되풀이하여 청구하는 수밖에 없게 될 것이지만, 그러나 환경오염피해에 있어서는 장래 손해발생이 확실하고, 그 내용이 확정될 수 있는 손해에 대해서는 이를 긍정할 것이라 하고, 그 배상에는 정기금에 의한 방법도 고려될 수 있을 것이라고 한다.

(3) 環境汚染行爲와 유지청구

(가) 공해는 그 성질상 계속적 침해를 가져온다. 그러므로 현존 침해에 관하여는 불법행위책임에 의하지만, 현재 발생 또는 발생 우려가 있는 장래 손해를 구제 받기 위하여서는 민법상 상린관계규정(제217조)에 의한 유지청구에 의하며, 다음의 요건을 갖추어야 한다.

(a) 침해의 정도가 수인한도를 넘을 것
(b) 침해행위가 계속 반복적일 것
(c) 유지로 인한 가해자의 희생과 불허한 때 피해자가 받는 불이익을 비교・교량할 것

이상의 요건을 갖춘 경우 그 공해의 사법적 구제로서 물권법적 유지청구(방해예방・제거청구)를 행사하여 공해의 원인현상을 제거함으로써 공해의 근본적 해결책에 접근할 수 있게 한다.

(나) 환경권에 기하여 방해배제를 청구할 수 있는가. 판례는 환경권은 명문의 법률규정이나 관계 법령의 규정 취지 및 조리에 비추어 권리의 주체・대상・내용・행사방법 등이 구체적으로 정립될 수 있어야만 인정되는 것이므로, 사법상의 권리로서의 환경권을 인정하는 명문의 규정이 없는데도 환경권에 기하여 직접 방해배제청구권을 인정할 수 없는 것이라고 한다.[138)]

138) 대판 1997.7.22, 96다56153.

6. 醫療過誤責任

(1) 醫療過誤責任의 의의와 특성

의료과오책임이란 환자에 대한 의사 또는 의료인의 과실로 인하여 발생한 의료사고에 대한 의사 또는 의료기관의 손해배상책임을 말한다.

의료과오책임의 근거는 의사의 진료행위는 통상환자와 의료기관(의사)과의 의료계약에 바탕하여 구체적으로는 의사가 환자를 진료함에 있어 통상의 의료행위를 다하지 못하여 사고가 발생하거나 환자의 질병이 악화됨으로써 회복하기 어려운 결과가 초래된 데 대한 의사 또는 의료기관의 책임이다. 그러나 의료과오책임에 있어서의 가장 큰 문제는 의사의 의료과오 판단 및 주의의무의 기준설정이며, 그 밖에 손해와 과실과의 인과관계 및 과실 그 자체의 입증이 어려운 점에 있다.

(2) 醫療過誤責任의 체계

(가) 의사와 환자의 관계를 종래에는 환자는 단순히 의사가 베풀어주는 의료혜택의 수혜자, 즉 仁術로 인식되었다. 그러나 오늘날은 의사와 환자가 서로 대등적 관계에서 환자의 치료를 위하여 상호 협력하여야 할 공동체관계(계약관계)로 인식되고 있다(계약의 성질의 무엇인가에 관하여는 견해가 대립하나 우리 나라에서는 대체로 위임계약으로 이해한다).

(나) 의사가 주의의무를 다하지 못하여 환자에게 책임을 부담하는 방법에는 두 가지가 있다. 하나는 의료계약에 기초한 채무불이행에 따른 책임이고, 다른 하나는 불법행위책임이다.

여기서 채무불이행에 기한 손해배상책임은 주로 불완전이행에 따른 적극적 채권침해이며, 불법행위에 기한 손해배상책임은 과실책임으로서 양자를 청구권경합관계로 이해한다. 그러나 실제에서는 채무불이행책임을 묻는 것보다 불법행위 책임으로 묻는 것이 보통이며, 그것은 환자의 위자료청구에서 유리한 때문인 것으로 이해된다.[139)]

(3) 醫療過誤責任의 성립

(가) 의료과오로서의 과실 　의료과오책임으로서의 의료행위란 사람의 질병의 진료·예방에 국한하지 않고, 의사의 의학적 판단 및 기술로서 행하는 것이거나 보건위생상 위해를 발생시킬 우려가 있는 행위를 말하며, 의료과오로서 과실은 의사 또는 의료종사자라는 직업인으로서 요구되는 업무상 과실로서 통상의 의료수준, 즉 현대 임상의학의 수준에 의한 의학상 지식과 기술을 갖춘 통상 진료방법에 따라 진

139) 김상용, 의료과오책임, 법정고시 1996.9, 45면.

료할 의무의 과실을 의미한다.140)

(ㄱ) 의사의 주의의무는 의료행위 당시 통상의 의학수준이 기준이 되며, 의료과오는 의학이 환자에게 응용되는 과정에서 생기는 것이므로 여기서 의학은 임상의학을 의미하며 의사가 따라야 할 진료 기준은 통상 의사에게 일반적으로 인정된 의학원칙이다. 따라서 일반적으로 행하여지지 않는 새로운 요법이나 안전성이 확인되지 않는 치료법에 의한 악영향 또는 부작용은 특별한 사정이 없는 한 면책되지 않는다. 이와 같이 의사의 주의의무를 다하기 위하여서는 구체적 환자의 상태에 따라서 현대 임상의학의 수준에 의한 의학상 지식과 기술을 갖춘 통상 진료방법에 따라 진료할 의무를 의미하며, 의사가 주의를 기울여 당해 환자에 대한 최선을 다한다는 심리적 요소를 가졌다는 것만으로는 면책되지 못한다.141)

[판례] 환자가 병원에 처음 내진하여 진료를 받을 때 이미 화농성 폐렴증세를 보이고 있었으나 그 증상이 뚜렷하지 아니하여 이를 위염과 신경증으로 진단하여 그에 대한 처방을 하였고, 그 후 상복부 통증이라는 새로운 증상까지 나타나 다시 병원에 찾아오게 된 경우 진료의사로서는 처음의 진단과는 다른 질환일 가능성에 대한 의심을 갖고 좀더 정밀한 진단을 하여야 함은 물론, 과민성이 있는 환자에게는 부작용으로 인한 쇼크나 호흡억제를 일으킬 수 있는 약물을 투여할 경우에도 사후 세심한 주의와 관찰이 필요함에도 불구하고 만연히 앞서 진단한 결과에 따라 별다른 검진도 없이 약물을 투여하였고, 약물을 투여한 후에도 안정하도록 하여 부작용이 없는지 확인하지도 아니함으로 인하여 과민성 쇼크가 발생하여 환자가 사망하였다면 진료의사는 이로 말미암아 발생한 모든 손해를 배상할 책임이 있다(대판 1997.5.9, 97다1815).

(ㄴ) 통상의 의료방법과 수준에 따라 의사가 어떠한 방법으로 처치할 것인가는 원칙적으로 의사의 재량에 맡겨져 있다. 따라서 의사가 진료를 행함에 있어 환자와 당시 상황 또는 의료수준 및 자기의 지식·경험에 따라 적절하다고 판단되는 진료방법을 선택할 상당한 재량권을 가지며, 그것이 합리적인 범위를 벗어난 것이 아닌 이상 그 진료 결과를 놓고 그 중 하나만이 정당하고 이와 다른 조치를 취한 것은 과실이 있다고 할 수 없다.142)

또한, 환자의 상태가 위급하여 진료가 시간적으로 긴급히 행하여져야 하는 경우 의사가 충분한 검사와 준비를 다하지 않는 상태에서 위험을 무릅쓰고 수술 등 처치함으로써 치료 가능성을 모색하는 것이 상당하다고 생각되는 경우에는 상황적 긴급성이 있다고 보아 「허용된 위험의 법리」가 적용될 것이라고 하고, 환자의 특이체질, 즉 정상인이라면 전혀 반응하지 않는 물질 또는 자극에 대하여 이상하게 반응하는

140) 대판 1984.6.12, 82도3199.
141) 대판 1984.6.12, 82도3199.
142) 대판 1992.5.12, 91도23707; 1984.6.12, 82도3199.

과민성을 지닌 체질로 인하여 피해가 발생한 경우에는 의사가 그 특이체질을 예측할 수 있었는가 문제되고, 통상 의사가 이를 예측할 수 없었던 경우에는 의사에게 과실이 있다고 할 수 없는 것이라고 한다.143)

(ㄷ) 의료과오로서의 과실에 대한 입증책임은 의사 또는 의료기관에 있다. 판례는 환자가 치료 도중에 사망한 경우 피해자 측에서 일련의 의료행위 과정에서 저질러진 일반인의 상식에 바탕을 둔 의료상의 과실 있는 행위를 입증하고 그 결과와 사이에 일련의 의료행위 외에 다른 원인이 개재될 수 없다는 점, 이를테면 환자에게 의료행위 이전에 그러한 결과의 원인이 될 만한 건강상의 결함이 없었다는 사정을 증명한 때에는, 의료행위를 한 측이 그 결과가 의료상의 과실로 말미암은 것이 아니라 전혀 다른 원인으로 말미암은 것이라는 입증을 하지 아니하는 이상, 의료상 과실과 결과 사이의 인과관계를 추정하여 손해배상책임을 지울 수 있도록 입증책임을 완화하는 것이 손해의 공평·타당한 부담을 그 지도원리로 하는 손해배상제도의 이상에 맞는 것이라고 한다.144)

(나) 환자의 과실과 서약서의 효력

(ㄱ) 의사의 진료행위에 대한 환자의 거짓말·침묵 또는 진료거부 등의 행위에 의한 질병의 악화 등은 의사 과실에 대한 면책행위로 되는가. 환자의 과실이 의사측의 과실과 결과 사이에 인과관계가 없다고 인정할 정도의 치명적인 경우에는 면책사유가 될 것이라고 한다.145) 그러나 환자의 과실과 의사의 과실은 별개의 것이고 환자의 과실로 인한 질병의 악화 등의 사정은 곧 의사의 과실이 있다고 할 것은 아니다.

(ㄴ) 진료계약에 따른 의사의 수술 등 환자의 신체에 침습을 가하는 행위에 대하여는 진료행위에 앞서 환자 또는 그 보호자로부터 수술 결과에 대한 면책을 내용으로 하는 수술승낙서 또는 서약서를 받은 경우 그 결과에 대한 의사의 면책을 인정할 것인가. 이에 대한 판례는 서약서가 후유증에 대하여 전혀 예상하지 않고 있던 환자나 그의 기록이 의사의 위법행위를 미리 용서하고 의료과오에 대한 손해배상청구권을 미리 포기하는 효과를 가져 오지 않으며 서약서의 작성은 손해배상청구에 영향을 미치지 않는다고 한다.146)

(다) 입증책임의 완화 의료과오로 인한 의사의 불법행위책임은 과실책임의 원칙에 의하여 환자가 의사의 과실 및 과실과 손해발생간의 인과관계를 입증하여야 한다. 그러나 의학적 전문지식을 갖지 못한 일반인이 이를 입증함은 용이한 일이 아

143) 이은영, 민법학강의 695면.
144) 대판 2003.6.13, 2003다5269.
145) 이은영, 민법학강의 697면.
146) 대판 1979.8.14, 78다488.

니므로 이러한 환자의 입증곤란을 구제하기 위하여 학설은 책임영역이론에 의하여 의사에게 입증책임을 사실상 주고 있다.[147)]

또한, 인과관계의 성립에 관하여도 추정의 법리가 적용된다. 판례는 의사의 수술과 환자의 다른 결과(휴유증에 대한 의사의 과실 이외의 사유)가 개재할 가능성이 없는 한 그 증세는 의사의 과실에 의한 것으로 추정하고 있다.[148)]

(4) 說明義務不履行과 의사의 책임

(가) 의사는 진료행위를 함에 있어 환자나 그 보호자에게 질병의 종류와 내용 및 치료방법과 그에 따르는 위험 등 환자의 진료와 관계되는 중요한 사항을 구체적 환자의 입장에서 이해할 수 있도록 설명하여 주어야 한다.

의사의 설명의무는 환자의 자기결정권의 보장이라는 측면에서 강조되며, 그 이론적 근거를 어디에 두는가에 관하여 인간의 존엄과 가치관에 바탕 한다거나 의료법상 의무에서 근거한다는 견해가 있으나 그 직접적인 근거는 무엇보다 의료계약인 위임에 근거한다고 봄이 타당할 것이다. 따라서 그 책임에 관하여는 채무불이행 또는 불법행위법상 책임을 불문할 것이지만 일반적으로는 의사의 독립한 법적 의무(의료법상 책임)로 파악하여 과실 판단의 기초가 되는 주의의무로 파악한다.

(나) 판례는 환자에 의료방법에 대한 승낙권이 있음을 인정하고, 반면 의사에게는 환자의 상태에 관하여 지금까지의 진단결과, 앞으로 시행할 의료방법과 수단, 방치해 두는 경우의 위험성, 그 의료방법에 부수하는 위험성과 합병증 및 후유증 등에 관한 설명의무가 있으며, 만약 이러한 환자의 승낙이 없거나 형식적인 승낙이 있어도 의사가 구체적인 설명을 하지 아니하여 그 승낙이 무효로 되는 경우에는 의사의 업무상 주의의무를 해태한 과실을 인정하여 의료기술상 과오・기타 주의의무 해태가 없는 경우에도 그 의료행위 결과인 상해와 설명의무위반 사이에 인과관계가 성립하여 불법행위를 구성하는 것이라고 한다.[149)] 그러나 다른 판례는 의사가 설명의무를 위반한 채 수술 등을 하여 환자에게 사망 등의 중대한 결과가 발생한 경우에, 환자측에서 선택의 기회를 잃고 자기결정권을 행사할 수 없게 된데 대한 위자료만을 청구하는 경우에는 의사의 설명이 없었다는 사실만을 입증하는 것으로 족하지만, 그 결과로 인한 모든 손해를 청구하는 경우에는 그 중대한 결과와 의사의 설명의무위반 사이에 상당인과관계가 존재하여야 하는 것이라고 하고, 의사가 설명의무를 다하였다고 하더라도 환자가 반드시 그 수술을 거부하였을 것이라고 단정할 수

147) 대판 1995.2.10, 93다52402; 1995.3.10, 94다39587.
148) 대판 1993.7.27, 92다15031.
149) 대판 2002.1.11, 2001다27449; 1990.8.24, 90다카17368; 1987.4.28, 86다카1134; 1979.8.14, 78다488.

없는 경우에는 상당인과관계가 있다고 보기는 어렵다고 한다.[150]

(다) 의사의 환자에 대한 설명의무는 수술시에만 한하지 않고, 검사·진단·치료 등 진료의 모든 단계에서 각각 발생한다. 그러나 설명위무 위반으로서의 불법행위의 책임을 지기 위하여서는 모든 의료과정 전반을 대상으로 하는 것이 아니라, 수술 등 침습을 과하는 과정 및 그 후에 나쁜 결과발생의 개연성이 있는 의료행위를 하는 경우 또는 사망 등의 중대한 결과발생이 예측되는 의료행위를 하는 경우 등과 같이 환자에게 자기결정에 의한 선택이 요구되는 경우이어야 한다.[151]

[판례] 의사의 환자에 대한 설명의무가 수술시에만 한하지 않고, 검사·진단·치료 등 진료의 모든 단계에서 각각 발생한다 하더라도 설명의무 위반에 대하여 의사에게 위자료 등의 지급의무를 부담시키는 것은 의사가 환자에게 제대로 설명하지 아니한 채 수술 등을 시행하여 환자에게 예기치 못한 중대한 결과가 발생하였을 경우에 의사가 그 행위에 앞서 환자에게 질병의 증상, 치료나 진단방법의 내용 및 필요성과 그로 인하여 발생이 예상되는 위험성 등을 설명하여 주었더라면 환자가 스스로 자기결정권을 행사하여 그 의료행위를 받을 것인지 여부를 선택함으로써 중대한 결과의 발생을 회피할 수 있었음에도 불구하고, 의사가 설명을 하지 아니하여 그 기회를 상실하게 된 데에 따른 정신적 고통을 위자하는 것이므로, 이러한 의미에서의 의사의 설명은 모든 의료과정 전반을 대상으로 하는 것이 아니라 수술 등 침습을 과하는 과정 및 그 후에 나쁜 결과 발생의 개연성이 있는 의료행위를 하는 경우 또는 사망 등의 중대한 결과발생이 예측되는 의료행위를 하는 경우 등과 같이 환자에게 자기결정에 의한 선택이 요구되는 경우만을 대상으로 하여야 하고, 따라서 환자에게 발생한 중대한 결과가 의사의 침습행위로 인한 것이 아니거나 또는 환자의 자기결정권이 문제되지 아니하는 사항에 관한 것은 위자료 지급대상으로서의 설명의무 위반이 문제될 여지는 없다고 봄이 상당하다(대판 2002.6.28, 2001다81313).

(라) 환자의 자기결정권에 따른 의사의 설명의무는 약사가 약품을 조제·판매하여 환자로 하여금 복용하는 하는 경우에도 적용되는가.

판례는 투약에서 요구되는 의사의 설명의무는 약사가 약품을 조제·판매함으로써 환자로 하여금 복용하는 하는 경우에도 원칙적으로 적용되는 것이라고 한다.[152]

---

150) 대판 1995.1.20, 94다3421.
151) 대판 2002.6.28, 2001다81313; 1995.4.25, 94다27151.
152) 대판 2002.1.11, 2001다27449.

제 5 편
家 族 法

제 1 장 家族關係의 構成과 消滅

제 1 절 家 族

제 1. 家族의 意義

민법은 가족(家族)이란 용어와 그 범위를 정하고 있으면서 그 정의에 관하여는 직접 규정하고 있지 아니하다. 그러나 민법 제779조는 가족의 범위를 정하면서 동조 제3호가 생계를 같이하는 경우를 전제로 하고 있는 점을 보면, 가족이란 일정 친족의 범위에서 생계를 같이하는 결합체를 의미하는 것으로 본다.

제 2. 家族의 範圍

家族은 원칙적으로 배우자, 직계혈족 및 형제자매이다(제779조 제1항 제1호). 그러나 이에 국한하지 않고 직계혈족의 배우자, 배우자의 직계혈족, 배우자의 형제자매가 생계를 같이하는 경우에는 가족이 된다(동조 제1항 제2호, 제2항).[1)]

- 배우자, 직계혈족 및 형제자매
- 생계를 같이하는 직계혈족의 배우자, 배우자의 직계혈족, 배우자의 형제자매

제 2 절 家의 成立으로서 婚姻

제 1. 約 婚

1. 約婚의 의의

約婚이란 장차 혼인하려는 남·여 간의 혼인약속이며, 구 관습상 행하여져 오던 것을 민법이 성문화한 제도이다.

1) 여기서, 가(家)의 법률상 소재를 본적이라고 한다.

約婚은 장차 혼인의 약속이지만 혼인과 독립된 계약이며, 일방 또는 쌍방의 완결권을 가지는 것은 아니므로 혼인을 위한 예약도 아니다. 또한 사실상 혼인이지만 신고하지 아니함으로써 법률상 성립하지 못한 사실혼과도 구별된다.

2. 約婚의 성립요건 · 효과

(1) 約婚의 성립요건

(가) 약혼의 실체적 요건 약혼하기 위해서는 다음의 요건을 갖추어야 한다.

(ㄱ) 당사자간의 약혼의 합의가 있을 것 : 약혼은 혼인하려는 양 당사자간의 합의로 성립한다. 따라서 당사자간의 합의에 의하지 않는 약혼은 언제나 무효이다.

(ㄴ) 약혼적령에 달할 것 : 남자는 만 18세, 여자는 만 16세에 달하여야 약혼할 수 있다(제801조 전단). 약혼연령은 논리적으로 보아 반드시 혼인연령과 동일함을 요할 것은 아니지만 민법은 혼인연령과 동일하게 규정하고 이에 관하여는 제808조(동의를 요하는 혼인)를 준용하게 하고 있다.

(ㄷ) 일정자의 약혼에는 동의권자의 동의를 얻을 것 : 미성년자가 약혼할 때에는 부모의 동의를 얻어야 한다(제801조 전단). 부모 중 일방이 동의권을 행사할 수 없을 때에는 다른 일방의 동의를 얻어야 하고, 부모가 모두 동의권을 행사할 수 없는 경우에는 후견인의 동의를 얻어야 한다(제801조, 제808조 제1항 · 제2항).

또한, 금치산자는 부모 또는 후견인의 동의를 얻어 약혼할 수 있고(제802조), 부모 또는 후견인이 없거나 또는 동의할 수 없는 때에는 친족회의 동의를 얻어 약혼할 수 있다((제808조 준용).

(ㄹ) 근친혼간의 약혼이 아닐 것 : 혼인장애가 되는 근친관계에 있는 자 사이는 약혼하지 못한다. 따라서 근친 무효혼의 범위에서의 약혼은 불능목적의 약혼으로 무효이다.

(ㅁ) 조건부 · 기한부 약혼 : 약혼에 조건이나 기한을 붙이는 것은 사회질서에 위반하지 않는 한 무방하다고 본다. 그러나 배우자있는 자의 약혼이나 이중약혼은 원칙적으로 무효이다. 다만 당사자 일방 또는 쌍방이 그 혼인을 해소한 후 부부가 된다는 약정도 당해 사정에 의하여 사회질서에 위반하지 않는 한 효력을 인정하여도 무방할 것이라고 본다.[2]

(나) 약혼의 형식적 요건 민법은 약혼의 방식에 아무런 규정을 두고 있지 아니하므로 약혼에는 특별한 형식을 요하지 않는다. 그러므로 약혼은 특별한 형식을 거

2) 김주수, 민법개론 1057면.

칠 필요 없이 장차 혼인을 체결하려는 당사자 사이에 합의가 있으면 성립한다.[3]

다만, 가정의례준칙에서는 약혼을 하는 경우 당사자의 호적등본과 건강진단서를 첨부한 약혼서를 교환함으로써 행하되 약혼식은 따로 거행하지 않도록 하고 있다.

[판례] 일반적으로 약혼은 특별한 형식을 거칠 필요 없이 장차 혼인을 체결하려는 당사자 사이에 합의가 있으면 성립하는 데 비하여, 사실혼은 주관적으로는 혼인의 의사가 있고, 또 객관적으로는 사회통념상 가족질서의 면에서 부부공동생활을 인정할 만한 실체가 있는 경우에 성립한다(대판 1998.12.8, 98므961).

⑵ 約婚의 효과

(가) 혼인의 성립의무　당사자는 서로 성실하게 교제하고 가까운 시일 내 부부공동체를 성립시킬 의무를 진다. 그렇지만 당사자 일방이 이 의무에 위반하더라도 상대방은 손해배상을 청구할 수 있을 뿐이고, 강제이행은 청구하지 못한다(제803조). 따라서 약혼은 장래 혼인에 관한 약정에 불과하다.

[판례] 남자와 여자가 장래에 있어서 부부로서 혼인할 것을 약속하고 사실상 부부로서 같이 살림을 하고 있는 경우 이른바 내연관계에 있어서는 남자는 민법상 부권은 없다고 할지라도 이 약혼상 권리는 보유하고 있다고 할 것이니 제3자가 약혼 중의 여자를 간음하여 남자로 하여금 혼인을 할 수 없게 하였다면 약혼으로 인한 남자의 권리를 침해한 것이라고 할 것이고 이는 불법행위를 구성한다(대판 1961.10.19, 4293민상531).

(나) 출생자 준정의 효과　약혼 중의 출생자는 혼인으로 혼인 중의 출생자로 된다. 그러나 약혼은 혼인을 위한 약정은 아니므로 약혼으로 인한 아무런 법률상 효과는 발생하지 않는다. 따라서 약혼으로 인한 친족관계는 발생하지 않는다.

3. 約婚의 解除

⑴ 結婚解除事由와 방식

(가) 약혼해제사유　약혼은 다음의 사유가 발생하면 해제할 수 있다.

(ㄱ) 약혼 후 자격정지 이상의 형의 선고를 받은 때
(ㄴ) 약혼 후 금치산 또는 한정치산의 선고를 받은 때
(ㄷ) 성병 또는 불치의 정신병 기타 불치의 악질(惡疾)이 있는 때
(ㄹ) 약혼 후 타인과 약혼 또는 혼인한 때
(ㅁ) 약혼 후 1년 이상 그 생사가 불명한 때
(ㅂ) 정당한 이유 없이 혼인을 거절하거나 그 시기를 지연하는 때
(ㅅ) 기타 중대한 사유가 있는 때

위 요건 중 「기타 중대한 사유가 있는 때」란 행복한 혼인의 가능성이 전혀 없

3) 대판 1998.12.8, 98므961.

어졌을 때를 의미하고, 특히 판례는 약혼은 혼인할 것을 목적으로 하는 혼인의 예약이므로 당사자 일방은 자신의 학력·경력 및 직업과 같은 혼인의사를 결정하는데 있어 중대한 영향을 미치는 사항에 관하여 이를 상대방에게 사실대로 고지할 신의칙상 의무가 있는 것이라고 한다.[4]

(나) 약혼해제의 방식　약혼은 당사자만이 해제할 수 있고, 상대방에 대한 의사표시로써 한다. 그러나 상대방에 대한 의사표시를 할 수 없는 경우에는 그 해제원인을 안 때 해제된 것으로 본다(제805조).

(2) 約婚解除의 효과

(가) 손해배상의 청구　약혼을 해제한 때에는 당사자 일방은 과실 있는 상대방에 대하여 이로 인한 손해배상을 청구할 수 있고(제806조 제1항), 그 청구에는 가정법원에 먼저 조정을 신청하여야 한다.

손해배상의 범위는 재산상 손해와 정신상 고통에 대한 손해를 포함하며(동조 제2항), 특히 정신상 고통에 대한 위자료청구권은 당사자 사이에 이미 그 배상에 관한 계약이 성립되거나 소송을 제기한 후가 아니면 양도 또는 승계하지 못한다(동조 제3항).

(나) 예물의 반환　약혼예물의 법률적 성질은 혼인의 불성립을 해제조건으로 하는 증여에 유사한 것이라고 본다.[5] 따라서 약혼의 성립 후 혼인의 불성립이 확정되면 부당이득의 법리에 따라 예물의 반환을 청구할 수 있다. 그러나 약혼예물을 준 자에게 귀책사유가 있는 때에는 그 반환을 청구하지 못한다.

약혼예물은 혼인성립을 해제조건으로 증여한 것이므로 일단 혼인이 성립한 이상 그 반환은 청구하지 못한다.[6] 그러나 판례는 결혼생활이 단기간에 파탄된 경우 그 집을 살 때 보탠 돈은 전액 반환하여야 하는 것이라고 한다.[7]

[판례] 약혼예물의 수수는 약혼의 성립을 증명하고 혼인이 성립한 경우 당사자 내지 양가의 정리를 두텁게 할 목적으로 수수되는 것으로 혼인의 불성립을 해제조건으로 하는 증여와 유사한 성질을 가지므로, 예물의 수령자 측이 혼인 당초부터 성실히 혼인을 계속할 의사가 없고 그로 인하여 혼인의 파국을 초래하였다고 인정되는 등 특별한 사정이 있는 경우에는 신의칙 내지 형평의 원칙에 비추어 혼인 불성립의 경우에 준하여 예물반환의무를 인정함이 상당하나, 그러한 특별한 사정이 없는 한 일단 부부관계가 성립하고 그 혼인이 상당 기간 지속된 이상 후일 혼인이 해소되어도 그 반환을 구할 수는 없으므로, 비록 혼인 파탄의 원인이 며느리에게 있더라도 혼인이 상당 기간 계속된 이상 약혼 예물의 소유권은 며느리에게 있다(대판 1996.5.14, 96다5506).

---

4) 대판 1995.12.8, 94므1676·1683.

5) 대판 1996.5.14, 96다5506; 1976.12.28, 76므41·42.

6) 대판 1996.5.14, 96다5506; 1994.12.27, 94므895.

7) 대판 2003.11.14, 2000므1257·1264.

제 2. 婚 姻

1. 婚姻의 意義

사실적 의미의 혼인이란 인간의 종족보존을 위한 본능에 기초한 남녀간 결합, 즉 타인간의 행복을 위한 결합관계를 말하고, 법률상 의미로는 혼인하려는 당사자간의 자유의사에 의한 혼인의 합의와 이를 일정 방식에 따라 신고하므로 성립하는 결합관계를 말한다(제812조).

2. 婚姻의 成立要件

(1) 結婚의 實質的 要件

(가) 혼인의사의 합치 혼인은 혼인의사의 합치가 있어야 하고, 이때 혼인의사의 합치는 정신적·육체적 결합을 위한 일정 의사능력을 가진 남녀의 자유로운 의사에 의한 합치이어야 한다(제815조 제1호).

(ㄱ) 혼인의 의사를 어떻게 볼 것인가. 실질의사설은 당사자간의 생활공동체를 형성하려는 의사의 합치라고 보며, 그 실질적 의사의 기준에 관하여 남녀의 자유로운 의사의 합치라 보거나, 결혼식 등을 통하여 사회적으로 지지되는 합의라고 보나, 형식의사설은 혼인신고에 의하여 법률상 부부관계를 형성하려는 당사자간의 의사의 합치라고 본다.

다수설은 실질의사설을 취하여, 남녀가 부부의 공동생활을 영위하겠다는 자유로운 의사의 합치가 있는 경우 혼인의 합의가 있는 것이라고 보며, 판례 또한 甲의 혼인 외 子 A의 혼담이 깨어질 것을 염려하여 단지 甲과 乙이 부부로 가장하여 혼인신고를 한 경우"이 혼인신고는 가장결혼에 불과하며, 민법상 당사자간에 혼인할 의사가 없는 것에 해당한다."라고 하여 혼인에 실질의사를 요한다.[8)]

[판례] (1) 혼인의 합의란 법률혼주의를 채택하고 있는 우리나라 법제 하에서는 법률상 유효한 혼인을 성립하게 하는 합의를 말하는 것이므로 비록 사실혼관계에 있는 당사자 일방이 혼인신고를 한 경우에도 상대방에게 혼인의사가 결여되었다고 인정되는 한 그 혼인은 무효라 할 것이나, 상대방의 혼인의사가 불분명한 경우에는 혼인의 관행과 신의성실의 원칙에 따라 사실혼관계를 형성시킨 상대방의 행위에 기초하여 그 혼인의사의 존재를 추정할 수 있으므로 이와 반대되는 사정, 즉 혼인의사를 명백히 철회하였다거나 당사자 사이에 사실혼관계를 해소하기로 합의하였다는 등의 사정이 인정되지 아니하는 경우에는 그 혼인을 무효라고 할 수 없다(대판 2000.4.11, 99므1329).

---

8) 대판 2000.4.11, 99므1329; 1996.6.28, 94므1089; 1994.5.10, 93므935; 1984.10.10, 84므71; 1983.9.27, 83므22; 1980.4.22, 79므77; 1975.5.27, 74므23.

(2) 청구인과 근 30년간 부첩관계를 맺고 그 사이에서 2남 2녀를 출산한 피청구인이 청구인의 본처가 사망하자 청구인에게 혼인신고를 요구하여, 청구인이 이를 응낙하고 혼인신고를 하도록 딸에게 교부한 인장을 피청구인이 사용하여 혼인신고서를 작성하여 이 사건 혼인신고를 한 것이라면, 설사 당사자 사이에 이후 동거하기로 하는 합의가 따로 없이 혼인신고 후에도 계속 별거하면서 왕래하려는 의사만 있었더라도 혼인의 실질적 합의가 없었다고는 할 수 없다(대판 1990.12.26, 90므293).

(ㄴ) 혼인의 의사는 조정이나 재판에 의한 경우를 제외하고는 혼인신고 서면의 작성시와 신고가 수리될 때까지 존속할 것이어야 한다.[9] 다만 당사자가 사실상 혼인의사를 가지고 있음에도 불구하고 신고를 게을리 하고 있는 경우, 당사자 사이에 관계를 해소하기로 합의하였거나 일방이 혼인의사를 철회하지 않은 이상 일방에 의한 혼인신고는 무효라 할 것은 아니라고 보며,[10] 또한 이 경우 일방 당사자가 다른 일방에게도 혼인의사가 존재한다고 추정되어야 하므로 혼인의사를 철회하지 않은 이상 추인 자체가 불필요하다고 본다.[11]

(ㄷ) 혼인의 의사표시에는 조건이나 기한을 붙이지 못한다.

(나) 당사자의 혼인적령 혼인하기 위해서는 당사자가 혼인연령에 달하여야 하고, 혼인 최저연령은 남자 18세, 여자 16세이다(제807조). 다만 이 경우 혼인연령은 사실상 연령이 아닌 법률상 연령이어야 한다.

혼인연령에 달하지 아니한 경우의 혼인은 당사자 및 법정대리인이 취소할 수 있으나, 다만 혼인 후 적령에 달하거나 혼인 중 포태한 때에는 취소하지 못한다.[12]

(다) 부모의 동의 혼인적령에 달한 미성년자는 혼인할 수 있다. 그러나 미성년자가 혼인하기 위해서는 부모의 동의를 얻어야 하고(제808조 제1항), 또한 금치산자도 부모 또는 후견인의 동의를 얻어 혼인할 수 있다(동조 제2항).

(ㄱ) 부모의 혼인동의는 부모 쌍방의 동의이어야 한다. 부모 중 일방이 동의할 수 없는 때에는 다른 일방의 동의를 얻어야 하고, 부모가 모두 동의권을 행사할 수 없는 때에는 후견인의 동의를 얻어야 한다(제808조 제1항 단서). 또한 부모 또는 후견인이 없거나, 동의할 수 없는 때는 친족회의 동의를 얻어야 한다(동조 제3항).

- 미성년자 - 부모·후견인·친족회의 동의
  - 부모 중 일방이 동의권을 행사할 수 없는 경우 - 다른 일방의 동의
  - 부모가 모두 동의권을 행사할 수 없는 경우 - 후견인의 동의
  - 후견인이 없거나 동의할 수 없는 경우 - 친족회의 동의
- 금치산자 - 부모 또는 후견인 및 친족회의 동의

9) 대판 1996.6.28, 94므1089.
10) 대판 1980.4.22, 79므77.
11) 김주수 114면.
12) 김주수 115면.

(ㄴ) 동의권의 성질은 子의 보호·감독을 위한 친권의 일종이나, 친권·후견에 관한 일반 규정의 특칙으로서 성질을 가지며, 동일한 가적 내에 있음을 요하지 않고 단순한 부모의 자격에서 가지는 권리이다.

(ㄷ) 동의의 방식은 일정한 방식은 요하지 아니하나, 다만 혼인신고시에 동의서 첨부 및 신고서에 동의의사를 부기하므로 행한다.

(ㄹ) 동의 없는 혼인의 신고수리는 당사자 또는 법정대리인에 의한 취소 가능한 행위로 된다. 다만 당사자가 성년에 달한 후 또는 금치산선고 취소 후 3월이 경과하거나, 혼인 중 포태한 경우에는 취소권이 제한된다(제819조).

(라) 일정 근친자간의 혼인이 아닐 것　8촌 이내의 부계혈족과 모계혈족(양친자의 종전의 혈족을 포함) 사이에는 혼인하지 못한다(제809조 제1항).

또한, 6촌 이내 혈족의 배우자, 배우자의 6촌 이내 혈족, 배우자의 4촌 이내 혈족의 배우자인 인척이거나 이러한 인척이었던 자 사이에는 혼인하지 못한다(동조 제2항).

그밖에 6촌 이내 양부모계의 혈족이었던 자와 4촌 이내 양부모계의 인척이었던 자 사이에는 혼인하지 못한다(동조 제3항).

(마) 중혼이 아닐 것　배우자있는 자는 중복하여 혼인하지 못한다(제810조). 여기서, 중혼이란 법률상 혼인이 이중으로 성립한 것을 말한다.

(ㄱ) 중혼이 되는 경우로는 혼인신고의 잘못으로 인한 중복된 혼인의 신고가 수리되거나, 혼인 후 재혼하였는데 전혼의 이혼이 무효 또는 취소된 경우, 실종선고 후 재혼하였는데 그 실종선고가 취소된 경우, 국내와 국외에서 이중으로 혼인한 경우 등에 생길 수 있다.

[판례] 배우자 있는 자가 타인과 혼인하기 위하여 이름을 바꿔 새로이 취적함으로써 이중호적을 만들어 그 호적에 타인과 혼인신고를 마쳤다면 위 타인과 혼인은 민법 제810조가 금지하는 중혼임이 명백하며 동인이 배우자와 혼인신고만 하였을 뿐 실제 동거한 일이 없다고 하더라도 그 결론에는 지장이 없다(대판 1986.6.24, 86므9).

(ㄴ) 중혼이 된 경우에는 후혼을 취소할 수 있다(제816조 제1호). 그러나 전혼에 대해서는 혼인을 계속하기 어려운 중대한 사유가 있는 것으로 하여 이혼청구사유로 될 것이다. 판례는 중혼은 취소사유에 불과하므로 혼인이 일단 성립한 이상 중혼이라고 하더라도 당연히 무효로 되는 것이 아니고, 법원의 판결에 의하여 취소될 때 비로소 그 효력이 소멸될 뿐이므로 아직 그 혼인은 소의 확정판결이 없는 한 법률상 부부라고 할 것이어서 재판상 이혼의 청구도 가능한 것이라고 한다.[13)]

13) 대판 1991.12.10, 91므344.

(2) 婚姻의 형식적 요건

(가) 혼인의 신고　　혼인은 당사자 쌍방과 성년자 증인 2인의 연서와, 호적법 제76조에 의한 기재사항을 기재하여 본인의 본적지 또는 신고인의 주소지나 현재지에서 신고하므로 행한다(제812조 제2항, 호적법 제25조).

(ㄱ) 혼인신고의 법률적 성질은 혼인의 성립요건인가, 효력발생요건인가.

성립요건설은 혼인의 합의는 신고라는 방식으로 표시되는 것이므로 혼인의 신고는 혼인의 성립요건이며, 신고 없는 혼인의 합의 및 부부공동생활은 원칙적으로 혼인의 효력은 발생하지 않는다고 한다. 그러나 다수설은 효력요건설을 취하여 혼인의 성립은 혼인의사의 합치(단순한 의사의 합의가 아닌 사회적·객관적으로 지지되는 합의라고 한다)로 성립하고, 그 신고는 보고적 신고라고 한다. 그 결과 혼인 당사자간의 혼인신고 의무 내지 혼인신고청구권을 인정하고, 혼인신고의 강제이행을 주장하여 사실혼을 보호할 것이라고 한다.[14]

판례 또한 한 쪽 당사자가 모르는 사이에 혼인신고가 이루어짐으로써 무효라고 할지라도 그 후 양쪽 당사자가 그 혼인에 만족하고 그대로 부부생활을 계속하고 있다면 그 혼인은 처음부터 유효한 혼인이라고 한다.[15]

(ㄴ) 혼인신고의 方式은 서면 또는 구술에 의하여 신고함으로 행한다. 이때, 특히 구술에 의한 신고는 신고인의 시·읍·면의 사무소에 출석하여 신고서에 기재할 사항을 진술하여야 한다.

(ㄷ) 혼인의 신고는 代理하지 못한다. 그러나 본인의 신뢰에 의하여 타인이 대서(代書)한 신고는 유효한 것으로 보며,[16] 또한 전쟁 또는 사변에 있어 전투에 참가하거나 전투수행을 위한 공무에 종사하므로 혼인신고를 하지 못하고 일방이 사망한 경우에는 생존의 당사자가 가정법원의 허가를 얻어 단독으로 신고할 수 있고, 그 일방이 사망한 때 신고한 것으로 본다(혼인신고특례법 제4조).

(ㄹ) 재외국인은 외국에 주재하는 대사·공사·영사에의 신고(제814조 제1항) 또는 직접 본국에 송부하여 신고할 수 있다. 이 경우 외국의 공관장이 신고를 수리한 경우에도 1월내 외교통상부장관을 경유한 본국의 소관공무원에 송부하여야 하고, 송부 받은 본국의 소관공무원이 수리하므로 행한다(동조 제2항, 호적법 제41조).

(나) 혼인신고의 수리　　혼인의 신고는 이를 수리하므로 혼인의 효력이 생긴다. 따라서 혼인의 성립은 호적부에 기재 여부를 불문하며, 혼인의 신고가 일단 수리되

---

14) 정광현, 혼인신고의강제이행문제, 법정(1963.6) 55면 이하.
15) 대판 1965.12.28, 65므61.
16) 김주수 136면.

면 어떤 사정으로 인하여 호적부에 기재되지 아니한 경우에도 혼인의 성립에는 영향을 미치지 아니한다.[17]

[판례] 사망자 사이 또는 생존하는 자와 사망한 자 사이에는 혼인이 인정될 수 없고, 혼인신고특례법과 같이 예외적으로 혼인신고의 효력의 소급을 인정하는 특별한 규정이 없는 한 그러한 혼인신고가 받아들여질 수도 없다(대판 1995.11.14, 95므694).

(다) 조정·심판에 의한 신고　조정의 경우 조정성립일로부터 1월내 신고하여야 하고, 심판에 의한 경우에는 심판확정일로부터 1월내 재판서등본과 확정증명서를 첨부하여 신고하여야 한다.

조정·심판에 의한 신고의 법률적 성질에 관하여 학설은 보고적 신고로 보나, 판례는 창설적 신고라고 한다.[18]

3. 婚姻의 無效와 取消

(1) 婚姻의 無效

(가) 무효혼의 범위　다음 각호 중 어느 하나에 해당하는 혼인은 무효로 한다(제815조 각호).

(ㄱ) 당사자 사이에 혼인에 합의가 없는 때(동조 제1호),

(ㄴ) 일정범위의 근친혼(동조 제2호 내지 제4호).

- (a) 8촌 이내의 부계혈족과 모계혈족(양친자의 종전혈족 포함) 간의 혼인
- (b) 당사자간에 직계인척관계가 있거나 있었던 때
- (c) 당사자간에 양부모계의 직계혈족관계가 있었던 때

(나) 무효혼의 성질　무효혼의 법률적 성질을 어떻게 취급하여야 할 것인가.

재판상무효설은 재판의 선고에 의하여 당연히 무효로 된다고 하나,[19] 다수설은 당연 무효라고 보며, 무효의 일반원칙에 따라 무효 확인청구는 물론 그 무효의 확인이 없는 경우에도 이해관계인은 다른 소송으로 그 무효를 주장할 수 있는 것이라고 한다. 그러나 그 주장이 신의칙에 반하는 때에는 제한된다.[20]

[판례] 청구인이 소외 망 甲과 혼인신고를 마치고 혼인생활을 하던 중 소외 乙과 내연관계를 맺고 집을 나가 乙과 2중으로 혼인신고까지 하고 있다가 소외 망 甲과 내연관계를 맺고 살던 피청구인이 甲 사망 후 청구인의 사망신고를 하고 망 甲과 혼인신고를 하자 청구인이 상속재산을 탐하여 자기와 망 甲간의 혼인관계가 유효한 것이었다고 하면서 피청구

17) 대판 1988.5.31, 88스6.
18) 대판 1973.1.16, 72므26.
19) 정광현 517면; 이시윤, 민사소송법 311면.
20) 대판 1983.4.12, 83므64.

인과 망 甲간의 혼인이 무효의 것이라고 주장함은 결과적으로 자기와 甲·乙 간의 두개의 혼인관계가 모두 유효하다고 주장하는 것이 되어 신의에 좇은 권리행사라고 볼 수 없어 이는 권리남용에 해당한다(대판 1983.4.12, 83므64).

(다) 무효혼의 효과　무효혼의 효과는 절대적이다. 따라서 무효혼에 의한 출생자는 혼인 외 출생자로 되며, 子의 양육권은 당사자 청구로 법원이 정한다.

또한, 무효혼에 대한 과실 있는 상대방은 손해배상책임을 부담한다.

(라) 무효혼의 추인　무효행위의 추인에 관한 민법 제139조의 규정은 신분상 행위에는 적용되지 않는다. 따라서 법률상 무효인 혼인이라도 당사자간에 혼인의 실질적 요건을 갖추는 때에는 그 범위에서 소급적 추인이 가능하다.

판례는 한 쪽 당사자가 모르는 사이에 혼인신고가 이루어짐으로써 무효라고 할지라도 그 후 양쪽 당사자가 그 혼인에 만족하고 그대로 부부 생활을 계속하고 있다면 그 혼인은 처음부터 유효한 혼인이라고 하고, 또한 신고 당시에는 가장혼인이었지만 그 후 실질적 혼인의사의 합의를 하고 부부공동생활을 한 경우에는 그 혼인은 혼인의 합의시로부터 유효한 혼인이라고 한다.[21]

(2) 婚姻의 取消

(가) 취소혼의 범위　다음 각호 중 어느 하나에 해당하는 혼인은 법원에 그 취소를 청구할 수 있다(제816조 각호).

(ㄱ) 不適令婚(제807조, 제816조 제1호)

(ㄴ) 동의결여의 혼(제808조, 제816조 제1호)

(ㄷ) 무효혼을 제외한 일정범위의 근친혼(제809조, 제816조 제1호)

- 6촌이내 혈족의 배우자, 배우자의 6촌이내 혈족, 배우자의 4촌 이내 혈족의 배우자인 인척이거나 인척이었던 자 간의 혼인(당사자간에 직계인척관계가 있거나 있었던 때 제외)
- 6촌이내 양부모계의 혈족이었던 자와 4촌이내 양부모계의 인척이었던 자 간의 혼인 (당사자간에 양부모계의 직계혈족관계가 있었던 때 제외)

(ㄷ) 중혼(제810조, 제816조 제1호)

(ㄹ) 악질(惡疾) 등 중대한 사유가 있는 혼(제816조 제2호)

(ㅁ) 사기·강박에 의한 혼인(제816조 제3호)

(나) 혼인취소권의 행사와 제한

(ㄱ) 혼인취소권의 행사는 취소권의 발생사유에 따라 달리한다.

(a) 혼인적령에 달하지 아니한 혼인은 당사자 또는 그 법정대리인이 그 취소를 청구할 수 있다(제817조 전단). 그러나 당사자가 혼인적령에 달한 때에는 물론이나

21) 대판 1965.12.28, 65므61.

혼인 중 포태한 때에도 제819조를 유추하여 취소권이 소멸하는 것으로 해석한다.

(b) 동의결여의 혼인은 그 당사자 또는 법정대리인이 취소할 수 있다(제817조 전단). 그러나 당사자가 20세에 달하거나 금치산선고가 취소된 후 3월이 경과하거나 혼인 중 포태한 때에는 취소권이 소멸한다(제819조).

(c) 근친혼, 즉 무효혼(제815조)을 제외한 민법 제809조(동성혼 등의 금지) 위반의 혼인은 당사자 그 직계존속 또는 4촌 이내의 방계혈족은 취소를 청구할 수 있다(제817조 후단). 그러나 혼인 중 포태한 때에는 취소권이 소멸한다(제820조).

(d) 중혼은 당사자 및 그 배우자, 직계혈족, 4촌 이내의 방계혈족 또는 검사는 언제나 그 취소를 청구할 수 있다(제818조 전단).

(e) 악질 등 중대한 사유가 있는 혼인은 당사자가 이를 취소할 수 있다. 그러나 그 사유 있음을 안날로부터 6월이 경과한 때에는 취소권이 소멸한다(제822조).

(f) 사기·강박에 의한 혼인은 그 사기·강박에 의하여 혼인의 의사표시를 한 일방이 청구할 수 있고(제816조 제3호), 취소권자가 그 사기를 안날 또는 강박을 면한 날로부터 3월이 경과하면 취소권은 소멸한다(제823조).

(ㄴ) 혼인의 취소는 취소권자가 가정법원에 그 취소청구의 소로써 행사하여야 한다. 그러나 법원의 재판에 앞서 먼저 조정을 신청하여야 하고, 혼인취소의 심판청구는 조정 불성립의 조서등본 송달일로부터 2주일 내에 하여야 한다(가소법 제50조).

취소원인	취소권자	취소제한
부적령혼	당사자, 법정대리인	혼인적령에 달하거나 포태한 때
동의결여의 혼	당사자, 법정대리인	20세에 달하거나, 금치산선고가 취소된 날로부터 3월이 경과한 때 또는 포태한 때
일정범위의 근친혼	당사자, 직계존속, 4촌이내 방계혈족	혼인 중 포태한 때
중혼	당사자, 직계존속, 4촌이내 방계혈족 또는 검사	
악질 등 중대한 사유있는 혼	당사자	사유 있음을 안날로부터 6월이 경과한 때
사기·강박에 의한 혼인	당사자	사기를 안 날 또는 강박을 면할 날로부터 3월이 경과한 때

(다) 혼인취소의 효과

(ㄱ) 비소급적 무효 : 혼인취소의 효력은 일반 법률행위의 취소에서와 달리 소급효가 발생하지 않는다(제824조). 따라서 혼인 중의 子는 혼인이 취소된 경우에도 여전히 혼인 중의 子로서의 자격을 가지고 또한 성년의제의 효과도 유지된다.

다만, 혼인의 취소는 상속받은 재산에 영향을 미치는가. 판례는 민법 제824조는 「혼인의 취소의 효력은 기왕에 소급하지 아니 한다」라고 규정하고 있을 뿐 재산상속 등에 관해 소급효를 인정할 별도의 규정이 없는 바, 혼인 중에 부부 일방이 사망하여 상대방이 배우자로서 망인의 재산을 상속받은 후에 그 혼인이 취소되었다는 사정만으로 그 전에 이루어진 상속관계가 소급하여 무효라거나 또는 그 상속재산이 법률상 원인 없이 취득한 것이라고는 볼 수 없는 것이라고 한다.[22]

(ㄴ) 子의 양육과 친권의 행사 : 가정법원은 당사자 청구에 의하여 그 子를 양육할 자와 양육에 관한 사항 및 면접교섭권에 관한 사항을 정하여야 한다(제824조의 2). 또한 가정법원이 혼인취소청구를 인용할 때에는 부모에게 미성년자인 子의 친권을 행사할 자에 관하여 미리 협의하도록 권고하여야 한다(가소법 제52조).

(ㄷ) 손해배상의 청구 : 혼인의 취소로 과실 있는 상대방은 손해배상책임을 부담하며, 그 배상책임은 약혼해제로 인한 손해배상책임의 규정을 준용한다(제825조).

4. 婚姻의 效果

(1) 婚姻의 일반적 효과

(가) 친족관계의 발생 혼인으로 인하여 부부는 서로 배우자인 신분을 가지고 친족이 되며, 상대방의 4촌 이내의 혈족과 혈족의 배우자 사이에 인척관계가 생긴다(제777조 참조).

(나) 동거의무 동거는 거소를 같이 하는 의무이며, 부부로서 동거를 의미한다. 따라서 혼인으로 부부는 동거의무를 부담하며(제826조 제1항) 법률상 혼인 여부에 불문한다(사실혼에 준용).

동거장소에 관하여는 혼인 전 당사자간의 협의에 의하고 협의가 이루어지지 아니하는 경우에는 당사자의 청구에 의하여 가정법원이 정한다(동조 제2항).

부당한 동거의무의 위반은 악의의 유기로서 이혼의 원인이 된다. 그러나 정당한 이유로 한 일시적 별거인 때에는 상호 인용하여야 한다(동조 제1항 단서).

(다) 부양・협조의무 부부간에는 상호 협조의무를 가지며(제826조 제1항), 협조의무의 이행으로 부양의무를 가진다. 판례는 처가 정당한 이유 없이 별거하면서 夫에 대하여 부양료를 청구한데 대하여, 妻가 동거의무를 스스로 저버리고 별거하고 있는 경우에는 부에 대한 부양료의 청구는 할 수 없는 것이라고 하였다.[23]

(ㄱ) 부양이란 미성년의 자녀를 포함하는 부부일체로서 공동생활에 필요한 것을

22) 대판 1996.12.23, 95다48308.
23) 대판 1991.12.10, 91므145; 1976.6.22, 75므17・18.

서로 공여하는 것이며 장래 또는 과거의 부양료(동거로 당연히 지출하여야 할 비용 또는 빈곤한 생활의 감수비)를 포함한다.

(ㄴ) 당사자간의 부양의무면제특약은 무효이다.

(ㄷ) 부부의 어느 일방이 정당한 사유 없이 부양·협조의무를 이행하지 않을 경우 그 협조의무는 동거의무와 더불어 강제이행이 곤란하지만, 부양의무는 강제집행이 허용된다. 또한 부양과 협조의무를 위반하는 것은 악의의 유기로서 이혼원인이 될 수 있다.[24)]

(라) 정조의무 부부간에는 상호 정조의무를 진다. 민법은 직접 이를 규정하고 있지 않지만, 제840조는 재판상 이혼원인으로 배우자의 不貞行爲를 규정하고 있는 점에서 부부는 당연히 상호 정조의무를 부담한다.

(마) 성년의제 미성년자가 혼인한 때에는 성년에 달한 것으로 본다(제826조의 2).

(ㄱ) 혼인으로 인한 성년의제의 효과는 민법상에만 적용된다. 다만 의제된 성년은 養子能力을 가지는가. 민법이 성년으로 의제한 이상 이를 긍정할 것이라고 하나 부양능력을 고려하면 부정함이 타당하다.

(ㄴ) 혼인으로 인한 성년의제는 법률상 혼인에 국한하고 사실상 혼인은 제외된다. 또한 혼인으로 성년이 된 미성년자는 혼인의 취소 후에도 여전히 성년으로 의제된다.

(바) 부부간의 계약취소권 부부간의 계약은 제3자(선의·악의를 불문)의 권리를 침해하지 아니하는 범위에서 언제나 부부의 일방이 이를 취소할 수 있다(제828조).

(ㄱ) 취소권의 행사는 혼인 중 행사하여야 한다. 여기서 「혼인 중」이란 단지 형식적으로 혼인관계가 계속되고 있는 상태를 의미하는 것이 아니라, 형식적으로는 물론 실질적으로도 원만한 혼인관계가 계속되고 있는 상태를 의미하고 혼인관계가 비록 형식적으로는 계속되고 있다고 하더라도 실질적으로 파탄에 이른 상태라면 동조 규정에 의한 계약의 취소권은 인정되지 않는다.[25)]

(ㄴ) 취소권은 혼인 전의 계약에는 적용되지 않는다. 따라서 혼인 후의 계약은 혼인 중이면 언제나 취소할 수 있다. 또한 부부간 계약취소권은 혼인 중이면 소멸시효에 걸리지 아니한다.

다만, 민법 제180조 제2항은 「부부 일방의 타방에 대한 권리는 혼인관계의 종료한 때로부터 6월내에는 소멸시효가 완성하지 아니한다.」라고 규정하므로 이 규정은 부부간의 계약취소에도 적용되는가. 다수설은 혼인해소에 의하여 계약취소권이 소멸하는 것은 시효가 아니므로 시효정지의 규정은 부부간의 계약취소에는 적용의

---

24) 김주수 156-157면.

25) 대판 1993.11.26, 93다40072.

여지가 없는 것이라고 한다.[26]

⑵ 婚姻의 재산적 효과

(1) 부부재산계약(夫婦財產契約)	① 혼인 전 부부간의 계약 ② 혼인 중 계약의 변경 금지
(2) 법정재산제(法定財產制)	① 부부별산제(夫婦別產制) ② 일상가사대리권 ③ 생활비용의 공동부담

㈎ 부부재산계약 부부재산계약은 혼인성립 전에 체결할 수 있고, 혼인 중 이를 변경하지 못한다. 그러나 정당한 이유가 있는 때에는 법원의 허가를 받아 변경할 수 있다(제829조 제2항).

(ㄱ) 계약체결의 방식·능력 : 부부재산계약의 체결에는 특별한 방식을 요하지 아니한다. 그러나 혼인 전의 체결이어야 하고 조건이나 기한을 붙이지 못한다. 또한 부부의 승계인 및 제3자에 대항하기 위해서는 혼인의 신고시 또는 계약변경시 이를 등기하여야 한다(제829조 제3항).

부부재산계약체결에 행위능력을 요하는가. 소수설은 혼인관계에 부수하는 계약이나 재산관계를 정하는 것이므로 혼인능력 이상의 능력을 요하는 것이라고 하나,[27] 다수설은 부부재산계약을 혼인과 같은 신분상 행위로 파악하여 미성년자도 혼인적령에 달하면 유효한 재산상 계약을 체결할 수 있는 것이라고 한다.

(ㄴ) 관리인의 변경 : 부부재산계약에 의하여 부부 일방이 다른 일방의 재산을 관리하는 경우 부적당한 관리로 재산을 위태롭게 한 때에는 다른 일방은 자기가 재산을 관리하게 할 것을 법원에 청구할 수 있고, 그 재산이 부부 공유인 때에는 그 분할을 청구할 수 있다(제829조 제3항). 이 경우 夫婦가 재산에 관하여 따로 약정하거나 관리자를 변경 또는 공유재산을 분할한 때에는 이를 등기하여야 하고, 만일 이를 등기하지 아니한 때에는 이로써 부부의 승계인 또는 제3자에 대항하지 못한다(동조 제5항).

(ㄷ) 계약의 효력발생·소멸 : 부부재산계약은 혼인의 성립시에 그 효력이 발생하고, 혼인의 해소 또는 취소로 소멸한다. 이 경우 부부재산계약의 소멸로 법정재산제로 전환된다.

㈏ 법정재산제 부부의 일방이 혼인 전부터 가진 고유재산과 혼인 중 자기명의로 취득한 재산은 특유재산으로 하고(제830조 제1항), 그 특유재산은 부부 각자가

26) 김주수 161면.
27) 이승우, 부부재산계약, 계약법의 제문제 121면; 이은영, 민법학강의 884면.

관리·사용·수익한다(제831조). 그러나 부부 누구의 재산에 속한 것인지 분명하지 아니한 재산은 부부 공유재산으로 추정한다(제830조 제2항).

판례는 부부 일방이 혼인 중 자기명의로 취득한 재산은 명의자의 특유재산으로 추정되고, 다만 실질적으로 다른 일방 또는 쌍방이 그 재산의 대가를 부담하여 취득한 것이 증명된 때에는 특유재산의 추정은 번복되어 다른 일방의 소유이거나 쌍방의 소유라고 보아야 할 것이지만 재산을 취득함에 있어 상대방의 협력이 있었다거나 혼인생활에 있어 내조의 공이 있었다는 것만으로는 위 추정을 번복할 사유가 된다고 할 수 없는 것이라고 한다(대판 1992.12.11, 92다21982). 그러나 부동산 매입자금의 원천이 남편의 수입에 있다고 하더라도 처가 남편과 18년간의 결혼생활을 하면서 여러 차례 부동산을 매입하였다가 이익을 남기고 처분하는 등의 방법으로 증식한 재산으로서 그 부동산을 매입한 것이라면 위 부동산의 취득은 부부 쌍방의 자금과 증식노력으로 이루어진 것으로서 부부공유재산으로 볼 여지가 있는 것이라고 한다(대판 1990.10.23, 90다카5624).

(다) 생활비의 부담과 일상가사대리권

(ㄱ) 생활비의 공동부담 : 부부 공동생활상 비용은 당사자간의 특약이 없는 한 부부 공동으로 부담한다(제833조). 따라서 부부공동생활로 인한 생활비이면 족하고 동거·별거를 불문한다. 다만 동거의무위반의 책임이 있는 경우 문제되나, 이 경우에도 별거하는 배우자가 子를 양육하는 때에는 생활비청구권을 가진다고 본다.

(ㄴ) 일상가사의 대리권 : 부부는 일상가사에 관하여 상호 대리권을 가지고(제827조 제1항), 부부 일방이 일상가사에 관하여 제3자와 법률행위를 한 때에는 다른 일방은 이로 인한 채무에 대하여 연대책임을 진다(제832조 본문). 그러나 이미 제3자에 대하여 다른 일방의 책임 없음을 명시한 때에는 그러지 아니한다(동조 단서).

민법은 일상가사에 관하여 대리권을 가짐을 규정한다. 그러나 가사대리권은 일반대리와 달리 부부간의 동일채무에 관하여 연대책임을 진다는 점에서 그 법률적 성질이 논의된다.

소수설은 가사대리를 민법이 대리라는 명목으로 규정하고 있으면서 연대책임을 규정하고 있으므로 효과 면에서 일종의 대표라고 본다. 그러나 다수설은 가사대리를 민법이 대리라는 명목으로 규정할 뿐만 아니라 배우자의 처분행위는 실질적으로 가족공동생활체의 이름으로 행해지지만 형식적으로는 자기 또는 다른 일방의 이름으로 행하여지는 것이므로 일종의 법정대리라고 본다.

(a) 일상가사에 관한 법률행위란 부부의 공동생활에서 필요로 하는 통상의 사무에 관한 법률행위를 말하고, 그 구체적인 범위는 부부공동체의 사회적 지위·직업·재산·수입능력 등 현실적 생활상태뿐만 아니라 그 부부의 생활 장소인 지역사회의 관습 등에 의하여 정하여진다. 그러나 당해 구체적인 법률행위가 일상가사에 관한 법률행위인지 여부의 판단에는 그 법률행위를 한 부부공동체의 내부 사정이나 그 행위의 개별적인 목적만을 중시할 것이 아니라, 그 법률행위의 객관적인 종류나

성질 등도 충분히 고려하여 판단하여야 한다.[28)]

부부공동생활상 통상 필요로 하는 의식주에 관한 것은 물론, 그 외에 가족의 보건・오락・교제, 자녀양육과 교육에 관한 것을 포함한다. 그리하여 판례는 처가 가족이 거주하는 남편명의 45평 아파트의 분양대금을 납입하기 위한 금전차용행위는 일상가사에 해당하는 것이라고 하였다.[29)]

일상생활의 객관적 범위를 벗어난 소비대차, 가옥의 임대, 순수한 직업상 사무, 입원, 어음의 배서행위, 부부일방인 재산의 처분행위, 부인의 교회건축헌금, 가게인수대금, 장남의 교회 및 주택임대차보증금의 보조금, 거액인 차용금에 대한 이자지급, 가족공통체의 유지와 무관한 대규모 주택이나 아파트구입행위는 일상가사권에 포함하지 않는다(대판 1997.11.28, 97다31229).

(b) 일상가사대리권을 가지는 부부관계에는 동거 또는 별거에 불문하고, 특히 동거하지 아니하는 경우에는 그 원인에 따라 가사긴급처리권을 행사할 경우가 있다.

일상가사권의 범위를 벗어난 부 또는 처의 법률행위에 대하여 표현대리가 적용되는가. 학설・판례는 일치하여 126조의 표현대리가 적용되는 것이라고 한다.[30)]

또한, 이혼한 경우에는 가사대리권이 소멸하지만 이 경우에도 민법 제129조(대리권소멸 후의 표현대리)에 의한 표현대리가 성립될 수 있다.

(c) 일상가사대리권의 행사에는 민법상 대리에 관한 엄격한 현명주의가 적용되지 않는다. 따라서 상대방이 일상가사에 관한 것임을 알 수 있으면 족하고 일상가사에 관한 일방의 법률행위로 인한 채무는 부부의 연대책임에 귀속한다. 다만 부부일방의 경험부족・지려천백・부부공동체에 파탄의 염려가 있는 때에는 그 대리권을 제한할 수 있으나 이 경우에도 대리권 전반에 관한 제한은 인정되지 않는다.

(d) 일상가사대리권이 성립되는 범위에서 부부 상호간에 민법 제415조의 연대채무보다 더욱 밀접한 부담관계로서 성질을 가진 연대책임(부진정연대책임)을 부담한다. 또한 혼인 중 성립한 연대책임은 혼인의 해소 후에도 존속하나, 다만 보통의 연대채무로 전환된다.

(e) 사실혼의 경우에도 혼인에 있어서의 부부 일방에 대한 일상가사대리권이 인정되는가. 일상생활에 관한 상호 대리권이므로 긍정할 것이다.

---

28) 대판 1997.11.28, 97다31229.

29) 대판 1999.3.9, 98다46877.

30) 대판 1998.7.10, 98다18099; 1970.10.30, 70다1812; 1968.8.30, 68다1051.

5. 婚姻의 解消

(1) 혼인해소의 원인 ┌ 부부 일방의 사망에 의한 혼인의 해소
└ 이혼에 의한 해소
(2) 혼인해소의 효과
┌ 사망의 경우 ┌ ㉠ 부부관계(동거·부양·협조·정조의무, 부부재산제) 소멸
│ │ ㉡ 일상가사채무(연대책임)·인척관계의 존속
│ └ ㉢ 재산상속권 발생
└ 이혼의 경우 ┌ ㉠ 부부관계로 인한 권리·의무의 소멸과 재혼 가능
│ ㉡ 인척관계의 소멸
│ ㉢ 子의 친권행사자·양육권자 결정(면접교섭권)
└ ㉣ 재산상 효과 — 재산분할청구권·위자료청구권

(1) 死亡에 의한 혼인의 해소

(가) 부부 일방의 死亡으로 혼인관계는 해소된다. 여기서 사망이란 사실적 사망을 의미하나, 이것에 국한하지 않고 실종선고 및 인정사망에 의한 의제사망을 포함한다.

다만, 실종선고에 의한 혼인의 해소로 부부 일방이 재혼한 경우 후일 실종선고의 취소로 전혼관계가 부활하는가. 재혼 당사자의 일방 또는 쌍방이 악의인 경우에는 전혼관계는 부활하고, 후혼 관계는 소멸한다는데 이설이 없으나, 재혼당사자의 쌍방이 선의인 경우에는 견해가 대립된다. 그러나 다수설은 후혼 만이 유효인 혼인이 되고 전혼은 부활하지 않는 것이라고 본다.

┌ 재혼 당사자의 일방 또는 쌍방이 악의인 경우 ┌ 전혼 관계 - 부 활
│ └ 후혼 관계 - 소 멸
└ 재혼당사자의 쌍방이 선의인 경우
┌ 전혼·후혼 모두 유효한 혼인이나 중혼이 된다는 설(이혼 또는 취소원인)
└ 후혼 만이 완전히 유효인 혼인이 된다는 설(다수설)

(나) 부부 일방의 死亡으로 혼인이 해소되면, 부부라는 신분관계가 소멸되며, 이로써 동거·부양·협조의무와 정조의무는 소멸하고 부부재산제 또는 부부재산계약도 효력을 잃는다. 그러나 소급적 효과는 없으므로 이미 달성한 일상가사로 인한 연대책임에는 영향을 미치지 않는다.

또한, 생존배우자는 사망자의 호주승계(부의 사망시 직계비속이 없는 경우)와 재산상속을 하게 된다. 그러나 혼인에 의하여 발생하였던 인척관계는 이혼의 경우와는 달리 당연히 소멸하지는 않는다. 즉 부부의 일방이 사망한 경우에 생존배우자의 인척관계는 당연히 소멸하는 것이 아니라, 생존배우자가 재혼하므로 소멸된다(제775조 제2항).

┌ 부부 일방의 사망 — 인척관계의 존속(혼인관계 소멸)
└ 부부 일방의 재혼 — 인척관계의 소멸

⑵ 離婚에 의한 혼인의 해소

(가) 협의이혼 협의이혼은 부부가 합의하여 할 수 있다(제834조). 그 원인과 동기는 법적으로 문제되지 않는다. 그러나 그 이혼의 합의가 부부 사이에 진정으로 성립하고 있어야 하고, 또한 이를 신고하지 않으면 성립되지 않는다.

(ㄱ) 협의이혼의 성립 : 협의이혼하기 위해서는 실질적 요건과 형식적 요건을 갖추어야 한다.

(a) 당사자 사이에 이혼의사의 합의가 있을 것이어야 한다. 이혼의사는 자유로운 의사이어야 하며, 무조건이고 무기한이어야 한다. 따라서 이혼의사는 이혼신고서 작성시는 물론이고, 그 서면이 수리되는 때에도 존재하여야 한다.

[판례] 간통죄의 고소를 제기하기 위하여서는 먼저 혼인이 해소되거나 이혼소송을 제기해야 한다는 규정이 있지만 배우자의 간통에 대처하여 상간자를 처벌하고 배우자의 회심을 유도하기 위하여 일응 고소하는 경우도 흔히 있으므로 간통죄의 고소 사실만 가지고 이혼의 의사가 객관적으로 명백하다고 보기 어렵다(대판 1997.5.16, 97므155).

(b) 이혼의사의 합치에는 의사능력이 있어야 한다. 따라서 금치산자도 의사능력만 있으면 이혼할 수 있으나 부모 또는 후견인의 동의를 얻어야 하고, 부모 또는 후견인이 없거나 동의할 수 없을 때에는 친족회의 동의를 얻어야 한다(제835조에 의한 제808조 준용).

(c) 혼인 중 출생한 미성년의 子가 있는 경우에는 부모의 협의로 친권자를 정하여 이혼신고서에 기재하여야 한다.

(d) 가정법원의 확인을 받아 이를 신고하여야 한다(제836조 제1항). 여기서 가정법원의 확인은 단지 당사자간의 이혼할 의사를 확인하는데 불과하고 그 협의의 과정 등은 문제 삼지 않는다.[31]

또한, 이혼의 신고는 호적법에 정한 바에 의하여 당사자 쌍방과 성년자인 증인 2인이 연서한 서면으로 하여야 하고(동조 제2항), 신고에 의하여 이혼은 성립한다.

[판례] 협의이혼의사의 확인절차는 확인 당시에 당사자들이 이혼을 할 의사를 가지고 있는가를 밝히는데 그치는 것이고 그들이 의사결정의 정확한 능력을 가졌는지 또는 어떠한 과정을 거쳐 협의이혼 의사를 결정하였는지 하는 점에 관하여서는 심리하지 않는다(대판 1987.1.20, 86다86).

(ㄴ) 협의이혼의 무효·취소 : 이혼이 수리되었으나 당사자간에 이혼의 의사가

31) 대판 1987.1.20, 86다86.

없는 경우에는 당연히 무효이다. 당사자는 협의상 이혼의 무효를 가정법원에 청구할 수 있고, 판결의 확정일로부터 1월내 판결의 등본 및 확정증명서를 첨부하여 호적의 정정을 신청하여야 한다.

사기·강박에 의한 이혼은 취소할 수 있고(제838조), 이를 취소하기 위해서는 가정법원에 조정을 신청하여야 한다. 조정이 성립하지 아니하면 당사자는 사기를 안 날 또는 강박을 면한 날로부터 3월내 재판을 청구하여야 하고, 이혼취소판결의 확정판결일로부터 1월내 신고하여야 한다.

(나) 재판상 이혼 재판상 이혼은 법률상 이혼원인에 의한 부부 일방의 청구로 가정법원의 판결에 의하여 성립하는 이혼이며, 법률상 이혼원인이 있음에도 불구하고 일방이 이혼에 합의하지 않는 경우 법원의 이혼조정 또는 판결에 의하여 행한다.

(ㄱ) 재판상 이혼원인 : 민법 제840조는 재판상 이혼원인을 규정한다. 따라서 동조 각호가 정한 사유의 발생으로 이혼을 청구할 수 있다.

(a) 배우자의 부정행위 : 부정한 행위란 간통을 포함하는 보다 넓은 개념으로서, 간통에까지는 이르지 않으나 부부의 정조의무에 충실하지 않은 일체의 행위를 포함한다.[32] 그러나 부정한 행위로 판단되기 위해서는 부부의 정조의무에 충실하지 않은 행위가 있고, 또한 내부적으로는 자유로운 의사에 의한 것이어야 한다.[33]

견해에 따라서는 이혼청구의 최저선을 유지하기 위하여 여기서 부정한 행위는 간통 및 간통에 준한다고 볼 수 있는 행위에만 국한하여야 할 것이라 하고, 간통이라고 볼 수 없는 부정한 행위에 의하여 이혼을 인정할 경우에는 "기타 이혼을 계속하기 어려운 중대한 사유가 있을 때"의 규정을 적용하여야 할 것이라고 주장한다. 그러나 배우자에게 부정한 행위가 있더라도 다른 일방이 사전에 동의하거나 사후에 용서를 한 경우 또는 부정한 행위를 안 날로부터 6월, 그 사유 있는 날로부터 2년을 경과한 때에는 이혼을 청구하지 못한다(제941조).

(b) 배우자 악의의 유기 : 정당한 이유 없이 동거·부양·협조의무를 이행하지 않는 것이며, 여기서 악의란 단순히 어떤 사실을 알고 있다는 것을 말하지 않고 적극적으로 사회적으로 비난받을 행위임을 알고 있음을 말한다. 또한 유기란 상대방을 두고 나가버리거나, 아니면 상대방을 내쫓거나, 나가지 않을 수 없게 만든 다음 돌아오지 못하게 함으로써 계속하여 동거에 응하지 않는 경우와 같은 것을 포함한다.

[판례] 혼인은 남녀의 애정을 바탕으로 하여 일생의 공동생활을 목적으로 하는 도덕적·풍속적으로 정당시되는 결합으로서 부부 사이에는 동거하며 서로 부양하고 협조하여야 할 의무가 있는 것이므로, 혼인생활을 함에 있어서 부부는 애정과 신의 및 인내로써 서로 상

32) 대판 1963.3.14, 63다54.
33) 대판 1976.12.14, 76므10.

대방을 이해하며 보호하여 혼인생활의 유지를 위한 최선의 노력을 기울여야 하는 것이고, 혼인생활 중에 그 장애가 되는 여러 사태에 직면하는 경우가 있다고 하더라도 부부는 그러한 장애를 극복하기 위한 노력을 다하여야 할 것이며, 일시 부부간의 화합을 저해하는 사정이 있다는 이유로 혼인생활의 파탄을 초래하는 행위를 하여서는 안 되는 것이고, 따라서 이러한 부부간의 동거·부양·협조의무는 애정과 신뢰를 바탕으로 일생에 걸친 공동생활을 목적으로 하는 혼인의 본질이 요청하는 바로서, 부부 사이에 출생한 자식이 없거나 재혼한 부부간이라고 하여 달라질 수 없는 것이고, 재판상 이혼사유에 관한 평가 및 판단의 지도원리로 작용한다고 할 것이며, 배우자가 정당한 이유 없이 서로 동거·부양·협조하여야 할 부부로서 의무를 포기하고 다른 일방을 버린 경우에는 재판상 이혼사유인 악의의 유기에 해당한다(대판 1999.2.12, 97므612).

(c) 배우자 또는 그 직계존속에 대한 부당한 대우 : 여기서 「배우자로부터 심히 부당한 대우를 받았을 때」란 혼인 당사자의 일방이 배우자로부터 혼인관계의 지속을 강요하는 것이 가혹하다고 여겨질 정도의 폭행이나 학대 또는 중대한 모욕을 받았을 경우를 말한다.[34]

(d) 자기의 직계존속에 대한 배우자의 심히 부당한 대우

(e) 배우자의 3년 이상의 생사불명

(f) 기타 혼인을 계속하기 어려운 중대한 사유 : 여기서 「기타 혼인을 계속하기 어려운 중대한 사유가 있을 때」란 부부간의 애정과 신뢰가 바탕이 되어야 할 혼인의 본질에 상응하는 부부공동생활관계가 회복할 수 없을 정도로 파탄되고 그 혼인생활의 계속을 강제하는 것이 일방 배우자에게 참을 수 없는 고통이 되는 경우를 말한다.[35] 그 구체적인 사유로서 선의의 중혼(예컨대, 실종선고취소의 경우), 배우자의 범죄·성병의 감염·성교의 거부·불치의 정신병[36]·부부간의 애정상실·성격의 불일치[37]·사실상의 별거[38]·과도한 신앙생활[39] 등을 포함한다.

또한, 청구권의 행사는 이를 안 날로부터 6월, 사유가 있은 날로부터 2년 내 행사하여야 한다(제842조). 그러나 동호 소정의 사유가 이혼청구 당시까지도 계속 존재하는 경우에는 제842조의 제척기간은 적용되지 않는다.[40]

(ㄴ) 재판상 이혼의 청구 : 재판상 이혼의 청구는 먼저 유책배우자의 상대방이 청구하여야 한다(유책주의). 따라서 유책배우자 자신은 물론, 혼인생활의 파탄에 대한 주된 책임이 있는 배우자는 재판상 이혼을 청구하지 못한다.[41]

---

34) 대판 1999.2.12, 97므612.
35) 대판 2002.3.29, 2002므74; 1999.2.12, 97므612.
36) 대판 1991.1.15, 90므446; 1997.3.28, 96드639.
37) 대판 1986.3.25, 85므72.
38) 대판 1991.1.11, 90므552 .
39) 대판 1996.11.15, 96므851; 1989.9.12, 89므51.
40) 대판 2001.2.23, 2000므1561.

재판상 이혼제도에 관한 입법주의에는 유책주의와 파탄주의가 있다.

유책주의(有責主義)는 이혼의 원인을 야기한 자의 상대방의 청구가 있는 경우에만 이혼을 인정하는 주의이며, 이혼원인의 엄격성·명확성을 기할 수 있는 장점을 가지나, 이혼관계의 파탄원인이 항상 배우자의 유책행위에만 기인하는 것은 아니며 엄격한 유책주의 적용으로 부부생활의 현실과 판결의 괴리현상을 초래한다. 이에 대하여 파탄주의(破綻主義)는 자유주의적·개인주의적 이혼관에 바탕하여 혼인의 원인을 야기한 자 상대방의 청구가 있는 경우에 한정하지 않고 널리 부부관계의 파탄 정도에 따라 이혼을 인정하는 주의로서 혼인생활에 고통을 겪고 있는 이혼부부를 후원하여 적극적이고 긍정적으로 장래에 대처할 수 있게 하는 시대적 요청에 부응한다.

우리 민법 제840조는 재판상 이혼원인을 규정하고 있다. 동조에서 정하고 있는 사유의 발생으로 이혼을 청구할 수 있음은 당연하다. 그렇다면 동조 규정은 이혼의 유책주의를 명백히 한 것인가, 아니면 한정적 파탄주의를 취한 것인가, 학설은 민법 제840조 제1-5호는 유책적·추상적 파탄주의를 취한 것이지만 제6호는 포괄적·일반적 파탄주의를 규정한 것이라고 본다. 그러나 판례는 민법 제840조 제1-5호의 규정은 한정적 유책주의를 규정한 것이나, 제6호는 보충적·병렬적 파탄주의를 규정한 것이라고 본다(대판 1963.1.31, 62다812 참조).

여기서 유책배우자란 이혼원인을 야기한 배우자를 의미할 것이나, 다만 이혼이 이미 다른 원인에 의하여 파탄되고 있는 경우에는 배우자 일방에 부정행위 등과 같은 유책적인 행위가 있더라도 그것으로서 유책배우자라고 할 수 없다.

또한, 청구인에게 가벼운 책임이 있고 상대방에 무거운 파탄의 책임이 있는 경우에는 상대방에게 이혼의사가 없더라도 이혼청구를 인용하여야 하고, 청구인에게 같은 정도의 파탄의 책임이 있는 경우에도 이혼청구는 인용되어야 한다.[42] 그러나 판례는 혼인생활의 파탄에 대하여 주된 책임이 있는 배우자는 원칙적으로 그 파탄을 사유로 하여 이혼을 청구할 수 없고, 다만 상대방도 그 파탄 이후 혼인을 계속할 의사가 없음이 객관적으로 명백함에도 오기나 보복적 감정에서 이혼에 응하고 있지 아니할 뿐이라는 등의 특별한 사정이 있는 경우에만 예외적으로 유책배우자의 이혼청구권을 인정한다.[43]

(a) 피청구인도 이혼의 의사가 있고 반소로서 표시된 경우(대판 1987.4.14, 85므28)
(b) 청구인의 행위에 기인하여 혼인 파탄원인이 생긴 때
(c) 청구인에 경한 책임이 있고 피청구인에 파탄의 책임이 있는 때(대판 1986.3.25, 85므85)

(ㄷ) 재판상 이혼청구권의 행사 : 재판상 이혼청구권의 행사는 그 사유를 안 날로부터 6월, 그 사유가 있는 날로부터 2년 내 행사하여야 한다.

(ㄹ) 조정·심판에 의한 이혼 : 이혼사건은 원칙적으로 먼저 가정법원에 조정을

41) 대판 1999.2.12, 97므612; 1983.7.12, 83므11; 1982.12.28, 82므54.
42) 대판 1993.11.26, 91므184; 1987.9.22, 86므87 참조.
43) 대판 2006.1.13, 2004므1378.

신청하여야 한다. 따라서 당사자가 이혼조정을 신청하지 않고 바로 이혼소송을 제기한 때에는 가정법원은 공시송달에 의하지 아니하고는 당사자의 일방 또는 쌍방을 소환할 수 없거나 그 사건의 조정에 회부되더라도 조정이 성립될 수 없음이 명백한 경우를 제외하고는 사건을 직권으로 조정에 회부하여야 하고, 조정의 성립 후 1월내 신고하여야 한다.

조정의 회부에도 조정이 성립되지 않는 경우 청구인은 조서등본이 송달된 날로부터 2주일 이내 또는 조서송달 전 서면에 의하여 심판을 청구하여야 하며, 심판의 확정판결일로부터 1월내 신고하여야 한다.

(다) 이혼의 효과

(ㄱ) 부부관계의 소멸 : 이혼으로 인하여 부부관계는 소멸한다. 즉 부부 사이의 정조·동거·부양·협조의무, 부부재산관계 등 부부 사이에 생긴 모든 권리·의무는 소멸한다. 또한, 혼인에 의하여 배우자의 혈족과 사이에 생긴 인척관계는 이혼에 의하여 소멸하고 재혼이 가능하게 된다.

(ㄴ) 子의 친권 및 양육권결정 : 부모가 이혼한 때에는 그 子에 대한 친권을 행사할 일방과 양육권자를 정하여야 한다. 특히 민법은 부모의 이혼에 대하여는 子에 미치는 영향을 고려하여 자의 친권행사자와 양육권자에 관하여 각별히 규정한다.

(a) 부모가 이혼을 한 경우에는 부모의 협의로 친권자를 정하고, 협의를 할 수 없거나 협의가 이루어지지 않는 경우에는 당사자는 가정법원에 그 지정을 청구하여야 한다(제909조 제4항).

협의이혼의 경우에는 이혼신고서에 친권을 행사할 자를 기재하여야 하고, 재판상 이혼의 경우에는 가정법원이 친권을 행사할 자에 관하여 부모에게 미리 협의하도록 권고하여야 한다. 또한 일단 친권자가 정해졌더라도 그것이 적당하지 않은 사정이 있어서 친권자를 변경할 필요가 있는 경우에는 가정법원의 조정 또는 심판에 의하여 변경할 수 있다.

(b) 부모의 이혼에 앞서 자의 양육에 관한 사항을 협의에 의하여 정하여야 한다(제837조 제1항). 자의 양육에 관하여 협의가 되지 않거나 협의할 수 없는 때에는 가정법원은 당사자의 청구 또는 직권에 의하여 그 자의 연령, 부모의 재산상황 기타 여러 사정을 참작하여 양육에 필요한 사항을 정한다. 또한 가정법원은 그 사항을 변경 또는 다른 적당한 처분을 할 수 있다(동조 제2항 단서) 그러나 양육에 관한 사항 외에 부모의 권리·의무에는 변경을 가져오지 않는다(동조 제3항).

양육의 내용에는 교육도 포함된다. 그러나 양육권에는 그것에 필요한 비용부담은 포함되지 않으므로 양육권자가 부모의 일방일 때에는 양육권자 아닌 다른 일방에 대하여, 양육권자가 제3자일 때에는 부모 쌍방에 대하여 양육비를 청구할 수 있다.

[판례] 이혼한 부부 사이에 자의 양육비의 지급을 구할 권리는 당사자의 협의 또는 가정법원의 심리에 의하여 구체적인 청구권의 내용과 범위가 확정되기 전에는 상대방에 대하여 양육비 분담액을 구할 권리를 가진다고 하는 추상적인 청구권에 불과하고 당사자의 협의나 가정법원이 당해 양육비의 범위 등을 재량적·형성적으로 정하는 심판에 의하여 비로소 구체적인 액수만큼의 지급청구권이 발생한다고 보아야 하므로 당사자의 협의 또는 가정법원의 심판에 의하여 구체적인 청구권의 내용과 범위가 확정되기 전에는 그 내용이 극히 불확정하여 상계할 수 없지만 가정법원의 심판에 의하여 구체적인 청구권의 내용과 범위가 확정된 후의 양육비 중 이미 이행기에 도달한 후의 양육비채권은 완전한 재산권으로서 친족법상 신분권으로부터 독립하여 처분이 가능하고 권리자의 의사에 따라 포기·양도 또는 상계의 자동채권으로 할 수 있다(대판 2006.7.13, 2006므751).

(c) 子를 양육·보호하고 있지 않는 부모 중 일방은 면접교섭권을 가진다(제837조의 2 제1항). 여기서 면접교섭권이란 子를 직접 양육하지 않는 부모 중 일방이 면접·서신 교환 또는 접촉하는 권리이며, 어버이의 자에 대한 고유권에 속한다. 그러나 법원은 子의 복리를 위하여 필요한 경우에는 당사자의 청구 또는 직권에 의하여 제한하거나 배제할 수 있다(동조 제2항).

(ㄷ) 재산분할청구 : 협의상 이혼한 자의 일방이 다른 일방에 대한 재산분할을 청구할 수 있다(제839조의 2). 민법은 이혼으로 인한 공동생활관계의 청산과 부양의무의 이혼 후 부담이란 견지에서 규정한다.

(a) 재산분할청구권의 법률적 성질에 관하여 청산설·부양설·생전상속설·청산과 이혼 후 부양설 등이 있다.

다수설은 청산과 이혼 후의 부양설에 바탕한다. 따라서 분할청구권의 성질에는 먼저 부부 공유재산에 대한 청산적 요소가 주된 것이지만 그 외에도 이혼 후 부양청구권의 의미도 포함된 것으로 보아, 공유로 추정된 재산이 부족한 경우에는 법원은 기타 사정을 참작하여 지분 이상의 분할도 명할 수 있는 것이라고 한다. 그러나 종래 판례 중에는 위자료청구권과는 다른 권리로 파악하면서도 위자료청구권이 재산분할청구권에 포함할 수 있는 것이라고 한다.

(b) 재산의 분할은 당사자의 협의 또는 조정에 의하여 그 수액을 결정할 것이지만 당사자가 협의되지 않거나 협의할 수 없는 경우 가정법원은 당사자의 청구에 의하여 쌍방이 이룩한 재산액수 기타 제반 사정을 참작하여 분할의 액수와 방법을 정한다(제839조의 2 제2항).

재산분할에 관한 협의는 혼인 중 당사자 쌍방의 협력으로 이룩한 재산의 분할에 관하여 이미 이혼을 마친 당사자 또는 아직 이혼하지 않은 당사자 사이에 행하여지는 협의를 가리키는 것인바, 아직 이혼하지 않은 당사자가 장차 협의상 이혼할 것을 약정하면서 이를 전제로 재산분할에 관한 협의를 하는 경우에는 특별한 사정이 없는 한 장차 당사자 사이에 협의상 이혼이 이루어질 것을 조건으로 하여 조건부 의사표시가 행하여지는 것이므로, 협의 후 당사자가 약정한대로 협의상 이혼이 이루어진 경우에 한하여 그 협의의 효력이 발생하고, 어떠한 원인으로든지 협의상 이혼이 이루어지지 아니하고 혼인관계가 존속하게 되거나 당사자 일방이 제기한 이혼청구의 소에 의하여 재판상 이혼(화해 또는 조정에 의한 이혼을 포함한다.)이 이루어진 경우에는 협의조건의 불성취로 인하여 효력이 발생하지 않는다(대판 2003.8.19, 2001다14061).

(c) 재산분할산정의 기준은 청산적 요소와 부양적 요소로 나누어진다. 여기서 청산적 요소는 재산증식에 관한 공헌도에 따라 형평의 원리에 따라 기여비율을 평가하여 청산하고, 부양적 요소는 생계를 유지할 수 있는 정도를 기초점으로 하면서 구체적인 사정을 고려하여 그 지급액을 정한다.

[재산분할에서 고려사항(부부재산관계의 청산)]

(1) 부부고유재산과 이혼 후 각자의 상속 또는 증여 받은 재산 제외

(2) 혼인전 재산을 유지하는데 협력한 몫이나 장래 퇴직금 기타 수입

(3) 부부협력재산
- 맞벌이 수입
- 자금의 제공
- 가사노동
- 퇴직금·연금 등
- 영업상 신용
- 변호사·의사 등 자격

— 공유지분으로 존재

판례는 민법 제839조의 2에 규정된 재산분할제도는 혼인 중에 취득한 실질적 공동재산을 청산 분배하는 것을 주된 목적으로 하는 것이므로 부부가 재판상 이혼을 할 때 쌍방의 협력으로 이루어진 재산이 있는 한 법원으로서는 당사자 청구에 의하여 그 재산의 형성에 기여한 정도 등 당사자 쌍방의 일체의 사정을 참작하여 분할의 액수와 방법을 정하여야 하는바, 이 경우 부부일방의 특유재산은 원칙적으로 분할의 대상이 되지 아니하나, 특유재산일지라도 다른 일방이 적극적으로 그 특유재산의 유지에 협력하여 그 감소를 방지하였거나 그 증식에 협력하였다고 인정되는 경우에는 분할의 대상이 될 수 있는 것이라고 하고, 또한 부부 일방이 혼인 중 제3자에게 부담한 채무는 일상가사에 관한 것 이외는 원칙적으로 그 개인의 채무로서 청산의 대상이 되지 않으나 그것이 공동재산의 형성에 수반하여 부담한 채무인 경우에는 청산의 대상이 되는 것이라고 한다.[44]

(d) 재산분할의 방법이나 그 비율 또는 액수는 당사자 쌍방의 협력으로 이룩한 재산의 액수 기타 사정을 참작하여 법원이 이를 정하되 그 모든 사정을 개별적·구

44) 대판 1998.2.13, 97므1486.

체적으로 일일이 특정하여 설시하여야 하는 것은 아니다.[45)]

- 분할산정시기
  - 원 칙 - 사실심종결시
  - 예 외 - 별거·이혼 후 기간 제외
- 지급방법
  - 금전 또는 현물(물건의 특정으로 족하고 평가액 불요)
  - 일시급 또는 정기급 가능

민법 제839조의 2 규정에 의한 재산분할사건은 가사비송사건으로 법원은 당사자 쌍방의 일체의 사정을 참작하여 분할의 액수와 방법을 정할 것이므로 가사소송규칙 제98조에 불구하고 당사자 일방의 단독소유인 재산을 쌍방의 공유로 하는 방법에 의한 분할도 가능하다.[46)] 그러나 배우자에게 지급할 위자료나 재산분할의 액수를 정할 때 성년에 달한 자녀에 대한 부양의 의무부담의 사정은 참작하지 아니한다.[47)]

(e) 재산분할청구권이 채권자대위권·채권자취소권의 대상이 되는가. 다수설은 재산분할청구권은 재산권적 성질을 가질 뿐만 아니라 협의·심판 등으로 분할이 확정되므로 이를 긍정할 것이라 한다.[48)] 그러나 판례와 소수설은 협의·심판 등으로 구체화되기 전의 재산분할청구권은 그 내용·범위가 불확정·불명확하므로 채권자대위권의 피담보금의 권리적격이 없는 것이라고 한다.[49)]

다만, 이혼에 따른 재산분할은 사해행위로서 채권자취소권의 대상이 되는가. 판례는 이혼에 따른 재산분할은 혼인 중 쌍방의 협력으로 형성된 공동재산의 청산이라는 성격에 상대방에 대한 부양적 성격이 가미된 제도임에 비추어, 이미 채무초과 상태에 있는 채무자가 이혼을 하면서 배우자에게 재산분할로 일정한 재산을 양도함으로써 결과적으로 일반 채권자에 대한 공동담보를 감소시키는 결과로 되어도, 그 재산분할이 민법 제839조의2 제2항의 규정 취지에 따른 상당한 정도를 벗어나는 과대한 것이라고 인정할 만한 특별한 사정이 없는 한, 사해행위로서 취소되어야 할 것은 아니고, 다만 상당한 정도를 벗어나는 초과부분에 대하여는 적법한 재산분할이라고 할 수 없기 때문에 이는 사해행위에 해당하여 취소의 대상으로 될 수 있을 것이나, 이 경우에도 취소되는 범위는 그 상당한 정도를 초과하는 부분에 한정하여야 하고, 위와 같이 상당한 정도를 벗어나는 과대한 재산분할이라고 볼 만한 특별한 사정이 있다는 점에 관한 입증책임은 채권자에게 있는 것이라고 한다.[50)]

또한, 재산분할청구권이 상속되는가. 재산분할청구권을 위자료적 요소로 파악하

45) 대판 1998.2.13, 97므1486.
46) 대판 1997.7.22, 96므318.
47) 대판 2003.8.19, 2003므941.
48) 김용욱, 재산분할청구권, 월간고시 1994. 4, 91면.
49) 일최판 1985.7.11; 김주수 226면.
50) 대판 2001.5.8, 2000다58804; 2000.9.29, 2000다25569.

면 그 의사표시 여부를 따라 상속성 여부를 정할 것이지만, 재산권적 권리성을 강조하면 그 의사표시 여부를 불문하고 그 상속성이 인정된다.

(f) 재산청구권의 행사는 이혼한 날로부터 2년 내 행사하지 아니하면 제척기간으로 소멸한다(제839조의 2 제3항).

(g) 재산분할청구권은 사실혼간에도 적용되는가. 사실혼이란 당사자 사이에 혼인의 의사가 있고, 객관적으로 사회 관념상으로 가족 질서적인 면에서 부부공동생활을 인정할 만한 혼인생활의 실체가 있는 경우이므로 법률혼에 대한 민법의 규정 중 신고를 전제로 하는 규정을 제외하고는 유추 적용할 수 있다. 따라서 재산분할에 관한 규정은 부부의 생활공동체에 기한 부부재산 청산의 의미를 갖는 것이므로 이를 준용 또는 유추 적용할 것이다.[51)]

(ㄹ) 손해배상청구 : 부부 일방의 귀책사유에 의한 이혼의 해소로 타방 배우자의 정신적·물질적 손해에 따른 배상청구권이며, 재산분할청구권과 별개로 인정된다(위자료+손해배상의 청구).

---

51) 대판 1995.3.10, 94므1379·1386; 1993.11.23, 93므560; 1993.8.27, 93므447·454.

제 2 장 親子關係와 親權

제 1 절 親子關係(父母와 子)

제 1. 親子關係

(1) 친자관계의 성립 ┌ 친생친자관계 ┌ 혼인 중의 친생자(준정 포함)
│　　　　　　　　　└ 혼인 외의 친생자 — 인지(認知)
└ 법정친자관계 — 양친자·친양자 관계
(2) 친자관계의 효과 — 친권·부양·상속 등의 효과

1. 民法上 親子制度

친자관계(親子關係)에 관하여 민법은 구법시대 이래 봉건적 색채로서 잔재하였던 제도, 즉 친권의 공권적·부계적 색채, 호주권의 長子 우선, 家를 위한 양자제도 등을 개혁하여 현대 가족제도로서 친자제도로 확립하였다.

2. 子의 姓과 本

(1) 子는 父의 姓과 本을 따른다(제781조 제1항 전단). 다만 父가 혼인 신고시 母의 성과 본을 따르기로 협의한 경우에는 모의 성과 본을 따른다(동항 후단). 그러나 父가 외국인인 때에는 모의 성과 본을 따를 수 있다(동조 제2항).

(가) 父를 알 수 없는 자는 母의 성과 본을 따르고(동조 제3항), 부모를 알 수 없는 자는 법원의 허가를 받아 성과 본을 창설한다. 다만 성과 본을 창설한 후 부 또는 모를 알게 된 때에는 부 또는 모의 성과 본을 따를 수 있다(동조 제4항).

(나) 혼인 외의 출생자가 인지된 경우 자는 부모의 협의에 의하여 종전의 성과 본을 계속 사용할 수 있다. 다만 부모가 협의할 수 없거나 협의가 이루어지지 아니한 경우에는 자는 법원의 허가를 받아 종전의 성과 본을 계속 사용할 수 있다(동조 제5항),

(2) 자의 복리를 위하여 자의 성과 본을 변경할 필요가 있는 때에는 부, 모 또한

자의 청구에 의하여 법원의 허가를 받아 이를 변경할 수 있다. 다만 자가 미성년자이고 법정대리인이 청구할 수 없는 경우에는 제777조의 규정에 따른 친족 또는 검사가 청구할 수 있다(동조 제6항).

제 2. 親 生 子

1. 婚姻 중의 出生子

(1) 親生子

(가) 친생자(親生子)는 혼인관계가 있는 부모로부터 출생한 경우와 혼인관계가 없는 부모로부터 출생한 경우에 따라 그 취급을 달리한다. 전자를 혼인 중 출생자 또는 혼인 중의 자라고 하고, 후자를 혼인 외 출생자 또는 혼인 외의 자라고 하여, 양자는 친자관계의 성립과 효과에 차이가 있다.

(나) 혼인 중의 出生子는 그 신분취득이 출생에 의하는가 여부에 따라, 생래의 혼인 중의 출생자와 준정에 의한 혼인 중의 출생자로 나눌 수 있다.

(2) 親生子 推定

(가) 혼인 중의 출생자는 민법 제844조의 추정을 받느냐의 여부에 따라 친생추정을 받는 혼인 중의 자와 친생추정을 받지 않는 혼인 외의 자로 구별된다.

민법은 子가 친생자추정을 받는가는 포태주의를 채택하고 있다(제844조). 따라서 부모가 혼인 중에 포태한 자는 설사 이혼 후에 출생하더라도 친생자의 추정을 받지만, 혼인 전에 포태한 자는 설사 혼인 성립 후에 출생하더라도 친생자의 추정을 받지 못한다.

(나) 父의 친생자추정을 받기 위해서는 母가 처이어야 하고, 혼인 중 포태한 자이어야 한다(제844조 제1항). 또한 처가 혼인 중 포태한 자라도 혼인 성립 후 200일 이후 또는 혼인관계 종료 후 300일 이내 출생자이어야 한다(동조 제2항).

다만, 혼인 중 출생자로 추정받기 위해서는 부부가 정상적인 동거생활을 하고 있는 경우이어야 한다. 그러나 판례는 민법 제844조 제1항의 친생추정은 반증을 허용하지 않는 강한 추정이므로, 처가 혼인 중에 포태한 이상 그 부부의 한쪽이 장기간에 걸쳐 해외에 나가 있거나, 사실상 이혼으로 부부가 별거하고 있는 경우 등 동거의 결여로 처가 夫의 자를 포태할 수 없는 것이 외관상 명백한 사정이 있는 경우에만 그 추정이 미치지 않을 뿐이라고 한다.[1]

(다) 친생자의 추정은 강한 추정이므로 반증으로 전복되지 아니하고 친생부인의 소에 의하여 전복된다. 따라서 친생자관계 부존재확인의 소에 의하지 못한다.[2] 또한 타인의 친생자로 추정되는 자에 대하여는 친생부인의 소의 판결이 확정되기 전에는 인지하지 못한다.[3]

(3) 父를 정하는 訴

(가) 의 의 女子가 혼인관계의 종료의 날로부터 6월내 재혼하여 자를 출생하게 되면, 출생의 날이 후혼 성립의 날로부터 200일 후이고 또한 전혼의 종료의 날로부터 300일 이내가 된다. 이 경우 친생자의 추정이 중복되어 그 子는 前夫의 子로도 추정되고, 또한 後夫의 子로도 추정되게 됨으로써 어느 쪽을 父로 할 것인가. 민법은 그 父를 정하는 소로서 법원이 정하도록 하고 있다.

(나) 소의 절차 부성추정이 경합하는 경우, 즉 재혼한 여자가 해산한 경우에는 제844조(부의 친생자추정)의 규정에 의하여 그 자의 부를 정할 수 없는 때에는 당사자의 청구에 의하여 법원이 정한다(제845조).

(ㄱ) 訴의 제기권자는 子·母, 母의 배우자 또는 그 전 배우자이다. 訴의 상대방은 子가 제기하는 경우에는 母, 母의 배우자 및 그 전 배우자이고, 母가 제기하는 경우에는 그 배우자 및 전 배우자이다. 또한 母의 배우자가 제기하는 경우에는 모 및 그 전 배우자이고, 전 배우자가 제기하는 경우에는 모 및 그 배우자이다.

(ㄴ) 상대방이 될 자 중에 사망한 자가 있을 때에는 생존자를 상대방으로 하고 생존자가 없을 때에는 그 사망을 안 날로부터 1년 내 검사를 상대방으로 할 수 있다.

(다) 판결의 효력 판결의 효력은 친생자로서 효력을 가지며, 제3자에도 미친다. 또한 이것은 절대적 효력을 가지므로 판결의 확정 후에는 친생부인의 소를 제기하지 못한다.

(4) 親生否認의 訴

(가) 의 의 혼인 중의 출생자로 추정을 받는 子가 실질적으로는 그 부부 사이의 子가 아닌 경우 夫가 그 친생자임을 부인하는 재판절차이며, 혼인 중의 출생자로서 추정을 받는 子는 친생부인의 소에 의하지 않으면 혼인 중의 출생자임을 부인하지 못한다. 그러나 예컨대 포태기간 중에 부가 실종선고를 받아서 부재중이었거나, 수

---

1) 대판 2000.8.22, 2000므292.
2) 대판 2000.8.22, 2000므292; 1992.7.24, 91므566.
3) 대판 1992.7.24, 91므566; 1987.10.13, 86므129.

감 및 외국 체류 중일 때, 또는 사실상의 이혼이 성립되었을 때에는 혼인 중의 출생자로서 추정되지 않는다. 따라서 이러한 경우에는 친생자관계부존재확인의 소로서 다투게 되며, 친생부인의 소를 제기할 것은 아니다.

(나) 소의 절차 부부의 일방은 친생부인의 소를 제기할 수 있다(제846조).

(ㄱ) 부부의 일방은 그 타방 또는 子를 상대방으로 하여 친생부인의 소를 제기할 수 있다(제847조 제1항 전단). 따라서 소의 상대방은 부부의 일방 또는 子이다.

소의 제기는 그 사유 있음을 안 날로부터 2년 내 제기하여야 한다(동항 후단). 그러나 상대방이 될 자가 모두 사망한 때에는 그 사망을 안날로부터 2년 내 검사를 상대로 하여 소를 제기하여야 한다(동조 제2항).

(ㄴ) 夫 또는 妻가 금치산자인 경우 후견인은 친족회의 동의를 얻어 소를 제기할 수 있고(제848조 제1항), 후견인이 제기기간 내 친생부인의 소를 제기하지 아니한 때에는 금치산자는 금치산선고 취소가 있은 날로부터 2년 내 행사하여야 한다(동조 제2항). 또한 夫가 子의 출생 전에 사망하거나 또는 夫 혹은 妻가 친생부인의 소 제기기간 내 사망한 때에는 夫 또는 妻의 직계존속이나 직계비속에 한하여 그 사망을 안 날로부터 2년 내 행사하여야 한다(제851조).

(ㄹ) 夫 또는 妻가 유언으로 친생의 부인의 의사를 표시한 때에는 유언집행자는 친생부인의 소를 제기하여야 한다(제850조).

(다) 판결의 효력 父를 부인하는 주장이 판결에 의하여 확정되면 子는 혼인 외 출생자가 된다. 따라서 친생자관계의 부인으로 母의 夫와는 아무런 관계가 없게 되고 이로써 生父는 이를 인지할 수 있다.

판결의 효력은 형성적이며 제3자에 대해서도 효력을 가진다.

(라) 친생부인 또는 승인권의 소멸 子의 출생 후 친생자임을 승인함으로 소멸한다. 따라서 친생자 승인으로 친생부인의 소는 제기하지 못한다(제852조). 그러나 승인이 사기・강박에 의한 경우에는 취소할 수 있다(제854조).

다만, 출생신고를 한 것만으로 승인한 것으로 볼 수 있는가. 이를 부인하는데 학설이 일치한다. 왜냐하면 친생부인의 소를 제기한 때에도 출생신고를 하여야 하기 때문이다.

2. 婚姻 외의 出生子

(1) 婚姻 중 出生이외의 出生子

혼인하지 않은 남녀 사이에 출생한 자를 혼인 외 출생자라고 한다. 예컨대 사실혼

관계 · 무효혼 관계, 사통관계 · 부첩관계 등으로부터 출생한 자와 혼인 중의 출생자 중 친생부인의 판결 또는 친생자관계부존재확인의 판결에 의하여 그 친생자가 아님이 확정된 자는 혼인 외의 출생자이다. 그러나 혼인의 취소로 인하여 혼인관계가 해소된 경우에는 혼인 외 출생자로 되지 않는다(제824조 참조).

⑵ 혼인 외 出生子와 父 · 母 관계

(가) 모(母)와 관계　혼인 외 출생자와 친자관계의 발생에 관하여 민법 제855조 전단은 "혼인 외의 출생자는 그 생부나 생모가 이를 인지할 수 있다"라고 규정한다. 그러므로 이 규정을 충실히 따르면 부자관계는 물론, 모자관계 또한 모가 인지의 신고를 함으로써 발생하는 것으로 된다.

다만, 민법의 이와 같은 규정은 타당한 입법이라고 볼 수 있는가. 다수설은 특수한 경우를 제외하고는 혼인 외의 출생자와 생모의 모자관계는 해산하였다는 사실로써 인정된다고 하고, 판례 또한 生母와 子의 친자관계는 자연의 혈연으로 정하여지는 것이어서 상속을 원인으로 하는 지분소유권확인청구에 친자관계부존재확인청구가 반드시 전제되어야 하는 것은 아니라고 한다.[4]

(나) 부(父)와 관계　혼인 외의 출생자와 부와 관계는 모자관계와 달리 전적으로 父의 인지에 의해서만 발생한다. 따라서 父가 인지하면 처음부터 父의 子로서 효력이 생기고 혼인 중의 출생자와 동일한 것으로 된다.

판례는 혼인 외 출생자의 경우에 있어서 모자관계는 인지를 요하지 아니하고 법률상 친자관계가 인정될 수 있지만, 부자관계는 父의 인지에 의해서만 발생하는 것이므로 父가 사망한 경우에는 그 사망을 안 날로부터 2년 내 검사를 상대로 인지청구의 소를 제기하여야 하고 생모가 혼인 외 출생자를 상대로 혼인 외 출생자와 사망한 父와 사이의 친생자관계 확인을 구하는 소는 허용될 수 없는 것이라고 한다.[5]

3. 認 知

⑴ 任意認知

인지(認知)란 혼인 외에 출생한 자를 그 생부 또는 생모가 자기의 子로서 인정하는 서면행위를 말하고, 인지로 인하여 인지한 자의 子로서 효력이 생긴다. 이것을 임의인지(任意認知)라고 하고, 부와 모는 임의로 인지할 수 있다(제855조 제1항 전단).

4) 대판 1967.10.4, 67다1791; 1992.2.25, 91다34103; 1997.2.14, 96므738.
5) 대판 1997.2.14, 96므738.

(가) 인지권자와 피인지자 인지는 사실상 父 또는 母에 한한다. 또한 인지권자가 인지하기 위해서는 의사능력만 있으면 족하므로 미성년자나 한정치산자는 언제나 인지할 수 있고, 금치산자는 후견인의 동의를 얻어 인지할 수 있다(제856조).

인지를 받는 子는 혼인 외의 출생자이다. 그러나 만약 다른 사람의 친생자추정을 받고 있는 경우에는 호적상 父로부터 친생자관계가 부인된 후가 아니면 인지할 수 없으며, 친생자의 추정을 받지 않는 혼인 중의 출생자인 경우에는 친생자관계부존재확인의 소에 의하여 호적상 父가 친생부가 아니라는 것이 확정된 후가 아니면 인지신고가 수리되지 않는다.

(나) 인지의 방식 인지의 신고는 생전인지와 유언에 의한 인지에 따라 다르다. 생전(生前)인지는 호적법에 정한 바에 의하여 신고함으로써 그 효력이 생기고(제859조 제1항), 유언(遺言)인지의 경우에는 유언집행자가 그 취임일로부터 1월 내 인지에 관한 유언서등본 또는 유언녹음을 기재한 서면을 첨부하여 신고하여야 한다(동조 제2항).

또한, 생전인지의 신고는 창설적 신고인데 반하여, 유언인지의 신고는 보고적 신고로써 그 효력은 유언의 효력이 생긴 때, 즉 인지 자가 사망한 때 효력이 발생한다(제1073조 제1항).

(다) 인지무효와 인지에 대한 이의의 소 인지에 관한 무효와 인지에 대한 이의의 소를 제기할 수 있다. 따라서 子 기타 이해관계인은 인지신고가 있음을 안 날로부터 1년 내 인지에 대한 이의의 소를 제기할 수 있고(제862조), 만약 부 또는 모가 사망한 때에는 그 사망을 안 날로부터 2년 내 검사를 상대방으로 하여 소를 제기하여야 한다(제864조).

- 청구권자 - 당사자 법정대리인, 4촌 이내의 친족 또는 이해관계인
- 제척기간
  - 부모생존의 경우 - 제한 없음
  - 부모사망의 경우 - 사망의 사실을 안 날로부터 2년

또한, 인지를 한 子는 일단 취소할 수 없으나, 사기·강박 또는 중대한 착오로 인하여 인지한 경우에는 취소할 수 있다. 이 경우 인지를 취소하려면 사기나 착오를 안 날, 또는 강박을 면한 날로부터 6월내 가정법원에 그 취소를 청구하여야 한다(제861조).

(2) 强制認知

父 또는 母가 임의로 인지하지 않을 경우에는 부모의 의사와 관계없이 판결로써 인지에 갈음할 수 있다(제863조). 이를 강제인지(强制認知)라고 한다.

(가) 청구당사자 인지의 청구권자는 혼인 외의 출생자와 그 직계비속 및 자 또

는 그 직계비속의 법정대리인이며, 그 상대방은 父 또는 母이다. 그러나 부 또는 모가 사망한 때에는 그 사실을 안 날로부터 2년 내 검사를 상대방으로 인지의 소를 제기할 수 있다(제864조).

- 청구권자
  - 혼인 외의 출생자(出生子)와 그 직계비속
  - 子 또는 그 직계비속의 법정대리인
- 피청구인
  - 父 또는 母
  - 검사(父 또는 母가 사망한 때)

인지청구권은 이를 포기하지 못한다. 판례는 인지청구권은 본인의 일신전속적인 신분관계상 권리로서 포기할 수 없으며 포기하였다고 하더라도 그 효력이 발생할 수 없는 것이고 이와 같이 인지청구권의 포기가 허용되지 않는 이상 여기에 실효의 법리도 적용될 여지도 없는 것이라고 한다.[6)]

(나) 소(訴)의 제기　인지를 청구하기 위해서는 먼저 가정법원에 조정을 신청하여야 하며(조정전치주의), 조정이 성립되면 1월내 조정을 신청한 자가 조정조서를 첨부하여 인지신고를 하여야 한다.

(ㄱ) 조정이 성립되지 않으면 신청인은 제소신청을 할 수 있고, 인지의 재판이 확정되면 소를 제기한 자가 판결의 확정일로부터 1월내 재판등본과 확정증명서를 첨부하여 그 취지를 신고하여야 한다. 그러나 이는 모두 보고적 신고에 불과하다.

(ㄴ) 인지청구를 제기한 원고는 혼인 외 출생자와 그의 父로 주장하는 자 사이에 부자관계의 존재를 입증하여야 한다. 그러나 그 입증이 명백하지 못한 때에는 법원은 직권으로 이를 조사하여 판단하여야 한다.[7)]

(3) 認知의 효과

(가) 친생관계의 발생　인지로 인지한 자와 子 사이에 친자관계가 발생한다.

(ㄱ) 인지로 인한 친자관계의 효력은 인지한 때로부터 그 자의 출생시에 소급한다(제860조 전단). 따라서 「임의인지」의 경우에는 인지신고가 수리되거나 또는 유언자가 사망한 때, 「강제인지」의 경우에는 인지판결이 확정된 때로부터 그 자의 출생시에 소급하여 친자관계로의 효력이 생긴다.

(ㄴ) 인지로 인한 친자관계의 소급적 효력은 제3자의 권리를 침해하지 못한다(제860조 후단). 따라서 피인지자도 상속재산의 분할을 청구할 수 있으나 다른 공동상속인이 이미 분할 기타 처분을 한 때에는 그 상속분에 상응한 가액만을 청구할 수 있

6) 대판 2001.11.27, 2001므1353; 1999.10.8, 98므1698.
7) 대판 2005.6.10, 2005므365; 2002.6.14, 2002므1537.

게 된다(제1014조),

(나) 인지자의 성과 본의 취득 혼인 외 子는 인지에 의하여 원칙적으로 인지자의 성과 본을 따른다(제781조 제1항 참조).

(다) 인지자의 양육 인지된 子의 양육에 관하여는 민법 제837조(이혼과 자의 양육책임) 및 제837조의 2(면접교섭권)의 규정을 준용한다(제864조의 2).

(ㄱ) 인지한 당사자는 그 子의 양육에 관한 사항을 협의하여 정하여야 하고(제837조 제1항), 협의가 이루어지지 않거나 협의할 수 없는 때에는 가정법원은 당사자의 청구 또는 직권에 의하여 그 자의 연령, 부모의 재산상황 기타 사정을 참작하여 양육에 필요한 사항을 정하며, 또한 언제든지 그 사항을 변경 또는 다른 적당한 처분을 할 수 있다(동조 제2항).

판례는 어떤 사정으로 인하여 부모 중 어느 한 쪽만이 자녀를 양육하게 된 경우 그와 같은 일방에 의한 양육이 그 양육자의 일방적이고 이기적인 목적이나 동기에서 비롯한 것이라고 하거나 자녀의 이익을 위하여 도움이 되지 아니하거나, 그 양육비를 상대방에게 부담시키는 것이 오히려 형평에 어긋나게 되는 등 특별한 사정이 있는 경우를 제외하고는 양육하는 일방은 상대방에 대하여 현재 및 장래의 양육비 중 적정금액의 분담을 청구할 수 있음은 물론이고, 부모의 자녀양육의무는 특별한 사정이 없는 한 자녀의 출생과 동시에 발생하는 것이므로 과거양육비에 대하여도 상대방이 분담함이 상당하다고 인정되는 경우에는 그 비용의 상환을 청구할 수 있는 것이라고 한다(대판 1994.5.31, 92스21).

(ㄴ) 子를 직접 양육하지 않는 부모 중 일방은 면접교섭권을 가진다(제837조의 2 제1항). 가정법원은 子의 복리를 위하여 필요한 때에는 당사자의 청구 또는 직권에 의하여 면접교섭권을 제한하거나 배제할 수 있다(동조 제2항).

(라) 인지자의 상속권 인지로 인하여 子는 상속권을 가진다. 따라서 피인지자도 상속재산의 분할을 청구할 수 있다. 그러나 다른 공동상속인이 이미 분할 기타 처분을 한 때에는 그 상속분에 상응한 가액만을 청구할 수 있다(제1014조), 이것은 인지의 소급효 제한의 결과이다(제860조 단서).

다만 이 경우 후순위상속권자는 동조 단서 소정의 제3자에 포함하는가. 판례는 민법 제860조는 인지의 소급효는 제3자가 이미 취득한 권리에 의하여 제한을 받는다는 취지를 규정하면서 민법 제1014조는 상속개시 후 인지 또는 재판의 확정에 의하여 공동상속인이 된 자는 그 상속분에 상응한 가액의 지급을 청구할 권리가 있다고 규정하여 제860조 소정의 제3자의 범위를 제한하고 있는 취지에 비추어 볼 때, 혼인 외 출생자가 부의 사망 후에 인지의 소에 의하여 친생자로 인지 받은 경우 피인지자보다 후순위상속인인 피상속인의 직계존속 또는 형제자매 등은 피인지자의 출현과 함께 자신이 취득한 상속권을 소급하여 잃게 되는 것으로 보아야 하고, 그것이 민법 제860조 단서의 규정에 따라 인지의 소급효 제한에 의하여 보호받게 되는 제3자의 기득권에 포함된다고는 볼 수 없는 것이라고 하여 부정한다.[8)]

그러나 한편 상속분이 제3자에 처분된 때에는 동조 단서에 의하여 보호되고 또한 상속채권의 채무자가 변제한 때에는 민법 제470조(채권의 준점유자에 대한 변제)에 의하여 보호된다.[9)]

4. 準 正

(1) 準正의 의의와 형태

(가) 준정(準正)[10)]이란 친생자 아닌 子에 친생자의 신분을 부여하는 것을 말하며, 민법은 "혼인 외의 출생자는 그 부모가 이혼한 때로부터 혼인 중의 출생자로 본다." 라고 하여 준정을 규정한다(제855조 제2항).

(나) 준정은 혼인 외 출생자의 혼인으로 인한 준정이 인정된다. 다만 이것에 국한하지 않고 그밖에 혼인의 해소 후 준정과 사망자의 준정도 인정할 것인가 학설은 대체로 긍정한다.

(ㄱ) 혼인에 의한 준정 : 혼인 전에 출생하여 부모로부터 인지를 받고 있는 자가 부모의 혼인에 의하여 준정이 된다.

(ㄴ) 혼인 중의 준정 : 부부의 혼인 중에 혼인 외의 출생자가 부모로부터 인지를 받음으로써 준정이 된다.

(ㄷ) 혼인해소 후의 준정 : 혼인 전의 출생자가 부모의 혼인 중에 인지되지 않고 있다가 부모의 혼인이 취소되거나 해소된 후에 인지됨으로써 준정이 된다.

(ㄹ) 사망한 子에 대한 준정 : 사망한 혼인 외 출생자가 직계비속이 있는 경우, 父로부터 인지를 받은 혼인 외 출생자가 직계비속을 남기고 사망한 후 그 부모가 혼인하면 혼인한 때로부터 그 부모의 혼인 중의 출생자로 된다.

(2) 準正의 效果

(가) 준정으로 인하여 혼인 외의 출생자에서 혼인 중의 출생자로 된다.

(나) 혼인에 의한 준정의 효과는 부모가 혼인한 때에 발생한다(제855조 제2항). 그러므로 그 밖의 준정의 경우에도 부모가 혼인한 때부터 혼인 중의 출생자로 된다고 해석하여야 할 것이다.

---

8) 대판 1993.3.12, 92다48512.
9) 대판 1995.1.24, 93다32200; 1993.3.12, 92다48512.
10) 김주수 291면, 박병호 173면, 이경희 188면.

제 3. 養 子

1. 養子制度의 의의와 변천

양자제도는 친생자라는 생리적 혈육관계가 없는 자를 법률상 혈육관계가 있는 것으로 의제함으로써 친자관계를 인정하는 제도이다.

이러한 양자제도는 가부장적 가족제도의 사회에서는 가족단체의 유지·발전이나 가장(家長)지위의 승계자를 얻기 위한 수단으로써, 부권적 가족제도가 쇠퇴한 후에는 부모, 특히 父가 지배하는 노동력의 증가나 노후의 부양을 받을 자의 양성을 위한 필요에서 행하여졌다. 그러나 이와 같은 필요성은 근대 사회·경제사상이 진보·발전함에 따라서 적어도 부부와 미성년자와의 가족공동생활이 형성되고, 더욱이 순수한 친자법의 확립으로 인하여 그 의미를 상실하게 되었다. 따라서 오늘날 의미의 양자제도는 오직 미성년자를 보호·양육한다는 소위 子의 利益을 위한 양자로 변천하고 있다.

이러한 추이는 곧 가(家) 본위의 양자제도 →父母 본위의 양자제도 → 子 본위의 양자제도라는 도식으로 표현된다.

2. 入養의 成立要件

(1) 入養의 실체적 요건

(가) 입양의 합의 　당사자간에 입양의 합의가 있을 것이어야 한다. 입양의사는 진실한 친자관계를 만들려는 입양 당사자의 자유의사에 의하여야 하며, 신분행위의 성질상 조건이나 기한을 붙이지 못한다.

(ㄱ) 양자로 될 자가 15세 미만인 때에는 그 법정대리인이 그에 갈음하여 입양의 승낙을 하여야 한다. 이것을 대락양자(代諾養子)라고 한다.

대락권(代諾權)을 가지는 자는 법정대리인, 즉 친권자 또는 후견인이다.

(a) 친권자인 부모는 언제나 대락할 수 있고, 부모의 공동친권의 경우에는 공동하여 대락하여야 한다.(제869조 본문), 다만 이 경우 재산관리권이 없는 친권자라고 할지라도 대락권을 가지는가. 입양대락이 신분에 관한 것임을 감안하면 부정할 것은 아니다.[11]

(b) 후견인이 승낙할 경우에는 가정법원의 허가를 얻어야 한다(동조 단서).

(ㄴ) 금치산자는 후견인의 동의를 얻어 양자로 될 수 있다(제873조).

---

11) 김주수, 친족상속법 287면.

(ㄷ) 양자가 될 자는 연령을 가리지 않고 부모의 동의를 얻어야 한다(제870조 제1항 전단). 부모가 모두 사망하거나 기타 사유(예컨대, 행방불명·의사표시의 불능 등)로 동의할 수 없는 때에는 다른 직계존속의 동의를 얻어야 한다(동항 후단). 이 경우 직계존속이 수인인 경우는 최근 존속을 선순위로 하고 동 순위자가 수인인 때에는 연장자를 선순위로 한다(동조 제2항).

(ㄹ) 후견인이 피후견인을 양자로 하는 경우에는 가정법원의 허가를 얻어야 한다(제872조). 이것은 후견인이 피후견인을 양자로 함으로써 재산관리에 관한 후견·감독을 면하는 것을 막기 위한 것이다. 따라서 후견인이 임무가 종료한 후라도 아직 후견인의 관리계산을 끝내지 않고 있는 때에는 역시 가정법원의 허가를 받아야 할 것이라고 해석한다.

(ㅁ) 배우자있는 자는 공동으로 양자하여야 하고, 또한 양자가 될 때에는 다른 일방의 동의를 얻을 것이어야 한다(제874조).

다만, 부부 일방이 의사능력 결여 등 장애사유로 공동입양 또는 양자로 되는데 동의할 수 없는 경우 단독 입양 또는 양자로 될 수 있는가. 학설이 대립하나 판례는 처 있는 자가 혼자만의 의사로 부부쌍방명의로 입양신고를 하여 수리 된 경우에 관련하여 처와 양자가 될 사이에는 입양합의가 없으므로 무효가 되는 것이지만 처 있는 자가 양자가 될 자 사이의 부부공동입양의 요건을 갖추지 못하였으므로 처가 그 입양의 취소를 청구할 수 있지만 그 취소가 이루어지지 않는 한 그들 사이의 입양은 유효하게 존속하는 것이라고 한다.[12]

[夫의 단독입양이 가능한 경우]

- (1) 처의 친생자 입양(가봉자)
- (2) 부가 처의 부모에 입양하는 경우
- (3) 처의 부재 기타 사유로 공동 입양할 수 없는 경우

(나) 양친의 요건 양친이 될 자는 성년자이어야 하고, 성년자이면 남녀, 기혼·미혼, 유자·무자를 가리지 않는다.

금치산자의 입양에는 후견인의 동의를 얻어야 하고(제873조), 배우자 있는 자는 공동으로 하여야 한다.

다만, 미성년자가 혼인한 경우 양자할 수 있는가. 다수설은 미성년자라도 혼인을 한 경우에는 성년으로 의제되므로 양친이 될 수 있는 것이라고 한다. 그러나 양친의 능력 여부는 실질적 부양능력에서 파악하여야 할 것이므로 부정할 것이다.

(다) 양자의 요건 양자가 될 자는 양친의 존속 또는 연장자가 아닐 것이어야 한

12) 대판 2006.1.12, 2005도8427; 1998.5.26, 97므25.

다(제877조). 양자제도의 본질상 당연한 규정이며, 입양당사자가 부부인 경우에는 부부 쌍방에 대하여 이 요건을 충족시켜야 하고, 이 규정에 위반한 입양은 무효이다.

(2) 입양의 형식적 요건

(가) 입양은 호적법이 정하는 절차에 따라 신고함으로써 효력이 생긴다(제878조 제1항). 따라서 입양은 요식행위이다.

입양의 신고에는 당사자 쌍방과 성년자인 2인 이상이 연서한 서면으로 하여야 한다(동조 제2항), 또한 대락입양에 있어서도 대락한 자와 양친이 될 자가 그 절차에 따라 신고하여야 한다.

(나) 養子로 하려는 子를 자기의 친생자로서 출생신고를 한 경우 그 사이에 친생자관계가 발생하지는 않지만 양친자관계는 발생하는가. 당사자의 진정한 의사를 바탕으로 법률효과를 부여하는 신분상 법률행위의 본질에서 친자관계는 물론 양친자관계도 발생할 수 없을 것은 명백하지만 오늘날 그 子의 보호란 측면에서 문제되고 있다. 그러나 최근의 판례는 당사자간에 양친자 관계를 성립시키려는 의사가 있거나 기타 입양의 실질적 요건을 구비한 경우에는 입양의 효력을 인정한다.[13] 그러면서도 그와 같은 입양의 효력을 인정하더라도 그 후 당사자간에 친생자관계부존재확인의 확정판결이 있는 경우에는 그 확정일 이후부터는 양친자관계를 주장할 수 없는 것이라고 하고, 동시에 판례는 단순히 친생자관계가 아니라는 사유만으로 파양의 절차를 거치지 아니하고 파기되지 않도록 하기 위하여 파양사유가 없는 경우에는 친생자관계부존재확인청구를 허용하지 않는다.[14]

3. 入養의 無效와 取消

(1) 入養의 無效

(가) 민법 제883조는 입양무효사유로서 당사자간에 입양의 합의가 없는 때, 15세 미만인 양자의 대락권자의 승낙을 받지 아니한 경우 및 양자가 양친의 존속이거나 연장자입양금지를 위반한 때를 규정한다. 따라서 이들의 요건에 해당하는 입양은 무효이다.

(a) 당사자간에 입양의 합의가 없는 때
(b) 15세 미만인 양자의 대락권자의 승낙을 받지 아니한 경우
(c) 양자가 양친의 존속이거나 연장자 입양금지를 위반한 때

13) 대판 1993.2.23, 92다51969; 1991.12.13, 91므153.
14) 대판 1993.2.23, 92다5169.

(나) 입양무효의 성질은 당연 무효이며, 입양의 무효에 관하여 다툼이 있는 경우에는 가정법원에 입양무효의 소를 제기할 수 있고, 판결이 확정되면 이를 신고절차에 따라 신고하여야 한다.

- 당사자
  - 청구인 － 당사자 및 법정대리인 또는 친족(제777조)
  - 피청구인 － 양친자의 다른 일방 또는 검사
- 심판확정일로부터 1월내 신고(호적법 제123조)

⑵ 入養의 取消

(가) 입양취소의 원인 · 소멸　　입양의 취소를 청구하기 위해서는 다음의 요건을 갖추어야 한다(제884조).

(ㄱ) 미성년인 자가 양자한 경우(제866조 참조) :　취소권자는 양부모, 양자와 그 법정대리인 또는 직계혈족이나(제885조), 양친이 성년에 달한 후에는 취소권이 소멸한다(제889조).

(ㄴ) 양자가 될 子가 父母 기타 직계존속의 동의를 얻지 않았을 때 또는 동의권자의 순위에 위반한 경우(제870조 참조) :　취소권자는 동의권자이나(제886조), 그 사유가 있음을 안 날로부터 6월, 그 사유가 있은 날로부터 1년을 경과하면 취소권이 소멸한다(제894조).

(ㄷ) 미성년자를 양자로 함에 있어 부모 또는 기타 존속이 없는 경우 후견인의 동의를 얻지 않았을 때와 후견인의 동의에 가정법원의 허가를 얻지 않았을 때(제871조 참조) :　취소권자는 양자, 법정대리인 또는 동의권자이나(제886조), 양자가 성년에 달한 후 3월이 경과하거나 사망한 때에는 취소권이 소멸한다(제891조).

(ㄹ) 후견인이 피후견인을 가정법원의 허가를 얻지 않고 양자로 하였을 때(제872조 참조) :　취소권자는 피후견인 또는 친족회원이나(제887조 전단), 후견의 종료로 인한 관리계산이 끝난 후 6월이 경과하면 취소권이 소멸한다(제892조).

(ㅁ) 금치산자가 후견인의 동의 없이 양자를 하였거나 양자가 되었을 때(제873조 참조) :　취소권자는 금치산자 또는 후견인이나(제887조 후단), 금치산선고의 취소가 있은 후 3월이 경과한 때 취소권은 소멸한다(제893조).

(ㅂ) 배우자있는 자간의 양자의 경우 다른 일방 배우자의 동의를 위반한 때(제874조 참조) :　취소청구권자는 배우자이나(제888조), 그 사유 있음을 안 날로부터 6월, 그 사유가 있는 날로부터 1년을 경과하면 취소권은 소멸한다(제894조).

(ㅅ) 입양 당시 양친자의 일방에게 악질 기타 중대한 사유가 있음을 알지 아니한 때(제884조 제2호) :　취소권자는 양친자의 일방이나(제896조 전단), 그 사유가 있음을

안 날로부터 6월이 경과하면 취소권은 소멸한다(동조 단서).

(ㅇ) 입양이 사기 또는 강박으로 인하여 이루어진 때(제884조 제3호) : 취소권자는 사기 또는 강박으로 인하여 입양을 한 자이나, 사기를 안 날 또는 강박을 면한 날로부터 3월이 경과하면 취소권은 소멸한다(제823조 · 제897조).

(나) 입양취소권의 행사　입양의 취소는 법원에 소로서 청구할 수 있고(제884조), 법원의 청구에 앞서 먼저 조정을 신청하여야 한다. 입양취소청구의 재판이 확정되면 소를 제기한 자는 재판의 확정일로부터 1월내 재판의 등본 및 확정증명서를 첨부하여 그 취지를 신고하여야 한다(호적법 제71조 · 제63조).

(3) 입양의 無效 · 取消의 효과

(가) 친족관계의 비소급적 소멸　입양으로 인하여 발생한 친족관계는 입양의 무효 · 취소로 소멸한다(제776조). 여기서 입양의 무효는 당연 무효이며, 입양이 취소된 경우 그 취소의 효력은 입양 성립일에 소급하지 않는다.

(나) 손해배상의 청구　입양이 무효 또는 취소된 경우 당사자 일방은 과실 있는 상대방에 대하여 손해배상을 청구할 수 있다. 이때 손해에는 재산상 손해 이외에 정신상 손해도 포함하나, 다만 정신상 고통에 대한 위자료청구권은 양도 또는 승계할 수 없는 것은 약혼해제의 경우와 같다.

4. 入養의 效果

(1) 혼인 중의 出生子로서 효과

양자와 양부모 및 그 혈족 · 인척 사이의 친계와 촌수는 입양한 때로부터 혼인 중 출생자와 동일한 것으로 본다(제772조 제1항).

(2) 친권에 따를 의무 및 부양 · 상속관계의 발생

養子는 양부모가 친권자로 된다(제909조 제1항 후단). 따라서 양자는 생부모의 친권을 벗어나 양부모의 친권에 따라야 한다. 또한 양자와 양부모 및 그 혈족 사이에는 상호 부양관계 · 상속관계가 생긴다. 그러나 입양으로 양자의 친생부모와의 친자관계 등 종래의 친족관계에는 영향을 미치지 않는다.

다만, 양친이 입양 후 이혼한 경우에도 양모와 사이에 법정혈족관계가 유지되는가. 판례는 긍정한다.[15)]

[판례] 민법 제776조는 「입양으로 인한 친족관계는 입양의 취소 또는 파양으로 인하여

15) 대판 2001.5.24, 2000므1493.

종료한다.」라고 규정하고 있을 뿐 양부모의 이혼을 입양으로 인한 친족관계의 종료사유로 들고 있지 않고, 구관습 시대에는 오로지 가계계승을 위하여만 양자가 인정되었기 때문에 입양을 할 때 처는 전혀 입양당사자가 되지 못하였으므로 양부모가 이혼하여 양모가 夫의 家를 떠났을 때에는 입양당사자가 아니었던 양모와 양자의 친족관계가 소멸하는 것은 논리상 가능하였으나, 처를 부와 함께 입양당사자로 하는 현행 민법 아래에서는 부부공동입양제가 되어 처도 부와 마찬가지로 입양당사자가 되기 때문에 양부모가 이혼하였다고 하여 양모를 양부와 다르게 취급하여 양모자관계만 소멸한다고 볼 수 없는 것이다(대판 2001.5.24, 2000므1493).

(3) 異姓養子의 姓

이성양자(異姓養子)의 姓에 관하여는 명문 규정이 없으므로 양부(모)의 성을 따라야 한다는 설[16]과 본래 姓을 유지한다는 설[17]이 대립한다. 그러나 입양특례법에 의하면 "입양된 양자는 양친이 원하는 때에는 양친의 姓과 本을 따를 수 있다."라고 규정하고, 더욱 개정 민법은 제 781조 제6항은 "자의 복리를 위하여 필요한 경우 가정법원의 허가를 받아 자의 성과 본을 변경할 수 있도록" 한 취지에 비추어 이성양자의 성은 원칙적으로 변경되지 않는 것으로 보아야 할 것이다.

5. 罷 養

(1) 協議에 의한 파양

(가) 협의파양의 실질적 요건　　협의에 의하여 파양하기 위해서는 다음의 요건을 갖추어야 한다.

(ㄱ) 파양의 합의 : 당사자 사이에 파양의사의 합치가 있어야 한다(제898조 제1항). 따라서 허위로 가장한 파양은 무효이다.

파양당사자는 입양당사자인 양친자이며, 파양의사에는 조건이나 기한을 붙이지 못한다. 다만 금치산자는 후견인의 동의를 얻어야 하고(제902조), 양자가 15세 미만인 경우에는 입양을 대락한 자가 이에 갈음하여 파양의 협의를 하여야 한다(제899조).

- (a) 금치산자 - 후견인의 동의
- (b) 미성년자의 경우 - 생가부모 또는 직계존속의 동의
- (c) 양자가 15세 미만인 경우 - 입양대락자(법정대리인)의 합의

양자가 미성년자인 경우에는 생가부모의 동의를 얻어야 하며, 부모가 동의를 할 수 없으면 生家의 다른 직계존속의 동의를 얻어야 한다(제900조). 이 경우에 직계존

16) 김용한 242면.
17) 김주수 302면, 정광현 237면.

속이 수인인 때에는 최근친 존속을 선순위로 하고 동순위자가 수인인 때에는 연장자를 선순위로 한다.

(ㄴ) 부부공동입양의 파양 : 협의파양의 당사자 양친이 부부인 경우에는 입양의 경우와 마찬가지로 파양의 합의도 공동으로 하여야 할 것인가. 명문의 규정이 없으므로 해석상 문제로 되나 공동으로 하여야 할 것으로 본다.[18]

다만, 부부 일방이 사망하거나 이혼하였을 때에는 단독으로 파양할 수 있고, 일방이 의사불능인 경우에는 다른 일방만의 의사로 파양할 수 있으나 그 일방에 대하여 당연히 효력이 미치는 것은 아닌 것으로 해석한다.[19]

그리하여 판례는 민법 제874조 제1항은 "배우자 있는 자가 양자를 할 때에는 배우자와 공동으로 하여야 한다."라고 규정함으로써 부부의 공동입양원칙을 선언하고 있는바, 파양에 관하여는 별도의 규정을 두고 있지는 않고 있으나 부부의 공동입양원칙의 규정 취지에 비추어 보면 양친이 부부인 경우 파양을 할 때에도 부부가 공동으로 하여야 한다고 해석할 여지가 없지 아니하나(양자가 미성년자인 경우에는 양자제도를 둔 취지에 비추어 그와 같이 해석하여야 할 필요성이 크다), 그렇게 해석한다고 하더라도 양친 중 일방이 사망하거나 또는 양친이 이혼한 때에는 부부 공동파양의 원칙이 적용될 여지가 없다고 할 것이고, 따라서 양부가 사망한 때에는 양모는 단독으로 양자와 협의상 또는 재판상 파양을 할 수 있으나 이는 양부와 양자 사이의 양친자관계에 영향을 미칠 수 없고, 또 양모가 사망한 양부에 갈음하거나 또는 양부를 위하여 파양을 할 수 없는 것이라고 한다(대판 2001.8.21, 99므2230).

또한, 양자에 배우자가 있는 때에는 배우자의 동의를 받아야 하는가. 입양의 경우와 같이 민법 제874조 제2항의 규정을 유추 적용하여 동의를 받아야 할 것으로 본다.[20]

(나) 협의파양의 형식적 요건 협의상 파양이 유효하게 성립하기 위해서는 호적법에 정한 바에 의하여 당사자 쌍방과 증인 2인이 연서한 서면으로 신고하여야 한다(제904조에 의한 제878조 준용).

(다) 협의상 파양의 무효 · 취소 파양신고가 수리되었으나 당사자 사이에 파양의 합의가 없는 협의파양은 무효이다. 또한 사기 · 강박으로 인한 파양은 그 사기 또는 강박을 당한 자가 사기를 안 날 또는 강박을 면한 날로부터 3월내 그 취소를 가정법원에 청구할 수 있다(제904조에 의한 제823조 준용). 이 경우 취소의 효과는 소급한다.

(2) 裁判에 의한 파양

(가) 재판상 파양의 원인 재판상 파양은 다음 사유가 발생한 때 청구할 수 있다.

(ㄱ) 가족의 명예를 오독하거나 가산을 경도(傾倒)한 중대한 과실이 있는 때

18) 김주수 306면.
19) 대판 2001.8.21, 99므2230.
20) 김주수 306면.

(ㄴ) 다른 일방 또는 그 직계존속으로부터 심히 부당한 대우를 받은 때

(ㄷ) 자기의 직계존속이 다른 일방으로부터 심히 부당한 대우를 받은 때

(ㄹ) 양자의 생사가 3년 이상 불분명한 때

(ㅁ) 기타 양친자관계를 계속하기 어려운 중대한 사유가 있을 때

(나) 재판상 파양의 청구절차 재판상 파양은 조정절차가 선행하며, 조정이 성립되면 재산상 화해와 동일한 효력이 생긴다. 그러나 조정이 성립되지 않으면 제소신청을 하여 재판에 의하여야 한다.

재판상 파양원인 중 제905조 제1호 내지 제3호와 제5호의 사유는 다른 일방이 안 날로부터 6월, 그 사유가 있은 날로부터 3년 내 행사하여야 하고(제907조), 조정 또는 재판의 청구는 다음의 절차에 의한다.

(ㄱ) 양자가 15세 미만인 때에는 입양을 대락한 자가 이에 갈음하여 파양청구를 할 수 있으며, 입양을 대락한 자가 사망 기타 사유로 소의 제기를 할 수 없는 때에는 생가의 다른 직계존속이 제기하여야 한다(제906조에 의한 제899조 준용). 이 경우에 직계존속이 수인인 때에는 최근친 존속을 선순위로 하고, 동순위자가 수인인 때에는 연장자를 선순위로 한다.

(ㄴ) 양자가 15세 이상의 미성년자일 때에는 입양 동의권자의 동의를 얻어서 소를 제기할 수 있다(제906조에 의한 제900조 준용). 부모 이외의 직계존속이 동의하는 경우 그 직계존속이 수인인 때에는 최근친 존속을 선순위로 하고, 동순위자가 수인인 때에는 연장자를 선순위로 한다.

(ㄷ) 양친이나 양자가 금치산자인 때에는 후견인이 동의를 얻어서 소를 제기할 수 있고, 또한 소의 상대방이 될 수 있다(제906조에 의한 제902조 준용). 다만 제3자도 파양청구권이 있는가. 판례는 이를 부정한다.[21]

- (a) 양자가 15세 미만인 경우
  - 원 칙 - 대락자
  - 대락자가 사망 기타 사유로 소를 제기할 수 없는 때 - 생가의 직계존속
- (b) 양자가 15세 이상인 경우 - 입양동의권자의 동의를 얻어 행사
  - 부모 이외의 직계존속이 동의하는 경우 존속이 수인인 때 - 최근친 존속
  - 양친이 제기하는 경우- 미성년자는 이들의 동의를 얻어 상대방이 된다.
- (c) 양친이나 양자가 금치산자인 경우 - 후견인의 동의
- (d) 제3자의 파양청구 - 부정(대판 83므16, 68므31)

---

21) 대판 1983.9.13, 83므16; 1970.5.26, 68므31.

(3) 罷養의 效果

(가) 친족관계의 소멸　파양에 의하여 입양으로 인한 친족관계는 소멸한다(제776조). 또한 양자의 신분에서 생겼던 양친과 사이의 법률효과, 즉 부양관계 · 상속관계 · 친권관계 등은 소멸하고, 양자가 미성년자이면 친생부모의 친권이 부활한다.

(나) 손해배상의 청구　재산상 파양의 당사자 일방은 과실 있는 상대방에 대하여 이로 인하여 발생한 손해의 배상을 청구할 수 있다.

(4) 養父母의 離婚과 양자관계

양부모가 이혼한 경우 양자관계가 소멸하는가. 즉 양부모가 이혼한 것만으로 양부관계가 소멸하지 아니함은 물론이나, 양부모가 이혼하여 양모가 양부의 가를 떠난 경우 양모관계가 소멸하는가.

종래 판례는 양부모가 이혼하여 양모가 양부의 가를 떠난 경우 양부관계는 존속하지만 양모관계는 소멸하는 것이라고 하였다.[22] 그러나 최근의 판례는 이를 변경하여 민법 제776조는 양부모의 이혼을 입양으로 인한 친족관계의 종료사유로 들고 있지 아니하고 부부공동입양제를 채택하고 있는 현행 민법아래서는 처도 부와 마찬가지로 입양당사자가 되는 것이므로 양부모가 이혼하였다고 하여 양모를 양부와 다르게 취급하여 양모자관계가 소멸하는 것이라고 볼 수 없는 것이라고 하여 부정한다.[23]

제 4. 親 養 子

1. 親養子의 意義와 特色

(1) 친양자의 의의

친양자(親養子)란 6세 미만의 자를 양자함에 있어 절차상 친생자로 신고하여 양부모의 친생자로서의 효력을 부여하는 양자제도, 즉 친생부모 및 그 혈족과의 친족관계는 양친자의 입양이 신고된 때로부터 종료되고, 양친의 친생자처럼 취급하여 양부의 성과 본을 따르게 하는 양자제도를 말한다.

(2) 신설이유와 특색

(가) 현행법상 양자는 입양촉진 및 절차에 관한 특례법에 의하여 입양된 경우를

22) 대판 1979.9.11, 79므35 · 36
23) 대판(전) 2001.5.24, 2000므1493.

제외하고는 친생자와 명확히 구분되어 양자로 되고, 친생의 부 또는 母의 姓과 本을 따르며, 양자로 된 후에도 친생부모 및 그 혈족과의 친족관계는 그대로 유지된다. 또한 호적상 절차에 관하여도 호적부에 명확히 양자로 기재될 뿐만 아니라, 친생부모의 성명이 그대로 기재되어 양자의 신분관계를 명확히 공시한다. 그러나 우리의 현실은 家를 위한 양자 · 父母를 위한 양자 또는 子를 위한 양자를 불문하고 양자의 신분을 밝히는 것을 꺼려하여 입양을 하는 경우에도 현행법상 입양제도를 기피하고 마치 친생자인 것처럼 출생신고를 하는 방법으로 이루어짐이 보통이다. 이러한 실정에서 민법은 양부와 양자의 복리란 측면을 고려하여 친양자제도를 신설하였다.

(나) 15세 미만의 子의 양자에 관하여는 민법상 일반 양자제도와 친양자제도의 선택적 입양을 인정하고, 양부모와의 관계에서 친자로서의 효과를 부여하여 민법상 일반 양자제도와 이원화를 취하며, 다음의 특색을 가진다.

(ㄱ) 친생부모 및 그 혈족과의 친족관계는 양친자의 입양이 신고된 때로부터 종료되고, 양친의 친생자처럼 취급하여 양부의 성과 본을 따른다.

(ㄴ) 친양자 입양의 무효에 관하여는 그 사유를 친양자 입양의 신고가 없는 때와 가정법원의 허가를 받지 아니한 경우로 제한하고, 통상 입양무효에 관한 민법 제883조의 규정은 적용하지 아니한다.

(ㄷ) 친양자 입양의 취소에 관하여는 그 사유를 친생의 父 또는 母가 유괴 또는 책임질 수 없는 사유로 인하여 친양자 입양의 동의를 할 수 없었던 경우로 하고, 입양사실을 안 날로부터 6월내 가정법원에 그 취소를 청구할 수 있도록 하며, 통상 입양 취소원인에 관한 민법 제884조는 적용하지 아니한다.

(ㄹ) 친양자에는 협의파양을 인정하지 아니하고, 재판상 파양에 관하여도 그 사유를 엄격히 제한한다.

2. 親養子의 成立要件

(1) 親養子의 실체적 요건

(가) 양자의 요건

(ㄱ) 친양자로 될 子는 15세 미만의 자 이어야 한다(제908조의 2 제1항 2호). 친양자의 경우에는 친생부모 등과 절연 등의 효과가 발생하는 소위 양친 측에서 완전적출화(摘出化)하는 것을 목적으로 하므로 일정 연령 이하의 보호를 요하는 아동을 대상으로 한다. 그러나 친양자로 될 자가 15세 미만의 子이면 기아(棄兒) · 고아(孤兒)는 물론, 친생부모 있는 子에 불문한다(동조 동항 3호 참조).

(ㄴ) 친생부모의 동의를 얻어야 한다. 친생부모 있는 친양자로 될 子는 친생부모의 친양자 입양의 동의를 얻어야 한다(제908조의 2 제1항 3호). 친생부모의 동의는 부모 공동의 동의를 요하고(제870조), 부모 일방이 없거나 일방이 동의할 수 없는 경우에는 그 일방의 동의로 족하다.

(a) 부모가 공동으로 친양자의 대락권을 가지는 때에는 그 범위에서 친양자 성립의 부모 동의는 요구되지 아니하고, 부모 일방이 친권을 가지는 때에는 친양자 입양의 대락과 관계없이 대락권 없는 일방의 동의가 있어야 한다.

(b) 친생부모가 있으나 친생부모가 친권이 상실되거나, 사망 그 밖의 사유로 동의할 수 없는 경우에는 동의 없이 친양자로 될 수 있다(동조 동항 3호 단서). 따라서 친생부모가 생존하지 아니한 경우에는 동의 없이 대락권자의 대락에 의하여 친양자로 될 수 있고, 친생부모가 생존하나 친권이 상실된 경우나, 기타의 사유로 동의할 수 없는 때에도 대락권자의 대락에 의하여 친생부모의 동의 없이 친양자로 될 수 있다.

(c) 친생부모가 없거나 동의할 수 없는 경우에도 그 직계존속의 동의는 요구되지 않는다. 즉 민법상 보통양자의 입양동의에 관한 민법 제870조 제1항 단서 규정은 친양자 입양동의에는 적용되지 않는다.

(나) 양부모의 요건 친양자의 양친이 되려는 자는 3년 이상 혼인한 부부로서 공동으로 입양하여야 한다(제908조의 2 제1항 1호). 따라서 양친이 될 자는 혼인한 부부이어야 하고, 독신자는 양친이 되지 못한다.

이와 같이 양친의 요건은 3년 이상의 혼인한 부부이면 족하고 실자(實子)의 유무는 그 요건이 아니다. 그러나 부부의 일방이 그 배우자의 친생자를 친양자로 하는 경우에는 1년 이상 혼인 중인 부부이어야 한다(동항 1호 단서).

(다) 양자 일반의 요건 친양자로 하기 위해도 위의 요건 외에 양자 일반의 요건을 갖추어야 한다. 즉 양자의 실질적 요건으로 친양자 당사자 간의 합의, 즉 친양자의 성립에도 친양자와 양친간에 친양자 성립의 합의가 있어야 한다. 그러나 친양자의 경우에는 친양자로 되는 자가 15세 미만의 자이므로 언제나 법정대리인이 대락하여야 한다(제908조 제1항 4호). 이 경우 친생부모가 있는 친양자로 되는 자는 친권자가 대락권자로 되고, 친권자가 없는 친양자로 되는 자는 후견인이 대락권자로 된다. 따라서 부모가 공동으로 친권을 가지는 때에는 부모 공동의 의사로 대락하여야 하고, 그 일방만이 친권을 가지는 때에는 친권을 가진 일방의 의사로 대락한다.

또한, 양친이 성년자일 것(제866조), 양자로 될 자의 부모 또는 후견인의 동의가 있을 것(제870조 · 제871조), 배우자있는 자는 부부공동으로 입양할 것(제874조), 양자는 양친의 존속 또는 연장자가 아닐 것(제877조 제1항) 등 요건은 친양자에도 적용되나, 다만 이들의 요건에 관하여 대다수가 친양자의 경우 특별규정을 두고 있으므로 사실상 그 적용은 문제되지 않는다.

(2) 親養子의 절차적 요건

(가) 가정법원의 허가 친양자로 하기 위해서는 가정법원의 친양자 입양을 청구하여야 한다(제908조의 2 제1항). 즉 친양자를 하려는 양친은 위 실체적 사실을 증명하여 가정법원에 친양자의 입양을 청구하여야 한다.

(ㄱ) 친양자 입양을 청구 받은 가정법원은 친양자의 실체적 요건을 심사하여 그 허가 여부를 결정한다.

(ㄴ) 위 실체적 요건이 구비된 경우에도 자의 복리를 위하여 가정법원은 친양자로 될 子에 대한 양육상황, 친자 입양의 동기, 양친의 양육능력 그 밖의 사정을 고려하여 친양자 입양이 적절하지 아니하다고 인정되는 경우에는 그 청구를 기각할 수 있다(제908조의 2 제2항).

(나) 양친자의 신고 친양자의 실체적 요건을 증명하여 가정법원의 친양자 관계 성립의 허가를 받은 양친자는 일정 요건을 구비하여 신고함으로 양친자관계가 성립한다(제878조).

(ㄱ) 친양자 신고는 그 성립에 법원의 결정을 요하는 점에서 증인 2인의 연서는 요구되지 아니하고, 또한 일반 양자의 신고와 달리 양친의 친생자 형태로 신고한다.

(ㄴ) 신고의 법률적 성질은 보고적 신고인가 창설적 신고인가. 양친자의 성립에 가정법원의 결정을 얻도록 한 이상 양친자관계의 최종 결정 및 성립은 당사자의 신고에 의함이 당연할 것으로 보아 창설적 신고로 해석된다.

3. 親養子의 효력

(1) 親生子로서 효력

(가) 친양자 관계의 성립으로 친양자는 양부의 혼인 중 출생자로 된다(제908조의 3 제1항). 따라서 친양자의 성립으로 친양자는 양부(養父)의 성과 본을 따르고, 양친과 관계에서 친생관계로 성립하므로 이로써 양친의 친권에 따르고(제909조), 양친 및 그 혈족 사이에 친생자로서의 부양관계·상속관계가 생긴다.

(나) 민법은 친양자관계의 성립으로 "친양자는 혼인 중 출생자로 본다."라고 하여(제908조의 3 제1항) 보통양자의 경우 "입양한 때로부터 혼인 중의 출생자와 동일한 것으로 본다."라고 한 것과 표현을 달리한다(제772조 제1항). 입법의 취지로는 자

연혈족관계와 동일하게 취급하려는 의미로 해석되나, 제908조의 4 이하에서 친양자의 무효·취소 및 파양을 규정한 점으로 보아 어느 경우에든 법정혈족관계임은 부정할 수 없을 것이다.

⑵ 親生父母의 친족관계 소멸

(가) 친양자 관계의 성립으로 친양자의 종전 친족관계, 즉 친생부모와 친족관계는 친양자의 친양자 입양의 청구에 의하여 입양이 확정된 때 종료한다(제908조의 3 제2항 전단). 여기서 입양이 확정된 때란 어느 때를 의미하는가. 입양신고의 법률적 성질과 관련하여 문제되나 입양의 신고를 창설적 신고로 보면 입양이 신고된 때로부터 종료하는 것이라고 본다.

다만, 부부 일방이 그 배우자의 친생자를 단독으로 입양하는 경우에는 친양자 입양의 경우에도 배우자 및 그 친족과 친생자간의 친족관계는 소멸하지 아니한다(제908조의 3 제2항 단서).

(나) 친양자 관계의 성립으로 친생부모의 친권은 소멸하고, 친생부모 및 그 혈족 사이에 친생자로서 부양관계·상속관계는 소멸한다.

4. 親養子의 無效·取消

⑴ 친양자의 無效·取消의 요건

(가) **친양자의 무효요건** 친양자 입양은 친양자 하려는 자가 법원의 청구에 의하므로 입양 무효에 관한 민법 제883조는 적용되지 않는다(제908조의 4 제2항). 따라서 친양자 입양의 합의가 없는 경우, 15세 미만자의 입양승낙(제369조), 존속·연장자의 입양(제877조 제1항) 의 무효의 규정은 성질상 친양자에는 적용되지 않는다.

다만, 친양자 입양에 법원의 청구를 전제로 하므로 법원의 청구에 의하지 아니한 친양자 입양은 무효임은 당연하다.

(나) **친양자의 취소요건** 친생의 父 또는 母가 유괴 또는 책임질 수 없는 사유로 인하여 친생자 입양의 동의(제908조의 2 제1항 제3호 단서 참조)를 할 수 없었던 경우에는 그 입양 사실을 안 날로부터 6월내 가정법원에 친양자 입양의 취소를 청구할 수 있다(제908조의 3 제1항). 따라서 친양자 입양에 대하여는 통상 입양의 취소사유에 관한 민법 제884조의 규정을 적용하지 아니한다(제908조의 4 제2항).

다만, 입양취소의 청구로 가정법원은 취소사유가 증명된 경우에도 친양자로 될 자에 대한 양육상황, 친양자를 한 동기, 양친의 양육능력 기타 모든 사정을 참작하여 친양자로 될 자의 복리를 위하여 적절하지 아니하다고 인정되는 경우에만 취소하여야 할 것이다(제908조의 2 제2항 참조).

⑵ 親養子入養의 無效·取消의 效力

친양자 입양의 무효로 양친자 관계는 처음부터 발생하지 않고 또한 양친자 관계의 취소로 친양자 관계는 소멸하고 입양 전의 친족관계는 부활한다(제908조의 7 제1항). 그러나 양친자 관계의 취소의 효력은 장래에 향하여만 발생하고, 기왕에 소급하지 않는다(동조 제2항).

5. 親養子의 罷養

⑴ 협의파양의 배척

친양자로 성립된 경우에는 당사자간의 협의로 파양하지 못한다. 따라서 친양자 입양에는 협의파양에 관한 민법 제898조는 적용되지 아니한다(제908조의 5 제2항).

친양자의 경우 협의파양이 배척되는 것은 친양자의 성립을 신중히 하여 법원의 청구에 의하도록 하였을 뿐만 아니라, 친양자의 성립으로 양친자는 부부의 혼인 중 출생자로 간주한데 있다.

⑵ 재판상 파양

(가) 친양자의 경우 양친이 친양자를 학대 또는 유기하거나 기타 친양자의 복리를 현저히 해하는 때와 친양자의 양친에 대한 패륜행위로 양친자 관계를 유지시킬 수 없게 된 때에는 재판상 파양을 청구할 수 있다(제908조의 5 제1항 각호).

- 양친이 친양자를 학대 또는 유기하거나 기타 친양자의 복리를 현저히 해하는 때
- 친양자의 양친에 대한 패륜행위로 양친자 관계를 유지시킬 수 없게 된 때

(나) 재판상 친양자 파양의 청구는 양친·친양자, 친생의 父 또는 母나 검사가 청구할 수 있다(제908조의 5 제1항).

(다) 친양자 파양청구의 사유가 「친양자의 양친에 대한 패륜행위로 양친자 관계를 유지시킬 수 없게 된 사유인 때」에는, 가정법원은 파양의 사유가 증명된 경우에도 친양자로 될 자에 대한 양육상황, 친양자를 한 동기, 양친의 양육능력 기타 모든 사정을 참작하여 친양자로 될 자의 복리를 위하여 적절하지 아니하다고 인정되는 경우에만 파양을 결정하여야 한다(제908조의 6에 의한 908조의 2 제2항 준용).

⑶ 친양자 파양의 효력

(가) **친자관계의 소멸** 친양자 입양이 파양된 때에는 친양자 관계가 소멸하고

입양 전의 친족관계는 부활한다(제908조의 7 제1항).

(나) **소급효** 친양자 파양으로 친자관계소멸의 효력은 기왕에 소급한다. 따라서 파양의 효력은 친양자 입양 취소의 효력이 소급하지 아니하는 것과 구별된다.

6. 養子에 관한 규정의 준용

친양자에 관하여 달리 특별한 규정이 있는 경우를 제외하고는 그 성질이 반하지 아니 하는 범위 안에서 양자에 관한 규정을 준용한다(제908조의 8).

제 2 절 親權과 後見

제 1. 親 權

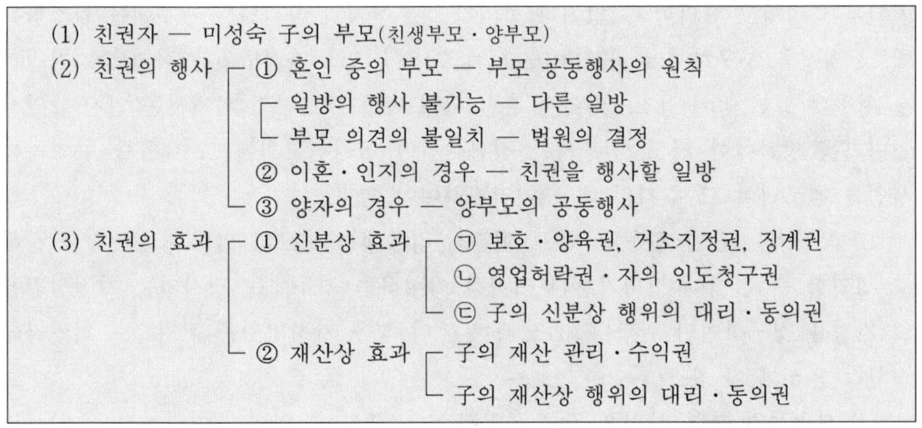

1. 親權의 의의

(1) 친권(親權)이란 부모가 미성숙의 자를 보호 · 양육할 권리 · 의무이다. 따라서 친권이란 부모가 미성숙의 자를 보호 · 양육할 권리인 동시에 의무로서의 성질을 가진다(제913조 제1항),

(2) 친권은 일종의 지배권이지만 단순히 부모가 자를 지배하는 권리는 아니며 아

직 성숙하지 못한 자를 보호 교양하는 의무로서 친권자는 이에 따를 의무를 진다.

2. 親權者와 親權에 따르는 자

(1) 親權者

(가) 친권의 행사자 친권자(親權者)는 부모이다. 따라서 父母는 미성년자의 친권자가 된다.

(ㄱ) 친생부모는 친생자의 친권자가 된다. 그러나 양자는 친생부모의 친권에 따르지 않고 양부모의 친권에 따른다(제909조 제1항).

양부모가 혼인 중에는 그 공동친권에 복종하여야 하고, 양친의 일방이 법률상 또는 사실상 친권을 행사할 수 없는 경우, 친권자 일방이 사망한 경우, 양부모가 이혼한 경우에는 각각 다른 일방의 단독친권에 복종하여야 하는 것은 혼인 중의 친생자의 경우와 같다. 특히 양부모 쌍방이 사망하였을 때에는 친생부모가 있더라도 친생부모의 친권에 복종하지 아니하고 후견이 개시된다고 해석한다.[24]

(ㄴ) 다음의 경우에는 친권자를 정하여야 한다.

(a) 혼인 외 자와 인지의 경우 : 혼인 외의 자가 인지된 경우에는 보모의 협의로 친권자를 정하고 협의할 수 없거나 협의가 이루어지지 아니하는 경우에는 가정법원에 그 지정을 청구하여야 하고(제909조 제4항). 이 경우 가정법원은 직권으로 친권자를 정한다(동조 제5항 참조). 따라서 혼인 외의 자를 認知하기 위해서는 인지에 앞서 친권자를 정하여야 하고, 친권자가 정하여지면 인지신고서에 그 내용을 증명하는 서면을 첨부하여 그 취지와 내용을 기재하여야 한다.

(b) 부모가 이혼한 경우 : 부모 이혼의 경우에는 보모의 협의로 친권자를 정하고 협의할 수 없거나 협의가 이루어지지 아니하는 경우에는 당사자는 가정법원에 그 지정을 청구하여야 한다(제909조 제4항). 이 경우 가정법원은 직권으로 친권자를 정한다(동조 제5항 참조).

(나) 친권자의 변경 이혼 또는 혼인취소 후 부모 중 일방이 친권자가 되거나 또는 부모 중 일방이 부가 인지한 子의 친권자인 경우, 子의 이익과 복리를 위해서 필요하다고 인정되는 경우에는 자의 4촌 이내의 친족의 청구에 의하여 가정법원은 친권자를 다른 일방으로 변경할 수 있다(제909조 제6항).

(2) 親權에 따르는 者

친권에 따르는 子는 미성년자인 子이며, 친생자·양자를 불문한다. 다만 혼인한

---

24) 김주수 316면.

미성년자는 혼인성년의제의 효과에 의하여 제외한다.

3. 親權의 내용

(1) 子의 身分에 관한 권리 · 의무

(가) 보호 · 교양할 권리 · 의무 친권자는 子를 보호하고 교양할 권리를 가지며 의무를 진다(제913조). 따라서 친권자는 자의 보호 · 교양에 대한 권리인 동시에 의무를 부담한다. 여기서 보호란 주로 子의 신체보호를 의미하며, 교양은 子의 정신발달을 이루게 하는 작용을 의미하는 것으로 해석한다.

(나) 거소지정권 친권자가 미성년자인 자를 충분히 보호 · 양육할 수 있도록 자는 친권자가 지정한 장소에 거주하여야 한다(제914조). 따라서 친권자는 자의 거소를 지정할 권리를 가진다.

(다) 징계권 친권자는 子를 보호 · 교양하기 위하여 필요한 징계를 할 수 있다(제915조). 징계권의 내용으로는 먼저 자를 보호 · 교양하기 위한 범위 내에서의 징계권을 행사함을 말하고, 또한 친권자는 가정법원의 허가를 얻어 子를 감화 또는 교정기관에 위탁할 수 있다(동조 단서).

(라) 영업허락권 친권자는 법정대리인으로서 미성년자의 특정한 영업에 관하여 허락할 수 있다(제8조 제1항). 여기서 영업이란 상업에 한하지 않고 널리 영리를 목적으로 하는 사업을 말하며, 친권자는 후견인이 친족회의 동의를 받아야 하는 것과는 달리 특별한 제한 없이 허락할 수 있다(제950조 제1항 제1호 참조).

(마) 자(子)의 인도청구권 子의 인도청구권이란 子를 불법으로 억류하고 있는 자에 대하여 이를 배제하고 그 인도를 청구할 수 있는 권리이며, 민법상 규정은 없으나 학설 · 판례가 인정한다.[25] 다만 권리자가 이를 행사하기 위해서는 친권이 위법하게 침해되어야 하고, 子의 자유로운 의사에 의한 주거가 아니어야 하며, 친권자의 이와 같은 인도청구가 권리남용이 아니어야 한다.

(바) 신분상 행위의 대리권 · 동의권 친권자는 원칙적으로 子의 신분상 행위에 대하여 대리할 수 없으나 예외적으로 일정한 경우에 대리 · 동의권을 가지며, 또한 자기의 친권에 따르는 子에게 子가 있을 때에는 그 子에 갈음하여 친권을 행사한다(제910조).

---

25) 대판 1970.11.30, 70므28.

- (1) 친권자의 대리권
  - ㉠ 母의 친권자의 친생부인의 소의 피고가 되는 것(제847조)
  - ㉡ 인지청구의 소(제863조)
  - ㉢ 미성년자가 양친이 되는 입양의 취소(제885조)
  - ㉣ 상속의 승인 · 포기(제1090조 · 제1020조)
  - ㉤ 가사소송법상 혼인무효, 인지무효의 소, 입양무효의 소 (동법 제26조 · 제35조 · 제37조에 의한 의한 제26조 준용)
- (2) 친권자의 법정대리인으로서의 동의권
  - 분가에 대한 동의(제788조 제2항)
  - 가사소송법상 각종 소제기에 대한 동의

(2) 子의 財產에 대한 권리 · 의무

(가) 재산관리권　친권자는 子의 명의로 취득한 특유재산의 관리권을 가지며, 子의 재산에 대하여 자기재산에 관한 행위와 동일한 주의로서 관리할 의무를 진다(제922조; 자기주의의무).

다만, 무상으로 재산권을 수여한 제3자가 친권자의 의사에 반대하는 의사를 표시한 때에는 친권자는 그 관리권행사가 제한된다(제918조 제1항). 이 경우 제3자는 재산관리인을 지정할 수 있고, 만일 제3자의 지정이 없거나 관리권이 소멸 · 개임된 때에는 수증자 또는 친족의 청구에 의하여 가정법원이 관리인을 선임한다(동조 제2항 · 제3항). 이때 관리인의 직무권한 등에는 부재자재산관리인의 규정이 준용되고, 또한 그 권한이 종료한 때에는 위임의 종료에 관한 규정이 준용된다(동조 제4항).

- 제3자가 무상으로 子에게 재산권을 수여하고 친권자의 관리에 반대의사를 표시한 때
  - 친권자 — 관리 · 처분행위, 관리 · 처분의 동의권 배제
  - 관리금지의 의사표시 — 증여행위의 내용으로 할 것
- 친권자의 관리권배제로 관리인이 없게 된 때
  - 제3자의 관리인 지정
  - 제3자의 지정이 없거나 관리권이 소멸 · 개임된 때 — 법원의 선임(제776조 준용)

(나) 친권자의 재산수익권　친권자의 재산관리권에 수익권을 포함할 것인가. 민법상 명문 규정은 없으나 민법 제923조 제2항이 "子의 財產으로부터 취득한 과실은 자의 양육 · 재산관리 비용과 상계한 것으로 본다."라고 규정한 것과 관련하여 견해가 대립하나, 다수설은 친자관계인 가족공동체적 바탕에서 이를 긍정한다.

또한, 미성년자의 재산으로 교육비 · 양육비에 충당할 수 있는가. 친권자가 곤궁하여 자기재력으로 충당할 수 없는 경우, 또는 특별한 교육 · 양육비는 미성년자의 재산으로부터 처분 · 지급할 수 있는 것이라고 본다.[26)]

---

26) 동지, 김주수 323면.

(다) 子에 대한 대리권·동의권　친권자는 미성년자인 자의 재산적 법률행위에 대하여 子를 대리한다(제920조 본문). 여기서 子의 財産的 法律行爲란 상속의 승인·포기는 물론, 널리 자의 재산에 영향을 미치는 법률행위를 말한다.

(ㄱ) 친권자의 대리행위가 子의 행위를 목적으로 하는 채무를 부담할 경우에는 자의 동의를 요한다(동조 단서). 특히 근로계약은 대리하지 못함으로 친권자는 미성년자를 대리하지 못한다(근로기준법 제53조 제1항).

(ㄴ) 친권자가 자기의 이익을 취할 목적으로 하는 대리권을 남용하는 경우에도 대리권의 효력에는 영향은 없으나, 다만 친권자의 대리행위가 친권남용이 될 경우에는 그 효력이 자에게 미치지 않는다.[27]

(라) 재산관리권의 종료　법정대리인의 친권자로서 권한이 소멸한 때에는 그 子의 財産에 대한 관리계산을 하여야 한다. 다만 그 자의 재산으로부터 수취한 과실은 그 子의 양육·재산관리의 비용과 상계한 것으로 본다(제923조 제2항).

4. 親權行使와 制限

(1) 親權의 行使

(가) 혼인 중의 친권행사　친권에 복종할 자의 부모가 모두 건재하여 정상적인 부부관계를 계속하고 있는 경우, 즉 혼인 중인 때에는 부모가 친권을 공동으로 행사하고, 다만 부모의 의견이 일치하지 않는 경우에는 당사자의 청구에 의하여 가정법원이 이를 정한다(제909조 제2항). 그리고 부모의 일방이 친권을 행사할 수 없을 때에는 다른 일방이 이를 행사한다(동조 제3항).

(ㄱ) 공동행사의 의미 : 부모가 친권을 공동으로 행사한다는 것은 친권의 행사가 부모 공동의 의사에 기인함을 필요로 할 뿐이며, 그 행위 자체가 부모 쌍방의 명의로 되어야 한다는 것을 의미하는 것은 아니다. 이와 같이 친권의 공동행사는 부모 공동의 의사이어야 하나, 만약 다른 일방이 동의를 얻지 않고 한 경우에는 부모의 법정대리인으로서 대리 또는 동의의 효과는 생기지 않는다.

(ㄴ) 친권의 표견적 공동행사 : 부모가 공동으로 친권을 행사하는 경우 부모 중 일방이 공동명의로 子를 대리하거나 자의 법률행위에 동의한 때에는 다른 일방의 의사에 반하는 때에도 그 효력이 있다. 다만 상대방이 악의인 때에는 효력이 생기지 않는다(제920조의 2). 이 규정은 이른바 친권의 표현적 공동행사(표견적 공동대리·동의)로서 공동친권자 부모의 의사가 불일치한 경우라도 외견상 공동명의로 친권을

27) 대판 1964.9.8, 64다177.

행사한 경우에 선의의 제3자를 보호하기 위한 것이다.

(나) 친권행사의 기준 친권을 행사함에는 자의 복리를 우선적으로 고려하여야 한다(제912조).

(다) 친권의 대행 친권자는 그 친권에 복종하는 子에 갈음하여 그 자에 대한 권한을 대행한다(제910조). 이때 친권은 친권에 복종하는 자의 명의로 행사한다.

(3) 親權行使의 제한

(가) 친권자의 이익상반행위와 대리권의 제한 친권자의 법정대리권 및 동의권은 子의 이익에 반할 우려가 있는 경우에 제한된다(제921조). 여기서 子의 이익에 반할 우려가 있는 경우란 친권자와 子간의 이익상반이며, 친권자와 자와의 사이 또는 복수의 미성년자와 자 사이의 이익상반을 말한다.

이익상반 여부는 그 해위를 객관적으로 관찰하여 판단하여야 하고, 그 행위의 동기나 연유를 고려할 것이 아니고 또한 그 행위의 결과 실제로 이해의 대립이 생겼는가를 묻지 않는다.[28] 그리하여 판례는 친권자와 미성년인 子가 법률행위의 양 당사자로서 대립하는 것만이 요건이 아니고 널리 친권자에는 이익이 되지만 子를 위해서는 불이익이 되는 행위를 의미하는 것이라고 하고,[29] 미성년자의 친권자인 모가 자기 오빠의 제3자에 대한 채무의 담보로 미성년자 소유의 부동산에 근저당권을 설정하는 행위가 채무자를 위한 것으로서 미성년자에게는 불이익만을 주는 것이라고 하더라도, 민법 제921조 제1항에 규정된 법정대리인인 친권자와 그 자 사이에 이해가 상반되는 행위라고 볼 수 없는 것이라고 한다.[30]

그 밖에 친권자와 자와 간의 이해상반행위라 보는 대표적인 것으로는 ① 친권자가 자기채무에 관하여 미성년자인 子를 대리하여 중첩적(병존적) 채무인수를 한 경우, ② 친권자의 채무에 대하여 子를 연대채무자로 한 경우, ③ 친권자가 자기채무를 위하여 미성년자인 子의 부동산을 담보로 제공한 경우(대판 1971.7.27, 71다113), ④ 친권자가 子의 재산을 가지고 자기채무를 소각하는 행위, ⑤ 친권자가 자기채무를 子에 전가하기 위하여 子를 대리하여 행한 갱개계약, ⑥ 합명회사 사원이 자기 친권에 복종하는 미성년자를 그 회사에 새로 입사시킨 행위에 동의를 준 행위, ⑦ 양모가 미성년의 자를 상대로 소유권이전등기청구소송을 제기한 경우(대판 1991.4.12, 90다17491), ⑧ 친권자인 모가 공동상속인으로서 미성년의 자를 대리하여 상속재산분할의 협의를 하는 경우(대판 2001.6.29, 2001다28299; 1993.3.9, 92다18481), ⑨ 부가 자신의 채무지급을 위하여 자를 대리하여 공동명의로 어음을 발행한 경우(대판 1971.2.23, 70다2916), ⑩ 친권자인 모가 자신이 연대보증한 차용금채무의 담보로 자신과 자의 공유토지 중 자신의 지분에 대하여는 지분권자로서, 자의 공유지분에 관하여는 법정대리인으로 각각 근

28) 대판 2002.1.11, 2001다65960; 1996.11.22, 96다10270; 1994.9.9, 94다6680.
29) 대판 1996.11.22, 96다10270; 1971.7.27, 71다1113.
30) 대판 1991.11.26, 91다32466.

저당설정계약을 체결하는 경우(대판 2002.1.11, 2001다65960), ⑪ 子를 대리하여 子의 대금채권을 포기하고 그 채무자에 대하여 채무를 면제시키는 행위 등을 들 수 있다.

이에 반하여 법정대리인인 친권자가 부동산을 매수하여 이를 자에게 증여하는 행위(대판 1981.10.13, 81다649), 친권자가 부동산을 미성년자에게 명의 신탁하는 행위(대판 1998.4.10, 97다4005), 친권자인 모가 자기 오빠의 제3자에 대한 채무담보로 미성년자 소유의 부동산에 저당권을 설정하는 행위(대판 1991.11.26, 91다324660), 친권자인 모가 자신이 대표이사로 있는 주식회사의 채무를 담보하기 위하여 자신과 미성년인 자의 공유재산에 대하여 자의 법정대리인 겸 본인의 자격으로 근저당권을 설정하는 행위(대판 1996.11.22, 96다10270)는 이익상반행위라고 볼 수 없는 것이라고 한다.

(나) 이익상반의 효과 친권자와 미성년자 사이에 이익이 상반되는 경우 친권자는 가정법원에 그 子의 특별대리인 선임을 청구하여야 하고(제921조 제1항), 또한 친권자가 그 친권에 따르는 복수의 자에 대하여 친권을 행사하는 경우 그 복수의 자 중 1인의 자와 타자와의 사이에 이익이 상반되는 사항에 관하여도 그 1인의 자에 대한 특별대리인 선임을 청구하여야 한다(동조 제2항). 다만 공동친권자 중 1인과 이해가 상반되는 경우는 어떻게 할 것인가. 문제되나 이 경우에도 특별대리인을 선임하여 타방의 친권자와 공동으로 대리할 것이다.

친권자가 미성년자와 이해상반행위를 특별대리인을 선임하지 아니하고 스스로 대리하여 한 행위는 무권대리행위로 된다. 따라서 적법한 추인이 없는 이상 무효인 행위로 된다.[31)]

[판례] 상속재산에 대하여 그 소유의 범위를 정하는 내용의 공동상속재산 분할협의는 그 행위의 객관적 성질상 상속인 상호간의 이해의 대립이 생길 우려가 있는 민법 제921조 소정의 이해 상반되는 행위에 해당하므로 공동상속인인 친권자와 미성년인 수인의 자 사이에 상속재산 분할협의를 하게 되는 경우에는 미성년자 각자마다 특별대리인을 선임하여 그 각 특별대리인이 각 미성년자인 자를 대리하여 상속재산분할의 협의를 하여야 하고, 만약 친권자가 수인의 미성년자의 법정대리인으로서 상속재산 분할협의를 한 것이라면 이는 민법 제921조에 위반된 것으로서 이러한 대리행위에 의하여 성립된 상속재산 분할협의는 적법한 추인이 없는 한 무효라고 할 것이다(대판 2001.6.29, 2001다28299).

5. 親權의 消滅・喪失

(1) 親權의 消滅

친권은 子가 사망한 때, 자가 성년자가 된 때, 자가 혼인한 때에는 당연히 소멸한다. 그러나 친권자가 사망한 때, 子가 다른 사람의 양자가 된 경우, 생모의 친권에 복종하던 혼인 외의 출생자가 부의 인지를 받았을 때, 입양이 무효・취소되거나 또는 양자가 파양된 때, 친권자가 친권을 행사할 수 없는 때, 친권자가 대리권・관리

31) 대판 2001.6.29, 2001다28299; 1994.9.9, 94다6680; 1993.4.13, 92므54524.

권을 사퇴한 때, 친권자가 친권상실의 선고를 받은 때에는 그러하지 아니한다.

[친권이 상대적으로 소멸하는 경우]

(1) 친권자가 사망한 때
(2) 子가 다른 사람의 양자가 된 경우
(3) 생모의 친권에 복종하던 혼인 외의 출생자가 부의 인지를 받았을 때
(4) 입양이 무효·취소되거나 또는 양자가 파양된 때
(5) 친권자가 친권을 행사할 수 없는 때
(6) 친권자가 대리권·관리권을 사퇴한 때
(7) 친권자가 친권상실의 선고를 받은 때

⑵ 親權의 喪失

㈎ 친권상실의 원인　친권남용, 현저한 비행 기타 친권을 행사할 수 없는 중대한 사유가 있는 때 소멸한다(제924조).

(ㄱ) 친권의 남용 : 친권의 남용이란 권리를 과도하게 불법적으로 행사하거나, 그 적당한 행사를 게을리 한 경우이며, 판례는 친권자인 母가 미성년자인 子의 법정대리인으로서 子의 유일한 재산을 아무런 대가도 받지 않고 증여하였고 상대방이 그 사실을 알고 있었던 경우, 그 증여행위는 친권의 남용에 의한 것이므로 그 효과는 자에게 미치지 않는 것이라고 한다.[32)]

(ㄴ) 현저한 非行 : 현저한 非行이란 심한 소행불량, 예컨대 부모의 방탕·사통 등을 의미하며, 현재의 비행을 의미하고 과거의 비행은 포함하지 않는다.

(ㄷ) 기타 친권을 행사할 수 없는 중대한 사유 : 기타 친권을 행사할 수 없는 중대한 사유란 자와 친권자 사이의 이해상반, 친권남용의 여부, 부양이나 교육 등 종합적으로 평가하여 정하여야 한다. 판례는 자녀의 양육과 보호를 소홀히 하지 아니한 모의 간통행위로 말미암아 비록 부가 사망하였다고 하더라도 부가 사망한 사실만으로는 모에 대한 친권상실 사유는 아니라 하고, 또한 비행을 저지른 경우에도 비행을 저지른 친권자를 대신하여 다른 사람으로 하여금 친권을 행사하게 하거나, 후견을 행사하게 하는 것이 자녀 복리를 위하여 보다 낫다고 하는 것이 인정되는 경우가 아니면 섣불리 친권상실을 선고할 것은 아니라고 한다.[33)]

㈏ 친권상실의 선고　친권상실의 청구권자는 친족·검사·서울특별시장·도지사이며, 가정법원의 조정신청에 의한다.

친권상실의 선고로 청구권자는 재판의 확정일로부터 1개월 내 그 취지를 신고하

32) 대판 1997.1.24, 96다43928.
33) 대판 1993.3.4, 93스3.

여야 한다. 이때 신고는 보고적 신고에 불과하다.

(다) 친권상실의 효과

(ㄱ) 대리권과 재산관리권의 상실 : 친권자의 부적당한 재산관리로 子의 재산을 위태롭게 한 때에는 자의 친족의 청구로 가정법원이 그 법률행위의 대리권 또는 재산관리권의 상실을 선고할 수 있다(제925조). 따라서 친권자의 친권 또는 관리권의 상실선고의 재판이 확정된 경우에는 그 재판을 청구한 자나 그 상대방은 그 재판확정일로부터 1월내 재판의 등본 및 확정증명서를 첨부하여 그 취지를 신고하여야 한다.

또한, 친권상실과 대리권·관리권 상실의 원인이 없어졌을 때에는 가정법원은 본인 또는 친족의 청구에 의하여 실권회복을 선고할 수 있고(제926조), 실권선고취소의 재판이 확정된 경우에도 재판을 청구한 자나 그 상대방이 위와 같은 절차를 밟아야 한다.

(ㄴ) 대리권과 관리권의 사퇴 : 친권을 행사하는 부 또는 모는 정당한 사유가 있는 경우 가정법원의 허가를 얻어 친권의 일부인 법률행위의 대리권과 재산관리권을 사퇴할 수 있다(제927조 제1항). 여기서 正當한 事由란 해외여행 등의 장기부재·중병 또는 복역 등을 들 수 있고, 사퇴의 사유가 소멸되면 가정법원의 허가를 얻어서 사퇴한 권리를 회복할 수 있다(동조 제2항).

제 2. 後 見

1. 後見制度

후견제도(後見制度)는 친권제도와 더불어 子의 보호를 위하여 마련된 제도이다. 따라서 친권제도가 미성년자의 보호·양육·재산관리 등에 대한 업무를 부모로서 부담하는 권리·의무라고 한다면 후견제도는 원칙상 부모가 없는 경우에 부모에 갈음하여 행하는 소위 친권제도를 보충하는 제도로서 의미를 가진다. 따라서 후견인에는 친권자와 동일한 정의와 성의를 기대하기는 어려울 것이므로 민법은 후견인의 후견사무에 관하여 여러 가지 법적 제약과 감독제도를 마련하고 있다.

2. 未成年後見制度

(1) 未成年後見의 개시

미성년후견의 개시는 미성년자에 대하여 친권자가 없는 때, 또는 친권자가 법률행위의 대리권·재산관리권을 행사할 수 없는 때 개시되며(제928조), 후견인의 취임일로부터 1월내 신고하여야 한다.

(ㄱ) 단독친권자의 사망
(ㄴ) 단독친권자가 금치산 또는 한정치산선고를 받은 때
(ㄷ) 단독친권자의 심신상실·행방불명의 경우

(2) 未成年者의 後見人

(가) 후견인의 수와 순위 후견인은 후견임무 집행기관으로서 1인에 국한하며(제930조), 다음의 순위에 의한다.

(ㄱ) 지정후견인 : 미성년자에 대하여 친권을 행사하는 부모는 유언으로 미성년자의 후견인을 지정할 수 있다(제931조 전단). 그러나 법률행위의 대리권과 재산관리권 없는 친권자는 후견인을 지정하지 못한다(동조 단서).

(ㄴ) 법정후견인 : 지정후견인이 없는 때에는 직계혈족, 3촌 이내의 방계혈족의 순으로 후견인이 된다(제932조). 이때 혈족에는 부계 또는 모계혈족, 법정혈족을 포함하며, 법정후견인이 될 직계혈족 또는 방계혈족이 수인인 때에는 최근친을 선순위로 하고, 동순위자가 수인인 때에는 연장자를 선순위로 한다(제935조 제1항). 그러나 양자의 경우 생가혈족과 양가혈족의 촌수가 동순위인 때에는 양가혈족을 선순위로 한다(동조 제2항).

[판례] 미성년자에 대한 법정후견인의 취임은 지정후견인이 없음을 조건으로 후견개시사유의 발생과 동시에 당연히 이루어지는 것이고, 그 경우 법정후견인의 선임·해임 등에 관하여 적용되는 가사소송규칙 제65조 제1항에 따른 의견청취 등의 절차를 밟아야 하는 것도 아니며, 한편 법정후견인의 우선순위를 정한 민법 제932조, 제935조 제1항에서 말하는 직계혈족을 부계직계혈족에 한정하여 해석할 것도 아니다(대판 2000.11.28, 2000므612).

(ㄷ) 선임후견인 : 지정 또는 법정후견인도 없는 때에는 피후견인의 친족 기타 이해관계인의 청구에 의하여 법원이 선임한다(제936조 제1항). 여기서 지정 또는 법정후견인이 없는 때란 후견인의 사망·결격 기타 사유로 인하여 후견인이 없게 된 때를 포함한다.

(나) 후견인의 결격 후견인이 될 수 있는 자 가운데 다음의 각 경우에 해당하는 자는 후견인이 되지 못한다(제937조).

(ㄱ) 미성년자·한정치산자·금치산자
(ㄴ) 파산자
(ㄷ) 자격정지 이상의 형을 받고 그 刑期중에 있는 자
(ㄹ) 가정법원에서 해임된 법정대리인 또는 친족회원
(ㅁ) 행방이 불명한 자

(ㅂ) 피후견인에 대하여 소송을 하였거나 하고 있는 자 또는 그 배우자의 직계혈족
(ㅅ) 외국인

(다) 후견인의 사퇴　후견인은 정당한 사유가 있는 경우 법원의 허가를 얻어 사퇴할 수 있다(제939조). 여기서 正當한 事由란 후견인의 연령·질병·원거리 거주 등으로 인한 피후견인의 보호에 대하여 필요한 배려를 할 수 없는 때를 의미한다.

(라) 후견인의 변경　가정법원은 피 후견인의 복리를 위하여 필요하다고 인정되는 경우에는 피후견인의 친족이나 검사의 청구 또는 직권에 의하여 후견인을 변경할 수 있다(제940조 제1항).

이 경우 법원은 민법 제932조 내지 제935조에 규정된 후견인의 순위에 불구하고 4촌 이내의 친족 그 밖의 자를 후견인으로 정할 수 있다(동조 제2항).

(3) 未成年後見人의 임무

(가) 재산상 권리·의무

(ㄱ) 재산조사와 목록의 작성 : 후견인은 취임 후 지체 없이 재산의 조사와 2월내 재산목록을 작성하여야 한다(제941조 제1항). 다만 정당한 이유가 있는 때에는 법원의 허가를 얻어 연장할 수 있고(동항 후단), 이때 친족회가 지정한 회원이 참여하여야 하고 친족회가 지정한 회원이 참여하지 아니한 재산목록의 작성은 무효이다(동조 제2항).

이와 같이 후견인은 반드시 재산목록을 작성하여야 하고 후견인의 재산목록작성을 완료한 때가 아니면 긴급한 필요가 있는 경우를 제외하고는 피후견인의 재산에 관한 권한행사가 제한된다(제943조 본문). 따라서 이 경우 후견인의 긴급한 필요에 의하지 않는 행위는 무권대리행위가 될 것이나, 다만 이로써 선의의 제3자에는 대항하지 못한다(동조 단서).

(ㄴ) 채권·채무의 제시 : 피후견인과 후견인 사이에 채권·채무가 있는 때에는 재산목록의 작성을 완료하기 전에 미리 그 내용을 친족회 또는 친족회가 지정한 회원에게 제시하여야 한다(제942조 제1항). 만일 후견인이 피후견인에 대하여 채권이 있음을 알면서 이를 제시를 하지 않거나 그 제시를 해태한 때에는 그 채권을 포기한 것으로 본다(동조 제2항).

(나) 미성년자의 신분에 관한 권리·의무

(ㄱ) 친권자와 동일한 권리·의무 : 미성년자의 후견인은 친권의 연장이므로 친권자와 동일한 권리·의무를 가진다. 그러나 다음의 경우에는 그 행사에 일정한 제한이 주어진다(제945조).

(a) 보호 · 양육의 권리 · 의무
(b) 거주지정 · 변경에 대한 친족회의 동의
(c) 징계권(감화 · 교정기관의 위탁에 대한 친족회의 동의)
(d) 영업허락권(취소 · 제한에 대한 친족회의 동의)

(ㄴ) 신분상 행위에 대한 대리권 · 동의권 : 후견인은 피후견인의 신분상 행위에 대한 대리권 · 동의권을 가진다.

(a) 인지청구의 소 제기
(b) 15세 미만의 피후견인의 양육에 대한 대락
(c) 미성년자가 양친이 된 입양취소
(d) 미성년자가 동의권자의 동의를 얻지 않고 양자가 된 경우의 취소
(e) 상속의 승인 · 포기
(f) 가사소송법상 법정대리인으로서의 소의 제기
(g) 미성년자의 약혼 · 혼인에 대한 동의
(h) 미성년자 입양의 동의

(ㄷ) 미성년자의 재산에 대한 권리 · 의무 : 피후견인의 법정대리인으로서 피후견인의 재산을 관리하고 그 재산적 법률행위에 대한 피후견인을 대리한다(제949조). 그러나 다음의 경우에는 그 행사에 친족회 동의를 요한다(제950조).

(a) 영업을 하는 일
(b) 차재(借財) 또는 보증(소비대차 및 어음의 발행 · 배서)
(c) 부동산 또는 중대한 재산에 관한 권리의 득실변경 행위
(d) 소송행위(원고로서 소송행위이며, 피고로서 응소는 제외)

(ㄹ) 피후견인에 대한 제3자권리 양수제한 : 미성년자가 제3자의 권리를 양수함에는 친족회의 동의를 얻어야 한다(제951조 제1항).

(ㅁ) 친권의 대행과 제한 : 후견인도 피후견인에 갈음하여 그 子에 대한 신분에 관하여 친권을 행사한다(제948조 제1항). 다만 이 경우에는 후견인의 임무에 관한 규정을 준용한다(동조 제2항).

후견인이 친권자와 병립하여 친권자가 子의 신분에 관하여 친권만 가지고 법률행위의 대리권과 재산관리권을 가지지 아니하는 경우에 후견인은 재산에 관한 권한(재산관리 · 동의권 · 대리권)만 가진다(제946조).

(다) 후견인의 감독 · 보수

(ㄱ) 후견인의 감독 : 후견인의 감독기관으로는 친족회와 법원의 감독이 있다.

친족회는 언제든지 후견인에 대하여 그 임무집행에 관한 보고와 재산목록의 제출을 요구할 수 있고, 피후견인의 재산상황을 조사할 수 있다(제953조).

또한, 가정법원은 피후견인 또는 가족 기타 이해관계인의 청구에 의하여 피후견

인의 재산상황을 조사하고 재산관리 기타 후견임무 수행에 관하여 필요한 처분을 명할 수 있다(제954조).

(ㄴ) 후견인의 보수 : 가정법원은 후견인의 청구에 의하여 피후견인의 재산상태 기타 사정을 참작하여 피후견인의 재산 중에서 상당한 보수를 수여할 수 있다(제955조).

(4) 未成年後見의 종료

(가) 후견의 종료사유 : 미성년자 후견의 종료는 미성년자보호 필요성의 종료, 즉 피후견인의 사망, 피후견인이 성년이 된 경우, 피후견인의 혼인으로 당연히 종료한다. 그 외에도 종전의 친권회복 또는 새로 친권이 생기는 경우로도 종료한다.

또한, 후견의 상대적 소멸사유로는 후견인의 사망, 사퇴・해임, 결격사유의 발생, 금치산자의 혼인, 후견인인 배우자의 신분상실로 소멸한다.

- 절대적 종료사유
  - ① 피후견인의 사망
  - ② 피후견인이 성년이 된 경우
  - ③ 피후견인의 혼인
  - ④ 종전 친권회복 또는 새로운 친권의 발생
- 상대적 종료사유
  - ① 후견인의 사망, 사퇴・해임, 결격사유의 발생
  - ② 금치산자의 혼인, 후견인인 배우자의 신분상실

(나) 후견권의 종료절차 : 후견권은 일정한 절차를 거쳐 이를 신고함으로 종료한다.

(ㄱ) 관리계산 : 후견인(또는 그 상속인)은 임무가 종료한 후 1월내 친족회가 지정한 회원이 참여하여 미성년자와 후견인의 관리계산을 하여야 한다. 그러나 정당한 사유가 있는 때에는 가정법원의 허가를 얻어 그 기간을 연장할 수 있다(제957조 제1항). 이때 쌍방에 지급할 금액이 있는 때에는 계산 종료일로부터의 이자를 부과하여야 하고(제958조 제1항), 후견인이 자기를 위하여 피후견인의 금전을 소비한 경우에는 소비한 날로부터의 이자와 손해가 있는 때에는 그 손해를 배상하여야 한다(동조 제2항).

(ㄴ) 후견종료와 긴급사무처리의무 : 후견종료의 경우에 긴급한 사정이 있는 때에는 후견인, 그 상속인이나 법정대리인은 피후견인 또는 다른 후견인이 그 사무를 처리할 수 있을 때까지 사무의 처리를 계속하여야 한다(제959조에 의한 제691조 준용).

3. 禁治産者·限定治産者의 後見制度

(1) 後見의 開始와 後見人

(가) 후견의 개시　금치산 또는 한정치산선고에 의하여 개시되며, 법정후견인과 선임후견인에 국한한다(지정후견인 제외).

(나) 후견인　금치산자 또는 한정치산자의 후견인은 1인에 국한한다(제930조).

(ㄱ) 법정후견인 : 법정후견인은 금치산 또는 한정치산 선고를 받은 자의 직계혈족, 3촌 이내의 방계혈족의 순에 의한다(제933조). 다만 기혼자가 금치산 또는 한정치산의 선고를 받은 때에는 배우자가 후견인이 된다. 그러나 배우자도 금치산 또는 한정치산의 선고를 받은 때에는 직계혈족, 3촌 이내의 방계혈족의 순으로 한다(제934조).

후견인이 될 자가 수인인 경우에는 최근친을, 동순위의 근친이 수인인 경우에는 연장자를 선순위로 한다(제935조 제1항).

(ㄴ) 선임후견인 : 법정후견인이 없는 때 또는 후견인의 사망·결격 기타 사유로 인하여 흠결이 된 때에는 피후견인의 친족 기타 이해관계인의 청구에 의하여 후견인을 선임한다(제936조 제1항 제2항).

(2) 後見人의 任務 등

(가) 후견인의 임무　후견인은 재산조사와 그 목록의 작성 및 채권의 제시 의무를 지며, 금치산자의 후견인은 금치산자의 요양·감독에 일상의 주의를 게을리 하지 않아야 한다(제947조 제1항).

다만, 후견인이 금치산자를 사택(私宅)에 감금하거나 정신병원 등 다른 장소에 감금치료하기 위해서는 가정법원의 허가를 얻어야 한다. 그러나 긴급을 요할 상태인 때에는 사후에 허가를 청구할 수 있다(동조 제2항).

또한, 후견인은 피후견인의 신분상 행위에 대하여 대리권·동의권 및 재산관리권과 대리권을 가진다.

(나) 금치산·한정치산후견의 감독기관　한정치산자의 후견인은 미성년후견의 경우와 동일하다. 그러나 금치산후견의 경우에는 금치산자의 사택(私宅)에 감금 또는 정신병원기타 다른 장소에 감금치료에는 법원의 허가를 받아야 한다(제947조).

제 3. 親 族 會

1. 親族會의 意義와 形態

(1) 親族會의 의의

(가) 친족회란 친족간의 제반 문제를 법률적 방법이 아닌 친족의 협의를 통한 자치적 해결을 꾀할 목적으로 결합된 합의적 기관을 말하며, 다음의 특색을 가진다.

(ㄱ) 친족이 원칙이나, 연고자도 포함된다.
(ㄴ) 친족 전체의 회합은 아니다.
(ㄷ) 회의를 요하는 사항마다 법원에 의하여 소집되고 소멸한다.
(ㄹ) 상설·비상설친족회로 구성된다.

(나) 민법 제960조는 "본법 기타 법률의 규정에 의하여 친족회의 결의를 요할 사유가 있는 때에는 친족회를 조직한다."라고 하여 친족회의 조직을 필요적 요건으로 규정한다.

(2) 親族會의 형태

무능력자를 위한 친족회이며, 미성년자는 20세 또는 혼인할 때까지, 한정치산자·금치산자는 각각 그 선고의 취소가 있는 때까지 존속한다. 따라서 무능력자를 위한 친족회는 상설친족회이며, 그 외의 친족회는 비상설친족회이다.

2. 親族會의 成立

(1) 親族會員의 선임

(가) 친족회원의 선임은 미성년자에 대하여 최후로 친권을 행사하는 자와 가정법원이 행한다. 후견인을 지정할 수 있는 친권자자가 미성년자의 친족회원을 지정할 수 있고(제963조 후단), 또한 가정법원은 친족회원은 본인, 그 법정대리인 또는 제777조의 규정에 의한 친족이나 이해관계인의 청구에 의하여 제777조의 규정에 의한 그 친족 또는 본인과 특별한 연고가 있는 자 중에서 선임한다(동조 전단).

(나) 친족회는 그 존재의 필요가 생길 때 스스로 성립하는 것이 아니다. 예컨대, 미성년자에 대하여 최후로 친권을 행사하는 자가 친족회원을 지정하였을 때에는 그 지정을 받았을 때에 성립하고 법원이 그 선임을 하였을 때에는 선임의 심판이 모든 회원에게 고지되어 효력이 생겼을 때 성립한다. 그러나 무능력자를 위한 친족회는 회원의 소집으로 성립한다.

⑵ 親族會의 構成 및 會員의 資格

(가) 친족회의 구성　친족회원은 3인 이상 10인 이하로 하고, 대표자 1인을 두며 회원의 호선에 의한다(제961조).

(ㄱ) 미성년자의 후견인을 지정할 수 있는 친권자는 미성년자의 친족회원을 지정할 수 있다(제962조). 그러나 그 지정이 없는 경우에는 가정법원이 본인, 그 법정대리인 또는 제777조의 규정에 의한 친족이나 이해관계인의 청구에 의하여 법원이 제777조의 규정에 의한 그 친족 또는 본인과 특별한 연고가 있는 자 중에서 선임한다(제963조 제1항).

(ㄴ) 친족회원의 선임을 청구할 수 있는 자는 친족회의 원수와 그 선임에 관하여 의견서를 제출할 수 있다(동조 제2항).

(나) 친족회원의 결격·개임 등

(ㄱ) 친족회원의 결격 : 후견인의 결격사유가 있는 자와 후견의 계산을 끝내지 않은 자는 친족회원이 되지 못한다(제964조 제1항).

친족회 회원의 결격사유는 후견인의 결격사유를 준용한다. 따라서 친족회원의 결격사유 자는 후견인의 결격사유 자와 같다(제964조 제2항에 의한 제937조 준용)

- (a) 미성년자·금치산자·한정치산자·파산자
- (b) 자격정지 이상의 형의 선고를 받고 그 형기 중에 있는 자
- (c) 법원에서 해임된 법정대리인 또는 친족회원
- (d) 행방이 불명한 자, 외국인
- (e) 본인에 대하여 소송을 하였거나, 하고 있는 자 또는 그 배우자와 직계혈족

후견인이 후견의 계산을 완료하지 아니한 때에는 친족회의 감독을 받아야 할 자이므로 친족회 회원이 될 수 없고(동조 제1항), 또한 회원은 정당한 사유가 있는 때 법원의 허가를 얻어 사퇴할 수 있다(제970조).

(ㄴ) 해임 및 개임 : 친족회 회원에게 그 임무에 관하여 부정행위 기타 적당하지 않은 사유가 있는 때 가정법원은 직권 또는 본인 및 그 법정대리인, 본인의 친족·이해관계인의 청구에 의하여 친족회원을 개임 또는 해임할 수 있다(제971조 제1항).

또한, 법원이 적당하다고 인정한 경우에 법원의 직권 또는 본인 및 그 법정대리인, 친족·이해관계인의 청구에 의하여 증원할 수 있고(동조 제2항), 무능력자를 위한 친족회에 결원이 생긴 때에는 법원의 직권 또는 청구에 의해 보충한다(제965조 제2항).

3. 親族會의 議事

(1) 親族會의 소집

친족회의 소집은 친족회의 결의를 필요로 하는 사유가 생긴 때 본인, 그 법정대리인·배우자·직계혈족·회원·이해관계인 또는 검사의 청구에 의하여 가정법원이 소집한다(제966조). 따라서 가정법원이 소집하지 아니한 친족회의 결의는 중대한 절차상의 하자로서 부존재 내지 무효로 된다.[34)]

(2) 親族會의 결의

(가) 친족회원의 의사는 당초 소집에서 정하여진 일시와 장소에 적법하게 소집된 친족회 석상에서 표시되어야 하고, 회원 과반수의 찬성으로 결정한다(제968조 제1항). 다만 그 결의에는 이해관계 있는 회원은 참여하지 못한다(동조 제2항).

또한, 본인·그 법정대리인, 배우자·직계혈족·4촌 이내의 방계혈족은 친족회에 의견을 개진할 수 있다(제968조).

(나) 친족회결의를 위한 의사표시의 방법에는 제한이 없으나 대리인에 의한 의사표시는 허용되지 않는다.

(다) 결의는 서면으로 갈음할 수 있다. 다만 회원 과반수의 찬성으로 행한 서면결의로서 친족회 결의를 갈음한 경우에는 친족회 소집을 청구할 수 있는 자는 2월내 그 취소를 청구할 수 있다(동조 제3항).

4. 親族會의 權限

(1) 後見의 감독

친족회는 후견에 대하여 다음의 감독권을 가진다.

(ㄱ) 재산조사와 재산목록의 작성에 대한 참여
(ㄴ) 후견인과 피후견인 간에 채권·채무가 있는 경우 후견인의 재산목록작성완료 전에 그 내용을 친족회 또는 친족회가 지정한 회원에의 제시
(ㄷ) 후견인의 취임 후 피후견인이 포괄적 재산취득을 한 경우 후견인의 재산조사와 재산목록작성시의 참여 및 후견인과 피후견인간의 채권·채무관계의 제시
(ㄹ) 미성년자의 친권자가 정한 방법 또는 거소변경·감화 또는 교정기관에의 위탁, 친권자와 허락한 영업의 취소·제한 동의
(ㅁ) 후견인의 대리와 동의에 대한 동의
(ㅂ) 후견인의 피후견인에 대한 제3자의 권리 양수에 관한 동의
(ㅅ) 후견인의 임무수행에 대한 보고와 재산목록의 제시 요구

34) 대판 1989.10.10, 89다카1602.

(ㅇ) 피후견인의 재산상황 조사
(ㅈ) 후견사무 종료시 관리계산에의 참여

⑵ 무능력자의 身分行爲의 감독

(가) 무능력자의 신분에 관한 사항 부모 내지 후견인 없는 미성년자 또는 금치산자의 약혼·혼인·이혼의 동의 및 후견인이 피후견인을 양자로 하는 경우 동의권을 가진다.

(나) 무능력자의 소송에 대한 동의 종래 인사소송법은 법정대리인이 소(訴)의 상대방인 경우 무능력자는 친족회의 동의를 얻어 소송행위를 할 수 있게 하였으나 현행 인사소송법은 폐지되었다.

제3절 親族과 親族간의 扶養

제 1. 親族關係

1. 親族關係의 의의와 발생

⑴ 친족(親族)의 개념은 혈육의 개념이며, 자연적인 혈육을 기반으로 하나, 그 외에 의제적인 혈육과 배우자와 그 혈육을 포괄하여 친족개념을 구성하고, 혼인과 혈연을 기초로 발생한다.

⑵ 민법상 親族은 배우자·혈족·인척을 친족으로 한다(제767조). 특히 개정 민법은 종래 법정혈족관계로 인정되었던 적모·서자 및 계모자 관계는 인척관계로만 인정되고, 다만 일정 범위에서 법정혈족관계에 준하여 취급된다.[35]

2. 親族의 種別

⑴ 血 族

(가) 자연혈족 혈족(血族)이란 혈연의 연결이 있는 사람으로서, 여기서 자연혈족이란 사실상 혈연의 연결이 있는 사람을 말한다. 예컨대 부모와 자, 형제자매, 숙

35) 대판 1997.2.28, 96다53857. 참조.

질과 같은 것이 이에 속한다.

민법 제768조는 혈족의 정의에 관하여 "자기의 직계존속과 직계비속을 직계혈족이라 하고 자기의 형제자매와 형제자매의 직계비속, 직계존속의 형제자매 및 그 형제자매의 직계비속을 방계혈족이라 한다."라고 규정한다. 따라서 혈족의 범위에 관하여, 특히 종래 민법은 자매의 직계비속과 직계존속인 자매의 직계비속이 방계혈족에서 제외되었으나, 현행 민법은 이들을 혈족에 포함시키고 있다(제768조).

(나) 법정혈족　법정혈족이란 사실상 혈연관계는 없지만 법률상 자연혈족과 동일한 관계를 부여받은 혈족관계를 말하며, 혼인 또는 양자관계로 발생할 것이지만, 민법은 양친자관계 만을 법정혈족으로 인정한다.

⑵ 配偶者

혼인에 의하여 성립하는 부부 일방에 대한 타방을 지칭하여 배우자(配偶者)라 하고, 여기서 혼인은 법률상 혼인을 의미하므로 사실혼에서의 부부는 제외된다.

배우자의 신분은 혼인의 성립에 의하여 발생하고 당사자 일방의 사망, 혼인의 무효・취소・이혼 등 혼인관계의 종료로 소멸한다.

⑶ 姻 戚

(가) 인척(姻戚)인 계원은 혈족의 배우자, 배우자의 혈족, 배우자의 혈족의 배우자이며, 인척의 범위는 4촌 이내이다.

(ㄱ) 혈족의 배우자 : 형제의 처, 고모의 부, 자매의 부, 질의 처, 질녀의 부 등

(ㄴ) 배우자의 혈족 : 배우자의 부모, 조부모, 형제자매, 형제자매의 자, 백숙의 부, 종형제, 고모, 고모의 자 등

(ㄷ) 배우자혈족의 배우자 : 배우자의 백숙부, 형제의 처, 배우자의 고모・이모 또는 자매의 부 등

(나) 인척은 혼인관계로 인하여 발생・소멸한다. 따라서 인척관계의 소멸은 혼인의 취소 또는 이혼으로 소멸한다(제775조 제1항).

또한, 부부의 일방이 사망한 경우 생존배우자가 재혼한 경우에도 종래 혼인관계의 종료로 인척관계는 소멸한다(동조 제2항).

3. 親系와 寸數

⑴ 親 系

(가) 직계친・방계친　직계친(直系親)은 혈통이 직상・직하로 연결된 친족(예컨

대 부모·자·손 등)이며, 방계친(傍系親)은 혈통이 공동시조에 의하여 갈라져서 연결되는 친족(예컨대 형제자매·백숙부·형제자매·질 등)을 말한다.

(나) 존속친·비속친 　행열에 의한 구분이며, 존속친(尊屬親)은 부모 및 부모와 동일 항렬 이상에 속하는 친족이며, 비속친(婢屬親)은 자 및 자와 동일한 항렬 이하에 속하는 친족을 말한다.

(다) 부계친·모계친 　부계친(父系親)이란 父와 그 혈족을 말하고, 모계친(母系親)이란 母와 그 혈족을 말한다.

⑵ 寸 數

촌수(寸數)란 친족관계의 긴밀도의 측정단위이며, 일명 친등(親等)이라고 한다(제770조 제1항). 촌수의 계산에 관하여는 계급친등제(열기주의), 세수친등제가 있다.

(가) 직계혈족 　단순히 그 상호간을 연락하는 친자의 세수를 계산한다. 따라서 부모와 자는 1촌, 조부와 손은 2촌, 증조부모와 증손은 3촌이다.

(나) 방계혈족 　그 일방으로부터 쌍방의 공동시조에 이르는 세수와 공동시조로부터 다른 일방에 이르는 세수를 통산하여 촌수로 하며(제770조 제2항), 부모를 공동시조로 하는 형제자매는 2촌, 조부모를 공동시조로 하는 백숙부와 질은 3촌, 종형제자매는 4촌이다.

(다) 배우자의 혈족 　배우자의 그 혈족에 따른 촌수에 따라 계산한다. 따라서 처나 부의 부모는 인척 1촌, 부의 형제자매는 인척 2촌, 부의 백숙부는 인척 3촌이다.

(라) 혈족 배우자의 촌수 　그 혈족에 대한 촌수에 따라 계산한다. 백숙부는 3촌인 백숙부와 같은 촌수의 인척 3촌이고, 종형제 질은 4촌인 종형제와 같은 촌수의 4촌이다.

(마) 양자의 경우 　양자와 양부모 및 그 혈족·인척 사이의 촌수는 입양한 때로부터 혼인 중의 출생자와 동일한 것으로 보아 자연혈족과 동일하게 계산한다(제772조 제1항). 또한 양자의 배우자, 직계비속과 그 배우자는 양자의 친계를 기준으로 촌수를 정한다.

⑶ 親族의 範圍

민법 제777조의 친족의 범위는 8촌 이내의 혈족, 4촌 이내의 인척, 배우자로 한다. 이를 도식으로 표시하면 다음과 같다.

(1) 혈족(血族) — 8촌 이내의 혈족(부·모계)
　자연혈족 　혼인 중의 출생(적자) ── 출생(出生)
　　　　　　혼인 외의 출생(서자)(부의 인지) ──

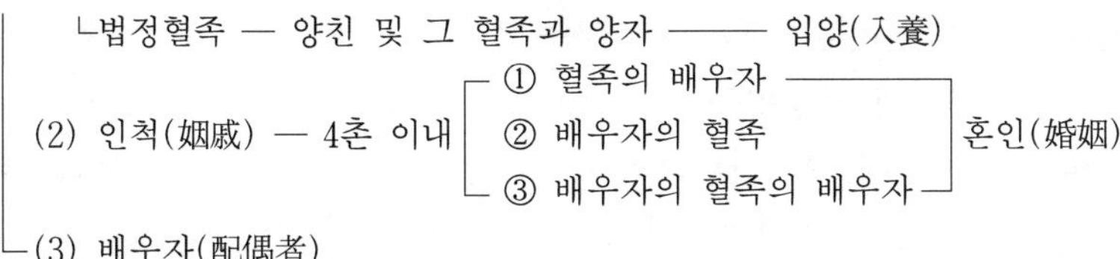

제 2. 親族的 扶養

1. 民法上 扶養

민법상 扶養에는 최소한 생존권적 보장을 목적으로 하는 제1차적 부양과 사회보장적 대체물로서 의미를 가지는 제2차적 부양이 있다.

여기서, 부모와 자·부부간의 부양은 제1차적 부양에 속하는데 반하여, 친족간의 부양은 제2차적 부양에 속한다.

(가) 부모와 자 및 부부간의 부양 부모와 자녀관계, 부부관계에 기한 공동생활에서 요청되는 본질적 의미이며, 상대방의 생활을 유지하는 것이 곧 자기의 생활을 유지하는 것이란 점에서 기초한다.

(ㄱ) 親子간의 扶養 : 친권자의 자녀에 대한 보호·양육의 권리·의무관계에 바탕하여 부모와 미성숙의 子간에는 부양의무를 가진다. 민법 제913조는 "친권자는 子를 보호하고 양육할 권리·의무가 있다."라고 하여 이를 규정한다.

(a) 부모 자녀간의 관계에서의 부양은 부모와 미성숙자간의 부양에 국한하는 것은 아니며, 부모와 성숙자 간에도 적용되는 것이라고 본다.

(b) 부양의무자인 부모에는 친생부모는 물론 양부모를 포함하며, 특히 生父의 혼인외 출생자에 대한 부양의무를 부담하는가. 초기의 판례는 생모도 혼인 외에 출생자에 대한 고유의 부양의무자란 점을 들어 그 부양료의 구상권을 배척하였으나,[36] 최근의 판례는 부모의 자녀 양육의무는 특별한 사정이 없는 한 자녀 출생과 동시에 발생하는 것이므로 과거의 양육비에 대하여도 상대방이 분담함이 상당하다고 인정되는 경우에는 그 비용의 상환을 청구할 수 있는 것이라고 하여 사실상 生父·生母의 부양의무를 긍정한다.[37]

(ㄴ) 夫婦간의 부양 : 배우자간에는 상호 부양의무를 가진다(제974조 제1호).

(a) 부부간의 부양의무는 동거생활에 따르는 제반 부양이며, 상호 동일한 생활을

36) 대판 1979.5.8, 79므3.
37) 대판(전) 1994.5.13, 92스21.

영위할 수 있는 생활비의 지급청구를 포함하는 것이라고 본다.

(b) 별거 중인 부부간에 부양청구권이 있는가. 판례는 자활능력이 없는 아내에 대해 남편은 부양책임을 지지만, 남편과의 동거의무를 스스로 저버린 아내는 남편에게 부양청구를 할 수 없는 것이라고 한다.[38]

또한, 이혼 후의 전 배우자간에도 부양의무가 있는가. 외국의 입법례 중에는 경제적 자립능력이 없는 자로 하여금 전 배우자와 균등한 생활수준을 가질 수 있도록 부양청구권을 규정한 점을 들어 이를 긍정할 것이라고 하나, 우리 민법은 배우자간의 부양의무를 규정할 뿐 이혼 후 전 배우자간에 부양의무를 규정하지 아니할 뿐만 아니라, 이혼시 재산분할청구권 등을 규정하고 있는 점 등으로 보아 이를 부정할 것이라고 본다.

(나) 친족간의 부양 친족간의 부양은 사회보장의 대체물이며, 누구든지 자기생활을 희생하면서까지 타인을 부양할 의무를 가하는 것은 아니며, 자기생활에 여유를 가지는 범위에서 부양할 의무를 의미하는 소위 제2차적·우연적인 생활부양을 의미한다.

2. 扶養의 權利·義務

(1) 扶養義務의 발생·소멸

친족적 부양에는 부양의 필요와 부양의 여력이란 두개의 요건이 요구된다. 즉 부양을 받을 수 있는 일정한 범위 내에 있는 사람이 자기의 자력 또는 노동에 의하여 생활을 유지할 수 없는 부양을 요하는 상태가 생겨야 하며, 부양의무자 측에서도 자기의 사회적인 지위·신분에 적합한 생활정도를 낮추지 않고 부양할 수 있을 만큼의 여유, 즉 부양의 여력이 있어야 부양의무가 생긴다.

또한, 부양의무의 소멸은 일정한 친족관계가 소멸하였을 때에 소멸하는 외에도 이들 요건의 소멸로 소멸한다.

(2) 부양청구권의 성질

민법은 친족관계 또는 가족관계에 있는 자 중에서 자기의 자력 또는 노동에 의하여 생활을 유지할 수 없는 자에 한하여 부양을 받을 권리를 인정하는(제975조) 일종의 친족권이며, 일반 재산권과는 성질을 달리한다.

(가) 부양청구권은 일신전속적 신분권이며, 다음의 성질을 가진다.

---

38) 대판 1976.6.22, 75므17·18.

(ㄱ) 채권자대위권 · 상속권이 제한된다.
(ㄴ) 양도 또는 장래를 향한 포기가 제한된다.
(ㄷ) 압류 또는 파산재단 구성이 제한된다.
(ㄹ) 부양을 받은 권리는 상계하지 못한다.

(나) 부양을 받을 권리의 제3자 침해에 대한 일반불법행위성립이 적용된다.

(3) 扶養當事者

(가) 부양의 범위 　친족간의 부양의 범위는 직계혈족 및 그 배우자간, 생계를 같이하는 친족간에 미친다(제974조). 따라서 친족적 부양(제2차적 부양)에는 직계혈족 중 미성년자인 子에 대한 부모의 부양이나 부부간의 부양인 제1차적 부양은 제외된다.

(나) 부양당사자의 순위 　어떤 사람에 관하여 부양할 의무자가 수인인 경우 그 순위에 관하여는 먼저 당사자 사이의 협의로 정하고, 만약 협의로 정하지 않은 때에는 가정법원이 당사자의 청구에 의하여 그 순위를 정한다(제976조 전단). 또한 부양을 받을 권리자가 수인인 경우 부양의무자의 자력이 그 전원을 부양할 수 없는 때에도 부양 받을 권리자의 순위에 관하여는 먼저 당사자간의 협의로 정하고 협정이 없으면 가정법원이 정한다(동조 단서).

3. 扶養의 程度 · 方法

(1) 扶養의 정도

(가) 부양 정도의 결정은 당사자계약, 또는 부양을 받을 자의 생활정도와 부양의무자의 자력 기타 제반 사정을 참작하여 법원이 정한다(제977조).

(나) 부양의 내용은 의 · 식 · 주에 필요한 의료비, 최소한도의 문화비 · 오락비 · 교통비와 보통의 교육비를 포함한다. 다만 이러한 비용은 의무자 자신이 부양할 가족에 대하여 지출하되 여력이 있는 경우에 한하며, 특히 이때 참작되는 제반 사정은 권리자의 사회적 지위, 부양을 필요로 하게 된 원인이나 책임, 당사자의 과거 및 현재의 생활관계 및 상속관계나 상속재산 취득의 사정 등이 이에 속한다.

(2) 扶養의 방법

(가) 부양의 방법이란 부양의무를 이행하는 형식을 말하며, 구체적으로는 동거부양(인수부양)과 급여부양이 있다.

급부부양(給與扶養)에는 금전급여부양과 현물급여부양이 있고, 어느 방법을 취하는가는 부양의무자의 선택에 따르는 것이 원칙이지만, 위의 방법 중에서 한 가지를 선택하거나 아니면 복합된 방법도 무방하다. 또한 부양의무자의 한 사람이 동거부양을 하고 다른 부양의무자가 금전급여나 현물급여부양을 할 수도 있다.

(나) 부양의 기본적 방법은 금전급여부양이다. 일괄급과 분할급이 있지만, 부양의 성질상 분할급이 통상 방법이며, 월 단위의 지급방법이 일반적이다.

(3) 扶養의 변경

부양당사자의 순위, 부양의 정도 또는 방법이 협정·조정 또는 판결에 의하여 정하여진 후에 사정변경이 생겼을 때에는 가정법원은 당사자의 청구에 의하여 그 협정이나 판결을 취소 또는 변경할 수 있다(제978조).

4. 扶養料請求와 債務不履行에 대한 조치

(1) 扶養料의 청구

(가) 과거부양료의 청구 　과거부양료를 청구할 수 있는가. 견해가 대립되어 왔다. 판례 또한 종래 판례는 기본적으로 과거부양료의 청구를 배척하였으나,[39] 최근의 판례는 이를 변경하여 특히 子女의 과거양육비에 대하여 상대방이 분담함이 상당하다고 인정되는 경우에는 그 비용의 상환을 청구할 수 있는 것이라고 하여 이를 긍정한다.

그리하여 판례는 자녀 양육비청구사건에서 어떤 사정으로 부모 중 어느 한 쪽만이 자녀를 양육하게 된 경우, 그 일방에 의한 양육이 일방적이고 이기적인 목적이나 동기에서 비롯된 것이거나, 양육비를 상대방에 부담시키는 것이 오히려 형평에 어긋나는 등 특별한 사유가 있는 경우를 제외하고는 양육하는 일방은 상대방에 대하여 현재 및 장래에 있어서의 양육비 중 적정금액의 분담을 청구할 수 있음은 물론, 부모의 자녀 양육의무는 특별한 사정이 없는 한 자녀 출생과 동시에 발생하는 것이므로 과거의 양육비에 대하여도 상대방이 분담함이 상당하다고 인정되는 경우에는 그 비용의 상환을 청구할 수 있다. 라고 하였다.[40]

한편, 판례는 한 쪽의 양육자가 양육비를 청구하기 이전의 과거 양육비 모두를 상대방에게 부담시키게 되면 상대방은 예상하지 못하였던 양육비를 일시에 부담하게 되어 지나치고 가혹하며, 신의성실의 원칙이나 형평의 원칙에 어긋날 수도 있으므로, 이와 같은 경우에는 반드시 이행청구 이후의 양육비와 동일한 기준에 의하여 정할 필요는 없고, 부모 중 한 쪽이 양육하게 된 경위와 그 소요비용의 액수, 그 상대방이 부양의무를 인지한 것인

---

39) 대판 1991.10.8, 90므781; 1967.1.31, 66므40.

40) 대판(전) 1994.5.13, 92스21.

지 여부와 그 시기, 그것이 양육에 소요된 통상의 생활비인지 아니면 이례적이고 불가피하게 소요된 다액의 특별한 비용인지 여부와 당사자들의 재산상황이나 경제적 능력과 부담의 형평성 등 여러 사정을 고려하여 적절하다고 인정되는 분담의 범위를 정할 수 있는 것이라고 한다(대판 1994.5.13, 92스21).

(나) 체당부양료의 청구

(ㄱ) 부양의무 없는 제3자에 의한 구상 : 부양의무가 없는 자가 부양을 필요로 하는 상태에 있는 자에 대하여 부양한 경우 그 사실상 부양자의 부양의무자에 대한 구상권의 행사에는 먼저, 사실상 부양자의 부양의무자에 대한 사무관리가 성립한다. 따라서 사실상 부양자는 사무관리의 비용상환의 법리에 따라 의무자에게 구상할 수 있고(제739조 참조), 또 다른 방법으로 사실상 부양자는 법률상 의무가 없는 급부에 의하여 의무자가 출연을 면하고 그로 인해 이익을 얻었으므로 부양의무자의 부당이득이 성립한다. 따라서 이득자에 대하여 손실자는 부당이득의 법리에 따라 이를 구상할 수 있다(제741조 참조).

(ㄴ) 부양의무자간의 구상 : 공동부담의 협정 없이 1인의 의무자가 전부의 부양의무를 이행한 후 다른 의무자에 대하여 분담부분의 구상을 청구할 수 있는가.

부정하는 견해가 있으나,[41] 판례는 민법 제974조 · 제975조에 의하여 부양의무 있는 자가 수인인 경우, 그 중 부양의무를 이행한 1인은 다른 부양의무자를 상대로 하여 이미 지출한 과거 부양료에 대하여도 상대방이 분담함이 상당하다고 인정되는 범위에서 그 비용의 상환을 청구할 수 있는 것이라고 한다.[42]

[판례] 민법 제974조 · 제975조에 의하여 부양의무 있는 자가 수인인 경우, 그 중 부양의무를 이행한 1인은 다른 부양의무자를 상대로 하여 이미 지출한 과거 부양료에 대하여도 상대방이 분담함이 상당하다고 인정되는 범위에서 그 비용의 상환을 청구할 수 있는 것이고, 이 경우 법원이 분담비율이나 분담액을 정함에 있어서는 과거의 양육에 관하여 부모 쌍방이 기여한 정도, 子의 연령 및 부모의 재산상황이나 자력 등 기타 제반 사정을 참작하여 적절하다고 인정되는 분담의 범위를 정할 수 있다(대판 1994.6.2, 93스11).

(2) 扶養義務不履行에 대한 조치

(가) 부양은 생존권에 관계되는 사항이므로 그 의무의 이행을 신속히 확보할 필요가 있다. 따라서 그 이행의 확보를 위한 제도로서 가사소송법에 의하면 판결 전이라도 의무자의 재산에 대하여 가압류 또는 가처분할 수 있음을 규정하고, 또한 선고

41) 김주수 444면; 동 견해는 부양의무가 있는 자가 협정의 당사자가 되지 않거나 또는 조정 · 재판의 당사자가 되지 아니함으로써 현실의 부양의무를 지지 않은 경우에는, 그는 현실적인 의무가 없는 자이므로 의무이행자는 그에 대하여 구상할 수는 없으나, 다만 부양의무를 부담할 자가 고의적으로 협정에 응하지 않았거나 협정 또는 판결에 의하여 정해진 부담을 이행하지 않았을 경우에는 구상할 수 있다고 보아야 할 것이라고 한다.

42) 대판(전) 1994.6.2, 93스11.

전에도 필요한 처분을 명할 수 있게 하고 있다. 뿐만 아니라 조정이나 판결이 성립한 후에도 이행의 권고, 이행의 명령 또는 금전의 임치를 할 수 있는 이행 확보제도를 두어 권리자의 신속한 권리 보호를 도모하고 있다.

(나) 이행명령의 위반에는 과태료처분 또는 부양의무자를 감치한다(가소법 제64조 제2항·제67조 제1항·제68조 참조).

제 3 장　財産의 生前處分과 相續

제 1 절　財産의 生前處分으로서 遺言

제 1. 遺言制度

1. 遺言의 의의와 성질

(1) 遺言의 의의

유언(遺言)이란 유언자의 사망과 동시에 일정한 법률효과를 발생시킬 것을 목적으로 일정한 방식에 따라서 행하는 유언자의 상대방 있는 단독행위를 말한다.

유언을 법률제도로서 인정하는 근거는 사유재산제도의 관철이라는 재산적 기초와 死者의 의사존중이라는 정신적 기초 및 사회복리의 실현이라는 사회적 이념에 근거하는 것이라고 봄이 일반적 견해이다.

(2) 遺言의 법률적 성질

(가) 遺言은 상대방 있는 단독적 의사표시로써 유언자의 사망시에 그 효력이 발생하지만, 유언이 법률행위로서 성립하기 위하여서는 일반 단독행위와 같이 의사표시를 완료한 때 성립되며, 피상속인의 자유로운 최종적 의사를 확보하기 위한 제도로서 의미를 가진다.

(ㄱ) 유언자의 상대방 있는 단독행위(사인증여와 구별)
(ㄴ) 유언자 본인의 독립된 의사(대리제도)이며, 철회가 가능한 행위
(ㄷ) 이른바 사후행위
(ㄹ) 법정사항에 한하여 할 수 있는 행위

(나) 유언은 의사표시의 존재를 명확히 하기 위하여 요식주의를 취한다. 민법 제1060조는 "유언은 본법(민법)이 정한 바에 의하지 아니하면 효력이 없다."라고 하여 유언의 방식을 제한하고 있다.

또한, 판례는 민법 제1065조 내지 제1070조가 유언의 방식을 엄격하게 규정한 것은 유언자의 진의를 명확히 하고 그로 인한 법적 분쟁과 혼란을 예방하기 위한 것이므로 법정된 요건과 방식에 어긋난 유언은 그것이 유언자의 진정한 의사에 합치

하더라도 무효라고 하고,[1] 나아가 유언장이라는 표제를 붙였다고 하더라도 유언으로서의 요식성에 흠결이 있다면 유언으로서의 효력이 생기지 않으며, 서면에 의한 증여계약서로 보아야 한다. 그리고 법률상 유언이 아닌 것을 소송상 유언이라고 시인하였다고 하여도 유언이 될 수 없는 것이고, 이와 같은 답변은 이른바 권리자백에 속하는 것이므로 민사소송법상 사실의 자백이 될 수 없는 것이라고 한다.[2]

2. 遺言事項과 能力

(1) 遺言事項

(가) 유언은 신분상 단독행위로서 법정사항에 한정하며, 민법이 인정하는 유언사항으로는 다음과 같다.

- (ㄱ) 재단법인의 설립(제47조 제2항)
- (ㄴ) 친생부인(제850조), 인지(제859조 제2항), 입양(제880조), 후견인 지정(제931조)
- (ㄷ) 상속재산 분할방법 지정 또는 위탁(제1012조), 상속재산 분할금지(동조 후단)
- (ㄹ) 유언집행자의 지정 또는 위탁(제1093조)
- (ㅂ) 유증(제1074조 이하)

(나) 신탁법상 재산의 신탁도 유언으로 할 수 있다(신탁법 제2조).

(2) 遺言의 能力

(가) 유언행위능력　　유언도 하나의 의사표시이므로 유언능력에도 의사능력이 있어야 하고 의사능력이 없는 자의 유언은 그 효력이 발생하지 아니한다. 그러나 유언의 의미는 사자(死者)의 최종적 의사를 존중하려는데 있으므로 행위자 자신(사자)을 보호하는 이른바 민법 중 무능력자규정은 적용되지 않는다(제1062조). 따라서 자연인은 17세에 달하면 유효한 유언행위를 할 수 있고, 유언시에 유언능력을 요한다.

- (ㄱ) 17세에 달한 의사능력자(=행위능력 불요)
- (ㄴ) 민법상 무능력자에 관한 규정의 유언에 적용 배제(제1062조)
- (ㄷ) 유언시에 유언능력이 있을 것
- (ㄹ) 유언행위에의 대리 제한

유언시에는 유언능력을 가졌으나 유언 후에 능력을 상실한 경우라도 유언의 효력에는 영향을 미치지 아니한다. 또한 유언능력을 갖지 못한 자가 행한 유언은 후에 이를 추인하거나 능력을 회복한 경우라도 그것만으로 당연히 유효한 유언으로 되는 것은 아니다.

---

1) 대판 2006.3.9, 2005다57899; 2006.9.8, 2006다25103; 2004.11.11, 2004다35533.

2) 대판 1971.1.26, 92다8750.

(나) 유언의 수령능력　　유언의 수령능력, 즉 수유능력(受遺能力)이란 유증의 이익을 받을 수 있는 능력을 의미하며, 특별한 능력을 요하지 아니한다. 그러나 유언에 의하여 상대방에 재산적 이익을 수취케 하므로 이 때 수유자는 적어도 재산상속인으로서의 결격사유가 없어야 한다(제1064조).

3. 遺言의 方式·缺格

(1) 遺言의 方式

(가) 자필증서에 의한 유언　　유언자가 유언의 전문과 연월일·주소·성명을 자서하고 날인하는 방식의 유언을 말한다(제1066조 제1항).

(ㄱ) 자필증서에 의한 유언은 유언자의 자서(自書)에 의하는 것이 절대적이며, 유언의 연월일과 성명을 기재하고 날인하여야 한다. 여기서 유언자의 성명은 그 유언서가 누구의 것인가를 알 수 있는 정도이면 족하고, 날인은 인장뿐만 아니라 무인(拇印)도 무방하다. 그러나 유언장에 날인 없는 유언장은 무효이다.[3]

또한, 문자의 삽입·삭제·변경을 할 때에는 유언자가 자서하고 날인하여야 한다(제1066조 제2항). 그러나 판례는 유언증서의 기재 자체로 보아 명백한 오기를 정정함에 지나지 않는 경우에는 그 정정 부분에 날인하지 않았다고 하더라도 그 효력에는 영향이 없는 것이라고 한다.[4]

[판례] 자필증서에 의한 유언에 있어서 그 증서에 문자의 삽입, 삭제 또는 변경을 함에는 민법 제1066조 제2항의 규정에 따라 유언자가 이를 자서하고 날인하여야 하나, 자필증서 중 증서의 기재 자체에 의하더라도 명백한 오기를 정정한 것에 지나지 않는다면 설령 그 수정 방식이 위 법조항에 위배된다고 할지라도 유언자의 의사를 용이하게 확인할 수 있으므로 이러한 방식의 위배는 유언의 효력에 영향을 미치지 아니한다(대판 1998.6.12, 97다38510).

(ㄴ) 자필증서에 의한 유언은 유언의 가장 자연적인 방식이지만, 유언자가 문자를 알지 못하거나, 유언증서의 유무가 유언자의 사후에 쉽게 판명되지 않고, 위조·변조의 위험이 있는 결점을 가진다.

(나) 녹음에 의한 유언　　유언자가 유언의 취지, 그 성명과 연월일을 구술하고 이에 참여한 증인이 유언의 정확함과 그 성명을 구술하는 방식의 유언을 말한다(제1067조). 다만 금치산자가 그 의사능력이 회복되어 녹음에 의한 유언을 할 때에는 금치산자의 심신상태에 대한 의사의 의견을 녹음기에 구술하여야 한다.

(다) 공정증서에 의한 유언　　공정증서에 의한 유언은 유언자가 증인 2인이 참여

3) 대판 2006.9.8, 2006다25103, 25110.
4) 대판 1998.5.29, 97다38503.

한 공증인의 면전에서 유언의 취지를 구술하고 공증인이 필기·낭독하여 유언자와 증인이 그 정확함을 승인한 후, 각자 서명 또는 기명날인하여 작성한 것을 말하며(제1068조), 다음의 요건을 갖추어야 한다.

(ㄱ) 증인 2인 이상의 참여가 있을 것
(ㄴ) 유언자가 공증인의 면전에서 유언의 취지를 구수할 것
(ㄷ) 공증인이 유언자의 구술을 필기하여 유언자와 증인 앞에서 낭독할 것
(ㄹ) 유언자와 증인이 필기가 정확함을 승인한 후 각자 서명 또는 기명·날인할 것

[판례] 공정증서에 의한 유언은 유언자가 공증인의 면전에서 유언의 취지를 구수하여 작성되어야 하는 것이므로 뇌혈전증으로 병원에 입원치료 중인 유언자가 불완전한 의식상태와 언어장애 때문에 말을 못하고 고개만 끄덕거리면서 반응을 할 수 있을 뿐인 의학상 소위 가면성 정신상태 하에서 공증인이 유언내용의 취지를 유언자에게 말하여 주고「그렇소」하고 물으면 유언자는 말은 하지 않고 고개만 끄덕거리면 공증인의 사무원이 그 내용을 필기하고 이를 공증인이 낭독하는 방법으로 유언서가 작성되었다면 이는 유언자가 구수한 것이라고 할 수 없으므로 무효이다(대판 1980.12.23, 80므18).

(라) 구수증서에 의한 유언　구수증서(口授證書)에 의한 유언은 유언자가 2인 이상의 증인의 참여로 그 1인에게 유언의 취지를 구수하고 그 구수를 받은 자가 이를 필기 낭독하여 유언자와 증인이 그 정확함을 승인한 후 각자 서명 또는 기명날인하여야 하고(제1070조 제1항), 다음의 요건을 갖추어야 한다.

(ㄱ) 질병 기타 급박한 사유로 인하여 다른 방식에 의한 유언을 할 수 없을 것
(ㄴ) 2인 이상의 증인 참여로 그 1인에게 유언의 취지를 구술하여야 할 것
(ㄷ) 구수 받은 자가 이를 필기·낭독하여 유언자와 증인이 그 정확함을 확인 후 각자가 서명 또는 기명·날인할 것
(ㄹ) 증인 또는 이해관계인이 급박한 사유가 종료한 날로부터 7일 이내 가정법원에 그 검인을 신청할 것

(ㄱ) 구수에 의한 유언에서「구수」란 말로써 유언의 내용을 상대방에게 전달하는 것을 뜻하는 것을 말한다. 따라서 증인이 제3자에 의하여 미리 작성된, 유언의 취지가 적혀 있는 서면에 따라 유언자에게 질문을 하고 유언자가 동작이나 간략한 답변으로 긍정하는 방식은 유언 당시 유언자의 의사능력이나 유언에 이르게 된 경위 등에 비추어 그 서면이 유언자의 진의에 따라 작성되었음이 분명하다고 인정되는 등의 특별한 사정이 없는 한 유언취지의 구수에 해당하지 않는다.[5]

[판례] (1) 혼수상태에 빠진 유언자에게 변호사가 유언의 취지를 묻자 고개를 끄덕거려 아들의 손에 의해 서명했다 해도 이 공증증서는 변호사 앞에서의 유언의 취지를 구수하여 작성된 것으로 볼 수 없어 이러한 유언은 무효이다(대판 1993.6.8, 92다8750).

5) 대판 2006.3.9, 2005다57899.

(2) 유언 당시에 자신의 의사를 제대로 말로 표현할 수 없는 유언자가 유언취지의 확인을 구하는 변호사의 질문에 대하여 고개를 끄덕이거나 "음", "어"라고 말한 것만으로는 민법 제1070조가 정한 유언의 취지를 구수한 것으로 볼 수 없다(대판 2006.3.9, 2005다57899)

(ㄴ) 구수증서에 의한 유언은 질병 기타 급박한 사유로 인하여 다른 유언의 방식에 의할 수 없는 경우에 인정되는 특별한 유언의 방식이며 간편함이 특색이다. 그리하여 판례는 구수증서에 의한 유언은 다른 보통 방식에 의한 유언과 실질에 있어서 다르다고 보아야 할 것이어서 유언요건을 완화하여 해석할 것이라고 한다.[6)]

(마) 비밀증서에 의한 유언　비밀증서에 의한 유언이란 유언자가 필자의 성명을 기입한 증서를 엄봉날인하고, 이를 2인 이상의 증인의 면전에 제출하여 자기의 유언서임을 표시한 후 그 봉서표면에 제출 년월인을 기재하고, 유언자와 증인이 각자 서명 또는 기명·날인함으로써 행하는 유언을 말하며(제1069조 제1항), 비밀증서에 의한 유언이 성립하기 위하여서는 다음의 요건을 갖추어야 한다.

(ㄱ) 유언자가 필자의 성명을 기입한 증서를 엄봉·날인할 것
(ㄴ) 엄봉한 날인증서를 2인 이상 증인의 면전에 제출하여 자기의 유언서임을 표시할 것
(ㄷ) 봉서표면에 유언서의 제출년월일을 기재하고 유언자와 증인이 각각 서명·날인할 것
(ㄹ) 그 표면에 기재된 날로부터 5일 이내 공증인 또는 가정법원에 제출하여 그 봉인상 확정일자인을 받을 것

비밀증서에 의한 유언이 그 방식에 흠결이 있는 경우에는 무효이지만, 다만 그 증서가 자필증서의 방식에 적합한 때에는 자필증서에 의한 유언으로 본다(제1071조).

비밀증서에 의한 유언은 유언증서의 성립에 다툼이 일어나기 쉽고 분실·훼손의 염려가 있는 결점을 가진다.

⑵ 遺言證人의 결격

(가) 증인의 결격자　자필증서에 의한 유언의 경우를 제외하고 모두 증인 2인 이상의 참여가 요구되며, 미성년자·금치산자·한정치산자, 유언에 의하여 이익을 받을 자, 배우자·직계혈족은 유언의 증인이 되지 못한다(제1072조).

(나) 결격자가 참여한 유언의 효력　유언증인에 결격자가 참석한 경우 유언의 효력은 원칙적으로 유언 전체의 효력이 무효로 된다.

다만, 유언의 증인에 일부 결격자가 참여한 경우 효력을 어떻게 할 것인가. 결격자를 제외하더라도 소정의 정원수에 달하고 있으면 유언의 효력에는 영향을 미치지 않는다고 할 것이지만, 그러면서도 결격자의 증인이 기타 증인에게 실질적 영향력 내지 지배력을 가지는 것이 외견상 명백한 경우에는 무효라고 한다.[7)]

---

6) 대판 1977.11.8, 76므15.

4. 遺言의 撤回

(1) 遺言撤回의 自由

유언(遺言)은 유언자의 생전에 언제나 그 전부 또는 일부를 철회할 수 있다(제1108조 제1항). 따라서 유언철회의 자유는 절대적이며, 유언자의 유언포기의 자유는 포기하지 못하고, 유언자의 일신전속권에 속한다.

(2) 遺言撤回의 方式

(가) 임의철회 유언자는 유언 또는 생전행위로써 유언의 전부나 일부를 언제나 철회할 수 있다(제1108조). 이를 임의철회라고 한다.

철회의 방식은 철회의 의사표시로 할 것이지만 유언증서의 파훼로도 할 수 있다. 그러나 공정증서에 의한 유언은 유언 또는 생전행위로만 철회하여야 한다.

(나) 법정철회 법률이 정한 일정사유가 있는 경우 당연히 철회된 것으로 다루어지며, 다음의 사유에 의하여 유언은 철회된 것으로 된다(제1109조 · 제1110조).

- (ㄱ) 전 · 후의 유언이 저촉되는 경우
- (ㄴ) 유언 후 생전행위가 유언과 저촉되는 경우
- (ㄷ) 유언자가 유언증서 또는 유증의 목적물을 파훼한 경우 그 파훼된 부분

[판례] 유언 후의 생전행위가 유언과 저촉되는 경우에는 민법 제1109조에 의하여 그 저촉된 부분의 전 유언은 이를 철회한 것으로 보지만, 이러한 생전행위를 철회권을 가진 유언자 자신이 할 때 비로소 철회 의제 여부가 문제될 뿐이고 타인이 유언자의 명의를 이용하여 임의로 유언의 목적인 특정 재산에 관하여 처분행위를 하더라도 유언 철회로서의 효력은 발생하지 아니한다(대판 1998.6.12, 97다38510).

(3) 遺言撤回의 효과

유언이 철회되면 유언은 처음부터 없었던 것과 같은 것으로 되어 유언의 효력은 발생하지 아니한다. 다만 유언자가 철회한 유언을 다시 철회한 경우 효력이 문제되나, 다수설은 유언자의 의사를 존중할 필요에서 유언이 부활되는 것이라고 한다.

5. 遺言의 效果

(1) 遺言의 效力發生時期

(가) 유언은 유언의 의사표시로 성립하나, 그 효력은 유언자의 사망시에 발생한다(제1073조 제1항). 그것은 유언의 성질상 당연하며, 유언으로 수익을 받은 자의 의사와 관계없이 유언자의 사망으로 당연히 권리를 취득한다.

7) 김주수 613면.

(나) 유언에 정지조건이 있는 경우에 그 조건이 유언자의 사망 후에 성취한 때에는 그 조건이 성취한 때로부터 유언의 효력이 있다(제1073조 제2항).

해제조건부유언에 관하여 민법에 명문의 규정이 없으나 대체로 정지조건부 유언에서와 동일하다. 따라서 유언자의 사망시에 효력이 생기지만 유언자의 사망 이후 그 조건이 성취되면 그 때로부터 유언의 효력은 상실된다.

또한, 유언에 시기 또는 종기있는 유언은 유언자의 사망시부터 효력이 발생 또는 소멸하나 그 이행은 그 기한이 도래한 때 청구할 수 있게 된다.

(2) 遺言의 無效·取消

(가) 유언의 무효　　다음 사항에 해당하는 유언은 무효로 된다.

(ㄱ) 방식에 흠이 있는 유언(제1060조)
(ㄴ) 유언무능력자(만 17세 미달자와 의사무능력자)의 유언
(ㄷ) 수증결격자에 대한 유언(제1064조)
(ㄹ) 선량한 풍속 기타 사회질서에 위반된 사항을 내용으로 하는 유언
(ㅁ) 강행법규 위반사항을 내용으로 하는 유언
(ㅂ) 법정사항 이외의 사항을 내용으로 하는 유언
(ㅅ) 유언자의 생전행위에 의하여 이미 실현되었거나 유언자의 사망 전에 실현될 것을 내용으로 하는 유언

(나) 유언의 취소　　사기·강박에 기한 유언은 취소할 수 있고, 취소로 무효인 유언이 된다.

(다) 총칙규정의 적용　　유언자가 그 생존 중 유언의 효력을 배척하려면 무효 또는 취소를 주장할 것이 없이 철회할 수 있으므로 유언의 무효·취소가 문제되는 것은 주로 유언자가 사망한 후에 문제된다.

민법은 이에 관하여 특별히 규정하고 있지 아니하므로 유언의 무효·취소에 관하여도 민법총칙의 의사표시 일반의 규정이 그대로 적용되는가. 유언에는 가족법적 의사표시를 내용으로 한 것과 재산법적 의사표시를 내용으로 하는 것이 있을 것이므로, 특히 후자를 내용으로 하는 유언에 대하여는 총칙규정이 적용될 수 있지만, 전자를 내용으로 하는 유언에는 총칙규정이 적용되기 어려울 것이다.[8)]

6. 遺言의 執行

(1) 遺言의 檢認·開封

유언의 검인(檢認)은 유언을 집행하는 준비절차이며, 유언의 증서나 녹음을 보관

8) 김주수 626면.

한 자 또는 이를 발견한 자는 유언자의 사망 후 지체 없이 가정법원에 제출하여 그 검인을 청구하여야 한다(제1091조 제1항). 그러나 공정증서나 구수증서에 의한 유언은 그러지 아니한다(동조 제2항).

가정법원이 봉인된 유언증서를 개봉할 때에는 유언자의 상속인 · 그 대리인 기타 이해관계인의 참여가 있어야 한다(제1092조).

[판례] 민법 제1091조에서 규정하고 있는 유언증서에 대한 법원의 검인은 유언증서의 형식 · 태양 등 유언의 방식에 관한 모든 사실을 조사 · 확인하고 그 위조 · 변조를 방지하며, 또한 보존을 확실히 하기 위한 일종의 검증절차 내지는 증거보전절차로서, 유언이 유언자의 진의에 의한 것인지 여부나 적법한지 여부를 심사하는 것이 아님은 물론 직접 유언의 유효 여부를 판단하는 심판이 아니고, 또한 민법 제1092조에서 규정하는 유언증서의 개봉절차는 봉인된 유언증서의 검인에는 반드시 개봉이 필요하므로 그에 관한 절차를 규정한 데에 지나지 아니하므로, 적법한 유언은 이러한 검인이나 개봉절차를 거치지 않더라도 유언자의 사망에 의하여 곧바로 그 효력이 생기는 것이며, 검인이나 개봉절차의 유무에 의하여 유언의 효력이 영향을 받지 아니한다(대판 1998.6.12, 97다38510).

⑵ 遺言執行者

유언자는 유언으로 유언집행자를 지정할 수 있고, 그 지정을 제3자에게 위탁할 수 있다(제1093조). 지정을 위탁받은 제3자는 그 위임 있음을 안 후 지체 없이 유언집행자의 지정 또는 그 사퇴를 상속인에 통지하여야 하며(제1094조 제1항), 이때 상속인 기타 이해관계인은 상당한 기간을 정하여 유언집행자의 지정을 위탁받은 자에게 최고할 수 있고, 그 기간 내 지정의 통지를 받지 못한 때에는 그 지정의 위탁을 사퇴한 것으로 본다(동조 제2항).

유언자 또는 유언자의 위탁을 받은 제3자의 지정에 의한 유언집행자가 없는 때에는 상속인이 유언집행자가 된다(제1095조). 그러나 무능력자와 파산자는 유언집행자가 되지 못한다(제1098조).

⑶ 遺言執行者의 地位

(가) 대리인으로서의 지위　민법은 "지정 또는 선임에 의한 유언집행자는 상속인의 대리인으로 본다."라고 규정하고 있다(제1103조 제1항).

유언의 집행은 보통 상속재산을 목적으로 하고, 상속재산은 상속개시에 의하여 상속인에게 귀속하는 것이므로 유언집행자의 행위는 상속재산의 주체로서 상속인에 갈음하여 하는 것이며, 그 행위는 상속인의 이해에 관계없이 효력이 생긴다.

[판례] 유언집행자는 유증의 목적인 재산의 관리 기타 유언의 집행에 필요한 모든 행위를 할 권리의무가 있으므로, 유증목적물에 관하여 경료된 유언의 집행에 방해가 되는 다른 등기의 말소를 구하는 소송에서는 유언집행자가 이른바 법정소송담당으로서 원고적격을

가진다고 할 것이고, 유언집행자는 유언의 집행에 필요한 범위 내에서는 상속인과 이해가 상반되는 사항에 관하여도 중립적 입장에서 직무를 수행하여야 하므로, 유언집행자가 있는 경우 그의 유언집행에 필요한 한도에서 상속인의 상속재산에 대한 처분권은 제한되며 그 제한범위 내에서 상속인은 원고적격이 없다고 할 것이다(대판 2001.3.27, 2000다26920).

(나) 기타 민법규정의 준용　민법은 유언집행자를 상속인의 대리인으로 보는 동시에 유언집행자의 관리・처분권 또는 상속인과의 법률관계에 대하여는 위임관계의 규정, 즉 수임인의 선관의무(제618조), 수임인의 복임권제한(제684조), 수임인의 금전소비에 관한 규정(제685조), 수임인의 비용선급청구권(제687조), 위임 종료시의 긴급처리에 관한 규정(제691조) 및 대항요건에 관한 규정(제692조)을 유언집행자에 준용한다(동조 제2항).

(4) 遺言執行者의 임무와 임무의 종료

(가) 유언집행자의 임무　유언이 재산에 관한 것인 때에는 지정 또는 선임에 의한 유언집행자는 지체 없이 그 재산목록을 작성하여 상속인에게 교부하여야 하고(제1100조 제1항), 이 때 상속인의 청구가 있을 때에는 그 재산목록의 작성에 상속인을 참여하게 하여야 한다(동조 제2항).

또한, 유언집행자는 유증의 목적인 재산의 관리 기타 유언의 집행에 필요한 행위를 할 권리・의무가 있다(제1101조).

(나) 유언집행자의 임무종료　유언집행자의 임무는 유언집행의 종료・유언집행자의 사망・결격사유의 발생 이외에 사퇴 또는 해임에 의하여 종료한다.

제 2. 遺　贈

1. 遺贈의 意義

(1) 유증(遺贈)이란 유언에 의한 재산의 무상증여이다. 따라서 유증은 타인에게 이익을 주는 행위이므로 이익을 받는 타인이 별개로 존재하여야 하며, 유증의 주요 내용은 상속재산에 대하여 그 전부나 또는 일부를 포기 또는 특정의 명의로써 행한다. 그러나 유증은 반드시 상속재산에 관해서만 하는 것은 아니며, 적극재산 이외에 채무면제도 포함된다.

유증은 재산처분을 목적으로 하는 것이므로 유언의 자유란 바로 유증의 자유라고 할 수 있다.

(2) 유증은 사인행위라는 점에서 성립과 동시에 효력이 생기는 생전증여와 다르고, 증여자의 사망에 의하여 효력이 생기지만, 단독행위이므로 계약인 사인증여와도 다르다. 그러나 그 밖의 점에서는 증여와 사인증여는 매우 비슷하므로 유증에 관한 규정이 사인증여에도 준용된다(제562조). 그렇지만 판례는 민법 제562조는 사인증여에 관하여는 유증에 관한 규정을 준용토록 규정하고 있지만 유증의 방식에 관한 민법 제1065조 내지 제1072조는 그것이 단독행위임을 전제로 하는 것이어서 계약인 사인증여에는 적용되지 아니하는 것이라고 한다.[9)]

[판례] 민법 제562조가 사인증여에 관하여 유증에 관한 규정을 준용하도록 규정하고 있다고 하여 이를 근거로 포괄적 유증을 받은 자는 상속인과 동일한 권리 의무가 있다고 규정하고 있는 민법 제1078조가 포괄적 사인증여에도 준용된다고 해석하면 포괄적 사인증여에도 상속과 같은 효과가 발생하게 되나 포괄적 사인증여는 낙성·불요식의 증여계약의 일종이고, 포괄적 유증은 엄격한 방식을 요하는 단독행위이며, 방식을 위배한 포괄적 유증은 대부분 사인증여로 보여질 것인 바 포괄적 사인증여에 민법 제1078조가 준용된다면 양자의 효과가 같게 되므로 결과적으로 포괄적 유증에 엄격한 방식을 요하는 요식행위로 규정한 조항들은 무의미하게 된다. 따라서 민법 제1078조가 포괄적 사인증여에 준용된다고 하는 것은 사인증여의 성질에 반하므로 준용되지 아니한다고 해석함이 상당할 것이다(대판 1996.4.12, 94다37714·37721).

2. 受贈者와 遺贈義務者

(1) 유증을 받는 자, 즉 수증자는 자연인·법인은 물론, 유증의 상속인을 포함하고, 태아 및 설립 중인 법인(태아에 관한 규정 준용)을 포함한다. 그러나 상속의 결격원인은 수증자의 결격원인이 된다.

(2) 유증의무자는 보통 상속인이나 때로는 유언집행자·포괄적 수증자·상속인없는 재산관리인이 담당하는 경우가 있다.

3. 遺贈의 態樣

(1) 包括的 遺贈

(가) 포괄적 유증의 의의·성질　　포괄적 유증이란 상속재산의 전부 또는 그 분수적 부분 내지 일정한 비율에 의한 유증을 말한다. 예컨대 상속재산의 2할 또는 3분의 1 등과 같이 일정한 비율에 의한 유증을 말한다.

(ㄱ) 포괄적 유증에서 수증자는 실질적으로 재산상속인과 동일하다. 민법은「포괄

9) 대판 1996.4.12, 94다37714·37721.

적 유증을 받은 자는 상속인과 동일한 권리 의무가 있다」라고 규정한다(제1078조). 따라서 수증자는 재산상속인과 동일한 권리 · 의무를 가지며, 포괄유증의 승인 · 포기에 관하여는 상속의 승인 · 포기에 관한 규정이 준용된다.

(ㄴ) 포괄적 유증과 상속은 공통점을 가진다. 포괄적 유증은 유증자의 사망으로 유증자의 재산에 포괄적 승계가 일어난다는 점에서 피상속인의 사망으로 피상속인의 재산이 상속인에 포괄 승계되는 점이 동일하다. 또한 포괄적 수증자가 수인인 경우 상속재산에 관한 공유관계가 생기고, 이로 인한 수증자간에 분할의 협의 또는 승인 · 포기할 수 있는 점도 상속과 동일하다. 그러나 포괄적 유증은 다음의 점에서 상속과 차이점을 가진다.

(a) 포괄적 수증자가 수인인 경우 그 중 1인이 포기하여도 다른 수증자의 수증지분은 증가하지 않으나(제1090조), 상속인의 지분은 증가한다.
(b) 포괄적 수증자에는 유류분권이 없다.
(c) 포괄적 유증에는 대습상속권이 없다. 따라서 포괄적 수증자가 유언자보다 먼저 사망하면 포괄적 유증은 무효로 된다(제1089조 제1항).
(d) 포괄적 유증에는 조건 · 기한을 붙일 수 있으나, 상속에는 금지된다.

(나) 상속분의 지정과 유증

(ㄱ) 법정상속인에의 상속분의 지정과 유증 : 민법은 상속에 관하여 법정상속에 의한 상속분만을 규정하고 유증자의 지정에 의한 지정상속분의 제한에 관하여는 아무런 규정을 두고 있지 아니하다. 따라서 법정상속분과는 달리 유언자의 지정에 의한 지정상속분이 인정되는가. 문제된다.

학설은 지정상속분에 관한 직접규정은 없지만 유증에 관한 규정을 두고 있으므로 이에 의하여 지정상속분이 인정되며, 또한 다른 한편으로 유증은 어디까지나 유증이므로 포괄유증을 부정할 것은 아니라 한다. 그러나 판례는 유언에 의하여 공동상속인에게 비율적으로 상속재산이 분여된 경우에는 유언의 문언에 구애됨이 없이 민법이 예정하고 있는 상속분의 지정이 아니라 포괄유증이라고 본다.

또한, 법정상속인과 포괄수증자간에는 어떤 지위가 우선하는가. 판례는 상속인의 지정을 인정하고 있지 않는 우리 법제에 충실하게 해석하여 포괄수증자의 지위를 우선시키고 있다. 그러나 학설은 이것을 상속인의 지위로서는 변함이 없으면서 다만 상속분만을 달리 정하고자 한 것으로 봄이 타당할 것이라고 한다.

(ㄴ) 비상속인의 상속분의 지정 : 비상속인의 상속분의 지정은 이를 상속인의 지위로 보아 우리 민법이 인정하지 아니하므로 무효라는 견해와 포괄유증이 있었던 것으로 봄이 타당할 것이란 견해가 대립하나 유언자의 의사존중이란 의미에서 이를 긍정할 것이라고 본다.

(2) 特定的 遺贈

(가) 특정적 유증의 의의　특정적 유증이란 유증자의 구체적인 재산을 목적으로 하는 유증을 말한다. 예컨대 유증자의 어떤 부동산 또는 금 100만원 등과 같이 특정하여 유증하는 것을 말하며, 포괄유증과 달리 유증자의 소극재산은 승계되지 않는다.

(나) 특정적 유증의 효과　유증의 목적물인 특정재산권이 이행에 의하여 이전된 때 수증자에 귀속된다. 따라서 수증자는 증여의 효력발생으로 이행청구권을 취득(채권적 효력)하고 현실적으로 물권변동의 효력을 갖춘 때 소유권을 취득한다.

(ㄱ) 유증이행청구권 : 수증자는 유증의 이행을 청구할 수 있는 때로부터 목적물의 과실을 취득한다(제1079조 본문). 또한 유증의무자가 유언자의 사망 후 그 목적물의 과실을 수취하기 위하여 필요비를 지출한 때에는 그 과실가액의 한도에서 과실을 취득한 수증자에 상환을 청구할 수 있고(제1080조), 유증의무자가 유언자의 사망 후에 그 목적물에 비용을 지출한 때에는 유치권자의 비용상환청구권에 관한 민법 제325조의 규정을 준용한다.

[판례] 당해 유증이 포괄적 유증인가 특정유증인가는 유언에 사용한 문언 및 그 외 제반사정을 종합적으로 고려하여 탐구된 유언자의 의사에 따라 결정되어야 하고, 통상은 상속재산에 대한 비율의 의미로 유증이 된 경우는 포괄적 유증, 그렇지 않은 경우는 특정유증이라고 할 수 있지만, 유언공정증서 등에 유증한 재산이 모두 얼마나 되는지를 심리하여 다른 재산이 없다고 인정되는 경우에는 이를 포괄적 유증이라고 볼 수도 있다(대판 1978.12.13, 78다1816 참조). 또한 포괄적 유증을 받은 자는 민법 제187조에 의하여 법률상 당연히 유증 받은 부동산의 소유권을 취득하게 되나, 특정유증을 받은 자는 유증의무자에게 유증을 이행할 것을 청구할 수 있는 채권을 취득할 뿐이므로, 특정유증을 받은 자는 유증 받은 부동산의 소유권자가 아니어서 직접 진정한 등기명의의 회복을 원인으로 한 소유권이전등기를 구할 수 없다(대판 2003.5.27, 2000다73445).

(ㄴ) 상속재산에 속하지 않는 권리의 유증 : 특정적 유증의 내용에 관하여 유증의 목적이 된 권리가 유언자의 사망 당시 상속재산에 속하지 않는 때에는 그 유증은 효력이 없다(제1087조 제1항 본문). 그러나 다음의 경우에는 예외가 인정된다.

(a) 유언자가 자기의 사망 당시 그 목적물이 상속재산에 속하지 않는 경우에도 유언의 효력이 있게 할 의사인 때에는 그 유증은 유효하다. 따라서 유증의무자는 그 권리를 취득하여 수증자에게 이전할 의무를 지며(제1087조 제1항 단서), 만일 이 경우 그 권리를 취득할 수 없거나 그 취득에 과다한 비용을 요할 때에는 가액으로 변상할 수 있다(동조 제2항).

(b) 목적물은 상속재산에 속하나 제3자가 제한물권・임대차 등의 권리를 가진 경우에는 그 권리의 소멸을 청구하지 못한다. 그러나 유증자에게 이들 권리의 소멸을

청구할 권리를 가진 때에는 다른 의사표시가 없는 한 종된 권리로서 수증자에게 이전된다(제1086조 · 제1087조).

(ㄷ) 불특정물의 유증의무자의 담보책임 : 불특정물을 유증의 목적으로 한 경우에는 유증의무자는 그 목적물에 대하여 매도인과 같은 담보책임이 있다(제1082조 제1항). 따라서 이 경우 목적물에 하자가 있는 때에는 유증의무자는 하자 없는 물건으로 인도하여야 한다(동조 제2항). 그러나 목적물이 추탈되거나 하자 없는 물건의 인도가 불가능한 때에는 손해배상청구권을 행사할 것이나, 해제권의 행사는 그 성질상 무의미한 것이라고 본다.

(ㄹ) 유증의 물상대위 : 유증자가 유증의 목적물의 멸실 · 훼손 또는 점유의 침해로 인하여 제3자에게 손해배상을 청구할 권리가 있는 때에는 그 권리를 유증의 목적으로 한 것으로 본다(제1083조).

또한, 채권을 유증의 목적으로 한 경우에 유언자가 그 변제를 받은 물건이 상속재산 중에 있는 때에는 그 물건을 유증의 목적으로 한 것으로 본다(제1084조 제1항). 이 경우 채권이 금전을 목적으로 한 때에는 그 변제 받은 채권액에 상당한 금전이 매매재산 중에 없는 때에도 그 금전을 유증의 목적으로 한 것으로 본다(동조 제2항).

(다) 특정적 유증의 승인 · 포기 유증을 받을 자는 유언자의 사망 후 언제든지 유증을 승인 또는 포기할 수 있고, 그 효력은 유언자가 사망한 때에 소급한다(제1074조).

(ㄱ) 유증의무자의 최고권 : 유증의무자나 이해관계인은 상당한 기간을 정하여 그 기간 내 승인 또는 포기를 확답할 것을 수증자 또는 승계인에게 최고할 수 있고(제1077조 제1항), 기간 내 확답하지 않을 때에는 유증을 승인한 것으로 본다(동조 제2항).

(ㄴ) 승인 · 포기의 취소금지 : 유증의 승인이나 포기는 취소하지 못한다(제1075조 제1항). 이것은 상속인이 상속의 승인 · 포기에 관하여 일단 적법하고 유효하게 표시를 한 이상 취소할 수 없는 것과 같은 취지이다.

수증자가 승인이나 포기를 하지 아니하고 사망한 때에는 그 상속인은 상속분의 한도에서 승인 또는 포기할 수 있다. 그러나 유언자가 유언으로 다른 의사를 표시한 때에는 그 의사에 의한다(제1076조).

(라) 유증의 무효 · 실효의 효과 유증의 효력이 생기지 않거나, 수증자가 이를 포기한 때에는 유증의 목적인 재산은 상속인에 귀속한다(제1090조 전단). 즉 유증능력 없는 자가 유증을 한 때, 수증자가 유언의 효력발생시에 결격자인 때, 특정물의 유증에 있어서 그 목적물이 유언의 효력발생시에 상속재산 중에 없을 때, 수증자가 유언자의 사망 전 또는 정지조건의 성취 전에 사망했을 때, 수증자가 이를 포기한 때 등이며, 유증의 목적인 재산은 상속인에게 귀속한다. 그러나 유언자가 유언으로

다른 의사를 표시한 때, 즉 무효로 되는 유증의 목적물을 다른 수증자에게 귀속하는 것으로 정하거나, 또는 특정의 제3자에 귀속하는 것으로 정하였을 때에는 그 의사에 의한다(동조 단서).

(3) 負擔있는 遺贈

(가) 부담부 유증의 의의와 성질 부담 있는 유증, 즉 부담부 유증이란 유언자가 유언증서 중에서 수증자에게 자기 및 그 상속인 또는 제3자를 위하여 일정한 의무를 이행케 하는 부담을 과한 유증을 말한다.

부담부 유증(負擔附遺贈)은 포괄·특정유증의 구별 없이 인정되며, 부담은 유증의 목적물과 전혀 관계가 없는 사항이라도 무관하다.

(나) 부담부 유증의 효력

(ㄱ) 부담의 이행의무자 : 부담의 의무를 이행하는 자는 수증자인 것은 물론이나 수증자의 상속인도 그 유증을 승인한 경우에는 그 상속분의 범위 내에서 이행의 책임이 있다. 수증자가 유증의 승인 또는 포기를 하지 않고 사망한 때에는 그 상속인은 상속분의 한도에서 승인 또는 포기를 할 수 있다(제1076조).

부담의 청구권자는 상속인·유언집행자·유언에서 이행청구권자로 지정된 자이나, 다만 부담의 이익을 받는 제3자가 수증자에 대하여 부담의 이행을 청구할 수 있는 것인가. 부정설은 일반적으로 의무내용인 이익을 받는 자는 상속인에 한하지 않고 제3자일 수도 있고 사회공중일 수도 있으나 이러한 수익자는 오로지 반사적 이익을 받는데 불과하고 직접 수유자에 대하여 이행청구권을 누리는 것은 아니라 하나,[10] 부담 있는 유증에 있어서 수유자의 의무는 유언자가 원하기 때문에 발생하는 의사표시로 인한 효과라고 보아 긍정할 것이다.[11]

(ㄴ) 부담의 한도 : 부담 있는 유증을 받는 자는 유증의 목적의 가액을 초과하지 않는 한도에서 부담한 의무를 이행할 책임이 있다(제1088조 제1항). 부담이 유증의 목적의 가액을 초과한 때에는 그 초과한 부분만 무효가 된다.

유증의 목적인 물건이나 권리가 유언자의 사망 당시 제3자 권리의 목적인 경우 수증자는 수증의무자에 대하여 그 제3자 권리를 소멸시킬 것을 청구하지 못한다(제1085조).

불특정물을 유증의 목적으로 한 때에는 유증의무자는 그 목적물에 대하여 매도인과 같은 부담책임이 있다.

---

10) 김용한 446면.
11) 동지, 김주수 645면.

4. 遺贈의 效力

(1) 유증이 단순유증인 때에는 유언자가 사망한 때로부터 그 효력이 발생하며, 정지조건 있는 유증인 때에는 조건이 성취한 때로부터 효력이 생긴다(제1073조).

유증에 의한 소유권의 귀속은 포괄적 유증을 받은 자는 민법 제187조에 의하여 법률상 당연히 유증 받은 부동산의 소유권을 취득하게 되나, 특정유증을 받은 자는 유증의무자에게 유증을 이행할 것을 청구할 수 있는 채권을 취득할 뿐이므로, 특정유증을 받은 자는 유증 받은 부동산의 소유권자가 아니어서 직접 진정한 등기명의의 회복을 원인으로 한 소유권이전등기를 구하지 못한다(대판 2003.5.27, 2000다73445).

(2) 수증자가 유언자의 사망 전에 사망한 경우에는 유증의 효력은 생기지 않는다(제1089조 제1항). 다만 유언자의 의사로써 수증자의 상속인을 보충수증자로 지정할 수 있고, 또한 정지조건 있는 유증에 있어서도 수증자가 그 조건성취 전에 사망한 경우에는 유증의 효력은 생기지 않는다. 그러나 유언자는 그것과 다른 의사를 표시한 때에는 그에 의한다.

5. 遺贈의 限界(遺留分制度)

(1) 遺留分制度의 의의

피상속인의 재산처분자유에 일정 제한을 두어서 비율액 만큼은 상속인에게 보장하려는 제도이며, 피상속인의 恣意로부터 추정상속인을 보호하기 위한 것이다.

(2) 遺留分의 範圍

(가) 유류분권 상속개시로 일정한 범위의 상속인이 피상속인 재산의 일정 비율을 확보할 수 있는 지위를 유류분권이라고 하며, 상속개시 전의 지위로서 기대권의 일종이다.

유류분권을 가지는 자는 피상속인의 직계비속·배우자·직계존속·형제자매이다(제1112조). 또한 태아(출생한 경우)는 물론 대습상속인도 피대습인의 상속분의 범위에서 유류분권을 가지며, 재산상속의 순위상 상속권이 있는 자가 행사한다.

(나) 유류분 유류분권자의 유류분은 다음과 같다.

(ㄱ) 피상속인의 직계비속은 그 법정상속분의 2 분의 1
(ㄴ) 피상속인의 배우자는 그 법정상속분의 2 분의 1
(ㄷ) 피상속인의 직계존속은 그 법정상속분의 3 분의 1
(ㄹ) 피상속인의 형제자매는 그 법정상속분의 3 분의 1

(다) 유류분산정에 기초가 되는 재산 피상속인의 상속개시시에 가진 재산의 가액

에 유증재산의 가액을 가산하여 채무의 전액을 공제하여 이를 산정한다(제1113조 제1항).

재산평가방법은 상속분의 산정과 같다. 다만 상속재산 중 조건부권리 또는 존속기간이 불확정한 권리가 있는 경우 그 평가는 가정법원이 선임한 감정인의 평가에 의하여 그 가액을 정한다(동조 제2항).

(ㄱ) 상속개시시에 가진 재산 : 상속개시시에 가진 재산이란 상속재산 중의 적극재산을 의미한다. 다만 분묘와 족보 및 제구의 소유권은 상속재산을 구성하지 않으므로 여기서 제외된다.

(ㄴ) 증여재산 : 증여재산은 상속개시 전 1년간에 행하여진 것에 한하여 그 가액을 산정한다(제1114조 전단). 여기서 1년간의 기간은 증여계약이 체결된 때를 기준으로 하며, 그 가액의 산정시기는 피상속인이 사망한 상속개시 당시 가액에 의한다.[12)]

또한, 증여란 널리 모든 무상처분을 의미하며, 법인설립을 위한 출연행위, 무상의 채무변제 등도 포함된다고 본다.

판례는 공동상속인 중에 피상속인으로부터 재산의 생전증여에 의하여 특별수익을 한 자가 있는 경우에는 민법 제1114조의 적용이 배제되고, 이로서 그 증여는 상속개시 1년 전의 것인지 여부, 당사자 쌍방이 손해를 가할 것을 알고 하였는지의 여부에 관계없이 유류분산정의 기초가 되는 재산에 산입되는 것이라고 한다.[13)]

(3) 遺留分의 포기

유류분(遺留分)은 반환청구의 각 상대방에 대한 의사로 포기할 수 있다. 그러나 상속개시 전에 포기하지 못한다.

유류분의 포기로 처음부터 유류분권리자가 없었던 것으로의 효과가 생긴다.

(4) 遺留分의 보전

(가) 유류분반환청구권의 의의·성질　유류분권리자는 유류분이 부족한 한도에서 그 반환을 청구할 수 있다(제1115조 제1항). 이를 유류분의 보전이라고 한다. 즉 유류분의 보전이란 피상속인이 행한 증여로서 유류분의 산정에 가산되는 증여와 유증에 의하여 유류분권을 침해받음으로써 유류분에 부족이 생긴 때 유류분권자는 그 부족한 한도에서 수증자와 수유자에 대하여 증여나 유증의 목적인 재산의 반환을 청구하는 권리를 말한다.

---

12) 대판 1996.2.9, 95다17885.
13) 대판 1996.2.9, 95다17885.

유류분반환청구권의 법률적 성질을 어떻게 볼 것인가. 청구권설은 유류분반환청구권은 유류분에 부족한 만큼의 재산의 인도나 반환을 요구하는 채권적 청구권이며, 미이행의 증여나 유증에 있어서도 그 이행을 거절할 수 있을 뿐이라고 하나,[14] 형성권설은 반환청구권을 행사하면 유증 또는 증여는 유류분이 부족한 한도에서 실효하고, 이미 이행된 증여의 목적물이 특정물인 경우 목적물의 반환청구권의 성질은 채권적 청구권이라고 하고, 판례 또한 형성권으로 이해하나, 다만 그 청구권의 행사기간은 소멸시효기간이라고 한다.[15]

(나) 유류분반환의 범위 유류분반환은 통상 증여 또는 유증의 대상인 재산이며, 그 자체를 반환할 것이나 원물반환이 불가능한 경우에는 그 가액상당액을 반환하여야 한다.

유류분의 산정은 상속개시 당시 피상속인의 순재산과 문제된 증여재산을 합한 재산을 평가하여 그 재산액에 유류분청구권자의 유류분 비율을 곱하여 얻은 유류분액을 기준으로 한다. 그러므로 유류분액을 산정함에 있어 증여받은 재산의 시가는 상속개시 당시를 기준으로 산정하여야 하고,[16] 또한 그 현물반환이 불가능하여 가액반환을 명하는 경우의 가액은 사실심 변론종결시를 기준으로 산정한다.[17]

(나) 유류분반환청구의 행사 유류분권리자가 유증 받은 자와 증여를 받은 자에 대한 일방적 의사표시로 행한다(상대방있는 단독행위).

(ㄱ) 유류분반환청구권자는 유류분권리자와 그 승계인이나 단순승인한 유류분권리자의 채권자도 대위권 또는 취소권을 행사할 수 있다. 또한 청구권의 상대방은 유증을 받은 자 또는 증여를 받은 자 및 그 상속인이다. 다만 유언집행자가 있는 경우에는 유언집행자에 대해서 하여도 무방하다.

(ㄴ) 유류분권리자가 수인 있을 경우 각자가 가지는 반환청구권은 각각 독립된 것이므로 따로 따로 행사하여야 하며, 한 사람이 행사하더라도 다른 사람에게는 영향이 미치지 않는다. 이 경우 반환청구를 받게 되는 증여와 유증이 복수인 경우에는 먼저 증여에 대하여는 유증을 반환 받은 후가 아니면 그 반환을 청구하지 못하고(제1116조), 또한 유증인 경우에는 각자가 얻은 유증가격의 비례로 반환하여야 한다(제1115조 제2항). 이 규정은 유증에 준하여 사인처분이 여러 개 있는 경우에도 적용된다.

(ㄷ) 공동상속인 중 생전증여에 의한 특별수익자가 있는 경우에는 제1114조(유류분에 산입될 증여)의 적용은 배제되고 제1008조(특별수익자의 상속분)가 준용된다.[18]

---

14) 이은영, 민법학강의 1138면.

15) 대판 1993.4.13, 92다3595.

16) 대판 1996.2.9, 95다17885.

17) 대판 2005.6.23, 2004다51887.

따라서 공동상속인 중에 피상속인으로부터 증여 또는 유증을 받은 자가 있는 경우 그 수익재산이 자기의 상속재산에 달하지 못한 때에는 그 부족한 부분의 한도에서 상속분이 있고(제1008조), 특별수익자의 수익으로 타상속인의 유류분액을 침해하는 경우에는 그 초과한 부분으로 다른 공동상속인의 상속분을 침해하는 범위에서 반환하여야 한다.

특별수익이 증여와 유증으로 되어 있는 경우에는 민법 제1116조에 따라 처리된다. 즉 증여에 대하여는 유증을 반환 받은 후가 아니면 청구하지 못한다.

(ㄹ) 증여와 유증이 병존하는 경우 유류분권리자의 반환청구권행사방법에 관하여 판례는 유류분권리자는 먼저 유증을 받은 자를 상대로 유류분 침해액의 반환을 구하여야 하고 그 후에도 여전히 유류분 침해액이 남아있는 경우에 한하여 증여를 받은 자에 대하여 그 부족분을 청구할 수 있는 것이며(제1116조 참조), 사인증여의 경우에는 유증의 규정이 준용될 뿐만 아니라 그 실제적 기능도 유증과 달리 볼 필요가 없으므로 유증과 같이 보아야 한다.[19]

(다) 유류분반환청구권행사의 효력　유류분반환청구권의 행사로 유류분에 부족한 한도에서 유증과 증여의 효력이 소멸된다(형성권설). 따라서 이미 이행된 증여의 목적물이 특정물인 경우에는 증여를 받은 자는 소유권을 유류분권리자에게 이전할 채무를 지게 된다. 그러나 그 소유권의 귀속은 반환청구권의 법률적 성질을 어떻게 보는가에 따라 달리할 것이지만, 어느 설에 의하든 반환된 재산은 일단 상속재산을 구성하며, 공동상속인간의 상속재산의 분할대상이 된다.

(라) 유류분반환청구권의 소멸　반환청구권은 유류분권리자가 상속의 개시와 반환하여야 할 증여 또는 증여를 한 사실을 안 때부터 1년 내 행사하지 않으면 시효에 의하여 소멸한다.

또한, 상속이 개시된 때로부터 10년을 경과하면 반환청구권은 소멸한다(제1117조).

18) 대판 1996.2.9, 95다17885.
19) 대판 2001.11.30, 2001다6947.

제 2 절 被相續人의 死亡과 財產相續

제 1. 相續과 相續權

1. 相續의 意義와 민법상 태도

(1) 상속(相續)이란 사람의 사망으로 인하여 상속권을 가지는 일정한 자가 피상속인이 가지는 권리·의무를 포괄적으로 승계하는 것을 말한다.

여기서 상속권이란 상속개시 전 추정상속인이 가지는 일종의 기대권으로(특히, 유류분권에서 상속인의 기대권이 보호된다), 상속개시 후 상속으로 발생하는 상속적 효과를 받을 수 있는 법률상 지위를 말한다.

자연인의 사망으로 피상속인의 권리·의무가 상속인에 이전되는 근거에 관하여 견해가 다양하다. 그러나 그 이론의 추이는 오늘날 사유재산제의 발달에 따라 근대 가산공유사상에서 현대 유언자유사상으로 변천하고 있다.

학설은 ① 상속을 혈연의 대가라고 생각하는 인격설·영혼불멸설·유전설, ② 피상속인의 의사에서 상속의 근거를 구하는 유언자유의사설, ③ 상속은 공유가산을 관리하는 자의 지위를 상속하는 것이라는 가산공유설, ④ 부양청구권이 상속권에 전화되었다는 사후부양설 및 ⑤ 공익적 견지에서 자유롭게 그 귀속을 결정하는 것이라는 공익설 등이 있다.

(2) 우리나라 상속제도는 종래 호주에 관한 호주상속과 재산에 관한 재산상속이 있었으나 현대 가족제도의 개혁으로 호주상속은 삭제됨으로써 이제 상속제도는 재산상속에 한정된다.

또한, 민법은 그 내용에 관하여도 대폭 개정하여 우선 상속인의 범위를 4촌 이내로 축소시키고(제1000조 4호), 부부간에 평등하게 피상속인의 직계비속과 동순위로 공동상속인이 되게 하는 동시 대습상속에 있어서도 夫와 妻 모두에게 대습상속권을 인정하였고, 기여분제도와 특별연고자에 대한 분여제도를 신설하여 상속제도의 합리화와 양성평등의 원칙을 최대한 반영하고 있다.

2. 相續의 開始

(1) 相續의 開始原因

상속은 자연인의 사망에 의해서만 개시된다(제997조). 구민법은 사망 이외 생전원인도 재산상속의 원인으로 하였으나, 현행 민법은 사망의 경우만을 상속의 개시원인으로 하였다.

여기서, 상속의 개시원인으로서의 사망(死亡)이란 자연인이 사실상 사망한 시기를 의미하지만, 그 외 실종선고나 인정사망의 경우에도 법률상 사망의 효력이 생기는 시기를 중심으로 상속이 개시된다.

(2) 相續開始의 時期・場所

(가) 상속의 개시 시기는 상속원인이 발생한 때이다. 이와 같이 상속개시의 시기를 한정하는 이유는 상속에 관하여 생긴 상속인의 능력・자격의 판정, 상속에 관한 소권・청구권의 시효 및 제척기간의 진행, 상속의 효력발생, 상속재산의 산정 등과 같은 여러 문제를 해결하기 위한 표준이 되기 때문이다.

(나) 상속의 개시장소는 피상속인의 주소지이다(제998조). 다만 피상속인의 주소가 복수인 경우에는 최후의 주소지를 상속개시 장소로 보아야 한다.

특히, 상속개시의 장소는 상속사건과 파산사건의 재판관할을 확정하는데 중요한 의미를 가진다.

(3) 相續의 費用

상속에 관한 비용은 상속재산 중에서 지급한다(제998조의 2). 여기서 상속의 비용이란 상속재산에 대한 이해관계자를 보호하기 위하여 지출되는 비용으로, 관리비용・청산비용・소송비용・재산목록작성비용・유언집행비용 뿐만 아니라, 조세 기타 공과금・장례비용 등이 포함될 것이다.

제 2. 財産相續人과 相續回復請求權

1. 財産相續人

(1) 相續의 順位

재산상속인의 범위는 피상속인, 즉 사망한 자의 직계비속・직계존속・형제자매・4촌 이내의 방계혈족 및 배우자이다(제1000조). 이들의 범위에 속하는 자가 없는 경우에는 특별연고자의 분여청구가 없는 한 국가에 귀속한다(제1057의 2・제1058조).

(가) 직계비속(제1순위)　피상속인의 직계비속은 피상속인의 배우자와 더불어 상속의 제1순위자가 된다(제1000조 제1항 제1호・제1003조 제1항).

직계비속이 수인인 경우에는 촌수가 같으면 그 직계비속들은 동 순위로 상속인이 되고, 촌수가 다르면 촌수가 가까운 비속이 먼저 상속인이 된다(동조 제2항). 다만, 직계비속에 있어서는 제1순위에 대한 예외로서 추정상속인의 직계비속의 자(子)가 상속인으로 되는 대습상속이 인정된다.

태아는 상속순위에 관하여 이미 출생한 것으로 본다(제1000조 제3항). 다만 태아를 출생한 것으로 본다는 의미에 관하여, 다수설은 사산(死産)을 해제조건으로 하여 출생 전에도 상속능력을 부여한 것이라고 본다(해제조건설). 그러나 판례는 출생을 정지조건으로 피상속인의 사망시 상속능력을 갖는 것이라 본다(대판 1976.9.14, 76다1365).

(나) 직계존속(제2순위) 직계존속이 수인인 경우에는 그 직계존속들이 촌수가 같으면 동 순위이며, 촌수를 달리하면 최근친이 먼저 상속인이 된다. 다만 직계존속에 있어서는 직계비속에 있어서와 같은 대습상속은 인정되지 않는다.

또한, 직계존속이면 모계・부계, 양가・생가를 묻지 않는다. 따라서 생가부모와 양부모가 있는 때에는 함께 동 순위로 상속인이 된다.[20]

(다) 형제자매(제3순위) 피상속인의 형제자매의 범위에 관하여는 견해가 대립한다. 유력한 견해는 부계・모계를 묻지 않고 방계혈족이면 족할 것이라 하나,[21] 판례는 피상속인의 부계(父系)인 방계혈족을 의미한다고 본다.[22]

여기서 상속인은 형제자매이면 족하고 성별・기혼・미혼, 호적의 이동, 자연혈족・법정혈족, 동복・이복을 불문한다. 다만 직계존속에서와 같이 형제자매의 직계비속은 대습상속은 인정되지 않는다.

[판례] 민법 제1000조 제1항 제3호 소정의 「피상속인의 형제자매」라 함은 민법 개정시 친족의 범위에서 부계와 모계의 차별을 없애고, 상속의 순위나 상속분에 관하여도 남녀 간 또는 부계와 모계 간의 차별을 없앤 점 등에 비추어 볼 때, 부계 및 모계의 형제자매를 모두 포함하는 것으로 해석하는 것이 상당하다(대판 1997.11.28, 96다5421).

(라) 4촌 이내의 방계혈족(제4순위) 피상속인의 직계비속・직계존속・배우자・형제자매가 없는 경우에만 상속인이 되고, 촌수가 같으면 공동상속인이 된다.

방계혈족이면 족하고 남녀의 성별・기혼・미혼의 차별이나 호적의 이동, 부계・모계를 불문한다. 예컨대 3촌이 되는 방계혈족으로는 백숙모와 고모・외숙모와 이모 및 질(姪)이 공동상속인이 되고, 4촌이 되는 방계혈족으로는 종형제자매・고종형제자매・외종형제자매・이종형제자매 등이 공동상속인이 된다.

(마) 배우자(제5순위) 피상속인의 배우자는 직계비속과 동 순위로 공동상속인이 되고, 직계비속이 없는 경우에는 피상속인의 직계존속과 동 순위로 공동상속인이

20) 대결 1995.1.20, 94마535.
21) 김주수 494면.
22) 대판 1975.1.4, 74다1503.

된다. 다만 직계비속·직계존속도 없는 경우에는 단독상속인이 된다(제1003조 제1항).

배우자의 대습상속, 즉 상속개시 전에 사망·결격된 자의 배우자는 배우자의 상속규정에 의한 상속인과 동 순위로 공동상속인이 되고 그 상속인이 없을 때에는 단독상속인이 된다(동조 제2항). 또한 여기서 배우자란 법률상 배우자를 말한다.

> [판례] 민법 제824조는 "혼인의 취소의 효력은 기왕에 소급하지 아니한다."라고 규정하고 있을 뿐 재산상속 등에 관해 소급효를 인정할 별도의 규정이 없는바, 혼인 중에 부부 일방이 사망하여 상대방이 배우자로서 망인의 재산을 상속받은 후에 그 혼인이 취소되었다는 사정만으로 그 전에 이루어진 상속관계가 소급하여 무효라거나 또는 그 상속재산이 법률상 원인 없이 취득한 것이라고는 볼 수 없다(대판 1996.12.23, 95다48308).

(바) 국가(최후적 귀속)　이상의 순위로도 상속인이 없는 때에는 특별연고자의 분여청구가 없는 한 그 재산은 국고에 귀속한다(제1058조).

(2) 代襲相續

(가) 대습상속의 의의　상속인이 될 직계비속 또는 형제자매가 상속개시 전에 사망하거나 결격자로 된 경우, 그 직계비속이나 배우자가 있으면 그 직계비속이나 배우자가 그 사망 또는 결격자로 된 자의 순위에 갈음하여 상속인이 된다(제1001조, 제1003조 제2항). 이를 대습상속이라고 하고, 대습자의 상속에 대한 기대권을 보호하기 위한 제도이다.

대습상속(代襲相續)의 법적 성질은 피대습자 권리의 승계인가(승계권설), 피대습권자 고유권인가(고유권설). 다수설은 피대습권자의 고유권이라고 한다.

(나) 대습상속의 요건

(ㄱ) 피대습자는 상속인이 될 피상속인의 직계비속 또는 형제자매이고, 대습상속인은 피대습자의 직계비속이나 배우자일 것이어야 한다.

(ㄴ) 피대습자의 사망 또는 상속결격이어야 한다. 다만 피상속인과 피대습자가 동시에 사망한 경우에도 대습상속되는가. 판례는 상속인이 될 직계비속이나 형제자매(피대습자)의 직계비속 또는 배우자(대습자)는 피대습자가 상속개시 전에 사망한 경우에는 대습상속을 하고, 피대습자가 상속개시 후에 사망한 경우에는 피대습자를 거쳐 피상속인의 재산을 본위상속을 하므로 두 경우 모두 상속을 하는데, 만일 피대습자가 피상속인의 사망, 즉 상속개시와 동시에 사망한 것으로 추정되는 경우에만 그 직계비속 또는 배우자가 본위상속과 대습상속의 어느 쪽도 하지 못하게 된다면 동시사망 추정 이외의 경우에 비하여 현저히 불공평하고 불합리한 것이라 할 것이어서 이는 대습상속제도 및 동시사망 추정규정의 입법 취지에도 반하는 것이므로,

민법 제1001조의「상속인이 될 직계비속이 상속개시 전에 사망한 경우」에는 상속인이 될 직계비속이 상속개시와 동시에 사망한 것으로 추정되는 경우도 포함하는 것으로 해석할 것이라고 한다.[23)]

(ㄷ) 대습상속인은 상속개시 당시 현존하고, 상속결격자가 아니어야 한다. 다만 대습상속인이 피대습상속인의 상속개시 전에 사망하거나 상속결격이 된 경우 대습상속인의 상속인은 피대습상속인을 대습상속하는가. 소위 대습상속의 대습을 의미하며, 판례는 대습상속이 인정되는 경우는 상속인이 될 자(사망자 또는 결격자)가 피상속인의 직계비속 또는 형제자매인 경우에 한한다 할 것이므로, 상속인이 될 자(사망자 또는 결격자)의 배우자는 민법 제1003조에 의하여 대습상속인이 될 수는 있으나, 피대습자(사망자 또는 결격자)의 배우자가 대습상속의 상속개시 전에 사망하거나 결격자가 된 경우, 그 배우자에게 다시 피대습자로서의 지위가 인정될 수는 없는 것이라 한다.[24)]

피상속인의 사위가 피상속인의 형제자매보다 우선하여 단독으로 대습상속한다는 민법 제1003조 제2항은 위헌이라고 할 것인가.

이에 대한 판례는 ① 우리나라에서는 전통적으로 오랫동안 며느리의 대습상속이 인정되어 왔고, 1958.2.22. 제정된 민법에서도 며느리의 대습상속을 인정하였으며, 1990.1.13. 개정된 민법에서 며느리에게만 대습상속을 인정하는 것은 남녀평등·부부평등에 반한다는 것을 근거로 하여 사위에게도 대습상속을 인정하는 것으로 개정한 점, ② 헌법 제11조 제1항이 누구든지 성별에 의하여 정치적·경제적·사회적·문화적 생활의 모든 영역에 있어서 차별을 받지 아니한다고 규정하고 있고, 헌법 제36조 제1항이 혼인과 가족생활은 양성의 평등을 기초로 성립되고 유지되어야 하며 국가는 이를 보장한다고 규정하고 있는 점, ③ 현대사회에서 딸이나 사위가 친정부모 내지 장인장모를 봉양, 간호하거나 경제적으로 지원하는 경우가 드물지 아니한 점, ④ 배우자의 대습상속은 혈족상속과 배우자상속이 충돌하는 부분인데 이와 관련한 상속순위와 상속분은 입법자가 입법정책적으로 결정할 사항으로서 원칙적으로 입법자의 입법형성의 재량에 속한다고 할 것인 점, ⑤ 상속순위와 상속분은 그 나라 고유의 전통과 문화에 따라 결정될 사항이지 다른 나라의 입법례에 크게 좌우될 것은 아닌 점, ⑥ 피상속인의 방계혈족에 불과한 피상속인의 형제자매가 피상속인의 재산을 상속받을 것을 기대하는 지위는 피상속인의 직계혈족의 그러한 지위만큼 입법적으로 보호하여야 할 당위성이 강하지 않은 점등을 종합하여 볼 때, 외국에서 사위의 대습상속권을 인정한 입법례를 찾기 어렵고, 피상속인의 사위가 피상속인의 형제자매보다 우선하여 단독으로 대습상속하는 것이 반드시 공평한 것인지 의문을 가져볼 수는 있다 하더라도, 이를 이유로 곧바로 피상속인의 사위가 피상속인의 형제자매보다 우선하여 단독으로 대습상속할 수 있음이 규정된 민법 제1003조 제2항이 입법형성 재량의 범위를 일탈하여 행복추구권이나 재산권보장 등에 관한 헌법규정에 위배되는 것이라고 할 수 없는 것이라고 하였다(대판 2001.3.9, 99다13157).

---

23) 대판 2001.3.9, 99다13157.

24) 대판 1999.7.9, 98다64318·64325.

(2) 相續의 缺格

(가) 상속의 결격사유 재산상속인에 법정사유가 발생하였을 경우 특별히 재판상 선고를 기다리지 않고 법률상 당연히 그 상속인이 피상속인을 상속하는 자격을 잃는 것을 말하며, 다음의 사유로 상속이 결격된다(제1004조 각호).

(ㄱ) 피상속인에 대한 부덕행위 : 고의로 직계존속·피상속인·그 배우자 또는 재산상속의 선순위나 동순위자를 살해하거나 살해하려한 자(호주승계의 경우는 선 순위자에 한함)(동조 제1호)와 고의로 직계존속·피상속인·그 배우자에게 상해를 가하여 사망에 이르게 한 자(동조 제2호)를 말한다.

다만, 호주상속의 선순위 또는 재산상속의 선순위나 동 순위에 있는 태아를 낙태한 것이 상속결격사유에 해당하는가. 판례는 제992조 제1호 및 제1004조 제1호 소정의 상속결격사유에 해당하는 것이라고 한다.[25]

또한, 상속결격사유로서 살해의 고의 이외에 「상속에 유리하다는 인식」을 요하는가. 판례는 부정한다.[26]

(ㄴ) 피상속인의 유언에 관한 부정행위 : 사기 또는 강박으로 피상속인의 양자 기타 상속에 관한 유언 또는 유언의 철회를 방해한 자(동조 제3호)와 사기 또는 강박으로 피상속인의 양자 기타 상속에 관한 유언을 하게 한 자(제4호)를 포함한다.

(ㄷ) 피상속인의 양자 기타 상속에 관한 유언서를 위조·변조·파기 또는 은닉한 자 : 여기서 「유언서를 은닉한 자」란 유언서의 소재를 불명하게 하여 그 발견을 방해하는 일체의 행위를 한 자를 의미한다. 따라서 단지 공동상속인들 사이에 널리 알려진 내용의 유언서에 관하여 피상속인이 사망한지 상당한 기간이 경과한 시점에서 비로소 그 존재를 주장하였다고 하여 유언서의 은닉에 해당한다고 볼 수는 없다.[27]

(나) 상속결격의 효과

(ㄱ) 상속인의 자격상실 : 결격사유가 발생하면 당연히 결격상속인은 상속할 자격을 잃는다. 상속개시 전에 결격사유가 생기면 그 추정상속인은 후일 상속이 개시되더라도 상속할 수 없고, 상속개시 후에 결격사유가 생긴 경우에는 일단 유효하게 개시한 상속도 그 개시시에 소급하여 무효가 된다. 따라서 결격자가 상속재산을 선의·무과실의 제3자에게 양도한 경우에도 그 양도행위는 처음부터 당연 무효이며, 제3자는 아무런 권리도 취득하지 못한다.

또한, 상속결격자는 수증결격자도 되므로 유증을 받을 수 없다. 그렇지만, 결격의

25) 대판 1992.5.22, 92다2127.
26) 대판 1992.5.22, 92다2127.
27) 대판 1998.6.12, 97다38510.

효과는 결격자 일신에 국한되므로 결격자의 직계비속이나 배우자가 대습상속 하는 것은 무방하다.

(ㄴ) 결격의 용서 : 피상속인이 상속결격자를 용서하여 결격 효과를 소멸시킬 수 있는가. 소수설은 피상속인의 용서로 상속적 협동관계의 회복이 가능하다는 점에서 이를 긍정할 것이라고 하나, 다수설은 결격의 효과는 법률상 당연히 생기며, 민법도 결격자의 상속회복에 관하여 아무런 규정을 두고 있지 않고 있는 점에서 이를 부정한다.

2. 相續回復請求權

(1) 相續回復請求權의 의의와 성질

(가) 진정상속인이 그 상속권의 내용의 실현을 방해하고 있는 자에 대하여 상속권을 주장함으로써 그 방해를 배제하고 현실로 상속권의 내용을 실현하는 것을 목적으로 하는 권리이며, 청구형태를 불문하고 진정상속인이 참칭상속인에 대하여 상속재산의 인도를 청구하는 것이면 모두 상속회복청구권에 속한다.

(나) 상속회복청구권의 법률적 성질은 상속법상 고유한 청구권인가, 상속재산을 구성하는 개개의 재산에 관하여 생기는 청구권의 집합인가. 판례는 추정상속인이 참칭상속인을 상대로 상속 부동산에 대한 등기말소를 구하는 경우, 청구인이 그 소유권 또는 지분권의 귀속원인을 상속으로 주장하고 있는 이상 그 청구원인 여하에 불구하고 이는 민법 제999조의 상속회복청구권으로 보아야 한다. 라고 하고,[28] 그 청구는 상속을 원인으로 하는 이상 청구원인에 관계없이 상속회복청구의 소이며, 상속회복청구인 이상 민법 제999조에 의하여 준용되는 같은 법 제982조 제2항 소정의 제척기간이 적용되며, 상속권 침해가 있는 날로부터 10년을 경과한 후에 상속권의 침해가 있는 경우라도 10년의 제척기간 경과로 인하여 상속회복청구권은 소멸한다고 보아야 하고,[29] 이 경우 상속회복청구권의 단기 제척기간은 제3 전득자에도 적용된다. 라고 하여 제3자에 대한 물권적 청구권을 배척함으로써 상속회복청구권의 법률적 성질을 집합적 권리로 파악한다.[30]

(2) 相續回復請求權者

(가) 상속권자 또는 법정대리인 상속회복청구권자는 상속권자 또는 그 법정대리인이다(제999조 제1항).

28) 대판 1990.6.26, 88다카20095; 1981.1.13, 80사26.
29) 대판(전) 1991.12.24, 90다5740.
30) 대판(전) 1981.1.27, 79다864.

(ㄱ) 재산상속에 있어서는 보통 공동상속이므로 그 상속회복청구에도 공동상속인 전원이 할 것이지만 그렇다고 전원이 반드시 공동으로 하여야 할 것은 아니다.

(ㄴ) 상속권을 침해당한 상속인이 상속회복청구권을 행사하지 않고 사망한 경우 그 상속회복청구권이 상속되는가. 상속회복청구권은 상속인의 일신에 전속하는 권리란 점은 부정할 수 없을 것이지만, 한편 상속회복청구권이 재산권이란 점과 추정상속인의 지위 보호란 점을 감안하면 상속성을 배척할 수 없을 것이다.

(나) 진정상속인으로부터 상속분을 양도받은 자 진정상속인으로부터 상속분을 양도받은 자는 상속인에 준하여 상속회복청구권을 가진다고 해석한다. 그러나 상속인의 특정승계인은 청구권의 성질이 일신전속권이란 점에서 부정함이 보통이다.

상속개시 후에 인지 또는 재판의 확정에 의하여 공동상속인이 된 자의 상속회복에 관하여는 특칙이 있다. 즉 이들의 경우에도 상속개시 당시부터 다른 자와 함께 공동상속인이었던 것으로 되므로 다른 자에 대하여 상속회복청구권을 가진다. 그러나 민법은 상속인의 상속재산의 분할을 고려하여 이미 상속재산이 분할되었거나 그 밖에 상속재산이 처분된 후인 때에는 자기의 상속분에 상당한 가액의 지급만을 청구할 수 있게 하였다(제1014조).

(3) 相續回復請求權의 상대방

(가) 참칭상속인이 상대방이 되는 것은 의심의 여지가 없다. 즉 상속인으로 믿게 만드는 외견을 지니는 자와 상속인이라고 참칭하여 상속재산의 전부 또는 일부를 점유하는 자는 당연히 상속회복청구의 상대방이 되며, 선의·악의, 과실의 유무를 묻지 않는다.

[판례] 사망자의 상속인이 아닌 자가 상속인인 것처럼 허위기재 된 위조의 제적등본·호적등본 등을 기초로 하여 상속인인 것처럼 꾸며 상속등기가 이루어진 사실만으로는 민법 제999조 소정의 참칭상속인에 해당한다고 할 수 없다(대판 1993.11. 23, 93다34848).

(나) 그 외에 상속권을 주장하지 않고 상속재산을 점유하는 자, 특정 권원을 주장하여 상속재산을 점유하는 자, 다른 상속인의 상속분을 침해하는 공동상속인, 이들 제3자로부터 상속재산을 전득한 제3자이다.

(4) 相續回復請求權의 행사

(가) 상속회복청구권의 행사는 그 침해의 사실을 안 날부터 3년, 상속권침해가 있은 날로부터 10년 내 행사하여야 한다(제999조 제2항, 2002 개정).

(나) 상속회복청구의 내용은 청구권자가 상속인으로서 승계한 재산의 반환을 청

구하는 형태로서 행사된다. 다만 청구권이 재판상 행사될 경우에 반드시 상속회복이라고 하는 명칭의 소에 의할 필요는 없고, 상속재산반환·등기말소 등 어떠한 명칭에 의하든지 불문한다.

또한, 회복의 목적이 된 재산을 하나하나 열거할 필요도 없다. 그러나 재판의 효력은 회복의 목적물로서 구체적으로 지시된 것 이외에는 미치지 않으므로 강제집행을 하기 위해서는 그 목적물을 지시하지 아니하면 아니 되며, 그 회복의 청구는 민사소송법에 의한 訴로써 하여야 한다.

(5) 相續回復請求權行使의 효과

(가) 상속재산의 반환　청구인의 승소판결이 확정된 경우에는 참칭상속인은 진정상속인에게 그가 점유하는 상속재산을 반환하여야 한다. 따라서 상대방이 공동상속인인 경우에는 상속재산의 분할청구에 응하여야 하고, 진정상속인이 수인 있을 때에는 이들 상속인의 상속분에 따라 반환하여야 한다.

다만, 상속에서 제외된 상속인이 청구한 경우에는 반대로 상속분을 침해한 공동상속인의 상속분에 따라 반환한다. 이 경우에 참칭상속인이 악의이면 취득한 재산의 전부를 반환하여야 하는 동시에 목적물로부터 취득한 과실은 물론, 사용이익도 반환의무를 진다(제201조 제2항). 그러나 선의의 경우에는 실종선고취소의 경우에 준하여 그 받은 이익이 현존하는 한도에서 반환의무를 부담할 것이라고 본다.

(나) 참칭상속인 등의 양도행위와 제3자에 대한 효과　참칭상속인으로부터 양수한 제3자에 대한 효과는 동산과 부동산에 따라 다르다. 양수한 재산이 동산 또는 유가증권인 경우에는 선의취득에 의하여 보호되지만, 부동산의 경우에는 상속등기가 있더라도 공신력이 없으므로 선의의 제3자라도 그 반환청구를 거절하지 못한다.

(다) 참칭상속인에 대한 채무변제　참칭상속인에 대한 채무의 변제는 원칙적으로 유효하다. 즉 피상속인의 채무자가 선의·무과실로 그 채무를 참칭상속인에게 변제하였을 경우에 채권의 준점유자에 대한 변제로서 유효하며, 진정상속인은 참칭상속인에 대하여 부당이득의 반환을 청구할 수 있을 뿐이다.

(6) 相續回復請求權의 소멸

상속회복청구권은 자유로이 포기할 수 있다. 즉 진정상속인의 회복청구권의 포기에 의하여 소멸한다. 또한 상속회복청구권은 그 침해의 사실을 안 날부터 3년, 상속권침해가 있은 날로부터 10년을 경과하면 소멸한다(제999조 제2항).

판례는 상속회복청구권이 제척기간의 경과로 소멸하게 되면 상속인은 상속인으로서의 지위, 즉 상속에 따라 승계한 개개의 권리·의무도 또한 총괄적으로 상실하게 되고, 그 반사적 효과로서의 참칭상속인의 지위는 확정되어 참칭상속인이 상속개시의 시로부터 소급하여 상속인으로서의 지위를 취득하는 것이라고 한다.[31)]

제 3. 相續의 效果와 相續財産의 分割

1. 相續財産의 包括承繼

(1) 被相續人權利·義務의 승계

상속인은 상속이 된 때로부터 피상속인의 재산에 관한 포괄적 권리·의무를 승계한다(제1005조).

포괄 승계되는 권리는 피상속인의 현실적 권리·의무에 한하지 않고 장래 성립할 권리는 물론 점유와 같은 사실상 관계를 가지는 권리를 포함한다. 그러나 피상속인의 일신에 전속하는 권리는 제외된다(동조 단서).

(2) 相續財産의 범위

(가) 재산적 권리　소유권이나 제한물권 등 물권은 물론이나 그 외에 채권·형성권 등 재산적 성질을 가지는 권리는 원칙적으로 상속권의 대상이 된다.

(ㄱ) 무체재산권 : 피상속인의 무체재산권은 원칙적으로 상속인에 상속된다. 다만 공동광업자의 지위는 조합계약에서 그 지위를 상속인에 승계하기로 약정하지 않는 이상 승계되지 않는다.

(ㄴ) 생명보험금 : 생명보험금이 상속재산에 속하는가, 피보험자의 상속인을 보험수익자로 하여 맺은 생명보험계약은 피보험자의 사망이라는 보험사고 발생으로 보험수익자의 지위에서 보험금지급을 청구할 수 있는 보험계약의 효력으로 당연히 생기는 것이므로 상속재산이 아니다.[32)]

또한, 피상속인을 생명보험수익자로 한 지위는 보험계약자가 변경권을 행사하지 아니하면 확정되지 않는다. 따라서 보험수익자인 피상속인이 사망한 경우에도 그 지위는 당연히 상속인에 이전되는 것은 아니므로 상속재산에는 속하지 않는다.

(ㄷ) 사망퇴직금 : 사망퇴직금은 상속재산이 아닌 수급권자의 고유한 권리이나, 다만 세법상 상속재산으로 본다.

(나) 재산적 의무 및 계약상 지위　채무 기타 재산적 의무는 물론 계약상 지위도

31) 대판 1994.3.25, 93다57155.
32) 대판 2001.12.24, 2001다65755.

일반적으로 상속된다. 다만 채무내용의 변경으로 급부내용이 변경된 채무는 상속되지 않는다.

- 보증채무
  - ① 보통의 보증채무, ② 연대보증 — 상속인에 상속
  - ③ 계속적 보증, ④ 신원보증 — 보증인의 사망으로 효력 상실
- 손해배상채무와 벌금납부채무 — 재산적 채무이므로 상속인에 상속(대판 1959.11.26, 4292민상178)

대리권은 원칙적으로 상속되지 아니하나 상사대리에서는 예외가 인정된다. 또한 사원권에 관하여도 공익적 성질이 강한 사원권은 배제되나 주주권, 합자회사·유한회사의 사원권은 상속한다.

[상속권이 없는 사원권]

- (ㄱ) 합명회사 사원권
- (ㄴ) 합자회사의 무한책임사원권
- (ㄷ) 주식회사의 이사의 지위(대판 1962.11.29, 62다524)
- (ㄹ) 민법상 조합의 구성권
- (ㅁ) 영리를 목적으로 하지 않는 사단법인의 사원권

[판례] 부동산의 합유자 중 일부가 사망한 경우 합유자 사이에 특별한 약정이 없는 한 사망한 합유자의 상속인은 합유자로서 지위를 승계하는 것이 아니므로 해당 부동산은 잔존 합유자가 2인 이상일 경우에는 잔존 합유자의 합유로 귀속되고 잔존 합유자가 1인인 경우에는 잔존 합유자의 단독소유로 귀속된다(대판 1994.2.25, 93다39225).

(다) 소송상 지위　소송상 지위는 당사자의 사망으로 소멸함이 원칙이다. 따라서 당사자 사망으로 소송중단의 효력이 생긴다. 다만 법률상 소송을 수계할 일정한 지위에 있는 자는 소송의 수계권을 가진다.

(라) 위자료청구권의 상속성　일신전속권, 즉 권리주체의 사망과 동시에 소멸하는 일반적 인격권은 상속되지 않는다. 따라서 성명권·특정인간의 계약(교수계약)에서 생기는 권리, 신체·자유 또는 명예 침해로 인한 위자료청구권, 약혼의 부당한 파기 또는 혼인의 무효·취소·이혼·입양취소·파양으로 인한 위자료청구권은 원칙적으로 상속되지 않는다. 그러나 피상속인의 일신에 전속하는 권리이더라도 당사자간에 이미 그 배상에 관한 계약이 성립되거나 소로서 제기된 경우, 또는 특정신분에 전속하는 권리이지만 재산적 성질을 가진 것은 상속의 대상이 된다.

(ㄱ) 생명침해로 인한 위자료청구권이 상속되는가. 민법 제751조는 타인의 신체·자유 또는 명예를 해하거나 기타 정신상 고통을 가한 자는 재산 이외의 손해에

대하여도 배상할 책임이 있다. 라고 규정하고 제752조는 타인의 생명을 해한 자는 피해자의 직계존속·직계비속 및 배우자에 대해서는 재산상 손해가 없는 경우에도 손해배상의 책임이 있다. 라고 규정하여 생명·신체침해에 대한 피해자 본인과 일정 친족에 대한 위자료청구권을 규정한다.

이들 두 규정에 의하면 결과적으로 신체침해의 피해자는 위자료청구권을 취득할 수 있으나, 다만 위자료청구권이 일신전속적 권리인 점에서 피해자 본인의 의자료청구권이 그 상속인에 당연히 상속하는가. 중상의 경우는 물론, 특히 피해자가 즉사한 경우와 관련하여 문제된다.

(ㄴ) 피상속인이 생전에 타인으로부터 명예 또는 신체침해에 대하여 정신상 피해를 받은 경우 생전에 그 위자료청구의 의사를 표시한 경우이면 당연히 상속인에 상속될 것이나, 피상속인이 생전에 그러한 의사표시를 하지 아니한 경우에도 상속권을 가지는가. 대체로의 견해는 명예침해나 신체상해에 대한 위자료청구권은 일신전속적 권리이므로 부정할 것이라 하나, 판례는 정신적 손해(위자료) 배상청구권은 피해자가 이를 포기하거나 면제하였다고 볼 수 있는 특별한 사정이 없는 한 생전에 청구의 의사표시를 할 필요 없이 원칙적으로 상속인에 상속되는 것이라고 해석함이 당연할 것이라 하고, 또한 민법 제752조가 열거하지 않는 친족에 대하여도 이를 인정하고 있다.[33)]

⑶ 共同相續과 財産의 共有

(가) 상속에 의한 권리·의무의 이전은 피상속인의 순간적 사망으로 발생하므로 상속인이 수인인 때에 상속재산은 일단 상속인 공동으로 승계하게 된다. 따라서 공동상속인은 각자의 상속분에 응하여 피상속인의 권리·의무를 승계하지만 분할할 때까지의 상속재산은 공동소유로 된다.

다만 상속재산의 법률적 성질을 공유로 볼 것인가, 합유로 볼 것인가. 견해가 대립하며 법률관계를 달리한다.

共有說은 공동상속인들은 친족공동체를 구성하기는 하지만 공동의 목적으로 사회활동을 한다고 보기 어렵고, 또한 민법은 家產의 승계로 보지 않고 개인주의적으로 각 상속인에 취득되는 원인으로 한다는 점과, 실정법상 근거로써 민법이 명문으로 공유라고 규정하고(제1006조) 상속재산을 언제라도 협의에 의하여 분할할 수 있게 하고 있는 동시에(제1013조), 그 분할에는 공유물분할에 관한 민법 제269조를 준용토록 한 점 및 조합재산의 분할·처분에 관한 금지와 같은 제한규정이 없다는 점등을 든다(김용한 353면, 김주수 527면).

合有說은 공동상속인들은 친족관계에 의하여 결합된 친족공동체이므로 그 상속재산은

33) 대판 1967.6.7, 66다1592.

합수적 지분을 갖는 합유가 공동체관계의 성격에 맞는 것이라고 하고, 특히 실정법적 근거로써 민법이 상속분의 산정시 수유재산을 상속분에 포함하여 산정하도록 한 점(제1008조), 공동상속분의 양수(제1011조)와 상속재산분할의 소급효를 인정(제1015조)한 점 및 상속재산인 채권을 분할의 대상으로 한 점 등을 든다(정광현 357면, 이근식·한봉희 243면).

양설 중 어느 설을 취할 것인가는 결국 상속재산의 관리·이용관계, 상속개시 후 분할 전 상속재산에 대한 거래가 이루어진 경우의 제3자와 상속인간의 관계, 상속채권자와 상속인간의 관계에 대해서 그 이해를 합리적으로 조절하는 관점에서 결정할 것이지만, 판례는 공동상속인들은 그 공동상속재산에 관하여 저마다의 지분권을 가지고 있으므로 상속재산에 대한 소송은 필요적 공동소송에 의할 필요가 없다. 라고 하여 공유설의 입장을 취하고 있다.[34]

(나) 기여분의 공제 공동상속인 중에 피상속인 재산의 유지 또는 증가에 특별히 기여한 자(피상속인의 특별부양자 포함)가 있는 때에는 상속개시 당시 피상속인의 재산가액에서 공동상속인의 협의로 정한 그 자의 기여분을 공제한 것을 상속재산으로 보고 법정상속분 및 대습상속분에 의해 산정한 상속분에 기여분을 가산한 액으로써 그 자의 상속분으로 한다(제1008조의 2 제1항). 그러나 기여분은 상속이 개시된 때의 피상속인의 재산가액에서 유증의 가액을 공제한 액을 넘지 못한다(동조 제3항).

(4) 相續分

상속분(相續分)이란 모든 재산상속의 관념적·분량적 일부를 말하고, 보통 상속개시시에 상속재산 전체의 가격에 대한 계수적 비율에 의하여 표시된다.

(가) 지정상속분 지정상속분이란 피상속인의 지정에 의한 상속분을 의미하며, 피상속인은 유언에 의하여 공동상속인의 상속분을 지정할 수 있다.

상속분의 지정은 피상속인의 지정에 의할 것이지만, 민법은 이에 대한 제한으로 유류분제도를 두고 있으므로 상속분의 지정에는 민법상 유류분의 범위에서 제한된다.

(나) 법정상속분 피상속인이 공동상속인의 상속분을 지정하지 않았을 때에는 그 상속분은 민법상 규정에 의하며, 이를 법정상속분이라고 한다.

민법상 법정상속분은 균분주의를 취하며, 다만 피상속인의 배우자의 상속분은 직계비속과 공동으로 상속하는 때에는 직계비속의 상속분에 5할을 가산하고, 배우자의 직계존속과 공동으로 상속하는 때에는 직계존속의 상속분에 5할을 가산한다.

또한, 재산상속에 관하여는 대습상속이 인정되며, 대습상속인의 상속분은 피대습상속인의 상속분에 의한다.

(다) 기여분권리자의 상속분 기여분 권리자란 공동상속인 중에서 피상속인의

34) 대판 1964.12.29, 64다1054.

재산의 유지 또는 증여에 관하여 특별히 기여한 자(피상속인을 특별히 부양한 자를 포함한다.)를 말하며, 기여분 권리자의 상속분은 상속재산의 가액에서 공동상속인의 협의에 의하거나 또는 조정·심판에 의하여 정해진 기여분을 공제한 것을 상속재산으로 보고, 민법 제1009조(법정상속분) 및 제1010조(대습상속분)에 의하여 산정한 상속분에 기여분을 가산한 액으로써 기여상속인의 상속분으로 한다(제1008조의 2 제1항).

기여분 권리자는 공동상속인에 한한다. 여기서 공동상속인은 보통 피상속인의 배우자나 직계비속인 경우가 많지만 직계존속·형제자매는 물론 그 수에는 제한이 없고 또한 대습상속인을 포함한다.

(ㄱ) 기여분의 결정 : 기여분은 공동상속인의 협의 또는 가정법원의 심판으로 결정한다.

기여분을 정하기 위해서는 우선 모든 공동상속인이 협의하여야 하고(제1008조의 2 제1항), 그 산정에 관한 발의는 기여자 본인은 물론 공동상속인이면 누구나 할 수 있다.

공동상속인이 기여분에 관하여 협의가 되지 않거나 협의할 수 없는 때에는 가정법원은 기여자의 청구에 의하여 기여분을 정하며(동조 제2항), 기여분을 정하는 심판은 상속재산의 분할의 심판에 부수하는 것이 아니라 독립된 심판이어야 한다. 그리고, 이 심판은 조정전치주의가 적용된다.

(ㄴ) 기여분의 산정 : 기여분의 산정에 있어서는 기여의 시기·방법 및 정도와 상속재산의 액 기타의 사정을 참작하여야 한다(동조 제2항). 다만 이 경우 기여분은 상속이 개시된 때의 피상속인의 재산가액에서 유증의 가액을 공제한 액을 넘지 못한다(동조 제3항).

(라) 증여 또는 유증을 받은 자의 상속분(특별수익자) 공동상속인 중에 피상속인으로 재산의 증여 또는 유증을 받은 자가 있는 때에는 그 부족한 부분의 한도에서 상속분이 있다(제1008조).

(ㄱ) 특별수익의 범위 : 현실로 상속재산에 가산되어야 할 특별수익의 대상, 즉 반환의무의 대상·범위에 관하여는 민법상 명문의 규정이 없으나 해석상 상속분의 지급으로서 의미를 가진 것이면 족한 것으로 본다.

- (a) 혼인을 위한 자금
- (b) 생계의 자본
- (c) 고등교육의 학자금 — 당연히 포함
- (d) 보험금 ┐ 원칙적으로 제외
- (e) 사망퇴직금 ┘

(ㄴ) 특별수익의 평가시기와 방법 : 가산되어야 할 가액의 평가시기에 대하여도 특별규정이 없으므로 문제되나 대체로 상속재산의 평가는 상속개시시를 기준으로 하므로 증여의 평가도 역시 상속개시시를 기준으로 한다. 다만, 증여자의 행위에 의한 증여물의 멸실·변형이 있는 때에는 원상대로 현존한다고 의제하여 상속개시시의 시가로 평가하여야 할 것이다.

⑸ 相續分의 양도·양수

(가) 상속분의 양도 상속인은 상속분에 관하여 유상·무상을 불문하고 상속인의 소극·적극의 모든 상속분을 양도할 수 있다. 다만 상속분의 일부에 관하여도 양도할 수 있는가. 상속재산은 상속인의 공유에 귀속하고 분할에 전원의 참여를 요하는 점에서는 상속분의 일부 양도로 상속관계를 복잡하게 할 우려가 있다. 그러나 상속분은 재산권이라는 점과 상속인간의 양도나 제3자에 대한 양도의 경우에도 상속인간의 분할을 정지조건으로 한 양도는 배척할 수 없을 것이다.

(나) 상속분의 양수 공동상속인 중에 그 상속분을 제3자에게 양도한 자가 있는 때에는 다른 공동상속인이 그 가액과 양도비용을 상환하고 그 상속분을 양수할 수 있다(제1011조 제1항).

2. 相續分의 共同相續과 分割

⑴ 相續分의 共同相續

(가) 공동상속의 성질 공동상속인은 각자의 상속분에 응하여 피상속인의 권리·의무를 승계하나, 다만 분할할 때까지는 상속재산을 공유로 하게 된다(제1006조). 이를 상속분의 공동상속이라고 한다.

상속에 의한 권리·의무의 이전은 피상속인이 사망하는 순간에 당연히 생기므로 수인의 공동상속인이 있는 경우에는 상속재산의 승계와 분할 사이에는 시간적 간격이 있게 되므로 이로써 공동상속인은 필연적으로 일단 공동으로 상속재산을 승계하게 되며, 그들의 공유로 귀속한다.

(나) 채권·채무의 공동귀속 피상속인의 채권·채무는 공동상속인에 분할채권·채무관계로 귀속하는가, 아니면 불가분채권·채무관계로 귀속하는가.

만일 피상속인의 채권을 공동상속인이 분할채권을 취득한다고 해석하면 공동상속 채권자는 무관하나, 채무자가 상속인 1인에게 그 상속분을 초과하여 변제하게 되면 다른 공동상속인에 대항할 수 없게 되어 불합리한 결과가 된다. 그리하여 채권의 공동상속은 상속재산분할에 관한 민법 규정의 취지에서 특히 분할할 때까지의 채권은 공동상속인의 불가분채권으로 해석한다.

또한, 채무에 관하여도 공동상속인이 분할채무를 부담한다고 해석하면 각 상속인은 각각의 상속분에 따른 변제를 하면 족하게 되므로 이로 인한 채권자의 이익을 해하게 된다. 따라서 이러한 경우에도 공동상속인의 불가분채무를 부담한다고 보거나 아니면 연대채무를 부담하는 것으로 해석한다.

⑵ 相續財産의 分割

(가) 상속재산분할의 의의 · 요건 공동상속인간의 상속재산의 공유관계를 종료시키고 상속분에 따라 그 배분 귀속을 확정시킴을 목적으로 하는 청산행위를 말한다. 그러나 구체적으로는 상속재산의 성질을 어떻게 파악하는가에 따라 달리한다. 즉 합유설의 경우에는 합유의 특수관계 해체로 각자 단독소유의 창설이 되지만, 공유설의 경우에는 공동상속인간의 지분의 이전 또는 교환으로서 의미를 가진다.

(나) 상속재산분할의 요건 분할청구권자는 상속을 승인한 공동상속인이며, 다음의 요건을 갖추어야 한다. 즉 상속재산에 공유관계가 존재할 것이어야 하고, 공동상속인이 확정되었을 것이어야 한다.

피상속인은 유언으로 상속개시일로부터 5년을 초과하지 아니하는 범위에서 상속재산 분할을 금지하게 할 수 있다(제1012조 후단). 또한 공동상속인의 전원의 협의로써 상속재산의 전부 또는 일부 및 특정재산에 관하여 5년의 기간을 넘지 않는 범위에서 분할금지특약을 할 수 있다.

(다) 상속재산분할의 방법

(ㄱ) 유언에 의한 분할 : 피상속인은 유언으로 상속재산의 분할 방법을 정하거나 이를 정할 것을 제3자에게 위탁할 수 있다(제1012조 전단). 다만 분할방법의 지정은 유언으로 하여야 하며, 피산속인의 분할방법의 지정 또는 위탁받은 제3자의 분할방법 지정은 모두 각 공동상속인의 상속분에 따른 것이어야 한다.

(ㄴ) 협의에 의한 분할 : 공동상속인은 유언에 의하여 분할방법의 지정 또는 위탁이 없거나 위탁을 받은 자가 실행하지 않은 경우 및 그 지정 · 위탁이 무효인 경우와 유언에 의한 분할금지가 없는 때에는 그 분할요건이 갖추어지는 한 언제나 협의분할 할 수 있다(제1013조).

(a) 상속재산의 협의분할에는 상속인 전원이 참석하여야 하고, 분할 전 상속분의 양수인은 그 협의에 참석할 지위를 가진다.

다만, 분할협의의 당사자에 상속인의 지위 또는 그 기초인 친족관계에 대해서 다툼이 있는 자, 예컨대 친생부인, 인지의 효력 등에서 다투는 자를 포함하는가. 학설은 분할협의에서 제외할 수 있다는 설과 확정판결이 있을 때까지 분할이 금지된다는 설 및 제외하지 않고 분할을 진행시킬 수 있다는 설이 대립한다. 그러나 상속인이지만 단지 상속인의 지위에 다툼이 있는 것만으로 협의분할에서 제외함은 상속인의 보호에 불충분할 것이므로 분할협의에서 제외할 수는 없으나 상속관계를 간편히 할 필요에서 확정판결이 있을 때까지 분할이 금지된다고 보아야 할 것이다.

또한, 현재 상속인의 지위를 보유하고 있지 아니하나 상속인이라 주장하여 다투고 있는 자는 분할협의 당사자에 포함되지 않고, 또한 후일 재판의 확정에 의하여 상속인이 된 경우에도 먼저 분할처분은 효력을 잃지 않고 가액으로 상환된다(제1014조).

(b) 공동상속재산 분할협의는 행위의 객관적 성질상 상속인 상호간에 이해의 대립이 생길 우려가 있는 행위라 할 것이므로 공동상속인이 친권자와 미성년의 수인의 자 사이에 상속재산 분할협의를 하게 되는 경우에는 미성년자 각자마다 특별대리인을 선임하여 각 특별대리인이 각 미성년자인 자를 대리하여 상속재산분할의 협의를 하여야 한다.[35]

[판례] 상속재산에 대하여 그 소유의 범위를 정하는 내용의 공동상속재산 분할협의는 그 행위의 객관적 성질상 상속인 상호간의 이해의 대립이 생길 우려가 있는 민법 제921조 소정의 이해상반행위에 해당하므로 공동상속인인 친권자와 미성년인 수인의 자 사이에 상속재산 분할협의를 하게 되는 경우에는 미성년자 각자마다 특별대리인을 선임하여 그 각 특별대리인이 각 미성년자인 자를 대리하여 상속재산분할의 협의를 하여야 하고, 만약 친권자가 수인의 미성년자의 법정대리인으로서 상속재산 분할협의를 한 것이라면 이는 민법 제921조에 위반된 것으로서 이러한 대리행위에 의하여 성립된 상속재산 분할협의는 적법한 추인이 없는 한 무효라고 할 것이다(대판 2001.6.29, 2001다28299).

(ㄷ) 조정 또는 심판에 의한 분할 : 공동상속인 사이에 상속재산분할의 협의가 이루어지지 아니하는 때에는 각 공동상속인은 가정법원에 분할을 청구할 수 있다(제1013조 제2항에 의한 제269조 준용).

(라) 상속재산분할의 효과

(ㄱ) 분할의 소급효 : 상속이 개시된 때 소급하여 분할의 효력이 생긴다(제1015조 본문). 그러나 이 소급효는 현물분할, 즉 상속재산 그 자체를 취득한 경우에만 인정되고 상속재산을 매각하여 그 대금을 분배한 경우나 상속재산 자체를 취득하지 않는 대상(代償)으로 재산을 취득한 경우에는 적용되지 아니한다.

(a) 분할의 소급효는 제3자의 권리를 침해하지 못한다(동조 단서).

(b) 상속개시 후 인지 또는 재판의 확정에 의하여 공동상속인이 된 자가 상속재산의 분할을 청구할 경우 다른 공동상속인이 이미 분할 기타 처분을 한 때에는 그

35) 대판 1993.4.13, 92다54524.

상속분에 상당한 가액만의 지급을 청구할 권리를 가진다(제1014조). 이 경우 가액은 피인지자 등의 상속분을 청구하는 때의 시가로 평가하고 이에 대한 자기상속분을 산출한 후 이것을 각 공동상속인에게 안분한 것이 된다.

[판례] (1) 상속재산의 처분에 수반되는 조세부담은 상속에 따른 비용이라고 할 수 없고, 민법 제1014조에 의한 가액의 지급청구는 상속재산이 분할되지 아니한 상태를 가정하여 피인지자의 상속분에 상당하는 가액을 보장하려는 것이므로, 다른 공동상속인들의 분할 기타 처분에 의한 조세부담을 피인지자에게 지급할 가액에서 공제할 수 없고, 다른 상속인들이 피인지자에게 그 금액의 상환을 구할 수도 없다(대판 1993.8.24, 93다12).

(2) 상속에 관한 비용은 상속재산 중에서 지급한다. 상속에 관한 비용이란 상속재산관리 및 청산에 필요한 비용을 의미하고 장례비용도 피상속인이나 상속인의 사회적 지위와 그 지역의 풍속 등에 비추어 합리적인 금액 범위 내라면 상속비용으로 보아야 한다(대판 2003.11.14, 2003다30968).

(ㄴ) 공동상속인의 담보책임 : 공동상속인은 다른 공동상속인이 분할로 취득한 재산에 대하여 그 상속분에 응하여 매도인과 같은 담보책임이 있다(제1016조).

(a) 분할에 의하여 채권을 받은 공동상속인이 채무자의 무자력으로 채권을 회수할 수 없는 때에는 다른 공동상속인은 그 상속분에 응하여 분할 당시 채무자의 자력을 담보한다. 다만 분할 당시 변제기에 달하지 않는 채권이나 정지조건이 있는 채권은 변제를 청구할 수 있는 때의 채무자의 자력을 담보한다(제1017조).

(b) 담보책임이 있는 공동상속인 중에 상환자력이 없는 자가 있는 때 그 부담부분은 구상권자와 자력이 있는 다른 공동상속인이 그 상속분에 응하여 분담한다. 다만 구상권자의 과실로 인하여 상환 받지 못할 때, 즉 담보책임이 있는 자가 자력이 있는 동안에 구상권을 행사하지 않은데 대하여 구상권자에게 과실이 있는 때에의 그 손해는 구상권자 자신이 부담하여야 하고 다른 공동상속인에게 그 분담을 청구하지 못한다(제1018조).

제 4. 相續의 承認 · 抛棄

1. 相續財産의 承認

(1) 單純承認

(가) 단순승인의 의의　피상속인의 권리·의무를 무제한 무조건으로 계승하는 상속형태 또는 이것을 승인하는 상속방법을 상속의 단순승인이라고 한다. 그러나 상속의 승인을 실제로 의사표시에 의하는 경우는 거의 없고 법정단순승인이 되는 것

이 보통이다.

다만, 상속의 승인을 의사표시에 의하여 행하는 경우에는 의사의 흠결이 있는 경우를 제외하고 취소하지 못한다.

(ㄱ) 법정단순승인 : 다음의 경우에는 법정단순승인으로 된다(제1026조 각호).

(a) 상속인이 상속재산에 대한 처분행위를 한 때(1호) : 여기서 처분행위란 한정승인 또는 포기하기 전의 처분이며, 사실적·법률적 처분을 포함한다. 그러나 유족으로서의 장례비용이나 차임의 지급은 처분행위로 보지 않는다.

1) 동호는 상속인이 한정승인 또는 포기를 하기 이전에 상속재산을 처분한 때에만 적용되므로 상속인이 한정승인 또는 포기를 한 후에 상속재산을 처분한 때에는, 그로 인하여 상속채권자나 다른 상속인에 대하여 손해배상책임을 지는 것은 별개이고 그것이 동조 제3호에 정한 상속재산의 부정소비에 해당되는 경우에만 상속인이 단순승인을 한 것으로 된다.[36)]

2) 공동상속인 중 1인의 처분행위는 다른 상속인에는 미치지 아니한다. 따라서 자기 상속분에 응하여 취득한 재산의 한도에서 그 상속분에 대한 피상속인의 채무와 유증을 변제할 의무가 있다.

(b) 상속인이 제1019 제1항의 기간(상속개시 있음을 안 날로부터 3월)내 한정승인 또는 포기를 하지 아니한 때(2호)

상속개시 있음을 안 날이란 상속개시의 원인이 되는 사실의 발생을 알고 이로써 자기가 상속인이 되었음을 안 날을 말하고, 통상 상속의 경우에는 상속인이 상속개시의 원인사실을 앎으로써 그가 상속인이 된 사실까지도 알았다고 추정된다.[37)]

(c) 상속인이 한정승인 또는 상속을 포기한 후 상속재산을 은닉하거나 부정소비 또는 고의로 재산목록에 기입하지 아니한 때(3호)

상속재산의 부정소비란 정당한 사유 없이 상속재산을 써 없앰으로써 그 재산적 가치를 상실시키는 행위를 의미하고,[38)] 또한 고의로 재산목록에 기입하지 아니한 때란 한정승인을 할 때 상속재산을 은익하여 상속채권자를 사해할 의사로 상속재산

---

36) 대판 2004.3.12, 2003다63586.

37) 대판 2005.7.22, 2003다43681: 판례는 선순위 상속인으로서 피상속인의 처와 자녀들이 모두 적법하게 상속을 포기한 경우에는 피상속인의 손(孫) 등 그 다음의 상속순위에 있는 사람이 상속인이 되지만, 이러한 법리는 상속의 순위에 관한 민법 제1000조 제1항 제1호와 상속포기의 효과에 관한 민법 제1042조 내지 제1044조의 규정들을 모두 종합적으로 해석함으로써 비로소 도출되는 것이지 이에 관한 명시적 규정이 존재하는 것은 아니어서 일반인의 입장에서 피상속인의 처와 자녀가 상속을 포기한 경우 피상속인의 손자녀가 이로써 자신들이 상속인이 되었다는 사실까지 안다는 것은 오히려 이례에 속하는 것이라고 한다.

38) 대판 2004.3.12, 2003다63586.

을 재산목록에 기입하지 않은 경우를 의미한다.[39)]

(ㄴ) 법정단순승인의 예외 : 상속인이 상속을 포기함으로 인하여 다음 순위 상속인이 상속을 승인한 때에는 상속인이 한정승인 또는 포기한 후 상속재산을 은닉하거나, 부정소비 또는 고의로 재산목록에 기입하지 아니한 사유로 인한 법정단순승인은 상속의 승인으로 보지 않는다(제1027조).

(나) 단순승인의 효과 상속의 승인으로 상속채무에 대한 무한책임을 부담한다. 따라서 상속인의 채권자는 상속인의 고유재산 및 상속재산에 대하여 강제집행할 수 있다. 또한 상속의 단순승인으로 상속의 법률관계는 확정된다.

⑵ 限定承認

(가) 한정승인의 의의 상속의 한정승인(限定承認)이란 상속인이 상속으로 얻은 재산의 한도에서 피상속인의 채무와 유증을 변제할 것을 조건으로 하는 상속승인 또는 그와 같은 조건으로 상속을 승인하는 것을 말한다(제1028조).

원래, 민법은 단순승인을 원칙으로 하고 있으나 피상속인의 채무가 다액인 경우 그 전부를 상속인이 부담토록 한다는 것은 상속인에게 너무 가혹한 결과가 되므로 상속인을 보호할 필요에서 이를 인정하고 있다. 그러나 한정승인도 상속승인의 하나이므로 피상속인의 채무와 유증을 변제하고도 잔여 재산이 있는 때에는 그 재산은 당연히 상속인에 귀속한다.

(나) 한정승인의 방법

(ㄱ) 한정승인의 신고 : 상속의 한정승인을 함에는 상속인이 상속개시 있음을 안 날로부터 3개월의 기간 내 상속재산의 목록을 첨부하여 가정법원에 신고하여야 한다(제1030조 제1항 전단). 다만 이 기간은 이해관계인 또는 검사의 청구에 의하여 가정법원은 위 3월의 기간을 연장할 수 있다(동항 단서). 그리고 이 기간 중 당사자의 책임 없는 사유로 기간의 연장을 청구할 수 없는 경우에는 그 사유가 없어진 후 2주일 내 그 연장을 청구할 수 있다(가사소송법 제12조, 민사소송법 제160조).

여기서 「상속개시 있음을 안 날」이란 상속개시 원인이 되는 사실의 발생을 앎으로써 자기가 상속인이 되었음을 안 날을 말하는 것이므로 상속재산 또는 상속채무의 존재를 알아야만 위 고려기간이 진행되는 것은 아니다.[40)]

또한, 상속인은 위 기간 중 한정승인을 하기 전에 상속재산을 조사할 수 있고(동조 제2항). 상속인이 상속되는 채무가 그 재산을 초과하는 사실을 중대한 과실 없이

39) 대판 2003.11.14, 2003다30968.

40) 대판 2006.2.10, 2004다33865, 33872 ; 1991.6.11, 91스1 ; 1988.8.25, 88스10 ; 1986.4.22, 86스10.

알지 못하고 단순승인(제1026조 제1호 및 제2호의 규정에 의하여 단순승인 한 것으로 보는 경우 포함)한 경우에는 그 안 날로부터 3월내 한정승인을 할 수 있다(제1019조 제3항).

[판례] 민법 제1019조 제항은 상속채무 초과사실을 중대한 과실 없이 민법 제1019조 제1항의 기간 내 알지 못하고 단순승인을 한 경우뿐만 아니라, 민법 제1026조 제1호 및 제2호의 규정에 의하여 단순승인을 한 것으로 간주되는 경우에도 상속채무 초과사실을 안날로부터 3월내 한정승인을 할 수 있다고 규정하고 있으므로 설사 상속인들이 상속분할 협의를 통해 이미 상속재산을 처분한 바 있다고 하더라도 상속인들은 여전히 민법 제1019조 제3항의 규정에 의하여 한정승인할 수 있다고 할 것이다(대판 2006.1.26, 2003다29562).

(ㄴ) 승인의 의사표시와 공동상속인의 한정승인 : 한정승인의 의사표시는 상속인 또는 그 대리인이 상속개시지의 법원에 서면으로 행한다.

다만, 상속인이 수인인 때에는 각 상속인은 그 상속분에 응하여 취득할 재산의 한도에서 그 상속분에 응한 피상속인의 채무의 유증을 변제할 것을 조건으로 상속을 승인할 수 있다(제1029조).

(ㄷ) 파산선고와 관계 : 파산선고 전 파산자의 상속이 개시된 경우에는 파산자가 파산선고 후에 한 단순승인이나 포기도 파산재단에는 한정승인의 효력이 생긴다.

(다) 한정승인의 효과 　한정승인의 효력은 상속의 효력 그 자체로서는 단순승인과 다르지 않다. 따라서 상속인이 한정승인을 한 경우에도 피상속인에 대한 상속인의 재산상 권리・의무는 소멸하지 않는다(제1031조). 그러나 한정승인을 한 상속인은 상속채무에 대한 유한책임을 부담하게 되므로 채무와 책임의 분리현상이 일어나고 상속재산을 하나의 특별재산으로 취급하여 청산하여야 할 필요가 있게 된다.

(ㄱ) 채무의 유한책임 : 한정승인을 한 상속인은 상속에 의하여 얻은 재산의 한도 내에서만 피상속인의 채무와 유증을 변제할 책임을 진다(한정승인자의 책임경감). 그러나 이것은 상속인이 채권이나 유증을 받은 자에 대하여 자기의 고유재산으로 변제할 책임을 부담하지 아니하는데 불과하고 채무의 전액을 승계하지 않는 것은 아니므로 한정승인을 한 상속인이 초과부분을 임의로 지급한 때에는 유효한 변제로서 효력을 가진다.

한정승인자의 책임경감은 상속인이 피상속인으로부터 승계하거나 또는 유언에 의해서 부담한 채무에 대하여만 생기고, 상속인이 상속의 효과로서 부담하게 된 채무는 포함되지 않는다.

(ㄴ) 상속재산과 상속인재산의 분리 : 한정승인을 한 상속인이 피상속인에 대하여 가졌던 권리・의무가 소멸하는 것은 아니므로 상속인이 피상속인에 대하여 채권

을 가지는 때에는 다른 상속채권자와 함께 변제배당에 참가할 수 있고, 또한 피상속인에 대하여 자기가 부담하는 채무는 상속채권자로부터 추심을 당하게 된다. 따라서 상속재산과 상속인의 재산을 분리하여야 한다.

(ㄷ) 상속재산의 관리 : 한정승인을 한 경우에 상속인은 그 고유재산에 대하여 행하는 것과 동일한 주의로서 상속재산을 관리하여야 한다(제1022조). 만일 이 경우 한정승인자가 수인인 경우에는 법원은 각 상속인 기타 이해관계인의 청구에 의하여 공동상속인 중에서 상속재산관리인을 선임할 수 있고(제1040조 제1항), 선임된 관리인은 공동상속인을 대표하여 상속재산의 관리와 채무변제에 관한 일체의 행위를 할 권리를 가진다(동조 제2항).

(ㄹ) 상속인의 피상속인에 대하여 가진 권리의 존속 : 상속인이 피상속인에 대하여 가졌던 권리・의무는 소멸하지 않는다(제1031조).

(라) 한정승인에 의한 청산절차

(ㄱ) 채권자에 대한 공고와 최고 : 한정승인을 한 자는 승인한 날로부터 5일내 상속채권자와 유증을 받은 자에 대하여 한정승인을 하였다는 사실과 2개월 이상을 넘는 일정기간을 정하여 그 기간 내 채권 또는 유증을 신고할 것을 공고하여야 한다(제1032조 제1항).

(ㄴ) 채무의 변제 : 최고기간의 경과로 위 기간 내 신고한 채권자와 한정승인자가 알고 있는 채권자에 대하여는 상속재산 중에서 잔존하는 재산과 함께 이미 처분한 재산의 가액을 합하여 각 채권액의 비율로 피상속인의 채권을 변제하여야 한다(제1034조 제1항・제2항, 동조 제2항). 다만 한정승인을 한 자는 채권신고기간이 만료되기 전에는 상속채권자와 유증을 받은 자에 대해서 상속채권의 변제를 거절할 수 있다(제1033조).

(a) 한정승인자는 변제기에 이르지 아니한 채권에 대하여도 위 배당변제의 규정에 의하여 변제하여야 하고(제1035조 제1항), 조건 있는 채권이나 존속기간이 불확정한 채권은 법원이 선임한 감정인의 평가에 의하여 변제하여야 한다(동조 제2항).

또한, 상속재산으로 변제하는 경우 이를 환가할 필요가 있는 때에는 상속재산의 일부나 전부에 대하여 민사집행법이 정하는 바에 의하여 경매하여야 한다(제1039조).

(b) 채권신고기간 내 신고하지 않는 채권자와 유증 받은 자로서 한정승인자가 알지 못한 자의 청구에 대하여는 청산변제를 완료하고 잔여재산이 있는 범위에서 변제하여야 한다(제1039조 본문). 다만 이들이 상속재산에 대하여 질권・저당권 등의 특별담보권을 가지는 때에는 그 담보가액의 한도에서 변제된다(동조 단서).

(ㄷ) 변제제한 : 한정승인자는 민법 제1034조 내지 제1035조 배당변제의 규정에 의하여 상속채권자에 대한 변제를 완료한 후가 아니면 유증을 받은 자에 변제하지 못한다(제1036조).

(마) 부당변제에 대한 책임

(ㄱ) 한정승인자의 배상책임 : 한정승인자가 채권자에 대한 공고나 최고(제1032조)를 해태하거나, 최고기간 중 변제(제1033조)함으로써 다른 상속채권자나 유증을 받은 자에 대하여 변제할 수 없게 된 경우에는 이로 인하여 생긴 손해를 배상하여야 한다(제1038조 제1항). 이때 손해배상청구권에 대하여는 민법 제766조가 준용된다(동조 제3항).

(ㄴ) 채권 또는 유증을 받지 못한 자의 구상권 : 한정승인자의 부당변제로 변제받지 못한 상속채권자와 유증을 받지 못한 자는 그 사정을 알고 변제 받은 상속채권자나 유증을 받은 자에 대하여 구상권을 행사할 수 있다(제1038조 제2항). 이 구상권의 행사에 관하여도 민법 제766조가 준용된다(동조 제3항).

2. 相續의 抛棄

(1) 相續抛棄의 의의

상속의 포기란 이미 발생한 상속의 효력으로 인하여 상속인에게 승계된 재산상 권리·의무를 부정함을 목적으로 하는 상속인의 단독적 의사표시를 말하며, 자기책임의 원칙과 개인의사의 존중이라는 근대법의 정신에 입각한다.

(2) 相續抛棄의 방식

(가) 상속포기권자 상속의 포기권자는 상속권이 있고 상속순위에 해당하는 자이다. 다만 의사무능력자는 법정대리인에 의해 행사하여야 하고, 행위무능력자는 법정대리인의 동의를 얻어 행사하여야 한다.

(나) 상속포기 기간 상속인은 상속개시 있음을 안 날로부터 3개월 내 포기할 수 있다(제1019조 제1항 전단). 그러나 그 기간은 이해관계인 또는 검사의 청구에 의하여 가정법원이 이를 연장할 수 있다(동항 후단).

또한, 상속인이 무능력자인 경우 그 기간은 법정대리인이 안 날로부터 기산하고(제1020조), 상속인이 그 기간 내 사망한 때에는 그의 상속인이 그 자기의 상속개시 있음을 안날로부터 기산한다(제1021조).

(다) 상속포기의 신고 상속인이 상속을 받지 않겠다는 일방적 의사표시로서 행하고 상속개시의 사실을 안 날로부터 3개월의 고려 기간 내 가정법원에 이를 신고

하여야 한다(제1041조). 이때 신고의 성질을 보고적 신고가 아닌 창설적 신고로 본다.

(3) 相續拋棄의 제한

상속의 포기는 상속개시 후 하여야 하고, 상속개시 전 미리 포기하지 못한다. 상속의 포기는 상속인의 확정적 의사표시이므로 이를 다시 취소하지 못한다.

또한, 상속포기는 상속인의 자유의사에 속하므로 채권자취소권의 대상이 되지 아니하며, 비록 채권자를 해할 목적이라 하더라도 당연히 무효라 할 것은 아니다.

(4) 相續拋棄의 效果

(가) 상속분의 귀속 수인의 상속인 중 어느 상속인이 상속을 포기한 경우에는 그 상속분은 다른 상속인의 상속분의 비율로 그 상속인에 귀속한다(제1043조).

(ㄱ) 상속인의 상속포기는 그 대습상속인 및 생존배우자의 상속 및 상속분에 영향을 미치는가. 문제된다.

(a) 상속인이 상속을 포기한 경우 상속인의 대습상속인은 그 상속재산을 상속하는가. 부정설은 상속인은 상속과 동시에 상속인이 되는 것이므로 상속인의 상속포기로 대습상속인은 포기한 권리를 취득하였던 것이라고 하나,[41] 상속인이 상속을 포기한 효력은 대습상속인에까지 미치는 것은 아니라고 보아야 할 것이다.

(b) 혈족상속인이 포기한 경우 생존배우자가 영향을 받는가. 예컨대 2인의 子와 배우자를 두고 사망한 피상속인의 재산이 800만원인 경우, 특별한 유증이 없으면 법정상속에 따라 배우자는 340만원, 자 중 장남과 차남은 각각 230만원을 상속하게 된다. 그런데 이러한 경우에 차남이 상속을 포기하게 되면 그 상속분은 배우자와 장남에게 어떻게 귀속하는가.

배우자의 상속분은 영향을 받지 않고 차남이 포기한 몫은 장남이 상속하게 되어 장남이 460만원을 상속하게 된다는 견해와 차남이 포기한 상속분은 배우자와 장남의 고유상속분의 비율에 응하여 배분되며 이로써 배우자가 140만원, 장남이 90만원을 더 가지게 된다는 견해가 대립하나, 차남이 포기한 상속분에 대하여는 처음부터 차남이 없었던 것으로 하여, 배우자와 장남의 상속분의 비율에 응하여 배우자가 492만원, 장남이 306만원을 각각 상속하게 된다고 보아야 할 것이다.

(c) 상속인인 직계비속이 상속개시 전에 자기의 직계비속 甲・乙을 남겨 놓고 사망함으로써 그 직계비속들이 대습상속 하였는데 그 중 乙이 포기하였다면 乙의 상

41) 김주수 587면.

속분은 누구에 귀속하는가. 학설은 처음부터 甲 밖에 상속인이 없었던 것으로 보아 甲이 乙의 상속분을 전부 가지는 것으로 본다.[42]

(ㄴ) 특정인을 위하여 상속분을 포기한 경우, 예컨대 공동상속인 중 특정인을 위한 포기는 민법상 명문규정이 없으나, 이것은 자기의 상속분을 특정인에게 양도한 것으로서 의미를 가진 것으로 본다(제1011조 참조).

(나) 상속재산의 관리계속의무　상속을 포기한 자는 그 포기로 인하여 상속인이 된 자가 상속재산을 관리할 때까지 그 재산의 관리를 계속하여야 한다(제1044조 제1항). 이때 상속인의 상속재산 관리의무와 상속재산 보존에 필요한 처분은 상속재산 포기로 인한 자의 재산관리에 준용한다.

3. 特別緣故者에 대한 分與

(1) 分與請求의 의의와 성질

(가) 상속인의 존재 여부가 분명하지 아니한 재산에 대하여는 일정 자의 청구에 의하여 법원은 재산관리인을 선임하고 지체 없이 이를 공고하여야 한다(제1053조). 그러나 이와 같은 법원의 공고가 있는 날로부터 3월내 상속권을 주장하는 자가 없는 상속재산에 대하여는 법원은 피상속인과 생계를 같이 하고 있던 자, 피상속인의 요양·간호를 한 자, 기타 피상속인과 특별한 연고가 있었던 자의 청구에 의하여 상속재산의 전부 또는 일부를 분여할 수 있다(제1057조의 2). 이를 상속재산의 분여청구라고 한다.

민법은 상속인의 부존재(제6절 이하), 즉 상속인이 존재하지 않거나 그 존재가 불명한 경우 취하는 단계적 조치로서, 먼저 제1단계로서 상속재산을 관리토록 하면서 다른 한편으로는 상속인을 수색하는 단계와, 제2단계로서 상속인이 없는 것으로 확정하여 상속채무와 유증을 이행하는 청산절차를 취하고, 마지막 제3단계로서 청산 후 남은 상속재산을 누구에게 귀속시킬 것인가를 정하는 단계를 취한다.

여기서, 특별연고자의 상속재산 분여청구권은 상속권자 결정의 마지막 단계인 상속재산의 국가귀속에 앞서 그 상속재산의 귀속에 사실상 권리를 가진 자를 색출하여 귀속토록 하는 제도이다.

(나) 재산분여청구권의 법률적 성질에 관하여 견해가 대립한다.

기대권설은 특별연고자에게 결격자에 준하는 사유가 없는 한 재산분여심판청구권을 가진다는 의미에서 일종의 기대권이라 하고,[43] 은혜적 귀속권설은 재산분여를 받는 지위자의 은혜적 성격을 갖는 것으로 본다.

42) 김주수 588면.
43) 김주수 603면.

생각건대, 상속재산의 분여청구권은 상속인은 아니지만 사실상 상속인과 동일하게 보아 재산을 분여토록 하는 것이어서 소위 추정상속인의 지위와는 다르므로 기대권이라 볼 수 없고, 오히려 사실상 상속인으로 다루어 보호하여야 할 지위에 있는 자에 대한 은혜적 배려로 보아야 할 것이다.

⑵ 特別緣故者의 범위

(가) 민법은 특별연고의 범위에 관하여 피상속인과 생계를 같이 하고 있던 자, 피상속인의 요양·간호를 한 자, 기타 피상속인과 특별한 연고가 있던 자를 들고 있다. 그러나 어떤 자가 특별연고자인가를 결정하는 것은 법원의 재량에 의한다. 따라서 그 구체적인 범위에 관하여는 가정법원이 정할 것이지만 피상속인의 특별연고자로서 재산분여를 청구할 수 있기 위해서는 추상적 가족관계의 원근이 아니라 구체적·실질적 연고관계가 있는 자이어야 할 것이다.

(나) 구체적으로 피상속인과 특별연고관계가 있다고 볼 수 있는 자로는 피상속인에게 유언을 시켰더라면 아마도 그 사람에게 유증하였을 것이라고 생각되는 생활관계에 있었던 자, 혈육관계나 인척관계로서 가까운 자, 피상속인과 동거하고 있던 자, 깊은 교제가 있었던 자, 예컨대 사실혼의 처, 사실상의 양자, 장기간 피상속인의 요양·간호에 종사한 자 등이 이 범주에 들어갈 것이지만, 그밖에도 먼 친척이나 친구의 자식으로서 피상속인이 각별히 돌보던 사람도 포함될 수 있을 것이다.

⑶ 財產分與의 請求節次

재산분여를 원하는 자는 민법 제1057조의 기간이 만료된 후 2월내 가정법원에 재산의 분여를 청구하여야 한다.

법원이 재산을 분여하기 위해서는 청구인의 특별연고자로 인정되어 그 재산분여가 상당하다고 인정되는 경우이어야 하고, 일체의 사정을 고려하여 정한다.

⑷ 財產分與의 효과

(가) 상속재산 일부 또는 전부의 분여 재산부여의 청구가 인용되면 청구인에게 상속재산의 전부 또는 일부가 분여된다. 상속재산 중 현물이 분여 되는 것이 보통이겠지만, 이를 환가하여 그 대금을 분여하는 것도 가능하다. 이때 어떤 경우에 전부 또는 일부를 분여할 것인가는 상당성에 비추어 가정법원의 판단에 의한다.

(나) 지위승계 배제 특별연고자는 상속인이 아니므로 상속채무 등의 의무는 승계되지 않는다. 여기서 특별연고자가 분여재판을 청구하지 않고 사망한 경우 그 지위를 특별연고자의 상속인이 이를 행사할 수 있는가. 특별연고자의 지위가 재판상

행사된 것은 아니란 점에서 이를 부정함이 보통이다.

제 5. 財産의 分離

1. 財産分離의 의의와 필요성

(1) 재산의 분리란 상속개시 후 상속채권이나 유증을 받은 자 또는 상속인의 채권자의 청구에 의하여 상속인의 재산을 분리시키는 가정법원의 처분을 말하며, 상속인의 채권자 또는 상속채권자의 보호를 위한 제도이다(제1045조).

(2) 재산의 분리청구는 상속채권자 또는 수증자의 청구에 의한 경우와 상속인의 채권자의 청구에 의한 경우가 있다.

전자는 상속재산 자체는 채무초과가 아니지만 상속인 자신의 채무가 지나치게 많은 경우에 상속채권자 또는 수증자가 자기채권의 보전을 위하여 행사하는 것인데 반하여, 후자는 상속재산이 채무초과로서 상속채권자·수증자가 상속인의 고유재산에 추급할 가능성이 있는 경우, 상속인 채권자의 채권보전을 위한 것이다.

2. 財産分離의 請求

(1) 財産分離의 청구권자와 상대방

상속채권자 또는 수증자에 의한 재산분리청구권자는 상속채권자와 유증 받은 자이고, 상속인의 채권자에 의한 재산분리청구권자는 상속인의 채권자이다(제1045조).

청구의 상대방에는 명문 규정이 없지만 상속인 또는 상속재산의 관리인·파산관재인·유언집행자 등이라고 해석한다.

(2) 財産分離의 청구기간

재산분리청구권의 행사기간은 상속이 개시된 날로부터 3월내이다(제1045조 제1항). 즉 재산분리청구는 상속의 승인 또는 포기의 경우와는 달리 상속이 개시된 날, 즉 피상속인의 사망의 날로부터 3월내 행사하여야 하나, 다만 상속인이 상속의 승인이나 포기를 하지 않고 있는 동안은 3월의 기간이 경과한 후에라도 재산분리의 청구가 허용된다(동조 제2항).

3. 財産分離의 效果

(1) 財産分離의 공고와 최고

청구권자는 법원의 심판이 있는 날로부터 5일내 일반 상속채권자와 유증을 받은 자에 대하여 재산분리의 명령이 있는 사실과, 2개월 이상의 기간을 정하여 그 기간 내 채권 또는 유증을 신고할 것을 공고하여야 하고(제1046조 제1항), 그 구체적인 공고와 최고의 내용은 민법상 청산법인의 채권신고 공고와 최고에 관한 규정(제88조 제2항·제3항과 제89조)이 준용된다(동조 제2항).

배당가입 신고는 공고자에 대하여 할 것이 아니라 상속인에 하여야 한다.

(2) 相續財産의 관리와 相續人의 권리·의무

(가) 법원이 재산분리를 명한 경우 재산분리를 청구한 자는 상속재산 보존을 위한 가처분을 청구할 수 있고, 법원은 상속재산 관리를 위한 필요한 처분을 명할 수 있다(제1047조 제1항). 이 경우 관리방법으로서 법원이 재산관리인을 선임한 때에는 민법 제24조(부재자 재산관리인의 직무), 제26조(관리자의 담보제공·보수)의 규정이 준용된다(동조 제2항).

(나) 상속인이 단순승인을 한 후에도 재산분리의 명을 받은 때에는 상속재산에 대하여 자기의 고유재산과 동일한 주의로써 관리하여야 한다(제1048조 제1항). 또한 분리재산이 부동산인 때에는 이를 등기하지 아니하면 제3자에 대항하지 못한다.

(다) 가정법원이 재산의 분리를 명한 때에는 피상속인에 대한 상속인의 재산상 권리·의무는 소멸하지 아니한다(제1050조).

(3) 辨濟拒絶權과 配當辨濟

(가) 변제거절권 　상속인은 상속재산 분리청구기간과 상속채권자와 유증을 받는 자에 대한 공고기간이 만료하기 전에는 상속채권자와 유증을 받은 자에 대하여 변제를 거절할 수 있다(제1051조 제1항).

(나) 배당변제 　변제거절기간이 만료된 후 상속인은 상속재산으로써 재산분리의 청구 또는 그 기간 내 신고한 상속채권자와 유증을 받은 자와 상속인이 알고 있는 상속채권자, 유증을 받은 자에 대하여 각 채권액 또는 수증액의 비율로 변제하여야 한다(제1051조 제2항). 그러나 질권·저당권 등의 우선변제권이 있는 채권자에 대하여는 상속재산으로써 우선 변제하여야 한다(동항 단서).

배당변제의 절차는 한정승인의 경우 변제방법과 비슷하므로 한정승인의 변제에 관한 규정이 준용된다(동조 제3항).

(다) **고유재산으로부터의 변제** 신고기간 내 신고한 상속채권자·유증을 받은 자와 상속인이 알고 있는 상속채권자와 유증을 받은 자는 상속재산으로써 전액의 변제를 받을 수 없는 경우에 한하여 상속인의 고유재산으로부터 변제 받을 수 있다(제1052조 제1항).

이 경우 상속인의 채권자는 상속인의 고유재산으로부터의 우선변제를 받을 권리가 있을 뿐이고, 상속인의 고유재산으로부터의 우선변제를 가지는 것은 아니므로 상속인의 채권자로부터의 우선변제를 받을 권리는 갖지 못한다(동조 제2항).

찾 아 보 기

(ㅌ)

[著者紹介]
中央大學校 法科大學 및 同 大學院 卒業
法學博士
中央大,忠北大,清州大,暻園大,仁川大 등 講師歷任
日本 亞細亞大學 亞細亞硏究所 客員硏究員
司法試驗, 勞務士, 辨理士, 鑑定士, 仲介士 등 試驗委員
補償審議委員(제3군사령부)
龍仁市 契約審議委員,建築紛爭調停委員
現, 江南大學校 社會科學部 法學專攻 敎授

[著　書]
不動產私法槪論(1986. 博文閣)
集合建物管理法論(1989. 博文閣)
民法講義(上)(下)(1995. 博文閣)
槪說民法總則(1999. 강남대학교출판부)
民法學原論(1999. 三英社)
民法學演習(1999. 三英社)
民法總則(2005. 三英社)
債權法總論(2005. 三英社)
債權法各論(2005. 三英社)
集合建物의 管理에 관한 法理硏究 등 論文多數

民法學原論 〔제3판〕

1999年 7月 25日 1版 1刷 發行
2000年 3月 10日 1版 2刷 發行
2003年 9月 10日 2版 1刷 發行
2007年 8月 20日 3版 1刷 發行

著　者　朴　鍾　斗
發行人　趙　良　熙
組　版　光 岩 文 化 社

發行處
110-102
서울 特別市 鐘路區 平同 19番地의 1號
도서출판 三 英 社
登 錄 1972年 4月 27日 第1-202號(倫)
전 화 737-1052·734-8979 FAX 739-2386

定價 **30,000** 원

ISBN 978-89-445-0040-4-93360